管道检测技术探索与实践

石仁委　著

中国石化出版社

内容提要

从遥远古代延伸到现代社会的管道古老而日新，成为五大运输方式中最环保、快捷、高效、经济的一种。它联通了世界也带来了风险，于是，管道检测技术应需而生。本书首次以广角度梳理了五千年的管道发展史线索、三千年的管道技术思想源头、上百年的管道检测技术及实践的历程，特别是自改革开放以来，我国管道检测在管道建设迅速延伸的大背景下的发展史；叙述了各种检测的思想起源、技术发现、探索试验与实践应用的过程；收集整理了中国管道检测实践主要先行者的技术探索路径；最后以胜利检测为例介绍了21世纪以来管道检测技术的认识过程、众多重点管道检测的经历，兼述了管道沿线的一些风土人情、历史典故、哲学思想。全书在叙述管道技术发展历程的同时，试图从社会发展、文化发展的角度对管道及其检测技术发展轨迹作出解释。

本书是第一部收集、整理、探索管道及检测技术的科学史著作，选材来源丰富、案例翔实，可作为广大油气管道、城市燃气管道、市政管道设计研究者、建设者、运行维护者、检测检验工作者的科普读物，也可供大专院校相关专业师生及对历史特别是科学史有兴趣的广大读者阅读。

图书在版编目（CIP）数据

管道检测技术探索与实践 / 石仁委著 . —北京：中国石化出版社，2020.10

ISBN 978-7-5114-5958-9

Ⅰ. ①管…　Ⅱ. ①石…　Ⅲ. ①管道检测　Ⅳ. ① U178

中国版本图书馆 CIP 数据核字（2020）第 177225 号

中国石化出版社出版发行

地址：北京市东城区安定门外大街 58 号

邮编：100011　电话：(010) 57512500

发行部电话：(010) 57512575

http://www.sinopec-press.com

E-mail：press@sinopec.com

北京科信印刷有限公司印刷

全国各地新华书店经销

*

787 × 1092 毫米 16 开本 46 印张 938 千字

2020 年 10 月第 1 版　2020 年 10 月第 1 次印刷

定价：180.00 元

目　录

上卷　技术探索综述卷

下卷　中国当代实践卷

上卷

技术探索综述卷

引言
劫灰飘落斋堂街

那天早晨，我独自坐在客厅临窗的一张茶台边，迎着隔玻璃透进的阳光，随手翻阅青年怪才尤瓦尔·赫拉利所著的那本《人类简史》，我被他关于认知革命的解释深深吸引，我突然觉得我们生活的这个世界有许多奇妙的联系与巧合。

公元前 1776 年，当时世界最鼎盛的巴比伦王国以国王汉谟拉比的名义发布了一套法典，名叫《汉谟拉比法典》，这部法典可以说是古巴比伦几十万人的合作手册或共同纲领，是巴比伦人共同奉为圭臬的基本信念，是激励和指引巴比伦人构建强大的巴比伦王国的灯塔。

公元后 1776 年，美国的《独立宣言》问世，同样可以说是现代数亿美国人的合作手册或共同纲领，是现代美国人特别是其精英阶层共同认可、维护的基本信念，是 250 年来激励美国人共同奋斗的精神动力。

这两部以公元元年为 0 点，等长度、对称分布于时间轴两端的历史事件，相隔 3552 年的"共同纲领"，都在激励各自国家的国民在特定历史条件下发挥了巨大的凝聚共识、激发斗志的作用。不同的是：前者把人民"天生有等"作为永恒不变的正义原则，而后者将"人人平等"作为永恒不变的正义原则。

1971 年的 11 月 22 日，苏联无人驾驶的"火星 2 号"宇宙飞船把一个着陆器送到火星上，实现了人类"使者"首次探访火星的伟大梦想。同样是 11 月 22 日，只不过时间进入到 2013 年，位于青岛市黄岛区秦皇岛路与斋堂岛街交汇处的一条地下原油输送管线泄漏并导致了爆炸，引发了一场严重的事故。

苏联人曾将这一天作为激励人们向宇宙探索的纪念日，以便进一步促进国家的科技强盛。劫后余生的我们，会不会因为这一天，真正认识到管道隐患的可怕，从而促使我国管道输送业对管道安全技术研究与安全管理的重视，在不久的将来，成为世界管道输送业的强国呢？

古印度人认为世界将毁灭时，劫火出现，烧毁一切，世界都成灰烬。我国典籍《搜神记》卷十三也曾记载：汉武帝时，在长安（现在的西安）西南秦岭脚下开凿昆明池，挖开后，深处全是灰墨，当时举朝不解，就问当时最博学的东方朔，东方朔说："臣愚昧不知道这个原因，陛下可以尝试去询问西域的胡人"。汉明帝时，西域道人来洛阳，时有忆方朔言者，以汉武帝时灰墨问之，西域道人说：世界终尽之时，会劫火洞烧，此灰就是天地劫火所烧之灰。

我们知道古印度是一个"遍布草药和哲人的国度"。因此，劫灰之说，或许不应该是危言耸听，而是一个智者对人类随时可能因懈怠与无知而导致不幸的忠告。我们可以不承认世界有末日劫火之说，但是，又有几人不赞同唐末诗人韩偓在《乱后春日途经野塘》所发出的"眼看朝市成陵谷，始信昆明是劫灰"的感慨呢？

于是，我放下书本，在戊戌年仲春的寒阳中，驱车近两个小时，专程从东营赶到鸢都潍坊看望了一位朋友。四年前，他因东黄管道泄漏爆炸特别重大事故而身陷囹圄，不久前刚刚恢复自由。在我们聊天过程中，他多次说到，不管是不是自己的责任，那么多朝夕相处的同事遇难了，担责没有任何怨言，唯有内疚。

其实，即便今天他获得了自由，他内心的那份内疚依然。而我从他的眼神中分明读到了一种远比内疚更深一层的复杂心境。每当他路过那栋熟悉的办公楼时，却再也找不到那些曾经与他朝夕相处、风雨与共的同事，那种心情何止一个内疚能够概括？真是"季重旧游多丧逝，子山新赋极悲哀"。他的灵魂会时不时被过去的那个刻骨铭心的伤痛掳走，有时会莫名地担心，类似的灾难会不会在某个时刻、某个地点再次降临？

的确，他的担忧不是空穴来风。因为类似的事故已经多次重演，而且每一次发生的起因、甚至事故的演进过程都似曾相识！所以，按照过往的经验，这种灾难在任何一个可能的地方，都有可能再次重演。更让他困惑不解的是：他觉得自己似乎已经做了他能做的所有努力，但仔细思之，总觉得哪儿还有些不对劲。所以最终"未得烘炉除疵幽，劫灰飘来赋江蓠"。

那么，究竟是哪儿出了问题呢？恐怕谁也说不清楚。但是，我们都想阻止类似的灾难再次发生，期待能够化劫灰为神奇！彻底消除类似于这位朋友般的忧思与困惑。该怎么办呢？或许，顺着技术发展的脉络去体会、去辨析、去寻找，我们终会在王将军之武库中，获得紫电青霜，斩棘除荆，从而使管道输送业途坦路畅。

第 1 篇　管线联通的世界与风险

在我们生活的这个世界上，管道已经存在许多个世纪，甚至我们有理由相信，当人类从采集生活时代进入农业生活时代不久，管道就已经进入我们的生活。只不过，最初的管道是竹子、木头、陶土制成，输送的无非是污水、河水、卤水而已，管道输送距离短，管道仅仅是人口比较集中的城镇的一种可有可无、并不被大家过分重视的存在，泄漏是再正常不过的事情。

随着时间的推移，管道已经密布于我们生活的世界，不仅是输送我们生活用水的唯一途径，也是提供油气、水煤浆等大量能源的主要载体，工厂输送化工物料的几乎唯一载体。当管线长度无限地延伸，输送的物料种类无限丰富，输送的量无限攀升，风险也在逐步积累！

我们现在还能容许管线中输送的物料像数百年前甚至数千年前那样随意地流淌吗？显然是不可能的。因此，一方面，我们已经生活在一个由管线联通的世界里，我们已经无法脱离油气输送管网、自来水管网等管线网络而生存。管线已经成为我们这个世界的一部分，甚至成为我们生命的一部分。人类对管线的依赖，有如我们身体对体内血管及神经网络系统的依赖。另一方面，我们已经无法承担管线泄漏或失效的风险，管线若发生联通不畅、故障或遭到破坏，我们现存的社会运转将发生混乱，不仅影响我们的生活质量甚至可能造成生存危机。

正因为保障管线系统安全畅通与人类生存质量如此密切，人类已经在相当长的时间里做出了很大努力以应对这种挑战。而为了更好地应对这种挑战，我们就不得不了解管线的前世今生。

人类的童年，如同童话却包含着人性的真髓，是生命勃发的一种状态。我们现在所有的一切都起源于那个好像没有意识的懵懂时代。管道也不例外，我们只有从管道的起源开始探索，才可能寻找到管道及其检测技术的意义和价值的胚胎，从而了解它的发展历程，熟悉它的脾性或者物性、失效规律与特征，以便更好地驾驭它为我们现代的需求服务。

第 1 章
停滞在历史长河中的古代管道

人类社会的真正进步始于人类知道了如何将自己的力量与大自然的力量结合起来改造世界。比如依靠自己的智慧，驯养、驾驭其他动物；依靠自己的双手开发土地、控制江河、打猎耕种；依靠自己发明和掌握的技术翻山越岭、横渡海洋等等。管道就是人类将自己的力量与大自然的力量结合起来改变世界的创举之一。不过，从漫长的古代社会发展历史可以看出：在很长的时间内，人类对技术进步其实并不是很重视。往往将荣耀看得更重一些，而将行为能力与技术进步看得淡一些。宁愿将更多的精力放在讲故事、写文章上，而不是开发实际的生产能力方面。许多技术的进步其实不是有知识的上层社会有意所为，而是下层工匠的无意发明。数千年管道输送的停滞正是这种文化的写照。

1. 从远古走来的陶石管道

管道，最早起源于中国古代，主要用于防洪排涝以及四川自贡地区的输送卤水、天然气，再到田野的灌溉。从目前考古发掘来看，商周时期主要是卵石砌成的管沟遗迹，而秦汉以后，做成管子状的一般不是陶质的，就是木质的或竹子的。其中，用陶土烧制的排水管道历史最悠久，在古代管道发展中占有重要地位。

2011 年，中国建筑工业出版社出版的《中国古代排水管道的起源与发展》（常憬、李艺编著）一书，曾介绍了平粮台陶土排水管道、安阳殷墟陶土排水管道、秦皇陵陶土排水管道等。说明随着封闭性城垣的出现与壮大，以及城市文明的孕育，排水成为必需，管道技术就此萌芽。借助于考古，人类正在逐一拨开文明早期的一些迷雾，还原一个清晰的人类发展史，使我们得以知道许多技术发展的源头及其过程的曲折经历。更使得我们有机会对几千年来的诸多知识和认知进行重新考量，不再仅仅凭借某一本古籍的论述甚至一些只言片语就认定某个历史事件。从而使我们对历史的发展包括本书所叙述的管道及其检测技术的发展有更全面、更丰富的认识。

历史上的陶质管道

图 1-1 秦时期的排水管道

2006 年，在西安市西郊阿房宫遗址附近，考古工作者发现了距今 2000 多年的战国秦朝时的排水管道，不仅规模宏大，而且保存完整。发现的管道是一组陶制排水管道，每一节长 58cm，外表绳纹，一头粗一头细，大头套着小头，出土了 3 组呈品字形排列，延绵东西南北，东西长 78m，南北长 10m。另外在西边还有一处 18m 长呈南北走向的排水管道。图 1-1 为陕西西安阿房宫遗址附近发现的秦时期的排水管道现场。

阿房宫遗址发现的陶制管道遗迹并不是我国最早的古代管道。1979 年考古工作者还从北京古城南门门道之下挖出三条残长 5m 多的陶制排水管道。只不过其排列方式是下面一条，上面两条并列铺设（与西安发掘的管道排列正好相反），管道每节长 0.35~0.45m 不等，经测定距现在约 4000 年。在西安阿房宫遗址发现古代陶质管道遗迹后的四年，2010 年在河南淮阳平粮台古城遗址，又出土了可能属于人类历史上最早期的陶质排水管道。

根据史书记载和地理方位分析，位于河南省淮阳县东南 4km 大朱村西南方的平粮台古城遗址，距今大约已有 4300 年的历史，就是我国第一部诗歌总集《诗经》里《陈风宛丘》所指的地方，也是一些古籍所指的太昊之墟、神农之都的古宛丘都城，是中国新石器时代晚期龙山文化城址。考古学家河南省文物考古研究所研究员曹桂岑还推断说：河南淮阳平粮台古城遗址属 6300 年前的仰韶文化（见图 1-2）。因此，这个发现，至少将我国管道技术发展史推进到公元前 4300 前后甚至更远。

2014 年，重庆永川区汉东城遗址考古时，发掘出唐宋古城民居内直径达 10 余厘米陶土烧制成的下水管道，从考古现场管道的位置及排列方式分析，可以断定该管道连接后，可以将屋内污水排到屋外的排水沟。室外砌筑的排水渠道不仅接纳屋内污水，也接纳雨水。正是这种科学的排水系统，使得位于长江边这座古城能够经受住雨水肆虐的考验。

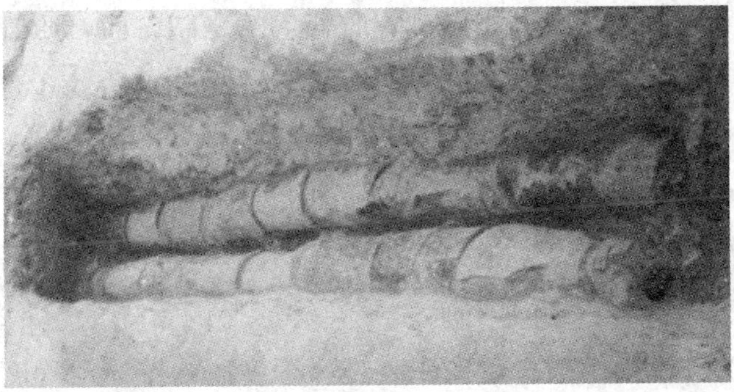

图 1-2　6300 年前仰韶文化时期管道遗迹

历史上的石质管道

石质管道在古代也有广泛的应用，特别是穿越城墙或河流沟渠的管道，从耐久性、抗压性等出发，很多采用石质管道。石质管道具有陶质管道耐腐蚀的优点，又避免了易被压碎的缺点。民国初年广州拆除城墙时曾发现一个南宋的石水笕，长 43cm、宽 19cm、高 21cm，石面刻有“城南厢信女傅氏二娘，舍钱造石水笕，祈保平安者。绍定三年七月中元题”字样。《四川盐法志》曾对“渡水之笕”有一段描述：“渡水之笕，则于河底掘沟置笕，凿石为槽覆其上，……以防水涨冲激”。这些都是石水笕的历史证据。石水笕无法大量使用，自然与石水笕制作费工费时，搬运、安装、连接不方便有关。

但是，可以肯定的是，石质类管道在人类历史上出现的时间肯定比我们上述偶尔发现的遗迹要早。据吴军在《全球科技通史》（中信出版集团，2019 年）介绍，公元前 714 年，亚述帝国的国王萨尔贡二世入侵亚美尼亚时，发现当地人挖掘地下隧道引山泉水供灌溉和生活使用，便将这个技术带回亚述，建设了大量的输水系统，减少了干旱蒸发与动物粪便污染。并且，亚述人还发明了混凝土，他们修筑的引水隧道是由石头与混凝土砌成的，具有更好的密封性。石砌引水隧道就是石质管道的一种形式，如果古人稍稍再向前推进一步，不就是今天的混凝土涵管吗？

古代管道出现的先后次序

从考古发现可以看出，管道的历史非常悠久。但是，在数千年的历史时期中，管道一直主要使用陶土烧制而成，特别是用于排水的管道，由于一般要埋在地下，考虑防腐蚀及耐久性，几乎都采用陶土烧制，且基本式样（一头大、一头小，便于承插连接）没有改进。只是在穿越城墙或河流沟渠时，为防止压碎与水流冲击才部分采用石水笕。石质管道与陶质管道，出现的先后次序目前还没有发现实物遗迹方面的证据，只是从这两类管道的难易程度上揣测，应该是陶质管道更早一点。原因在于：只要人类有了火的使用知识，就有可能从事陶质管道的烧制，而石质管道的开凿，必须要等到铁器出现以后或至少像亚述人那样，发明了混凝土以后，才有可能从事石管的凿制。

从目前考古来看，古代人在后期，逐渐转向竹木质管道的使用，尤其是输送生活用水等方面则主要是竹木管道。正如温正军在“苏东坡广州竹管引水工程的工艺分析”（《城镇供水》2017 年第 1 期）中所述：管材选择因素一般包括管道承受内压和外压能力、耐腐蚀性、使用年限、运输安装难易程度、内壁光滑程度、价格及取材的便利性等。除了悠久而古老的陶制管道、石砌水渠甚至石管以外，竹管、木管等也是古代管道的可选形式。特别是输送生活用水的管道，后者则更为普遍。这可能与陶土管易碎，且造价高、工期长有关。当然，也可能早期人们也用过竹木质管道输水，只不过由于管道一般置于地面，又容易腐烂损害，其遗迹不像陶土烧制的管道那样容易保留下来，从而使我们难以寻找到古代早期竹木质管道使用的证据。

2. 竹木写就的古代管输史

南越国王宫御苑木质管道遗迹

2018 年新春之际的广州街头，处处姹紫嫣红，特别是在一些古老深巷里，那抬头随处可见的一树一树初开的木棉花，令我这个久居北方的人更无端生出一些怀古的幽思。2 月 11 号，已经能听到新年的脚步声了。一早起来，我与妻子一道先后游览了中山纪念堂、镇海楼、农运讲习所、万木草堂等名胜古迹。下午三点多，我们乘坐出租车正欲结束当天的游览返回居住的酒店休息，却在北京路弯道处，被远处一面仿古墙上的几个烫金大字“南越王宫博物馆”招牌吸引住了。

于是，我们改变了计划，让出租车将我们拉到中山四路博物馆的正门，参观了这座两千年前的南越国王宫御苑遗迹博物馆。南越国是被毛泽东称为“南下干部第一人”的赵陀，于秦朝末年秦汉大战之际，趁中原大战无暇顾及岭南时（公元前 204 年），在岭南地区创立的第一个封建王国。赵陀创建南越国使岭南社会经济实现了飞跃式发展，这个南越国王宫御苑遗迹就是那个时期岭南文明的见证。在这个南越王宫遗址里发现的南越国宫苑，是目前我国发现的年代最早的皇家园林遗址。另外，还发现有五代十国时期南汉国的宫殿和池苑遗迹。由于工作的关系，最令我感兴趣的是：在遗址东南角，发现的一条用来给池苑南面的人工水景注水的曲流石渠及木质输水暗渠管。这是我参观过的众多古迹中，第一次见到的木质管道遗迹。

木质管在我国古代有时也写成“枧”，在南北方皆有应用。考虑到北方少竹的情况，北方应用的应该更多一些。木笕外缚以竹篾捆绑而成，也可以通过榫卯结构组装而成，再用油灰渗之，外不浸雨水，内不遗涓滴，比竹质笕更严密；其强度的各向异性比竹质更小；口径大小不受限制，可方可圆。但是，其制作工艺比较麻烦，造价高昂，维修性与更换性不及竹笕。

画像砖上的竹笕历史

我国先民较早就掌握了竹质管道的制作与使用技巧。据说在战国时期就学会了使用竹管输水。有比较可靠翔实文献资料记录的是公元前 256~251 年，我国在四川钻盐井时发现天然气，于是自贡等产盐地区就发明了用竹子做成的管道把自贡产盐区的卤水输送到有天然气井的地方，用天然气加热煮盐，或者在产天然气地区用于输送天然气。

根据《汉代画像砖艺术》提供的资料，四川省邛崃市、成都西门外出土的汉代画像砖表明，大约 2000 年前，我国的先民就用竹、木管道输送天然气煮盐；在四川自流井地区，人们还使用竹、木管道来输送卤水。图 1–3 是四川博物馆国宝级的东汉制盐画像砖拓片。

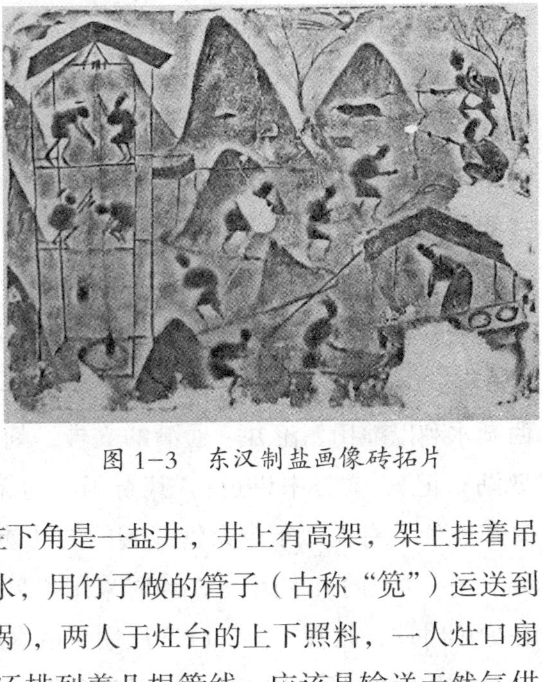

图 1–3　东汉制盐画像砖拓片

这块东汉制盐画像砖，形象地再现了汉代四川井盐生产的繁忙景象。图画的左下角是一盐井，井上有高架，架上挂着吊桶，四人站在架上正用滑车和吊桶汲取卤水，用竹子做的管子（古称“笕”）运送到右下角的灶房。长方形灶上有釜（煮盐的锅），两人于灶台的上下照料，一人灶口扇火，一人似在照料输卤管线。在灶火门处还排列着几根管线，应该是输送天然气供在锅底下燃烧用以煮盐。其背景为重迭起伏的山峦中二人似运输盐包，图画中还有数人在打猎。中国科学院自然科学史研究所和英国科学家李约瑟认为这个画像砖展现的是一幅中国古代“井火煮盐图”。这块画像砖证明在 2000 年之前，我国先民已经创造了利用竹管进行输卤、输气的技术。而且，正如戴家齐、叶德丰主编的《世界管道手册》（石油工业出版社，2003 年）所概括的那样：这种输卤管线具备了现代意义上的管道输送的基本功能，如储存设施（比如高位水槽）、为克服管输摩擦力的提升设施（用辘轳、滑车提升吊桶）、耐蚀管线（笕、竹管，耐卤水腐蚀）、计量（用锅、桶计量）、通信联络（首站与末站或中间站之间用打旗号联络）等功能。

典籍文献上记载的竹笕

从画像砖上虽然不能直接断定这种管线是用什么材料制作的和具体制作工艺是怎样的，宋良曦在“论井盐输卤技术的发展”（《盐业史研究》1988 年第 2 期）、林元雄等在《中国盐井科技史》（四川科技出版社，1987 年）“联系到农田灌溉上古代出现的竹管引水”，推论当时的“输卤管线极有可能为竹制”。针对有史籍认为输卤竹笕系清代林启公在自流井的发明，宋良曦、林元雄等引用《舆地纪胜》载：“淳化（公元 900~994 年）中，知监雷说见人户极泉，强弱相凌，多抵于讼，乃于穴旁创为石池以储之。外设横扳三十窍，承以修竹，谓之笕筒”。因此确认输卤竹管有文字记录始于宋淳化（公元 900~994 年）年，而我国实际输卤管道的应用还应更早。故此，现在史学界基本认可了汉代画像砖上管道为竹笕的结论。正如本书上节所述，因为竹木管道易于腐烂，其遗迹不好查证，按一般常识而言，竹木管道特别是竹管的应用历史应该远远早于汉代。只不过汉代恰好有画家将其刻画在了汉画像砖上而已。或许周、商，甚至夏已经有了应用，也不是没有可能。或许在以后的岁月里，考古学家的新发现会证明这一点。

杜甫在《引水》诗云：“白帝城西万竹蟠，接筒引水喉不干”，讲的是在唐代白帝城瞿塘峡人们以成千上万的竹筒连接成一套引水管道将城西的长江水引入城内。公元 824 年，唐朝著名诗人白居易（公元 772~846 年）任杭州刺史时，写过一篇关于修治西湖水利以灌田、沦井、通漕的文告，刻石立于钱塘湖（西湖）岸边，即著名的《钱塘湖石记》。文告中讲道：“其石函、南笕、并诸小笕闼（闼，门之意，小口径竹管开口，使其有类似于今天管线阀门的功能），非浇地时必须封闭筑塞，数令巡检（巡线）……”为了节约用水，当时采用了封闭输水系统而不是明渠输水。可以想象，早在唐朝时期，竹管（笕）已广泛用于取水灌溉和生活用水方面。

北宋科学家沈括（公元 1031~1095）所著《梦溪笔谈》中更有各种管道的记载，在那个知识分子以研究儒家思想为正统、精于诗词文赋、阐述圣人微言大义为主业的时代，没有人重视技术研究，国家和商人也不会赞助科学研究，对工匠们通过不断试错而积累的技术总结也不在知识分子关注的范围之内。这不仅是在中国，放眼全球的世界各国，也只有到了近 500 年，才开始给予科学技术以必要的重视。《梦溪笔谈》之所以能有各种管道的记载，只能说明到了宋代，管道输送已经比较普遍了。

既然说到北宋，我们不妨看看北宋绍圣三年（1096 年），苏东坡写给广州太守王敏仲的信件。在信中，苏东坡谈到广州引水时，他提出从白云山滴水岩下“做大石槽，以五管大竹续处，以麻缠之，漆涂之，随地高下，直入城中。又为一大石槽以受之，又以五管分引，散流城中，为小石槽以便汲者。”（《苏东坡全集》“与王敏仲三首”）。因此，有人说，广州一千年前就有“自来水”，这个自来水工程就出自苏东坡苏学士的奇思妙想。苏东坡贬居惠州之时，恰逢广州瘟疫流行，全城苦无清洁水源，知州王古向他求助，苏学士想起 1094 年，他在被贬往惠州赴任途中，曾顺路到广州白云山蒲涧寺一游，看到“千章古木临无地，百尺飞涛泄漏天”的景象；旅途遇罗浮山道士邓守安，道士曾对他说，“广州一城人，好饮咸苦水，春夏疾疫时，所损多矣。惟官员及有力者得饮刘王山井水，惟蒲涧山有滴水岩，水所从来高，可引入城，盖二十里以下耳”。于是他灵机一动，设计了一套精妙的“竹制管道”，引水入城的方案（上述）。他向广州知州王古（字敏仲）提出方案后，仍然不放心，他又写了第二封信。在第二封信中又提出了更具体的建议。他建议施工时在每一根毛竹上都钻上小孔，然后用竹钉封上，这样在发生堵塞的时候就可以检查出具体的堵塞部位，便于日常维护。在苏王两人的共同努力下，广州终于有了“自来水”供应，解决了老百姓的饮水问题。

竹管之所以得到较早应用，特别是在南方应用范围相当广泛，就在于竹管取材方便、运输便利、造价低廉。温正军曾对竹子的优点作了较为中肯的总结：“一是体轻且质地异常坚硬，收缩量非常小，而割裂性、弹性和韧性却很高，顺纹抗拉强度达到 170MPa，约为木材的 22.5 倍，顺纹抗压强度达到 170MPa，约为木材的 1.52 倍。二是竹子纤维的强度高，如果超过抗弯强度时，并不会像木材那样彻底折断，为维修或更换损坏部分提供了时间差，不至于马上断水。三是竹子资源丰富，随处可得，维修更换方便，即使使用年限短点，也可以通过及时更换来弥补”。宋代广州陶瓷业极为发达，苏东坡在杭州改造引水工程时，因埋地的竹笕堵塞腐烂，为保证引水卫生，曾下令烧制陶管埋于地下，让清泉流入杭城，为什么到了广州引水时却弃陶改竹，很可能就是从经济性、可维修性及工期上考虑的。

竹管输卤与输气

从管道发展史的角度来看，竹管输卤与竹管输送天然气在我国管道技术发展史上具有特别的意义。这不仅在于我国是世界上最早使用管道输卤的国家，并通过输卤、输气竹笕最早实现了现代管线的基本功能，而且在于管线制作产业化以及管线输送距离相对较远，最早实现了管道的远距离输送。王连第、徐宝政在“中国德国古代输卤技术浅析”（《盐业史研究》1997 年第 1 期）一文中，通过研究认为：中国用管道输卤的历史始于公元 25~220 年，有文字记载于公元 990~994 年，在西方输卤最早的国家德国则始于公元 1577~1578 年。我国管道建设规模宏大，根据《川盐纪要》记载：仅四川地区“置笕”（当时对管道建设的称谓）者就达万余人，这说明管道建设有了一定的规模。大约在宋代，我国的输卤竹笕就可以将卤水输送到 3~4km 以外的地方进行烧煮。随着钻井深度的突破（从北宋到清初，基本在 300m 以内，自嘉庆初年突破 200 丈近 700m 后，道光十五年就突破 1000m，成为世界上第一口千米深井，相关技术被传教士带回西方，成为西方现代采掘业的基础），不仅将深层丰富的黑卤矿暴露给人们，使盐业产量得到提升，而且，一批高产气井被发现，一口气井可以供烧数百口盐锅之用。彻底解决了自贡长期依赖威远煤矿熬盐的问题，运输成本大为降低，熬盐成本大为降低。由于天然气矿与盐井矿并不是完全共生的，高产气井一般在当时的自流井区，而高产卤水井贡井区较多，这种客观上的气井与卤水井地理位置分割，逼迫人们必须想办法使水、火两者得以调剂，使两区制盐场自动进行合并，因此修筑管道将卤水远距离输送到自流井区的井场进行煎熬，促进了竹管输送向远距离方向发展。输卤水的竹质管道是一种重力管道，依靠高低势能差克服摩擦阻力，在没有高低差的区段或需要将低处卤水输往高处时，人们就安装“马车”（中间提升站），这样竹笕便能实现翻山越岭，当时可以把卤水输送到 10km 远以外的地方。这类卤水管道从 17 世纪的明朝到 19 世纪清朝时期，总共修建了 12 条，总长度达到 150km，是世界上最早的长距离输送管道。

竹笕在自贡地区几乎以不变的工艺形式存在了二千年，创造了一种独一无二的竹笕文化，堪称世界一大特色，是世界管输史上的奇迹。随着近代开采技术的进步，竹笕上高山、下深谷、穿市镇，连绵起伏如同过山车，与天车一起形成一道非常壮观的自贡风景。在明末清初时，最长的竹笕长度超过了 15km，整个自贡地区竹管总长度超过了 5000km。根据 1954 年统计，仅自贡盐场 14 条主要输卤竹笕及支笕的长度就达到了 95678m。那时，自贡盐场的竹制卤水管网，笕密如蛛网，带着从卤井里汲出的卤水，越过青青的田野和陡峭的山坡（见图 1–4），跨过开阔的河流，把卤水送到

图 1–4　盐都自贡纵横交错的输卤管道

十多公里外的制盐灶房，熬制成雪白的盐。足见竹笕生命力的旺盛。新中国建立后，随着科技技术的进步，卤水逐步改用钢管输送，竹制卤笕便消失了。

自贡的天然气管道虽然规模要比输卤管线小很多，但是，由于天然气的特殊性，整个输气管线（火笕）系统的复杂程度却远在输卤管线（水笕）之上。比如在气井井口需要考虑降压并实现卤气分离，到了灶炉处又要进行单管增压与多级配气等。非常棘手的问题是天然气压力比较高，不仅地面上的管子需要具有足够的抵抗纵缝环向拉力的能力，而且地下井筒也要设法提高抵抗高压天然气冲击的能力，否则，天然气就会在接近井口附近失去控制。而竹笕的一个显著缺点是纵缝抵抗环向拉力太弱，如何解决这个问题呢？“木竹”即木质套管被人们发明了出来。

根据戴家齐、叶德丰在《世界管道手册》中“世界管道发展史”一章所述，公元1041~1053 年，中国钻井技术有了一次大的飞跃，出现了“卓筒井”。其井内就使用了木质套管“木竹”。“木竹”是把坚硬的松、柏圆木锯成两个半圆柱，中间挖空，然后把两个中空的半圆柱合成一个圆筒，外面用布麻、蓑草等紧紧地缠裹起来，之后再用桐油石灰把缝隙密封好，这样就制成了不渗水、不漏气的木质管子。由于它很像中空的竹子故名“木竹”。“木竹”之间采用榫接以防轴向拉脱，木管口径与强度都较竹管为优。木管主要用于输送高压天然气。到了 19 世纪初期，钻井深度突破千米，天然气量更足，压力更大，出现了天然气输送配气系统。配气系统所用的管子也是以“木竹”为主。

3. 困扰古代管道的难题

从考古发掘出来的陶质管道来看，其连接方式都是大头套小头的插接式连接。无论是 1979 年发现的北京南门门道下 4000 多年前夏朝以前的远古陶质管道，2012 年在重庆大渡口工地施工时发现的西汉时期的陶质管道，还是 2015 年在宜昌老城改造献福路拆迁工地意外发现两米多长的明清时期陶制排水管，无不是一头大一头小。两根管节相接时，将小的一端插进大的一端。这种方法的确是一项聪明的发现，其合理性显而易见，既有较好的稳固性，也不易漏水。今天，我们的室外排水管，也是继承了祖先在数千年前的这个伟大发现，沿用了古代的经验，排水管道预制成一端大一端小的形式，进行插接连接。只不过，为了密封加固，降低泄漏风险，增加了胶圈。

竹质管道，人们一般选取较大竹子，而后“内通关节，令本末相续，延绵不断，搁之平地或架越涧谷，引水而至”。元朝《王祯农书》卷十八称之为“连筒”。竹子内的节是用一种铁质圆头专用工具捅开的，竹子天然底部粗、顶端细，将粗细均匀的竹子去掉头尾，直接可以实现承插连接，如果管端外径过大，可以将其锉小，套进大管。这就是所谓“本末相续”而成“连筒”。既然作为水管用，不可避免需要拐弯或中间引出，即需要有弯头与三通，弯头可通过加热使竹子弯曲，而三通则必须开孔解决了。

前面已经叙述过，竹子的顺纹抗拉、抗压强度还是比较大的。关键是纵缝抗环向拉力太弱；接头处、三通开口处的密封是个困难。为了确保这些部位不渗漏，一般采用麻丝塞填、麻绳或竹篾缠绕、桐油涂覆的方法。这样不仅使得管子接头处密封防渗得以解决，而且提高了管子的承压能力（抗环向拉力的能力）、耐腐蚀性能。光绪七年（公元 1881 年）四川总督丁宝桢主编的《四川盐法志》记载：“当时管道以竹子制成，……以大竹或楠竹通其节，用公母榫接逗，外用细麻油灰缠缚”，这里的外部缠麻有助于防止纵向开裂，涂油灰起到防腐和密封作用。根据经验，人们知道，接头部位防渗漏仅通过外用细麻油灰缠缚肯定不行。因此，一般在接头插入前，要先将竹梢一头用细麻密缠几十厘米，再涂上桐油石灰，并将麻箍与桐油石灰捶打成泥糊状，插入逗紧，干后就非常紧密，不易渗漏。现代铸铁管道的石棉水泥接口内部一层也是油麻，估计也是学习古代竹笕接头处的密封方法。

尽管竹质管道（竹笕）外缠麻油以后，竹笕的承压能力可以比早先外缠竹篾皮提高 50% 以上，防腐效果也大为提高。但是无论是陶质管道，还是竹木质管道，其输送距离仍然无法无限延长，单根管道输送量非常有限，管节之间连接部位的渗漏仍然时有发生，维修频繁。其最根本的原因还在于管子材质的强度。我们知道，要想长距离输送，就必须有一定的输送压力以克服管输阻力。而提高输送压力，管材的强度就成为重要技术指标。要提高输送量，就必须增大管径，管径的增大则也意味着对管材承压能力的要求更高。无论是竹木管道还是陶土管道，管材强度决定了其有限的承压能力，接头部位更是承压的薄弱环节。因此，古代管道的连接方式与承压能力一直是制约管道输送距离与输送量的关键因素。

受此限制，数千年来，无论是输送生活用水、排出污水或雨水，还是输送卤水、天然气、灌溉用水，管道长度都有限，一般最长不超过数公里。到了明清时期，随着四川自贡地区自流井厂单井产气量的提高，商人们有了更大的动力将更远处的卤水送到自流井厂熬盐。加之人们学会修造“马车”（即中间提升站）将卤水提到高处，使管线具备能翻山越岭、穿越河底长距离输送的动力；竹管制作技术的改进、连接材料的进步使管道承压与耐久性能提升，从而使管道输送距离超越 10km 以外，可以实现相对较长距离输送。不过受到承压能力的限制，特别是连接部位的渗漏，使得管线向更远距离的输送受到挑战。所以这个时期，中外均没有建成真正意义上的长距离输送管道，就更不用说现在那些大口径、高压力的长距离油气输送管道了。

4. 数千年冶金史无改管输业的停滞

时至今日，钢铁等强度更高材料制成的管道，对提高输送效率以及减少渗漏发生率、抵抗自然侵蚀和其他破坏的好处是显而易见的。只不过，钢铁管道以及其他高强度管道的出现仅仅是最近一两百年才有的事情。在长达数千年的岁月中，冶铁技术早已进入人类的视野，铅锡铜铁等金属冶炼技巧已经被掌握，历史学家一致将金属冶炼和金属工具的使用，看成是人类从蒙昧到文明的转折，对人类社会的发展具有划时代的意义。但是，我们却没有看到管道输送业革命的发生，我们从博物馆里的实物遗迹、图片资料中看到的只是：早期的金属冶炼成果除了可以做一些酒器、礼器、刀剑等对人类生产力的提高作用并不太大的东西以外，冶金的成就实在没有多少更令人满意的特殊表现。因此，普通人似乎很难产生像史学家那样深远的联想。而且，从目前考古研究来看，这些金属器物的使用还有不少适得其反的例证。比如，殷商政权之所以那么不堪一击，在短短数月之内就被西周的远征之师打败，一个很重要的原因就在于殷商部落大量使用青铜、铅锡等金属类器皿饮酒、进食、饮水，导致殷商子民特别是贵族、士兵将领慢性中毒、体力下降，从而招致失败。

那么，数千年的人类冶铁史为什么迟迟没有改变与我们生活息息相关的管输材料性能呢？这或许是一个很难说得清楚的话题。但是，这并不妨碍我们通过对冶金史的大致梳理来琢磨、猜测其中的一些不太精确的因果关系。

数千年的冶金史

四千年之前西亚出现了铜冶技术，三千年之前我国商周就已经出现了青铜冶炼技术。《诗经 · 鲁颂》有云：“憬彼淮夷，来献其琛，元龟象齿，大赂南金”。就是说，淮夷地区除了贡献海龟和象牙以外，还有南方出产的金属，反映了当时中国南方金属矿产冶炼已经行业化。在南方一些地区已经可以专门进行冶金生产，连同上交税赋也可以使用金属代之。冶金生产已经不是个别人的偶发行为，而成为一种有组织的生产方式。

到了公元前 13 世纪，冶铁技术率先在土耳其出现，我国冶铁技术大约出现在西周（公元前 1046 年公元前 771 年）时期，冶炼出生铁使我国成为世界上最早发明和使用生铁的国家。在战国时期已普遍使用块炼铁渗碳成钢工艺或铸铁脱碳技术。《左传》中就有晋国铸铁鼎的记载。汉代就有了著名的“百炼钢”技术。这个时期冶铁技术得到了很大的发展，因而成为当时最重要的手工业。在后来的上千年时间内，我国冶金技术一直走在人类社会发展的前列。

唐代诗人李白在天宝十二年（公元753年），漫游到银和铜的重要产地秋浦，即今安徽贵池市，看到秋夜里冶炼工人一边劳动、一边歌唱的宏大场景，诗人觉得那嘹亮的歌声仿佛使寒冷的河水都荡漾起来了，于是诗兴大发，用饱含激情的夸张之笔、传神之笔，写下了“炉火照天地，红星乱紫烟。赧郎明月夜，歌曲动寒川。”（《秋浦歌十七首之十四》）的优美诗句，画出了一幅瑰丽壮观的秋夜冶炼图。这也说明当时的冶铁技术已经相当普及了。

图1–5为2016年在我国湖南省桂阳县发现的首个矿冶遗址现场照片。桂阳古称八宝之地，西汉桂阳郡设金官；唐代设桂阳监，成为铸币重镇；宋代桂阳为重要的白银产地，也是唯一的州级矿冶监；清朝时期桂阳仍然为铸币原料主要产区，桂阳因此有“千年矿都”之美誉。桂阳有多处古冶遗址，遗迹大到数万平方米，且多属于多金属同时冶炼，有力证明了我国古代冶炼工业的发达、技术的高超、规模之宏大。当然，目前我国发现的冶铁遗址很多，如河南南阳汉代冶铁遗址、山东临淄古冶铁作坊遗址等。

图1–5 桂阳矿冶遗址现场照片

1985年，科学技术文献出版社出版了《世界冶金发展史》。其前半部分是英国著名学者泰利柯特教授所著《冶金史》（1976年出版）的内容，后半部分则是我国中科院华明觉研究员撰写的《中国古代冶金技术》。在泰利柯特教授所著的《冶金史》部分，他以考古的观点将人类使用金属划分为几个时代，其中铜冶炼在公元前5000年的埃及、安纳托利亚就出现了，青铜在公元3000年以前的美索不达米亚、巴勒斯坦等西亚和欧洲地区就出现了，铁器出现在上述地区也要追溯到公元前1000年之前，而著名的罗马铁器在西方的出现也有2000年的历史。《中国古代冶金技术》部分作为对泰利柯特教授所著《冶金史》的完善和补充，则主要介绍了中国古代冶金技术的发展和工艺。这部分除了其他论证中国冶金技术的出现及发展轨迹外，还展示了中国早期冶金技术的最大特色是善于采用铸铁造型，造就了以彝器铸造为重要特征的商周青铜文化；在公元5世纪前后出现并推广了铸铁，并开发出铸铁农具。总之，主要用于铸造祭祀用品、酒器、刀剑铠甲、铸币、农具、工艺品及其他少量生活、生产用品等。

与冶金史并存的管道输送业

那么，这个时期的管输业又是一个怎样的场景呢？

严格说来，管道的出现，起源于饮用水供应与排水的需求，特别是城镇饮用水。从历史记载看，最早的输水技术是由腓尼基人开发的。历史记载最古老的管道是起源于这一时期的陶土管道。当然我国在这一时期甚至更早也出现了陶土管道，只是我国最早的陶土管道遗迹显示，我国古代人一般将陶土管道用于排水系统，而非给水系统。这可能与我国古代人选择的定居点位置有关。

最早的城镇供水工程约在公元前 2900 年的埃及出现，以后不断发展。罗马城于公元前 4 世纪 ~ 公元前 3 世纪先后建立了 11 条向城内供水的输水道。公元前 312 年建成阿匹亚输水道，水源为泉水，从水源到城市配水点为长约 16km 的地下暗渠。16 世纪后欧洲的城镇供水有较大发展。伦敦首先使用了水泵抽水。不过，人类几乎用了几十个世纪的漫长光阴才完成了从古代管道到现代供水管道的跨越。

在我国，最早的排水管道是在河南的龙山文化遗址中发现的。最早的供水管道目前发现于东周时期的阳城。毋庸讳言，城市的给水管道在管道发展史上的意义要远大于排水管道。因此，古人很早就将主要精力放在对给水管道技术的研究上。只不过由于受当时给水管道可实现的商业比较价值、冶金技术等方面的限制，人们将精力主要用在具体的工程施工技巧与引水方案的构思上，而没有放在具体的管道技术上。因此我国从 2000 年以前的东周阳城、汉唐时的长安城到元明清时的北京城，输水的重点都在于研究开渠引水、筑坝蓄水、凿井取水上，而不是解决输水管道的技术变革上。《水经注》《元史 · 河渠志》《都水监记事》《明史 · 河渠志》等典籍中记载的无不是这类问题的解决。特别是开渠引水是重点，如长安的龙首渠、元大都金水河、成都的金水河都是有名的输水工程。在城内供水环节，所用的输水管道长期停留在距离有限的竹木管道、陶土管道的水平上，数千年不变。

在西方，关于城市给水思考的重点其实也与东方大国基本相似。西方最早的给水可以追溯到公元前两千年。在迈锡尼时代（古希腊青铜时代的最后一个阶段，约公元前 1600 年 ~ 公元前 1200 年），古希腊已有了完整的城市供水系统，并最先采用了青铜管或加固木管制的虹吸管，将水引过山谷。但是，其供水的思考重点也是水利工程的兴建，而不是输水管道这类具体技术。所以，青铜管或加固木管制的虹吸管技术应用并不普遍。这里我们需要澄清的一点是：古代东西方关于城市给水思考重点基本相似，却并不存在相互学习借鉴或谁先谁后的问题，输水技术或想法都是独立发展起来的，是各自漫长实践的结果。因为相距太过遥远，彼此并不关心对方的想法，更没有学习的机会和动力。最大的可能性或许只是偶尔被遥远异地类似于童话般的输水工程故事所吸引，被不太清楚的谣传所困惑，估计也就仅此而已。

人们现在普遍认为最杰出的给水系统在古代要数罗马的，当古埃及人花费巨大的人力物力建设那些呆笨的金字塔和那些无多大用处却非常著名的希腊神庙时，古罗马人却将引水渠修建变成生活中不可或缺的一部分。这或许是罗马很快超越埃及成为世界文明新中心的众多因素之一。公元前 4 世纪左右，古罗马城已成为意大利中部初具规模的大型城市。随着城市人口的激增和城市中心的不断扩大，对水的需求不断增加，供水成为最迫切的市政工程。于是，在公元前 312 年，罗马城兴修了第一条地下引水渠，开创了人工引水入城的先例。此后，罗马城先后修建了 11 条大型输水道。从城外河流、湖泊和泉水引来的水先储存在城市周围的池塘中，然后通过输水道从不同的高度进入罗马城，以满足城市用水需要。输水道除常规渠道外，许多地方还采用了虹吸管、隧洞和连拱支撑的石质渡槽。据记载，这个时期的水道就部分地采用了铅管、陶管或石管等。罗马学者维特鲁威在他著名的《建筑十书》一书中，多处谈到与输水道有关的问题。

另外一位古罗马的水务专员弗朗提诺（公元 35~103）还专门著有《论罗马城的供水问题》一书。这是第一本关于水利学的书，书里描述了罗马给水系统的建设，但是，仍然没有关于管道制造与建设的具体技术的探讨。即便是关于给水系统建设的论述，也多是罗马工程师的一些经验，并没有建立科学的体系。我们知道关于水力学方面的理论知识直到达·芬奇时代才有了更大的进展。18 世纪早期，牛顿基于对水力学的连续性的思考，根据自己的理解提出了关于动量的基本法则之后，18 世纪中期的柏努利才写出了第一部关于水力学的专著。这说明古代人对于技术研究的兴趣远不及现代人这么浓厚，这或许与当时社会缺乏对科学技术研究的赞助有关。富人和统治阶层更大的兴趣是文学艺术与政治伦理，而不是科学技术。

铁质管道的出现

根据文献记载，直到 1455 年，铁管才首先在德国帝国城堡被应用。但是当时铁管的价格是非常高昂的。1652 年，又有一条金属管道被用于输送水到位于波士顿城的倪西集市。也有文献记载美国最早的这条给水系统是在思加福镇和莫拉里恩的定居点。也有文献资料认为，这些给水系统里的管道仍然是木制管道，有的是模板捆箍制成，有的是将圆木中间钻孔（掏空）形成管道，只是相对于古代输水管道工程规模更大（距离更长、管径更大、输水量更大）而已。几乎同时，费城建设了第一套有泵的输水系统。伦敦到 17 世纪中后期，拥有了超过 50km 长的输水管道。其中，既有木制的，也有铁制的或是铅制的管道，是一条不同材质的管段连接而成的混合型管道系统。

从以上梳理不难看出，至少在工业革命出现以前的 500 年，冶铁技术已经可以用于金属管道的制造了，但是，该技术却没有在输水管道上获得应用。事实上，我国早在唐代就开始铸造各种大型铁件。如湖北的当阳铁塔、河北的沧州铁狮、河南登封与山西太原的铁人，明代更出现了重达 36t 的北京永乐大钟、重达 76t 的河北正定铜佛。这么复杂的大型金属质物件都能制造，怎么可能制造不出一根金属管道呢？我们有理由相信，在当时制造铁质管道不存在技术上的难题，而是其他原因迟滞了铁质管道的出现。

如果我们研究一下铁质输水管线的性价比，我们就会发现：无论是西方，还是东方国家，其古代冶铁技术再发达、再普及，也不足以与工业革命以后的冶铁技术相比拟。落后的技术工艺限制了钢铁的廉价生产，而没有廉价的钢铁，输送管道就无法实现从竹木陶土向钢铁的转变。一句话，这个时期的冶铁技术仍然不足以使铁廉价到可以被用于输送水、天然气、卤水等相对价格低廉的物质用途上。因此，尽管钢铁很早就进入人类的视野，却一直要等到工业革命，使钢铁生产效率极大提高，钢铁才能够走进管输领域并很快成为这个领域的主宰。

如果我们进一步追问，为什么在长达数千年的冶金发展中，没有使冶金业技术有显著提高而生产出廉价的钢材供制管之用，而在工业革命后的几百年甚至最近 100 多年的时间里，冶金技术却连续出现革命性提升，质优价廉的管道迅速遍及世界各个角落？

为什么技术突然发生了这么大的跃变呢？仔细分析全球技术的发展史，我们会发现，决定技术发展快慢的先决条件有两个方面。

一是人类在近代对科学技术的认识态度发生了变化。人们不再假设世界上所有重要的事情都已经为圣人或神所知，只要钻研经典并按经典行事，就可以确保国泰民安、万古不衰。而是越来越相信还有许多知识有待于人类去发现，而且这些知识是可以依靠科学研究去发现并借此提升人类的能力。人们认识到“科学研究可以提升人的能力这不只是盲目的信仰，而是经过了反复的证明。所以，手中握有资源的人和政府越来越愿意投资研究。”（尤瓦尔·赫拉利著，林俊宏译《人类简史》第 14 章）因为，他们明白仅仅靠观察不足以成为知识，真正的知识来源于反复的试验与深入的思考，只有这样得到的知识才能做出新东西，社会才能取得不断进步。即人们开始以自然为师，而不再是以哲学为师，以实验为师，而不是以典籍为师，这极大地促进了新技术的涌现。

二是人类传播知识的途径发生了变化，或者说人类获得的信息渠道和信息量发生了本质的变化。早期，人们依靠经验的积累或偶尔的灵感获得的技术主要靠口口相传，这样，一是传递过程出现错误的概率比较高，二是科技的普及面受限，导致无法很好地继承与传播。另外，没有完整的对技术发明的记录，也不利于进行科学的分析。因此，技术总是在低水平上徘徊不前。历史的经验表明，传播与记录的重要性一点也不亚于创造发明本身。古代几个文明地带的兴起，大多与书写系统的发现或被有效利用有关。泥板让苏美尔文明发展起来，纸莎草纸的发明带来了古埃及文明的昌盛，羊皮纸带来了罗马文明，竹简和木简的使用使中国春秋、战国时期文明勃兴于世，13 世纪意大利出现了第一个造纸厂，很快文艺复兴的火苗就从意大利燃起。有了知识传播载体，还要有详细记录发明或试验过程的习惯，科技才能迅速发展。而科学家养成认真记录试验过程的习惯也只是近代以来的事情，特别是科技刊物的大量涌现，激励了科学家整理记录并将之发表的热情。这样就使得更多的人可以借鉴前人的经验，从而加速了科技的发展。美国发明家莱特兄弟之所以在很短的时间内，成功实现了人类飞翔的梦想，就是因为半个世纪之前，被人称作动力之父的英国发明家乔治·凯利对自己研究、试飞滑翔机工作有详细的记录。奥维尔·莱特在 1912 年曾说：他们的成功完全要感谢乔治·凯利这位英国绅士写下的飞行器理论，因为他们设计飞机时，完全是采用了凯利爵士提出的非常精确的计算方法进行计算的。

我们看到，在近代以来，各国投入研究的资金越来越多，特别是美国在 1945 年 7 月 16 日上午 5 点 29 分 45 秒，在新墨西哥的阿拉莫戈多引爆第一颗原子弹以后，就彻底引爆了“科学革命”。科学技术日新月异，形成一股强大的洪流，冲击了人类社会的各个角落。加之，知识传播的加速普及，使更多人投身到研究中来，特别是更多的人站在了巨人的肩膀上接力研究，终于爆发了科技革命、工业革命的洪流。钢铁管道就是在这样的科学技术洪流中，冲出幽深岁月的峡谷，迅速布满了世界各地。

参考文献

[1] 黄亚平 . 西安阿房宫遗址附近发现秦代完整排水管 [N]. 西安晚报 2006-1-4.

[2] 桂娟 . 河南平粮台遗址新发现龙山文化时期陶质排水管道 [N]. 新华社，2016-5-5.

[3] 李晟 . 永川发掘出唐宋古城 [EB/OL]. 华夏经纬网，2014-1-10.

[4] 欧阳常海，肖嗣胜 . 桂阳发掘湖南省首个矿冶遗址 [S]. 百度，2016-11-9.

[5] 给水的历史 [DB/OL]. 百度文库，2016-5-7.

[6] 温正军 . 苏东坡广州竹管引水工程的工艺分析 [J]. 城镇供水，2017 (1)：1-8.

[7] 潘家华 . 浅谈我国古代的管道工业 [J]. 油气储运，1989 (3) :15-16.

[8] 杜鹏飞，等 . 中国古代的城市给水［ J ］. 中国科技史料，1998，19（ 1 ）：3–10.

[9] 王连第，徐宝政 . 中国德国古代输卤技术浅析［ J ］. 盐业史研究，1997，20（ 1 ）:61–67.

[10] 戴家齐，叶德丰 . 世界管道手册［ M ］. 北京：石油工业出版社，2003.

[11] 马前卒 . 自贡竹气朋克，中国工业革命——近代史的另一种可能［ EB/OL ］观察者网风闻社区，2018–11–15.

[12] 吴军 . 全球科技通史［ M ］. 北京：中信出版集团，2019.

[13] 了解输油道的前世今生［ DB/OL ］. 百度文库，2017–8.

[14] 尤瓦尔 · 赫拉利 . 人类简史［ M ］. 林俊宏，译 . 2 版 . 北京：中信出版集团，2017.

[15] 陈贵清 . 管道结构漫谈［ C ］. 全国力学史与方法论学术研讨会，2005.

[16] 泰利科特 . 世界冶金发展史［ M ］. 华觉明，译 . 北京：科学技术文献出版社，1985.

第 2 章 在工业革命背景下的管道发展

尤瓦尔·赫拉利在他那本让世界不少国家的读者着迷的史书《人类简史》第十四章，一开头就写下了如下一段意味深长的话语：

假设有个西班牙农民，在公元 1000 年沉沉睡去，等到他醒来的时候已经过去了 500 年，虽然这时哥伦布的水手已经登上新大陆，但是他看看四周的世界，还是会感到非常熟悉。这时的科技、礼仪和国界都有许多不同，但是这位做了个“李伯大梦”的中世纪农民仍然能有家的感觉。然而，如果是某位哥伦布的水手做了这场梦，醒来的时候听到的是 21 世纪的 Iphone 铃声，他会发现自己处在一个完全陌生、无法理解的世界。他可能会问自己：“这是天堂吗？还是地狱？！”

的确，在过去的 500 年，人类世界有了前所未有的进步。管道输送更是在最近不到 200 年的时间里，让数千年不变的竹、木、石、陶管道变为钢铁长龙。

1. 默多克通向瓦特工房的铅皮小管

尽管现在很难精确地说人类何年开启了使用金属管道输送的历史，但是一位名叫威廉·默多克的苏格兰发明家绝对是改变管道输送史的重要人物。

威廉·默多克的发明

据说在苏格兰发明家威廉·默多克（1754—1839）童年的某一天，默多克把他妈妈的瓷茶壶放到一个黑铁炉子上加热，结果得到了一种可燃烧的气体，能发出热能和光能，这就是我们常说的煤气。但是，非常不幸，他把妈妈的茶壶给烧碎了，结果可想而知，被妈妈训斥了一顿。默多克的妈妈甚至怀疑这孩子的脑子是否有毛病，但是默多克那颗好奇的心并未因此而停止试验探索。他在瓦特的工厂效力了 62 年，发明了煤气、曲柄齿轮传动系统、蒸汽引擎机车头、汽动力焊枪、钢水泥、合成染料、综合塑料制品等。特别是 1792 年，他利用自己的一项研究成果——通过蒸馏煤生产煤气，使他成为开拓煤气工业的先驱者，在将自己的屋子照得亮亮堂堂的同时，也意味着世界将因他的这个发明而改变。1799 年发明的“D”型滑阀是煤气管子的一个关键部件，使管输煤气可以实现方便的关停与开通控制。1802 年，默多克用一个小型煤气管道给自己的房屋照明，并将煤气输送给伯明翰的波尔顿和瓦特的索霍工厂中用于照明，提高了工厂生产效率。

我们千万不能小瞧这根小小的铅皮小管，就是这根小管创造了世界上最早的燃气商业化应用的纪录，甚至也可看作是金属管道用于商业化输送的开始，并成为催生管道材质革命的起点。

虽然，铅管在 2000 年前的古罗马城池的给水管道中就已经出现，却一直没有引发管道材质金属化变革的连锁反应，而只有将它应用到更有商业价值领域且在工业革命的氛围下，这根由默多克架设的小铅管才像化学催化剂一般催化了管道本质的嬗变。也许当我们细究时，我们会发现以前用于输水的铅皮管其所以无法催生管输业材质的革命性改变，不仅在于煤气比水的商业价值更高，还在于输水不仅可以用管道输送，还可以用或明或暗的沟渠输送，甚至可以用水井代替给水沟渠或管道供水，用过去农村常见的洇渗井法代替排水管道解决排水问题。而煤气则不能，必须用密封性能更好的管道来输送。因此，管道输送的唯一性、无法替代的特性是促使人们投入更大的精力去研究管道制造、施工技术的根本原因，诱人的商业价值是成就管输业进步的根本动力。

默多克小管出现四年之后，1806 年第一条采用铅皮制成的公共街道煤气总管在英国伦敦建成。1820 年，英国建成数条直径 48in、耐压 1MPa 的低压水煤气管道，使铸铁管步入压力输送管道的行列，随后铸铁管道大举进入油气输送管道领域，使得空心圆木制成的城市管道逐渐退出历史舞台，并且承压能力逐步提高，这意味着近代管道输送业正式开始登上新技术革命的舞台。

铁管的优势凸显

由于竹木管输送天然气很不安全，而铅管的机械强度不高，密度又比较大，因此，很快就被 1840 年出现的铁管取代了。

1859 年 8 月，美国宾夕法尼亚州打出第一口油井，石油生产商雇用马车，把一

图 2-1 装啤酒的木桶被搬去装原油

桶桶原油运到河边，装上平底驳船，沿阿列汉尼河顺流而下，到达匹茨堡炼油厂。当时普遍的盛油工具是装啤酒的木桶。图 2-1 为埃克森公司《发现的 100 年》画册上一副反映当年人们用啤酒桶装原油的场景图片。在油区里用马车拉运原油，仅从井口拉到河边，每桶的运费就高达 2.5~5 美元。一个名叫塞缪尔·范·塞克尔的采油生产商在油区敷设了第一条管道输油，该管道用螺栓把一根根 2in 直径的熟铁管连接起来，全长约 8km，埋入地下约 0.5m 深。首站上用蒸汽机带动的泵压送，输油量约相当于 40000 t/a，每桶油的运费才 1 美元。于是，油田上很快铺满了集输管道。1863~1865 年，人们开始尝试用铸管输送原油到更远的地方，但是，却因为存在泄漏实际应用并不理想。不过，由于当年文献记录不详，埃克森公司《发现的 100 年》画册上说，宾州最早的输油管是木制的。《石油、金钱、权力》一书也说，1863~1865 年运油最便宜的是木制管道。

1879 年，中国用铸铁管从旅顺市的龙引泉引水供水师营驻军用水，这标志着中国开始引进西方铸铁管道供水技术，也意味着管道从以竹木材质为主向以金属为主的转换已进入尾声。从此，有数千年历史的竹木输送管道逐渐退出了历史舞台。

但是，铸铁虽然具有耐腐蚀等特点，但是毕竟没有钢质管道便于焊接以及便于做成螺纹所带来的管节连接上的便利性。因而，铸铁管道很快就让位于钢质管道。

2. 曼内斯曼兄弟开启管输业新纪元

随着油气输送、自来水输送、蒸汽机用的锅炉炉管对钢质管道需求的增大，刺激了一些科学家和工程师们把精力投入到与管道建设技术密切相关的工作中来。要将油气（特别是天然气）大批量安全地输送到更远的地方，必须要有适应高压力、不易渗漏开裂的管道。因此，优质的钢材以及无缝管道的研制首当其冲。

炼钢技术的出现

早在 1740 年，英国亨茨曼（B.Hunsman）就发明了坩埚炼钢法，人类第一次得到了少量的钢水。1840 年，人们发明了铁管，天然气输送的危险性得以降低，木制管道退出了煤气输送领域和输水领域。1850~1880 年，炒钢方法在德国和英国取得成功。英国炒钢总产量占中国以外的世界产量的一半。1856 年，英国贝塞麦和美国凯利试验将空气吹入铁水炼钢，经过法国马塞特的改进，转炉炼钢法取得完全的成功。1865 年，法国马丁用西门子兄弟所发明的蓄热窑，以生铁和熟铁在反射炉内炼钢首次获得成功，使平炉代替了炒钢炉，不仅提高了钢的质量，而且可以使废钢重熔成钢。1879 年，托马斯和吉尔克莱斯利用碱性炉衬和炉渣进行转炉炼钢脱磷的试验成功，进一步改善了转炉钢的质量。炼钢技术的提高，为现代石油管道的延伸打下了第一道坚实的技术基础。

原油输送中最初的焊接管道

伴随着钢铁冶炼技术的发展，油气管道也在不断尝试建立新的里程碑。就在托马斯和吉尔克莱斯利用碱性炉衬和炉渣进行转炉炼钢脱磷的试验成功当年，美国在宾夕法尼亚产油区，从宾州的格里维尔到威廉港建成全长 90 英里（约 145km）、管径 6in 的“潮水”管道。这条管道被《石油、金钱、权力》一书称为“全世界第一条长途输油管线”（但是美国油气杂志却称世界第一条管道干线是 1874 年建成的从宾夕法尼亚油田到匹茨堡的管线，据说当时宾夕法尼亚铁路公司为阻挡它建成，不允许它穿越铁路，为此，只得在铁路两侧各建一座终端，在铁路上方架起高架桥），结束了依靠平板车装上大木桶（当时的“油罐车”）运输原油的历史。这个时间离 1859 年 8 月 27 日艾德温·德雷克在美国宾夕法尼亚发现世界第一个油田已经过去了整整 20 年。1891 年，美国又建设了 200km 从印第安纳州中部气田到芝加哥的天然气管道。

不过，这个时期敷设的油气管道并不是无缝钢管，而是焊接管，当年的焊接管可不比我们现在所用的焊接管，质量很不可靠，经常发生事故。因此，生产出无缝钢管就成为许多人的梦想。

无缝钢管的梦想

1836 年就有人尝试过用挤压的方法生产无缝钢管，虽然未获成功，却是人类为实现无缝钢管生产梦想所做努力的第一次记录。后来又陆续出现过尝试用冲压法、锻造钻削法等生产无缝钢管的探索，采用这两种方法虽然均能制成无缝钢管，并获得了几项发明专利，却因生产成本太高无法获得市场认可。1962 年，George Walter Dyson 申请了一项涉及斜扎（或倾斜轧制、扭斜轧制、回转轧制）的工艺，正如金如崧译注的“1885 年以前的无缝钢管生产——无缝钢管百年史话”（《钢管》1999 年第 2 卷）一文所说，Dyson 的斜轧工艺原理“直接或间接地对曼内斯曼兄弟斜轧穿孔工艺的发明产生了影响”。1870 年，Dyson 和 Hall 在一项合作取得的英国发明专利中，也涉及轧制无缝钢管的方法。有人说，19 世纪在整个工业界，人们都对无缝钢管生产感兴趣，取得了不少相关发明专利，至少涌现了数十位对发展无缝钢管生产技术作出巨大贡献的发明家和技术先驱。但是一直等到 1885 年，创造无缝钢管压延工艺的桂冠最终落在了曼内斯曼兄弟的头上。

曼氏兄弟不懈的努力

曼氏兄弟通过长期摸索于 1884 年在鲁尔河河谷一处工业中心，发明了一种轧钢工艺：使实心圆钢可在若干秒内变成无缝钢管，并于 1885 年 1 月 27 日提出了这项发明申请。可是当时的技术界并不认可。许多有名望的技术专家认为“这一工艺违反了物理学的基本定律，认为曼氏兄弟发现的工艺过程，其原理和所从事的产品制造是如此的风马牛不相及”[金如崧译注“曼内斯曼兄弟和斜轧穿孔工艺的发明——无缝钢管百年史话”(《钢管》1999 年第 3 期)]。原因在于曼内斯曼兄弟对孔腔形成的原因没有作出令人满意的解释。实际上，即使用斜轧穿孔法生产无缝钢管 100 年之后，人们关于孔腔形成机理的解释仍然不能说完全成熟，说明该工艺过程确实比较复杂，因而难以验证。但是该发明无疑是一个巨大的成功，对油气输送管道的发展起到了非常关键的作用。

在那个时代，有人甚至说无缝钢管起源于一个非常偶然的事情：有一次吃早餐时，曼内斯曼完全沉入深思，同时在两个手指间搓动一小块面包，从而联想到了生产无缝钢管的方法。实际上，两位发明家的祖先是开锻工作坊的，在曼氏兄弟出生时，其家庭已经是欧洲赫赫有名的世界名牌锉刀生产世家。而 18 世纪工业史上锉刀与无缝钢管生产确实有交集。曼内斯曼兄弟将锉刀原料（锻制圆棒）放在均整机上精整矫直时，发现圆棒中心出现疏松，形成空腔，他俩把孔腔的成因归之于斜轧，便通过实验以验证用斜轧法生产无缝钢管的可能性。那个时代，的确有不少人发现了这种现象，但是像曼内斯曼兄弟这样反复做实验验证的人却很少。

另外，还有资料提到，两位发明家的父亲想不用圆钢钻孔的办法，而是用轧制铸钢空心坯的办法来生产无缝钢管进而制作来福枪枪管。这种方法肯定无法获得成功，但是从此却将这种思想视作家庭遗产传给他的两个儿子。老曼内斯曼总是满怀希望地告诉他的儿子：“你们总有一天要解决制造无缝钢管这个问题”。因此，曼内斯曼兄弟发明无缝钢管是长期思考与反复实验的结果，并不是一种偶然的灵机一动的结果。也有资料提到：他们虽然是锉刀世家，却并不满足继承祖业。1858 年 9 月 6 日，曼内斯曼兄弟在格罗伊尔瑟德小城建立公司。这家公司的目的是利用当地丰富的铁矿石来制造生铁。然而，这家炼铁厂却很快倒闭了，曼内斯曼兄弟蒙受了巨大的损失。1860 年，曼内斯曼兄弟投资建设了当时的第一高炉，一步一步，公司增加了更多的高炉及其他必要的设施和自己的焦化厂。但是，他们并不满足于钢铁冶炼上取得的成功，也未止步于这些成功，而是一直渴望将父亲遗传给他们的制造无缝钢管的思想付诸实施，所以他们一直对技术进步有执着的追求。他们先是提出并制作了“软心钢”或“复合钢”的发明专利申请。正是在这项发明的基础上的进一步反思与实践，他们得出了“通过斜轧实心圆钢可以制成无缝钢管”的结论。后来他们决心用轧制的方法来生产无缝钢管以满足需要，解决当时焊接钢管制作经常发生恶性事故的问题，1885 年提出的专利申请终于在 1891 年获得了通过，他们取得斜轧穿孔工艺轧制无缝钢管发明专利。但因那时的轧管机未考虑芯棒的复位和机械化运送，仍不能投入工业化生产。直到 1896 年解决了机械化运送芯棒，1900 年解决了芯棒复位问题之后，1912 年世界才真正进入用工业化方式生产无缝钢管的时代。图 2–2 是 1912 年曼内斯曼兄弟商议用不锈钢材料发展热轧冷拔工艺制造无缝钢管的画面。

图 2–2　1912 年曼内斯曼兄弟开始采用不锈钢材料发展热轧冷拔工艺制造无缝钢管

有人说，曼内斯曼兄弟的发明彻底地改变了钢管行业。其实，他们也改变了管道输送业，没有无缝钢管的成功生产就没有油气管线在 20 世纪的大跃进。

3. 焊接技术为管道铺平了发展道路

管道连接处渗漏的难题

当然，由于钢材质量和焊接技术的局限性，这个时期管道的承压能力、接头处的密封性能应该还是非常有限的，连接方式应该还是以承插式为主辅助螺栓连接。因为在 19 世纪 80 年代，焊接还仅仅限于铁匠的锻造上，此时，能够应用于管道施工上的焊接技术还没有出现。根据可靠资料记载，可用于管道施工上的最基本的焊接方法如电阻焊、气焊和电弧焊，一直要等到第一次世界大战前后才出现。图 2–3 反映出当时人们用马车拉的管道，仍然存在大小头，显然，当时的管道是承插式连接（图片来源：搜狐网，世界焊接发展史——上下五千年插图）。因此，管道输送量、输送压力与输送距离仍然有限。

图 2-3　19 世纪欧美街头马车拉运管子的场景

1897~1906 年，为缓解里海沿岸的巴库至黑海的巴统港铁路运输紧张状态和降低石油运价，沙皇政府建成巴库至巴统 883km 长、管径 203mm、设有 16 座中间泵站的成品油出口管道，成为一条真正意义上的功能完整、最有代表性的近代长输石油管道。

这条管线的建立，无疑比起轮船、火车运输要方便得多，高效得多。因此，成为世界油气管道发展史上的一个里程碑。

与此同时，到1900年，美国17个州已用上天然气并初步形成了输气管网。很快，具有现代天然气管道雏形的管道在美国不断涌现。其中，具有代表性的管道有两条。一条是 1258.5km 输气到芝加哥的美国天然气公司管道，另一条是 1930km 输气到印第安纳州南部的东潘汉德管道公司的天然气管道。1900~1915 年，《美国政府管道法案》出台，为天然气管网的建设、运营提供了第一个法律支持。

这些长输管道的建成，是天然气大量发现并被广泛应用的写照。可是，由于焊接问题尚没有解决，可想而知，输送压力必然是极其有限的。输送压力上不去，输送量就上不去，天然气长输的效益就无法表现出来。因此焊接技术在无缝钢管生产技术解决之后，成为最迫切需要解决的问题。

焊接技术的世纪

说起焊接的历史，也是非常悠久的。据说，公元前 3000 多年埃及出现了锻焊技术，公元前 2000 多年中国的殷朝采用铸焊制造兵器，公元前 200 年前中国已经掌握了青铜的钎焊及铁器的锻焊工艺。但是古代焊接技术长期停留在铸焊、锻焊和钎焊的水平上，使用的热源是炉火，温度低、能量不集中，无法用于大截面、长焊缝工件上，更不能直接用在现代钢管的焊接上。现代焊接技术直到 19 世纪伴随着工业革命才出现。

19 世纪初期，英国的戴维斯发现电弧和氧乙炔焰两种能够局部熔化金属的高温热源，1856 年英格兰物理学家詹姆斯·焦耳发现了电阻焊原理，1959 年德维尔（Deville）和 Debary 发明了氢氧气焊，1881 年法国人 De Meritens 发明了最早期的碳弧焊机，1885 年美国人 Elihu Thompson 获得了电阻焊机的专利权，1885 年俄罗斯人别纳尔多斯发明了碳弧焊接技术，等等。可以说 19 世纪几乎每一年都有与焊接有关的发明出现，可见焊接技术在当时影响之大。只不过，直到 20 世纪第二个十年，焊接技术的进步才对管道建设产生了实质性影响。

1911 年，由 Philadelphia & Suburban 气体公司建成了第一条使用氧溶剂气焊焊接的 11 英里长管线。

1917 年，位于美国马萨诸塞州的 Webster & Southbridge 电气公司使用电弧焊设备焊接了 11 英里长、直径为 3 英寸的管线。

1922 年，Prairie 管道公司使用氧乙炔焊接技术，成功地完成了从墨西哥到得克萨斯的直径为 8 英寸、长达 140 英里的原油输送管线的铺设工作。

1923 年，世界上第一个浮顶式储罐（用来储存汽油或其他化工品）建成；其优点是由焊接而成的浮顶与罐壁组成像望远镜一样可升高或降低的储罐，从而可以很方便地改变储罐的体积。

1924 年，Magnolia 气体公司使用氧乙炔焊接技术建成了 14 英里长的全焊结构的天然气管线。

1926 年，固体药皮（即手工电弧焊焊条）制作方法发明，打通了管道连接上的技术瓶颈。此后，在 20 世纪 30 年代，又发明了不少新焊接法，同时人们开始不断尝试使用连续丝让焊接工艺自动化。其中最成功的发明是埋弧焊技术，为提高管道建设质量与效率奠定了技术基础。

加之，自从 1912 以来不断问世并改进的挖沟机、吊管机、涂敷机、铺管船等施工机具，为管道建设与发展扫清了物质、技术与法律政策障碍，管道终于要迎来大发展的机遇了。

1925 年，美国在路易斯安那州建成第一条全焊接钢管，并于次年，美国石油学会发布了 API 5L 标准。1933 年，世界上第一条使用电弧焊工艺焊接的接头并采用无衬垫结构的长输管线铺成。图 1–12 为该管道建设场景。

从此以后，铸铁管、普通铁质管先后被一般钢铁管、不锈钢管、防腐钢管甚至非金属管道取代；焊接不仅可以提高管道施工连接的便利性，而且可以保证连接部位的质量，特别是随着 20 世纪各种管道焊接自动化技术、焊接探伤技术的发展，焊接可靠性全方位提升，因焊接缺陷导致的管道接头处的泄漏问题大幅度减少，管道连接处不再成为管道输送承压的薄弱环节。因此，焊接成为管道连接的主要形式。从此，管

图 1-12　第一条使用电弧焊工艺焊接接头的长输管线
（图片来源：搜狐网，世界焊接发展史插图）

道输送走出了漫长而艰辛的幼年时期，进入与铁路、水运、公路竞争的时代。管道建设技术水平与质量安全等级进入急速发展时期。

4. 管线钢、管件与施工技术的现代化

在焊接技术取得突破、焊接质量不再制约管道施工、输送压力的情况下，在同样输量的情况下，建设一条高压大口径管道比平行建几条低压小口径管道更为经济。例如一条输送压力为 7.5MPa、直径 1400mm 的输气管道可代替 3 条压力 5.5MPa、直径 1000mm 的管道，但前者可节省投资 35%，节省钢材 19%。因此，扩大管道的直径已成为管道建设的科学技术进步的标志；在一定范围内提高输送压力更可以增加经济效益，例如把输气管的工作压力从 7.5MPa 进一步提高到 10~12MPa，输气能力将进一步增加 33%~60%，而管径的增加和输送压力的提高，均要求管材有较高的强度。高强度管线钢的开发在此成为管道输送业研究的重点课题。

管线钢的进步

自 20 世纪 60 年代起，随着输送油气压力、管径增高需求不断提高，低合金高强钢代替普通碳素钢成为一种趋势。60 年代一般采用 X52 钢级，到 60 年代末、70 年代初期，美国石油组织在 API 5LX、API 5LS 标准中提出了微合金控轧钢 X56、X60、X65 三种钢。1967 年，从伊朗到阿塞拜疆的第一条跨国高压、高钢级管道（X65）建成。20 世纪 70 年代，X70 级别的管道用于北美天然气输送管道。到 1973 年和 1985 年，API 标准又相继增加了 X70 和 X80 钢。1995 年，加拿大 NOVA 公司第一次采用 X80 级管道。在世纪交汇之际，我国西气东输二线管道全部采用了 X80 钢级管线钢，并

将输气压力提高到 12MPa。2002 年，加拿大建成了一条管径 1219mm、壁厚 14.3mm、X100 钢级的 1km 的试验管道，2010 年以来，我国也开始了 X100、X120 钢级管线钢的试验，这标志着人类可以用更高的压力将天然气安全地输送到更远的地方。

管线钢在短短的几十年时间内很快从普通碳素钢提升到 X120 级别，不仅是含碳量的降低，微量合金元素的加入，更是通过控轧工艺使钢的力学性能得到显著改善。与此同时，复合材料增强管线钢管也得到开发，如 2000 年用于高压天然气输送的合成材料玻璃纤维管道开发成功。这种钢管是在高钢级管线外部包敷一层玻璃钢和合成树脂，以进一步提高输送压力，降低建设成本，增加管输量，增加管子抵抗各种破坏的能力和安全性。

管线输送配套技术

除了开发新型高强钢以外，人们还在管道设备、内涂层技术、降凝剂、吹扫技术、自动清洗技术与检测技术等方面进行探索，使管道建设速度与水平不断踏上新台阶。

到 20 世纪末期，以罗罗公司、索拉公司、GE 公司、西门子、瓦克夏和卡特比勒为代表的西方发达国家的大型设备制造公司，相继掌握并开发了天然气管线压气站用压缩机及其成套技术。我国在 2010 年以后，沈阳鼓风机集团公司、上海电机厂、中船重工等企业也具备了开发大型压缩机的能力。大型球阀、管线自动控制设备及技术也是管道输送业发展的核心技术，这些技术同样在 20 世纪末期与 21 纪初期实现了突破甚至普及，为管道输送业的发展扫清了一个又一个的关键技术障碍。

1953 年，管道内涂层首次在美国一条直径 508mm 的天然气管道上投入使用；1967 年，增加原油流动性的原油降凝剂获得应用；1961 年，发明了可直接在管沟将钢板弯制成管子的制管机；1964 年，半自动二氧化碳保护焊、聚乙烯热收缩套补口和修理防腐层技术出现，进一步加快了管道建设速度与效率。21 世纪以来，顶管技术、定向钻穿越施工技术问世，加上 20 世纪就问世的盾构技术，使得管线穿越施工能力进一步提升，管道建设基本上可以随心所欲进入任何地域。减租涂料、降凝剂、化学清洗、吹扫技术、自动清管与检测等技术不断问世，为管道输送成为五大运输方式之一开辟了更加光明的前程。

参考文献

[1] 卡西 . 石油管道进化史 [J] . 国企管理，2016（2）：74–76.

[2] 百度百科网站 . 威廉 . 默多克 [EB/OL]. [2017-08-21] .http：//baike.baidu.com.

[3] 邱永泰 . 自动轧管机的发展进程——纪念曼内斯曼兄弟发明斜轧穿孔工艺 120 周年 [J]. 钢管，2005，34（1）：51-54.

[4] 金如崧，译注 .1885 年以前的无缝钢管生产——无缝钢管百年史话（1）[J]. 钢管，1999，28（2）：52-55.

[5] 金如崧，译注 . 曼内斯曼兄弟和斜轧穿孔工艺的发明——无缝钢管百年史话（2）[J]. 钢管，1999，28（3）：45-50.

[6] 焊接 21 世纪 - 中国焊接器材网 . 世界焊接发展史话大全 [EB/OL]. [2016-11-17] .http：//www.weld21.com.

[7] 秦龙 . 蜿蜒神器——石油管道技术变革史 [J]. 国企管理，2015（10）：70-71.

[8] 杜鹏飞，等 . 中国古代的城市给水 [J]. 中国科技史料，1998，19（1）：3-10.

[9] 顾其详 . 中国古代及早期给水史述略 [J]. 土木工程学报，1964（3）：74-77.

[10] 吴潇 . 民国成都市区的生活用水与排水建设研究 [D]. 成都：四川师范大学，2018.

[11] 石仁委 . 我国天然气长输管道的建设与管线钢的发展 [J]. 管线与技术，2014，8（6）：34-38.

第 3 章
管道输送业的迅速崛起

如果你问一位 19 世纪以前的人，物质的主要运输工具或方式是什么，他会不假思索地告诉你，车（当然这里他说的车是畜力车、人力车）和船。如果你问的是一位 19 世纪的人，他可能要思考一会才能回答您的问题。船这种最古老的运输方式肯定是最主要的运输工具之一了。若他知道 1825 年 9 月 27 日，世界上第一条行驶蒸汽机车的斯托克顿－达灵顿铁路的正式开业运营这件重大历史事件，他也会毫不犹豫地告诉你还有火车，可是汽车算不算呢？因为 1888 年，奔驰已经生产出世界上第一辆供出售的汽车了，但是却还仅仅是个人出行的交通工具。还有最古老的管道输送，在 1879 年，美国人已经建成从宾州的格里维尔到威廉港建成全长 90 英里（约 145km），管径 6in，被《石油、金钱、权力》一书称为“全世界第一条长途输油管线”的“潮水”管道。比起古老的竹木及陶土管道，其输送能力已经大为提升，算不算主要物质运输工具呢？但是，如果你问的是一位生活在 20 世纪的人，他可能略加思考，就会扳着手指告诉你：有轮船、火车、汽车、飞机及管道了。

的确，人类在 20 世纪完成了工业革命的全部任务，一切实物的运输工具已经应有尽有，包括向太空运输货物的飞船也已经成熟了。因此，我们可以给出管道输送业发展的完整画面了，这不仅包括管道输送业的输送能力的全面崛起，也包括它在崛起以后面临的严峻挑战。

1. 油气输送管道化的迅速崛起

从 19 世纪末到 20 世纪初短短几十年的时间内，管道技术发展终结了此前数千年缓慢发展的状态，进入飞速提高期。迅速为物料输送的管道化奠定了物质技术基础。特别是油气输送，以其长距离、大容积特有的的输送价值，触发了管道输送业发展的引擎，使管道输送业迅速崛起。我们有时也很难判断，到底是管道输送技术的发展带动了油气开发生产，还是油气开发生产促进了管道输送业的发展。不过通过追溯其发展轨迹，我们发现：油气管道输送之所以能够迅速崛起，除了与铁路、公路、水运相比较而言的运量大、运距远、成本低、持续性好、安全性好及环保以外，第二次世界大战的特殊需要以及冷战后的地缘政治博弈、环境保护意识等对油气管道输送业也起到了特殊的促进作用。

战争催生的石油管线

第二次世界大战，人们更深刻地认识到管道输送在安全、可靠、经济以及输送量方面的潜力。油气输送管道在战火中迅速崛起。

1941 年珍珠港事件后，美国对日作战，抽调了大量油轮到西海岸。与此同时，德国大规模开展潜艇攻击，重点打击美国的油轮。1942 年前 4 个月，美国有 48 条油轮被击沉，美国的石油运输出现严重困难，因为东海岸所需的原油和油品，绝大部分靠油轮在海上运送。1940 年 6 月，船运石油每天高达 23.4 万立方米，而管道运输仅 0.64 万立方米，铁路只运输 12.7 万立方米。

在此情况下，1942 年美国石油协调局和战时石油委员会召集 67 家石油公司商议，从盛产石油的得克萨斯州朗维尤往纽约州费城地区建设全长 2155km 的原油输送管道。该管道的南段从 1943 年 2 月 19 日开始输油。1943 年 1 月 26 日，开工建设从得克萨斯州的博蒙特到新泽西州贝永，全长 2373km，管径 20in（约 508mm）的成品油管道。

1944 年 6 月，为支持二战中的盟军诺曼底登陆及后续推进中的油料供应，同盟国冒着战火，建设了一条 130km 跨越英吉利海峡的成品油管道。

1941 年秋，苏联第一大城市列宁格勒（即圣彼得堡）被德军包围，进入列宁格勒的全部公路、铁路都处在德军大炮和飞机轰炸之下。冬天，拉多加湖冰冻，成为唯一一条运送生活物资和军火的通道。到了 1942 年 4 月，春暖花开时，这条“生命之路”眼看就要中断了。苏联最高统帅部决定，突击抢修一条穿越拉多加湖底的水下成品油管道。冒着敌机轰炸的危险，一节节钢管用原木扎成的木排拖运到现场，利用敌机轰炸间隙抢建，仅仅一个半月就建成投产，每天向列宁格勒供应 400t 汽油等石油产品，有力地支持了列宁格勒保卫战。这可以称得上是最惊心动魄的一场管道抢建战。

1942 年，为保证抗日战争的油料物质供应，中美双方专家与无数工程技术人员、劳工一起，在枪林弹雨中，先后越过了绵延数百公里海拔 4000m 的横断山，渡过了波涛汹涌的澜沧江、怒江，用鲜血和生命铺设了全长 3000km 从印度加尔各答到中国昆明的二战最长军用输油管道，缓解了中国战场的油荒，为坚持持久战消耗战并最终取得抗日战争的最后胜利奠定了基础。图 3–1 是来自美国宾夕法尼亚州马斯顿的哈洛德 · L · 格拉纳达（Harold L.Granada）下士，当时他正在中国服役。照片中，他在使用无线通信设备控制军用输油管道的汽油运送。图 3–2 是第 779 输油管道铺设工程连来自美国新泽西州的三级技术军士威廉姆 · B · 马特欧（William B.Matto），他在管道端口的工作吸引了一名中国孩子的兴趣（资料来源:《美国国家档案馆馆藏中国抗战历史影像全集》)。

图 3–1　哈洛德 · L · 格拉纳达下士正在中国调度二战最长军用输油管道运行

图 3–2　威廉姆 · B · 马特欧（William B.Matto）军士二战时与中国男孩

世界大战不仅让各国的政治家们认识到长输油气管道的重要性，催生了全球第一次油气管道建设高潮，而且因管道输送的崛起，使油气能源迅速超越煤炭成为世界主要能源。油气输送管线获得进一步发展。

工业化使全球管道里程迅速延伸

第一次世界大战后，随着大规模的生产恢复和工业的强劲增长、交通的繁荣，石油成为主要的动力能源。埃克森、雪弗龙、德士古、美孚 4 家公司的沙特子公司阿美石油公司建成了“横贯阿拉伯半岛输油管道”。1963 年，苏联建成了“友谊”输油管道，口径从 1020mm 到 426mm，全长 4665km，把原油输送到东欧各国。1973 年，由于第一次能源危机，美国国会批准建设全长 1287km，管径 1220mm、日输油能力约 80000m^3 的横贯阿拉斯加的输油管道。

新中国成立后，四川盆地天然气开采和利用的步伐加快。在四川最早建设了天然气管道，从1951年到1958年，累计铺设27.7km，主要用于生产炭黑和部分化工产品。克拉玛依油田发现后，原油长距离输送管道开始出现，1958年12月，建成全长147.2km、管径168mm的克拉玛依油田至独山子炼油厂的原油管道——克独线。20世纪60年代，四川开始建设长距离天然气管道，华北地区和华东地区开始建设较长距离原油管道。1970年开始筹建的从大庆油田至辽宁抚顺的大口径、长距离原油管道（即东北“八三”工程起始），是中国管道发展史上的重要里程碑。历时5年，8条管道在1975年全部建成，形成了国内第一个原油管网，连接了抚顺、锦州、锦西、大连各炼油厂和河北省秦皇岛油港、辽宁省大连新港。此后，国内又相继在华北、华东、中部和西北地区建设长距离原油管道。其中，华东地区原油管网又联结了山东省黄岛油港和江苏省仪征油港。从此，东北和华东地区基本形成了以管道运输为主，并与油港联运原油的格局。这些管道工程的建设，还带动了油港建设及与管道相关的管线钢、大口径制管机以及大型输油机泵、阀门等专用设备的开发，为管道运输的发展奠定了基础。

1973年，国家引进了大型化肥装置和化纤装置，扩大了天然气资源的利用规模。大庆、胜利、辽河、大港等油田进行了供气工程的配套建设，使油田伴生气得以充分利用。由于4套化肥和1套化纤装置安排在“大三线”，四川天然气管道发展较快，到1979年形成了四川境内从川东、川南到川西的南半环天然气管网。到1980年，全国累计建设天然气管道2790.3km。

成品油管道方面，中国民航最早建设了专用管道。1958年，首都机场铺设了储油库至用油库管道。此后又在上海、广州机场铺设了成品油管道。第一条长距离成品油管道是1973年3月开工建设的青海省格尔木至西藏自治区拉萨的格拉线，全长1080km，管径159mm，顺序输送4种油品5种型号的成品油。该管道翻越唐古拉山，最高点海拔4857m，全线平均海拔4260m，是世界海拔最高的输油管道。攻克了在高原、高寒及在常年冻土带铺设管道的难题，又为多种油品顺序输送工艺积累了经验，无疑在世界管道建设史上具有里程碑意义。

1985年7月，渤海西部海上油田（埕北油田），建成A区生产平台与B区储油平台间的海底原油管道，我国开始了海底管道建设的历史。1986年，沿海炼化企业规划建设港口配套工程，通过管道接收上岸原油和下海转运成品油。1987年，四川境内建成了从川东至川西的北半环干线，并与南半环连接，形成了国内第一个大型输气环网。连接了四川、重庆地区各气区、大中城市、各用户和云南、贵州天然气化工厂。而且，从1985年开始，我国油气管道开始了密闭输送、自动化调度管理的技术探索。

地缘政治战略视野下的油气管道建设

冷战结束后，里海地区的石油资源开发却演绎成了一场围绕油气管道输送路径的地缘政治博弈。一些西方的学者借机抛出：“谁控制了通往里海地区的油气管道，谁就会在 21 世纪的能源格局以及地缘政治博弈中占据有利的制高点（丹尼尔·耶金著《能源重塑世界》）”的论调，将油气输送管道的功能地缘政治化。最典型的例子就是西方世界为了与俄罗斯的政治博弈，不惜以牺牲经济性为代价，规划了穿越高加索山脉群峰的巴杰管线（巴库－第比利斯－杰伊汉管线）。从此，油气管道建设不再仅仅是一个能源供应途径问题，还是一个地缘政治博弈的筹码。油气输送管道（指跨国长输管线）建设的政治化进一步强化了管道建设的重要性，激发了国家与石油公司投资建设油气管道的热情。从另一个侧面促进了油气输送管道建设的发展，使得油气管道成为油气输送的主要方式，也进一步助推了能源进入油气管道主宰的时代。我国正是在这样的背景下，加速了油气进口多元化，建设与规划了中国－中亚、中缅、中俄等多条油气输送管道，减轻了油气输送对马六甲海峡的过度依赖。

当人们回顾这段油气管道发展史时，一家名为优尼科的美国石油公司与土库曼斯坦的两条南向管线规划可能会经常被人们提及。1993 年，当俄罗斯突然中断从土库曼斯坦进口天然气时，有人设想，修建向南穿越阿富汗、巴基斯坦，最终到达印度的油气管线（TAPI 管线路径见图 3–3），从而把中亚内陆的石油资源向南输送至国际市场，同时不必经过伊朗和波斯湾。西方的石油专业人士认为，这将是“最赚钱的运输方式”。

图 3–3　TAPI 管线项目路线

这个宏伟的规划深深地吸引了美国的优尼科公司。优尼科公司对中亚另行敷设通往印度洋出口的油气管道充满信心。1996 年 8 月。优尼科公司专门组建了 TAPI 中亚天然气管道有限公司，据说优尼科曾提出过一个著名的口号：“幸福就是拥有多条油气管线”，可见其撮合该油气管道项目落成的热情有多高。印度的政策制定者甚至想借助连接印度与巴基斯坦的天然气管线，为两国创造共同的利益，从而帮助缓解几十年来因冲突与对抗导致的怨恨。他们将一条规划由土库曼斯坦经过巴基斯坦到印度的管线称为“和平管线”。只不过，随着塔利班的意外崛起，政治家与石油公司为土库曼斯坦规划的经阿富汗南下到印巴的跨阿富汗天然气管线（TAPI）和中亚石油管线均胎死腹中。直到2018年2月23日，TAPI管线的阿富汗段建设才开启，最快也得到2020年方可投用。反倒是当时西方做梦也想不到的土库曼斯坦与中国之间最先建成了东西走向的油气管线，给土库曼斯坦等中亚国家找到了油气销路。更富戏剧性变化的是：在俄罗斯中断从土库曼斯坦进口天然气的26年之后，即2019年，俄罗斯又恢复了从土库曼斯坦购气。油气输送的经济利益最终战胜了好事者炮制的地缘政治利益与莫须有的文明冲突。

油气管网的未来发展

由于人类的过度消耗，大气污染已经成为可持续发展的严峻挑战，减少煤炭消耗、减少油气输送中的能源消耗与油气挥发，已经成为当今世界人们共同的环保理念的重要组成部分。这一理念也在推动着油气管道的发展。中国石油管道科技研究中心祝悫智等人在“2017年全球油气管道建设现状及发展趋势”（《油气储运》2019年第4期）一文中，认为油气管道建设的驱动力来自4个方面，“分别为能源消费结构的变化、经济增长中心的转移、海洋石油勘探的发展及老龄化管道运行成本的提升。”能源结构向清洁化方向发展，肯定会促进天然气管网建设，全球经济中心由欧美向中印日为代表的亚太地区转移，必然会促进这个地区油气管网发展，海洋石油的开发，会促进海底油气管道的建设，原有管道的老龄化客观上要求建设新的管道。不过，油气管网的建设发展肯定不会只是管网里程的延伸、管网密度的加密及敷设重点区域的变化，而必然会伴随着新技术的大量采用。无论是管线钢钢级、输送压力、施工方法、输送方式、控制方式，还是对管网安全风险的控制技术措施、环保措施，都要求在新技术革命的环境下重新甄别、优胜劣汰，在新的技术基础上联通世界各地的生产与需求中心并延伸到每个需求末梢。

2. 搭上了顺风车的输水管道

随着工业革命的到来，数千年的输水管道很快发生了革命性的变化。17~18世纪铸铁管开始使用在供水管道上。18世纪中期，铁制管道基本上取代了木制管道，而竹管道也仅仅是个别地方一些不关供水大局的存在。在美国第一条铁制管道在费城铺设不久，钢制管道就紧随其后出现在北美与欧洲的城镇了。那时，人类仍然没有走出18世纪，工业革命初期的激情与恐怖疑惑仍然将世界分成泾渭分明的两大阵营。

现代供水管道的出现

从 19 世纪起，全球的供水管网迅速被铸铁管道取代。到 1892 年时，美国一个名叫三番市的城镇已经敷设了将近 125km 的钢制管道。进入 20 世纪，主供水管道又被水泥管道取代，第一条水泥管于 1922 年在查尔司顿被应用。由于在防腐蚀上有其优点，铸铁水泥管在 19 世纪 40 年代被广泛使用。

在我国，城市利用现代管道供水最早始于大连。为解决北洋水师旅顺港供水，由李鸿章主持，1879 年开始在旅顺北郊水师营三八里村修建自来水水源，工程耗时 10 年，修建水池 1 座，管线长度达 6180m，可为 2 万多人提供自来水。在当地居民要求下，附近立有“龙引泉”石碑，石碑于原址保存至今。这一供水工程之后经过不断改扩建而一直使用，但因周边机井数量增加，其投入使用 100 年后终于枯竭。其后，是上海，大约在 1883 年；天津、台湾新北、青岛和长春在 1899 年；基隆在 1902 年；哈尔滨在 1903 年；广州在 1908 年；武汉和成都在 1909 年；北京在 1910 年；沈阳在 1912 年；澳门在 1926 年；重庆在 1932 年；南京在 1933 年……。在半个世纪的时间内，中国的城镇终于基本解决了自来水供应，此后，自来水逐步向普及方向发展。大约又过了半个多世纪，我国才实现了全国自来水供应的全面普及，管道给排水系统成为城镇重要的市政基础设施。

供水的管材经历了从铸铁、普通钢管、镀锌钢管到塑料管和钢塑复合管的转换。但是漏损率一直非常高，水质也受到一定的污染。如东京供水管网渗漏率，在 20 世纪 70 年代曾达到令人难以接受的 40%~45%，而且，这些管子供水水质也达不到环保的基本要求。供水管道面临技术升级的巨大压力。

不锈钢供水管道的大量应用

从 1980 年开始，日本东京对于从输水辅助干线到水表之间，凡直径在 ϕ50mm 以下的供水管道全部采用不锈钢管、管接头、弯管和水龙头，从根本上解决了漏水问题。据东京自来水部门的统计，随着不锈钢化率从 1982 年的 11% 上升到 2000 年的 90% 以上，漏水点数量相应地从 70 年代末的每年 5 万多处下降到 2000 年的 2~3 处。

欧洲一些古老城市的供水主管道是石棉水泥管和铸铁管道，由于渗漏造成的水损失高达 40%。从 1980 年开始，德国在自来水系统开始大量使用不锈钢材料。1995 年起，意大利将输水主管道更换成不锈钢管道，经验表明，不锈钢管道耐腐蚀，强度高，能够耐地面下沉和地震，寿命至少为 70 年。英国的医院过去采用铜水管，偏软的水质容易导致腐蚀和失效，发生漏水，后来将其全部更换成不锈钢水管和接头，腐蚀现象大为减轻。

不锈钢水管的使用大大降低了水的渗漏率，保证了自来水的质量，也意味着输水管网质量技术方面的现代化。我国在自来水管道不锈钢化方面与发达国家还存在较大差距，镀锌管、塑料管、复合管目前仍然在大量应用，特别是在村镇。随着经济的进一步发展，基础设施的均等化必将在不久的将来实现，供水管道的不锈钢化也将成为下一步提升我国城乡给水管网质量的一个关键性技术措施。

大口径长距离供水管道的建设

从输水管道建设的角度来讲，自来水管道可能算不上有多么高难，真正施工难度大的是工业用水管道以及自来水净化厂总输水管线这类大型管道工程，这类管道的建设发展水平更能代表输水管道的发展水平，这类管道的发展历史在输水管道的发展史上更有代表性。本书前面所述的竹木输水管道、陶土输水管道也主要是指这些比较大的主管线。输水主管道发展到现代管道以后，主要是以钢质管道为代表的大口径长输管道。图 3–4 和图 3–5 分别为正在施工的管径 1117.6mm、长 45km、输送量 4400×10^4t/a 的太钢袁家村输水管道项目和正在施工的管径 965mm、长 50km、输送量 4000×10^4t/a 的包头固阳输水管道项目现场掠影。

图 3–4 太钢袁家村输水管道项

图 3–5 包头固阳输水管道项目

随着技术的进步，在给水管道被铸铁管道、水泥管道取代的同时，排水管道也发生了同样的新旧代换，特别是城市开始大量采用用新型排水管道建设的排水系统。青岛的排水管道建设，在我国排水管道发展史上虽说是一个与众不同的特殊例证，但是，通过这个城市排水管道系统的历史实践，更能使人们体会到城市排水管道是一项需要缜密规划、超前布局、精细实施的综合性技术工程。

德国人铺设的青岛排水管道系统

由于排洪排涝的需求，排水管道很早就进入人类城建史，甚至早于供水管道的建设。到了现代社会，排水管道系统更加复杂，不仅有用于排泄雨水的排水管道系统，还有排泄污水的排水管道。甚至用于绿化浇水的中水系统，也是排水系统的组成部分。因为该系统管道是为了充分挖潜污水的再利用价值，将处理后的污水从污水处理厂再返输到城镇的各个角落，用于绿化灌溉与冲洗车辆、马路街道等。因此，排水系统的建设规划要比供水系统更加复杂，加之污水成分复杂，杂物、腐蚀、有害气体的控制等也对管道建设及技术管理提出新的要求。因此，城镇排水系统是管道系统最重要的组成子系统之一。

根据当年胶澳总督府组织编写的《胶澳发展备忘录》(1910 年改为《胶澳年鉴》)记载，1898 年 7 月至 8 月，青岛雨季降雨量非常大，土地被水流冲得沟壑纵横，建筑也遭到很大破坏。又因污水混合着雨水渗入水井，污染了饮用水源，导致不少德国官兵生病甚至病死。德国规划师们意识到，岛城的城建必须特别注意雨水排泄问题。按照 1898 年 3 月签订的《胶澳租借条约》，德国“租借”青岛 99 年。因此，德国殖民者在规划之初，就按照适用 100 年的高标准来进行设计和施工。不仅建成了系统的污排管道、雨水管道，还建设了几处排涝泵站。图 3–6 为青岛市档案馆馆藏的 1903 年德国人铺设的青岛下水管道广州路泵站照片。

图 3–6　1903 年德国人铺设的青岛下水管道广州路泵站（青岛市档案馆馆藏照片）

从 1898 年 10 月起，德国殖民者在其设立的欧人居住区铺设了 3200m 雨水管道，1906 年又建成污水管道。根据焦璐和周兆利 2014 年 8 月 7 日发表于《北京青年报》

的“揭秘不为人知的青岛‘地下’往事：排水系统德国制造”一文提供的统计数据，德国租青岛17年，下水道建设总共投入600多万马克，铺设污水管道31808m，雨水管道36855.55m，混合式管道9282.6m，占老城区下水管道的45%左右，奠定了近代青岛城市排污系统的基础。同时，在前海一带建设了一些明沟暗渠。青岛因此成为中国最早实现下水道“雨污分流”的城市，污水分区排泄，排水口远离主城区。即便同为租界的上海，也要等到1923~1927年间才实现了雨污分流。1911年9月，台风北上华北，带来大量降雨，上海、天津“街道成河、广场成海”，而青岛则安然无恙。

可以说，没有工业革命的发生，人类肯定还要在缺少自来水与地下排水管网的城市继续生存。每日清晨听到的不是华为或苹果手机亲切的叫醒音乐，而是挑着水桶的贩子或拉着水桶的车夫的沿街叫卖声、收集泔水的吆喝声，或在街区里弄中被污浊的臭水与雨季肆意流淌的泥水围困时无可奈何的叹息声。

3. 固体物料输送的管输化

从管道总里程和输送量上来讲，给排水管道无疑是规模最大的，也是历史最悠久的。即便如此，输水管道也只是整个管道输送家族的一分子而已。因为，管道输送这个家族实在是太大了，而且其家族成员还在不断地扩充膨胀之中。

也许，你想象不到，管道目前不仅是原油、成品油、天然气、液化天然气、煤气、给排水、化工液体等气体和液体物质的主要载体，还是固体物料，如水煤浆、矿石、垃圾等物质的运送方式。特别是长距离矿浆管道输送已经被广泛应用于煤、铁精矿、铜精矿、石灰石、磷精矿和尾矿等固体物料的输送，与铁路和卡车输送相比，长距离管道输送大批量的矿浆是一种高效、可靠、对环境友好的输送方式。

世界各国的矿浆管道建设

矿浆管道输送通常是将细粉状的固体物料搅拌成矿浆（对绝大多数被输送固体物料来说本身就已经是矿浆形态了，如精选煤、铁精矿、铜精矿、磷精矿和尾矿等输送前往往要磨细以便进行选矿作业），然后通过一级或多级加压泵，通过管道进行长距离输送，到达目的地以后，进入矿浆搅拌槽再由过滤机过滤，即可得到固体物料。

世界上第一条煤浆长距离输送管道于1957年在美国俄亥俄州建成，全长173km，年运量130×10^4t，1970年建成的美国黑梅萨煤浆输送管道全长439km，年运量450×10^4t。1967年世界上第一条铁精矿输送管道在澳大利亚萨瓦奇河铁矿建成，全长85km，年运量230×10^4t，1977年建成的巴西萨马科铁精矿输送管道全长397km，年运量1200×10^4t，2006年运量已达到1650×10^4t。2014年建成中信泰富（澳洲）

铁精矿输送管道全长 30km，年运量 3300×10^4t，管径达到 813mm，是世界上运量最大的铁精矿输送管道。目前全世界已建成矿浆输送管道上百条，年总输送量超过 2×10^8t，遍布五大洲二十多个国家。

我国的矿浆管道建设

我国从 20 世纪 80 年代初开始对长距离矿浆管道输送技术进行研究，我国第一条长距离矿浆管道——瓮福麟精矿管道于 1995 年投产，全长 46.7km，年运量 210×10^4t。同年还建成了从山西孟县到山东黄岛的煤浆输送管道，全长 720km，年运量 70×10^4t。1997 年，我国第一条铁精矿输送管道在太原钢铁公司尖山铁矿建成，全长 102km，年运量 200×10^4t。2005 年，尖山铁矿扩建，建设了平行于第 1 条管道的第 2 条管道，使尖山铁精矿管道的总输送能力达到 500×10^4t/a。

2006 年 12 月，昆明有色冶金设计研究院和美国管道工程公司（PSI）联合设计的云南昆钢大红山铁精矿输送管道投运，起点设在位于崇山峻岭之中的新平县嘎洒镇，终点位于安宁市昆钢厂区（见图 3–7）。输送管道设有 3 个泵站，全长 171km，矿浆扬送高差 1520m，矿浆输送压力为 24.44MPa，是世界上屈指可数的长距离矿浆输送管道中控制难度最高的矿浆管道工程。年输送铁精矿能力达到 230×10^4t。昆钢随后又进行了二期、三期矿浆工程建设，到 2014 年输送能力达到 780×10^4t。

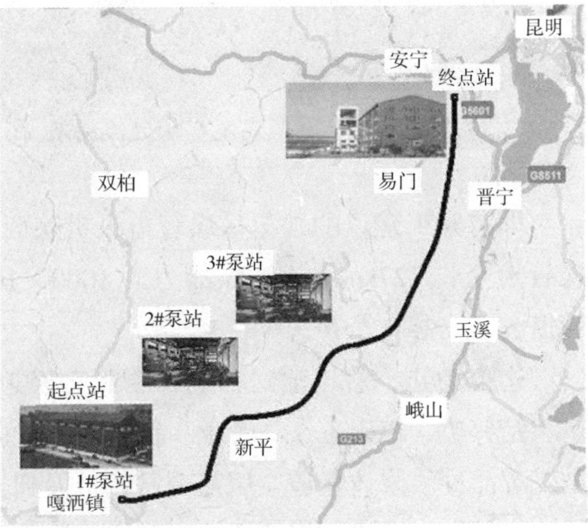

图 3–7 大红山铁精矿输送管道示意图
（图片来源：百度贴吧）

包钢的矿石主要来自白云鄂博铁矿，50 多年来一直靠铁路运输。2010 年 2 月我国建成管径 356mm、全长 145km、铁精矿年输送能力为 550×10^4t 的矿浆管道，将白云鄂博铁矿选矿厂铁精矿矿浆输送到包钢厂区，结束了依靠铁路运输的历史。

2012 年昆明有色冶金设计研究院和美国管道工程公司（PSI）再次合作的攀枝花钢铁公司白马选矿厂铁精矿输送管道投运，这条输送管道全长 97km，输送能力为 300×10^4t/a。

有色金属选矿和黑色金属选矿排出的尾矿浆，需输送到尾矿库存放，目前主流的输送方式也是采用尾矿管进行输送。2013 年，我国在太原钢铁公司袁家村，建成管径 660mm、年输送能力 1600×10^4t 的尾矿管道。

图 3-8 是美国管道系统国际公司（PSEI）在世界最高尾矿坝上为秘鲁规划建造的尾矿流槽及长度达 10km 的输送管道，该管径达 1219mm，处理能力达 3600×10^4t/a，图 3-9 是为智利乔帕省世界第五大铜矿建造的长度 57km 的尾矿输送管道，同时还可以通过回水管道回收 70% 工艺水。

图 3-8　世界最高尾矿坝的流槽及输送管道

图 3-9　智利乔帕省世界第五大铜矿尾矿输送管道项目

即将开工建设的神渭输煤管道纵贯陕西省榆林、延安和渭南 3 市 16 个区县，输煤管道全长 727km，年输煤能力为 1000×10^4t，是目前世界上设计距离最长的输煤管道。

迄今为止，管道输送的固体物料已经遍及铁矿、铜矿、金矿、煤矿、磷矿、硫矿、铅锌矿、铝矾土、高岭土、镍钴矿、油砂、石灰石、水泥、泥沙、锰结核和富钴结壳等品种。浆体管道应用范围已经扩展到金属与非金属矿山精、尾矿输送、矿山胶结充填、海洋采矿、煤炭运输、河海疏浚、油井砾石充填、化工原料运输、电厂灰渣运输、生物料浆输送、食品输送等工业领域。除了管道输送的经济性、便利性、安全性以及输送量巨大以外，固体物料管道输送的节能减排效果可能是其最具优势的所在。

管道输送的相对经济性与安全环保性

以昆钢大红山铁精矿管道输送为例，按照 2010 年的物价测算，公路运距为 299km，运费为 140 元 /t，而管道输送仅为 40 元 /t，以 780 万 t/ 年计算，年运费节省 7.8 亿元（随油费上涨，运费节省更多）。铁精矿管道输送与汽车运输比较可节省 89% 的标煤。柴油燃烧所产生的 CO_2、SO_2、PM2.5 量也可以大幅减少。此外，公路运输 1% 左右的铁精矿抛撒所造成的损失也非常可观。

我国道路交通运输死亡事故一直居高不下，成为安全管理的一大顽疾。2017 年全国发生交通事故 203049 起，死亡人数为 63772 人，受伤 209654 人，造成直接财产损失为 121311.3 万元。这其中，各类大型罐车、大型重载货运车辆已经成为最主要的公路事故的制造者，特别是恶性事故的肇事主体。如水泥搅拌车每万辆导致的事故死亡率是其他车辆的 30 倍。减少大型运输车辆可以显著减少交通事故特别是重大交通事故的发生率，而减少大型运输车辆的有效途径就是尽快实现物料输送的管输化。

更何况，这些车辆在运输途中的抛洒物、挥发物会造成对沿途环境的污染，一些危险品运输车辆在发生起火爆炸事故时，对环境的危害更大。这些都不是用金钱可以衡量的。

4. 城市综合管廊建设的兴起

随着管道输送业务的发展，城市地下的各类管网相互重叠交织，路径冲突、相互干扰、事故相互波及成为城市发展中的烦恼。提出一个系统的解决方案就成为城市规划师们不得不思考的问题。因而，不少城市的规划师与管道工程师开始尝试综合管廊的建设方式。就是在城市规划时，提前规划好管道路径，统一建设成地下或地上管廊，以后所有管道均在这个规划建设好的廊道空间内安装，以便于管理，减少冲突和干扰。

发达国家的综合管廊建设

根据中国城市科学研究会数字城市工程研究中心于晨龙、张作慧在“国内外城市地下综合管廊的发展历程及现状”一文提供的资料，1832 年，法国发生了霍乱，当时研究发现城市的公共卫生系统建设对于抑制流行病的发生与传播至关重要，于是第二年，巴黎市着手规划市区下水道系统网络，并在管道中收容自来水（包括饮用水及清洗用的两类自来水）、电信电缆、压缩空气管及交通信号电缆等五种管线，这是历史上最早规划建设的综合管廊形式。19 世纪 60 年代末，为配合巴黎市副中心的开发，进一步拓展了综合管廊系统，迄今为止，巴黎市区及郊区的综合管廊总长已达 2100km，堪称世界城市地下管廊里程之首。英国伦敦于 1861 年就开始兴建综合管廊，迄今为止，伦敦市区已经建成 20 多条综合管廊。德国汉堡 1893 年开始兴建综合城市管廊，1926 年日本在东京开始建设综合管廊，苏联在 1933 年开始在莫斯科、圣彼得堡、基辅等大城市开始建设城市地下综合管廊，西班牙也在 1933 年开始计划建设综合管廊。图 3–10 为伦敦的综合管廊和日本缆线共同沟内部形貌图片（图片来源：搜孤网），各国的综合管廊可以说各具特色。

图 3-10　伦敦的综合管廊（左）和日本缆线共同沟（右）内部形貌

虽然说少数发达国家在 19 世纪就开始进行综合管廊建设，但是由于当时都市化水平还不是特别的高，管道开挖的影响、管道相互冲突的矛盾还不是很突出，综合管廊建设受施工技术的限制造价普遍昂贵，因而，当时的综合管廊建设发展非常缓慢。大多数是从 20 世纪上半叶才开始综合管廊建设的。20 世纪下半叶，发达国家整体上进入综合管廊建设高潮。以日本为例，1926 年，日本在关东大地震以后的东京复兴建设中，完成了多处综合管廊建设。为便于推广，他们把综合管廊的名字形象地称之为“共同沟”。始建于 1926 年的共同沟主要有三处：九段阪综合管廊，位于人行道下净宽 3m、高 2m、干管长度 270m 的钢筋混凝土箱涵构造；滨町金座街综合管廊，设于人行道下为电缆沟，只收容缆线类；东京后火车站至昭和街之综合管廊亦设于人行道下，净宽约 3.3m，高约 2.1m，收容电力、电信、自来水及瓦斯等管线，后停滞了相当一段时间。1955 年随着汽车交通的发展，共同沟建设又活跃起来。1963 年，日本推出《共同沟建设特别措施法》，简称共同沟法，使共同沟成为道路的附属设施，日本全国正式进入了共同沟全面建设阶段，主要用来收纳通信、电力、燃气、自来水、工业用水及污水等 6 类市政公益型管道。1993~1997 年为日本综合管廊的建设高峰期，至 1997 年已完成干管 446km，至 2001 年日本全国已兴建超过 600km 的综合管廊，当时在亚洲地区名列第一。但是，大多数电力线路、通信线路仍然采用架设方式敷设，后来随着抗灾对电力、通讯安全性要求的提高，城市美观性标准的提高以及人行道拓宽、无障碍设施普遍化建设，日本又出台了《电线共同沟建设的特别措施法》，到 2008 年，全日本已建成全长达 7700 多公里的电线共同沟。

美国也是从 1970 年开始建设综合管廊。美国综合管廊建设在发达国家虽然起步晚，但是在世界综合管廊建设上具有自己的特色。如美国具有代表性的纽约市综合管廊从東河下穿越并连接 Astoria 和 Hell Gate Generatio Plants 的隧道，该隧道长约 1554m，收容有 345kV 输配电力缆线、电信缆线、污水管和自来水干线；而阿拉斯加的 Fairbanks 和 Nome 建设的综合管廊系统，是为防止自来水和污水受到冰冻，Faizhanks 系统约有六个廊区，而 Nome 系统是唯一将整个城市市区的供水和污水系统纳入综合管廊，沟体长约 4022m。

我国在 21 世纪管廊建设的加速发展

清同治三年（1864 年），上海埋设第一根地下煤气管道，首开我国的城市地下管线记载后，各种管线相继向地下发展。新中国成立前，上海城市地下管线总长 3126km。地下管线种类越来越多，各种管线织就了一张地下蜘蛛网。必须合理规划各种管网的走向，节约有限的地下空间资源，综合管廊成为选择之一。1958 年，天安门广场宽 4.0m、高 3.0m、埋深 7~8m、长 1076m 的地下管廊拉开了我国地下管廊建设的序幕。但是，直到 1994 年上海张杨路 11125m 的管廊建成才标志着国内第一条较具规模的综合管廊投入运行。尽管如此，由于我国城市众多、规模普遍较大、施工技术发展快，很快形成特色各异的城市综合管廊体系。油新华在“我国城市综合管廊建设发展现状与未来发展趋势”（《隧道建设》2018 年第 38 卷第 10 期）一口气就罗列了 14 个城市综合管廊典型工程（包括天安门广场、上海张杨路管廊）案例：

如国内已建成并投入运营，单条距离最长、规模最大的综合管廊是 2004 年建成投运的广州大学城管廊；国内首个已建成的入廊管线最多、规模最大的管廊综合体是 2006 年北京中关村西区管廊；国内整体结构最大集综合管廊于一体的复合型公共地下空间是北京通州新城运河核心区管廊；国内系统最完整、技术最先进、法规最完备、职能定位最明确的一条综合管廊是 2007 年建成的上海世博会管廊；国内首个 PPP 模式的管廊项目是全长 39.69km、15 个路段的六盘水市管廊一期；国内单个项目规模最大的管廊项目是全长 72.23km、30 个路段的西安综合管廊 PPP 一标段；国内首个全部采用盾构施工的管廊项目是沈阳南运河段管廊；国内首个全部采用预制装配的管廊，且规模最大的项目是绵阳科技城集中发展区管廊；国内施工方法最多，节段预制尺寸最大，首个矿山法隧道管廊项目是十堰市管廊一期；国内首个采用矩形顶管法施工的管廊项目是包头新都市区经三路、经十二路管廊；首先采用双舱节段预制装配技术的综合管廊项目是厦门翔安西路综合管廊；在海漫滩软土区建成的国内首个成系统的综合管廊，国内首个获鲁班奖的综合管廊是 2010 年建成、2012 年开始运行的 33.4km 的横琴综合管廊。

我国经过前期漫长的探索，直到 21 世纪在东部沿海和华南地区经济发达城市的带动下，管廊建设才获得了大的发展，截至 2015 年底，我国已建和在建管廊长度达 1600 km；在国家为了提振经济发展速度、加快供给侧改革的政策鼓励下，142 个城市申报市政综合管廊试点城市。2016 年完成开工建设 2005km，2017 年完成开工建设 2006km; 按照当时的发展规划，此后一直到“十三五”末每年均以近 2000km 的规模发展，最终将超过 10000km 的规模，我国将成为名副其实的城市综合管廊超级大国。

不过，就城市而论，莫斯科、东京、马德里、大阪等国际大都市的综合管廊建成里程分别达到了 130km、126km、100km、40km，而我国综合城市管廊排前三位的广州、上海、北京则分别只有 30km、24km、18km。莫斯科、东京、马德里、大阪已经建成的综合管廊密度分别是每平方公里 0.12km、0.2km、0.16km、0.21km，而我国的广州、上海、北京则分别只有 0.03km、0.01km、0.01km。可见，国内主要城市和国外发达地区的城市相比，无论从总长度，还是密度上都有较大的差距。

我国的综合管廊建设技术与标准建设

为提高综合管廊的建设水平，确保安全运行，从 21 世纪以来，我国就对综合管廊工程设计规划、施工技术及标准化体系等进行了重点研究。2019 年至少可以查询到 300 篇以上的专题论文。其中，以涉及管廊工程设计规划方面的研究最多，占到 80% 左右，纯粹研究管廊施工技术与标准方法的并不多，这也说明，在当下的技术发展条件下，综合管廊工程技术已经比较成熟。重点是如何规划好、使用好，特别是如何避免管廊内不同管线的相互干扰，事故时如何快速处置、减少或避免事故管线波及其他无辜管线设施问题。因此，这些才是管廊技术研究与标准建设需要重点考虑的问题。

截至目前，我国仅有 GB 50838—2015《城市综合管廊工程技术规范》和 GB/T 51274—2017《城镇综合管廊监控与报警系统工程技术标准》正式颁布实施，行业标准《城市地下综合管廊运行维护及安全技术标准》还在征求意见之中，《城市综合管廊工程防水材料应用技术规程》《城市综合管廊运营管理标准》《综合管廊管线工程技术规程》《城市综合管廊施工及验收规程》等团体标准正在编制过程中。综合管廊的国家标准图设计目前有《综合管廊工程总体设计及图示》《现浇混凝土综合管廊》《综合管廊缆线敷设与安装》《综合管廊供配电及照明系统设计与施工》《综合管廊监控及报警系统设计与施工》。总体来看，综合管廊建设的标准体系还在完善当中。

作为基建大国，总体来讲施工技术难度不是问题，而且不断有新技术被创造出来：如中建八局施工的西宁管廊项目中，就自主研发了一套整体移动模板台架，在西宁 2 条路的管廊项目和西安 PPP Ⅰ标项目中得到了成功应用。经详细测算，移动模架体系施工成本比传统木模施工降低约 37.69 元 /m^3。上海世博园项目借鉴了预制排水管的经验，首次应用了节段预制拼装技术，后来在国内得到了大量的应用；河北富中达公司首次在国内应用了组合预制装配技术，有希望在多舱管廊施工时大面积推广应用。目前，国内最热门的技术当属叠合装配技术，已有越来越多的单位在推广应用，如黑龙江宇辉、远大住工、中建技术中心、中铁四局等都在推广这项技术。

综合管廊运行技术可能是下一步要重点研究的方向。比如哪些管线可以入廊，入廊管线如何归类分舱，综合管廊与其他地下构筑物、设备设施的统筹协调，综合管廊如何进行安全监控、隐患隐情预警、远程管理，加强管廊的信息化、智能化管理，减少人工管理强度，综合管廊隐患如何检测等方面的研究。

2000 年 12 月，国家有关行业协会针对城市综合管廊建设快速发展后面临的管廊内管线探测及维修难题，在昆明组织了全国综合管廊建设暨探测与检修技术研讨会。图 3-11 为参加会议的部分代表合影。此后，类似会议又召开多次。

图 3-11　2000 年昆明全国综合管廊建设暨探测于检修技术研讨会

总之，从 19 世纪以来，管道输送技术得到了迅速提升，管道迅速向四面八方延伸，迅速成为一切液体或类似于液体的主要输送方式。只是，正当我们庆幸管道技术的飞跃式发展，并沉醉在管道输送给人类带来的巨大利益之中时，一声声巨响却让我们猛然惊醒！那一幅幅灾难性画面更让我们悲痛欲绝。在管道输送业带来工业繁荣、生活便利的同时，也暗藏着魔鬼的泣唳。

参考文献

[1] 张宪文，杨天石 . 美国国家档案馆馆藏中国抗战历史影像全集 . 北京：化学工业出版社，2016.

[2] 爱历史 . 诺曼底登陆为保障盟军反攻 英国人铺设海底管道输送七亿吨油料 [EB/OL]. [2018-06-19].

https：//xw.qq.com/cmsid.

［3］王才良，周删．输油管道发展史［J］．石油知识，2018（6）：40–42.

［4］李玉屏．中国油气管道史［J］．石油科技论坛，1996（3）：68–72.

［5］泵管家．中国给水历史：从先秦“凿井”说起［EB/OL］．［2018–06–13］.https：//www.sohu.com/a/235456924_694970.

［6］王双怀．中国古代的水利设施及其特征［J］．陕西师范大学学报（哲学社会科学版），2010（2）：109–117.

［7］曹徐齐，阮辰旻．全球主要城市供水管网漏损率调研结果汇编［J］．净水技术，2017，36（4）：6–14.

［8］焦璐，周兆利．揭秘不为人知的青岛“地下”往事：排水系统德国制造［N］．北京青年报，2014–08–07.

［9］张乐元，等．浆体管道输送浅谈［J］．山西水利，2009（6）：43–44.

［10］陈光国，夏新建．我国矿浆管道输送技术水平与挑战［J］．矿业工程，2015，35（2）：29–32，37.

［11］佩斯国际（PSEI）．长距离管道输送和尾矿膏体堆放技术专题介绍［EB/OL］．［2018–02–15］．https：//max.book118.com/html/153349442.shtm.

［12］石仁委．油气管道隐患排查与治理［M］．北京：中国石化出版社，2017.

［13］谭忠盛，等．城市地下综合管廊建设管理模式及关键技术［J］．隧道建设，2016，36（10）：1177–1189.

［14］于晨龙．国内外城市地下综合管廊的发展历程及现状［J］．建设科技，2015（17）：49–51.

［15］油新华．我国城市综合管廊建设发展现状与未来发展趋势［J］．隧道建设，2018，38（10）：1603–1611.

［16］吴昊，等．一带一路跨境通道建设研究报告［M］．社会科学文献出版社，2016.

第 4 章
迅速崛起的代价与思考

随着管道输送业的发展，管道的总体安全风险也在不断积累。当这些积累的风险最终演化成一起又一起的事故甚至灾难时，我们才猛然醒悟，其实风险从一开始就存在，只是开始时由于人们对管道的依赖程度低，风险尚可承受。但是，随着管输业的飞速发展，管道成为人类不可或缺的依赖时，其风险也日积月累并最终达到令人无法承受的地步。

1. 频繁发生的管道事故

由于风险累积，发生在管输业中的事故，随便都可以列出一个长长的清单。

北美和欧洲的管道事故

北美和欧洲是世界管道建设历史最悠久、管道输送业最发达的地区。让我们看看发生在欧洲与北美的天然气管道上那些有统计的重大事故统计吧，仅仅几十年的时间，就可排列出一份长长的清单。

1984 年 11 月 19 日，墨西哥城的一处天然气管道发生泄漏爆炸，事故造成 452 人死亡，几万人被热辐射灼伤。

1989 年 6 月，苏联拉乌尔山隧道附近天然气管道泄漏，随后引起大爆炸，烧毁两列铁路列车，造成 400 多人死亡，600 多人受伤，4km 以内的建筑物被摧毁，成为当年震惊世界的灾难性事故。

1994年2月15日，加拿大Foothils管道公司（FPL）的一条直径1067mm的输气管道由于管道沿轴线方向裂开21.9m，造成天然气泄漏、起火、爆炸。

1994年7月23日，横贯加拿大管道公司（TCPL）的一条直径914mm的天然气管道因外腐蚀使管壁过度变薄而爆炸起火，约20m长的管道飞出地面，炸出了一个长36m、宽16m、深2~4m的大坑。

1995年7月29日，横贯加拿大管道公司（TCPL）的一条直径1067mm的天然气管道因焊缝根部缺陷，在外表面应力下腐蚀开裂发生爆炸起火。

2000年8月19日，美国新墨西哥州一处天然气管道发生泄漏、爆炸，并引起大火，造成在附近露营的12人死亡，3部车辆被烧毁，附近2座支撑输气管道跨河的钢吊桥大面积受损。爆炸发生后沿管道形成一个长34.4m、宽15.5m的坑，并直接影响到加利福尼亚州的天然气供应和发电。

2010年9月9日，美国加利福尼亚州圣布鲁诺由PG&E（太平洋燃气电力公司）运营管理的一条天然气管线发生破裂，随后爆炸。爆炸形成一个长22m、宽7.9m的大坑，一段长8.5m、重1.36t的破裂管道在爆炸中被弹射至坑南30m，预估泄漏天然气$1.35 \times 10^6 m^3$。泄漏的天然气遇明火发生爆炸，随后引发重大火灾，导致38所房屋被毁坏，70所房屋受到严重损伤，8人死亡，多人受伤。

2010年11月14日，墨西哥坎昆旅游区里维拉玛雅“公主”酒店餐厅发生天然气管道泄漏爆炸事故，导致6人死亡，20人受伤。

2012年9月19号，墨西哥塔毛利帕斯州雷诺萨市一家石油处理厂，因天然气管线泄漏引发爆炸事故，造成29人死亡，至少46人受伤。

中国的管道事故

在我国，天然气泄漏爆炸事故频次也相当惊人，例如：2011年4月11日，北京朝阳区和平街12区3号楼发生燃气爆燃事故，导致楼房局部坍塌，造成6死1伤；2013年6月12日，苏州燃气集团横山储罐场一处职工食堂发生燃气管线泄漏爆炸，造成就餐人员11死9伤；2013年6月19日，山西朔州一家饭店发生天然气管道泄漏引起爆炸，造成2死100伤；2015年8月28日，杭州地铁站工地，天然气管道（直径300mm）被挖破，现场喷出大量灰黑色浓烟，漫过20层楼高，因疏散及时，未发生人员伤亡；2016年7月20日，持续强降雨引发山体滑坡，进而导致川气东送天然气管道断裂，气体泄漏并发生爆燃，造成2人死亡，9人受伤；2017年7月2日，贵州省黔西南州晴隆县沙子镇中石油一天然气管道发生燃烧爆炸，造成8人死亡，35人受伤；2018年6月10日，距离2017年爆炸点5.9km处，该输气管线又发生一起泄漏爆炸事故，导致24人受伤；2017年7月4日，松原市施工过程中发生燃气泄漏，燃气公司在抢修时发生爆炸，导致 5 人遇难，89 人受伤。

以上事故案例虽然典型，就其所占燃气管道事故总损失的比重而言，也只是极小的一部分。众多发生在居民家庭的泄漏爆炸事故更令人对油气管线安全心存疑虑。

根据搜狐网燃气爆炸微信公众平台收录统计的燃气爆炸新闻显示：2015 年，全国燃气爆炸事故 350 余起，共造成 712 人受伤，127 人死亡，其中天然气爆炸事故 217 起，死伤 530 人；2016 年，全国共计燃气泄漏及爆燃事件 909 起，共造成 127 人死亡，1096 人受伤，全国 243 个城市发生过燃气爆炸事故，其中室外管道泄漏爆炸事故 21 起，室内管道天然气爆炸事故 255 起；2017 年，全国燃气泄漏及爆燃事件 704 起，造成 90 人死亡，1041 受伤；2018 年，燃气泄漏及爆燃事件 814 起，造成 80 人死亡，928 人受伤。

除燃气管道之外，输送原油与成品油的管线也无法逃脱灾难降临的厄运。墨西哥瓜达拉哈拉市成品油管线与中国黄岛原油输送管线泄漏爆炸灾难性事故，恐怕是很难被轻易抹去的阴影。

人类最古老的输水管道，在悠长的岁月中仅仅流淌着供极少数人享用的“涓涓细流”。工业革命以后，输水管线却成爆炸式发展，成了几乎每个人每日生活的基本保障之一。每一座城镇都变成了犹如动脉一样的供水管网和犹如静脉一样的排水管网组成的肌体。仅我国，到 2016 年底，城市供排水管道长度分别达到了 75.7 万公里和 57.7 万公里，而且每年还在以高于 5% 的速度增长。但是地下供排水系统的风险与隐患也在日积月累。仅管道漏失就导致每年流失自来水 70 多亿立方米，相当于一年漏掉一个太湖，足够 1 亿城市人口使用。更可怕的是，动不动就“水漫金山”或城市“看海”，局部塌方塌陷更使得险象环生，时不时给人们关于都市生活的美好图景涂上一层污迹。

应对事故的措施

从上面的事故案例我们不难发现，导致管道失效的原因，无外乎两个方面：外部干扰和腐蚀。为了保证管道的安全运行，人们一直在探索防止外部干扰和腐蚀的方法措施。以腐蚀防护为例，人们分别研究出添加化学药剂、内涂衬里保护和阴极保护技术三类方法，每种方法又都进行了长期不懈的研究。如果我们追踪一下阴极保护的发展历史，最早可以追踪到 1834 年法拉第提出阴极保护原理，奠定了阴极保护的基础；1890 年，爱迪生提出强制电流保护船舶；1902 年，柯恩根据爱迪生提出强制电流保护原理实现了爱迪生的设想；1905 年，美国人将阴极保护用于锅炉保护；1906 年，德国建立第一个阴极保护厂；1924 年，人们提出了地下管网阴极保护的概念。到现在可以说阴极保护已经成为重要管道保护的标配。在其他保护方式方面，人们同样从技术探索的角度付出了艰辛的努力，也取得了一系列研究成果，同时投入巨资将这些保护技

图 4-1　中石化管道储运公司潍坊管理处与辖区各输油站签署管道保护协议

术投入应用。在管理上，为治理非法占压、取土、挖塘甚至打孔盗窃活动及其他建设活动对管道可能造成的外部干扰，及时了解、排除自然灾害对管道可能造成的损伤，中国管道企业还建立了各种形式的承包管理制度，以加强对管道的保护工作。图 4-1 为 2010 年中石化管道储运公司潍坊管理处与辖区各输油站签署管道保护协议。

但是，人们的这些努力和投入似乎都没有完全实现人们的愿望。

那么，是什么导致了这些努力和投资的失败？导致了管道事故的频频发生呢？当我们剥离掉各类管道事故的表面起因，我们会惊讶地发现：管道事故频发的深层原因其实是管道输送业发展中的烦恼，更是在极短的时间内快速崛起的代价。

2. 技术是上天赐予人类最伟大的礼物

技术进步有很多种类型，有日积月累、千锤百炼的经验结晶而成，也有灵感的偶然闪现、撞大运般庆幸而得的技术。

伊恩 · 莫里斯的人类发展曲线

伊恩 · 莫里斯在他写的《西方将主宰多久》的书中，以量化的方式，画出一副人类社会文明发展进步曲线，结果得到了一个令人吃惊的结论：数千年来，人类发展曲线一直呈现出平缓向上的趋势，社会发展与进步极其缓慢。但是，到了 200 多年以前的时候，巨变发生了，人口和社会发展使得人类历史发展曲线几乎弯成 90° 。其原因就是我们耳熟能详的工业革命开始了。美国学者埃里克 · 布莱恩约弗森与安德鲁 · 麦卡菲在他们合写的那本《第二次机器革命》中，分析了伊恩 · 莫里斯的人类发展曲线图（见图 4-2），认为“金属力量”是导致曲线跃变的根本原因。以从蒸汽机为开始的机械制造、矿藏开发、钢铁生产、铁路、管输、电力、电信等为内容的金属力量即工业革命，超越了人类和动物肌肉力量的限制，让人类可以随心所欲地使用能源，成数量级地提升了生产能力，使人类的发展进入一个史无前例的时代。于是，有了卫星上天奔月、探访火星，有了像蜘蛛网一样密布于世界各地的输送管道及电力、电信输送网等一切现代文明形态。

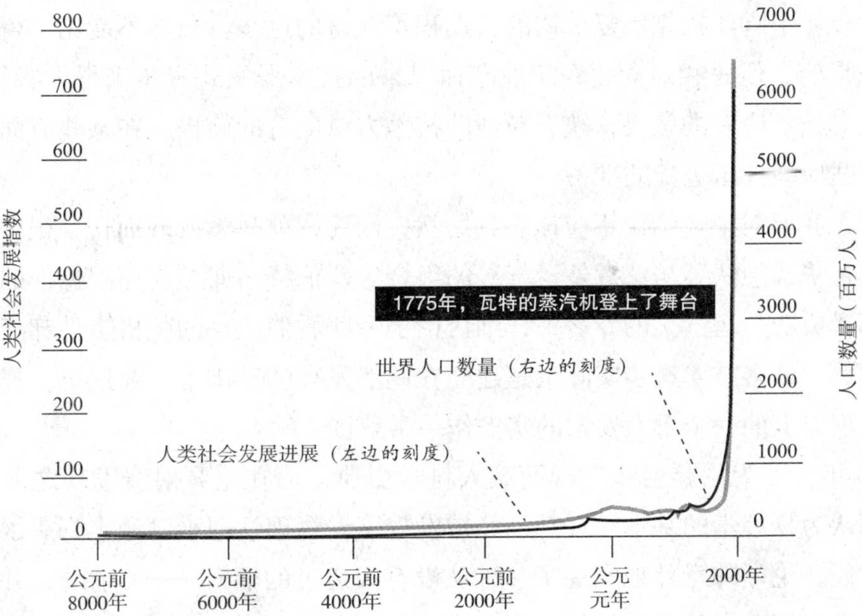

图 4-2　人类社会发展进程（人口）随时间变化曲线（《第二次机器革命》插图）

可以说，无论是人类“使者”探访火星，还是各种管网如人体神经般遍布于世界各地，无不是技术进步的结果，是人类近 200 年来工业革命、数字信息革命延展了我们的肌肉力量、拓展了我们大脑的理解力和想象力的结果。

问题在于，人类在如此短暂的时间内取得如此巨大的进步，自己是不是能完全适应这么巨大的变化？换句话说，人类能否完全理解技术进步的全部本质内涵？技术进步在延展了我们的肌肉力量、拓展了我们大脑的理解力和想象力的同时，更要求人的全面进步，要求人类作为一个整体的道德素质、合作素质等方面的提高，要求我们自觉而合理地利用技术进步成果，而不是急功近利、唯利是图、毫无顾忌地满足自我膨胀的一切欲望。

缺乏积累沉淀的技术

从另一个角度来看，人类在近 200 年的时间内，基因并未发生突变，包括我们的大脑结构也没有发生任何形式的变化，我们怎么会一下子取得那么多的突破呢？仔细分析，这一切成就的取得，看似我们做了很多努力，看似因为我们这个时期涌现出许多杰出人物的结果。实际上，一系列偶然发现与难得的机遇是根本原因。正因为如此，美籍英裔数学物理学家费里曼·戴森才说：“技术是上帝赐予人类最伟大的礼物”。更确切地说，缺乏积累沉淀的技术只是上帝随手赏赐的一件礼物，这件礼物必须经过仔细的研究雕饰，方有价值。

也就是说，这些进步不像是过去我们从石器时代进步到青铜时代、再到铁器时代那样，一步一个脚印依靠反复试错的长期积累获得的进步。虽然不能用“得来全不费功夫”来形容，但是相对而言，工业革命以来的技术爆发式进步来得太容易。所以，人类缺乏对技术应有的敬畏，缺乏对新的技术力量应有的敬畏。在某些方面实际上也没有做好适应新技术进步的准备。

其实，我们对上述结论不应该感到愕然，因为，就科学发现而言，很多情况下属于“个人才华或想法”与“意外运气”的组合。罗伯特·弗兰克还根据他的研究专门写了一部《成功与运气》的专著，详细讨论了一些看似微小的随机事件却产生了深远影响的案例，许多技术进步实际上是建立在偶然发现的基础上。在这里，我们不妨列举科学发现史上的一个重大发现的实例作一番解读。

1895 年，因为伦琴射线发现而载入科学史册，而在伦琴射线发现之前，多数物理学家都认为物理学的基本原理都已经被发现了，物理学似乎已经走到头了。可就是在这个时候，伦琴却意外地发现了一种从没有报道过的辐射——X 射线，并且由此揭开了物理学史上重大革命时代的帷幕。第二年初春，在法国科学院听了射线发现报告的物理学家亨利·贝克勒尔误以为荧光是 X 射线的起因，由此推测发出荧光的物质可能是 X 射线的天然来源。会议结束后，贝克勒尔走进自己的实验室，选择了一种包含铀的磷光材料立即着手展开验证，结果奇迹发生了。

他把一片磷光材料放在包着底板的黑色纸包上，在阳光下曝光几个小时，显影后观察到底板上出现了磷光物质黑暗的轮廓，他又在磷光物质和纸包之间放一枚硬币，结果可看到硬币的影像。贝克勒尔发现荧光物质释放的辐射不仅能穿透黑纸，还能够穿透一些金属，因此他误以为自己的推测被证明了：太阳光照射磷光物质时也会产生 X 射线。过了段时间，他打算重复这个实验，以便再次验证他推测的“荧光的物质可能是 X 射线的天然来源”这个结论的时候，天气却与他作对，总是阴晴不定，无法按他设定的方案进行实验。于是，他决定将底板暗盒和材料放进黑暗的抽屉里。几天过后，他将装在暗盒里的底板显影，却惊讶地发现显影的底板很黑，与铀的化合物在阳光下曝过光的一样！

后来的故事我们都知道了，贝克勒尔发现了自然放射性现象，为核物理奠定了基础。1903 年，贝克勒尔因此获得了诺贝尔奖。

但是，如果贝克勒尔选择的磷光材料并不包含铀？如果当时的巴黎沐浴在阳光之下，使贝克勒尔能够顺利重复实验，结果又会怎样呢？正是这一系列看似偶然性的随机事件，使人类认识到自然放射性现象。难道这还不可以归结为“运气”吗？不是一种“偶然中的意外发现”吗？虽然，放射性的发现是科学“意外发现”中最经典的例子之一，但绝不是唯一的一例。正如本书前面论述过的曼内斯曼兄弟发明斜轧穿孔工艺，直到利用该工艺制造无缝钢管上百年之后，也没有一个令科学界满意的理论解释，但是，这并没有阻挡无缝钢管在输送管道上的应用。而且无缝钢管轧制技术的问世正值油气大发现、大开发的起始阶段，急需安全可靠的制管技术，以便油气能够源源不断地从产地输送到用户中心城镇。从这些角度来看，无缝钢管技术的问世不是上帝赐予人类的礼物又是什么呢？

需要仔细打磨的技术

回顾历史，我们会觉得许多技术都犹如上帝赐予人类的一件的礼物，只要你有点才华加想法，又有那么一点运气的成分，就会受到上帝的眷顾，就能有幸接到上帝的礼物！礼物通过这些有才华而又受到上帝眷顾的幸运儿之手转交给人类社会时，我们社会中的“精英”们就希望最大限度地利用这件礼物，借此引发扭转乾坤的剧烈变革。但是，我们实际上并没有全面掌握礼物的合理用法、礼物内藏的核心密码。因此，一些礼物是需要慢慢地扩展使用范围，在使用中逐步消化、逐步改进的。只有这样，才能使受到启发的天才们获得的科技成果，最终让人类长久受益。

吴军在他的《全球科技通史》第四章“美第奇与佛罗伦萨的穹顶”一节中曾叙述过这样一起历史事件。公元 1296 年，虔诚的佛罗伦萨人就开始为上帝建设一座空前宏伟的大教堂。当地人用了 80 年才将教堂四周的围墙建好，却突然意识到没有工匠知道如何修建它那巨大的屋顶。科西莫·美第奇（1389–1464）长大后，决心要修好教堂的屋顶，他四处寻找能够修造这个教堂屋顶的技术。他知道，早在 1000 年前，古罗马人就掌握了修建大型圆拱屋顶的技术，并且修建了直径 40 多米、高 60 米的万神殿，但是，这项技术在中世纪时失传了。一个偶然的机会，科西莫从堆满尸体的教堂里找到一些古希腊、古罗马时代流传下来的经卷和手稿，里面有很多机械和工程方面的图纸，以及各种文字描述。之后，科西莫不断搜集类似手稿。同时他找到了能够建设教堂屋顶的天才布鲁内莱斯基（1377–1446），终于完成了建造屋顶的全部准备工作，就这样，他又用了 6 年，到 1436 年，大教堂的屋顶才竣工。从 1296 年算起，佛罗伦萨大教堂的建造历时整整 140 年。正是这样上百年边建设、边思考的漫长时间才使得佛罗伦萨大教堂成为文艺复兴时期的第一个标志性建筑，成为世界著名的建筑艺术。同样，德国的炼金术士伯特格尔（1682–1719）一共做了 3 万多次实验，尝试了瓷土中各种成分的配比，制作出完美的享誉世界的梅森瓷器。

这些历史事实说明：技术其实只有被人们当作艺术来对待、当作信仰来对待，以宗教信徒般的狂热长时期地去执着追求其完美时，技术才能最终趋于成熟。从这个意义上来说，管道输送技术还远远不够成熟，其中还存在这样或那样的缺陷，有的并不是我们短期内能够克服的。北京科技大学教授路民旭先生在 2018 年底提出了长输管道面临的四大威胁，分别是：管道材质及涂覆层劣化、地面沉降导致的应力增大、交直流杂散电流干扰导致的腐蚀以及输送介质析氢、冲刷、湍流、温度、压力等形成极强的破坏力等。这些威胁的存在，显然不是目前的管道输送技术能够完全应付的。这也从一个侧面说明：我们在管道及其输送技术上存在着抵御自然损坏的漏洞，或者说因为管道输送业过快的增长，技术体系尚来不及完善。弥补这些漏洞需要长期探索解决办法，需要仔细打磨技术层面存在的瑕疵。

另外，任何问题的解决都不是靠一种技术，而是需要一个技术系列，管道输送也不例外。正如世界的神奇多样是自然界漫长的进化发展的结果，而不是上帝一次性创造的成果一样，任何技术系列的形成也需要一个相对漫长的演化过程，因此从这个角度讲，管道技术其实仍然处于一个不断发展完善的过程之中。因此，不能对现阶段的管道及其输送技术抱有不切实际的幻想，应该从多个途径探索弥补目前管道及其输送技术上存在的欠缺。

3. 管道输送事故的反思与拷问

仔细梳理，我们还发现，管道输送事故也不尽都是些技术失效或瑕疵导致的，其实大部分事故是由于我们对技术的滥用造成的。

在管道输送业迅速崛起中，我们的哪些失误导致了事故频发呢？从根本上来看，存在两个方面的问题：一方面，对于扑面而来的各种新技术生搬硬套、任意模仿、仿造泛滥成灾，造成输送管道内在质量失控，鱼目混珠，埋下众多隐患；另一方面，因为缺乏敬畏、缺乏对其他人劳动成果的尊重，肆意将造福人类整体的技术进步变成谋取个人或局部私利的手段，结果造成许多不该出现的事故发生。

在管道输送领域，明显地表现为：一些不成熟的技术、不成熟的材料、不成熟的设计思想、不成熟的施工方法、不成熟的操作方法、不成熟的自动控制手段、不成熟的检监测技术与评价方法等，被任意使用。更有甚者，一些明显错误的理念、技术、方法等披着华丽的外衣攫取了大量的投资，反而减少了一些本该必须保证的基础研究与试验、中试的投资份额，使一些不成熟的思想、方法、技术等被按照成熟的对待，导致了一系列不应有的后果。可以说，我们并没有真正掌握与管道输送相关的全部技术，只是洞悉了部分技术就急不可待地想让管道布满城乡每个角落，为我们提供最大的便利。结果地震、泥石流、危岩崩塌、地层塌陷等地质灾害时不时向管道发出威胁。一些过分聪明且喜欢通过布道显示自己有奇才的人们，还提出管道地缘政治学说，有意识地制造紧张与对立，结果导致了一系列的投资浪费与失误，还引发了恐怖分子对输送管道不应有的仇视，结果使管道安全风险陡然上升。在管道探测与定位技术还不十分可靠的情况下，盲目在紧邻管道部位施工，导致一系列的挖断事故。将用于管道施工的开孔技术用于打孔盗油盗气，谋取个人利益，或不按照规定肆意占压管道等破坏行为。凡此种种，都使技术进步走向愿望的反面，导致了一系列的事故甚至灾难，结果，我们不是舒心地享受新技术给我们带来的福利，而是在惶恐不安的焦虑中为进步而进步。关于这一点，虽然不是本书的主要内容，但是不妨在下面稍作一点具体的分析。

屡屡发生的灾难

从总体来看，影响各类管道输送安全的因素主要有：地质构造、地理环境、气象等形成的地质灾害因素；人类自身的活动破坏，如打孔盗油、工农业生产、城镇建设、战争与恐怖袭击等外界干扰因素；管材管件质量性能、设计、施工安装、运行调度、监控监测等技术因素；法律、文化、标准规范、管理制度等人文法制因素。但是，具体到不同输送介质与环境下的管线，影响其安全的主要因素又有所差异。

2016年7月19日至20日，湖北省恩施市崔家坝镇22小时降雨量达329mm，引发滑坡、内涝、泥石流，并致天然气管道断裂泄漏爆燃，造成2人死亡。

类似事故是典型的地质灾害事故。根据我国地域特点，我国西部管道所面临的地质灾害以泥石流、洪水冲蚀、风蚀沙埋、盐渍土腐蚀等为主；中部管道所面临的地质灾害包括滑坡、崩塌、泥石流、洪水冲蚀、风蚀沙埋、采空塌陷以及黄土湿陷等；东部管道所面临的地质灾害主要有地面沉降、地裂缝、采空塌陷以及膨胀土等。

北京石油大学帅健、王晓琳等人在“地质灾害作用下管道的破坏行为与防护对策”（《焊管》2008年9月）一文，曾收集了地震断层作用下管道的破坏事故、斜坡灾害管道破坏事故、洪水引发的管道事故、地面塌陷引发的管道破坏等事故资料。在近40年的时间内，共计统计了大约25起地质灾害作用下管道事故。其中，涉及我国的油气管道事故有16起。例如：1976年唐山大地震导致的断裂、漏油、皱褶裂缝、弯曲破坏现象；2005年山体滑坡引起泥石流压断重庆开县天然气管道事故；1999年洪水导致穿越河流的靖西管道（埋深4m）被冲出，高含沙水流冲断事故；2005年由于雨水冲击塌陷导致广东佛山一煤气管道被压撕裂泄漏；平顶山采煤区塌陷致使通往平顶山油库的管道发生扭曲变形等。

总体而言，这类因素导致的事故占比较小，损失往往比较大。但是，严格说起来，这类事故并非不可避免。实际上，只要通过合理的设计与保护，就可以使之降低到一个可接受的范围内，至少可以限制在一个微不足道的发生率以内，甚至完全可以避免。然而，现实情况却并非如此。一个很重要的原因就在于：由于我们急功近利思想的驱使，在管道输送业快速崛起的时代，过多注重经济利益，对可能的灾难后果研究防范不够，或在侥幸心理的驱使下视而不见，明明可以采取的防范措施被省略了，可以绕开的危险地段却为了节约投资而硬性穿过。

可以说，地质灾害类管线事故是人类短视的产物，是对急功近利的惩罚，而不是必须付出的代价，更不能简单地归结于人力不可抗拒因素而搪塞应负的责任。如果任由这种思想继续蔓延，我们必然会承受更多我们根本无法承受的灾难性后果。

失去敬畏之心的可怕

2006年2月18日17时15分，某高速公路出口南800m处，一辆正在作业的挖掘机挖断了天然气管道，大量的白色气体从管道缺口处喷出，气流足有3m多高。当地辖区政府接到报警后，调集了周边三个消防中队赶赴事故现场，用密集的消防水枪稀释空气中的天然气浓度，同时附近居民进行了紧急疏散，对高速公路实行临时交通管制，封锁了出事地点周围的所有路口，才没有造成人员伤亡，但是对社会经济的影响显而易见。

类似这样的事故，可以统称为外界干扰因素导致的事故。有文献根据国内近10年公开报道的管道安全事故资料，统计得出外部风险因素（主要是施工破坏与打孔盗窃）是引起油气管道事故的主要原因，约占60%以上。《瞭望》周刊报道，2002年至2009年，仅中国石化就遭受打孔盗油1.98万次。外界干扰的形式多种多样，除施工破坏、盗窃破坏之外，占压、不合要求的穿跨越、浸泡、恐怖袭击等不一而足。由于这种防不胜防的外界干扰导致的重大恶性事故时常令人忧心忡忡。

2018年前10个月，墨西哥的燃油窃贼们就在输油管道上疯狂地钻出了12581个非法盗油孔，2019年墨西哥因盗油损失了大约30亿美元。为此，于2018年12月1日就任墨西哥总统的洛佩兹·奥夫拉多尔不得不发起专门针对燃油盗窃的大规模行动，政府部署了3200名海军陆战队员来守卫输油管道和炼油厂。即便这样，2019年1月18日，在墨西哥伊达尔戈州图斯潘市一个炼油厂的输油设施，仍然遭到数百名非法盗油分子的疯狂偷盗，结果在从管道中取油时引起爆炸，造成100人死亡（图

图4-3 墨西哥图斯潘市输油管道爆炸现场火光与空中俯瞰清理中的爆炸现场

（图片来源：搜狐网转CNN）

4–3 为爆炸现场)。类似事故在墨西哥已不是第一次发生，2010 年 12 月，墨西哥中部靠近首都的一条输油管道也是因盗窃引发爆炸，造成了 28 人死亡。

我们仔细对有统计的外界干扰破坏引发的管道事故分析发现，除中东战争期间的几起有组织的恐怖破坏导致的油气管道爆炸停输事故之外，绝大多数属于无意识的第三方施工破坏以及非组织性牟利行为所导致的破坏事故。而这类事故九成以上发生在油气管网并不密集的发展中国家。

中国石油管道科学技术研究中心的郑洪龙统计分析了 2010 年以来美国 432 起油品管道事故和 238 起天然气管道事故，在油品管道方面，排名前三位的失效原因分别为腐蚀（107 起，占 25%）、管体 / 焊缝材料失效（96 起，占 22%）和设备失效（75 起，占 17%）；在天然气管道方面，依次是管体 / 焊缝材料失效（56 起，占 24%）、开挖损伤（52 起，占 22%）和腐蚀（43 起，占 18%），如图 4–4 所示。美国是世界上拥有管道里程最长的国家，截至 2015 年，美国油品管道约为 21×10^4km，天然气管道约为 48×10^4km。

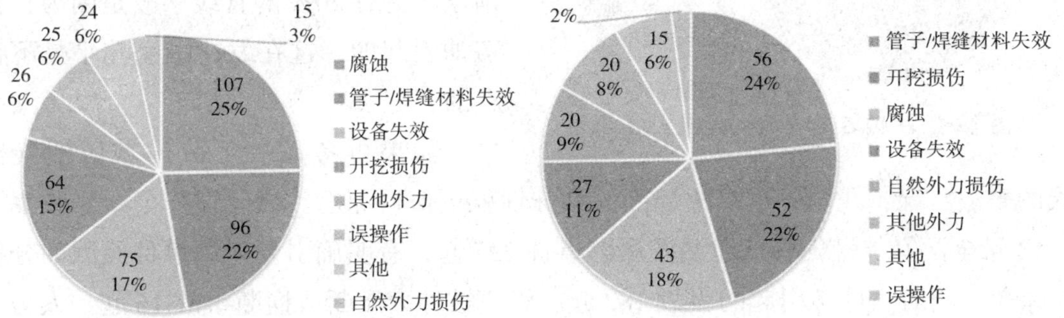

图 4–4　美国油管道失效原因统计（左）、美国气管道失效原因统计（右）

加拿大阿尔伯特能源与公用事业委员会（AER）管理的油气管网总长 11.6×10^4km，长输油气管道总里程与我国相当，其中天然气管道为 6.4×10^4km，原油管道为 3.7×10^4km，成品油管道为 1.5×10^4km。事故发生原因按发生率大小（加权平均）依次分别为内腐蚀 38.66%、第三方破坏 17.24%、外腐蚀 12.45%、其他 9.93%、阀 / 附属物 6.59%、制管缺陷 3.79%、施工缺陷 3.45%、焊缝 3%、连接接头 2%、土体移动 1.89%、超压 1%。其油气管道分别计算的事故发生率统计分析如图 4–5 所示。

再看看我们国家。2016 年底，我国陆上长输油气管道总里程只有 12.3×10^4km，根据对中油天然气与管道分公司 5.3×10^4km 管道 2006~2015 年 134 起泄漏事件统计，打孔盗油是最主要的失效因素，制造缺陷次之，施工质量居第三位，占比分别为 50%、19%、10%，如图 4–6 所示。

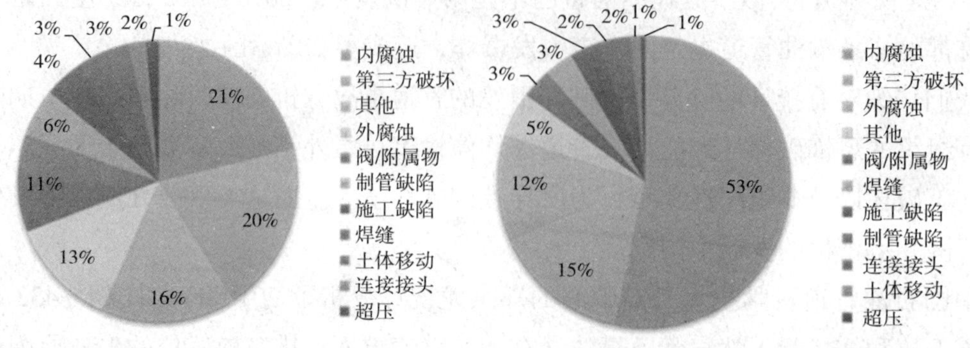

图 4-5　加拿大原油管道失效原因统计（左）、加拿大天然气管道失效原因统计（右）

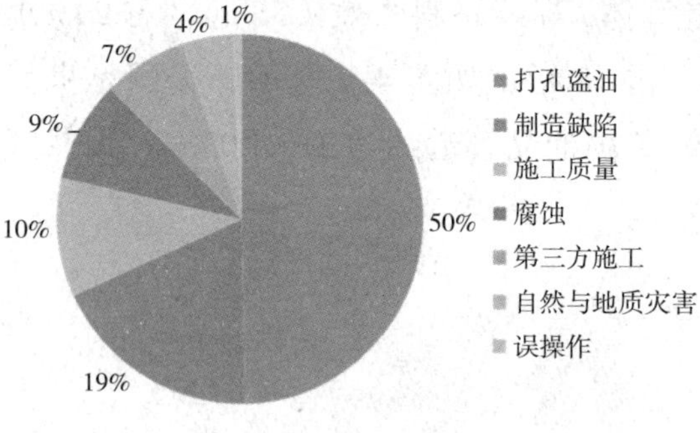

图 4-6　中国石油管道失效原因统计

从这些管道失效原因统计明显可见，我国的千公里管道年平均事故发生率不仅明显高于发达国家，而且外界干扰破坏导致的管道事故更是显著地高于北美国家。更有 50% 的管线事故是因为打孔盗油引起的，这在发达国家几乎是不存在的。

如果再考虑一下我国城区油气支线的事故状况，我国管道事故起因的特殊性就更值得深思。燃气爆炸公众号收集了 2018 年全国室外燃气管道泄漏及爆燃事件 227 起，有明确引发泄漏事件原因的分析结果是：由野蛮施工引起的事故 182 起、管道被外力压断或撞断事故 16 起、人为破坏 2 起、腐蚀或绝缘层破裂 11 起、接口引起 7 起、地基下沉 6 起、天气原因 2 起、阀门原因 1 起。可见，外部干扰导致的事故占比高达 88%。

为什么发达国家外部干扰因素仅占事故总起数的 20% 左右，而我们国家却高达 60% 以上，个别统计甚至占到 80% 以上。我们在个别年份，有统计的外部干扰导致的大小管道事故甚至达到上千次，而管道里程数倍于我国的西方国家，油气管道每年发生的外部干扰导致的事故却远远小于我们。除了我国正在城市化的过程中，施工点多面广、偶发因素多以外，实际上我们的法律、文化、标准规范、管理制度等人文法制因素是更深层的原因。已经有太多的文章讨论过我国管道设施被非法占压、打孔盗油盗气的原因，直指我国的法制环境与管理政策甚至社会治理等问题。但是，我们认为：这一切其实就是源于我们缺乏敬畏之心，没有对通过努力而获得财富的敬畏，没有对制度的敬畏，没有对良知道德的敬畏……

关于管道的法规、标准规范不完善、不配套以及事故分析不深入也是重要因素。以事故分析为例，欧美发达国家几乎对每一起事故都有详细的调查报告并公之于众。

而我们有太多的管道不仅调查分析不深入、结论牵强，而且事故调查不及时、处理不及时、不公开，甚至不了了之。以全国 2016~2018 年城市燃气泄漏、爆炸、爆燃事故新闻为例。

2018 年全国有报道的室内 540 起燃气泄漏爆炸事故中，有 425 起未查明泄漏原因，只有 115 起明确了泄漏原因；2017 年室内 680 起燃气爆炸事故中，有 483 起未查明泄漏原因；2016 年 686 起室内燃气爆炸事故中，有 479 起未查明泄漏原因。即便是一些有较大影响的事故，事发当年都不披露事故原因，甚至一直不披露真实发生原因的现象也不在少数。这说明我们在安全事故的统计、调查分析和披露环节存在太多需要改进的地方。原因分析不深入、不细致、不公开，必然会导致我们无法及时汲取事故教训，造成一些事故一而再、再而三地发生。

其实，任何一类事故都是有规律可循的，特别是对事故大数据的分析，可以给我们提供许多有益的指引。比如外部干扰地域特点、发生时段上的规律、泄漏部位规律等等。规律来自对大量事故的仔细剖析，规律的获得是我们采取防范措施的根本。最典型的案例是东京供水局对漏水问题进行了 10 多年大量的试验研究，得出的结论是：60.2% 的漏水是因为水管材料强度不足以承受外力的作用造成的，24.5% 的漏水是因为管道接头设计不合理造成的，8.0% 的漏水是由于塑料类膨胀率过高而导致管道线路设计不合理造成的。为此，日本水协会建议改进水管材料和连接方式，结果东京的漏水率一下子降低到 4% 以下。由此可见，全面完整、深入细致的调查分析多么重要。美国近年来油气管道事故发生率低，则与美国对发生于 2000 年 8 月 19 日的新墨西哥州某条天然气管道破裂泄漏起火燃烧，导致附近露营的 12 人全部遇难事故的彻底调查，并根据事故原因发布新的管理法规有直接关系。

技术发展自有其阶段性规律

不放过每一次事故教训的总结，持续修补管理漏洞、不断扎紧法制笼子、持续提高公民法治意识等固然可以减少类似外部干扰导致管道事故的发生率，并在一定程度上减少其他类型事故的发生率。但是，仍然会有一些管道事故不是仅仅依靠这些管理上的措施包括法治手段就能够消除的。

1992 年 4 月 22 日，墨西哥瓜达拉哈拉市，数百吨汽油因管路腐蚀泄漏进入市区下水道并引发多起连续爆炸，造成 3 亿 ~10 亿美元的财务损失。事故造成 206 人死亡，1470 人受伤，许多人失踪，1.5 万人无家可归，1124 座住宅、450 多家商店、600 多辆汽车、8km 长的街道以及通信和输电线路被毁坏。事后分析得知，泄漏早在几个月前就发生了，而引起管道泄漏的腐蚀隐患已经潜伏数年之久。图 4–7 为墨西哥瓜达拉哈拉市管道泄漏爆炸后房屋与街道景象。

图 4-7　墨西哥瓜达拉哈拉市管道泄漏爆炸后房屋与街道变成了废墟（图片来自中国管道保护网）

这起事故及美国新墨西哥州燃气管线事故均属于典型的隐患导致的事故。而隐患一般是因技术发展阶段所限，管材管件质量性能缺陷，设计、施工安装、运行调度、维护不当，介质或环境腐蚀影响与控制不当等引起的。从某种意义上来讲，是不可避免的。比如腐蚀、管体 / 焊接材料失效、设备失效等引发的管道事故，这些因素显然与科学技术的发展水平直接相关，并不是我们可以随意超越的。就像在工业时代最为重要的“产品设计”这种技术服务，在手工业时代是不可思议的一样，在我们这个时代，想让钢铁的管道杜绝腐蚀同样是不可想象的事情。但是，今天不可想象的事情，数百年之后可能就成为一种必然的事情。已经有太多的新技术，实现了过去人们认为不可能实现的梦想。音乐家巴赫在一次失败的眼睛手术后去世，这在今天只是一例再平常不过的小手术，可在当时却是非常困难的一个手术。

由此可见，我们在享受迅速崛起的技术福利的同时，也付出了相应的代价。这既是技术发展局限性的体现，也是急功近利的代价，是人类没有做好适应新技术进步准备的反映。我们可能在这种状态中还要持续很久，因此，寻找弥补措施就成为我们急迫的任务。

4. 治理方式的途径选择

如何破解管道事故频发的困扰呢？人们最初的思考无外乎两个路径：一个是尽量提高管道设计的安全等级，选用更安全的钢材并同时周密设置保护措施，在此基础上，做好应急处置预案，一旦发生事故，尽量将事故造成的损失降到最低；另一个是选择合适材质的钢材与适当的保护措施，然后通过经常对隐患的检测、监控，提前消除可能导致事故的隐患。通过长期的实践探索与分析对比，特别是随着管道检测新技术的不断开发与原有技术的进一步完善，通过检测预测预警、提前消除隐患的治理路子成本相对更低。

阿拉斯加输油管道

1977 年，美国建成了纵贯阿拉斯加州的输油管道（见图 4–8），这是一条在高纬度严寒地区修建的大口径管道，它伸入了北极圈，当时引起了全世界的瞩目。阿拉斯加管道北起北冰洋沿岸的普拉德霍湾（这里的石油占美国石油可开采量的 1/3），南至太平洋沿岸的瓦尔迪兹港，穿越了 3 条山脉、300 多条大小河流和近 650km 的冻土带，全长 1287km，管径 1220mm，年输量在 4000 万吨以上，全线采用计算机控制，是美国最大的现代化输油管道，也是世界上最为先进的管道之一。正因为该管道的重要性和特殊的地理位置要求，建设时，对管道钢材材料的选择有严格的要求，如对屈服值、抗冲击韧性等性能的要求；管道采用热喷涂环氧粉末做底漆，外面用聚乙烯胶带包覆，石方段用混凝土作外保护层，同时全线采用阴极保护作为第二道防线。

图 4–6　冰天雪地里的阿拉斯加管道（选自百度阿拉斯加管道图片）

可是，管道投产后，腐蚀问题就一直困扰着阿拉斯加管道的工作者。1977 年 7 月 28 日，该管道正式投产。大约 8 个月后，1978 年 2 月 15 日在由首站向南 736km 处管道腐蚀穿孔，共漏油 16000 桶（约 2300t）；1979 年 6 月 10 日，在由首站向南约 270km 处由于腐蚀穿孔，再次发生漏油，共跑油 1500 桶（约 2300t）；同年 7 月 15 日，在由首站向南 1180km 处发生第三次腐蚀穿孔，漏油 4000 桶（约 750t）；之后又发生过多起由于腐蚀穿孔而造成的漏油事故。

好在 1962 年美国 Knapp 公司和 Girard 公司成功开发出清管器，不仅为含蜡原油管道内壁石蜡沉积层及其他管道内垃圾清理提供了方便，而且也为管道内检测提供了方便。1965 年，美国 Tuboscope 公司就在清管器的基础上，安装漏磁检测器对管道实施了内检测试验；1973 年，英国天然气公司第一次采用漏磁检测器对其管辖的一条直径为 600mm 管道成功地进行了内检测。管道内检测器技术开始进入管道输送技术服务之列。

因此，阿拉斯加管道在第一次发生腐蚀穿孔约 4 个月以后，安装了漏磁法管道内检测器。但是，初期的管道内检测器缺陷太多，一直没能发现管道存在的腐蚀缺陷位置，导致该管道又发生了两次腐蚀泄漏。不过，人们对管道内检测器仍然抱有很大期望，一直在试图改进。1984 年阿拉斯加管道公司与其他专业公司合作对内检测器进行改造，并又安装了超声波法管道内检测器，同时采用以上两种管道内检测器，并互相验证。经检测表明，干线基本情况是好的，腐蚀主要集中在 21km 的四个地段上。最后根据检测评价结论，从 1989 年开始，用 27 个月时间累计更换了总长 13.64km 的管段。自此以后，阿拉斯加管道的干线由于腐蚀穿孔而漏油的事故大量减少。

这个实例说明，人们可以通过检测提前发现管道存在的隐患，在该隐患还没有发展成为事故之前提前采取消除措施，这样就可以减少管道事故的发生。

圣布鲁诺的天然气管线

相反，一旦放弃了检测技术这项对付隐患的武器，不管这个隐患隐藏多久，总有发展成事故的那一天。最典型的莫过于 2010 年 9 月 9 日发生在美国加利福尼亚州圣布鲁诺的天然气管线破裂爆炸起火事故。这是一起发生在高后果区的事故，泄漏天然气 $1.35 \times 10^6 m^3$，导致 66 人伤亡，其中 8 人死亡，108 栋建筑物损毁，仅事故后管道修理费就高达 1350 万美元。图 4–9 为爆炸后事故现场。根据 PG&E（太平洋燃气电力公司）的记录，破裂管段建于 1956 年，该线路的最大允许运行压力为 2.76MPa，

图 4–9　爆炸形成的坑和断裂管道

事故发生时运行压力并未超过最大允许压力。该事故的发生的主要原因之一是焊接与管体缺陷。

那么，这些不合格管件及焊接是如何在管道建设初期被安装上的？为什么在服役期间一直没有发现其存在的缺陷，直到 54 年后导致事故的发生？这些成为调查的重点。

美国相关机构的调查显示，该管道始建于 1948 年，1956 年更新改造。而更新改造工程没有 X 射线的检测记录（与之相比，1948 年该线初始建设阶段，PG&E 要求对其 10% 的焊缝进行 X 射线检测），也没有水压试验的相关记录，如果当时进行了 X 射线检测或者水压试验，就有可能在管道安装初期发现这些存在缺陷的短管。其中出事故的 3 号短管预估爆破压力（根据 NTSB 的爆破压力计算其纵向焊缝为最薄弱点）为 2.96~3.85MPa。在管道建设初期，行业标准中规定二级地区的水压试验压力为最大允许运行压力（MAOP）的 1.25 倍（1956 年事故地点为二级地区），也就是说最大允许运行压力 2.76MPa 对应的水压试验压力为 3.45MPa。但是，当时这些标准是推荐性而非强制执行的，PG&E 没有按这些标准执行，从而错过了一个在试运行阶段就发现缺陷的机会。

此外，即使通过目视检查都可以发现这些严重的焊缝异常。在每个短管的纵向焊缝存在的手工电弧焊的未焊透缺陷完全可以通过肉眼或触摸发现。如果 1956 年更新改造工程将 PG&E 员工目视检查管道内部（PG&E 在 1948 年建设项目规范的一项要求）作为一项质量控制要求，那么不合格的焊缝缺陷也很容易就被探测到。而如果这个管道在运行若干年以后，再进行哪怕是一次水压试验、内检测甚至地面应力检测或瞬变电磁检测也能够发现这个隐患。然而，遗憾的是，这些检测都没有进行。就是这许多该检测检验的环节的缺失，终于导致了一个隐藏了 54 年的隐患发展成事故。

检测技术带来的希望

阿拉斯加输油管道由危转安的经验与圣布鲁诺的天然气管线隐患最终发展成事故的教训告诉我们：管道的检、监测技术以及基于检、监测的风险评价工作，虽然不能直接防治隐患或消除隐患的产生，但是，却有助于发现隐患，从而防止事故的发生。

进入 21 世纪前后，许多国家纷纷将管道安全检测、监测与风险评价工作进行立法规范，强制性推行。原因就在于管道输送越来越重要，各国已经无法承受管道运输随意中断对社会、经济、人们生活带来的影响；更在于人们已经认识到管道事故是有先兆的，是隐患积累到一定程度的产物，是可以通过技术检测与数据分析提前预知并采取措施予以排除的。

1988 年 10 月美国国会通过了管道安全再审定条例，要求运输部研究与专业计划管理处（RSPA）制定联邦最低安全标准，以使所有新建及更新管道都能适应智能内检测器检测的要求；加拿大标准协会制定了管道内检测器用于危险性液体和气体管道的标准，加拿大国家能源委员会 1995 年采用这些标准作为法规条例，强行实施管道内检测。我国也先后出台了《特种设备安全管理条例》《石油天然气管道保护法》等对管道的定期检测检验、安全评价提出规范。制定了许多行业标准规范、国家标准规范对管道的相关技术性能提出指标化要求，对这些性能的检测检验作出方法性规定等。

在城市地下管线方面，我国城市地下管线种类增加，规模扩大，承担的功能越来越复杂，地下管线资料的不全、不准的问题日渐突出，严重制约了城市的发展。电磁法探测技术开始逐步引入到城市地下管线普查工作之中，并成为城市地下管线普查主要技术手段之一。图形化操作系统、地理信息系统和数据库技术的新进展为城市地下管线数据库建立和地下管线信息的应用奠定了良好的技术基础。

为了统一城市地下管线探查、测量、图件编绘和信息系统建设的技术要求，及时、准确地为城市规划、设计、施工以及建设和管理提供各种地下管线现状资料，保证探测成果的质量，以适应现代化城市建设发展的需要，建设部组织有关单位编制了中华人民共和国行业标准《城市地下管线探测技术规程》（CJJ 61—94），并于 1994 年 12 月 5 日批准发布，1995 年 7 月 1 日起施行，使城市地下管线探测技术逐步走向规范化。

城市地下管线信息化的目标由最初的编绘综合地下管线图逐步过渡到建立城市综合地下管线数据库。城市地下管线普查工作也逐步走向规范化、标准化和现代化。在此基础上，对于各种城市地下管网泄漏、损伤隐患的检测工作也开展了起来。

总之，隐患先于事故而存在。隐患是管线发生安全事故的元凶，安全事故是管线隐患积累到一定程度的产物。老子的道德经中有一个著名论点就是无为而治。无为而治的核心则在于“为之于未有，治之于未乱”，老子通过长期的观察思考告诉我们，治理社会的本质在于某个事件欲将要发作而未发作时镇之以“无名之樸”。管道管理的最高境界，其实就是要在隐患的演化过程中，在其还没有发展成事故之时，及时通过管道检测的手段发现确认并予以消解，这难道不是“为之于未有，治之于未乱”的思想吗？

参考文献

[1] 郑洪龙. 国内外油气管道事故统计分析 [J]. 管道保护，2017，35（4）：22-26.

［2］丹尼尔．耶金．能源重塑世界［M］．严克风，闫建涛，校译．北京：石油工业出版社，2012.

［3］Serendipity. 重大科学发现 = 理性 + 意外运气［EB/OL］．［2017-10-06］.https：//www.sohu.com/a/196470244_224832.

［4］中国石油西部管道公司 .2010 年美国加利福尼亚州天然气管道开裂爆炸事故［EB/OL］．［2013-03-04］.http：//www.doc88.com/p-1488749759185.html.

［5］潘一．国内外管道腐蚀与防护研究进展［J］．腐蚀科学与防护研究进展，2014，26（1）：77-80.

［6］大连交通大学．长钢管内外表面耐磨耐蚀处理技术：200610047158.X［P］.2011.

［7］沈光霁，等．管道涂层应用现状分析［J］．腐蚀科学与防护技术，2013，25（3）：246-249.

［8］张二华．油气管道泄漏检测技术介绍［EB/OL］．（2016-05-09）［2016-11-02］.https：//wenku.baidu.com/view/08cc8a2d76a20029bc642d49.

［9］帅健，王晓琳，左尚志．地质灾害作用下管道的破坏行为与防护对策［J］．焊管，2008，31（5）：9-17.

［10］潘家华，张德国．阿拉斯加管道［J］，油气储运，1994，13（2-3）：1-7

［11］李晓松，尚兵，石仁委．管道隐患排查瞬变电磁检测技术［M］．北京：中国石化出版社，2019.

［12］冼国栋，等．基于 GIS 的兰成原油管道地质灾害风险评价［J］．油气储运，2019，38（4）：379-384.

第 2 篇　管道检测的技术演进与发展

现阶段管道输送技术存在的缺陷与人们对迅速崛起的管道输送业认识的局限性，导致管道事故仍然在所难免。而管道检测是扼制事故发生的最有效手段。然而，几十年来，我们在此领域工作的科学家、工程师们都把重点放在一个个碎片化的具体解决方案里，很少深入地研究关于此问题的系统解决思路。这可能是导致看似简单的问题却无法根除，并不断引发一系列反复出现、重复上演的事故甚至灾难的内在原因。

当然，关于此问题的系统解决思路不是人们没有想过，而是受困于各种技术问题的复杂性以及个人精力的限制；受制于各自研究领域的局限与制约，对其他人员从不同角度、运用不同原理研究的成果缺乏深刻的理解，导致了一种可怕的相互偏见。这种相互偏见，阻碍了技术之间的融合发展，制约了系统性解决方案的提出。

目前管道检测技术的方法种类繁多，不少技术已经趋于成熟甚至少数技术已经非常可靠了，但是，也有一些急需的技术或方法仍然处于探索研究或中间试验阶段。总体上来讲，如果充分发挥各种技术的潜力，影响管道安全的各类隐患是可以被发现并排除的。只是，不同的检测技术或方法各有不同的开发背景、技术路线、不同的适用环境。特别是在原始技术引进方面，有来自欧美的，也有来自苏联的，还有来自我国原创的技术。以这些基础技术为背景而开发的具体检测设备仪器或分析方法（数据处理软件），各有特点。而且，不同技术或方法，甚至相同技术与方法都存在表述方式不尽相同的问题，更可能存在一些相互矛盾的表述，不少文献资料对自己研究开发、使用或自己偏好的技术，对其存在的局限性交代不彻底，进一步增加了人们在技术选择方面的困惑。

估计没有任何一个技术的研究者能够将各类技术作一番彻底无误的比较与解读，管道运营商只有从使用的角度，在对各种技术都有全面的了解后，才可能在众多不同技术提供商五花八门的技术推荐材料中遴选出最适合自己企业管道需要的技术。由于环境的复杂性，并不是某一种技术甚至多种技术的简单叠加就能解决问题。比如，黄岛的管线在发生泄漏爆炸之前的几年，分别委托过三家检测公司、运用几种不同技术进行过检测，可就是没有发现事故段的隐患。甚至几家公司都非常巧合地“漏了”事故段管道的检测排查。类似的教训充分说明，管道运营商全面了解各种管道检测技术的基本知识以及其发展的因果关系非常重要。

那么，我们应该怎样依靠了解到的那些有限的知识去判断分析，或者秉持怎样的方法论去甄别技术、筛选技术，以适应我们各自所运营的管线检测的需要呢？或者作为我们选择创新发展的基点与方向呢？或者进一步，我们应该如何将各种技术有机地结合起来，提出一套系统化的解决思路呢？作为一个长期从事管道检测研究、思考、检测实践的一线工作者，作者认为，顺着技术发展的脉络去寻找、去体会也许是最好的选择之一。

第5章 管道检测技术演进发展概略

从最初的竹木、陶土质古代管道算起，已经过去了数千年，以钢铁及塑料等非金属材料为代表的现代管道也有一百多年的历史了。然而，困扰人类的管道渗漏、承压及抵抗外力破坏等问题却一直未能得到彻底有效地解决。好在近代以来特别是最近几十年来，人们开发出了各种管道检测技术，可以提前预知管道的病灶与薄弱环节，这也算是对长期困扰人们的管道问题的一种迂回解决方案。

那么，管道检测思想起源于何年？又经历了一条什么样的演进路线呢？

1. 管道检验思想的起源与早期检验方法

许多史学家都把19世纪描绘成人类发展史上最有成就、最激动人心的一个世纪，特别是在科学与技术的所有领域出现了爆炸式的发展。随着科学技术的迅速发展，工程材料的应用不断扩大，钢管研制成功了；焊接技术出现了；不仅有了耐压强度更高、更坚固的钢铁管子，而且长期困扰人们的管道渗漏尤其是接头部位的泄漏大为减轻，人们曾一度认为管道泄漏将成为历史。

的确，从理论上讲，由于钢材相对于竹、木、陶土、铸铁，材质的匀质性要好很多，一根根钢铁管子经过焊接连接而成的管道在最初的使用压力下也不会渗漏。一切问题似乎迎刃而解了！

然而，随着大量的工程实践的推进，人们对材料性能和本质的认识逐渐加深，日渐发现表面看是很好的、理论上应该匀质的材料和实际使用的材料之间，存在着很大的差距。人们恍然大悟：理想的匀质化的材料是不存在的！实际的材料往往带有不同程度的砂眼、气孔、疏松、夹杂、褶皱、裂纹等缺陷，采用存在缺陷材料制成的管子必然无法杜绝泄漏等事故的发生。很快，一系列的问题或事故的出现，鞭策着人们必须不断地探索缺陷产生的原因。

人们发现：影响材质的因素与产生缺陷的原因非常复杂。金属在冶炼和轧制时质量其实很难控制，稍有不慎，内部或表面都会隐藏一些瑕疵，很容易产生气孔、砂眼、夹渣和疏松等。由这种金属内部组织不均匀密实的材料制成的管子不可避免地存在缺陷，如果这种缺陷在管子出厂以前没有被发现，那就会酿成管道事故。

最原始的管道检验

人类很早就发现：黑啄木鸟和大斑啄木鸟（黑羽白斑）大部分时间都花在树干上，一直不断地敲啄树木。通过敲啄树木发现树木哪有蛀虫，然后啄木鸟用锋利的尖嘴剥落一些树皮，在树干上凿一个洞，叼食里面的蚂蚁和甲壳虫。受此启示，人类在很早就会用小棍子或手敲击、拍打树木，通过听声音予以判别一颗树木是否内部有空洞；后来人们还知道借助光源照射就可以检查鸡蛋质量；在挑选西瓜时，还要用手拍打几下听听声，通过听音检查是否熟透或熟得太过；利用敲打和听声音的办法，判断陶瓷制品是否存在质量瑕疵……

应该说，根据声音频率的变化来判断物体内部结构或质量状况是一种古老的检验方法。在我国明朝时期宋应星所著《天工开物》一书有如下记载：“凡釜，即成后，试法以敲之，响声如木者佳，声有差音则铁质未熟之故，它日易损坏。”这种古老的声音检测方法，在人们生活的各个方面都有应用。

这些类似的做法或思路能否用在管子质量的检测呢？应该说，这是肯定的。因为一切科学探索其实都起源于我们人类自身的生活以及那些善于思考的人们对生活经验的理性追问与再度审视。人们在生活中的上述做法其实就是一种无损检测的思想。我估计，当初曼内斯曼兄弟轧制出管子时，很可能也是根据以往生活中的经验，除了测量一下管子的外形尺寸如壁厚、口径、周长等，做做表面质量（主要是粗糙度与其他表面瑕疵）目测以外，也会用一个铁件敲击一下管子，听听声音以判断管子的轧制质量。再后来，可能又增加了管端垂直度、不圆度、焊缝坡口、焊缝宽度、余高测量等其他外形尺寸检验。

因此，有理由推测，用听音法（即声波法）检测管道质量是最早的管道检验方法。实际上声波检测物体内部缺陷的最早实践是医生的听诊器。1816 年，法国医生雷奈克因为要给一位年轻的贵妇听胸部跳动，但是又不便趴到对方胸部去听，无意中发明了听诊器，并且经过 3 年的改进，制造出了比用耳朵直接听效果更好的听诊器。

20世纪出现了声学显微镜，其实也是利用声波信息探测物质内部结构的缺陷，其原理和听诊器有相似之处。21世纪，人类甚至可以“听”宇宙的声音以了解宇宙远方的演变。

和现在的声波检测法相比，最早的听声音检查管道质量在形式上有较大的变化。而管道外形尺寸检验直到现在也是管子制造厂质量检验的基本测量内容之一，而且检验的形式甚至都少有变化。图 5–1 为 2019 年 12 月，西安石油管工程研究院（原西安管材所）马智君监造工程师提供的胜利油田棋龙直缝埋弧焊钢管项目，测量钢管周长、坡口角度、厚度、管段垂直度等管道几何尺寸的一组现场照片。

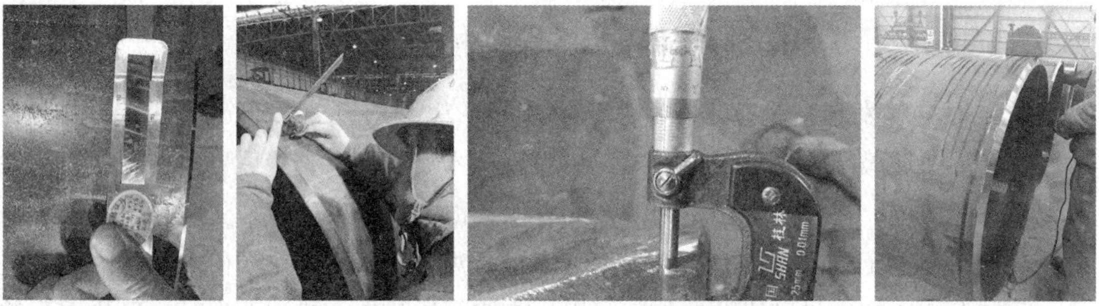

图 5–1　管子在钢管制造厂进行几何尺寸测量图组

仅凭这些不加改进的原始的检验方法，不久又暴露出其他问题来，比如，经过制造厂检验员检查认为合格的管子在工地施工中，却被发现了类似龟裂纹等缺陷或仅仅应用了不长时间就发生了泄漏。说明这种检查质量的方法是有局限性的。以曼内斯曼兄弟这类聪明且勤于思考的人肯定会想到，这是由钢铁组织内部存在的人眼观察不到的缺陷所导致的，因而，就会促使他们琢磨更好的检验方法。

1774 年，Rinman 就在瑞典皇家科学院院报上发表了一篇题为“铁与钢的腐刻”的论文，指出“不同类型的铁与钢的硬度、致密度、性能均匀与否等均有差异，腐刻为区别它们提供了一种简易的方法”。但是，这种用化学试剂腐刻金属显示其内部组织的方法只能观察到钢铁产品的表面组织。显然，这种办法并不能完全满足人们渴望探索金属内部细微组织结构奥秘的愿望。

从普通显微镜到金相显微镜

我们可以设想，显微镜这个早在 1610 年前后，意大利的伽利略和德国的开普勒在研究望远镜时，探索出显微镜光路结构，又经过 17 世纪中叶英国的胡克与荷兰的列文胡克改进（图 5–2 左图为 17 世纪的胡克显微镜，右图为当时世界上最豪华的显微镜：英王 George 三世的银质显微镜图片），已经可以仔细观察动、植物机体的仪器，应该是这些苦苦探求对管道金属材质检验检测的工程师们首先想到的技术。

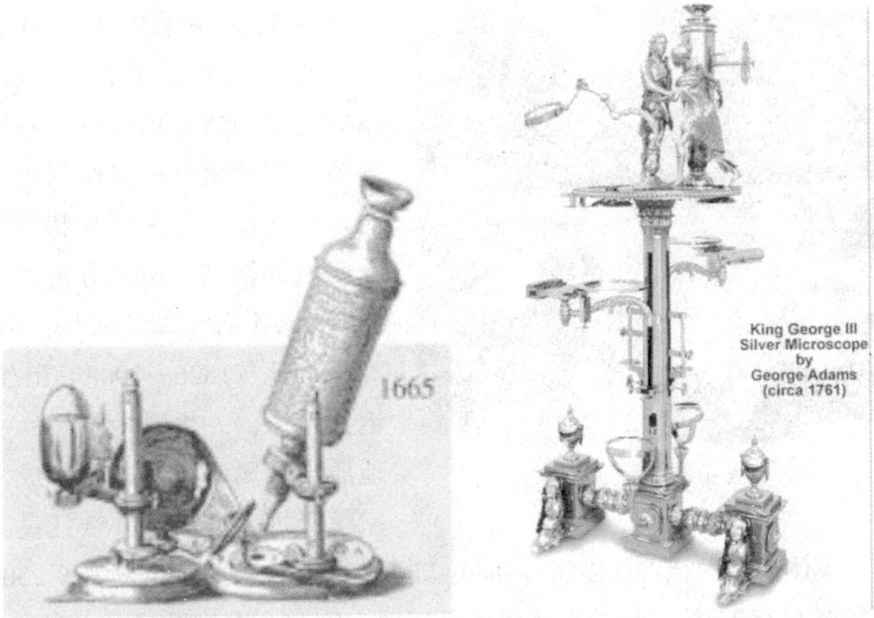

图 5–2　左图 17 世纪的胡克显微镜，右图英国 George 银质显微镜图片

这种受光学显微镜启发，渴望了解金属内部组织结构以及了解金属缺陷及深层原因的想法，促使金相显微镜加速登上人类科学技术发展的舞台。郭可信在其所写的“金相学史话（1）：金相学的兴起”（《材料科学与工程》2000 年第 18 卷第 4 期）一文中，对金相学及金相显微镜的出现作了如下描述：

1721 年，英文金相学 M etallography 这一名词便出现在牛津《新英语字典》中，不过那时这个名词的含义是金属及其性能的学问，并未涉及组织结构。19 世纪中叶，转炉（1856 年）及平炉（1864 年）炼钢新方法相继问世，钢铁价格显著下降，产量猛增。那时又正大事兴建铁路，铁轨用量很大，断裂事故也屡见不鲜。生产实际的需要促进了对钢铁的断口、低倍及内部显微组织结构的研究。另一方面，晶体学在这个时期也有了长足的进展，如 32 个晶类（1830 年）及 14 个布喇菲点阵（1849 年）的建立，这为研究矿物与金属的内部组织结构奠定了理论基础。到了 19 世纪末，金相这一名词也就获得了新的意义，并与金属与合金的显微组织结构结下了不解之缘，金相显微镜也就成为研究金属内部组织结构的重要工具。

这种拟借助于显微镜观察金属内部组织结构以便分析管子本体缺陷的思想，应该就是现代管道材质检验与整体性能检测技术的起源。因此，我们有理由认为，现代管道检测思想起源于管道轧制技术基本成型后，对管子质量检验的需求。1863 年，英国冶金学家索比（H.C.Sorby）首次用反射式显微镜观察抛光腐刻的钢铁试样，观察到珠光体中的渗碳体和铁素体的片状组织，从而揭开了金相学研究的序幕。

随着对金相学的研究，主要用于金相研究的工具之一的金相显微镜终于在 1872

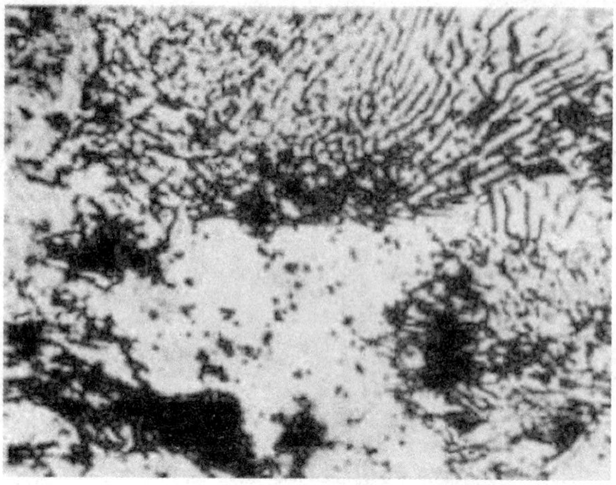

图 5-3 索比当年观察的珠光体试样

年从生物显微镜中脱胎出来，成为一个真正意义上的金相分析显微镜。1885 年索比（H.C.Sorby）在 650 倍显微镜下观察钢铁的显微组织，观察到清晰珠光体组织的层片状结构，成为金属内部微结构组织分析的起点。图 5-3 为索比当年观察的珠光体试样。

索比（1826—1908）出生在一个钢铁世家，一生酷爱自然，一直从事地质与金属研究，1874 年成为英国皇家学会理事会成员并曾任皇家显微镜学会主席、英国矿物学会首任主席、Sheffield 大学首任校长。一生发表了 230 篇论文，金属方面尽管只有 15 篇，却并不妨碍他是历史上第一个在显微镜下观察到由铁素体与渗碳体两相以层片状相间排列组成的机械混合物。因其具有珍珠般的光泽而被命名为珠光体（pearlite）。后人为了纪念索比，将较细的珠光体称为索氏体（Sorbite）；为纪念法国金相学家托斯特（L.J.Troost），将极细的珠光体称为托氏体（Troostite）。索比可以说是国际公认的金相学创建人。

在英国金相学家索比、法国金相学家奥斯蒙、英国冶金学家罗伯特·奥斯汀等人金相研究的基础上，德国的 Martens 在 1880 年就开始开展金相检验，毕生致力于改进金相显微镜和金相检验方法，从而为管道质量状况的科学检测打开了又一扇技术的大门。

1901 年，Le chatelier 研制出倒立式光程金相显微镜。金相显微镜与摄影技术的结合，导致第一代带摄影装置金相显微镜的出现。由于当时物镜质量尚不完善，像场弯曲十分显著，特别是初期成像质量不够好。为提高清晰度，只能延长摄影距离，故当时的显微镜多设计成大型卧式金相显微镜，如 MM5、Neophot 等。进入 20 世纪 60 年代，在金相显微镜中又引入了变焦光学系统，使不同放大倍数的观察与摄影操作变简单了。接着，立式金相显微镜出现了，结构更为紧凑，其摄影装置亦由过去单页底片改用 35mm 胶卷，这样为冲印提供了便利。如 LEIZ 的 MeF4、ZEIS 的 Neophot 2000 型等。之后，电视技术引入光学显微系统，金相显微镜进一步小型化，20 世纪 80 年代又出现了共焦激光扫描显微镜。

可以说，金相显微镜的出现，意味着人们有了检验钢管质量的手段。但是，这些金相检验分析事实上只适合实验室条件，并不能在管子生产工厂现场检验每一根管子的质量。充其量只能作为事故后分析原因的手段之一；或生产过程留样（试件）的质量检验，间接代表批质量的好坏。当然，在某种程度上，我们不可否认这就是管道检测检验技术之一，而且也可以说是最早的现代管道检测检验技术，因而可以看作管道检验检测技术的起源。

随着时间的推进与工业革命的继续发展，各种科学研究成果爆发式涌现。人们不仅从多个世纪以来用显微镜研究动植物机体中得到启发，于 19 世纪将显微镜用于金属结构的研究，而且同时将光谱分析用于金属成分测定，尤其是 1932 年电子显微镜的发明，金属的相变、结晶动力学理论的提出，加深了对金属的本质、成分、组织和性能之间关系的认识，直接或间接促进了现代无损检测技术的产生和发展。同时，更认识到管材材质对确保管道安全的基础性作用，而材质的质量检测检验需要复杂的系列化的检验手段。具体而言，需要借助从 19 世纪以来人们就在不断探索的金属性能检测检验的大部分手段来实现。

2. 管道材质检验方法的探索

随着金相检验技术不断进步，一方面，人们发现了越来越多的管道内部缺陷，另一方面，通过对这些缺陷的分析与思考，人们认识到仅仅通过金相检验发现的缺陷并不是影响管道质量的全部，且金相检验的结果也不足以完成对各种缺陷的准确描述，或者说不足以划分缺陷的具体类型。管道质量需要更加多样化的检验手段、通过测量更多的具体指标来具体衡量考察。

管道材质检验的基本类型

通过数十年的研究探索，人们把管道材质检验基本界定为三大类型的检验，即金属物理性能检测、金属力学性能检测、金属化学性能检测。每一类型的检验又细分为若干个具体指标的检测。

金属物理性能检测：密度、洛氏硬度、维氏硬度、肖氏硬度、里氏硬度、热扩散率、横向断裂强度、电阻系数、熔化温度范围、压坯强度、生坯强度、粒度分布等。

金属力学性能检测：拉伸试验、应力松弛、室温扭转试验、扭应力疲劳试验、滑动磨损试验、断裂韧度、弹性模量和泊松比试验、夏比摆锤冲击试验、压痕试验、疲劳试验、蠕变试验、动态撕裂试验、室温压缩试验、弯曲试验等。

金属化学性能检测：盐雾腐蚀试验、应力腐蚀试验、大气腐蚀性、盐溶液周浸试验、室外暴露腐蚀试验、滴落蒸发试验、腐蚀疲劳试验、户外周期喷淋暴露试验、钢铁户外大气加速腐蚀试验、不锈钢晶间腐蚀试验等。

其中，力学性能的试验是管道材质检验的一个重点项目，并最终发展成为管道材质检验的核心检验项目。为了进行力学试验，19 世纪初，英国最先设计和制造了卧式拉伸试验机，通过测定金属的力学性能，为金属管材的强度计算提供必要的基础。随后，机械式、液压式、电磁式等各种类型的材料性能试验机相继问世。1949 年，美国设计制造了电子拉伸试验机。从 20 世纪 60 年代以后，随着电子技术、应力–应变测量技术、伺服控制技术、数显技术、计算机技术的发展，力学试验检验技术获得了更大的发展。金属材料的力学性能检验技术和方法也越来越丰富，如拉伸、压缩、扭曲、硬度、冲击、磨损、加载等试验以及塑性断裂、应变韧性、延展性能、疲劳裂纹扩展试验方法等也被创造了出来。再后来，又增加了高温条件下蠕变试验、蠕变裂纹扩展速度试验、蠕变疲劳复合试验、应力松弛试验等。

管材质量检验的基本方法

管材质量检验包括管子及各种管道元件，如管子、管件、法兰、阀门、膨胀节、波纹管、密封元件等。从检验分类的角度来讲，又可将其分为钢管、锻制管件、钢棒材、非金属附件等。白世武在“中国石油天然气管道行业的无损检测技术发展及其与国外的交流与合作”（《无损检测》2007 年第 12 期）中写道：

钢管又包括无缝钢管和焊接钢管。无缝钢管人们发明了液浸法或接触式超声波法检测，主要发现纵向缺陷。液浸法使用线聚焦或点聚焦探头，接触法使用与钢管表面吻合良好的斜探头或聚焦斜探头。所有类型的金属管材都可以采用涡流方法来检验检测它们表面或近表面缺陷。

焊接管又分为螺旋和直缝焊接管。焊缝通常采用 X 射线实时成像 100% 抽查检测。

锻制件包括法兰、三通、变径管、管道承插座、弯头、弯管和封头等，一般采用纵波直探头对加工过程中的实心锻件进行检测，采用横波斜探头对内外径之比小于 80% 的环形或筒形锻件进行周向检测。

钢棒材主要用于锻件和螺栓的制造，一般用超声方法检测，超声采用单晶或双晶直探头的纵波检测方法。非金属附件主要检验其耐腐蚀性与耐温、耐光、紫外线照射老化性能。

中国第一个专用管材试验机构的诞生

这些关于金属材料的力学性能试验显然对于保证管材的使用寿命与安全是非常重要的。1981 年，大庆油田射孔试验发现进口日本的大批油层套管存在着射孔开裂现象，而且从井下取出的套管残样观察，射孔开裂现象还相当严重，无论是裂孔率还是最大裂纹长度，都相当大。时任石油部副部长李天相初步判断可能与材质有关，他要求召集相关专家分析并向供应商索赔。国内专家分析结果印证了李天相部长的判断，可是因为 API 标准对套管射孔开裂没有要求，供货方开始一直不肯承认他们的失误。经过非常艰苦的谈判，提供套管的日本 NKK 公司才承认他们提供的钢套管存在问题，最后赔付了 25 万美金的损失。这次事故也让石油部领导认识到管材质量检验的重要性，必须有自己的检验标准、自己的检验机构、技术和人员。李天相副部长最后决定在原石油部油井管推进领导小组（该小组组长为李天相）的基础上，成立一个油井管检验机构。当时，中国各油田供应处和钻井公司管子站只有从事油井管外观检验、螺纹检验和探伤检验的仪器和人员，而没有对管材进行系统材质检验的机构。后经过考察，在宝鸡石油机械厂冶金研究所成立了石油专用管材材料试验中心。

1983 年，石油专用管材试验中心试验室在宝鸡石油机械厂建成，开展检验工作后，遇到的第一个问题是成都无缝钢管厂生产的 J–55 套管商检中发现有少量产品屈服强度不合格，复检仍然不合格。可厂家的检验却是合格的，为解决分歧，请了西安交大、北京钢铁研究总院、航空部 621 所等单位共同做比对试验。最后发现试验机精度、引伸计装卡方式、卡具形式等均会对检测结果生产影响。当年参与试验的张毅工程师还根据试验过程撰写了“几种国产引伸计测定屈服强度的比较”“影响钢管屈服强度测试的因素及分析”两篇论文分别发表在《物理冶金测试》和《石油专用管》上。这次质量检验纠纷也使得大家认识到，管材检验是一项建立在高科技检测技术基础上的检验科学，没有相当的检验设备投入不行，没有一批精于检测分析的工程师也不行。最后，石油专用管材材料试验中心决定购买美国 MTS 试验机，后来又陆续补充购置了一系列新的检测试验、检验、分析设备；不断引进高端科技人员，这个中心先后有 20 多位研究人员和检测工程师成为享受国务院特殊津贴待遇的知名专家和行业领军人物。1988 年，石油部向国家技术监督局申请石油专用管材材料试验中心成为国家级石油管材质量监督检验试验中心并决定搬迁至西安。1994 年，正式迁入西安市；1996 年，通过中国船级社 ISO 9001 质量体系认证；1999 年，通过中国实验室国家认可委员会 CANCL201–99 认可；1999 年，通过中国国家进出口商品检验实验室认可委员会实验室认可；2000 年，通过中国实验室国家认可委员会实验室认可；2006 年 11 月，正式挂牌国家石油管材质量监督检验中心。业务涉及理化试验、管材全尺寸评价试验、螺纹检验、载荷和压力试验、腐蚀检测、无损检测等。同时牵头管材标准制修订、管材标准归口管理、国家生产许可证审查与检验、产品质量考评、相关技术培训、考核、发证以及 API 会标认证咨询、技术仲裁与服务等工作，逐步发展成为中国管材检验最高权威机构。图 5–4 为管子驻场监造工程师在管子性能检验中，经常需要用到的拉力试验机、管道硬度检验、钢管化学成分分析（光谱）等仪器。

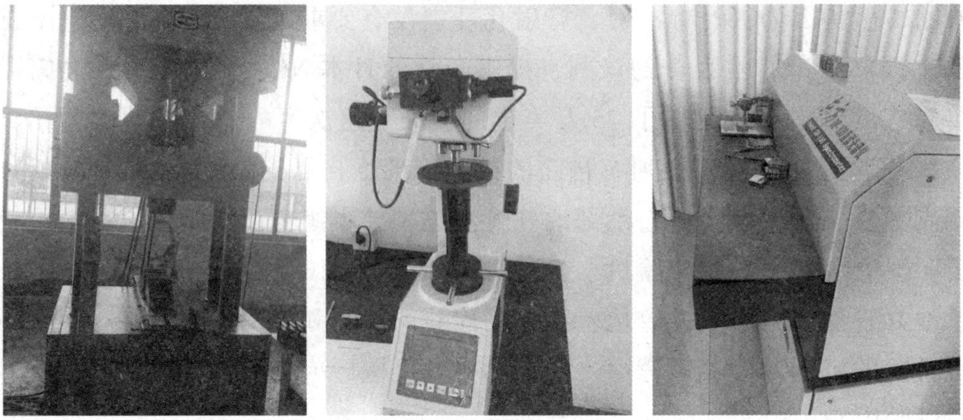

图 5-4　驻场监造工程师常用的管子性能检验仪器

管道保护材料的检验历史概述

材质的检验不仅包括了管体力学、物理、化学性能的检测，也包括防腐材料性能等其他与管道相关的材料、配件（如闸阀）的检测。詹姆斯·马里奥特等在其著作《黑丝路——从里海到伦敦的石油溯源之旅》（生活·读书·新知三联书店出版）中曾记述了这样一起管道质量事故：被誉为美俄在油气输送领域争夺地缘政治主导权的标志性工程——BTC 原油管道（巴杰线），因为选用弹性与附着力都不足的 SPC288 液态环氧涂料做补口外涂层用，结果 2003 年 8 月 BP 公司开始在补口上使用，2008 年 11 月巡线员就发现补口出现裂纹、涂层脱落。共有 6 万道管道补口使用了这种防腐材料，返工损失可以想象绝不是一笔小数目，BP 公司最终采用了隐瞒实情的方式处理了该事件。但是，最终却导致更大的经济损失。这一切之所以发生，关键就在于 BP 公司没有注重防腐材料实验检验工作。詹姆斯·马里奥特在上述著作中引用了当年受雇于 BP 公司负责油管腐蚀的主任工程师莫提摩尔的说法："液态环氧化物涂料的弹性与附着力都不足，无法用在塑料包裹的钢管上，也无法保护补口避免太快侵蚀。我认为 BP 公司这么做，是埋下了数千枚环境定时炸弹。"

实际上，人们很早就认识到防腐材料对于保证管道安全运行与提高寿命的重要性。在 20 世纪初管道上就开始大量使用外防腐涂覆层技术，我国在 20 世纪 40 年代以前，一些城市外国租界区域的煤气管道上已经采用煤焦油沥青加麻布的外防腐层，至于油漆或涂料应用到管道防腐方面的历史要更早。而关于防腐涂层质量的最早检验方法则脱胎于有数千年发展史的油漆质量的检验，有兴趣的读者可以阅读有关油漆史类著作去探寻。关于煤焦油沥青加麻布类的外防腐层质量检验探索，读者可以在本书后续章节中读到相关叙述。

焊缝与无损检测

在实践中，人们发现管材的焊接部位存在瑕疵的概率更大。因而管材焊接部位（焊缝）的检验也成为管材质量检验的重点检测项目。管道在实际应用中往往从焊缝处开裂的事实，使人们认识到焊接虽然将金属加热到熔融状态，但是其再次凝结固化后形成的焊接部位的均质性、密实性不是更好，而有可能更差。因此，必须设法检验焊接部位的质量状况。如果说对于管子而言，敲打一下还能多少通过听音，听出一点质量问题的话，焊接部位通过敲打的方式检验质量就几乎没有效果。

对于焊缝质量的检测检验，人们最先采用的是金相观察，后来又有了光学显微镜、扫描电子显微镜、能谱仪、维氏硬度仪等一系列分析手段。但是，真正能够在工程上方便应用的是射线、渗透、超声等无损检测技术。可以说，现代无损检测技术的产生，对于焊接部位的质量检验是一个比较彻底的解决方案。因此，无损检测技术在 19 世纪末期逐步形成，到 20 世纪初期就被应用到焊接质量的检验上。如 1930 年就实现了用涡流法检验钢管焊接质量。而在此之前，已经有用磁粉探伤法等进行焊接质量的试验与应用。因此，我们认为无损检测技术被应用于管道焊接部位隐患的检验检测上，标志着管道检测技术的初步成熟。尽管有报道称，伦敦街头在 1910 年就有人开始尝试埋地管道的探测试验；1905 年，盖波特建成第一个管道阴极保护站并于此后不久应该就有了阴极保护电位的测量检测技术，但是毕竟与管道泄漏这个人类长期关注的问题相关的管体主要隐患的检测才是最主要的检测技术。因此，一般人更愿意将无损检测技术应用于管道焊缝质量的检测作为现代管道检测技术的起源。关于无损检测技术发展史下章将会论述。

3. 管道检测技术发展演进基本思路

以上，我们探讨的还属于在管子制造加工过程的质量检验检测方法，这些检测检验技术只是管道检测的基础部分，还不是管道检测技术的主要研究内容。管道建设施工及运行中的检测技术才是管道检测技术的主要研究内容。

管体质量直接检测检验的方法演进

管子可以在工厂轧制，相对而言质量容易保证，一般来说管子本身渗漏的概率较低，加上利用金相显微镜，后来又有了磁粉探伤等技术，可以通过抽查的方式检验管子质量，并由对管子质量抽查结果的统计分析，追溯管子制造工艺各个环节可能存在的问题，从而控制管子的质量，保证其在使用时不易发生事故。而管道是由一节一节管子在现场焊接而成的，接头质量相对而言比较难以控制。防止管道泄漏起初重点是防止接头处的泄漏，最迫切需要解决的问题是对焊接接头部位质量的检验。因此，有理由推测，焊口部位焊接质量的无损检测可能是最先被应用到现代管道检测上的技术，或许称得上是第一种管道检测技术手段。当然，现代无损检测技术如超声波检测、磁粉探伤等也可以用在对管子生产厂的质量抽查检验上。

随着输送距离的延伸，管道的承压能力是另一个棘手的问题。承压既需要管子具有足够的刚性，也需要焊口具有相应抗应变能力。怎么检验管道的承压性能呢？人们首先想到的是进行压力试验。所以压力试验就成为进入管道技术检测领域的第二种技术手段。

显然，无论是焊口质量的检测检验还是承压能力的测试都应该是在管道建设阶段进行。当这两项最迫切的问题解决之后，接着又出现了新的问题，问题是什么呢？还是渗漏问题。因为人类总是倾向于让管道输送量无限制地增大，焊接质量检测与压力试验并不能保证管道在压力逐步提高、运行时间长久的腐蚀环境下不会因腐蚀穿孔而失效泄漏；也不能保障在土层滑动、塌陷、震动、撞击等外界应力作用下，管道仍然具有足够的抵抗应力腐蚀、疲劳变形能力而不会发生撕裂泄漏。因此，需要在管道运行期间不间断或定期地监测管道状况来防止管道变形、腐蚀、裂纹、撕裂而发生泄漏。方法就是定期运行“内检测器”与设置其他检（监）测设施对管道各种异常进行监测预警。所以，内检测器的运用与其他监测设施的应用是管道技术检测领域的第三类、第四类技术手段。

我们知道，无论是装在管道系统执行定期检测的内检测器，还是其他监测设施，显然还是定性的，其判断异常的基本思路之一就是与以前的状态不断进行对比，以发现异常。误判与漏判在所难免，因此需要进行确认。确认的方法当然是更精确的无损检测技术了。但是，无损检测技术有个致命缺陷就是必须与被检测管道近距离接触，一个点、一个点地逐一检测。这样很不适合对管线进行全覆盖式检测，一是效率太低，二是要开挖和破坏管道的外保护层。因此，要求内检测器或其他装设在管道上的监测仪器的误差不能太大。否则验证的工作量太大，破坏性也太大，而事实上，内检测器或其他装设在管道上的监测仪器的误差又往往比较大，尤其从我们国内的实践来看，更是如此。

管体质量间接检测检验的演进

既然内检测器和其他监测技术也不能精确判断缺陷，而投资相对还比较大，且有可能影响管道的正常生产，人们又换了个思路，探索从地面上间接检测管体质量缺陷。因此，管体质量地面检测比内检测技术出现得更晚，大约在 20 世纪 80 年代以后才逐步萌芽，到 21 世纪初才逐步被广泛认可并投入实践。这些技术主要是：NoPig 管道检测技术、瞬变电磁检测技术、磁应力检测技术等。这也许应该属于第五类检测技术了。这三种技术有个共同的特点，就是它是专门针对埋地管线的一种地面检测方式，相对比较便利且不影响生产。

第五类检测技术与第三类内检测技术、第四类监测技术一样，属于定性检测技术，也必须用超声波检测技术来验证确认。当然，人们相信，随着研究试验的深入，总会有一天，这些技术可以实现对管道隐患或缺陷精确的量化检测，不再需要验证环节。

第五类检测技术在对诸如架空管道、工艺管网等特殊环境下的管道检测时，不是那么方便，爬壁扫查式检测技术、导波检测技术在此却有其独特的优势；对于水下管道，人们近年来又探索出 ROV 爬壁式水下检测仪器；对于化工厂的工艺管网，内检测实现不了，一般的超声等直接接触式无损检测甚至前面提到的爬壁扫查式检测技术、导波检测技术实施起来也有困难，存在时效问题、安全问题、成本问题，于是电场指纹监测技术就成为一种选择。当然这些技术检测的精确度目前仍然有待进一步提高。以上这几类技术属于外部直接扫查式，适合于特殊环境中的管道，比如工艺管网、带套管的穿跨越管道等，我们暂且认为是等六类管道检测技术。

管体保护系统及环境状况检测检验的演进

由于管道尤其是油气输送管道在人类生产生活中的重要性日益凸显，供应的不能随意中断，使得人们必须寻求更安全可靠的技术保障。这时，防腐层技术、阴极保护技术出现了。而如何评判这两项技术的有限性呢？人们又研究出专门检测外防腐层质量状况、阴极保护效果的另一类地面检测技术。我们暂且把它归类为第七类管道检测技术。

随着管道输送重要性的提高以及技术研究的推进，我们现在不仅需要检测防护效果，还需要检测外界干扰的大小和规律，以便采取排除或消减措施，这样又有了第八类与管道有关的检测技术，这就是埋地管道沿线土壤腐蚀速率（土壤电阻率）的检测以及杂散电流干扰规律与强度分布的监测技术、介质腐蚀监测技术等。图 5-5 为 2004 年 8 月中国工程院顾昕怡院士（右一）参观胜利油田腐蚀与防护研究所研制的“室内腐蚀模拟动态试验装置”，该装置可

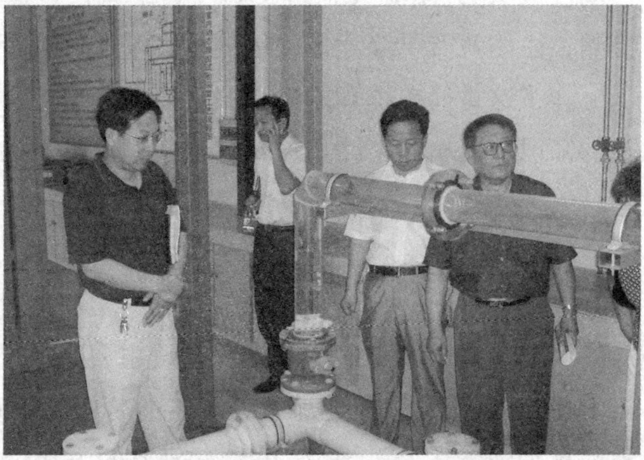

图 5-5　2004 年中国工程院顾昕怡院士（右一）参观“室内腐蚀模拟动态试验装置”

用于研究油田采出液管道内介质腐蚀监测与结垢堵塞现象。

我们知道，大部分管道检测需要通过地面检测来实现。而地面检测的前提是要确切知道管道的路由，这就是管道的探测技术，我们暂且称其为第九类管道检测技术。随着顶管施工、水平定向钻穿越施工技术的普及，超深管道越来越多，对超深管道的探测以及其他复杂电磁环境下的管道如平行管道、交叉管道、上下重叠管道的探测越来越成为考验管道探测水平的一个重要因素。

城市管网越来越复杂，如何探测其路径，仅仅依靠地面探测技术已经无法实现，必须从管道内部着手，于是又出现了内窥技术、激光技术、曳引导向技术等新型管道检测技术。我们可以将其归类为第十类管道检测技术。

除此之外，管道内堵塞也是令人头痛的问题，如果不能及时检测到具体堵塞位置并予以排除，轻则影响生产，重则造成管道撕裂甚至爆炸。于是，又有了管道内堵塞位置探测技术的出现，这也许可以看作是第十一类管道检测技术。

或许，还会有很多管道检测技术类型会随着管道输送业的发展而被开发出来。但是，可以预判到的是，没有任何一种技术可以解决所有的管道隐患缺陷检测以及与之相关的信息数据的采集评价问题。甚至对某一个问题的解决，也需要组合运用不同检测手段、相互对比、优势互补、综合分析才能给出问题的答案。

我们还知道，对管道安全而言，外部干扰最严重的其实是人为干扰以及地质灾害。这两类干扰我们在前面一章已经分析过，是完全可以通过目前的法规制度建设、标准规范提升、转变急功近利观念、打击犯罪等手段遏制的。但是，总还会有一些地质灾害和人为干扰是无法杜绝的。如果这种外部干扰剧烈，直接导致了事故的发生，那么检测也就没有意义了。但是大部分外部干扰并不会直接导致事故，而可能会导致较小量甚至轻微的渗漏（如土层位移导致管道微裂纹，从而致使油气渗漏、自来水的长期漫流）、介质流失（如长期外引小口径管道盗油）等。这些泄漏或盗油卡子位置检测，往往就需要综合各种检测手段来综合分析判断。

作了这番简单梳理之后，我们发现，管道检测其实也是一个不小的技术系列，涉及的知识领域相当广泛。那么，这些五花八门的检测技术，其本质的内涵是什么呢？

4. 管道检测检验本质论

我们知道，人类的科技知识大厦主要是从17世纪以后建立起来的，原因就在于：笛卡儿1637年发表了他那本最有名的著作《正确思维和发现科学真理的方法论》，通常简称为《方法论》，总结出科学研究的方法论。笛卡儿认为，所谓科学研究的方法就是从感知到新知所应该遵循的过程。这个过程的起点是感知，通过感知得到抽象的知识，并总结出抽象的概念，这些是科学的基础。

在 20 世纪 60 年代以前，西方科学研究的方法，从机械到人体解剖的研究，基本是按照笛卡儿的《方法论》进行的，对西方近代科学的飞速发展起了相当大的促进作用。

管道检测中的方法论

对于我们研究管道检测检验而言，同样如此。所谓感知，就是我们要对信息进行收集。具体而言，就是通过检测仪器的探头传感器、线圈传感器等各种原理、各种形式的传感器收集尽可能多的关于管道状况的各种信息，比如磁场信号、电流信号、电感信号、温度信号等。但是，我们要明白，我们通过传感器采集或收集来的信息不一定是真实的信息。因此，第二步，我们要通过对这些传感器收集的信号进行技术处理，从这些传感器感应或感知（测量）到的信息中，分离出可以反映管道本质状况的有用信息，即抽象出那些属于有用或有价值的信号。比如通过滤波等方式去掉属于干扰性质信号，或者说与管道状况没有关系的信号，剩下的就是有价值的信息。

根据笛卡儿的方法论，由感知得到抽象的知识比感知要难很多，同样，我们在管道检测中，设计各种传感器以获得感知信息其实是管道检测中最容易的一个环节。而从这些信息中除掉干扰，抽象出（留下）真正反映管道状况的真实信号才是最关键的。

然后，再从这些抽象的知识（有效信号）中，通过一定的评价计算数学模型，总结出抽象的概念即关于管道质量状况的结论。具体来说就是管道安全可靠性的整体状况及分级、存在的各类隐患位置及其严峻程度。然后给出是否能够继续安全运行或在什么样的条件下才能够安全运行的结论。

传感器从理论到实践

传感器是一种物理装置甚至可以是一种生物器官，能够探测、感受外界的信号、物理条件（如光、热、温度、磁场、电流、电位、电阻、应力）或化学组成（如硫化氢、烟雾），并将探知的信息传递给其他装置或器官。对传感器的定义就是："能够感受规定的被测量并按照一定的规律转换成可用输出信号的器件或装置，通常由敏感元件和转换元件组成"。

作为人类认识和感知世界的一种工具，其发展历史相当久远，可以说是伴随着人类文明的进程而发展起来的。电磁传感器是最古老的传感器，指南针可以说是磁传感器最早的一种应用，根据《古矿录》记载，其历史可以追溯到 2000 年以前的战国时期，最早是在磁山一带被用于寻找古铁矿之用，古称"司南"，东汉王充在《论衡》

一书中就描述过其用途及机制。作为现代检测技术基础的传感器技术，一般需要把测量出的信号按照一定的规律转变成便于加工处理、便于传输利用的电信号。温度测量传感器可以说是相对较早被人们所认识的一种现代传感器。从 17 世纪初伽利略发明温度计开始，人们开始利用温度进行测量。真正把温度变成电信号的传感器是 1821 年由德国物理学家赛贝发明的，这就是后来的热电偶传感器。1883 年全球第一台恒温器上市可以说标志着现代传感器就已经诞生。但是就整体而论，则主要发展于 20 世纪信息革命的时代。

人们要利用信息，首先就要获取信息，而传感器是获取自然领域中信息的主要途径和手段。以现代飞行器为例，它装备着各种各样的显示和控制系统，用以保证各种飞行任务的完成。而反映飞行器飞行参数、飞行姿态、发动机工作状态的各种物理参数，都要利用传感器予以检测，一方面显示出来提供给驾驶人员去控制与操纵，另一方面传输给各种自动控制系统，进行飞行器的自动驾驶和自动调节。

可以说传感器的发展程度，影响、决定着人类认识世界的程度与能力。目前许多国家都把传感器技术列为重点发展的关键技术之一。美国曾把 20 世纪 80 年代看成是传感器技术时代，并将其列为 20 世纪 90 年代 22 项关键技术之一，日本把传感器技术列为 20 世纪 80 年代十大技术之首。从 20 世纪 80 年代中后期开始，我国也把传感器技术列为国家优先发展的重要技术之一。1987 年 4 月，国家科委制定了《传感器发展政策》白皮书；1991 年 12 月 30 日，《中共中央关于制定国民经济和社会发展的十年规划和八五计划的建议》中第 21 条明确了要大力加强传感器的开发和在国民经济中的普遍应用。

我们要认知管道的质量状况，要知道管道有无缺陷隐患，首先要通过传感器去感知、获取信息。如何有效地利用传感器实现各种参数的检查和精确测量，则是整个检测的基础。如我们在导波检测中应用的压电复合传感器、在管道漏磁检测器中应用的漏磁无损传感器、巨磁阻传感器、在管道 CCTV 检测中应用的视觉传感器等等。以气体管道泄漏检测为例，当气体通过管道裂纹或腐蚀孔向外喷射时形成声源，然后通过与管道相互作用，声源向外辐射能量形成声波，这就是管道泄漏声发射现象。通过仪器对这些因泄漏引起的声发射信号进行采集和分析处理，就可以对泄漏以及其位置进行精确定位。声波采集是由声波传感器来完成的。当然，泄漏检测也可以通过漏磁检测来完成，就是通过测量管道泄漏时所引起的磁导率的变化来实现。

因此，绝大多数研究管道检测的科技人员都是从研究传感器开始的。而且传感器技术通过几十年的发展，各种物理量测量的传感器原理基本为人类所掌握，人们已经研究开发出了几乎可覆盖所有的信号测量的基本传感器，或者说各种参数的检测基本上都可选择到适应的检测器类型。区别只在于其灵敏度与可靠性，传感器的形式设计，传感器应用环境的匹配性设计等。了解了各种传感器的特点和性能之后，就可以判断各种管道检测技术所能进行的检测项目及其可靠性与准确性。

从一般信号到有用信号

有了传感器并不等于可以随心所欲地采集（检测）到所需要的各种信息。传感器采集来的信息是该传感器所能检测到的某一类信息的综合。例如，我们在现场测得的管道磁场信号就可能包含有临近管道的磁场信号、输电线路、用电设备产生的干扰磁场信号，空间各种电磁、气象条件、雷电甚至地磁场的变化也会干扰传感器的正常工作，使得传感器测量到的信号不再能完全反映所测量对象的具体磁场状况。另外现场可能还会因为其他干扰源的存在影响传感器测量准确性，例如如果我们所用的传感器检测的是电流信号、电压信号或温度信号时，磁干扰信号则可能影响测量的精度等。

因此，必须解决传感器抗干扰以及剔除检测信号中的干扰信号或干扰成分的问题。任何一个管道的检测现场，受到的干扰都是多种多样的，需要具体情况具体分析，对不同的干扰采取不同的措施是抗干扰的原则；对于已经混杂到测量信号中的各类干扰信号需研究不同的剔除方法。这是一个比传统意义上的传感器种类选择更复杂的问题，也是获得对管道状况精确信息的核心环节。

事实上去除干扰信号，并将微弱的真实信号放大、转制已经成为传感器的主要任务，是衡量一个传感器技术性能的关键。因为：

在传感器测量电路中，经常遇到不同类型信号之间的相互转换问题，以使具有不同输入、输出的器件可以联用。这就需要信号调理电路来实现这些功能，以抑制噪声和实现信号的转换。此电路设计的优化程度如何直接关系到传感器系统的测量精度和稳定性等方面。由于传感器的信号调理电路处理的是比较微弱的信号，电路相对比较复杂，而且还要实现信号的转换，外界的干扰极易耦合到电路中影响到有用信号，外界极小的骚扰都有可能给输出结果带来很大误差或者完全错误的结果，信号调理电路内部各器件间的干扰也相当严重。因此传感器的调理电路设计是传感器技术非常重要的组成部分。（余方林，《传感器在无损检测中的应用》）

然而遗憾的是，现实中许多管道检测人员甚至研究人员把更多的精力花费在对五花八门的传感器型式的研究上，却没有真正深入到检测的本质，去研究去除干扰信息的方法，即没有深入到从获得的庞杂的信息中抽象出能够实际反映管道状况的真实信号的工作中去，或者说在这方面用功远远不够，导致出现了许多华而不实的检测技术。我们只有下功夫做了一番取伪存真的工作之后，才能像笛卡儿所说的那样，得到抽象的知识，这个知识在管道检测上就表现为有效的检测信号。

从数学模型到检测评价结论

排除各种干扰信号以后的检测信号，是真正反映管道状况的信息，也就是笛卡尔所说的抽象知识。再从这些抽象的知识（有效信号）中，通过一定的评价计算数学模型，得出管道安全可靠性的分级或是否能够继续安全运行或在什么样的条件下才能够安全运行的结论。关于数学模型，早在20世纪70年代末，英国剑桥大学就专门为研究生开设过数学建模课程，1983年美国还开始举办两年一次的数学建模和应用的教学国际会议，其中我国还在1989年组队参加过美国的这类国际会议。1992年，我国也召开了自己的数学建模竞赛，目前全国30个省、市、自治区的上千所院校参与了大学生建模竞赛。

数学模型是实际事物的一种数学简化，目的在于抓住主要矛盾，建立起反映实际问题的数量关系，然后用数学的理论和方法去分析和解决问题。

管道检测获得相关测量参数以后，也必须通过一定的数学模型来计算分析管道的状况。因而数学模型对管道检测拟反映的测量参数抽象的准确性，就成为一个关键问题。一般来说，管道这类铁磁材料的科学研究已经有上百年的研究历史，其中反映铁磁材料相互之间物理量的逻辑、数量关系的科学已经比较完备，因而数学模型的建立已经有相当的基础，并不会成为太大的困难。当然，如果数学模型过于复杂，虽然更接近于对具体事物的抽象，但是复杂的计算却可能成为得出最后结果的障碍，相反，比较简单的数学模型，计算简单，却会因为其模型本身不足以反映管道的本质状况而使计算结果失去意义。因此，针对需要测量的物理量，建立恰当的数学模型是管道检测研究必需的一个环节。有的数学模型可能简单一些，有的则要复杂一点。现在比较流行的建模方式是基于统计学的数学建模，这类建模方式与积累的数据库的大小有关，积累的经验数据越多，通过统计建模得到的预测结果与现场实际符合等级就越高。因而数学模型实际上是经验的日积月累、经验的数学公式表现。

我们只有在管道检测的这三个环节（尤其是第二个环节）都下足了功夫，管道检测的结论才能真正反映管道的状况，这样的结论才能指导管道维抢修，确保管道安全运行，减少管道事故的发生。

我们之所以要论述、追溯各种管道检测技术、检测方法及相关检测仪器开发研制的历史，就是想通过对这些发展历史轨迹的溯源，让读者更好地体会每一种不同检测方法的特点，并结合其特点（原理）及提出的缘由去思考：这些技术在上述检测的三个环节上是否可以做到：传感器感知的信号足够全面、有足够的代表性（相对于其所拟检测评价的缺陷类型而言）；抽象出反映管道状况的真实信号的原理或过程是否可以做到去伪存真；评价得出结论所依据的数学模型或公式、理论是否符合科学的逻辑或能够获得大量的、可信的试验结论的支持等等。

本章，我们对检测技术的起源及技术类型、演绎过程等作了一番梳理，又就其本质内涵作了简单的阐述，为使读者进一步了解检测技术，还需要就每一类检测技术的不同检测方式的由来、特点与先后承接关系作一番系统的陈述，以便于读者更好地体会各种检测技术特点及相互关系，为合理选择技术组合方式提供参考。

参考文献

[1] 显微镜 . 显微镜的发展史 [EB/OL]. [2019.10.27]，https：//zhuanlan.zhihu.com/p/88725979.

[2] 西安工业大学 . 显微镜发展史 [EB/OL]. [2020-07-01] .https：//wenku.baidu.com/view/c8dfd54f4973f242336c1eb91a37f111f0850d5b.html.

[3] 郭可信 . 金相学史话（1）：金相学的兴起 [J]. 材料科学与工程，2000，18（4）：2-9.

[4] 陈文哲 . 材料力学性能试验技术的进展与趋势 [J]. 理化检验 – 物理分册，2010，46（2）：102.

[5] 詹姆斯 · 马里奥特，等 . 黑丝路——从里海到伦敦的石油溯源之旅 [M]. 北京：生活 · 读书 · 新知三联书店出版，2017.

[6] 张毅 . 黑金石 [M]. 西安：西安出版社，2016.

[7] 吴军 . 全球科技通史 [M]. 北京：中信出版集团，2019.

[8] 马克斯克鲁泽 . 人类文明史（下）[M]. 郭颖杰，译 . 北京：新世界出版社 2016.

[9] 谷有臣，等 . 传感器技术的发展和趋势综述 [J]，物理实验，2002，22（12）：40-42.

[10] 高存贞 . 国外传感器技术的发展概述和趋势 [J]. 微电子学与计算机，1991，8（12）：46-48.

[11] 余方林 . 传感器在无损检测中的应用 [D]. 南昌航空大学，2016.

第 6 章
无损检测技术探索史

我们是沉迷于术中以求精致？还是悠扬于道中以求通达？这道最普通的哲学问题却往往反映了人类认识事物的矛盾律。高谈阔论时人们更醉心于“道中无碍、随心通达”的境界享受，以求相观而善，格局高远；而在现实中人们却往往致力于“致术于精、务求无暇”的算计，以求自私的完美。这种矛盾的处事思想也体现在无损检测技术发展思想史中。无损检测起源于人们在不损害钢管本体的情况下，通过敲击、观察判断钢管大致的宏观质量状况，最终却走向通过光透、声波、磁场、浸渗等方式深入而微地评价管道微观质量。唯一不变的是不对管道做任何形式的破坏。我们会看到，一部无损检测史就是人们致力于采用各种无损检测手段，力图不断向管体深处细微缺陷检测趋近，又同时渴望能够对整体缺陷快速、全方位检测方向步进的历史。

1. 无损检测思想的起源与技术探索进程概述

无损检测是物质内部质量检测的最基本的思路，这种技术思想起源很早，具有丰厚的历史底蕴和深刻的文化内涵，是一种要求技艺精湛和品质无害完美结合的质量检验理念。它以不损坏被检测物体内部结构为前提，应用物理或化学方法为手段，借助一定的技术和设备器材，检测物体内部或表面的物理性能、状态特性以及内部结构，检查物质内部是否存在不连续性（即缺陷），从而判断被检测物是否合格，进而评价其适用性。作为现代工业的基础技术之一，无损检测技术在保证产品质量和工程质量上发挥了无可替代的作用。

无损检测技术虽然是以德国科学家伦琴 1895 年发现 X 射线为标志，但作为一门应用型技术却只有一百多年的历史。然而无损检测技术的起源很早，根据最新研究，无损检测技术思想的萌芽可以追溯到遥远的古代社会。曾祥照在“无损检测文化概论”（《无损探伤》2002 年第 2 期）一文中，对此作了一番深入的探讨。本书在这里结合曾祥照文章，综合其他资料，就无损检测思想的起源与技术探索进程作一简要概述。

中国古代无损检测的朴素思想

早在我国春秋时期，齐国曾有部重要的手工业工艺技术典籍——《考工记》，这本书就记载了当时铜冶炼过程中用无损检测的方法控制铸铜质量的内容：“凡铸金之状，金（铜）与锡，黑浊之气竭，黄白次之；黄白之气竭，青白次之；青白之气竭，青气次之，然后可铸也。”这段文字记载了当时铜冶炼时，冶炼技工通过观察烟气的颜色来确定冶炼的过程。具体说来就是根据烟气的不同颜色来判断被冶炼的铜料中杂质挥发的情况，从而判定铜水出炉的时机。

另外墨翟在《墨经》中也记载并论述过有关小孔成像及光色与温度的关系。《韩非子》记载过司南（磁铁石指南的现象),《吕氏春秋》记有“磁石召铁”，刘安的《淮南子》记载过人造磁铁和磁极斥力等现象。王充在《论衡》中有：“生人所以言语呼吁者，气括口喉之中，动摇其舌，张歙其口，故能成言。譬犹吹萧笙，萧笙折破，气越不括，手无所弄，则不音。夫萧之管犹人之口吞也，手弄其孔犹人之动吞也。”可见他已认识到人发声是使空气振动而产生的，指出了振动的传播要通过媒质即空气。这不就是今天超声检测原理的雏形吗？北宋政治家和科学家沈括在《梦溪笔谈》中指出：“方家以磁石磨针锋，则能指南，然常微偏东，不全南也。”说明沈括在实验中已发现了磁偏角。《梦溪笔谈》还对凹面镜成像和针孔成像、光的直线传播和光的折射现象等进行了研究和解释。这些道理在今天的磁力探伤和射线探伤中仍然适用。

元朝时代的实验物理学家赵友钦在其所著的《革象新书》中，记载有他做过的光学实验以及光的照度、光的直线传播、视角与小孔成像等问题。他在书中根据自己周密的观察和实验，对光学现象作了详细的描述，他认为：“凡景近窍者狭，景远窍者广；烛远窍者景亦狭，烛近窍者景亦广。景广则淡，景狭则浓。烛虽近而光衰者，景亦淡，烛虽远而光盛者，景亦浓。由是察之，烛也，光也，窍也，景也，四者消长胜负，皆所当论者也。”曾祥照认为：这段论述与今天射线探伤中关于几何不清晰度的解释可以说是完全一样。

世界无损检测思想及早期的技术探索

欧洲在古希腊时代，曾经是思想最活跃的地区，亚里士多德的关于物质原子论的思想和力学思想，阿基米德水的浮力现象的解释，欧几里得的光的直线传播性质和反射思想大概都是在这个时期提出的。但是从公元前5世纪起，进入了漫长的中世纪，科学思想的火焰随之暗淡。直到14世纪、15世纪开始，在资产阶级反封建、反神学斗争中，人们思想的禁锢才得以打开。自然科学的革命首先在天文学中取得突破，以1687年牛顿发表《自然哲学的数学原理》为标志，开始了近代自然科学革命。特别是1895年，德国科学家伦琴发现了X射线，揭开了现代物理学的革命序幕，而无损检测技术就在现代物理学的摇篮中成长。

1896年贝可勒尔发现铀的放射线，1898年居里夫妇在研究了放射性物质后发现了镭；1899年卢瑟福通过实验分出两种射线，即α射线和β射线；1900年，维拉德发现放射线中还有一种不受磁场影响的射线，称之为γ射线；1905年爱因斯坦创立了狭义相对论，1915年他又建立了广义相对论，标志着物理学进入到现代物理的新时代。同时也意味着无损检测技术的一切技术基础已经建立起来了。

正如曾祥照在“无损检测文化概论”（《无损探伤》2002年第2期）一文中所述：

从古代物理、经典物理到现代物理，从阿基米德浮力学、牛顿力学到爱因斯坦的相对论，这一串串闪耀着智慧光辉的科学家的名家和他们的成就，至今使我们当今从事无损检测的科技工作者感到无限景仰。物理学的一个个原理、一个个效应，都出现在当今《无损检测》的教科书上，使我们读起来至今仍然是感到那么的深奥，然后当它们转化为具体的检测方法时，使我们感到又是那么的亲切，掌握检测技术是那么的得心应手。物理学的发展，孕育了丰厚的无损检测文化历史底蕴。

在物理学革命的影响下，无损检测技术迅速走向实用。1900年法国海关开始应用X射线检验物品，1906年南非研制了第一台钢丝绳电磁无损检测装置，1912年超声波探测技术最早在航海中用于探查海面上的冰山，1918年美国首开磁粉检测先例。1920年前后，X射线开始在工业领域应用，1922年美国建立了世界第一个工业射线实验室，用X射线检查铸件质量，以后在军事工业和机械制造业等领域得到了广泛的应用，射线检测至今仍然是许多工业产品质量控制的重要手段。1929年超声波技术用于产品缺陷的检验，至今仍是锅炉压力容器、铁轨、重要机械产品的主要检测手段。经典的电磁感应定律和涡流电荷集肤效应的发现，促进了现代导电材料涡流检测方法的产生。1935年第一台涡流探测仪器研究成功。

关于无损检测技术的发展史研究，夏纪真先生曾撰写过几篇有影响的综述性文章。如2013年夏纪真先生在“第十届全国无损检测学术年会”上发表的“无损检测技术发展史探索”、2011年7月在无损检测资讯网上发表的“国内外无损检测技术的现状与发展”等文章。在前一篇文章中，夏纪真先生一下子列举了41件重大事件来说明世界无损检测技术的起源与发展过程。

从宏观的角度来看：世界无损检测技术的发展历史可以大致上以第二次世界大战为重要的转折点：二战前无损检测技术已经起步并开始得到少量的初步应用，在二战期间由于医学和军事的需要而得到迅速发展，在二战后随着工业生产技术的迅猛发展，特别是近代和现代机械制造、电子技术、计算机技术的迅猛发展，现代无损检测技术已经发展到了很高的水平。

我国现代无损检测技术的早期探索

我国的无损检测思想起源很早，但是现代意义上的无损检测技术的出现要稍晚于西方。根据仲维畅先生发表的《中国无损检测简史》以及《中国无损检测年鉴（1949—2005）》介绍：1915 年，我国的医疗 X 光室就在山东济南出现；新中国成立后我国由苏联、东德、捷克、匈牙利等国家引进了大量工业探伤和医疗 X 光机（如苏联的 PYΠ-1M3、Р У Π-2 型 X 光机等）和射线探伤技术。1959 年，中苏关系破裂后，我国开始向西方世界购买探伤设备，如西德的 ISOVOLT-400 型 X 光机等。1966 年，丹东工业射线仪器厂仿制苏联的 200kV 工业 X 光机获得成功。

其中，在磁粉探伤方面：早在 1939 年抗战时期，我国就引进了磁粉探伤技术；渗漏检测技术也在 1949 年之前传入我国。超声波检测方面：1952 年铁道科学院就成功仿制了苏联超声波探伤仪，1955 年江南造船厂成功研制出我国自己的超声波探伤仪。在电磁涡流检测方面：南京金城机械厂的岳允斌工程师于 1962~1964 年间研制出两种涡流电导仪，1966 年研制出便携式 6442 型涡流探伤仪、小直径薄壁不锈钢管的涡流探伤生产线、裂纹测深仪等。1957 年 12 月，于在兹编写的《工业无损探伤法》为我国第一部无损探伤专著。

事实上，从 20 世纪 60 年代中期到 80 年代初期，我国无损检测技术相对于国外发展比较缓慢，再次拉大了与国外发达国家的距离。从 20 世纪 80 年代以来，我国无损检测技术工作者加大引入欧美和日本的技术，并进行消化性研究、吸收，逐步赶上世界无损检测技术发展步伐，并形成我们自己的理论体系和仪器系列、检测方法与标准规范。

2. 射线无损检测技术

射线探伤（RT）是利用某种射线来检查焊缝内部缺陷的一种方法。常用的射线有 X 射线和 γ 射线两种。它既用于金属检查，也用于非金属检查。对金属内部可能产生的缺陷，如气孔、针孔、夹杂、疏松、裂纹、偏析、未焊透和熔合不足等，都可以用射线检查。

1895 年 11 月 8 日，德国科学家伦琴发现 X 射线，当时即拍摄一些工业物件的照片，这可以认为是射线用于工业无损探伤的开始。1900 年，法国海关首次应用 X 射线检查物品。1906 年，安塞尔 · 先特 · 约发明了焊接区 X 射线无损探伤法。1913 年，美国威廉 · 克里奇发明热阴极 X 射线管，将工业 X 射线检测推向实用。1917 年，英国伦敦某兵工厂将射线探伤技术用于检查弹壳底座、雷管构件等。1926 年，美国使用 X 射线机用于锅炉焊缝检测。1937 年美国材料与试验学会制定了射线照相标准。1946 年携带式 X 射线机诞生……大约到 20 世纪 60 年代，射线透照胶片成像检测技术走向成熟。20 世纪 80 年代，随着计算机射线照相检测系统的出现，射线检测在管道焊缝检测、腐蚀与厚度测量方面获得广泛应用。

图 6-1　无损检测人员在进行 X 射线探伤分析

在管道检测检验方面，主要利用射线的穿透性，检测管道表面以及内部质量是否符合管道工程施工的相关要求。工程施工中有 3 种检测技术的使用频率最高，即射线照相检测法、观察检测法和电视检测法。射线照相检测法一般主要用于管子制造厂对焊缝的检测及管道安装过程的焊缝检测；电视检测法通常用来检测管道组件。图 6-1 为 2019 年 2 月，驻上海宝山钢铁股份有限公司的盛隆监理公司人员在监造中俄东线天然气管道工程（长岭 ~ 永清段）管子制造质量过程中，进行管子焊缝的 X 射线探伤分析。

20 世纪 70 年代，国内外对管道环焊缝的无损检测一般都采用射线照相，探伤效率低，还有现场射线防护等问题，给现场工作带来了极大不便。但是，由于其胶片可以长期保存，作为质量检验的证据，因而得到了广泛使用。20 世纪 80 年代以来，随着管道施工对成本控制、安全环保重视程度的提高，胶片式射线检测技术逐渐暴露出诸多问题，如底片难以高精度数字化，难以远程传送及远程评片；照相方式效率低，检测速度慢，有时跟不上施工进度；胶片的黑度宽容度低，曝光参数不易掌握，容易导致底片不合格而重新拍片；胶片成本不断提高，底片保存也存在费用；底片冲洗过程中易对环境造成污染。因此，发达国家开始使用常规数字射线技术，我国大致在 20 世纪 90 年代将其应用到焊缝无损检测中。其中 CR、DR（非晶硅、非晶硒）两种技术得到比较广泛的应用。

CR（Computed Radiography）即计算机化 X 射线影像技术。C R 技术是 1981 年 8 月在布鲁塞尔国际放射学讨论会上，由富士胶片公司最先提出的。它是采用成像板替

代传统的增感屏 / 胶片进行感光并存储，再把储存于成像板上的感光信号用激光扫描方法转换成电信号并进行数字图像处理的一种技术。DR（Digital Radiography）也叫数字摄影，目前其平板探测口分为以非晶硅（Si + CsI）为代表的间接转换数字摄影（IDDR）和以非晶硒（Se）为代表的直接转换数字摄影（DDR）两种类型。关于这两种技术优劣及其与胶片射线探伤技术的比较，廊坊北检无损检测公司的张宏亮等，在“CR 及 DR 射线检测技术在长输管道中的应用实效对比”中分析认为：

在工效方面，CR 技术接近胶片，DR 技术明显低于胶片和 CR。在劳动强度和劳动时间方面，DR 技术远远高于胶片和 CR 技术。在使用成本方面，胶片技术一次性投资最低，CR 技术次之，DR 技术最高；考虑到一次性投资的规模，DR 技术的优势不如 CR，单机组成本过高；因 DR 和 CR 可变成本比胶片低，当工作量超过一定数量后，总成本都会低于胶片，DR 的资金回收期长于 CR。在现场环境适应力方面，胶片和 CR 照相的现场不需要电源，不需要沉重电动工装，因此其环境适应能力远优于 DR。通过数据分析可以认为，CR 技术是目前最适用于长输管道焊缝现场检测的数字射线检测技术。

我国应用现代射线技术检测管道比较有代表性的早期研发、应用案例是在 20 世纪末期，大庆油建公司和哈尔滨工业大学联合研制了“野外大口径（D660）管道工业 X 射线机检测系统”，并于 1996 年 5 月在陕京天然气管道工程中进行试验应用，取得了满意的效果。

根据李金彪等在“X 射线检测机器人在陕京输气管道检测中的应用”一文介绍：这台新研发的 X 射线检测设备由六大部分组成，即移动载体、视觉定位、收放线机构、X 射线机及检测控制、系统控制和防护装置。应用于山西省浑源县境内青磁窑和大磁窑段，该段位于恒山脚下河套地段，地势比较平坦，最大坡度约 20°，当地气温达到 50℃。检测了 1643~1651 桩 9 段共计 1.8km 的 150 多道焊口，拍摄 1200 多张底片，全部符合 GB/T 3323 及管道施工规范要求。该系统最长爬行距离为 300m，该系统进入管道一次最多能够检测 25 道焊口。可以提高工效，减轻检测人员劳动强度，且可以全天候工作。这表明我国已经具备了管道内进行远距离检测管道焊口焊接质量的技术装备。

目前，国外已经制定了一系列数字射线检测技术标准，我国也颁布了 GB/T 19293—2003《对接焊缝 X 射线数字成像检测法》等 10 个左右的数字射线检测标准。尽管这些标准可能存在这样或那样的不足（郑世才，“国外数字射线检测技术标准介绍——数字射线检测技术标准部分规定存在的问题”，《无损检测》2018 年第 2 期），但是毕竟对数字射线技术的应用是一种规范和宣传肯定，必将进一步推动数字射线检测技术在管道检测等工业检测领域的规范和科学应用。

3. 超声波无损检测技术

超声波是声学研究的继续，声学是人类最早研究的物理现象。世界上最早研究声学的是音乐家，我国《吕氏春秋》就记载有皇帝令伶伦取竹做律的记录。古希腊时代的毕达哥拉斯也提出了相似的自然律。对声学的系统研究是从16世纪初伽利略研究单摆周期和物体振动开始的，1687年牛顿出版的《自然哲学的数学原理》提出计算声速的公式。但是人们对声学的研究很长时间以来停留在人耳能够听到的范围。直到1793年夏天，意大利科学家拉扎罗·斯帕拉捷（Lazzaro Spallanzani）一次无意中的发现，好奇心驱动他揭露了蝙蝠的飞行秘密——原来蝙蝠是靠听觉来辨别方向、确认目标的！拉扎罗·斯帕拉捷的这个发现，导致了人们对超声波的研究，并最终成为一种重要检测技术手段为后人所认识。

超声波检测技术的出现

1830年，法国科学家菲利克斯·萨伐尔（Félix Savart），利用巨大的齿轮控制"沙伐音轮"旋转的角速度，使之发出各种特定频率的声音，并产生了频率24000Hz的声波，是人类第1次利用人工机械技术产生的超声波。1876年，英国科学家弗朗西斯·高尔顿（Francis Galton）利用气哨实验，产生了高达30000Hz的超声波，从此超声波开始来到人们的视野中。

1880年，法国物理学家皮埃尔·居里（Pierre Curie）、雅克·居里（Jacques Paul Curie）两兄弟发现电气石具有压电效应。1881年，他们通过实验验证了逆压电效应。后来人们根据压电效应原理研究出利用电子技术产生超声波的方法，从此迅速揭开了发展与推广超声技术的历史新篇章。

早在1914~1918年，人们已经开始利用声波反射的性质进行水下舰艇探测的研究。一个很重要的原因就在于：1912年4月14日，载着2224名船员和旅客的泰坦尼克号在大西洋中撞击冰山发生沉船事故，导致船上1519人遇难，泰坦尼克号沉没的消息震惊了整个西方世界。至此引起科学界的高度注意，随后科学家们提出利用超声波探测水下的冰山，超声波技术再次引起人们的思考。

1916年，正值第一次世界大战期间，为了侦测敌军水下潜艇，法国物理学家保罗·朗之万（Paul Langevin）领导的一个小组展开了水下潜艇声呐技术的研究，小组针对石英压电晶体振动的研究，成功获取了在水中传播的超声波，利用超声波探测水下潜艇并确定其位置。朗之万小组成功地将超声波应用到实际中，其研究成果为声呐技术奠定了基础，也进一步促进了对超声波的研究。

1929 年，苏联科学家萨哈诺夫提出用穿透法检查固体内部结构的想法，并用超声波在实验室研究成功，但是分辨率较差、操作不便，未能用于工程检测。1944 年和 1946 年，美英分别研制成功脉冲反射式超声波探伤仪，标志着超声波探伤仪的正式问世。20 世纪 60 年代，各种试块的系列化、标准化促使超声波探伤仪技术指标提升，进一步促进了超声波探伤仪的使用。1935 年，萨哈诺夫在苏联发表讨论金属材料内部缺陷探伤的著作，著作中描述利用超声波穿透法进行的试验结果，同年申请了穿透法专利。第二次世界大战爆发后，市面上出现了基于萨哈诺夫原理制造的超声波穿透法检测仪器。但由于该检测仪器的发射和接收探头需放置在试件两侧，并始终保持探头位置的对应关系，同时对缺陷检测灵敏度很低，其应用范围受到极大限制。虽然该设备并未在市场上普及和推广，但是穿透法检测仪器诞生标志着超声波检测技术在工业领域首次被应用，也是工业超声检测技术发展的重要历史转折点。

1940 年，美国人 Firestone 首次介绍了基于脉冲发射法的超声检测仪器。1946 年，英国人研制成功第 1 台 A 型脉冲反射式超声波检测仪。1950 年后，A 型脉冲反射式超声波检测仪已经广泛应用于工业国家的钢铁冶炼、机械制造和船舶制造等领域的铸锻钢件和厚壁钢板的检测。1964 年，德国 KK（Kraut Kramer）公司成功研制出小型超声波检测仪，开启了近代超声检测技术在工业领域应用的新纪元。20 世纪 70 年代末，微处理器的出现，使数字集成电路性能产生质的飞跃，同时为超声波检测仪器设备的发展提供了新的便利条件。1983 年，德国 KK 公司推出了第 1 台便携式 USD- I 型数字化超声波检测仪，标志着超声波检测仪开始进入数字化时代。

我国的超声检测技术发展起初主要是借鉴了一些发达国家的经验。例如，1952 年铁道科学院孙大雨参照苏联 У З Д-12 型超声波检测仪仿制成功一台超声波检测仪；1953 年江南造船厂吴绳武等人参照从苏联引进的超声波检测仪进行学习和研究，自行设计电路，同时烧制钛酸钡压电陶瓷，于 1955 年成功研制出江南 I 型超声波检测仪，标志着我国第 1 代定型超声波检测仪的诞生；1980 年，汕头超声电子股份有限公司研制出 CTS-22 型超声波检测仪；1988 年，中科院武汉物理所成功研制出国内数字化超声波检测仪的原理样机，第二年，成功研制出国内首台全数字化超声波检测仪；从 1993 年开始，国内涌现出许多的仪器设备生产厂家。

在管道安全检测中，主要是利用超声波遇到分界面会发生折射和反射这一特性，仪器接收到反射及折射的超声波信号，并将信号进行放大分析，从中得出管道内部存在的缺陷信息。通常利用该技术来检测管道的焊接内部是否存在缺陷。超声波检测技术的操作难度远远比射线检测技术的操作难度高，而且操作过程更加复杂。超声波检测技术之所以在管道检测上比其他无损检测技术走得更远，则是因为其在测量管道壁厚方面的便利性以及在自动化检测方面取得了骄人的业绩。图 6-2 为 2008 年胜利油

图 6-2　便携式超声波测厚仪测量管网腐蚀剩余壁厚

田腐蚀与防护所刘超（右）与杨为刚（左）工程师利用便携式超声波测厚仪，开挖检测验证某站场内埋地管网腐蚀剩余壁厚的工作场景。

全自动超声波检测系统在管道检测中的应用

近些年来，其他超声波衍生技术的发展犹如雨后春笋般出现，导波检测技术、电磁超声检测技术、超声三维成像技术、可记录式自动超声检测等新技术已经被成功应用于各个领域的工业检测中，超声波检测技术正朝着分支更细、应用更广的垂直领域发展。可以说，全自动超声波检测系统是超声波技术在管道焊缝检测史上重要的里程碑。随着电子自动化技术的发展，1959 年荷兰 RTD 公司开发出最早用于管线检测的全自动超声波系统，虽然仅可用于简单的环焊缝检测，但是这种技术不仅相对于射线探伤无辐射危害，而且能够更好地检测出焊缝中危害性强的未熔合型缺陷，具有更高的缺陷检出率，而且可以对缺陷定量化。因此，该技术一经出现，就引起业界的兴趣。但是，最初的自动探伤必须使斜探头沿管子轴向和周向作机械扫查，结构复杂且速度有限。

20 世纪 70 年代，NOVA 公司开始在管道安装中使用自动焊，对管线全自动超声波检测系统有很大需求，于是，该公司也投资 RTD 公司进行全自动超声波检测的开发，1971 年研制成功了第一套多探头超声波检测系统（见图 6-3）。该系统适用性更强，且由于使用全自动超声波检测系统，在焊缝完成后几分钟就可进行检测，与工程临界判别法（ECA）结合，可以降低返修率，实现过程控制，提高合格率，降低成本。

超声波相控阵检测技术

1959 年，Tom Brown 研制出了首台超声相控阵检测系统，并申请了专利。20 世纪 70 年代，市场上出现第 1 台医用超声相控阵检测系统，由于相控阵检测系统复杂、

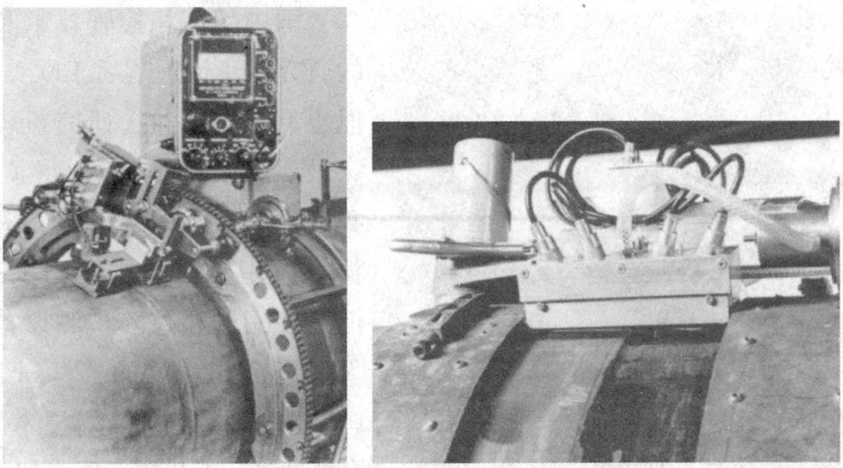

图 6-3　最早用于管道的全自动超声波检测系统

成本高昂、技术不足等原因，使其在工业领域中的应用和发展受到限制。直到 80 年代，真正意思上的第 1 台工业用超声相控阵检测设备研制成功。

采用电子方法控制声束聚焦和扫描的超声波相控阵检测技术，是在多探头系统的基础上的又一次重大进步。该系统相对于多探头系统更小、更轻、更快；且用一套相控阵系统，只需更换探头楔块就可以检测多个不同管径的管道；可以适应不同类型的焊缝缺陷检测，如 T 形焊缝检测、厚壁金属焊缝检测、法兰盘角焊缝腐蚀检测、插管焊缝检测、螺纹检测、燕尾槽检测等；有利于定量化检测，且定量、定位精度高；检测结果受人为影响小，数据便于存储、管理和调用。因此，它以其无可比拟的优越性替代了其他成像检测技术，成为无损检测技术发展新的里程碑。

国外在超声相控阵技术研究中较为深入的国家主要有加拿大、法国、英国、德国、美国等。1959 年，第一个超声相控阵检测系统诞生，是由 Tom Brown 研制的环形动态聚焦换能系统，并注册了相关专利。最初该技术主要在军事、医疗系统应用。加拿大 OlympusNDT 公司最早将相控阵技术由军用雷达领域引入到工业无损检测领域，主要用于核电站相关零部件的检测。在 20 世纪 90 年代末期，加拿大 RDTech 公司首先将相控阵检测技术应用到管道探伤领域；1992 年，美国通用电气公司（GE）研制成功数字式超声相控阵实时成像系统；1994 年，英国科学家 Hatfield 研制了可手持式操作的高集成度超声相控阵系统；1988 年，法国原子能委员会（CEA）研制了自适应聚焦超声成像系统（FAUST），实现了使用更灵活、适应性更强的检测；2000 年，CEA 又成功研发了曲率半径为 15mm 的曲面换能器；同年，法国还研究成功柔性相控阵探头；2002 年，加拿大研制了 PipeWIZARD 超声相控阵管道检测系统；2005 年，GE 研发的超声相控阵油气管道检测系统正式投入使用。图 6-4 为美国 GE 研发的超声相控阵油气管道检测系统。

图 6-4　美国 GE 研发的超声相控阵油气管道检测系统

国内超声相控阵技术及仪器设备的研究脚步远远落后于欧美发达国家，但也有部分高校、研究机构、设备厂家做了深入的研究，取得了显著成果。我国最早在 2001 年将超声相控阵检测技术应用于西气东输的工程项目中，但是使用的相控阵检测设备却是加拿大一家公司生产的。直到 2010 年后，国内超声相控阵检测技术发展迅速，几大知名生产厂家陆续研制出国产超声相控阵检测设备，近几年，国产超声相控阵设备的性能基本接近了国际水平。

超声检测技术发展与进步离不开设备的支持，每一次技术突破都凝聚了仪器开发者大量的奇思妙想和灵巧设计。2000 年 8 月由中国石油天然气管道科学研究院、上海电气自动化研究所、上海白玉兰无损检测公司等单位组成了超声相控阵检测设备研究团队，于 2001 年在中国石油天然气集团公司申请设立了“大口径环焊缝相控阵超声波无损检测设备研制”科技开发项目，并于 2003 年通过鉴定。国内清华大学、天津大学、哈工大、上海交大、中北大学、西南交大等都有从事超声相控阵检测技术研究的团队。在管道检测领域，天津大学在超声相控阵管道焊缝检测系统研制上相对领先。

在相控阵超声波无损检测应用方面，2000 年 9 月，我国引进了一套相控阵全自动超声检测系统在西气东输青海湖畔进行了首次应用试验。2001 年，在西气东输管道检测焊缝 6919 道，其结果和射线底片结果的符合率达到 80% 以上，还检测出大量在射线底片上不明显的未熔合缺陷，说明超声相控阵检测技术更值得信赖。2002 年 10 月，由中国石油天然气管道科学研究院等单位研制完成的 PWA-1 型国产大口径管道环焊缝相控阵超声波检测设备在西气东输第 22 标段进行了现场检测试验。该研究项目在相控阵检测系统和相控阵检测工艺设备两个方面于 2004 年获得国家发明专利。根据白世武的“中国石油天然气管道行业的无损检测技术发展及其与国外的交流与合作”一文介绍，该研究同时形成三项专有技术：

研发出拥有自有知识产权的超声相控阵检测工艺方案，建立了超声相控阵检测数学模型；开发出具有较高开放性和适应性、具有独立知识产权的系统控制软件，包括上位机检测显示软件、CPLD 和 FPGA 工艺控制程序、下位机的过程控制程序以及数据高速采集和传输软件；开发出满足工程需求的硬件控制系统，包括相控阵超声波发射 / 接受系统、高速数据采集系统和管道环焊缝爬行扫查系统。

TOFD 检测技术

超声波衍射时差法（TOFD），是采用一发一收两个探头产生非聚焦的纵波，利用衍射成像，用于缺陷的检测、定量和定位，在长输管线焊缝检测上获得很快推广的一种新的无损检测技术。

20 世纪 60 年代，常规超声波探伤即 A 型脉冲回波式超声波检测得到了广泛应用，很好地解决了钢板、锻件以及焊缝的探伤问题，然而人们也发现这种方法不能解决缺陷大小的精确测量问题。为解决这一问题，研究人员研究了缺陷边缘的衍射波，发现用衍射波可以解决缺陷大小测量问题，但是又时常受到脉冲反射回波的干扰，于是人们设法只显示缺陷的衍射波而避开缺陷的发射回波，这一研究方向导致了 TOFD 检测技术的出现。

该技术首先于 20 世纪 60 年代末期到 70 年代初期，在英国的核工业领域获得突破。具体而言就是英国原子能管理局（AEA）下设的 Harwell 实验室，其创始人为该实验室的 Silk 博士及其同事。TOFD 最初的发展仅仅是作为定量工具，即使用常规技术探测到缺陷后使用 TOFD 进行精确的定量和监测在线设施裂纹的扩展；所以最初一直在实验室里做实验用，在这些实验中，用事实证明了 TOFD 在可靠性和精度方面有独特的优势。特别是 20 世纪 80 年代，英国大力发展核工业，为打消民众对安全的担忧，投入大量资金和人力研究开发新的超声波检测技术，TOFD 检测脱颖而出，TOFD 检测结果被认为是最可靠有效的，因而在 80 年代 TOFD 检测技术为业界所认同。

进入 90 年代，利用 TOFD 沿焊缝进行扫查基本能发现焊缝所有缺陷，收集扫查数据组成 B 扫或 D 扫图像比单纯看 A 扫描更容易判断缺陷的尺寸和性质。所以很快扩展至其他无损检测领域。1993 年，英国制定了世界上首个 TOFD 检测规范，即 BS 7706—1993《超声波 TOFD 技术对缺陷检测、定位和定量的校核与设置指南》。1996 年，美国 ASME 规范在 2235 案例中明确提出允许使用 TOFD 取代 RT。2000 年 ASME 规范（动力锅炉）也允许用 AUT 取代 RT，用 TOFD 法记录焊缝检测结果。2000 年，欧共体在原来英国标准 BS 7706—1993 的基础上，制定了有关焊缝 TOFD 法检测的现行标准 ENV 583-6—2000《超声衍射时差法用于缺陷检出和定量》。进入 21 世纪，TOFD 检测技术在计算机处理技术的协同下获得更快速的发展。2001 年，日本制定了 NDIS 2423：2001《超声衍射时差法技术（TOFD）用于缺陷高度测量的方法》。我国也修订了《蒸汽锅炉安全技术监察规程》和《固定式压力容器安全技术监察规程》，将 TOFD 技术方法纳入正式条文中。

20 世纪 90 年代我国开始引进 TOFD 检测技术；2001 年引进用于西气东输管道检

测项目；2004 年中国一重与中国特检院合作编制了国内第一个 TOFD 检测技术企业标准；2003~2004 年期间，TOFD 检测技术先后在西气东输管道工程和神华煤液化工程项目中得到大规模应用并取得成功；2005 年武汉中科创新技术公司研发出国内第一台 TOFD 专用检测设备；2005 年 TOFD 检测标准 JB/T 4730.3—2005 发布；2006 年开始，全国各行业纷纷举办 TOFD 检测技术培训取证班，推动了 TOFD 检测技术的应用普及。

当然，TOFD 作为一种探头，可以灵活运用，其常规 TOFD 探头既可用于多探头超声波检测系统，也可以采用相控阵 TOFD 探头用在全自动相控阵超声波检测系统。超声波检测系统与 TOFD 探头的配置如何做到最佳，还可以进行试验与研究，但是可以肯定的是 TOFD 探头技术在将来一段时期内仍然是超声波检测技术发展的重要方向。

4. 电磁（涡流）无损检测技术

涡流检测（ECT）就是利用铁磁线圈在金属材料中感生的涡流，分析其内部质量状况（缺陷）的无损检测方法。金属管材表面或近表面探伤是涡流检测的一项主要应用。而远场涡流检测等新的涡流检测技术将涡流检测扩展到金属管材深层缺陷的检测中。

传统电磁涡流检测技术及发展

早在 1824 年，加贝（Gambey）就发现：如果在悬挂着而且正在摆动的磁铁下方放一块铜板，磁铁的摆动会很快停止下来。这是首次发现电涡流存在的实验。几年以后，傅科（Foucault）在研究了这些电磁现象后指出：在强的不均匀磁场运动的铜盘中有电流存在。因此，涡流在一段时间内叫作傅科电流。1873 年，麦克斯韦电磁方程组问世，成为涡流分析的理论基础。1879 年，美国的休斯（D.E.Hughes）首先将电涡流现象与测量方法联系起来，将涡流用于实际金属材料分选。

休斯以后的相当长时间内，涡流检测法一直发展缓慢。直到 20 世纪 20 年代中期才出现了涡流测厚仪，1935 年第一台涡流探伤仪（用于检验焊接钢管质量）问世。1942 年，德国的某航空工厂借助于西普研制的仪器对进厂的铝、镁合金管材和棒材进行了 100%的自动化检查。由于理论上的局限性，几乎没有从根本上取得有成效的突破和改进。1950~1954 年期间，德国的福斯特（Foerster）博士发表了一系列论文，其中包括消除涡流仪中某些干扰因素的理论和试验结果，才开启了现代涡流检测方法和设备的研究工作。从此，涡流检测技术得到较快的发展并为生产检验所采纳。

电磁（涡流）检测因其检测速度快、灵敏度高、可进行高温检测的特点而在各国工业无损检测领域获得广泛的应用。2008 年，第八届电磁（涡流）检测专业委员会主任林俊明曾在上海召开的“庆祝中国机械工程学会无损检测分会成立 30 周年”大会上，对我国电磁（涡流）检测技术发展历程作了如下概括：

我国从 1960 年开始，进行涡流检测技术的研究及推广应用工作，1962 年由上海材料研究所与上海第四电表厂等多家单位合作研制成功的 YY-11 管材涡流探伤仪是我国第一台具有相位、调制和幅度分析功能的涡流检测仪器。此后，北京有色金属研究院、上海有色金属研究所和北京钢铁研究院等单位相继开发成功 YY-17、WTS-100、VF-1 和 VF-2 等多种用于金属管材、棒材探伤的涡流检测设备。20 世纪 70 年代，厦门第二电子仪器厂研发了各种型号的涡流导电仪、涡流探伤仪、电磁涡流分选仪等，使电磁涡流技术向多用途方向发展。空军第一研究所开发了 WT 系列便携式涡流探伤仪。1988 年，厦门第二电子仪器厂研发了第一台带阻抗平面显示的涡流检测仪。20 世纪 90 年代，涡流检测仪在我国出现了一个快速发展时期。

20 世纪 70 年代到 80 年代初，我国在自主研发的同时，更多的是引进了一些国外设备。但是总体上，由于涡流检测仪仅局限于导电材料的表面检测，且抗干扰能力、检测分辨率等方面存在不足，其推广应用不及超声、射线及磁粉探伤等无损检测那么普遍。

到 80 年代后期，我国在涡流检测的研发、标准制修订、人员培训方面加大了工作力度，涡流检测又获得了发展。北京三环无损检测有限公司的 VF、TC 系列涡流探伤仪及中色 NDT 中心开发的 NE24 涡流检测仪都是这个时期有一定代表性的产品。关于涡流检测技术在 20 世纪七八十年代的发展，《无损检测》杂志曾先后在 1988 年第 10 卷第 5 期刊登过“近十年来我国电磁涡流检测技术的进展”，在 1994 年第 16 卷第 10 期刊载过“我国涡流检测技术的发展”等文章，对此进行过详细的分析介绍。

1993 年厦门爱德森公司研制出亚洲首台全数字式涡流检测仪，标志着我国在涡流检测技术方面走入世界先进行列。不仅出现并发展了多种新的涡流检测技术，还在一台仪器中融入涡流成像、漏磁检测、超声波检测等功能。发展了远场涡流检测技术、阵列式涡流传感器技术、脉冲涡流检测技术、远场涡流检测技术、三维电磁成像检测技术等新技术。

特别是随着计算机技术和电子技术的发展，涡流检测技术的融合发展更为彻底。如管材涡流探伤仪的性能就向多功能、智能化发展。特别是涡流超声组合探伤设备、多频多通道数字化涡流检测设备在无缝钢管、焊接钢管、铜管、铝管等生产线的检测中占有相当大的比例。

涡流检测技术在管道检测上的应用，其实就是通过让管道内部产生涡电流，然后针对涡电流的不同变化进行检测，根据管道内部电流的变化情况，检测管道的材料以及管道内部是否存在腐蚀及其他缺陷情况。同时，对管道金属表面存在的缺陷也能进行精确检测。具体而言，可以用作厚度检测、探伤、材质分析、表面锈蚀检测、金属近表面裂纹缺陷检测、腐蚀缺陷的定量检测及扫描成像等。中国石化天津分公司就曾利用脉冲涡流检测技术在天津石化厂焦化车间的管道上检测过管道的腐蚀剩余厚度，当时的管道温度高达420℃，绝缘层厚度达到150mm。后来在检修时，拆除了保温层，用超声波测厚仪进行了复测，虽然复测表明，涡流检测技术测得的测量误差比较大，但是总体能够反映管线均匀厚度变化趋势。总体来看，涡流检测技术与其他的检测技术相比，具有自动化程度高、检测速度快以及成本低、便于操作等优点。

远场涡流无损检测技术

进入21世纪，阵列式涡流检测仪、脉冲涡流检测仪、远场涡流检测仪、三维电磁场成像技术等最新涡流检测仪技术的商品化步伐不断加快。

特别是远场涡流技术对金属管子（尤其是铁磁性管）内部缺陷的检测很灵敏，是各种长输管道隐患检测的有效办法之一。

实际上，远场效应是20世纪40年代发现的。1951年 Maclean W.R. 获得了此项技术的美国专利。20世纪50年代，壳牌公司的 Schmidt T.R. 独立地发现了远场涡流无损检测技术，在世界上首次研制成功检测井下套管的探头，并用来检测井下套管的腐蚀情况，1961年他将此项技术命名为“远场涡流检测”，以区别于普通涡流检测。壳牌公司开发部向 Maclean 购买了该专利权，在探头的研制中获得了很大的成功，并用来检测井下套管。20世纪60年代初期，壳牌公司应用远场涡流检测技术来检测管线，检测设备包括信号功率源、信号测量、信号记录和处理单元，做成管内能通过的形式，具体技术方法见本书有关管道内检测探索史部分的叙述。从20世纪80年代开始，加拿大路赛尔技术有限公司（简称路赛尔公司）在井下套管和地埋油气水输送管线的检测上进行了专门研究，使路赛尔公司生产的远场涡流无损检测系统在世界上处于领先水平。从20世纪90年代以来，人们根据远场涡流无损检测原理，利用内置式探头来检测输气管线 、井下套管、埋地管线、热交换器和锅炉，利用外置式探头来检测平板和钢管。

北美钻井公司1990年向路赛尔公司购买了一套远场涡流井下套管无损检测系统（CES系统），对加拿大和美国的油田开展井下套管的检测、评估与修复技术服务，取得了良好的经济效益；美国SRP公司原来用水下电视检测水井套管，但是不能定量测定剩余壁厚和缺陷的位置，于2004年向路赛尔公司购买了1套远场涡流井下套管无损检测系统（Well-CAT20系统），对美国城市供水用的水井套管进行了无损检测，取得了较好效果。

我国对远场技术的研究始于 20 世纪 80 年代后期，南京航空学院和上海材料研究所等单位在远场涡流检测技术的机理研究和设备研制上都有较大突破。南京航空学院于 1990 年出版了有关远场涡流检测技术的专辑，系统地介绍了远场涡流现象的机理研究等理论和应用问题。2000 年以来，我国电力、石化、化工行业向路赛尔公司购买了数套 204 型和 308 型远场涡流检测系统，用于实际工业检测。

2013 年，中海油在平湖油田原油立管检测项目中首次引入远场涡流无损检测技术。主要是对中海油上海分公司平湖作业公司的一根直径为 8in 原油管线两端的立管进行内检测，检测立管是否有腐蚀、变形、应力集中等缺陷。检测器使用加拿大 Russell 公司的远场涡流智能检测器（RFT）。具体做法是：停产后，使用氮气将远场涡流检测器通过临时收发球装置推入混输海管立管，到达立管垂直段后，检测器靠自重到达海底平管段处；之后，使用卷扬机缓慢将 RFT 检测器拉回临时发球装置，RFT 检测器在返回的过程中对立管进行检测。海洋石油工程股份有限公司的倪文静与天津市龙洲工控设备有限公司的方玉梅在“远场涡流检测技术在海底管道内检测中的应用”（《内蒙古石油化工》2015 年第 18 期）一文中，就这次检测结果作了如下分析：

数据分析结果（波形图）表明：海管立管上所有的法兰、锚定卡、弯头和阀门都能在 RFT 检测结果中显现出来。弯头部分能在波形图上有明显的显示是因为弯头的壁厚比直管段的壁厚稍厚，另外环形焊道没有在此次 RFT 检测中产生较大的信号，这是因为与管线壁厚相比，焊缝突出部分比较小而没有形成明显的壁厚差。检测结果表明：使用远场涡流法能够有效检测出钢质管线剩余壁厚和有无明显缺陷的情况。与普通涡流、漏磁和超声波等无损检测方法相比，远场涡流无损检测具有以下优点：①被检测的钢管表面不必清洗；②探头与钢管表面不接触，探头外径与钢管内径之间的间隙变化对检测结果无大影响；③探头的检测速度是否均匀对检测结果无影响；④钢管内的气体、液体介质对检测结果无影响。

远场涡流检测技术目前已经成为管道内检测的主要技术之一，本书在后续的内检测技术相关章节还会继续介绍远场涡流技术的探索及应用。

5. 声发射检测技术

声发射（AE）就是材料在外载荷或内力作用下以弹性波的形式释放应变能的现象。早在公元 8 世纪，阿拉伯炼丹术士贾比尔 · 伊本 · 海扬（JabiribnHayyan，721—815）即拉丁语中所说的贾伯（Geber），在他的著作《完美概要》中就记录了锡鸣和铁锻造时的声音。1882 年，沃辛顿（Worthington）描述了锡鸣是由微小晶体的相互摩擦产生。1924 年，克拉森（Classen）报道了岩盐晶体和锌单晶剪切变形过程中的有规律的咔嗒声。1936 年弗雷德里克（Firdrich）和麦斯基林（Mcskimin）用镍钢进行了世界上第一次声发射试验。特别是 1940 年，奥伯特（Obert）和杜瓦尔（Davall）利用检测声发射现象成功预测到阿米克铜矿将要发生岩爆的事件。他们二人还研究出一种收听声发射的仪器，发表了若干有关声发射研究的早期论文。1948 年沃伦（Warren）、麦斯基林（Mcskimin）和肖克利（Shockley）在美国进行了第二次声发射试验；1950 年，米丽亚德（Miliard）在英国进行了第三次声发射试验。随着这些相关试验的相继进行，声发射技术研究与应用的序幕由此渐次拉开。

现代声发射在国外的发展

以前人们所研究的声发射，并不是对声发射本身规律与特点的研究，大多数是研究声发射在自然界存在的现象。只有到 1950 年，约瑟夫·凯瑟（Joseph Kaiser）测试声发射在木头、金属和砂石中的反应时，首次发现声发射不可逆现象——Kaiser 效应，才表明人类关于声发射的研究进入对声发射实质性的研究阶段。凯瑟观察发现，铜、锌、铝、铅、锡、黄铜、铸铁和钢等金属和合金在形变过程中都有声发射现象。1953 年，凯瑟发表了他的博士论文，他提出了材料形变声发射的不可逆效应，即：对材料进行反复卸加载试验时，材料在超过先前所施加的应力级之前不出现可探测到的声发射。他同时认为：声发射的产生起因于多晶体材料颗粒的相互摩擦和颗粒的断裂。现在人们称材料的这种不可逆现象为“Kaiser 效应”。

1963 年，古德曼（Goodman）通过试验证实了岩石也具有 Kaiser 效应，利用这种声发射的凯瑟效应，可以相当准确地测出岩石历史的三向应力分布。同时古德曼提出凯瑟效应具有衰退现象，引起了研究者们的极大争议，以至于影响了人们对声发射研究的兴趣。后来人们发现古德曼的试验结果有误，其原因是古德曼的试件加工和加载方式过于简化，导致了错误的结论。

60 年代中期，美国人达尼根（Dunegan）确定了用超声频率窗口测量声发射的实用方法，这为声发射技术走出实验室打下了良好的基础。1976 年，日本的金川中、林正夫、仲佐伯裕对凝灰岩的凯瑟效应进行了研究，并提出用这一效应推定岩石所受过的历史最大主应力的方法。这是一个很有应用前景的发现。表明利用岩石的声发射凯瑟效应可以测定地应力。这些研究引起国内外学者的广泛关注，并获得了一些具有实用价值的成果。德鲁亚尔（Drouillard）于 1979 年统计并出版了 1979 年以前世界上发表的声发射论文目录，据他的统计，到 1986 年底世界上发表有关声发射的论文总数已超过 5000 篇。

在 80 年代末和 90 年代初，随着计算机和信号处理技术的迅速发展，声发射技术进入了一个稳步发展的新时期。

中国石化集团胜利海上石油工程技术检验中心的赵洪波工程师的观点具有一定代表性，他认为声发射检测技术研究主要围绕：声发射传播理论、波形分析、声发射传感器的校正理论；声发射信号处理方面（尤其是数字信号处理技术）；计算机技术、集成电路、人工神经网络等及模式识别技术；声发射仪器开发四个方面。声发射仪器的发展是与声发射技术本身的发展同步进行的，赵洪波在“声发射检测技术的研究现状及发展方向”一文中将其分为以下几个阶段：

20 世纪 60 年代末，产生了第一台单通道型声发射仪器，这种声发射系统只有一个信号通道，功能单一，采用模拟电路，多为测量计数或能量类简单参数，只用于实验室试样的粗略声发射检测。

20 世纪 70 年代产生了多通道声发射系统。直到 80 年代末，采用了分布式并行处理技术的多通道声发射系统，均属于多通道声发射系统时代。

20 世纪 90 年代，声发射检测系统进入了全数字式时代，也可以看成是多通道声发射系统的第 4 代。国外在全数字式声发射仪的研制上具有典型代表性的是美国 PAC 公司的 Mistras 2001、德国 Vallen 公司的 AMSY 4 和美国数字波形公司（DWC）的 F-4000 声发射检测仪等。

沈功田等在“中国声发射技术进展——学会成立 25 周年纪念”一文，对声发射技术在世界范围内的研究与应用进行了总结，将其概括为八个方面。其中管道的泄漏检测是其非常重要的应用领域之一。因为当管道发生裂纹、腐蚀、分层、泄漏和冰堵等其他故障时，都会产生大量的声发射（AE）信号，所以，可以采用声发射技术来对管道结构上的缺陷进行检测。

国外研究者针对传统声发射技术在管道检测上存在的不足，着重采用模态声发射技术对管道泄漏进行研究。如 Clark 研究了充液管道中信号传播的衰减规律，Miller 建立了一种声发射检测系统，可用于检测效果的评价，Lee 则采用基于信号幅度衰减和时间行程两种不同方法对泄漏源进行定位。总体来看关于声发射技术用于管道缺陷检测仍然处于试验阶段。天津大学的孙立瑛在其博士论文“声发射储罐及管道在线监测技术研究”中写道：

20 世纪 90 年代后期，美国物理声学公司及其俄罗斯分公司、新泽西技术大学、陆军部、国家环境保护署等部门分别在美国和俄罗斯进行了充液、埋地管道裂纹检测及对泄漏点的定位研究，通过对声发射波形进行模态分析及相关处理，在管道声发射技术方面取得了较大进展。目前根据管道腐蚀状况不同，声发射管道检测的距离可以达到数十米。目前管道声发射技术研究的重点主要在于信号处理及特征提取，以提高泄漏点的定位精度。

我国对声发射的研究

声发射技术于20世纪70年代初引入我国。1978年，随着全国无损检测学会的建立，成立了第一届声发射专业委员会，著名材料学者何泽云担任了首届主任委员，并于1980年在黄山召开了第一届全国声发射学术研讨会，标志着我国声发射技术研究的正式起步。当时正是我国断裂力学发展的高峰，人们利用声发射预报和测量裂纹的开裂点。通过深入的理论和实验研究，在研究断裂力学与声发射信号参量关系方面取得了一些成果，并引起相关研究领域科技人员的高度关注。中科院沈阳金属研究所、航天部621所、机械部合肥通用机械研究所、武汉大学等一些科研院所和大学相继开展了金属和复合材料的声发射特性研究，扩大了声发射技术的研究领域，初步形成国内声发射技术的研究群体和热潮。大庆石油学院戴光教授在“声发射检测技术的研究进展”一文中，对中国从20世纪70年代以来在声发射技术方面的进展进行了概括。根据该文献提供的资料，结合其他文献线索，中国声发射技术进程中有代表性的发展表现在以下几个方面：

在声发射仪器研制和生产上，沈阳电子研究所20世纪70年代研制出单通道声发射仪器，之后推出4通道声发射仪，长春试验机研究所于20世纪80年代推出36通道声发射源定位分析系统及旋转机械声发射故障诊断仪系统。1984年，武汉大学开展了铁磁性材料的磁－声发射现象研究。

在研究硅钢片的磁－声发射特征后，沈功田与徐约黄发现180°磁畴壁的运动也可以产生磁声发射的现象。随后，我国与英国学者合作开展了磁－声发射和巴克豪森效应研究。1995年中国特种设备检测研究院研制出2–64通道声发射检测分析系统，2000年广州声华科技有限公司研制出全波形全数字多通道声发射检测分析系统，2002年中国特种设备检测研究院与广州声华科技有限公司合作，研制出基于信号处理集成电路（DSP）技术的全数字化多通道声发射检测分析系统。

在声发射信号处理技术方面，我国已经开发了进行各种信号分析和识别的软件包。特别是北京航空工程技术研究中心和北京声华科技有限公司等单位开展了模态声发射（简称MAE）理论和应用研究，是一种处于国际前沿的、非常有效的声发射信号处理方法。

在实际应用方面，除了在压力容器、大型常压储罐完整性检测与评价方面取得重大进步，可以实现对容器储罐的整体检测，弥补传统检测方法在盲目抽检上存在的不足以外，在管道检测方面，清华大学、北京工业大学、大庆石油大学、东北大学、西安交通大学、中国特种设备研究院等单位，通过对管道泄漏源处声源产生机理、泄漏源处的声学特征、声波在管道中的传播特性、管道泄漏产生连续声源的定位方法（基于声信号衰减特性和能量累计的定位方法、小波包理论的定位方法和神经元网络系统的定位方法等)、基于波导杆辅助检测管道泄漏的方法等方面的系统研究，为声发射技术应用于管道泄漏检测的工程实践打下了良好的基础。

6. 其他无损检测技术

无损检测技术除射线、超声、电磁（涡流）、声发射这些在管道检测中获得广泛应用的技术以外，还有磁粉探伤、渗透、微波、声发射、红外热成像、应力、瞬变电磁等其他形式的无损检测技术，也可以应用到管道检测中来。只是就目前的技术发展现状而言，没有前面述及的技术特别是前三种无损检测技术应用广泛。当然，如果论及对管道的间接检测，磁应力检测、瞬变电磁检测具有更加特殊的应用价值。

磁粉检测技术的出现与管道检测应用

磁粉检测（MT）是利用工件缺陷处的漏磁场与磁粉的相互作用，显示缺陷位置与形状的检测技术。

如果要追溯磁粉检测（MT）技术的源头，可以追溯到中国的春秋战国时代，那时我们的祖先就发现了磁石吸引铁现象，并在此基础上发明了指南针。近代以来，随着工业的发展，对于磁粉现象人们有了更为广泛而深入的研究。1868 年，英国就报道了用罗盘仪检查枪管上的缺陷，其实就是应用漏磁通探测枪管上的不连续性，这可能是磁粉探伤原理应用的最早记录；1876 年，英国人又应用罗盘仪探测钢轨的不连续性。但是，直到 1918 年，美国人威廉霍克偶尔发现被磁化的钢块吸附了大量的金属粉末，这个现象引起他极大的关注。他意识到着色金属屑（磁性粒子）或许可以定位金属零件缺陷。于是他反复试验，终于搞明白利用金属屑与磁性作用，可作为定位金属零件缺陷的基本原理，于是磁粉成为探伤的一种手段。可以说，正是威廉霍克的发现与思考，促使了磁粉探伤技术的诞生。

20 世纪 30 年代，可以说是磁粉检测技术发展的年代，德国和美国相继开发出磁性计测器和磁粉检测设备，并用于军需工厂和装备厂。在工业生产领域，美国的应用更为普遍。

1928 年，美国麻省理工学院教授福斯特（A.V.de.Forster），为解决油井钻杆断裂失效问题，研制出周向磁化和使用磁粉检查缺陷的初步技术。1930 年，福斯特与 F.B.Doane 合作，将干磁粉用于焊缝检测，则标志着磁粉检测正式进入工业领域。

1934 年，世界首台试验性固定式磁粉探伤装置在美国磁通公司（MAGNAFLUX）诞生，对磁粉检测的应用和发展起了很大的推动作用。在此期间，首次用来演示磁粉检测技术的一台实验性的固定式磁粉探伤装置问世。

1935 年，油磁悬液在美国开始使用；1941 年，荧光磁粉投入使用；20 世纪 50 年代初期，苏联全苏航空研究院的瑞加德罗工程师系统研究了各种因素对探伤灵敏度的影响，在大量试验的基础上，制定出了磁化规范。至此，磁粉检测从理论到实践，从实践到规范，初步形成一种无损检测方法体系，磁粉探伤进入普及化应用阶段。

20 世纪 50 年代，出现了着色磁粉自动扫查和感应电流磁粉检测系统；60 年代更是磁粉检测技术飞速发展的时期，不仅出现了便携式磁粉检测仪器、荧光磁粉指示检测技术，人们还推出了一种专用的测量块，提高了磁场强度测量技术的可靠性；70 年代，人们开始认识到美国无损检测学会提出的 SNT-TC-IA 标准的价值，并在实践中推行Ⅰ、Ⅱ和Ⅲ级磁粉检测员制度。

在我国，从20世纪50年代初开始，先后引进苏联、欧美等国家的磁粉检测技术，制定出了我国的标准规范，磁粉检测很快在我国发展成为一种成熟的无损检测方法。

磁粉探伤比较适合管道表面和近表面（开口和不开口）、焊接部位的缺陷，具有很高的检测灵敏度（可检测微米级宽度的缺陷），单个工件检测速度快，缺陷检测重复性好，而且可检测受腐蚀的表面。因此，在管子制造厂的质量抽查检验中曾经得到过比较普遍的应用，并且直到今天，磁粉检测技术仍然有其独特的价值。当然，磁粉检测技术也需要不断创造出新的检测设备，才能获得不断增长的应用空间。图 6-5 为西管所驻上海宝钢监造工程师石兵兵提供的中俄东线天然气管道工程某段管子制造过程中，对管端实施自动磁粉探伤保留的测试片图片。

图 6-5　中俄东线天然气管道工程磁粉探伤

渗透检测技术的出现与检测应用

渗透检测（PT）是除目视检查以外，应用最早的无损检测方法，也是一种最简单易行、最有效、使用最普遍的表面检测方法。渗透探伤对被检测体表面点状、线状缺陷检测概率高于磁粉探伤。

渗透探伤对表面缺陷检测能力及检测的可靠性，取决于渗透探伤剂性能和操作工艺正确与否。因此，几十年来，渗透探伤技术发展的主线一直是探伤剂的研制及其性能评价，探伤操作工艺的改进及其标准化，以及与之有关的渗透探伤理论的研究。

1930~1940 年间：煤油、“油 – 白垩法”、有色染料作为渗透剂的渗透检测方法出现；1941 年，美国磁通公司获得荧光磁粉专利技术，创造了一种全新的无损检测方法——荧光渗透探伤；1950 年，出现以煤油与滑油混合物作为荧光液的荧光渗透检测；1955 年，Rohde Fredw 提出后乳化型渗透探伤法，使渗透探伤灵敏度有所提高。与此同时，国外出现了一个渗透剂的研制高潮，采用苏丹Ⅳ号作着色渗透剂染料，采用拜耳荧光黄作荧光染料，使检测灵敏度提高到 10 μm 裂纹宽度。但其致命弱点是渗透剂和显像剂必须采用含苯等剧毒试剂作溶剂。1960 年后，国外研制成功可检测宽度为 0.5 μm 表面裂纹高灵敏度、基本无毒害的着色探伤剂和荧光探伤剂。

在国内，20 世纪 50 年代引用苏联工业应用的主导探伤剂。着色渗透剂染料为苏丹Ⅳ号，基本溶剂是苯，荧光渗透剂是煤油加航空滑油。直到 20 世纪 70 年代，我国的化工、机械、航空、原子能等行业渗透探伤技术标准仍然规定或推荐采用上述探伤剂。大约到 20 世纪 70 年代后期，沪东造船厂陈时宗研制成功可检测零点几微米宽的表面裂纹且基本无毒害的着色探伤剂，并在国内首先配用了先进的压力喷罐技术，推动了渗透探伤技术的发展。中科院上海有机化学研究所等单位也成功研制了新型荧光染料及相应的基本无毒害的荧光探伤剂。此后，我国在探伤剂品种系列化、特殊用途探伤剂开发、提高探伤剂综合性能方面取得了很大进步。

20 世纪 80 年代，国内学者从理论上已经论证了渗透液最小渗透宽度为 0.1 μm，可见渗透检测可以有很高的灵敏度和检测精度。但是就渗透探伤的应用而言，主要在机械加工行业获得了广泛的应用。在管道检测上也可应用渗透检测方法。其具体做法是：

在管道的被检测表面涂上含有荧光染料或着色染料的渗透液，然后等一段时间，在毛细管的作用之下，渗透液会渗进管道表面的开口缺陷中，清除表面无用的渗透液后，将显像剂涂在被测管道表面，显像剂能将伸进去的渗透液吸附出来，使其附着在管道表面，就能清楚地看到缺陷所在位置，检测出管道表面的开口缺陷。

对管道进行渗透检测一般不需要水、电以及大型设备的参与。这种物理检测方法的检测效果比磁粉检测的效果稍差，但与射线检测相比，渗透检测技术灵敏度更高，且操作难度较低。

总体而言，在运行的管道隐患检测方面，渗透检测方法的应用是有限的，主要是在管子制造厂以及焊口检验方面获得了一定的应用。如我国早在 JB/T 4730.5—2005 标准中，就对管道建设时使用渗透检测焊缝质量提出了标准规定。

微波无损检测技术的出现与在管道上的应用

微波无损检测也称为微波 NDT，我们通常将波长在 0.001~1m，频率从 300MHz 到 300000MHz 范围内的电磁波称为微波。微波检测是根据微波反射、透射、衍射干涉、腔体微扰等物理特性的改变，以及被检材料介电常数和损耗正切角的相对变化，通过测量微波基本参数（如幅度衰减、相移量或频率等）变化，实现对缺陷进行检测的方法。这种检测方法，不仅可以检测金属材料，也可以检测非金属材料，可以发现材料内部的气孔、裂纹、分层、密度、脱粘、断层等缺陷。

德国物理学家海因里希·鲁道夫·赫兹（Heinrich Rudolf Hertz）于 1888 年首先证实了微波的存在，用火花振荡得到了微波信号；1936 年 4 月，美国贝尔研究所（BTL）的科学家 South Worth 用直径为 12.5cm 青铜管将 9cm 的电磁波传输了 260m 远，波导传输实验成功。

受二战的影响，美国、英国、德国等都很重视探测雷达的研究，而对探测雷达的研究直接刺激和加速了微波技术的应用。1940 年夏，德国给部队装备了分米波雷达，可以指挥高射炮射击，击落了在云层之上飞行的英国军机。1942 年，英国开始生产厘米波机载雷达，地面情形可清晰地显示在飞机机舱中的荧光屏上。1941 年 12 月 7 日，美国人已经从位于夏威夷瓦胡岛北部山头上的防空警戒雷达上看到了日本偷袭珍珠港海军基地的飞机信号，却由于糊涂麻痹遭受了沉重的打击。此事对美国的刺激可想而知，所以，美国到 1945 年微波与雷达工业的规模就超过了战前的汽车工业。

1948 年，微波被首次用于工业材料测试；1963 年，美国首先使用微波法成功检测了“北极星”A3 导弹固体火箭发动机玻璃钢壳体内部缺陷；20 世纪 70 年代初期，大功率磁控管研制成功，为微波检测技术的推广打下基础。21 世纪以来，已经有不少关于微波技术用于管道检测的报道。如 2003 年，姚毅就曾在《自动化与仪器仪表》发表了“金属管道缺陷的微波检测”论文，提出用微波来检测金属管道裂纹、裂缝和表面金属异物等缺陷的方法；2006 年，黄山田等人曾对用微波技术进行输气管道泄漏检测进行了专门的研究；近年来，国内也有人研究开发了用微波扫描检测方法检测聚乙烯管道热熔接头质量的检测装置；美国西南研究院近几年研发的非金属管道微波检测仪器已经开始在中国进行工程检测推广。当然，其实用性仍然有待于进一步考验。

7. 常规无损检测的困局

无损探伤检验技术能有效保证管道在不受到任何损伤的前提下，准确地检测出管道中存在的问题所在，有针对性地进行管道维护和修复，从而降低管道维修成本，发现管道潜在风险，及时解决问题，保证管道工程质量。随着科学技术的进步，管道建设规模的不断增加，加大检测技术的研发力度是全社会都应该重视的事情，因此管道无损检验技术的研究和发展是社会发展的必然需求，是管道工程建设质量的可靠保证。

1960 年开始建设的“友谊输油管道”是世界著名的油气管道，仅在苏联境内就有 40 万道焊口，为保证质量与管道输送安全，在施工时，对部分焊口采用野外条件下进行 X 射线探伤的方法，92.8% 的接口则采用强磁记录仪进行焊口检测；在波兰境内则对大约 17% 的焊缝采用 X 射线探伤或放射性同位素进行检查。

随着油气输送管道钢级、口径、壁厚和输送压力的增高，管道焊接施工难度加大，对管道对接环焊缝的无损检测技术要求也更严格。我国通常是按照管线工作压力、通过的区段等级或环境，要求采用一定比例的超声波检测和 X 射线检测。对于穿越地段，要求对接环焊缝必须进行 100% 超声波检测和 X 射线检测。目前对管道自动焊主要采用相控阵或多通道超声波检测。如 2009 年开工建设的中缅管道，在建设过程中，来自阿联酋、印度的检测公司与我国无损检测人员共同参与了管道焊缝的无损检测工作。运行 5 年后，2018 年中缅管道公司又委托国家石油装备产品质量监督检验中心（山东）等检测单位利用超声相控阵检测技术对部分存疑的管道焊缝再次进行检测评价。图 6–6 为国家石油装备检验中心王志江工程师等在中缅输气管道、中石化仪长输油管道环焊缝上进行 PAUT、TOFD 检测的现场照片。

图 6–6　国家石油装备检验中心在中缅输气管道、仪长输油管道环焊缝上进行 PAUT、TOFD 检测

无损检测的优点在于对腐蚀损伤定量化测量精度高，但是其缺点是属于点对点的直接接触式检测，逐点测量效率低、成本高。我们可以设想一下，一条数百公里甚至上千公里长的管道全部用上述无损检测的方式检测一遍，那得需要多少年啊！简直就

是一个不可想象的事情，即便是工期上允许，成本也不会允许。因此，这种无损检测技术主要用于局部抽查，如检查焊缝焊接的质量，而无法对整条管道进行检测。这正是无损检测的局限性所在。

如果管道存在瑕疵如砂眼或在下沟时损伤破坏的现象，即便焊缝质量可以保障，我们仍然不能保证管道的安全运行。因此，从这个方面来讲，无损检测技术虽然精准却很无奈，无力承担管道工程全线扫查式检测成为无损检测技术的硬伤之一；不能直接检测埋地或有保温层的管道缺陷是其又一个短板。于是，人们又想出采取水压、气压等进行强度试验加密封性试验的方法，来验证管道特别是新建管道的可靠性。

参考文献

［1］夏纪真．无损检测技术发展史探索［S］．南昌：第10届无损检测学会年会论文集，2013.

［2］李湘洲．无损检测技术发展史略［J］．科学技术与辩证法，1991（3）：35-38.

［3］陈凯．管道检测国内外研究历史与发展现状［J］．科技创业家，2013（11）：107.

［4］徐小杰．管道远场涡流无损检测技术综述［J］．管道技术与设备，2015，（3）：21-23，43.

［5］孔凡庚．从第14届世界无损检测会议看无损检测技术的应用和发展［J］．无损检测，1997，19（11）：328-330.

［6］邬冠华，熊鸿建．中国射线检测技术现状及研究进展［J］．仪器仪表学报，2016，37（8）：1683-1691.

［7］陈庆林．渗透探伤的历史现状与展望［J］．无损检测，1997，19（1）：21-23.

［8］靳世久，等．超声相控阵检测技术的发展及应用［J］．电子测量与仪器学报，2014，28（9）：925-934.

［9］李金彪，肖德刚．X射线检测机器人在陕京输气管道检测中的应用［J］．石油工程建设，1997（1）：38-39.

［10］张宏亮等．C R及D R射线检测技术在长输管道中的应用实效对比［J］．无损检测，2013，35（10）：35-38.

［11］侯东芳．无损检测新技术及应用［D］．三峡大学［EB/OL］．［2017-10-20］.https：//wenku.baidu.com/view/167e5b9b88eb172ded630b1c59eef8c75fbf95e0.html.

［12］田力男．TOFD技术发展简史及在国内的应用现状［S］．满洲里：火电机组建设质量控制技术论坛文集，2008.

［13］吴则中，等．远场涡流井下套管无损检测系统的特点及应用［S］．杭州：2005年石油装备技术发展学术交流年会，2005.

［14］任吉林．我国涡流检测技术的发展［J］．无损检测，1994，16（10）：280-283.

［15］林俊明．电磁（涡流）检测技术在中国［J］．无损检测，2008，30（5）：261-266.

[16] 白世武 . 中国石油天然气管道行业的无损检测技术发展及其与国外的交流与合作 [J]. 无损检测，2007，29 (12)：685-689，693.

[17] 张艳霞，何晖 . 岩石声发射的 Kaiser 效应研究进展 [J]. 地下空间与工程学报，2007，3 (6)：1089-1093.

[18] 王鹏人 . 基于多 agent 的岩体声发射信号检测定位系统应用研究 [D]. 中南大学，2009.

[19] 孙立瑛 . 声发射储罐及管道在线监测技术研究 [D]. 天津大学，2006.

[20] 戴光 . 声发射检测技术的研究进展 [J]. 太原：第十一届全国高等学校过程装备与控制工程专业教学改革与学科建设成果校际交流会论文集，2009.

[21] 沈功田 . 中国无损检测与评价技术的进展 [J]. 无损检测，2008，30 (11)：787-793.

第 7 章 试压与监造结合开创新历史

无损检测虽然有相对悠久的历史，技术和理论都有了很长时期的发展，检验精确度、灵敏度也不可谓不高，但是无损检测技术相对于管道隐患的各种存在，在很多时候也是无可奈何的。至少，无损检测技术无法做到对整个管线全覆盖式检测检验；再者，就像人需要伸腰一样，管道建设完成以后，沿线许多地段在焊接、起吊、下沟过程中积累了一些残余应力，需要通过一定的内部压力使其释放，达到使管道舒展的目的。在此的情况下，压力试验就成为新建管道工程重要环节，对确定管道强度和完整性，保证管道安全运行具有重要意义。

图 7-1 单根管子水压试验监控画面

对于大型管道工程而言，水压试验一般至少要进行三次，首先是在管子制造过程中，要对每根管子逐根做打压试验（图 7-1 为某钢管厂进行单根管子水压试验时，试验人员监控试验过程的画面），在施工中还要进行分段水压试验及全线水压试验。

1. 管道压力试验的早期做法与经典案例

要追溯到世界上哪条管道最早通过压力试验来检验其安全性，仍然是一件困难的事情。不过可以肯定的是，在很早以前，人们为了验证新建成的管道是否存在泄漏，肯定也会先通水做一下试验。但是，这与我们这里所说的压力试验完全不同，因为，没有加压，就无法发现管道潜在的隐患，充其量只能发现已经穿透裂纹、砂眼等缺陷。从这个角度讲，管道要做压力试验肯定是加压泵以及其他成套的压力试验设备具备以后的事情。因此，苏联的“友谊”输油管道、美国阿拉斯加管道的水压试验无疑是管道压力试验发展早期的经典案例。后来像我国的西气东输管管道、中缅天然气管道试验也具有典型的代表性。

“友谊”管道水压试验

1958 年 12 月 18 日，在布拉格举行的经济互助委员会第十次会议上，签署了一项协定，即决定建设一条由苏联经过波兰向捷克斯洛伐克、东德和匈牙利等国家输送原油的管道。起初的管线规划长度为 5327 km，并于 1960 年开工。建设该输油管道系统的建材和机械装备等由签署国共同提供。1962 年，第一批原油输送到捷克斯洛伐克，1963 年 9 月，原油输送至匈牙利，1963 年 11 月送至波兰，最后于 1963 年 12 月送至东德。整个一期管道系统建成投产于 1964 年 10 月。这就是世界上最大的原油管道之一——苏联“友谊”输油管道。其中 3688km 在苏联境内。管道工程规模巨大，沿线穿越第聂伯河、维斯瓦河、多瑙河等通航大河就有 68 条，还翻越海拔 1100m 的喀尔巴阡山脉和通过平斯克沼泽区。友谊输油管道管径有 1220mm、1020mm、820mm、720mm、529mm 和 426mm 六种，年输油量约为 1 亿吨。1969 年开始第二期工程，1972 年完工，全长 4412km，从而使“友谊”管道达到 9739km，成为世界上最长的管道。

为保证安全，建成后进行了水压试验，该管道的水压试验不能说是最早至少是世界上较早的主要管道试压记录。其试验特点是：铺管后的吹扫工作和水压试验采用大型压风机及全套专用水压试验机组。某些管段的水压试验是在冬季进行的，最低气温 −38℃，为了防止管道冻结，采取了一系列保温措施，并在试验后立即投油，保证了冬季试验的成功。在波兰境内则根据管壁厚度不同，分段采用 6.5MPa 到 8.9MPa 不等的试验压力。在捷克境内，则根据管材不同，采取了另一种试压方法。管子在冶金制造厂制成后，先用水在 70~90 个大气压下进行试验，焊接、安装成管段后，在沟边用 0.5~0.6MPa 的压缩空气进行检查；管道在穿越河流、铁路和公路时，回填前用 7.4MPa 进行水压试验；下沟回填后，用 2.9~4.9MPa 水压进行试验；管道全部竣工后再用 6.5MPa 进行水压试验。因此，这是世界上最早进行的大规模、分层次、分地域、分工段进行的高难度的水压试验。也正因为这一点，此管道成为世界管道压力试验的经典案例。

阿拉斯加管道水压试验

1968 年，勘探人员在阿拉斯加的普拉德霍湾发现石油，要把石油运到最近的不冻港、1300 km 外的瓦尔迪兹，兴建输油管被认为是唯一可行的方法。美国总统尼克松在 1973 年 11 月 16 日签署了《纵贯阿拉斯加管道授权法案》，在 1974 年 3 月 27 日开工，1977 年 5 月 31 日落成。横贯阿拉斯加的原油管道全长 1287km，管径为 1220mm，工作压力为 8.23MPa，设计输油能力为 1 亿吨 / 年。该管线完工后，立即进行了水压试验，并在多个方面创造出世界长输管道水压试验史上新范例。

这些为以后管道试压探索的新方法、新思路或技术主要体现在：先用测径仪测量管道变形并对发现的缺陷进行修复；管道回填，防止试压水冻结在管道内；对由河道输送来的试压水进行过滤，并在一些管段对水加温，才进行水压试验；阿拉斯加管道采用按材质不同分段试压的方法，对各等级管材、不同壁厚管道的最高试压压力及稳压进行了具体规定；为解决山区管道试压缺水问题，阿拉斯加管道设计了试压水重复利用的方案；试压后，采用特定工艺除水干燥，保证扫净管壁上积水。可以说，阿拉斯加管道水压试验是在苏联"友谊"管道试压基础上的新探索、再发展，因而，也成为又一个管道试压的经典案例。

早期压力试验有个特点就是比较重视管道焊缝质量，对应力实际上重视不够。此外，国外规范要求，充装试验介质的管道温度尚未达到平衡之前，不能开始试验。其目的是防止因水温的变化而影响管道压力的变化，所以在试验前需对试验管段进行热力平衡，其时间大约需要 1~4 天。时间根据管径大小决定，管径越大，需要进行热力平衡的时间间隔越长。并且每隔 8 小时会测量一次水温，检查是否达到热稳定。另外，国外对管道中的空气量也有一定的要求，要通过适当的检查来保证管道内空气量减少到一定的范围内。这些要求，我国在试验中要求不是很严格。

中缅管道水压试验

中缅管道作为 21 世纪建成的在国际上有重要影响的天然气管道，其水压试验也是独具特色，特别是在大落差山区段的水压试验，加之又是天然气管道，与友谊管道与阿拉斯加管道输送介质不同，所处地理环境也不同，因而在世界管道建设质量检验史上，也堪称有重要历史价值的水压试验技术案例。

中缅管道天然气管径规格 ϕ 1016mm，材质 X80 钢，根据中国石油天然气管道局第三工程分公司王敬坤在"大落差山区长输管道水压试验施工方法的优化"中介绍，试压时按照二级地区壁厚 15.3mm 计算，设计压力为 10.0MPa。强度试验压力具体参数值根据段落划分高差计算，试压段内最低点处的管道环向应力不超过 0.95 倍的管材屈服强度，最高点处管道压力不低于设计强度试验压力。根据王敬坤介绍，其试压特点主要可以概括为：

逐级接力注水。根据管道测量成果，为保证水泵进水量平衡并考虑分段高差，试压单位在本工程水源地（QBD000 北盘江）配置 2 台高压注水泵，分别往两侧注水，QBC029、QBD000 段 QBC050、QBC062 桩分别设置接力上水点，各配备 1 台高压注水泵继续往 QBC029 桩接力注水，QBD000~QBD045 段 QBD023 桩设置接力上水点，配备 1 台高压注水泵继续往 QBD045 桩方 向接力注水，其他试压段首尾相接处连接过桥管线过水用，这样就能同时保证水源充足和试压注水要求。

防止发生管线内静压对上水施工产生的影响。考虑到整体高差较大，静水压力相对较高，所有过桥管线必须使用足够壁厚的无缝钢管连接，注水泵注水点及每段接力点靠试压头进水阀门较近的位置必须设置止回阀，防止发生管线内静压对上水施工产生的影响。

此外，在这次水压试验中，还采用了试验管段升压及泄压控制、深度除水等技术措施。

2. 在实践中逐渐趋同而略有差别的试压理念

管道建成以后，必须通过强度试验和严密性试压方可投入生产运行，这已经成为一个普遍的规定。不仅如此，通过长期的试压实践，人们对管道试压的具体做法包括试压介质的选择和试验参数如试验压力与稳压时长等的规定逐步趋向统一。当然，理念上仍然有差异。

试压介质选择

管道压力试验介质，按说可以是水，也可以是气体，如空气、天然气或惰性气体，甚至防冻液也可以作为试压介质。早期管道试压，特别是输气管道，一般用空气作为试压介质。但是，1964 年，我国在建设威成输气管线时，使用空气试压，雷碑坳跨越工程试压时整体炸飞。国外在 20 世纪 5070 年代间，也频频发生多起空气试压撕裂管道的恶性事故，在加拿大，一次撕裂长度达到 4.18km。1960 年在美国新墨西哥州，撕裂达到 12.18km，是空气试压撕裂最长的一次。这些事故的发生，使人们不得不对试验介质的选择谨慎起来。

20 世纪 70 年代后，各国逐步开始偏向于优先采用水压试验。其原因就在于：用水压进行管道分段强度试压，当管道存在缺陷而在试压中出现泄漏或破裂现象时，水具有不可压缩的特性，且其在管道内的减压速度大于管道的开裂延伸速度，故管道能迅速止裂，不会造成管道的大面积破裂和严重的次生灾害。所以水成为国内外管道试压的首选介质，也是管道设计标准中推荐采用的证明新建管道完整性的介质。比如，在极端寒冷的气候条件下的阿拉斯加原油管道，在北极圈内外1280km，如用水做试验介质，不仅水源比较稀少，还需要过滤并重复利用；另外，试验前必须加热，试验后必须及时排干防止冻结。按说，选择空气做试压介质最方便。但是，考虑到线路工程连翻三座大山，为了消除管道的残余应力，提高长输管道的安全运行系数，同时也为了防止气体试压出现不测，全线仍然坚持以水来试压。可以说这是一个非常典型的例子。

2009年2月6日，上海液化天然气公司小洋山西门堂LNG天然气外输管道在做气密性试压时，当压力上升到12.3MPa（设计压力为15.6MPa）时发生撕裂爆炸事故，导致施工人员1死15伤。试压介质就是空气。该事故再次告诫人们，要谨慎使用气体介质，优先采用水作为试压介质的重要性。只有当水作试压介质条件不具备时，并且空气试压能够满足管道环向应力及焊接要求，特别是满足管材的止裂韧性要求时，才允许空气作试压介质。我国的涩宁兰长输管线在2000年竣工投产时就采用了气体试压。特别是输气管道，在许多情况下仍然在使用气体试验。肖俊峰、靳太强、焦卫平在“输气管道强度试压介质分析”（《化学工程与装备》2017年第10期）一文中就指出：“不是所有的环境均能简易地采用水介质强度试压”。作者认为：

对于水源匮乏及其高寒区域，首先应按照GB 50251—2015进行等级划分来确定是否可以采取气体试压，设计系数为0.72的一级一类地区、一级二类和二级地区可以采用气体试压，其他地区只能通过水试压。

在高落差区段试压介质确定：由于水的密度远远大于气体，因此在高落差区段，水介质更容易形成大的静水压力而造成管道最低点所承受的环向应力超过规范要求。在遵循规范要求的基础上，尽量采用气体试压，如若必须采用水试压，需综合考虑地理因素和管道条件，制定最优的水试压分段方案，以确保试压安全经济。

管道试验压力

管道施工中，一般将试压分为强度试验和严密性试验两个阶段。强度试验主要测试暴露管材缺陷和消除钢管的残余应力；严密性试验主要是检验管道是否有漏点。适当的稳压时间对充分暴露管材缺陷和保证管道安全运行十分重要。

从目前国内外的规范可以看出，强度试验压力通常不低于设计压力或最高操作压力的1~1.5倍，严密性试验压力通常为设计压力或最高操作压力的1.1倍。对于最高试验压力，是否采用水作为试压介质，没有明确规定；采用气体作为试压介质时，出于安全考虑，部分规范规定环向应力不得高于管道管材屈服强度的0.9倍。强度试压稳压时长一般为 1~4h，严密性试压稳压时长一般为 4~24h。

研究表明，只有强度试压值达到足够高，才能比较充分地暴露管道缺陷。当试验压力小于管材最小屈服强度的 80% 时，排除缺陷占总缺陷的比例不会超过 20%，大部分的缺陷不能被发现。只有当试验压力提高到管材最小屈服强度的 100%~110% 时，缺陷的暴露率才可以大大提高。目前，国外试压已经普遍将强度提高到管材屈服强度的 95% 以上。如美国管道试压标准等级为 0.95~1.05 倍管材屈服极限，加拿大管道试压标准等级为 1.1 倍管材屈服极限，俄罗斯管道试压标准等级为 0.95~1.1 倍管材屈服极限。而我国目前则采用了比较低的试验压力，有的工程甚至在试压时采用强度试验压力低于管材最小屈服强度的 80%，这可能与我国国内管材生产水平有关。

如我国西气东输管道强度试验的试验压力（产生的环向应力）就小于管材最低屈服强度的 80%。这是因为 SY 0401—98《输油输气管道线路施工及验收规范》、GB 50251—2003《输气管道工程设计规范》、Q/SY XQ1—2003《西气东输管道线路工程施工及验收规范》等，都对油气管道试压有明确的规定。一般要求的水压试验最低强度根据地区等级有不同要求，即一组、二组、三组、四组地区分别采用 1.1 倍、1.25 倍、1.4 倍、1.5 倍的设计压力，相应的环向应力分别达到 0.792 倍、0.75 倍、0.7 倍、0.6 倍 *SMYS*。规范还规定最高试压压力所造成的管壁所承受的环向应力不大于管材最低屈服强度的 90%。

当然国外的水压试验压力，也不是一开始就这么冒进，最初也相当保守。中国石油天然气管道局第三工程公司葛业武在“国外管道工程水压试验技术”（《管道储运》1996 年第 8 期）一文中介绍：

国外管道线路沿线钢管壁厚分布并非一致，一般按城市人口发展密度分成 A、B、C 三类，钢管厚度则根据这三类地区来确定。从而使金属承受的横向应力不超过允许的规定值，即 A 类为 0.73E；B 类为 0.60E；C 类为 0.40E。其中 E 为钢材的最小弹性极限。试验压力值，同样根据这三类（A、B、C）地区确定，取值分别为管道工作压力的 1.1 倍、1.25 倍、1.4 倍。严密性试验压力值为管道的工作压力。

这个文献提供的资料数据至少说明，国外在刚开始做压力试验时试验压力也不是很高。

近年来，我们借鉴了国际同类管道的施工经验和做法，提高了对最高试压压力的限制，采取了“低点的管道环向应力不得超过钢管最低屈服强度的 0.95 倍”的段落划分原则，在一定程度上提高了试验压力。

标准差异

各国在试压理念上的差距主要体现在相关标准的具体规定上。

ISO、美国、加拿大和英国管道试压标准也有其各自的先进理念，输气管道地区等级和管道设计系数更为细化；试压管段长度划分无强制性要求；倾向于进行水压试验，严格限定气体试验压力；美国管道试压标准等级为0.95~1.05倍管材屈服极限，加拿大管道试压标准等级为1.1倍管材屈服极限；中低压、中小管径输气管道合并进行强度试验和严密性试验，持续时间超过24h。

美国、加拿大、俄罗斯和英国同样在输油气站工艺管道试压标准上与国内标准有不同的理念，根据工艺管道运行压力大小确定试压类型，如运行压力较高，不强制进行严密性试验，或者强度试压和严密性试压同时进行，如运行压力较低，可以只进行严密性试验；输油站工艺管道再试压周期每8年不少于1次；根据严密性试验数学模型确定合理的严密性试验稳压时间；强度试验升压过程中检测管道中的空气含量，保证管道试压压力的准确性；分别规定了强度试验升压过程和降压过程中的压力控制速率；规定了输油气站水压试验的安全距离（15m）。

这些理念上的差异，表面上反映的是人们对技术的不同理解，实质上体现的是不同地区国家在探索技术进步、应对自然挑战中形成的不同智慧。这既有地理环境的因素、管材质量、管道建设、运行管理的不同、事故表现形式差异的因素，更有不同文化、民族特性的因素。因而，这种差异不应简单地通过建立“国际”通用标准的方式强制消除，应该允许其长期存在，以便发挥借鉴作用。我国这几年在管道检测检验标准的制修订方面已经不再像20世纪那样盲目地等同采用国外标准，这本身就是个进步。说明我们已经意识到这种不同区域、不同文化、不同经历的差异是一种客观现实。

3. 管道监造检验思想的起源与检验项目

管道驻厂监造是通过第三方对管子及配件制造过程的质量检验监督，保证管子及其配件出厂质量，从而控制管道原始隐患的一种方法。其思想脱胎于工程建设监理。而工程监理可以追溯到产业革命前的16世纪，至20世纪50年代趋于完善。我国工程监理在1988年才开始试点，1992年正式推广。1992年4月，轮库输油管道在投产前水压试验中，连续发生10余次爆裂事故。调查分析发现，厂家生产的钢管焊缝存在大面积严重未熔合、未焊透等缺陷，检查发现该厂在线检验等质量保证体系执行不严格。从此，产生了实行输气管道输送管生产第三方技术检验机构驻厂质量监造的设想。到目前为止，全国的绝大多数管道工程的管子制造过程都实施了监造制度（见图7-2）。据统计，全国目前大约有各类具有监造资质的第三方技术服务机构近百家，如船级社各省市自治区的分社、西安管材所、西安摩尔试验室等均具有管子质量建造资质。

图 7-2　本书作者参观某焊管监造过程

事实上，国外早就有石油管驻厂监造的做法。1995 年，中国石油集团公司发布了《油气输送用焊管驻厂质量监督管理办法》。2000 年，原国家经贸委发布《石油天然气管道安全监督与管理暂行规定》，正式将油气输送管道制造监理纳入国家制度性行为。像我国的涩宁兰管道、兰成渝管道、沧滋管道、西气东输管道等都实行了驻厂监造。驻厂监造除了监督厂商严格执行质量体系以外，一项很重要的工作是通过抽检检测以复核厂家的管道质量状况。因而，驻厂监造虽然以质量监督管理为主，但是也与管道检测技术有密切的关系。目前在监造业务中，监理工程师为了确保管线钢的制造质量，一般要求厂家要对材料完成本书在第五章所述的金属物理性能检测、金属力学性能检测、金属化学性能检测等试验内容。

管道监造不只是在油气输送管道实施，其他类型的管道监造也已成为近三十年来检测检验行业的一项新的工作。特别是电站建设行业对电站建设工程涉及的四大管道的监造、石油工程领域对石油钻杆、油井管质量监造可能比输送管道监造影响更大、监造工作开展得更彻底。西安石油管工程研究院的张毅研究员所写的《黑金石》一书，曾以数十万字的篇幅详细追忆了他们开展石油管监造的过程、经验以及所取得的成果。图 7-3 为西安管材所在胜利油田棋龙直缝埋弧焊钢管制造过程中进行驻场监造，对卷板原材料实施 UT 探伤、管道冲击试验、焊接过程监督的一组现场照片。

图 7-3　驻场监造人员实施驻场监造检验部分项目

驻厂监造检验，严格来讲不是一种新的管道检测技术，只是一种新的管道检验方式甚至只是一种质量管理方式。是对人类质量自觉意识衰落后的一种补救措施，使本应该依靠人类的质量自觉意识与厂商信誉维护的质量，现在需要依靠外部强制来维护，这本质上是对人类在面对突如其来进步带来过多物质享受后灵魂空虚的反讽。不过，这也从另一个方面促进了技术的进步，比如我们的许多检测检验仪器都设置了记忆功能、远传功能等，用以佐证、监控管线检测检验过程及结论的真实性、可信性。这种新功能的出现，实际上是受监造思想影响而产生的，是监造思想在具体技术功能上的反映。

参考文献

[1] 葛业武．国外管道工程水压试验技术［J］．油气储运，1996，15（1）：40–42.

[2] 孟祥启，彭顺斌．长输管道的试压［J］．油气储运，2008，27（9）：50–54.

[3] 王红菊，钱成文．国内外输气管道试压技术现状综述［J］．石油工程建设，2007，3（1）：8–10.

[4] 马伟平，王禹钦，等．国内外油气管道试压标准差异分析［J］．油气储运，2011，30（12）：935–940.

[5] cnlng. 上海小洋山 LNG 管道气体试压爆炸事故案例［EB/OL］.（2011–10）［2018–02–04］.https：//www.sohu.com/a/220851628_738536.

[6] 王玉梅，等．阿拉斯加高寒冻土区管道水压试验技术［J］．管道技术与设备，2009（4）：7–9.

[7] 程光旭，等．大口径高压天然气长输管道分段水压试验优化研究［C］．西安：全国压力容器学术会议论文集，2009：459–464.

[8] 孙翠林，陈义根，等．国外管道高强度压力试验技术分析［J］．全面腐蚀控制，2017（2）：34–37.

[9] 石仁委．工程质量管理溯源与探索［M］．北京：中国石化出版社，2001.

[10] 张毅．黑金石［M］．西安：西安出版社，2016.

[11] 肖俊峰，等．输气管道强度试压介质分析［J］．化学工程与装备，2017（10）：78–79.

[12] 王敬坤．大落差山区长输管道水压试验施工方法的优化［J］．化工管理，2014，21（7）：201–201.

[13] 金辉，等．油气输送管驻厂监造的发展［J］．石油工业技术监督，2010，26（6）：32–35.

第 8 章
管道内检测技术探索史

压力试验与驻厂监造检验的结合，对确保新建管道质量，发现、消除、减少隐患存在有至关重要的作用。不过，很显然，这种方式或技术，对于管道运行以后产生的隐患排除无能为力，至少作用有限。即便水压试验可以用在在役管道的检验上，毕竟很不方便，对生产影响较大。因此，随着智能检测器等检测检验手段的出现，已经能够实现在不停输的情况下进行管道状况检测，依靠压力试验来检测在役管道隐患缺陷的方法就逐渐隐退了。

1. 管道内检测技术发展溯源

由于管道安全具有特殊的重要性，管道发达的西方国家很早就开始了管道检测技术研究。其中管道内检测是各国投入研究经费最多、投入精力最大的一种检测技术。

清管与几何变形检测

管道内检测的记录最早可以追溯到 1929 年。针对用于提炼石油的管道长期在高温下使用发生腐蚀、膨胀等管道缺陷，壳牌石油公司申请了一项有缆式通径检测器专利，用于定量地测量管道内径的变化。清管是管道检测的第一步，是管道检测的前身。因此，进一步追溯，管道内检测的历史可以追溯到 19 世纪。韩志广、宣京、方圆在“浅谈油气管道清管技术”中就把清管追溯到 1870 年。他们在该文中写道：

管道清管器使用大约是在 1870 年，宾夕法尼亚的泰特斯维尔（Titusville）小镇发现了原油，开始使用清管技术。在管道用于输送原油以前，原油都是通过马匹与车辆运送到炼油厂，为了提高原油的运输能力，人们开始使用管道运输原油。管道运行了几年以后，会出现较多的沉积物，流通能力降低，导致泵压升高。管道运营商使用了很多方法试图提高管道的流通能力，但是效果均不明显。后来人们尝试在球上绑缚一些碎布，制造出最初的清管器放入管道，收到了不错的效果。再往后开始使用皮革代替布片，在原油的浸泡作用下，皮革会膨胀，紧贴在管壁上，提高清管的效果。由于当时管道使用承插式连接，清管器在通过管道接头时发出的声音与猪“Pig”的叫声相似，后用“Pig”作为清管器的代称。在此后的半个世纪里，清管器不断发展，清管器上已经使用了钢制主体，安装了橡胶或者皮革制作的杯状以及直板形密封盘。直到 20 世纪 60 年代，大部分清管作业尚局限于原油与天然气工业管道。伴随着技术发展，出现了泡沫清管器，由于使用了聚氨酯橡胶，这种清管也被称为复合清管器。

不过，多数人认为：1962 年由美国 knapp 公司和 Girard 公司开发的清管器是最早具备清管器一般功能的清管器。随着技术进步和管道内部缺陷检测的需要，清管器逐步发展成智能清管器。智能清管器的作用类似于管道的内部眼睛，用于检测管道内部状况。智能清管器最早由壳牌石油公司研制用于检测管道腐蚀情况，发展到今天已经具有多种功能。

主要有管道截面形状检测、管道弯曲半径检测、管道腐蚀和开裂检测、管道泄漏检测、管道路由调查等。其中检测管道截面形状和管道弯曲半径的检测器，我们一般称作变形检测器或通径检测器。

我国通径检测器的研究始于 1980 年，曾有用软质清管器拖带空心铝筒的方法来检测管道变形情况。但是这一方法不可靠，而且无法测得径向的变化量和变形处的位置。1988 年中国石油天然气总公司管道科学研究院与天津激光技术研究所合作研制出了 Dg500 型原油管道有效通径检测仪，该仪器全长（不计发射机）1096mm，带有里程轮和伞状测径传感器。自带的电源可连续工作约 300h。检测器直径为 529mm，可用于检测直径为 340~500mm 的管道。

到目前，人们已经开发出多种检测油气管道变形的方法，实际生产实践中使用较多的是通径检测器法、超声波法和管内摄像法。激光三角法、激光光源投射成像法和光纤光栅传感器法等方法的检测精度较高，且不受管道周围和管道内部环境的影响，是精确测量的发展方向。随着高像素摄像技术、激光光源投射成像技术、图像处理及显示技术的发展，油气管道变形检测技术将向高效、准确、非接触以及高清晰可视化方向发展。

早期漏磁法内检测器的开发与应用

管道几何变形、损伤检测器由清管器演变而来，而其他反映管道安全与风险指标检测器有漏磁法内检测器、涡流法内检测器、超声法内检测器等。相对而言，漏磁法是最早应用到管道缺陷检测上并取得较好检测效果的内检测方法。因此，我们就从漏磁法内检测器的发展谈起。

1933 年 Zuschlug 首先提出应用磁敏传感器测量漏磁场的思想，但是直到 1947 年哈斯汀（Hastings）设计了一套漏磁检测系统后，漏磁检测才得到了普遍承认。

20 世纪 50 年代，西德霍斯特公司（Forster）研制出产品化的漏磁探伤装置。1962 年美国 Knapp 公司和 Girard 公司开发成功清管器，不仅为含蜡原油管道内壁石蜡沉积层及其他管道内垃圾清理提供了方便，而且也为管道内检测提供了方便。1965 年，日本株式会社和住友金属株式会社设计出记录式磁探伤机械装置；1965 年国际著名的管道检测公司之一美国 TUBOSCOPE 公司研制出的 Linalog 漏磁通型检测器首次投入使用，实现了漏磁检测器对管道的内检测。据报道成功地探测到了管材内外径上的腐蚀坑、横向伤痕和其他类型的缺陷。尽管当时尚属于定性检测，但具有划时代意义。

1973 年，英国天然气公司（British Gas，简称 BG）成功研制出 ϕ600 管道漏磁检测设备，第一次采用漏磁检测器对其管辖的一条直径为 600mm 天然气管道的管壁腐蚀减薄状况进行了在役检测，首次引入了定量分析方法，对其材料特性及失效机理进行了分析。经过多次试验改进，1977 年 BG 推出第一台“高清晰”漏磁检测器。

然而，管道内检测初期应用效果普遍不是很理想。以世界著名的美国阿拉斯加输油管道为例，该管道在第一次腐蚀穿孔约 4 个月以后，就安装了漏磁法管道内检测器。但是，接下来仍然发生了多次泄漏却并未被安装在管道上运行的漏磁法内检测器发现。可见，初期的管道内检测器并不靠谱。

1984 年，阿拉斯加管道公司与其他专业公司合作对内检测器进行改造，并在已经安装了漏磁法内检测器基础上，又安装了一套超声波法管道内检测器，同时采用两种管道内检测器定期检测，并互相验证。经检测表明，干线基本情况是好的，腐蚀主要集中在 21km 的四个地段上。最后根据检测评价结论，从 1989 年开始，管道运营商用 27 个月时间累计更换了总长 13.64km 的管段。管道穿孔泄漏在 20 世纪就再也没有发生过。总体来看，自 1984 年加强了管道内检测以后，阿拉斯加管道的干线由于腐蚀穿孔而漏油的事故大量减少。

20 世纪 80 年代末至 90 年代初，计算机技术的飞速发展、永磁铁磁性的提升、镍钴永磁铁以及稀土用磁铁的发展，为研制高效新型检测设备提供了强有力的技术保证，检测器体积不断缩小，技术含量越来越高，检测器的效率和可靠性也有明显改进。特别是美、英、德、加、法、日等国都相继投入了大量人力和经费开展这方面的研究和研制，使得内检测技术取得了“复兴式”发展，可以识别出壁厚损失在 30% 以下、30%~60%、60% 以上的异常。90 年代，新的和更多更小的传感器添加到检测器上，使得检测和量化精度得到提高。异常尺寸指标进一步由3档变成5档（小于20%缺陷、20%~30%、30%~40%、40%~60%、大于60%缺陷5个分级），出现了基于超声压缩波和剪切波、环向漏磁技术的内检测器，使得有更多的管道异常可以被检测到。到2000年，组合的传感器被引入到检测器上，使得采用不同技术、不同检测能力的传感器能够被同时应用到检测器上，提供给检测人员一个更加优异的图像去分析和量化异常。国外较有名的管道内检测公司有美国的Tuboscope、英国的BRITISH GAS、美国的GE-PII、加拿大的Corrpro、德国Rosen，其产品已基本上达到系列化和多样化，可向用户提供检测服务和系列检测设备。

国内目前活跃度最高的两家国外内检测公司，其中德国Rosen公司是在1981年创建的，到2018年已经拥有员工3000人，分布在全球120余个国家，累计完成管道内检测工程150万公里；GE-PII的管道内检测业务是在1978年开始创立的，到2010年的时候，员工人数超过了1200余人，累计完成了管道内检测工程60余万公里，2014年该公司一年的内检测管道长度达到了4万公里，首次运行成功率超过95%。

从技术在管道上应用的角度来看，超声波内检测技术和远场涡流检测技术等在管道内检测器发展上更具有历史发展的坐标意义。

超声波内检测技术

20世纪70年代，国外开始将超声波检测技术应用于管道内检测中。有研究者将其发展归纳为三个发展阶段：第一代内检测器仅能发现大面积的缺陷，检测器体积庞大，通过能力差，误检较多；第二代内检测器提高了传感器的精度，通过能力得到提升，检测精度和最小检测面积有了很大提高；第三代超声波管道内检测器，具有超高的分辨率和检测精度，检测单程距离更长，检测速度更快，同时伴随图像处理技术的发展，对于检测结果的表现方式和报告形式有了更加丰富的选择。

超声波管道检测传感器主要有相控阵超声波检测器、弹性波管道检测器、基于电磁超声的管道检测器和适用于气体管道检测的超声波腐蚀检测器。

前文已述，2002年，加拿大研制了PipeWIZARD超声相控阵管道检测系统；2005年，GE研发的超声相控阵油气管道检测系统正式投入使用。该检测器包括两种不同的检测模式：超声波壁厚测量模式和超声腐蚀检测模式。

由于超声能量在传播中衰减很快，传输距离短，只能适合于逐点扫描，所以检测效率低，即便是采用导波检测，一次的检测范围也不过十几米远。于是，人们又根据超声波思想提出并试验了弹性波检测技术。弹性波可以在管道中传播比较远的距离，人们经过尝试，首先将这种方法运用在石油工业中的钻杆和井下油管检测中。其次，弹性波检测器的弹性波信号可以在气体管道中传播，因此现在也用于检测输气管道的焊缝特征。

为了将超声波内检测技术应用于输气管道，科研人员研制出了电磁换能器（EMAT）。EMAT 能够通过线圈激发和接收超声波信号，同时线圈可以产生漏磁和涡流信号，通过一个传感器可以同时独立发射 3 种信号，综合分析后可以更好地得出腐蚀的尺寸和缺陷的特点。德国 AG 公司研发了此类能够通过 EMAT 技术发射超声波和电磁涡流信号并具有集成功能的检测器。

远场涡流检测技术

涡流检测技术特别是远场涡流检测技术在管道内检测方面，也是一个重要的研究方向。20 世纪 60 年代初期，壳牌公司应用远场涡流检测技术来检测管线，检测设备包括信号功率源、信号测量、信号记录和处理单元，做成管内能通过的形式，像活塞一样，加动力之后即可在管线内运动，取名“智能猪”（见图 8-1）。此装置于 1961 年 5 月 9 日第一次试用，一次可以检测 80km 或更长的管线。

图 8-1　用“智能猪”来检测管线（壳牌公司，1961 年）

壳牌公司在 80 年代促进了此项技术的商业化。一些制造商立刻认可了此项技术的价值，开始生产远场涡流检测设备。

在 80 年代后期和 90 年代初期，远场涡流检测技术得到了很大发展，开发了检测系统，利用内置式探头来检测输气管线、井下套管、地埋管线、热交换器和锅炉，利用外置式探头来检测平板和钢管。现代的检测设备可以利用计算机来显示和储存数据，还有自动信号分析程序。

从 20 世纪 80 年代开始，加拿大路赛尔技术有限公司（RUSSELL NDE SYSTEMS INC）与加拿大女王大学（Queen’s University，世界应用电磁研究中心）合作，致力于远场涡流技术在管道检测方面的研究，特别是井下套管和地埋油气水输送管线的检测。路赛尔公司 1988 年研制成功第一代远场涡流检测系统（108 型），1992 年研制成功第二代检测系统（204 型），2000 年研制成功第三代检测系统。目前路赛尔公司生产的远场涡流无损检测系统的技术居世界领先水平。

这几年，针对油气田集输管道、城市燃气管道这些小口径的管线由于压力低、流量小而对管道内检测器的特殊要求，美国西南院也研发了一款种新工具——远场涡流检测系统（见图 8-2）。该远场涡流技术能够检查和确定由腐蚀缺陷造成的管道壁厚损失的程度。该技术不需要大量的磁性体，它设计成与管内爬行器系统相匹配，在没有限制的管道部位，伸展其检测探头，在通过障碍物时缩回其探头从而增大其通过能力。其另一个特征是推动力小，因而可通过电池动力马达推动检测装置，这样就无需天然气流动的推力，可用于低压低流速的管道。但是由于采用电池驱动，其检测的距离有限，目前难以大规模开展工业应用。

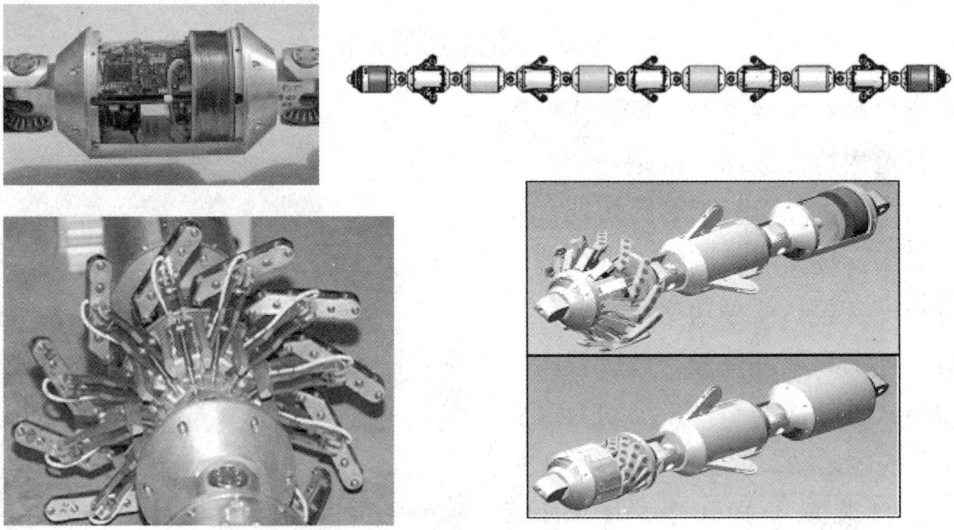

图 8-2　远场涡流检测器

Russel NDE Systems 公司还开发了一种蛇形小口径天然气管道探测工具（See Snake Tool），它适用于管径为 50~400mm、500~700mm 且最大壁厚为 25.4mm 的管道。该检测工具可以自由移动或拴在电线上移动，可自由移动的 See Snake Tool 单次检测长度可达 4.5km，而拴在电线上的单次检测长度可达 910m，该检测工具的检测速度为 1~2km/h。其基本原理也是基于远场涡流原理。它可用于天然气管道内部和外部腐蚀坑检测，并可测量管道剩余壁厚和管道的应力。

与普通涡流、漏磁和超声波无损检测相比，远场涡流无损检测具有以下优点：被检测的钢管的表面不必清洗；探头与钢管表面不接触，探头外径与钢管内径之间的间隙变化对检测结果的影响很小，允许的最大间隙为钢管内径的 30%，最佳间隙小于钢管内径的 15%；检测钢管内表面和外表面腐蚀坑的灵敏度相同；对均匀减薄、渐变减薄和偏磨减薄的检测，都有极高的检测灵敏度；探头的检测速度是否均匀对检测结果无影响；钢管内的气体、液体介质对检测结果无影响；检测设备体积小，重量轻，便于现场灵活应用；检测数据还可存入探头内，实施长距离检测。

2000 年以来我国电力、石化、化工行业向路赛尔公司购买了数套 204 型和 308 型远场涡流检测系统，用于检测锅炉和热交换器，应用效果很好。近年来我国油田开始对路赛尔公司生产的远场涡流井下套管无损检测系统产生兴趣。

2. 中国学者们的研究与思考

我国 20 世纪 80 年代开始管道检测技术与设备的研究和应用，国内最早开始管道内检测业务的是中油管道检测技术公司，其创立于 1992 年，1993 年中油管道检测技术公司和中科院、天津大学、清华大学联合开始管道内检测技术引进、消化研究工作。1997 年该公司被中国石油总公司定为长输管道检测中心，现在已经发展到拥有员工 300 多人，累计完成管道内检测工程 16 万公里的全国最大管道检测机构。但是中国管道内检测技术的发展主要是从 20 世纪末、21 世纪初开始的，是中国一批从事管道内检测技术研究的教授们专注于该技术的探索，从而揭开了中国管道内检测技术进步的真正序幕。

2003 年 7 月，沈阳发生石油管道泄漏事故，仅抢修费用就达 200 万元，泄漏还造成大量能源浪费和严重环境污染。有专家估计，由此引起的生态破坏 15 年内不可能恢复。2004 年 7 月 23 日，广州市开发区下元新村一输油管道老化爆裂，泄漏后又发生两次起火爆炸，外流原油 8t。仅隔一日，中国石油管道公司大连输油分公司位于瓦房店市土城乡的输油管道老化爆裂，事故造成上千吨原油泄漏，附近区域的地下水安全受到威胁。2004 年 11 月，延安市宝塔区南泥湾境内的靖 – 咸输油管道老化爆裂，造成原油泄漏 1000 多吨，直接经济损失 400 多万元，周边数十亩农田被污染。类似的例子不胜枚举，安全隐患如何排除？国际上通行的方法是采用管道在线检测设备（因为它在管道里行走时哼哼作响，出来时全身是油，俗称“智能管道猪”）来解决。国际上这方面的研究在那时已有 40 多年的历史，但检测技术被美、英、德等几家跨国公司掌握和垄断，他们对所有与检测相关的东西，包括仪器、相关技术内容都严格保密。中国必须走自主开发的道路。

内检测研究成为大学教授最关注的课题

我国从 20 世纪 80 年代开始进行管道检测器的研究工作，华中科大、清华大学、天津大学、上海交大、合肥工大、沈阳工大、哈工大、上海大学的研究人员做了大量技术研究工作。清华大学李路明团队从 20 世纪开始运用有限元法研究了提离值与裂纹漏磁场的关系，提出传感器提离并非越小越好；分析了磁化强度与缺陷尺寸对漏磁信号的影响。沈阳工业大学杨理践、张国光等及东北石油大学戴光等都开展了相关研究工作。

从我国有关学者发表与管道内检测相关的学术论文来看，成果主要在 2000 年以后。相对比较早期的论文有：李路明、张家骏的“用有限元方法优化漏磁检测”（《无损检测》1997 年第 6 期）；康宜华、武新军、杨叔子的“磁性无损检测技术中磁信号测量技术”（《无损检测》1999 年第 8 期）；黄松岭的“管道磁化的有限元优化设计”［《清华大学学报》（自然科学版）2000 年第 2 期］；吴先梅、钱梦騄的“有限元法在管道漏磁检测中的应用”（《无损检测》2000 年第 4 期）；杨理践、王玉梅、冯海英的“智能化管道漏磁检测装置的研究”（《无损检测》2002 年第 3 期）；李东升的“小管道超声智能检测爬机及测试技术研究”（南京理工大学，2002 年）；王玉梅的“小波变换在管道漏磁检测信号分析技术中的应用”（沈阳工业大学，2002 年）；冯海英的“管道漏磁检测系统中实时数据压缩技术的研究”（沈阳工业大学，2002 年）；李路明，黄松岭，施克仁的“漏磁检测的交直流磁化问题”［《清华大学学报》（自然科学版）2002 年第 2 期］；李路明、黄松岭、李振星、施克仁的“铸铁件的漏磁检测方法”［《清华大学学报》（自然科学版）2002 年第 4 期］；李路明、黄松岭、杨海青等的“缺陷长度对漏磁场的影响”（《科学技术与工程》2002 年第 4 期）。从 2003 年以后有关管道内检测的研究论文大幅增多。

在理论研究的同时，陆续从国外引进了一些先进的检测设备，对多条油气管道成功地实施了内检测，通过检测实践，积累经验，探索中国管道内检测的可行途径。到 20 世纪末，关于管道内检测的探索初步积累了一些系统的认知、基本的理论和实验室实践经验。1994 年，中石油管道局从美国引进 ϕ273mm 型和 ϕ529mm 型管道漏磁腐蚀和变形内检测器，分别完成了 360km 阿赛线、430km 青海花格线以及 360km 秦京线、295km 新疆克乌线的腐蚀及变形检测。1996 年 10 月为新疆的一条 136km 长的 ϕ273 管道实施内检测。1997 年又从美国引进了 ϕ720mm 型管道漏磁内检测器。1998 年起，中石油管道局开始与国外公司合作陆续开发出 ϕ377mm 型、ϕ660mm 型、ϕ720mm 型、ϕ1016mm 型管道漏磁内检测器。特别是 2000 年以后开发的高清晰度漏磁检测器，可检测出的最小缺陷深度已经可达 5%~10% 管壁厚度，检测精度为 ±10%，可信度水平达到 80% 以上。

但是，合作开发如果没有科研团队的跟进，其实就等于花更大的代价订制人家的产品，只是贴了个中国企业的标签，对于技术进步没有任何意义。事实上，我国许多所谓的合作开发在初期基本上等于花钱买个虚假的名声。很早就参与管道内检测器研究开发的沈阳工业大学杨理践教授对此有深刻的体会，他曾经说过：“（跨国公司）即使对我国出口设备，也不出让管道检测数据的分析权，这意味着我们购买设备后，还要付每公里 1 万美元的费用请供货方来人检测分析。”因此，没有自主研发，就无法摆脱被别人宰割的命运，管道检测成本就降不下来，管道隐患排查就无法实现普及。

试想，一套内检测仪器少则售价数百万美元，多则上千万美元，后期处理还要再收取高昂的技术服务费，有哪家国内的管道企业能承受如此巨大的检测成本支出呢？因此，中国从事这方面研究的教授们认识到：跨国公司的技术垄断，倒逼我们只能从零开始，从基础理论做起，从试验做起。

内检测成为多个大学重点研究课题

清华大学李路明教授和沈阳工业大学的杨理践教授是国内最早参与管道内检测技术开发的代表性人物。李路明教授后来从事载人航天工程等其他领域的研究，黄松岭教授代替李路明教授成为我国管道内检测领域的领军人物之一。东北石油大学、合肥工业大学也都对管道内检测技术的研究开发倾注了极大的精力。

清华大学黄松岭教授领衔的科研团队，经过十余年不懈的努力，2013 年完成了“在役油气管道缺陷检测与监测关键技术”研究，该研究取得了油气管道缺陷电磁多场耦合分布式磁化检测技术、管道缺陷泄漏磁泡单元网络量化技术和管道电磁超声导波匹配耦合监测技术等三项国际首创发明，开发了具有自主知识产权的系列化在役油气管道检测 / 监测产品并实现产业化，授权发明专利 32 项，形成了完整的自主知识产权体系，对无损检测领域的技术进步有积极的推动作用。该成果已应用于西气东输、苏丹油田等国内外 284 个管道检测工程中，创造了良好的经济效益和社会效益。加拿大蒙特利尔大学航天设计创新研究院院长 Aouni A.Lakis 教授对项目组在深度变化和内部腐蚀缺陷检测方面的研究工作给予了较高评价。“采用时域信号处理方法能成功检测出深度变化及内部腐蚀缺陷”，这是日本机械工程学会主席、庆应大学 Toshihiko Sugiura 教授对项目组在电磁超声换能器设计方面的研究工作给予的肯定评价。

据仪器信息网资讯中心 2018 年 3 月 22 日消息，黄松岭教授领导的科研团队结合多年的管道电磁无损检测理论研究与工程经验，设计并研发成功“油气管道缺陷漏磁成像检测仪”，该检测仪还配套开发了数据自动分析智能专家系统，能够对管道缺陷及附属特征进行自动识别、量化、成像与评估，支持先验判断和人工辅助分析，并基于管道压力评估和金属损失评估，提供在役管道评估维修策略。其缺陷长度量化误差小于 8mm、宽度量化误差小于 20mm、深度量化误差小于 10%t。

本项目的关键技术，已授权国内外发明专利 112 项，如海底油气管道缺陷高精度内检测装置（ZL201310598517.0）、一种全数字化高精度三维漏磁信号采集装置（ZL201310460761.0）、油气管道缺陷内检测器里程测量装置（ZL201310598590.8）、管道三维漏磁成像检测浮动磁化组件（ZL201410281568.5）、浮动式管道内漏磁检测装置的手指探头单元（ZL201310598515.1）、三维漏磁检测缺陷复合反演成像方法（ZL201510239162.5）、管道三维漏磁成像缺陷量化方法（ZL201410799732.1）、基于交直流复合磁化的漏磁检测内外壁缺陷的识别方法（ZL200810055891.5）、基于三维有限元神经网络的缺陷识别和量化评价方法（ZL200610164923.6）、管道腐蚀缺陷类型识别方法（ZL200410068973.5）等，形成了完整的自主知识产权体系。

由于无损检测技术在国际上属于垄断技术，外国公司基本上不愿意出售设备，即使出售了，也是相对落后的技术和设备，已无法满足当前技术发展的需要。所以开发具有自主知识产权的高精度管道检测设备也势在必行。

沈阳工业大学教授杨理践领导的团队在推进管道内检测器研发及应用方面作出了重大贡献。从 1993 年中油管道技术公司引进第一套管道内检测器开始，杨理践就投身管道内检测技术的研究工作。1997 年，新疆三叶管道技术有限责任公司开始与沈阳工业大学合作进行了该领域的研究，取得了较大的成果。2001 年通过了由国家自然科学基金组织的鉴定，在综合指标上处于国内领先，主要技术指标方面达到国际先进水平。先后开发了 ϕ377mm、ϕ273mm、ϕ426mm、ϕ325mm 管径的输油管道检测设备，完成了在新疆油田、大庆油田、吉林油田二千余公里的试验性检测和服务性检测，取得了较好的结果，获得了较大的经济效益和社会效益。杨教授团队于 2000 年开始输气管道的特殊性技术理论研究，较为完整地解决了抗硫化氢脆化问题、检测设备运行不稳定问题、探头抗磨损问题、高速检测存储问题等一系列问题，取得了较为圆满的结果，这些标志着我国管道漏磁腐蚀检测技术达到了国际水平。

杨理践教授是中国最早从事管道内检测实践的代表性学者，特别是他研究出了将小波包应用在漏磁信号分析上的新方法具有重要的理论和实践意义。在与三叶公司开展多年合作之后，杨理践又与中国石化合作，为中石化开发了 ϕ273mm 型、ϕ325mm 型、ϕ425mm 型、ϕ529mm 型、ϕ720mm 型长输原油管道漏磁内检测器，分辨率与精度进一步提高。图 8-3 为沈阳工业大学杨理践教授课题组开发的长输管道漏磁内检测器。

图 8-3 国内研发的管道内检测器

除大学教授们成立课题组，接受国家基金委资金及其他国家重大专项研究资金资助独立研究之外，许多大学的课题组还与中石油管道技术中心、中国特检院、中石化管道储运公司、胜利油田钻井工艺研究院、爱德森公司等企业合作开展内检测装置的开发，进一步提升了中国管道内检测技术研究开发的针对性。

教授们迟到后的反思

从追踪到的国内关于管道内检测技术进入中国的时间来看，管道内检测技术在中国的兴起并不是像多数人想象的那样，先有大学教授发表论文，进行理论上探讨，建立基本的技术观念，然后是企业引进，再与大学结合进行消化吸收的轨迹。而是最早由中石油管道公司引进、试用，在试用过程中发现不自主研发总受制于人的现实，才与大学结合进行国内开发研究，并进而带动其他大学的学者跟进研究的。这一现象在管道检测技术的引进、开发上很有代表性，本书后面还将述及的地下管道防腐层地面检测技术、管道探测技术也是最早由企业的科研人员摸索试验出来以后，大学的学者才跟进的。比如，在国外已经早中国三四年就有了“皮尔逊”法埋地管道地面检测防腐层缺陷技术思路，这一研究也没有被中国学者及时介绍给中国，同样是由中国企业的工程师们最先研究并开发出相关检测器之后，教授们才跟进研究的。可见，中国大学的学者近几十年来至少在管道检测技术这一个领域并不超前，并没有及时架起中国与国外学术技术沟通的桥梁，尽管这几十年来中国与国外的学术交流表面上很“频繁”。由此说明我国学术界对新技术的敏感性低可能还不准确，更深层的原因可能是中国学术界对企业需求的不甚了解，学术界缺乏深入了解现实需求、真心解决企业技术诉求的精神，太过注重纸堆上的论文的发表和一个个华而不实的奖项的获得。

但是，即便这样，技术的发展仍然离不开这些大学教授们的理论研究支持和学术上的“包装”，否则，即便是企业引进了技术或摸索出新的实用技术，也难以得到广泛的认可进而推广和改进。因为技术性的思维方式只有在大学这类纯学术性的土壤才能孕育而生。管道内检测技术虽然是企业最先引进的，但是管道内检测技术在中国的开发、推广与改进的技术路线、思想路线仍然是大学教授们深入思考的结果。

关于管道内检测技术，通过一番跟进研究后，中国教授们的普遍思路定格在：“引进、消化、吸收、创新”这“四部曲”上。特别是在 20 世纪 90 年代的时候，国内大学对于西方国家的管道内检测技术兴趣浓厚，国内有几十所高校的科研团队投入内检测技术的研究之中。可苦于国内基础性研究差、资料少的现实，引进与借鉴工业发达国家的先进技术和经验，被认为是加快我们前进的脚步，少走弯路、错路的捷径。不少高校与企业合作，以科研的名义从国外引进成套内检测仪器甚至是系列内检测仪器。但是，很快研究人员就发现，国外的技术虽然先进，但毕竟是针对国外的情况研制的，并不完全适应我国的国情。比如，我国早期修建的管道，由于其管道附件大都不符合国际标准，导致引进的管道内检测器无法通过；引进设备价格普遍偏高，使用费昂贵，使一些中小企业难以承受；经过多次试验以后，发现内检测其实只是个定性分析，且漏检、误判也很普遍等等。这一方面，促使一些研究团队的科研人员在消化、吸收国外先进技术的同时，必须注重创新，研制适合我国国情的管道检测设备；另一方面，对西方国家盲从心理逐步淡化，客观上为其他技术的创新实践留出一定的空间，反而促进了我国在管道检测技术方面的百花齐放。所以在进入 21 世纪之初，我国不仅有杨理践、黄松岭等教授们在管道内检测技术方面研发的具有自主知识产权的成果不断问世，打破了西方的技术垄断，而且在导波检测、应力检测、瞬变电磁检测等技术领域也创出自己的特色，使得管道地面检测方式获得了更充分的发展。

我国在借鉴学习发达国家检测技术的同时，也注重对发达国家管道检测法规、标准的引进、消化与吸收。开始逐步把对新老管道的检测要求编入有关规章、规范中，加以“法制”化，并把成熟的技术以及管道检测对管道的要求制定于有关标准及设计技术要求中。教授们利用各种机会呼吁扩大管道检测范围，建立检测档案，实行定期检测法制化，科学地制定标准，特别是在 21 世纪还推出了管道适用性评价标准，给出了在何种情况下必须更换部分管段，在何种情况下必须修补（如打箍），以及在何种情况下应引起注意但暂时不必采取措施等标准。

推行风险及寿命评估，实现对管道安全的科学管理是教授们努力的又一个方向。在这一方面，国内的专家学者特别重视加拿大一些公司的做法，引进了不少分析软件，通过这些专家系统软件对管道进行全面评估，并以此作为指导管道隐患治理的一种手段。在借鉴国外先进经验的同时，开发出不少我们自己的专家系统软件。后来又有不少专家把注意力放在介绍欧美国家管道完整性管理体系方面。

但是，无论是什么软件、什么管理，离开了可靠的检测数据的支持，一切都会成为无本之木，无源之水，失去使用价值。因此，大多数研究人员仍然在坚持对具体检测技术的探索，只不过，由于内检测技术一直无法克服诸如漏检与误判断、无法定性化与定位不精确、通过能力与精度制约等方面的困局，大家对管道内检测一直无法达成一种广泛的共识，至今不同派系的科研团队之间仍然存在不同甚至分歧很大的认识和评价。理论与实践的脱节、检测能力与宣传效果的差异、国内检测仪器与国外检测仪器甚至国内不同研究团队推出的不同检测仪器设备在评价上的褒贬不一等，说明我们的内检测技术研究仍然任重而道远。我们仍然需要通过更多的试验工程，为中国管道内检测技术的提高提供试验实践的机会。

3. 最早引进技术的中石油管道内检测

在 20 世纪 90 年代初，我国已经拥有了 2 万多公里的长输油气管道，其中有相当一部分管道服役已经达 20 年。管道长期运行会出现老化、直埋保温管腐蚀或变形，因此需要定期对管道进行检测，以便有计划、有针对性地对管道进行大修或维修。如果请国外人来为我们检测，显然是费用巨大，而且长期受制于人，也不利于我国管道事业的健康发展。

1992 年 10 月，中国石油天然气管道局组建了管道技术公司，1997 年 10 月，确定其为中石油长输管道检测中心，后更名为中油管道检测技术有限责任公司，是以管道智能检测以及相关业务为主营业务的专业化技术服务公司，现为英国清管产品及服务协会（PPSA）和美国腐蚀工程师协会（NACE）会员单位。2001 年被国家安全生产监督管理局指定为开展石油天然气管道检测检验工作的单位，2007 年通过国家质量监督检验检测总局长输管道检验检测机构资格的审核，2011 年成为国内以管道检测为主的甲类综合检测机构。

中国引进的第一套内检测设备

中石油管道技术公司的无损检测技术发展是从引进国外设备开始的。1989 年，管道局引进了一套德国的超声波无损检测器，从此拉开了中国发展自己的无损检测技术的时代。后来，根据我国原油高含蜡的特点，在实践中，中石油管道技术公司逐步认识到漏磁检测更符合中国的国情，而且也贴近国际无损检测发展方向。于是在 1994 年，他们引进了口径 529mm 和 273mm 两套漏磁检测器。1997 年，又引进了口径 720mm 的漏磁检测器。

根据高福庆 2000 年发表于《石油规划设计》第 11 卷第 1 期题为“管道内检测技术应用及发展”一文的报道，1996 年 10 月，中石油管道技术公司对新疆油田的彩南－火烧山－北三台 138km、ϕ273mm 的原油管道进行了内检测。发现壁厚减少 4.5mm 的腐蚀点 7 处，减少 2.25~4.5mm 的腐蚀点 234 处；壁厚减少 2.25mm 以下的腐蚀点 307 处。由于文章没有详细说明这些数据采集及验证的具体方法与过程，可信度无法确认。如果这个数据可靠的话，说明中石油管道技术公司第一次内检测实践的效果相当好。所使用仪器应该是 1994 年引进美国的那套 ϕ273mm 漏磁检测器。在另一篇豆丁网推送的题为“克乌复线油改气输送实践与研究”文章中提到与上述论文相同的一个案例。1997 年中油管道技术公司对 ϕ529mm 的克－乌原油复线进行内检测，该管线原计划报废后新建一条新的克拉玛依－乌鲁木齐管线，计划投资 2 亿元人民币，工期一年半。经检测发现，该条近300km的管线存在壁厚减少3.5mm的腐蚀点102处，减少1.75~3.5 mm的腐蚀点290处，壁厚减少1.75mm以下的腐蚀点936处，螺旋焊缝上也有多处异常点缺陷。但是，检测未发现裂纹，腐蚀基本属于外腐蚀，管材材质未发生变化，且检测为维修提供了具体明确的目标。因此经中油四川石油局长输管道检测评价研究中心与西安管材研究所共同评估，认为该管线只需适当维修即可继续使用。维修仅耗时半年，节约了上亿元的投资，还因提前投入使用，又创造了6000多万元的效益。

由此可见，引进可以很快地形成生产力，对于查明隐患、保障管道安全运行有一定作用。但是那个时期，管道检测并没有被大家认可，正如中油管道技术公司总经理李育忠所说的："管道检测业务在国内认知度不高，重视程度不够。我们基本上是免费给业主服务，目的就是要把'管道定期体检'的安全理念灌输给业主。"

在此期间，中石油管道局先后在内蒙古自治区阿塞输油管线、新疆维吾尔自治区克乌输油管线、秦皇岛至北京输油管线和东北输油管线开展检测业务。受当时技术水平限制和进口设备对国内管道"水土不服"等因素影响，检测效果并不理想。检测设备国产化迫在眉睫，也是管道检测业务科技攻关的首要课题。更何况，引进技术不仅花费巨大，特别是引进方在零配件上更是严重地依赖对方，数据分析处理也得依赖国外。当年一个信号联结器就要400美金，而且由于不是通用设备只能定做整套（20个信号联结器组成一套），也就是说只要坏一个联结器，一次就必须花费8000美元。

中石油开始尝试与国外合作研发

不掌握核心技术，对于事故分析判断高度依赖国外更非长远之计，一旦国际环境变化，如目前的中美贸易摩擦，外国就会通过制裁勒索我国，同时也是一条扼住中国管道检测进一步发展的绳索。因此，在有了几次试验的体会以后，中油管道技术公司开始通过对国外技术的消化吸收，自己开始试验性研发内检测器。1998年，中油管道技术公司研制开发了口径 ϕ377mm的漏磁检测器，并获得国家专利。当年在新疆克乌线成功地检测了220km管道，取得了非常好的成果。受此鼓舞，中石油管道技术公司开展了国产内检测器的系列化研制工作，并基于此在国内市场树立了检测品牌，成为管道内检测行业的开拓者。

2002年初，陕京线引入完整性管理体系，针对输气管线进行设备改造，研发了直径 ϕ660mm管道漏磁检测器，并顺利完成陕京线912km管道检测任务，填补了国内输气管线检测技术的空白，管道局检测业务的发展形势一片大好。但是，随着中国加入世贸组织，国内检测市场被迫开放，国外管道检测咨询服务公司携带高精度漏磁检测技术进入中国，中石油管道技术公司自己通过学习甚至模仿研制的内检测器根本与国外咨询公司带来的新型检测器不在一个档次上。

中石油管道技术公司认识到，必须继续向国外先进同行学习，2003 年他们决定与英国 Advantica（简称 AT）公司进行合作，共同开发高清晰度漏磁检测器。AT 公司是 BG 公司的了公司，世界上第一套无损检测设备就是他们发明并应用到管道上来的。作为 BG 公司的科技研究中心，他们有着非常强大的技术研发能力，并且开发出了大量的无损检测设备和技术，获得他们技术转让的 P Ⅱ公司，一年检测就超过 40000km，很快成为世界无损检测实力最雄厚的服务商。

2003 年 7 月， 6 名中国管道无损检测专家远赴英国，开始和 AT 公司合作进行设计、研究和培训，历时 3 个月，并最终形成了设计大纲。经过中英双方专家的研究，在设计大纲中，这种高清晰度漏磁检测器将结合国际上各大公司高清晰漏磁检测器的优点，摈弃了某些公司高清晰漏磁检测器的缺陷，取长补短，在硬件和软件上都比之前同类检测器有一定的突破。特别是软件是个最大的跨越，不仅分析速度快，可靠性高，而且还将形成一个专家系统，对管道缺陷、焊缝等管道特征进行自动识别；在硬件上，几十倍地增加了探头数量，采集数据更加庞大，可靠性更高，适应能力更强，特别是对天然气管道检测具有更好的适应性。这一技术的合作研发，有助于中国管道无损内检测技术尽快达到世界前沿水平。

中国专家回到国内后，开始投入到详细设计阶段。管道局专门成立了管道检测技术研究中心，建立了专门的基地，在人力、物力和资金上给予了大量的投入。2005 年 7 月 2 日，由中石油管道局管道技术公司（包括清华大学人员）与英国 AT 公司合作研发的具有国际水平的无损检测器——直径 1016mm 管道高清晰度漏磁检测器，在廊坊管道智能检测器测试中心进行牵拉试验成功。根据当年慧聪网泵阀行业频道报道：该高清晰度管道无损检测器有探头 800 多个，能针对 951 种不同深度、不同大小、不同界面的模拟缺陷进行检测，最小探测缺陷深度不超过壁厚的 5%至 10%。在管道内以每秒 8m 的高速运行状态下，系统能够一次性完成 350km 的检测距离并稳定地采集数据，超过当时每秒 5m 的国际水平。

成立专门的中油管道检测公司

2005 年 9 月，中油管道局审时度势，为加速检测技术的研发，提高自己的检测技术水平，成立了中油管道检测技术有限责任公司（简称中油检测公司），重点发展检测技术，全面开展检测业务。同时，把检测技术研究放在重要的位置，在国家发改委的支持下，中油检测公司建设了国内唯一的管道检测器牵拉试验中心，用来检验管道智能检测器通过管道时的机械动态性能、检测性能及其安全可靠性，同时建立缺陷数据库，给检测分析和报告提供科学依据。2006 年，中油检测公司自己攻克了高精度管道漏磁检测器关键性技术几乎所有难关，与英国AT公司合作研发的高清晰度内检测器在牵拉试验中心完成近200次试验，并在陕京二线进行了2次48km的现场试验。2006年9月，中英合作开发的高清晰度内检测器通过中国石油鉴定验收，标志着高清晰度管道内检测器研制取得成功。接着，在2007年，检测公司自己研发制造出8套不同口径高精度管道内检测器。

高精度管道内检测器研制生产成功，无疑对于中油检测公司占领国内检测市场阵地非常重要。但是，2007年，英国一家公司率先将三轴高精度漏磁检测技术全面投入中国市场。很快，中国管道内检测市场的天平向英国人倾斜了。中油检测公司在国内管道内检测市场刚刚建立起来的自信，很快就消失了。

我们通过对中油检测公司的“引进、落后、再引进、再落后”的历史轨迹梳理，就会发现，英国或许有意无意地精心布了一个局，一次又一次让中油检测自以为引进了最先进的技术，其实只不过是人家将本拟淘汰的技术一次又一次高价卖给中国企业而已。这其实很难说中油检测在商务谈判上有多失败，其实是因为中国当时缺乏对内检测技术的理论研究，根本就无法判断被外国吹嘘的所谓先进技术到底先进在哪里？所以才一次又一次钻入外国人的圈套，任其将本已过失淘汰的技术稍加装饰就卖给了我们。这也再一次说明中国缺乏基础研究、不具备追踪世界前沿科技进展的能力是一种可怕的事情。

2008年，中国石油管道公司同GE PⅡ公司正式签订合作框架，双方成立联合项目组共同研究，在三轴高清漏磁检测与评价技术开展合作研发。通过两年的努力，终于突破了运用三轴高清漏磁内检测技术检测、识别和评定螺旋焊缝缺陷的难题，实现了对螺旋焊原油管道各种制造缺陷的识别、分类和尺寸评定，在世界上首次实现了对该类缺陷管道承压评估和寿命预测，并达到了工业化应用水平。

中国石油管道公司将三轴漏磁内检测技术的研究成果应用于东北一条运行了40多年的输油管道，检出了各类常规缺陷，经过实际开挖证明，分类准确，且缺陷识别准确率达80%以上，尺寸精度达到 ±15%。2010年，管道公司根据检测评价结果，对庆铁线1040km进行了紧急修复，极大地提高了管道运行安全水平。

为了使该技术尽快被大家认可，中油检测公司免费为西气东输一线干线进行管道检测。经过检测人员认真细致的工作，检测获得了良好效果，中油检测公司重新占领了西气东输一线检测市场，并先后进入珠三角等地区市场，逐步确立了中石油管道局在检测领域的主导地位。

2009年，该公司与美国西南研究院开展合作，进行天然气管道裂纹缺陷在线管道内检测器开发项目，其技术基于电磁超声技术，合作的方式是共同研发。EMAT靠电磁效应激发和接收超声波，由电磁铁、高频线圈及被测试件组成。在实际应用中通过改变不同形状的磁铁和线圈的排列方式，可以产生纵波、横波、表面波和 Lamb 波等不同模式的超声波。当电磁波传感器在管壁上激发出超声波能时，波的传播采取已关闭内、外表面作为“波导器”的方式进行，当管壁均匀时，波沿管壁传播只会受到衰减作用；当管壁上有异常出现时，在异常边界处的声阻抗的突变产生波的反射、折射和漫反射，接收到的波形就会发生明显的改变。由于基于电磁声波传感器的超声波检测最重要的特征是不需要液体耦合剂来确保其工作性能，因此该技术提供了输气管道裂纹型缺陷检测的可行性。

经过多年的内外管道技术服务经验的积累，中油检测公司拥有国际先进的高清晰度系列化检测设备、具有自主研究发展中心和亚洲最大之一的检测数据分析中心及管道智能检测器测试中心。

中油检测公司凭借内检测的优势不仅在国内管道检测市场领域取得了成功，也迈向了国际市场。2009 年在苏丹工程中中标了 PDOC 公司 1500km 的管道内检测技术服务。2015 年 3 月 18 日，再次获得 PDOC 公司 1133km 的内检测项目。2019 年 1 月 2 日，第三次中标 DPOC 石油公司南苏丹 37 区 242km 的外输管线内检测业务。

通过这轮与国外检测公司的竞争，也使我们看到，技术需要不断探索，升级永无终点。将技术发展寄托在引进上是有风险的，跟踪迟早会掉队。中油检测公司从此将研发创新看成公司最核心的竞争力。其实这不仅是中油检测公司的感受，也是中国所有检测人特别是检测技术的研究者、检测业务管理者共同的感受。

4. 以合作研发为特征的中石化管道内检测

1998 年初，根据国务院机构改革方案，国家石油石化实施战略性重组，成立了中国石油天然气集团公司和中国石油化工集团公司（简称“中石化”），原属于中国石油天然气集团公司的华东输油管理局划归中石化，同时将胜利、中原、江汉、江苏、河南等多家油田划归中石化。1998 年 6 月，中石化以华东输油管理局为基础，将华东输油管理局、胜利输油公司、新乡输油公司和襄樊输油公司合并，组建成立中石化管道储运公司，管辖途经 14 个省、自治区和直辖市的 38 条输油管线、全长 6505km、105 个输油站库。

中石化从此不仅拥有国内最长的成品油管网，也有了原油管网、天然气管网等。但是，中石化系统没有专门的在役油气管道检测机构。根据目前能够检索到的资料判断，2000 年，胜利油田特种设备检验所对某原油集输管道的检测是中石化系统最早的在役管道检测。2003 年，胜利油田腐蚀与防护研究所定位于专门从事腐蚀研究与油气管道检测，是中石化系统第一家专职从事油气管道检测的机构。但是，他们主要从事地面检测。在内检测方面，2005年以前中石化在此项技术上尚属空白，一直要等到2006年才有了自己研制开发的内检测器。至于实际检测则要等到2012年中石化长输管道检测公司成立以后。但是，中石化管道的生产运营管理已迫切需要对管道进行检测。

21世纪初，在管道内检测效果被国外代理机构夸大宣传的神话氛围下，中石化决定攻关开发形成自己的管道内检测技术及装置。

中石化与国内高校合作研发内检测器

2001年，中石化胜利钻井工艺研究院在国家“863计划”资助下，与上海交通大学合作，开展了“海底管线内爬行器及其检测技术”的研究，历时五年，于2005年研制开发出 ϕ325mm 的海底管道内检测器。2007年、2010年才用研制的设备进行了海底管线检测，初步形成管线现场检测的工程应用能力。这是中石化内最早的管道内检测器研发项目。但是该检测器在海底管道检测方面的实际应用案例不多。2005年前后，胜利钻井工艺研究院又与北京化工学院合作进行管道裂纹缺陷检测的探索，开发出一套 ϕ426mm 陆地管道内检测器工程样机。

2006年，中石化科技开发部组织了多次管道检测技术交流和调研，在与国内外技术公司广泛交流的基础上，选定管道储运公司和沈阳工业大学为技术合作伙伴，共同开发长输管道内检测技术与装置，并于2006年12月20日在徐州签署了技术合作协议。经过管道储运公司和沈阳工业大学的共同努力，ϕ720mm 管道内检测器研制完成。经反复试验改进，2007年9月达到现场工业试验条件。2007年10月至2008年3月，在鲁宁管道邹城至贾汪段进行了机械清管器清管、变径检测器检测、漏磁检测器检测、开挖验证等现场工业试验，内检测器的缺陷识别、定位精度等重要指标达到了项目合同规定的指标要求。项目组还根据研究结果的创新内容，向国家专利局申报了七项发明专利。2008年11月6日，由管道储运公司与沈阳工业大学共同承担的中国石化重大科技攻关项目——长输管道漏磁内检测设备系统的研制项目在北京通过技术鉴定。中国石化高级顾问、中国工程院院士曹湘洪以及参加鉴定会的专家认为，ϕ720mm 管道内检测器具有自主知识产权，属国内首创，整体技术达到国际同类产品的先进水平，填补了中国石化管道检测技术领域的空白。

中石化成立管道检测公司

2010年，管道储运公司与沈阳工业大学联合，利用新研制的管道内检测器对鲁宁管道进行全面内检测，2011年对中洛管道进行全面内检测。这两条管线内检测的成功，增强了中石化管道储运公司对自主研发的内检测器的自信心。于是，2012年4

月 24 日在徐州市工商行政管理局登记成立中石化长输油气管道检测有限公司。2012 年 5 月 18 日上午，公司在甬沪宁原油管道途经地——杭州举行了揭牌仪式，刘保余任法人代表、总经理。中石化管道检测公司不仅开展长输原油管道内检测，也开展成品油、天然气管道及油田、炼化油气管道等的内检测、地面（外）检测以及储油罐检测与风险评价业务，还开展 SCADA 系统测试、维护等相关技术业务。

2011 年，中石化天然气分公司与沈阳工业大学联合开展天然气长输管道内检测技术检测研究，为榆济管道“量身定制”的 ϕ711 管道漏磁内检测器，于 2016 年 9 月 8 号在榆济管道汾阳至平遥段试验成功。试验从 8 时 16 分开始从汾阳输气站发出，12 时 3 分顺利到达平遥输气站。检测器达到了在天然气管道通过性能指标，并获得完整数据。

2016 年 11 月，中石化石油工程建设公司结合油气管道运维保及抢修市场需求，通过优化整合技术装备，盘活内部人力资源，成立了中石化管道技术服务有限公司，在开展新建管道检测检验的同时，也开展在役管道检测业务。2018 年 11 月 22 日，取得国家市场监督管理总局颁发的 MFL- 漏磁检测证书，标志着该公司已具备长输油气管道内检测市场的准入资格，成为中石化内第二家管道内检测公司。

5. 以合作施测为特征的海底管线内检测

自 1954 年美国 Brown & Root 海洋工程公司在墨西哥湾铺设第一条海底管道以来，全球各大海域已经形成了庞大的海底管道网络。中国自 1985 年在渤海埕北油田建成第一条海底输油管道以来，各类海底管线已经超过 6000km。海底管道高投入和高风险特性，决定了其一旦泄漏或破坏，经济损失巨大。2007 年，中国南海涠洲 12-1 至 11-4 原油管道因腐蚀发生泄漏，导致南海油田停产近 200 天。海底管道检测无疑是掌握其安全状态重要措施。因此，各国都非常重视海底管道的检测与状况评估。

中国特种设备检测研究院王金龙、何仁洋等人，根据中国特种设备检测研究院博士基金项目“河流穿越管道检测技术研究”，所撰写的“海底管道检测最新技术及发展方向”一文对国内外海底管道内检测技术及检测工作开展进行了比较全面的论述。结合其他资料检索，我们在这里可以大致给出海底管线内检测技术早期发展与中国实践的历史轨迹与特点。

世界上最常用的海底管道内检测技术类型

海上管道内检测从技术上讲，并没有与陆上管道内检测有原则性区别，只是一旦检测出现卡堵等意外情况，会造成更大的损失。因此，关于海管内检测需要做更多的试验模拟，确保将失败风险降到最低，才能应用到海管检测中。现在，世界上的海底管道内检测技术多采用三轴漏磁、超声、电磁超声以及远场涡流等技术。技术主要集中在美国 GE PII、德国 ROSEN 和加拿大 RUSSELL 等公司。知名的内检测设备主要有 GE PII 的三轴漏磁检测器“MagneScanTria”、圆周漏磁检测器“TranScan”、超声检测器“UltraScanWM”（可检测金属损失）及“UltraScan CDTM”（可检测裂纹）、超声检测器“UltraScan D_{UO}”（可检测金属损失和裂纹）和电磁超声检测器“EmatScan™CD”（可检测裂纹和涂层损伤），ROSEN 的圆周漏磁检测器“RoCorr.CMF”、超声检测器“RoCorr.UT”（可检测金属损失）、超声漏磁检测器“RoCorr.CMF/UT”、电磁超声检测器“RoCD2”（可检测裂纹和涂层损伤）以及 RUSSELL 远场涡流检测器“Ferroscope®308”。

国内海管检测试验

国内关于海底管线内检测技术的研究试验其实并不比陆上管道内检测技术研究晚多少。早在 2001 年，中石化胜利钻井工艺研究院就与上海交通大学等 3 家高校合作，作为国家 863 计划资源环境技术领域渤海大油田勘探开发关键技术重大专项，针对近浅海石油开采中为输送油、气、水而铺设的大量海底管线的维护和保养，结合海域自然条件的特殊性和国内实际需求开展了“海底管线内爬行器及其检测技术”的研究，2003 年项目研究小组研制出第一台模拟漏磁样机。经过 3 年研究，2006 年，一台酷似爬虫的漏磁工程机研制成功，同时通过国家 863 专家组验收。这应该是我国最早开展海底管道内检测器研制的记录，并开启了国内基于超声检测技术的内检测器的研发序幕。图 8-4 为胜利钻井工艺研究院当时研制的超声实时在线检测装置。

图 8-3　胜利钻井工艺研究院研制开发的超声实时在线检测装置

而由中油检测公司与高校合作研发的陆上第一台内检测器也仅仅在 1998 年才研制出样机并通过现场试验。中海油在海底管道检测技术开发方面的投入更大，研发活动更为活跃。据《科技日报》记者瞿剑报道，2015 年 10 月 16 日 11 时许，我国自主研发的海底管道漏磁内检测器在位于渤海中央的渤中 34–1 油田中心平台海试成功，并取得完整有效数据，“洋”设备在国内管道检测市场一统天下的时代就此结束。

总体而言，我国虽然已经出现了一些通过海试的设备，除上面《科技日报》报道的案例外，中国航天科工三院 35 所与中海油研究总院合作、清华大学油田电气工程研究中心与胜利钻井工艺研究院合作、中船重工 716 所与中油检测合作、中海油服深水技术有限公司与沈阳工业大学合作都开发出海底管线内检测仪器设备，但是由于技术和风险等原因，我国实际使用国内研发设备实施的海底管道内检测工程仍然偏少，大多数处于测试阶段，离大规模实际工程应用还有相当长的距离。

在海管内检测技术研究工作的基础上，我国海底管道也陆续开始实施内检测作业，2007 年 9 月番禺油田海底管道使用 GE PII 的 304.8 mm超声“UltraScanWM”检测器进行了超声内检，这是南中国海油田首次海管智能内检测作业。2013 年 5 月，中海油蓬莱 PL19–3 油田 4 条 609.6 mm管道采用荷兰的“MFL”智能漏磁内检测器和“Caliper”电子测径检测器进行了内检测。2014 年 11 月，中海油服深水技术有限公司承担了崖城海南管道内检测项目，是中海油首次依靠自主力量、运用国产技术的海管内检测作业。2015 年 11 月，海油系统在涠洲 11–4NB 平台至涠洲 12–2A 平台海管首次完成我国海底管道超声波内检测作业。不过，国内海底管线的内检测工程一般由国外公司或国内外合作完成，国内公司主要有中海油海洋工程公司（RUSSELL 设备）、太原刚玉国际贸易有限公司（GE PII 设备）及香港 APC 集团（ROSEN 设备）等。

6. 管道内检测面临的挑战与局限

我们原以为发现管道内检测技术与方法，犹如二战盟国找到诺曼底登陆口，一举扭转二战战局般解决输送管道各类管体隐患检测的困局。然而，几十年内检测技术的发展实践证明，问题并没有这么简单。

最终揭开神秘面纱的管道内检测技术

管道内检测的优势是明显的，可以发现直接影响管线运行安全的管体缺陷；至少不需要过多的野外作业，可以减轻检测人员的劳动量，工作环境相对于地面检测改善不少，在中国年轻劳动力日益紧张和大家对工作舒适度要求不断提高的当下，有着明显的优势；涉及工农关系问题比较少，受其他因素干扰相对少，有利于实现管道检测的自动化，特别适合大口径长距离输送管道的经常化定期检测等等。

以漏磁法为代表的内检测技术，不断朝如下方向发展，进一步体现出管道内检测技术的生命力和良好的发展前景。

性能不断提高，检测器的分辨、定位精度逐步提高，而且检测距离长、检测数据分析处理简便迅速。因此，内检测技术仍然是国际上的主流检测手段，在国内也获得了很好的发展，沈阳工业大学杨理践团队开发的各种型号内检测器已经检测管道数千公里，说明管道内检测技术正在逐步普及。

管道内检测正在与多项技术相结合，提供越来越多的检测需求。如智能检测（包括 IMU- 惯性导航系统）与 GPS（全球定位系统）及 GIS（地理信息系统）结合。利用 GPS 全球卫星定位系统及管道走向检测器进行定位，在数据分析专家系统的支持下，自动识别各种管件及腐蚀的位置。而检测完成之后，管道走向图、腐蚀点及其他异常点可以按照坐标直接准确地生成在地形图上（GIS 图），并可进行平面甚至立面显示。

通过内检测，可以根据检测数据提供管道风险评估报告，如果检测的项目足够、基础数据足够，就可以进行管道可靠性分析和寿命预测。现在已经有不少这类软件，如美国的 PipView 及 Pipeline risk controller 软件、RSTRENG 腐蚀点剩余强度分析软件，英国的 RISKWISE for Pipelines 风险分析软件，加拿大 Dent Assessment 缺陷评估软件等。

检验报告以软件形式提供给用户，这样用户可以方便地在计算机上查阅管道埋深、走向、腐蚀形貌、周围地形地貌以及特征点信息，可以方便地为用户维修、运行提供服务。

随车吊装技术出现以后，极大地减轻了现场检测人员的劳动强度，减少了现场对一般工作人员数量的需求。

但是，管道内检测技术在刚刚进入中国时，尽管技术远不如现在这么成熟，却因为夸大地宣传，给内检测技术蒙上一层神秘的面纱。

夸大宣传无法掩盖技术不成熟的现实

我国从 20 世纪 90 年代初才开始漏磁检测技术的研究工作，起初许多业内人士特别是一些代表国际大型石油技术公司在中国进行管道技术咨询服务的“洋买办”们，利用国人对国外管道检测技术了解不多的现实，将国外内检测技术讲得神乎其神，似乎什么缺陷都不在话下。当我们国家提出引进或共同开发时，就这也是机密，那也是秘密。比如说什么：管道内检测有一项叫陀螺仪的核心技术，是一种可以用于导弹发射上的关键技术。因此，西方国家，不可能将全套管道内检测技术转让给中国或与中国科研机构联合研发。其实，这些代理商们只不过是故弄玄虚，以便借机提高技术服务要价，在中国收获短期的超级垄断利润而已。记得 90 年代初，内检测动不动每公里收费高达上万美元。且不说这么高的技术服务费根本不是一般管道企业无法承受的，更主要的是，检测数据要传到国外分析，国家石油管道的技术秘密泄露无遗，而实际检测效果却根本不理想。

从 20 世纪 90 年代一直到 21 世纪初，国外管道内检测技术代理商们在国内不少地方推广了他们的管道内检测技术。且不说检测是否达到他们最初吹嘘的那样精准，能够百分之百地查找出一切管道腐蚀及损伤缺陷，仅堵管频频发生、大多数管道他们不敢检测，就足以说明外国检测技术在国内水土不服不是一般的严重，而是非常严重。仅胜利油田在 21 世纪为数有限的几次国外公司实施的管道内检测中，就发生内检测器丢失事故 3 起。

除了我国管道中长输管道当时占比低，管径偏小、弯头多且不规范，变径、变形问题突出外，一个很重要的原因在于：检测技术服务代理商们为了赚钱，盲目夸大宣传，把国外主要用于主管线检测甚至严格地说是监测（装在管道上定期运行，通过检测发现与前一次甚至多次检测信号的差异来分析判断管道缺陷）的技术无差别地说成是适用于一切管道的离线检测技术，导致了适得其反的效果，严重打击了国内一线工程技术人员对管道内检测的信任。事实上，管道内检测技术并不完善，甚至并不比我国一些民营企业极力推荐的管道地面检测技术强多少。内检测技术尽管已经经历了几十年的发展，仍然很不完善。最有力的证据来自管道裂纹检测技术。管道裂纹可以说是油气管道特别是天然气输送管道最严重的隐患，但是直到今天，西方的内检测技术仍然没有取得满意的效果。既然当时连大家最关心的管道裂纹都不能确切地判断，怎么能说管道内检测技术可以发现管道存在的所有隐患呢？

管道裂纹缺陷检测技术探索史

管道裂纹包括应力腐蚀裂纹、氢致裂纹和疲劳裂纹，这些缺陷对管道安全威胁更大。特别是天然气管道，在管内天然气压力作用下，很容易快速扩张，造成管道开裂。但是，相对于管道腐蚀检测，管道裂纹缺陷检测技术在西方也是从 20 世纪 90 年代才开始探索的，近些年才逐步摸索出一些经验来。其主要探索历史及成就概述如下：

为解决天然气管道裂纹检测，1993 年英国天然气公司在超声波内检测器基础上，提出轮胎式换能器设计思路，将超声波探头安装在充满耦合剂的专用轮胎内，让轮胎与管壁内表面接触，这样，在输气管道检测中就不需要额外使用耦合剂了。但是试验结果却是失败的。后来英国天然气公司又在电磁超声波法检测方面希望取得裂纹检测的突破，结果还真取得了比较好的效果，据说可以检测出仅 1mm 深的裂纹。美国的 Oak Ridge 国家实验室也开发出电磁超声应力腐蚀裂纹检测系统，能够判别管道有无裂纹。但是，受制于求解电磁场模型的复杂性，电磁超声波检测如何量化其检测得到的几何尺寸仍然是个难题，包括检测灵敏度也不是很理想。为了攻克管道重点是天然气输送管道裂纹检测难关，包括美国天然气研究所、西南研究院和Battelle公司等，又将重点放在了远场涡流（REEC）检测器的开发上，并得到了美国运输部和能源部的资助。

那么，漏磁法能否解决这个问题呢？我们知道，漏磁法检测在管道内检测中应用得比较早，根据其原理与实践经验，周向裂纹和腐蚀缺陷检测相对效果较好，难的是轴向裂纹和其他类裂纹缺陷的检测。1994 年，国际管道协会开始深入研究轴向裂纹的周向磁化检测方法，而直到 20 世纪末，英国 GE 公司才开发完成周向漏磁检测器并投入工程应用。1998 年，英国天然气公司研制出新一代漏磁裂纹检测器，号称能够满足 ϕ200~ϕ1200mm 天然气管道的检测，其对轴向焊缝开口宽度的检测精度达到了 0.1mm。事实上，由于管壁周向磁化难饱和、周向磁场强度不均匀以及应力、检测速度等因素对周向裂纹漏磁场的影响等，漏磁法裂纹检测、识别、准确量化仍然难度不小。

面对这些困难，人们在同一时期，还将目光聚焦于激光超声检测技术和磁致伸缩检测技术。这些技术也只是在 21 世纪以后才获得了比较理想一点的工程应用。在注重具体检测技术研究的同时，一些研究人员还把注意力集中在对裂纹检测信号的分析处理和量化解释上。目前，对于裂纹信号的定量解释方法，主要有时域波形分析法、频域分析法、小波分析法和神经网络分析法等。从目前研究成果来看，要对管道裂纹缺陷的类型、尺寸、形状、位置和方向等精确定量评价，还需要做大量的研究。

通过上述简单的分析梳理，尤其是管道裂纹检测技术的发展至今还处于探讨状况的实际，我们就知道，在管道内检测技术方面，西方的确起步早、研究深刻，但是，就内检测技术本身而言并没有达到成熟的地步，仍然处于一个探索的过程之中。因此，我们在管道内检测技术上没有必要盲从西方，更不能被那些“洋买办”们人为添加的神秘面纱所蛊惑，既保持学习的心态，又要坚持自主研发，客观认识管道内检测技术的发展水平、面临的困难等，才能对其发展前景以及实际的功能、特点有个全面的、实事求是的把握，从而才能在管道内检测技术的发展上创造出中国奇迹。

内检测不是诺曼底登陆

内检测到目前仍然存在对检测人员特别是数据处理人员的经验依赖性比较大，仍然存在对缺陷的定量化不够、存在漏检误判现象以及定位不精确等问题。在实践中，管道内检测的局限性有时也是致命的，使得人们在许多情况下不得不放弃对内检测的选择。如管道运行久了之后，不可避免会出现变形、管壁有坚硬的沉积附着物甚至打孔盗油的卡子等，影响检测探头与管壁结合的间隙或耦合性，使检测误差无限增大，甚至卡球无法通过并影响输送的正常进行。汪春付在“输气管道内检测器断裂丢失及救援回收”(《油气储运》2018 年第 37 卷第 1 期）中就报道过一起内检测器遗落在管道内部的事故。该事故发生在 2016 年 1 月 25 日，中石化某天然气管道公司对其所管的某天然气管道采用几何漏磁集成检测器实施内检测，检测中，检测器在管道内从万向节处断裂，前一节动力部分顺利收回，后一节数据存储和电池部分遗落在管道未知位置。后经过分析，提出寻找救援方案，2016 年 4 月 27 日才将遗失的检测器收回。内检测成本费用高、检测的操作的灵活性和适应性比较差是其发展中另一个不利因素。另外，从实际检测案例来看，检测误差、漏检率仍然存在，检测精度、可靠性仍然有待于提高，定位不准确的问题仍然困扰着人们。人们发现根据内检测提供的缺陷位置，有时想开挖复核其缺陷的真实性，一连挖好几个坑，就是找不到地方，人们还需要借助磁应力检测仪再次判断。这也从另一个侧面说明，凡是内检测能够找到的缺陷，外检测（也就是地面检测）基本也可以找到。这一点其实不难理解，目前，业界公认使用效果最好的内检测器是漏磁检测器。其原理是漏磁场，也就是通过区分磁场异常来检测缺陷，而在外检测中的磁应力检测、TEM 检测也是基于磁场异常的原理。因而，电磁干扰对地面检测（管道外检测）有影响的地方，同样对内检测也有影响。

2018 年 6 月 10 日 23 时许，中国石油天然气集团有限公司所属中缅天然气管道国内段（位于贵州省黔西南州晴隆县沙子镇境内）发生燃爆事故，造成 24 人受伤。从通报的情况来看，其中危急重 3 人、危重 5 人、重症 16 人，对这些人来说，真是悲剧。更为悲剧的是：该管段 2017 年 7 月曾发生燃爆致 8 死 35 伤的悲剧！同一条管道、在同一区域、不足一年的时间里再次发生天然气泄漏燃爆事故，引起了社会广泛关注。

如果说 2017 年中缅管道爆燃是天灾所致，2018 年就与天灾无关了，因为在该时间段内，该地区并无泥石流或滑坡塌陷，根据我曾担任技术顾问的中国石油装备产品质量检验中心（山东）去现场检验人员的描述，完全可以排除当时在一些网站出现的又是一场天灾破坏的报道。果然，2019 年 6 月，国家相关部门公布了事故调查结果，事故调查认定，该起事故的直接起因是施工焊缝存在缺陷撕裂所致。那么，在中缅管道上安装的定期自动内检测装置为什么没有提前发现这个隐患呢？只能说管道内检测并不可靠。事实上，目前我国所有管道内检测的使用普遍不是很理想，例如东黄管道在发生“11・22”特别重大泄漏爆炸事故之前半年，还专门进行过一次内检测，也没有阻止事故的发生，原因在于检方担心检测器被卡在管内，在事故段没有敢进行内检测。

欧美的长输管道几乎都装有内检测器并长年定期运行，可是这些装有内检测器的管道的隐患并没有全部被及时发现并消除，仍然发生了一起又一起的事故。1999 年 6

月 10 日，美国华盛顿州一条 ϕ406mm 的汽油管道因存在划痕而裂口并爆炸，导致 3 人死亡 8 人受伤。事故后检查发现，包括管道断裂部位在内的 5.5km 长的管道，存在 33 处挖掘机施工导致的划痕缺陷。划痕是事故发生前的 1993~1994 年附近水厂改造施工所致。可问题在于该管道分别在 1991 年、1996 年、1997 年进行过三次内检测。虽然也发现有异常，但是由于无法定量描述缺陷的严重程度而未被重视。再如美国最有名的阿拉斯加原油管道，虽然装有不止一种内检测器在定期运行，仍然无法做到在管道泄漏事故之前发现所有隐患，最近的一次泄漏事故就发生在 2011 年 1 月 8 日。

所以，从安全可靠的角度出发，我国的管道安全运行在继续探索提高管道内检测技术水平的同时，还必须寻找其他途径。途径之一就是研究开发管道地面检测技术，既要从管道内探寻，也要从管道之外探寻方法。例如，应力检测、金属蚀失量检测、管道阴极保护检测、杂散电流检测，甚至焊缝的超声相控阵检测、超声 C 扫描成像检测对管道检测也是非常重要的。2018 年 6 月 10 日，中缅天然气管道国内段（位于贵州省黔西南州晴隆县沙子镇境内）发生燃爆事故后，中石油就委托国家石油装备产品质量监督检验中心（山东）对数百处管道焊口开挖出来，用相控阵超声波法进行焊缝缺陷再检验，以保证恢复运行后不再发生此次类似事故。

内检测技术的存在问题与发展趋势

内检测目前已形成四类特定功能的管道内检测：金属损失、裂纹、几何、测绘等。内检测技术有漏磁检测技术、超声波内检测技术、涡流检测技术、射线检测技术、热像显示技术和基于光学原理的无损检测技术、几何变形检测、测绘检测等 7 个方面。中国石油大学（北京）鲍庆军、帅健在“油气管道内检测技术研究进展”（《当代化工》2017 年第 2 期）总结了内检测技术存在问题与发展方向：

内检测技术存在的问题：①所有内检测器对于缺陷的探测、描述、定位及确定大小的可靠性仍不稳定；②由于工作环境存在高压和低 / 高温等特殊条件，会影响检测器的检测精度甚至会造成设备的损坏；③检测结果的分析方法不一致；④完成检测是一个多步骤的过程，取决于实施过程控制及相关人员的经验；⑤目前还没有如何诊断和分析缺陷三维大小的推荐做法。

内检测技术的发展趋势：①用三维图像直观显示管壁缺陷；②将多种检测技术结合使用，开发适用于多种环境条件及多种检测功能的检测设备；③开发多样化、尺寸规格系列化、高分辨率及智能化管道内检测器；④加大对管道裂纹的研究；⑤提高内检测器探头的质量和数量，进而提高分析结果的精确性；⑥提高内检测技术在缺陷检测、定位、描述的精确度；⑦形成统一认可的评价标准，完善检测标准，编制国家权威认可的管道内检测的相关规范。总的来看：内检测技术能够在线检测管道的各种数据，识别出管道存在的缺陷，是管道完整性评价的前提和基础。目前的检测技术存在检测结果精确度不够高等缺点，未来随着科研水平的提升和其他高科技的发展，将研制出结合多种检测技术，能够检测多种缺陷的多功能内检测器。

正因为内检测器仍然存在较多的局限性和有待于开发研究的问题，人们再次将目光投向管外的地面检测。这并不是要否定管道内检测技术的先进性与内在合理性，只是希望通过地面检测这种简捷的方式来寻求隐患检测的突破，或者至少能够弥补内检测的不足。随着 5G 网络建成，信息传递将不会再有限制，那么我们是否可以设想，在管道建设的同时，每隔数米布设上监测探头比如超声导波探头，定期将管道状态信号传至信息控制处理中心，那么，我们就可以随时知道并分析判断管道的异常状态，或许管道隐患检测将不再成为难题。

参考文献

[1] 张丽平，译. 现代清管技术综述［J］. 国外油田工程，1998，（10）：33-36.

[2] 韩志广，等. 浅谈油气管道清管技术［J］. 中国石油和化工标准与质量，2014（3）：48-49.

[3] 宋小春，等. 天然气长输管道裂纹的无损检测方法［J］. 天然气工业，2006，26（7）：103-107.

[4] 王文明，等. 长输管道超声波内检测技术现状［J］. 油气储运，2014，33（1）：5-9.

[5] 靳世久，等. 超声相控阵检测技术发展及应用［J］. 电子测量与仪器学报，2014，28（9）：925-934.

[6] 严舒. 远场涡流无损检测技术的发展与应用［J］. 石油科技论坛，2008，27（3）：55-56.

[7] 孔凡庚. 从第 14 届世界无损检测会议看无损检测技术的应用和发展［J］. 无损检测，1997，19（11）：328-330.

[8] 邬冠华，熊鸿建. 中国射线检测技术现状及研究进展［J］. 仪器仪表学报，2016，37（8）：1683-1695.

[9] 王超. 世界无损检测技术的起源与发展［EB/OL］.［2018-02-03］.http：//www.360doc.com/content/18/0203/00/37756698_727323872.shtml.

[10] 宁一，黄朝晖. 奋斗二十年，造福几代人——管道局智能检测业务发展历程回顾［S］. 石油管道报（全真网络版），2019-01-21.

[11] 范向红，等. 我国管道漏磁检测技术及其成就［J］. 石油科技论坛，2007（4）：55-57.

[12] 周燕，等. 油气管道内检测技术的发展［J］. 石油机械，2011（3）：74-77.

[13] 张士华，等. 海底管线缺陷内检测技术现状与发展趋势研究［J］. 装备制造技术，2011（9）：142-144.

[14] 王金龙，等. 海底管道检测最新技术及发展方向［J］. 石油机械，2016，44（10）：112-118.

[15] 汪春付. 输气管道内检测器断裂丢失及救援回收［J］. 油气储运，2018，37（1）：116-120.

[16] 董绍华.管道检测与监测诊断技术[M].北京：中国石化出版社，2020.
[17] 鲍庆军，帅健.油气管道内检测技术研究进展[J].当代化工，2017(2)：298-301.
[18] 廖晓玲，等.工业管道漏磁检测技术及发展现状综述[J].价值工程，2016(10)：236-237.
[19] 沈功田.承压设备的无损检测与评价技术发展现状[J].机械工程学报，2017，53(12)：1-12.
[20] 康宜华等.磁性无损检测技术中磁信号测量技术[J].无损检测，1999，21(8)：340-343.
[21] 沈功田.漏磁检测技术的研究与发展现状[J].检测技术，2018，33(9)：43-52.
[22] 金建华.康宜华，杨叔子.漏磁场法测量油管壁厚的研究[J].仪器仪表学报，2001(5)：469-472.
[23] 卢泓方，等.国外天然气管道检测技术现状及启示状[J].集输与加工，2018，38(2)：102-111.
[24] 辛君君，等.油气管道变形检测技术[J].无损检测，2008，30(5)：285-288，294.
[25] 张锦生.对国外几何形状检测清管器的分析[J].油气储运，1985，4(1)：62-65.

第 9 章
非接触式管道管体检测技术探索史

人们在探索从管道内部检测管道隐患方法的同时，也没有放弃从地面不接触管道间接检测管道隐患方法的探索。在今天管道内检测遇到难以克服的困难的情况下，更加凸显出这种思路的科学性。

1. 瞬变电磁探测技术

在管道腐蚀损伤地面检测技术中，有一种利用瞬变电磁原理的检测方法取得了比较好的效果，关于这个技术与检测方法，在我 2018 年和李晓松、尚兵三人合作编写的《管道隐患排查电磁检测技术》一书中，已经对其早期发展以及在国内管道检测的实践情况作过系统论述。为了便于读者阅读以及保证本书体系的完整性，这里结合作者近两年来搜集到的新资料，再作一番概要的介绍。

瞬变电磁探测技术的早期探索

瞬变电磁法（TEM）属于时间域电磁法，它是利用不接地回线或接地线源向地下发送一次脉冲电磁场，在一次电磁场的激励下，地下导体内部受感应产生涡旋电流：在一次脉冲磁场的间隙期间，涡流电流产生的二次磁场不会随一次场消失而立即消失，即有一个瞬变过程，利用线圈或接地电极观测二次磁场，研究其与时间的变化关系，从而确定地下导体的电性分布结构及空间形态。

瞬变电磁最早是美国科学家 L.W.Blan 提出并获得美国发明专利，该方法提出后，美国石油公司曾希望基于此方法进行沉积盆地探测，但是没有成功。后来，苏联也有不少科学家将其改进再应用于石油勘探中的地质构造深度探测或沉积岩厚度探测。1951 年，J.R.Wait 首先提出利用瞬变电磁场法寻找导电矿体的概念。应该说，20 世纪 50 年代以来，苏联、美国、加拿大、澳大利亚等国的地球物理学家在瞬变电磁基础理论、应用技术等方面都有过深入的研究，并开展了大量应用实验工作，尤其是苏联的科学工作者。后来，苏联一些科学家又沿着矿藏勘测的路线进行了具体探测方法的改进实践，使其逐步步入实用阶段，并应用该法发现了奥伦堡地轴上的大油田。

从 60 年代中期到 70 年代末这段时间，苏联人基本建立了瞬变电磁法解释理论与野外施工的技术方法。人们对时间域电磁测深法有了进一步的认识，研制出一些实用的检测仪，特别是 1960 年，苏联研发出了史上第一台共圈式瞬变电磁装置（MPPO-1）；1962 年，Mclaughlin 和 Dolan 研发出了具有固定型发射回线和移动性接受回线的瞬变电磁检测仪，进一步推动了瞬变电磁检测法的应用。

1979 年，M.N.Nabighian 提出“烟圈”理论，简化了瞬变电磁资料的反演与解释；1987 年美国阿科公司以瞬变电磁法为原型开发的检测系统 TEMP 具有检测带覆盖层工艺管道壁厚减薄的能力。随后，荷兰 RTD 公司对 TEMP 进行改进并研发了 INCOTEST 系统，加拿大 CRONE 地球物理公司开发了 DigitalPEM 系统、多伦多大学开发了 UTEM 系统、加拿大 GEONIC 公司开发了 EM 系列以及澳大利亚联邦科学工业研究院开发了 SIROTEM-Ó 型瞬变电磁仪、美国 ZONGE 公司开发了 GDP-16、GDP-32 多功能电法仪等，逐步使瞬变电磁法工程应用领域得到拓展。如在油气勘探、矿产勘查、工程勘查、环境调查、考古探测、军事探测等诸多领域都有瞬变电磁技术的应用。瞬变电磁法不仅是铜及金属硫化矿床勘探的重要方法之一，在深部找矿勘查中，地 - 井瞬变电磁法更是常规勘查方法。加拿大的 CRONE 地球物理探矿公司采用 PEM 瞬变电磁仪每年都做几万米的地 - 井瞬变电磁测量工作。在加拿大萨德伯里（Sudbury）铜镍矿近二十多年来，采用地 - 井瞬变电磁法先后发现了 1280m 深处的林兹里（Lins-ley）矿体和埋深超过 2400m、矿石量达 1800×10^4~3600×10^4t 的维克多（Victor）富铜镍矿床。另外，地 - 井瞬变电磁法还在已开采的矿床之下 1200~1500m 深处发现了一处高品位的底板矿床。

我国长春地质院、地矿部物化探研究所、中南工业大学等单位，从 20 世纪七八十年代，分别在方法理论、仪器及野外试验方面做了大量工作。推出了均匀大地上空时间域电磁响应，并将脉冲式航电仪用于地质填图和找矿。1977 年地矿部物化探勘查研究所的蒋邦远等将脉冲电磁法用于勘探良导体金属矿。1985 年牛之琏将脉冲电磁法用于金属矿勘探，并取得了明显的效果。从 20 世纪 90 年代至今，国内 TEM 法进入了蓬勃发展阶段，在地质矿产（金属矿）、煤矿（采空区、超前探测、防治煤层水)、工程物探(溶洞、空洞、地裂隙、地下采空区、基桩钢筋笼、遗留炮弹、堤坝隐患)等行业得到广泛应用。

国内在学习消化国外技术的基础上，仪器研发也获得了极大的发展，如地矿部地球物理与地球化学勘查研究所生产出类似于加拿大 PEM 系统的 IG–GETEM–20 瞬变电磁仪，1988 年西安物化探研究所开发出 EMRS–2 型瞬变电磁仪；1992 年长沙智通技术研究所与中南工业大学合作开发出功能类似澳大利亚的 SIROTEM–Ò 型瞬变电磁仪的 SD–50 系统，1996 年吉林大学林君教授研发出 ATEM–2 型瞬变电磁仪。此外还有重庆地质仪器厂生产的 TEM Ⅱ型瞬变电磁仪、重庆奔腾数控技术研究所研制的 WTEM 瞬变电磁仪、中国地质大学(武汉)的 CUGTEM–4 和 CUGTEM–GK1 型瞬变电磁仪等。在数据处理与解释方法方面，最近一二十年也获得比较大的进步。

既然瞬变电磁法可以用于地下金属矿的探查，那么是否可以用于地下管道的探测与缺陷检测呢?

由于瞬变电磁法探测时测量的是地质体内涡流在一次磁场消失后产生的二次磁场，穿透高阻层能力强，不受接地电阻和地形影响(影响很小)，而对低阻体反应特别灵敏。金属管道显然相对土壤是有绝对优势的低阻体，因此接收到的二次磁场包含着地下管线形体特别是回线框所覆盖的那段管体平均厚度的准确信息，因此通过对测量到的二次磁场信号的反演就能得到地下有无金属管道以及金属管线壁厚变化的信息。

问题在于：探矿接收的是深层信号，而管道探测需要的是浅层信号。从理论上来讲，采用时间域瞬变电磁方法可以实现近地表探测。但是由于时间域瞬变电磁方法必须采集脉冲关断后的晚期信号，才能消除严重的信号畸变(此畸变信号如用于解释，将产生错误的解释结果)。但是，采用晚期信号它就损失了 TEM 方法探测浅部结构的能力，因为浅部结构的信息主要由早期信号携带。这正是用 TEM 方法探测金属管道的难题。

为了克服这一难题，人们专门研究了浅层探测的特点及规律，并研究开发出相应的技术与方法。我们知道，瞬变电磁方法也称时间域电磁法，时间域电磁探测的最小探测深度不仅与接收机的采样速率、噪声性能等因素有关，还与发射机的关断时间、关断波形及关断后的第一次采样时刻等因素有关。要探测浅层目标体，唯一的办法就是缩短最早取样时间(即电流关断后开始记录的时间)。但是，缩短最早取样时间又会使一次磁场和二次磁场叠加，给二次磁场提取增加困难。

20 世纪 90 年代以来，由于环境与工程探测的迫切需要，浅层(超浅层)地球物理方法得到快速发展。1994~1998 年，美国国家自然基金会专门资助了此问题的持续研究，形成了 VETEM 方法，可以探测埋藏在 5m 内的非导电体和导电体两者差异。

国内从20世纪70年代开始TEM研究，在2000年前后，我国吉林大学在浅层TEM仪器研发上取得了重大进展，为浅层探测提供了很好的理论依据。

TEM技术在埋地管道检测上的初步实践

根据上面对TEM探测技术发展历程及原理的简要叙述，我们知道，要探测地下管道或管道缺陷，我们需要运用浅层瞬变电磁勘探理论及相关装置。美国在20世纪90年代对浅层探测理论研究有了突破，国内也有不少专家开展了这方面的攻关研究。冶金部保定冶金勘查研究总院的李永年研究员在1998年首先提出将瞬变电磁法应用于管道检测，并利用美国ZONGE公司开发的GDP-16探矿仪与自己研制加工的线框在大庆、胜利等地的油气集输管道开展埋地管道管体腐蚀损伤状况地面检测实践。2000年，李永年就和他的学生李晓松等人在《岩土工程界》上发表了“国内外埋地管道腐蚀状况物理检测技术现状”的论文，文中论述了瞬变电磁检测技术的基本原理、检测手段、应用范围及检测精度、技术特点等关键问题。这可能是我国最早阐述瞬变电磁技术应用于埋地管道检测的论文。林俊明于2004年研发“一种透过保温层/包覆层对金属管道腐蚀状况检测的方法”，并研制“隔热层下钢管壁厚脉冲涡流检测系统”。2005年，中国特种设备检测研究院进口了首套INCOTEST系统，后续和华中科技大学合作，就工艺管道的脉冲涡流检测技术在检测机理、信号反演、现场检测中各因素的影响机理等方面进行了大量的研究。2006年重庆奔腾数控技术研究所研制了用于浅部工程探测的WTEM-IQ瞬变电磁检测仪器，该仪器被南昌大学等单位曾用于城市地下管线探测与腐蚀状况检测试验研究。

2004年，李永年教授从原冶金部保定冶金勘探研究总院退休后，组建了保定驰骋千里科技有限公司，专心研究埋地金属管道管体腐蚀检测技术，对瞬变电磁检测技术应用于埋地管道地面检测产生了巨大的影响，目前，虽然研究埋地管道地面TEM检测技术的文献不少，但是真正开展检测应用的公司，主要还是保定驰骋千里科技公司。李永年的实践，改进了TEM检测技术用于埋地管道检测中的数据采集方案和分析解释方法，使检测的准确性大为提高，该方法后来被命名为“管壁厚度TEM检测技术”。2005年，李永年教授领导的团队获得了科技部科技型中小企业技术创新基金的支持，研发了埋地管道瞬变电磁检测的专用仪器——GBH管道腐蚀智能检测仪，并于2008年顺利验收通过；2008年向国家知识产权局申请发明专利“管道壁厚腐蚀检测无损检测方法”，2011年12月授予专利权证书。

在以李永年为代表的工程技术人员努力下，瞬变电磁检测或管壁厚度TEM检测技术进入国家、行业和国际标准。如石油天然气行业标准SY/T 0087.2—2012《钢质管道及储罐腐蚀评价标准　埋地钢制管道内腐蚀直接评价》将管道壁厚瞬变电磁检测方法作为间接检测环节判断管体腐蚀的首选方法。同时，结合研究和实践的进行，开发了一系列仪器，使管壁厚度 TEM 检测技术成为我国主创的管道检测领域新技术发明。

瞬变电测检测作为唯一可以在地面（不开挖）对地下管道管壁剩余平均厚度做出评估的一种无损检测方法受到了检测工作者的青睐。从 2004 年开始，胜利腐蚀与防护研究所和保定驰骋千里公司联合在胜利、中原、西北油田等地开展了埋地管道 TEM 检测，图 9-1 为 2006 年春天，中石化胜利检测中心书记于清海、经理王观军去中原油田看望在中原开展检测工作的腐蚀与防护研究所职工，并与本书作者一起现场观摩 TEM 检测过程。

图 9-1　2006 年本书作者与胜利检测中心领导等在中原油田现场观摩 TEM 检测技术

该技术不仅在油田集输管线检测中获得很好的应用，还先后在齐鲁石化、太原钢铁、保定煤气、昆明煤气、天津燃气等工业企业的工艺管网、埋地管道上获得应用。

自 2010 年以来，中国管道检测技术工作者，通过实践与探索，又相继提出连续式管体腐蚀全覆盖 TEM 检测方法和聚焦发射技术，使 TEM 检测技术迈上一个新的发展台阶。

连续式数据采集使 TEM 实现了高效全覆盖检测

最初的 TEM 检测技术的最大局限性在于：其数据采集采用“点测”，即沿管道按一定间距布置测点做基础检测，发现异常后再对该异常附近管段做加密检测，存在隐患（即便是严重腐蚀区段）漏检的可能。在这个问题的推动下，参考磁力层析检测（MTM）和磁记忆检测（MMM）技术的数据采集方式与分析方法，2009 年开始，李永年、李晓松、尚兵等人，在胜利油田腐蚀研究所的支持下，利用胜利腐蚀研究所的试验基地，反复模拟，尝试着让瞬变电磁传感器移动起来，经过大量研究试验，得到较好的效果。2010 年首次提出了 TEM 连续式数据采集技术，同年正式命名为“连续式管体腐蚀全覆盖 TEM 检测方法”。2011 年 5 月，李晓松、尚兵、柳言国、王遂平、刘超等，在中石化储运公司潍坊处管理的东黄输油管线复线上，首次将“连续式管体腐蚀全覆盖 TEM 检测技术”应用于实际检测。

管体腐蚀全覆盖 TEM 检测技术的推出，使得重大腐蚀损伤隐患漏检概率大为下降，原因就在于通过分析连续式检测数据的重现性，有助于采取有效措施，提高判断管壁厚度异常的准确性，从而降低甚至消除漏检。这种采集方式的提出，可以实现对管道的快速全覆盖检测，提高了检测工作效率。

聚焦发射技术使 TEM 检测技术更趋成熟

连续式数据采集，虽然可以实现对管道的快速全覆盖检测，有助于提高检测效率、降低漏检率。但是在采集过程中要尽量保持回线（传感器）与地面之间有大体相同且较近的距离，但是两次采集时的随机干扰（如行进速度、回线振动干扰）是不同的，而且由于这种方法相对于原先的方法线框抬高了，使得线框离管线更远、信号减弱也会增加，从而造成一定的误差。也就是说这种技术的运用，仍然无法提高检测精度，甚至还有牺牲精度的倾向。特别是对于并行敷设的管道以及附近存在电磁干扰（如管道附近有高压输电线路等）的管道，检测得到的数据失真严重；即使在单根管道且周边电磁干扰较轻环境下，其管道的局部腐蚀或小范围腐蚀损伤的检测，由于每个检测点覆盖管段范围相对变大，分辨率也有所下降。

当然，这种检测精度、分辨率降低是非常有限的。但是，我们要考虑到 TEM 检测方法是对其接收线框覆盖范围内的管段的平均剩余壁厚的检测，因此，线框覆盖范围越大，肯定分辨率越低，因此，必须设法减少接收线框覆盖的管段长度。

从 2010 年起，胜利腐蚀研究所杨勇博士与成都信息工程大学合作，借鉴他们在经颅磁刺激技术中应用的磁场信号聚焦技术，利用遗传算法初步计算多线圈阵列激励磁场聚焦效果，验证了阵列技术实现磁场信号聚焦技术的可行性。通过理论计算、数值仿真、简化阵列设计方案，设计出具有磁场信号聚焦效果的线圈阵列。该阵列不仅易于加工，而且便于在现场测试，阵列激励的聚焦信号也利用磁场测量装置进行了验证。测试结果表明实际聚焦效果与理论计算结果误差在 10% 以内。

2013 年，对设计出的聚焦阵列开发瞬变电磁仪器控制主机，重点对方波信号瞬间关断装置进行了设计，成功将方波信号关断时间从原来的 500s 缩短至 20s，并研制成功磁场信号接收机，与线圈阵列实现了阻抗匹配。此外，该技术在胜利油田东辛采油厂原油外输管线上进行了测试验证，采集出聚焦信号的管道响应。

2014 年，通过数值计算与试验验证相结合，正演与反演计算相结合的方式，对管道响应信号的分析算法进行了研究，得出管道响应信号与管道剩余平均壁厚的对应关系公式，开发出聚焦信号 TEM 管道剩余平均壁厚分析算法及软件。同年，磁场信号聚焦瞬变电磁技术开始在胜利油田管道检测中进行应用，尤其是在胜利油田滩海管道检测工作中获得较好应用，并且在使用过程中得到优化、完善。

与传统瞬变电磁检测仪相比，采用聚焦发射以后，极大提高了管道局部腐蚀分辨率，使检测精度得到提高。TEM 检测技术逐步走向成熟。

那么，管壁厚度 TEM 检测技术的价值主要体现在哪些方面，这可能是每一位管道检测技术研究者、管道检测用户最关心的问题。

瞬变电磁技术可以从地面直接得到管体腐蚀损伤程度大小与位置判断，自提出并得到初步的实践证实以来，就受到业界的关注。有了瞬变电磁检测技术的加盟，使得综合运用系列磁法检测技术而形成的地下管道地面检测技术成为管道检测中相对比较科学、准确、经济实用的检测方法，成为管道检测技术的重要发展方向。

TEM 检测技术的价值体现

虽然说，仅仅依靠瞬变电磁检测技术并不能完全实现管道检测的目标、完成管道检测全部任务，但是瞬变电磁技术的确是地下管线地面检测的核心技术之一，甚至可以担纲核心检测技术之重任。其价值主要体现在以下几个方面：

（1）可以判断管体腐蚀损伤程度

影响管道安全的直接风险显然是管体已经存在的腐蚀损伤状况，其他隐患比如防腐层损坏、阴极保护效果不良、杂散电流干扰、应力集中等只有进一步发展到使管体发生了腐蚀损伤（包括撕裂）才能直接危及管道安全运行。所以，管线检测最主要的目的是发现或寻找管体腐蚀损伤具体位置以及腐蚀损伤的程度。显然只有瞬变电磁检测技术与应力检测技术是目前在地面检测系列技术中直接可用来判断管体腐蚀损伤程度的技术。而应力检测技术重点还是应力，还不能直接与管体腐蚀与损伤缺陷画等号，其实践还比较有限，其发展前景有待进一步观察。

（2）最经济实用的管体缺陷普查手段

地下管道安全隐患普查是目前管道储运企业需要定期进行的一项法定义务。既然是定期普查，显然投入不能太大，不能过多影响生产。因此，经济便捷的技术最适合承担此任。目前，普查一般都采用地面检测的方式进行。隐患普查虽然有各种手段，但是，只有管壁厚度 TEM 检测技术可以通过地面检测查明管道严重腐蚀或重大损伤部位，其他手段主要是解决路由坐标、埋深、防腐层状况、阴极保护效果等。显然，其他地面检测手段无法做到发现地下管线严重腐蚀或重大损伤隐患这个管道储运企业最关注的核心问题。即便是低频导波检测也需要开挖，将探头沿管道周圈直接固定在管道上，因此只适合穿跨越等特殊区段的管线检测；MTM 检测也可以用于此目的，只是目前来看其可靠性尚不及 TEM 技术。

（3）相对更高的性价比

瞬变电磁检测技术与低频超声导波技术比较，是更彻底的地面检测技术，更便捷方便，不受检测距离的限制。

瞬变电磁检测技术与管道内检测技术比较，对于管体腐蚀损伤隐患的检出率几乎相当，只是对于裂纹、变形缺陷与管道内检测方法相比较有一定的差距。但是，瞬变电磁检测的便利性、安全性、经济性是内检测无法比拟的。因此，尽管存在各种各样的困难，瞬变电磁检测技术这几年仍然在不断地被推向全国许多地方，进行各类埋地管线的检测实践，并取得不少成果。这些成果可以简单梳理如下：

2011 年 5 月在中国石化东黄复线上进行了连续性 TEM 检测的试验；2012 年 4 月承担了中国石化大牛地气田集输管道埋地管线全覆盖 TEM 检测工程；同年 10 月在中国特检院院内预制缺陷管道进行了连续性的瞬变电磁检测试验；2012 年 12 月在中国石油西南油气田分公司进行了埋地管道全覆盖 TEM 检测试验，并与内检测资料进行了对比；2013 年 7 月在北京通州次渠工业园区内的燃气管道进行了全覆盖 TEM 检测；2013 年 4 月向国家知识产权局申请“连续诊断管体金属腐蚀与缺陷的全覆盖瞬变电磁检测方法”发明专利，2015 年 12 月获得授予专利权证书。2015 年 12 月，在中国石油西南油气田分公司进行的“高含硫埋地管道壁厚 TEM 全覆盖检测”“重庆气矿埋地管道壁厚 TEM 全覆盖检测”工作，取得了良好的效果。2018 年 5 月，与中国石化西北油田公司进行了瞬变电磁检测技术交流，并于同年 6 月至 8 月，针对西北油田管道以点蚀为主要特征，其他检测手段受技术条件限制存在较多漏检，一般不愿意涉足西北油田管线腐蚀状况检测的问题，保定驰骋千里公司的尚兵、李晓松等人在西北油田采油一厂、采油二厂等单位进行了全覆盖连续式 TEM 检测试验，经开挖验证，取得了比较好的检测效果。说明使用全覆盖连续性瞬变电磁检测技术，对点蚀这样的腐蚀缺陷检测是可以检出的。

根据资料检索和调研，就目前而言：内检测技术综合可信程度并不比 TEM 检测技术高多少，但是内检测引起业界高层研究者的关注程度要远比 TEM 强，获得了充分地研发资金，这是内检测得到不断发展的根本原因。毕竟任何新技术都是很昂贵的，没有大量试验研究资金的注入，想获得突破是不现实的。从这个方面讲，瞬变电磁检测技术想获得大的发展，必须先做好宣传，使更多的人认识到这种独特检测思路的价值所在。

2. 金属磁记忆检测技术

1998 年，在美国旧金山举行的第 50 届国际焊接学术会议上，杜波夫（DOUBOV）

提出了“金属应力集中区－金属微观变化－磁记忆效应”相关学说以及金属磁记忆检测技术，引起反响。国内不少研究者认为，金属磁记忆的概念是俄罗斯学者杜波夫在 1994 年率先提出。但是，从杜波夫在美国旧金山会议提出如此完整的论述并给出具体的检测方法，同时很快向世界各国推出他们自己研究开发的检测仪器这一基本事实来推测，杜波夫等人发现金属磁记忆现象并进行研究的历史应该更早。只是由于两大世界集团的封锁隔离，相互保密，以前该技术很可能早在 20 世纪 80 年代甚至更早就在苏联和东欧国家进行研究交流并试验、开展小范围应用。1994 年只能算作他们向全世界公开他们技术的时间而已，该技术在苏联和东欧国家科技界早就公开了，只是西方国家包括我们国家无损检测界并不知道而已。随着苏联解体，为了生存需要，金属磁记忆发明人杜波夫教授等人才成立动力诊断公司，向世界各国推广该技术。

所谓磁记忆，就是铁磁性材料在外应力和地磁场共同作用下，其内部产生的晶粒转动和磁致伸缩效应会引起材料宏观磁特性的不连续分布，在应力撤出后，由应力集中所造成的该区域宏观磁特性的不连续性得到保留的现象。磁应力检测就是利用铁磁构件中产生的磁记忆效应，通过拾取地磁场作用下的金属构件的天然磁化信息来发现构件存在的应力集中区；通过评价应力集中程度来发现缺陷，是对金属构件进行早期诊断的一种无损检测方法。

如果不作仔细的分析，一定会认为这是对漏磁法检测技术的一种模仿。的确，金属磁记忆检测与人们已经探索了几十年的漏磁检测技术有相似之处。但是，金属磁记忆检测技术绝不是对漏磁检测技术的模仿。金属磁记忆检测的是构件的“天然”磁化信息，而漏磁法检测的是人工磁化信息。人工磁化的同时，就遮盖了构件表面反应的“天然”磁化信息，因此，漏磁法更便于检测宏观缺陷，而磁记忆法在发现肉眼看不见的微观缺陷上更有优势，更适合早期诊断。研究表明，该方法不仅可以检测表明缺陷，而且可以检测内部深达几十毫米的缺陷，且不需要清理表面甚至可以离开构件表面一定距离检测，检测速度快，现场应用十分方便。

正因为如此，金属磁记忆检测一经提出就立即就引起了世界各国的普遍关注并迅速得到推广。特别是在研究金属性能、金属腐蚀检测等方面都有不俗的表现。加上俄罗斯动力诊断公司在仪器研发、标准规范方面的迅速跟进，使得金属磁记忆检测很快在世界各国成为竞相研究、开发、实践的热门技术。

世界各国竞相开展金属磁记忆检测技术探索

美国爱荷华州立大学的 JILE、得克萨斯州的 SABLIK、DEVINE 等专家分别对该技术进行了深入的研究，先后在 1995 年、1996 年、2001 年发布了一些研究成果。如 2001 年，JILE 等从能量以及磁畴的角度出发，建立了应力与磁特性的微磁模型，通过模型研究了外应力作用下磁矩的变化规律。2002 年波兰人 KALETK 通过试验建立了应力和磁场强度以及磁感应强度之间的关系。2006 年，英国人 WILSON 则在磁记忆检测技术研究中引入残余磁场，方便了复杂试件的缺陷检测。

特别是 2001 年，俄罗斯 Transkor-K 研究和发展中心有限责任公司成立，专门进行金属磁记忆技术诊断和无损检测服务，尤其是在磁力层析技术方面，加速了金属磁记忆检测在全球推广。仅在管道检测方面，2002~2010 年俄罗斯、美国、欧洲、马来西亚就有超过 15000km 的油气管线进行了 MTM（磁力层析，磁记忆检测的一种）检测。

20 世纪 90 年代末期，我国科技工作者几乎与西方国家的科技人员同时开始引进、学习、研究磁记忆检测技术。1999 年 10 月，在广东汕头召开的第七届全国无损检测学术年会暨国际学术研讨会上，俄罗斯杜波夫教授发表了有关磁记忆检测技术（大会发言题目为 "Diagnostics of Metal Items and Equipment by Meams of Metal Magnetic Memory"）的学术论文以来，引起我国无损检测界的重视。同年，华北电力科学研究院金属研究所从俄罗斯动力诊断公司购置了一台 TSC-1M 应力检测仪（四通道），在电站锅炉管道检验中开始了国内磁记忆检测应用的首例。清华大学、南昌航空工业学院、爱德森（厦门）电子有限公司、南京燃气轮机研究所、国家质监局锅检研究中心等高校与科研单位相继在理论分析、仪器研制和推广应用等方面开展了磁记忆检测技术的研究工作。

2000 年 3 月，爱德森（厦门）电子有限公司在国内首家研制成功磁记忆检测仪——EMS-2000 金属诊断仪（八通道），并在《无损探伤》杂志上发表了首篇关于磁记忆检测的论文 "NDT 新技术——EMS-2000 金属诊断仪的原理与应用"；2000 年 12 月，中国电力出版社出版了任吉林、林俊明等合作编写的《金属磁记忆检测技术》；2001 年 8 月，全国无损检测学会秘书处在北京国家质监局锅检研究中心举办了我国首届金属磁记忆检测技术学术研讨会；2001 年，李永年分析总结了 20km 昆明煤气管道的检测数据，得出埋设年限越长，其综合参数（电导率和磁导率）越大的规律，符合磁记忆理论；2002 年，李永年发表了《管体视电阻率与腐蚀和疲劳损伤的关系》论文，文中对他发现的规律从磁记忆理论上进行了阐述说明。

2002 年 11 月，在北京国家质监局锅检研究中心再次举办了中俄金属磁记忆检测与评价技术研讨会，为磁记忆检测技术在我国的发展和应用起到了良好的推动作用。2002 年，管道科学研究院引进俄罗斯动力诊断公司的磁记忆设备，开展金属磁记忆检测装置在油气管道中的应用研究工作。从 2003 年起，一批关于磁记忆检测方法的研究课题得到国家自然科学基金的资助。根据中石油管道科学研究院总工程师白世武在 "中国石油天然气管道行业的无损检测技术发展及其与国外交流与合作"（《无损检测》2007 年第 12 期）提供的资料，管道局研究院立项研究大型储罐磁记忆检测软件开发工作，最终取得的成果主要有：①与磁记忆检测设备配套的金属磁记忆检测信号数字化分析软件；②与磁记忆检测设备配套的大型储罐应力状态综合分析软件；③金属磁记忆检测大型储罐应力状态图形显示软件；④大型储罐金属磁记忆检测数据库。2004 年 11 月，中石油管道科学研究院邀请俄罗斯动力诊断公司召开磁记忆检测技术交流会，专门交流了磁记忆在油气管道检测中的应用问题特别是对各种缺陷的敏感性及适应性进行了探讨，对磁记忆如何定量描述应力集中问题进行了交流。2010 年，我国首个磁记忆标准《电站锅炉集箱小口径接管座角焊缝无损检测技术导则　第 4 部分：磁记忆检测》正式发布。

关于磁记忆检测技术在中国的研究状况，2015 年清华大学电机系电力系统国家重点实验室乔天骄、黄松岭、赵伟、王珅等人在国家自然科学基金资助项目研究的基础上，写了一份比较权威性的综述文章"磁记忆检测技术研究现状及展望"，发表在《无损检测》2016 年第 38 卷第 11 期，可以称得上是对近年来磁记忆技术在中国发展状况的比较完整的阶段性概括，主要论点如下：

南昌航空学院任吉林等从力磁效应微观机理出发，研究发现，在被测的铁磁性金属构件中，随着应力的变化，当外部动载荷消除后，由于材料内部存在内耗效应，使得加载在金属内部所形成的应力集中区也得以保留，为抵消应力集中区的残余应力能，磁畴组织的重新排列取向也会保留下来，并在试件表面形成漏磁场，从而验证了可以用磁弹性与磁机械效应来解释磁记忆原理。后来研究发现，出现漏磁场法向分量的过零现象时，未必就有应力集中；而在应力集中区域，也未必出现法向分量的过零现象。而后，任吉林等人经过研究指出，仅从漏磁场法向过零，还不能获取足够的铁磁性金属构件内材料特性变化的信息，因此又对二维磁记忆检测方法进行探索，增加了漏磁信号切向分量取得最大值这一判据，并同时关注漏磁场切向分量、法向分量的一阶微分，形成了李萨图形分析法。天津大学黄炳炎等利用描述磁场特性的高斯方程，以及预制焊接裂纹处金属磁记忆信号的强度等，建立了应力与漏磁信号之间的关系模型，并且对铁磁性管线钢裂纹尖端处的应力集中情况进行了定量分析。张利明等对铁磁性金属构件的力磁效应进行了有限元分析，其结果使得应力的磁效应源于应力的磁导率效应的理论以及力磁偶模型得到了诠释，并且发现了应力集中区域的李萨图形会出现封闭区域，且封闭区域的面积与应力之间并非是简单的线性关系。黄松岭等用金属磁记忆方法检测了铁磁性金属构件中的应力分布，所得到的结果与盲孔法应力分布检测结果相吻合，证明了以磁记忆检测技术检测铁磁性金属构件中的应力分布是可行的。

有关地磁场对磁记忆检测的作用，学术界一直存在不同观点：李路明等通过试验证明了磁记忆检测可以有效判断铁磁性钢管上存在的应力集中区域，但地磁场在磁记忆检测中并不会产生决定性影响（李路明等．磁记忆现象和地磁场的关系．无损检测，2003 年第 8 期）。黄松岭等在屏蔽掉地磁场的条件下，将被检测构件表面的磁场与处在地磁场环境中的被检构件表面的磁场进行了对比，发现在由应力引发的磁畸变过程中，地磁场的作用（黄松岭等．地磁场在应力致磁畸变产生过程中的影响．清华大学学报：自然科学版，2003 年第 2 期）微乎其微；在地磁场作用的分析方面，刘美全等得出了类似的结论：固定磁畴结点一旦产生，其磁场强度远大于地磁场的磁场强度；在基于微弱磁场对铁磁性金属构件中缺陷的检测场合，地磁场只会改变检测信号的幅值，但并不会影响缺陷信号的特征。钟力强等通过改变检测时的环境磁场，发现环境磁场的影响存在两个特殊区域，检测时若外部磁场在其范围内，检测得到的由应力集中引起的磁场畸变的方向与其他区域相反，而在上述范围外的环境磁场与畸变磁场基本成正相关关系。

因此，黄松岭认为：磁记忆检测到的铁磁性金属构件表面漏磁场，其本质上是由于受到应力集中的构件表面磁畴壁发生的畸变，外磁场的影响只能改变这种磁场的幅值而不是特征；在弱磁场如地磁场作用下，或许构件表面漏磁场法向分量过零，还有其他干扰磁场时，有可能整体幅值改变过大导致构件表面漏磁场法向分量不过零。

磁记忆法在管道检测应用中的探索

有了上述研究理论的指导，磁记忆检测技术的仪器在国内的研发与应用很快发展起来。

管体磁记忆检测技术是基于磁法勘测手段与金属磁记忆检测原理相结合形成的一种检测方法。由于不同公司开发的磁应力检测仪所具有的磁探头数量、结构、分析方法不同，就有了不同的称谓。在国内有三种称谓，即磁力层析检测（MTM）、磁记忆检测（MMM）、磁应力检测。但是，从本质上都属于磁法检测技术。图 9-2~图 9-4 分别是这些不同称谓的磁应力检测仪器的代表性仪器。

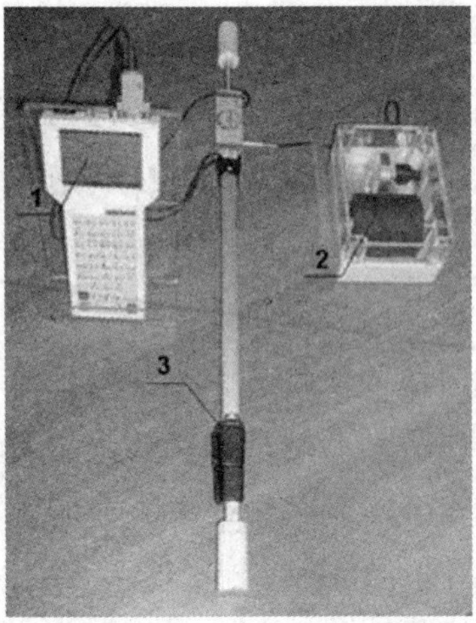

图 9-2　磁记忆检测设备

磁记忆检测（也称应力检测）也是 21 世纪以来进行埋地钢质管道管体腐蚀损伤状况检测的新技术。该技术在俄罗斯应用相对较多，2007 年，俄罗斯动力诊断公司就发布了《采用金属磁记忆方法无接触磁测检查石油天然气主干管道及其分支的规程》。在欧美也有应用，大约 2000 年前后传入我国。但是一开始并没有出现在

图 9-3 磁层析检测设备

图 9-4 磁应力检测设备

埋地管道的检测现场，而是在一些电厂管道或其他工厂的工艺管网中最先获得应用。直到 2008 年之后，才在埋地油气管道工程中获得应用，最早的实际管道检测案例大约在 2009 年前后才在一些刊物中出现报道。

成立于 2009 年的四川乐金川思科管道检测技术公司，是 Transkor-K 出资成立的一家中俄合资公司，是中国大区唯一的磁力线层析技术（MTM）推广与应用服务商。2009 年川斯科公司发布《运用非接触式磁力层析方法进行管道技术状况诊断指南》（P Д 102-008—2009，由俄罗斯联邦矿工业委员会批准）。但是，在 2010 年前后，主要还是俄罗斯人借助川斯科的营销网络，在中国从事检测技术服务。2009 年 4 月 ~ 2010 年 5 月，四川乐金川斯科管道检测技术有限公司采用 MTM 检测方法完成了国内 6 条油气管线的缺陷异常检测与评价。除川斯科管道检测技术有限公司，后来至少有三家俄罗斯检测公司进入中国市场从事技术服务，均表示只提供检测工程服务，不出售仪器和转让技术。所用磁力计的灵敏度、数据处理与图示手段尽管各不相同，但是方法的实质并无不同。检测效果好坏和检测费用高低成了竞争的焦点。

但是，这种状况很快就被打破。大约在 2014 年前后，国内已经开发出多款检测仪器，多家专门从事该技术服务的企业开始独立地从事油气管道地面检测服务。如天津嘉信技术工程公司、保定驰骋千里科技公司、胜利油田腐蚀与防护研究所等均开发了相应检测仪器并将其应用于实际检测。究其原因，既有俄罗斯公司要价过高、报告不及时、检测效果并不十分令人满意的原因，也有俄罗斯人缺乏市场经营经验、成本控制不好的原因，更有检测仪器构造简单，容易被别人模仿等原因。这个技术不仅在埋地管道，在其他管线检测场所也获得了应用。梁冰就研制了油井铁磁性金属套管应力磁记忆检测仪，目的是为井下套管安全状况评价提供依据（梁冰 . 油井金属套管应力磁记忆检测仪 . 石油仪器，2014 年第 6 期）。裴涛等将磁记忆检测技术应用在湿蒸汽发生器炉管的现场检测中，证实了磁记忆检测对炉管早期缺陷的发现有效果（裴涛等 . 磁记忆检测技术在湿蒸汽发生器炉管上的应用 . 科技信息，2014 年第 6 期）。乌克兰等国不仅研发出了用于电站、锅炉管道的磁记忆检测仪，并且制定出了用于评价相应检测方法和评估检测仪性能的国家标准。其基本原理是：管道无论是发生腐蚀、疲劳、强烈塑性变形都会引起管道应力集中，检出应力集中的区域，那就能够标识出管道可能发生危险的区域。

但是不可否认的是，MTM检测技术引进时间较短，国内消化研究仍然有限，具体应用实例仍然偏少，其发展前景仍然需要进一步观察。不过，这的确是一个值得探索的研究方向。

虽然从目前来看，在管道地面检测技术系列中，磁应力检测技术不如TEM技术成熟，但是探索磁应力检测技术的机构和研究者却更多一些，且在一些方面已经显示出不俗的表现。我在2019年出版的《管道隐患排查电磁检测技术》一书中，曾收录了保定驰骋千里公司一名叫刘垚江的员工写的一篇题为《环焊缝开挖磁力仪使用心得》工作总结。在这位检测一线员工的眼中，应力检测比内检测更可靠、更准确。因为，凡是内检测发现的问题，他们都可以在地面上非常方便地用磁应力检测方法找到，而且定位准确。相反，内检测只给出某处可能有问题，定位误差往往在几米甚至十多米，要复核、维修还找不到地方。

既然我们花那么大的代价做了内检测，而得到的结论也仅仅是告诉人们，某处存在缺陷，需要用超声波等直接检测仪器再确认缺陷的存在与否、缺陷的大小和严重程度，这说明内检测技术仍然处于定性检测的性质。而且，这个定性检测得到的结果还不容易寻找到，现场复核人员需要用磁力仪（磁应力检测的一种仪器）来寻找这些可能的缺陷点。这不就是说，用便携式磁应力检测仪也同样可以发现这些隐患点或缺陷点吗？进而可以代替内检测器所做的工作吗？因此，在管道地面检测领域，磁应力检测技术探索已经引起很多机构与研究人员的关注。

在中国，保定驰骋千里公司的李永年、天津嘉信的林守江以及中国工程物理研究院、四川汇正、川科斯的工程技术人员也一直在进行着该技术的探索开发工作。图9–5为天津嘉信公司人员在天津大桥附近、山东科通公司在济宁煤矿塌陷区特殊地段用磁应力检测仪检测管线应力集中。目前磁应力非接触式地面检测已经成为国内各管道企业优先选择的一种管体风险检测普查技术。尤其是在一些经过塌陷区的管道企业，更是钟情于磁应力非接触式地面检测方式。2019年9月24日，中国石化天然气山东管道公司首次应用非接触式管道磁应力检测技术对淄莱线高后果区、管道内腐蚀风险点等重点管段进行检测。淄莱线建成投产于2005年，全长77.1km，管径355.6mm，设计压力3.9MPa，下游客户3家。由于淄莱线下游客户用气量和运行压力较低，生产工况不具备内检测条件，无法掌握管道本体安全情况，加之经过煤矿采掘区附近，地下土层不稳，管线是否存在额外拉应力隐患等都是业主担心的问题，因此，决定对管道实施一次磁应力检测。

图 9-5　检测人员在煤矿塌陷区等特殊地段用磁应力检测仪检测管线应力集中

磁应力在管道内检测中的探索

根据人们对磁记忆原理的分析，磁应力检测技术不仅可以应用在地下管线的地面检测中，还可以用于管道内检测。无论是漏磁内检测器、涡流内检测器，还是射线超声内检测器，只能检测出管道已经产生的腐蚀和损伤缺陷，无法检测出应力集中区。特别是采用高等级钢新建的管道，焊接产生的热应力以及打压试验后部分热应力得到释放后产生的新应力，这些应力是管道应力腐蚀区域和延时裂纹爆裂区域发生破裂的主要原因。

在磁应力检测研究竞相兴起的背景下，一些研究人员基于数据采集系统、传感器及采集定位系统、变形检测系统、视觉检测系统、机械结构等的设计，进行了管道弱磁内检测装置的设计制造。该装置利用自主爬行装置，携带磁记忆技术检测探头，对铁磁性金属自有漏磁场进行应力分布检测，这些检测到的应力包括热应力、损伤缺陷应力、裂纹应力、拉应力等。而应力集中区一般情况下对应于微观缺陷区，将现有缺陷形成后的管道内检测转化为没有形成体积缺陷下的事故预报检测。特别是针对管道打压前后的变化状况，即对同一管道进行两次检测，打压前对管道进行一次磁应力检测，打压后对管道再次进行磁应力检测，将两次检测结果进行对比，正常情况下原有应力在打压后会得到释放，如果原有应力信号得到增强，或产生新的应力信号，证明此区域为危险管段，应该进一步分析。这样，就可实现对新建管道事故的提前预防。

中国石油西部管道公司工程项目管理部伍奕、荣军在“管道弱磁应力内检测装置的设计与应用”中就简要记述了国内某款磁应力内检测器的研究思路和开发过程。检测仪设计主要包括：数据采集系统设计、传感器及采集定位系统设计、变形检测系统设计、视觉检测系统设计、机械结构设计。磁记忆内检测器机械设计图如图 9-6 所示。2012 年，利用我国自主研制的磁记忆内检测器，完成了伊宁 - 霍尔果斯管道

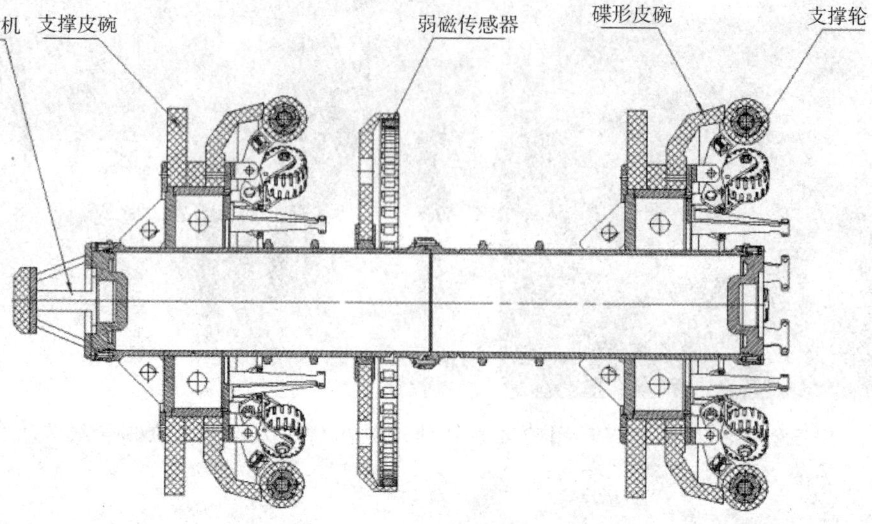

图 9-6 磁记忆内检测器机械设计图

63.2km 磁记忆内检测，经现场检测数据下载分析，确认所有检测数据完好，并通过开挖和打爆试验验证了应力伤检测的准确性。据报道，这套装置就是西部管道科技信息服务中心 2011 年起与沈阳工业大学合作开展的管道弱磁应力检测方面研究的成果。

2014 年，该套装置又在西气东输 ϕ1219 大口径高压力管道进行了弱磁应力在线检测。本次检测里程为 137km，检测器以平均 2.88m/s 的运行速度，历经 13 小时 14 分钟，于 8 月 1 日 2 时 51 分抵达乌鲁木齐压气站收球筒。管道磁应力内检测器的成功应用，说明应力检测技术在我国取得了重大进展。

与瞬变电磁技术（TEM）相比，磁记忆检测不需要人工源，设备轻便、检测效率高，可以使用磁法检测预先筛选异常管段，再使用瞬变电磁技术详查。因此在继续研究瞬变电磁技术的同时，国内不少机构也开始自主研发磁测方法设备。这说明，磁应力检测技术的前景非常可期。

就已发表的文献来看，应力检测技术的实质是磁法勘探手段与金属磁记忆检测原理。两项成熟的技术结合起来检测铁磁性埋地管道无疑是一个创新，但是，应用时需要考虑：①需要识别并剥离出管道缺陷引起的磁异常信息；②需要抑制非目标管道的磁干扰；③需要有精度与缺陷磁场量值相适配的磁力计；④需要有一套科学的检测方案、数据处理手段以及合理的工作流程。总之，该技术目前对检测人员的经验还非常依赖，如何抑制干扰、剥离干扰等仍然需要进行大量的研究。

3.NoPig 管道检测技术

德国 FINO AG 公司 2002 年发布的“NoPig”技术是一种可在地面通过检测埋地

管道金属损失率评价管道腐蚀程度的方法，该方法依据的是频率域电磁原理。NoPig的意思是“非管内检测”，是不必通球清管的一种管道检测技术。基本方法是，在待测管段两端通以多成分谐波电流，测量由此激发的管道上方的磁场，获得该电流的频谱和磁场的频谱，对比分析该电流和磁场的各同谱分量的比值，进而确定管道壁厚的异常变化率。在管道无缺陷的情况下，同一频率对应的电流强度和磁场强度的比值相同，不具有频率相关性；在管道存在缺陷的情况下，该比值不同，具有频率相关性，并且可以确定相关曲线。因此，可以判定缺陷是否存在。

2006 年至今，NoPig 检测技术得到较快发展，尤其在缺陷的轴向定位精度方面，大幅提高了检测准确度。根据 N.P.Inspection 公司在 2006 年北美第三大天然气管道运营商 TransCanada 的应用试验报告，相对于非开挖检测技术的另一代表性技术——非接触式金属磁记忆检测技术，NoPig 检测技术的可靠性更高。NoPig 的检测准备工作简单，不需要昂贵的发射装置，也无需清管；每千米的检测费用与内检测费用相当；在检测精度、准确度、适用性、经济效益等方面，NoPig 检测技术具有很大的发展空间和应用前景。该技术已经在德国 Eon/Ruhrgas 和 VNG 管道运营公司、澳大利亚 RAG 公司和 Applus RTD 公司有应用实例。图 9-7 为 NoPig 数据采集现场图片。

图 9-7　NoPig 数据采集现场

实施 NoPig 检测时，首先安装连接 NoPig 电源和管道连接点的电缆，阴保桩、地上管道或阀门、管道井均可视为连接点。两个连接点之间可以作为一个测试范围。两个连接点之间的最长距离为 1km，电缆与管道的距离至少为 50m，选择的地形必须适合缆线安装，而铁路、高速公路、超过 5m 宽的河流或小溪则无法为电缆提供安装路径。电缆安装完成后，调试电源的电流，开始从一个连接点向另外一个连接点检测，步进距离为 1m。管道上方 3m 范围内应无障碍（大片密集的植被或垃圾），若有金属结构，则会干扰磁场，降低检测系统的灵敏度。

与内检测相比，该技术特别适应于无法清管的管道，可降低检测工作难度、检测费用低廉。但是，由于需要使用高频信号，其抗干扰能力差，不适用于城市复杂的管道环境；每点都需要判断等效电流中心，相对于其他地面检测管体缺陷的技术，检测效率低；设备相对笨重，对地形有要求，不平坦的地形难以作业。

李永年先生分析了德国的“Nopig”、俄罗斯的 MTM（磁层析）、国内 TEM 检测技术后认为：德国的“Nopig”检测管体金属损失、俄罗斯的MTM（磁层析）检测铁磁性管件应力集中和缺陷的磁场信息、TEM检测管壁厚度和磁导率、电导率异常（缺陷），它们都是针对金属管体的地面检测技术；“Nopig”功率大、抗电磁干扰能力较强，但设备笨重，对检测环境要求较苛刻，检测效率低、成本高，需要向管体接入信号电流（在无出露接入点时需要开挖），此外，不宜检测管壁均匀减薄的金属损失，目前还不能检测尺寸不大的缺陷（例如裂纹、点蚀与坑蚀群、焊缝应力开裂、盗卡等）；磁层析装备轻便、检测效率高、成本低，可以检测细小缺陷和应力集中产生的磁场信息（取决于所用磁力计的灵敏度和稳定性），由于地磁场、管道磁场、缺陷磁场、干扰磁场的信息同时叠加在所采集的磁场数据中，因此数据处理手段与异常识别能力成了检测效果好坏的关键；全覆盖TEM检测装备比较轻便、检测效率较高，工程收费合理，可以连续检测管壁厚度变化和管体缺陷异常，对于点蚀等小尺寸缺陷不能检出。

综合来看，上述三种方法在不开挖、不停输的情况下都能检测出管体缺陷的具体位置。相对于管道内检测成本更低、操作更方便、检测效率更高。但是，都存在外部电磁干扰对检测精度的影响，存在对于一些较小缺陷的检测盲区或误判问题，仍然需要进一步研究，积累经验，完善理论与方法。对于深埋穿越河流、穿越公路、街道或其他设施的管段部分，更是没有用武之地。因此，管道管体腐蚀损伤缺陷或隐患的地面检测，并不能独立地完成管道在任何状况下的全部隐患排查任务，与管道内检测一样，有其无法克服的障碍。这个结论再次告诉我们，没有单一形式的全能型检测技术，唯有综合施测才是管道检测的出路。

4. 带保温层管道检测技术

管道保温层对节能、保证输送过程平稳、安全隔离有独特的效果，但是保温层的应用也会带来腐蚀的发生。保温层下腐蚀通常会直接破坏被保护的管道，而且据2003年埃克森美孚在欧洲腐蚀联合会报道的相关研究表明，在所有导致泄漏事故发生的原因中，保温层下腐蚀导致的泄漏最为常见，尤其是在海上作业的相关设施中的破坏更加严重。但是，由于保温层的存在，使得常规的无损检测很难奏效，人们很长时间以来就在探索如何在不移除防腐保温层的状态下检测到腐蚀。其中，脉冲涡流法通过长期研究，被发现是一种比较理想的检测技术。

这种方法的原理是通过外部系统提供的交流电在要测试的构件内部激发涡流。脉冲涡流的主要特点是：与通常采用的涡流法相比，因为在线圈上有大的电流通过，所以在测试体上也有可能形成大的磁场。可根据这一点设计大的隔离空间（线圈和试验体之间的距离），使感生涡流有可能渗透到更深的深度。在线圈两端施加具有一定占空比的方波信号作为激励，由法拉第电磁感应定律可知，变化的脉冲电流会在线圈的周围激发一脉冲磁场，该脉冲磁场又会在处于其中的导电试件中感生出瞬变涡流，所激发的涡流磁场在被测试体上就会感应出随时间变化的电压信号。被测试体（管线钢表面）的腐蚀缺陷通常会引起电导率和磁导率的变化，进而导致涡流和电流的变化，磁场的相位和振幅也会相应发生变化。通过检测这些变化，就可以得到保温层下管道发生的腐蚀状况。相对于其他无损检测方法，脉冲涡流法有很多优点，比如这种方法对局部缺陷有很高的灵敏度，并且不需要检测探针与管线钢表面的接触等。脉冲涡流法的这些优点使其特别适合用于管线钢中腐蚀缺陷形成和扩展过程的连续性监测，尤其适用于保温层下腐蚀的监测。

在本书第 6 章，我们对涡流检测技术的发展历史曾进行过探讨。我们知道早在 20 世纪 70 年代中后期，脉冲涡流检测技术在全世界范围内就得到了广泛研究，20 世纪 90 年代脉冲涡流检测技术在全球信息技术迅猛发展的带动下获得了实质性的提高。特别是美国爱荷华州的 C.C.Tai 等人在 1996 年利用脉冲涡流检测技术，采用绝对式线圈，分析了线圈中电流的变化，实现了对含有镀层的多层结构导电率及厚度的检测。在后来的研究中，该大学的研究团队又进一步发现了脉冲涡流检测的其他特点及规律。田贵云等人从 21 世纪初就开始研究脉冲涡流检测技术。他们提出了一种集成脉冲涡流和电磁声换能器的方法，提高了检测的灵敏度和可靠性。加拿大的研究人员通过研究，实现了在有提离存在的情况下，对被检测构件腐蚀缺陷的成像检测。英国防卫评估与研究中心和澳大利亚航空与航海研究实验室合作，成功开发出对飞机机身结构进行扫描检测的仪器，可以对多层结构中出现的腐蚀和裂纹缺陷进行定量化检测。

国内的研究大约起始于 20 世纪末期。如 1999 年西安交通大学的幸玲玲博士就在《西安交通大学学报》1999 年第 10 期发表过“涡流无损检测中类 Sommerfeld 积分的计算”的论文。进入 21 世纪，我国从事涡流检测研究的学者开始多起来，如雷银照等人发表的“线性瞬态涡流场定解问题中的法向边界条件与解的唯一性”（《中国机电学报》2003 年第 4 期）、杨宾峰等发表的“脉冲涡流无损检测技术应用研究”（《仪表技术与传感器》2004 年第 8 期）、林俊明等发表的“隔热层下钢管壁厚脉冲涡流检测系统”（《无损探伤》2006 年第 6 期）、陈铁群等人发表的“基于巨磁阻元件的涡流/磁一体化阵列传感器”（《科学技术与工程》2007 年第 7 期）等均属于 21 世纪初期国内最早期的研究成果之一。在 2008 年前后，厦门爱德森电子有限公司林俊明等人就开始研究基于脉冲涡流的带保温层管壁腐蚀电磁检测方法并开发出具体检测仪器。

但是这个时期，还很少有将脉冲涡流检测运用到石油、石化工业带保温层管道腐蚀的检测上。2010 年，中北大学硕士研究生王晓军在完成其硕士学位论文“带保温层管道脉冲涡流检测传感器设计与研究”中开发的检测仪器样机，是可以应用到石油、石化带保温层管道腐蚀剩余壁厚检测中比较早的涡流检测仪器样机。2017年，将这种技术应用于带保温层的储罐罐壁腐蚀的检测仪器被浙江某检测公司开发出来并在实际检测工程上获得应用。而保温层下管道腐蚀检测仪器走向商业化应用仍然有待时日。2020年年初，北京安科管道工程科技有限公司陈少松博士与路怡博士在一篇题为“管道保温层下腐蚀及其检测与预测方法”的综述性文章中报道了Lyft System（公司名称）最近开发的一种叫作Eddyfi的脉冲涡流检测工具，已经用于检测管线钢保温层下腐蚀的检测。根据报道，使用者可以在动态扫描模式下以更快的检测速度获取分辨率更高的管线钢表面形貌的图片，识别出保温层下通常情况下难以检测到的腐蚀区域，比如鞍座处。该技术可以在预先未知缺陷类型、缺陷深度和位置的情况下成功检测并定位保温层内部管线钢上腐蚀缺陷、提供缺陷信息，该技术可以检测出管线钢表面的起泡腐蚀状态和尺寸大小，而在这之前这种腐蚀的检测一直是困扰传统无损检测技术的一个难题。

根据原美国西南研究院管道检测技术服务中国总代理、目前在上海海隆从事管道内检测的李金武先生的介绍，从理论上说，针对防腐保温管金属管体检测的方法至少有脉冲涡流技术（PECT）、脉冲漏磁涡流技术（PMFL）、X射线检测技术、数字射线检测技术（DRT）等。

其中，脉冲漏磁涡流技术（PMFL）是将脉冲涡流技术与漏磁检测技术相结合而形成的一种检测方法，集成了漏磁检测技术和脉冲涡流技术的各自优点，既实现了对铁磁性管道的磁化，提高了激励磁场的穿透深度，同时又利用了脉冲激励所具有的频率成分丰富的优点，增强了激励场对保温层的穿透效果及对深层缺陷的检测效果，可以用于带保温层管道的缺陷检测。

数字射线成像检测技术（DRT）可以不用破坏保温层即可对其中的钢管进行腐蚀检测，评价保温管道的腐蚀缺陷的状况。该技术为实时成像、无胶片的检测技术，无需破坏保温层即可对服役状态下的保温管管壁内外部腐蚀进行检测。

当然，从目前来看，即便是Lyft System公司的这个最新的检测手段，对于保温层下管道腐蚀检测仍然只是一个初步的技术。正如陈少松、路怡博士在论文最后所总结的那样：

这些方法和手段仍处于不同的成熟阶段，仍需付出巨大的投入使之成为更可靠实用的技术。预测保温层下腐蚀更是一项艰巨的任务，主要原因之一在于油气管道行业中因为保密问题而不会共享腐蚀速率的数据。现有主要的数据可靠来源是API 581，该资源提供了在有限工作范围内（−12~176℃）保温层下腐蚀的腐蚀速率。但问题是，除了API 581建议的工作温度外，在实际管道运行过程中还发现了其他引人关注的腐蚀速率。由于保温层下腐蚀速率数据的缺乏，针对该情况的预测模型研究有限。因此，期待油气管道行业能够更快认识到可靠的数据采集和数据共享对于有效检测和准确预测腐蚀速率的重要性。

木章介绍的四种非接触式管道腐蚀损伤检测方法，有一个共同的特点就是不与被检测管道密切接触。都是通过检测磁场的异变来判断管道腐蚀损伤缺陷，所以可以归于磁法检测范畴。在本章第三部分，曾经比较过德国的“NoPig”、俄罗斯的MTM（磁层析）、国内 TEM 检测技术的异同及优缺点。保温层下管道腐蚀的脉冲涡流检测技术虽然针对的不是埋地管道的检测，但是也同属于非接触式管道腐蚀损伤检测系列。从基本原理上来讲，也可以看成是 TEM 检测技术的变形技术。

参考文献

[1] 李永年，郭玉峰，等 . 国内外埋地管道腐蚀状况物理检测技术现状［J］. 岩石工程界，2000，3（9）：43–44，48.

[2] 吕国印 . 瞬变电磁法的现状与发展趋势［J］. 物探化探计算技术，2007，29（增刊）：111–116.

[3] 雷枫 . 瞬变电磁早期信号提取技术研究［D］. 中国矿业大学，2014.

[4] 嵇艳鞠 . 浅层高分辨率全程瞬变电磁系统中全程二磁场提取技术研究［D］. 吉林大学，2004.

[5] 任吉林，刘海朝，宋凯 . 金属磁记忆检测技术的兴起与发展［J］，无损检测，2016，38（11）：7–15，20.

[6] 张卫民，董韶平，张之敬 . 金属磁记忆检测技术现状与发展［J］. 石油机械工程，2003，14（10）：892–896.

[7] 高永才，等 . 瞬变电磁法金属管道腐蚀检测理论初探［J］. 物探化探计算技术，2005，27（1）：29–33.

[8] 李永年，等 . 埋地管道缺陷磁法检测技术实验［J］. 防腐保温技术，2011，19（4）：8–18.

[9] 李永年，等，TEM 法管道腐蚀检测中的几个问题［C］. 北京：2000 国际表面工程与防腐蚀技术研讨会 –21 世纪表面工程与防腐蚀技术的发展与应用论文集，2000：420–424.

[10] 李永年，陈长满，吕桂玉 . 埋地管道金属蚀失量检测技术的应用效果［J］. 防腐保温技术，2003，10（2）：33–35.

[11] 李永年，等 . 城市埋地燃气管道腐蚀状况地面检测的问题与建议［J］. 地下管线管理，2002，2（26）：15–17.

[12] 李永年，李晓松，吕桂玉 . 关于城市燃气埋地管网腐蚀检测方案的建议［J］. 地下管线管理，2003，2（32）：20–22.

[13] 尚兵，等，金属管道管体检测新方案——管壁厚度 TEM 评价系统［C］. 西宁：山东石油学会第四

届腐蚀与防护技术学术交流会论文集，2006：123-128.
[14] 尚兵，李晓松．埋地管道管体腐蚀状况地面检测方法综述[J]．防腐保温技术，2008，16(4)：32-34.
[15] 尚兵，李晓松，李永年．管壁厚度 TEM 检测进展[J]．防腐保温技术，2009，17(2)：35-42.
[16] 李晓松．提高管道壁厚 TEM 方法的检测准确度[C]．北京：第五届全国腐蚀大会论文集，2009：1-6.
[17] 李永年，李晓松，尚兵，等．平行管道 TEM 检测问题探讨[J]．防腐保温技术，2011，19(3)：29-39.
[18] 尚兵，李晓松．两种钢质管道腐蚀检测新技术[J]．管道技术与设备，2011，(5)：57-59.
[19] 李永年，陈德胜，等．瞬变电磁技术在检测管体缺陷上的应用研究[J]．管道技术与设备，2013，(4)：27-29.
[20] 李晓松．连续诊断管体金属腐蚀与缺陷的全覆盖瞬变电磁检测方法：201310116234.8[P].2013-07-10.
[21] 李晓松．同时检测地下管道金属本体和防腐保温层缺陷的方法：201210088492.5[P].2013-10-23.
[22] 王维斌，董红军，等．非开挖 NoPig 检测技术发展现状与应用前景[J]．油气储运，2012，31(3)：161-164.
[23] 朱凤艳，刘全利，等．在役管道非开挖外检测技术评述[J]．油气储运，2015，34(2)：215-219.
[24] 伍奕，荣军．管道弱磁应力内检测装置的设计与应用[J]．油气储运，2015，34(7)：727-731.
[25] 林俊明，林发炳，林春景．基于脉冲涡流的带保温层管壁腐蚀电磁检测系统[J]．无损检测，2010，34(1)：44-46.
[26] 王晓军．带保温层管道脉冲涡流检测传感器设计与研究[D]．中北大学，2010.
[27] 乔天骄，黄松岭，等．磁记忆检测技术研究现状及展望发表[J]．无损检测 2016，38(11)：16-20.
[28] 李路明，胡斌，等．掌上型金属磁记忆检测仪[J]．无损检测，2004，26(5)：249-252.
[29] 梁冰．油井金属套管应力磁记忆检测仪[J]．石油仪器，2014，(6)：45-46.
[30] 裴涛，樊户伟，等．磁记忆检测技术在湿蒸汽发生器炉管上的应用[J]．科技信息，2014，(6)：222-222
[31] 石仁委．埋地管道腐蚀检测技术探讨[J]．石油工程建设，2006，32(2)：30-31，38.

第 10 章
外部直接扫查式管道检测技术探索史

管道非接触式检测（主要是管道地面检测技术）虽然可以克服内检测技术的某些缺陷，解决一些内检测不能解决的管道隐患排查问题，并能降低检测成本、方便操作，不影响管道正常生产。但是，这些检测方法也有其无法克服的弊端，如对于电磁干扰严重地段的管道、穿跨越段管道、工业管道、水下管道等无法检测或检测比较困难。对于工业管道，主要是架空的工艺管网，虽然用超声波检测、射线探伤等无损检测方法也能进行腐蚀损伤状况的检测。但是超声波检测需要去除防腐层并打磨，逐点检测成本高、效率低，无法对整条管道进行检测；射线探伤需要逐点拍片，需要对周围环境和人员进行防护，效率更低、成本更高，正在逐渐被新技术所替代。于是，人们针对这类管线开发出效率更高的扫查式检测技术。这就是超声导波和漏磁检测技术。其中超声导波适用于带保温层管道的腐蚀检测，而漏磁检测技术则更适合无保温层管道的快速扫查检测。对于水下或海底管道则开发出由 ROV 搭载的各种检测技术。

1. 工业管道爬壁扫查式缺陷检测技术

爬壁机器人的开发及启示

自从 1966 年日本的 A.NISHI 设计出了一台基于负压吸附的爬壁机器人样机以来，爬壁机器人在世界范围内得到了快速发展。比较有影响的是西班牙人 R.Lal Tummala

等人设计的低功耗微型双足爬壁机器人，韩国的 HwangKim 等人研制的履带式吸盘机器人，葡萄牙的 Mahmoud Tavakoli 等人研制的全向轮永磁机器人，德国的 Tache. F 等人研发的检测钢质管道内部的磁轮机器人，日本人和以色列人研制的具有自主攀爬能力的攀爬机器人。国内比较早的是 1996 年哈尔滨工业大学机器人研究所在国家“863”计划资助下研制的多功能履带式罐壁喷涂检测吸附爬壁机器人。国内比较成熟的爬壁机器人多用于油罐检测与船体壁面清洗、除锈、焊缝检测等。如上海交通大学、大连海事大学、宁波大学等均研制开发过用于油罐或船体表面除锈、抛光、检测的爬壁式机器人。

那么，这些爬壁机器人能否用于管道检测呢？特别是处于复杂环境下的工业装置区内工艺管网的检测是最需要这种技术的。而且，从原理上讲，能够攀爬大罐，就能攀爬管道，因此，爬壁机器人在 21 世纪初就出现在了管道检测领域。

2005 年，上海交通大学博士研究生付西光在他的博士论文“管道焊缝缺陷扫查机器人轨迹规划与运动分析及其超声检测关键技术研究”中，曾分析了开发管外爬壁扫查式机器人的技术难点，首先在于机器人与被检测管道之间的定位与连接问题；且由于焊缝特别是异型焊缝如 T 型、Y 型、K 型等焊缝的几何形状复杂，增加了机器人适应环境的难度；其次是在扫查过程中经常遇到扫查空间狭小、管道纵横交错等问题，需要机器人适应不同的空间变化；最后是逆运动学问题。正是这些困难导致了管道外爬壁式检测技术的开发远远滞后于内检测器的研究开发。但是，由于核工业管道等其他危险环境下管道检测问题的紧迫性，尽管面临许多技术难题，各国还是在这一方面投入了很大的精力，用于管道外部爬壁式检测机器人的开发。

爬壁扫查式管道缺陷检测技术

危险环境下管道焊缝在役检测的需要，是推动管道爬壁扫查式管道缺陷检测技术研究开发的最大动力。随着核电站建设，法国、美国、加拿大等国在 20 世纪就开发出扫查式全自动超声波检测系统，这是爬壁扫查式管道缺陷检测最早采用的技术形式，后来又出现了漏磁检测等新型检测技术。在我国，对这方面技术的研究也是随着浙江秦山核电站工程、广东大亚湾核电站的建设而开始引进、研究和学习的。但是由于国外价格昂贵、技术保密的限制，我国到 21 世纪初仍然是以人工检测为主。2001 年，国防科工委课题“核动力装置插接焊缝机器人自动超声检测及远程控制装备研究”项目，是我国最早开始研究开发爬壁扫查式管道缺陷检测技术的项目之一。

因比较高的开发难度，导致这一领域的技术研究进展相对比较缓慢。直到 2010 年前后，国内才出现了爬壁扫查式管道缺陷检测技术的应用案例。

熊昌盛等在“钢制管道外爬壁漏磁检测技术在工程中的应用”一文中报道了

2008 年 9 月，对某化工厂常减压、催化装置部分在用工业管线利用漏磁爬行器检测的案例，检测管线管径为 150~1400mm，发现 11 处缺陷。经验证，局部腐蚀减薄量最大达到 5.5mm。

其实，沿管道外壁爬行扫查式缺陷检测技术可以有多种多样，比如磁应力检测仪器，我们也可以设计成沿管道外壁爬行形式的检测仪器。管道环焊缝全自动超声波检测设备，主要也是依靠扫查器，在管道外壁自动行走对管道环焊缝进行缺陷检测。

实际上，人们对管道外壁爬行的检测法研究已久。因为，化工企业内的工艺管道内壁极易出现局部腐蚀坑、冲刷磨损沟槽等隐患。而且这类隐患会不断发展，可能存在于管道的任何部位，成为孤立腐蚀点，很难发现，危害又很大，靠传统的无损检测一个点一个点检查，显然不现实，内检测更无法进行。人们发明的非接触式外检测对工艺管网的这类缺陷更不擅长。针对这种情况，开发对管道整体腐蚀扫查式检测仪器就显得尤为重要。以漏磁法扫查式外检测技术为例，早在 1992 年，国外某公司就研制出检测探头沿管道外壁爬行、能实现"面"的扫查且无需耦合的漏磁法检测仪器。

根据中国特种设备检测研究院沈功田、王宝轩、郭锴的"漏磁检测技术的研究与发展现状"（《中国特种设备安全》2017 年第 9 期）介绍，国外管道外部漏磁检测设备生产厂家主要有英国 Silver Wing 以及美国 MFE 等。

英国 Silver Wing 公司的漏磁检测设备主要有 Pipescan 等。Pipescan 管道扫描仪可检测管道腐蚀，选择不同型号扫查探头可覆盖管径 50~2400mm 的管道。其主要参数为：检测宽度范围为 100~200mm；连续工作时间为 8h；最大涂层厚度为 6mm；灵敏度可调，最大灵敏度为 6mm 厚管壁 30% 的点蚀、12mm 厚管壁 40% 的点蚀、16mm 厚管壁 50% 的点蚀。美国 MFE Pipescan 管道漏磁扫描检测仪，其适用于管径大于 127mm 的管道，可实时显示数字信号，具有可供选择的 3~6 磁桥，检测宽度为 210~420mm，扫描速度可达到 1m/s。图 10-1 为美国 MFE Pipescan 管道漏磁扫描检测仪。

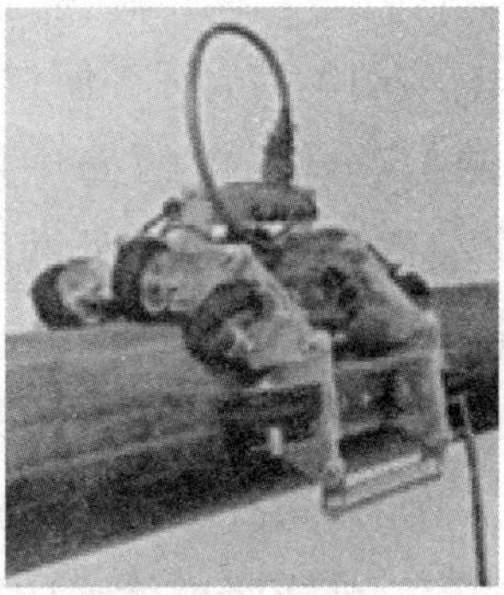

图 10-1　MFE Pipescan 管道漏磁扫描检测仪

国内管道外壁扫查式检测仪器开发与使用

我国直到 21 世纪初期才有相关检测仪器研发的报道。中国特种设备检测研究院沈功田、王宝轩、郭锴在"漏磁检测技术的研究与发展现状"（《中国特种设备安全》2017 年第 9 期）一文中曾报道：

国内管道外漏磁检测仪生产厂家主要有爱德森（厦门）电子有限公司、中特检科技发展（北京）有限公司等。爱德森（厦门）电子有限公司的管道漏磁检测设备主要为 MFL-4008 八通道漏磁检测仪，见图 10-2。MFL-4008 可用来检测铁磁性管道内、外部腐蚀，该装置可用于检测管径从 45mm 到 60mm 的管道。中特检科技发展（北京）有限公司的管道漏磁检测仪主要为 ZTJ-MFL-A 型无线自动爬行漏磁检测仪，见图 10-3。ZTJ-MFL-A 型自动爬行漏磁检测仪配备高灵敏度检测探头和信号处理电路，采用无线遥控和无线数据传输技术，实现多种场景下的快速自动化漏磁检测。该仪器可应用于管道、储罐外壁板、起重机横梁等多种管状或板状铁磁性构件。主要参数：检测灵敏度为 8mm 试件上可检出 ϕ1.6mm 通孔缺陷和直径 10mm、深 1.6mm 盲孔缺陷；适用范围为外径大于 200mm、厚度为 3~20mm 的管状或板状铁磁性构件。

图 10-2　MFL-4008 八通道漏磁检测仪

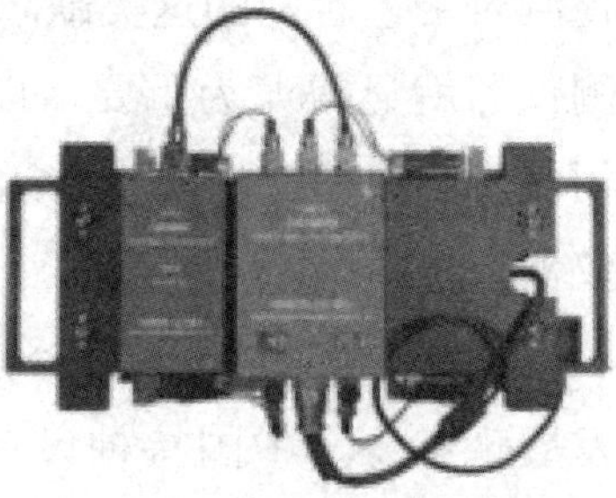

图 10-3　ZTJ-MFL-A 自动爬行漏磁检测仪

2010 年黄辉、何仁洋等曾在一篇题为“漏磁检测技术在管道检测中的应用及影响因素分析”的文章中报道：国内北方某石化公司在大修期间，就利用该方法从某气体管线发现多达 6 处的局部小面积腐蚀点，最大局部减薄量达到 54%（从 10mm 减薄到 4.6mm），缺陷面积直径仅 1.5mm 左右。依靠普通超声波测厚仪很难发现这些埋藏的孤立腐蚀点缺陷。

沿管道外壁爬行的漏磁检测法不仅可以用于化工厂的工艺管道，在各种架空输送管道、外露竖立管道的检测中也很有使用推广价值。中国特检院在 2013 年曾报道研究成功 ϕ325mm 管道外壁爬行周向励磁检测探头，其应用对象也可以是这类架空或竖立的输送管道。

目前，利用沿管道外壁爬行的漏磁检测法仍然有各种不足，但是，确实可以提高检测效率并实现对体积型缺陷的 100% 检测。

2016 年，东北石油大学戴光、郑克耀、杨志军、刘延雷、王兵等承担的国家质检总局科技计划资助项目和浙江省质监系统科研计划资助项目《管道外自动漏磁检测技术及试验》，设计了一种适用于多种管径的管道外部自动检测装置（图 10-4 为戴光教授团队设计的漏磁检测仪结构示意图），并通过有限元仿真和试验，对管壁上不同深度和直径的腐蚀缺陷进行模拟和检测，分别得到了管道缺陷的不同参数对漏磁场的影响规律。仿真和试验结果具有一致性。另外，通过他们的实验证明，这款新设计的漏磁检测仪对管道内、外壁缺陷的检测同样有效，克服了采用人力驱动或者人工辅助电力驱动方式进行扫描检测，检测效率不高，且在检测中更多地引入了人为的不确定因素，易产生漏检和重复检测从而影响检测结果的正确性和可靠性的弊端。

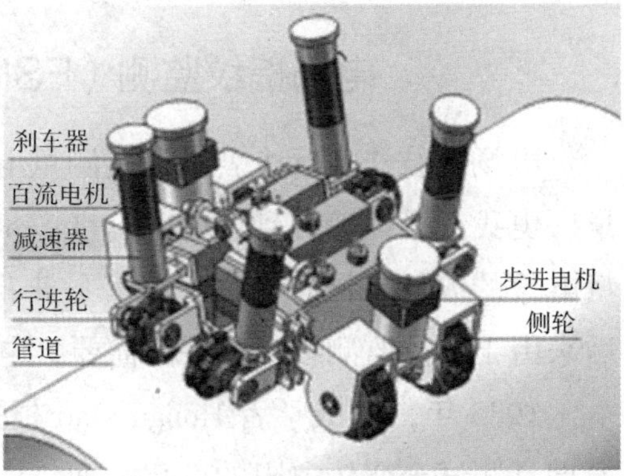

图 10-4　漏磁检测仪结构示意图

实际上，不仅漏磁法检测仪器可以通过爬壁架对工业管道缺陷进行扫查式直接检测，磁记忆检测方法、涡流检测方法、TEM 检测方法等也可以通过改进其探头或线圈，用作工业管道（特别是工业装置的工艺管网）管体缺陷扫查式检测仪器。

在工业管道的缺陷扫查式检测方法探索中，激光超声检测是近几年发展起来的一项检测新技术，它通过将强度被调制的脉冲激光束照射在被测件表面产生超声波，经改变实验参数，激光超声源能激发出纵波、横波、表面波等各种导波。由于超声信号既可由激光激励产生，又可利用光学方法检测，因此能实现完全非接触检测和快速扫描成像，更便于在高温、强震等恶劣条件下实现无损检测。此外，利用锁模激光器，很容易获得与激光脉冲宽度相近的超声脉冲，其频带远宽于常规换能器所产生的超声，因此，基于超声衍射方法形成的缺陷检测技术，对被测工业管道表面及近表面的微小裂纹都很敏感，检测准确度也比其他无损检测方法高。

2. 特殊管段电场指纹监测（FSM）技术

为了能够实时监测运行中管道的腐蚀、裂纹状况，国外从 20 世纪 80 年代就开始研究用电场的正负符号差法（FSM）检测技术在线监测正在发生的腐蚀情况和剩余的管壁厚度。FSM 方法是基于向监测管道的选择部分馈入直流电，然后，再通过对监测管道表面所形成的小的电位差进行全面测量，再将这些电位值与管道开始监测时所测得的初始值进行比较，形成电位差，对电位差的变化进行分析，可以得出管壁因腐蚀或裂纹而减少或增加的结论。这实际上是一种在线对选定的局部范围不间断扫查的思想。其优点是可事先在管道上埋设一定量不易损坏的探针，实现不易接近位置远程监测。不仅适合工业管道如化工厂特殊部位的工艺管网监测，也适合海底管道特殊部位的监测。

电场指纹监测（FSM）法在国外的研究与发展

电场指纹法实际上就是通过测量电位的方式来发现管体缺陷的方法。电位法的最早历史我们可以追踪到1929年。Josephf.Putnam在专利US1895643中提出，可以用测量电位的办法来测量金属厚度。后来出现的“四电极法”也是由该专利发展而来的。后来由于腐蚀监测技术发展的需要，电位法被开发用于检测管道的壁厚变化。

1983年，挪威学者Hongnestad根据这个思路首先提出了这一专利技术。其基本原理是测试金属体电阻的变化，即将一组测量电极矩阵安装（通常是焊接）在被检测金属对象外部，用于检测对象内部的腐蚀状况。但由于电极间的电压值非常微弱，通常只有几十微伏甚至几个微伏。因此，受当时元器件和仪表工业发展水平的限制，这一技术没有得到应用。但是，人们关于这种方法思路的探索并没有停止。1985年转由SI开发，在1985~1986年间进行开发并用于裂纹检测，且获得专利。

1989年，挪威CorrOcean公司和英国的Rowan公司在购买以上专利（从SI获得了FSM世界范围内工业开发和利用的全部权利）的基础上，开发了比较实用的FSM产品，在早期多用于海底管道的裂纹检测。FSM的商业应用始于1991年，那一年，挪威R.Strommen等人提出了改进的FSM模型，通过增加一参考板，减少了温度和激励电流变化的影响，提出了场指纹系数FC的概念和算法，使一对电极所全部覆盖的区域腐蚀量检测精度得到了提高，从而使FSM在海底管道和海底重要构件的腐蚀检测上得到了较广泛的应用。最早的第一套设备安装在挪威陆地上某企业管道上，接着的工业试验是在Shell公司北海的Expro’s Dunlin A钻井平台的流量管线上进行的现场试验。

1994年在加拿大Humber炼厂安装了第一批FSM监测设备。此后，很快被用于检测海底管道、地下或长输管道、高含硫环境、炼厂高温加工环境和油气生产运行管道的腐蚀监测。但是，限于当时的计算方法和商业有限元软件尚不完善的限制，在坑蚀测量上精度并不理想。直到1999年，FSM系统用于化工炼油工业时，坑蚀的计算还是以经验公式为主。

在2004年到2006年之间，又有多份专利提出，主要提出了可拆卸式的电极阵列夹具，该夹具具有标准的电极间距与电极排列，可以通过移动夹具对多处不同位置进行重复测量。

2008年，英国学者D.M Farrell和A.Daaland等人在仿真计算的基础上，认识到了当电流经过坑蚀区域时，均匀电流将受到扰动。2010年，英国帝国理工学院的G.Sposito，Peter Cawley等人认识到了因腐蚀导致电流重新分配而致使电位变化不再呈线性的问题，并对电位探针布局进行了优化。Clarida D.R.等人指出了检测不同的腐蚀，如局部腐蚀或者均匀腐蚀，所需要的电位探针数量不一样，提出了一种优化的探针布局方法。2013 年，日本学者 Kim Y.C. 等人将 FSM 方法运用于桥梁 U 形肋板的裂纹监测，提出应用 FC 值的变化规律来检测应力裂纹的发生和裂纹截面延伸方法。

总体来看，FSM 技术工程开发中虽然有诸多技术难点，但是在国外的推进仍然非常快，在短短 30 多年的时间内就步入了实际的工业应用中。特别是英国 Rowan 公司和美国 CorrOcean 公司在技术开发上已经取得了非常骄傲的业绩。

电场指纹法在国内的发展

1994 年由张咏今、苗传臣编译及张维华审校，刊发在《国外油田工程》上的“新技术监测管线腐蚀、裂纹”是目前国内可以检索到的对于 FSM 技术的最早的介绍文章。进入 21 世纪，我国对于 FSM 技术的报道和研究非常多，并且中海油分别在渤海 BZ13–1 油田、南海西部的东方 I–1 气田、番禺 30–1 气田，中石化在普光气田，中石油在塔里木油田、西南油气田、龙岗油气田及长庆油田等单位进行了应用。

与此同时，国内关于 FSM 检测技术研究也取得了一定的进展。国内的廖俊必、谈云骏、肖河川、李宇廷、段汝娇、吴承昊等人均有不同建树。特别是四川大学测控系廖俊必教授研究团队取得了大量成果，根据相关论文报道以及廖俊必教授个人相关介绍材料，这些成果与进步主要体现在：

2011 年提出了牵扯效应的影响以及牵扯因子的概念，并分析提出了牵扯因子的求解方法，以此消除牵扯效应对监测效果的影响，大幅提高了 FSM 方法的精度。

2012 年设计出基于电位矩阵法的管道内腐蚀监测系统；提出了锁相放大技术在 FSM 测量系统中的应用，提高了电压信号采集的精度。

在 2013 年提出了主辅电压法，用以分析解决小腐蚀坑的不可识别问题，提高了对于小腐蚀坑的监测精度；同年还提出了基于电阻网络的数学模型，用于计算坑蚀剩余厚度；在信号采集方面，还提出了硬件模拟除法器，实现了被测信号与参考信号的同步采集；另外申请了专利：基于场指纹法的金属管道、容器坑蚀检测方法。

2014 年四川大学的甘芳吉等人利用牵扯效应的存在，提出了一种综合利用主电压和辅电压来区分小腐蚀坑的面积和深度的方法。并且通过有限元分析的方法建立小腐蚀坑匹配数据库，通过匹配数据库得到腐蚀坑的深度，从而得到剩余厚度。2015 年，他们提出了腐蚀坑改进计算公式及小腐蚀坑计算公式。中国特种设备检测研究院段汝娇等人也提出了一些有意义的见解。总的来说，国内对于 FSM 腐蚀监测的技术通过不断学习、研究，认识水平在逐渐提高，特别是对 FSM 技术发展的总体趋势已经有了相当的研究，技术探讨不断深入。

吴承昊、姚万鹏、王思权、李焰在《工业和信息化部海洋工程准备科研项目》的研究中就指出：国内外目前应用的FSM设备主要有FSM-IT、FSMLog以及海底FSM系统，针对不同的使用环境，可以安装不同的FSM设备，其设备上的应用软件均为MultiTrend。吴承昊他们在“电场指纹方法的国内外发展现状”（《腐蚀科学与防护技术》2019年第1期）中，分析认为国内外关于FSM检测技术研究主要取得的进展有以下几个方面：

Hom等研究了管道焊缝缺陷深度、宽度、面积等参数对FC值的影响，得出深度对FC值的影响要远大于腐蚀区域面积和宽度的结论；他们还基于FSM系统的使用情况，评估了FSM系统监测实际管道的精确度，并根据ISO 8501对腐蚀情况进行了评级，验证了FSM海底系统具有准确性高和使用寿命长等特点。Bowler等人对四点法进行了理论分析，还有一些研究人员提出了一种提高点蚀检测精度的评价方法。在国内关于FSM系统的研究也在不断取得进展，如谈云骏等曾认真分析了FC值基线漂移产生的原因，并通过残差均方值甄别了基线中的全面腐蚀信息，这对于FSM数据进一步研究有较好的指导意义。

尤其有价值的是，众多学者通过试验与模拟仿真相结合的方式，在提升FSM技术监测精度上做了大量探讨，得出了一些有实用价值的结论。吴承昊他们在上述文章中列举了以下例证：

肖河川等提出了平板模型及其FSM检测的作用，并简单介绍了参考板的简单使用，其中理论厚度变化与实际超声波测得的厚度变化吻合程度较好，这对提高管道腐蚀检测精度有重要意义。李宇庭等在平板模型上利用交流电对缝隙腐蚀情况进行监测分析，得出利用交流电的优势可以提高FSM技术在缝隙腐蚀检测的精度。尚书基于FSM的检测原理，对金属容器试样进行了电场仿真和试验研究，并结合仿真计算结果和试验数据分析、总结出了缺陷特征对电场信号的影响规律。段汝娇等分析不同腐蚀缺陷模型下FC值的变化情况，但是实验中的腐蚀模型是人造的，而实际情况中的腐蚀状况多是不规则的，需要后续通过大量的实验进行综合分析，最后提出了FSM技术应用中的技术难点。

但是，总体来看：由于国内对FSM技术研究起步晚，仍然停留在诸如提高检测精度、电极阵列布局、电位信号甄别等基础问题上。而国外对FSM技术的研究则开始集中在数据和信号处理分析、温度补偿、消除电流不稳定现象等方面上。

电场指纹监测（FSM）法研究需要持续推进

FSM技术是一种前景可期的新思路。但是，从目前国内应用和试验的具体效果来看，并不是非常的理想。作者所工作过的单位也和一些高校、研究单位合作做过不少次试验，在管道、储罐上做了几年的试验，FSM监测结果并不尽人意。还需要对采集数据的探针、数据分析处理技术、抗干扰技术、提高监测采集精度等方面做进一步的研究。但是，关于电场指纹监测法的特点与作用，正如西安石油大学机械工程学院庞斌与中国科学院金属研究所材料环境腐蚀研究中心的姜胜利在“电场指纹法腐蚀监测技术的工业化应用研究”（《腐蚀科学与防护技术》2017 年第 6 期）中所说：

在当前的各种腐蚀监 / 检测技术中，能直接测量壁厚的腐蚀监 / 检测技术当属超声波测厚技术和电场指纹（FSM）技术，其最大的区别是常用超声波测厚技术测量面积小，测量范围受被测金属温度、金属表面的曲率半径等因素的限制，而 FSM 技术能实现全周向，不受温度和曲率半径等限制，可实现实时监测和实时检测。

电场指纹法腐蚀监测技术测量的管道壁厚和常规的超声波测厚仪测量的管道壁厚具有一致性，其相对精度在 ±1.0% 以内，测量结果具有可信性。在全周向腐蚀监测的管道范围之内，电场指纹法不仅监测到了管道的均匀腐蚀和局部腐蚀，而且能定位各局部腐蚀发生的具体位置。现代腐蚀风险的管理不再是单纯的、静态的缺陷检测与对标，更重要的需求是实现腐蚀泄漏风险的合理预测，其最安全、可靠的方式莫过于对高风险设备单元进行腐蚀状态的实时监测，而电场指纹法腐蚀监测技术无论在数据维度、数据质量上都存在明显优势，对提高管道寿命和风险评估的准确性，提高设备的管理水平具有极大的促进作用。

因此，FSM 技术虽然遇到一些困难，导致目前在国内研究进展并不理想，但是，由于解决特殊管道部位腐蚀测量的需要，仍然有研究的必要，需要继续推进该技术的试验和研究工作。

3. 穿跨越及架空管道超声导波检测技术

导波是一种由于介质边界的存在而被限制在介质中传播的，同时其传播方向平行于介质边界的波。超声导波能够用于管道缺陷检测是人类经过长期探索的结果，是一项近年来广受关注的无损检测技术。

早期对超声导波技术的理论算法研究

早在 19 世纪末，一些学者就对超声导波技术的理论算法展开研究，包括求解管道超声导波的基本理论、建立导波在管道中传播的模型、对采集到的信号进行分析处理。如英国力学家 Lamb 发现了薄层中传播的导波，并推导出后来被称为兰姆波（Lamb wave）的方程式。在对超声导波理论算法研究经验和知识积累的基础上，学者们将关注点逐渐集中到超声导波在空心圆柱体内的传播上。1923 年，Ghosh 首先推导出了空心圆柱壳中波传播的线弹性解，Love 基于板壳理论对超声导波在空心圆柱壳中的传播规律进行了分析及研究。1957 年，Cooper 等分析了在空心圆柱壳中非轴对称波的传播规律。1959 年，Gazis 研究空心柱体中导波的传播规律，得到了空心柱体中纵向模态及扭转模态导波的表达式。Armenakas 等对弹性波在空心圆柱中的传播进行了分析，提出了导波的多模态特性，并基于频散曲线给出了导波的多种模态。

超声导波从理论逐渐走向应用

20 世纪六七十年代，超声导波从理论逐渐走向应用。目前，有关文献资料显示，有关超声导波最早的缺陷检测实验可以追溯到 1976 年，一些学者采用电磁式传感器激励 L（0，2）模态对横向和纵向切槽进行了检测试验。1979 年，Silk 和 Bainton 等人使用压电超声探头在热交换管道中激励出 L（0，1）和 L（0，2）两种模态的超声导波，对管道裂纹检测进行了试验，证明了利用超声导波技术进行管道裂纹检测的可能性。同样是在 1979 年，Thompson 等将电磁声波传感器应用于蒸汽发电机管道的裂缝检测。另外，在同一时期，帝国理工学院和宾夕法尼亚州立大学的研究团队对板材和管道中导波的传播进行了深入的研究，并首先将其应用于工厂中工业管道的无损探伤。他们的检测方法是利用脉冲回波法在管道的单一位置进行检测，管壁中缺陷的位置和大小用反射波信号及其到达的时间来确定。他们在进行各种试验检测的同时，建立了有限元模型，开发了 Disperse 软件；对管道无损检测创造性地提出了一系列理论，包括导波成像、缺陷表征以及复杂结构导波的检测及分析方法。英国焊接研究院（TWI）基于美国学者的上述理论，将研究进一步深入，最终将成果商业化为一套较为成熟的长距离管道测试系统 Teletest Focus，在业内获得了广泛的肯定。

超声导波技术研究的重点之一是传感器。传感器主要用于导波的激励和接收。现有的超声导波检测产品中所使用的传感器主要分为压电式和电磁式两种，如英国焊接研究院（TWI）研发的 Teletest Focus 长距离管道测试系统利用压电式传感器阵列激励和接收超声导波，而美国西南研究院（SwRI）研发的 MsS 长距离超声导波检测系统则使用薄带状的磁致伸缩式传感器来收发导波信号。

说来也很有意思，英国在超声导播检测技术上研发的全球最有影响的检测系统 Teletest Focus 主要是基于美国人的研究理论，而美国开发的最有代表性的磁致伸缩式传感器是基于磁致伸缩效应，基于磁致伸缩效应的无损检测技术却又恰恰始于 20 世纪 20 年代末期英国学者W．K aule 的研究。

20 世纪 90 年代美国学者 H．K wun 等人应用磁致伸缩传感器，对钢丝绳和金属杆材、管材及板材上的裂纹、腐蚀等缺陷进行了检测和试验研究。大量的试验研究结果表明，即使检测探头与被检管道表面之间存在相对较大的气隙，磁致伸缩传感器也能够发射和检测导波，而且裂纹端部的磁致伸缩效应还特别强烈。正是因为具有良好的传播特性，并且对管道内、外表面缺陷有相同的检测灵敏度，所以，近年来磁致伸缩方法在管道快速检测和裂纹识别方面的应用研究，受到国内外越来越多无损检测学者的关注。图 10–5 为美国西南研究院与胜利油田腐蚀与防护研究所合作，在胜利 1 号中心动力平台上利用磁滞伸缩导波检测仪研究监测导管架立柱腐蚀问题。

图 10–5　美国西南研究院与胜利油田腐蚀与防护研究所合作监测导管架立柱腐蚀

压电式传感器与电磁式传感器

压电式传感器是利用压电材料的压电效应来激励超声波，其在波导结构中激发超声导波的实质是通过耦合剂或干耦合的方式，将振动间接或直接地传递到被测工件中。美国宾夕法尼亚州立大学和英国帝国理工学院的学者们对这种传感器进行了研究，国内北京工业大学的何存富等人对这类传感器进行了较多的研究。

电磁式传感器多适用于导电材料或铁磁性材料，其原理是基于洛伦兹力或磁致伸缩效应。基于洛伦兹力的电磁式传感器应用于非铁磁试样，而磁致伸缩式传感器则主要应用于铁磁性材料。与压电式传感器相比，电磁式传感器的明显优点是可实现快速非接触式测量，且不需耦合剂，可激励出大功率的超声导波，但对被测对象要求有限制。清华大学黄松岭等完成了电磁超声导波检测模型的建立，并实际应用于油气管道检测系统中，在胜利油田进行了相关实验，取得了较好的效果。大连海洋大学李松松等完成了多模式管道探测用电磁式传感器探头的设计，考察了基于洛伦兹力的电磁式传感器和磁致伸缩式的异同，讨论了激励线圈的形状与导波类型的关系，基本实现了对电磁式传感器信号的发射、接收、放大及采集，其设计的电磁式传感器检测系统的分辨率达到 1mm，检测准确率达到 80%以上。

信号处理方法的研究

对采集到的管道超声导波的信号处理方法的研究是目前的又一个研究热点。国外在信号处理方法研究中，提出了时间反转法和相控阵法。国内在导波信号特征提取和模式识别领域也开展了广泛的研究。

超声导波检测的特点是：克服了传统无损检测方法需要逐点扫描的缺点，故使得检测管道费用降低，一次能检测十余米的管道；对保温管，能够最小限度地移除保温层；对管道支撑下的腐蚀，无需升起管道；可检验穿越公路的埋地管道；数据能被完全记录等。可见，超声导波检测是一种能够对管道腐蚀等缺陷进行快速、长距离、大范围、相对低成本检测的无损检测方法，是一种用作识别管道隐患怀疑区的快速检测手段，对一些特殊情况下的管道或管道段（如化工厂、发电厂工艺管网、穿越管段等）进行间接非接触式检测有独特的效用和便利之处。而且，已经有学者利用超声导波技术开展对复合材料的检测研究并取得了一定的成果。

总体上，超声导波技术在当前的无损检测领域是一个热门且相对新颖的技术，与传统的超声波检测技术相比其优势显著。但是，不可否认的是，当前的超声导波检测局限性较大，无论是理论研究还是实际应用都还有较长的路要走。目前，世界上主要有四家机构研制出了超声导波检测系统，主要有英国 TWI 公司的 TELETEST 超声导波检测仪、英国导波公司的 WAVEMAKER 导波检测仪、美国西南研究院研制的 MSS 导波检测仪、以色列 SONIC 公司研制的 ISONIC 系列导波等。其中前两种导波设备是基于低频超声导波（LRUT）原理，MSS 设备是基于磁致伸缩导波原理。

国内研究开发状况

2001 年，何存富、吴斌、范晋伟在《力学进展》2001 年第 2 期发表了“超声柱面导波技术及其应用研究进展”的论文；2002 年，焦敬品、何存富、吴斌、费仁元、王秀艳又在《实验力学》2002 年第 1 期发表了“管道超声导波检测技术研究进展”的论文，总结了他们在国家自然科学基金（19972003）、北京自然科学基金（ 3992006）、北京市教委科技发展项目、教育部高等学校骨干教师资助计划项目引导下，对国内外超声导波检测技术的追踪研究情况，特别是概述了超声导波技术和模态声发射技术在管道检测中的最新研究进展及发展趋势。这是我国比较早的有关超声导波研究的报道。总体来看，国内关于超声导波的理论研究起步晚、实验方法相对比较匮乏，实际成功应用于管线的报道文献还比较少。相对而言，比较有影响的是清华大学黄松岭科研团队在 2008~2009 年研发的用于实验室研究及工程现场检测的 EMAT-GW-02 型电磁超声导波检测设备。该仪器使用 L 模式或 T 模式的超声导波对油气管道腐蚀进行快速检测，充分利用了超声导波长距离传播的优点，关键技术指标处于国际领先水平。该项技术研究获得了 2011 年中国石油和化学工业联合会科技进步二等奖、2012 年中国机械工业联合会中国机械工业科学技术奖二等奖。图 10-6 为管线检测现场。

浙江精达公司开发的 UGPM 超声导波在线监测系统（UGPM）则致力于用导波对

图 10-6　黄松岭项目团队研制的电磁超声导波检测仪现场检测

管道的健康状态进行永久性监测。具体方法是通过固定安装在管道上的监测换能器对管道的状态进行定期数据采集，通过对采集的批量数据进行差值分析和趋势分析，实现管道结构腐蚀及裂纹缺陷的安全评估。其中前期采集的稳定数据将会被设置为参考数据，而后期每次采集到的数据都会与参考数据进行差值比较。这种永久监测的思路是目前国内很多研究工作者努力的方向。

胜利腐蚀研究所从 2009 年起，曾在胜利油田海洋采油厂的海洋平台检测、现河采油厂的集输管线检测、架空注采蒸汽管道检测、中石化管道储运公司的长输原油管道架空段、穿越段检测上试用了数十次，除架空蒸汽管线有点效果之外，大部分检测效果不是很理想。其主要局限性在于：

超声导波检测对数据的解释高度依赖于操作人员；很难发现小的缺陷如细小裂纹、小的纵向缺陷、小而孤立的点蚀甚至穿孔缺陷；需要通过试验选择最佳频率，检测中通常还需要以管道上安装的法兰、管道焊缝回波作基准等，这都会增加判断的不可靠性；检测距离会受到管道防腐层类型及保温层、埋深、管道周围土壤密实程度或压紧程度、管体腐蚀、弯头、接头、三通等影响，所以一般检测长度有限，虽然有文献介绍超声导波检测技术在理想的管道中一次可以检测 200m 的长度，可是实践表明最多也就一二十米甚至几米的长度；不能提供壁厚的直接测量值，对检出的缺陷定量只是近似的，具体缺陷类型、大小甚至位置等还需要开挖借助其他常规无损检测手段进行补充确认，与 TEM 检测、磁应力检测技术相比，目前还没有表现出多少优越性。

总之，超声导波检测只适合一些特殊地段、特殊环境下的有限长度管道的检测，比如带套管穿越公路、铁路的管段、架空管段等。其检测的缺陷信号特征识别、定量化仍然需要研究；环境因素对导波检测的影响不易消除，缺陷检出率、误检率仍然不是很理想，需要进一步探索。

4. 海底管道 ROV 直接外检测技术

水下管道包括穿越江河、湖泊、海洋的管道等。以海底管线为例，其与陆地管线相比较，海底管线面临复杂多变的海洋环境，包括海床地质、水流冲刷、海水电化学环境以及采砂、锚害等人为因素，易出现裸露、悬空、变形等隐患，在风浪、海流甚至路过船舶冲击下极易发生疲劳断裂，一旦破裂将造成严重的环境生态灾害，造成重大的经济损失。海底管道有的可以做内检测，但大部分内检测效果不佳甚至无法实施内检测。其主要原因在于：海底管道弯头半径小、平台垂直段内检测器容易垂直滑落、双层钢管不易判断隐患等。对于不能进行内检测的海底管道而言，直接外检测技术依然是检测行业的研究重点。

潜水钟（helmet）到 ROV（Remotely Operated Vehicle）

自从 16 世纪人类借助潜水钟（helmet 可能是一个浸过油的袋子加上一根能通到水面的换气管子）进行深度潜水技术第一次尝试以来，就开启了潜水技术不断演变前行的进程。经过漫长的探索，1953 年法国发明家 Dimitri Rebikoff 发明了第一个系缆遥控潜水器 ROV（Remotely Operated Vehicle）。1966 年美国海军的 CURV（Cable Controlled Underwater Recovery Vehicle）系统在西班牙海域打捞到失落氢弹而为 ROV 赢得了声誉。

20 世纪 70 年代以来，为了满足日益发展的海洋开发和海洋科学研究的需要，遥控潜水器 ROV（Remotely Operated Vehicle）的研制和应用迅速发展。美国 Hydroproducts 公司最先为近海工程研发了 2 款 ROV 装备，由于 ROV 能在潜水员不能到达的深度与不安全的环境下进行水下检测和其他水下作业，因而吸引了世界各国研究型企业的目光。成立于 1971 年 10 月 1 日的日本海洋科学技术中心具有研制各种潜水器的能力。目前，已研制成功的潜水器主要有三大类：无人缆控潜水器（ROV）、载人潜水器（HOV）和无缆自治潜水器（AUV）。其研制的超大深度 ROV Kaiko，在 1995 年 3 月曾深入到 10898m 深的马里亚纳海沟。Victor6000 是法国与德国、英国的相关机构合作设计制造并共同拥有的 ROV，其最大下潜深度为 6000m，该 ROV 从 1999 年开始进行了很多科学考察活动。2017 年 9 月，由中国科学院沈阳自动化研究所联合海洋所共同研制的 ROV 完成海试，最大下潜深度达到 5611m，创我国 ROV 下潜的最深纪录，使我国跨入美国、日本、法国等世界上少数拥有 6000m 级 ROV 的国家行列。图 10-7 为中央电视台播放的中国自主研制的首套深海科考型 ROV 布放场景画面。目前，全世界有数百家厂商可以提供上百种型号的 ROV。

图 10-7　中国自主研制深海科考型 ROV 布放工作场景

随着 ROV 研制技术的发展，ROV 不仅成为海洋调查探测的主要装备，也成为水下无损检测的主要装备。2015 年 5 月的美国国际海洋技术大会评选出的 15 项“2015 年度聚焦新技术奖”中，有 2 项是关于海底管道检测方面的新技术：Oceaneering 公司的 Magna 水下检测装置和 Tracereo 公司的 Discovery 海底管道检测装置。这两款装置解决了使用管道内部检测设备易造成工具遇阻和遇卡影响正常生产的难题；对传统技术无法进行清管作业的区域仍可获取管道检测数据。

Magna 水下检测装置与 Discovery 海底管道检测装置

Magna 水下检测装置主要包含支承架、检测系统、电力及通信电缆，以及与之配套的水上分析系统，整套装置由 ROV 为其提供电力和通信。其基本检测原理是：利用电磁超声换能器（E MAT）技术，在不中断生产的情况下到达水下实现管道外检测。具体而言，就是该装置在 ROV 支持船舶上与 ROV 连接好电力及通信线缆，到达预定检测海域后，由 ROV 机械手抓取并与 ROV 一起下放到海底管道顶端，由设备下端的磁轮支承在管道上，检测设备沿着管道上端自动爬行，实现检测。整个过程由 ROV 提供视频监控，并且受水上控制系统对检测速度和检测精度等状态的控制。利用高速超声扫描，进行管周 360° 检查，发现管周异常缺陷并提供金属结构管壁状况的实时数据。可识别局部缺陷和总体壁厚损失；能够检测管道内部和外部损伤，包括溃疡性腐蚀、点状腐蚀、裂纹和其他潜在损伤。与传统外检测设备相比，只需要清洁海管顶部表面部分，大量减少了海管开挖工作量；该检测对黑色金属和有色金属均适用。不足之处是速度较慢，只适合重点管道的精细检测。

Tracereo 公司的 Discovery 海底管道检测装置是世界上首套海底管道放射性扫描装置，并且首次成功实现了双层保温管的内外壁厚的同时检测。该技术已经在墨西哥湾深水项目中完成了数百次的成功应用。它是利用 X 射线和探测器环绕海底管道旋转做连续断面扫描，实现 360° 快速扫描、快速成像，以便管道检测人员快速判断管道壁厚及相关运行状态。其特点是：利用水下机器人可以快速固定设备，并且管道的外部保护层不会影响设备工作，可穿透小于 80mm 的防护层；从管道外部即可精确检测双层保温管的内外管壁缺陷、壁厚减薄以及内外管环形空间内的进水情况，并可以精确判断管道内部充填物是水合物、结蜡、沥青质还是结垢；设备规格系列化，适用于不同尺寸和水深的管道。其缺点主要就是要把海底管道完全挖开暴露，挖掘工作量大，且检测速度较慢；检测器携带射线源，需要采取防护措施。

我国的海洋管道探测技术

我国海洋油气开发开始走向深海，如水深超过 1500m 的陵水深水区油气田已经开始开发；海洋条件相对较差，如台风数量较多，级别较高；为满足海洋油气开发需要，ROV 成为不可缺少的作业工具。特别是海底管道必须定期进行外检测，对于风险较大、运行期间发生地震或台风、遭受严重机械损伤的管道，会加密外检测的频次。目前，在我国海域提供基于 ROV 作业的检测服务公司主要有中海辉固地学服务（深圳）有限公司、中海油田服务股份有限公司和海洋石油工程股份有限公司等。

由于我国在探测技术、工艺、导航与定位方面与国外尚存在一定差距，目前我国使用的 ROV 绝大部分为进口产品，国产并不多。天津嘉信公司于 2014 年开发的用于水下管道外腐蚀检测的 ROV 系统（River-ROV）是少有的一款国产海管检测装备，可实现对水下管道外腐蚀与防护状况检测。该系统已成功对长江、珠江和黄河等国内著名水域水下穿越管道进行检测，得到行业普遍认可，2018 年正式上市销售。

可以说，基于 ROV 的海底管道精细化高分辨率外检测技术已成为海底管道外检测技术的发展趋势，但目前受到 ROV 操作成本及检测速度的影响，检测费用高、操作效率低，主要适合于高风险管段的检测。在保证高分辨率的前提下提高海底管道检测速度，实现快速检测，是未来海底管道外检测技术的发展方向和需要攻关的难点。

读完本章的内容，我们已经就管道本体缺陷或隐患检测的基本技术发展作了一番相对完整的探索。我们会发现，管道本体缺陷检测最早是从管道外壁检测（无损检测）开始的，然后回到管道内部检测（管道内检测），最后再回到管道外部（包括管体腐蚀损伤地面检测与爬壁扫查式外检测）开始新的检测方法探索与技术开发。管道检测施测点从外部到内部，然后又从内部再次转移到外部，不仅是检测技术长期探索积累的结果，更是对管道检测本质认识上的深化。只不过这种施测点的转移仅是技术升级的阶段性的外在表现形式，是为更新技术的实施提供载体而已，并不是技术进步的根本。技术的实质性突破才是决定技术发展方向的根本动力。

参考文献

[1] 蔡景明，何仁洋，等．管道外壁爬行漏磁检测器的研制［J］．管道技术与设备，2013，（2）：19-21，40.

[2] 熊昌盛，何仁洋，等．钢制管道外爬壁漏磁检测技术在工程中的应用［J］．管道技术与设备 2010,(3): 25–26，30.
[3] 王建运．工业管道应力腐蚀裂纹的检验［J］．化工设备与管道，2011，48（3）：62–64.
[4] 雒新宇．在用工业管道腐蚀的漏磁外检测技术研究［D］．石家庄：河北大学，2014.
[5] 曲志刚，武立群，等．超声导波检测技术的发展与应用现状［J］．天津科技大学学报，2017，32（4）：1–8.
[6] 何存富，郑明方，等．超声导波检测技术的发展、应用与挑战［J］．仪器仪表学报，2016，37（8）：1713–1735.
[7] 罗来齐．管道缺陷检测与识别方法研究与实现［D］．南京：江苏大学，2017.
[8] 程载斌，王志华，等．管道超声纵向导波裂纹检测数值模拟［J］．应用力学学报，2004，21（4）：76–79.
[9] 吴承昊，姚万鹏，等．电场指纹法的国内外发展现状［J］．腐蚀科学与防护技术，2019，31（1）：101–108.
[10] 庞斌，姜胜利．电场指纹法腐蚀监测技术的工业化应用研究［J］．腐蚀科学与防护技术，2017，29（6）：628–632.
[11] 石仁委．油气管道泄漏监测巡查技术［M］．北京：中国石化出版社，2017.
[12] 纪祥春．基于图像数据融合的管线跟踪 ROV 导航控制研究［D］．哈尔滨：哈尔滨工程大学，2006.
[13] 晏勇，马培荪，等．深海 ROV 及其作业系统综述［J］．机器人，2005，27（1）：81–89.
[14] 庞维新，李清平，李迅科．我国海洋油气 ROV 作业能力现状与展望［J］．油气储运，2016，35（3）：1157–1160.
[15] 张咏今，苗传臣，编译．新技术监测管线腐蚀、裂纹［J］．国外油田工程，1994（5）：55–58.
[16] 孔祥军．石化行业腐蚀及腐蚀监测技术现状［C］．厦门：石油和化工设备、管道防腐技术与对策专题研讨会文集，2010：44–50.
[17] 闫久江，赵西振，等．爬壁机器人研究现状与技术应用分析［J］．机械研究与应用，2015，28（5）: 52–54.
[18] 付西光．管道焊缝缺陷扫查机器人轨迹规划与运动分析及其超声检测关键技术研究［D］．上海交通大学，2005.
[19] 沈功田，王宝轩，郭锴．漏磁检测技术的研究与发展现状［J］．中国特种设备安全，2017,（9）: 43–52.
[20] 戴光，郑克耀，等．管道外自动漏磁检测技术及试验［J］．无损检测，2017，39（7）：18–22.
[21] 易冬蕊，巨西民，等．导波技术在油田管道检测中的研究进展［J］．辽宁化工，2011，40（12）：1316–1318.

第 11 章
管道外保护系统检测技术探索史

湖南大学钟琼义在“大气腐蚀研究的历史概况”一文中曾经写道：1907 年，德国考古学家 Borchhardt 在考察埃及金字塔时，发现了世界上最古老的金属管道——一根长 240m、直径 47mm 的铜质雨水管。按照我们的常识，这几乎是不可能的，因为古埃及已经远离我们数千年了，早该腐蚀殆尽了。这个金属管道为什么能保存这么久呢？原来就是因为其外部包覆着一层相当厚的石灰三合土，该文物至今保存在德国柏林博物馆内。

1974 年 3 月 29 日，陕西临潼县西杨村农民杨志发在打井工地，挥起镢头抡下去，又扬起来的瞬间，秦始皇陵铠甲的第一块陶片出土了。威名赫赫的秦帝国就这样露出了它绚烂的冰山一角：朱红、紫色、粉红、粉紫、粉蓝、橘黄、黑、白、赭……神态各异的兵马俑军阵。只不过这些两千多年前的“中国色彩”却只维持了几分钟，甚至 15 秒，须臾之间，颜料纷纷脱水、起翘、剥落。因为兵马俑上的色彩纯粹是为了好看逼真而涂的，并不是当年实际涂在铠甲上防腐的漆料。不过，秦兵马俑铠甲军阵的出土，至少让我们知道《史记》中说秦铠甲百万并不为虚，也让我们知道，我们的祖先在 2000 年以前的铠甲上就有保护漆以防铠甲腐蚀。到了 14 世纪末 15 世纪初，薄板式的铠甲应用非常普遍，制作铠甲的工匠们常常把各个部位都涂上油漆以防止大气的腐蚀。

因而，对管道保护系统的完整性与有效性的检测也是管道隐患排查的重要内容。在本章里，本书将向读者叙述有关人类在管道保护系统完整性检测的技术与方法的探索历史。

1. 电火花检漏技术

管道外防腐层是保护金属管道免遭大气腐蚀、土壤化学腐蚀、电化学腐蚀、杂散电流腐蚀、介质化学腐蚀的有效手段。20 世纪 30 年代开始给裸管加装阴极保护，40 年代开始采用防腐层加阴极保护。管道表面涂装是控制管道腐蚀的主要措施。因此，防腐层的完整性就显得非常重要。如果存在漏涂、漏衬（管道内衬层）、厚度不够甚至针孔等细微缺陷都会成为腐蚀滋生的地方，而且会因为大阴极小阳极现象，这些地方会加速腐蚀，迅速穿孔。1970 年，胜利油田敷设的 50km 滨纯输油埋地管道，因施工质量存在瑕疵，又没有必要的防腐层质量检测手段，投产当年就发生多起因外防腐层漏铁导致的穿孔泄漏事故。这说明确保外防腐层质量相当重要，而办法之一，就是要有检测手段。

于是，管道防腐层检测技术又进入人们研究的领域。可以说，从管道穿上防腐层之日起，就开启了防腐层质量检测的历史，只不过起初主要依靠观察检查缺陷，但是出现的一些迅速腐蚀穿孔的案例告诉人们，仅仅依靠人的观察来检验防腐层质量是不够的。因为像针孔这类非常微小的漏涂缺陷很难被发现，而这些微小缺陷所引发的管道加速腐蚀一点也不比大的漏涂漏衬缺陷发展慢。因此，必须探索更科学的方法和技术，即便是针孔缺陷也应该及时纠正。

那么用什么办法可以代替人的观察来检验管道防腐层呢？防腐层质量取决于它的致密性，而且防腐层是一种绝缘材料，绝缘材料的性能好坏取决于其绝缘电阻（介电强度）的大小；致密性好绝缘性能也会好。那么，测量绝缘层与管体之间的绝缘电阻（介电强度）大小就能检验防腐层的质量。而那些漏涂漏衬即便只是个针孔存在，那该点的管体就等于与空气接触连通了，在正常的大气压下，均匀电场中空气的介电强度为 2.5~3.0kV/mm，管道防腐绝缘材料的介电强度都很高，沥青为 35kV/mm，聚乙烯胶带大于 54kV/mm，低压聚乙烯塑料包覆层（又称黄夹克）为 28~23kV/mm。所以，若将金属管道作为接地电极，紧贴防腐层外面再放一个活动电极，并在两个电极之间加上一个直流或交流电压，就能测得该点防腐层对管体的绝缘电阻。若加电压提高到超过空气的击穿电压（介电强度），有漏点处空气间隙就会被击穿而产生放电，从而查出漏铁点。另外，只要合理设置所施加的电压，也可以检查防腐层是否密实以及厚度是否达标，从而达到对防腐层质量的检验。

根据这个特点，美国等发达国家在 20 世纪 60 年代初期即研制出一种叫电火花检漏仪的仪器。这种仪器是依靠一个高电压加在管体与防腐层之间，用高压击穿空气隙，在选取检查电压时，以空气的介电强度为基础。所选用的检查电压应能击穿与防腐层厚度相同的空气隙而又不损坏防腐层。人们常常选用气隙击穿电压的 1.3~2 倍作为检查电压，且不高于防腐层的耐压为限。陈文峰曾在“管道防腐层漏铁的危害及检漏原理和方法的初步探讨”中陈述了一则美国进行防腐层检测的案例。在 1967 年之前，在加利福尼亚敷设了 1730km 的输油管道，为做到防腐层百分之百完好，在施工过程中进行了三遍防腐层检测。第一遍就是在防腐层预制厂，用他们研制的电火花检漏仪检测；第二遍是在施工现场焊口防腐之后，再用电火花检漏仪检测一遍；投产输油前后，在地面上使用地下管线检漏仪（本书随后将探讨该种技术的发现探索史）进行第三遍防腐层质量状况检测。将检查出的漏点部位开挖，再进行修补一遍。这样一来，无论是预制厂预制时存在的原始缺陷点、防腐管在拉运过程中导致的防腐层损伤缺陷，还是在施工及回填过程中导致的施工损伤缺陷，都分别通过第一、二次的电火花检漏、第三次地面防腐层漏铁点检测被发现并处理。因此，该管道 20 年内未发生过腐蚀漏油事故。

电火花检漏仪极大地方便了人们对管道防腐层质量的检验与控制，很快得到了推广。但是，由于我国自 20 世纪 50 年代后期就被孤立于世界之外，美国等西方国家在 20 世纪 60 年代初期已开发成功的检测仪器，我国到了 20 世纪 70 年代还在摸索试验。直到 1976 年，我国上海第六电表厂研制出我国第一台管道绝缘层缺陷检查仪；1977 年，胜利油田油建指挥部研究所研制出石油行业第一台管道防腐层电火花检漏仪 DJ–1 型。图 11–1 是 1977 年 11 月，胜利油田油建第一指挥部宣传科实地拍摄的实景照片，该照片上展示的是陈文峰工程师与试验小组的同事一起在施工工地帐篷宿舍内试验他们研制生产出来的 DJ–1 型电火花检漏仪的情景。

图 11–1　1977 年胜利油田职工在工地帐篷宿舍内试验自己研制的电火花检漏仪

2. 地下管线外防腐层检测技术

1950~1965 年期间，美国 25 万公里输气干线共发生 1058 次事故，其中管道外壁腐蚀引起的事故占 14%，而在 1969~1971 年期间，美国输气干线的管道外壁腐蚀事故占到 38.2%。我国东北八三管道工程是我国当时最长的一条输油管道，主干线全长 2133km，1971 年开始分段投用，并相继采取了阴极保护措施，但是到 1976 年 9 月为止，就发生漏油事故 72 起，其中因外防腐层破损露铁导致穿孔腐蚀 20 起，占 27.7%。有的腐蚀穿孔事故发生在投产半年至一年之间，这么短的时间内出现由于防腐层缺陷而导致的腐蚀，只能说明防腐层存在缺陷。因为防腐层从理论上讲有效期至少也在 20 年以上，那么这些缺陷是怎么造成的呢？如果出厂检验是合格的，只能说明外防腐层在埋地时可能就遭到破坏或者由于其他施工等第三方原因导致了防腐层的失效。因此，必须对埋地管道的防腐层质量在地面上进行竣工检测及定期检测，以便及时修复，不至于穿孔泄漏造成更大的经济损失。问题是：埋地管道用电火花检漏仪是不现实的，不可能动不动就将管道挖开。必须探索从地面上间接检测管道防腐层质量状况的技术并开发相关仪器。

国外地面检测防腐层技术

针对这个需求，美国人皮尔逊（Pearson）在 20 世纪 60 年代以前就发明了一种在地面上找出管道涂敷层缺陷或涂层损坏区域的方法，60 年代初已经在美国得到推广应用。该方法是在管道与大地之间施加以交变信号，该交流电流便会在管道防腐层的破损点处流失到大地土壤中。其电流密度随着远离破损点的距离而减小。因而，从破损点的上方地表面形成一个交流电压梯度。两名检测人员脚穿铁钉鞋或手握探针，相距数米，将各自拾取到的电压信号通过导线传送至接收装置，就可以得到检测结果。在日本，20 世纪 60 年代是由防腐层检测车代替 2 名检测人员，原理是一致的。这种检测方法具有较高的效率，但是检测结果精度一般，不能量化破损大小，对检测分析人员经验有很大依赖。

成立于 1970 年的英国雷迪公司，则是世界上一家最早专门从事地下管线检测仪研究、开发、设计、制造、销售的跨国公司，总部设在英国布里斯托尔，在美国、德国、法国、意大利、荷兰、加拿大、波兰、南非、西班牙、罗马尼亚、匈牙利、乌克兰、中国香港设有分公司或销售处。雷迪公司在 20 世纪 80 年代率先推出了第一台管道电流测绘仪器，勘测人员可通过它来识别难以接近的管道上的可能的外部腐蚀来源，包括那些埋设在河流和公路下面的管道。从那时起，它成为许多机构查找和精准定位管道涂敷层缺陷位置的工具选择。而且，为了开发中国市场，便于中国客户学习掌握雷迪仪器的用法，英国雷迪公司在 21 世纪初，针对中国客户，编写了一份厚度 30 页、图文并茂的管道电流测绘系统用户操作手册。这是我们在那个年代所能见到的最详细、最精致的一册专门针对一款仪器的用户操作说明书。

我国地面检测防腐层技术的探索

从目前可以检索到的资料来看，我国关于管道防腐层缺陷的地面检测技术的开发起始于1973年。

1974年，华东石油学院《石油科技通讯》第4期上刊登过一篇题为“地下管道防腐层检漏仪研制”的论文，由于当时大家发表文章不署名，很难判断文章究竟是什么人写的。但是，根据文章内容判断，估计就是当年某个防腐层检漏仪研制试验小组成员写的。在这篇最早公开发表的关于检漏仪研制的历史文献中，介绍了1973年胜利油田成立检漏仪科研小组以来进行的有关检漏仪研制的情况。本书作者根据这个线索，找到当年参加胜利油田检漏仪科研小组的陈文峰工程师，他至今还保存着一份1975年11月名为“胜利油田会战指挥部科研处第42期技术资料”，该技术资料属于内部资料，本期刊载有陈文峰工程师自己编写的“地下管道防腐层检漏仪研制试验简介”一文。根据该文介绍，1975年5月由胜利油田油建一部科研科两名技术员、宣传科一名青年工人和华东石油学院电工教研室2名教师组成了一个地下管线检漏仪研制小组，在前两年油建指挥部检漏仪科研小组研究探索的基础上，经过5个月连续攻关试验，埋地管道防腐层地面检漏仪研制取得了阶段性成果。《石油勘探与开发》1975年第6期也以“地下管道防腐层检漏仪试验取得初步成果”为题，报道了胜利油田油建一部科研科和华东石油学院合作取得的这项成果的试验过程及试验结果：

从1975年7月12日至10月3日，先后在东黄管线、东辛管线等4条管道上试验16次，在东黄管线及一条成品油管道上，对已知的和人为设置的漏洞均能检出。在东辛管线的一段约一公里长的管道上，检出二十余处可能的漏洞（凡挖开地段皆证实确有漏洞）。在现场共进行了三种方法的试验，结果表明：“铁鞋法”（鞋契法）信号变化清晰明显，对漏洞位置判断较准确，在潮湿地带和盐碱地带效果更为明显，但在坚硬路面和沥青路面上无法使用；“电容法”信号变化较清晰明显，对漏洞位置判断准确，但易受附近电缆电网干扰；“线圈法”信号较大，接收简单，操作方便，用来寻找地下管道效果很好，但要用来判断漏洞位置仍需要继续改进。

1977年华东石油学院学报第2期刊登的一篇题为“地下管道防腐层检漏仪的研制和检漏方法的探索”的论文，具体介绍了黄玉坡、沈本善、姜义忠、李正清等人研制的检漏仪器构造、组成以及电子电路设计图、现场检测的具体方法及各种情况的说明。他们的检漏方法属于人体电容法。该论文介绍的当年具体检测方法是：两个背着他们研究出的便携式检漏仪的检漏员要么一前一后沿管线行进（平行管线检测法），要么一人站在管线正上方，一人站在管道外，两人连线与管道垂直（垂直管线检测法），就可以根据检漏仪给出的漏电流信号强弱规律，判断出防腐层破损点位置。根据该研究成果开发的仪器当年命名为 FJJ–1 型地下管线防腐层检漏仪，于 1976 年 7 月制造出样机。同年 5 月旅大新金仪器厂也研制生产了 J–1 型人体电容法检漏的管道绝缘层检漏仪。

根据本书作者的走访与调研，胜利油田油建一部科研小组最先取得实际成果，包括电火花检漏仪、地下管道地面检漏仪、管壁测厚仪等先后研制成功并制造出实际可以用的产品。其中，胜利（SL）–1 型地下管线防腐层检漏仪（铁鞋法）于 1975 年 9 月生产出样机（本书第三部分就其研究开发过程及具体设计图、实物照片另有专门介绍）并投入生产应用。防腐层地面检漏仪成果最为突出，由于当年的研制试验是在胜利油田完成的，因此我国第一代国产埋地管道检漏仪起名 SL（胜利的拼音缩写）系列。该系列仪器由 1979 年创建的江苏海安智能仪器厂（原海安县无线电仪器厂）生产。这种仪器是除当时防腐管道生产厂家和施工单位在管子生产与施工过程中使用电火花检漏仪之外的第二种防腐层检测仪器，其原理就是我们熟悉的人体电容法（皮尔逊电位法）。

SL 系列检漏仪一经出厂就获得了较大范围的应用，不仅胜利油田等单位成为第一批用户，就连军队管理的世界上海拔最高（其中有 900km 海拔在 4000m 以上）、地况环境最复杂（560km 通过常年冻土带、翻越 10 余座高山、108 条河流）的格拉（格尔木 – 拉萨）管线自 1982 年起分三次（分别是 1982~1985 年、1992~1995 年、1996~1998 年）进行了检漏补漏作业。根据青海格尔木市 59243 部队曾多礼在“地下管线防腐层检漏与防腐探讨”一文介绍，当年用的仪器就是海安生产的胜利系列检漏仪，型号从 SL–1 到 SL–5，发现防腐层破损点 2837 处，防腐层严重劣化段累计 8236.2m。可见，我国自己研制的第一代防腐层检漏仪还是相当奏效的。

《油气储运》在 1985 年 10 月出版的第 5 期中，曾刊登石油部管道局输油处张俊义撰写的一篇题为“地下管道防腐层绝缘电阻率的野外测量”的论文，文中介绍了对北京输油公司雄县泵站出口段石油沥青玻璃丝布管道防腐层绝缘电阻率的测量方法。

具体方法是：根据日本防蚀株式会社生产的 RP–1 型绝缘电阻率测试仪原理，采用电位差法。在被测管段 L 的 A、B 两端，A 点接绝缘电阻率测试仪的负极，接地极接仪器的正极，以 10s 左右的时间间隔向管道送电，分别测出管道通电前后 A、B 两点的电位差。再根据送电时电流值和管段的长度，代入公式计算出绝缘电阻率。

由此可见，石油部管道局输油处在 80 年代研究的测量防腐层绝缘电阻的方法是相当麻烦的。相比而言，胜利油田与华东石油学院联合探索防腐层破损点检测的历史比北京输油公司探索防腐层绝缘电阻率测量方法更早，探索出的检测方法却要更便捷实用一些。不过，北京输油公司这种思路更接近于后来流行的电流检测法，因此，从这个意义上讲，他们的探索仍然是有价值的，为后来的研究做了技术方法上的铺垫。

从1985年开始，经过7年的反复研究试验，到了20世纪90年代，东北输油管理局与邮电部第五研究所结合我国输油行业的管理模式，又研究开发出“变频－选频法”技术（姚吉吉“变频－选频法测量埋地管道防腐层绝缘电阻的研究和应用”，《管道技术与设备》1994年第5期）。此方法被列入石油天然气公司的SY/T 5919–94标准，为我国管道防腐层评价的后续工作奠定了基础。

我国防腐层检测技术的引进

20世纪90年代随着我国管道建设的加速以及邓小平南巡讲话的春风，国外大公司纷纷抢滩中国市场，包括管道检测技术服务市场。英国雷迪公司的RD–PCM电流法检测仪很快就成为皮尔逊电位法（我国七八十年代的研究基本属于按此原理进行的探索）的有力竞争者。初期，我国以袁厚明等为代表的管道检测工作者并不是很看好雷迪系列检测仪，原因是仪器太重，价格又贵，但是随着时间的推移，雷迪电流法检测仪以其功能多、对人的依赖性少，数据记录存储方便、外表美观等优势，逐步占领了管道外防腐层检测市场。由于这个原因，我国从21世纪初期开始，在管道防腐层状况地面检测仪器的开发上又放弃了SL系列检测仪的技术路线，走了一条引进、合作检测、自主开发与雷迪公司产品技术路线相似的检测仪器的开发道路。

这里，我们不得不再次给读者简述一下英国雷迪与中国合作的历史。早在20世纪80年代末期，吴基盛就在香港代理英国雷迪管线检测仪器。根据香港商业登记署存档的注册证书记载，雷迪有限公司原名华美嘉国际有限公司，于1981年1月6日注册登记；1991年9月24日更名为雷迪有限公司；1999年9月1日更名为全力工程有限公司；2002年12月18日更名为雷迪有限公司。吴基胜系该公司股东、董事。1990年英国雷迪公司在北京设立办事处；1994年，吴基胜到保定，与冶金部地球物理勘测研究院合作，成立金迪地下管线探测公司；2006年，吴基胜与何均合作，在保定成立保定雷迪科学仪器有限公司，吴基胜任董事长、原保定金迪地下管线探测有限公司第一任总经理何均任总经理，专门生产和销售各类测量仪器及地下管线专用机械设备，其中就包括了管道防腐层检测仪器。

1994年，扬子江与林守江一起在天津分别创办环峨科技公司、天津嘉信工程公司，成为首家在大陆代理雷迪检测仪器的公司，1995年杨子江的环娥科技并入林守江创办的天津嘉信公司。雷迪公司的PCM系列管道地面防腐层探测仪器主要被林守江与杨子江的天津嘉信工程公司等仪器代理公司介绍到中国。1996年，林守江等人就开始在全国推广埋地管道防腐层检测的多频管中电流法检测技术，并推出相应的检测系统及配套软件，仅在全国石化系统就有数百套系统获得应用，为用户的管线检测提供了实用有效的检测手段，取得了良好的应用效果。该方法列入了石油天然气公司的 SY/T 5918—2004《埋地钢质管道外防腐层修复技术规范》。1997 年，直流电压梯度法（DCVG）防腐层缺陷检测技术被引进中国。这个技术据说在国外当时已经完成了 8 万公里的管道检测。该技术的最大特点，正如当年保定金迪赛诺管道维护工程有限公司江贻芳工程师在一篇题为“一种可靠、实用的管道防腐层缺陷检测方法”一文中所说：“DCVG 测量可准确确定缺陷位置、缺陷大小、缺陷类型并指明缺陷处管道是否发生腐蚀；与 CIPS 技术结合还可以指明每个缺陷的阴极保护效果”。该论文发表在 1998 年第 2 期的《地下管线管理》上，是当年最早详细介绍 DCVG 用途、用法与特点的文章。

我国对防腐层检测技术的引进、消化、创造

从 20 世纪末期，中国普遍开始了管道外检测工作。此后，冶金部勘测研究院的李永年研究员带领他的几个弟子以雷迪公司检测仪器为基本手段，宣传、实践管道外防腐层破损与老化检测；江苏海安袁厚明等利用海安晟利（胜利）探测仪器有限公司生产的管道探测仪，新乡啄木鸟公司的张明举利用国产与进口管道外防腐层检测仪器，武汉安耐杰公司李英杰博士引进美国的 C 扫描技术等美制仪器进行的管道外防腐层破损点检测，都产生了积极的效果。在 21 世纪最初的几年，也是我担任胜利油田腐蚀与防护研究所所长的最初几年里，我们综合运用海安 SL 系列检测仪器、雷迪公司系列检测仪器、C 扫面等检测仪器，在以胜利油田为主阵地的集输管道上进行检测实践，提出了“组合检测法”“八步工作法”等检测经验总结，并分别在《山东石油学会腐蚀与防护专业委员会年会论文集》《石油工程建设》及《石油经济研究》等刊物上发表论文，进行总结宣传。2003 年，天津嘉信结合多频管中电流法的实践，推出全新的埋地管道防腐层数据处理软件，版本为 GDFFW xp 1.3。这是一个在新的防腐层评价模型（交变电流梯度法）基础上开发研制的全新软件，运行于当时流行的 Windows 通用系统平台。新版本继承了嘉信公司多年对埋地管道防腐层评价技术的研究经验，以及对防腐层评价模型及评价方法的研究成果。后来又推出了更新的软件版本，使多频管中电流法（又称交变电流梯度法）得到了普及。

这些中国管道检测的先行者，用他们的实践，证明了管道地面检测的可信性，取得了不错的效果，在全国产生了较大影响，从而使管道地面检测工作获得了众多管道企业的认可。

在后来的进一步实践中，我国检测人员为克服单一检测技术的局限性，不仅综合几种检测方法对涂层缺陷进行检测，以弥补各项技术的不足。而且，对于有阴极保护的管道，先参考日常管理记录中（P/S）的测试值，然后利用 CIPS 技术测量管道的管地电位，由所测得的断电电位可确定阴极保护系统效果，在判断涂敷层可能有缺陷

后，利用DCVG技术确定每一缺陷的阴极和阳极特性，最后利用DCVG确定缺陷中心位置，用测得的缺陷泄漏电流流经土壤造成的IR降确定缺陷的大小和严重性，以此作为选择修理的依据。对于没有阴极保护的管道，先用PCM测试技术确定电流信号漏失较严重的管段，然后再用PCM使用的“A”字架或皮尔逊检测技术精确定位涂层破损点，确定涂层破损大小。

目前，国内管道外检测技术基本上达到了先进发达国家水平。在实际工作中应用较为广泛的外检测技术主要包括标准管/地电位检测、皮尔逊检测、密间距电位测试、多频管中电流测试、直流电位梯度测试等。

防腐层剥离缺陷检测技术的探索

尽管现有的埋地管道防腐层检测评价技术多种多样，积累了大量的经验，但是在管道防腐层是否存在剥离、防腐层破损尺寸的精确测量判断上，还没有一种方法能够准确地检测及完全定量。不过，人们已经探索出通过检测防腐层视电容参数，即进行防腐层阻抗测量，就可以基本判断防腐层是否存在剥离的问题。

这里不得不说的是，关于时间久远的管道防腐层存在剥离的问题，有很长一段时间，在我国检测实践中重视不够。许多检测公司基本不做这项检测，他们的理由是剥离的防腐层仍然存在保护作用，不会导致管体腐蚀。其实，这是一种要么不明白，要么不负责任的态度。防腐层剥离的管段实际上和破损段一样会导致管体腐蚀，管地之间由于剥离后相对具有完整性屏蔽作用的防腐层的存在，使得实际检测到的防腐层绝缘电阻比较高，但是电容却比较大，电容电流极易从这里流出，仍然会导致管道的腐蚀。另一个原因则在于一些检测公司不明白防腐层剥离如何检测。

其实，早在1971年，Espe-Iboin就将电化学阻抗谱（EIS）应用于金属腐蚀研究。EIS可以测定外覆盖层在不同频率下的阻抗和电容值，以及外覆盖层/金属界面的信息，从而得到各类阻抗图谱（Bode图，Nyquist图），对上述阻抗图谱进行解释分析，从电容值可以衡量外覆盖层的吸水量，从外覆盖层电阻值可以确定外覆盖层的防腐蚀性能，并能由外覆盖层下金属电化学腐蚀电荷传递电阻估算腐蚀速度，从而得以跟踪外覆盖层性能的变化，并对外覆盖层性能进行评价。由此原理开发的阻抗分析仪，就可用于检测外防腐层是否存在剥离。

2000年，天津大学陈世利等人在国家自然科学基金资助项目和高等学校博士点基金资助项目“埋地管道防腐层缺陷检测技术与仪器研究”（《仪器仪表学报》2002年第1期）中，对防腐层缺陷的电化学阻抗谱（EIS）进行了研究并开发出基于DSP（数字信号处理芯片）的便携式检测仪器，在实验管道上取得了比较理想的实验效果。可是，直到今天实际应用到工程上的仍然很少，一方面有对防腐层老化剥离后果认识不到位的原因，另一方面也是因为该检测技术仍然有许多具体的技术环节有待于进一步研究厘清。不过，李永年研究员通过对 PCM 检测仪功能的深度挖掘，用普通的 PCM 检测仪配套相应的分析软件，在现场的实际检测中，通过增加视电容率指标测量，实现了对防腐层剥离状况的检测评价，取得了不错的效果。

因此，防腐层检测中应该提倡测量视电容率与绝缘电阻率 2 个参数，而不应一味为减少工作量，只测量绝缘电阻率一个参数。

3. 中国人体电容法被外来技术战胜的思考

爱思考的读者读完上一节后，肯定和我一样，难免会想一个问题：作为管道外防腐层地面检测技术，我国与西方国家是分别独自发明的。起初的理论依据是完全一致的，但是我国生产的检测仪器是按照人体电容法（又称 pearson 法）设计的，而英美的防腐层检测仪（包括探管）是按电流法设计的，该方法也叫接地探针法（A 字架法）或称 PCM 法。为什么最终我国舍弃自己的人体电容法，而改用英国的电流法？为获得对这个问题的解答，我们不得不再花点笔墨，对这两类仪器的特点及在中国的实践历程作一番回顾。

人体电容法的仪器是中国国产仪器，1975 年由中国胜利油田的陈文锋工程师发明，后转让给江苏海安智能仪器厂生产开发。1980 年以后，该类仪器在我国石油系统已经普遍使用。1990 年以后，我国开始引进进口接地探针法（电流法）仪器，主要是 PCM 管道电流测绘系统，刚开始两种仪器各有各的用户群，并逐渐在地下管道防腐层缺陷检测行业展开对用户的竞争。到 2015 年前后，国产人体电容法的仪器在地下管道防腐层探测检漏检测中开始败下阵来，原先生产人体电容法仪器的厂家也开发了接地探针法仪器——交流电位梯度检测仪。

两种类型仪器的对比

人体电容法检测定位地下管道防腐层缺陷点使用设备主要配置为发射机、探管仪与检测仪，外形如图 11-2 所示。外配电池组、接地棒、发射接地连接线、捡漏线、线圈探头充电器强磁铁等附件。

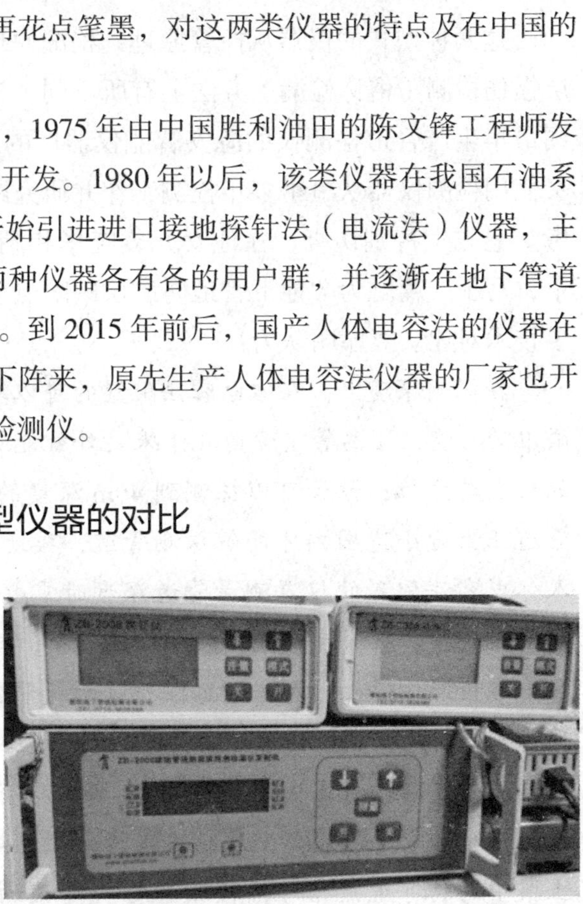

图 11-2　地下管道防腐层探测检漏仪的主要配置

接地探针法（A 字架法）检测定位地下管道防腐层缺陷点使用的仪器

主要配置为发射机、接收机、A字架探针，如图11-3所示。外配电池组、接地棒、发射接地连接线等附件。PCM仪器探测管道位置、检测管道信号电流衰耗模型如图11-4所示。

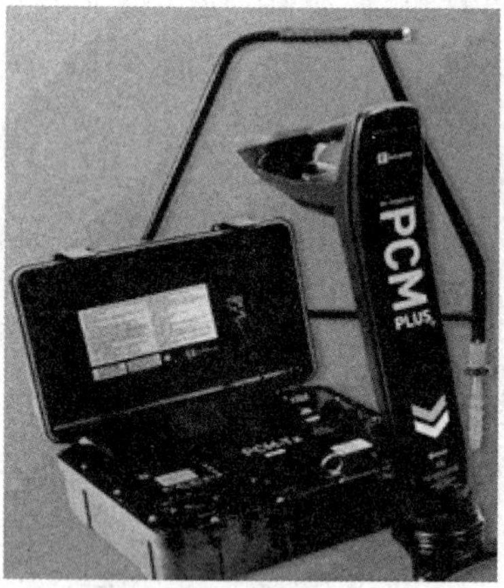

图11-3 PCM电流测绘系统的主要配置

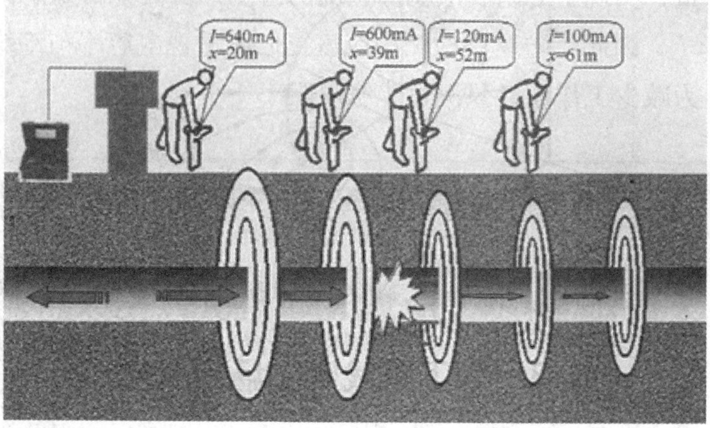

图11-4 管道检测信号衰耗模型与电流测绘示意图

这两种型式的仪器从探管原理到检漏原理是相同的，但是在探测管道埋深与防腐层损伤检测（俗称检漏）方法上有所不同。为了探索这其中的原因，我首先想到了我国最早生产管道检测仪的海安智能仪器厂的总工程师袁厚明先生。他既生产过仪器，又使用检测仪器从事了多年检测工作并研究跟踪该类仪器，希望他能提供一些探索参考。老先生特别认真，在他女儿袁晓华和湖北大学资源环境学院李兆华老师的协助下，写了一篇题为"地下管道防腐层缺陷点检测方法研究"的文章发给我，详细进行了技术对比。袁厚明认为：

在探测深度上：人体电容法配置的可以转动的单探头，具有遥测无线电测向指向瞄准的功能，距离管道旁边几十米之外就能够收到载流管道上的信号，从而知道管道的位置与方位；最大可以探测到40m深度的定向穿越管道；接地探针仪器只有走到管道正上方小范围内才能够探测管道，接地探针仪器最大探测深度在5m范围之内。人体电容法配置的仪器测量管道深度时需要转动探头，采用45°法测量。接地探针法仪器测量管道深度时直接按深度键切换，就可以直读管道深度。

在检漏方法上：人体电容法接收的是管道上方的电势位移电流信号，检测时主要通过人体的两只脚做检漏仪的感应元件，检测人员在管道上方沿管线走向以步行速度检测。当走到防腐层缺陷点附近时，仪器有反应，当走到防腐层缺陷点正上方时音响最大，显示数字值最大，从而准确找到防腐层缺陷点。接地探针法接收的是管道上方土壤中的传导电流信号，检测时将A字架的连接线与接收机相连，检测人员沿管道走向上方每隔一定的距离，将A字架探针扎入地下的泥土中，当A字架扎到防腐层缺陷点的漏电信号辐射边缘时，接收机的箭头会指向前方的防腐层缺陷处，当检测人员走过防腐层缺陷时，接收机的箭头会指向相反的方向，在此加密检测就可以精确定位防腐层缺陷点。

袁厚明先生还列出了两种仪器性能价格等参数，见表 11–1。

表 11–1　两种仪器性能价格等参数列表对比表

项目方法	仪器价格	接地要求	测点步距	最大探测管道深度	检测速度效率	水泥沥青路面	水下超深管道	接收信号方式	站区密集立管	接收信号方式
人体电容法	3 万多元	5~100 Ω	平均点 >1m	0.1~40.0m	每日平均 5~10km	可以检测	拖线法检测	两人体的两脚	可以检测	感应位移电流
接地探针法	7 万左右	5~10 Ω	平均 3.0m	0.1~5.0m	每日平均 2.5~5km	不能检测	不能够检测	A 字架的探针	不能检测	土壤传导电流

中国仪器竞争失败原因的工程师体会

通过对比可以发现：人体电容法相对于接地探针法，不仅可以在一般地表上使用，而且可以在水泥沥青路面、大理石地砖路面、冰冻的地表层、干燥结实的土壤、密集的小树绿化带、定向穿越超深管道站区立管密集管道等恶劣环境之中检测，还可探测深埋的管道。人体电容法相对于接地探针法效率更高，仪器更轻便，价格更便宜，需要工作人员更少。

按说人体电容法比接地探针法更有优势，且比英美仪器在中国应用历史更久，至少早了 20 年左右。为什么目前接地探针法仪器大有打败人体电容法的势头呢？袁厚明作了如下分析：

一是不重视宣传策略：中国管道业主管理人员对人体电容法仪器的优势了解非常有限，多被西方的中国代理商宣传误导，推荐了用户使用的管道检测设备与出具报告的格式。厂商对仪器性能的宣传，销售人员往往大谈特谈在典型条件下能够取得的效果，各种制约因素避而不谈，给用户选用需求带来误导。而原来销售人体电容法仪器的销售人员因为价格低，利润小，没有足够的资金支撑做有效的宣传引导，或没有把精力放在销售上而是慢慢地向地下管道工程检测转型，导致自己把自己逼向"穷途末路"。

二是培训指导与外观包装不到位：管道检测一线工作比较辛苦，部分具有现场检测经验的熟练人员升任为行政管理干部，不再到管道检测一线现场检测。而新加入进来的检测人员需要技术培训，中国的仪器生产厂没有实力（或没有意识到）进行大规模的培训指导，导致新入业人员不了解仪器性能。而在 21 世纪初，英美仪器代理商则每年在全国各地举办培训班、研讨会，既吸引了眼球，又传播了他们的检测思想。加之英美仪器外观上更漂亮美观，给人以"高大上"的形象。

三是国产仪器销售人员多是土生土长的生产企业的普通职工，学历层次普遍偏低，对社会发展动向不敏感；而国外仪器代理商招聘的推销人员，多是具有较高学历层次，又具有大国企工作经验，对国家政策与企业发展方向具有一定研究的“白领”人士。国有单位当年计划资金要用光的政策被“洋买办”们深度利用；国家财政性拨款的研究院所或国企单位，资金雄厚而计划性强，加之比较重视形象，往往密集购置且不计成本。在世纪之初，国产仪器不过5万元左右，而国外成本不足5000美元的探管仪，往往被以四五十万元的高价推销给国有性质的单位，有的单位一次性花费数千万元购买五六十台甚至更多同样型号的检测仪器毫不稀奇。国外仪器的中国代理商们对此心理摸得非常准确，而国内企业却往往不得要领。年终突击花费，选贵成为一种风气，没有成就国内仪器厂商，却成就了外国仪器代理商。

四是相对而言，人体电容法对于检测经验有一定的要求，数据储存等现代化记录、数据处理方式略逊于电流法，跟进不及时。这主要是国内后期对人体电容法的后续研究开发改进投入不到位造成的，使得优越的底质没有获得进一步的发展。

根据我（指袁厚明）的经验，检测同样的项目，人体电容法效率更高，价格更具优势。在襄阳震柏地下管道检测公司曾经检测过200多个单位、上万公里的钢质管道中，各种管道检测设备都用过。但是正常使用最多的还是国产地下管道防腐层探测检漏仪，有时会配合进口RD8000接收机完成。有接地探针的仪器也很少使用，我们却解决了许多纯粹采用国外设备的检测单位解决不了的技术疑难问题。

历史的规律性又在管道检漏仪上重演

可以说，现在世界的科技发展史成了西方发展史。究其原因就是近代西方的确在推动技术进步方面为人类作出了巨大贡献，西方人为了商业利益会投入持续的开发，而西方以外的世界，特别是那些文明古国，之所以在后来的科技发展中力有不逮，在科技的投入和研究上持续性不足、开发不系统、利益导向不足是根本的问题。

我们知道印刷在文明的传播及技术的推动方面居功至伟。中国是最早发明印刷术的国家，早在隋唐时代我国就发明了雕版印刷技术，如《历代三宝记》记载：开皇十三年（593年），隋文帝下诏令国人崇佛，诏书中有一句“废像遗经，悉令雕撰”。太和九年（835年），东川节度使冯宿在给皇帝的奏章中提到，四川的剑南、两川及安徽淮南等地的百姓私自印刷日历出售。光绪末年，人们在甘肃敦煌千佛洞发现了一本装帧精美的《金刚经》，书的结尾记载了出版时间——“咸通九年四月十五日”，即公元868年（唐懿宗咸－通九年），这是世界上最早标明出版时间的印刷品，也是我国雕版印刷术始于何代最直接的证据。中国在科技史上真正留下姓名的发明人很少，而北宋工匠毕昇（约971—1051）是其中之一。毕昇在当时发明的胶泥活字印刷术是相当先进的，但是却一直没有成为中国印刷业的主流。大约 400 年后，出生于德国美因兹地区一个制作金银器的商人家庭、名叫约翰内斯·古登堡（1398—1468）的发明家发明了锡铅活字印刷术，很快风靡欧洲，走向世界，成为世界科技史上被广泛认可的伟大发明家。

那么，同样是活字印刷术，为什么最后被世界广泛认可并采纳了的是约翰内斯·古登堡的活字印刷术，而不是历史更早的中国毕昇的活字印刷术?

应该说古登堡对世界科技发展的最大贡献不是活字本身，因为这个发明的功劳显然应该归于毕昇。按《全球科技通史》作者吴军的说法是:

古登堡的最大贡献在于他发明了一整套的印刷设备，以及可以低成本快速大量印刷图书的生产工艺流程；发明了一种大量铸造一模一样的铅锡合金活字的技术，这不仅使得排出来的版非常整洁美观，也比毕昇的手工雕刻胶泥活字效率更高；带出了一批徒弟，作为印书商将活字印刷术推向全球。

另外一个原因就在于，古登堡在发明活字的初期，大量印刷了《圣经》这种西方人需求最大且卷帙浩繁的图书，这对古登堡来说不仅是一种极大的荣誉，更是最好的宣传。在 50 年间，他用这种印刷方式印刷了 3 万多种 1200 多万份印刷品。因此他被多次选评为影响世界历史进程的著名人物。

而毕昇活字印刷术并未受到当时统治者和社会的重视，原因就在于如果印刷量和印刷品种数量上不去，特别是没有鸿篇巨制大部头书籍的大量印刷，与雕版印刷比较效率没有高出多少，而且胶泥容易损坏。他死后，活字印刷术仍然没有得到推广，他创造的胶泥活字也没有保留下来。一个很重要的原因就在于没有持续对技术进行改进，没有形成技术系列，缺乏资本的持续投入，没有找到一个类似于像“圣经”这类需求广泛的印刷品供其印制形成良性的资金投入渠道并向四方扩大其影响。因此，在他死后的许多个世纪中，中国的雕版印刷仍然盛行，活字印刷只是一种“纯粹”的发明。

我国发明的人体电容法埋地管道检漏仪（探管仪），虽然从实用性出发，价格更低、更轻便、效率更高，而且具有电流法没有的对深埋管线探测的功能，但却被外来的技术所替代。其实也存在部分与毕昇印刷术类似的问题，缺乏系统配套、持续改进的更新与有效的宣传渠道。由于长期实行低价格战略，没有能力结合信息技术发展的实际对其进行升级改造，在产品宣传上投入不够，只是老的检测一线人员熟悉这种技术，管道业主的管理者却很少知道这种技术的长期存在。仪器的制造推广者与仪器的研发者分离，导致对仪器性能的理解不深刻，在中国工程技术界缺乏应有的影响力等，都是造成被外来仪器替代的原因。甚至让英美电流法检漏仪（探管仪）成为我国标准中的推荐做法，而我国传统的检测方法反而逐渐被一些标准规范淡化。

比较中西方技术进步史，我们发现，技术的发明者与技术的开发者分离，这一点在现代科技发展中更是一个非常重要的因素，西方许多企业的创始人都是某项技术的发明者，而我国的技术发明者往往发明技术以后就将技术转让或束之高阁，结果导致一项技术不能得到持续深度开发，停滞不前甚至很快遭到淘汰或替代。

4. 阴极保护及其效果检测技术

防腐涂层保护通过将金属表面的绝缘，使金属与腐蚀介质隔离开来实现防腐蚀，这种防护作用是有效的，但是在实际工程中不可能绝对有效。正如李健博士所指出的那样，任何一种绝缘材料都不可能完全不透过小分子，如水、氧气等；钢和防腐涂层界面之间的物质传递也是不可避免的，并且管道表面的防腐涂层在施工生产、运输储存中又不可避免地会产生缺陷。因此，实行电化学保护法与防腐涂层联合应用就成为必然的选择。电化学联合保护可以弥补防腐层缺陷，从而更彻底抵制金属发生腐蚀现象。

阴极保护的研究历史

图 11-5　汉佛莱·戴维爵士肖像

人们关于阴极保护方法及测试研究的历史已经有 200 多年。1812 年，英国化学家（海军军官）汉佛莱·戴维爵士（Sir Humphrey Davy）提出了阴极保护假说（见图 11-5）。后来他在实验室发现 Cu 与 Zn 或 Cu 与 Fe 接触（导线连接），可以使 Cu 受到保护。1824 年，他在一艘“三宝垄”号帆船和一艘军舰上做了阴极保护试验并获得成功。1826 年，他明确提出阴极保护效应。1834 年，法拉第发现了腐蚀损耗与电流之间的定量关系，为阴极保护奠定了理论基础。

1902 年，K·柯恩思使用外加电流成功地实现了实际的阴极保护。1905年，盖波特（Herbert Geppert）建成第一个管道阴极保护站，并于 1908 年获得第一个有关外加电流阴极保护的德国专利。1924 年，Guldager 采用铝作为强制电流中的辅助阳极，对地下水管提供阴极保护。1928 年，美国阴极保护之父库恩（Robert J.Kuhn）在新奥尔良一条长输天然气管线上安装了第一台阴极保护整流器，开创了长输管线阴极保护的实际应用，并发现 –0.85V（保护硫酸铜参比电极）就足以防止任何类型的土壤腐蚀，保护电位的数值概念由此诞生。随后，对管道实施阴极保护的工作迅速展开。

1936 年美国成立了中部大陆阴极保护协会，这个协会是后来国家腐蚀工程师协会（NACE）的基础。1940 年英国应用了牺牲阳极作为实施阴极保护的手段，德国和日本分别是在 1950 年和 1946 年开始研究电化学保护理论的，并开始了煤气管道的阴极保护实践。1953 年，强制阴极保护在日本得到广泛应用。据《法国煤气》杂志报道，到 1970 年，主要发达国家有 70 万公里以上的管线采用了阴极保护技术，其中仅美国就有 64 万公里。美国 1968 年颁布的管道安全法规定，1971 年 6 月 30 日之前的管道限期 3 年补加阴极保护，1971 年 7 月 1 日以后建设的管道必须施加阴极保护。1971 年，混合型金属氧化物阳极首次应用于海水中。1973 年，太阳能电池成为阴极保护装置的能源。1979 年，Brauer 使用有限元法对阴极保护进行了计算。20 世纪 80 年代，美国腐蚀专家 J.F.tatum 申请强制电流阴极保护深井阳极防腐专利。1983 年，Danso 和 Warne 用“边界元法”对阴极保护设计原理进行论述。1985 年，在加拿大首次使用了混合金属氧化物钛阳极。1988 年，在美国旧金山试用了喷锌层阴极保护等。

总体而言，英美等国从 20 世纪 40 年代开始对埋地管道实施阴极保护，我国从 1958 年开始在石油管道上应用阴极保护技术。潘宁、钟声、徐瑶、简思勇在“埋地钢制管道阴极保护技术应用及研究进展”一文中，曾对我国阴极保护的研究开发、应用历史进行了大体的梳理，概要如下：

20 世纪 60 年代，我国在新疆、大庆、四川等地油气管道上开始推广应用阴极保护技术。70 年代，我国上万公里的长输管道已经广泛采用阴极保护。1983 年，我国在油田油井套管上开始应用阴极保护技术，1989 年，我国颁布的第一部管道防腐蚀法规《石油、天然气管道保护条例》首次将阴极保护要求列入管理内容。

1990 年，辽阳化纤公司首次在石化防暴厂区应用阴极保护技术。此后，深井阳极保护技术在国内石化行业得到了迅猛发展。2006 年，武烈等（见“我国阴极保护技术的发展及其高新技术的探索”，《腐蚀与防护》2006 年第 3 期）研制的新型深井阳极地床技术，改进生产工艺，具有良好的技术性能。2009 年，天津大学王芷芳等（见“有关深井阳极的几个问题”，《石油与天然气化工》2009 年第 3 期）对阳极材料、阳极电缆、地床填料等方面进行了研究，发现了深井阳极地床在运行中存在的问题。1998 年，郑州市燃气公司将深井阳极技术用于陈旧埋地燃气管网、中低压输气管，并首次应用了新型“组合装配式深井阳极地床”专利技术和“分段预制式阳极体”实用新型专利技术。随后，在西安、福州等市煤气公司也采用了类似技术，有效地控制了城市地下管网的腐蚀。

2018 年，主要从事管道阴极保护和杂散电流控制相关技术研究的中国石油管道公司科技中心毕武喜博士，通过多年研究，由他主导的国际管道协会（PRCI）项目“阴极保护试片法选型及应用导则研究”在国际上首次发现了试片基座效应、边界效应等现象，突破了试片法应用的技术瓶颈。美国腐蚀工程师协会（NACE）经过推荐、提名和综合评定，决定由毕武喜博士正式担任阴极保护（简称阴保）技术咨询委员会主席，任期为2019年3月至2021年3月。这说明，随着我国技术进步和各类管道等基础设施大规模建设，我国在阴极保护方面的研究逐步跨入世界先进行列。

体现阴极保护效果的主要检测方法

那么，阴极保护系统的保护效果该如何检测评价呢？

阴极保护效果检测，就是对能够反映阴极保护的主要参数的测量。那么，阴极保护有哪些参数呢？首先，无论采用牺牲阳极保护还是采用强制电流阴极保护，被保护金属的自然腐蚀电位都是一个极为重要的参数；其次，是保护电位，这是阴极保护的关键参数，它标志了阴极极化的程度，是监视和控制阴极保护效果的重要指标；再次，是保护电流密度，在GB/T 10123—2001中，保护电流密度的定义是“从恒定在保护电位范围内某一电位的电极表面上流入或流出的电流密度”，此定义适用于阴极保护和阳极保护，对于阴极保护来说只能是“流入”，最后，是阴极保护保护度，这一参数可以直观地看出阴极保护的效果，它是通过试样在阴极保护状态下和非保护状态下的检测结果对比得来的。

可以说，所有的阴极保护检测均是围绕上述参数的测量来进行的。

1906年，哈博（F.Haber）和戈德施密特（L.Goldschmidt）在《电化学》杂志上阐述了测量电流密度的哈博方法、土壤电阻测量方法和管/地电位测量方法。1908年，麦克·考兰姆（MC.Clooum）首次采用硫酸铜参比电极来测量电位。1928年美国库恩提出管/地电位阴极保护标准，许多国家就将管/地电位监测作为阴极保护效果检测的方法，也就是测量管道中通入极化电流状态下的管/地电位（称作通电电位或ON电位），因测量方法简单，得到广泛应用。

专门消除IR降的电位测量技术

但是，管/地电位测量值中存在各种电流流过金属和电解液时在电阻上产生的IR降，导致埋地管道阴极保护测量电位失真，影响对阴极保护效果有效性的判断。消除IR降的方法有外推法、瞬时断电法、远地法以及pearson法、辅助电极法、阶跃电位衰减法、探头法等。其中应用最广泛的是瞬时断电法。但是，管/地电位检测技术依赖于最初埋设的参比电极，且多为人工操作，不利于随时监测管道全线的阴极保护状况。于是，又出现了密间隔电位监测技术（CIS/CIPS）。

密间隔电位监测技术（CIS/CIPS）是采用密间隔管地电位检测仪在 GPS 同步卫星的模式下，使用连接在测试桩上的漆包线沿着管线方向，测量并记录被检测埋地管道的通电电位、断电电位和 GPS 信息，以此评估整条管道阴极保护效果的有效性。从本质上讲，该技术是管 / 地电位加密测试或加密断电电位测试技术，该技术不仅可以检测全线阴极保护效果的有效性，还能分析管道防腐层质量的优劣，间接找出缺陷位置、大小等；通过分析测得的管 / 地电位曲线的变化，可以判定管道上是否有杂散电流干扰存在以及干扰的影响范围大小等等；还可以判定管道是否存在“宏电池”腐蚀效应。对无防腐层管道的 CIPS 检测电位曲线进行分析，可以判断管道什么部位发生了腐蚀。

密间隔电位测量技术应用范围很广泛，但是测试准确率还是比较低，仍然需要依赖操作者的经验，易受外界干扰。同时，为了消除 IR 降影响，需要中断阴极保护。

为了不中断阴极保护电流，后来又出现了测试探针监测技术。由于参比电极可以很靠近探针，测量通电电位时可以基本消除 IR 降，利用测试探针测量断开电位时，不需要中止管道的阴极保护，而只需要将试片与管道的电连接断开，这样就不会影响管道的保护状态。

阴极保护遥测与遥控技术

阴极保护参数的遥测与遥控也是阴极保护效果检测技术的发展方向，该领域研究也有 20 多年的历史。早在 1999 年北京召开的第一届国际腐蚀大会上，德国 SSS 公司就演示了阴极保护遥控技术。2003 年中国石油学会第三届腐蚀与防护学术交流会论文集曾刊载胡士信写的“管道阴极保护技术展望”一文，文中胡士信对由参比电极和参数采集、发送系统所组成的一种线路电位遥测装置非常赞赏，因为，有了这个装置，就可以方便地通过手机把阴极保护电位信息传送给测量人，方便快捷，易于及时调整阴极保护系统的运行参数，使管线更少遭受由于测量信息反馈不及时造成的损伤。

近年来，为了响应智慧管道的建设目标，做好阴极保护的智能化监测，中国科学院金属研究所沈阳中科腐蚀控制工程技术中心高立群博士等人通过多年研究探索，建立了一套阴极保护智能管理系统。该系统采用新的产品和技术建立了管道阴保护预警机制，特别是针对部分杂散电流干扰的严重区域、管道穿跨越的重点区域进行连续监测，掌握杂散电流干扰严重程度和规律，对现有阴极保护的有效性进行评估验证，为后续治理提供参考。主要内容包括：建立集中统一的阴极保护监控软件平台，建立智能阴极保护监测桩设备的内功技术标准、建立各厂家到几种平台的数据传输规范、实现恒电位仪的远程监控及智能调节。图 11–6 为沈阳中科腐蚀控制工程技术中心在重

图 11–6　阴极保护智能监测桩

庆某管道上实施阴极保护远程监控的现场产品（阴极保护智能监测桩）照片。

高立群博士等人研制开发的阴极保护智能监测桩的基本构成是：桩体（埋深 1m，地面高度 2.6m）；太阳能板；风力发电组件（1m/s 启动风速）；智能监测终端设备（4G/ 连续工作 / 远程唤醒）；长效硫酸铜参比电极；极化探头；测量试片；测试电缆；腐蚀速率监测（ER 探头）。

阴极保护智能管理系统的意义在于：针对部分杂散电流干扰的严重区域、管道穿跨越的重点区域进行连续监测，掌握杂散电流干扰严重程度和规律，对现有阴极保护的有效性进行评估验证，为后续治理提供参考；同时建立集中统一的阴极保护监控平台，实现阴保设备和数据的集中管理与统一控制，通过智能分析模型建立智能调控机制，形成智能调节系统，将有助于阴保系统更加有效运行。

其实，中科院金属所沈阳中科腐蚀控制工程技术中心在阴极保护智能监测桩方面还不是最大的供应商或开发商。根据 2019 年底北京安科管道集团腐蚀技术公司陈少松经理提供的数据，全国目前主要的四家智能测试桩提供商依次是青岛雅合、北京安科、中益德、哈德维尔。青岛雅合公司已经在全国安装了 5000 个以上的智能测试桩，而安科目前也已经在全国布局了 2500 多个智能测试桩。这些智能测试桩的供应商其实在运营模式上各有特点。如北京安科腐蚀技术公司的特点是：提供全方位的阴极保护智能测试服务，而不是仅仅生产、销售和安装测试桩。他们在提供智能测试桩现场安装与调试技术服务的基础上，还提供后续运行服务，定期为用户提供运行分析报告。

目前，国内已经有不少专家涉足这个领域的专门研究，2019 年 4 月，中国石油大学（北京）于达教授在“杭州第二届中国城镇地下金属管线监检测和非金属管线探测技术专题会”上所作的题为“管道一体化感知技术：智能化管道沿程信息平台建设”的报告中，就展示了中国石油大学（北京）关于智能阴极保护云平台的建设思路，包括阴极保护参数智能化采集、传输、自动分析、参数调整的最新解决方案。其最大特点在于：该平台不仅能够实现各个智能阴保测试桩与管道监控中心的实时无线数据传输，平台接收监测数据并对数据自动进行分析、处理，还能基于阴保大数据分析及专家系统，用于评价管道阴极保护效果，检验杂散电流防护措施有效性等。

无论是管道外防腐层质量状况检测，还是阴极保护效果的检测，与管体缺陷的检测相比，可靠度要高出不少，但是，仍然会存在部分检测不够精准的地方，如防腐层老化剥离及破损程度问题、阴极保护的死角区段问题等。当然，以阴极保护系统检测为例，即便是检测技术再进一步，可以解决检测死角问题，阴极保护存在的薄弱环节如欠保护或过保护（至少是我们无法做到阴极保护电位在任意一个时刻都在我们设计的理想保护电位区间之内，总会因为屏蔽、或杂散电流干扰等这样或那样的原因，而事实上做不到）时，我们仍然不能完全期望依靠防腐层与阴极保护就能够彻底解决管道腐蚀问题。因此，我们还必须控制腐蚀环境，而要控制腐蚀环境，仍然离不开对腐蚀环境参数的检测。那么在人类对管道腐蚀认识的历史上，是如何探索腐蚀环境参数检测的呢？这正是我们在下一章要叙述的内容。

参考文献

[1] 胜利油田油建一部科研科 . 地下管道防腐层检漏仪试验取得初步成果［J］. 石油勘探与开发，1975，（6）：52.

[2] 检漏仪小组 . 地下管道防腐层检漏仪的研制和检漏方法的探索［J］. 华东石油学院学报，1977（2）：114–151.

[3] 陈文峰 . 管道防腐层漏铁的危害及检漏原理和方法的初步探讨［J］. 石油施工技术，1980，（1）：43–50.

[4] 李健 . 埋地管道防腐层缺陷检测技术的研究［D］. 天津：天津大学，2000.

[5] 张俊义 . 地下管道防腐层绝缘电阻率的野外测量［J］. 管道储运，1985，4（5）：39–42.

[6] 赖广森，廖琮平 . 埋地管道防腐层缺陷地面检测技术最新进展［J］. 管道技术与装备，1999，7（6）：34–36.

[7] 黄昌碧，陈晖，等 . 管道防腐层检测技术现状及发展［J］. 石油仪器，2003，17（5）：5–7.

[8] 胡士信 . 管道阴极保护技术现状与展望［J］. 腐蚀与防护，2004，25.（3）：93–101.

[9] 张其敏，陈宁 . 埋地管道阴极保护效果监测技术分析［J］. 油气田地面工程，2008，27（9）：9–10.

[10] 常守文，张莉华，李绍忠 . 埋地涂层金属管道电位测量中的 IR 降影响及消除［J］. 油气储运，1989，8（3）：38–42.

[11] 沈浩 . 中国涂料 7000 年历史考证［J］. 中国涂料，2011，26（1）：65–68.

[12] 张建新. 中国涂料工业史话一～六 [J]. 中国涂料，2005，20（7–12）：46–47.

[13] 于培林，姚安林，等. 油气管道外检测技术的综合应用 [J]. 全面腐蚀控制，2008，22（2）：5–8.

[14] 钟琼仪. 大气腐蚀研究的历史概况 [J]. 表面技术，1980（1）：1–8.

[15] 潘宁，钟声，等. 埋地钢制管道阴极保护技术应用及研究进展 [J]. 四川化工，2016，19（4）：5–7.

[16] 李自力，谢跃辉，等. 埋地管道阴极保护电位测量方法研究进展 [J]. 腐蚀与防护，2012，33（1）：55–59

[17] 翁永基，李英义，等. 埋地管道直流干扰腐蚀研究 II——地表电位梯度检测 [J]. 腐蚀科学与防护技术，2010，22（2）：98–100.

[18] 李晓松，尚兵，等. 防腐（保温）层破损点电位差法检测与评价 [J]. 防腐保温技术，2013（4）：29–33，42.

[19] 李永年，等，提高埋地管道防腐层分级评价的可靠性 [J]. 地下管线管理，2002，4（28）：34–36.

[20] 李晓松，吕桂玉. 管体视电阻率与腐蚀和疲劳损伤的关系 [J]. 地下管线管理，2002，6（30）：18–21.

[21] 李永年，姚学虎，等，埋地管道综合参数异常评价法的应用效果 [J]. 地球物理学进展，2003，3（18）：487–492.

[22] 林守江. 埋地钢制管道腐蚀检测方法及管理模式 [J]. 石油化工腐蚀与防护，2000，17（2）：51–54.

[23] 王玉强，王玉珍，等. 提高地下管道防腐层破损点定位精度 [J]. 防腐保温技术，2012（19）：77–79.

[24] 袁厚明. 地下管道电磁无损检测与隐患故障诊断 [M]. 北京：中国石化出版社，2013.

第 12 章
腐蚀环境检测技术探索史

我们知道，管道之所以需要设计保护系统来控制腐蚀，就是因为存在环境腐蚀，比如大气腐蚀、土壤腐蚀、介质腐蚀、杂散电流腐蚀等。所有的腐蚀控制措施均是根据腐蚀环境来设计的，因此，对于腐蚀环境指标的检测也是管道检测的主要内容之一。

人类很早就注意到腐蚀现象，这从埃及金字塔出土的包裹着三合土的最古老的铜质管道，到 14 世纪末 15 世纪初工匠们在铠甲上涂油漆防腐蚀就是最好的例证。但是腐蚀作为一门科学仅仅不过 200 多年的历史。这个历史起始于 1800 年科学家们发现原电池现象，引起学者对金属腐蚀原因作出理论解释的兴趣，并陆续建立了电化学理论及其他理论。随着研究的深入，人们对各种与腐蚀相关指标的检测，成为腐蚀科学的重要内容之一，同时为治理管道腐蚀或者说控制管道腐蚀提供了重要的科学参考。

关于腐蚀环境检测技术，我们听到最多、最常见的是关于大气与输送介质腐蚀速率检测或监测技术。具体方法有挂片失重法、电阻探针法、电化学法、磁感法等。其中挂片失重法，是最原始的方法之一，电阻探针法开始于 20 世纪 50 年代，电化学法开始于 20 世纪 70 年代初期，电阻探针法开始于 20 世纪 90 年代。这些方法的均可以测量输送介质或大气腐蚀的一般平均腐蚀速率。当管道敷设以后，它所面临的大气腐蚀环境、输送介质就基本固定下来，而某个地区针对某一种金属材料大气腐蚀速率、某种输送介质针对某一种金属的平均腐蚀速率就确定下来了。按说，我们只要在管道建设初期的可行性研究阶段，通过实验室进行检测或查腐蚀手册得到这个数据，作为管道运行以后进行评价或管理的基本参数运用就行，并不需要在管道建成以后经常去检测这些参数。但是，实际情况远远比我们想象的复杂，特别是输送介质不可能一成不变，即便是其组分不变，温度、压力、流态也会变化，而这些变化也会对介质的腐蚀产生较大的影响。另外，就是介质结垢、凝结等导致的堵塞问题更没有规律可循。因而，对于管道而言，我们需要检测的环境腐蚀性因素还是很多的，如金属材料在土壤中的腐蚀速率、介质腐蚀、堵塞以及杂散电流分布规律及强弱等都需要检测。

1. 土壤腐蚀速率检测技术

在 21 世纪的初期，人们几乎把所有的地下金属材料腐蚀归结于杂散电流。1910 年，美国国会委托国家标准局对杂散电流腐蚀进行专项研究，然而，研究很快却发现：腐蚀也发生在无杂散电流的土壤中。到 1920 年，美国国家标准局 NBS 断定：土壤与杂散电流引起的腐蚀同样严重。因此，如何测量土壤腐蚀速率的问题就被摆上科学家的研究计划中。

金属材料在土壤中的腐蚀速率测量

当然，关于土壤腐蚀率的研究问题，从 1910 年美国人按照国家标准局计划对杂散电流腐蚀进行专项研究，发现没有杂散电流地区的土壤也有腐蚀时就开始了。

正如中科院金属腐蚀与防护研究所常守文在他撰写的“土壤中金属腐蚀速度测量方法的发展历程及展望”一文中所说的，在追溯土壤腐蚀速率检测历史时，无疑应该首先提到美国国家标准局所做过的工作。1910 年到 1922 年，美国国家标准局对土壤腐蚀进行研究，选择在典型土壤中埋设大量试件，然后按一定的埋设周期挖掘，经清洗、干燥、称重等处理，确定试件的腐蚀失重和腐蚀速率，从而建立了土壤腐蚀试验中的基本方法——失重称量法。为保证实验结果的准确性、科学性和严肃性，美国组织建立了全美土壤腐蚀试验网络，试验站点达到 128 个，埋设试件材料种类共 333 种，总计 36500 件，历时 45 年才完成最终报告。

失重法的结果常被换算成年腐蚀速度（mm/a），这个年腐蚀速率我们也经常称作平均腐蚀速率。与此同时，还要测量其中最大的腐蚀坑深度，并将此深度换算成最大腐蚀速度。为了衡量局部腐蚀的倾向，还定义了孔蚀因素 = 最大点蚀深度 / 平均孔深（由失重计算而得）。

失重和最大孔蚀深度评价方法虽然是最直接、最可靠的方法，但是由于要等待很长时间，耗时耗力，不能满足工程建设腐蚀预测的需要，必须建立现场快速测量方法。这就是充分利用这些来之不易的基础数据，建立和发展各种原位测量技术和加速试验方法以及实验室方法。根据这种思路，人们又提出了一些根据土壤理化性质的单项指标评价土壤腐蚀的判定标准，即土壤理化性质分析法。

土壤理化性质分析法涉及的主要指标有土壤电阻率、含水量、含盐量、土壤交换性酸总量和pH值、氧化还原电位、钢铁材料对地电位。一些研究工作者还根据具体的土壤条件提出了其他一些指标，如氯离子、硫酸根离子、硫化物、有机质含量、土壤颜色、电场梯度（杂散电流腐蚀）等指标。

1936年，在美国土壤腐蚀试验已经积累了大量现场数据的时候，Denison设计了一种氧差异电池（Denison电池），用一块打了孔的钢板作为阴极，用材质相同的钢板作阳极。试验发现，Denison电池两周土壤腐蚀实验结果与现场12年腐蚀试验结果基本相同。就是说，可以根据Denison电池两个星期的实验结果推断12年后，钢铁表面可能出现的最大腐蚀深度。后来，Schwerdtfeger又对Denison电池做了改进，在Denison电池中装入试验站的土壤，发现该电池6个月的腐蚀失重与相同土壤中现场埋设10年的试件的腐蚀失重具有相关性。这些试验为人们通过短期的土壤腐蚀试验推断钢铁材料长期的腐蚀情况提供了有效的手段。

1966年，在建设蒙特利尔公路桥时，人们在对打入地下的钢桩进行试验研究时，运用了极化曲线转折法原位测量了钢桩的腐蚀速率。在20世纪80年代，中科院与大庆石油管理局设计院、东北输油局合作，共同开展了利用极化电阻法原位测量土壤中金属腐蚀速率技术研究，并结合研究开发了一款便携式土壤腐蚀测量仪。

土壤腐蚀原位测量技术是建立在腐蚀电化学理论基础之上的。人们最早在1938年就开始用电化学原理研究腐蚀电极的极化行为与腐蚀速率之间关系。1952年，Schwerdtfeger建立了利用极化曲线转折法原位测量土壤中金属腐蚀速率的技术。1958年，Stern提出著名的Stern公式，根据这个公式，利用极化电阻法测量腐蚀速率成为一种可信的腐蚀速率测量的重要方法。现在不少类型的土壤腐蚀速率检测仪器都是基于此原理。

正如中国科学院金属腐蚀与防护研究所宋光铃、曹楚南、林海潮、史志明在他们1993年合作发表的论文“土壤腐蚀性评价方法综述”中所说：

尽管土壤腐蚀性的评价方法很多，但效果总不理想，有人断言土壤腐蚀性与理化性间不存在相关性。甚至还有人认为即使有关土壤环境各方面所有因素都已掌握，我们仍无法预测土壤腐蚀性。确实，目前世界上仍未找到一个大家公认的，比较切合实际的土壤腐蚀性评价方法。

所以，土壤腐蚀影响因素非常复杂，预测其对金属腐蚀的具体年化率更是难上加难。因此，各国关于土壤中金属腐蚀速率的研究非常多，我们国家也有不少专门机构进行这方面的研究，从工程实践来看，这些研究数据对埋地管道工程设计意义很大，是选材和选择防护措施的主要参考。但是，从具体管道检测的角度来看，一般情况下，管道企业很少去直接进行土壤腐蚀性评价的检测工作。在实际的管道检测项目中，最常用的一个指标就是土壤电阻率，最多再加上细菌腐蚀测量。这是一个与土壤腐蚀有一定关系却又不能完全等同于土壤腐蚀率的指标，检测单位常用土壤电阻率与细菌腐蚀性这个参考性指标来对管道腐蚀现象作一些补充性解释。

土壤电阻率测量

根据胡伶俐编译的“评价土壤腐蚀性—发展与现状”（《国外油气田工程》1997年第9期）一文提供的资料，1916年，F.Wenner证实：一定量土壤的电阻率可以通过在地下插入四根探针钉成一直线，在外侧两针间通入电流，测量内侧两针间的电阻来测得。这个技术是如今测量土壤电阻率最常用的方法之一。早先使用的测量仪器是手摇电阻表，俗称摇表。1930年，E.R.Shepard研制出一种测量有限区域内土壤电阻率的仪器SHEPARD棒。如今普遍用接地电阻测量仪来测量，测量更加便利。

不过，需要注意的是，土壤电阻率的检测方法虽然简单，但是由于影响土壤电阻率的因素很多，如湿度、导电粒子浓度、温度、土壤致密性、季节性因素、土质等。因此，测量土壤电阻率时一定要结合检测目的，精准选择测量地点、季节、时间等，否则测得的数据对于分析研究土壤腐蚀帮助就会打折扣。

过去，人们曾经认为，当土壤的电阻率高于10000Ω·cm时，管道几乎不腐蚀，因而不需要修补破损的防腐层。但是，这个观念在如今已经被否定。因为细菌、不同金属及氧气浓差电池在高电阻率的土壤中仍然能产生严重的腐蚀。

土壤细菌腐蚀性测量

衡量土壤腐蚀性的一个重要指标是土壤的pH值。其原因就在于1924年，J.W.Shipley、I.R.Mehaffle以及H.D.Holler通过研究认为土壤酸度会影响铁的腐蚀。1934年，I.A.Demson和R.B.Hobbn进一步确认腐蚀与土壤的总酸度有关。

那么，影响土壤酸度的因素又是什么呢？我们一般人都有这样的经验，熟的食物在夏季，放的时间一长，就会发酸，我们就会说被细菌感染了。其实，土壤也一样，影响土壤酸度的也是“细菌”，或者说是“微生物”。土壤中的微生物很多，其中，最主要的是硫酸根离子，因为硫酸根离子来源广泛。

例如，地下水中的硫酸根离子来自含石膏或其他硫酸盐的沉积岩的溶解，硫化物的氧化使本来难溶于水的硫以硫酸根离子的形式大量进入水中。煤系地层中常含有很多黄铁矿，因此，流经这类地层的地下水中往往以硫酸根离子为主。金属硫化物矿床附近的地下水中也含有大量的硫酸根离子。近海地区的地下水中硫酸根离子则主要来自海水。

人类活动更会导致硫酸根离子的增加，特别是化石类燃料（煤、石油等）的燃烧给大气提供了二氧化硫与氮氧化合物，二者被氧化并吸收水分后构成富含硫酸和硝酸的降水“酸雨”，从而增加地下水中的硫酸根离子。现在市区地下水中硫酸根离子含量多在数百毫克 / 升以上，有的高达数千毫克 / 升。

正因为这样，2008 年 8 月 1 日开始实施的国家标准 GB/T 21448—2008《埋地钢质管道阴极保护技术规范》第 4.3 条规定，阴极保护状态下管道的极限保护电位不能比 –1200mV（CSE）更负；在厌氧菌或 SRB 及其他有害菌土壤环境中管道的阴极保护电位应为 –950mV（CSE）或更负，而不是通常的 –850mV。因此，管道运行企业应该将细菌腐蚀性检测纳入管道检测范围，特别是在分析管体腐蚀及阴极保护率时，这个指标显然就必须测量。

具体检测方法也比较多，其中，硫酸根离子含量的测定方法，最经典的是硫酸钡测量法，此法准确但操作烦琐，设备笨重，近年逐渐被 EDTA 容量法所代替。另外，还有氧化还原电位测定法、腐蚀产物观察闻味法。

埋地管道土壤环境的细菌腐蚀性检测可以有多种方法。如果多种检测方法得到的结果一致或相近，那么判断的准确性就有了保证。

2. 地质灾害监测技术

地质灾害是一个并不陌生的词汇，多数人都有不同程度的体会。像唐山大地震、汶川地震这样的地质灾害可能比较少见，但是像暴雨导致的泥石流、山体滑坡以及采矿后的采空区导致的地面塌陷等地质灾害几乎每年都会发生。据统计，我国共发育有特大型崩塌 51 处、滑坡 140 处、泥石流 149 处；较大型崩塌 2984 处以上、滑坡 2212 处以上、泥石流 2277 处以上；中小型崩塌、滑坡、泥石流则多达 10 万余处。地面塌陷分为岩溶塌陷、采空塌陷及黄土湿陷，我国塌陷潜在灾害分布也非常广泛，全国已经发现了数以千计的岩溶塌陷、采空塌陷坑。这些灾害对途径的管道形成了严重的安全威胁，如冲断、砸坏、压坏管道，导致管道拉伸变形等。

国内外地质灾害研究简况

人类很早就开始了地质灾害观测预防活动，如早在汉代，我国科学家张衡就发明了“候风地动仪”，根据《后汉书 · 张衡传》记载，汉顺帝阳嘉三年十一月壬寅（公元 134 年 12 月 13 日），该地动仪成功测量到距洛阳一千多里外的陇西（今甘肃省天水地区）地震。

随着时代的进步和大型工程的兴建，地质灾害的损失与日俱增。1963 年意大利

Vajont 水库滑坡产生的涌浪夺去了坝下游 2600 多人的生命。2016 年 6 月 30 日，国内某成品油管道就因为周边山体滑坡被破坏。在经历多次重大灾害事故的教训之后，人们关于地质灾害的研究与监测逐渐细化，尤其是对频繁发生的地质灾害的监测研究日趋活跃。

在 20 世纪 60 年代之前，人们仅局限于预测研究和灾害机理研究，重点研究方向是分析活动过程以及灾害形成原因。到 20 世纪 70 年代之后，人们开始深入到灾害评估及重点灾害类型危险区划分研究。学者 WI.Garrison 在 1965 年提出了地理信息系统（GIS），为地质灾害研究提供了新工具。接着，地理学家 Finney.Micheal.A 在分析美国滑坡灾害中就应用了这个系统，Mario 等则利用 GIS 研究了灾害区域的划分，随后 C Peter Keller J.Davis 基于 GIS 开展了可视化技术的虚拟再现滑坡形态。

后来，遥感技术、差分干涉技术、干涉雷达技术等也相继被用于地质灾害研究之中。

在我国，许多从事地质灾害研究的专家也进行了一系列的探讨，特别是 1980 年以来，随着我国滑坡、泥石流、坍塌等自然灾害的频发，专家学者们在此领域倾注了更大的精力，如西安矿院就对煤矿地质灾害进行了系统的研究，专家们相继提出了许多新观点，尤其是遗传算法、灰色系统模型理论、分析论、协同论、耗散结构理论等都被运用了起来。

实际上，绝大多数对地质灾害的监测所依据的是灾害发生前征兆的捕捉与分析，黄其芳在“我国地质灾害监测预报现状综述”（《西部探矿工程》2004 年总第 96 期）中就指出：部分灾害发生前会有各种征兆，只要人们有意识地采取监测手段，密切注意灾害的动态变化，就可提前较准确地预测灾害发生的时间。

只要有前兆，人们就可以研究预测的方法并根据预测去避免损失；同时也可以准确评估灾害、模仿跟踪灾害过程，去指导抗灾。1985 年 6 月，湖北省秭归县新滩发生滑坡，由于预报准确，滑坡发生前新滩镇上 1317 人安全迁离，无一伤亡。1991 年汛期，江苏省地矿局成功地预报了镇江市云台山、跑马山等处的十几个滑坡。中铁西北科学研究院曾成功预报了甘肃永靖县盐锅峡镇的黄茨大滑坡，1996 年该院又成功地预报了焦家村滑坡，时间误差仅为 8 分钟，而且实现了遥控监测和实时跟踪预报。

地质灾害对管道影响监测的基本内容与方法

目前，就地质灾害对管道的影响而言，地面沉降、塌陷、滑坡、崩塌、泥石流等是主要风险，这些地质灾害一旦发生，可能引起油气管道位移、变形、破裂、油气泄漏、火灾、爆炸、环境污染，致使重大伤亡、财产损失和自然环境生态的破坏。

关于地质灾害的监测内容及方法，杨明生等在“中石化油气长输管道地质灾害监测技术介绍”（《江汉石油职工大学学报》2017年第5期）、田中山在《成品油管道运行与管理》（中国石化出版社）等论著中作了具体陈述，结合其他文献资料，其大致监测内容、方法、常用仪器、要求可以归纳综述如下：

油气管道滑坡地质灾害监测内容主要为变形监测、影响因素监测、前兆异常监测。变形监测包括位移监测（绝对位移和相对位移）、倾斜监测等；影响因素包括降雨量、库水、地下水等；前兆异常又包括动物异常、地下水异常等。根据监测范围和监测手段的不同，又分为表层位移监测、深部位移监测、表层裂隙监测、土压力监测、沉降监测等。

地表位移监测站要布设在干扰较小且能反映滑坡体特征的位置，根据滑坡体的大小选择适当的数量，并均匀布设。在裂隙较大、滑坡体不稳定的地段要进行适当加密。深部位移计要安装在滑坡体中部或下部，临靠油气管道的一侧，深度要放置在滑坡面上的滑坡体中。同时地表裂隙较大的地方要安装地表裂隙伸缩仪。

对于山体崩塌和滑坡地质灾害的监测，可以采用测斜仪法、放射性同位素法、电阻丝片法、金属球法等测量位移；用水文地质观测、地表水文观测测量水位变化来判断滑坡；利用GPS全天候观测特点，测量被监测目标的三维位移量，测出运动中的点的位移速率；用地声监测技术（仪器如地声发射仪、地音探测仪），测定滑坡岩体受力破坏过程所释放的应力波的强度和信号特征，来判别岩体的稳定性。

油气管道泥石流监测，有雨量监测、地声监测、泥位监测、冲击力监测、流体特征监测、视频监测等。雨量监测主要放置在地质灾害体的上缘、地质体较为稳定的地段。通过雨量模型的建立，设置不同的雨量报警阈值，达到监测预警的目的。地声监测是安置在地灾体内部，与油气管道有适当距离，且位于油气管道的上方位置；泥石流发生的初始阶段，对由于泥石流的位移而产生的声响进行监测预警。泥位监测是监测泥石流位移的相对位置变化而进行监测预警。

对地面沉降的监测技术方法主要有地下水水位动态监测、土体应力应变分析系统、钻孔伸长计法、雷达干涉测量法、GPS全球定位系统、遥感图片解译技术等。目前，最主要的方法是采用静力水准仪和激光位移传感器。静力水准仪主要埋置在靠近油气管道一侧，监测地质体的沉降。当监测区为硬化路面不利于静力水准仪埋置时，可在地表安装激光位移传感器，监测地表高程的变化，从而实现该区域的油气管道安全监测。

地面塌陷的监测可用水准仪、百分表及地震仪等进行测量。地裂缝的监测技术主要有：采用音频大地电场仪对地形、地质构造复杂又有覆盖层的基岩山区进行勘测，确定地裂缝的深度及其延伸情况；另外，还可以用浅层高分辨纵波反射法等对裂缝位移进行观测。

油气管道作为各类地质灾害的承灾体，位移和应力监测是保证安全运行的基础。油气管道的位移监测可紧贴管道壁安装测斜仪和深度位移计两类传感器，安装时将传感器固定在油气管道上，通过远程监控单元可实时监控油气管道的位移情况。

管道本体安全检测，主要有应力检测和应力监测两种手段。应力检测可通过在管道上贴应变片来实现，其精确度受应变片与管道外壁的耦合度影响。应力监测目前主要的手段是将应变计固定在管道外壁，通过监测管道外壁的变形所带来的弹性形变来实现。同时还可以通过检测管道磁力场的异常，实现对管道应力缺陷检测。

2008 年，中石油对忠武输气管道渝东及鄂西段进行了地质灾害调查，2010~2011 年，中石化对川气东送鄂西段进行了地质灾害调查。以川气东送管道为例，在调查中共编录各类地质灾害或潜在地质灾害点（段）431 处。其中，滑坡 48 处，危岩（崩塌）42 处，泥石流（水毁）点 341 处。这些地质灾害对管道存在不同程度的直接或间接的危害。这两条管道采用的地质灾害监测方法基本相似，都是采取 GPS 技术对管道沿线的地质体位移进行监测，同时结合裂缝伸缩计对裂缝进行实时监测，最后判断分析危岩体或滑坡体的风险。其中，在对忠武输气管道黄草坡古泥石流堆积体监测数据的解算处理中，发现有明显变形，最后对其进行了施工治理，防止对管道造成影响。

地质灾害监测技术理论探索研究

以上所列，可以说是地质灾害最基本的监测内容与方法。实际上，地质灾害的研究探索非常广泛，不断有新的成果。以地质滑坡灾害的监测为例，滑坡监测方法在 20 世纪末期与 21 世纪初期基本形成了宏观简易地质监测法、大地精密测量法、GPS 法、仪器仪表监测法、综合自动遥测法等五种基本的技术。

其中 GPS 法和综合自动遥测法是目前研究开发的重点。国外大约从 20 世纪 90 年代开始用 GPS 进行滑坡监测，主要研究无人值守的实时动态监测，现已有成套的设备。国内用 GPS 进行滑坡监测也是从 2000 年前后才开始探索，据资料介绍，国土资源部在长江三峡新滩至巴东段进行崩滑地质灾害 GPS 监测的试验研究，监测精度可以达到毫米级。综合自动遥测法是利用自动化程度高的远距离遥控监测系统或空间技术卫星遥测，自动采集、存储、打印和显示滑坡变形监测数据，并绘制出各种变化曲线、图表。特别适用于滑坡变形处于速变及临滑状态时的中、短期监测。

随着技术研究的深入，时间域反射测试技术（Time Domain Reflectometry）也成为滑坡灾害监测的手段，一般简称为 TDR 监测法。1977 年 Barnoski 发明的光时域反射计（Optical Time Domain Reflection ）近年来也被应用于滑坡等地质灾害监测中，简称

OTDR 监测法。

还有一些地质灾害，在其发生前，并未发生各种征兆，这种情况下如何准确预测其可能发生的时刻，难度就大多了。因此，必须从理论到实践两个方面不断进行探索总结。

1994~1996 年期间，周萃英和易顺民分别研究了新滩滑坡和西藏樟木扎美拉山滑坡活动的特征，发现滑坡活动存在很好的分形结构，并结合分形结构探讨了分维的预测意义。1998 年，易顺民和张首丽在“滑坡活动时空结构的信息维特征及其工程地质意义”（《水文地质工程地质》1998 年第 5 期）中，研究了滑坡活动时空分布的信息维特征，用信息维评价某滑坡，结果发现：信息维值低，滑坡自组织程度差；信息维急剧变化阶段，对应着一个滑坡活动的高潮期；一定范围内，大滑坡发生前，滑坡活动时空结构的信息维具有很好的降维特征，可以作为滑坡时间预测的判据。

20 世纪末期以来，中科院孙广忠等对地质灾害监控系统和 CT 技术进行了深入的研究，在地震超前预报、监控反分析、反馈动态设计等方面取得了进展。1993 年，杨志法按照工程地质综合集成理论（EGMS）提出地质灾害监测系统建立的原则，提出了（滑坡）变形敏感区、应力集中区和可能破坏区的判别方法以及在此基础上的监测系统设计方法。1998 年，陈亚宁采用调查研究、灾害制图、数学计算、系统分析、模型模拟等定量方法，将地质灾害的监测预报纳入地质灾害信息系统进行研究。

21 世纪以来，刘大安等在 2000 年提出了数据运筹概念，其在地质灾害预测与防治、环境保护与监测、地质工程安全监控等领域有比较好的应用前景。刘传正在 2001 年探索了建立区域突发性、群发型地质灾害预测预报的准则。刘浩吾在 2002 年针对地质灾害的预测预报方向，提出并研究了地质灾害特征的可视化模拟技术。从国家层面，国家支持研究了“京津唐地质灾害预测防治计算机辅助决策系统研制”等一系列综合性地质灾害预测、防治及经济损失分析课题，为促进地质灾害预测技术进步发挥了关键作用。

在这一时期，值得一提的两种具体技术分别是在太空对地球进行三维成像技术和地质灾害图。黄文斌、徐晟、陈晶在“地质灾害的监测和风险评价”一文中对这两种技术作了如下叙述：

太空对地球进行三维成像技术，它标志着空间遥感从二维信息获取进入到三维信息获取的新阶段，也为大地测量带来了一场革命。该技术为地质灾害的研究提供了一个全新的工具。运用 InSAR 和 D-In-SAR 技术进行地面微位移监测，已经在地形测量、地面形变监测、火山活动及其他地质灾害评估与监测等方面得到了广泛的应用并取得了许多成果。

地质灾害图是进行地质灾害预报、监测的重要手段之一，有许多科学家认为地图在传送灾害信息方面可能是一个有效的介质，这就需要地质图的内容和地理描述有一个统一的标准，使灾害图清楚和容易理解，从而扩大相互间的合作和交流。2007 年的多国安第斯山计划，由阿根廷、玻利维亚、加拿大、智利、哥伦比亚、厄瓜多尔、秘鲁和委内瑞拉等 8 个国家参与，共召集了两次专题学术讨论会，对灾害图（主要集中在火山灾害和滑坡灾害）的各项标准、指标进行了专门的研讨。地质灾害作图计划还从单一的国家扩展到区域性的合作。日本地质调查局与 AIST 和 CCOP 合作，提出东亚和东南亚地质灾害作图计划，1994 年开始执行，2002 年 3 月正式出版。该图包括火山、地震、海啸和滑坡发生地点等信息。2003 年 4 月数字化交互式（可视化）地质灾害图光盘正式发行。为了扩大用户范围，使用户更容易使用，亚洲地理信息研究小组、日本地质调查局和 AIST 开发了 GeoHazardView 软件，2007 年正式投放市场。该软件目的是通过 lNTERNAT 为广大用户提供地质灾害信息，为在线的，可交互式的，可使广大用户随时查找地震、火山喷发、滑坡、块体运动、海啸等地质灾害信息。

2017 年 2 月 22 日，科技部在北京组织了卢耀如院士、钱七虎院士、周丰峻院士、杜彦良院士、王复明院士等 15 位专家对国家地调局环境监测院牵头承担的“十二五”国家科技支撑计划项目“地质灾害监测预警与风险评估技术方法研究”进行了结题验收。该课题由上百位科技人员共同参与完成，研发了重大地质灾害空－天－地一体化信息获取与传输技术装备、高寒浓雾山区地质灾害监测预警技术设备和地质灾害光纤传感监测预警技术装备，形成了重大地质灾害实时、自动、智能的监测预警与应急分析技术平台等成果。

以上探索，虽然不是直接针对管道的地质灾害监测方法探索，但是对于监测管道周边的地质灾害具有很强的指导意义。目前人们已经能够利用无人机携带成像雷达扫描等设备，从更广泛的空间对地质灾害（如滑坡迹象、土壤沉降）作出大致判断，然后再利用其他方法进行具体的监测。

地质灾害监测技术的发展趋势将是新技术、新方法的应用和综合集成。遥感、成像雷达、地球物理、计算机技术、GPS 技术、测量技术、自动化技术等将得到广泛应用；不仅要实现全天时、全天候监测，还要实现可视化、智能化。

3. 捕捉杂散电流监测技术

杂散电流是大地中不按设计路径流动的弥散电流，对地下管道会产生腐蚀作用。而且，随着高压长距离输电网络及配电网络越来越密集、地铁与电气化铁路的发展，杂散电流成为管道腐蚀控制面临的最大挑战。早在 1887 年美国纽约布鲁克林区有轨电车轨道影响范围内的埋地管道上就发生过严重的杂散电流腐蚀破坏。据马洪儒

1990 年发表在《城市轨道交通》第 1 期一篇题为“北京地下铁道的杂散电流腐蚀与防护”的文章报道，北京地铁第一期工程投产后数年，其主体结构钢筋发生严重的杂散电流腐蚀，隧道内水管腐蚀穿孔，仅东段部分区域就更换穿孔水管 54 处。杂散电流腐蚀影响早已经存在，但是，人们在那个时候只认识到杂散电流会导致腐蚀危险，应该采取措施，至于杂散电流的腐蚀机理研究并不成熟，杂散电流的检测更谈不上。当然，这并不妨碍人们采取消解杂散电流危害的行动。

国际上认识和消解杂散电流危害的努力

早在 1895 年，在德国亚深电车轨道电气化过程中，人们就在整流器上安装了杂散电流排流措施。1928 年，由科恩安装在管道与铁轨之间的保护整流器就已经奠定了现代极性排流技术的先驱地位。到了 1934 年，一个煤气公司的工程师拉·德·布鲁维尔，根据科恩的这个思路在布鲁塞尔附近安装了一批极性排流器。1968 年，华盛顿某公司采取电绝缘和阴极保护来缓和杂散电流的释放同样获得了成功。1984 年，麦克思维卡对斯卡德天然气公司在某工厂附近受到杂散电流干扰的一条带涂层天然气管道采取查找涂层漏点并修复，实时监控管地电位，调整外加电流系统输出量，同样达到了减缓杂散电流对管道干扰的目的。

在与杂散电流导致的各种金属腐蚀加剧现象做斗争的过程中，人们逐步对杂散电流理论有了清晰的认识。1984 年及以后，Rasch G 在《煤气照明》杂志中陆续详细叙述了杂散电流腐蚀的电解过程。2001 年，Kinh D.Pham 等人通过建立直流牵引系统杂散电流模型，对轨道上电流衰减进行了计算机仿真模拟研究。2006 年，I.A.Metwally 等人使用边界元方法对石油管道阴极保护所产生的杂散电流进行模拟，结果证明边界元方法可以对阴极保护所产生的杂散电流进行模拟分析。2006 年，A.M.Kerimov 等人对杂散电流与电流回路的关系进行分析，建立了杂散电流与电流回路的线性关系模型，获得了杂散电流参数的平均值和标准偏差，推出了使用杂散电流平均值和标准差来研究杂散电流的方法。2007 年，L.Bortels 等人使用有限元的方法对杂散电流的电位分布进行了模拟。

国外不仅对城市轨道交通等产生的杂散电流影响日渐重视，而且对于磁暴引起地磁感应电流对管道腐蚀的影响也开始重视起来。国外有影响的杂散电流研究论文许多以这类杂散电流危害为主。李家龙在“地磁感应电流对管道影响研究形状”（《天津科技》2016 年第 7 期）中曾介绍了人们对地磁感应电流（GIC）的研究概况，该文章指出：GIC 自 1873 年在管道中被首次发现后，一直吸引着学者的关注。俄罗斯、法国、芬兰、挪威等国家也开始了各自的空间天气行动计划，并建立了管道 GIC 监视系统，1978 年 8 月 4 日阿拉斯加管道监测到的 GIC 值最大达到 100A，1998 年芬兰开始在曼查拉管道中监测 GIC，发现 2003 年 10 月 29 日曼查拉管道中监测 GIC 的值最大达到 60A。

1979 年湛茂输油管道杂散电流案例

湛茂输油管道是我国南方第一条输油管道，自湛江码头转油泵站至茂名末站，中间经湛江首站、廉江站、化州站，全长 110.3km。主管工程自 1976 年 11 月开始铺设，1977 年 3 月全线埋管竣工。管材为 16Mn，直径为 ϕ517mm，壁厚为 7mm。1979 年 2 月全线通油试运行时，便在湛江转油泵站附近发现穿孔漏油 1 处，在茂名段高架桥下电力机车铁轨附近穿孔漏油 2 处，腐蚀率大于 3.5mm/a。但是分析认为：湛江段管道的穿孔是由于土壤的电化学腐蚀而引起的。因为该处位于海滩沙质地层，地下水位高、含盐多、土壤电阻率低（约为 10Ω·m）、氧气充足，导致腐蚀穿孔。而茂名段管道穿孔的原因是杂散电流的影响。1979 年 7 月，输油公司在中国科学院福建物质结构研究所的帮助下，开展调查研究。结果发现在茂名段管道尤其是在高架段的管地电位，由于受到电机产生的杂散电流影响，瞬间有较大的变化。一般为 4.0~7.0V 左右，而瞬间峰值有时达到 6.0~8.0V，谷值有时达到 -8.0~-12.0V。在 1979 年 8 月 1 日上午 7:00~9:40，检测人员分别在上述调查有杂散电流干扰的三处同时测量了管地电位，证明了杂散电流的存在，并采取排流措施，结果管道腐蚀穿孔得到了控制。这是国内最早关于管道杂散电流干扰分析、检测、治理的案例之一。

国内对杂散电流的认识及初步调查检测

继 1983 年《油气储运》杂志刊出杨双云的“湛茂输油管道茂名段杂散电流的腐蚀及防腐方法”一文，讨论了 1979 年关于杂散电流调查、检测、排流的过程及思考之后，1987 年第 1 期《油气储运》刊登的甘健坤“杂散电流对石油库安全的危害”一文，讨论了石油库铁路专用线杂散电流及防治问题。此文章发表后不久，聂世全在 1988 年《油气储运》第 3 期发表“与甘健坤商榷”的文章，足见那个时期国内同行对杂散电流影响的重视。1986 年，国家发布了《埋地钢质管道直流排流保护技术标准》（SYJ 17—1986）行业标准。当时，对于杂散电流的检测一般利用数字万用表和 XWX-2042 型便携式自动平衡仪等测量管道对地电位，借助 $CuSO_4$ 参比电极测量电位梯度，采用十字交叉法测量杂散电流方向，在确定了杂散电流大小、方向之后，采取措施排流，然后再通过检测管地电位评价排流效果。1997 年，中国科学院金属腐蚀与防护研究所赵健、中国人民解放军 81952 部队王联学等就曾在“成品油管线杂散电流调查及排除”（《腐蚀科学与防护技术》1997 年第 4 期）中介绍了他们在沈阳军区沈阳油库成品油地下输送管道抚顺石油一厂至 81952 部队，全长 15.36 km 的管线进行杂散电流调查、检测，采取牺牲阳极接地式排流以及排流效果检测的经验和分析。

20 世纪关于杂散电流的讨论虽多，但是还多是围绕电气化铁路、电焊电镀作业、工厂机械设备接地等展开研究。进入 21 世纪以后，关于交直流输电线路特别是超高压、特高压交直流输电线路引起的杂散电流研究也日益活跃。当然，国内关于地磁感应电流（GIC）的研究开展比较晚，还没有开展监测 GIC 的装置研究，但是关于 GIC 的理论研究已经开始。

2004 年，大庆石油学院张庆杰等人探讨了杂散电流对金属埋地管线的腐蚀机理，找出了杂散电流对埋地金属管道腐蚀的判别方法，如外观判别、电气判别和管道电位波动判别等。2005 年，中科院孙立娟和海洋研究所王洪仁等对直流供电的地铁、轻轨运输系统中产生的杂散电流进行了分析，针对杂散电流对轨道周围土壤中的埋地金属管线、车站等构建筑物混凝土中钢筋产生电化学腐蚀这一现象，论述了城市快轨杂散电流实施腐蚀自动监测的作用和意义，并自行研制开发了一套杂散电流自动监测系统。随着我国超高压长距离交、直流输电线路的大规模建设，关于高压输电线路产生的杂散电流对地下管线腐蚀影响的研究首先在电力系统成为研究热点，随后从事管道输送安全技术研究的专家学者也逐步活跃。如北京科技大学教授路民旭就针对此类问题展开了详细研究，并提出了一系列监测、消除方法。通过大量的研究，形成了关于高压长距离输电线路的一些新的观点与观测方法。而且这些新的研究结论正在逐步转变人们的一些落后的甚至可能是错误的观念，比如对直流干扰影响大而交流干扰影响轻的观念，许多研究表明：交流高压输电线路对地下管线带来的腐蚀风险不容低估。

国内关于轨道交通杂散电流干扰的检测技术研究

虽然杂散电流可以由许多带电设施、电磁波、地磁波等引起，但是真正影响比较大、引起大家广泛关注的其实主要是两类带电设施。一个是轨道交通（地铁、城市有轨电车、电气化铁路等），一个是交、直流输变电线路，尤其是高压、超高压、特高压交直流输电线路系统。关于轨道交通杂散电流干扰检测技术的研究发展，人们已经进行了很多研究，2005 年美国科学家 Nielsen Lars Vendelbo 和 Calsgaard Foike 就申请了一项交、直流混合电流大小的测量专利，韩国科学家发明的测量地铁和电气线路的杂散电流值的自动记录器，实现了杂散电流数据的存取和数据分析。2007 年在法国城市利摩日举办的第一届《环境中的杂散电流》的专题讨论会，人们从学术与工业两方面讨论了当前遇到的杂散电流问题及其危害。2008 年香港举行的 IET-ICRE2008 年会上，伊朗科技大学教授 M.Niasati 和 A.Cholami 作了“关于直流轨道交通下杂散电流控制的发展历程和展望”。2008 年日本科学家公布了关于处理地铁直流杂散电流影响下的管道保护新方法。

我国从 1964 年对矿山杂散电流的监测防护开始，经过几十年的努力，现在已经能够在技术上实现实时采集、监测、排流一体化。陈志光、秦朝葵、张扬竣所著的“轨道交通杂散电流腐蚀研究现状”（《世界科技研究与发展》2010 年第 4 期）一文给出了概括性论述如下：

李威等（“地铁杂散电流监测中 IR 降误差的消除方法研究”，《腐蚀与防护》2007 年第 6 期）对地铁杂散电流监测中的 IR 降误差进行了分析，通过实验验证了 IR 的存在。经过假设和理论推导给出了 IR 降的消除方法，提出了双参比电极的方法并进行了实验验证。当然早在李威之前，K.Zakowski 等人在 20 世纪末就对管地电位测量过程中 IR 降的消除方法进行了介绍，并给出了一种数值计算方法消除测量过程中的 IR 降，给出了准确的管地电位测量值。Herbert 等给出了杂散电流计算公式，通过测量管道正上方地面某点和与管道成直角方向的地面上某点之间的电位差来计算电流值的大小。

但是，轨道交通直流牵引系统产生的杂散电流是动态变化的，传统人工测试手段已不能满足测试要求，从 21 世纪初，我国不少学者致力于关于轨道交通杂散电流在线自动监测系统的研究和技术开发。

李守本等（“上海轨道交通明珠线杂散电流防护与监测系统”，《材料开发与应用》2001 年第 3 期）在世纪交接之际设计了上海明珠线杂散电流检测系统，系统由杂散电流收集网测量端子、埋置式参比电极、测量信号电缆、数据转换箱及便携式微机检测装置所组成。徐光强（“大连快轨 3 号线杂散电流现场监测系统方案及应用”《继电器》2003 年第 9 期）介绍了大连快轨 3 号线杂散电流现场监测系统方案，杂散电流防护监测系统由参比电极、整体道床收集网测试端子、高架桥梁收集网测试端子、隧道收集网测试端子、既有金属管线测试端子、智能传感器、杂散电流综合测试装置和微机管理系统构成。

李增利（“地铁杂散电流监测系统的构成及其施工方法”，《电气化铁道》2008 年第 2 期）结合北京地铁十号线对杂散电流监测系统的构成进行了介绍，对监测系统的参比电极、传感器、信号转接器、监测装置等主要部件的功能进行了说明，并针对该线设备现场安装具体情况对监测系统主要部件的施工方法进行了介绍，为今后地铁杂散电流监控系统的施工和运营管理提供了参考。

李振芳等（“深圳地铁 3 号线杂散电流实时监测系统”，《都市快轨交通》2007 年第 2 期）介绍了深圳地铁 3 号线杂散电流实时监测系统的设计与应用。系统采用分布式集中监控系统，由参比电极、道床收集网测试端子、高架桥梁收集网测试端子、隧道收集网测试端子、智能传感器、通信电缆、数据通信转接器、PC机管理系统等构成。将监测的数据传输至上位机处理，实现了实时监测的效果。

为了解决目前基于极化电位监测的杂散电流监测方法存在的问题，李威等提出了一种采用光纤传感技术的杂散电流监测新方法等。

高压直流输电系统对油气管道的干扰监检测技术

中国是世界上高压长距离电力输送的超级大国，目前，世界上没有一个国家甚至区域国家的联合电网有中国这样的电力输送规模。大容量、长距离、特高电压等级的输送电网在保证中国能源顺畅调剂、安全保供和高效率输送的同时，也带来了比较大的杂散电流干扰风险，如何监测与消解风险，成为重要的研究课题。

2010 年，翁永基、李英义等（“埋地管道直流腐蚀干扰研究”，2010 年《腐蚀与防护》第 2 期）提出直流干扰腐蚀检测指标——杂散电流密度、管地电位偏移量和管地电位梯度，并针对这些指标，建立数据分析处理程序。特别是 2010 年以来，以北京科技大学路民旭教授领衔、北京安科管道工程科技有限公司博士、工程师技术团队为骨干的研究小组，经过长期调查、研究、模拟、试验，最终在 2013 年前后形成了“高压直流输电系统对油气管道的干扰监、检测”的系列工程方法。

该研究团队从 2012 年至 2013 年，分别进行了陕京四线交流干扰预测及缓解措施研究等多个杂散电流监测项目。2014 年，又进行了北京燃气集团公司高压输电线走廊燃气管道交流干扰监测与防护措施研究，以及德龙烟铁路德大线区段穿越大型胜利油田电磁干扰防护研究。2015 年，又对中石油西部管道公司特高压直流输电系统对管道及站场设备安全影响及防护措施进行了监测与研究；对云南电网富宁换流站郎冲接地极直流干扰进行了监测和研究；对中石油主力油气管道走廊受特高压、超高压直流接地极入地电流对管道安全影响边界及超安全边界进行了研究。2016 年对准东到皖东 1100kV 特高压直流输电工程皖南换流站拟建接地极对西气东输管道站场干扰进行了监测分析与评估。

以 2016 年广东管网公司鳌广干线管道受高压电网及接地极影响监测分析为例，该工作是先分析判断直流干扰严重段，对确定的干扰严重段进行全线腐蚀速率检测；同时作为对比，测量了一部分干扰不严重段管道腐蚀速率，以此来确认干扰的严重程度，从而确认干扰的具体范围；在此基础上通过软件模拟计算选择排流方式、进行排流设计。这个项目最终选定了三种防护措施，对高压电位接地极对管道的影响进行防护，具体为智能双向强制排流系统、大阈值直流排流器、锌带。为验证防护效果，还在鱼龙岭接地极阴极放电 1200A 和 3000A，进行放电实验。实验证明：在 1200A 放电时，全线最大的干扰电压从 50V 降低到了 12V；3000A 放电时，干扰电压降低到了

32V，消除了线路上的人身和设备的风险。由此可以看出，高压直流输电系统对油气管道的干扰监检测实际上已经演变成以检测或监测为基础的一项复杂的分析推算、数值监测、再分析、设计排流方案、排流施工、实验验证相组合的综合技术服务项目，不再是一种简单的管道检测业务了。

特高压干扰监、检测的内容主要包括：站场和阀室处管道电位监测，测试桩处的管道通断电电位监测，站场和阀室接地网与管道跨接通过的电流监测，放电时管道腐蚀速率监测和放电时管道中电流检测。这些监测需要一系列的专用监测设备，安科公司主要通过自主开发或购置、改造，形成了像数据记录仪、ER 腐蚀速率探头、电流环等监测仪器，并分别在西气东输二线进行了翁源接地极的干扰影响监测、南方电网鱼龙岭接地极的干扰影响监测、西二线与双兰线的哈密接地极的干扰影响监测等。通过这些试验摸索出应对高压直流输电系统对油气管道干扰的系列监测方法与技术。

2017 年，李振军在“高压 / 特高压直流输电系统对埋地管道干扰的现场测试与分析”（《腐蚀与防护》2017 年第 2 期）一文中分析了哈密 – 郑州 ±800kV 特高压直流输电系统接地极附近的西气东输沿线电位监测数据，认为即使在正常两极运行条件下，不平衡电流从接地极的流入也能使管地电位发生明显的波动和偏移。2018 年，大连理工大学的廖敏夫、张晓莉等在“特高压直流接地极入地电流对金属管道腐蚀研究现状与发展趋势”（《高压电器》2018 年第 7 期）一文中系统地介绍了特高压直流接地极入地电流对地下金属管道腐蚀研究及入地杂散电流检测评估方法，标志着我国对高压 / 特高压直流输电系统对埋地管道干扰的检测分析及处理日趋成熟。

地磁感应电流（GIC）监测

太阳活动引起空间天气异常时导致地面磁场发生剧烈变化的现象，是地磁场对太阳活动的一种剧烈响应，这种响应会产生变化幅度较大的磁感应电流（GIC），而 GIC 可能对各种人工长距离导电体造成影响与危害。比如 GIC 会导致阴极保护系统中的电压波动，使得管道 – 土壤间的电位差处于安全保护范围以外，特别是在磁暴期，巨大的变化可能使得某段时间内管道处于非保护状态，造成管道腐蚀而减少管道的使用寿命。

1859 年，在电报刚刚诞生时，人们就在美国东北部、北欧和俄罗斯的电报部门同时注意到磁暴现象对电报系统的影响。进入 20 世纪，随着电网规模的扩大和通信电缆的广泛使用，有关 GIC 的报道逐渐增多。1921 年和 1940 年的磁暴竟然造成瑞典几个电报基站起火。1972 年，人们测量的通信电缆磁暴电位高达 7V/km，导致了输电系统电压波动和系统中断，在变压器的中心接地点记录到超过 100A 的准直流电流。中国科学院地质与地球物理研究所的马晓冰等人认为管道 GIC 的提出最早见于 1952

年 Allison et al 的文章中（中国石油大学梁志珊称 w.H.Campbell 较早对 GIC 对油气管道的影响进行了研究；李家龙等人更认为 Variey 在 1873 年就发现了管道中存在 GIC，本书作者倾向于 20 世纪 50 年代发现管道中存在 GIC 干扰问题）。后来加拿大、美国、芬兰和澳大利亚等国家学者进行了一系列研究，他们相继建立了管道 GIC 监测系统，监测输油管道中的 GIC。通过监测，获得了许多宝贵的数据，并基于太阳爆发活动对强 GIC 事件进行了统计分析。Campbell 等人在 1978 年对阿拉斯加管道 GIC 进行监测，发现在 1978 年 8 月 4 日，阿拉斯加管道的监测 GIC 值最大达到 100A；芬兰气象所于 1998 年开始在曼查拉管道中监测 GIC，发现在 2003 年 10 月 29 日，曼查拉管道中监测 GIC 的值最大达到 60A。根据一些科学家估算，当地磁场发生强烈扰动（磁暴）时，感应电场强度可以达到每公里几伏到几十伏，持续时间为几小时，因而对地下管道产生的杂散干扰腐蚀就成为一个不可忽视的因素。

国内对 GIC 也开展了很多研究工作，最早主要是 GIC 分析和电力系统 GIC 测量。2008 年，梁志珊的“中国西气东输管道 2003 年 10 月 29 日地磁感应电流 GIC 的评估”是最早报道我国对 GIC 影响管道的文章。该文的核心内容是：

以中国西气东输管道的 10 月 29 日 06 时 56 分 2 秒至 07 时时 07 分 51 秒之间的磁暴数据作为分析依据，基于平面波理论和 DSTL 方法的油气管道 GIC 计算方法，分别对苏浙沪的主管道上的常州段与东桥段进行计算，在常州段与东桥段 GIC 电流出现最大值的时间均是 07 时 07 分 01 秒，常州段最大值为 16A，东桥段最大值为 12A。由以上对苏浙沪管道仿真的计算可以看出，当发生强磁暴时，所研究的管道网络区域受到了空间天气的影响。强磁暴在油气管道中产生的地磁感应电流最大值为 16A，如此高的电流会导致阴极保护系统的电位波动，使得管道 - 土壤间的电位差处于安全范围以外。

梁志珊通过研究认为：一般管道电流的测量均采用测量磁感应强度，然后通过管道和地面的相关参数计算电流。但由于 GIC 电流的频率范围为 0.01~0.1Hz，普通仪器难以满足要求。梁志珊提出了利用测量管道 P/ S 的方法计算管道 GIC，并申请了发明专利。

2013 年 2 月，中国工程院启动了复杂电磁脉冲环境威胁的战略研究科技咨询项目，包括对电网和油气管网等基础设施的地磁暴危害进行了专题研究，并获得了 2012~ 2014 年 9 次中、小地磁暴侵害我国西气东输一线和陕京二线等输气管道引发的管地电位（PSP）监测数据。

目前尚没有关于 GIC 造成某条地下管道腐蚀穿孔或有明显腐蚀发生的报道，关于 GIC 监测专门仪器的研发尚未见报道。没有报道不等于没有影响，但是，实测和仿真计算数据表明，即使是遭受中、小地磁暴的侵害，钢质油气管道的 PSP 也会超过管道杂散电流干扰防护标准规定的限值，证明了管道干扰及防护研究要考虑中、小地磁暴的影响。

潮汐干扰

随着海水的潮涨潮落，在地磁场作用下海峡地带或海湾处会产生电场，电场在大地中产生地电位梯度，进而干扰管道电位。高潮时，管道侧的地电位梯度大于海岸线侧，管道电位正向偏移，低潮时则相反；地电位梯度随着高潮时间不断累积，也随之增大，低潮时则相反；所以受干扰管道电位是随着时间缓慢变化的（逐渐正向或负向偏移）。

潮汐能是大自然中客观存在的能量，无法消除。与普通的杂散电流干扰不同，管道各段电位波动情况一致，电流没有固定的流入流出点。沿海岸线敷设或距离海岸线较近的管道均可能受潮汐能干扰。中石油管道公司自 2015 年开始致力于潮汐干扰研究，先后在日东线、泰青威和西二线赛里木湖段等地区安装了数十台监测设备，掌握了潮汐干扰的传导机理、影响规律和危害程度。

基于大量可信的滨海管道连续监测数据和涨落潮数据，该公司利用频谱分析技术，在国际上首次精确分离出了周期为 12h 的潮汐干扰强特征峰，确切证实了潮汐对管道有影响。2017 年 12 月 7~8 日在伦敦召开的 ISO TC67 SC02WG24（国际标准委员会管道分会直流杂散电流工作组）关于 ISO 21857（管道系统杂散电流标准）第二次起草工作会议上，鉴于中国石油管道公司精确分离出周期为 12 小时的潮汐干扰强特征峰，确切证实潮汐对管道的影响，决定将中国石油管道公司潮汐干扰的最新研究成果写入 ISO 21857 标准中。

杂散电流监测 / 检测仪器开发与标准研究

随着杂散电流分布与大小的监测或检测思想理论的清晰，有关杂散电流监测、检测技术的开发很快得到了提升并逐步标准化。与此同时，关于杂散电流监测、检测的标准也相继出台，为杂散电流监测、检测工作普遍开展奠定了基础。

由于杂散电流是无规律的，变化幅度大，且同时管线的电属性是通路。因此，现场直接检测电流有很大难度。但当有电流流过时，管线就有电压降。因此，通过测量管线各点的电压值，就可以获得管线有效杂散电流的大小。再通过测量其他参数来综合评价管线工作状况。针对杂散电流的无规律、快变化的特性，杂散电流测量必须采用高精度、高速率的 A/D 转换器，大容量的数据存储和高性能 MCU 系统，可对模拟电位信号进行高速采集、转换、处理和存储。其中，消除信号噪声是人们在研制开发杂散电流检测仪器时，研究试验投入精力最多的方面，为此，人们进行了大量的仿真分析，开发出了许多消噪技术、处理工具。

根据以上思路，开发出了 SCM 系列干扰电流测绘仪等检测仪器。在 SCM 干扰电流测绘仪研制成功之前，人们提出的杂散电流监测或检测方法主要有：检查片腐蚀监测法、管地电位正向偏移法及连续动态管地电位监测法、干扰电流探针测试法、地电位梯度检测法等。此外，还有组合检测法（分别是管道地电位正向偏移法与感应电流法组合检测技术、地电位梯度法与管地电位波动法组合检测技术、感应电流法与管地电位波动法组合检测技术）。

总体而言，SCM 系列干扰电流测绘仪检测法是相对比较科学便捷的方法，具有操作简便、测量迅速、显示结果直观等优点，既可通过仪器 LCD 直接观察数据变化，也可通过软件显示对数据规律进行仔细分析，具有可连续多点测量的功能。该仪器适用于城乡地下输送管道和建、构筑物杂散电流的实时监测，通过计算机对监测数据进行处理获得最大值、最小值及平均值，并可绘制杂散电流变化曲线，为掌握杂散电流分布情况及采取相应措施提供了可靠的测量手段和依据。

SCM 杂散电流测绘仪既有英国雷迪公司开发的，也有国内开发的。如上海雷迪公司、天津嘉信公司等都具有开发能力，不同厂家开发的仪器在使用上是有所区别的。此外苏特电气有限公司研制的 FZY-3 型矿用杂散电流测定仪，中国矿业大学科技发展公司研制的 ZsNJ · 1 型地铁杂散电流腐蚀综合监测系统等都获得了广泛的应用。

在实际工作中，杂散电流干扰现场检测工作还包括：监测现有的电气接头、电压和电流检查、变压器 / 整流器电压和电流检查、使用腐蚀取样管、定期的漏电点调查、当地相关部门通知有新的外加电流系统安装时的检测评估、大地电位梯度检测等。

如果检测出的杂散电流影响超过一定的限度，就需要进行排流处理。如我国《埋地钢质管道直流排流保护技术标准》（SY/T 0017—2006）就给出了两个标准，即处于杂散电流干扰的区域，阴极保护系统及其他受干扰的附近管道，当管道上任意点的管地电位较自然电位正向偏移 20mV 或管道附近土壤中的电位梯度大于 0.5mV/m 时，就确认有直流干扰；当管道任意点上管地电位较自然电位正向偏移 100mV 或管道附近土壤中的电位梯度大于 2.5mV/m 时，管道应采取直流排流措施或其他措施。有些情况下，我们还可以把现场测到的管地电位正于阴极保护判据（–850mV）或正于自然腐蚀电位（–650mV）的次数占测试总数的概率作为评价干扰大小的依据，有人认为，当管地电位正于自然腐蚀电位的概率大于 30% 时就应该采取排流措施。

当采取排流措施以后，还需要再次检测排流效果。排流效果检测的方法与阴极保护效果检测评价方法基本一致，主要有电位、电流密度测量等。

总体而言，关于杂散电流影响研究分析、检测，从理论到实践的历史还比较短，尽管已经取得很大的进步，但是我们不得不承认许多现象还有待于进一步分析、试验，规律、特征还需要进一步研究。例如，交流高压输电线路杂散电流的特点及影响方式等问题就需要进一步研究；土壤环境与杂散电流的交互作用对管道腐蚀的影响程度监测也是不得不深入研究的问题；磁暴引起地磁感应电流究竟会在多大程度上对管道形成急速腐蚀穿孔威胁等。不仅杂散电流监测技术与方法需要在实践中不断摸索、完善，杂散电流检测出来以后的排流措施以及排流效果的检测评价更需要持续研究探索。

4. 输送介质腐蚀监测技术

管道输送介质腐蚀性监测方法有很多种，最早获得大量应用的是挂片称重法，用来测量管道内部介质平均腐蚀速率。后来，电阻探针法、线性阻抗法、电化学法、电感探针法、电化学噪声法、氢探针等在油气、化学管道的腐蚀监测中获得应用。最近 10 年，随着信息技术的发展和广泛应用，越来越多的工业监测仪表向实时在线工作模式转变，腐蚀监测也由单一的、便携式工作模式向多点的、实时在线工作模式发展。

技术的出现虽然有先后，但是一种技术是否能够获得工业应用，并不总是与技术出现的先后次序相呼应；有些技术可能出现得很晚，却立即获得了应用；有些技术虽然出现得很早，却很长时间没有获得工业应用；后出现的技术也不一定就必然取代前期已经获得应用的老技术，很可能会共同长期被工业界所接受，一起并用，甚至后发现的技术被提前淘汰。比如阿联酋阿布扎比油田在 1997 年和英国北海 Forties 油田在 2003 年，仍然需要采用挂片监测方法作为电化学监测方法的后备手段，同时，两个油田还采用电阻探针对多相油管进行腐蚀监测，采用电阻探针监测缓蚀剂的有效性。2005 年，北科威特油田运用电阻探针来监测生产井的腐蚀速率，而苏丹迈鲁特油田则采用线性极化法探针监测原油外输管线（FBE）工程的腐蚀，均取得了理想效果。可见不同时期的技术并用，甚至根据业主的知识与喜好选择监测技术都是可行的，这只是监测手段日趋丰富的表现。

因此，如果把各种腐蚀监测技术揉在一起综述可能会显得非常混乱，加之腐蚀监测技术种类又很多，所以本书仅挑选几种有代表性的技术简述其早期探索与发展的历程。

腐蚀挂片称重法或失重法虽然在管道介质腐蚀性监测中占有很重要的历史地位，但是从技术的角度来说，其与本书前面已经述及的土壤腐蚀挂片称重技术是同源同种的技术，因此，本章就不再赘述。

电阻探针腐蚀监测技术

腐蚀挂片失重法之后，首推技术就是电阻探针腐蚀监测技术，这个技术也被称为自动测量的挂片失重法，既能在液相（电解质或非电解质）中测定，也可在气相中测定。所测量的是金属元件的横截面积因腐蚀而减少所引起的电阻的变化。这个方法首先由学者 Dravnieks 和 Cataldi 提出，根据田云航在“用于大气腐蚀监测的薄膜电阻传感器研制”（华中科技大学 2016 年研究生论文）中的考证，基于电阻法的电阻探针技术在 1928 年就第一次在大气腐蚀研究中获得应用。

电阻探针腐蚀监测技术出现以后，很快就获得了应用，并在实践中获得不断改进。其中，以欧美国家所取得的成果最为显著。1957 年，Freedman 等对电阻探针的结构型式做了进一步改进。美国涌现了一大批与电阻探针腐蚀监测技术有关的专利技术，电阻探针在石油生产、炼化和运输等行业的腐蚀监测中得到了大量应用。1970 年，我国的炼油系统也开始广泛应用电阻探针技术。

20 世纪 70 年代，电阻探针技术已经相对成熟。但是，到了 20 世纪 80~90 年代，由于当时测量技术的局限等因素，电阻探针技术的发展出现了停滞局面，测量精度停滞在微米级别后就不再提高。有西方学者甚至断言，电阻探针技术可以检测到的最小腐蚀损耗厚度为 1μm。事实上该定论随着计算机算术的发展，已经被改变。

进入 21 世纪初期以后，对于电阻探针技术的研究和开发工作逐渐减少，但在提高探针测量精度和稳定性等方面也取得了许多进展。产品系列化、定型化成为显著特征。西方国家的大型能源企业已经拥有许多类型的具有自主知识产权的电阻探针腐蚀监测产品，并进入我国市场。尤其是美国产品已经占领我国腐蚀监测技术服务的不少市场份额，典型的如美国 Teledyne Cormon 公司的 CEION 系列海底及海面腐蚀感应器产品，Metal Samples 公司生产的用于石化、炼油以及大气腐蚀监测的电阻探针系列，美国 COSASCO Corrosion Management 公司的系列电阻探针产品，为石油、天然气、石化、制药、化学以及公共事业设备等众多行业提供腐蚀监测方案。

好在我国在 21 世纪前后，在中国科学院金属研究所的带领下，电阻探针技术相继出现新进展。1998 年，中国科学院金属研究所与中石化高桥分公司等单位联合研制的高温电阻探针技术，通过中石化鉴定，在石化企业得到广泛应用；2005 年中国科学院金属研究所开发的电感探针技术填补了国内空白，使国内腐蚀监测技术达到国际领先水平。众多学者为我国电阻探针腐蚀监测技术进步作出了贡献，如柏任流（“在电阻探针腐蚀监测仪的开发与应用”，《黔南民族师范学院学报》2007 年第 3 期）、郑立群、张莉、台闯（“高温腐蚀监测电阻探针和测试仪的研制及应用”，《石油化工腐蚀与防护》2002 年第 5 期）、马金龙（“新型腐蚀监测电阻探针的研制及应用”，《石油化工腐蚀与防护》1990年第3期)、左慧君、金文房("电阻探针MS3500E在线腐蚀监测应用",《腐蚀与防护》2000年第12期)等，在电阻探针腐蚀监测仪器的开发和具体应用方面均做了许多开创性的工作。

线性极化法腐蚀检测技术

线性极化法是运用线性极化技术进行腐蚀监测的方法，也称极化阻抗法。它是21世纪以来，在我国比较热门的腐蚀监测技术之一，可以测量腐蚀瞬时速率。该技术是1957年Stem和Geary提出并发展起来的一种快速而有效的腐蚀速度测试方法。该技术测量方便快捷，实验室测试精度可与失重法不相上下，是目前最主要的电化学检测手段。我国北京科技大学在20世纪60年代末期就从事了线性极化技术的研究与仪器开发；南京化工大学于1983年开始线性极化技术的研究与仪器开发，其开发的线性极化腐蚀监测仪器于1986年通过了技术鉴定；中国科学院金属研究所也在1985年开始进行微分极化技术研究和仪器开发，1989年通过中科院鉴定并应用，1993年该所又进行了CMB电化学弱极化技术和仪器研发，1998年通过技术鉴定，并在石油石化行业获得普遍应用。可以说，我国在线性极化法腐蚀监测技术的发展上与国际其他国家几乎是同时在前进。

但是，线性极化法的测量是建立在已知钢材表面积的基础上，这在一定程度上限制了线性极化法在现场检测中的运用。虽然线性极化技术不能区分各个因素的影响，因而也就不能把电化学过程中的各个步骤清晰地分辨出来，但是毕竟由于它的简便和经济，目前仍是在现场检测中应用最广泛的检测手段。只是当腐蚀产物中有氧化膜存在时，会严重影响测量的准确性。

电感探针腐蚀监测技术

在线电感探针技术是通过测量金属试样腐蚀减薄所引起的磁通量的变化来直接测得金属试样的腐蚀深度，从而计算金属腐蚀速率的方法。在线电感探针技术的主要特点是比挂片法、电阻法的响应速度快，而且能适应于各种不同的介质，不受介质导电率的影响。这项技术也是中科院金属所在21世纪以来重点发展的一项技术。图12-1是胜利油田坨六站所安装的电感探针腐蚀在线监测系统的实景照片(来自中科院金属所王新凯所做的"腐蚀监测技术在油气田评价缓蚀剂及生产领域的应用"多媒体)

众所周知，普光气田天然气高含H_2S和CO_2，其H_2S含量高达15.16%，CO_2含量为8.64%，需要净化处理后供用户使用。在普光净化厂建有多套联合装置，为及时了解装置与管线的腐蚀状况，普光气田净化厂建有完善的腐蚀在线监测系统，而这个腐

图 12-1　胜利油田坨六站电感探针腐蚀在线监测系统

蚀在线监测系统就全部采用了电感探针测量技术。

电化学噪声技术

自 1968 年 Iverson 研究了 Pt 电极与多种工作电极间的电位噪声以来，电化学噪声技术（Electrochemical Noise，简称 EN）因其能够揭示电化学系统特征信息，引起了日益广泛的研究和应用。在腐蚀科学领域，通过分析这些噪声谱不仅能给出腐蚀的过程，而且还可给出腐蚀的特点，如点蚀特征。Uruhurtu 和 Dawson 等在频域范围内对噪声数据进行了分析并指出：电极表面发生腐蚀时，如果其电位噪声的 SPD 曲线的高频率线性段斜率等于或大于 -20dB/decade 时，则电极发生孔蚀现象；小于 -20dB/decade 时，则发生均匀腐蚀。Magaino 等研究了 304 不锈钢在含有 NaCIO 的 NaCI 溶液中的腐蚀行为，发现突然下降和缓慢上升的电位噪声波对应于电极表面的孔蚀过程，而噪声电位的突然上升和缓慢下降则对应于电极表面的裂蚀现象。Xiao 和 Mansfeid 将频域分析进行了扩展，引入噪声图谱，并给出噪声图谱与 PSD 功率密度谱的相关性。

在前人广泛研究的基础上，人们认识到电化学噪声包括电化学电位噪声（EPN）以及电化学电流噪声（ECN），反映了由于腐蚀发生引起腐蚀电位或电偶电流的微幅波动。由于 ECN 测量方法简单，对仪器要求不高，在 2010 年前后已逐渐成为腐蚀研究的重要手段之一，并开始应用于工业现场腐蚀监测，如不锈钢、碳钢、铝合金、黄铜等的孔蚀、缝隙腐蚀、微生物腐蚀、涂层下腐蚀以及 SCC 过程中的 ECN 特征等。

智能瞬时腐蚀监测技术

正如张炜强等在“腐蚀监测 / 检测技术”（《腐蚀科学与防护技术》2009 年第 5

期）中所说的，腐蚀监测发展的方向是各种腐蚀监测 / 检测技术优势互补，共同推进；而腐蚀监测 / 检测技术和计算机技术的结合是目前研究腐蚀监测仪器的主要方向，NACE 就曾专门召开过“计算机在腐蚀中的应用研讨会”。而且，已经出现了许多基于计算机信息技术的腐蚀监测仪器，可以实现数据采集、处理、分析、预测、反馈命令一体化的智能型腐蚀监测仪器。目前在国内市场有影响力的有：21 世纪初，美国霍尼韦尔公司推出的 SmartCET 实时在线腐蚀监测仪器；1999 年，美国热电监测分析技术公司（RCS）发明的 Microcor 腐蚀监测系统；近年来，中国科学院金属研究所推出的中科韦尔腐蚀监测系统。

这类腐蚀监测技术的特点是可以让现场操作人员将监测到的腐蚀速率和工艺变量相关联，其优点是可以即时获取“腐蚀发生时”的信息，而不是“腐蚀之后”。这样现场操作人员可以在更严重腐蚀破坏累积发生之前，调整工艺条件；在腐蚀发生时实施应对措施，而不是数天或数周以后。反应迅速、分辨率高是目前智能化腐蚀监测系统的最大特点。以 Microcor 腐蚀监测系统为例，它是把 LPR 的快速响应性能和 ER 的广泛适用性有机结合的技术成果。在 10MPY 时，普通 W40 电阻探头需要近 3 天的时间才能作出明显响应，而具有相同使用寿命的 Microcor 探头在 1 个小时内就能清楚地作出响应，且发展趋势在 15 分钟内就很明显。相比之下，即使 LPR 探头在水中也要 5~10 分钟才能产生稳定的腐蚀速率读数，这表明 Microcor 技术在响应时间上比电阻探针（ER）灵敏 50~100 倍，在分辨率上 Microcor 探头是 ER 探头的 256 倍。

软仪表时代

美国国家仪器公司 NI 在 20 世纪 80 年代，最早提出虚拟仪器的概念。它是指通过应用程序将通用计算机与功能化硬件结合起来，用户可以通过友好的图形界面来操作这台计算机，就像在操作自己定义、自己设计的一台单个仪器一样，从而完成对被测试量的采集、分析、判断、显示、数据存储等。从此以后，各国加大了对虚拟仪器的研究，我国清华大学等单位从 20 世纪末期也投入了该项技术的研究开发。由于不需要硬件设施，因此，这种检测方式也被称作“软仪表”测量。

在管道和化工设施介质腐蚀的检测上，软仪表特别得到人们的重视。已经有不少厂家研究出各种软件，用于管道内介质腐蚀的模拟监测与控制。典型的如美国霍尼韦尔公司的 Predict®-SW 4.0 软件，可用于预测炼油厂碱性或酸性水系统中的腐蚀速率并选择合适的材料。该软件可以很方便地创建包含直管、T 形接口和弯头等在内的管道网络，只需点击按钮即可分析每个位置的结果。用户可使用 Predict®-SW 4.0 分析整体管道系统的腐蚀速率，包括弯管、弯头、焊接处等。另外，用户还可在同一界面内查看不同材料在不同位置上的腐蚀速率，并根据需要对数据显示进行过滤，进一步分析每种材质的腐蚀速率和管壁剪切应力。

参考文献

[1] 常守文 . 土壤中金属腐蚀速度测量方法的发展历程及展望 [J]. 腐蚀科学与防护技术，1991，3（2）：1-7.

[2] 宋光铃，曹楚南，等 . 土壤腐蚀性评价方法综述 [J]. 腐蚀科学与防护技术，1993，5（4）：268-277.

[3] 张攀峰 . 杂散电流对埋地管道腐蚀影响的研究 [D]. 南京理工大学，2010.

[4] 赵永刚 . 阴极保护系统中管道受杂散电流干扰分析与排流保护研究 [D]. 西安石油大学，2016.

[5] 韩子夜，薛星桥 . 地质灾害监测技术现状与发展趋势 [J]. 中国地质灾害与防治学报，2005，16（3）：138-141.

[6] 吴烈善 . 我国地质灾害监测技术方法及研究进展 [J]. 矿业快报，2006（6）：39-41.

[7] 黄其芳 . 我国地质灾害监测预报现状综述 [J]. 西部探矿工程，2004，96（5）：181-183，186.

[8] 杨明生，王国勇，等 . 中石化油气长输管道地质灾害监测技术介绍 [J]. 江汉石油职工大学学报，2017，30（5）：62-64.

[9] 陈文斌 . 埋地钢质管道杂散电流测试分析技术研究 [D]. 北京工业大学，2009.

[10] 杨双云 . 湛茂输油管道茂名段杂散电流的腐蚀及防腐方法 [J]. 油气储运，1983，2（3）：14-24.

[11] 赵健，张莉华 . 成品油管线杂散电流调查及排除 [J]. 腐蚀科学与防护技术，1997，9（4）：314-318.

[12] 马晓冰，孔祥儒，等 . 地磁感应（GIC）的作用和评估 [J]. 地球物理学报，2005，48（6）：1282-1287.

[13] 李家龙，胡黎花，王培金 . 地磁感应电流对管道影响研究现状 [J]. 天津科技，2016（7）：5-8.

[14] 刘连光，张鹏飞，等 . 地磁暴侵害油气管道的管地电位效应 [J]. 电工技术学报，2016（9）：68-74.

[15] 邹德龙，刘志军 . 潮汐能对管道阴极保护系统的影响 [J]. 道保护，2019（1）：47-50.

[16] 陶文亮，李自立，李龙江 . 杂散电流研究现状及展望 [J]. 贵州化工，2010，35（1）：31-34.

[17] SergeiA.Shipilov 应力腐蚀破裂和腐蚀疲劳研究：历史回顾与趋势 [C]. 北京：2002 中国国际腐蚀控制大会论文集，2002.

[18] 胡伶俐，编译 . 评价土壤腐蚀性——发展与现状 [J]. 国外油气田工程，1997（9）：38-39.

[19] 张炜强，秦立高，李飞 . 腐蚀监测 / 检测技术 [J]. 腐蚀科学与防护技术，2009，21（5）：477-479.

[20] 陈风琴，付冬梅，等 . 电阻探针腐蚀监测技术的发展与应用 [J]. 腐蚀科学与防护技术，2017，29

（6）：669–674.

［21］范强强，华丽．在线腐蚀监测技术应用概述［J］．全面腐蚀控制，2013（7）：22–25.

［22］柏任流，周静．电阻探针腐蚀监测仪的开发与应用［J］．黔南民族师范学院学报，2007，27（3）：15–18.

［23］郑立群，张蔚，等．高温腐蚀监测电阻探针和测试仪的研制及应用［J］．石油化工腐蚀与防护，2002，19（5）：50–53.

［24］程列鑫，董泽，等．电化学噪声技术在金属腐蚀检测中的应用现状及发展趋势［J］．材料导报（纳米与新材料专辑），2015（1）：462–466.

［25］王凤平，张玉楠，吕红梅．AZ91D 镁合金在 NaCl 溶液中的电化学噪声现象［J］．辽宁师范大学学报（自然科学版），2011，34（2）：199–202.

［26］杨波．田松柏，赵杉林．不同形态硫化合物腐蚀行为的研究［J］．腐蚀科学与防护技术，2004，16（6）：385–388.

第 13 章
管道内堵塞位置检测技术探索史

堵塞是管道系统中普遍存在的问题，比如在油气输送管道中，由于低温、高速流动、搅动等因素的影响，天然气在管道中易形成水合物堵塞管道，而成品油则易发生凝结堵塞管道，原油管道会因为结蜡堵塞管道、凝管等，此外杂物聚集也能够堵塞管道。当管道发生堵塞后，若不及时进行排堵，万一管道内的压力增加到超出管道所能承受的压力的最大值，会发生爆管。爆管会造成资源的大量浪费，还会威胁到人们的生命财产安全，严重影响管道的正常运行。2014 年，中海油湛江分公司文昌 13–6A 平台至文昌 14–3A 平台之间新建管道在清管过程中发生卡堵。由于无法准确定位卡堵位置，排堵工作整整持续了 20 天，耗费了大量的人力物力，延迟了投产，造成了很大的经济损失。因此，探索实用、便捷、高效的检测手段与技术，准确地检测出堵塞位置和形状就显得尤为重要。

梳理管道内堵塞检测技术的发展历程，比较早的方法有钻孔法、敲击法、理论数值分析法、超声波法、应力应变测试法等。随着研究的深入，又提出了其他检测方法，如导管内部检堵的压力波检堵法和机器人探堵法；外部传感器检堵法，如水压曲线法、水力瞬变法、分布式光纤检测法、电容层析成像法；对于小管道检测可以采用音频推断法、固有频率法和电容传感器法。本书仅就几种典型的检测方法研究和应用历史作一简要追溯。

1. 传统管道堵塞位置检测技术

应力应变测试法与钻孔法、敲击法、注油探测法、理论数值分析法、超声波法等都属于早期的管道堵塞点位置检测方法。这些方法比较原始，如果管线较长，耗时也长，而且这些方法中有些方法还对管道有一定的破坏风险。不过，这些原始的检堵方法有时也比较实用，特别是在20世纪我国的管道找堵点工作中发挥了重要作用。

传统的管道解堵法概述

1998年《油气储运》第6期刊载的曾多礼、何立刚“高寒地区成品油管线冰堵点判断与预防措施”一文，介绍格拉成品油管线冰堵位置的解决办法，采用的就是注油试压法。管道若完全堵塞后，向管道注入成品油，油压将发生变化，其变化量与诸多因素有关。当其他因素为已知条件时，则仅仅决定于注油量和管道长度的变化。反之，已知注油量和压力变化，就能计算出管段长度，从而确定堵塞的位置。在管道未完全堵塞的情况下，他们采取的方法是：向管道内投放可发出信号的清管器，进行跟踪探测，清管器受阻处可能就是堵塞点位置；或向管道内发射压力波，测量其返回时间，然后推算出堵点位置。后一种方法就是21世纪以来受到广泛重视的基于压力波法检测堵塞点位置技术。

马秋宁等在“油气输送管线冰堵定位检测技术的开发与应用”（《当代化工》2003年第3期）中，曾介绍了抚顺石化在2002年研发的一款冰堵定位检测仪，该仪器的原理就是应用应力应变原理。其基本方法是利用电桥加减特性，采用黄金分割对分原理定位，当油气管线某点发生冰堵时，给管线加压，在加压过程中，冰堵点前后管内介质压力不同，致使冰堵点前后变形程度也不同，通过传感器来捕捉冰堵点前后管道变形程度，从而判断冰堵点位置。2003年1月16日他们利用该仪器对抚顺石化长输瓦斯管线进行了冰堵位置定位检测，2003年1月18日又对一条输氢管线行了冰堵位置定位检测，两次检测均发现了冰堵位置。

几何缩距法确定管道内被堵塞点也是相对比较原始的检测方法之一。此法实质上是先用压力法检测被堵物的大体位置，等到几次几何级数缩距以后，被堵物的位置定位在100~200m很小的范围，再用穿管器将被堵物穿通或部分切割管道取出被堵物，然后再接通管道，使之恢复正常输送。

具体来说，假设有一段管道长32km，两端各装有一压力表，由表上读数压差知道管道内有一堵塞物，第一次在管段中间16km处开孔装一压力表，由表上压差得知前一半段管道有堵塞物，第二次在有堵塞物的那一段管道再装一块压力表，将被堵物的范围由 16km 里缩小为 8km，以此类推，距离逐次为 4km、2km、1km、0.5km、0.25km，仅几次的测量，范围就缩小至 0.25km。在此小范围内用敲击听音，泄压测量，即可完成堵塞检测工作。目前带压开孔技术和带压封堵技术已非常成熟，该方法中需要的工序，管道专业一般施工安装人员均能做到。

几何缩距法实际上也可以看作是过去人们用管道上的压力表的静压变化判断管道堵塞的升级版。1994 年，陈豫生、卢万钦在“长距离输煤管道堵塞及泄漏位置的判定与处理方法”（煤炭部武汉设计研究院）一文中，通过研究某一条长距离输煤管道相邻两泵站间的泄漏、堵塞时管线上压力的变化规律，提出了利用堵塞后管道堵塞前后静压值的不同，通过管道两端的压力曲线观察可以大致判断堵塞位置的方法。

传统的管道解堵法存在的问题

2003 年，姚志祥在“格拉管线的冰堵排除实践及预防措施”（《管道技术与设备》2003 年第 1 期）中曾叙述了格拉管线 3 次严重冰堵事故及检测定位、处理经过，可以让我们了解原始堵塞检测方法的特点、不足以及研究新方法的必要性。

1978 年 3 月至 6 月的 100 天中，格拉管线在 16 号泵站到 19 号泵站的唐古拉山南坡的 20km 范围内发生冰堵。管理人员在 5 个地点开挖 25 个探坑，用超声波检测仪进行检查，在 4 个坑检测到管线有全堵或半堵现象。16 号泵站启动几分钟油泵就发热需要停止运行。再经过用电伴热溶冰和烧牛粪煨管溶冰，并通过 16 号和 19 号泵站正反方向启泵升压等多种方式处理，到 6 月初开始疏通，6 月中旬基本解除冰堵，恢复管线畅通。

1982 年 11 月至 1983 年 3 月的 151 天中，格拉管线在 16 号泵站到 19 号泵站的唐古拉山北坡的 15km 范围内发生冰堵。格拉输油管线部队先后派出 4 组排堵小组，在风雪、严寒、缺氧的条件下，历时 5 个月，开挖 86 个探坑，排除冰堵点 8 处。开挖土方 1795m^3，割换管线 10 处，长度 34.2km，在管线钻孔 77 个，取出冰块 1780kg。

2000 年 3 月的冰堵，主要冰堵点在格拉管线 12 号泵站到 14 号泵站的开心岭山脚下的 150m 处。采用遇堵不排而铺设并联管道 150m 绕行的方法，迅速恢复了输油。

可以看出，每次冰堵投入都非常巨大，而且原始的检测方法针对性不强，只是个大致判断，误判率很高，如第一次开挖 25 个探坑，实际只有 4 个探坑位置是正确的，第二次开挖 86 个探坑，也只在 8 个探坑是有效的，可见这种方法的不可靠性，而且需要进行探坑开挖这种高强度劳动；另外，对管道有伤害，比如要在管道上钻孔等。因而必须探索新的、更科学的检测方法。

姚志祥通过对这些处置过程的反思，总结出一套更灵活的寻找冰堵点的方法。该方法是先用油品体积压缩（膨胀）公式粗略定位，然后利用优选法逐步缩小范围，最后实现定位。这个方法在实施过程中需对管道反复进行放油泄压，经过计算得到的堵塞点的位置与它的真实位置相差大约 1km。

这种方法虽说比以前的方法有所改进，但是误差仍然太大，需要紧跟科学新理论，进一步研究新方法。

2. 从管道内部检测堵塞点技术

管道内部检测堵塞的方法主要有压力波法与机器人法，其基本思路是仪器深入管道内部，或通过给管道内部直接传送信号到堵塞点的途径来检测管道内堵塞点。

基于压力波法的堵塞点检测技术

基于压力波法检测堵塞点位置技术，其基本原理是当管道堵塞时，在管道首端发出一个脉冲正压波，正压波沿管道向下游传播遇到堵塞物后反弹向首端传播，在管道首端可以获得两次正压波信号信息；通过采集管道首端压力信号，并利用小波变换法提取压力信号突变信息，获得正压波两次通过传感器的时间差，最后结合正压波波速便可以确定管道堵塞位置。该方法还可以实现对管道运行状态的实时在线监测。

早在 1992 年，西安交通大学的陈韵笙、屈景辉在“施加压力脉冲探测地下输油管堵点位置的研究”（《水动力学研究与进展》1992 年第 2 期）中，研究了地下输油管压力脉动噪声声发射强度与压力脉动基数的关系，管道压力脉冲波传播与反射的性质，实验研究了堵点附近振动噪声强度分布规律，首次提出由地面高精度探测地下管道堵点位置的方法和仪器并得到实地验证。当然陈韵笙应用波动法研究的是输油管道完全堵塞的情况，是所谓极端情况的检测。但是，对于大多数管道系统而言，完全堵塞的情况很少发生，而是在没有完全堵塞的情况下，管道的运行就受到影响不得不进行处理。因此，2005 年，天津大学机械工程学院王通等在“基于脉冲响应的输油管道堵点位置检测机理”（《石油化工设备》2005 年第 4 期）中，依据流体力学的动量方程及连续方程，研究了压力波在频域中求解的方法，并基于脉冲响应，假定管道末端阀门快速关闭，给出管道末端处及管道任意位置处的压力响应，提出了通过瞬态压力值的调和分析，实现了管道堵点位置的准确检测。该方法适用于管道未完全堵塞和完全堵塞时堵点位置的检测，具有一定的先进性，属于国内较早应用压力波频域求解管道堵点位置的方法。

2006 年，西南石油大学石油工程学院刘恩斌等人在四川省重点学科建设项目“基于压力波法的管道堵塞检测技术”（《天然气工业》2006 年第 4 期）研究中，提出了正压波法确定管道堵塞位置方法。2009 年，刘恩斌、李长俊、刘晓东、彭善碧在

“油气管道堵塞检测及定位技术研究”（《哈尔滨工业大学学报》2009 年第 1 期）中，利用管道堵塞前后两端压差的剧烈变化，以及利用管道两端压力的模拟值与实际测量值的差异来检测管道的堵塞，提出通过检测管道水力坡降曲线奇异点的方法确定油气管道的堵塞位置的原理和方法；并通过采集管道两端运行参数，并建立管道运行的数学模型，对管道实施仿真，获得整条管线的水力坡降曲线；再应用小波变换对管道的水力坡降曲线进行奇异性检测，而管道水力坡降曲线的奇异点将对应管道的堵塞位置。该方法具有所需设备少、操作费用低、操作简单等优点。他们的贡献主要在于通过简化算法并且通过压力传感器实现了压力波检堵，验证了该方法的可行性。

赵乃卓、韩万超在“正负压波定位在埋地输油管道检堵中的应用”（《传感器与微系统》2009 年第 12 期）中论述了应用球形模型增强堵塞产生的正压波，并使用小波变换技术来检测压力波，进一步提高了压力波检堵的精度，完善了压力波检堵方法。这种方法对管道堵塞检测的灵敏度高，可以进行较长距离的管道监测，而且定位精确，是目前广泛重视的一种监测方法。正如赵旗在“管道堵塞定位技术研究进展”（《当代化工》2016 年第 8 期）所述：“多相体系中声波传导速度的不确定性严重制约了该方法的预测精度及大规模应用，所以该项技术还有很大的改进空间。”

2011 年，陈卓、王晴、王轶凡、刘东杰在“长距离输水管线堵塞点查找与分析”（《供水技术》2011 年第 2 期）一文中，讨论了利用长距离供水管线中现有的水压力监测仪提供的数据，以刘恩斌等在上述文献中提供的方法进行堵塞点计算的检测方法。该方法提高了检测效率，提供了一种对于长距离输水管线检堵的有效解决方法。但是，我们应该清楚，该方法是基于管压降线性分布的条件进行计算定位的，而实际管压降受工况条件影响而呈非线性，所以定位精确度不是很高，虽然仿真方法能一定程度提高精确度，但对于长距离管道，最终定位仍需要人工处理。这也是人们仍然需要研究探索更科学的检测方法的驱动力。

机器人探测管道内堵塞位置技术

机器人探堵法在近几年也吸引了不少研究者的目光。张士华在“可变径海底石油管道内部检测系统的研制”（《中国海洋平台》2005 年第 1 期）中已经提出了一种以机器人为主体的检测系统，论述了整个系统的基本组成模块。胡仁昱在“地下管道检测机器人控制技术研究与开发”（硕士学位论文，复旦大学，2011 年）给出了一种管道机器人的设计与控制方法，有一定的可行性。李怀正、柏蔚、邱平平、刘振华在“一种新型排水管道在线检测设备的设计”（《绿色科技》2013 年第 7 期）中设计了一种检测城市排水系统的机器人。

由上可知，受机器人体积与功能的限制，目前管内机器人探堵主要应用于城市地下排水管道的检测，而将超声波与管内机器人结合可以提高检测精度，减小检测系统体积，排除污水等无关信号的干扰。陈高泉在“排水管道超声波成像检测系统研究与设计”（硕士学位论文，沈阳工业大学，2005 年）中，滕启斯在“基于超声波周向扫描的排水管道检测系统研究”（硕士学位论文，北京信息科技大学，2009 年）中，将超声波探测器与机器人结合，探索了其在地下管道排污管道检测系统中的应用。2012 年，浙江大学流体动力与机电系统国家重点实验室与电子科技大学自动化工程学院何春秋、彭杰纲，利用流体动力与机电系统国家重点实验室开放基金和国家自然科学基金项目的资助，根据在没有光线的情况下，弱电鱼通过感应自身发射与接收电场的变化信息来捕获食物并导航的现象，模拟弱电鱼水下电场定位原理研发出一种液体输送管道堵塞内检测实验系统。为检验该系统的有效性，模拟了不同材料管道（PVC 管、有机玻璃管、铜管、镀锌钢管）的堵塞情况，运用自行设计的主动电场内检测探头对上述管道的堵塞情况进行了探测。研究表明该系统能够根据管道内部电场变化有效地探测不同材料管道的堵塞情况并对堵塞点出现的位置进行判定。从而发展出基于主动电场原理的液体输送管道内检测方法的新型原型机。2012 年 7 月 18 日，彭杰纲发明的“主动电场液体输送管道内检测装置”（发明专利 CN 102588746 A），是一种利用主动电场液体输送管道内检测装置，其体积比超声波装置更小，并且对介质的灵敏度要比超声波小，即抗干扰性更好。

总的来看，鉴于机器人功能的多样性，应用机器人进入管道内部不仅可以探堵，还可以检测其他管道内部故障，因此是一种综合检测手段，仅就检测管内堵塞而言，其应用价值暂时还没有其他方法更受欢迎。

3. 从管道外部检测堵塞点技术

经由管道外部检测堵塞点是最常见的堵塞点检测技术，如应用瞬变理论的堵塞点检测法、分布式光纤传感器管道堵塞检测法、电容层析成像法等均属于此类。

应用瞬变理论的堵塞点检测法

前面提出了一些有效的检测方法，但都存在一定的局限性。例如管道应变法，这几年经过研究改进，比之以前有了较大的改进，但是需要在管道外敷设光纤，才能有比较好的效果，对已建成管道不适用且投入大、维修难；注油试压法，只针对完全堵塞的检测，对不完全堵塞的检测不适用，而且误差比较大；γ 射线法，γ 射线法仪器精密、昂贵，针对的是局部的堵塞检测；压力波法检测堵塞点位置技术，在输油管道应用效果较好，对于天然气管道则有一定困难。

基于瞬变压力分析法对天然气管道不完全堵塞检测是近年来最热门的研究，而且设备使用少、检测效率高以及可实现远程监测。国外对管道堵塞检测技术的研究大多以瞬变流理论为基础，主要是在瞬态实验的基础上，找出瞬态波在有堵塞的管道内传播的规律，根据瞬态波在管道中的传播规律对管道堵塞进行定位定量研究。其实，关于瞬态分析的研究历史很早，最早可以追溯到 1789 年 Monge 提出的偏微分方程图解法，但是在较长的时间里，瞬态分析主要被用在描述油气藏的流动性以及流动限制条件上，还没有被用在堵塞位置定位和描述管道堵塞特征上。直到 20 世纪末期，哈森等人才首次将该理论应用于管道堵塞的研究上。2017 年，哈尔滨工业大学的夏瑞丽在其硕士研究生毕业论文“基于压力波的给水管道堵塞检测研究”中曾列举了这方面研究的大量实例。

1996 年哈森（Hasan）等首先用瞬态压力分析方法对气井堵塞位置进行研究。他们认为：管道内的流量会因堵塞而减少，流量的减少量和堵塞位置会使井口最开始的压力降发生变化，当管道内的流态再次达到稳定时，对比井口最开始和再次达到稳态时的压力响应，即可确定井口的堵塞状况。刘梁健（Liangjian Liu）使用背压技术，确定怎样用堵塞的局部阻力系数表示堵塞的严重程度，并且提出全新的模型。2003 年 Stephens M 首先使用反问题分析法对管道堵塞进行检测，对其进行了敏感性分析，准确地确定出管道堵塞的位置。2005 年，Wang X J 对管道发生部分堵塞时的情况进行研究，得出当堵塞位置和堵塞量不同时，激励引起的瞬态波的衰减指数不同，可以用该衰减指数对管道堵塞进行定位和定量，目前该方法已成功地被用于管道堵塞检测。2006 年 Mohapatra 提出了通过频率响应法检测单管管道部分堵塞的方法。2008 年 Pedro J. 等以瞬态时得到的频率响应图为基础，对已发生堵塞的管道进行数值模拟分析，并发现这个技术适用于管道参数不清楚的情况和管道系统非常庞大的情况。2011 年 Silvia M. 等采用短周期的瞬态方法，研究了管内串联装置检测方法等。

事实上国内关于瞬变流理论进行堵塞检测的研究并不晚于国外多少。2005~2006 年，重庆科技学院的邱正阳等人通过建立非稳态的管道堵塞模型（“管道探堵研究”，《油气储运》2006 年第 5 期；“长输管道探堵水力瞬变理论与模拟计算”，《重庆科技学院学报》2005 年第 4 期），即水力瞬变特性法，对管径不同、堵塞长度不同时的工况进行模拟，通过对模拟数据所得的压力响应曲线进行分析得出堵塞位置，但是当管线超过 100km 时，该方法不太适用。为了验证模型方法在实验中的可行性，他在 2006 年做了十组实验进行研究，但是并没有具体介绍该实验及结果。

2009 年田园等利用管道入口处人工产生的质量流量脉冲在非完全堵塞天然气管道中的传播特点，采用时间分裂算法和 TVD/Godunov 混合格式，对非完全堵塞管道进行了数值计算。提出了运用 5 点二阶精度 TVD 格式来解决双曲守恒律非线性系统中的非线性数值问题，该方法改进了传统的显式和隐式有限差分方法对间断分辨率低等缺点，对于快速瞬变现象的捕捉具有优越性。通过动态监测非完全堵塞的天然气管道，实时分析管道入口处的压力波动历史曲线，计算了堵塞位置、堵塞长度和堵塞强度，与实际值相比，计算误差百分率分别为 2.15%、0.842% 和 2.43%。他们研究了长输天然气管道堵塞的数值仿真算法，对比了不完全堵塞情况下模拟的结果与实际结果的差别，以验证模拟结果的正确性。同年他们还基于质量流量脉冲法检测堵塞的原理进行数值模拟，但并没有进行实验验证。

2018 年，周建良、田园、吴柯欣、练杰等在《广州化工》上发表了“基于瞬变压力对管道不完全堵塞检测研究”一文，针对天然气管道不完全堵塞，基于瞬变压力检测以及小波变换信号分析原理，设计实验方案，结合压力波在管道中传播速度计算出不完全堵塞位置。在设计实验条件下，检测计算出堵塞位置相对误差为 5.87%。至于堵塞段长度的检测，文章指出：理论上分析若要检测出不完全堵塞段的长度和强度，则需要使瞬态压力脉冲在管道中传播的距离不大于不完全堵塞段的 2 倍。

总体来看，基于瞬变理论的管道内堵塞检测还处于研究阶段，在现场的实际应用案例还非常少，仍然需要在具体检测装置的研究开发上持续努力。

基于自由振荡理论的堵塞检测方法

2013 年，哈尔滨工业大学的伍悦滨等人在国家自然科学基金资助项目（51208160）和黑龙江省自然科学基金资助项目（QC2012C056）中，根据自由振荡理论的基本原理，提出适于检测管道堵塞的数值模拟简化模型，得出了确定管道堵塞的定位与定量的方法。其主要做法是：基于有压瞬变流理论，结合振动理论，引入迪拉克函数，建立包含堵塞的管道瞬变流控制方程；对方程进行无量纲化并线性化，使其得到简化。在固定边界条件下，求出相对压力的解析解，对其进行傅立叶级数分析，得到各谐波在各相对周期中的振幅，由此可计算出各谐波的衰减指数。求解结果表明：堵塞衰减与管道流量成正比，管道堵塞的相对位置与堵塞衰减参数呈余弦关系，只要已知两个谐波的堵塞衰减参数即可确定堵塞位置和堵塞量级。

分布式光纤传感器管道堵塞检测法

分布式光纤传感器是一种传感型光纤传感器，它具有同时获取在传感光纤区域内随时间和空间变化的被测量分布信息的能力。光波在光纤中传播时，其特征参量（如振幅、相位、偏振态、波长等）在外界因素（如压力、振动、位移、温度等）的作用下会发生变化。而且，分布式光纤传感系统具有测量准确度高、抗电磁干扰、耐腐蚀、可实现远距离传输等优点，利用这些特性，在油气管线铺设的同时，在管道内壁铺设 1 条或几条光缆，利用光纤作为传感器，拾取管线周围的压力和温度信号。通过对信号的分析和处理，不仅能检测管线的冰堵情况，还能对管线油气泄漏、管线附近的机械施工和人为破坏等事件进行迅速判断和准确定位。

当输油管线发生冰堵时，水汽因结冰而膨胀会对沿管线的光纤施加作用力，使光纤的损耗和输出光功率发生变化。利用这一特性，通过对光纤特征参量变化的分析，可检测输油管道冰堵事件的发生与冰堵点的定位。

2010 年，赵乃卓等在“检测石油管道冰堵与定位的光纤传感器的研究”（《传感器与微系统》2010 年第 9 期）中，结合石油管道在冬季冰堵会发生膨胀的而挤压光纤的效应，将光纤传感和小波变换方法应用到管道冰堵检测中，提高了测量精度。赵乃卓等的仿真实验结果表明：此方法可实现输油管道冰堵点的精确定位，能够快速地找到冰堵点，对管道进行开挖维修，保证管道的正常运行，此外，光纤传感技术的应用还能够实现对管道的实时监测，对输油管道的安全运行和维修具有重要的作用。当然这一方法使用的前提是，必须是在铺设管道的同时沿线铺设分布式光纤检测系统。这样会增加了管道建设成本，故不适合小型管道工程以及类似城市供水的复杂型管道工程，仅在长距离输油、输气管道中可以应用。

电容层析成像法

电容层析成像主要应用于对气液两相流管道状况的外检测。气液两相流管道常见于发电场锅炉管道以及核电站冷却系统管道，此类管道中由于运输介质温度高，管道内同时存在液体与气体，而电容层析成像系统可以检测出管道内流体的形状与状态。

层析成像技术起源于 20 世纪 50 年代，20 世纪 70 年代这种技术与蓬勃发展的计算机技术、放射科学技术相结合，引起了医学史上的一场革命。20 世纪后期，这种技术进入工业领域，采用适应性强、非侵入的传感器监测具有腐蚀性、快速流动的流体或多项混合物，直接分析设备、装置、管道内部被测对象的特性。具体对于管道内堵塞检测而言，这种技术将非接触或非侵入的阵列传感器均匀对称地固定在被测管道周围，传感器的输出信号代表管道内部多相介质的分相含率及其分布等信息；根据这些信息，计算机便可以重建出传感器部位的管截面图像，从这些图像就可以分析出管道在这个部位是否发生了堵塞及堵塞状况如何。

2006 年，浙江大学王微微等人基于 12 电极阵列式电容传感器电容测量信息，应用遗传算法，结合电容层析成像技术及模糊模式识别技术，提出了一种油气两相流空隙率测量的新方法。该方法首先应用电容层析成像技术，采用简单快捷的反投影算法获得反映两相流介质分布的图像，结合模糊模式识别技术辨识油气两相流流型，然后对已辨识的流型选用基于改进的遗传算法结合偏最小二乘方法获得的空隙率测量模型，计算获得空隙率实时测量值。2009 年，杜运成等在“基于电容层析成像的气液两相流流型聚类分析”（《中国电机工程学报》2009 年第 29 卷第 29 期）中提出了一种新的图像重建算法，使重建速度更快，从而能更准确地判断实时地管内情况截图。

4. 针对小型管道运输系统的堵塞点检测技术

针对小型管道运输系统的堵塞检测仍然属于从管道外部检测管道内堵塞点的技术。雷宇在“管道堵塞检测技术文献综述”（百度文库网站，2018 年）中给出三种简单易行的方法。这些方法分别是：

音速推断法：其原理为不同介质中音速不同，如图 13-1 所示。工人先将声音信号接收器安装于管道下游某处，然后在距离下游 L 长度（管长）的上游敲击管壁，若敲击处与声音信号接收器之间存在堵塞，经过处理后的理想音频信号应该有三个波峰（猜想）。从而转化为如下数学模型：假设管壁为铁质，运输介质为水，管堵塞后下游有空气，那么常温下铁中声速为 5130m/s，水中声速为 1500m/s，空气中声速约为 340m/s。从收到第一个信号为 $t_1=0$，记录第二次与第三次的波峰时间 t_2，t_3。计算堵塞位置。

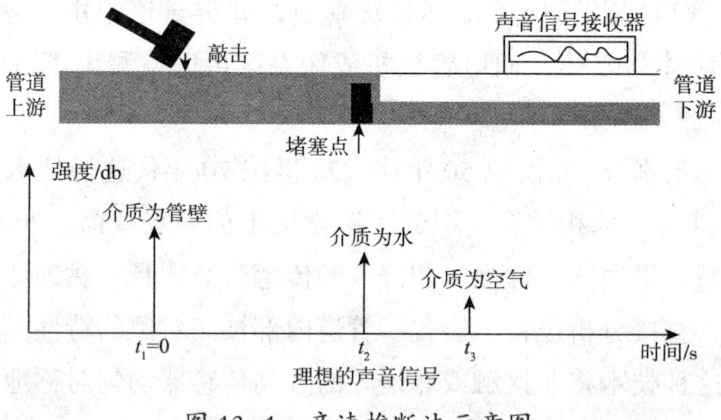

图 13-1　音速推断法示意图

固有频率法：此方法采用便携式手持设备，直接根据敲击听音法，依据堵塞上游段与下游段音色与音调有差别，将声音信号转化为更科学的波形图并分析其声音频率大小从而准确判断堵塞位置。操作时需要工人使用取中法等常用检测方法。

电容传感器法：依据不同介电常数作为介质的平板电容的电容大小不同做一个便携式电容传感器，原理以及方法均类似于电容层析成像法，但为了节约成本，针对检测管道堵塞的方便性，对其进行简化，以便实现所需功能。

当然，还有许多其他方法也可以用于管道内堵塞点位置的检测。现场实际检测时，多数是各种方法的组合。并且检测是否准确高效，也与检测人员的经验直接相关。福建某石化装置放空管道内部发生堵塞，襄阳震柏检测公司袁厚明正在该厂进行漏水点定位检测，该厂技术部的同志邀请他一同去检测管道内堵塞。袁厚明就带了一台 200 元购买来的手持式红外测温仪来到现场，石化工程技术部用的是 20 多万元的红外热成像仪，检测工作在第四层的铁架工作平台上进行。架空管道距平台位置还有大约 8m 远的距离，袁厚明用红外测温仪在架空管道上进行点测，发现有一段管道上存在温度差，一边 25℃，另一边 27℃。两边相差 2℃。他用红外测温仪测量了空间状态下平台的温度，为 25℃。初步判断此处温度不同处就是管道内部阻塞位置。他建议石化工作人员用铜锤子敲击此处，通过听声音来判断管道内部是否阻塞。如果管道发出空响声，说明管道内没有内阻塞，如果管道发出突突突的声音，说明管道内有阻塞。这和敲击铜锣的原理一样，铜锣敲打时的自然振动与手摸铜锣后的受阻振动声音有很大差别。几天后，石化厂检修人员通过割开袁厚明说的那个管道部位，消除了堵塞。200 多元的红外测温仪先于 20 多万元红外热像仪找出了管道内阻塞点，说明人的因素永远是第一位的。

记得歌手赵薇曾唱过一首琼瑶作词、尤景仰作曲的歌《船》，歌中唱道："有一条小小的船，漂泊过东北西南。"其实，每个人都有这样的一只小小船，盛载着我们渡过一道道关口，到达无数个彼岸。但是，上岸之后，我们还是要继续前行，就不能一直对这只小小船恋恋不舍了。有时候，检测也是如此，刚开始的时候，我们需要借助各种工具，下苦功夫，反复对比，才能确定我们的检测是否准确。但是，如果一直死守在这个工具上，对自己的小小船敝帚自珍，恐怕就犯了过于执着于工具的毛病了。我们还需要借助于自己的主观能动性，积累经验，当经验积累到一定的程度之后，可能只需要一些简单的检测工具就可以确定管道隐患（比如内堵塞）点了。特别是从管道外部间接检测管道隐患这种方式，无论是检测管道的内堵塞点，还是检测管体缺陷，人的经验积累都很重要。

参考文献

[1] 王玮．复杂长管路阻塞特性的评估方法与检测技术［D］．南京航空航天大学，2014.

[2] 张庆杰，陈宝忠，王玉琴．输油管道冰堵监测与定位技术研究［J］．管道技术与设备;2005（6）：19–21.

[3] 曾多礼，何立刚．高寒地区成品油管线冰堵点判断与预防措施［J］．油气储运，1998，17（6）：

32–34.
[4] 刘恩斌，李长俊，等 . 基于压力波法的管道堵塞检测技术 [J] . 天然气工业，2006，26 (4)：112–114.
[5] 陈韵笙，屈景辉 . 施加压力脉冲探测地下输油管堵点位置的研究 [J] . 水动力学研究与进展，1992，7 (2)：241–246
[6] 夏瑞丽 . 基于压力波的给水管道堵塞检测研究 [D] . 哈尔滨工业大学，2017.
[7] 姚志祥 . 格拉管线的冰堵排除实践及预防措施 [J] . 管道技术与设备，2003 (1)：24–27.
[8] 雷宇 . 管道堵塞检测技术文献综述 [EB/OL] . [2015–02–15] .https：//wenku.baidu.com/view/7eaf1a520722192e4436f62b.html.
[9] 田园，谢英，等 . 利用瞬态质量流量脉冲监测天然气管道堵塞 [J] . 西南石油大学学报 (自然科学版)，2008，30 (1)：154–156.
[10] 赵乃卓，郭光朝 . 检测石油管道冰堵与定位的光纤传感器的研究 [J] . 传感器与微系统 .2010，29 (9)：30–32.
[11] 王微微，王保良，等 . 利用电容层析成像技术快速测量油气两相流空隙率的研究 [J] . 高校化学工程学报，2006，20 (4)：515–519.
[12] 冷峻 . 液体管道堵塞检测及定位技术研究 [D] . 西南石油大学，2009.
[13] 赵旗 . 管道堵塞定位技术研究进展 [J] . 当代化工，2016，45 (8)：2023–2026.
[14] 何春秋，彭杰纲 . 动电场管道堵塞内检测方法研究 [J] . 仪器仪表学报，2013 (5)：1054–1061.
[15] 杜运成，王化祥 . 基于电容层析成像的气液两相流流型聚类分析 [J] . 中国电机工程学报，2009，29 (29)：72–76.
[16] 马秋宁，等 . 油气输送管线冰堵定位检测技术的开发与应用 [J] . 当代化工，2003 (3)：137–139.
[17] 陈豫生，卢万钦 . 长距离输煤管道堵塞及泄漏位置的判定与处理方法 [J] . 煤矿设计，1994 (5)：9–12.
[18] 王通，阎祥安，李伟华 . 基于脉冲响应的输油管道堵点位置检测机理 [J] . 石油化工设备，2005 (4)：14–17.
[19] 陈卓，王晴，等 . 长距离输水管线堵塞点查找与分析 [J] . 供水技术，2011，5 (2)：60–61.

第 14 章
泄漏与盗点定位检测技术探索史

在一般人的常识中，任何设施的泄漏事故，应该是一目了然的事情，怎么还需要专门的检测呢？其实，发现管道储运设施泄漏并非常人想象的那么简单。

1984 年 12 月 3 日凌晨，印度中央邦首府博帕尔市的美国联合碳化物属下的联合碳化物（印度）有限公司设于贫民区附近一所农药厂的储罐发生氰化物泄漏，造成了 2.5 万人直接致死，55 万人间接致死，另外有 20 多万人永久残废的人间惨剧。这是历史上最严重的工业事故，也是迄今为止的人类发展史上最为严重的工业灾难。由此可见，泄漏事故危害的严重性。1992 年 4 月 22 日，墨西哥瓜达拉哈拉市一条成品油输送管道发生泄漏并引起连环爆炸，持续时间 4 小时 14 分钟，造成 252 人死亡，1470 人受伤，15000 人无家可归，1124 座住宅、450 家商店、600 辆汽车、8km 长的街道以及通信和输电线路被毁坏。而泄漏实际上在 4 月 18 号就已经发生，却由于泄漏检测技术等原因一直未能查找到泄漏点。据中国城市燃气协会统计，1999~2002 年全国各地区发生燃气爆炸事故 261 起，北京某一地段 *DN*400 型管道竟然连续几次发生燃气泄漏和爆炸事故。统计表明，80% 以上的爆炸事故是由于管道泄漏且不能及时发现泄漏引起的。

还有一种泄漏，泄漏量大、持续时间久，可就是不知道在哪儿发生的泄漏。原因就在于泄漏位置或泄漏方式非常特殊。输水管网的暗漏就很有代表性，如果没有相应的检测仪器仪表配合以及经验方法的运用，很难找出具体的泄漏部位。据统计：我国人均水资源量仅仅为 2340m^3，约为世界人均占有量的 27%。但是，我国城市供水管网漏损水量却高达 60 亿 m^3。相当于浙江、福建、江西、海南四省一年的城市供水量。2009 年，全国有 13 个省的城市自来水管网漏损率超过 12%，其中，吉林更是达到 23.1%。这是多么巨大的资源浪费啊！可是，这些白白损失的自来水，由于无法找到确切的泄漏位置，要么流入地下暗河（也有部分渗入地下砂石或土壤中），要么流入下水道、沟渠中，被直接排走。所以，要解决城市供水管网漏损问题，首先就得解决管网泄漏检测技术问题。

实际上，管线泄漏检测一直以来就是管道输送行业的一项重要工作，是管线检测的重点项目之一，人们对泄漏检测技术的研究已经有超过半个世纪的历史。

1. 管道泄漏检测技术早期探索概述

我们知道，历史上关于管道泄漏问题早就存在，但是在很长一段时间内，由于管子大都敷设于地面之上，泄漏点一目了然。人们只要想方设法去塞、填、缠、堵泄漏的孔洞或缝隙，就可以解决问题。进入 20 世纪以后，管道大量埋入地下，管道输送介质的流失不再那么容易被发现，管道泄漏点的查找才成为人们关注的重点。最先受到关注的是输水管线的泄漏问题。根据本书前面的论述，城市输水管线已经存在上千年。在 20 世纪逐步由地上移入地下以后，其泄漏有的属于明漏，有的则属于暗漏。而且，大部分漏水属于暗漏，部分暗漏会逐渐转化为明漏，多数暗漏的漏水最终可能流入管沟、下水道、河道沟渠或渗入土壤沙石中，成为永远的暗漏。暗漏会造成长期漏水，且越来越严重，最终造成无法承受的经济损失。所以，输水管道泄漏检测最早受到人们的关注，并成为检测的重点领域。

国外漏水检测技术的早期探索

漏水检测可以说是管道泄漏检测最早的检测实践之一。其最主要的方法是声波相关分析法。在 20 世纪中叶，就有专门机构开始对如何判断地下管道泄漏问题进行了研究。最初的研究发现：当管道内液体泄漏时，由于管道内外的压力差，使得泄漏的流体通过漏点到达管道外部时会形成漩涡，这个漩涡就产生震动变化的压力或声波。那么，通过声音传感器检测沿管道壁传播的泄漏点噪声，利用相关信号处理技术（如相关分析法）就可以进行泄漏检测和定位。而我们知道，声音传感器技术和相关分析法在当时已经是一种为人类所掌握的技术。因此，有理由推断，正是依据这个研究发现并借助于声波的相关分析法技术，人类开始研究出了最早的管道漏水点检测仪器。这便是 1960 年英国水研究中心开发出的世界上第一台相关检漏仪。

然而，第一台检漏仪并没有多少实用价值，原因在于这台相关分析仪体积庞大，使用很不方便。但是，在第一台检漏仪研制成功的鼓舞和示范下，一些商业机构看到了检漏仪器研究的商机，研究人员产生了研究的冲动，坚定了科学研究的信心。经过几年的持续探索改进，英、美、法、日等世界发达国家便相继开发出轻型检漏仪。20 世纪 70 年代中期，英国水研究中心（WRC）就研究出了利用泄漏噪声检测漏点定位的便携式相关检漏仪，一直到现在，英国泄漏检测仪研制技术水平仍然居于世界前列。如目前生产泄漏信号检测相关仪的企业英国雷迪公司，其代表产品 MC6、MC7 型相关仪就得到许多国家用户的好评。美国水协会在 1976 年成立了地下水管道漏检专业委员会，美国的 Flow Metrix 公司开发生产了以 DigiCorrIII 为代表的测漏仪器。日本地下水管道委员会也有专门机构对检漏进行专门研究。20 世纪 90 年代初期，这些国家又开发研制出新一代利用水噪声的相关检漏仪。

日美还在 20 世纪 80 年代中期研制出地质雷达，利用无线电波对漏水情况进行检测，并用图像显示漏水点的情况，实现漏水点的精确定位。近年来，以数学理论为基础，使用神经网络和模糊逻辑方法来分析数据，测定地下水管泄漏位置，并可在计算机上实时运行，使得地下水管检漏技术逐步现代化。

在油气管道泄漏检测研究与技术开发方面，1976 年德国学者 R.Isermann 和 H.Siebert 就提出以输入输出的流量和压力信号经过处理后进行互相关联分析的泄漏检测方法；1979 年 Toslhio Fukuda 提出了一种基于压力梯度时间序列的管道泄漏检测方法；L.Billman 和 R.Isermann 在 1987 年提出了采用非线性模型的非线性状态观测器的检漏方法；A.Benkherouf 在 1988 年提出了卡尔曼滤波器方法；1991 年 Kurmer 等人开发了基于 Sagnac 光纤干涉仪原理的管道流体泄漏检测定位系统；1993 年荷兰壳牌（shell）公司的 X.J.Zhang 提出了统计检漏法；1999 年美国《管道与气体杂志》报道了一种称作“纹影”（ Schlieren）的技术，即采用空气中的光学折射成像原理用于管道检漏；2001 年 Witness 提出了采用频域分析的频域响应法，其基本思想是将管道系统的模型转换到频域进行泄漏检测和定位分析；2003 年 Marco Ferrante 提出了采用小波分析的方法，利用小波技术对管道的压力信号进行奇异性分析，由此来检测油气介质泄漏。

我国管道泄漏技术研究

我国对于管道泄漏技术的研究起步较晚，但发展很快。20 世纪 80 年代以来，我国开始进行管道检测器的研制开发工作，并很快取得了一些成果。例如 1988 年方崇智提出了一种基于状态估计的观测器的方法，1989 年王桂增提出一种基于 Kullback 信息测度的管线检漏方法，西安交大王延年等人提出利用光时域反射技术即通过监测光缆的损耗变化来间接监测地下管道的泄漏技术。1993 年，清华大学与东北输油管理局合作在黑山至新民段输油管道上进行了放油试验，这可能是我国第一次在输油管道上进行的检漏现场试验。

20世纪八九十年代以来，我国在进行管道泄漏检测理论探索与试验的同时，还陆续从国外引进了一些先进的检测设备。推出了负压波法在线检测、声波法在线检测等泄漏监、检测技术，提出了基于神经网络的管道泄漏检测模型，建立了分布式光纤布拉格光栅传感器的油气管道监测系统，利用压力、流量和输差三重机制实现了对原油管道的泄漏监测及定位、原油渗漏监测和报警等；引进或研发了多种管道内检测器进行泄漏检测或其他隐患监测；引进或开发了管道防腐层检测、磁应力检测、导波检测、杂散电流检测、金属蚀失量检测等埋地管道地面技术，预测、分析、判断管道泄漏穿孔的概率大小，利用多种技术的综合运用来甄别、定位盗油（气）点等。

在这一时期，我国在管道泄漏检测技术研究方面也出现了一批比较有代表性的专家学者和有影响的工程技术人员。

清华大学王桂增教授，自1989年提出基于Kullback信息测度的泄漏诊断方法之后，1992年又介绍了用波敏法进行管道泄漏诊断的原理和试验结果，2002年开始在输油管道上试验一项基于小波变换的泄漏检测技术，2008年开始采用相关分析方法进行泄漏定位。

北京大学唐秀家教授，1997年提出以泄漏信号特征指标构造神经网络输入矩阵，建立对管道运行状况进行分类的神经网络模型以检测管道泄漏故障的发生。

天津大学靳世久教授，1998年提出了用负压波判别管道状态的方法，2005年首次提出利用卡尔曼滤波器捕捉压力波形拐点、进而获得时间差的方法，2006年提出了一种基于Mach-Zehnder光纤干涉仪原理的新型分布式光纤管道泄漏测试技术。

另外，中国石油大学、武汉理工大学、重庆大学、中国水利水电科学研究院、胜利油田等也在管道泄漏检测研究方面做了大量研究、试验工作。

我国对检漏技术的应用始于20世纪末期开始，特别是以1993年中洛（中原－洛阳）线全国第一次打孔盗油事件为标志，油区治安形势日益恶化、犯罪分子打孔盗油犯罪非常猖獗，给输油生产带来了巨大的破坏。与此同时，由于城市化进程的加速，城市用水日趋紧张与大量漏损并存，从而使得检漏技术迅速在全国范围内得到应用。

1996年，中、日、港、台4方合作成立了中国第一家专业漏水调查公司（保定金迪科技开发有限公司前身），揭开了中国地下管道探测与检漏专业化的序幕。在建设部相关司局的支持下，从改革开放前沿阵地厦门水司做起，他们请来日本测漏专家讲解与演示，宣传漏水检测方法、技术与意义，让大家认清泄漏损失现状与治理思路，使得探管与检漏工作迅速走向全国。从这个时期开始，加大了引进设备力度，早期从进口日本普通漏水系列产品，到进口英国采用蓝牙技术的全功能型数字Mikfon系列产品；从进口日本的JEK-52模拟信号带充电电池相关仪大型仪器，到进口英国的艾格码数字相关仪、多探头相关仪。从单片机到计算机，漏水检测设备经历了多次的更新换代，逐步赶上世界检漏技术发展与实践的步伐。

从 21 世纪开始，我国自己研制的检漏技术大规模进入实际应用。天津大学精密仪器学院、清华大学自动化系、中国计量院、东营五色石泄漏监控技术研究所、北京昊科航科技公司等单位是专业从事检漏系统的研究与推广的中坚力量。我国已经有近万公里长的输油管道安装了检漏系统，对减少泄漏损失、保证管道正常运行发挥了重要且不可替代的作用。

管道泄漏检测的主要方式

从检漏技术运用的目的性出发，并考虑检漏技术的实质性区别，管道泄漏检测分为泄漏监测与现场巡查检测两种方式。现场巡查检测属于离线系统，而泄漏监测属于在线系统。一般来说，在线系统的优点是连续运行，反应快，缺点是灵敏度低，不能发现渗漏，存在误报或漏报问题，定位误差大等；而离线方法则正好相反，能发现渗漏，定位相对准确，但是依靠人力，一般是间歇性的，很可能漏报，及时性较差等。在实际应用中，一般都是在线与离线两种方法并用，取长补短，相互印证。

目前的在线监测技术方法有很多，一些文献列举超过 30 种。仔细梳理，大体可以归为三类：基于信号处理的方法，这类方法不需要建立管道数学模型，如压力梯度法、流量平衡法、负压波法、声相关法等；基于模型估计的方法，如状态观测器法、系统辨识法、滤波法等；基于知识的方法，如模式识别法、神经网络法、专家诊断系统等。

人工现场巡线是管道运行企业管理的一项基本工作。经验证明：即使在科技发达的西方国家，大部分泄漏也是首先由过路人发现报告的。因此，国外的管道管理者都会在管道沿途设立一些报警电话，以方便路人报警。为了提高巡线效率，发达国家经常用直升机携带摄像设备来巡线。甚至狗也是人徒步巡线的好助手。加拿大帝国石油资源公司在研究了多种检测油气泄漏的方法后，认为现有技术不但费用高，而且不适用于小口径管道，也难以查出微小的泄漏。他们采取的办法是在管道内注入一种有臭味的化学物质，随泄漏的油气一起逸出，靠狗来探测这种气味。特别是在沼泽地带等人无法靠近的管道，狗的用途会更大。

巡线中依靠辅助仪器进行地面检测巡查仍然是目前泄漏检测的重要途径。常用的有热红外成像技术、气体成像技术、探地雷达技术、示踪法、氦质谱仪现场检漏定位等以泄漏介质为检测对象的技术。管道埋深探测检测、外防腐层破损点检测、磁应力检测、开挖检测排查等是以管体及其外防腐层是否遭受破坏为检测对象（特别是对巡查中发现的疑点），来判断泄漏点的检测技术。另外，超声波泄漏检测技术近年来在应用上也有一定的突破性进展，如美国 fisher XLT–30 地下管道超声波液体和气体泄漏探测仪，在漏点音听领域就取得了不错的效果。

总体来看，管道泄漏检测技术、方法类型最多，目前还找不到一种方法可以解决各类管道的泄漏检测问题，需要综合应用各种方法进行综合检测分析判断。

2. 供水管网泄漏检测技术

我国自 20 世纪 80 年代末开展液体管线泄漏检测技术研究以来，在理论和实践方面取得了一定的成果和经验，并尝试各种新的方法和手段，解决生产实际问题。通过努力，管线泄漏检测灵敏度和精确度不断提高，不少新技术已经从实验室走向管道泄漏检测现场。

王继华等人通过对我国 20 世纪供水管网常用检漏技术的分析以及对 21 世纪检漏技术发展的展望，将供水管道检漏总结归纳为 11 种主要方法。如果结合其他资料，再做进一步的梳理，供水管道甚至可以扩大到整个输水管网（包括雨水、污水管网等也可以借鉴）。按照检漏技术在中国的实践进程，可以对我国输水管道检漏技术发展作出一个大致的分期。

以人的经验和视角直观发现为主的时期

依靠检漏人员沿管线行走查看管道附近异常情况，听输送介质从管道内泄漏出来时发出的声音来发现泄漏，或者市民义务报警来发现泄漏点，这是 20 世纪中期我国自来水获得快速发展初期的主要做法。全国多数城镇都建立了管道漏水巡线员。以成都的自来水管线为例，根据古籍《太平寰宇记》上说，成都作为古蜀国最后的都城，与周王迁都于岐大约同时，因此，成都建城史可追溯到距今 3200 年前。有了城邑，就意味着有大量的人口聚居，饮用水供应是首先要解决的问题。古先民的聚居点都选择在水边，或是离水源较近的地方，以便取用方便，而且这个情况延续了很长的时间。直到后来，人类发明了凿井技术，才在一定程度上摆脱了居住点对纯自然水源的依赖，活动范围也因之大幅度拓展。正如本书第一部分所述，输水管道虽然历史比较悠久，但输水管线在哪个城镇出现却具有偶然性。输水管线出现在哪个城镇多是某个聪明的个体的杰作，国家或地方政府很少担当推广义务。从目前的文献与考古发现来看，输水管道在古城镇并不普及，并不是每个古老的城镇都有与城镇历史一样古老的输水管道。成都作为一座历史悠久的城市，直到 1909 年周善培创办利民自来水公司，才有了真正意义上的城市供水管道，因而，利民自来水公司是成都近代供水的起点。利民自来水公司 1909 年在成都南门外万里桥附近选择一水深处为起点，高高架起水筒车把河水提升起来，引水通过管道越过城墙，并在盐道街、学道街、总府街、商业场等六处设立了蓄水池，河水通过管道输送到这六个水池，再通过人力担挑、车运出售给消费者。1926 年 7 月停业。1946 年，青羊宫水厂通水投产，终于有了总长度 2.42km、口径 ϕ250mm 的配水管线，专管用户仅限于冠生园、永华公司、宴宾楼、漱泉茶楼、大光明理发店、泰和丰等 21 个买卖商家。到 1949 年，饮用自来水人口仅 2.64 万。新中国成立后，城市供水管网发展迅速扩张，从 1952 年到 1965 年仅仅 13 年时间内，成都用水人口就从不足 3 万人扩张到 63 万人，用水普及率达 59.6%，输配水管线增长至 162km。成都输水管道的发展历史是全国的一个缩影，从成都输水管线发展里程看，直到 20 世纪 60 年代之前，管道里程都很短，且多数架空于地上，所以漏水查找的难题尚不存在。到了 60 年代以后，输水管线大量建成，且逐渐埋于地下，加上当时管道材质差，接头、接口技术工艺不过关，容易泄漏，找漏问题开始出现。在这个时期，我国基本没有专用的漏水检测仪器。尽管也有文献记载称，我国早在 20 世纪 30~40 年代就开展过漏水调查，曾经应用过听音棒这种简陋工具辅助进行过暗漏调查工作，但是，那只是在个别城市的个别例子。总体上，主要是依靠调查人员的经验，而不是主要依赖技术。

到了 20 世纪后期，这种方法仍然有很大的市场，只不过，到 20 世纪后期我国已经开始逐步引进了一些西方检漏仪器，使我国管道检漏由以经验为主、直观发现为主进入人工经验与仪器检测结合的时代。当然，由于我国幅员辽阔、经济发展上的东西差距、城乡差距甚至中心城市与一般城市的差距，从全国范围来看，即便到了 20 世纪后期，检漏仪的使用仍然未占据主导地位。

依靠观察管道沿线异常和听声音的方法固然会发现一些明漏，但是仍然有许多暗漏要经过很长时间的泄漏，才会导致管道周边出现异常，造成长时间的水体流失。为使问题尽早暴露，通过升压使暗漏很快变成明漏，减少流水损失。升压时，则是通过分区段进行管道升压试验，使泄漏部位的水在压力作用下喷射出地面或因漏失水量剧增使地面塌陷等，将暗漏变成明漏，从而准确地找到泄漏点。

由于缺乏必要的技术手段，这个时期的检漏主要是以发现明漏为主，对暗漏除升压使其变为明漏以外，则无能为力，这是最原始也是最经济的检漏时期。这个时期的另一个特点是以人的经验判断为主，在具体做法方面不仅地区之间有差异，就是同一地区的不同工作人员也多以各自的诀窍开展工作而不是按照统一规范的技术路线。

借助简单的仪器测量并结合经验与试验性验证判断管道泄漏的时期

如何才能发现暗漏呢？在检测技术不发达的情况下，经验就显得非常重要。经过长期的经验积累，大家认识到在判断泄漏与分析确认泄漏点时，统计法是可以被利用的；间接的测量技术是可以被利用的；特殊时段的水表计量统计值以及下水管网的流水量等也是可以被利用的。这样，我国的输水管道泄漏检测就进入到第二个时期：借助简单的仪器测量与技术经验基础上的试验性验证相结合判断管道泄漏的时期。

这个时期相比前一个时期，技术虽然有进步，但是进步是有限的，人的经验仍然具有举足轻重的作用。只不过这个时期的经验不再主要是单个人的个人经验，而是统计学意义上的经验。在实际实施时，也不再依靠单个的人，而需要通过一定的组织，有计划、有目的地实施，并借助仪器仪表测量结果来分析确定是否存在泄漏并判断泄漏位置。也就是说，已经有了关于检漏的一些可以遵循的、大致统一的技术路线。具体方法比较多，这里仅仅扼要列举几种比较通用的典型做法。

人们通过长期的观察发现，地下管网渗水或泄漏后，一般会使周围土地潮湿、大地导电性增加。因此，利用仪器检测大地导电性从而发现渗漏点就成为一种简便的暗漏判别检测方法。这就是大地湿度经验检漏法。

管网中流动的水在任何一个节点前后理论上应该是平衡的，一旦发生泄漏，这种平衡就会被打破。那么利用水平衡原理就可以发现暗漏。《地下管线管理》1996 年第 2 期就曾刊登秦皇岛节水办刘淑媛工程师“谈地下供水管网测漏中水平衡探测”一文，介绍了他们单位使用水平衡检漏的三步法：第一步，在夜间关闭所有用水器具，在供水管网正常工作条件下检查水表是否走动，或者在正常供水条件下分片、分段逐级进行干管（干线管道）与分线管道测漏；第二步，检查下水道，帮助查找漏水区域；第三步，用各种简单的测漏仪器精确定位。在 20 世纪 90 年代初，秦皇岛节水办就曾利用水平衡法帮助秦皇岛调味厂查出过一处每月漏水量高达 5000m^3、漏水长达 3 年之久的管线接口开裂漏水隐患。

管网发生泄漏时，会导致管道总流量计量与分路计量的合计数据发生较大偏差，且这种偏差在最小用量时间段最大。根据这种经验原理，人们划小管网区域，通过测量每个区域在最小用量时间段（凌晨 0：00~4：00 内）总进水量，再通过抄表作业（一般抄出其中较大用户在夜间最小用水量时间段的用水量），根据资料计算用户平均用水量，找出几个小用户，实测其夜间用水量，就可分析出该区域的那些管网存在漏水。这就是区域流量测定分析法。

依靠常规检漏仪器判断管道泄漏的时期

随着检漏技术的发展，各种检漏仪器装备逐渐丰富，输水管网泄漏检测进入主要依靠常规检漏仪器判断管道泄漏的时期。

这个时期与前一个时期相比较，使用了更多的检漏设备仪器，但是这些仪器采集的信号相对单一；主要以外部间接检测为主，技术含量相对较低。这个时期主要对应于我国 20 世纪末期以来的检漏实践，主要技术包括以下几类。

用听音杆或听诊器探测泄漏。听音杆或听诊器探测泄漏是这个时期最早被应用到实践中的方法。最基本的方法是用电子听诊器贴在管线暴露在外的部分如阀门、消防栓、水表等部位，通过听泄漏声音来判断泄漏地点。显然，仅仅依靠贴在管线暴露在外的部分上探测管道泄漏并不能精确地判断管道的泄漏位置，最多只能判断出某一段管道可能存在泄漏。后来，人们就在这种听音探测法的基础上做了进一步的改进，研制出听漏仪，用以精确定位漏点。这种听漏仪是由传感器、主机和耳机构成。检测时检漏人员携带仪器沿确定的泄漏管段做“S”形探测。根据漏水声音变化规律锁定漏水点。为了避免探测错误，高级检漏仪都附带有滤波器和噪声频谱分析功能，以弥补人耳辨别的不足，提高检漏准确率。对一些不能十分确定的漏水点，还可采用钻探设备，将声波传感器送入距漏水点近的范围内的管道上，进行漏水检测和确认。为此，人们还开发出一种专用于此目的的特殊钻孔机。据马红杰在 2009 年发表在《石油化工腐蚀与防护》第 2 期“地下输水管道的声波检漏技术”一文介绍，该法确认准确率可达到 90% 以上。秦皇岛节水办就曾在 20 世纪 90 年代，利用此项检漏技术，通过夜间沿管线测听，在秦皇岛港务局某散装码头准确找到漏出量达 $40m^3/h$ 的漏水点。

相关仪检漏。相关仪是利用声波原理的又一种检漏技术，是 20 世纪 70 年代在音响科技发展的基础上开发出来的一种有影响的输水管道检漏仪。在本章上一节，已经介绍了相关仪在国外的研制与应用经过。在 20 世纪末期引进国内以来，得到广泛应用。日本的后藤圭司博士在《地下管线管理》1996 年第 2 期发表的“城市自来水管线的泄漏控制”一文中就专门向我国业界介绍了他们在日本应用的体会。相关仪检测是比较客观的检漏方法，简单易操作，准确率高，不受管道埋深和环境噪声等因素的影响。对于穿越河底、建筑物下、管沟、埋深大和噪声干扰大等不适宜检漏仪检测的环境，相关仪有独特的优势。尤其是多探头相关仪能把逐段相关检漏发展成大面积相关检漏，在 21 世纪初的国内漏水检测中受到追捧。21 世纪初，唐山市区在某输水管道检测时，发现有漏水迹象，最后采用多探头相关仪进行了检测分析，确认了漏点位置，经开挖确认，发现管道在相关仪判断出的点位管道已经断裂。

无论是听音法还是相关仪检测法，其实利用的都是声学原理。这些仪器都存在一个很大的缺陷，在渗漏声源很小时，检测比较困难。而我们国家的输水管线大部分压力比较低，压力一般在 $4\sim6kgf/cm^2$，所以一般要在夜深人静时检测，加上人员的经验才能找到泄漏点；对于深埋管道，声音会更小，所以，还需要打一些孔辅助检测，以提高泄漏声音的监听效果。总之，这种检漏方法存在局限性。

收集式检漏法及其他技术。沈阳市沈海管道技术研究所在 20 世纪 90 年代，发明了一种适用于检测流体输送管道的收集式检漏法，通过全线采集管道腐蚀产物来判断管道泄漏地点。这种方法在当时曾被不少文献报道，但是最终没有实际使用起来，检漏仪器仍然以引进的技术为主，很少有我国独创的拥有自主知识产权的技术获得广泛应用。

除了上述方法以外，在这个时期，人们还采用了将适用于水中的麦克风、摄像机等放入输水管道内，通过观察或调查来发现管道泄漏的管内调查方法；利用冬季漏水区域温度会上升、夏季会下降的特征，用红外线测温仪、红外热电视和红外热像仪等测温来侦测地下管道泄漏的方法；给管道内注入微量氮氧气体或氮氢混合气体（如5%氢气和95%的氮气混合物），然后用氢气或氮气检漏仪在管道上检索，就可以检测到泄漏点的示踪法。地质雷达系统检漏法也是一种经常被提及的检漏法，地质雷达除了可以探测出地面下的管道外，还可以探测出地面之下凹洞或积水空洞位置。因此，利用探地雷达不仅可以检测到管道泄漏点，而且能探测分析到管道的不均匀下沉等现象。此外还有用水质检验法特别是"三氯钾盐检测法"来检漏的报道。

更具有现代性特点的供水管道泄漏检测则是与排水管道相似的CCTV、管道声呐检测、潜望镜、激光检测等检测技术。

在2017年9月18日，世界水监测日，一些网站还报道了位于加拿大多伦多的Echologics工程公司（隶属于Mueller加拿大有限公司）利用其独一无二的声学检测技术，研发出了一种无需开挖便可对深埋地下的管道进行泄漏检测的方法。加拿大这家公司的研究者认为：管道是会说话的，如果你仔细听，他就会告诉你哪里发生了泄漏。因此，他们借助相关函数和安装在管道或消防栓上的声学传感器，对声波的传播时间进行了测量。如果管道的泄漏点位于某两个传感器之间，传感器就会检测到由泄漏所发出的噪声，然后便可根据相关函数的计算结果来确定同一泄漏噪声传播到两个传感器所产生的时间差。当确定了管道中的声速后，就能轻而易举地测算出泄漏点的具体位置。这种泄漏检测方式实际上已经属于在线监测的范畴了。

上述供水管道泄漏检测仪器的使用，对于发现供水管道泄漏发挥了至关重要的作用，虽然也可以用于雨排、污排管道检测，但是局限性比较大，因此，对于排水管道我们还需要探索其他更适合的检测技术和手段。

3. 排水管网泄漏检测技术

记得几年前，曾读过美国农业物理学教授富兰克林·H·金所著的一本名为《四千年农夫》的书，富兰克林·H·金在一百年前曾亲自考察过东亚社会特别是东亚农耕特点，他认为东方农耕是世界上最优秀的农业，而且对中国、朝鲜和日本很少环境污染的永续农业及生活方式赞叹不已。可是短短几十年的时间里，我国已经成为世界上污水排放量最大的国家之一，其中，城镇生活污水占废水排放量的一半以上。

生活污水是水体的主要污染源。排水管道渗漏会对管道周围的土壤产生严重污染，污染地下水源，影响正常供水，还会产生恶臭气体污染大气。1998 年 12 月至 1999 年 1 月，广梅汕铁路总公司龙口西住宅楼多户居民出现腹泻、腹痛等症状，通过调查及水质化验证实是由生活污水污染二次供水系统引起的水源性疾病。因此，对地下排水管道泄漏的检测非常重要。但是，排水管道一般采用混凝土预制管道、塑料、玻璃钢等非金属管道，加之淤泥垃圾等的存在，一般用于供水管道泄漏检测的方法用在排水管道上会有更多的局限性。过去主要靠观察法、量泥斗检测法、反光镜法、潜水检查法等。这些方法属于盲目的检查方式，无法满足现代市政工程的要求。因此，排水管道必须使用更具有现代性的技术才能实现检漏目标。目前来看，管道声呐检测、CCTV、潜望镜、激光检测和聚焦电流法技术等在排水管道检漏中相对有更良好的表现。

CCTV 管道内窥检测技术

CCTV 管道内窥检测技术起源于 20 世纪 60 年代，到 80 年代基本成熟，该技术最早用于煤气管道内检测，后来主要应用于城市排水系统的检测。国际上 IBAK、Per、TAIS 等众多公司目前都开发生产 CCTV 管道内窥检测系统。但是，CCTV 管道内窥检测技术在我国还处于起步阶段。我国虽然从 20 世纪 90 年代中期开始，逐渐有单位和企业开始从国外进口这类检测设备。但由于使用的单位多集中在城市管理部门，适合国内管网检测技术的相关技术规程等并没有受到行业的重视，消化研究也显得迟缓。2004 年 11 月到 2005 年 4 月上海对静安、普陀、杨浦合计 6593m 排水管道进行了 CCTV 内窥检测，发现了大量接头渗漏、管道腐蚀缺陷。这是我国成功应用 CCTV 管道内窥检测技术的最早实践之一。2005 年底，结合检测实践，上海市水务局制定了国内首份管道检测技术规程。2009 年东莞市也利用 CCTV 管道内窥检测技术开展对全市地下管网的检测工作，取得了良好效果。

CCTV 管道内窥检测系统通常由三部分组成：控制主机、控制电缆和带摄像镜头的爬行器。检测人员控制爬行器在管道内的行进速度和方向，通过控制摄像头的旋转、变焦和灯泡照明，将管道内部的视频图像传输至显示屏上。根据检测的录像资料进行判读，通过专业软件分析，可有效查明管道腐蚀、漏水点位置。发达国家调查管道渗漏情况的一般做法是：对于人员能进入的 ϕ1000mm 以上管道，清洗后工人进入管道进行目视调查或采用 CCTV 探察，记录漏点；对于人员不能进入的管道，一般采用 CCTV 技术内窥探查。与传统检测方法相比，CCTV 管道内窥检测有明显优势，能够直观反应管段内部缺陷的实际情况，能对管段质量进行比较准确的评价，并且操作方法简单。

随着 CCTV 管道内窥检测系统实践的增多，大家对此方法的优越性有了进一步认识，应用需求也逐年增加，目前，在北上广深、江苏、浙江等经济发达地区，机器人内窥检测设备已成为各市政单位的标配设备。新兴市场在不断扩张，资料显示，湖南省仅 2014 年 2~8 月公示的含 CCTV 管道内窥检测的中标项目就有 30 多个，总配套预算达 5000 万以上。与此同时，国产 CCTV 管道内窥检测系统也开始获得发展。有文献曾报道，2017 年 7 月由宁波广强公司自主研发的 CCTV 在杭州市萧山机场开始应用，特瑞升电子公司等多家国内企业也具备了开发生产 CCTV 管道检测系统的能力，有的还将 CCTV 管道检测系统集成到汽车内部，以方便检测工作。而且，近几年国内在攻克远距离数字相机视频传输技术的基础上，开始采用数字相机，内置相机摄像头分辨率可达到 300 万像素。对管道内部堵塞、塌陷、非法插入、错位、裂痕、孔洞等各种缺陷状态的分辨能力大为提高。

2019 年 5 月，西安安德润探测检测工程有限公司对宁夏某县排水管道进行检测，根据管畅科技公司市场部经理彭涛工程师提供的安德润管道 CCTV 探测项目报告显示：在 5709.72m 的污水管线中，共计检测出缺陷点 103 处，其中功能性缺陷 14 处，结构性缺陷 89 处；较严重缺陷点 16 处，且其中 3 处严重功能性缺陷，10 处严重结构性缺陷，3 处非常严重结构性缺陷；渗漏点 31 处，破裂点 28 处，脱节点 14 处，障碍物 6 处，异物穿入 10 处，接口材料脱落 1 处，错口 3 处，起伏 2 处，沉积 4 处，树根 2 处，浮渣 2 处。图 14–1 为当时检测出的典型缺陷现场实拍照片图组。可见，

(a)沉积物厚度占管径40% ~ 50%

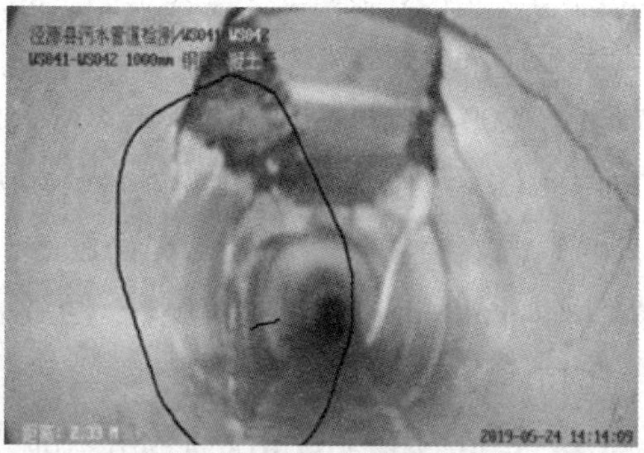
(b)破损涌漏，破碎超过管道截面积1/3

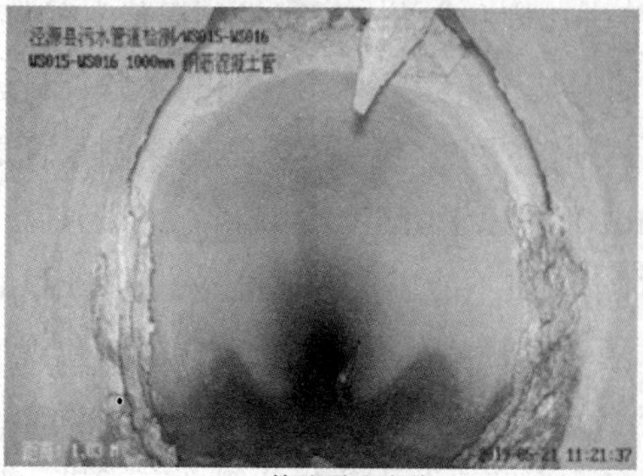
(c)管壁严重破裂

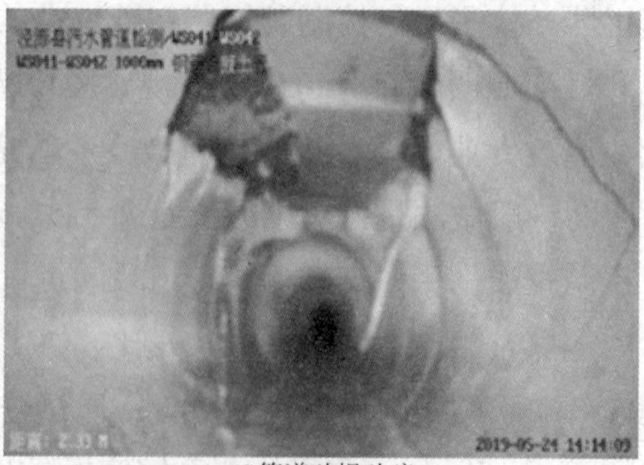
(d)管道破损破碎

图 14–1　某城镇污水管道典型缺陷实拍图组

管道 CCTV 探测技术已经取得很大的进步，被一些管道科技企业熟练地应用于实际的城镇排水管道漏损检测之中。

随着其他技术的发展，比如数字相机采用光纤技术进行信号传输，使得传输信号的最远距离也由之前的一般不超过 200m 提升到 500m 甚至更远，进一步提升了 CCTV 管道检测系统的检测能力与应用范围。不过，CCTV 检测对所检管道是有一定要求的，一般要封堵管道，暂时中断管道正常运行，降低或排清管道内的水，要达到较好的检测效果甚至需要清管。在必要情况下，甚至需要检测人员通过观察井下到管道内进行必要的应急处理或查看。图 14–2 为西安管畅科技安德润探测检测工程有限公司检测人员拟进入管道内部查看异常情况的现场图片（来自安德润探测检测工程报告）。

图 14–2　检测人员做好进入管道内部准备

声呐检测技术

声呐检测技术就是利用水中声波对水下目标进行探测、定位和通信的电子设备，是水声学中应用最广泛、最重要的一种装置。1490 年，意大利艺术家、科学家达・芬奇利用单面封闭放入水中的声管，发现能够探听到远处船舶的航行声音，这可以说是世界上最早的声呐了。1827 年，瑞士物理学家科拉顿和法国数学家斯特姆通过日内瓦湖上的试验测量并计算出了声音在水中的传播速度，为声呐技术发展奠定了最基本的理论基础。1906 年，在英国海军服役的刘易斯・尼克松发明了第一个声呐接收装置，用来探测冰山。第二次世界大战彻底揭开了声呐技术的面纱，声呐一词也是二战时期正式出现的。因此，声呐技术至今已有 100 多年历史，但是其应用主要在潜艇探测等军事领域。

声呐检测技术在非军事领域的应用应该首推海底地质勘探、测绘、海底工程施工、海底障碍物、沉积物的探测这些介于军民两用之间的领域，后来逐步延伸到海底矿产资源勘测、海底管道勘测等非军事领域。随着海洋油气资源的开发利用，大量海底油气管道建成，海底油气管道悬空等隐患随即成为人们关注的焦点，侧扫声呐技术在此获得了用武之地。这是声呐技术在管道检测领域的最早应用。

侧扫声呐技术起源于 20 世纪 50 年代末期，20 世纪 60 年代英国海洋研究所推出了第一个实用性侧扫声呐系统。后来，Y.R.Petillot 等采用侧扫声呐和多波束测深仪对海底管道沿途拍摄声学照片，然后对声学照片进行判读，从而识别管道的状态，揭开了声呐技术检测管道的序幕。进入21世纪，国内部分物探专家逐步将侧扫声呐系统应用到海底管线悬空调查中，形成了一套自己的方法。如2007年11月6日，我国就在北海市营盘镇附近海域进行了一次侧扫声呐检测海底管线的试验，成功地探测到了管线悬空位置。

随着声呐技术的进一步发展，声呐技术被应用到排水管道泄漏等缺陷检测中来。利用声呐进行排水管道检测时，一般是将声呐信号发射探头安装在牵引车或遥控水下装置上，由牵引车带动在排水管道中移动发射超声信号以及接收从管壁返回的信号，经计算机处理后形成管道内部的横断面图。声呐检测可与CCTV检测同步联合进行，声呐装置检测水面以下管道，CCTV检测水面以上管道，形成管道内部完整的检测图形，从而对管道状况作出完整的判断。

潜望镜检测技术

潜望镜是另一种快速检测设备，具备强力光源。至于最早的潜望镜是何人发明的，现在已经无法考证了。世界上最早记载潜望镜原理的古书是我国公元前2世纪的《淮南万毕术》，而现代潜望镜则起源于海军潜艇探测，起源于西方列强军事扩张的需要。特别是现代潜艇使用潜望镜，还有一段让英国人懊悔不及的历史故事。《船舶电子工程》2005年第2期曾刊载了陆炳哲题为“英国潜艇潜望镜发展史”的文章，文中介绍了一段传奇神话。

1888年5月26日，32岁的苏格兰青年巴尔对他28岁的邻居威廉·斯特劳德做了一次异乎寻常的拜访。两位分别来自约克郡科学院的工程教授与卡文迪什学院的物理学教授进行了长时间的促膝交谈，以前他们一直密切合作并取得了成果，他们也希望将他们合作研究的新发现向世人公布，以便确立两个人在世界学术界的荣誉与地位。然而有一天，他们欣喜地看到英国国防部一则急需光学测距仪设计方案的广告。这次巴尔清晨来访，就是建议斯特劳德暂时放弃以前的学术研究，转而集中精力进行光学测距仪的研究。经过交谈，两人很快达成共识，决心放手一搏，投入这个新项目的研究。

1988年，英国格拉斯哥市安妮斯兰德诞生了一家世界传奇公司——英国巴尔和斯特劳德公司。公司成立当年，就成功研制出3英尺基线的陆军光学测距仪。此后，业务不断发展，很快成为世界著名的军用光学测距仪生产厂商。1903年，他们受邀为霍兰德鱼雷艇公司设计了潜艇潜望镜测距仪。一战之前，他们就有了一个关于海军潜艇潜望镜的天才设想，然而却由于没有得到英国海军的赞助，巴尔和斯特劳德最终无法把他们的这种思想付诸在设计阶段。1904年英国尽管已经拥有50艘潜艇，却没有能力研制潜望镜，让德国在这方面领了先。1906年德国海军建成第一艘潜艇时，就用上了一款光学潜望镜，创造了现代潜艇潜望镜最早的应用记录。

直到一战开始后的几个月，英国海军在尝到一批又一批宝贵的鱼雷白白浪费的教训之后，才认识到潜望镜的重要性。也就是说，在现代水下潜望镜的研制方面，英国海军本可以在德国之前获得潜望镜，却阴差阳错地落后于德国海军，让德国海军在一战前期海战中出尽风头，英国海军懊悔不已。

英国巴尔和斯特劳德公司从研究军用测距仪开始起家，后来随着潜艇技术的发展，进而研制潜艇潜望镜，在开发潜艇潜望镜技术领域奋斗 88 年（1917~2004 年），创造出许多潜望镜技术的第一。全世界 14 个国家的海军使用了巴尔和斯特劳德公司的潜望镜。然而，随着时代的发展，潜艇潜望镜逐步被光电桅杆、潜艇无人机代替。潜望镜也从海军潜艇部队的宠儿成为在管道检测市场发挥余热的军转民技术。

管道潜望镜检测是一种采用潜望镜在排水管道观察井（检测井）内对管道进行检测的方法，叫作 QV 检测，QV 检测是管道内窥检测技术的一种，通过可调节长度的手柄将高放大倍数的摄像头放入窨井或管道内，通过控制盒来调节摄像头和照明来获取清晰的录像和图像，并可在便携式显示屏上浏览。如《工业用水与废水》2012 年第 4 期曾刊登王燕、黄明撰写的“巢湖老城区排水管道健康状况的检测与评估”一文，就介绍了巢湖环城河东路南段和天河路截流管采用潜望镜检测的案例。两处管道均为混凝土管道，直径从 800mm 到 1400mm，埋深从 4m 到 8m。不仅是非金属管道，且埋设深、支管多，其他检测手段实施起来，均存在一定的困难。管内淤积物与杂物多，不利于爬行器的行走，因而选择了潜望镜检测方法。通过潜望镜检测，共发现各种缺陷 44 处。其中，渗漏 20 处，脱节 1 处，另外发现大量管道变形、淤积或沉积、异物侵入等影响管道正常运行的缺陷。

潜望镜的优点是可对纵深 80m 处和管径在 150~2000mm 的管道进行检测，操作简便。缺点是不能进行连续性探测，且一次性探测距离较短。

激光检测技术

激光检测系统由激光发生器、影像测量评估软件和闭路电视系统组成，可对管道进行内窥定量检测，对管道截面积、变形值、X/Y 轴和管道内壁腐蚀磨损度进行分析，从而精确评估其内部结构状况。特别是三维激光扫描技术是最近 10 年刚兴起的一种新的检测手段，具有非常精确并且速度非常快的优势。它利用激光测距原理，通过记录被测物体表面大量的密集的点的三维坐标、反射率和纹理等信息，可快速复建出被测目标的三维模型及线、面、体等各种图件数据。从而直观地定位管道隐患。

可以说，现代排水管道检测技术是以 CCTV 检测系统为基础，可以选择搭载不同探测器如 CCTV 摄像头、声呐探测仪、潜望镜、激光测距仪等形成的管道内部检测机器人系统，从而实现对排水管道泄漏等缺陷的直观检测。

聚焦电流法检测技术

聚焦电流检测法是另一种适用于排水管道泄漏等缺陷检测的现代新型技术。其基本理念正如彭智波 2011 年在广西大学完成的硕士论文《聚焦电流法在排水管道泄漏检测中的应用研究》中所述：

排水管道本身是一个绝缘体，如果也可以通过外部供电方式来产生一个类似于金属管道的阴极保护电源，且检测的物理量仍为电压或电流，则可以借鉴直流电压法和密间隔电位法的检测理论研发一种专门应用于埋地排水管道渗漏检测的新技术。

假设地下排水管道完整无损，不存在任何泄漏现象，则无论是混凝土管道还是塑料等非金属管道的管壁呈现高阻特性，整个管道类似一个绝缘体。即使管道内存在某种电源，管外也无法检测或采集到电信号；当管道存在破损泄漏点时，由于污水流出，破损处就呈现低阻特性，电信号便会沿管道破损处流出。管道外的电压或电流检测装置便可以检测到泄漏出的电流或电压信号。根据信号变化及相关特征对检测结果分析，就可确定排水管道泄漏点。

当然，不能简单地将 DCVG 与 CIPS 检测移植到排水管道的渗漏检测上，但是其检测理论是可以参考的。

彭智波在他的硕士论文中，经过分析提出了一种“聚焦电流法检测排水管道泄漏的技术”。即利用探头在地下排水管道中产生一个电流场，若管道存在破损或裂纹渗漏，电流就会沿破损处流出，则电流采集装置通过插入地表的检测电极就可以检测到渗漏出的电流，从而判定存在渗漏。再根据探头移动的速度和时间，就可以计算出渗漏点的具体位置。本书作者在柳州市的几个排水管道上进行了验证性检测，发现了几处泄漏并得到初步验证。说明聚焦电流法检测技术是排水管道泄漏检测的一个值得探索的新技术。

《云南省水利学会 2018 年度学术交流会论文集》刊登了一篇中国电建集团昆明勘测设计研究院有限公司的姚伟等人撰写的题为“高充满度排水管道健康状况检测”的论文，曾提供如下应用案例：

大理古城至下关段截污干管常年高充满度运行，雨天管道经常会发生多处溢流现象。针对该段截污干管现状，检测单位制定了管道声呐和电流聚焦法测漏相结合的探测方式。通过开展管道声呐查明了管道沉积、变形缺陷，计算过水断面损失率，并在管道中发现支管暗接。该截污干管位于湖泊附近，地下水位高，通过开展电流聚焦法测漏发现多处电流极大值，推断为渗漏。通过晴天开展流量监测，证明确实是地下水渗入导致的溢流。本项目用两种方法相结合，有效地查明了雨天溢流原因。

这个案例也说明，地下排水管线泄漏检测虽然比较困难，但是，只要坚持探索，多措并举，实现对各种管道、任何情景中的泄漏隐患检测仍然是可能的。

4. 油气管线泄漏检测技术

如果说 20 世纪中叶，自来水管道泄漏是世界各国管线泄漏技术研究的重点的话，那么 20 世纪后期以来，以油气输送管线为代表的危险品输送管线泄漏检测技术则成为人们新的关注重点。

人们先后研究试验过许多种检测方法，唐恂等在“长输管道泄漏检测技术发展现状”(《油气储运》2007 年第 7 期）中就介绍了探地雷达、气体成像、热红外线、音波法、分布式光纤法等 18 种管道泄漏检测技术。李玉星等人则从检测灵敏度、定位精度等 7 个方面对各种检测技术的指标进行了研究。还有人对处于不同环境中的管道如穿越管道、架空管道、河床下管道、海底管道等适用的泄漏检测技术进行了分析。随着研究的深入和实践的进行，泄漏检测技术也在不断进步与改进。

正如《石油机械》2004 年第 3 期刊载的“国内外管道泄漏检测技术研究进展”一文作者付道明所讲：“泄漏检测技术目前已经从最简单的人工分段沿管段巡视发展到较为复杂的计算机软硬件结合的方法。从陆上检测发展到海底检测，甚至利用飞机进行空中对地下管线的检测。”可以说，油气管道泄漏检测已经获得了很大的进步。目前，常规的泄漏检测分为直接检测技术和间接检测技术两类，前者可分为检漏电缆系统法、导电高聚物检漏法、油检测元件法、油溶性压力管法、气体法、机载红外线法、封入气体压力检测法、水面监视法等多种，后者可分为质量平衡检漏法、泄漏音频检漏法、声信号分析法、统计检漏法、基于神经网络的检漏方法、压力波检漏法、新型负压波检漏法、压力点分析（PPA）检测法、放射性物质检验法与示踪法、分段试压法等 10 余种方法。

从应用实践来看，我国在液体管道泄漏检测方面，负压波泄漏监测、流量平衡法、光纤泄漏监测技术是相对研究最多的泄漏在线监测技术；气体管道泄漏点检测方面，声波泄漏监测、激光检测、频谱分析等检测技术相对研究应用较多。这几年，人们又开始从管道内部着手研究管道泄漏点的检测技术，如智能球检测技术、CCTV 检测技术、管道内窥镜、示踪检测等获得广泛关注。CCTV 与内窥镜检测技术可能对输气管道更适合一点，而对输油管道则稍困难点，智能球检测技术则既可以用于输油管道检测也可以用于输气管道检测。由于检漏技术本身种类繁多、研究者众多，且不少技术的研究探索尚在进行之中，其规律、特点还有待进一步研究。目前要理出个清晰全面的关于油气输送管道检漏技术在我国的发展脉络，似乎还有困难。这里仅仅从技术发展探索的角度出发，简单列举几种技术在中国研究应用的大致情况，供读者进一步思考、研究及借鉴。

负压波法检漏技术

基于负压波法的泄漏监测系统不仅是我国应用相对广泛的技术之一，而且是最早获得应用的技术。负压波法依靠管道内压力变化来计算泄漏位置，其核心是找出负压波传播到管道两端的时间差。再具体点讲，负压波法泄漏监测仪器是分两步完成泄漏点检测功能的。其一是进行泄漏判断，在监测得到的压力变化曲线中找出由泄漏引起的压力波形；其二是进行泄漏点定位，关键是在压力曲线中找准泄漏引起的压力下降拐点。压力拐点的时间愈精确，泄漏定位准确度就愈高。泄漏定位实质上分析的是管道中压力波动源的位置，即引起管道负压波的源头，实际中可能是管道泄漏，还有可能是各种工艺操作，如分输、调量、清管等。因此信号处理和识别是该方法的一个重点。目前使用的有相关分析法、小波分析法和神经网络法等。该方法的优点是适合用于液体介质的长输管道，对于泄漏量大的泄漏定位精度和灵敏度高。其缺点是不适用于微小泄漏和渗漏。

1996 年 10 月，天津大学与胜利油田孤岛采油厂合作，在孤一联合站至孤五联合站之间的输油集输管道上，研制成功我国第一套原油集输管道泄漏监测系统。2001 年，清华大学与胜利油田集输总厂合作，开发出另一套负压波检漏系统，安装在胜利油田孤永东线运行。1998 年 1 月，在中洛线（中原 – 洛阳）濮阳 – 滑县段安装了天津大学研制成功的我国第一套实用化的原油长输管道泄漏监测与定位系统，后来，全国有数十条输油管线陆续安装了该系统，如清华大学与中国石油天然气东北输油管理局在铁秦管道的新民 / 黑山站间安装的负压波检测系统等。近年来，随着使用经验的积累，人们发现负压波法存在一些目前仍然难以克服的技术局限，加之其他新技术的不断涌现，负压波法检漏技术逐渐被边缘化，无论是从全国新发表的论文数量，还是从新装系统来统计，纯粹的负压波检漏技术都多少有过时的感觉，因而又出现了组合型输油管道泄漏监测系统。

中国石油管道公司科技研究中心高级工程师王立坤等曾分析了国内某公司 2008~2012 年的管道泄漏事件，共计有 76 次发生在负压波泄漏监测系统正常工作的管道上，其中焊缝开裂 25 次，打孔破坏 48 次，第三方施工 1 次，管道腐蚀 2 次。对这 76 次泄漏事件，管道泄漏监测系统报警 32 起，无报警 44 起。其中对于焊缝开裂 25 次，泄漏监测系统报警仅 5 次；打孔破坏 48 次，报警 26 次。本书作者分析认为：负压波原理主要针对突发性管道泄漏进行实时监测，而管道渗漏时，油品泄漏速率很小，压力变化低于泄漏监测系统的检测灵敏度而无法报警；对于多起焊缝开裂管道泄漏，系统未报警的原因是，焊缝开裂通常是由微小裂纹缓慢扩展而逐渐形成裂缝，虽然焊缝开裂后的泄漏速率大于泄漏检测灵敏度，但焊缝开裂过程中泄漏速率是缓慢增大的，泄漏监测系统的压力曲线无明显变化，不满足泄漏监测系统主要针对突发性泄漏的检测条件。

正因为如此，负压波法泄漏检测技术曾经的光环已经失色，也许多年之后，随着研究的深入，要么获得新生，要么被彻底放弃。

流量平衡法泄漏监测技术

流量平衡法监测管道泄漏的原理为通过测量一段管道入口端与出口端的流量差来进行。流量平衡法又分为管道平衡法、补偿流量平衡法和质量平衡法。管道平衡法对于管内压力、温度和传输介质组成成分变化引起流量的变化不进行补偿；补偿流量平衡法则进行补偿。目前使用的多数属于有补偿的流量平衡法检漏系统。质量平衡法通过流量和比重计算的数据可以方便实现。与其他检漏方法比较，流量平衡法的优点是可以发现微小泄漏。其缺点是对泄漏发生的反应慢和需要在每段管道的两端安装流量表，并且仅靠流量数据不能进行泄漏点定位。不过多数基于软件功能的流量平衡法检漏系统通过对压力数据进行分析可实现漏点定位。目前美国 Controlotron Corporation 公司推出的 1010LD 检漏系统就是应用质量平衡法进行泄漏报警和漏点定位的。

在我国，流量平衡法泄漏监测技术是出于弥补负压波法技术的不足而增加的一项泄漏监测手段。王立坤等在“管道泄漏监测系统有效性分析及改进”一文中曾报道了某公司进行“输油管道泄漏监测系统改进”的案例及说明。该公司通过改造（因为长输油品管道上、下游都没有设置流量测量设备），采用外夹式超声波流量计，在现有的负压波管道泄漏监测系统中引入流量信息，综合利用负压波与流量平衡法进行管道泄漏监测，以提高管道泄漏监测系统的准确性和可靠性。

为了验证流量平衡法的有效性，该公司选择了两段原油输送管道进行了现场测试试验。两段管道管径均为 ϕ720 mm，设计输送量为 2500m^3/h，实际输送量在 1350m^3/h 左右。测试段安装外夹式超声波流量计，流量计选用 0.5 级的 FUH1010 超声波流量计，该超声波流量计在实际测量中的精度约为 2.0 级。

为了模拟实际管道发生泄漏，特意在两个试验段管道的某个位置进行了开孔，分别安装闸阀、球阀进行泄漏速率控制。其中，第 1 试验段管道共进行了 6 次泄放测试，其中 4 次测试时阀门快速全开（阀门开、关，持续过程为 30s），2 次测试时阀门慢速全开（阀门开、关，持续过程为 180s）。该段泄漏测试，6 次测试中共有 6 次累积流量超差报警和 5 次压力波泄漏报警，1 次阀门慢速打开时无压力波泄漏报警。第 2 试验段管道也共进行了 6 次泄放测试，阀门开关均十分缓慢且泄漏速率较小。6 次测试中共有 5 次累积流量超差报警，压力波泄漏监测方法由于压力虽有下降，但下降速度极其缓慢，故无压力报警。这主要是阀门开关过程时间很长，开阀、关阀持续时间都在 5min 左右，泄漏过程很缓慢。

现场测试表明：对于缓慢增大的非突发泄漏，压力波泄漏监测方法无法报警，而流量平衡法可根据较长时间段内的累积流量偏差进行泄漏判断，因而能够较准确报警。当流量超差报警时，对压力波进行仔细分析，有时也可确定漏点位置；但阀门缓慢开关时的压力变化缓慢，此时泄漏定位的误差也会增大。

试验表明，负压波和流量平衡法相结合能够提高负压波泄漏监测系统的适用范围。负压波技术适合于突发性泄漏的监测，且定位较准确。基于超声波流量计的流量平衡法既能监测突发性泄漏，也能监测缓慢增加的泄漏，但该技术暂无法定位漏点位置。

分布式光纤监测技术

负压波监测法加上质量流量平衡法以后，虽然能提高泄漏监测的可靠性与灵敏度，但是漏报仍然存在，且属于事后预报，无法在管道结构破坏前作出安全预警。于是，我国科技人员又试验和推荐分布式光纤管道泄漏在线监测技术。该技术能够对管网实施全线泄漏在线监测和预警，无盲区、无死角，及时掌握各被监测管道的故障趋势，进行智能分析、定位，是我国应用的又一项重点管网监测技术。

追踪溯源，早在 20 世纪 70 年代，光纤监测技术随着光导纤维及光纤通信技术的发展而迅速发展起来。中国科学院光电技术研究所微细加工光学技术国家重点实验室的庄须叶博士等在完成某国家自然基金项目时，曾对各种光纤传感技术在管道泄漏检测中的具体应用与发展进行了系统的梳理。在其发表于《光学技术》2011 年第 5 期的“光纤传感技术在管道泄漏检测中的应用与进展”一文中，作者通过分析研究认为：可应用于管道泄漏检测的光纤传感技术主要有光纤布拉格光栅传感技术、光纤散射传感技术、Sagnac 光纤干涉传感技术、Mach-Zehnder 光纤干涉传感技术、偏振光光纤传感技术、光纤消逝场传感技术等。

墨西哥 R .M .López 等最早提出了一种利用微弯效应加强的光纤布拉格光纤测漏传感系统，在传感光纤上制有一系列离散分布的布拉格光栅（FBG），各光栅间的光纤上覆有对石油类物质敏感的聚合物，当泄漏发生时，聚合物吸收石油发生膨胀，引起光纤输出光强的降低，使用光频域反射计就可对泄漏点定位。印度学者 Na-har Singh 将医用橡胶固定在光纤光栅上，漏油时橡胶膨胀引起光纤光栅反射波长的移动，从而探知管道泄漏。在橡胶干后，传感器回复初始状态，试验证明传感器具有良好的重复性。日本学者将超声技术和光纤光栅相结合开发了管道泄漏传感器，超声波在光纤中传播时会对光纤产生应力的作用，当光纤与泄漏的液体接触时超声波泄漏到基底上，造成光纤中传输的超声波强度降低，光纤内的超声应力减弱，光电探测器检测到这种变化，即可判断管道发生泄漏。国内大庆采油三厂的程书春等也利用 FBG 制作了漏油传感器。该种传感器多用于对敏感点、危险点的实时在线监控。

光在沿光纤向前传播的同时还会产生后向传输的散射光，散射类型主要有瑞利散射（Rayleigh）、布里渊散射（Bril louin）和拉曼散射（Raman），基于散射的光纤测漏传感技术是一种重要的管道泄漏监测技术。瑞士 Omnisens 公司开发的 DiTeST 分布式光纤管道测漏传感器就是利用布里渊散射和拉曼散射对管道周围的温度和应变进行检测，进而判断是否发生泄漏事件的管道泄漏在线监测仪器。2002 年该系统被用来监控德国柏林东北部一条长 55km 的盐水管道，2003 年 7 月该系统成功地检测到一次泄漏事故，并给出报警。2005 年公司成功地将单节传感器的检测长度扩展到 100km。澳大利亚某公司研制了基于拉曼散射的用于天然气管道泄漏的分布式光纤传感器，通过检测管道周边的温度变化来判断是否发生泄漏，在 10km 的监控范围内，测量时间 10min，温度分辨率 1.5℃。该公司同时还研制了一种对压力、声波、振动敏感的分布式光纤传感器用于对管道泄漏、挖掘、机械施工等事件的检测。美国也有类似的产品问世。国内，大庆石油学院的王忠东教授利用光纤的背向瑞利散射和光时域反射计（OTDR）技术研制了分布式的光纤石油管道防盗检测系统。清华大学的赵洪志等人也开发出了分布式光纤温度传感器，温度测量精度为 7℃。西安交大的高建忠等人分别提出了基于光纤微弯损耗的分布式光纤传感器。

1992 年，Kurmer 等人开发了基于 Sagnac 效应的分布式光纤声学传感器，来监控地下电缆管道内绝缘液的泄漏情况，开启了 Sagnac 效应在管道检测中的应用。北京工业大学的何存富、西安交通大学的胡志新等都开展了基于 Sagnac 效应的分布式光纤管道测漏传感技术的研究，并取得了可喜的成果。2008 年何存富研究小组通过将同一根延时光纤与多条传感光纤相集成，提出了可同时检测多条管道的光纤测漏传感器，传感器系统可对泄漏进行精确定位，定位误差小于 0.54%。

2004 年前后，天津大学的靳世久研究小组研究了基于 Mach-Zehnder 光纤干涉原理的分布式光纤管道测漏系统，并研制出相应的传感器。我国台湾学者林武文教授研发了一种基于 Mach-Zehnder 和 Sagnac 光纤干涉效应相组合的水下测漏传感系统，该系统避免了在管道附近构建光纤环结构，大大地方便了在管道处铺设传感器的工作。

此外，Kurosawa K. 等提出的基于偏振的光纤测漏传感技术，德国 J.Buerck 等学者研发的基于光纤消逝场的分布式光纤测漏系统，也是管道光纤泄漏检测的重要技术。

总体而言，分布式光纤监测技术的最大特点在于：光纤既作为传感器又作为传输介质，结构简单，抗电磁干扰又能防雷击，属于本质安全型，可靠性高，潜在故障率大大低于传统技术；可以测量出光纤沿线任意一点的动态变化，信息量大，成果直观。最早在我国水电行业的大坝动态监测上获得应用，随后被油气管道等多个行业用于在线状态监测。最早用于油气管道泄漏监测和打孔监测的技术主要是以 Mach-Zehnder、Sagnac 干涉仪为代表的分布式光纤振动传感技术，直接利用与管道同沟敷设的通信光缆或者传感光缆作为传感器，测量距离长、本质安全，可以实现挖掘、机械施工以及泄漏等事件预警，定位精确。但是，对管道沿线多个振动事件将无法定位。

20 世纪 90 年代末，OTDR 型分布式光纤传感技术逐步发展起来，成为一种新型传感技术。其中，基于拉曼散射原理的分布式光纤测温技术 DTS 已在国内外获得应用，但是，其测量距离一般不超过 10km，不适合长输油气管道应用。另一种基于布里渊光时域分析仪 BOTDA 和分布式声音传感器 DAS 的 OTDR 型分布式光纤传感技术，可利用与管道同沟敷设的通信光缆作为传感器，能实时获得油气管道沿线温度、应变、振动等状态信息，通过智能识别，可实现长距离测量（50~100km），判断对管道的第三方破坏、管道泄漏、沉降变形和地质灾害的事前预警并定位，比较适合长输油气管道在线监测应用。

涂勤昌等曾在“先进 OTDR 型分布式光纤传感器及其在油气管道在线监测应用”、李苏在“油气管道监测技术发展现状”的文献中提供了下述应用案例，说明 OTDR 型分布式光纤传感技术已经获得实践的检验。

2007 年，美国阿拉斯加 Beaufort 海上油田采用了一台 BOTDA 设备用于监测 2 条输油管道，其中包括 8km 长的海底输油管道。意大利利用 BOTDA 设备用于已服役 35 年的埋地天然气管道监测（温度、应变测量），其中利用温度传感光缆成功实现一次气体泄漏预警。2009 年 11 月，东欧为保护 100km 石油管道不受第三方破坏尤其是打孔盗油的危害，利用两套 DAS（各监控 50km）实现全线监控，几周后的一个深夜，系统在一个道路交叉口发出有挖掘警告，警察到现场前嫌犯已经逃跑，到达后发现现场盗油设备和挖掘坑，管道尚未受损。同年，厄瓜多尔某公司利用 DAS 在线监测系统，发现一起在管道周边 20m 内施工可能影响管道安全事件。秘鲁利用 BOTDA 系统，对跨越安第斯山途径陡坡、山谷等地质不稳定地区的 LNG 管道实施在线监测，共用了两条光缆，一根用于泄漏探测的温度测量，另一根用于地质应变测量，以实现管道泄漏、地质运动全面监控。

我国天津大学从 2002 年开始对分布式光纤振动传感器进行应用研究试验，是国内首家将该传感器用于管道安全预警的研究单位。2006 开始，中石油组织多家单位在港济枣成品油管道进行光纤安全预警技术示范工程，天津大学是唯一一家完成整条管段示范的单位。系统于 2007 年在港枣线投用，是已知国内自主研制开发的最早成熟应用的分布式管道泄漏监测、安全预警技术。2013 年，胜利油田首次采用一台 BOTDA 用于某采油区块内增压泵至联合站间两条输油管线分布式温度在线监测，以实现原油输送管道泄漏及时报警和定位。

关于光纤监测管道泄漏的技术类型很多，不同的国家或公司也有不同形式的监测仪器问世，可以供管道企业根据管道面临的实际风险进行选择。

智能球泄漏检测技术

当出现较大孔隙漏油时已是大的泄漏事故，而对于微小泄漏，不易发现且难以确定泄漏点位置，极易诱发大的泄漏事故。针对此现象，近几年兴起的一种利用管道泄漏时产生的声学信号来检测管道微量泄漏的技术——智能球检测技术受到国内外重视。也有文献将这种技术称作“管内浮球法”，系美国 Pure Technologies 公司开发。

它是一种基于声学的检测技术，智能球（见图 14-3）包括一系列声学传感器、加速度计、磁力计、超声波发射器、温度传感器等。最早该技术仅能用于输水管道，2010 年以后论证了智能球可用于油气管道，在技术论证期间，Pure Technologies 公司进行了 19 次实验，定位漏点误差的范围为 ±2m。智能球可用于管径大于 100mm 的管道，智能球泄漏检测采用基于多传感器数据融合的泄漏检测和定位技术，可实现对管道微小泄漏的精确检测。与常规内检测不同，智能球的尺寸小于管径许多，可以快速且容易地通过管道。其检测灵敏度：≥ 0.2L/min；定位精度：标记点间距 0.3%（轴向）；不易卡堵、检测灵敏度高、定位准确、成本低。

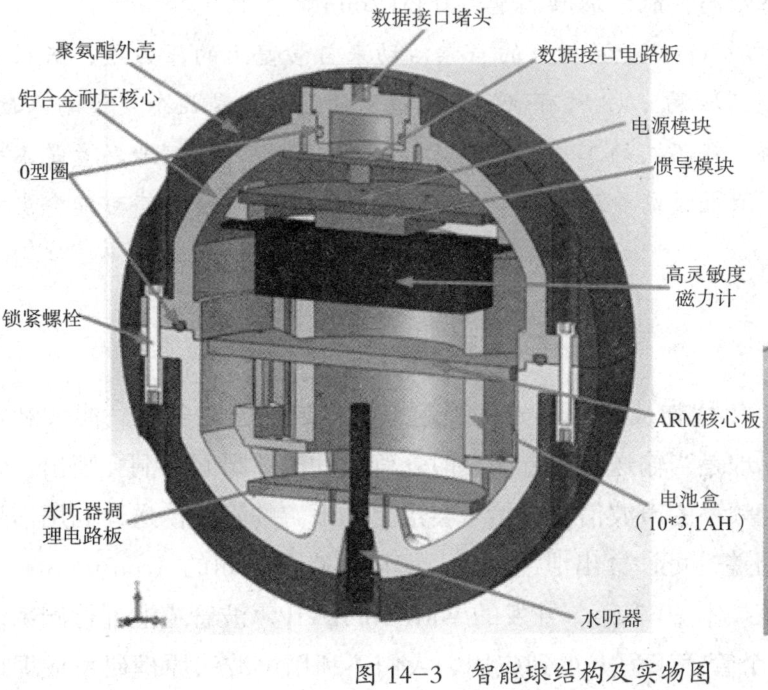

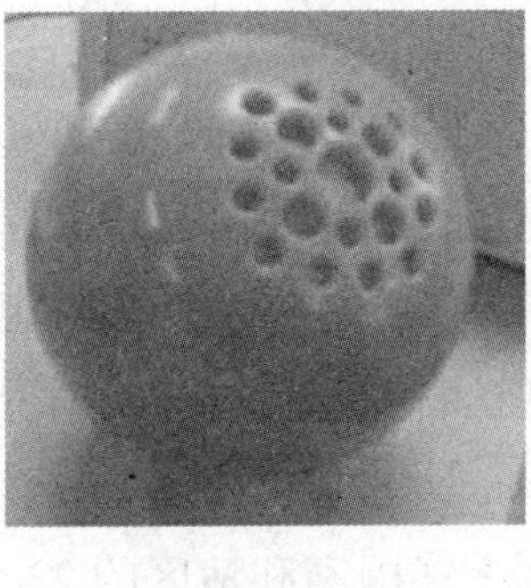

图 14-3 智能球结构及实物图

2009年9月15日，花格输油管道在中灶火－拖拉海－格尔木段进行了智能球检漏。成功检测到漏点，在探测管道实际长度135365m的基础上，智能球检测到距离发射端70499m处的泄漏孔，泄漏量仅有0.5L/min，泄漏点经核实，与实际泄漏点的定位误差为2m，同时，检测证明中灶火－格尔木段没有泄漏点。

2016年在安塞油田一条输油管道投入智能球进行泄漏检测，它是目前国内使用智能球检测管径最小的输油管道，管道内径123mm，管道长度12.5km，输送介质为净化油。2016年11月2日首站投入智能球，经过4h58min到达末站杏某站。通过检测全段管道未发现泄漏情况，管道运行工况良好，但管内存在沉积物且流体流场复杂，有层流、紊流和段塞流。智能球顺利实现了检测，这表明，该技术具有适用性强、灵敏度高、检测距离长等优点。

2016年，中石化长输管道检测公司还分别选取管径720mm，长度98.4km、运行压力3MPa的原油输送管道，管径200mm、长度77.748km、运行压力4MPa、模拟0.19L/min泄漏量的成品油（输送0号柴油）输送管道，管径200mm、长度200m、模拟3处微量泄漏点的输水管道进行了试验。得出的结论是：智能球能够有效识别微小的管道泄漏产生的声学信号，通过对数据分析，能够确定泄漏点；但是，外界噪声对智能球的检测效果有很大影响。

智能球检测有其优势，也有其不足，卢泓方、吴晓南等曾在“国外天然气管道检测技术现状及启示”（《集输与加工》2018年第2期）一文作了如下总结：

智能球技术的优势在于：①能够用于任何材料的管道；②可以带压不停输检测；③泄漏检测的敏感性较高，能识别泄漏量为0.11L/min的天然气。

智能球的局限性在于：①与泄漏相关的声学活动来自管壁上的压力差，若压差很小，智能球将不会检测到泄漏；②所有泄漏检测技术的灵敏度是几个变量的函数，因而不能建立固定的阈值，在不同的工作压力下，智能球的最小可探测泄漏量是不一样的，因此，最小可识别泄漏量需要进行更多的实验；③其他的环境噪声可能会影响测量结果。

声波法检漏技术

声波法是20世纪80年代初从美国开始发展起来的，目前已在美国、澳大利亚等地得到应用。其检测原理是当输送管管壁破裂时，管内的流体瞬间自洞孔喷出，管内外压力差将会产生特定频率的声波信号，信号会沿上、下游的管线传送，利用信号到达管线上传感器的时间差，可计算出泄漏位置。美国得克萨斯州的Acoustic System INC（ASI）公司已采用该技术20多年，开发的Wave Alert VII声波管道泄漏检测系统在上述国家和地区的22个管道工程上得到应用。人们还利用声波法原理研发成埋地管道泄漏地面检测仪器，从地面检测泄漏点。目前市售的检测仪有英国 RADCOM 公司的 Soundsens 多探头相关仪和德国 SEBAKMT 公司的 Correlux 多功能相关仪，但这些仪器主要适合水等液体介质的泄漏检测。最近几年，中国特种设备检测研究中心与北京声华新创科技有限公司通过共同研发，已经研制出国产的声波法检漏仪，可以适用于气体管道泄漏检测，在 100m 的间距内可以检测到 2mm 的泄漏孔，在 300m 的间距内可以检测到 5mm 的泄漏孔。

需要说明的是，本章前面所述的检测技术与方法，绝大部分也可以用于对油气管道泄漏的检测，为避免重复，以上所述的技术仅局限于前面没有述及的，或前面虽有涉及但是该技术在油气管道检测中有特殊要求的相关技术的实践与探索史。

虚拟声波的管道泄漏检测技术

基于虚拟声波的管道泄漏监测技术采用的是多检测技术信息融合的管道泄漏检测方法。该方法融合了负压波技术、声波技术和质量流量平衡技术。该方法的技术基础是泄漏引起介质流失反映在负压波、声波和流量信息上的本质特征，涉及的技术核心包括虚拟声波技术和基于流量信息的异常信号同源性检验技术。

北京化工大学林伟国教授等人从研究基于次声波特征的管道泄漏实时检测系统起步，通过把采集的压力信号输入到声波信号变送器的数学模型中，在监控服务器端对声波信号变送器的参数进行调节，以此实现对不同类型泄漏信号的检测。经过多年的探索，从 2016 年研制出第一套虚拟声波的泄漏监测系统以来，在短短的五年时间，已经开发出 20 余套系统在天津大港油田、东营胜利油田、中石油长庆油田、中石化巴陵石化、长岭炼化等地的天然气、原油、丁二烯、氯气、氢气、乙烯裂解料、石脑油等危化品输送管道上进行了试验性应用。另外，他们还在昆钢的大红山矿浆输送管道上做了该项技术的应用试验。根据林伟国的介绍，他们能够做到的泄漏检测能力在 0.2% 左右，当然还有一个前提或限制条件，那就是不同的首末端压力差、不同的管道长度、不同的沿途高程差，泄漏检测灵敏度不同。2017 年，林伟国的虚拟声波泄漏监测系统已申请发明专利。2018 年，林伟国、吴震、王芳等在《舰船科学技术》上发表“基于虚拟声波的舰艇管网泄漏检测方法研究”的论文，是目前国内可以检索到的最早的关于管道介质泄漏虚拟声波检测论文。此外在国际外文期刊上发表了 4 篇相关论文。这表明我国管道虚拟声波的泄漏监测系统研究已经正式破冰。

当然，该技术还需要有个改进、成长的过程，比如在胜利油田纯梁某原油输送管道泄漏监测效果并不理想，对于人们最关心的类似渗漏这样的小泄漏仍然没有能力解决。但是，这毕竟是在线监测仪器今后重点探索的方向，在其他类似仪表仪器如管输介质腐蚀性监测的研发上，人类已经积累了许多成功的经验。

机载泄漏检测技术

机载泄漏检测技术是一种根据目标气体物理特性，采用机载仪器对目标气体的物理特性进行捕捉并识别的新型检测方法。天然气的主要成分为甲烷，目前能够用于天然气管道的机载泄漏检测技术主要分为 3 种 ：机载激光检测、机载红外检测和机载嗅探器检测 。机载泄漏检测技术检测速度快，能够快速提供检测报告；定位泄漏位置准确、快速；可减少人工成本。当然其检测结果可能会受风速的影响，运行成本相对较高。

机载激光检测基于光谱吸收的原理，气体分子对光谱具有选择性吸收的特性，通过分析激光的初始功率和回波功率来获得气体的浓度。具有代表性的技术公司主要有 ITT、Aviation Technology Services、Pergam Technical Services、LASEN。

机载红外检测基于气体吸收红外光谱的原理，带有红外光谱滤波器的摄像机在空中沿管道线路拍摄，在一定的波长范围内，被检测气体吸收红外线辐射并在视频图像中显示出不同颜色。具有代表性的技术公司主要有 FLIR。

当然，像探地雷达等也可用于油气管道泄漏检测。当管道泄漏时，覆盖在管道上方土壤的物理性质会发生变化，管道的泄漏率发生变化，土壤孔隙率、饱和含水率等参数也会随之发生变化（特别是当天然气泄漏时土壤会变得干燥）。而探地雷达对土壤的湿度变化非常敏感，它能够检测出非常细微的差别，能够观察到以下 4 种接收信号发生变化 ：①土壤电导率的降低会提高探地雷达信号的穿透深度 ；②土壤电导率的降低会增加管道信号的反射强度 ；③土壤含水率的降低会降低介电性能，将会缩短脉冲的反射时间；④管道泄漏后，管道上方的土体波速会发生变化。通过解释这些变化信号就可以检测判断是否发生了油气泄漏，探地雷达技术也可以用于输水管道泄漏的检测判断。

5. 特殊泄漏——打孔盗油盗气隐藏点排查检测技术

首例判处死刑的打孔盗油案件

2003 年 12 月 19 日，本是一个平常的日子。上午 8 时 30 分，宝成铁路复线广元段护路员杨奉润像往常一样进行巡道。可当他巡道至宝成铁路 379 km +900m 时，突然听到“砰”的一声闷响。随后就感觉似乎有细小的雨珠自天而降，并伴有刺鼻的异味。抬头一看，只见铁道临清江河一侧国道旁一股约五六十米高的黑色液柱冲天而起。“不好，输油管道爆管了！”杨奉润快速跑下路基，并借用他人手机报了警。此时，一列火车正从广元市赤化镇呼啸而过，火车司机面对突如其来的事故，快速通过并紧急报警。这一天，却因为这个一声闷响、这一股冲天油柱而被载入中国管道输送业的历史。兰成渝输油管道始于甘肃兰州，途经陕西、四川两省，终点到达重庆市，是我国第一条长距离、高压力、采用密闭顺序输送工艺的现代化成品油输送管道，被誉为中国西部能源的“生命线”。这一天却因为不法分子打孔盗油致使宝成铁路中断 5 小时 57 分，兰成渝输油管道停输 14 小时 38 分，泄漏 90 号汽油 440m^3，造成清江河河水严重污染，石油类污染物质超标 7915 倍。此案被认定为新中国成立以来最大的一起成品油管道打孔盗油事件。案情严重，公安部直接督办了“12・19”打孔盗油案侦破工作，2006 年 7 月 27 日主犯丁汉勤、罗兴国被判处死刑，这是我国首例判处死刑的打孔盗油案件。

丁汉勤等人怎么也没有想到，他们通过盗油仅仅获得 11 万元的赃款，却让他们付出了生命的代价。然而，他们更没有想到的是：因为他们的盗油，中石油蒙受的巨额损失，其他无辜人员的财产与生命安全受到了严重的威胁。中国石油管道公司兰成渝输油分公司经理杜景水说：“万幸的是，那列火车通过时，空气里汽油浓度还比较低。如果管道破裂时间再早几分钟，火车通过时摩擦铁轨产生的热就很可能会引爆汽油。而一旦爆炸，当地周边的民居和基础设施会被毁，装满汽油的管道肯定会发生爆管。沿着管道所到之地一路炸下去，方圆数十公里将全部变为火海，当地群众生命安全将遭到不可估量的损失。”

打孔盗油第一案与中洛线

然而，“12.19”打孔盗油案件并不是中国打孔盗油第一案。早在 10 年之前，1993 年中洛（中原油田 – 洛阳）管线就被打孔盗油。从目前可以检索到的资料来看，中洛线打孔盗油事件是全国第一起打孔盗油案。自此愈演愈烈，从 1993 年发生第一起打孔盗油案到兰成渝输油管道发生“12.19”打孔盗油案的 11 年间，仅中洛管道上就发生打孔盗油事件超过 1000 起，全国发案至少在 1 万起以上。中洛线平均不到 1km 就被打过 3 个“盗孔”。2000 年以来每年的打孔盗油事件平均在 130 起以上。中石化从 1993 年发生第一起打孔盗油案件至 2002 年 10 年间，共发生打孔盗油案件 3847 起，造成了 1.1 亿元的直接经济损失。其中，1996 年发生 29 起，1998 年 52 起，1999 年 249 起，2000 年 510 起，2001 年 847 起，2002 年达 1387 起，呈现出逐年增多的趋势。

2004 年 4 月 18 日，不法分子在濮阳市经济开发区一村庄外管道上打了个冲天眼，造成大量原油外喷，当时正刮五六级大风，原油污染带达到长 700 多米，36 亩麦地、40 亩菜地、几十座蔬菜大棚被污染，还殃及十几家个体企业和几十户农民房屋。

事态发展的日益严重，引起了媒体的高度关注，2005 年 3 月 17 日，河南省发行量最大的《大河报》整版刊发了长篇通讯《“油耗子”疯狂啃噬中原油龙》对中洛线屡遭盗抢事件进行了全方位报道，新华网等多家媒体进行转载报道，引起公安部、河南省政府高度关注。河南省公安厅于 4 月 14 日开始，展开为期 3 个月的集中打击整治活动，在震慑不法分子的疯狂行为的同时，也使得打孔盗油案件受到全社会更广泛的关注。

即便在这样的高压态势下，2005 年元月至 4 月 12 日，中洛线又遭受打孔盗油 57 起，涉及 3 市 6 县（区）。2005 年 6 月 29 日，青岛新闻网曾刊出一份题为“一公里仨‘孔’比贩毒来钱快，盗油疯卷中洛输油管”的特别报道。具体报道了许许多多当时出于企业形象、社会舆论导向需要不曾报道过的大量盗油盗气事实。2005 年 7 月 19 日，中央电视台焦点访谈栏目《聚焦三农》播放了部分被污染的农田画面。在访谈节目中，公开报道了杨美阁家 7 亩麦田，一夜之间，突然被油污覆盖的画面。农民赵小益在访谈中说，七年前，他家的庄稼地同样是因不法分子打孔盗油被严重污染，虽然已经换过两次土，可时至今日，他家地里的庄稼仍然长得不旺。土地被污染后，受影响的不只这一茬庄稼，可能需要 10 年才能恢复地力。这些农民的控诉，使整个社会进一步认清了打孔盗油的严重危害性。图 14-4 为央视曝光图像中遭受泄漏原油污染的麦田、菜地、毁坏的塑料大棚的场景。

图 14-4 被泄漏原油污染的土地

《新安全》2006 年第 1 期刊登王文东、林春红的文章“整治打孔盗油须立法”，作者认为：自 20 世纪 90 年代以来，一些不法分子受暴利驱动，在国家输油管线上打孔盗油，疯狂窃取国家财产，国家每年损失高达数十亿甚至上百亿元。进入 21 世纪以来，打孔盗油呈上升趋势，形势尤为严峻，原来的“油耗子”变成了“油硕鼠”，昔日的“游击队”变成了“集团军”，不法分子作案越来越专业化、隐蔽化、高科技化。

打孔盗油并非中国独有，国外也屡屡发生，尤其是在发展中国家，不法分子受利益驱动疯狂地在输油管道上打孔盗油已经成为一种对管道安全的重大危害，严重干扰了正常的输油生产。墨西哥当地时间 2019 年 1 月 18 日，一个足以让盗油者敬畏、管道安全从业者痛心的日子。当天，墨西哥中部伊达尔戈州发生一起管道爆燃事件，导致至少 79 人死亡，66 人受伤，其中 7 人未满 18 岁，一人只有 12 岁。爆炸就发生于一段被盗油分子非法凿开的输油管道附近。2010 年，普埃布拉州也曾发生类似的事故，造成 28 人死亡，数十人受伤。

跨省打孔盗油江西案

不法分子装在管道上的盗油阀为什么不能通过我们通常的隐患检测技术而及时发现呢?

《江南都市报》记者涂永辉在一篇题为“江西首起打孔盗油案告破：15 分钟偷一车油获利六七万”中，报道了九昌樟输油管道被打孔盗油的一些细节。让我们不得不“佩服”非法盗油分子不同寻常的“谋略”与“智慧”。

2011 年以来，河南省濮阳市马某等四人，由于河南管道巡线人员、专业检测人员已经针对打孔盗油摸索出一些排查技术，加之防范严密，不易得手。他们便多次来南昌市勘查环境，拟在这个远离油区，当地人没有盗油经验与防范意识的地方密谋策划打孔盗油。

2012 年 4 月 10 日，他们来到南昌桑海开发区九昌樟输油管道沿线踩点，看准开发区九昌樟输油管 SH1397 标桩旁边的一荒山处是实施盗油的最佳地点。4 月 11 日，他们在南昌市洪城大市场购置作案工具后昼伏夜出，对事先选好的作案地点实施了打孔和安装支管及阀门。作案时，有望风的，有负责开挖的，有负责在管线上焊接阀门和打孔的，焊接上盗油阀门、引出支管后，没有立即盗油，而是用土掩埋好返回河南。

2012 年 4 月 28 日，不法分子在濮阳市二手车交易市场专门购置了一辆货车并改装成油罐车。5 月 22 日，他们到南昌实施盗油犯罪活动，被南昌市公安局桑海分局巡逻民警盘查发现后逃回河南。2013 年 1 月，一名犯罪嫌疑人来南昌查看非法安装的支管，发现支管仍在。于是，他们密谋再次来昌盗油，不料，2013 年 2 月 25 日，其安装的盗油支管老化破裂造成油品泄漏，使永修县部分河流、农田受到污染，导致永修县城短时停水。这才东窗事发，最终被抓。

海底管道打孔盗油案

另一起典型案例是 2006 年 3 月 12 日，渤海莱州湾发生漏油污染事故。事发地点位于胜利油田海洋采油厂中心1号平台至海3站登陆点间，原因是不法分子在距离岸边3km左右的海底管道打卡盗油。盗油者中一部分是渔民，为在海管上偷装盗油卡子，曾练习过1个多月的打卡技术。从2005年1月起，不法分子就开始盗油活动。每次乘船出海打卡盗油至少有4个人，1人负责操作船只，1人负责给潜水者供气保证呼吸，两人负责轮流潜至海底打卡，每次潜水时间在20min左右。每次作案时从晚上9时许开始盗油，船只一次可装载20~30t原油，盗油后直接通过海路在天亮前运送到河北或河北与山东交界处销售。共盗窃原油12次，200余吨。由此引发的石油泄漏造成胜利油田182口油井停产，沧州、天津、渤海中部海域被污染，经济损失达3.85亿元。2008年12月25日，经最高人民法院核准，山东省东营市中级人民法院对一手策划“中国首例海底潜水盗油重大案件”的罪犯王易健、刘林彬依法执行了死刑，其他多名同伙也相应被判处刑期不等的有期徒刑。至此，这起鲜为人知，依靠GPS定位、海洋地图、潜水作业、水下焊接等高新手段，造成国家经济损失达数亿元的新型高智能犯罪案件终于画上句号。

以上这些公开曝光的典型案例说明，泄漏事故均由打孔盗油引起，而且，从不法分子在输油管道上装盗油阀并引出盗油支管到泄漏事故发生，都有一年左右的时间，渤海湾海底管道在发生泄漏以前还被盗油12次。人们不得不问，为什么在这么长的时间内，装在管道上的监测装置、巡线工巡线检测都没有提前发现盗油阀的存在呢？为什么盗油时（相当于泄漏）装在管线上的泄漏监测装置不起作用呢？

打孔盗油特点

仔细梳理成千上万起打孔盗油案件，我们会发现：打孔盗油呈现以下特点：

瞅准机会，单个作案，快偷快跑，时间多选在夜里，作案地点多为交通便捷地段，等巡线人员发现或仪器报警后赶到，盗油车辆已经逃掉。这是2000年前后及以前的典型做法。针对这一特点，石油企业在反打孔盗油过程中，可谓挖空心思、调动了一切可以调动的力量，想尽了各种各样的办法：负责管理工作的工程师也派上了用场，夜里开赴管道沿线蹲坑看护管道；通过雇用管道沿线乡村“有影响力”人物的亲属作为巡视员，防止在管道上滥挖乱建和打孔盗油事件的发生。

随着企业严防盯守，快偷快跑的方式失去市场，特别是国家严厉打击打孔盗油犯罪以后，大约从2005年起，作案向团伙化、分工协作、注重技术、实施伪装、打卡与盗油分时、追求长期行盗方向发展。如不法分子学会带压开孔技术并装备其他先进的打孔、检测设备，实施各种伪装技术；打孔与盗油分时、分地点，先在管道上装上盗油阀门，再用胶皮管子引到数百米外的隐蔽场所，等过一段时间，感觉装盗油阀的事情没有被察觉再实施盗油；异地联手、分享盗油经验，分工协作，共同作案。

本书作者曾于 2008 年去新疆奎屯某油区调研管道腐蚀泄漏特点及监、检测方式。原以为新疆民风淳朴，这里又属于新油区，泄漏应该主要为自然腐蚀所致。但是，调研却发现打孔盗油已经在这个区域出现。据说，当地竟然有不法之徒为利益专门去胜利、中原、冀东等东部老油区取经，也有东部的盗油惯犯来此地传授打孔盗油经验，办培训班赚钱。无独有偶，2007 年本书作者去陕北长庆油田西区指挥部做业务交流、2010 年去苏南某管道检测现场时，也听到当地农民讲述，有一些老油区不法分子来当地推销打孔盗油经验的传闻。

打孔盗油方式随检测技术同步升级

针对这一特点，管道企业一般会选择加大管道检测频次，许多盗油卡子还没有实施盗油，就被检测发现而拆除。2002 年《油气储运》第 8 期曾刊载陈述治、袁厚明等人“埋地输油管道盗油卡子的检测方法”一文，介绍了他们于 2000 年 7~11 月间，在长庆采油二厂检测盗油卡子的方法。他们使用海安智能仪器厂生产的 SL–6 地下管线防腐层检漏仪，先检测出防腐层破损点，然后根据时间、输送条件、埋地深度、土壤疏松度、管径对比、破损位置、破损点泄漏电流量分布等 7 种相关分析法，对 51 条、387.8km 的输油管道进行了盗油卡子检测分析，共查处 7 处盗油卡子。这些非常考究隐蔽的盗油卡子之所以能够被发现，在于检测人员不断地总结经验，不断摸索新的检测方法。图 14–5 为袁厚明在吉林港华燃气公司检测技术培训班上，与检测人员分析隐藏盗油卡子的信号特征。

图 14–5 袁厚明与检测人员分析隐藏盗油卡子的信号特征

除了加大检测巡线频次以外，在 2000 年以后，各油气田及油气输送企业加大对管道在线监测的研发投入，大庆、胜利等油田及管道长输企业在此期间普遍在油气管线上加装了声波防盗预警系统。

俗话说，道高一尺，魔高一丈。不法分子在巨额利润的诱惑下，通过不断翻新打孔盗油手段的方式与泄漏检测人员斗智斗勇。大约从 2010 年以来，他们采用了更加隐蔽的技术措施，使得仅靠通常的巡线检测根本发现不了盗油盗气点。如国家某条南北向成品油输送管道，不法分子利用距离该输油管线某中间站约 200m 的一个个体加油站作掩护，从加油站开挖地道到输油管道中间站内一个流量监测非敏感区，且一般不做检测的站内管道上接了两个放油阀，然后用 2 根橡胶管沿地道引到加油站内，一个管子放油，一个管子通过小型加压泵送水，试图保持站上计量稳定。盗油时间长达半年，多次排查、多次检测站外埋地管道，却一直未能发现，给国家造成很大的经济损失。

不法分子在野外埋地管道上加装盗油阀时，怕被检测出来，一般都会对盗油阀做防腐处理，再用胶皮管子引到数百米外的蔬菜大棚、洗车房、小商店、加油站内，再在地下修个小型存油池或安放一个 10~20t 的储油罐，采用细水长流式偷油，使泄漏量控制在在线监测仪器能够测出的最小泄漏量以下，监测仪器基本就失灵了。所以运行人员正常很难察觉到，巡线检测也很难检测出来。只是等时间长了，如每月盘库存时，才发现输出到下游站库的油量与上游输入的数量不匹配。

打孔盗油在一定程度上可以说是中国特色，因此，如何查找不法分子安装在管线上的盗油阀或引出的盗油管线，没有国际经验可循。中国管道检测人员走出了一条其有中国特色的“反打”检测道路，形成了独具中国特色的盗油盗气点巡查经验和技术。

这里仅简要叙述胜利油田腐蚀与防护研究所十年来巡查盗油盗气点所走过的技术探索之路，在一定意义上可以看作中国“反打”检测技术成熟进步的缩影。

胜利盗油卡子隐藏点检测技术探索

2000 年前后，胜利油田与全国其他油区一样，遭到不法分子疯狂的盗窃，为此，胜利油田先后在主要管道上安装了负压波监测系统、质量流量平衡法监测系统等，试图从监控的角度来及时查处不法分子的盗油盗气，也的确及时发现和查处了一些盗油活动。但是，随着不法分子改变盗窃方式，这些在线监测装置就屡屡失灵，怎么办?

2006 年，胜利油田腐蚀研究所利用综合打分法对胜采一矿 47 条（段）管道进行了检测，检出 322 处三级破损，通过计算总加权值，筛选出 18 处可能为盗油卡子隐藏点的防腐层破损点。18 处筛选出的防腐层破损点中，确认坨一联合站 - 六干渠集油干线、151 站 –1351 阀组集油管线、74–9 站 –1312 阀组集油管线、T103–20 站 –103–20 阀组集油管线、T103–103–20 阀组集油管线、137 阀组集油管线存在盗油卡子。开挖后发现仍在偷油的有 5 处，1 处为近期刚封堵过的盗油卡子。

随着不法分子打孔盗油手段更加隐蔽，仅仅依靠防腐层检漏及分析已经很难发现不法分子安装在管线上的盗油卡子了。胜利油田腐蚀研究所结合在胜利专门建设的检测试验管道的模拟试验，加上长期的地面检测实践，摸索出了从查出的管线外防腐层破损点入手，综合分析瞬变电磁数据、电流衰减及流向、环境状况等，综合分析评价查找盗油卡子的方法，即油气管线盗点组合检测方法。具体步骤为：管道精确定位—防腐层破损点检测—应力检测 / 金属蚀失量（TEM）检测—用 RD4000 探测分支金属管线或用探地雷达探测分支非金属管线—管线埋深检测—土壤疏松程度与交通条件综合分析—盗点定位。进一步提高了检测定位的成功率。2009 年新年前后，胜利油田滨南采油厂连续发生严重时输差达 100m^3/h 的疑似盗油事件，采油厂方面组织 20 余名职工轮流昼夜蹲守 30 余日，仍未有任何收获。姬杰、杨为刚、孙振华等工程师详细分析了当地环境以及掌握的一些最新打孔盗油技巧信息，综合利用分支管线探测、外防腐层检测、声波管线泄漏检测等技术实施检测工作，不到两天时间，便检出 5 处盗油卡子，挽回直接经济损失近 200 万元。2009 年秋天，他们用类似的方法，在胜利油田海洋采油厂检测并验证盗油气卡子或盗窃管线 9 处；在胜采、集输、孤岛等单位又检测发现 9 处偷盗点。

在油气管线盗点排查技术取得进步的同时，不法分子也在不断分析检测技术，试图利用检测技术自身存在的局限性逃过检测查出他们安装的盗油卡子。"反打"检测与打孔盗油，演变成了"猫捉老鼠、老鼠戏猫"的游戏。纯梁采油厂樊家 - 小营站输油管段自 2018 年 9 月中旬起出现收油量减少的情况，纯梁采油厂对樊家站至小营站的输送液量、温度、管线压力加大监控，但各项参数未发生波动。同时纯梁采油厂组织大量人力进行全管段巡线，并对管线周边 2km 范围内的可疑点进行逐一排查，均未查出盗油点。后来，杨勇博士等通过电流电位梯度法对管线进行精准定位和防腐层防护状况分析、再用管体 TEM 金属蚀失量测试分析，管道应力测试分析等多种技术，首先发现一处管壁平均壁厚度异常且应力集中现象比较明显的部位，锁定了盗油位置。开挖发现：被盗油管道在该部位有一段金属套管，不法分子在相隔不到 3m 的管线顶部割开套管，外接两个金属短节，并通过高压软管外接，深穿管线西侧大约宽度为 25m 的西刘河进行盗油，两个盗头一进一出，一条用于盗油，一条向输油管道内注水，控制输送液量及压力的平稳，管道压力监控设备根本监测不到压差信号，隐蔽性之强，非亲眼目睹难以想象。

打孔盗油虽非中国特有的现象，但是，恐怕很难在中国以外的国家找到愿意下如此大功夫来钻研打孔盗油技术的不法分子。也正因为如此，中国的管道检测人必须探索中国式的检测技术发展之路。

参考文献

［1］尚前名，王仁贵 . 能源动脉危机四伏，七万公里油气管道谁来护卫［EB/OL］.［2010-05-10］.http：//www.sina.com.cn.

［2］郭卓芳 . 供水管道泄漏检测与定位技术研究［D］. 内蒙古科技大学，2011.

[3] 王雪亮，苏欣，杨伟. 油气管道泄漏检测技术综述 [J]. 天然气与石油，2007，25（3）：19-23.

[4] 沈功田，李光海，等. 埋地管道泄漏监测检测技术 [J]. 无损检测，2006，28（5）：261-265，271.

[5] 刘仲勤，宋志俊，等. 智能球泄漏检测技术在输油管道中的应用 [J]. 石油工业技术监督，2017，33（4）：56-58.

[6] 马晓斌，曾新定，濮人强. Smartball 自漂式检漏系统在输油管道的应用 [J]. 油气储运，2010，29（11）：145-147.

[7] 苏林. 长输管道智能球检漏技术应用 [J]. 管道技术与设备，2017（1）：30-31，46.

[8] 王继华，彭振斌，关镶锋. 供水管网检漏技术现状及发展趋势 [J]. 桂林工学院学报，2004，24（4）：456-460.

[9] 叶春芳，孙斌，等. 城市排水管道检测技术发展历程及应用探讨 [J]. 科学中国人，2017（3）：22.

[10] 阳子轩. 复杂管道泄漏检测技术研究 [D]. 武汉理工大学，2011.

[11] 石仁委. 油气管道泄漏监测巡查技术 [M]. 北京：中国石化出版社，2016.

[12] 马红杰，曾昌军，李广占. 地下输水管道的声波检漏技术 [J]. 石油化工腐蚀与防护，2009，(2)：44-46.

[13] 郑瑞东. 上海市排水管道 CCTV 检测评价技术研究 [D]. 同济大学，2006.

[14] 蒋俊杰，汤民强，郑西来. 侧扫声呐系统在海底管道悬空调查中的应用 [J]. 中国科技信息，2008（14）：49-51.

[15] 王立坤，吴家勇，等. 管道泄漏监测系统有效性分析及改进 [J]. 管道技术与设备，2015（1）：24-26.

[16] 涂勤昌，韦波，等. OTDR 型分布式光纤传感器在油气管道监测中的应用 [J]. 管道技术与设备，2015（3）：28-31.

[17] 庄须叶，王浚璞，等. 光纤传感技术在管道泄漏检测中的应用与进展 [J]. 光学技术，2011，37（5）：543-550.

[18] 李苏. 油气管道监测技术发展现状 [J]. 油气储运，2014，33（2）：129-134.

[19] 林伟国，吴震，王芳，等. 基于虚拟声波的管网泄漏检测方法研 [J]. 舰船科学技术，2018，40（4）：152-157.

[20] 古文洪. 一公里仨“孔”比贩毒来钱快，盗油疯卷中洛输油管 [EB/OL]. [2005-06-29]. http://www.qingdaonews.com.

[21] 王文东，林春红. 整治打孔盗油须立法 [J]. 新安全，2006（1）：56-58.

[22] 路相宜，丁汉勤. 偷油偷上不归路 [S]. 中国石油石化，2006，(15)：73-75.

第 15 章
地下管线探测技术探索史

1984 年，辽宁美术印刷厂职工陆续搬进一栋新建楼房。唯独西楼口一楼一住户一直不能搬进去居住。原因是人在室内只要停留一会儿就会感到头晕。当时怀疑是沼气造成的，因为这个楼的位置原来是解放前日本鬼子跑马场的一个便所，所以负责这项工作的厂长刘日英就带领工人在室内挖地三尺，却没有任何发现。有人说，这味儿像煤气味儿，可沈阳煤气管道所的工作人员却说这儿根本就没有煤气管线。怎么办?他们又去找沈海管道技术研究所想办法。研究所的工程师们利用进口检测仪器和他们自己研究的管线探测仪器配合，经一番勘查后，终于揭开了谜底。原来这栋楼底还真是有一条煤气管道通过，且发生了泄漏。挖开后发现：管道端头上赫然标有“昭和”年间字样。原来这里在解放前日伪时期埋设有煤气管线，只是煤气公司的管线图上却没有标注。

其实，由于地下管线资料的缺漏和偏差或资料精度不高或与现状不符，经常造成事故。据一些资料统计，每年全国发生管道破坏事故在 1 万起以上，多是因为对地下管线分布情况不清楚盲目施工所致。北京二环线施工中就曾出现误挖天然气主管道，紧急疏散十万人的事故。北京地铁 12 号线施工时，在海淀区蓟门桥东南辅路使用 DPP100 型汽车钻，进行 2S12 号孔位钻探时，就曾将位于地下的 *DN*600 中压燃气管线钻破，导致天然气泄漏，影响周边约 1.2 万户居民供气。

因此，开展地下管线普查及探测，是各国城市管理的一项重要的基础性工作。而且，早在 100 多年前各国就开始了这一领域的探索工作。

1. 地下管线探测技术的早期探索与实践

地下管线探测技术探索历程概述

1831 年法拉第发现了电磁感应现象，因为有了磁与电及其相互关系的概念，人类的眼界大为开阔，对自然界的认识很快跨上了一个新的台阶。以地下管线普查探测为例，人们发现：构成金属管线的材料与周围介质的导电性差异非常悬殊，可以达到 $10^{5\sim8}$ 数量级，这为利用导电性差异的物理探测方法创造了极为有利的条件。而地下管线在较长的一段距离内的阻抗较低，当地中存在与管线平行的切向交变电场分量或与管道垂直的法向交变磁场分量时，管线上就会集中电流，即我们可以利用天然电磁场或人工电磁场激发地下管线，使之载有电流或者我们直接给管线上加载某一频率的交变电流；这时，沿管线周围空间就会产生相同频率的交变磁场；又因为管线周围介质的导电性远远小于地下管线，当我们忽略周围导电介质的影响时，就可以把载流看作线电流形成的磁场，这时，我们用接收线圈去探测这种磁场时，探测线圈中的感应电动势正比于磁场。我们利用仪器去探测磁场不同方向分量的空间变化规律，就可以“探测”到地下管线，从而确定其走向、平面位置和埋深。

图 15-1　早期地下管线探测现场图片

19 世纪末期，人们正是根据这种思路提出了用地球物理方法探测地下管线的思想，到了 1910 年，就有了将电磁感应原理应用于地下管线探测的记录。图 15-1 为雷迪英国有限公司管线探测技术多媒体宣讲资料提供的 1910 年最早将电磁感应应用于街头地下管线探测的图片。

从历史上看，用于寻找地下管线的方法、仪器和用于找矿的方法、仪器几乎是同时开始的。而且，早期用于这两个方面的仪器的原理也是一致的。因此，我们可以说，探矿仪器有多久的历史，地下管线探测就有多久的历史。

金属管道探测与磁法原理

不过，第一次世界大战期间和大战之后一段时间，迫于寻找地雷和未引爆的炸弹等方面的需要，刺激了对金属探测器的研发生产。（当然，这里我们需要明白的是，

20 世纪初期的金属探测仪不同于我们今天在机场、大型展览会、运动会、重要政府部门等为安全检查目的所用的金属探测器。后者要精致得多，而且要等到 1960 年才能诞生。）而从 1915 年到 1920 年，美国、英国和德国之所以能够先后研发生产出多款探测地下管线的仪器，也是因为这些仪器所依赖的技术是源于寻找地雷和未引爆的炸弹的金属探测器。这个时期的地下管线探测采用磁法原理的居多，或者说采用地球物理探测原理的居多。这与人们对磁的认识更早有很大的关系。

以磁探测法为例，中国地质大学的邹延延在“地下管线探测技术综述”中写道：

早在 17 世纪，瑞典人就开始用简单的罗盘观测来寻找磁铁矿。1870 年瑞典人 Thalen 和 Tiberg 制成了被称为万能磁力仪的测量地磁场相对变化值的仪器，用来研究异常磁场，开展了较广泛的磁法找铁矿工作。由于铁质管道在地球磁场的作用下被磁化，管道磁化后的磁性强弱与管道的铁磁性材料有关，钢、铁管的磁性较强，非铁质管则无磁性。磁化的铁质管道就成了一根磁性管道，而且因为钢铁的磁化率最强而形成它自身的磁场，与周围物质的磁性差异很明显。因而通过地面观测铁质管道的磁场的分布，便可以发现铁质管道并推算出管道的埋深。

电磁法技术

但是，随着实践的深入，最终形成的商品化的地下管线探测都采用了电磁法技术，且以频率域电磁技术（FDEM）为主，时间域电磁技术（TDEM 或 TEM）在地下管线探测上的应用要在更晚些时候才被人们重新认识。之所以形成这样的局面，中国地质大学杨旭在“国内外地下电缆、管道探测仪评说”（《地学仪器》1990 年第 1 期）给出了比较系统的分析。

地表及表面附近存在着大量的铁磁物体（如铁栅栏、铁质隔离墩及路障、各类钢筋混凝土结构等），严重干扰人们用磁法去寻找地下埋地管道；加上铁质管道剩磁不同、等效磁化方向变化等问题，磁测技术的有效应用受到了很大的限制；处于安全等方面限制，地震探测技术在城区地下管线探测中无法被采用；地面各类设施多而无规则，重力探测技术无计可施……

因此，大多数常规地球物理探测技术并不太适合地下管线所处的工作环境。也正是这个原因，人们最早研制成功的专门用于地下管线探测的探测仪应用的是电磁法原理而非常规的地球物理勘探原理。1931 年，美国 Fisher Labs 公司研制了最早的电磁法探测仪 Metallascope，1946 年该公司研发出世界上第一台具有实用性的地下管线仪 M-Scope。该仪器整机采用收发距固定结构，接收线圈采用单一垂直线圈，用谷值法进行管线定位，采用 45° 角法进行测深，结构非常简单。

第二次世界大战后，随着电磁理论和电子技术的发展，各工业发达国家相继研制出了应用电磁感应原理的商品化的地下金属管线探测仪。美国在地下探测技术研究方面为人类作出了突出的贡献，据说世界上首款地下管线探测仪专利就是美国人取得的。其中，1964 年美国贝尔实验室 Bell Laboratories 发明的双水平线圈定位和测深技术对地下管线探测技术发展有重要影响。因为有了这个创新，人们可以利用两个水平线圈的差分信号进行定位，并直接测量地下管线的埋深。West Electric Company 根据此项专利技术生产了较为接近现代型的地下管线探测仪 Depthometer。

除美国之外，其他工业化国家也纷纷参与地下管线探测新技术研究和探管仪的开发，这些自二战以来开发的仪器都可以归类为频率域电磁探测技术。但是其差异也非常大，如工作频率上的高低差异、观测参数的差异以及观测装置本身的区别等。具体检测方法更有很多不同。比较代表性的方法有电导法（直接接触法）、感应激发法、示踪法等。

这些探测方法与探测仪器各有千秋，虽然都能实现对地下管线的探测，不过在 20 世纪 80 年代中期以前，仍然存在比较大的缺陷，许多环境下的管线实际上无法探测到或者说定位、测深误差相当大。杨旭在“国内外地下电缆、管道探测仪评说”中曾列举了管线埋深测量上无法克服的缺陷问题。杂散电流干扰与邻近管线对被探测结果的影响更是无法克服的难题。

20 世纪 80 年代后，由于采用新型磁敏元件、各种滤波技术及天线技术，使仪器的信噪比、精度和分辨率大为提高，并更加轻便和易于操作，实现了地下管线的高精度和高效率的探测。正因为这个原因，很多人认为 20 世纪 80 年代探管仪器才成为真正实用的一种产品。我国目前市场上使用的探管仪器，如英国雷迪 RD 系列仪器、美国 SIBSOTE 系列、日本 PL-960 系列等，均是 20 世纪 80 年代才成熟的。

地球物理勘探技术

随着时代的发展，埋地非金属管道逐渐增多，加之对混凝土预制的排水管道的探测需求增加，到 20 世纪 80 年代中后期，探地雷达技术又被应用到地下管线探测中来。从技术发展史的角度来看，探地雷达技术很早就存在了。邹延延在“地下管线探测综述”一文中就写道：

早在 1910 年，Letmbach 等在一项德国专利中就提出了探地雷达概念。不过，探地雷达的初期应用仅限于对电磁波吸收很弱的水层或岩盐等介质中。如 1970 年 Hersion 在南极冰层上取得了 800~1200m 穿透深度的资料。随着电子技术的发展以及现代数据处理技术的应用，探地雷达应用领域也已由低损耗地下介质向有耗地下介质迅速拓展。20 世纪 90 年代，我国开始引进和研制探地雷达。探地雷达（Ground Penetrating Radar，简称 GPR）是利用高频电磁波以宽频带短脉冲形式由地面通过发射天线送入地下，由于周围介质与管线存在明显的物性差异（主要是电导率和介电常数差异），脉冲在界面上产生反射和绕射回波，接收天线收到这种回波后，通过光缆将信号传输到控制台，经计算机处理后，将雷达图像显示出来，通过对雷达波形的分析计算，就可以确定地下管线的位置和深度。

事实上，随着技术进步及去噪降噪技术的发展，不仅探地雷达这种地球物理探测方法被用在了地下管线探测之中，其他地球物理方法也重新出现在地下管线探测之中。即在地下管线探测中，又出现了钎探法、电探测法、磁探测法仪器、地震波映像法仪器或装置。这是因为要探测类似玻璃钢、PE、PVC 等非金属管道以及混凝土预制管道等，仅仅依靠电磁感应原理的探测仪器是无法进行的，地球物理勘探技术再次重回人们视野。

现代探测仪器的迅速普及

在回顾地下管线探测历史时，我们不得不提及下列的国外公司及其所研制开发的各类探测仪器，因为这些公司及其生产的各类探测仪器对世界各国地下管线探测技术发展产生了深远的影响。

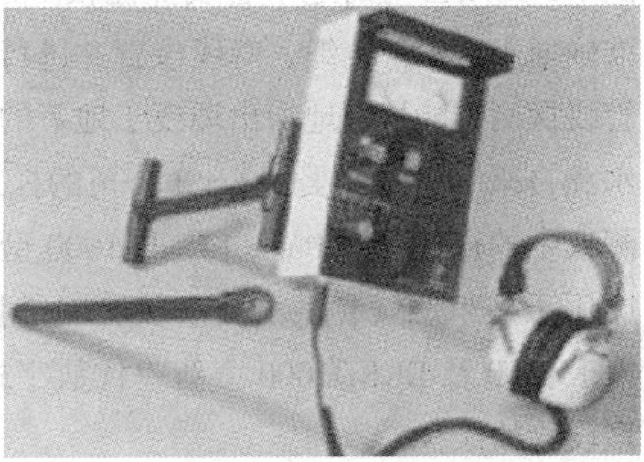

图 15-2　世界第一款商业性地下管线探测仪 GPR404

1970 年以生产探测仪器为主的英国雷迪公司成立。1976 年英国雷迪公司（当时名称叫 Electrolocation 公司）生产出世界上第一款商业性的双线圈地下管线探测仪 GPR404（见图 15-2）；1977 年雷迪公司推出 C.A.TGenny；1984 年雷迪推出 RD600 地下管线探测仪；1986 年雷迪推出 RD400 地下管线探测仪；1989 年雷迪推出 RD400PL 地下管线探测仪；1991 年雷迪推出液晶显示RD400PXL和RD432PDL地下管线探测仪；1994 年雷迪推出 RD400PXL/PDL2 地下管线探测仪；1997 年雷迪推出 RD400PDL-4 地下管线探测仪；2002 年雷迪公司推出 RD4000 地下管线探测仪。特别是英国雷迪公司的 RD4000、RD8000 地下管线探测仪在功能、性能和应用范围上都超越雷迪历史上其他所有地下管线探测仪。

关于 RD8000 地下管线探测仪的优越性能，雷迪公司在其中国销售代理商的宣传网站上罗列了 8 个方面的独特性：符合人机工程学原理的设计；具有强大的信号滤波、抗干扰、分析功能的中央定位处理器；网上定标；最远可达 800m 操作距离的无线连接；峰值距离提示功能；探测信息可实现及时远传的测绘平台设计；动态过载保护；指示目标管道方向的罗盘功能。

日本富士地探公司推出的PL960探测仪也是一款颇受欢迎的仪器。该探测仪是集三种主动频率（27kHz/83kHz/334kHz）探测及自然波法探测技术于一体的探测各种金属管道的埋设位置、方向及深度的仪器，无论管道口径大小、距离长短，还是错综复杂的混合管网，均具有一定的探测能力。

美国的RIDGID（里奇）公司、麦克拉夫伦公司、美国汉斯（HEATH）公司、杰恩公司、BOUNTY HUNTER赏金猎人等均可生产地下金属管线探测仪。其中，汉斯公司近年来推出的SURE-LOCK多频智能管线探测仪"即插即用"的特点很受检测人员的欢迎。

适应埋地管道材质多元化的发展趋势，探地雷达是近三十年来热度不衰的地下管线探测仪器之一，更是国外探测仪生产厂家着力发展的领域。其中，瑞典MALA公司推出了易捷管线探测仪EASY LOCATOR和玛拉X3M型雷达。易捷管线探测仪EASY LOCA-TOR既可以探测金属管线，也可以探测各种材质的非金属管线（包括塑料、水泥、陶瓷等），与RD4000地下管线探测仪结合起来是地下管线探测最有效的工具。玛拉X3M型雷达主要用来对金属和非金属管线定位（平面位置及埋深）。美国RYCOM公司的地下管线探测仪8850/8875/8878/8831采用多频率工作模式，可以准确地确定地下电缆、管线位置并进行深度测试。美国Subsite 70/ 300/950R/T型地下管线探测仪能快速地探出埋设于地下的电话线、电力线、有线电视线，以及煤气、污水和自来水管线。美国GSSI公司的探地雷达SIR2000也很有市场。德国竖威管线探测仪中的探地雷达Pulse EKKO 1000型和探管仪EL/G1，能够精确定位地下管线，可应用于城市燃气、供水及市政管网维护普查。加拿大Sensors&Soft-ware公司生产的EKKO100及EKKO1000型新一代数字式探地雷达，也可广泛应用于地下管线及其他埋设物的探查。

2. 常规地下管线探测技术

"文革"期间的技术探索

我国关于地下管线探测技术和仪器设备最早基本是从国外引进的，由于城市化水平的制约，关于地下管线探测的研究也是20世纪70年代才开始的，如地质出版社1987年出版的许洪海等编著的《虚分量电磁法》一书，就有反映70年代地下管线探测技术研究成果的内容。本书前面曾述及1973年胜利油田成立检漏仪科研小组，进行有关检漏仪研制的情况。其实，查阅当年的资料，他们在进行防腐层地面检漏仪研究的同时，也无意中研究探索出地下管线探测的方法。1975 年，参与研究的技术人员亲自用他们自己研发出来的检测仪在野外进行了管线走向探测与防腐层破损点检测，查出大量管道外防腐层缺陷，经开挖验证，证明是准确的，至今胜利油田档案馆还保留有当年的现场照片。这说明，我国地下管线探测研究从 20 世纪 70 年代就已经起步了。

20 世纪末期的技术探索

1988 年，薛克先在《地学仪器》上发表"探测地下埋设物的仪器"一文，详细介绍了在日本地下管线探测中应用的雷达探测器、电磁波法探测仪器的原理及使用，探针法及喷射钻进探测法的具体探测方法。此后几年他先后在《地学仪器》杂志发表多篇文章，详细介绍日本地下管线或地下埋设物、空洞等探测仪器及方法方面的文章。这些文献说明，在那个时代，我国的地下管线探测研究工作者已经开始将目光投向国外，开始向国外学习。

80 年代，我国在进行技术探索的同时，已经能够自主开发探测仪器。如江苏海安智能仪器厂生产的 SL（胜利）系列探管仪，北京三联高技术联合开发公司开发的 DDW–1 多用途电磁系统和 GX–1 电缆、管道探测器，吉林无线电四厂开发的 DJT–C 地下管线探测仪，扬州电器厂开发的 DG–1 地下管线探测仪，北京邮电工业学校实验工厂开发的 GK–1 高抗干扰地下电缆探测器等。

但是，总体来说，我国关于地下管线探测技术的研究还是与国外有较大的差距。1985 年，周正欧发表于《电子技术》上的"电磁逆散射与探地雷达"一文，就属于比较早的探索地下管线探测的论文。1989 年 1 月出版的东南大学学报刊登的李乃弘"地下管线探测技术"一文，还在探讨电磁感应法探测技术的简化物理模型。最能说明我国当时地下管线探测水平相对落后状况的例子，莫过于中南冶金地质研究所研究员、国务院特殊津贴享受者杨立增专家在回忆录中的一段话：

"1988 年，武钢计划进行技术改造，其中涉及各种地下管线需要探测定位。当时，委托中南冶金地质研究所进行探测。我与同事立即携带找矿的电法、磁法仪器进行探测，在我们指定认为有一条球墨材质的供水管线的位置开挖，却未见管线踪影，探测以失败告终。时任武钢技术部一位姓杨的部长说：'你们还给国家找矿呢，连我武钢埋深 2m 的自来水管线都找不到，我看你们还是先想想办法，设法用你们的知识解决国家最急需的管线探测吧！'作为一名物探人，听后面红耳赤，羞愧难当，多少年仍然在耳边回荡，无法消失。中南冶金地质研究所地球物理勘探室从那时起，确定走城市地下管线探测之路。"

需求是新技术、新业态最好的催化剂。随着我国经济的迅猛发展，地下管线探测技术在我国迅速发展成为一个重要的技术服务行业。

从20世纪80年代后期开始，地下管线探测形成一股热潮。国内的市政工程规划、设计部门、测绘部门、物探部门和建设施工单位以及大型骨干企业都购买仪器，开展地下管道探测业务；特别是全国性的城市地下管线普查工作在建设部的统一部署下，从1987年济南摸索普查经验，1995年厦门、克拉玛依等城市试点，然后全国推开，有力地促进了地下管线探测技术的发展及探测工作的普及。国内一些学者、工程界及仪器经销商每年举办1~2次学术或技术交流活动；一些专业化的探测公司相继成立；中央政府及各省市区有关部门还以行政手段推广这项技术。1990年在广州黄沙区地铁口工程的勘察过程中进行的地下管线探测工作，首开我国工程勘察设计先探测地下管线的先河；1996年江苏工程物理勘察院完成了镇海炼油厂地下管线的探测。

这个时期，我国先后引进了英国雷迪系列探测仪器，美国MBTROTECH公司的810/850地下管线探测仪，美国CHARLES MACHINB公司的Subsite 70/65系列等。1992年，在冶金勘探研究院李学义院长的支持下，何均在保定创办了保定金迪管线探测有限公司，工人日报在报道金迪公司的成立时，用了一个很有深意的标题“金迪注册出一个新行业”。可见，当时社会对管道探测的期待与热衷。就在金迪成立的那年，有关部门召开了全国首次地下管线探测技术研讨会，1994年，国家建设部正式颁布了《城市地下管线探测技术规范》。此后，全国许多大中城市相继开展地下管线普查与重建地下管线管理档案工作，并成立“全国地下管线管理技术专业委员会”。1996年，建设部创办发行了《地下管线管理》期刊，成为地下管线探测技术研究交流的阵地。经过10年的努力，全国600多个城市基本建立了地下管线动态数据管理库，建立起一支地下管线探测、测绘和软件开发以及仪器研发的专业技术队伍。

特别是地下探测规范的颁布，意味着地下探测工作在我国开始形成氛围。与此同时，一些大专院校、科研、检测单位、仪器经销商、代理商先后成功开发研制了各种类型的探管仪，大大推动了我国地下管线探测技术的发展。1980年成立的江苏海安智能仪器厂，虽然规模不大，但在我国生产研发管线探测仪器方面却有着重要影响，先后开发了十多款地下管线探测仪器并获得广泛的应用。但是，直到2000年之前，我国的管线地面检测市场都不大，国外仪器价格相对较高，因而代理销售的管线探测设备品种、数量非常有限，国产仪器品种更少。

中国地下管线专业委员会

1996年2月1日，建设部科技委正式向部主管领导提交了“关于成立地下管线探测管理技术专业委员会的报告”，1996年2月27日，“建设部科学技术委员会地下管线管理技术专业委员会”在北京正式成立，标志着全国第一个由政府业务主管部门批准、专门致力于“地下管线管理技术”的专业学会性组织的成立。该专业委员会成立以来组织实施了一系列涉及地下管线管理的技术性工作，其中包含了一系列与地下管道检测相关或对地下管道检测有影响的技术工作，在我国管道探测测绘技术发展史上有非常重要的意义，特别是在 20 世纪末到 21 世纪初这个阶段，发挥了重要作用。本书根据金迪公司网站“资讯中心”刊登的《地下管线专业委员会成立十五周年大事记》，摘编了与管道探测技术关系密切的部分内容，以便于读者从另一个角度感受我国管道检测技术的发展历史进程。

1995 年 7 月 1 日，《城市地下管线探测技术规程》（CJJ 61—1994）正式施行。

1996 年 8 月 26 日至 31 日，由建设部科技委地下管线管理技术专业委员会主办的“地下管线管理技术研讨会”在克拉玛依市召开。

1996 年 10 月，由建设部科技委地下管线管理技术专业委员会主办的“第一期供水管网检漏技术研修班”在北京市举行，这是国内首次举办的供水管网检漏技术培训班，并引起各级政府有关部门的关注和各地水司的积极响应。

1997 年 5 月 19 日至 24 日，由建设部科技委地下管线管理技术专业委员会主办的“第二期供水管网检漏技术研修班”在广东省顺德市举行。

1997 年 12 月 23 日，发布建设部令（61 号）《城市建设档案管理规定》，第九条规定“城市地下管线普查和补测补绘形成的地下管线档案应当在普查、测绘结束后三个月内接收进馆”。

1998 年 8 月，《城市地下管线探测技术手册》出版发行。

2000 年 6 月 15 日，建设部规划司下文要求对《城市地下管线探测技术规程》（CJJ 61—1994）进行修订，并确定由北京市测绘设计研究院任主编单位。

2002 年 3 月 21 日，应建设部科技委地下管线管理技术专业委员会建议，在天津召开了“城市埋地燃气管道腐蚀检测技术交流会”，专业委员会常务委员郑太淇主持了会议。会上，中冶地球物理勘查院李永年高级工程师重点介绍了“金属蚀失量评价法”和“视综合参数异常评价法”的原理及其应用条件和效果。

2002 年 9 月 16 日，建设部发布第 59 号公告，批准《城市供水管网漏损控制及评定标准》（CJJ 92—2002），自 2002 年 11 月 1 日起实施。

2003 年 6 月 3 日，建设部发布 152 号公告，批准新修订的《城市地下管线探测技术规程》（CJJ 61—2003），自 2003 年 10 月 1 日起实施。

2003 年 10 月，建设部科技委地下管线管理技术专业委员会与建设部城市测量规范管理组在大连市举办“《城市地下管线探测技术规程》第一期宣贯班”。

2006 年 3 月 30 日至 4 月 1 日，地下管线专业委员会在上海首次举办了“管道健康评估技术交流研讨会”。

2006 年 9 月 20 日至 22 日，由地下管线专业委员会主办，郑州市燃气股份有限公司承办，河南省燃气协会、北京埃德尔黛威新技术有限公司、3M 中国有限公司协办，建设部城市建设司支持的“城市燃气管网安全运行管理技术专题会”在郑州召开。

2006 年 11 月 2 日至 6 日，“城市地下管线管理与信息化建设交流研讨会暨中规协地下管线专业委员会 2006 年年会”在武汉东湖宾馆召开。先后有 20 位专家、代表就城市地下管线管理与信息化建设和地下管线探测、检测与非开挖技术、信息管理技术等内容作了专题报告、技术与成果交流和新仪器新设备展示。

2007 年 5 月 25 日至 26 日，由地下管线专业委员会主办，北京埃德尔公司承办的“城镇供水管网诊断检测技术交流会”在黄山召开。

2007 年 8 月 21 日至 22 日，地下管线专业委员会在天津召开了“城市地下管线新技术交流论坛”，并组织代表参观“第八届中国国际管道管材展览会·专业管线建设，管道机械设备，维护检测及管道运输展览会”。会议分四个论坛进行新技术、新产品的交流与发布：一、地下管线信息管理系统论坛；二、地下管线探测、泄漏检测技术论坛；三、管道健康与防腐检测论坛；四、非开挖技术论坛。

2008 年 11 月 2 日至 4 日，中国城市规划协会地下管线专业委员会 2008 年年会在北京召开，来自全国各地的代表约 300 人参加了会议。会议以“政策法规与技术标准主题报告会”“地下管线探测、检测、信息管理系统专题报告会”和“城市地下管线技术成果展示”等内容开展活动。

2008 年 12 月 22 日，地下管线专业委员会主任扩大会议在西安市举行。会议主要内容为：总结 2008 年工作；研究确定 2009 年工作计划；讨论“城市综合地下管线普查探测与监理市场指导价格的意见”及“中国地下管线网站”建设等内容。

2009 年 10 月 26 日至 30 日，地下管线专业委员会与雷迪有限公司在海南三亚举办“国际管道养护、检测及修复技术研讨会”。

2010 年 4 月 28 日，地下管线专业委员会开始对城市地下管线探测工程项目经理岗位资格进行认定。

21 世纪的技术探索

从 2000 年开始，我国的管线检测市场逐步启动，仪器主要从国外购买，探测仪器代理市场逐渐活跃。随着仪器维修的大量出现，仅仅做代理，仪器出现故障送国外维修很不方便，成本也很高。这时，开始有少部分代理商不再满足于转手倒卖、办理维修手续赚钱，而是试图自己维修设备仪器。这种观念的转变，促进了代理商对国外仪器结构、原理的学习。在尝试自己维修一段时间之后，发现购买配件也很费事，就开始仿制国外产品及配件，并在仿制中学习、消化了国外技术。2010 年以后，我国

图 15-3　中国城市规划协会地下管线专业委员会 2019 年年会在杭州开幕

在经历仿制消化吸收国外仪器之后，自主生产的管线探测仪逐渐成为主流。出现了代理商变仪器生产商、检测机构兼仪器开发商的现象。国内不少机构开始研制有自己特色的管线探测仪。特别是在城市燃气管道探测仪器的研制方面，随着中国城市燃气需求连年以两位数的速度增长，更是获得了迅速发展，成为地下管线探测的主要阵地。一时间，关于城市地下管道方面的会议也多了起来。图 15-3 为 2019 年 11 月在杭州召开的中国城市规划协会地下管线专业委员会年会开幕照片。

一些中国的管道检测仪器商成为这些会议最主要的赞助商，通过会议的宣传，进一步促进了中国自主开发管道检测仪器在市场的占有率，知名度也不断提升。如西安华傲通讯技术有限责任公司的 GXY 系列地下管线检测仪，已成为此类仪器的首选品牌，其中 GXY-2000 型地下管线探测仪是国内最早的唯一全数字式地下管线探测仪。GXY 系列地下管线探测仪适用于各种复杂的地下管线探测、定位及故障查找。在不开挖的条件下检测，不但能准确测出埋地金属管线的位置，而且能准确地对破损点进行定位。GXY 系列管线探测仪也能够精确确定地下管线的平面位置、走向、埋深和种类。天津嘉信、上海雷迪、武汉安耐捷、西安捷通、管畅科技等都开始开发自己的探管仪器。

2010 年以来，随着城市的发展，地下管网也越来越复杂，定向钻穿越、顶管穿越由于不需破路开挖、成本低等被广泛应用，燃气 PE 管在穿过河流、公路部分也采用定向钻穿越方式。燃气 PE 穿越管道虽然成本低，但是由于埋设较深、施工原因造成竣工资料不全，使得准确位置无法确认，给后期的巡检以及泄漏检测造成一定麻烦。为此，必须开发出适合的探测仪器以解决此类管线定位问题。以西安管畅科技燃气 PE 管道定位仪 GPPL 为例，该公司于 2017 年年初推出了一款专业解决埋地燃气 PE 管道位置定位的高精度探测设备 GPPL。这台仪器应用管内声波技术的原理，对所测管道施加一个特殊频率的声波信号沿管道内部传播，同时在路面接收该频率声波信号，通过信号强度对比，连点成线，从而精确定位出管道位置及走向。GPPL 在燃气 PE 管道探测方面最深记录是山东某现场埋深 8m 左右的穿越管道，单向探测最远为山西现场 2.3km。

可以说，中国地下管线探测工作的启动，对世界地下管线探测技术的研究开发以及探测工作影响深远。中国成为各种管道探测技术的竞技场，在这个全球最大的地下管线竞技场上，各种方法虽然各有各自的特长，各自发挥着各自的优势，但是它们的局限性也非常明显。比如基于感应原理的仪器，探测深度受到限制，也容易受到施工场所地面上或地下的电磁或铁磁干扰；各种方法的可用性和探测精度很大程度上取决于施工地段地质条件的制约，例如土壤和岩石成分、土壤湿度等因素均会对测量结果带来大的影响；非金属管道的大量应用带来的新挑战等。这一切让人们不得不再度思考非电磁感应法检测技术问题。

3. 复杂电磁环境下管线探测技术

管道探测仪在实际使用中的发展轨迹，也是遵从了从简单到复杂的发展过程。一开始主要是探测单一管线，一般工作人员手拿一支探管仪，经过简单培训就能完成任务。后来就发展到必须识别两根平行管线甚至多根平行管线的探测。再后来就发展到复杂电磁环境条件下地下管线的探测。随着探测条件的变化，对仪器与探测人员的要求也越来越高。

多根管线平行与交叉环境下目标管线探测

复杂电磁环境下管线的探测，首先是对出现的多根管线平行与交叉环境下目标管线探测技术的探索。这个问题也是引进的洋仪器在中国遇到的第一个水土不服的病因，在 21 世纪初就引起了一些管道探测者的注意。杨旭等人在 2000 年前后就对地下多层金属管网等复杂条件下的管线进行了探索，赵献军、伍卓鹤 2004 年在《物探与化探》上发表的“近间距并行管线探测方法的效果对比”都反映了这一时期的最新思考。

长江科学院岩基研究所王法刚等与武汉公路管理处叶国弘在“频率域电磁法在探测地下管线中的应用”的论文中，论述了他们就管线密集区域和强干扰区定位及探深方面进行研究的结果，总结出通过选择发送电流大、发射磁偶极矩大的发送机和灵敏度高、通频带窄的接收机；优化测试系统布置，采取尽量少激发地表等干扰源的测试装置；通过现场对比试验，以选择最佳的探测频率的办法来提高强干扰区地下管线探测精度的经验。2001 年，在某市的实测工作中，他们用频率域电磁法进行地下管线探测时，由于地下分布多条地下管线，并存在多种干扰源，因此先对 1 条给水管进行充电法探测；对于电缆，则采用被动源进行探测，从被动源探测成果曲线可推求管线条数、空间分布位置及埋深。实践证明：该方法在地下 5m 以内效果很明显，而且不论在理论或是具体实践方面都已经很成熟。

对于管线铺设密集、复杂的情况，单一采用管线仪探测难以达到预期目的，此时可采用探地雷达辅助探测。田磊在“探地雷达在地下管线探测中的应用研究”中曾给出一幅中心间距仅为 0.5m 的一条 PVC 给水管道与电力电缆并行时的雷达探测剖面，从该剖面图可以容易地解读出 PVC 给水管道与电力电缆来。但是，这种情况如果我们使用管线仪从给水管的分支管（铸铁）采用直连法探测时，由于该段 PVC 管无电磁信号，极易将电力电缆的信号误认为水管的信号，导致错误的探测结果。但采用雷达探测后，就能够将它们识别、区分开来。

李永年、李晓松、姬杰等人在 2005 年左右，也开始进行这些管道检测的探索并发表过相关论文，提出在垂直于管路方向正上方做磁场剖面检测，再附之以 TEM 检测分离出目标管线的信号的解决思路。并于 2005 年在胜利油田、2006 年在中原油田集输管线检测实践中进行了成功的运用，解决了平行管线探测识别的难题。这些探索除了基于电磁感应原理的仪器使用方法进行分析，提出使用技巧与组合多种检测技术的解决思路以外，也探索了属于地球物理探测方法领域的探测技术。

巧用地下管线探测仪仍然是一个大有潜力可挖的探索方向。2004 年，西气东输的忠武线管道通气投产，至 2008 年年底已经运行 4 年，忠武线荆州北体育场附近有一段管道，业主一直不清楚管道的位置与深度。请某高校研究人员进行过探测，仍然没有使问题得到解决，此段管道上方有高压输电线路与管道平行通过，空间复杂的电磁场以及地下杂散电流干扰都给管道定位增加了困难。2009 年初，袁厚明通过直接加载信号法并将接收机放到发射机盲区以外，成功接收到被测管线信号，并检测出管线在地下的实际位置，使问题得到解决。

在一个地下空间内存在密集管网的情况下，如何精确定位各个管线的位置、埋深、走向是地下管线探测工作者经常遇到的问题。最典型的就是工厂厂区内管线的探测。曹洪涛在“炼化厂区地下管线探测技术综述”（《矿山测量》2010 年第 6 期）一文中，提出从调查、测量、记录出露的地下管线及附属设施开始进行实地调查；绘制管线交叉处的平、剖面图；必要的开挖与钎探、探测仪探测综合施探；充分利用管道井及其他部位明敷或出露管段加载信号、区分管道型号的便利，辅助进行管道辨识，以便减少探测难度；边探测边验证用逼近法确定位置与深度、绘制地下管线总图等基本思路。遵循从已知到未知、从简单到复杂、综合采用各种方法相互验证，从而完成管网密集的厂区管道探测工作。

穿越河流的水下管线探测技术

国内穿越大中型河流及湖泊、水塘的管线到底有多少处，虽然缺乏统计资料，但是估计也是数以千计。特别是 20 世纪与 21 世纪初建成的管线，绝大部分是采用沟埋的方法敷设。由于施工技术条件和其他原因，这些穿越管道 80% 未达到设计埋深要求，在年复一年的水流冲刷下，管线覆盖层逐年减薄，甚至部分管段出现悬空，即使不悬空也可能在泥沙的缓慢位移簇拥下，不断朝下游方向蠕变弯曲，直接威胁到在用穿越管进的安全运行。国内外已发生多起穿越管道断裂事故。因此，探测这些水下管道就显得尤为必要。

在穿越河流管线探测方面，20 世纪 80 年代，美国伊纳维特姆公司、ULSI 公司及加拿大的 BPS 公司就开发了针对河流穿越管道的探测仪器。而我国在整个 20 世纪对河流穿越管道探测则还处于探索阶段，没有形成专门的技术。《天然气与石油》1996 年第 2 期发表朱勇“河流穿越管线探测技术及其应用”一文，曾介绍了国内外在 20 世纪关于穿越河流的水下管道探测工作研究与实践。文中写道：

20 世纪 80 年代初，国内管道企业就组织有关技术人员展开科研攻关活动。如 1984 年 5 月四川石油局输气公司在二龙口长江穿越现场，使用 SGP-1 型旁侧式声呐探测过水下管道的敷设状况，但是结果不理想，不仅定位困难，也无法探测管道裸露与悬空。1991 年 1 月又在同一地点在潜水员的配合下，使用了“金鱼号水下机器人”和“宽视角水下激光电视”对管道上有代表性的重点部位进行检查，提供了他人可视的图像和照片，掌握了局部悬空、裸露和管道破损的情况。

1987~1989 年，廊坊管道局与地矿部物化勘探研究所合作，采用脉冲瞬变电磁法探测穿越管道的埋深，通过在鲁宁线黄河穿越现场试验，并开挖验证，确认管道埋深能达到要求。但当时认为，该方法要适应不同河流、河床、水流、深度等穿越管道埋深探测，还需做进一步试验研究。1993 年，中石油管道局从加拿大 BPS 公司引进了一套河流穿越管道探测系统，结束了我国无法有效探测穿越管道的历史。1994 年 4 月，中石油管道局人员携 BPS 公司检测系统（全套引进设备）对二龙口长江穿越管线进行了全面检测。1995 年，四川石油局输气公司引进了一套美国 ULSI 公司可用于河流穿越管道检测的设备。

不过，从全国关于河流穿越管道探测的报道来统计，进入 21 世纪以后，明显重视了河流穿越管道的探测工作，但是就探测技术而言，多数管道企业以及管道检测单位迫于相关探测技术的成熟度，主要还是选择了基于 GPS-RTK 技术的穿越河流管道外检测方法，综合运用 PCM 管道防腐层检测仪、测深仪、GPS、全站仪等构建穿越管道外检测系统。通过采取岸边检测和水面橡皮艇采集信号与水下检测相结合的方法，实现了对穿越河流管道的探测，基本保证了穿越河流管道的安全运行，为水下管道运行、检测及维修提供了必要的数据和信息支撑。2010 年，胜利油田腐蚀研究所的王遂平、刘超、陈凯等人利用大型机动船拖带两艘橡皮筏，成功对中开（濮阳中原油田 - 开封）天然气管线穿越黄河段进行了探测测绘，并发现中开线穿越段主线在河床泥沙中已经变成弧形，弧顶位置已经偏离两侧河滩阀室之间直线 31.1m，相当于管线被拉长了 3m，管线承受着极大的拉应力，时刻有断裂危险。果然，时隔两年后的 2012 年 6 月 22 日下午 17:10 分，中开线在东明县黄河主河道内距离南岸 30mm 左右发生撕裂泄漏。好在 2010 年检测发现隐患后，中原对主线破裂断供备有详细的预案。所以，当判明中开线主管线断裂后，立即启动应急预案，关闭黄河南北阀室中开线主线阀门，启用了中开线穿越黄河复线，当晚，中开线就恢复了正常供气。

对于水面下管道的探测，关键在于信号微弱，如果还有其他铁磁性材质的器物干扰，探测难度会进一步加大。为了解决这个问题，2010 年以后，随着 ROV 技术的发展，借鉴国外对海底管线检测经验，River-ROV 水下检测系统也应用到河流穿越类管道探测中来。2017 年 3 月，中国特种设备检测研究院采用基于电磁法的 ROV 设备对中石化某河流穿越管道开展了埋深探测应用研究。研究发现电磁法埋深检测技术可在线检测河流穿越管道的埋深，为管道安全状态提供技术指导，具有良好的应用前景。

2016 年和 2017 年，袁厚明、石仁委相继编著出版的《地下管线检测技术》（第三版）、《油气管道隐患排查与治理》，对各种管线在各种可能的复杂电磁环境条件下的探测技术进行了总结。然而，不可否认的是，复杂电磁环境条件下的管线探索仍然远未完结。

4. 超深地下管线探测技术

2018 年 8 月 13 日，中石化甬绍金衢成品油管道在浙江常山县某高速公路扩建中，被钻孔桩钻穿泄漏停输，原因就是上海某测量工程有限公司提供的管线竣工坐标测绘有偏差。其实，许多施工工地发生的施工破坏管道事件都或多或少与管道走向探测不准、标识不清有关。目前来看，仅仅依靠普通的电法或磁化探管仪很难满足对深穿管道（目前定向钻穿越工程穿越公路、铁路、河流又非常普遍，一般都超过 5m 深度——这个普通探测仪能够保证测量精确度的探测深度以下）的探测需求，必须采用更科学周密的探测技术。

现代非开挖技术始于 20 世纪 70 年代，我国于 20 世纪 90 年代兴起，2000 年以来我国非开挖工程一直保持高速增长。非开挖施工的主要技术有水平定向钻 HDD、顶管、气动茅、夯管锤等。在非开挖方法中，定向钻施工采用最多，最长的可达 2 km 甚至更远，深度一般为 3~10m，带导向定位系统时可达 30m。虽然非开挖技术优势很多，但它也给竣工验收测量提出了新的课题，主要是对埋藏深的地下管线走向和具体深度的探测问题。现市场上的地下管线探测仪器标称勘探深度大部分为 5m，实际上超过 3m 就不太准确。因此，随着非开挖施工技术的出现，超深管道探测问题就摆在检测人的面前。也是从那时起，我国地下管线探测技术工作者就踏上了超深管道探测技术探索的征程。

超深地下管道定位探索概况

根据文献报道，2004 年华东理工学院探测系方根显、邓居智等采用 ENVI 磁力仪对特深管线进行了探测，2005 年同济大学的陈军、赵永辉、万明浩等使用地质雷达探测超深地下管线。但是，无论是磁法还是探地雷达法，定量化精度有限，对超深管道测量误差很大。李强等在 2007 年第 6 期《地下管线管理》上曾介绍过利用陀螺仪探测开口式超深地下管线的技术，该技术直到现在仍然是业界研究的重点。在 2013 年的中国燃气运营与安全研讨会上，袁厚明发表了“超深地下管道探测技术研究”一文，报道了 2008 年湖北襄阳震柏地下管线公司利用电磁参数变化与发射机阻抗匹配、接收机放大倍数与探头线圈匝数、镜像法电磁场单探头地表指向的三角函数关系，以及音频限流导流等原理，将 ZB–2008 埋地管线探测深度提高了 5 倍的革新技术。同时报道他们采用单线圈探头最小探测法，已经成功探测了 100 多处深度在 5~30m 的非开挖定向钻施工的超深地下管道。保定原冶金部物探研究总院的姚学虎、胜利腐蚀研究所的王遂平、山东科通公司的葛兴辉等人也在思考深穿管线的探测问题。上海精洋测量工程有限公司、保定金迪公司等近年来更是专门致力于超深地下管线的探测技术探索与实践。

我们平时鼓励一个人时，总是希望他进一步挖掘自己的潜力，通过挖掘潜力提升能力，克服困难。其实在超深管道探测方面，我们也希望现有的探测仪仍然有潜力可挖，寄希望于挖掘现有仪器潜力，再配合上一些现场措施来解决问题。事实上，当我们朝着这个目标努力去实践的时候，还真获得了成功。

如前文述及的湖北襄阳震柏地下管线公司、华东理工学院探测系、保定驰骋千里公司、胜利腐蚀研究所、山东科通公司的技术研究者或检测工作者就是按照这个路线来尝试超深管道探测的。2009 年，潘正华、叶初阳在《城市勘测》上发表的“深埋管线的几种探测技术与规程精度探讨”一文介绍：2004 年方根显等人采用加拿大 ENVI 磁力仪，对浙江杭州某段埋深 8m 的非开挖顶管埋设西气东输气管进行探测时，就采用了一系列附加的技术措施，解决了超深管道探深问题。具体做法是：在通过踏勘分析认为是管线位置的地方，垂直管线布设了 3 条测线，测线长 40m，点距 2m。根据测量的磁场值，求得了管线埋设的地面位置和管线埋藏深度。尽管这种方法不是很精确，但是仍然不失为一种解决问题的方法。该文同时介绍了 2005 年在上海某污水治理工程中，黄水强、黄永进等利用磁梯度探测的方法，探测到 10m 以下深度的航油管道的案例。文中提到，为探测埋深 10.5m 的非开挖水平定向钻施工的航油管位置，探测者在目标管线附近布设了 2 条剖面共 10 个钻孔，在钻孔内用 CCT-1 型磁梯度仪，以 0.20m 的间隔磁梯进行测量。观测钻孔内磁异常的变化，判定平面位置及埋深。通过采用钻孔内下探检测仪的磁梯度钻孔定位方法，不但确定了管线的平面位置，而且深度上的探测误差控制在 +20cm 以内。

我们不得不说，上述两种方法，虽然也能解决超深管道探测问题，但是效率低，检测不方便。因此，袁厚明、李永年等人依靠他们超长的现场检测经验，一般都是直接利用仪器的潜在功能来完成探测。例如，他们可能直接选择输出功率大于 10W，采用长导线（＞100m）直接法，增大信号传输距离，用低频信号，让信号衰减更慢点的方法来探测。平面位置的确定一般会采取极大值、极小值结合的方法，而埋深采用直读法和 70%法相结合，这样也可以探测到 5~10m 深度的管线。《工程勘察》2008 年第 8 期曾刊载张汉春撰写的“广东番禺某段定向钻 LNG 管线探测的验证”一文，文中介绍了 2007 年广州市城市规划勘测设计研究院在广东番禺 LNG 管线竣工测量中，直接使用 RD4000、LD500 管线探测仪，探测了几十段埋深大于 5m 的深埋管线。探测时，RD4000 使用的是 640Hz，LD500 使用的是 512Hz。采用直连方法，一段连至检测桩，另一段连至 100m 的远接地点，在接地点用 1m 长铁棒打进地下。

探地雷达探测超深管道

探地雷达本是为解决非金属管线探测而引入地下管线探测领域的，但是，当我们追溯它的历史，分析它的机理时，我们就知道，其实它最早是从探测地雷开始的，是从探测苍穹目标的雷达演变而来的。由于历史的原因，在我国西南边境线上，遗留着当年布下的上万颗地雷，平均每天都有数十颗地雷被引爆，而找到这些地雷的设备就是航天 25 所研制的探地雷达。既然探地雷达能找到金属壳的地雷，那也就能找到地下金属管线了。从 20 世纪 80 年代末期开始，25 所的一群青年工程师们决心让冲击雷达系统从雷场走向市场。他们越想心里越亮：这套系统可以探测、测厚并能成像，那么地下的管道、电缆在它的探头下岂不原形毕露，市政施工何需“上拉锁”？

很快，这个想法上升为国家“863”计划攻关项目。1994 年春天，这帮年轻人就利用他们最新研究成果在门头沟煤矿准确锁定了一处施工地点前方的险情。他们研制的“冲击雷达”能对地下物体进行三维成像，从而判断地下物的位置。就这样，探地雷达技术在 20 世纪 90 年代就具备了进行地下管道检测的能力。1994 年 9 月 6 日，《科技日报》曾以“冲击，向着世界第一——首部探地雷达诞生前前后后”为题，报道了航天 25 所从 1985 年开始研究探地雷达的事迹与成果（图 15-4 为 20 世纪 90 年代航天 25 所科研人员正在利用探地雷达实时成像处理系统分析探测结果）。当然，探地雷

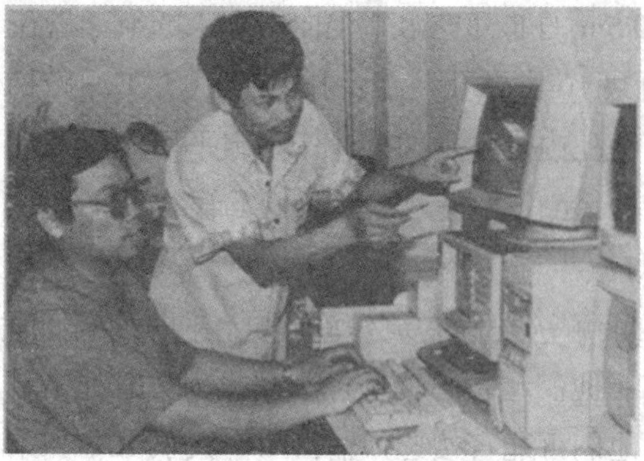

图 15-4　航天 25 所科研人员用探地雷达实时成像处理系统分析探测结果

达实际被管道探测界应用还要更晚一点，毕竟高端军工技术在军转民时还会有这样那样的渠道需要疏通。

地质雷达探测法是通过向地下发射电磁脉冲波，并接收含有不同电介质特性的不连续物质表面反射的回波。地下管线在雷达图像上一般有其独特的图像，可根据这一特征来判定管线位置和深度。2005 年第 2 期《工程地球物理学报》曾报道：2004 年，沪宁高速公路改造工程跨越丹阳运河时需进行大口径灌注桩的施工。但是在设计的桩位附近有天然气管线，埋深 15m 以上，准确位置不详。人们用静力触探钻了几十个孔也未找到管线的具体位置，致使工程无法开展。2004 年 6 月，同济大学海洋与地球科学学院陈军、赵永辉、万明浩等采用地质雷达进行了该天然气管道探测。地质雷达型号为加拿大 PULSE EKKO-4 型，沿着天然气管道的走向一共布置了 3 条剖面，每条剖面走向垂直于管线走向，使用天线频率为 50MHz，天线间距为 1m，测点间距为 0.25m。3 个雷达剖面都出现了较为明显的异常反射波，深度分别在 16~18m、26~28m 等区域；在该深度区域，所圈定的异常范围内其反射波振幅明显强于周围介质的反射波的振幅，表明此位置的确存在强反射体，即天然气管道。根据本次探测结果，高速公路桥的基桩点离探地雷达探测到的天然气管道中心地面投影位置最小达 3.5m。施工结果安全，未碰到天然气管道。

瞬变电磁法探测超深管道

瞬变电磁（TEM）探测技术本来是用来探测金属矿藏的一种方法，本书前面曾论述过其用于管道管体腐蚀损伤地面检测的效果，其实，这个技术也可以被用来探测地下管线的位置和埋深。

瞬变电磁法用于地下管线探测，不仅可以全面探测地下金属物体（包括金属管线等）的分布及地质情况，也能充分利用探测成果在一些探测盲区做集中、具体的分析工作，充分利用瞬变电磁技术所得到的重要信息，有针对性地分别排除各种干扰影响，最终将地下情况完整清晰地呈现出来。李远强曾在“瞬变电磁法在地下金属物体探测中的应用”（《北京地质》2002 年第 3 期）中介绍过一个利用瞬变电磁检测技术（TEM）探测地下管线的案例：在某市区一路口，测线与道路垂直，线距 1m、点距 0.2m，探测出地下管道 4 条，其中 3 条管道并排埋设。后经施工验证准确无误。自西向东分别为电力电缆、电力电缆、电信电缆和上水管道，其深度分别为 1m、1m、1.3m 和 1.8m，其中上水管道管径为 500mm。实际上，瞬变电磁检测（TEM）法，不仅可以用于浅层地下金属管道的探测，更能用于超深地下管线的探测。从瞬变电磁技术的原理上讲，只要合理设置接受二次响应的时窗就可以实现对特深地下管线的探测。这应该是管道探测领域一个很有前途的研究方向。

虽然，上述方法与实践案例解决了一些工程难题，但误差范围仍然过大，对于更深管道探测仍然存在不确定性。瞬变电磁检测（TEM）法从理论上讲，可以探测非常深的地下情况，但是目前关于这个方向的技术开发仍然未见报道，我们只能期待今后的试验与研究。也就是说，这些方法仍然处于探索阶段，需要进一步实践来标准化、规范化其具体操作，才能推广到更普遍的管道检测实践中去。比如中石化甬绍金衢成品油管道常山段，深度超过 35m，穿越长度在 500m 以上，这样的超深地下穿越管道，运用上述方法进行检测是否非常精准，仍然缺乏科学的验证。

惯性导航系统探测超深管道

人类社会有一个明显的特点，那就是总有一部分人特别喜欢迎接挑战，迎接挑战是他们不竭的生存动力。面对超深管道探测难题，人们很快就想出一个又一个的解决方案。这里，仅仅简述一下关于惯性导航系统的提出与实践进展，更多的新技术、新方法留待以后再去总结叙述。

惯性导航系统是一种利用惯性敏感器件、基准方向及最初的位置信息来确定运载体在惯性空间中的位置、方向和速度的自主式导航系统。惯性导航系统已经有上百年的发展历史，但是直到二战中，德国采用惯性导航技术的导弹出现在战场上，才真正拉开了惯性导航系统实际应用的序幕。20 世纪 60 年代，该技术被应用到航空领域，后来交通运输、海洋勘探、大地测绘领域也获得了应用。在管道探测上的应用仅仅是近十多年的事情。最初是作为管道内检测的一种附属测量功能使用，直到最近十余年，随着人们对非开挖施工的超深地下管线探测的需要，才单独作为一种探测管线轨迹的方法被研究和应用。实际用于管道深度探测也仅仅是近几年才兴起。

其基本思路是：将搭载惯性导航系统的载体放入地下管线，让其沿着管道运动，该载体的运动轨迹等同于管道的三维信息，保证在各种复杂的电磁和地质环境下都能顺利完成定位测量，而且微机电系统（MEMS）陀螺和加速度计小巧的尺寸使得所组成的航姿测量系统可以顺利放入各种口径的常用管道。这种测量方法也无需地面人员手持信号发射源或接收机进行配合，因此有利于实现测量自动化和数据自动计算、归档。

陈亮在“惯性陀螺定位技术与可视化验管工艺在管线探测中的应用”中，介绍了2016年中石化华东销售分公司苏州某成品油管道探测与南京某公路天然气管道探测案例，这两个案例就很有代表性。苏州某热电公司在绕城管道建设中，设计采用定向钻铺管技术。该管道施工项目多处与某成品油管道（钢管）相交。在过河段的成品油管道均为定向穿越管道，埋深大。热电公司委托了多家管线探测单位探测成品油管道，都因成品油管道埋深大，探测成果无法使用。经过多次现场测试及试验，最后采用以惯性陀螺定位技术为主的综合物探方法探测过河段成品油管道。最后测得的管道埋深为12.5m，平面及深度误差小于0.75m，满足了工程施工需要。

不可否认这些探索对技术进步的推进作用，但是由于各方对超深管线探测重视仍然不够，超深探测的投入产出不成比例，超深探测技术没有持续推进的动力，致使没有形成比较系统的方法理论和定型化的检测仪器设备，因而超深管线探测在全国仍然没有形成气候和影响力。只有一些成功案例，价格因素与技术成熟度仍然无法支持这些新技术的普遍应用推广。

5. 非金属地下管线探测技术

早在1996年，建设部刚开始在全国推广城市地下管线普查经验时，福州城市规划局干部潘红卫就在一篇题为“如何管理好城市地下管线”（《地下管线管理》1996年第2期）的文章中谈及福州市地下管线管理技术应用的探索与实践时，敏锐地指出：“城市地下管线探测中难度较大的是塑料管、水泥管等非金属管道（信号弱且浅层周围干扰源多）的管线探测问题”。那个时候非金属管线从总里程到种类远没有今天这么多，城市地下管线远没有今天这么密集交织，非金属管线探测的难题就已经出现了。今天这个问题依然存在，只是伴随着时间的推移，我们已经探索出很多关于地下非金属管线的检测方法。这里，我们不妨做一下梳理，看看我们在这一方面都取得了哪些进步。

大量的可检索的资料证明，我们对地下非金属管线的探测研究一直在进行，然而却一直未能彻底解决。可以说地下非金属管线的探测是一项一直处于探索中的技术。人们先后试探过用地质雷达、声波法、示踪法，21世纪以来人们又开始探索用地磁法进行地下非金属管线探测。

探地雷达法

探地雷达也叫地质雷达，可以通过发射高频电磁脉冲波，接收脉冲在管道与土壤界面上产生的反射和绕射回波，根据接收回波的传送时间、幅度与波形来判断管线的深度、位置和估算管线直径。所以，既可以用于地下金属管线探测，亦可用于非金属管道探测。

21 世纪初，河南省生物遗迹与成矿过程重点实验室的郭晓南等人，使用意大利 IDS 公司生产的 RIS 高精度探地雷达，对河南理工大学馨月湖南侧地下排水管道分布进行预见性揭示（《地质装备》2012 年第 1 期）。他们通过对管道与其周围介质的物性差异分析，设置相关参数，进行数据采集、分析、处理，解释出排水管道的空间位置和埋藏深度，经验证与实际一致。

张进华等在南京市白下路河输水管施工过程中，利用探地雷达准确地探测到铸铁煤气管和给水管等金属管线的位置，为管道设计和施工安全提供了重要的参考依据；在金坛市管线普查过程中，不仅地下水泥管的管顶反射清晰，而且还接收到较强的管底反射信号；在上海市黄埔江边对埋深达 9m 左右的军用光缆进行了探测，反射信号非常强，从而准确判别出光缆的空间位置。

钱荣毅在福州市某居民小区也利用探地雷达对 PVC 和 PE 等非金属管进行了探测，有很明显的效果（《现代雷达》2004 年第 8 期 ）。

杨剑等在成都市利用瑞典玛拉公司生产的 RAMAC 系列雷达对某人行天桥地下管线进行了探测，查明了每个桩位点处 1~6m 深度范围内的管线情况。查明 3 号桩位处有埋深 1.2m 的给水管线；1、2、6 号桩位旁边存在擦边管线；其余位置则没有管线通过。通过雷达探查，摸清了天桥建设各桩位地下情况，对后期工程钻孔有重要指导意义（《物探化探计算技术》2010 年第 6 期）。图 15–5 为杨剑等探测的成都市某人行天桥桩位编号；图 15–6 为杨剑等人当年做的 4 号、5 号、6 号桩一条测线雷达扫描图。从图可以看出：4 号桩位无明显的异常反应；5 号桩与桩身擦边处有一处明显异常，推断是路边干扰引起；6 号桩与桩身擦边处有一条拱形异常，杨剑等推断为管线。从杨剑等在“探地雷达在城市地下管线探测中的应用”一文所提供的这条测线雷达扫描图，我们可以清楚地看到，探地雷达信号确实具有探测、识别地下管线位置的能力。

2013 年崔青轴、陆伟在“探地雷达在城市地下管线探测中的应用”一文中，介绍了利用探地雷达在天津港南京路改造工程项目中探测城市地下管线（管线包括电力、电信、路灯、给水、污水、雨水、热水等）的情况。可见，探地雷达在探测城市地下管线方面起着非常重要的作用。

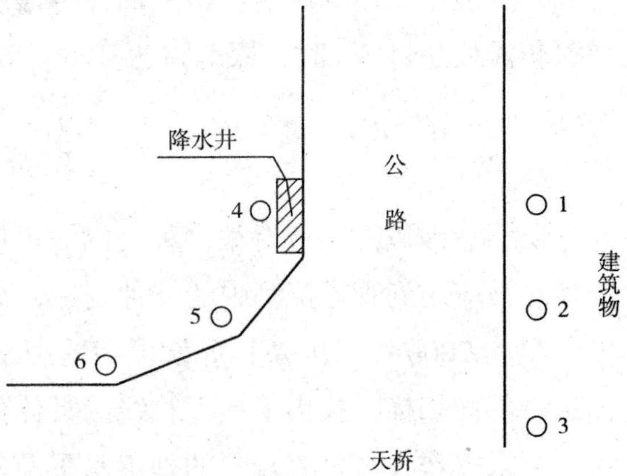

图 15–5　天桥大致桩位编号

不过，我们在肯定探地雷达作用的同时，对于探地雷达的局限性也应有清

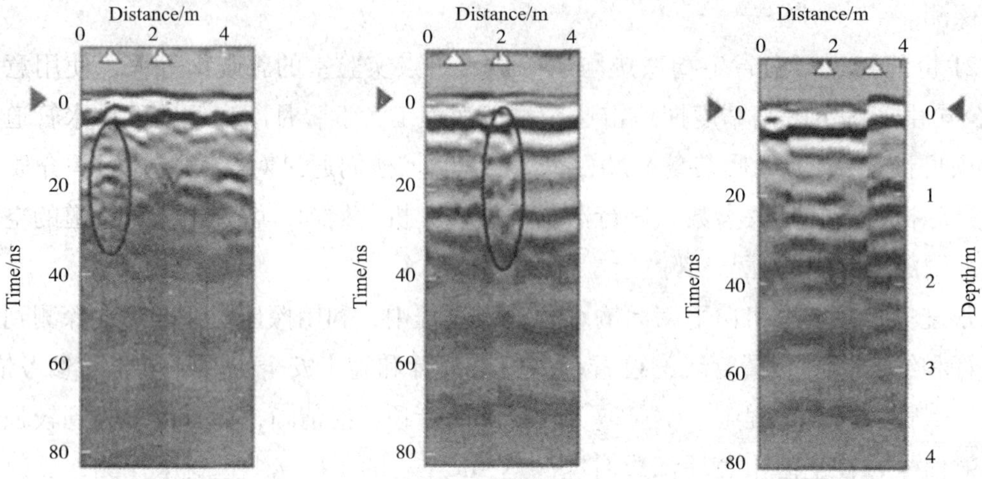

图 15-6 天桥 6 号、5 号、4 号桩位的一条测线雷达扫描图

醒的认识。由于探地雷达所接收到的信号十分复杂，叠加了电磁信号脉冲在通过地下各个介电常数变化的界面时的反射，并且传播过程中信号被吸收衰减，波形和波幅也会发生较大的变化，此时如果覆盖层中有其他的积杂物，则会使雷达波的反射变得紊乱、无条理，不易准确判断管线的位置和埋深。因此在探测过程中，对情况复杂的地段，要采用多次重复探测、调试多种参数、平移探测剖面等手段，以确保探测工作的精度。另外，探地雷达实践告诉我们：当地层土壤电阻率低时，则探测深度就小。在进行地下管线探测时，首先要了解管线的类型、走向和大致埋深，以及地层土壤性质、密实程度、含水等（这些会影响电阻率），合理选择天线频率，设置最佳时窗和选择滤波参数。地下管线埋置较浅时，时窗设置不宜过大，以有效突出管线反射信号；管线直径较小时，探测天线的移动速度不能太快，否则在图像上很难出现双曲线特征，会在垂直方向出现线状强反射信号。测线布置应尽量垂直于地下管线的走向。另外，受地电条件的影响，雷达的探测深度有一定的局限性，当探区地下水位较高或埋深较深如超过 5m 时，探地雷达基本无效。

地震波法

除雷达波以外，还有很多种类的波可以被用来检测地下非金属管线。其中，地震波就是被应用到管道探测中的波种之一，该方法又称地震映像法。

早在 2000 年，杨兴其等就采用地震映像法通过最佳窗口的选择，对要探测的路面进行剖面扫描，找出了地下管线的具体位置。这种方法受环境和地下介质的影响较大，要求操作人员具有较强的理论水平及实践经验。同时，此方法在理论上及实际操作中还有许多值得推敲的地方，所以不宜随意采用此方法。地震波映像法就是利用弹性波在地下介质的传播过程中，遇到地下管线后产生反射、折射和绕射波，使弹性波的相位、振幅及频率等发生变化，在反射波时间剖面上出现畸变，从而确定地下管线的存在。在没有地下管线的地方，地震波的形态及到达时间应该大致相同，而地震波发生畸变及出现新的波组的地方，尤其连续发生畸变的地方，则可能有地下管线存在。

2013 年，广州市天驰测绘技术有限公司肖顺、张永命、任建平利用地震映像法，对广州市大坦沙岛上一段管顶埋深 7~8m、材质为玻璃钢夹砂、直径 1.4m 的污水非金属输送管进行了探测。探测时先用地质雷达进行扫描无异常信号，分析原因主要为地下水位太高导致电磁波被大量吸收，加之玻璃钢夹砂管的介电常数与周围介质差别不大，故难以产生明显的反射波。再采用地震映像法探测该段管道，异常明显。经钎探验证，异常反应的管道平面位置准确，管道实际埋深为 7.8m。

肖顺等在“地震映像法在超深管线探测中的应用”（《城市勘测》2014 年第 1 期）中对采用地震映像法探测目标管线进行总结认为：

使用该方法时目标管道需要满足以下两个基本条件：管顶埋深＞3m，若埋深太浅，其反射波容易被直达波和面波所覆盖，导致无法分辨反射波形态；管径＞1m，原则上管径越大，越容易从地震波中识别出来。因为地震波波长相对较长，太小的目标体无法形成完整的曲线异常，容易造成遗漏。

地震波的反射性能受介质的电性影响较小，穿透能力与土壤的含水量大小也关系不大，故该方法在地面、水面均可适用。地震映像法正好弥补了低频电磁法对非金属管道无能为力的缺陷。特别是对于不易找到接触点的非金属管线，我们可以采用地质雷达 + 地震映像法 + 钎探的综合手段进行探测。

瑞雷波法

瑞雷波法也可以检测地下非金属管线，它是利用地下管道与其周围介质之间的面波波速差异，测量不同频率激振所引起的面波波速，可探测埋设较深且直径较大的金属或非金属管道。瑞雷波探测方法有时间差法、相位差法、稳态法、瞬态法。在地下管线探测中常用瞬态瑞雷波法。该方法对深埋的非开挖管道平面位置的定位比较准确，实践中该法可以成功地探测到多处深埋的天然气非开挖管道。曹春生曾在“多道瞬态瑞雷波法在管线探测中的应用”（《中国水运》2018 年第 5 期）中介绍了他利用瞬态瑞雷波法检测地下管线位置与深度的做法及分析解读，证明了瞬态瑞雷波法的探测效果。

单道共偏移距法

COD 法即单道共偏移距法（Common Offset Distance）也是很早被用于地下非金属

管线探测的技术之一。其基本原理是：当地下有管线存在时，由于非金属管线与周围介质存在着物性差异，激发的弹性波在遇到这一界面时会发生反射，反射波被仪器接收并记录，再根据发射信号的同相轴的连续性及频率的变化分析判断管线的空间位置。岳亚东在“COD法在非金属管线探测中的应用”（《煤炭技术》2003年第7期）中就介绍过他们采用此方法对哈尔滨建材厂内的排水管线进行了探测的情况。根据他们的探测经验，岳亚东认为：COD法对于埋深较浅、管径较粗的管线效果会更好，但是必须注意的是其道间距必须小于波长的1/4，且一般道间距不大于0.3m。由于COD法的采集质量受环境干扰影响较大，所以最好选在夜间施工。正因为这个局限性，这个方法近年来已经很少被采用。

声波法及各种示踪法

还有很多利用声波原理进行非金属管线探测的专用探测仪也在实践中获得过应用。不过，利用声波中管道及其内部液体的传播特性来探测管道位置，可以确定平面位置，却不能确定埋深。因此，许多声波法非金属管线探测仪，仅仅只是探测管道，而不能测深。其应用自然会受到一定限制。

另外，示踪线标识法、记标标识法、示踪电磁法等也可以用于非金属管线探测。示踪线标识法、记标标识法探测的前提条件是非金属管线埋设时预埋有示踪线或记标，日后才能用这种方法进行管线位置探测；示踪电磁法则需要具备示踪探头或导线可以进入被探测管道内部才行。这些探测方式的局限性也是显而易见的，只在一些特殊的环境下有其应用价值。

地磁法检测技术

人们通过长期研究发现：任何物质对地球电磁场都会产生影响，只是不同物质对地球电磁场的信号幅度和相位产生的变化不同而已。据此，人们开发出一种名叫探地成像仪的设备，专门用于检测这种变化信息（地表下各种物体对地球电磁场产生的幅度和相位变化），并将此信息通过探地成像仪3D图像处理软件进行处理，从而实现对地下物体的成像探测。昆明城市地下管线探测办公室解智强等人在《地矿测绘》2010年第3期发表“基于地磁原理的非金属地下管线探测技术的研究与应用”一文，介绍了他们利用地磁原理在昆明龙头街片区进行非金属给水管线探测的经验，并探讨了地磁原理探管的特点。实践表明：非金属管线与周围土壤及混凝土介质区别很大，因此，探地成像仪能够很容易地将其与周围地物分辨出来。探地成像仪的最大探测深度可达60m，是目前地下管线探测设备中任何被动源类仪器无法比拟的。地磁原理探测新技术的出现，为解决大埋深非金属管线的探测带来了曙光。但是，这种方法也很容易受到周围环境影响，增加了对目标管线判读的难度；在管线布设复杂区域，由于非金属管等弱信号管线很容易被金属等强信号管线所干扰，这种方法理想的使用范围有局限性，影响了这种技术的推广。

电测法检测技术

20 世纪 70 年代，英国学者 Johansson 博士设计了一种电测深系统，用的是一组排列有序的阵列电极，成为高密度电阻率法的最初模式。后来，人们通过不断改造，特别是 20 世纪 90 年代，随着电子技术的飞速发展，高密度电阻率法探测技术的优势逐渐显露。我国地矿系统在当时也引进了一些国外的高密度电阻率法探测系统，再加上自主创新，我国在高密度电阻率法探测的研究、应用方面不断成熟。2000 年前后，我国就将高密度电阻率技术应用到各种工程地质勘察中，技术水平进入国际先进行列甚至逐步领先。

20 世纪末期，江西省地球物理勘察技术研究院引入高密度电阻率法用于找水、地层划分及岩溶、地质灾害调查等工程物探工作，在实践中发现高密度电阻率法也可用于混凝土下水管道的探测。刘晓东等在“高密度电法在工程物探中的应用”（《工程勘察》2001 年第 4 期）一文中曾写道：在新余市的地下管线调查中，用高密度电阻率法探测技术成功解决了地下市政混凝土下水管道的走向与埋深问题。

邹延延等人也曾用高密度电阻率法探测过非金属管线。高密度电阻率法基本原理与常规电阻率法完全相同。当存在金属管线时，由于金属管线的导电性良好，它们对电流有“吸引”作用，使电流密度的分布产生异常；若地下存在水泥或塑料管道，它们的导电性极差，于是对电流则有“排斥”作用，同样也使电流密度的分布产生异常。通过在地面布置的 2 个测量电极便可观测到这种异常，从而可以发现金属管线或非金属管线的存在及其位置。这种方法是以金属管线或非金属管线与其周围的土层存在导电性差异为前提的。

在某中学扩建中，用金属管线探测仪无法探测到地下情况，刘万恩等采用高密度电阻率法探测出地下管线走向及分布情况，其中有一条是直径为 2.2m 的混凝土供水干管。高密度电阻率法是一种体积探测方法，与常规直流电阻率法相比分辨力高且效率可观。高密度电阻率法作为今后城市地下管道探测的一种有效手段，可以与其他物探方法配合来解决金属管线探测仪无法探测地下非金属管道的难题。

6. 测绘及 GIS 系统开发技术

2002 年冬天，我们去大庆油田考察油田集输管道检测方法，记得当时接待我们的是大庆油田勘察设计院土防室副主任黄桂柏先生。他首先拿出了一册厚厚的检测报告让我们看。当我根据目录索引翻到最感兴趣的防腐层破损点一览表时，才知道检测结果在报告上的表示方式是标桩号加分贝值。然后，黄主任又陪我们去当年秋天刚检测过的一条混输管道现场，我们看到：在白雪覆盖的麦地里，有一些打在地上的木头橛子，我俯身仔细看了看，上面写着五位数的阿拉伯数字，这就是检测标志桩了。然后黄主任告诉我，等来年春天，需要开挖验证或维修时，就根据这些木橛子上的编号对照检测报告上标的分贝值来决定是否开挖维修。我当时就想：如果时间长了，竖在地里的木橛子会不会被别人拨走？如果发生这种情况，今年的检测不就等于白费功夫了吗？黄主任看出我的疑惑，赶忙解释说，这个标桩号，不是简单的顺序号，而是用测绳从被测管道起点或某个不易变更的地理特征点如公路边或河边起始的以米计量的里程数。

测绳量距是最古老的测绘技术了。怎么进入21世纪我们做管道检测的还在用呢？测绳的积累误差可是很大的啊！如果测量几百米还好说，测上几公里甚至数十公里，那积累误差还不得有几十米吗？这么大的误差，在标桩丢失的情况下，重新测量一次从起始点到报告上所写的标桩号的位置，两次测量误差导致的差异很可能将使我们很难再次找到当时检测到的防腐层破损点啊！后来，经过进一步调研，我们才知道，其实当时完全可以用经纬仪或全站仪来测绘坐标，只要将经纬仪测量的经纬坐标转换成当时尚在使用的84坐标系，就可以给出所检测的防腐层破损点处的X/Y坐标，而不是标桩号。当要维修时，维修人员根据检测报告的坐标，再用当时流行的手持式GPS测绘仪就可以轻松地找到当初检测到的隐患点。当然，那时的手持式GPS测绘仪误差还比较大，经常在5m左右，寻找起来的确也有不便。好在不久，这种情况就彻底改变了。因为，再后来随着测绘技术的进一步发展，特别是卫星导航技术的普及，我们可以用更便捷的方式进行精确的坐标测量了。再也不用在地里打木橛子，写标桩号了。检测的隐患信息与隐患点精确的地理坐标信息可以很方便地存储在检测人员的手持仪器或接收终端里，不仅可以随时调用，还可以很方便地编辑传输。可见，管道检测离不开测绘技术。那么，测绘技术又走过了哪些发展历程呢？

测绘发展的早期史

测绘实际上是个古老的技术。早在公元前1400年，埃及就有了地产边界的测量，公元前3世纪，中国人就学会了用某种形式的磁罗盘进行方位测量。司马迁在《史记·夏本纪》中有大禹为治水而进行测量的叙述。长沙马王堆三号墓出土的西汉时期长沙国地图是最早的可见的古地图，唐代南宫说于724年进行了子午线弧长测量。在公元8世纪，阿拉伯人阿尔–法扎里改进了古希腊人发明的星盘，就能准确地测定方位，以便能够准确地朝着麦加方向朝拜。后来，阿拉伯人发明了几种可以更准确地测量方位的象限仪。波斯人在 13 世纪时开始使用能够准确寻找方向的旱罗盘。此外，在公元 9 世纪，波斯著名学者花刺子模（约 780—850）制定了准确的三角函数表，大大降低了在海上测量距离的难度。这些都是古代测绘技术成就的典型代表。

但是，在过去数十个世纪里，测绘技术发展总体上相对缓慢。上述罗盘、象限仪虽然可以解决航海的大致方向，但是仍然无法解决精确定位以规避暗礁的问题，其关键在于由于地球自转，经度无法准确测量。为此人类进行了长期的探索，无论是著名航海家亚美利格·韦斯普奇（1454—1512），还是大科学家伽利略（1564—1642），都花了很大的精力试图解决经度测量的难题，但是最终都失败了。

1707 年，一支英国舰队在战胜了法国舰队之后胜利返航，却在途中遭遇大雾，迷失了方向。由于无法确定准确位置，有 4 艘战舰撞上了海岛，全部沉没，1500 多名水手被淹死。这件事再一次让英国政府意识到寻找经度的重要性。1714 年，英国国会通过了《经度法案》，规定任何人只要能找出在海上测量经度的方法，便可以拿到 2 万英镑的奖金。为了公正地找出获胜者，英国国会还成立了“经度委员会”，请来包括牛顿在内的许多著名科学家担任评委。

1713 年，世界上制造出的第一台航海钟，重达 34kg，1m 见方，是个不折不扣的庞然大物。直到 18 世纪，英国一位钟表匠约翰·哈里森（1693—1776）和他的儿子花了近 30 年时间先后发明并改进航海钟。1759 年，哈里森终于造出了一块只比怀表大一点的航海钟，由于比第一只航海钟小巧了许多，人们便开始将航海钟改叫航海表了。那一年，英国“经度委员会”让哈里森的儿子带着航海表远征牙买加，经过 81 天的海上航行，航海表只慢了 5s，大致相当于 3km，其误差率远小于“经度委员会”制定的最大限度。

1766 年，支持“月距法”测量的马斯克林内出版了《航海历》，以 3 小时为间隔，给出全年月亮相对于太阳和主要恒星的位置，航海者查阅航海历，对照头顶的星空图像，可以确定自己所在地的当地时间。海员们一直坚持使用这个方法对航海钟进行必要的校正。可以说，正是这两种方法的合作，才保障了远洋船的安全。直到 1995 年，卫星定位法正式进入商业化时代，远在太空中的 24 颗定位卫星终于彻底地把航海钟和《航海年鉴》送进了博物馆。

测绘仪器是测绘技术发展最生动形象的写照，每一款仪器都折射着测绘技术发展进步轨迹。回顾测绘仪器的发展历史，我们发现测量仪器从早期的测绳、罗盘仪、游标经纬仪发展到目前的电子经纬仪、数字水准仪、全站仪、GPS 以及各种专门测绘仪器，是一个不断加速的过程。当然，改写测绘业面貌的技术跃升，主要发生在近百年的时间段内。

测绘技术的现代史

根据刘晓光、宋凯军在“测绘仪器发展的历史回顾与发展趋势”中对测绘仪器发展的历史所作的梳理，从17世纪到20世纪中叶是光学测绘仪器时代；到了20世纪60年代，随着光电技术、计算机技术和精密机械技术的发展，测绘迈向了自动化时代；到了20世纪80年代，随着电子测角技术、激光技术、卫星导航技术的发展，测绘真正进入了现代化。

就具体的测绘仪器研制而言，1949年，瑞典物理学家贝尔格斯川与该国的AGA仪器公司合作，研制成功一种利用白炽灯作为光源的测距仪；20世纪70年代，德国OPTON厂和瑞典AGA厂研制生产出世界上第一台全站仪；1973年12月，美国国防部批准建立新一代导航系统GPS。这三种测绘工具的出现，深刻地影响了测绘业务发展方向，迅速推动了测绘工作向数字化、信息化、智能化方向迈进。

伴随着测绘仪器的发展，测绘在人类社会中的基础性作用得到了更好的发挥。现在，无论是工业、农业、矿产资源领域，还是军事与城乡社会发展都离不开这个重要的技术载体。各国都给予了高度关注。我国从建立1954北京坐标系到建立北斗卫星导航系统，一直在持续追踪世界测绘技术的发展、推进基础测绘、研究最新技术，最终使我们在这个以空间技术、计算机技术、通信技术和信息技术为支柱的测绘高新技术时代站立潮头，成为世界测绘技术发展的引领者之一。2017年1月1日至4日，中央电视9台连续播出了与国家测绘地理信息局联合拍摄的《地图传奇》，一幅幅老照片不仅展现了广大测绘工作者大半个世纪的传奇与风采，也展示了测绘技术在中国的发展历程。图15-7是我国四川测绘工程院女子测绘队在1977年从事野外勘测的场景图片。

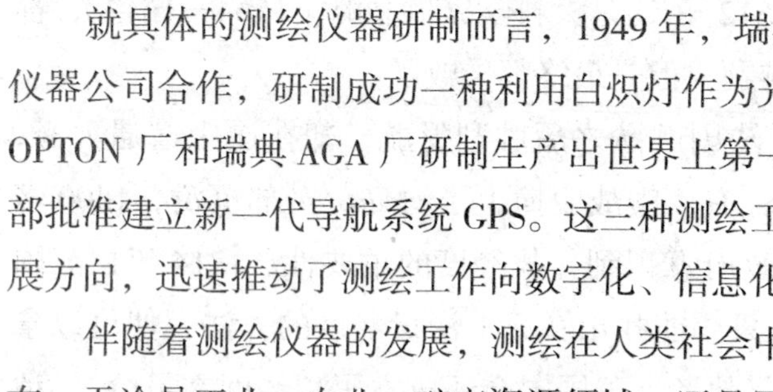

图 15-7　四川测绘工程院女子测绘队野外勘测场景

测绘技术与管道检测有着密切的关系，不仅测绘技术影响我们对检测成果的表达格式、储存、编辑、传输、转化，而且随着测绘行业日新月异的变化，也对我们的检测结果的分析应用产生了革命性的影响，这便是后来的GIS技术。

GIS技术的出现

1963年，加拿大的Roger.F.Tomlinson提出并建立的世界上第一个GIS——加拿大地理信息系统，用于自然资源的管理与规划。这个历史事件具有特别重要的意义。因为，从此以后，各国都认识到GIS的实用价值，国际上相继开展了一系列GIS讨论会，使该技术得到迅速的应用推广。30 年之后，管道检测评价也与该项技术深深融合，为数字化管道打下了第一根坚实的桩基，使管道的安全风险控制与运行维护管理随测绘技术革命，同步进入一个新的时代。

GIS 技术最早可以上溯到 20 世纪 40 年代。那时，由于计算机科学、地形学和航空摄影测量技术的发展，逐步开始利用计算机汇总、处理和分析数据，作为辅助决策的有效方法，出现了地理信息系统的基本框架。

中国石油大学（北京）王卫强等在一个得到中国石油化工总公司资助的研究项目中，对 GIS 技术的发展历程与在油气管道中的应用进行了系统的总结（《油气储运》2007 年第 7 期）。结合其他资料文献，我们可以将 GIS 技术的发展历程与在管道测绘领域中的应用概要梳理如下：

1956 年，奥地利测绘部门利用电子计算机建立了地籍数据库。1962 年，麻省理工学院一名研究生在其博士学位论文中，首次提出了计算机图形学的术语，并论证了交互式计算机图形学是一个可行的、有用的研究领域。人们一般把 20 世纪 70 年代看作是 GIS 的巩固发展时期。在这个时期，美日等国研发了多个地理信息系统并投入地质、地理、地形和水资源等信息处理，为国家和地区土地规划等服务。许多大学开始培养 GIS 方面人才，创建了 GIS 试验室。20 世纪 80 年代则是 GIS 大发展阶段。在这个阶段，GIS 的应用领域迅速扩大，许多国家制定了本国的 GIS 发展规划，启动了若干科研项目，建立了一些政府性、学术性机构。20 世纪 90 年代是 GIS 应用普及阶段。美国副总统戈尔甚至在 1998 年 1 月 31 日，提出了数字地球的概念，并明确指出我们需要一个“数字地球”。

我国也在 80 年代初相继成立了中国科学院遥感应用研究所地理信息系统研究室、资源与环境信息系统国家重点试验室等研究机构。“七五”期间，GIS 被列入国家科技攻关计划，开始有计划、有组织、有目标的科学研究、应用试验和工程建设工作。20 世纪 90 年代后，我国 GIS 步入快速发展阶段。“中国 GIS 协会”和“中国海外 GIS 协会”相继成立，涌现出一批优秀的 GIS 软件，在多个领域开展重点研究，很快具备了走向产业化的条件。

数字化管道

在 GIS 的应用领域迅速扩大的条件下，20 世纪 90 年代，美国首先提出数字化管道的概念，加拿大、意大利等国迅速跟进，我国也从 21 世纪开始实施管道 GIS 系统。

美国 BUCKEYE 管道公司利用 GIS 技术建立了管道管理系统；EnronTrervices 公

司利用 GIS 技术建立了管道应急响应系统；美国管道安全局还专门建立了一个系统，将北美近 190 万公里的管道数据输入系统。北美联盟管道（Alliance Pipeline）也建立了地理信息系统，将所有资料都连接到 Oracle 资料库中，并向用户提供 GIS 数据。

我国从 21 世纪开始，在西气东输管道工程、兰成渝管道工程、忠武管道工程及陕京输气管道上应用 GIS 进行选线工作。在忠武管道工程中应用 GIS，成功绕开了三分之二以上的湖塘，从而缩减了建设周期和成本。

之所以 GIS 系统首先在油气长输管道上实施，长输油气管道安全的相对重要性是一个重要原因，另外，长输油气管道本身的自动化程度就高，GIS 融合长输油气管道原有的 SCADA 系统自动控制功能，更能体现 GIS 系统的应用价值。

实际上，一些老城区的市政管道、油气田地下集输管网，由于建设初期技术不够发达，只能用图纸记录这些地下管道信息，随着年代的久远，造成许多信息遗失，不好管理和修复。并且伴随着时间的延续，管网日趋密集、多元和复杂化，传统管理方式越来越难以为继。针对地下管道既具有空间信息，又有大量属性数据的特点，运用测绘技术发展的新成果，开发地下管道地理信息系统，有效解决“海量”管网信息的存储、管理、分析和应用等问题，为管网改造、泄漏抢修、隐患排查等业务提供数据支持，也非常迫切。因此，2010 年以后，我国在“数字化管道”建设的旗帜下，许多油气田的集输管网、城市市政管网纷纷开始开发应用 GIS 系统，并在全国涌现出像山东正元地理信息公司、广东中冶地理信息公司、湖南地质勘查院、机械工业勘察设计研究院、西安管畅科技等一批资深测绘单位。图 15–8 为东营森迈图公司工作人员正在测绘东营市东城市政管网，为开发建设市政管网 GIS 系统提供基础资料。

图 15–8　森迈图测绘公司内业外测工作场景一角

作为这项工作的基础，首先是要开发出一个基于地理信息系统（GIS）的管道管理系统，其次是管道检测工作者在探测的基础上对管道路由坐标、埋深信息、高程、特征点坐标、隐患点或特殊需要标记、关注的位置坐标等进行测绘（测量），然后录入开发好的管道管理信息管理系统。再次是要通过其他方式将管道的属性数据信息、管网检测与监测信息随时采集输入该系统，从而实现管道沿线地理信息、隐患实时检测或监测信息、运行数据采集、传输、储存和绘图融为一体，可为管道的勘测、设计、施工、投产运行、维护维修、管理监测、隐患预警等提供动态技术支持。不仅可以借此实现对管线的完整性管理、风险管理，还可以实现维抢修技术支持、第三方挖掘管理等。

尽管 GIS 系统软件和应用程序日趋成熟和完善，各种新型传感器的不断出现，给 GIS 系统提供了越来越有效的实时（或及时）数据，但是 GIS 系统在各类管道上的应用仍与人们期望的目标有一定的差距，无法做到迅速、精准、适当的反应或响应，不仅让一些隐患最终发展成事故，系统却没有及时提醒，而且还有许多分析模糊不清或及时性不强，让人们决策困惑。再如，管网 GIS 系统如何适应云（Cloud）逐渐成为了企业运营的核心理念，即如何减少对局域网内数据库中数据的依赖，充分利用云服务功能；如何使企业或用户随时可以使用分析工具，对自己感兴趣或有疑惑的问题寻找合理解释分析；如何提高数据采集的实时性、针对性、有效性等，都是我们需要不断深入研究的问题。

本书写到这里，关于各种管道检测技术的起源、发展历程、应用及技术特点基本全部涉及到了。但是，读者一定觉得有点凌乱。为什么？原因就是技术发展的逻辑线条不够明晰。可是，技术发展如同人类社会的发展一样本来就是一系列偶然事件的产物，怎么可能有逻辑呢？可是作为一种知识体系，如果没有给出内在的逻辑联系，不能用一个完整的思想体系揭示管道检测技术发展的本质特征和规律性联系，又怎么能帮助读者去方便地把握技术、认识技术、比较各类技术呢？岂不是枉有“探索史”之名吗？其实，我从一开始，就努力想从对技术发展的梳理中发现管道检测技术发展的线索。可是等我写到这里时，我发现我是失败的。因为我没有找到技术发展的明确线索，可以把管道检测的各种技术按照时间的先后，有逻辑、有规律地串联起来。我突然想起最近从微信朋友群看到的一则名叫《遗失的怀表》的小故事，故事是这样的：

有个在农场工作的农夫，有一天这个农夫打扫完马厩时，赫然发现他老婆送他的怀表不见了。由于这个怀表对他来说十分的珍贵，于是他马上又跑回马厩寻找找了一段时间，几乎把整个马厩都翻遍了还是没有找到，因此他气馁地走出马厩。

而这时候他发现外面正有一群孩童在玩耍。

于是他向那群孩童说：“假如你们之中有谁能在马厩找出他遗失的怀表，那个人便能得到五毛钱。”

于是孩童们一窝蜂地跑进马厩里寻找怀表，经过了一段时间，当孩童们走出马厩时，都表示没有找到怀表，此时农夫更加地气馁与失望。

就在这个时候，农夫听到了一个声音："我可以再进去找一次吗？"一个孩童对他说。

但是农夫觉得大家几乎都把马厩翻遍了都找不到，怎么可能凭你一个人就找得到呢？由于没有任何的利害关系，因此农夫答应了这位孩童。

过了不到一会儿的工夫，当那孩童走出马厩时他手里拿的正是农夫遗失的怀表。

农夫很惊讶地问他："你是怎么办到的？"

那个小孩回答："我进去之后什么都不做，就只是静静地坐在地上，慢慢地我听到了滴答滴答的声音于是循着声音我找到了怀表。"

或许，管道发展史也是这样，不需要我刻意地去寻找线索、梳理线索，硬性综合、抽象、概括、归纳演绎出它的逻辑来。更何况管道检测技术是实践的产物，管道检测实践的需要最终决定着应该从哪个方面来把握技术的本质规律，因而不同的实践需求会发现不同的规律。只要读者肯花费时间，慢慢地去体会，一定能发现这其中的内在逻辑。一定能发现解决自身工作需要的规律，实用的才是最好的！

参考文献

[1] 邹延延．地下管线探测技术综述［J］．勘探地球物理进展，2006，29（1）：14-19.

[2] 颜纯文．英国雷迪公司及其主要出产品［S］．中国装备［EB/OL］．［2016-02-03］.https：//wenku.baidu.com/view/ac43b2c14431b90d6d85c72c.html.

[3] 杨文胜 .RD8000 地下管线探测技术讲解［EB/OL］．［2016-02-03］.https：//wenku.baidu.com/view/f38afdc61b37f111f18583d049649b6649d70937.html.

[4] 潘正华，叶初阳．深埋管线的几种探测技术与规程精度探讨［J］．城市勘测，2009,（2）：134-137.

[5] 张汉春，莫国军．特深地下管线的电磁场特征分析及探测研究［J］．地球物理学进展，2006（4）：1314-1322.

[6] 陈亮．惯性陀螺定位技术与可视化验管工艺在管线探测中的应用［J］．中国煤炭地质，2017，29（7）：75-79.

[7] 王法刚，叶国宏．频率域电磁法在探测地下管线中的应用［J］．岩土力学与工程学报，2001，20（增刊）：1787-1789.

[8] 李远强．瞬变电磁法在地下金属物体探测中的应用［J］．北京地质，2002，14（3）：29-32.

[9] 杨旭．国内外地下电缆、管道探测仪评说［J］．地学仪器，1990（1）：1-6.

[10] 解智强，何江龙，等．基于地磁原理的非金属地下管线探测技术的研究与应用［J］．地矿测绘，2010，26（3）：13-19.

[11] 薛克先．探测地下埋设物的几种仪器和方法［J］．地学仪器，1990（2）：14-25.

[12] 刘晓东，张虎生，朱伟忠 . 高密度电法在工程物探中的应用［J］. 工程勘探，2001（4）：64–66.

[13] 杨兴其，赵伟，张世明 . 地震波映像法在援厄下水道改造工程中的应用［J］. 西部探矿工程，2000（5）：67–68.

[14] 陈军，赵永辉，万明浩 . 地质雷达在地下管线探测中的应用［J］. 工程地球物理学报，2005（4）：260–263.

[15] 王水强，黄永进等 . 磁梯度法探测非开挖金属管线的研究［J］. 工程地球物理学报，2005（5）：353–357.

[16] 刘晓光，宋凯军 . 测绘仪器发展的历史回顾与发展趋势［J］. 黑龙江科技信息，2008（20）：1–1.

[17] 王卫强，吴明，等 .GIS 在长输油气管道的应用现状与发展趋势［J］. 油气储运，2007，26（7）：1–5.

[18] 晏燕 . 探地雷达从 25 研究所诞生［S］. 科技日报，1994–09–06.

下卷

中国当代实践卷

引言
中国当代管道检测行业的先行者们

清同治三年（1864 年），上海埋设第一根地下煤气管道，首开我国的城市地下管线记载后，各种管线相继向地下发展。1959 年，克拉玛依到独山子炼油厂的第一条原油长输管道在新疆建成投产。这条全长 147 公里的管道，标志着管道输送业在中国的诞生。然而，管线的运行管理技术发展一直落后于管道建设的步伐，埋地钢质管道的腐蚀控制技术仅仅停留在涂覆外防腐层的水平上，极少的长输管道加装了阴极保护设施。对管道运行状况的检测大约到 20 世纪六七十年代才开始出现报道或记录。

“文革”前，一些重要的管道工程施工现场开始实施射线探伤与磁粉探伤检查质量，检测仪器设备几乎清一色为是从国外引进的，检测工作开展也未普及。“文革”开始后，一批大院大所的研究人员被下方到工厂、施工企业，走进千厂万企，促进了科研与生产的结合，研究人员从之前的追求发表论文、完成课题的项目研究转向注重实际问题的解决。这种以实用为导向的科研观催生了管道检测技术的思想火花在中国初现，并最终成就了我国管道检测技术服务业的发展。

被下放或调动、分配到管道工程施工一线的一批“文革”前毕业的年青大学生最先注意到现场管道检测技术的迫切需要，并成为我国管道检测技术开发研究、实践的先行者。陈文锋、宋新、黄玉波、张俊义、姚吉吉等是当代中国管道检测技术先行者的代表，他们在十分艰苦的环境下，完成了中国当代第一代地下管道检测仪器的研发工作。

陈文锋，山东潍坊人，六十年代大学毕业生，是我国第一代埋地管道检测仪的发明者。他在“文革”期间率领胜利油建科研项目组，克服重重困难，在相对封闭的环境中，研发出系列管道检测仪器。该系列仪器不仅获得1978年首届中国科学大会奖，而且该仪器发明被民营企业家孙珍山在海安电子仪器厂批量开发生产，成为我国20世纪70、80年代唯一投入实际应用的管道探测与防腐层检测仪器系列，是格拉（格尔木—拉萨）管道等重点管道检测早期的主要仪器。

改革开放后，随着我国经济的复苏，管道建设的迅猛发展，管道检测成为一个重要的技术服务领域。20世纪80年代中期，在中国探矿行业不景气之时，正值中国城市建设开始起步，管道检测需求逐渐显现。华中科技大学的杨叔子、康宜华、武新军等人早在1985年就已经在开始研究磁化技术检测以及磁信号测量原理，上海交大的阙沛文等人对于管道缺陷的识别方法进行研究，合肥工业大学的何辅云等人分析漏磁信号缺陷的几何形状。但是，一般民众并不了解埋地管道检测是怎么一回事。只有直接从事管道建设的人了解管道是什么样的，而搞物探地质专业的人才能够理解埋地管道检测的需求和技术方法。一批从事地质勘测研究的与冶金勘探行业的一些工程技术人员遂将目光转向了城市地下管线、电缆的探测，促进了城市物探的兴起。南京物探院李国华、保定冶金勘探研究总院的李永年、何均、中南冶金研究所的杨立增等研究员、工程师们在中国管线探索史上留下了深深的烙印。

何均，保定金迪地下管线探测工程有限公司首任总经理。1992年8月12日，冶金部地球物理勘查院与香港雷迪有限公司共同投资设立保定金迪地下管线探测工程有限公司，字号"金迪"，当时的《工人日报》报道："金迪注册出一个新行业"。从而开中国管线探测行业之先河。

20世纪80年代，也是我国开始引进国外检测仪器的起始时期。第一款引进国内的管线仪是美国的MetroTech公司的VM810/850两个型号，这种单频的管线仪主要是少量应用在城市燃气管道的定位检测上。更加具有影响力的国外产品是英国的Radiodetection公司的RD400系列管线仪，在20世纪90年代初才开始在国内的管道业推广应用。这款仪器在国内普及，推动了民众对管道检测技术的认知，使得管道检测作为一个新兴的行业得以快速地发展壮大。

1989年，印尼归国华侨吴瑞麟老先生将英国Radiodetection公司的RD400系列管线仪引进到国内，当时国内建成的埋地管道相对还比较少，与普通民众发生关联的就是大城市中的自来水、燃气和热力管道。吴瑞麟找到了上海的何泽诚帮忙进行技术和产品推广工作。

何泽诚，苏州人，著名科学家何泽慧的弟弟，地质仪器专家，长期在上海地质仪器厂（现上海地学仪器研究所）从事地质仪器引进、研发工作。1990年，已经退休的何老先生，找到了同样已经从冶金地质科研单位退休的杨子江，共同参与组建了英国Radiodetection公司的北京办事处，负责英国RD系列管线探测仪在大陆市场的技术推广和销售工作。以何、杨老先生为代表的老一辈技术工作者，通过参与管道检测技术和产品的应用推广工作，培养了第一批管道检测设备专业技术队伍。直至今日，在我国管道检测行业中民营企业的创立者和技术骨干，大多是从这支队伍中脱颖而出的。可以说，他们是开启了中国管道检测技术应用征程的奠基者。

杨予江，广东人，早年毕业于长春地质学院，我国第一代自己培养的地质物探专业的大学毕业生，长期从事黑色金属的探矿工作，是我国冶金地质领域有影响的物探专家。在 1991~1994 年英国雷迪北京办事处工作期间，杨老先生敏锐地发现了埋地钢质管道腐蚀检测的技术需求，结合 RD 管线仪，进行了一系列的探索和试验。1994 年 5 月杨予江先生回到天津加入嘉信技术工程公司，正式开始了埋地钢质管道外防腐层和检测技术的研发。天津嘉信公司的技术路线是：应用 RD432PXL/PDL 型管线仪的电流测量功能，通过测量埋地钢质管道上检测信号电流衰减规律，来检测定位管道外防腐层破损和评估外防腐层的老化程度。由于在评估防腐层等级的过程中需要对管道实施多频率的检测电流，故该方法命名为“多频管中电流法”，基于该技术开发的软件命名为“GDFFW”，是“管道防腐”的拼音字头，“W”则代表是 Windows 的版本。以该软件配套应用雷迪公司的仪器，成为影响中国埋地钢质管道腐蚀检测技术二十年的技术和设备。该方法后被列入 SY/T 5918—2004《埋地钢质管道外防腐层修复技术规范》推荐的技术方法。

自 1996 年嘉信公司推出埋地管道防腐层数据处理软件 GDFFW 以来，在我国的石油、化工、城市燃气及管道输送行业已有百余套检测系统应用，对相关行业所属管线的维护检测工作发挥了重要作用，为广大用户取得了可观的社会、经济效益。后继的交变电流梯度法检测技术和配套数据处理软件 ESTEC 成为中国埋地钢质管道外防腐层检测评价的首选技术方法。

在早期的埋地钢质管道检测技术中，外防腐层检测技术承担了主要的腐蚀检测评价任务。针对长输管道的特殊需求，20 世纪 90 年代末，东北输油管理局与邮电部第五研究所结合我国输油行业的管理模式，完成了测量单元管段防腐绝缘电阻、评价防腐层状况方法的研究。变频选频法的主要研发者是李绍忠和苑绍成，检测仪器的开发和应用推广者是苑绍成先生。

苑绍成，辽宁人，毕业于北京邮电大学，就职于邮电部第五研究所，多年从事地下通讯电缆的防腐蚀技术的研究。

石油行业是管道输送业的核心领域，因此，一批在石油行业最早参与管道技术研究的知识分子，如从中石油西安管材研究所走出的路民旭、王世宏、张旭，以及在高校最早从事管道检测技术研究的教授们如中国地质大学杨旭、清华大学的黄松岭、沈阳工业大学的杨理践、天津大学的靳世久等；身处中石油、中石化管道技术服务业的一些工程师如黄凯、常贵宁、张明举等；最早接触管道检测技术服务的民营公司的技术骨干如襄樊震柏公司的袁厚明、武汉安耐杰的李英杰、驰骋千里科技公司的尚兵、李晓松等；从事检测仪器研发或引进服务的孙珍山、杨子江、林宁江、李金武，以及中国特种设备检测研究院何仁洋等，都可以称作是带动我国管道检测技术发展的先行者。

他们的思考与探索共同勾勒出我国管道检测技术探索发展的轮廓，形成中国技术发展史中的一小片独特的风光。当然，再执着的手也握不住时间的河流，岁月如细沙在指尖轻轻地溜走。当昨日渐行渐远，我们蓦然回首，发现他们每个人都是一道亮丽的风景线。可是随着时间的延续，有的风景已经逐渐模糊起来，如果不及时记录下来，后人可能就无法知晓中国管道检测技术发展史上的一段历史。然而，我努力了两年，却只搜罗到他们中极少数一些人的资料。仔细推敲，虽然不完整、也不完美，却也足以绘制出中国半个世纪以来管道检测技术发展画卷。

第 3 篇　中国管道检测实践的先行者

第 16 章
陈文锋研发的中国第一代管道检测仪

2019 年春天，我与胜利油田常年从事输油管道泄漏监测技术研究的常贵宁电话探讨管道检测技术在中国的起源时，他提到最近看到一篇文章，讲到 SL 系列管道防腐层检测仪器的研发经过。我顿时来了精神，因为我知道：SL–1 系列管道防腐层检测仪就是我国实际应用到管道工程上的第一代检测仪器啊！

在我多次电话讨要下，常贵宁终于从他那藏有近 7000 册图书的“办公室图书馆”找到了东营石油企业文化促进会主编的那本《石油纵横》（第 22 期）。其上有陈文锋老先生发表的《航空人到石油人》的回忆文章，提到他研究管道检测仪器的一些细节。不仅他当年的执着钻研精神让人敬佩，而且从这篇文章提供的一些线索来看，他的探索在中国管道检测技术探索史上有独特的作用。为了更全面地了解他所代表的那个时代中国在管道检测仪器研发方面的先行者所走过的艰难历程，我通过胜利油田基建处联系到已经退休 20 年的陈文锋高级工程师（图 16–1 为“文革”期间陈文锋在试验室撰写检漏仪论文的照片）。

图 16–1 “文革”期间陈文锋在试验室撰写检漏仪论文

2019 年 5 月 23 日上午，这位 80 岁的白发失聪老人，应邀走进我在“胜利创新孵化器”大楼里的办公室，讲述了他那段不平凡的研究岁月。

1. 从航空人到石油人

1966 年 7 月，毕业于南京航空航天大学飞行器自动控制专业的陈文锋，背着行李卷来到他心驰神往的航空部 618 研究所报到。山重道曲、树木森森中带着几分神秘色彩的工作环境，使这位风华正茂的年轻人心潮澎湃，心中默唱了一遍又一遍母校校歌。特别是校歌中的“效法羲和驭天马，志在长空牧群星”，似乎有一种特别的感召力，让他激动不已。

数年之后，正当他的科学研究初步结出诱人的果实之际，他的家庭却再也不容许他只埋头于自己的事业了。年迈多病的老人需要照料，蹒跚学步的儿子也不能只由妻子一个人来抚养。加之，文化大革命已经将他从 618 所下放，试验研究已经时断时续，1972 年 12 月，他索性告别了 618 所，来到胜利油田做一个石油人，与家人团聚。从航空人到石油人绝不仅仅是换了一身工装，而是意味着从此要从精英云集的科研大楼，进入到“干打垒”与井架交织的茫茫荒原。但是，这一切并没有阻断陈文锋在南航与 618 所成就的科研基因。“智周万物，道济天下”的校训时刻在警醒着这个新石油人。他想：做了“石油人”，就要撞响“石油钟”。油气管道工程施工是油建指挥部的核心业务，努力延长管道使用寿命，是他们最高的追求。而焊接和防腐层质量是能否实现这个目标的关键。

1970 年，油建铺设的 50km 的滨纯（滨州至纯化）输油管道，投产当年就被腐蚀穿孔，多处漏油，挖开后却找不到漏孔的确切部位，只得重新铺设一条新管道。此类情况全国已经发生多起，损失非常惨重。这个问题成为时任胜利油建总工程师张鹤龄的心病。陈文锋的调入，让这位总工程师灵机一动，便将防腐层检测这个难题交给这位有过专门从事科研经历的年轻工程师。为了减轻年轻人的思想包袱，他还鼓励陈文峰说：“搞不成探个路也好。”其实，不仅是油建总工程师张鹤龄重视这个研究项目，时任科研科领导的于家顺高工也很支持陈文峰进行管道防腐层检漏仪开发研究项目。

2. 登上全国科技大会领奖台

陈文锋的脑细胞中始终存有他的南航母校和 618 母所的科研基因。他在新的岗位上，仍然不忘南航“智周万物，道济天下”的校训和 618 所“航空报国，追求第一”

的传统，改行而不改志。来到胜利油田后，他非常关注国内外油田建设领域的科技创新动态。地下油气管道工程是油建公司的主要施工产业，也是油气集输的重要基础设施。管道的使用寿命主要取决于焊接和防腐层质量。所以，这两个领域的科技创新是油建工程质量与效率提高的基础。陈文锋在得到两个直接领导支持后，决心攻克这个难题。

探路发现“皮尔逊”

陈文锋按照618所的科研程序，从1974年12月开始，首先检索国内有关科技期刊等资料，判断这个课题国内尚属空白。然后检索国外专利文献和有关资料。检索加翻译资料，耗时5个多月。非常幸运的是，功夫没有白费，找到了一篇美国专利摘要。发明人是“皮尔逊（Pearson）”，专利申请日是1967年。虽然只是约200字的英文摘要和一幅原理附图，但他却如获至宝。他立即向张鹤龄总工程师汇报，张鹤龄喜出望外，鼓励他一鼓作气，沿着“皮尔逊”的路子试一试。当时我国未曾实施《专利法》，也未曾加入国际知识产权合作组织，国外专利产品在中国不受法律保护。所以，即使我们国家当年想用宝贵的外汇购买，人家也不卖给我们。但是，暗自仿制却不违法。然而没有样机，想仿制也枉然。所以只能根据人家的简要介绍加自己的揣摩，边试边改来达到目的了。

于是，陈文锋就根据原创人皮尔逊的“电流信号泄漏原理”，首先绘出地下检漏原理示意图（见图16-2），然后设计出发射机和接收机的具体电子线路。然而，他却两手握空拳，没有任何电子元件，巧妇难为无米之炊。1975年6月5日，陈文锋和刘培忠（北京石油学院毕业校友）去华东石油学院电工教研室，主动向黄玉坡等老师呈送检索到的有关资料，并向老师们请教有关知识。老师们对此事都很感兴趣，很愿意互相交流（陈文锋对老师们表示尊重，称为“合作”，但是未签任何“合作协议”）。

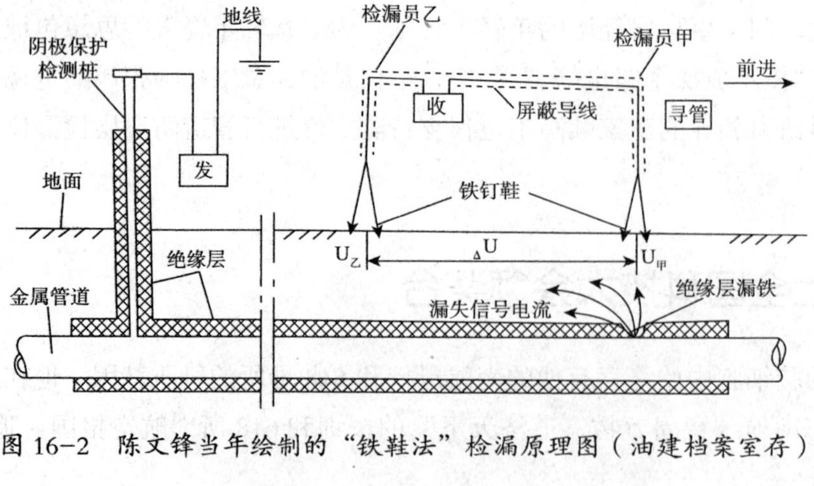

图16-2 陈文锋当年绘制的“铁鞋法”检漏原理图（油建档案室存）

他本来是希望人家能够向他们提供一些电子元器件。那个年代什么都缺乏，想了半天，也不好意思向老师开口求援。回来后，陈文锋走进油建广播室，在那里求助到电子元器件。1975 年 8 月上旬，他亲手试制出两套原理试验样机，一套发射机输出功率 15W，另一套发射机输出功率 5W。接收机也有两种不同的电子线路。

现场试验初告捷

1975 年 8 月中旬，陈文锋因为求援电子元器件的事与油建广播室的张景远和赵德源相识，他们也对创新发明试验感兴趣，于是就陪同陈文锋一起在野外做现场试验。他们试验时，将发射机输出的 800Hz 电流信号，一端连接到地下管道的阴极保护检测桩上，另一端用接地棒插入大地，地下管道就成了发射机的负载，防腐层露铁处已经与大地连通，此处就有漏失电流，并产生异常信号。两名检漏人前后距离约 4m 左右，各穿铁钉鞋，并由导线连接。前人手持接收机寻管，后人手持接收机检漏，沿着管道地面同步行走，如果检测到异常信号，那就是管道防腐层露铁处。

在那个年代，他们多次去野外做试验，大都是骑个人自行车，早出晚归，风雨无阻，头顶烈日，脚踏钉鞋。白天检测试验做好记录，晚上加班分析研究。从 8 月中旬到 11 月中旬，连续 3 个多月刻苦奋战攻关。他们先后在 5 种不同管径、7 条输油输气管道上，进行了 24 次野外现场试验和若干次改进；分别采用“钉鞋法”“线圈法”和“电容法”接收信号。经过分析对比，“钉鞋法”最理想。他们从中选出有代表性的 7 处露铁显示，挖开覆土，肉眼看到 6 处露铁损伤，露铁面积大的如半个手掌，小的如豆粒；其中 1 处只看到若干微孔，因为此处潮湿，所以也能与大地连通，产生泄漏电流信号而被检测到。

为了试验研究的需要，他们后来在一段废旧管道上，人为设置几处防腐层损伤，有露铁的，有不露铁的。埋在地下，反复试验，边试验边改进，直到所有露铁处全都能检测到，不露铁处则无显示为止。

“钉鞋法”“线圈法”和“电容法”究竟哪种方法更好呢？他们又反复进行试验。“线圈法”检漏只需一人操作，虽然检漏效果不如“钉鞋法”，但是能探寻地下管道走向，并且非常精确，当作“寻管仪”很有实用价值。“电容法”检漏也需两人操作，灵敏度不如“钉鞋法”，并且易受高压电线干扰，于是就放弃了“电容法”。所以，他们确定首先重点推出“钉鞋法”，其次推出“线圈法”。

成果样机试推广

样机试验初战告捷，张鹤龄总工兴高采烈，立即向油建指挥部李尚林指挥汇报。

李指挥立刻召见陈文锋，征询有何要求，并决定调配来4名青年助手（颜世光、王维志、杨连才、张少凡），成立电子科研组，由陈文锋任组长。在研究试验成功的基础上推进检漏仪的开发。李指挥指示供应站，按陈文锋的要求，配备几台常用电子仪器和所需电子元器件。领导的雪中送炭，让他们如虎添翼。于是，两间普通的平房成了他们的办公室和试验室。他们可以在此“安居乐业”了，也更加激发了陈文锋和电子科研组成员们继续奋斗的热情。

1975年12月，陈文锋决定研制18套试用推广样机。这批样机的技术性能和外观结构都要达到正规厂家的合格产品水平。他自觉加压，谈何容易。当时他们仅有的加工条件，是一张钳工桌和几把电烙铁。除了检漏仪面板和印刷电路板必须外出加工，其他所有工作都是在两间平房里手工完成的。

当时正是“文革”后期，政治氛围异常。虽然石油人把“战天斗地”“有条件要上，没有条件创造条件也要上”的口号仍然喊得震天响，但实际上没有几个人敢理直气壮搞科研。一不当心，“只专不红”的桂冠就可能嘉勉到自己头上。曾有几次召开“批林批孔”“反击右倾翻案风”大会，党小组长通知电子组全体到油建大礼堂“听会”。陈文锋实在舍不得放下正在组装的检漏仪，迟到了几次，就被一些人讥讽为不识时局的傻帽“科痴”。

在物质困难和政治氛围双重压力下，科研时间又时常受到冲击。领导的支持也没有使他们的科研环境好多少。陈文锋他们只得每天晚上和星期日悄悄地加班，制作检漏仪样机。

1976年7月，18套成果样机终于研制完毕。

这一时期，陈文锋的夫人刘瑞芝医生，也正是工作最繁忙的时候。她不分昼夜，时常出诊，或抢救急诊病人。政治学习活动也是“雷打不动”，业余时间较少。她为了让丈夫陈文锋专心科研，无后顾之忧，几乎承担了全部家务和照顾年迈公婆及两个年幼儿子的任务。看来，做“科痴”的妻子也很不容易。但是，他们始终认为：科研和治病救人同等重要。那时候，知识分子有的被称作“反动权威”或“臭老九”。然而，他们却在默默地报效祖国，奉献于人民。无论是“航空人”还是“石油人”，他们都是这样的人。

部级鉴定填空白

胜利油田科技处不顾当时全国紧张的政治形势，仍然组织召开了部级鉴定会。会议由油田科技处主管工程师史宝群主持，华东石油学院（现中国石油大学）的黄玉坡、廊坊管道局的张俊义等专家应邀与会。当与会人员看到这批样机（见图16–3），首先问哪家仪器厂生产的？当回答是胜利油建机研所的科研人员手工制作的时，与会人员发出由衷的赞叹！评审专家一致认可，该检漏仪是国内首创。最终鉴定结论是："该仪器填补了国内空白，达到美国同类产品技术水平，经济和社会效益显著，可在全国推广应用。"

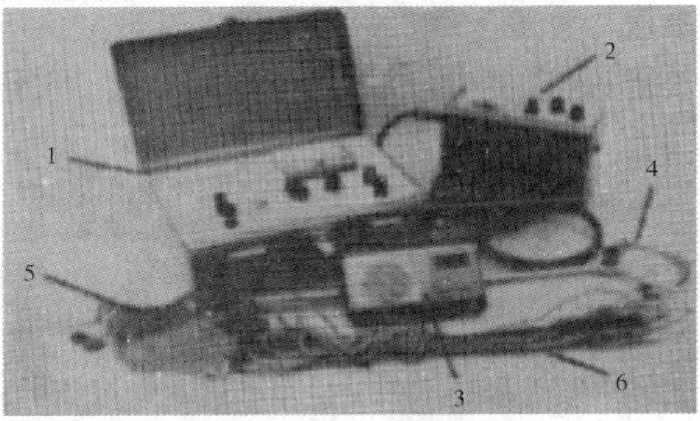

图 16-3 胜利 -1 型地下管道防腐层检漏仪全套样机照片

1—发射机；2—接收机；3—巡管仪；4—接地棒；5—钉鞋；6—屏蔽线

鉴定会后，陈文锋又主持举办了全油田管道检漏仪应用培训班。这批样机首先在胜利油田各采油厂、站、东辛和东黄管道、大港和大庆油田、北京和广州部队等推广应用。

1976 年夏天，油建施工的一条输油管道，从黄河北岸成功穿越到南岸。喜庆之余，南岸的管端头深埋在一片豆子地下面，没法找到。在这关键时刻，油建党委书记孙法远心急火燎。他突然想到陈文锋的检漏仪，立刻乘他的专车，亲自去接陈文锋，带着检漏仪到达黄河南岸，只用十几分钟就找到了管端头。当场挖开，精确不偏。在场人都感叹称赞"这仪器真灵！"

不久，胜利油田井下作业公司大院规划，急需查清地下管网详细分布，束手无策。井下作业公司也想到了这台刚刚被鉴定为"填补国内空白，达到美国同类产品技术水平"的检漏仪。于是他们向陈文锋发出邀请。又应用该检漏仪将井下作业公司大院内的地下管网普查得一清二楚，并绘出管网分布详图。陈文锋的检漏仪的探管功能，再次得到证实。

论文交流提升了知名度

鉴定会前，陈文锋先后在胜利油田 1975 年 11 月第 42 期《技术资料》上发表了"地下管道防腐层检漏仪研制试验简介"、1975 年第 6 期《石油勘探与开发》上发表了"地下管道防腐层检漏仪试验取得初步成果"、1976 年第 1 期《油气田建设》上发表了"地下管道防腐层检漏仪研制试验技术小结"三篇论文。这些报道文章已经引起国内有关科研院所、高等院校和同行企业的关注。只是当时发表科技论文，一般都是作者工作单位或某研制小组署名，而不署个人名字，所以上述刊物看不到陈文锋的名字。

鉴定会后，胜利油建研制成功全国第一台管道防腐层检漏仪的消息，更加引起石油部有关部门的重视。多年没有解决的技术难题，竟然在胜利油田的一个施工单位两间"鸡窝"里生出了"凤凰蛋"。

1977 年春季，一机部、石油部、邮电部、解放军总后勤部等，联合邀请德国一家管道检测公司来华技术交流，地点在北京饭店，客人是包尔特先生，中方共八人参加。主谈是一机部沈阳仪器仪表研究所所长宋新工程师，翻译是该所的德文权威孟超先生。其中石油部指定 2 人参加，一名就是胜利油田陈文锋，另一名是管道局的同志。

那时候涉外技术交流很神秘，科技人员出国极少，在国内交流政审也很严格。陈文锋持有油建指挥部组织科的介绍信，先到胜利油田组织部转开介绍信，再去山东省委组织部开具介绍信，才能进到北京饭店。如果不是这项创新成果，在当时的环境下，一般工程技术人员是很难进北京饭店的，更不用说与“洋人”会谈。因此，陈文锋做了充分的准备。可惜当时没有照相机或手机留下实况照片。

当陈文锋他们看到包尔特先生从德国带来十多种管道检测仪器，详细介绍了其用途时，都非常吃惊。他们第一次清醒地认识到，我国的管道检测技术与欧美国家差距很大。陈文锋当时提起美国人“皮尔逊先生”，这位德国人“包尔特先生”说，他早已了解。可见老外们互相之间的信息交流也比我们快捷。10 天的交流座谈，使这些在国内“闭门造车者”大开眼界，他们立志要急起直追。

包尔特先生带着他的各种仪器，到预先准备好的管道现场做演示，都很圆满顺利。更有趣的是，他所到之处的会议室，几乎都悬挂着马克思和恩格斯的彩色肖像，他感慨戏言：“这两位老先生比我先到贵国。”为了表达友好情意，包尔特先生将他带来的全部仪器，以半价优惠全部留下，赠给了沈阳仪器仪表研究所。这也为沈阳仪器仪表研究所后来从事管道检测仪器开发留下了一笔宝贵的财富。

送走客人，宋新所长聘请陈文锋做他们研究所的技术顾问。这使他进一步认识到科研创新的价值，感受到被尊重的喜悦。回到胜利油田后，陈文锋便萌生了新的奋斗目标：再填补几项国内空白，力争形成“胜利系列检测仪器”。这既是为他人继续开山铺路，也是为创新和发展我国管道检测仪器打下基础。

全国科学大会受嘉奖

1978 年 3 月 12 日，全国科学大会在北京召开，“科学的春天”重回中国大地。会议之前，根据石油部的通知，胜利油田科技处领导带领陈文锋和颜世光两人，将一套“胜利 –1 型地下管道防腐层检漏仪”和其他科技成果送达北京展览馆展出。经过评审，胜利油建的“胜利 –1 型地下管道防腐层检漏仪”“大型油气管道现场防腐机械化”和“输油气管线穿、跨越河流施工技术”获奖。陈文锋、温宗禹、石登云三人，分别代表三个项目登台受奖。石油部同时授予陈文锋他们的电子科研组“向科学进军”锦旗。随后，胜利油田为陈文锋等人各记二等功一次。

1978 年 11 月 29 日，《胜利报》第 3 版刊登了《“地下油龙”的听诊器——介绍管道防腐层检漏仪（第 2 部分：地下检漏仪）》一文。胜利油建党委书记刘积有看到

“全国科学大会”奖状和新闻报道后，特意请陈文锋到他办公室座谈，鼓励他继续努力，为施工生产解决更多技术难题，并掀起了向陈文锋学习活动，用大喇叭广播油田领导的表彰讲话。

3. 形成胜利系列管道检测仪

全国科学大会获奖和领导的鼓励，极大地调动了陈文锋的创新热情，激发了灵感。很快一个新的念头在他脑中萌生：“胜利 -1 型地下管道防层检漏仪”是一种专用于管道填埋后，对其防腐层状况进行地面检测及定位的仪器。如果能在管道施工过程中，管道下沟之前，检测出所有防腐层破损（露铁损伤）点，在地上及时修补，不带隐患埋土，岂不更好？除了防腐层检测破损漏铁缺陷之外，是否还应该测量其他指标，以便对防腐层质量的检测形成系列化、规范化。

DJ-1 型电火花检漏仪荣获部级科研成果奖

于是，陈文锋趁热打铁，向单位提出另一项科研攻关课题立项申请：研制地上管道防腐层检漏仪。这个申请理所当然得到了领导的支持。恰好，在 1977 年初，618 研究所的石毓桐调动来到胜利油田油建指挥部科研科（后改称“施工机具研究所”），共同的经历，使他们成了天然的搭档。

根据各自的特长，石毓桐主攻电子线路设计，陈文锋则负责结构设计和制作样机。经过半年多的齐心协力，1977 年 9 月，他们就研制出第一台试验样机，即“DJ-1 型管道防层电火花检漏仪”。全套仪器包括：主机、高压枪、探头、拖地线和充电器（见图 16-4）。

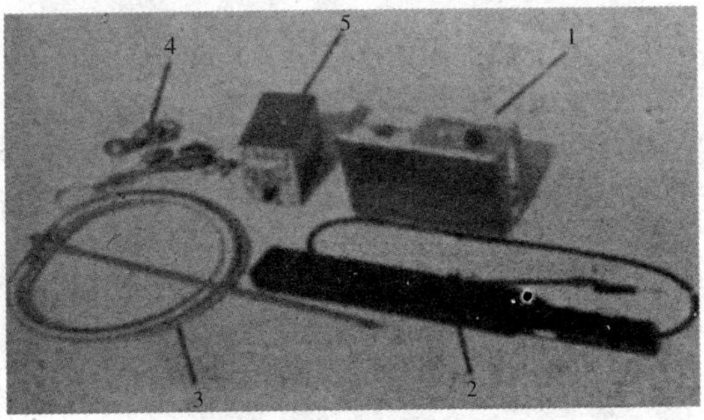

图 16-4　DJ-1 型电火花检漏仪全套样机
（胜利油建档案室存）
1—主机；2—高压枪；3—探头；4—拖地线；5—充电器

该仪器主要是一台晶体管高压发生器。它由高压脉冲发生器、倍压整流电路、报警电路组成。高压枪的万伏高压加到弹簧圈式探头上，弹簧圈式探头套到管道上。沿管道推动探头，遇到防腐层露铁微孔即可产生电火花报警。

该仪器虽然不是国内首创，但是与国内外同类产品相比，该电火花检漏仪具有独到之处：省掉了振荡变压器，电源电压只有 5V（国内产品 10~15V，国外产品 6~12V）；功耗只有 3W（国内产品 10~15W）。该仪器输出高压分为四挡（12kV、

16kV、20kV、25kV），可供不同防腐等级特别是厚度较大的防腐层选用。

首台样机先在油建管道防腐预制厂试用。根据发现的缺陷又做了改进。1978年他们推出了数台改进后的成果样机，再到施工现场试用，取得了满意的效果。

1979年初，该创新成果经部级鉴定认为，其主要技术指标性能已达到国内先进水平。鉴定后，陈文锋他们又制造了多台样机，先后在胜利油田、北京化工研究院、北京市煤气公司等单位推广试用。后来无偿转让给浙江奉化医用电子仪器厂小批量生产，继续推广应用。

到此为止，胜利油田首先拥有了地下和地上两种管道防腐层检漏仪，成为“胜利系列管道检测仪器”中最重要的两种专用仪器。

1978年11月4日，《胜利报》第3版刊登了《“地下油龙”的听诊器——介绍管道防腐层检漏仪（第1部分：电火花检漏仪）》。1979年，陈文锋撰写了《管道防腐层露铁的危害及检漏原理和方法的初步探讨》的论文，发表于1980年第1期《石油施工技术》。该论文列举了从1950年以来，国内外发生的几起典型的管道事故。例如，东北八三管道工程主干线系列事故；1950~1965年期间，美国25万公里输气干线事故统计分析；还介绍了美国加利福尼亚州铺设的1730公里输油管道，20年内没有发生过腐蚀漏油事故的经验做法。以此论证了阴极保护只能减缓管道的腐蚀速度，要解决根本问题，还得靠管道防腐层质量必须过关，还得依靠防腐层检测仪器把好质量关。这是一篇我国工程技术人员发布的较早论证防腐层与阴极保护的论文。

FH-1型防腐层测厚仪研制再结硕果

为了确保地下管道和储油大罐外壁绝缘防腐层的质量，不但不许有露铁损伤，而且其厚度也要达到技术标准（国标或部标）。沥青玻璃布普通绝缘为6（+1.0，-0.5）mm，加强绝缘为8（+1.0，-0.5）mm，聚乙烯胶黏带两层叠厚为0.8（+0.1，-0.1）mm，聚氯乙烯黄夹克为1.2（+0.1，-0.1）mm。过去多年来，测量管道防腐层厚度常用“刀切法”或“卡钳法”。前者是有损检测，费时而不精确；后者虽然无损，但是也不精确。20世纪70年代，虽然已有国产测厚仪器，但是量程范围都不够宽，满足不了管道和油罐施工检测要求。进口需用外汇，而此时的中国正处于国民经济恢复期，百废待兴，唯有自力更生解决问题。

陈文锋和石毓桐1979年提出研制“FH-1型管道和油罐防腐层测厚仪”，很快被认定为一项新的管道检测仪器研发课题，被列为部级课题研究项目。

列入课题计划，意味着经费有了着落，试验有了明确目的，终于可以大大方方地搞课题研究实验了。1980年10月，他们便研制出试验样机。他们研制的新测厚仪，由主机和探头两部分组成。主机由信号器和放大显示器组成，信号器由振荡器、前置放大器和推挽功放器组成，放大显示器由双 T 衰减器、电压放大器和补偿电路组成。更重要的是设计出独特先进的差动单点球面接触探头。测厚的基本原理是“磁阻法”：绝缘层厚度数值决定了触点处磁阻大小，磁阻大小对应着差动电压信号大小，于是就可以测得防腐层厚度数值。

大约在 1980 年 11 月，他们就在试验样机的基础上，经过反复改进，达到了预期效果后，又制造了 3 台成果样机，测厚量程为 0.5~10mm，分为 4 挡。研制者多次对沥青玻璃布、聚乙烯胶黏带、聚氯乙烯黄夹克和环氧树脂涂层等分别测厚，效果令人满意。

1980 年 12 月，由石油部规划总院、大庆设计院、管道局、大港油田和胜利油田等，组成“石油部管道沥青防腐层缺陷检查试验组”，对该测厚仪进行了技术鉴定。先后在大港和胜利油田预制厂抽查了 57 根管子，对 285 个点位进行了厚度测量，切开其中 4 个测点，与 0.02mm 精度的卡尺进行对比，该测厚仪的精度误差平均值小于 1.6%。其中，聚氯乙烯胶黏带厚度测量平均误差为 2.98%，聚氯乙烯黄夹克厚度测量平均误差为 0.57%。鉴定结论是：该测厚仪达到设计技术指标（设计指标是≤ 5%）；通用性强，量程较宽，精度较高，轻巧便携；满足使用要求，可以推广应用。

鉴定会前，1980 年 11 月 13 日，胜利油建公司已经向大港油田油建二部等兄弟单位提供了成果性图纸资料，可任意仿制，促进了该仪器迅速在石油管道建设领域的应用推广。陈文锋和石毓桐还合作撰写了“FH-1 型管道防腐层测厚仪研制”一文，发表于 1981 年第 4 期《石油施工技术》。向社会公开了该测厚仪独特的探头结构、线路设计和测厚原理，同时也自报了这套仪器的不足和有待改进之处，为研究单位和用户再次开发指明了方向。

DY-1 型防腐层低压检漏仪再填国内空白

前述电火花检漏仪，主要用于沥青玻璃布等较厚的防腐层。其最大的缺点是输出高电压为 15~25kV，操作者容易触电，其次是对于厚度为 0.5~1.0mm 的薄防腐层有时会击穿，所以开发一款低压检漏仪就非常必要。

国内外的油气管道、金属油罐、船体等，表面的防腐层厚度一般在 0.5~1.0mm 的范围内。20 世纪 70 年代，国外已开始应用低压检漏仪检测薄防腐层漏孔缺陷。但是低压检漏仪在国内尚属空白。

从 1982 年至 1983 年 4 月，陈文锋用一年多时间，研制成功“DY-1 型管道防腐层低压检漏仪”试验样机。后经改进，又研制出 4 台成果样机，包括主机和湿探极两部分（图 16-5 为胜利油建档案馆提供的低压检漏仪成果样机图片）。1983 年 10 月，在航空部 618 研究所进行了 -40~50℃高低温性能试验。根据试验结果又经过几个月的改进（见图 16-6），最终定型。1984 年 4 月 13 日，通过了局级技术鉴定。

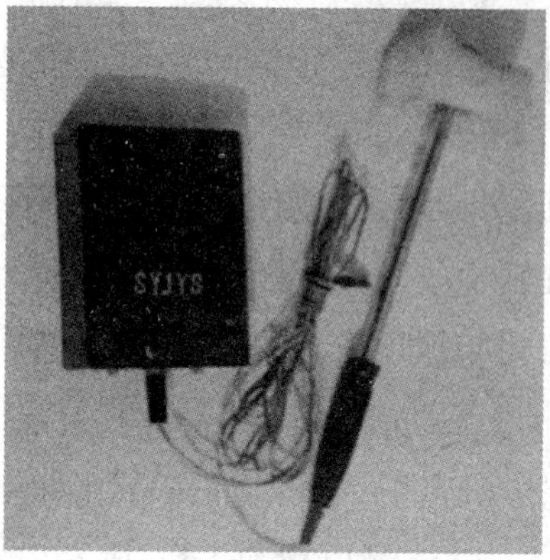

图 16-5　DY-1 型低压检漏仪成果样机

图 16-6　陈文锋用自己发明的检漏仪检测油罐涂层

该仪器各项技术指标达到了设计和使用要求，具有电子线路简单、工作可靠、操作方便、功耗低、体积小、重量轻等优点，可用于石油、化工、造船等领域，达到了美国、英国、日本等国外同类产品水平。美国的“漏洞检测仪和涂层电阻率检测器”探极电压为 10~100V；日本的“湿式针孔测定器”有两种，其中 PH-1S 型探极电压为 150~400V，PH-1O 型探极电压为 250V。而我们的低压检漏仪探极电压只有 3.3V，不可能触电，也不可能击穿防腐层。当时买一台英国折旧展品（Elcometer104 型针孔探测器）需要 500 元人民币，胜利油建陈文锋研制开发的低压检漏仪批量生产一台只需 100 元人民币。

DY-1 型管道防腐层低压检漏仪的检漏原理比较独特：绝缘涂层的电阻作为“检漏电阻”，与直流电桥的一个桥臂并联。其两端的电压作为“检漏电压”。“检漏电阻”包括防腐层电阻和探极电阻。防腐层完好无损时，检漏电阻无穷大，相当于开路状态，此时电桥平衡，电桥输出电压为零。如果绝缘层有漏孔，当湿探极触到漏孔处，导电液与钢体表面连通，“检漏电阻”大大降低，电桥不平衡，输出电压不为零值。这就是其检漏基本原理。

该低压检漏仪的电子线路相当简单：由直流电桥、电压比较器、复合管开关、声频报警器和三种电源组成。电压比较器是其最重要部分，根据它的输出特性，可把电桥的输出信号作为它的输入信号。探极每触到一次漏孔，电桥就输出一个负阶跃信号，而使电压比较器输出一个正阶跃信号。这个正阶跃信号可使复合开关导通。声频报警器是个振荡器，受复合管开关控制，使扬声器发出报警响声。三种电源采用三只 4F45—2 型 6V 层叠电池，合理组合就能得到三种直流电压。

为了促进创新成果的尽快应用，除了给该仪器有较大需求的江南造船厂赠送了一台样机外，陈文锋撰写的论文《DY-1 型绝缘层低压检漏仪研制总结》，发表于 1984

年第 6 期《石油施工技术》、《DY-1 型绝缘层低压检漏仪研制》，发表于 1985 年第 2 期《仪器制造》。这两篇论文均对该低压检漏仪的检漏原理和电子线路进行了详细的技术介绍。

20 世纪七八十年代，国内研制成功地下检漏仪的单位有：胜利油田油建一部（1975 年 9 月）、旅大新金仪器厂（1976 年 5 月）、华东石油学院（1976 年 7 月）。研制成功地上电火花检漏仪的单位有：上海第六电表厂（1976 年 6 月）、胜利油田油建一部（1977 年 9 月）、管道局勘察设计院（1980 年）。研制成功低压检漏仪的只有一家：胜利油田油建一部（1983 年 4 月）。研制成功防腐绝缘层测厚仪的单位有：厦门第二电子仪器厂（1975 年）、胜利油田油建一部（1980 年 10 月）、大港油田油建二部（1980 年）。

上述 4 种管道防腐层检测仪器，初步形成了“胜利系列管道检测仪器”。这就是我国 20 世纪七八十年代管道检测仪研究开发的最典型、最有代表性的仪器系列。

4. 孙珍山创办管道检测仪生产厂

1978 年，当中国改革开放的帷幕开启之时，著名朦胧派诗人北岛曾写下“我的时代在背后，突然敲响大鼓”这句很有时代感的诗句。这个时期，中国北京的周冠五、浙江的年广久、深圳的袁庚都在拼命地擂响时代的大鼓。尤其是南方的乡镇企业已经看到“闪闪的星斗，正在缀满没有遮拦的天空。一个新的转机，注定要每一个人重新选择生存的峰顶。”（北岛《回答》）恰好在这时，孙珍山从苏州无线电技术学院委培归来，乡政府领导有意让孙珍山创办海安县无线电仪器厂。孙珍山已经从那个温州商人开始云集的古镇雅周嗅到电器产品火爆、电子仪器需求升温的信息。不过，他的目标不是生产一般的电子元器件，而是希望开发新的电子产品。

1979 年，乡政府将雅周电讯器材厂也一起归并到无线电仪器厂管理，所以有时候对外也称作海安县电讯器材厂，与该厂一起加盟进来的还有村干部娄成托，做分管购销的副厂长。当时，胜利油田油建施工机具研究所早在 1977 年就开发了第一代 SL-1 地下管道防腐层检漏仪，生产了十几台样机，在胜利油田内部的管道上进行了试用，使用效果良好。1978 年在全国科技大会上获奖，名声大震。不少兄弟单位纷纷取经，他们又生产出十几台样机送给石油系统其他单位使用。但是，终归不是个专门生产仪器的单位，一直未能将其当作一款产品批量生产。

孙珍山得知这个消息，而且了解到胜利油田科技处副总工程师史宝群原籍江苏海安，且与娄成托等人认识后，就安排在海安县无线电仪器厂挂职的娄成托与史宝群联系，最终，胜利油田就将这套技术转让给海安县无线电仪器厂。厂里为保证引进的这套技术能够顺利由图纸变成实物，孙珍山邀请胜利油田油建研究所工程师陈文锋担任该厂的技术顾问。陈文锋又亲手制作了一套样机，通过邮局寄到海安县无线电仪器厂。

当时，胜利–1型地下管道防腐层检漏仪还没有正式通过石油工业部的技术鉴定，要批量生产一款没有部级鉴定的产品推向市场，风险是很大的。而且当时在胜利–1型地下管道防腐层检漏仪研制出来以后，陆续又有几款原理大致相同的地下管道防腐层检漏仪出现。于是，孙珍山经过研究以及与多种方法、技术的对比分析，认为胜利–1型地下管道防腐层检漏仪最合理。所以他就催促胜利油田抓紧进行正式的部级技术鉴定。

1979年7月24日，石油工业部编号为“油科79018号”的《技术鉴定证书》正式颁发。孙珍山立即决定以胜利油田SL–1型地下管道防腐层检漏仪作为自己企业的主要产品。胜利油田名称的“胜利”二字，汉语拼音的前两个字母是“SL”，为了纪念胜利油田科研技术人员所作出的贡献，就把该人体电容检测方法与该仪器的型号命名为SL。有了技术之后，为了解决生产中所需电子元器件问题，1979年春天，娄成托通过海安县第二工业局开了个介绍信，跑到中国无线电器材公司去请求给予元器件和关键零部件供应支持。当这些条件满足之后，海安县无线电仪器厂就制造起管道检漏仪，并成为中国管道防腐层质量检测仪制造的第一厂。1979年底，第一批地下管道防腐层检漏仪、防腐层电火花检漏仪就生产出来了。他们首先向全国各油田推销该仪器。根据后来曾任该厂总工程师的袁厚明同志提供的一份该厂用户使用情况调研反馈表档案影印件，从1980年2月到1983年6月，先后有东濮油田（现中原油田）采油第二指挥部、江苏石油勘探开发指挥部采油处、胜利油田河口指挥部、胜利油田设计规划研究院（图16–7为该院1980年6月18日写给胜利油田机关的一份关于海安

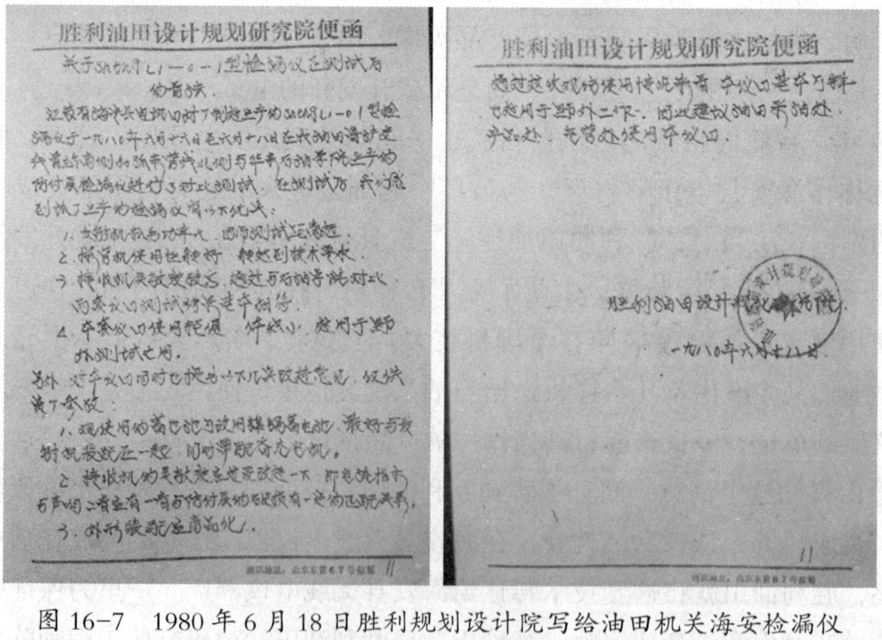
胜利油田设计规划研究院便函

胜利油田设计规划研究院便函

图16–7　1980年6月18日胜利规划设计院写给油田机关海安检漏仪使用效果报告影印件

生产的检漏仪试验结论影印件）、胜利油田会战指挥部采油处、华北石油会战指挥部试采处、大庆石油管理局第二采油厂、石油工业部油气与开发司等单位和部门反馈使用意见并给予了肯定的结论。

胜利系列地下管道防腐层检漏仪生产销售初战告捷，加之 20 世纪七八十年代后来成为主要埋地管道地面检测仪器的雷迪等国际品牌还没有进入中国市场，海安生产的管道检测仪器非常受欢迎，许多油田企业或管道企业纷纷向海安县无线电仪器厂购货或咨询技术。图 16-8 为 1986 年 7 月 23 日石油工业部管道勘察设计院给江苏海安县无线电仪器厂开的介绍信影印件。由此可见，当年仪器受欢迎的程度。

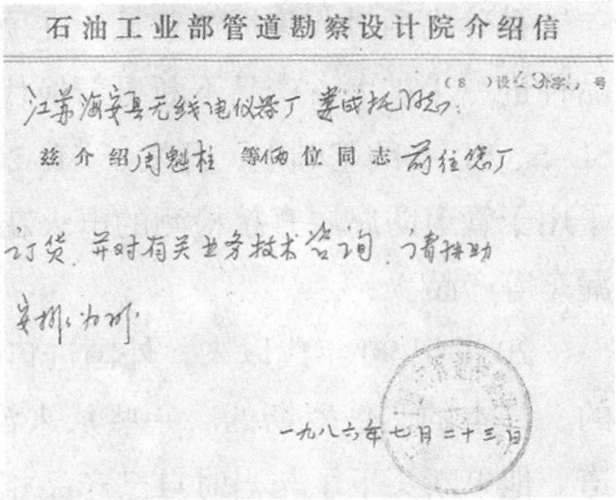
石油工业部管道勘察设计院介绍信

江苏海安县无线电仪器厂

兹介绍周魁柱 等 位同志前往你厂

订货，并对有关业务技术咨询，请接助安排为盼

一九八六年七月二十三日

图 16-8　石油工业部管道勘察设计院介绍信影印件

1980 年后，生产出来的地下管道防腐层探测检漏仪器产品比较原始。从 SL-1 至 SL-6 型产品，发射功率较小，探测管道位置时只有一个接收线圈，探测管道位置既可以采用峰值法探测，也可以采用零值法探测；测量管道深度采用 45° 法，发射的信号一次性检测距离也很有限。理论上处于探索期，各种电磁参数仍然需要到现场试验。当时，体型瘦小的孙珍山是该厂唯一能够看懂全部图纸的技术人才，不仅可以按照电子线路图组装仪器、调试仪器，还会使用仪器在现场做具体的检测工作。就像说书人描述三国时期诸葛亮最后的生涯中所说的那样，“心有倒山之计，却手无缚鸡之力”。孙珍山深知要想长期生存，就必须不断推进技术进步。只有大量使用，企业才有财力推进技术进步。也只有大量使用才能积累经验，以便于改进提高。因此，孙珍山特别重视用户使用意见的收集工作。

以 SL-3 为例，该仪器具有检查地下管道和电缆的走向、深度、故障点及绝缘防腐层的漏蚀损伤等三个功能。可以在不挖开管道覆土的情况下，方便而准确地查出地下管道、电缆的走向、深度、断路、短路及绝缘防腐层漏蚀损伤、故障点的精确定位，使整个线路地表面不再屡遭到处开膛破肚之苦。所以是油田、通信、电力、厂矿、水电等部门实施线缆探测的最好仪器。推出以来，海安县无线电仪器厂先后在胜利、大庆、江苏、中原、华北等数家油田的管道上进行了现场检测，并收集了大量的反馈信息（至今海安仪器厂档案室还保存着大庆采油二厂、江苏油田油建处等反馈的意见原件），为 SL 系列仪器的持续改进提供了重要参考。

5. 胜利牌海安管道检测仪

孙珍山通过收集反馈意见，在原来的仪器基础上，开发了更为先进的仪器，仪器品种进一步扩大，产品不断更新换代；在原来用于防腐层缺陷点检测的 SL-1、SL-3、SL-5、SL-6 的基础上，开发了 SL-2088、SL-2098 埋地管道外防腐层检测系统；开发了用于管道防腐层直接检测的电火花检漏仪；用于其他泄漏定位检测的手推式燃气检漏车等产品。

20 世纪 90 年代以来，外国进口仪器冲击中国市场，有英国的、美国的、意大利的、日本的、俄罗斯的。一些从来没有看到过的仪器与检测技术在许多杂志见诸报道。他果断买下了与当时自己产品相关的几种进口仪器，按照说明书中的操作要求进行了现场检测试验，然后拆开仪器研究内部的电子线路。这时候技术人员不足的矛盾日渐暴露。他开始培养他的弟弟孙珍同参与研究工作，还特邀外聘了一批兼职或从其他单位退休的工程技术人员，如贾永立、周凤林等，参与新产品的研发。这些专业技术人员参与研究建议，使海安县无线电仪器厂在 2000 年以后，逐步开发出国产的系列配套检测仪器。袁厚明在该厂的技术活动是海安厂后期技术活动与市场推广的一个缩影。

20 世纪 80 年代，袁厚明在海安的雅周成人教育中心职业高中担任外语与政治理论课的教学工作。同时兼职成人教育中心的课外辅导老师，主要为乡镇企业培养市场销售人员与企业管理人员。经过双方协商，袁厚明从 1990 年开始，专为无线电仪器厂培养销售人员、扩大仪器销售量、研究仪器测试交货的方法，为销售人员进行现场测试交货与检测技术培训。

他查阅了厂里资料室里的大量资料，为厂里编写了多种仪器的使用说明书，实施全员培训，培训了一批遍布全国的销售人员，助推仪器销售。他还参与全国性的行业交流会，扩大产品知名度。他几乎每年都参加“中国城市规划协会地下管线专委会”和“中国石油工程建设协会管道设备防腐保温专委会”会议；交流管道检测的技术问题，收集整理地球物理勘探和与管道相关的一些杂志、报刊等论文，发表论文，编写地下管线检测书籍，提高了海安仪器的知名度。推销人员在各地订了仪器销售合同后，多数人都愿意请袁厚明到现场测试交货，以便更好地展示设备的功能，让用户更好地了解仪器的使用、维保方法。因此，他进厂以后，大部分时间都在全国各地从事地下管道检测展示，解决仪器使用中的各种疑难问题。这就有了更多接触用户和解决实际检测问题的机会，对于检测知识的积累，形成了良性循环。

2000 年以后随着陕京复线、西气东输、西南成品油等重大管道工程的施工安装，厂里的仪器销量和产量产值成倍增长。袁厚明外出，使销售人员现场检测、仪器测试交货的工作量几乎到了需要按先后顺序排队的程度。但是，并不是每个市场的开发都非常顺利。这一年，海安厂安排仪器销售人员毛兴奎到长庆油田开发市场。客户要求现场检测与仪器使用理论培训，还要求能够解决盗油卡了的检测。从春节到 5 月中旬，厂部派了几批人员到长庆油田做检测试验，协助毛星奎拿订单，都没有成功。5 月底，安排袁厚明到长庆现场，很快解决了客户要求的盗油卡子检测问题，并与长庆进行了技术交流，合作发表了论文，解决了他们的所有问题与疑虑。这一年，毛兴奎的仪器销售额创造了全厂最高纪录。

2003 年，中国部分省市发生了非典疫情，对产品销售极为不利。这一年，袁厚明配合海安厂驻大庆办事处销售人员王坚进行销售推广技术服务。利用人员流动不便的这段时间，住在大庆做地下管道检测工程，检测出许多防腐层破损点。尤其是在防盗监控方面，测出了天然气公司 400 多米长的盗氢烃的支管，解决了多年不能解决的复杂管道定位问题。通过大庆电视台的报道与大庆油田、大庆天然气公司人员的技术交流，王坚成为 2003 年全厂仪器销售的典范。

在袁厚明的示范作用下，孙珍山与孙珍同改进销售管理模式，将销售队伍由纯粹的市场推广变成技术展示示范加市场营销。周凤林、王卫东、高荣楼、何闲勤、孙桂山、王兆圣等技术人员进入销售队伍。通过袁厚明系统归类总结，使海安厂的设计制造能力、技术服务能力得到系统的提升（见图 16–9，前排左 3 是孙珍同、后排左 4 是袁厚明）。

图 16–9　2004 年海安县无线电仪器厂销售队伍

与此同时，孙珍山、孙珍同、袁厚明等人萌生了一个新的想法：进入管道检测领域。原来海安县无线电仪器厂只生产销售仪器，并不做工程检测，仪器组装人员有时生产任务不饱和，作为乡镇企业，厂部在乡镇时，可以实行多劳多得、按劳分配、亦工亦农，间隙时间可以回家种地。可是进入21世纪以后，厂部搬迁到城里，仪器设计组装人员成了全日制职工，作息时间就得改变。为了使职工的时间得到充分利用，他们在营业执照的经营项目中增加了地下管道检测项目。袁厚明自荐为管道检测项目的技术负责人，并向孙珍山提出了独立核算自负盈亏的管理方法。第一笔地下管道检测评估的生意是江苏仪征化纤厂的地下管道检测评估，合同总价40多万元，涉及检测评估与测绘两个部分，其中江苏设计院负责测量与测绘，海安厂负责管道检测。该项合同20多万元，就这样海安县无线电仪器厂进入管道检测市场。

然而，当时刚上任的海安厂销售总监，因为不是很熟悉这个行业，在运行调度中出了一些差错，导致第一单检测技术服务合同没有赚到利润。袁厚明的积极性受到影响，并最终导致他离开海安，另起炉灶，于2005年，以袁晓华的名字在湖北省注册了“震柏地下管线检测有限公司”。

除了加强现场技术服务扩大产品销路以外，孙珍同与袁厚明的加盟以及外聘科技人员的进入，还促进了产品的更新换代。原来的SL–1至SL–6型产品，最高的每台只能卖到1万多元，90年代后期开发了SL–2088、SL–2098型仪器，价格卖到了4~5万多一台。电火花检漏仪也进行了升级换代。高、中、低档产品全部保留，满足了各种用户的需求。改进后的产品采取了一定的技术保密措施，使得仿造受到抑制。仅1998~2004年就取得了11项中国专利。例如，地下管道防腐层检测仪、便携式计距探测仪、便携式计数检测仪、电火花针孔检测仪、手推式智能地下燃气管道检漏仪、埋地管道泄漏检测仪、多功能地下管道探测仪等均获得中国国家专利局授权。

悠悠半世纪，弹指一挥间。如今，陈文锋已到耄耋之年，孙珍山等人也近桑榆暮景。本章的文字只是对他们在管道检测领域勤奋开拓的简单回顾。

五年前，陈文锋先后出版过《工蜂七五回眸》和《工蜂诗歌集》两部著作，回顾自己的工作与生活。陈文锋的南航同窗、上海615所总工程师、研究员、业余书法家王廷弼读后，挥毫写下了“俯仰无愧天地，褒贬自有春秋”和“入之愈深，其进愈难，其所见愈奇”两幅题词，高度概括出陈文锋的人品、敬业和奉献精神，以及他开拓创新、锐意进取的探索境界。这也正是那个特殊时代广大科技人员群体的写照。

年近古稀的孙珍山，虽早已托付他人继续经营自己开创的管道检测仪批量生产与开发事业，却也时常不忘与驰骋在千里管输道上从事管道检测评价的朋友们交流与讨论。

继往才能开来，推陈才能出新。陈文锋老先生谦虚地说：20世纪70年代，他在管道检测技术领域只是个“探路人”或“奠基者”，是后继者把他的羊肠小道扩大成高速公路，在他的平房基础上建成了高楼大厦。如今，我国的管道检测技术和仪器已向规范化、系列化、智能化发展。但是，我们仍然需要时常回眸过往的历史，不断从历史中汲取营养。老子也曾说过“质真若渝、大方无隅”。一切的进步其实都建立在最初的朴质中。

2019 年，我从春到秋分别从浙江杭州、山东临清、天津杨柳青三处路过京杭大运河，趁机在运河的临河绿道漫步，踏青赏景。虽然沿岸的风光因季节、区位不同而景色各异，但是那条汩汩作响的河水，却是自隋唐以来就一直在缓缓流动，不曾停歇过。仔细辨析，仍然能感受到它所承载的千年古韵。唐代大诗人李白的《下终南山过斛斯山人宿置酒》曾有诗句：“却顾所来径，苍苍横翠微”。或许只有经历过，才能真正体会往日的艰辛与价值吧。

第 17 章
杨立增从武钢开始转行管线探测

1963 年，风度翩翩的杨立增从北京地质学院（现中国地质大学）地球物理勘探系毕业，被分配到原冶金部中南冶金勘探公司（湖北武汉）地球物理勘探队从事事物探找矿工作。1964 年被调入中南冶金地质研究所物探研究室（图 17–1 为初入职场时的杨立增）。

中南冶金地质研究所又称湖北冶金地质研究所，该所坐落于湖北省宜昌市城区，是原冶金工业部直属公益型科研机构，以原中南冶金地质勘探公司的检验所为基础，合并冶金工业部北京地质研究所部分科技人员和设备，为满足国家当时备战形势需要组建而成。主要从事资源、工程与水文地质勘察、选冶加工试验、工业矿物材料研发与利用；矿产品、岩矿石、金属非金属材料以及生物等化学分析，样本的研究与制作（提供国家标准）、测绘工程、工程地质与环境地质、地球物理勘查。随着时代发展，城市地下管线探测、天然气金属管道防腐检测及其阴极保护工程设计与施工，宝玉石及其金、银饰品的检测也成为其业务之一。作为一名地地道道的北京人，杨立增在这个“水至此而夷，山至此而陵”江南水郭，一干就是半个世纪。其所承担的多项课题研究获得冶金部和湖北省科技成果奖，1992 年起享受国务院特殊津贴。

让人感到惊奇的是，从事物探找矿研究三十年，成果等身，在行业内很有知名度的他，却转行做起城市地下管线探测方法、理论探讨及工程施工来。而且，这一干又是 20 年。即便到今天，已经接近 80 岁高龄的古稀老人，仍然还有不少管道探测方面的研发设想，时刻在琢磨着如何通过试验与实践，将其变成实用的地下管线探测方法。当我通过论文检索及业界朋友推荐认识他之后，就被他好学肯干的作风所打动，

2019 年 10 月，我专程去湖北拜访了杨立增老先生（图 17–2 是 2019 年秋，作者初见杨立增时在襄阳震柏检测公司袁厚明办公室的合影）。在与我交谈、回忆他从事地下管道探测技术探索实践之时，他告诉我：最不能放心的仍然是不少管道探测方面的研发还处在设想阶段，他很担心这些设想沉睡过去，他期待有识之士继续他的工作，将其真正唤醒！

图 17–1　初入职场时的杨立增

图 17–2　2019 年秋作者与杨立增在襄阳合影

1. 武钢管道检测遭遇滑铁卢

从 20 世纪 90 年代的地质寒冬，到 20 世纪末的转制阵痛，当时作为中南冶金地质研究所物探地质室主任的杨立增，决心在市场经济的滔滔大潮中匍匐游弋，探索单位生存发展之路。中南冶金地质研究所物探研究室的科技人员，专业涉及电法、磁法、电子计算机和电子技术等专业，哪些工作可以开拓呢？他们曾进行过长时间的讨论，却一直没有拿出可行方案，找到合适的突围方向。有一天，正被寻找新业务困扰的杨立增，耳畔突然又回响起那句让他们中南冶金人蒙羞的话语："你们还给国家找矿呢，就连我武钢埋深不到 2m 的自来水管线埋地位置都找不到，我看你们还是想想办法先设法应用你们的知识解决这一类国家急需的管线探测吧！"

这句话是一位同事跟他说的。事情发生在 1986 年 3 月，武钢计划进行技术改造，其中涉及公司地下的各种管线，中南冶金所物探地质室同事即携带用于当时找矿的电法与磁法仪器，去现场进行检测。在现场进行了磁法、电法中的"视电阻率法""激发极化法"等一系列方法探测之后，开挖结果却未见球墨材质的给水管道，最终以失败而告终。时任"武钢"技改部杨某某副部长看到这种场景后说了上面那句让人面红耳赤，多少年来也无法消逝的话语。

在中南冶金人转型寻找出路的年代，杨立增又想起这句话，他将这句埋藏在心底许久的话语及其事情经过又讲述了一遍。犹如山间平静的水潭，突然从湖边的山巅之上滚落下一块巨石冲入水潭中心，顿时激起巨浪！大家你一言，我一语地表达着愤懑、羞涩和伤感。从这一刻起，大家都从心里做好了开拓埋地线管线探测市场的准备。

2. 攻克埋地管线探测难题

在当时，有关埋地管线的探测难题既包括探测方法与理论研究，也包括探测设备的改造（应用现有的电、磁法找矿仪器）或研制专用的管线探测仪。鉴于物探室人员不仅仅全是物探专业，还有电子专业、测绘专业以及数力系等，根据城市地下管线探测内容及要求，结合每个人所学专业和特长对人员进行分配和组织。有人被分配到市内有关单位如自来水公司、市政部门等，了解该单位的管线材质、管径、大致埋深及是否有设计图、施工图、竣工图等的问题，甚至了解是否有探测设备等，旨在使他们能够开展有针对性的研究。有人被分配去书店查阅有关给水、电力和排水等管线的设计要求与标准，以便给现场日后的探测网络联系提供信息，确保管网图件的正确，同时亦给信号的区分与识别带来方便。同时还要求了解所调查的每件设施、元件的功能及技术要求。如从事对给水管网探测调查时，就应知道各种给水管网上附属物的分布及附属物的名称和规格等。

每个项目的调研人员除了要将收集到的资料予以分类和汇总外，还将资料交给探测人员学习和日后参考。除成立“调研组”外，还成立了“方法研究组”。经方法理论计算，其结果是应用水平磁偶发射低频（800Hz、1.2kHz、8kHz、27kHz、65kHz、83kHz……）作为激发源效果最佳；当然，激发功率越大越好，但要考虑到当时电源的容量和电子元器件的承载能力等。“方法研究组”在不足一个月的时间就提出了探测方法并得到如下结论：

（1）最好使用水平磁偶发射场；（2）激发功率为 3~5W；（3）激发源以 3 个频率为宜，即 1.2kHz、27kHz 和 65kHz 或 83kHz；（4）接收磁场强度并以水平磁场强度峰值显示管道在地面投影位置即管道的平面位置（X、Y 坐标），而深度则可用磁场强度分布曲线 50% 或 80% 或 45° 倾角法确定。

当时，非金属管道的探测也是十分难以解决的问题。因为该材质既不导电亦不导磁，要解决该难题，在当时的技术设备情况下，唯有探地雷达为唯一的一种设备和方法。

他们也曾考虑过应用视电阻率法，物性前提是被探测客体与周围介质即土壤有着明显的高阻物性差，该方法从物性差异而言应该取得探测效果，然而在城市内不仅外界电磁场干扰严重，而且往往是水泥路面环境无法插入金属电极，故不可取；当时中南冶金所有一台引进加拿大型号为 IKKO 的分体式探地雷达，由于发射天线中心频率过低（用于寻找地下金属矿而引进）且鉴于水平和垂直分辨力太低的原因，经试验效果也不是很好。

另外，探地雷达应用的物性差异比其他电法探测更加苛刻。其中，反射系数即介电常数差和介质的电阻率较高时才能有其效果，否则吸收太大，不仅大大影响到探测深度，还严重地被介质吸收无法形成反射波。所以，大多数情况下难以奏效。

中南冶金所方法研究人员经长时间的苦思冥想，终于从“山穷水尽疑无路”的迷茫中走出，他们发现，在非金属管道中，若能将一条金属线通过排水管道井口穿过管道内，通过金属管线提供交流信号，在地面测其一次磁场之峰值，就可解决非金属排水管道探测难题。由于金属线在管道中被水冲动不能始终固定在管道某一位置不动，探测结果误差较大，但总归能探测出大致的位置和埋深，这就离勘测目标前进了一大步。当时，他们将该种方法命名为“穿线法”，亦即是现在《城市地下管线探测技术规程》中人们称谓的“示踪法”。

“方法研究组”通过对大量实践所取得结果进行分析研究，在理论上也获得了突破，为仪器研发做好了准备。于是，他们探索的重点进入第二阶段，即通过物探人员和仪器研发人员共同组成的“仪器研发组”对其方法及理论予以验证。

当时，确定的仪器研发组的任务有以下几项：

第一步是制定研发计划及设计方案。方案的制定原则是先研发探测金属管线或者金属管道的发射机和接收机，同时，对当时所有的电法找矿仪进行改装，即在发射机设计上添加三个频率的振动器和滤波器与原有功率放大器，不仅要求原件相互匹配，还需要工作稳定。其结构选型要便于组装和拆卸，做到既不破坏原来电法仪器的激发源，还能方便地作为管线探测仪的发射机用。

第二步是激发源的供电电源选择。要求既能用电池也能用 50Hz 的交流电。

第三步是对管线探测仪的接收机的选择。不仅要有高灵敏度和高稳定性，而且要具有较强的高抗外界电磁场干扰的能力；重现性能好，表头显示磁场强度值（接收磁场，经接收机内部再将磁场转换成电场强度，因为磁放大器没有电场强度放大器稳定，最后则用电场强度表显示磁场强度），为便于管道的定深（50% 或 80% 场幅峰值）接收机内仅组装一组水平分量，换句话说，只测量其磁场水平分量；该组水平线圈内有高导磁率的磁芯结构。

对上述改装的发射机、接收机在室内通过联动实验，无论是从仪器的灵敏度方面，还是从稳定性方面，均达到各项指标。金属管线探测仪研发与改装取得成功，进入现场实验与正式进行地下管线探测仪生产阶段。

1988 年春节后，中南人在自己所内的自来水管道上，应用自己组装研发出来的仪器开展现场实验。自来水管道绝大部分是钢管和少量的活口铸铁管，埋深一般不超过 1m，个别支管仅有 0.5m 左右。通过实验，校验了仪器的设计指标。在本次探测试验中，除找到管径 300mm、埋深 0.9m 的主干钢管外，还较为精准地探测出管径 ϕ45mm 的镀锌支管即用户的自来水管，这说明应用该仪器探测埋地钢质管道没有什么问题。当时，他们又与宜昌市自来水公司取得联系，在一定范围内进行自来水管线的普查，普查对象是探测该测区内的自来水主干管道，为他们走向市场做一次热身或练兵。

经过大约 10 天的野外探测，为宜昌自来水公司整理绘制出带有地形图（比例尺为 1/1000）的给水管网图。这是他们首次应用自己研发出来的金属管线探测仪进行小范围（约 0.2km^2）的给水管道探测并取得圆满成果，踩出一条从找矿到探管的小路（万万没有想到数年后，再也不是一条小路而成为一条广阔的阳光大道）。受此次实践的鼓舞，他们不再遮遮掩掩，而是光明正大地走上了管线探测技术服务的道路。当然，此时他们掌握的技术，对于探测铸铁管效果仍然不理想，呈现出难以提取有用和易于识别的信号，异常信号显示不明显，原因则是该种材质导电性能差、磁阻强所致。因此，针对铸铁管探测尚需进一步研究。

3. 为找回“面子”再进武钢

1988 年，正值春暖花开时节，怀着一颗“找回面子”的心态，他们踏上去武汉钢铁公司再次进行地下管线探测的道路。他们通过武钢西大门进去以后，首先找到武钢的“技改部”，说来也巧，接待杨立增的正好是那位素未谋面的杨副部长，他说明了来意，这位杨部长觉得很不好意思，毕竟都是一个系统的兄弟单位，他首先对自己当时讲的那句伤自尊的话表示歉意，又对那一年他记忆中的探测管道的经过作了简单的回顾。杨立增借机讲述了他们对检测失败原因的分析，他认为之所以不成功，关键在于完全将找矿的方法和探测设备生搬硬套地用来找自来水管道。同时介绍了他们研究所在目前针对地下管线探测方法与仪器设备的研究情况，叙述了他们在中南所自来水管道和宜昌市自来水管道进行实验性检测与普查的结果。最后杨部长表态：“我同意你们进我公司再做一次地下管线探测实验，条件是仅提供试验场地，技改部派出一位工程师与你们配合，协助办理进公司大门手续和出入证、车辆进入证、绿化爱护证、安全责任书的签约以及就餐搭伙办理手续。”

这次，杨立增他们能找回面子吗？关键就在于他们是否做足了充分的技术准备，我从老先生给我提供的一份回忆材料和当年他们发表的论文中找到了一些线索和证据。通过一年左右的研究探索，他们发现找管道与找矿有许多不同点，管道是人工敷设的，地下一定会有，而地下金属矿有否需要根据地质条件判断。例如，是否有物质来源、赋存矿体空间、古地理环境及其结构等，这些都是自然界赋予的。地下管线是人工铺设，肯定会有。探测的管线形体是线状，而地下矿体则是个不规则的几何形体。地下金属矿埋藏很深，埋地管线通常只有 1m 左右的埋藏深度。物探效果完全取决于被测客体与周围介质间的物性差异（电性、磁性、密度、导热性、波速等）。埋地自来水管道材质系铁或钢，它具有良好的导电性，磁导性与周围土质有着不小量级的物性差异，因此从这个角度讲，能探矿就能探测到金属管道，而且管道更容易被探测。但是，找矿的精度远远低于探测管道，应用物探方法探测管线不仅平面位置要准，而且埋深误差亦有一定要求。更重要的是，在钢铁部门进行埋地管线探测环境十分复杂，地下有废钢铁丢弃物、地面有铁磁性建筑物和大型机械设备、铁轨等，即使空中也多有架空设备和管线。在武钢进行地下管道探测犹如在钢材编织的“鸟笼子”内进行工作，可见，管线探测并不容易。

得益于他们对管道探测与探矿的差异性与共同点的认识，他们才放弃了直接用探矿设备找管道的不切实际的想法，而是针对地下管线探测的特点专门设计研发了一系列的专门仪器，总结出一系列判断管线位置的规则。这为这次冒险的“找面子”壮举奠定了成功的基础。

但是武钢公司给予他们的条件其实也很苛刻，仅给 30 个工作日，检测费用要由中南所自负，开挖验证费（即人工开挖费）如挖到则由武钢承付，否则也由中南所埋单。

由此不难看出，他们为了挽回“面子”争这一口气，其实也是受了很大的委屈。可想而知，当年冶金系统一些企业转型走向市场是何等的举步维艰！

商谈好了之后，他们“打道回府”，杨立增考虑到地下管道探测应按照从已知到未知、从简单到复杂的工作程序进行，鉴于此，他第二次又去武钢技改部，要求业主为他们提供一个小面积的地下管线完整图纸，作为在武钢的实验场地，已知资料用于校核探测方法的有效性，实验时间约 7 天，而后，请他们提供一小块小面积的未知实验地，工作时间约 20 天。最终技改部给了他们“焦化二厂”的管线图纸（面积约 0.1km^2），将第三铁厂作为有效性校核区。图 17–3 为杨立增先生记述当年第二次进武钢进行地下管道探测的手稿影印件。

通过对已知焦化二厂的探测，将所有管线类别的管位和埋深均准确地探测出来了，达到了预期效果。而且，还确定出根据不同材质的管线总结出各种激发频率的使用对象以及抗干扰的措施等。该已知区域虽然有给水、工业管道和雨水管道，除雨

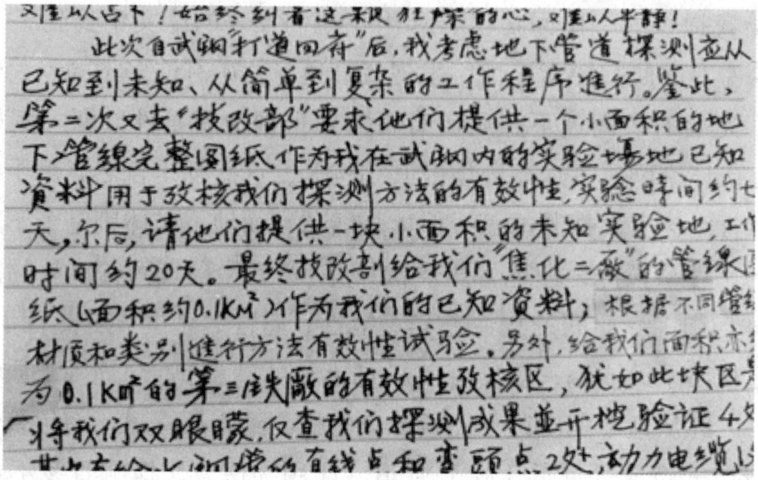

此次自武钢"打道回府"后，我考虑地下管道探测应从已知到未知、从简单到复杂的工作程序进行。鉴此，第二次又去"技改部"要求他们提供一个小面积的地下管線完整图纸作为我在武钢内的实验场地已知資料用于考核我们探测方法的有效性，实验時间约七天，尔后，请他们提供一块小面积的未知实验地，工作时间约20天。最终技改部给我们"焦化二厂"的管線图纸（面积约0.1KM²）作为我们的已知資料；根据不同管线材质和类别进行方法有效性试验。另外，给我们面积亦为0.1KM²的第三鉄厂的有效性考核区，犹如此块区是将我们双眼蒙，仅查我们探测成果並开挖验证4处

图 17-3　杨立增手稿影印件

水管道材质为混凝土管、工业管道为铸管外，自来水则为钢管，其埋深最深为 1.2m，浅的约为 0.8m，且测区环境较好，周围和空中没有其他干扰源。只能说明我们针对这个环境所采取的技术方案是正确的、措施是得当的。

第三铁厂作为地下管线探测校核区，管线类别有给水、污水管线，还有电力电缆，关键是环境复杂，地面有水泥路面、沥青路面和土路面，地上有铁轨，空中有管道及动力线缆等，总之干扰极强。难怪技改部杨部长说："你们若能在这种恶劣环境中将管线探测顺利完成并取得应有的效果，我公司技改区的地下管线探测就全部委托你们单位承担。同时，我还敢说，你们在任何地方、行业都会有工程干！我也会积极地介绍你们到其他钢铁公司去做项目。"多么诱人的话语和信息啊！这大大鼓舞了杨立增他们必胜的信心，此次实验只能成功，不能失败！

当时，中南所已经改变了传统的科研管理模式，各科室除要做到经费有预算外，还下达了外部营收经济指标。因此，对武钢的地下管线探测试验项目，所里给物探室的经费预算为 5000 元，所里承担 60%，室里 40%，也就是说室里有 2000 元的风险（当时大家的月收入仅为一百元左右）。所以他们既有能否通过武钢校核的压力，又有经济的压力，他们是带着沉重的心情走向试验场地的。杨立增至今回忆起那一刻，还会被自己当年的悲壮举动感动得泪流不已。他说："至今还记得工人开挖到我们给出的管道位置时，我离开了现场，在一边默默祈祷老天的保佑：挖到吧！老天爷！"那天他连中饭都没吃，一心想的都是管线，技改部给的四处开挖点，均达到原要求的标准。任务完成了！那种激动的心情真是无以言表。

成功永远只是留给有准备的人！这就是他们的体会。

武钢地下管线的实验成功皆大欢喜，得到了技改部的首肯，决定在武钢技改部全面开展地下综合管道普查，双方正式签订合同书，从 1989 年 3 月中旬进厂，历时 4

个月，共获检测收入 80 万元，成为中南所当年效益最丰厚的项目！而且，因武钢项目的影响，他们的地下管线探测市场一发不可收拾，甚至可谓“应接不暇”。当时许多钢铁公司面临着技术改造任务，许多钢铁企业主动找上门来要求他们服务，连当年大名鼎鼎的金迪管线探测公司成立之前，还请杨立增先生前去介绍过经验。自始，中南所借助这股强东风，在这个行业站稳了脚跟。

4. 琢磨管线探测仪上了瘾

其实在这个时期，英国雷迪管线探测仪已经相当成熟了，只是还没有全面进入国内市场。雷迪的特点是改型迅速，但也只是频率上加多，从最初 3 个频率发展演变到 16 个频率。不仅仅是在发射机上改进，而且接收机也增加了多组水平分量测定线圈，目的是增加接收机对外界的抗干扰能力。杨立增在后来了解了雷迪系列仪器之后，从磁场接收的计算出发，认为理论上可以抵消外界随机干扰的信号，但实际应用依然不够理想。

从此，他琢磨地下管线探测仪上了瘾，一有机会，他就琢磨探管仪。不仅自己研发，而且也对老外的探管仪动不动就“挑毛病”。

杨立增研究后发现，雷迪仪器与日本富士公司生产的 PL-960 型相比较，雷迪仪器大显逊色。尤其表现在对灰口铸铁和球墨铸管探测上，日本生产的 PL-960 型大大超过了雷迪公司生产的多系列 RD 型管线探测仪。其原因是在日本仪器中，抗干扰的电子线路采用了桥式平衡原理。杨立增后来又使用美国的 Sapsille 和 SR-20 等仪器，以及意大利 IDS 公司研制的“双频天线阵探地雷达”，通过对比，发现了不少缺陷。

他发现，无论哪个国家的“发射机”均未考虑做“直接法”探测时的阻抗匹配这一问题，这将会衰减 30%~40% 的有用功率。因此，进口仪器说明书所标注的功率均要打 3~4 折，这是由于金属夹与管道出露点间的接触电阻致使损耗了部分有用功率。他的这个发现，提供给英国雷迪公司后，雷迪公司采纳了他的建议，进行了改进。他还发现：日本进口的 PL-960 管线仪的夹钳系方型，而管道截面为圆形，从结构上不合理，更为严重的是将会大大地造成漏磁，所以夹钳法探测效果十分不理想，大多数用户都不应用。鉴于此，他建议无论如何都需要改为圆形，日本富士公司亦听取了他的建议，此后，就再也见不到方形夹钳了。

杨立增在进行管线探测的同时，完成了一系列课题研究，如用地球物理方法研究电磁与磁法在埋地金属管线的场分布特征、研究管线平面与位置的解释和计算方法、混凝土排水管道探测方法与仪器样机的研制、砼管道探测方法等，为管线探测技术的提高奠定了理论和方法基础。其中，“混凝土排水管道探测方法与仪器样机的研制”经专家评判获冶金科技成果奖，并在《冶金报》刊登一篇题为“不用开膛破腹便知地下管线”的新闻报道。鉴于杨立增的“时域”示波式激电仪的研制、电法找锰的物性研究、微量磁性矿物分离仪器的研发与批量生产、井中无线电透视法在国内首用创新，及其城市地下管线探测方法的实验与研究处于国内较早并领先等成果，以及取得了明显经济效益，1992 年获“享受国务院特殊津贴”之荣誉。

1988 年，60 周岁的杨立增退休了，但是却始终没有放下他的地下管线探测仪。他闷闷不乐地度过了 7 年的时光，到 2006 年的 7 月的某一天，一位同仁突然邀请他去成都参加成都市地下管线的普查。杨立增一下子来了精神。在成都一干就是半年，居然连一次家也没有回去过。在这半年里，他应用 RD400、RD-4000 及 PL-960 等不同国家和不同型号的仪器进行检测，并琢磨这些方法与性能的异同，且经常在现场利用开挖施工或者新管道敷设现场（未覆盖）的机会，进行仪器性能和并行管道区分等方法实验。他在实验中摸索出“比值法”“直读法”探测埋深精度与误差的关系，最终总结出一套“直读法”的误差修正系数。还发现了日本富士 PL-960 型仪器可对铸铁管道（灰口和球墨）进行准确探深的神奇功能；雷迪 RD-4000 型相对于 PL-960 型，在采用被动源“甚低频法”和电力及通信线类探测时，具有相对优势；RD-4000 型存在接收机性能不稳定，稍有振动易形成程序紊乱，死机和电池耗能太快等问题。

到了 2007 年，他又开始在湖南长沙勘察院从事燃气管道的探测作业和仪器的研发工作。这一干就是十年。这十年，杨立增不仅完成了许多检测项目，还完成了一系列的研究工作。

在长沙的十年，他的大部分工作系为燃气公司服务，主要任务是对事业单位所敷设的所有燃气管道（包括小区庭院管）进行详细勘察并录入信息系统。对金属燃气管道应用金属管线仪；PE 燃气管道主要采用电磁波即探地雷达（意大利 IDS 公司的“双频”2500MHz、700MHz 天线阵探地雷达）和声波 PE 材质燃气管道（GL20 型）定位仪。

实践证明：上述两种非金属管道探测方法均有不足，前者在介电常数差异较小时，不易形成反射波，即不能呈现 GPR 影像双曲特征，若介质的电阻率低（呈低阻），吸收系数大，入射波和反射波衰减严重，不仅探测深度大减还将形成异常，探测效果十分不佳。

GL20 声波定位仪是当时刚问世的一种探测仪，在一般情况下定位效果明显优于探地雷达。但使用条件也相当苛刻，只能在其具有阀门井或者调压箱（柜）附属物时方可进行探测，因为它必须将声能探头装入燃气管道内，应用该发射探头送入三个不同低频（500Hz、700Hz、1000Hz）的混合波，应用该混合波的声波振动能量致使管道内燃气随波振动、撞击内管道，再将声波信号通过管道外土壤等介质传到地面，接收声波强度（接收机内装有声波器和计标系统）以此达到定位功能。其更大的缺陷是操作时有一定的危险，因为必须拧开阀门才能将声波探头置入燃气管道内，而且探距受到支管影响，支管多，探距过短，大大影响了工作效率。

通过一年多的思考、试验，杨立增自制了一个“内置式牵引装置”克服了该仪器使用中的大部分缺陷或制约因素。按杨立增当时的设想，就是要通过这套装置解决 PE 材质埋地管道在其敷设完毕但还尚未通气或者通水的条件下，非金属管道的定位、定深及隐患检测（如破损点缺陷位置）问题，探测管径最小为 300mm，上限不受限制。

该装置置于被测管道内，既可前进也可以后退，装置上带有小型棒状发射探头（可以随时根据需要更换不同频率的探头如 8kHz、33kHz、83kHz 等），同时还附有金属示踪线。棒状发射探头用于点测，金属示踪线用于连续快速探测，每小时可探测管道长 900m，有三个行速，电源可用市电（50Hz，因装置有交直流变换器转换），可在 30° 坡角的光滑内壁管道内行驶。其缺点是只能前行和后退，而不能自动识别支管，也就无法进行“三通”等支管的探与检的工作。该装置不仅制作简单、操作方便，并可与当时的金属管线探测仪配套使用。因而研发出来以后，立即在现场得到应用并获得检测人员的一致好评。

为给 PE 材质燃气管道的探测提供方便，施工时，往往会随管道敷设一条 ϕ2mm 的金属线。大量实践表明，由于金属线在其敷设时没有将线段间连接牢靠或未将锈或氧化膜刮干净造成接触电阻过大，应用“直接法”探测效果并不是很好；而用 65kHz 或 86kHz“感应法”时，每次探距又太短；“夹钳法”更不能用。杨立增发现这个问题后，发明制作了一小型的磁力线聚集器，其结构是采用一段长 60cm 的高磁导率的磁棒，磁棒中心开一个 ϕ3mm 小孔，磁棒外多层密绕螺旋形线圈，这就是磁力线聚集器，以便给金属线施加较强的激发信号强度，方便检测。

磁力线聚集器的操作十分简单方便。在现场首先把井内或调压箱立管下的金属线穿入磁力线聚集器的线孔内，把金属管线仪发射机的红夹接聚集器线圈的一端，而黑夹则接线圈的另一端，为了防止发射机过载，逐渐增加发射机功率，在其安全范围内尽量应用大功率。过载频率选 27kHz 至 83kHz 即可。通过实验不仅大大增强了接收信号，同时还大大延长了探距，从而亦提高了探测定位和定深的精度，其效果非常明显。

长沙十年，杨立增老人还做过多个管道腐蚀与防护状况检测工程。包括管道外防腐检测、管道所处环境的物性（土壤电阻率、自然电位、介质酸碱度、氧化还原电位及条件、外界交直流干扰等）测定及阴极保护电位检测等。外防腐状态检测采用 SL

系列、ZB 2008（人体电容法）、PCM 和 PCM+A 支架（多频管中电流法）。杨立增此时又对多频电流法的方法理论及检测仪器产生了兴趣，在工作之余，用不少的时间进行外防腐层绝缘电阻的计算。

通过推导计算，他发现多频电流法的原理非常科学严谨，考虑到参数变量非常全面，既有管道本身的材质、管径，又有材质的电性（钢材电阻率）及电感与介质的分布电容等，可谓该考虑的因素全部考虑到了。因此，他逐渐变成 PCM 仪器的发烧友，只要发现一点可以改进的地方，就给厂家写信，建议改进。入戏之深，由此可见。

5. 退而不休砥砺前行的白发老翁

2018 年，已经 80 岁的杨立增老人，终于辞去长沙勘察院的勘察探测工作，第二次退休了。然而就如同他第一次退休后，被单调、寂寞无趣的日子折磨得难受，最后研究《场论》也阻止不了他渴望为社会再作贡献的冲动一样，这一次，从长沙退居家庭生活没有几日，20 年前的一幕又出现在他的脑海：睡着睡着，脑袋便呈现出在科研工作中的情形，在实验室做场分布模拟实验、仪器研发的场景，遇到困难时去情报资料室寻找有关资料和文献以及在现场方法实验中的磨难，欢喜或忧伤时的情景一一呈现。没有办法，他就拄着一根拐杖，来到湖北襄阳找他的老朋友、七十多岁仍然驰骋在管线检测现场的袁厚明老先生。两个白发老翁彻夜长谈，从物探找矿讨论到“反演”理论，从电场有静电场和动态电场即不同频率的波形的交流电场到磁场亦有静磁和动磁之分，不同的场有其各自特征，静电和静磁场应用“拉普拉斯”方程求解，而动态场则遵从“麦克斯韦”方程再加上初始条件，边界条件及特征方程等求解。在不知不觉的讨论中，又碰撞出思想的火花！他们决计合作，根据他们对《场论》的体悟，开发新的地下管线探测仪器。2019 年 4 月，81 周岁的老翁杨立增又出现在安徽滁州管线探测现场，研究起雷达探测问题。图 17-4 为 2019 年 7 月 13 日在安徽滁州管线探测现场工作照，中手持拐杖的老者就是杨立增。

图 17-4　81 周岁的杨立增在安徽滁州管线探测现场作技术指导

回望峥嵘一甲子（1958 年入学读物探专业至今），五十五年仆仆风尘，凄风苦雨，三十年管线探测砥砺前行。年轻的探测人，埋首驻足、孜孜以求，终至殊勋茂绩、硕果累累。然而，岁月无情，转眼间，已步入暮年。尽管如此，在探测管线的现场，仍然会时不时出现一位白鬓苍苍，手持仪器龃龉前行，依然在“管线国王”徜徉的人，那就是杨立增。每当拐杖杵地的碰击声发出时，又会将他带回管线探测现场中，这哪里是拐杖碰击地面声，岂不是“声波仪”的接收机在探 PE 管道时所发出的声波吗？他每走一步就像又探出一段未知的管道！

第 18 章 李永年带着探矿仪走进管道检测市场

虽然在我们刚开始进入管道检测领域时就认识了李永年，并与他合作十余年，但是关于他从事管道检测研究的历史却从没有细究过。在写作本书时，我原以为李永年先生会自己提供一些详细的资料给我，却没有料到他的身体已经不允许他给我提供任何文字性材料了，我只好自己去搜寻。只能参照他发表的一系列论文来简易勾画他在管道探索之路上踩出的那条弯弯曲曲的小道。

1. 老物探转向管道检测研究

作为“文革”前入学，1967 年毕业的大学生，李永年一直从事金属矿的勘探工作。与杨立增等冶金系统的老物探一样，因为冶金系统的不景气而被迫转入了地下管道探测领域。其实在当时，这些找矿人对地下管道也没有多少认识，只是因为 20 世纪 80 年代中叶，城市建设开始起步，地下管道时不时被挖断，地下管道探测需求开始兴旺，苦于没有工作可做的物探人，认为既然深埋地下数百米的金属矿藏都能找到，还能找不到地下金属管线吗？正如本书第 17 章讲述的杨立增老先生的故事一样，物探人不认为地下管道探测是个多么难的事情。实际上，那个时候中国的冶金物探人对地下管线探测的知识是相当贫乏的，他们甚至不知道早在“文革”时期，中国石油人已经探索开发成功了管道探测仪器，只是这些仪器从没有越出过油气管道防腐层检测和地下油气管线位置探测的边界而已，就更别说美国人皮尔逊在 1967 年发明的“皮尔逊”探管技术并申请的发明专利了。李永年介入地下管道探测、泄漏检测起始于 1985 年，被地质物探界认为对探管研究最早的当推中国地质大学杨旭老师，他最早在 1985 年《物探与化探》上发布了一篇关于管道探测的论文，这篇论文李永年是后来才看到的，李永年最早看到杨旭的论文大约是那篇“用电磁法查明地下电缆和管道”（1989 年勘探地球物理北京国际讨论会上宣读论文），李永年就模仿这篇论文的思路摸索地下管道探测方法。这一模仿却逐渐让李永年对管道探测产生出兴趣来。

当然，这个时期对地下管道探测感兴趣的不止李永年一个人，冶金部的探矿系统出于生存的需要，从上到下都在研究地下管道探测技术。1991 年，冶金部物探局还在保定办了以地下管道探测为内容的一个专门的学习班，山东、湖北等地都派人参加了这个学习班。在这个学习班上，李永年担任授课老师。没有想到何泽成又带着香港商人吴基胜来了。因为何泽诚是李永年的老师何泽庆的弟弟（其姐姐是何泽慧，姐夫就是大名鼎鼎的科学家钱三强），所以李永年早就认识何泽诚，而且早在 1988 年李永年在武汉讲课时，香港商人吴基胜即通过何泽诚找过李永年，并带去英国雷迪设备，李永年等物探人首次看到国外开发的管道检测仪器，而且是比较成熟的标准化仪器。

有了何泽诚这层关系，吴基胜很快就和李永年熟络起来，并通过李永年认识了冶金部地球物理勘探研究院院长李学义。吴基胜是做生意的，他其实早就看准了中国内陆的市场，他的公司虽然在香港，眼睛却一直盯着内地。他知道只有把中国内地这个巨大的地下管线检测市场启动起来，他才能挖到金矿。否则他也不会在香港成立一个英国雷迪地下管线探测仪器代理公司，一个小小的香港能有多少生意呢？在吴基胜的穿梭之下，很快就组织了一个饭局。晚上吃饭时，吴基胜就给李永年和李学义推销起他代理的雷迪地下金属探测仪来，并对中国的地下管线检测前景，结合国际发展历史作了一番展望。这一下子激起李学义的兴趣来。在探讨了合资建立管道探测公司时，李永年随口提了个名称“金迪”，并得到李学义的认可。金迪公司就这么来了，之所以冠名“金迪”含义是合作双方是冶金部地球物理勘查院（冶金部直属的院所）带有“金”字，而外方则是雷迪公司带“迪”字，各取其名称中一字合称即是“金迪”。香港的吴基胜乃是英国雷迪公司在中国的代理，他的主要目标是推销他代理的仪器，由此不难想象，自“金迪”合资以来，“雷迪”的一些探测仪器和设备蜂拥而至我国市场。中国管道探测仪器的研究开发至此戛然而止。

一开始，因为李永年在管道探测上已经做了很多工作，李学义让李永年去金迪做总工程师全面负责技术，而何军作为总经理主要负责市场开发。但是，那个时候的李永年心思仍然在找矿上，所以没有答应李学义院长的要求。

就这样，李永年与金迪擦肩而过。1992 年 8 月 12 日，冶金部地球物理勘查院与香港雷迪有限公司共同投资设立保定金迪地下管线探测工程有限公司。当时的《工人日报》报道：“金迪注册出一个新行业”。从而开中国管线探测行业之先河。金迪很快成为中国管道探测行业的一个代表性品牌。十多年之后，金迪公司成为国家测绘甲级资质、地质勘查甲级资质、计算机集成叁级资质的单位，有物探、测量、计算机及其他专业人员465人，工程师以上人员占比超过60%。公司拥有240多台套各种地下管线探测设备（包括地探雷达三台套），测绘仪器50多台套，各种计算机设备400台套。具备年探测各类地下管线3万公里、处理图件3万幅的生产能力。强大的规模、技术优势加之以项目为核心的施工组织管理模式，为按时、高效服务客户提供了强有力的保障，成为管道检测测绘界的翘楚。李永年失去这次机会，并不意味着他失去进入管道检测领域的机会，相反他以另外一种方式，依靠个人的力量走上了另一条艰难的管道腐蚀损伤检测技术探索之路，这是后话。

1992年，在杭州钢铁公司进行了大规模的管道探测工程。当时，进入这个管道探测工地有两个主力探管单位，一个是中南冶金研究所，主要人员有李斯钻、张继文、杨立增等；另一个是冶金部地球物理勘查院，当时就是李永年带队负责。因为探管那时还是个新行业，甚至可以说是个新鲜事，杭州市电视台还专门拍了个节目，李永年在那个节目中提出了应该给马路装个拉链，免得马路反复开挖、修复，这句话后来被许多人采用，在很长一段时间内，“马路拉链”成为形容中国城市街道马路缺乏统筹规划最时髦的术语。

1993年，李永年的老师李世华，让李永年参与编写《管道地下探测规程》，该规程于1994年批准实施，成为我国首部关于地下管线探测的技术规范。正是这些一个又一个与管道探测工程相关工作的开展，李永年最终喜欢上了地下管线探测工作。

2. 管体腐蚀损伤地面检测思想

李永年虽然没有去金迪公司担任总工程师，因为经济大环境的关系，他也没有能够继续探索他非常热爱的探矿事业，依然被形势裹挟进冶金勘探系统集体进入城市地下管线探测领域讨生活的洪流。从1992年冬天到1993年春天，他也随金迪公司参与到管道探测之中。这个时候，因为雷迪仪器的使用，已经不仅仅是管道走向探测了，还包括管道防腐层检测。因此，这个时候，国内冶金勘探系统也开始使用管道“检测”这个词，而不是此前的“探测”。好动脑子的李永年发现，管道检测时，腐蚀检测只能检测防腐层，却不能检测管体。他觉得防腐层的破损固然会引起管道腐蚀，但是这毕竟不表示管道已经腐蚀，即便是防腐层破损处管道腐蚀了，也有个轻重缓急之分或腐蚀程度之分，而管道腐蚀程度与管道防腐层破损的大小并不能画等号。所以，他认为防腐层检测并不能准确地反映管体腐蚀损伤的严重程度，对管道企业判断管道运行安全风险只能起参考作用。于是他就开始琢磨如何检测管体腐蚀位置及腐蚀的程度。

李永年和他们冶金勘探系统的所有探矿人初入地下管道探测领域时一样，首先想到的是陪伴他几十年的探矿仪，既然这个东西能探测到地下几百米深的金属矿，那就能探测到埋藏更浅的金属管道。不过他比其他人思考更深入了一步。他觉得探矿仪通过对瞬变电磁信号的分析，可以计算出地下金属矿的吨位，如果把探矿用的金属线改短一点，围成一个小小的环路线圈，不就可以测量到线圈所包围的长度不大的金属管道的重量了吗？而通过对线圈所包围的管道总重量的计算比较不就可以计算出地下管道损失的金属量，而这个损失掉的金属量不就是腐蚀的程度吗？于是，他回过头又去重新研究当时在探矿中已经被大家接受了的瞬变电磁法理论。

我们知道，在 20 世纪 50 年代以来，苏联、美国、加拿大、澳大利亚等国的地球物理学家在瞬变电磁基础理论、应用技术等方面都有过深入的研究，并开展了大量应用实验工作，尤其是苏联的科学工作者。后来，苏联一些科学家又沿着矿藏勘测的路线进行了具体探测方法的改进实践，使其逐渐步入实用阶段，瞬变电磁法是铜及金属硫化矿床勘探的重要方法之一，加拿大萨德伯里（Sudbury）铜镍矿在近二十多年来，采用地－井瞬变电磁法先后发现了 1280m 深处的林兹里（Lins-ley）矿体和埋深超过 2400m、矿石量达 1800 万 ~3600 万吨的维克多（Victor）富铜镍矿床。另外，地－井瞬变电磁法还在已开采的矿床之下 1200~1500m 深处发现了一处高品位的底板矿床。在我国，从 20 世纪 80 年代开始，该方法在金属矿探测上取得了巨大成就。到 20 世纪 90 年代，由于环境与工程探测的迫切需要，浅层（超浅层）地球物理方法得到快速发展，该方法则进入工程物探领域。

李永年顺着该技术发展进步的轨迹，重点研究该技术在浅层（超浅层）地球物理勘探方面的理论和方法。大约在 1997 年，冶金部地球物理勘查院李永年研究员牵头正式成立了“腐蚀检测技术与监测评估方法”课题组。1998 年，李永年提出将瞬变电磁法应用于管道检测是完全可行的，使用的设备是美国 Zonge 公司的 GDP-16。那时候，李永年已经对利用美国探矿仪检测埋地管道有了深刻的认识。据当年分配到地球物理勘查院李永年项目组的大学生李晓松回忆：有一天，他们将在试验管道上检测的数据汇总到一起，作出图像，李永年一眼就看出哪些是管径粗的数据，哪些是管径细的数据。

在那一年他提出并建立了壁厚与等效参数之间的关系。金属蚀失量这个研究领域当时已经有多个国家的科学家、工程技术人员在工作，比如美国、德国等。李永年第一次发现可以通过瞬变电磁测量测量管道的等效参数，再建立壁厚与等效参数之间的关系这个问题。从 1997 年开始立项研究，2000 年就开始在一些埋地管道上进行实验性检测并证明该技术是可以实施的检测方法。2000 年 5 月 31 日，科学技术成果《腐蚀检测技术与监测评估方法》通过以中国科学院地质与地球物理所刘光鼎院士为首的鉴定委员会鉴定，认定应用瞬变电磁法检测埋地管道的金属蚀失量检测技术达到了国内领先水平，研制开发的《埋地管道腐蚀检测评价软件 2.2 版本》功能齐全、界面友好、操作简单，适用于工程应用。李光鼎院士亲自参加了鉴定会，这对李永年团队是个极大的鼓舞。随后他利用美国 Zonge 公司开发的 GDP-16 探矿仪与自己研制加工的线框在大庆、胜利等地的油气集输管道开展埋地管道管体腐蚀损伤状况地面检测实践，正式承接管道检测项目。

2000 年，李永年和他的学生李晓松等人在《岩土工程界》上发表了"国内外埋地管道腐蚀状况物理检测技术现状"的论文，文中论述了瞬变电磁检测技术的基本原理、检测手段、应用范围及检测精度、技术特点等关键问题。这可能是我国最早阐述瞬变电磁技术应用于埋地管道检测的论文。在这篇论文中，李永年提出以美国 Zonge 工程公司 GDP-16 综合收录系统作为数据采集主体，配以特制的传感器和数据处理软件，整体上具有功率大、抗干扰能力强、观测精度高等优点；管道腐蚀检测（监测）评价软件（FUSHI v2.2）系统集观测数据存储、处理、分析、图示于一体，适用于输送各种介质的不同管径、壁厚金属管道腐蚀无损检测，对恶劣的自然环境（包括水域、冻土、沙漠等）和复杂的人文（如厂区、矿山、城市等）干扰环境没有限制；金属蚀失量的检出精度不低于 20 %，最高可达 10 %；防腐层绝缘电阻评价精度不低于 0.1 $k\Omega \cdot cm^2$，创面最小检出等效面积不大于 $25cm^2$；管道缺陷（如防腐层破损点等）空间位置定位精度不低于 0.5 m。虽然他们当时根据试验而提出的技术指标还不是很高，但是金属蚀失量的检测对于发展埋地管道地面检测具有特别重要的意义，这是李永年对中国管道检测技术发展的最大贡献。

这个时期，李永年的瞬变电磁法检测技术其实只能检测比较大的管体损伤或较大面积的腐蚀部位。但是这在当时已经是很了不起的技术进步，至少摆脱了开挖后逐点超声波测厚检测这种低效率方法的束缚。从 2000 年到 2003 年李永年及弟子们结合一些试验持续开展了瞬变电磁技术的探索，并结合探索发表了一系列论文。这些论文展示出李永年的研究不断取得进步的历史过程。

2000 年，李永年、尚兵、李晓松在 2000 国际表面工程与防腐蚀技术研讨会——21 世纪表面工程与防腐蚀技术的发展与应用论文集上发表了"TEM 法管道腐蚀检测中的几个问题"的论文。主要探讨了制约瞬变响应的因素、区分"腐蚀响应"的可能性、电磁综合参量异常下限与观测误差（包括装置误差、定位误差、收录误差）、有用信号量级估计等问题。

2000 年，李永年、郭玉峰、邓可义在 2000 国际表面工程与防腐蚀技术研讨会——21 世纪表面工程与防腐蚀技术的发展与应用论文集发表了"用脉冲瞬变法检测埋地金属管道腐蚀程度"一文，主要对脉冲瞬变法检测埋地金属管道腐蚀的方法原理进行了系统的论证。该论文总共罗列了 20 篇参考文献，可以说大致反映了顺变电磁法在中国发展中比较有历史影响的论著概貌。其中引用最早的文献是 1966 年上海科学技术出版社出版的 R.E. 柯林著的《导波场论》，最晚的参考文献是 1999 年中国腐蚀与防护学会召开的相关会议发表的论文。该参考文献中涉及中国学者研究“瞬变电磁检测技术”的最早论著是 1977 年蒋邦远等发表在《物化探研究报导》上的“普查勘探良导金属矿的脉冲瞬变场法的研究”。其中与该法测量埋地管道腐蚀损伤关系相对密切的理论论著是 1992 年中南工业大学出版的牛之琏的《时间域电磁法原理》一书。尚没有国内直接针对埋地管道腐蚀地面检测用瞬变电磁法的参考文献，这也从一个侧面印证了李永年的探索具有开创性的价值。

2001 年 4 月，李永年、张国义、李晓松在《中国石油化工》上卷发表了“埋地管道金属蚀失量检测技术”。该文章的主要创新和贡献在于对一次脉冲、二次脉冲的响应特性进行了最经典的分析描述，这是李永年瞬变电磁理论早期研究最典型的表述。该论文的几幅示意图在其后十余年间被其他工程技术人员在发表的相关论文中广泛引用。该论文还结合他们在齐鲁石化供排水厂主输水管道检测实例、塔里木油田轮南作业区集输管道检测实例、准东油田彩南作业区管道检测实例、太原钢铁集团三号高炉某管线的检测实例，证明了瞬变电磁检测技术的实用性和可行性。

2001 年 9 月，李永年在中国冶金地质总局举办的“北京：全国资源与环境调查暨工程检测新技术研讨会”上发表了“地下管道腐蚀检测工作中的几个问题”的报告，并刊登在该研讨会出版的论文集上。该论文提出把评价管体及其管件金属腐蚀或疲劳损伤状况的定性与定量检测作为地下管道腐蚀检测的三大主要工作之一的观点；提出腐蚀检测的计划性与强制性、初始检测与定期检测、规范检测流程、建立腐蚀检测数据库、继续开拓腐蚀检测新技术等一系列比较超前且系统的观念。

2002 年在全国第四届勘察技术学术交流会论文集上，李永年、陈长满、吕桂玉发表了“管道金属蚀失量评价技术的应用效果”。主要探讨了：21 世纪初以来该方法在地下管道腐蚀检测工程实践中的应用情况；在归纳分析的基础上对此项技术的检测精度、出报下限、符合率以及验证手段等内容作了新的表述；对埋地管道地面检测技术开发方向提出了新看法。

2001 年参与昆明市地下煤气管线主干管道腐蚀检测工作。由于城市改造，昆明市大部分煤气主干线都位于快速路上，施工条件复杂，工程难度大、质量要求高。在这个项目中，李永年教授创新地使用现有 PCM 设备（一般用来检测埋地管道防腐层）的三个频率反演管体电阻，并将该方法命名为“综合参数异常评价法”。经检测总结，得出了随着管道埋设年份增长，因腐蚀导致管体视电阻增大的规律，该规律符合实际情况，证明了方法的可行性，这次检测成果是后续多项研究工作的基础和样板。

结合这次对昆明市地下煤气管线主干管道腐蚀检测工作，李永年、李晓松、吕桂玉在《地下管线管理》2002年第2、4、6期以及2003年第2期上，分别发表了“城市埋地燃气管道腐蚀状况地面检测的问题与建议”“提高埋地管道防腐层分级评价的可靠性”“管体视电阻率与腐蚀和疲劳损伤的关系”“关于城市燃气埋地管网腐蚀检测方案的建议”系列论文。系统阐述了市政管网特别是城市燃气管网检测的系统方法，不仅分析了瞬变电磁检测技术在城市燃气管网上的检测方法问题，也论述了如何提高防腐层检测精准性问题。

2002年8月李永年与弟子李晓松共同完成《地下管道腐蚀检测评价系统》软件开发，在2003年4月阿尔善油田哈一联至阿一联外输管线腐蚀检测项目中进行应用，根据检测分析结果，确定了5个取证点和5个验证点，开挖验证效果良好，证明腐蚀与管体视电阻关系密切，明确了可继续运行管段和腐蚀隐患管段的判别依据。该研究成果整理归纳成论文“埋地管道综合参数异常评价法的应用效果”，以李永年、李晓松、姚学虎、尚兵、吕桂玉合著方式在2003年《地球物理学进展》第3期上发表。李永年等在该文中提出：综合参数异常评价法（简称FER）除了检测防腐层的绝缘电阻以外，还能检测防腐层的视电容和管体的视电阻。它在埋地钢质管道不开挖检测工作中的主要用途是：分级评价管道防腐（保温）层的绝缘性能和介电特征；确定防腐（保温）层缺陷（老化、渗水、剥离、破损）和防护失效部位；探查管体及其配设管件的金属腐蚀或疲劳损伤状况；确定腐蚀或疲劳损伤段（点）的位置。这是当年对“埋地管道综合参数异常评价法的应用效果”最为深刻认识的论文之一。李永年通过自己在多个工程的实际检验证明，“综合参数异常评价法”适用于不同检测环境、输送介质（气相、液相）、规格与材质、防腐（保温）层结构的埋地金属管道的地面检测工作，能够对埋地管道腐蚀与防护状况做出较为完整的评价。他还提出，该方法应与“金属蚀失量检测方法”配合使用，即首先对在线管道腐蚀程度与防腐状况进行快速的全面调查，然后对所圈定的腐蚀管段与怀疑腐蚀管段作重点评价，这样可以得到事半功倍的效果。这一观点其实对于提高瞬变电磁检测技术的工作效率及检测的精准性有很大帮助，在此后的十多年里甚至今天仍然是瞬变电磁检测法有效的配合技术。

至此，李永年关于埋地管道腐蚀损伤地面用瞬变电磁技术检测的理论基本成熟，方法逐步规范、体系逐步完善。

但是，李永年的这种技术研究在冶金勘探研究总院并不被他的同行看好，能够接受的人甚至可以说屈指可数，甚至还有些冷嘲热讽的声音。其实这就有点像网络上的一些民间人士讨论中医，无论是推崇和贬低，让人都觉得有点浮夸。为什么？因为这些讨论得热火朝天、唾沫四溅的人连《黄帝内经》都没有读过，又怎么敢妄自评判，还真以为自己是学者。就像夸奖或批评一个人，不懂甚至不了解这个人的所作所为，你的评价又怎么能中肯呢？探讨西方文化和科学也一样，没有宗教背景和信仰根基，推崇或反对都不在点子上。没读过圣经的人，不要去评价西方文化。这话看似戏言却并非虚言，即使科学问题也不例外。那些对李永年探索持反对立场的人，其实他们压根就没有认真研究过瞬变电磁技术浅源理论特别是李永年的实践，又怎么仅仅凭自己也是学物探的就否定别人的探索结论呢？

作为勘探研究院官方而言，主要是认为这种方法难以快速见到经济效益。所以，这个技术的开发主要是依靠李永年带着尚兵、李晓松等几个弟子单独进行的。在地球物理勘查院层面，他主要承担的研究内容是与当时中国冶金勘探总局倡导的向管道探测方向转型有密切关系的课题，只是结合他的研究特长向这个方向进行了适当的延伸。当然，仅仅是这个延伸也让李永年窥探到瞬变电磁检测法技术的许多密码，从而将其壮大为一项专门的检测技术。

2002~2003 年，李永年同时参加中国冶勘总局《城市埋地燃气管道泄漏检测、预警、控制新技术研究》和国家“十五”重点科技攻关课题《城市埋地燃气管道及工业特殊承压设备安全保障关键技术研究》02 专题《埋地燃气管道腐蚀防护检测与评价技术研究》中 05 子专题《城市埋地燃气管道管体金属腐蚀地面检测技术预研》和 06 子专题《城市埋地燃气管道防腐（涂）层分级评价标准研究》项目研究工作。在继续深入研究金属蚀失量检测技术和综合参数异常评价法的同时，还对国内外同类检测技术进行了分析对比，提出一套查明燃气泄漏隐患管段的方法（或方法组合）以及检测技术方案。2003 年初，应英国雷迪公司中国总部的邀请，李永年教授将杂散电流测绘仪（SCM）英文说明书翻译成中文，并参加了初步试验研究，熟悉了设备原理和使用方法。

2002 年 4 月，金迪公司（冶金部地球物理勘查院控股公司）承接了胜利油田东辛寒柳线腐蚀检测项目，但是金迪公司并不太熟悉这项技术，因而邀请李永年参与检测。通过李永年用他研究的瞬变电磁检测技术进行检测，开挖验证了 11 处，8 处检测值与实际值误差小于 5%，显示了良好的检测效果。

3. 创办驰骋千里科技公司

2003 年深秋，李永年在中国石油学会石油腐蚀与防护专业委员会与中国腐蚀与防护学会土壤专业委员会联合举办的第三届腐蚀与防护学术交流会上发表论文“综合参数异常评价法及应用实例”，获二等奖，并与本书作者相遇。图 18–1 是本次会议后，游船上初识李永年时合影（根据当年照片翻拍）。

图 18-1　初识李永年（中）

在仔细阅读和研究李永年在会上发表的论文后，我被李永年这种新的思维方式打动，认为是一个很不错的研究方向，就准备与他合作。李永年也非常上心，从桂林返回后，又立即跑到东营，在我们所作报告，宣讲他的技术。到2003年年底，我们已经基本上做通了油田有关部门的工作，当准备与李永年合作时，才发现他连个公司也没有，那怎么签合作协议，怎么具体合作啊？恰在这个时候，冶金找矿人20年的艰苦岁月熬到头了，寒冬已逝，春天到了。中国的探矿形势逐渐好转起来，2004年初春，中国冶勘总局地球物理勘查院的经营计划上排满了多年少有的探矿找矿项目，这标志着冶金勘探系统主要业务开始转移到其原始的主业——矿物勘探方向。在管道检测方面的支持力度逐渐减小，管道检测很快将成为要被改制出去的业务。一些主要的工程师和管理经营人员纷纷向主业回归。李永年回到保定以后，与几个与他相仿的技术人员一合计，觉得辛辛苦苦研究开发的技术不能就这么放弃，决心筹备成立自己的检测公司。因为冶金勘探系统效益不好，已经有约20个年头了，大家都不宽裕，李永年找到4个退休的研究员或高级工程师，连他在内共凑了10万元注册成立了保定驰骋千里科技有限公司。从此开始了以驰骋千里公司为依托，推广应用与改进提高相结合的瞬变电磁检测法探索的漫漫征程。

非常幸运的是，在胜利油田的初步实践取得了让人信服的成果。当时，李永年教授带领项目组组建保定驰骋千里科技有限公司，将多年瞬变电磁管道检测研究成果总结归纳，形成了《管壁厚度TEM评价系统》。新的评价方法在胜利油田河东线、丁义线管道腐蚀检测项目中应用效果很好，检出两处严重腐蚀部位，且定位点非常精确，误差在几十个厘米之内，这是最令人叹服的地方。这是自瞬变电磁法应用于管道检测以来，检测到的最严重的腐蚀状况，就这么幸运地被新成立的驰骋千里公司检测出来了，这个案例成为那个年代最具代表性的成功案例。当时还没有任何技术可以在不开挖的情况下能够这么精确地探测到管道腐蚀部位，当时的内检测虽然已经有不少外国咨询公司进来，也没有过相对成功的检测报道。由此增加了李永年的信心，也为与胜利油田腐蚀研究所的长期合作奠定了基础。

李永年及其驰骋千里科技有限公司与胜利的合作历史主要是从2004年到2012年这八个年头，每年除了一些具体的管道检测项目合作，使驰骋千里公司有一个基本的项目支撑，解决了公司生存的后顾之忧后，也给他提供了一个相对稳定的思考环境和研究的财力基础，可以将更多精力用于技术的思考和试验上。此外，胜利腐蚀与防护研究所的工程师们的支持与协助也对李永年的系列技术开发起到相当大的作用，从而使许多无法展开的试验活动可以在更广的范围内同时开展，从而使李永年的管体检测技术思想得到进一步提升。

从 1997 年瞬变电磁检测研究开始，李永年使用的设备都是美国 Zonge 公司的 GDP-16，它是一款物探设备，由发射机、接收机、蓄电池组成，设备笨重，价格昂贵。如果能研发一套集发、收于一体的专用检测仪器，不仅可以改善系统的抗干扰能力，提高方法的分辨率和检测精度，而且可以使检测装备更为轻便，既能扩大应用范围，又能提高检测效率，降低检测成本。为此，他申报了国家科技型中小企业技术创新基金无偿资助项目《GBH 管道腐蚀智能检测仪》，2005 年 6 月 ~2008 年 8 月，他用了 2 年多的时间，专门进行设备的研制、开发。首先对传感器进行了优化，将原尺寸 1.5m × 1.5m 优化为 1m × 1m，更加便携。2005 年底，完成仪器控制单元数据处理部分软件编制工作。李永年很早就关注神经网络与虚拟仪器，GBH 管道腐蚀智能检测仪就是基于虚拟仪器的思想设计的。后来尚兵继续沿着虚拟仪器的方向探索，开发出杂散电流检测仪（基于 Labview）、智能阴极保护参数测试仪（基于 Labview）、磁法检测仪（基于 Windows 和 Win CE）等，可谓硕果累累。2006 年 6 月底，GBH 管道腐蚀智能检测仪数据采集模块——GBH-1 数据采集器研制成功，制作 GBH 样机 1 台；2006 年 7 月，产品定型，生产第一代产品 1 台，并向客户推广演示。2008 年 3 月，李永年教授与其弟子李晓松、尚兵三人共同申请发明专利《管道壁厚 TEM 检测方法和 GBH 管道腐蚀智能检测仪》（授权名称为“管道壁厚腐蚀检测、无损检测方法”）。在这个项目的开展过程中，不仅对设备进行了重新开发，也使老先生熟悉了创新基金的运作流程，掌握了产品设计开发从策划到完成确认的全过程。2008 年 5 月，编写创新基金项目工作总结报告，2008 年 8 月，创新基金项目顺利通过验收。

2008 年 5 月 ~2010 年 12 月，参加中国石油天然气集团公司科技部科技项目《油气管道安全运行与储存技术研究》的子课题《管道内腐蚀直接评价技术研究》研究工作，负责瞬变电磁 TEM 检测技术现场应用研究和研究报告、行业标准相关内容的编制。瞬变电磁（TEM）技术在管道腐蚀检测中的应用是李永年工作以来一直从事的主要研究内容之一，它能被纳入石油行业标准使其感到由衷的自豪。以往的工作内容大部分都是间接检测技术的研究和应用，通过该项目工作的进行，熟悉了预评价—间接检测及评价—直接检测与评价—后评价的评价流程，掌握了直接检测及评价的方法与工具。

除了瞬变电磁技术之外，李永年在探索过程中，认识到磁法检测技术在埋地管道地面检测中的优势与特点，他长期跟踪和研究磁法技术，也结出累累硕果。

李永年研究员关注磁记忆检测技术的历史其实也相当早。2001 年他总结了 20km

昆明煤气管道的检测数据，得出埋设年限越长，其综合参数（电导率和磁导率）越大的规律，符合磁记忆理论。在2002年发表的论文“管体视电阻率与腐蚀和疲劳损伤的关系”中曾对其进行了阐述。

早在2007年，俄罗斯动力诊断公司发布《采用金属磁记忆方法无接触磁测检查石油天然气主干管道及其分支的规程》。但是，直到2009年，中国川斯科公司发布《运用非接触式磁力层析方法进行管道技术状况诊断指南》（Р Д102-008—2009，由俄罗斯联邦矿工业委员会批准），磁法技术才在中国受到人们的重视。

2009年6月，李永年以其雄厚的理论知识积累，使用俄罗斯动力诊断公司生产的TSC-3M-12应力集中测量仪，对华北油田管道缺陷的磁记忆诊断方法进行了研究。根据这次试验，他们在2011年第4期《防腐保温技术》杂志上发表了篇幅长达16页的论文“埋地管道缺陷磁法检测技术实验”。该论文是国内详细阐述埋地管道缺陷磁法检测技术的本质、原理及具体试验步骤与方法、数据处理的早期论文之一，同时对试验结果作了详细的分析解读，提出了抑制干扰、剥离管道缺陷异常的办法。

与瞬变电磁技术（TEM）相比，磁法检测不需要人工源，设备轻便、检测效率高，可以使用磁法检测预先筛选异常管段，再使用瞬变电磁技术详查。因此在继续研究瞬变电磁技术的同时，也开始自主研发磁测方法设备。其磁法检测设备的研究开发历程可简述如下：

2013年磁测设备样机试制成功，在胜利油田腐蚀与防护研究所预制缺陷埋地管道上进行了对比测试，取得良好效果。

2015年在进行了盗油卡子的检测定位试验工作。同期在新疆油田进行了检测实践，磁测设备基本定型。

2016年在长庆油田工程实际应用。

2017年在新疆塔里木油田工程实际应用。

2018年3月，在西气东输内检测补口带下阴影修复项目中准确定位焊缝位置，定位误差小于1m，使得以往至少开挖3处探坑才能确定焊缝位置变为开挖一处即可，大大减少了土方开挖量，降低修复成本。

2018年7月，在新疆塔河油田进行瞬变电磁检测的同时，也开展了磁法检测，在对测试数据的分析过程中，发现了一些瞬变电磁和磁力的异常关系，经过实际开挖对比，检测效果良好，为下一步同时使用磁测方法和瞬变电磁方法，发挥各自优势提高效率，快速发现异常和缺陷提供了良好的示范作用。

随着胜利油田腐蚀与防护研究所地下管道腐蚀检测业务的开展，驰骋千里科技公司与胜利腐蚀所一起走进中原油田、西北油田、长庆油田埋地集输油气管道检测市场，走向中石化管道储运公司原油长输管道检测市场、川气东送管道检测市场、榆济天然气长输管道检测市场、中石化华东与华北成品油长输管道检测市场等。借助胜利腐蚀所工程师们每年发表的数十篇研究论文和该所组织的一年一度全国学术交流会等方面的影响，驰骋千里科技公司瞬变电磁法管道检测技术就像三月的飞花，飘向全国大江南北，让更多的管道业主知道还有个不开挖管体腐蚀地面检测技术这么简单便捷的方法。于是，大庆油田、西南油气田甚至地方市政管网遇到腐蚀损伤隐患困扰时，也将瞬变电磁检测法作为重要的选择项。李永年的检测技术开始进入国家标准，也成为媒体宣传报道技术成就方面的一个新闻点。

2010 年 4 月 12 日的《中国石化报》报道称：中原油田技术监测中心安全监测站技术人员应用 TEM 非开挖检测技术，对采油三厂卫城油藏经营管理区 25 号 ~ 28 号站间的管道进行腐蚀监测评估。实践表明，该技术可提高埋地管道检测时效 40%。与传统检测技术相比，TEM 非开挖检测技术可大幅减少管道开挖点。技术人员在管道不开挖、不停输状态下，可对管体腐蚀情况进行评估，有针对性地对风险点实施开挖检测，节约人力、物力和财力。目前，中原油田埋地管道长 2600 多千米，完成日常输油、输气、注水等集输任务。该技术的应用可有效提高管道隐患监测定位的精准性与针对性，为管道更换及维护提供科学依据。

《中国石油报》报道：2014 年 1 月 24 日，由沈阳龙昌管道检测中心承揽的铁大线高后果区与人口稠密区管道隐患排查工作正式展开。排查工作从铁大线浑河至机场高速约 8km 的老管道开始。考虑到管道穿越沈阳市浑南新区，商埠云集、学校集中，属高风险隐患区，管道公司组建专家队伍，采用 TEM 技术，确保在地面检测、不开挖、不破坏防腐保温层、不与管道直接接触、不影响管道正常运行等的情况下，准确检测埋地管道的剩余管壁厚度及管体缺陷情况。截至 2014 年 2 月 17 日，管道公司沈阳龙昌管道检测中心已完成铁大线浑河南岸至汇泉东路巨子产业园管段高后果区管道瞬变电磁技术（TEM）检测工作，为管道沿线居民生命财产安全及东北输油气管网的安全平稳运行提供了有力保障。

2017 年 12 月 20 日《齐鲁晚报》报道：胜利油田腐蚀与防护研究所研制的“管道腐蚀智能检测仪辅助装置”，通过选用玻璃钢基材，实现了多气候和多地貌条件下工作，提高了 GBH 管道腐蚀智能检测仪（瞬变电磁管道检测专用仪器）的适应性，截至目前，运用该专利成果完成油田废弃井探测定位 380 口，累计完成管道 TEM 腐蚀检测 73.25km，实现年收入 125.39 万元。

4. 弟子李晓松的持续探索之路

李晓松 1998 年 7 月毕业于中国地质大学（北京）应用地球物理系。来到冶金部地球物理勘查院，分配到李永年教授的项目组，由此开始从事管道检测工作。恰逢李永年教授发明的新方法——金属蚀失量检测技术开展的科研项目《腐蚀检测技术与监测评估方法》正在进行，李晓松就被安排负责数据采集工作。

物探专业对数据处理的要求较高，1998 年 win 98 系统刚刚发布，很多软件还是 DOS 版本。虽然在学校时就学习过编程处理数据，但是初入职场的李晓松仍然是一头雾水。好在他有个师兄加同事高永才，高永才 1997 年来到地球物理勘查院，李永年项目前期的数据处理软件就主要是由高永才编写的，高永才的数理基础和 C 语言编程能力都很令李晓松佩服。他竟能用 Turbo C 在 DOS 环境下编出具有类似 Windows 界面、可用鼠标操控的数据处理程序。当然，交互界面设计需要占用大量的编程时间。1999 年高永才去某大学读研究生，离开了项目组，李永年安排李晓松接手负责数据处理程序的编制。为适应操作系统的发展及数据处理的便利，李永年教授前瞻性地提出要求：Windows 界面，交互方便，快速开发。Delphi 是全新的可视化编程环境，提供了一种方便、快捷的 Windows 应用程序开发工具。它使用了 Microsoft Windows 图形用户界面的许多先进特性和设计思想，采用了弹性可重复利用的完整的面向对象程序语言（Object Pascal）、当今世界上最快的编译器、最为领先的数据库技术。“真正的程序员用 C++，聪明的程序员用 Delphi”，这句话是对 Delphi 最经典、最实在的描述。Delphi 被称为第四代编程语言，它具有简单、高效、功能强大的特点。与 VC 相比，Delphi 更简单、更易于掌握，而在功能上却丝毫不逊色；与 VB 相比，Delphi 则功能更强大、更实用。可以说 Delphi 同时兼备了 VC 功能强大和 VB 简单易学的特点。根据项目的需要，将前期数据处理的源代码由 C 语言改编为 Pascal 语言，并利用了 Delphi 开发项目的核心软件——埋地管道腐蚀检测评价软件。这需要在理解技术原理的基础上，将其转化为程序语言执行，不但需要扎实的计算机知识，专业知识的精通也是必不可少的。

面对挑战，李晓松没有退却，而是一头扎进数据处理这个需要付出极大心血的探索领域，一直到今天，李永年已经离开工作现场多年了，李晓松依然在探索。本书仅摘要叙述李晓松几个有代表性的探索片段。

2007 年第一次应用密间隔电位测试方法（CIPS），当时用的是加拿大阴极公司的仪器，在西气东输无锡站做了一段演示。首次实际的工程应用是在 2011 年川气东送管道检测项目，使用的设备是英国 DCVG 公司的仪器，该仪器未配有专用的数据处理软件，说明书介绍使用 Excel 手工处理数据，计算 GPS 坐标间的距离。这对数据处理人员的要求较高，且效率很低、容易出错，并且这款仪器是定时自动记录数据，数据记录中有大量外界干扰和探头接触不良产生的无用数据，手工剔除工作量非常大。因此，李晓松根据工程需求，自己编制软件程序处理数据文件。经过优选，使用

Vincenty 公式计算 GPS 坐标距离，精度可达到 0.5mm。无用点数据滤波采用冯德拉克（Vondrak）方法，该方法首先在天文学中得到应用，目的是用于减小天文观测仪器和环境因素引入的误差对天文观测数据的影响。Vondrak 数据平滑方法是一种比较完善和合理的数据平滑处理方法，不仅适用于等间距和等精度的测量数据，同时也可用于对不等间距和不等精度数据的平滑处理，因此应用范围较广。其后逐步完善功能与界面，2013 年定型命名为《CIPS 数据处理软件》并申请软件著作权登记。

全覆盖 TEM 检测是李晓松花费精力最大的研究课题。受采集时间所限，瞬变电磁（TEM）检测技术一直采用“点测”，即沿管道按一定间距布置测点进行基础检测，在所发现的管壁厚度异常点处加密检测，从而确定腐蚀严重部位的数据采集方式。尽管可以得到准确的平均管壁厚度，但对于腐蚀严重部位的发现率依然受到基础检测点距的限制，也就是说，有可能漏检基础检测点之间的腐蚀缺陷。“点测”也不能确定裂纹、点蚀等范围较小的应力集中部位以及其他金属损失率很小的腐蚀缺陷。要想做到全覆盖检测，需要研发“连续式”TEM 数据采集与处理技术。关于全覆盖 TEM 检测的思想在李永年、李晓松、尚兵等人的脑海中盘旋了好几年，到 2011 年，李晓松和尚兵终于下决心改进采集器，并做了试验研究。2011 年 12 月，他们联名在《防腐保温技术》第 4 期发表了“全覆盖 TEM 管壁厚度检测现场实验”一文，对现场进行了全面的分析讨论。首先利用郑任线的 14 处已知开挖验证点进行对比，重点研究重现性和准确性，分析异常的方法参考磁记忆法，使用异常指数分类。发现只要检测点距足够密，采用全覆盖 TEM 检测技术可以发现尺度和范围较小的其他各种原因导致的管道缺陷。只要尽可能地控制移动过程中的随机误差因素（定位、步距、速度、线框摆动与偏移幅度等），即可得到较好的检测效果。随后在 2011 年 5 月胶黄线（壁厚变化部位）、2012 年 4 月大牛地气田集输管网埋地管道全覆盖 TEM 检测项目（西南石油大学《大牛地气田集输系统腐蚀评价与防护对策研究》科研项目，14km）、2012 年 10 月中国特种设备检测研究院试验管道（地面管道，使用小型传感器检测，多个预制缺陷）、2012 年 11 月胜利油田技术检测中心试验区试验管道（埋地管道，多个预制缺陷）上进行对比试验，效果良好。经多年持续改进，2019 年 6 月延长油田安永线和 11 月蜀南气矿共 10 处验证点，均有明显腐蚀缺陷。

在研究瞬变电磁法埋地管道管体检测的同时，也针对地面管道和容器的特点开展了检测研究。最早规模性的试验是在胜利油田广南联合站试验场，于 2004 年 12 月和 2005 年 3 月，分别对混输区和污水区的 6 种金属管道进行检测。对比验证 11 处，误差均小于 5%，其中误差小于 3% 的占 90%。2008 年 11 月在胜利油田热采注汽管道上现场检测 1.6km。2014 年制作了一批厚度缺陷试件，材质包括碳钢和不锈钢，并针对不同的工况进行相应的传感器优化，完善了试验对比工作。2016 年 8 月在洛阳中硅冷冻管网检测项目中，发现2处严重腐蚀部位。经过多年的发展，瞬变电磁法应用于地面管道和容器检测日趋成熟，检测设备完全实现了国产化。

对于地面管道和容器的瞬变电磁检测实验项目，经过大量验证证明：用瞬变电磁检测法检测出的平均壁厚减薄准确率较高。目前正在向检测小缺陷和快速扫查方向努力，相信在不久的将来，瞬变电磁检测技术将可以取代目前检测效率低且要剥离防腐保温层的超声波检测、声发射检测，而成为地面管道、储罐容器腐蚀损伤检测的主力检测技术。

值得一提的是2018年LNG接收站管网检测项目。液化天然气（LNG）是在气田中自然开采出来的可燃气体，主要由甲烷构成。LNG是通过在常压下将气态的天然气冷却至-162℃，使之凝结成液体。天然气液化后可以大大节约储运空间，而且具有热值大、性能高等特点。由于碳钢具有冷脆的特性，而不锈钢材料因其具有优良的耐腐蚀及抗冷脆性能，因此LNG管道均是由不锈钢制成。由于天然气供应的特殊性而不能停产，又因保持低温的要求使得管道外部有较厚的保温层，因此采用其他无损检测手段并不适用。LNG接收站投产三年多来一直没有检测过，业主急需了解设备的安全状况。当时正好在特检院推广演示仪器设备，特检院安排先在一段已知壁厚的管道上试测，测试结果很好，随即推荐到LNG接收站管网检测项目，共排查925处弯头，解决了业主在线检测的迫切需求。

从1985年李永年开始接触管道地面检测到现在已经过去了整整35年，虽然由他点燃的埋地管道腐蚀损伤状况地面检测的星星之火并未燎原，特别是从2010年开始他就受到严重的糖尿病及其并发症的折磨很少露面，但是作为一名管道检测技术的探索者，我依然怀着对他崇敬的心情。或许就像一代又一代的瓦格拉崇拜者那样，并不会因为瓦格拉最终的革命以失败告终而冲淡对他的崇拜，因为他即便失败了，也是倒在了浪漫的理想之中。我仍然认为李永年开创的埋地管道腐蚀损伤状况地面检测技术是值得我们后来人继续努力探索的，并不是仅仅因为这个探索有多么浪漫，而是因为这项技术路线上的所有堡垒被攻克以后，有可能让管道检测技术领域焕然一新。

第 19 章
袁厚明与震柏公司的管道检测实践

2005 年秋天，袁厚明来到胜利油田，向我们胜利腐蚀与防护研究所推销江苏海安最新研制的一套兼容探管的管道防腐层破损点检测仪器。尽管因为我们已经习惯了雷迪系列管线防腐层检测仪器，加之 2003 年购买的那套 SL-2088 系列使用不方便，因此对海安的 SL-2098 系列仪器不感兴趣，但是这个身材高大、年近 60 仍然奔波不停的管道检测老人却给我留下了深刻的印象。一是他刻苦自学的经历，直至花甲之年仍然在管线检测一线持续探索；二是他带来的一本长达 50 万字的《地下管线探测技术》书稿，当时，中国的管线检测工作虽然已经启动起来，并得到了多数管道营运商的认可，却没有一本系统介绍管线探测技术的专业书籍。那么多研究管线探测技术的大学教授还没有出专著，却被一个只有正规高中文化程度的 60 岁一线检测人员抢先写了出来。这不能不让人肃然起敬！这本书在 2006 年由中国石化出版社正式出版，并在其后不到十年的时间里多次印刷，再版三次，成为国内管道检测行业最畅销的管线检测书籍之一。图 19-1 是本书作者于 2019 年 10 月，在袁厚明办公室拍摄到的年过古稀的袁厚明与杨立增研究员一起探究管道探测技术的画面。

图 19-1　年过古稀的袁厚明（左）与杨立增一起探究管道探测技术

生于江苏南通海安的袁厚明，至今忘不了做过道士的爷爷自己写了一本书，教辍学在家的自己认字，忘不了叔叔袁华文替他交了上小学的学费，才得以完成小学学业。1968 年 20 岁的袁厚明海安中学毕业后，就成了当地初中、职业高中、成人教育等学校的代课老师。1987 年，海安县无线电仪器厂厂长孙珍山参加成人自学考试，成为袁厚明辅导班的学员。从多次的学业探讨中，孙珍山被袁厚明的钻研精神所折服，邀请袁厚明进无线电仪器厂工作，并通过协商签订了服务协议。袁厚明从 90 年代初期起，从成人教育工作转变成专职为无线电仪器厂进行地下管道探测检漏仪器的销售培训、检测理论总结与检测技术开发、仪器用户现场检测培训等服务。从此，袁厚明成为我国管线检测行业的一员新兵，并在 10 余年后，创建了湖北襄阳震柏地下管线检测有限公司，袁厚明本人更成为我国管线检测领域小有名气的技术探索的先行者。至 2018 年底，累计发表了 100 多篇管道检测的相关论文，主编出版了《地下管线检测技术》《管道腐蚀与漏损控制》《地下管道电磁无损检测与隐患故障诊断》《地下管道检测技术问答》等 6 本专著。收集了数千幅图像，整理编写了 1~5 卷的波动指纹图像与物质状态信息的系统教材正待出版。累计参与了 200 多个单位总长度达 1 万公里的油、气、水、电力电缆、通信电缆等各类地下管线检测。检测项目包括位置或埋深探测、测漏、测腐蚀、测阴极保护运行参数等；检测的管道材质包括钢制管道、PE 管道、铸铁管道、水泥管道以及电力通信等各类管线。为石油、石化、供水等各类管道提供了技术支持，解决了大量的疑难问题。

1. 地下管线探测的图像关系

袁厚明自小就对物理学有着浓厚兴趣，英国科学家法拉第一直是他心中的偶像。他进入社会以后不抽烟、不喝酒，大量购买了自己感兴趣的物理学特别是电磁学方面的书籍，读书成了他最大的爱好。他认为同类书籍的同一个问题，不同的作者会以不同的表述方式来重点表述不同的细节，而不同的文字说明和不同的图表表述更能够使读者加深理解。袁厚明对电磁学的特别兴趣，使他在对管道检测技术的探索上具有了与其他人不一样的视角，总结整理出一套地下管道位置、深度探测与防腐层缺陷的图像关系，对我们认识管道检测提供了一种特殊的途径。

有防腐层的地下管道具有纵向导电性、横向绝缘性，能够导电的管道可采用电磁波动原理进行检测，不导电的管道可采用机械波动原理进行检测；管道材料性能可采用量子波动光谱学原理进行检测；此外引力波动、温度波动、压力波动等原理都可以用于管道检测。电磁波波动信号源（发射的交变电流信号）接到地下管道上，电流会在地下管道管体上流动，就会形成一个以管道为中心的圆柱形地下管线检测电磁场，检测分析这个圆柱形电磁场的通量与环量正常与异常，就可以判断地下管线的位置、走向、深度、防腐层破损点的大小与形状。当管道电流受到干扰时，圆柱形的电磁场就会因电磁力的作用相互排斥或者吸引，分布形状就会由圆柱形变成椭圆形，以椭圆形分布的电磁场来判断管道的位置是不正确的，因此必须修正。点状防腐层缺陷处泄漏电流，就会在防腐层缺陷点周围的土壤中形成圆球形分布的等电位梯度场，经过探测实践与开挖验证，地下管道探测与防腐层检漏的一系列图像如图 19–2~ 图 19–13 所示。

地下载流管线周围的圆柱形电磁场图像如图 19–2 所示。

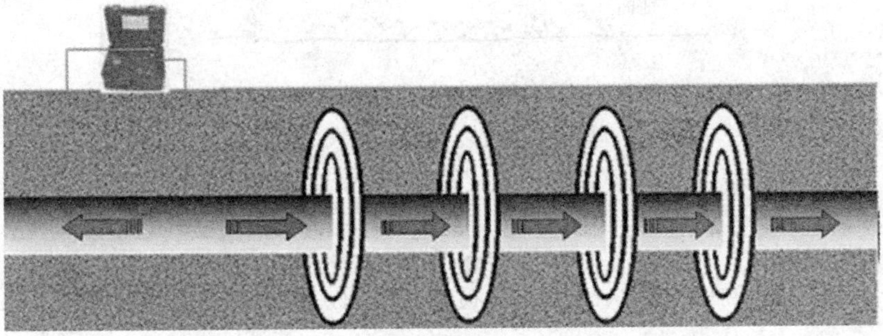

图 19–2　地下载流管线周围的圆柱形电磁场

平行导体反向电流形成的椭圆形电磁场等位面分布图像如图 19–3 所示。

圆柱形的磁场强度分布：管道测量位置峰值与谷值一致的图像如图 19–4 所示。

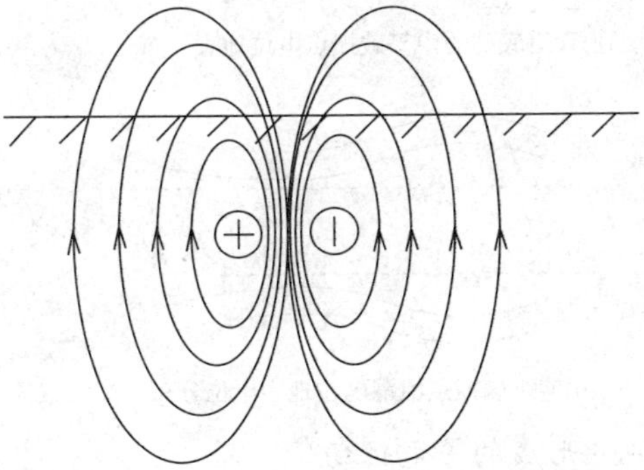

图 19–3　平行导体反向电流形成的椭圆形电磁场等位面分布

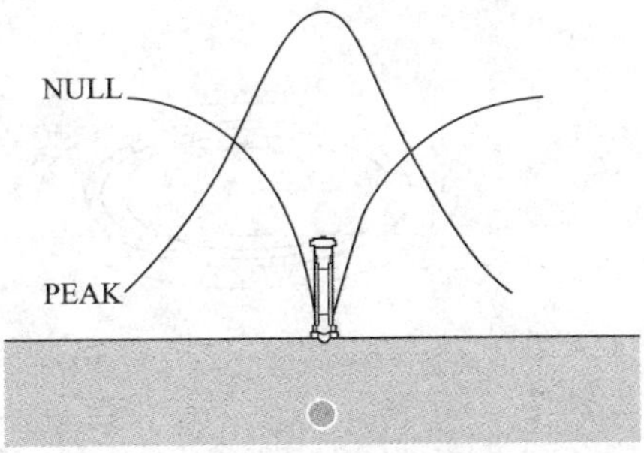

图 19–4　圆柱形的磁场分布：管道测量位置无需修正

椭圆形的磁场强度分布：探测的管道位置峰值与谷值不一致的图像如图 19–5 所示。

点状防腐层破损在其周围形成的等电位场图像如图 19–6 所示。

不同破损点在地表形成的等电位场图像如图 19–7 所示。

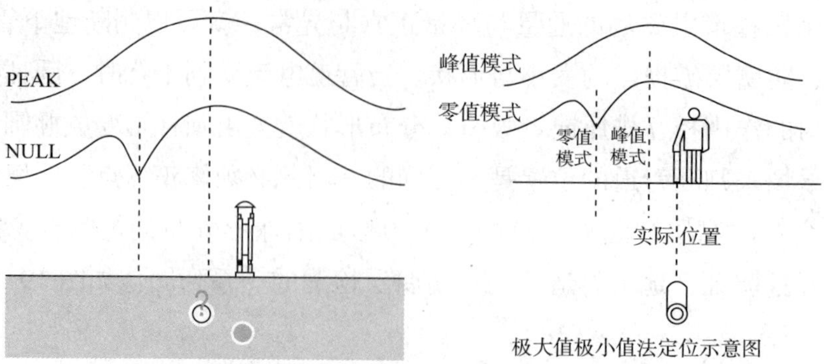

图 19-5　椭圆形的磁场分布：管道测量位置需要修正

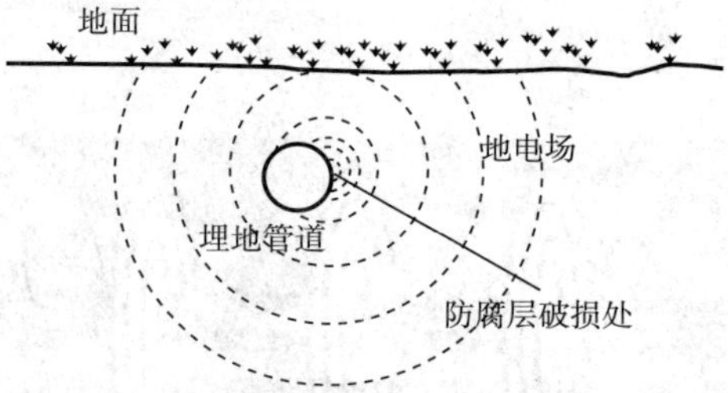

图 19-6　点状防腐层破损在其周围形成的等电位场

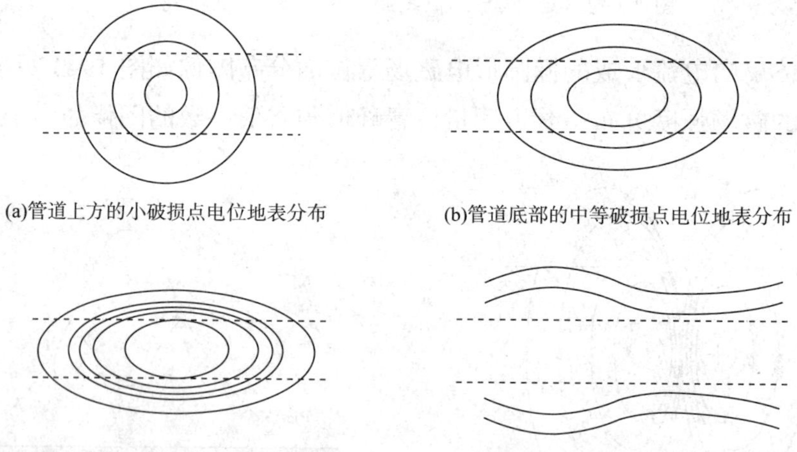

(c)管道底部的大破损点电位地表分布　　(d)连续破损点泄漏电位地表电位分布

图 19-7　不同破损点在地表形成的等电位场

破损点在管体上下左右位置分布判断图像如图 19-8 所示。

图 19-8 中破损点在管体位置解析：（1）破损点在管道左边 5 处，地表 1 信号最大；（2）破损点在管道上部 4 处，地表 2 电位最大；（3）破损点在管道右边 6 处，地表 3 电位最大；（4）破损点在管低 7 处，地表电位 1、3 相等。

防腐层破损点在土壤的电位分布图像如图 19-9 所示。

通过地表的等电位梯度场分布判断位于管道不同位置的点状破损：当破损点位于

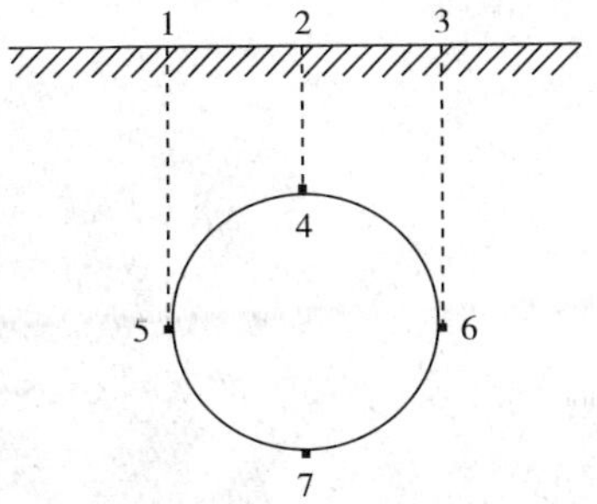

图 19-8　破损点在管体上下左右位置分布判断图

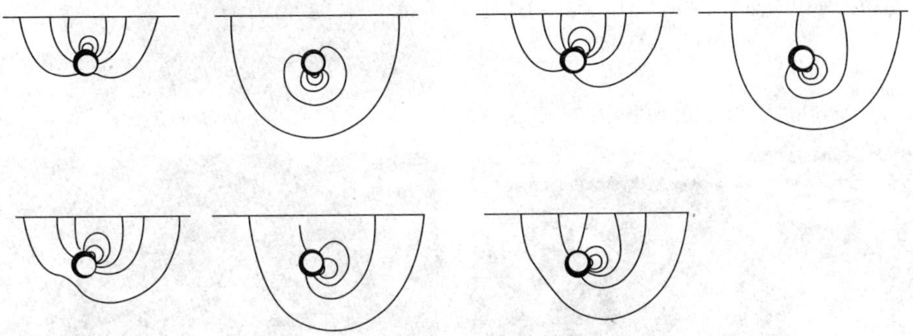

图 19-9　防腐层破损点在土壤的电位分布

管顶时，地表等等电位梯度场成圆形分布；当破损点位于管道道底部时，受管体及保护层的阻挡屏蔽，泄漏电流由管道两边传至地表向周围扩散传导，中心点上方呈散状分布，位于管道左右两边的破损均成椭圆形分布。

点状破损点周围形成的圆形电涡流图像如图 19-10 所示。

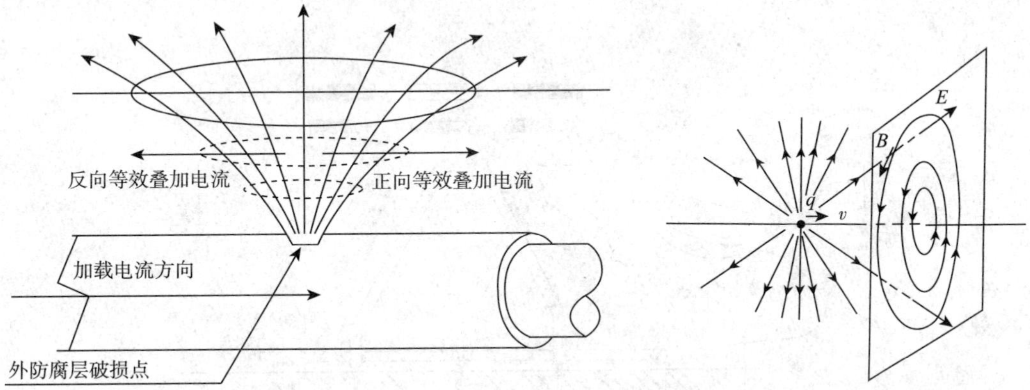

图 19-10　点状破损点周围圆形涡流

破损点大小三角曲线图解与开挖验证实践比较图像如图 19-11 所示。

A 字架检测防腐层破损点位置示意图如图 19-12 所示。

人体电容法纵向检漏原理示意图如图 19-13 所示。

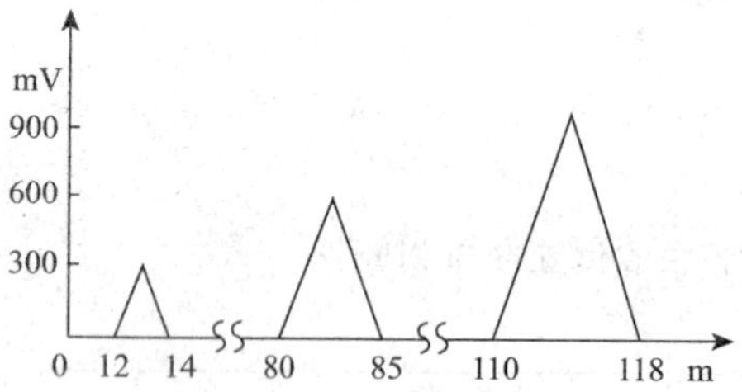

(a)防腐层破损点大小曲线图

(b)小破损点

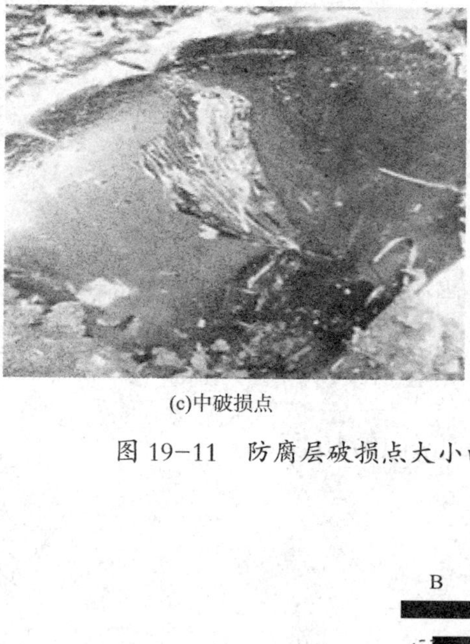

(c)中破损点

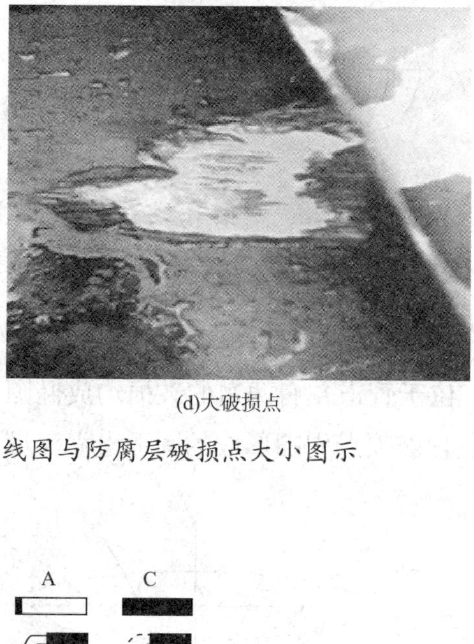

(d)大破损点

图 19-11　防腐层破损点大小曲线图与防腐层破损点大小图示

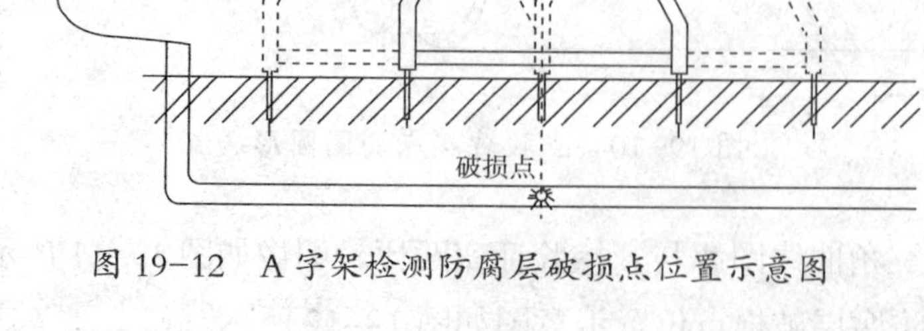

图 19-12　A 字架检测防腐层破损点位置示意图

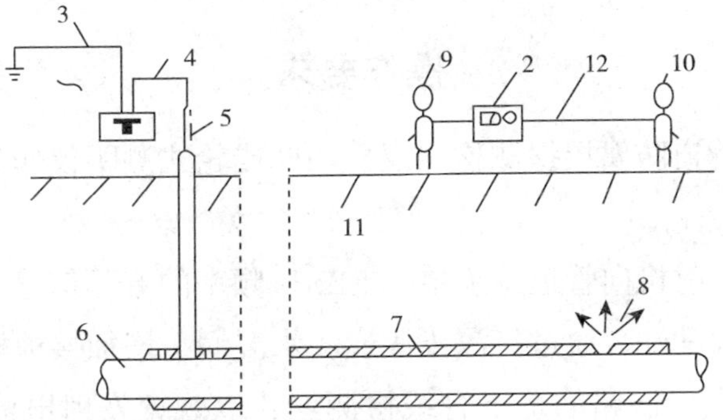

图 19-13　人体电容法检漏原理示意图

1—T 发射机；2—检漏仪接收机；3—接地线；4—发射输出线；5—管道检测桩；6—管道；7—管道防腐层；8—防腐层破损点；9，10—检测人员；11—大地地表；12—检漏线

2. 评价防腐层的百米磁场衰耗法

百米磁场衰耗法评价管道防腐层绝缘电阻是袁厚明在海安无线电仪器厂做销售技术服务时就总结的体会之一。他在厂里预埋的地下管线进行了无数次检测实验，还与国家特检院管道检测部的工程师一道，到石家庄特检院实习基地预埋的已知管道上进行了多次检测试验，同时在上海宝山钢铁公司的实习基地上也进行了检测实验。后来，他认识到：这些有围墙的试验基地内的管道虽然试验方便，但是并不能完全代表所有城市各类管道的复杂情况，他认为各地的检测现场就是最好的实习基地。因此，每次有管道现场检测的机会，他都作为一个新的实习基地来研究地下管线的检测技术。他常说，如果花钱来研究，一千万元的投入也难以达到这样的效果。正是在他去各地进行仪器销售试验性检测的实践中，他开始认识到百米磁场衰耗法评价管道防腐层绝缘电阻的技巧和规律。

从原理上讲，采用双线圈探头或采用单线圈探头接收磁场信号并没有什么不同。地下管道防腐层探测检漏仪采用单频率、单线圈探头接收信号，能在不挖开覆土的情况下，方便而准确地探出地下管道的位置、走向、深度和绝缘防腐层破损点，通过仪器的升级换代，由指针式升级为数字式，在保持原来发射功率不变的情况下，提高了接收机灵敏度，因而使探测距离更远，通过观察管道沿线地表磁场信号数字的变化，检测人员结合周密细致的前期调查、大量验证过的工程实践和合乎逻辑的推理，能够对管道的分支、变深、变浅、防腐层破损、破损大小、破损在管体的位置、防腐层绝缘地阻、管体腐蚀、是否穿孔引起泄漏等状况了如指掌。下面分别叙述袁厚明所总结的百米磁场衰耗法在埋地钢管外防腐层绝缘电阻的测试及计算对比技术中的操作和应用。

操作要求

以数字式埋地管道防腐层探测检漏仪、GPS 或轮式测距仪作为施测手段。其操作要求如下：

信号的发射：发射机向管道施加单一 512Hz 频率的音频信号，发射点与管道、接地棒与大地必须接触良好，通过打深拔浅或浇水湿润、增加接地棒等方法使之阻抗匹配，建立起单线 – 大地回路的地下管线检测场，以观察发射电流示值为主，一般在 300mA 以上就可以检测了。

信号的接收：接收信号时只用探管仪将探头转到最大法的角度，接收磁场信号。必须离开发射机盲区，确保开始观察时，完全接收的是发射到目标管道上的线电流或近似线电流而产生的等效磁场，否则需远离发射机盲区。

测段的确定：根据袁厚明总结的经验，防腐层质量一般的管道，可以 100m 为一测段，观察并记录探管仪的读数；防腐层属于差、劣等级的管道，以 50m 为一测段；防腐层优良的管道，以 200m 为一测段；如果防腐层特别好，测段两端表头上的读数接近相等，可扩大到 400m 甚至 1km 为一测段。为便于计算，宜以 100m 的整倍数或约数决定测段长度。计算时，示值下降值均换算成 100m 磁场下降值，如测段 50m 下降 200mV，则该 50m 的记录值为百米磁场下降 400mV。

深度的修正：观察时，每一观察点均必须测量管道埋深，以第一次测量的深度为准。以后深度变化时，用提高或降低探头的办法，使观察示值在深度上实行归一化。探头受阻不能向下降低时，则反向抬高深度差值，再按比例推算。

土壤介电常数的修正：以肥水农耕地、放牧地为标准，修正系数换算基准定为 15，沿海干沙地为 10，湿润森林平地为 12，海水淡水为 80。如沿海干沙地上测得的每公里电位衰减为 130mV，折算成农耗地就是 130mV × 15/10=195（mV）。

有了袁厚明总结的上述 5 项修正系数的换算，我们就不难理解为什么在沿海潮湿水网地区管道防腐层失效时，一次性测试距离不远的原因了。

在农耕地检测管道时，加载到管道上的电信号最远可以传递到 10km 远，而在沿海干沙地上则可以检测到 15km 处的隐患（只有信号能够传递到的地方，才能进行隐患检测）。发射机一边测 15km，两边能测到 30km；而将同样口径的管道安装在河水、海水中时，两边只能测到 3.75km，即发射机一边测试距离不到 2km。

检测应注意的问题

观察探管仪接收机时，灵敏度不能随意调高或降低，探头位于管道正上方，且与管道走向成 90° ，选取最大数值作为记录值。

随着测试距离的延伸，电流沿管线将会衰减，与电流相应的等效磁场也将逐渐随衰减（耗）而下降，如果不下降，可能是下列情况中的一种，应注意修正：

（1）前一观察点就在异常处，这时就要修正前段数据；

（2）观测点在拐弯、三通或深度变化处，则应离开该特征点进行观测：

（3）观察点在破损上方，则离开破损处观察；

（4）遇有地磁场或杂散电流的干扰，则应加长测段再进行观察：

（5）探头与管道距离变了，用测深法来验证，最好选用数字直读深度仪器。

百米磁场衰耗法宜在没有分支的管道上检测，如有分支，要离开分支另行分段测试，长输管线可每 1km 取一读数，加果是更长管线，可由发射端一直计算到信号几乎消失的任意长度，然后按总信号强度 ÷（总距离 ÷100），得到百米磁场下降值。

用总测试距离法来推算百米磁场下降值，算出防腐层绝缘电阻划分标准与其他几种方法的比较如表 19–1 所示。

三通、弯头、变径、井口立管、计量间立管、变深、变浅处及某些站区与其他管道搭接处均按单根管道测量值低一个等级计算绝缘电阻。

计算方法

查表对照，反比例计算，即百米磁场下降越大，绝缘电阻反而越小，见表 19–1，计算时以变频选频法为准。表 19–2 为防腐层绝缘电阻检测评价表格式。

测试距离一定要准确，野外可以采用 GPS 或百米测绳或 50m 测绳轮式测距仪。用 GPS 计算距离时是指两测点间直线距离，当管道遇有跨拱、拐弯、伸缩弯和穿越时要适当修正，用百米测绳测距时也应与管道的走向一致。

表 19–1　绝缘电阻划分标准对比

绝缘电阻等级	优	良	中	差	劣
百米磁场衰耗法 /mV	<50	50~100	100~200	200~400	≥ 400
电位差法测绝缘电阻法 /Ω · m²	>5000	2500~5000	1500~2500	500~1500	≤ 500
变频选频法管中电流法 /Ω · m²	> 10000	5000~10000	3000~5000	1000~3000	≤ 1000
一次性总距离法 /km	>5	2.5~5	1.5~2.5	1~1.5	≤ 1.0
老化状况	基本无损坏或老化	损坏或老化轻微微尚可使用	损坏或老化较轻勉强可使用	损坏或老化较重	损坏或老化严重失去使用价值
处理意见	每五年检漏修补一次	每三年检漏修补一欢	每年检漏修补一次	加密测点采取相应对策	大修更换

表 19-2　地下管道防腐层绝缘电阻检测评价表格式

序号	检测起点	检测终点	长度/m	起点信号	终点信号	总衰耗值	百米衰耗	绝缘等级	破损点或者阳极

管道防腐层绝缘电阻与破损状态曲线对比图像

防腐层绝缘电阻与管道电流下降曲线图形如图 19-14 所示。

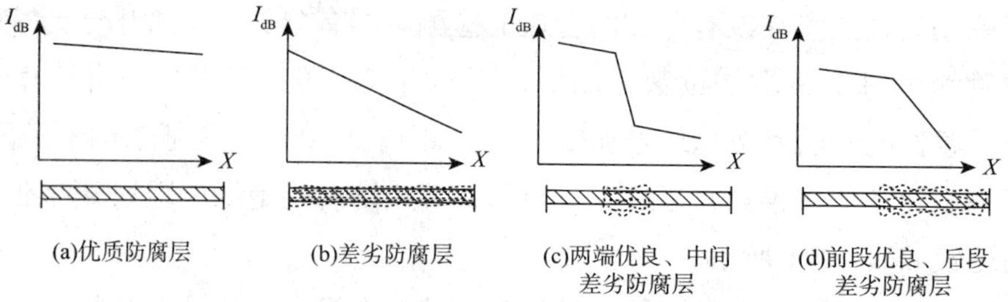

图 19-14　防腐层绝缘电阻与管道电流下降曲线图形

防腐层缺陷大小与检测段磁场衰耗对比如图 19-15 所示。

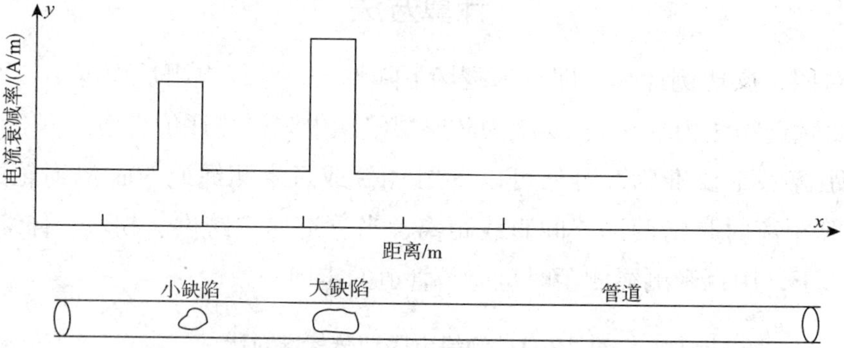

图 19-15　防腐层缺陷大小与检测段磁场衰耗对比图

3. 阴极保护探索总结出的经验

西气东输的忠武线输气管道 2004 年底已经通气投产，至 2008 年底已经运行 4 年，4 号阀室的阴极保护电位却一直不达标。阀室内的地网等金属体电位与周围的接地体、避雷装置与管道上的电位一样，4 号阀室远端的管道上阴极保护电位怎么调整也达不到保护电位的标准要求。这个问题成了忠武线阴极保护技术负责人的第一块心病。

在该管道的荆州段，有一段定向穿越管道，其上方有一条高压输电线路与管线大致平行。可这段管道的具体位置与深度一直测量不出来，整天担心这段管道会由于杂散电流腐蚀而穿孔，成为该技术负责人的第二块心病。

实际上，在这段管道的 4 号阀室附近，施工单位在交工前已与监理单位一道进行过一次检测，没有发现故障点。全线完工以后，又委托某知名管道检测公司进行了全线检测，仍然没有找到故障点。管道业主方也进行了一次检测，仍然没有检测出问题所在。在没有办法的情况下，业主将 4 号阀室怀疑有故障搭接的几处位置进行了开挖，竟然也没有找到问题的所在。

追踪到仪器内部的管道阴极保护故障搭接点

忠武管道阴极保护技术总工程师金鑫有一次来到襄阳门站检查工作，通过网上查询知道袁厚明在此方面有一定的研究，便找到袁厚明并向其介绍了忠武管道上阴极保护存在的问题，这位负责人心里也明白，近几年，石油石化和一些管线企业纷纷组建自己的检测公司，学习国家质量监督检疫总局系统，通过诸多行政措施画地为牢，将一些真正有实力、肯花气力研究问题的民营检测企业拒之门外。结果是有资质的吃资质垄断饭，有入网证的吃行业或企业保护饭，就是没有几家上心研究技术的。结果检测收费不少，问题却发现不了。因此，金鑫总工程师这回下定决心想要找个真正解决问题的检测人，于是便找到袁厚明。

听明白金总的话语后，袁厚明对金总直截了当地回应道：陕京管道和西气东输的管道有些标段也是我们检测的，你说的这两种情况，通过检测查明原因没有问题，但是，我们总不能尽义务啊！希望以后有检测项目时给我们分点就行。

经过忠武线有关领导协商，决定将 100 多公里的防腐层检测、200 处防腐层破损点开挖修补项目交由襄阳震柏地下管线检测有限公司完成。100 多公里的防腐层检测选择在全线怀疑存在问题的管段，其中就包括 4 号阀室与荆州北的定向超深度管道干扰段探测。图 19-16 为当时袁厚明在忠武输气管道荆襄支线汉江段定向穿越检测地下管道时留影。

检测工程开始后，金总与司机一直跟着袁厚明，想看看这个老头子怎么能把地上看到的问题全部检测出来。从武汉东至重庆的忠县市，一直要求袁厚明在他们怀疑存在问题的管道段进行检测。检测到忠武线 4 号阀室位置时，司机把汽车直接开到 4 号阀室，让袁厚明他们就在阀室内施加信号。袁厚明检测钢质管道时，满脑子是抽

图 19-16　袁厚明在忠武线荆襄支线汉江段定向穿越处检测地下管道留影

象的电指纹图像、场分布的观点，他检测时的思路是这样的：

“如果在阀室内施加检测信号，那么发射机内辐射的电磁场、发射线上产生的电磁场、接地线上产生的电磁场属于干扰磁场；而只有接地点产生的电磁场才是目标磁场。由于近距的作用，干扰磁场将会大于管道上产生的电磁场，多种场源产生干涉效应，当干扰信号大于目标信号时，干扰信号就会覆盖目标信号，这样目标信号的故障或者搭接点就会测不出来。应该选择距4号阀室最近的检测桩施加检测信号，这样4号阀室里的问题才能检测出来。”

按照上述的理论推导，在最近的检测桩施加检测信号以后，就到4号阀室内来检测了。4号阀室前后原来寻找故障点开挖了两处大坑，管道暴露在空气中因为故障还没有找到，就没有回填土；阀室内地下有网状的避雷接地，有几根立管竖直向上，其中有一根弯向管道并连接在管道的仪器仪表上，通过电流与等效磁场的比较，测得的连接仪表的立管信号最强，怀疑问题就出现在这根管道上。

“这根管道装有绝缘法兰，我原来已经解开过法兰，可是在解开法兰以后问题还是没有解决。”业主技术人员说。

“我不信，我要亲眼看一下效果才会相信。”袁厚明说。

业主技术人员又把绝缘法兰重新解开，解开以后袁厚明看到立管里面有一根粗光缆，探测信号表明，信号仍在光缆的里面。袁厚明分析说：“我是在生产探测捡漏仪器仪表厂技术科工作过的，仪器仪表在保证内部线路可靠性防干扰方面往往利用接地技术、屏蔽技术、电磁兼容技术、滤波技术等手段达到可靠性的目的。其中，接地技术中就是将仪器内部电池的负极、电子线路的负极、防干扰屏蔽线与仪器的金属外壳连在一起，再与大地相连，这样外界与仪器内部的干扰信号就会消散到大地中。我建议将此根光缆连接的仪器外壳接地分开，观察外加电流恒电位仪运行情况是否正常，正常后，这台仪表的接地防雷可以单独接地。”袁厚明给出了他的解决策略。

业主技术人员按照袁厚明的话，打开了这台仪表的外箱，果然看到光缆的外金属保护套与仪表的外壳用螺栓连接在仪器的内壁，他断开此处的电性连接点，到外加电流恒电位仪整流器去看了一下，输出电流、管道上阴极保护电位等参数，一切都恢复了正常。金总走到袁厚明检测的位置面带微笑地说，困扰了我四年的心病，终于让你给我治好了。图19–17为忠武线4号阀室仪器仪表内公共接地搭接性检测现场。

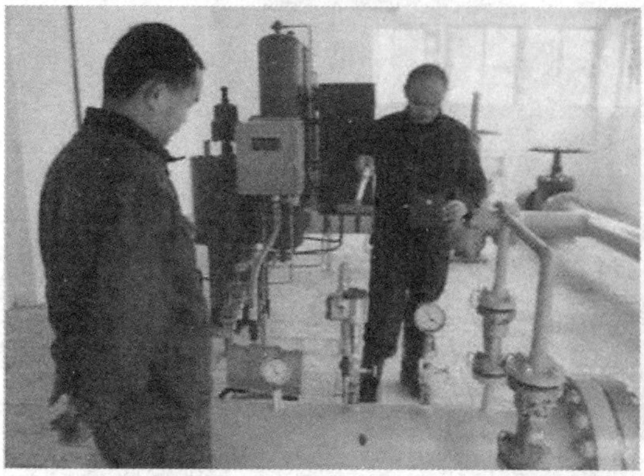

图19–17 忠武线4号阀室内检测现场照片

袁厚明总结出得出的管道阴极保护图像

袁厚明之所以能够准确地排查出忠武线 4 号阀室远端的管道上阴极保护电位不达标的原因，与他在实践中探索得出的管道阴极保护系列图像有关。这些图像主要有以下几类：

阴极保护有效性降低时，管道泄漏损耗图像如图 19–18 所示。

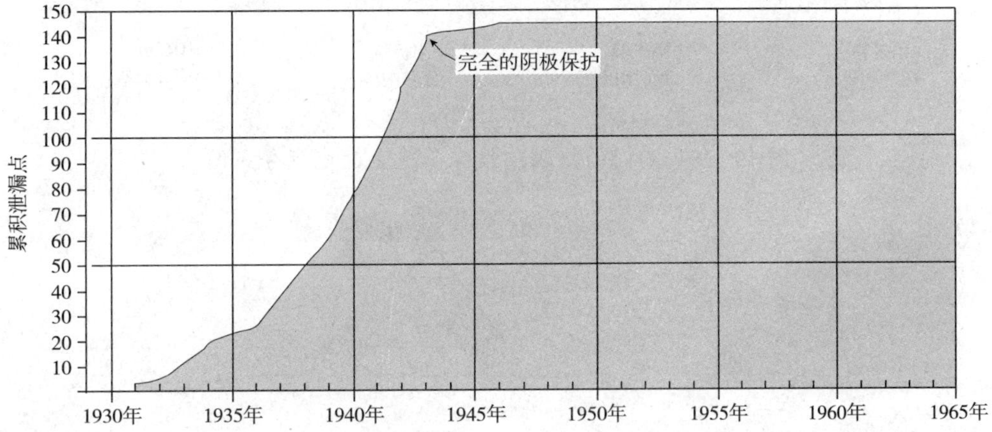

图 19–18　阴极保护有效阻止泄漏的发展示意图

外加电流建站距离与管道电位图像如图 19–19 所示。

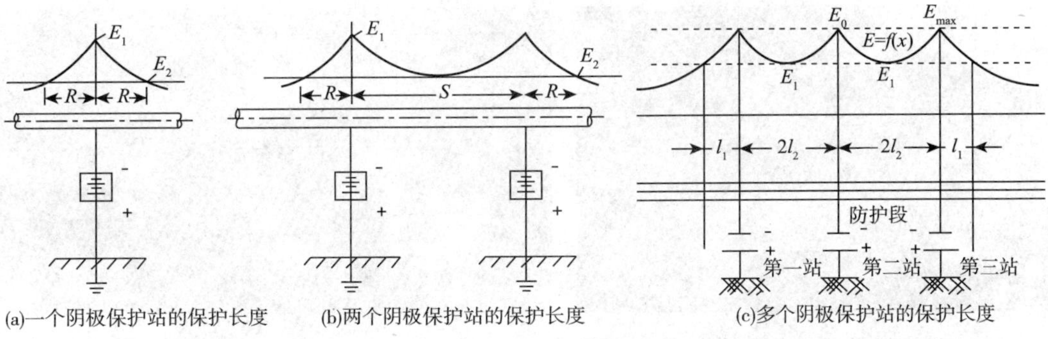

图 19–19　外加电流阴极保护建站距离与管道电位图

不同的牺牲阳极在管道上的电位分布图像如图 19–20 所示。

未加阴极保护管道遭受腐蚀的电位 – 距离变化图像如图 19–21 所示。

阴极保护不足时管道细菌腐蚀图像如图 19–22 所示。

阴极保护不足时管道土壤腐蚀图像如图 19–23 所示。

管道杂散电流腐蚀图像如图 19–24 所示。

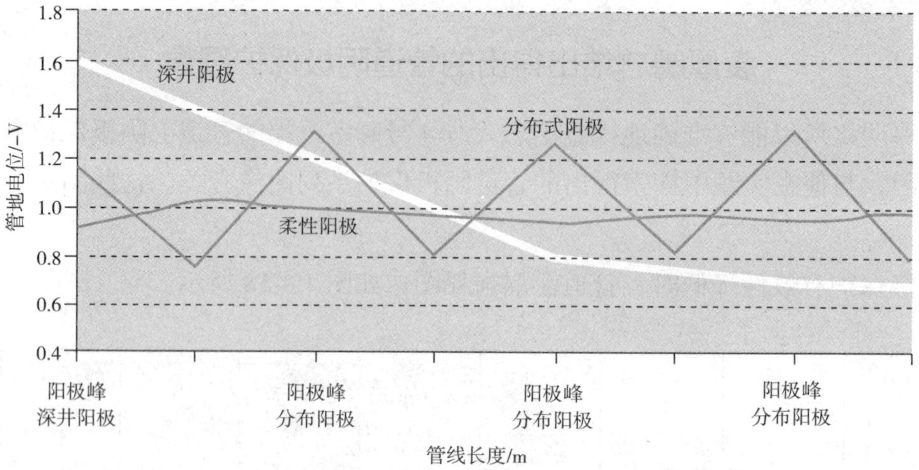

图 19-20　不同的牺牲阳极在管道上的电位分布图

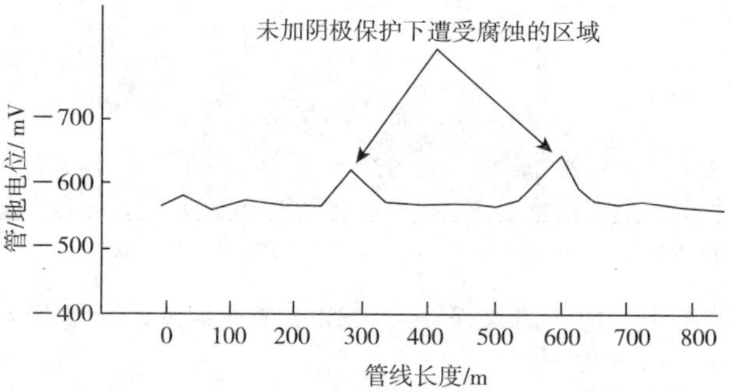

图 19-21　未加阴极保护管道遭受腐蚀的电位 - 距离变化图

图 19-22　阴极保护不足时管道细菌腐蚀图

图 19-23　阴极保护不足时管道土壤腐蚀图

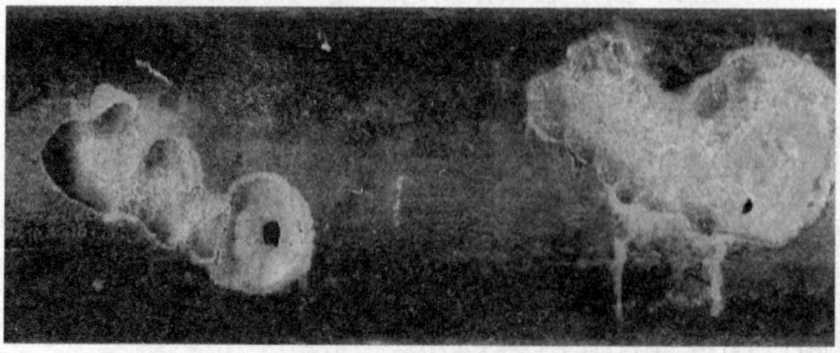

图 19-24　管道杂散电流腐蚀图

干扰地区的超深管道位置探测

在西气东输忠武线荆州北体育场附近有一段管道，业主不清楚管道的位置与深度，此段管道曾经请某大学专业研究人员来探测过，也没有解决问题。原因在于此段管道上方空中有高压输电线路与管道平行，研究人员认为有可能是杂散电流干扰了管道定位。在此段管道的西侧农田中可以施加检测信号的检测桩是一个兼有电流和电位的多功能检测桩，检测桩内接线板上，有多根电缆线连接在接线板上面。其中，有长效参比电极 1 根、管道电位检测线 1 根、排流保护接线 1 根、管道电流检测线 2 根，腐蚀试片 2 根，多达 7 根导线在同一接线板上。袁厚明认为，如何分清多根线中哪些线与管道有连接关系，将检测信号有效地加到管道检测段上，是检测实践成败的关键。他先通过万用表和硫酸铜参比电极检测了各根线的管地电位，进行了电位分析。他认为：电流与电位检测线应该与管道连接，管地电位应该控制在 –0.85~–1.4V 之间；长效参比电极的电位应该接近 0 或者 0.1V 之内，这是管道土壤中的 IR 降或者地下长效参比电极受到土壤污染造成的；腐蚀试片中与管道不连接的应该是金属管道的自然电位，自然电位应该在 –0.45~0.65V 之间；与管道连接的应该是阴极保护电位，排流节应该是锌的电位，在 –1.1V 左右；然后他将发射的检测信号线连接在桩中的管地电位检测线上；最后用仪器接收机离开发射机的盲区接收管道上的磁场信号，确保发射信号在向管道的两个方向流动时有一半以上的信号电流流向要检测的管段，否则要从检测段的另外一端检测桩中的发射信号。

通过以上分析以后，袁厚明将发射机的检测信号有效地加载到要探测的管道上，沿管道探测位置走向与深度，信号一直都比较理想，并没有受到管道上方高压输电线路的干扰。

4. 管道测漏的三级寻址法

每个大、中城市都有成千上万公里的各类地下管线，仅仅燃气管道就有数千公里，要在如此长度的地下管线中定位管道上的泄漏点，对于管道检测人员来讲，用大海捞针来形容一点儿也不为过。

三级寻址法定位地下管道泄漏点方法

如果要寻找某人的家庭地址，只要有了某国家的省级地址、县级地址、乡镇级地址、村级地址，通过以上四级寻址逐步缩小了范围，就能很容易找到此人的家庭住址。燃气管道泄漏点查找，与上述情况具有相似性。由于城市的空间范围相对较小，通过三级寻址，就可以很快找到泄漏点。具体来说，定位地下管道上的泄漏点是通过以下三个步骤来实现的：首先通过探管仪探测，将管道上漏点的范围由面缩小为线（管线位置）；其次通过检漏仪将管线上的漏电点找出，检漏范围由线缩小为点（漏电点）；再次通过听音仪听音、气敏仪探头检测（燃气管道水压试验时用听音仪检漏，投产以后用气敏仪检漏），将范围由多个漏电点缩小为介质泄漏点。这就是袁厚明总结的地下管线泄漏点三级寻址法的基本概念。这个方法的道理很简单，不少管线检测人员也明白这个道理，可是为什么多数检测人员寻找管道泄漏点非常困难，而袁厚明却非常顺利，在隐蔽性极强的管道泄漏点检测中屡屡创造出奇迹呢？其实关键还在于他在三级寻址法这个基本法则的基础上，摸索出的一套独特的经验技巧。下面就通过他的几个实践案例，介绍一下袁厚明的经验做法。

福建联合石化工程实践

2011 年 7 月，福建联合石化厂内厂外多处漏水，厂外漏水的主干线管道深度达到 10m，漏量每日超过 2000t，办公楼内生活用水漏水属于微渗漏，从墙缝里冒出的水没有声音，泄漏时间较长，消防管道与生产车间的漏水位置在装置区内水泥、沥青路面与地砖以下，没有条件停产检漏，袁厚明到现场后，利用听音法、防腐层破损点与泄漏相关分析法、红外测温法等手段很快定位了多处漏水点，接着，他来到厂外祥云中路旁干线进行漏水检测。

早先以为是 880mm 的生产管道漏水，将发射机信号接在佳友宾馆前马路对面的高地上阀井内施加信号，检测到祥云中路与西海路交叉口有两处漏电信号，再用听音仪在检测出的漏电信号处听音，发现没有漏水振动声音，判断该两处漏电点只为管道外防腐层破损，只漏电，不漏水。

他便将听音仪的拾音器放在详云中路西侧被开挖过的位置，将一根 3m 多长的钢筋插入被开挖过的水坑内，尽量靠近管道听音，通过钢筋传导振动声波，判断漏水点就在此位置的附近。可是，由于白天该处汽车非常多，又有行人走动及摩托车、电瓶车，各种噪声干扰了管道听音，加之管道埋地深度达 10m 以上（原先就有 2m 多，后来路面添高厚度 7.5m），地表 1~2m 附近又有电力电缆、通信电缆、其他单位的管道，还有水泥砌筑的管沟、回填土的地砖石块、建筑垃圾的阻挡屏蔽，使得在地表听音非常困难。于是，他决定利用子夜到凌晨 5：00 左右的这段时间进行听音。在开挖坑的现场，坑中冒水不能放置拾音器，坑旁又被挖掘的泥土堆积，只有平行于管道方向的地表有稍许位置可以摆放拾音器，经过将拾音器下置入支架座，扩大吸收振动面积，此时在地表听到有漏水振动的声音。但是，仍存在两个方面的干扰：一是不抽水时流水从石头护坡冲下去像瀑布一样的声音；二是抽水时水泵振动的声音。这两种声音与漏水声形成共振，面积比较大，很难分离出漏水振动声音。于是，又将漏水口的范围定在原开挖口的南侧 3m 范围之内。经过再次辨认听音确定了开挖位置，结果开挖后漏口就在开挖坑的下面，距原来业主怀疑而开挖的坑位只有 1m 的距离。漏口在生活区用水管道上，用每小时 100t 的水泵抽水，坑内水都抽不干。当坑内泥土被挖掉以后漏量更大，最后用两台水泵才将水抽干进行补修，估计每天泄漏量在 2000~3000t 左右。

焦化硫黄回收装置消防水管道泄漏点检测实践

2011 年 7 月 2 日，福建联合炼化厂 3001 号加热炉东侧的排水沟里水流不断，且为清水，在循环水液冷却器旁方形水泥支架座附近的水泥裂缝处，地下向上冒水，而且比较奇怪的是上午冒水，下午不冒水。袁厚明到达现场后，经过现场调查与仪器探测，方形水泥支架座附近地下根本没有管道，只是在支架西侧的排水沟旁有一条消防管道与排水管道平行，经过防腐层漏电点检测，该处管道上共有两处漏电点，一处在消防栓附近，另一处在西北支架下，再用听音仪器听音，听得消防栓下部有很强的振动声音，很快就判断出漏水点就在消防栓下面。图 19–25 为检测点附近平面位置图。

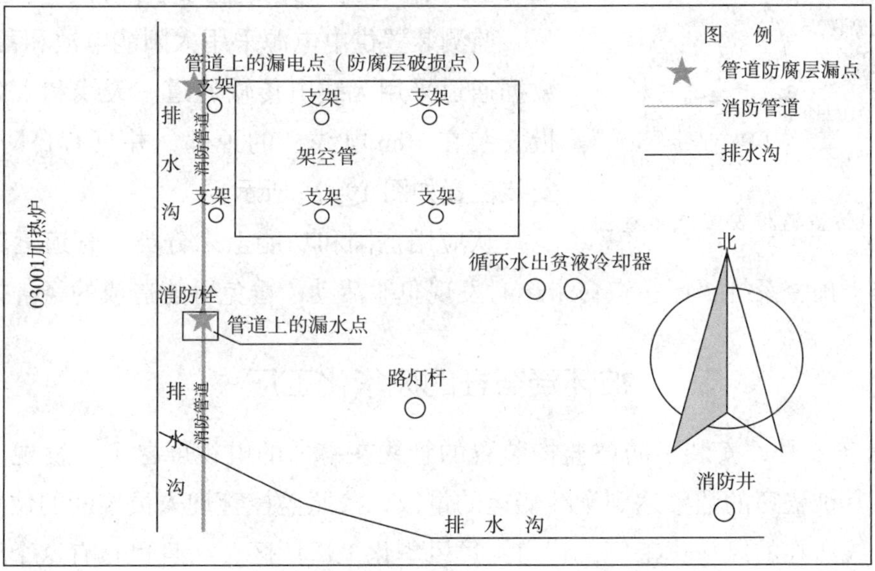

图 19–25　检测点附近平面位置图

用同样的方法，他排查出联合石化聚乙烯装置机柜室房管道漏水点、化工三联和包装厂房消防水管漏点等一系列泄漏隐患，治疗了多年来福建炼化到处泄漏的问题。

利用上述方法与检验，袁厚明还在山东齐鲁石化热电厂、上海金山石化、上海氯总厂、郑州大学等单位，为这些用户排查出大量隐藏非常隐秘的泄漏点。

广水某空军机场油库漏油检测实践

广水某空军机场油库漏油，根据油库工作人员每天能够收集到泄漏的成品油量计算，大约是每天 20kg，属于典型的微渗漏类型。因为没有声音，无法用听音仪器进行检测，袁厚明就应用防腐层检漏与打孔探测法配合，找到了漏油点。总之，一切泄漏，只要方法对路，总有办法。

5. 地下盗窃支管探查的震柏经验

2003 年，中国多省出现了罕见的传染性非典疫情。就在那年 4 月，大庆油田采购了一批 SL-2088 地下管道防腐层探测检漏仪，海安仪器厂派袁厚明去大庆进行仪器使用培训，同时承揽了采油一厂、采油六厂、大庆天然气公司等单位的地下管道防腐层检测工程。

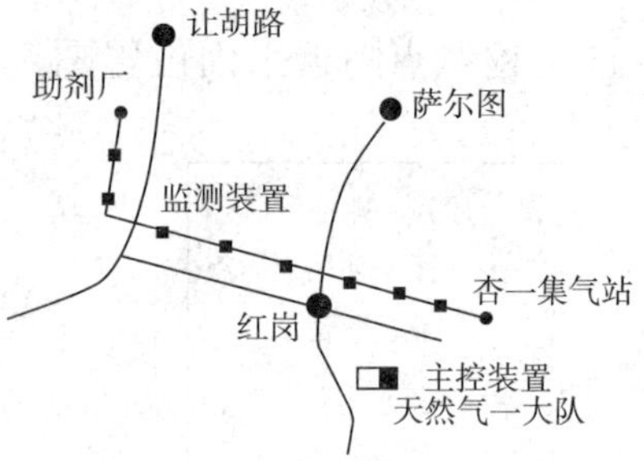

图 19-26　防盗监控安装点示意图

大庆的管道输送防盗监测系统研制成功后，在大庆油田有限责任公司天然气分公司一大队杏一集气站至助剂厂的轻烃输送管线上进行了实地应用。

监测装置供电电源采用太阳能电池和蓄电池组，数据通道采用无线电传输通道。天线和太阳能电池板安装在 10m 电线杆的顶部，并具有自防盗功能。安装位置如图 19-26 所示。

从应用范围和功能上来分类，管道运输防盗监测系统属于预警系统，可在盗窃未遂时发现犯罪活动，避免可能造成的经济损失。

被怀疑冤枉的风华化工厂

2003 年 5 月，安装了防盗监控装置的管线在室内的电视屏幕上，发现了有盗窃的现象，其被盗窃的数量达到车载船运的量级，按照监控管理人员推断的位置应该是在管道沿线所在的风华化工厂，管道经过风华化工厂厂区，而且也只有这个工厂才有这方面的需求。

因为该厂属于地方性企业，大庆油田有限责任公司的管道管理人员顾虑到与地方的关系，迟迟没有采取措施进入厂里进行检测确认。时间拖久了，给天然气公司造成了很大的损失。后来，经过请示上级主管部门，决定采取果断措施。

一天，大庆油田有限责任公司相关领导与上级主管部门领导组织多家检测单位，带着大庆电视台的记者、公安民警、施工人员等，开着挖沟机等大型施工设备，浩浩荡荡来到这家化工厂附近。

袁厚明所带领的检测小组是被通知前去探测盗窃支管的单位之一。当他们到达风华化工厂的时候，另外两家检测单位已经在化工厂里进行了检测，没有检测到任何隐藏的盗窃支管。袁厚明进行的第三次检测，得到的结果与前两者一样。

风华化工厂并没有阻拦任何人进去检测，当检测经过厂方仓库那一段位置时，人家配合得很好，主动打开了仓库的大门让检测公司的人员任意检测。

袁厚明对风华化工厂内的管道全部检测完成以后，时间已经到中午了，所有相关人员到午饭时间都各自散去。

隐藏的地下支管被检测出来了

中午过后，袁厚明坚持要求留下来继续检测。大庆办事处仪器销售科长王坚问袁厚明有什么线索？袁厚明说："我们此次到大庆油田检测管道已经有 1 个多月的时间，检测的钢质管道总长度已经有几百公里，大庆油田的管道设计长度、安装长度与我们的检测长度存在较大出入。地表直线距离与地下管道上下深度变化、左右弯曲的事实也有差距。管道经过风华化工厂里的长度不超过 50m。防盗监控报警器的设计原理我研究过，利用声波、速度、时间、压力等原理采集数据输入软件进行分析，如果设计长度与实际长度、设计传播速度与管道材质的实际传播速度，两者相加有 1% 的误差。此段管道总长度 50km，1% 的误差就有 500m，远远超过风华化工厂内 50m 的范围。"袁厚明所怀疑盗气卡子隐藏点不在化工厂里面，而是在周边。

由于他坚持还要检测，下午管道业主方仍在现场负责等待协调，先从风华化工厂外向西北方向检测了大约 300 多米长的距离，没有检测到管道上的异常现象，发现前面没有人行道与车行道，也没有可以行船的水路，估计在此盗窃的可能性不大。

再一次把检测信号接到风华化工厂的另一边探测，那边沿管道检测了大约 400m 的距离，检测信号突然下降很大，在此处发现了一条支管，沿着支管继续探测，又向前探测了 300 多米，信号在此中断，在信号的中断处有一条可以开行汽车的土路，土路的另一侧还有比较大的水面，当地人叫水泡子，此水泡子看其深度与宽度足够可以行驶小型船舶。

袁厚明认为此处管道具备了盗窃运输的条件，他用反向排除法进行了推理。

如果是一条输水管道供灌溉用的，那么就应该有水池或者喷头，现场没有。

如果是油田的集输管道，就应该有计量间与联合站或者油井或者储油罐连通，此处没有任何计量间、抽油机与储油罐。为了验证，他再一次追踪到目标管线，在交叉处测量了两条管线的深度，发现两条管线的埋深差别很大，管道周围是一片玉米地，很可能是前一年玉米长高时在里面安装的盗窃支管，那时在青纱帐里施工是非常隐蔽的。

“王坚，我已经探测到盗窃的支管，你通知业主派挖沟机来挖吧。”王坚还将信将疑，要袁厚明再确认一下。袁厚明把自己分析的经过向王坚讲了一遍，王坚信了。当时，挖沟机就停在不远的地方等待，约10min后盗窃分子安装的支管就暴露在开挖的坑中。

大庆电视台的记者赶忙到现场摄像，此事当天就在大庆油田电视台作了报道，让不法分子知道再隐蔽的盗窃管道都能够检测出来，对犯罪分子起到了一定的震慑作用。后来，袁厚明还在中石油、中石化的管道主管部门推广过他的经验检测方法，并在胜利油田、长庆油田等单位也探出了许多盗油盗气卡子。但是随着探测技术的公开化，犯罪分子在总结经验的基础上，不再用钢质管道盗窃，而是改用塑料管道，并在接头处用高度绝缘的塑料薄膜包裹。在此情况下袁厚明又开发了用红外热成像方法探测带温度的输油支管的方法。

6. 通用仪器探测超深管道

目前常用的各种管线探测仪器，设计有效探测深度大多都在5m以内。定向钻埋设的超深管道如何定位，就成了头痛的问题。当不少检测研究机构纷纷研究开发新仪器、新技术之时，襄阳震柏地下管线检测有限公司的袁厚明却在常规管道探测仪上动起了脑筋。新技术研制周期长，成本高，无法解决目前急需的问题。而袁厚明仅用几个妙招，对地下管道防腐层探测检漏仪做了一些小的革新，就解决了问题。具体来说，他就是利用电磁参数变化与发射机阻抗匹配、接收机放大倍数与探头线圈匝数、镜像法电磁场单探头地表指向的三角函数关系，音频限流导流等原理，采用单线圈探头最小法探测方法，一下子将埋地管线防腐层探测检漏仪的探测深度提高了5倍。已经成功地探测了100多处深度在5~30m的非开挖定向钻施工的超深管道，探测的最大深度达到50m。

超深管道深度探测方法

超深管道不适合用双探头数字直读法探测深度，因为超深管道周围土壤中导电介质形成了体电流，与仪器软件中设计的计算公式理论不符。在此情况下，用单探头中心指向法、谷值法指向管道中心定位，然后与管道走向横向测量，再用三角函数关系推算来确定管道深度精度较高。具体而言，袁厚明探索了三种检测方式，分别是相似三角形法探测超深管道、钻孔测深法探测超深管道、穿入管道内部发射法探测超深管道。

相似三角形法探测超深管道。当管道上方能够收到信号，探头拉到旁侧收不到信号时，可以人为制造边长为 1∶2 的直角三角木，测量时将三角木的斜边紧贴探头，由图 19–27 得知：直角三角木与图 *ABO* 是相似三角形，由于三角木的边长是 1∶2，图 *ABO* 的直角边长也是 1∶2，所以 *AB* 线段长度的 2 倍就是管道埋土深度。同理可以制作 1∶3、1∶4 的直角三角木来测量更深的管道。

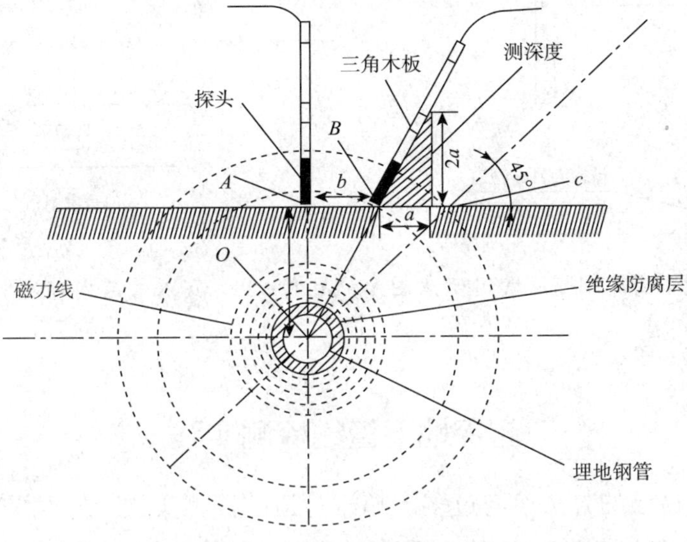

图 19–27　相似三角法探测超深管道示意图

钻孔测深法测量超深管道。钻孔测深法测量超深管道位置与深度，首先是探测管道位置，然后再在目标管道附近打一个勘探孔，通过把仪器探头放入桩孔内，逐步接近目标管道，探测误差会逐渐缩小。先采用谷值法探测，如果探头放入桩孔后，仪器信号增益调到比较大时，目标管道磁场感应信号强度很小或接近于零，说明目标管道在桩孔正下方或距离很近；如果目标管道磁场感应信号有一定的值，说明目标管道不在桩孔正下方，与桩孔有一定的水平距离。通过分析比较勘探孔内不同深度信号强度大小，可以判断出勘探孔与目标管道的水平距离和垂直距离。通过比较不同水平位置两个勘探孔探测同一个深度磁场感应信号大小，可以分析出目标管道在勘探孔的方向，如图 19–28 所示。在河边有沟槽、洼塘等地势低洼的位置都可以选择使用该技术。

穿入管道内部发射法探测超深管道。穿入管道内部发射方式一般用在皮碗式清通器的定位设备，由信号发射机和接收机组成。安装于清通器尾部的信号发射机在行走时不断地发射电磁波信号，传至地面上的接收机转换成声、光显示，即可确定清通器所在管内的位置，给施工带来方便。如图 19–29 所示，当手提式探头垂直于管道检测清通器位置时，在二峰值之间的最小值就是发射器，即清通器的位置。

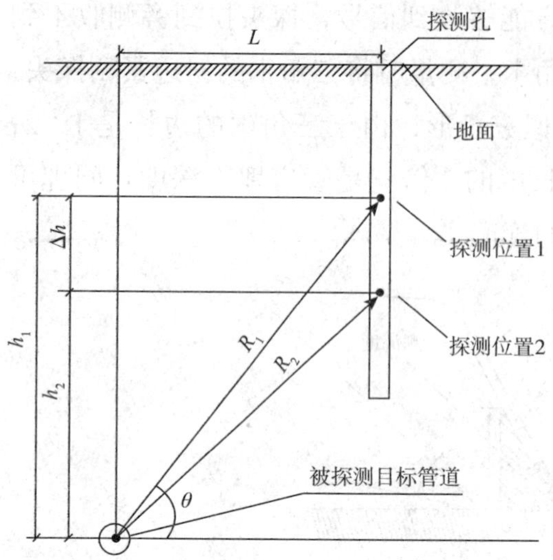

图 19-28 钻孔测深法探测超深管道示意图

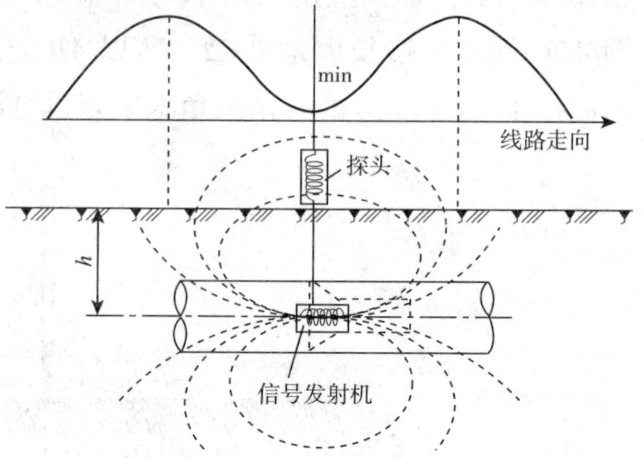

图 19-29 穿入管道内部发射法探测超深管道示意图

超深地下管线探测实践

袁厚明用他自己的方法参与过多次超深管道的探测实践。如武汉黄陂杨家湾定向钻趋深管道位置深度探测。该管道最深处达到 9.2m，袁厚明采用相似三角法进行了探测，施工单位根据他的探测结果，进行挖坑改管碰头作业，探测深度与位置与开挖结果完全一致。在武汉环城高压燃气管道汉江长丰桥管段，采用非开挖定向钻施工方法，管道埋入地下最大深度达 27.5m。袁厚明采用 ZB-2008 地下管道防腐层探测检漏仪，单线圈探头探测，能收到非常清晰的信号，确保了工程的顺利施工。

武汉天河国际机场二期工程位于原先的地势低洼处，在一期工程施工时将多余的泥土填埋在原燃气管道上方，二期工程的机场跑道下的原有燃气管道需要碰头改道。此处位于机场大型消防水池边，原先的探测人员经过探测后，华润施工单位已经开挖了很大很深的坑，就是不见管道。请袁厚明到现场之后，他通过观看现场，调查以前的检测资料，很快给出一个独特的检测方案。他让华润公司管道工程部的人员准备一根铁棒与雨靴，先在已经开挖的大坑附近探测。发现磁场信号不清晰，怀疑是管道末端电磁惯性冲过来的信号，他用单探头提离法比较了磁场强度，用目标上方平移法比较了磁场梯度，用旋转法确定了磁场源头方向，发现大坑底下并无目标管道。于是他穿着雨靴，到消防池底部去探测，探测到端头就在消防池底下，他将铁棒打入池底的泥土中，听到了铁棒与管道端部相碰的声音。挖沟机当场拉出了管道的端头。用同样的方法又探测了管道的另外一处碰头点，深度达到 13.2m。开挖以后见到管道与探测数据完全一致。

2012 年 4 月，陕西吴起县北胡尖山红柳河管道定向穿越工程，由某油田石化工程有限公司安装施工，由于两边是泥土山坡等特殊的地质条件，穿越段出了管道断裂故障，需要从中间开挖隧道重新接管，隧道的开挖长度已达约 150m，垂直深度也达 100m 左右，由于不断渗水，开挖难度非常大，施工单位怀疑隧道与管道不在同一平面，有可能超过开挖长度，还挖不到管道。袁厚明应邀前去探测，利用以上介绍的方法技术，准确探测到管道仍然在下前方 4m 的范围，为施工单位继续作业指明了方向。

袁厚明还先后利用该方法在川气东送的江苏丹阳至江阴段、山东昌邑至莱州港输油管道、武汉黄龙山隧道、大世界加油站、武汉华润新洲、大冶、江夏、红安等分公司、冀东油田、辽河油田、胜利油田等单位成功探测了 100 多处超深油气管道。在长江天新洲江北江堤坝上，探测到的最深处达到 40m。

超深地下管线探测注意事项

远端接地直连法：无限长载流直导线的观测值应最为可靠，通过长导线（$L>100\text{m}$）沿垂直管线走向的方向与接地电极连接，以增大信号传输的距离，使地下管线体内形成的一次电流相对较大，形成的场源亦就强。

频率特性的选择：在有多种频率可以选择时，使用低频探测可降低土壤围岩和导电覆盖层的影响，突出地下管线的异常，能将信号传得尽可能远、信号衰减得较慢，能够保证电磁波信号在较远的距离满足一定强度，有利于追踪长距离及深埋管线。在有外界磁场干扰的地区，应优先使用低频。

选用合适的功率（保证电流足够大）：磁场信号与电流成正比，在埋深、接地电阻一定的情况下，选择尽量大的发射功率能增大电流。应将施加信号的功率保持在能满足探测信号需要的最低水平，也就是以调节到能观察到管线的清晰信号为目标。通过增大管线中电流（必要时，电流须达到 600mA 以上）的方法，以提高信噪比。

合适的接地：除发射功率外，合适的接地也很重要。用长度大于 1m 的接地棒接地，或者用多根接地棒串接成接地阵列减少接地电阻，接地端应位于地形低洼处或潮湿处，如接地端地面干燥时，应浇水以减少接地电阻，减少接地电阻的目的也是为了提高通过管线中的电流。

干扰因素分析：电磁场强度与管线埋设环境是相关的，电磁波在绝缘介质与真空中传播时没有能量损耗，而在导电介质中传播时有能量损耗。周围有电磁干扰时，对所测管线埋深有影响。管线中电流强度是沿线衰减的，衰减情况与管线的横向电导、纵向电阻、管道与大地的分布电容、管线间自感等参数有关；理论上管线的正上方最小法为“零”（无干扰时）。实际探测过程中，只是判断出最小值的存在，而不需要求出这个值的绝对大小，所以仪器性能稳定与否，并不影响定位定深的精度。但是，在有电磁干扰时，特别是在Z方向的电磁脉动等干扰下，零点容易受掩盖而无法识别，导致位置误差存在。

2019年10月15日，我在襄阳采访袁厚明先生，看了他那一大摞的各种荣誉证书，100多篇自己所发表论文的期刊收藏以及6部厚厚的专著，还有一整面墙的书柜，其中码满了各种与磁学、场论、力学、物探等相关的书籍。我脑海中突然涌现出一个词汇“大师”。这些年来，中国在知识界大师几乎绝迹，而民间大字不识几个的大师却前仆后继地不断涌现。比如向王林、李洪志之流，本没有读过几本书，只是常声称自己拜了多少多少世外高人为师，就成了所谓的大师，也有诸多大师声称自己开了天眼。这本身就是一种装神弄鬼的伎俩，可却偏偏有人愿意听他们那些故弄玄虚之语。还有像潘麟、李杲等一大批所谓的生命科学大师们，诺贝尔奖没有他们的份，正经的学术圈子没有他们的身影，却乐于在没有多少文化功底的人面前阐述他们那些深奥得看不见底的学问。这岂不怪异吗？很多人着迷，认为他们洞悉到生命的真谛，被网络媒体和大众热捧。为什么？就是因为听不懂，只是感觉还有点道理。结果听不懂竟然成了有学问、功底深的标配！如果按这种诡异的标准来衡量，袁厚明先生永远算不上“大师”，因为他的语言很朴素，他的学问都是一些实用之学。连同他出版的专著也是用最质朴的语言写成的介绍自己经验的文字。他专门给我讲述了他那本《地下管线检测技术》出版的前前后后，从中我们或许可以悟出一点袁厚明这位“大师”的一点独特之处来。

《地下管线检测技术》书稿写完之后，为了能够及时出版，袁厚明利用出差的机会，跑了几家出版社，他带着文稿，通过地质大学物探系鲁永康的介绍，先是来到位于武汉的某出版社，出版社人员要求组织一群专家集中审稿，专家由出版社指定，来自全国各地，由袁厚明负责专家的往返差旅费、伙食补助与工资等各种费用。如此算来，出版此书，不但得不到稿费，可能还要倒贴，因为专家都是高薪阶层，一本书审下来需要好几天，开支不是个小数目。这样自己就成了白毛女的老子“白劳”。袁厚明坚持认为，凭着自己对这个行业的了解，他们认为的专家评审，只是走走形式而已，如果真有这方面的专家，这类书早就应该由他们写出来，所以拒绝了这家出版社的要求。他又跑到位于山东东营的某出版社，谈判的结果与武汉那家出版社基本类似。

袁厚明又去了中国石化出版社碰运气，没想到，这家出版社根据书的内容以及管线检测技术发展状况，在网上查阅了市场行情以后，认定具有出版价值。但是，出版社认为第一版印刷数量不能太多，担心卖不掉积压在仓库里，成本难以收回。袁厚明却坚持第一版最起码应该印刷3000本。如果出版社担心难以出售，袁厚明可以一次性购买1500本，用于作为培训教材或者在展销会上销售。经过双方协商，第一版印刷了 3000 本。结果这本书很快销售一空，出版社重印几次后，又再版了两次。

在别人眼中，袁厚明是个爱动脑子、自学成才的典范，属于无师自通型人才。但是，袁厚明不这么认为，他坚持认为自己是有老师的，自己是有明确的师承关系的。他说他的老师就是企业需要和善于实践的个性。那么？他又是师承哪位大师的呢？这里我们需要明白什么是师承关系。在东营，有一个已经坚持了 15 年的“经典重述”沙龙，主讲的是一位被大家尊称为“胡子老师”的文化研究工作者。他曾经在某天晚上的沙龙活动中这样讲述过师承关系：“孟子对孔子的推崇和通透，如同耶稣对摩西的理解与洞悉，这是真正的师承，亦是私淑弟子的由来。好学生推崇的不应是老师，而是对老师学问的消化和掌握。经典重述沙龙探讨孟子四年来，看不出他跟孔子学了什么，却发现数千年来，孟子是解读孔子最为透彻也是最为劲道的学生，没有之一。”从这个意义上来讲，袁厚明师承的就是“实事求是”解决问题的原则。他用事实就是的原则解决了忠武线 4 号阀室远端的管道上阴极保护电位长期不达标难题；他用实事求是的原则发现了大庆不法分子隐藏在青纱帐里的盗油支管；他用实事求是的原则解决了许多地方无法解决的超深管道探测定位问题。他还用实事求是的原则在福建联合石化放空管道内部堵塞段的检测中，用 200 元购买的红外测温仪先于厂家 20 多万元的红外热像仪找出了管道内阻塞点。让人不得不对袁厚明竖起大拇指！

写到这里，我突然记起甲骨文总裁埃里森在耶鲁大学 300 周年校庆时，当着所有校友的面曾说过的一段话：

最优秀的人才非但不以哈佛、耶鲁为荣，而且坚决舍弃那些荣耀。他举例说，世界首富比尔·盖茨，中途从哈佛退学；世界第二富保尔·艾伦，根本就没有上过大学；世界第四富，他自己，被耶鲁大学开除；世界第八富戴尔，只读过一年大学……至于微软总裁斯蒂夫·鲍尔默在财富榜上大概排在十名开外，他与比尔·盖茨是同学，为什么成就差一些呢？埃里森说：“因为他是读了一年研究生后才恋恋不舍地退学的……”

这段不无过激的话语却包含了一个深刻的哲理：只有摒弃过去荣誉的包袱，才能创造新的辉煌。“饥饿”也是一种动力。许多实用的检测技术甚至比较重要的技术改良常出自没有规模优势和政策优势、资金优势的民营企业，出自一线的数据采集工作者，这也是为什么在这一部分实践案例中有相当多属于民营检测企业的原因所在。

第 20 章
常贵宁二十年的管道泄漏监测探索

2014 年，我彻底离开了管道检测工作岗位，开始从事我国管道检测与管道安全运行方面的技术研究，第一项具体工作是编写《天然气管道安全与管理》一书。在这本书资料搜集过程中，我发现常贵宁提供的一份“一个管道泄漏检测工的工作手记”的材料，非常详细地记录了发生在胜利油田的数次管道泄漏事故的全过程。我觉得很有价值，就向常贵宁了解这份材料的作者。他告诉我，这是他自己记录整理的一些泄漏事故的始末。原来，常贵宁大学毕业后不久，就一头扎进管道泄漏技术探索之中了。

2015 年，我在主编中国石化出版社安排的共 7 个分册的“油气管道安全技术丛书”时，又想到了常贵宁，并在后来邀请他参与了《油气管道泄漏监测巡查技术》《油气管道维抢修技术》2 个分册的编写。这是与常贵宁的首次合作，并通过对管道泄漏监测技术的系统梳理，亲身体会到常贵宁对我国管道泄漏监测技术发展的特殊贡献。特别是他 20 年来所走过的油气管道泄漏监测探索之路，具有典型的代表性。因此，当我 2018 年构思这部《中国管道检测发展史》的编写时，就想以他的探索经历为代表，讲述我国管道泄漏检测（监测）技术的发展。可是，他此时正在忙于一部名为《华八井》的胜利油田石油发现史和一部有关输油管道泄漏监测技术实践书的写作，一直没有时间给我提供相应资料。直到他看了我以自己搜集到的资料写的关于他在泄漏监测技术探索上的历程手稿时，他才决心将他那些不为人知的探索中的酸甜苦辣写出来，供我参考。此时，正值 2020 年岁首，武汉新型冠状病毒肺炎肆虐，我国许多城市从喧嚣中停顿下来，进入一种类似于空城的寂静中，这正是静下心来回顾往事、展望发展的绝佳时机。

1. 走上管道泄漏监测之路

庚子年春节前夕，全国还没有进行封村、封路、全面隔离等防控疫情的措施，我和常贵宁在东营市西二路那栋著名的蓝海欣悦大酒店一起吃了顿便饭，贵宁说：他走上石油天然气管道泄漏监测专业的道路纯属偶然，他以为这是命运的安排。

从 1998 年下半年以来，由于国际市场上石油价格暴涨，在输油管道上打孔盗油案件日益猖獗，已经到了不能忍受的情况。此前，虽然在油田盗油现象屡禁不止，但他们偷盗的对象多是油井和一些集输管线，属于小偷小摸，很少针对大口径的输油管线。发生在输油管线上的泄漏，主要原因还是腐蚀穿孔。发生泄漏的次数也有限，主要靠路人报告和人工巡线，巡线工作在那个年代还不是像后来那么普遍，就是靠各个联合站的那几个巡线工。但是，到 1998 年下半年以后，由于暴利的驱使，偷油开始向专业化、规模化方向发展，在输油管道上打孔盗油日益猖獗。据估计，仅胜利油田的集输公司每年被盗的原油量就达到 1 万吨以上，每年发生盗油事件上百次。于是，胜利油田集输公司拟对此进行专门立项研究。

其实，常贵宁早在 1994 年，就在不经意之间与管道泄漏检测技术建立了联系。大学毕业没有几年的常贵宁，和许多 20 世纪的城里工作人员一样，养成了剪报的习惯。1994 年，他从《石油商报》报纸上看到一个豆腐块大小的短消息，说是清华大学自动化系跟东北输油管理局合作，于 1993 年在新民到黑山站输油管道上进行了泄漏监测的试验，当时他也没有太在意，只是觉得这是个新颖的技术思想，就剪下贴在了自己的笔记本上。

1997 年，华东石油学院开发系孙宝江老师带着北京大学力学系的唐秀家老师来到胜利油田集输公司进行技术交流，希望合作开展管道泄漏监测技术研究。当时，孙宝江正在北京大学读博士。当时，盗油事件在胜利发生得还比较少，腐蚀穿孔导致的泄漏事故还没有造成过有影响的事件。油田对此项研究并不重视，尽管集输公司联合当时的华东石油大学给油田上报了该项课题研究计划，却没有立上项。不久，常贵宁听说孤岛采油厂孤一联到孤岛首站的输油管道上安装了一套泄漏监测系统正在进行试验，他就跑到孤岛首站去观摩。该系统采集了压力、温度、流量计等参数，通过对这些参数的自动分析就能发出泄漏警报并大致计算出哪里发生了泄漏。

实际上，孤一联到孤岛首站输油管道上安装的这套泄漏监测系统研究早在 1995 年就在胜利油田科技处立项了。沈功田等在“埋地管道泄漏监测检测技术”（《无损检测》2006 年第 5 期）论文中就报道过 1996 年 10 月胜利油田研制开发成功我国第一套原油集输管道泄漏监测系统的案例。虽然同属胜利油田，可是胜利油田分布在山东28个区县，当时有27万职工队伍，70多个二级生产单元，情报信息并不像常人想象的那么容易共享。这是他第一次看到泄漏监测系统现场实物，也是从这个时候起，常贵宁对与管道泄漏相关的技术问题发生了浓厚的兴趣。

1998年，我国发生了两起影响很大的灾害，一是长江流域洪水泛滥，二是西安液化气站大爆炸事故，这两起灾难都与泄漏有直接关系。1997年底，常贵宁所在单位也发生了一起输油管道动火焊接时爆炸起火而致使人员伤亡的事故，原因是用土封堵不严。他感到缺少一本全面、系统地介绍泄漏治理技术的书，大量的技术散见于各种报刊书籍当中，也有相当数量的论文乃至专利是重复的。另外，在报刊书籍中，时常将一些错误的认识和做法还当作新技术，如液化气泄漏时用浇水缠布的办法堵漏、一氧化碳泄漏时用口罩防毒、带压紧固螺栓等等。于是，常贵宁依据他这几年搜集到的资料编写一本名为《工业泄漏与治理》的科技图书（中国石化出版社2001年出版）。其中有一章就是泄漏监测技术，他通过编写这部书开始了对输油管道的泄漏监测技术的研究。按常贵宁的话说，当时也只是纸上谈兵。不过，通过这本书的编写，给他奠定了许多关于管道泄漏的基本概念和基础性技术知识，为他后来深入研究管道泄漏监测产生了重要影响。

1999年，胜利油田的输油管道运行风险随着1998年原油价格暴涨、全国打孔盗油犯罪爆发式增长，形势已经与1997年大不相同。打孔盗油造成的原油损失、泄漏污染导致的环保风险迅速增加。胜利集输公司再次启动输油管道泄漏监测系统研究立项申报工作，并得到科技处的支持，项目很快进入了实质性操作阶段。常贵宁也随着这个研究课题的立项而忙碌起来。

建于1998年的中洛线泄漏监测系统，是我国第一套实用的长输管道泄漏监测系统，是以天津大学精密仪器学院为主研发的技术，已经投产运行，据说效果良好。常贵宁听说后，立即去了中洛线考察。从中洛线学习回来后，单位组织了技术论证，请了华东石油学院储运系主任张国忠教授，他是储运界的权威人士，刚刚参加了中络线系统的技术鉴定，但是他不太认可这种办法，特别是鉴定时，放油试验用罐车，泄漏量很大，说明灵敏度不够高。他对天大研究成果的否定，给胜利集输公司项目组泼了一盆冷水，本来他们是奔着跟天大合作的目的去参观的。这时，常贵宁想起了前两年来过胜利油田作技术交流的北京大学唐秀家老师，还留有他的名片。他请示领导后就出差到了北京大学，等他找到唐老师的办公室时，却被告知唐老师已移民到加拿大，联系不上了。他于是走到一条马路之隔的清华大学，在清华大学主楼的十楼顺利找到了自动化系。搞管道泄漏监测系统研究的王桂增教授此时已是自动化系主任，也正好就在办公室。两个都对管道泄漏监测系统的开发研究抱有梦想的人，相互见到对方都很高兴，王桂增教授热情地带常贵宁参观了他们搞室内试验的螺旋状盘旋的铜管构成的实验装置。王贵宁回来后就跟当时的胜利集输公司科技办主任作了汇报，并决定邀请王桂增教授来公司进行一次技术交流。5 月份，王桂增教授他们来到胜利，清华大学的影响和技术力量毋庸置疑，交流很成功，很快就签订了技术合同。

国内搞泄漏监测的技术有两大源头，一是清华，二是天津大学，清华大学带头人就是王桂增，天大带头人则是精密仪器学院的靳世久。王桂增是江苏靖江人，1965 年毕业于清华大学。而靳世久是河北枣强人，跟常贵宁还是老乡。2005 年，靳世久领衔的“原油管道泄漏检测与定位技术”获得国家科技进步二等奖。

胜利集输公司与清华的合作，也意味着胜利的管道泄漏监测技术开发具有了清华基因。因为胜利的主要输油管线是由集输公司管理的，十大采油厂管理的只是一些更小的集油管道、混输管道，集输公司的输油管道是胜利油田最关注的核心管道输送业务。

接下来的研究开发工作开始运行。清华大学负责室内试验、软件编制和数据采集硬件，以常贵宁为代表的集输公司参与开发人员负责现场安装配合和通信系统安装。由于孤岛首站到永安站输油管道被盗较多，管道穿越黄河，比较重要，就计划在这条管道上进行现场试验，站间距为 32km。用扩频微波实现两站之间实时通讯，永安站已有早年为了实现油区无线电话而建设的铁塔，高度约 20m 左右，而孤岛首站的铁塔高度不够，且距离控制室较远，就重新建设了一座 35m 高的铁塔，可惜当时定的位置过于靠近房间，几年后扩建控制室时，不得不重新挪移位置，造成浪费。扩频微波设备由胜利设计院提供厂家及型号，一家北京的公司带来日本的两台 RDV2000 微波通讯装置，通信线路总带宽为 128kHz。设备到来后，孤岛首站的铁塔还没有建成，就先用首站内的原铁塔和孤岛公司办公楼后面的铁塔进行试验。在此之前，常贵宁从来没爬过铁塔，这次，也不知道受什么力量的驱使，他自告奋勇，爬上了办公楼后面大约 25m 高的铁塔，任务是帮助厂家人员对天线。往上爬的时候还没有觉得害怕，也没感觉太累，但是上去后就感觉到很害怕，晃得厉害。多年以后，常贵宁回忆起那天的工作，仍然觉得很吃惊，他那天怎么就上去了呢？他回忆当时的情景时说道：

“到 12 点左右的时候，下面的人喊他下去吃饭，他就在想，这辈子还不知道能不能再吃上饭。试验完以后，有些不敢下，但是没办法，只能硬着头皮往下，不敢往下面看，只看近处，由于往上爬梯子累了，再下的时候，手脚都有些抽筋，就慢慢地往下挪，不知道过了多长时间，好不容易下来了，心想这辈子再也不爬塔了。”

10 月份，清华大学派来大队人马，开始现场安装。常贵宁他们已经完成了现场压力、温度、流量计仪表现场电缆的铺设和扩频微波的安装，系统采用“研华工控机 +PCL818L 采集卡”模式，研华 IPC-6210-PIII/5000（内存 64M，硬盘 6.4G，17 寸彩显）。清华来的人员是系统分析研究所所长叶昊，这是王老师的得意门生，他带了两名研究生王海生和张布悦负责软件，他俩都是研究生。另外还有杨佃福、张福义两位老师负责现场接线，年龄都在四五十岁，他俩配合很好，杨老师说话幽默，两人一边说、一边干，一唱一和，工作十分愉快。杨佃福的强项是硬件设计，他说自己做过的电路板子废得成堆成堆的，没有好软件用不起来。张福义老师曾参加过西藏格拉输油管道的建设。常贵宁是学石油储运的，对于自动控制那时还属于外行。按他的话说，当时自己每天的工作就是“三陪”：陪车、陪干、陪吃饭。不过，他没有放弃这难得的面对面的学习机会，靠着整天跟着他们看他们操作、听他们相互对话，在大约一个多月的共同工作之后，他对这套控制系统已经有了基本的了解，到11月中旬安装完成，进入数据收集阶段。

数据收集就到了第二年，说来也怪，本来这条管道是盗油较多的，但是这段时间比较平静，为了录取泄漏数据，就决定在管道上带压开孔，装上阀门，接上橡胶管，往罐车里放油。常贵宁负责现场开关阀门，这一天手机费就花了六七十块钱，王老师他们在站上看着数据，通知常贵宁放大关小。他回忆道：正在他感觉很爽的时候，突然感到腰间受到一股热流冲击，原来是橡胶管破裂喷了油，等他反应过来，赶紧关上阀门时，自己身上胸部以下全是原油，手上、脸上净是油，感觉真是欲哭无泪。旁边的工人给了他一件工服换上。现场喷的原油流到了旁边的池塘里，这还是村里人家吃的水源。村里马上来了一个人，将罐车扣住不让走，问题搞大了，只好通知专门处理工农关系的部门来出面解决了。

系统软件编程以王海生为主，他非常聪明，但给人感觉不是用功的那种人，他自己也常说：“他课间看看别人的编程，就知道怎么回事。”相反，张布悦非常认真，属于死用功的那种，软件调试，分析数据，每天都是一两点钟睡觉，一般人是熬不过她的。当时住在东营河口区济南军区军马场招待所，她有时甚至就在值班室连椅上凑合过去，一天就睡三四个小时，很令人佩服。王海生与张布悦搭配也算是绝配，一个非常聪明，一个非常勤奋。

5月份，又一次进行放油试验，这一次是系统检验和测试，专门请胜利油田计量研究所对罐车进行标定和现场放油量计量，好出具测试报告，为项目鉴定验收做准备。这次放油出了大娄子，还是带压打孔，放油完毕后常贵宁就撤了，最后胜利集兴工程公司的施工人员封闭开口时也是带压不停输进行，但是没堵好，等取出开孔工具时发生了跑油事故，等通知孤岛站停输时，已经造成大量原油漏油。仅仅这套装置试验就造成两次跑油污染事故，好在那个时候，国家对环境污染查得还不是很严格，要是这类试验放到这几年做，试验方案根本就通过不了审查。

2001年，该项目通过了油田科技处组织的技术鉴定，技术水平达到国内先进水平，第二年还获得了胜利油田科技进步一等奖。随后在油田系统进行了推广，七一前后，先完成了孤岛首站到集贤站，到十一完成了孤永东、孤罗东南段的推广，实现了孤永东、孤罗东两条输油干线的泄漏监测。

2. 为伊消得人憔悴

常贵宁曾在他写的管道泄漏监测 20 年经历回忆中，借用了三句古诗词来形容：一是“衣带渐宽终不悔，为伊消得人憔悴”，是科研探索阶段不懈的努力；二是“千磨万击还坚劲，任尔东西南北风”，代表推广坚持阶段的艰辛；三是“独上高楼，望尽天涯路”，代表前途茫茫，等待继续探索的心情。

所谓监测，就是连续的检测，这是一种 24 小时实时在线的自动化系统。系统的灵敏性和可靠性是衡量其技术性能的主要指标。

系统进入正常运行后，逐渐发现两个问题：一是误报频繁，每天报警都在二三十次，位置几公里的都有；二是数据经常中断，要么是扩频微波故障，要么是工控机死机。可见该系统的可靠性存在严重的问题。

于是，作为这个项目主要参与者的常贵宁经常跑去站上调试维修，疲于奔命。有一天，他从东营到孤岛（50km 的距离）来回跑了三次。系统故障了，司机柴永清开车上午拉他去孤岛首站处理，流量计没有数据，压力数据也变成零。他请孤岛压气站的值班员冯杰去检查，冯杰用万用表量了量，结果发现压变有数据，是流量计自动切换了，认为是发讯器出了故障。常贵宁只好回东营，请龙江流量计厂家的售后服务人员老李更换了发讯器。可是换了发讯器后，他跑到孤岛一看还是没有数据。只好又回东营，请设计院学仪表的一位工程师，晚上又去孤岛一同检查，还是没有检查出故障。折腾得筋疲力尽的常贵宁这时候只得给清华大学的王海生打电话，请求前来处理。

等了一周以后，王海生来了，结果人家一分钟就搞好了，原来是他软件里只采集了一台流量计的数据，一倒流量计就没数了，不但流量没数了，由于压变量程是 1.5~3.5MPa，为了解决管道停输时让压力归零，他软件就判断流量是零，压力也归零。这次经历，使常贵宁认识到，要让这套系统在胜利生根、开花、结果，仅仅搞明白怎么用是不够的，必须明白软件系统。其实，常贵宁早就认识到这个软件系统不太合适，他曾多次建议软件界面从显示 10 分钟的，改成显示 1 小时的，因为偷油一般都在 15 分钟以上，如果显示时间持续长点，稳定性就会提升。可对方却一直不改，慢慢他明白了：项目主要是学生在干，但是清华的学生大都忙于考雅思、考托福、联系出国、找工作，因此对工作没有积极性。

为了将集输公司这套泄漏监测系统开发运行好，常贵宁还带清华的两位学生一起到临盘采油厂参观天津大学研发的另一套泄漏监测系统。他看到人家根本就没有自动定位，系统报警弹出对话框：压力异常，请核实。需要人工分析定位，就是人工拖动泄漏等引起压力下降曲线的下降沿儿，清华系统追求算法先进性都是自动定位，经常找不准拐点造成误报。他又建议增加系统分析定位功能，能够调出历史数据进行定位，而不是光能看历史趋势。但是，对方怎么说也不给改。

孤岛公司信息员谢孝宏曾不无抱怨地说过：清华这个泄漏监测系统没有连续运行过 24 小时，再加上系统误报频繁，系统实质上没有发挥任何作用。常贵宁听后，心情非常沉重，但是他也没有办法。有一天，他正在调度室，系统报警了，显示 ×× 公里发生泄漏，他看了看，根据自己的判断应该没有泄漏发生，建议不要发警报了。但是，调度拿起电话就给巡线队说 ×× 公里报警了。系统报警了，准与不准，都没有找他责任；调度电话打出去了，是与不是他也没责任，可想而知系统的效果怎么样了。

2002 年 3 月 8 日，这一天发现了卡子，他查历史记录，从凌晨到早晨 4 点，系统发出了 6 次报警，第一次位置是错的，后面 5 次位置都是对的，3km 多，处于集贤到东营输油管道这段、黄河大坝南，离垦利炼油厂不远，曲线也是典型的盗油图形。但是，因为巡线队没有及时发现导致队长被撤职，常贵宁也为他感到冤枉。还有一天，刘吉东主任参加生产晨会，给常贵宁打电话说昨晚孤岛集贤在 26km 处发现盗油卡子了，查查报警了吗？他一查记录，确有 26km 处的报警记录。他正在为难要不要说时，主任又打来电话来了，说不用查了，是东辛采油厂的管线。这件事对他刺激很大，他每天出入集输总厂（这时集输公司已经更名为胜利油田集输总厂）办公楼都感觉抬不起头来。

被逼无奈之下，他想自己学习编程，但是上学时学过 BASIC 语言、FORTRAN 语言，早已淘汰不用了。他决定学习 Matlab，因为他看到清华的学生经常用它分析数据和作图。于是他就买了几本书，但是却不得要领，弄不出来；然后他又想到用 Vc，他们这套系统就是用 Vc 编程的。他又买了与 Vc 相关的书，请教了华东石油学院的老师，拷来软件学习，还买过 Python 语言的书看，感觉这些学习对自己来说都太难了。后来，得知天大的软件是用 LabVIEW 编程的，这是一种图形化编程语言，不用一行行编代码，而是考虑数据的流向处理，比较简单好学。恰好，在 2002 年 4 月，LabVIEW 的北京代理泛华测控举办学习班，学费 2500 元，他就报名了。他学习了一周，觉得基本搞明白了。于是，常贵宁建议清华系统也改成 LabVIEW，这样起码系统不死机。但是清华系统开始试用的是组态王，杨老师说组态王处理数据的速度跟不上，后来才改成 LabVIEW。事后证明，当时选用 LabVIEW 是正确的，不仅是因为它简单易学，还因为其功能强大，特别是界面曲线的显示，能够精确地显示数据变化的细节，给肉眼观察数据变化趋势和分析历史数据带来极大的好处。

21 世纪初，管道泄漏监测在全国油气管道储运行业和油田系统是一个热门技术，参加 LabVIEW 学习的人不少。在学习班里，常贵宁跟大庆油田测井公司的钱世宝住一个房间，他们聊天的内容多跟泄漏监测系统的事有关。一天，钱世宝告诉他说，大庆用“曲线跟踪”的方法解决了不少难题，其实就是算出数据的斜率。常贵宁觉得一下子开了窍。班上还有一个学员，就是雷振山，唐山学院的老师，他还编写过 LabVIEW 的书。常贵宁主动结交，雷老师也非常谦虚热情，问什么都会告诉他，从来不嫌麻烦。

学习结束之后，常贵宁就在琢磨，是否可以从集输总厂下边的基层单位找两个会自动化编程的大学生来搞软件开发与维护。但是，没有人敢于冒这个险，都觉得这是清华大学的博士硕士搞的东西，一般人没有这个能力。于是他又给领导建议，给雷振山老师两万块钱顾问费，请他帮忙开发新系统。可能是考虑到跟清华的关系，上级领导不想更换单位。没有办法。常贵宁只好自己搞，用了 1 个月时间还真搞出了个小软件，把清华系统的数据拿过来做二次分析定位，效果还不错，以后系统报警了，巡线队的就找他先给分析分析，然后再决定要不要去查找以及到哪儿查找。几次定位还挺准，搞得他有时候都下不了班。

有一天晚上，因为忙着做软件开发与曲线分析，他没回家，凌晨 4 点多，巡线队一位姓隋的队长给他打电话，说是系统又报警了，请他给分析一下。这黑天大半夜的，大家睡得正香，如果真有盗油的，那没有得说，如果又是误报，实在无法下决心让大家去巡线，但是不去巡线，万一真发生了盗油而不出击，又担不起责任。他二话没说，就用自己开发的软件对刚才报警曲线对应数据进行了分析，定位在距东营首站 24.3km 处发生了泄漏。隋队长立即带队伍出发，果然找到了。据那位姓隋的队长讲：他们在地上看见一个白乎乎的东西，心想这天气地里还有蘑菇吗？拿起来一看是个白手套，下边就是个卡子。隋队长打电话时非常兴奋，常贵宁也很高兴，他觉得他这段时间的努力没有白费。

2002 年上半年，集输总厂计划在东辛（东营－辛店）线安装泄漏监测系统，这是共 5 个站、全长 75km 的胜利油田外输管线。常贵宁在 4 月份就把站上的压变、铺设电缆、现场控制柜都就位了，就等着清华来装软件了。但是左等不来、右等不来，一是原来负责胜利项目的王海生今年 7 月就毕业，自己的事较多。二是软件一直搞不好，他听了常贵宁的意见想换软件平台，开始试了组态王不成功，又学习 LabVIEW，直到 6 月初才来。王海生和吕琛博士两人来到胜利，原以为一天就能搞成的，结果一天是把站上的软件都装上了，可其中二号站的采集站软件就是调试不好，好在他电脑上装了 slave，这是王贵宁头一次见到远程监控电脑的软件，从东营就能远程调试了。因为大家以前不知道可以远程调试，发现系统自动调整，以为系统着魔了，结果把站上的工作人员给吓得半死。二号站跟其他站不同的是由于流量计距离值班室较远，为了节省电缆，常贵宁建议用了一台研华的 ADAM-5510 模块，其他站还是用的采集卡。搞了一星期还是没搞好，常贵宁又紧急铺设电缆，也用采集卡，采集好了，上位软件还是迟迟调试不成功。王海生所谓在北京调试好了，是指像原来那样只有两个站的输油管道，但是东辛线共有 5 个站，他对 LabVIEW 又不太熟练，所以一直找不到原因。这时候，在一旁一直观看的常贵宁，发现可能是数据循环的地方排列排反了，不过他没出声，一是自己也不太自信，二是他对于清华一直迟迟不来多少有点意见，没有想着去帮助他们。随着时间一天天过去，王海生到了去西门子上班报到的时间了。

7 月 2 日，清华来的两人带着未能完成任务的遗憾撤回北京，这时候就给了常贵宁显身手机会。他在自己早已开始进行软件开发的基础上，投入极大的精力，不分白天黑夜地自己编程，刘吉东主任给了他很多的支持，科技办写材料、开会等杂事都不再打扰他，还给他申请了吃饭在招待所签字的权利，以便他全身心地投入到系统设计之中。有时，他连招待所也不去，晚上就睡在办公室。新的系统就这样在常贵宁工程师手上开发成功了。

3. 常贵宁经历的那个难眠之夜

常贵宁在 2008 年有感于他自己从事管道检漏技术的亲身经历，曾在个人博客上发表过“检漏八年”的短文，或许是对那个时代胜利管道检漏发展历程的最好纪念。

回想近 8 年来的系统应用过程，有几个瞬间。一直让我不能忘怀：

2001 年 3 月 22 日，晚上 22 点半，孤岛分公司调度打电话说孤岛到东营原油库进站数据中断，当时系统运行不够稳定，经常出现故障。我立即从家里骑车半个小时赶到东营原油库进行了处理。而第二天凌晨 3 点，在胜利黄河大桥附近就发生盗油，系统及时发出了警报。

2002 年 7 月 6 号这一天晚上，我又是待到 10 点钟左右骑车回家睡觉了，睡得很快，但是 12 点突然从梦中醒过来，脑子特别清醒，睡意全无，感觉到不放心，就骑车到办公室，因为这半年，东辛线已经发现过 14 个卡子，被盗了多少次都不知道。办公楼门锁了，民警已睡觉敲也敲不开，绕着楼转了一圈找民警也找不到，大概半小时终于找到人进了门，时间已是 2002 年 7 月 7 号 1 点 25 分。等我刚坐下 3 分钟，就看见电脑上压力曲线突然下降，一看是典型的偷油，连开阀门过程中的稍微停顿三次都清清楚楚，赶紧定位分析是 10.5 公里，就给输油分厂调度打了电话，告诉他有偷油的。由于时间是后半夜，大家都非常疲惫，加之距离巡线队驻地太远，巡线队并没有及时赶到现场。当然也不排除因系统时不时会出现误报，或即使没有误报却因为预测地点存在较大误差，导致多数情况下抓不住盗油者，巡线队已经被那个时期疯狂的盗油与制裁手段的缺乏折腾得麻木了。可是，我今天不知为什么特别兴奋，一点睡意也没有！我一直坐在办公室，双眼紧盯着泄漏监测系统压力运行曲线，而这条曲线一直持续在异常区间，直到半个多小时过后，压力曲线才恢复至正常区间，这意味着盗油结束了。我又一次拨打了治安保卫中心电话，询问前方巡线情况，并告诉他们，盗油行为已经结束，盗油车辆该逃跑了，提醒他们一定要堵住车辆逃跑路线。早晨 4 点，终于传回成功抓获两部盗油车辆的消息。原来，巡线队在我第二次打电话后才出发，当时盗油车辆由于天黑，慌张逃跑时不慎滑入路旁的小沟中，车辆怎么也开不上来了，结果被迟来的巡线人员抓个正着。

常贵宁对于能够依靠泄漏监测系统抓到盗贼的那种兴奋以及在那个夜晚的那种特殊的预感，绝不是我们普通人所能感知的。只有一直以来深思泄漏信号系统特征的常贵宁才会有这种预感，是他潜意识对当时情况的信息整合得出的结论。我们每个人在工作、生活中每时每刻的信息量都是很庞大的，意识无法全部记住，但是潜意识会悄悄地都收集起来，并得出一定结论暗示给我们，这就是预感。有许多经验与研究表明：当你在一个嘈杂的人群中，突然听到有人呼喊你的名字，然而这个声音却若隐若现，那么相信自己的耳朵，一定有熟悉的人在附近。我坚信，那天晚上，常贵宁的耳朵里一定感觉到了某种熟悉的声音信号，所以他从睡梦中突然醒来了；而当他半个小时后坐在办公桌前，双眼盯着泄漏监测系统压力运行曲线时，虽然曲线还没有跳转，盗贼给管道上钻孔的信息虽然还没有被系统曲线所呈现，他的直觉中却已经敏锐地预感到信号即将传来的前兆信号。所以，他屏住呼吸紧紧盯着监测系统压力运行曲线，果然 3 分钟后，系统终于传来了实际上在数分钟之前已经发生了（钻开管道需要几分钟）的信息。他看到系统传来信号的一瞬间，就毫不犹豫地抓起电话，通知巡线队去他判断盗油的地点去抓盗油分子。而且他不止一次地打电话给巡线队，坚信系统的判断是正确的，结果真抓到了盗油车辆，而且盗油地点正是泄漏监测系统预测及常贵宁判断的那个地点，丝毫不差。实际上，在那个时候多数时候系统预测都是错误的。可是，那天晚上，常贵宁为什么会那么自信呢？

我继续向下看常贵宁写的那篇博客文章：

2002 年 10 月 2 日，我在办公室研究用 ADAM-4080 模块采集流量计数据，这时我已经研究了 1 个月了，仍然没有采出数来，无数次检查都没找出程序的 BUG，心急似火，就跟雷老师联系好第二天拉机器上唐山处理，后来，心想再最后试一次，当心静下来，突然发现了程序的毛病，修改以后流量数据立刻就出来了！

除了这几个瞬间，我一直不能忘怀以外，还有几段历程，深深地与我的人生融为一体了，成为我人生的重要组成部分。

21世纪初，由于输油管道被盗打孔案件十分猖獗，严重影响了输油生产，也给公司和油田造成巨大的经济损失，油田决定立项研究输油管道检漏系统。2000年3月，公司组织调研了华东管道储运公司中洛线，这是我国第一条真正运行的检漏系统；5月，确定与清华大学自动化系合作；10月建成孤岛首站－永安站输油管道监测系统，进入数据采集分析阶段。2001年3月进行首次放油试验，5月通过油田科技处组织的成果评定验收，达到了国内先进水平，并先后获得胜利油田科技进步一等奖、国家安全生产科技成果三等奖。

2001年7月，检漏系统开始推广，同年10月完成了孤罗东以及永安－东营原油库输油管道检漏系统的建设。由于初始合作研制系统存在着误报警较多、运行不够稳定、维护跟不上等问题，从2002年初开始了自主开发。2002年7月完成了东辛线检漏系统建设，刚投产一周，就先后抓获4部盗油车辆，破获了1个27人的盗油团伙。2002年底，自主开发的软件替代了原系统软件。自主开发的成功为系统维护升级改造带来了极大的方便，从根本上保证了系统的连续长期稳定运行。

可以说，那个时候的常贵宁已经进入了对管道泄漏监测技术开发的痴迷状态，一天到晚，脑海里都是关于管道泄漏的信号，这些信号有时会以某种可视化的形态浮现在他的脑海中，他有时能清晰地感觉到这些信号的流动特征。他一遍又一遍地想象着，他以什么方式俘获这些信号，并把它传送到他的计算机上；他脑海中也不时出现不同形状的管道撕裂或被打孔时出现的场景，随着信号的传输，在他的电脑屏幕上又被还原成一个个与现场对应的撕裂缝隙或空洞或被打上的卡子的图景……或许，正是这种基于对信息综合的意象图景的反复出现，让一种非常规信息感应在他上神经中枢中建立起了某种反映，从而，有了神奇的预感在他身上出现，这种预感加上他对信息的分析的敏感性，让他成功地抓住机会，判断出2002年7月7日盗油事故的发生。

2002年的常贵宁思维不仅执着而且敏感，这种思维状态加上他谦虚、进取的毅力特别有助于创新意识的觉醒。因此，2002年许多“幸运”接踵而至。

7月7日，成功抓到两辆盗油车的事件轰动了集输总厂，他更不敢回家睡觉了，集输总厂给他安排了两个助手——王明波和张涛，协助他一起从事监控工作。7月9号，这天凌晨两点多，王明波喊他，说系统监控曲线有异常。他一看曲线，不是典型的偷油，但是压力曲里拐弯波动异常。分析曲线波动的拐点，定位到12.5km，就发了个警报，结果又抓获了两辆盗油车。这个偷油贼不知道输油管道装有监控系统，比较放心大胆，没有什么防备，等巡线队上去，在车上还发现了一个号码本，公安人员顺藤摸瓜，打掉了一个27人的盗油团伙。这个事件以后，不法分子都知道集输的管线上安装了能够及时发现并定位盗油的神器，再也不敢轻易去打孔盗油了，盗油现象得到明显的抑制。从此他的成果得到了大家的认可，大家都觉得常贵宁很了不起！这对他来说是极大的鼓舞，但是他却没有因此而骄傲，他有一次和我交流时还深有感触地讲："这是我的幸运，平常我睡觉都是一睡到天明的，很少半夜醒，如果不是半夜突然醒来，也没半夜爬起来到办公室，就会错过了这次报警；如果这两次偷油的先后顺序反过来，面对第二次的非典型偷油也不敢发警报，只能说自己太幸运，或者说盗油者太倒霉。"

这就是常贵宁！从这几次抓盗油贼的经验中，他越发认识到完善系统软件的重要性。期间一遇到技术问题就打电话询问远在唐山的雷振山老师，他常说，没有雷老师的帮助，就没有他的成功。因为他经常打电话问雷老师问题，雷的爱人曾问雷老师："这人是给自己干活儿，还是给公家干活儿？"

为了能够继续使用已安装的研华采集卡，而不是图省事儿买新的 NI 数据采集卡，新卡一只就要上万元，9 个卡就得八九万元，他经过努力，终于攻关成功。就是流量计脉冲计数的采集，他想用 ADAM-4080 代替清华使用的 PCL886，用到串口采集数据，雷老师给了他一个样板程序，但是弄了三天死活就是出不来数据，他决定带上工控机去唐山，可就在动身的前一天，他又试了一下，居然成功了，原来是把参数设置弄到循环里面了。就这样，到 10 月底，把孤岛的两条管线也换上了自己研发的软件。

为了提高监控效果，在他的建议下，集输厂专门设置了一个系统分析员岗位。发现系统压力异常，就进行分析定位，通过核实站上没有操作再发出警报，大大减少了误报。这是由于泄漏是小概率事件，很少发生，再加上一旦泄漏造成的损失巨大，管理员要承担很大的责任，所以，监控人员往往会自觉不自觉地把责任推到系统上面，很少主动分析数据，而只是放任系统自动报警。实际上提出这种设想的不止常贵宁一人。胜利孤岛采油厂信息中心主任李煊就提出了"人机协作"的概念，也提倡有专职人员监控分析数据。由于泄漏监测系统都是基于监测工艺参数分析判断出泄漏发生的，而数据采集的误差是不可避免的，希望靠电脑软件完全自动报警是不现实的，也是不必要的。软件的智能分析永远跟人脑之间存在差距，软件自动报警的灵敏度设置跟灵敏度之间也存在矛盾。因此，应该由系统采集数据，系统自动报警灵敏度设置得尽量高一些，提醒监控人员进行分析，从而会大大提高灵敏度，提高运行效果。同时，生产调度人员信息互通，便于指挥协调生产。就这样，在集输总厂的孤岛分厂和输油分厂以及多家采油厂也陆续采用了专职分析员的方式。从实践效果来看，设专职监控分析员的成果也非常显著，提高了综合判断的准确性。

通过统计分析，他发现输油管道的中间站装设流量计有利于提高系统的监测灵敏度。他发现，东辛线管道因各段进出口都有流量计，系统监控效果很好。而孤罗东、孤永东两条管道的中间站进出口没有流量计，在他的建议下对流程进行改造，利用原来淘汰下来的旧的龙江仪表厂的流量计，上述两条线的两座中间站都安装了容积式流量计，使检漏灵敏度大大提高，能够检测出瞬时流量为管道输量0.2%的一些小量盗油和穿孔渗漏，在以后的泄漏监控中发挥了重要的作用。

给胜利集输总厂交油的江汉油田清河采油厂当时也被盗油所困扰，听说常贵宁开发的监控系统接二连三抓到盗油车辆后，在集输总厂时任输油公司经理张光华的推介下，也安装了一套这个系统。安装工程虽然由胜利石油学校石科清洗公司承揽，但具体工作仍然由常贵宁完成，他白天带人现场施工，安装硬件设备，晚上编程调试。按照常贵宁的话讲："之所以连夜干，就是怕万一这时候有偷油的就会漏掉"。在开始安装的第三天晚上，系统报警，压力的反应不太明显，看来量并不大，定位在26km左右（当时编程还不会软件滤波，后来滤波后拐点更明显了），发出报警后，因为当时在安装调试中，还没有正式运行，采油厂没有准备，但还是迅速布控，结果抓到了一辆盗油车辆。两天后，又抓获一辆盗油车，一周内连抓两辆盗油车。随后，张经理联系又在滨南采油厂安装一套系统，稠油首站到稠油末站的输油管道也是在一周内报警，时间是早晨5点钟，定位是9.5km处。在做这套系统时，常贵宁5天只睡了9个小时，都是断断续续地睡，随时可能眯一会儿，越是凌晨越不敢睡，因为偷油基本上都发生在零点到五点之间，白天一天在现场施工安装，到晚上夜深人静的时候编程调试软件。他说现在回想起来，那种痴迷的感觉真是一种享受，而那个时期是他生命中一段激情燃烧的岁月。

常贵宁因2002年在技术上的突出成绩，不仅在当年顺利晋升上高级工程师，还在10月被提拔为胜利集输科技办副主任。成功似乎来得很容易，从2000年到2002年，仅仅不到三年的时间，常贵宁视乎脱胎换骨了！的确，若单从时间跨度来看，确实不是很长，但是没有艰辛的付出，怎么会有"七七"（2002年7月7日）夜的特殊预感和自信呢？而且，常贵宁从此与油气管道泄漏监测系统较上了劲。

由于系统的使用，偷油的知道管道上有防盗设备了，偷油活动进入了第二阶段：铁蒺藜。他们在一些路段撒上铁蒺藜，巡线车辆上去就被扎了，有一次，一辆车四个轱辘被扎掉三个。我们也在路上捡了一些铁蒺藜，就在路上也撒上。这种双方铁蒺藜的攻防阶段时间不长，因为当地老百姓不干了。很快，偷油活动进入了第三阶段：装袋子"细水长流"阶段。他们针对系统依靠负压波定位的弱点，就是不适合渗漏监测，泄漏越小，负压波越不明显，在输油管道上安装"暗卡子"，用长距离高压软管接到远处隐蔽处再进行偷油。曾经在孤岛槐树林里发现一处偷油点，距离主管线1.5km，当时通过系统曲线的异常波动，发现管道有偷油情况，但是无法定位，就扩大巡线，当巡到槐树林一路口，发现有可疑人员躲避，就在附近细致巡查，终于发现了盗油窝点。

由于泄漏监测系统对于微小渗漏监测灵敏度的局限性，当“暗卡子”和细水长流式盗油方式出现后，使得中国当时风头正劲的管道泄漏监测系统的开发进入低谷。但是，当时间进入 2003 年时，“暗卡子”和细水长流式盗油方式尚处于萌芽期，犯罪分子还处于试验摸索阶段，所以中国的泄漏监测系统研究开发人员还没有意识到即将出现的新的盗油方式对他们生存的影响。仍然在全国大力地推广这种技术模式，此时的常贵宁也正鼓足了勇气，从各个层面对他开发的系统进行提升和改造，拟将这一系统推向全国。

4. 五色石从研究所到测漏公司

2002 年 11 月的一天，他习惯性地晚饭后去办公室工作一会儿。这天晚上十点半左右，他骑车通过集输办公楼东北侧十字路口，只见一辆油罐车直冲他而来，后边一辆警车鸣笛，喇叭里喊着“停车、停车”，吓得他赶紧跳下车子，这时，司机猛地一打方向盘，从自己身边 1m 远处撇着过去了，刚过了路口，就被在五台山路上的警车截住了。事后他对朋友说，当时心想自己整天抓偷油的，让偷油车撞死也算是报应。但是他又一想，软件就在自己一个人手里，自己要是死去，系统就没人管了，技术失传了太可惜。

从那以后，常贵宁就时常思考这个问题的解决方式。同时，他还朦胧地意识到：对系统的持续升级优化将是一项长期的工作，仅靠一个人是不行的。现在除了集输公司自己的几套系统之外，还给清河、滨南安装了 3 套系统，慢慢系统维护和服务工作量就会上来。特别是没有经济利益的驱动，谁也无法长久坚持。前几年开发的一些管道泄漏与防盗监测系统，之所以瘫痪无人问津，变成无用之物，绝不是简单的技术或责任心问题。他喜欢收藏书籍，更喜欢读书。一天，他随手翻开一本讲述航海历史的书，读到下面一段文字：

1405~1433 年，郑和七次下西洋，最远抵达了印度洋的彼端。规模最大的一次，有 300 艘船舰、近 3 万人。他们曾抵达印度尼西亚、斯里兰卡、印度、波斯湾、红海和东非；曾停靠沙特阿拉伯一带的主要港口吉达港、肯尼亚沿海的马林迪港。相比之下，哥伦布在 1492 年的船队只有三条船、120 名水手。然而世界历史上却写满了欧洲的这些“探索”“征服”的经历，对中国的远航似乎漠不关心。这是为什么？当时的欧洲并未在技术上、财力上占优势，而让他们胜出的不是别的，就是他们贪得无厌的财富欲望以及不断希望探索和征服未知世界的野心。经济利益的驱动是近代以来一切进步的鼻祖，要不是商人想赚钱，哥伦布就不会抵达美洲，库克船长就不会到达澳大利亚，阿姆斯特朗也没有办法在月球上跨出他那重要的一小步。

受这段文字的启发，他意识到要将他付出多年心血、已经初步取得成功的泄漏监测技术开发继续下去，使之成为一项与时俱进、不断进步、具有无限增值潜力的技术，就必须跳出集输公司这个圈子，不能依靠一个或几个人的兴趣与奉献，而需要一个有生命力的团队来共同打拼。必须在更大的范围推广，依靠推广获得的经济效益维持对这个技术的不断开发，需要一个市场主体来推动，为持续探索和征服的野心提供源源不断的动力。

2003 年 3 月，他注册了东营五色石泄漏监控技术研究所，这个所是在东营区民政局和科技局注册的，属于民办非企业机构。从取名上就可以看出来他所报的期望，“五色石”三字取自“女娲补天”。“女娲补天”是中国古代源远流长的神话传说。西汉淮南王刘安著的《淮南子》卷五《览冥训》中载：“往古之时，四极废，九州裂，天下兼覆，地不周载，火焰不灭，水浩不息，猛兽食颛民，鸷鸟攫老弱。女娲炼五色石以补苍天，断鳌足以立四极，杀黑龙以济冀州，积芦灰以止淫水。”名字中的“泄漏监控”，按常贵宁的解释是想创办一家专业从事泄漏检测、带压堵漏、泄漏治理方面的技术研究与推广机构，也是一家致力于减少泄漏危害的环保组织。几经周折，研究所的证照终于办完了，他惊喜地发现证照上打印的成立时间是 2003 年 3 月 31 日，与他参加的环保组织“自然之友”成立时间是同一天。

研究所成立之后，他就给雷老师打电话，请雷老师帮忙找个会 LabVIEW 的人。雷老师推荐了他的学生刘庆存，他本来在唐山一个做视频监控的公司，对于工作不是很满意，听了雷老师的介绍之后，刘庆存就来到东营，刘庆存以他超长的编程能力，很快成为五色石研究所的骨干力量。五色石研究所成立的第 2 年，仅在胜利集输系统所装的输油管道泄漏监测系统，就发出报警 90 余次，报警准确率 95%，查获盗油点 88 处，缴获盗油车辆 8 部，年减少原油损失 8000t。可以说，泄漏监测系统在胜利油田的应用实践取得了全国少有的成果。

五色石研究所的业务都是靠口碑别人找上门来的，除胜利油田的采油厂以外，其他油田和管输企业多是通过网络搜索了解到五色石的业务和特长的。2003 年，常贵宁的弟弟常青因病无法继续石家庄机械化步兵学院的教职工作，好在常贵宁开办了五色石研究所，2007 年，这位毕业于国防科技大学物理系的聪明小伙子，在五色石研究所找到他的用武之地。常青进入五色石，使常贵宁对这个研究所的发展有了更大的责任。到 2009 年，常贵宁和五色石研究所的工程师们陆续建设了六七十套监测系统。

为了进一步开拓市场，2009 年，五色石研究所改制成东营五色石测漏技术有限公司。常青利用他的专业特长开始设计数据采集模块，集“数据采集、串口和网口通讯、GPS 校时”三种功能于一体，改变了这个时期采用的“ADAM-5510+GPS 校时模块”模式，体积小巧，功能强大，通过几十次的改进完善，以及三年现场的试用基本定型，起名叫 WSS3020。我们称之为“第三代测漏专用模块”，第一代是“工控机 + 研华采集卡”模式，第二代是“研华 ADAM-5510+GPS”模式。

但是，模块始终存在两个问题：一是本身的可靠性较差，故障率偏高，需要现场重启或更换；二是制造环节失败率很高，达到 30% 以上，先后采取了多种措施，从自己采购元器件到委托北京大包，采用更换元件焊接人、更新购买环节等多种方式一直解决不了。2013 年，根据刘庆存的建议，数据采集模块改用贝加莱 X20 系列 PLC，它的特点是：国际一线品牌，质量可靠；AD 转换精度是 16 位，而 ADAM-5510 是 12 位；采样速度快，可以达到 10kHz，虽然在一般情况下，压力的采样速度每秒 10 次即可，但是对于短距离管道，则需要较高的采样速度，适应性更广。通过这次改进的第三代测漏专用模块，故障率大幅降低，系统可靠性提升，减少了后期现场维护量。

借助于五色石泄漏监控技术研究所以及后来的东营五色石测漏技术有限公司这个平台，常贵宁他们不仅解决了没有专职研究人员或长期跟踪系统运行的人员短缺问题，还避免了漫长的立项等待、没完没了的汇报、写材料的束缚。他们与天津大学、石油大学、唐山技术学院等单位合作，不断研究攻关，逐步升级软件、优化模块选型，不仅解决了模块经常故障损坏的问题，还解决了近距离报警死区问题。后来又基本解决了小流量盗油报警难题，输油管道检漏及防盗系统使调度能够在 3min 之内发现泄漏。

不断突破自己是五色石始终如初的理念，他们不仅掌握了长输管道测漏系统硬件和软件算法等核心技术，而且所研制的世界上第一块带 GPS 的测漏专用数据采集模块已获得国家专利（专利号 ZL 2009 2 0239503.9）。陆续研发成功了“油罐泄漏传感器”“长距离浓硫酸管道渗漏监测方法”等专利技术，形成了“液体石油化工管道测漏系统”“输气管道测漏系统”“油罐泄漏监测系统”“浓硫酸渗漏监测线缆”四大类产品，成为国内最大、最专业的泄漏监测产品与服务提供商。其开发的泄漏监控系统已经在大庆油田、胜利油田、辽河油田、江汉油田、江苏油田、大港油田、吉林油田、延长石油、齐鲁石化、西部管道、天津市、甘肃省、江苏省等地 116 条石油、盐卤、硫酸、苯等长输管线及 181 座站库上运行。其中最长的管道是 187km，是淮盐矿业淮阴 - 连云港盐卤管道；最短的管道是现河首站到东营原油库，1km 长；最复杂的管道是“三入一出”树枝状的集输管网，是海二、海三、海五到海四联，且是油水混输。最难的一套系统是西部管道的乌兰原油管道，长 1842km，是基于 SCADA 系统数据的纯软件分析报警系统。甘肃金昌浓硫酸管道，21km 长，这是我国第一条长距离浓硫酸管道，有2座加压泵站，管道是碳钢内衬聚乙烯塑料，流量计采用横河电磁流量计。天津大沽化工厂一条苯管道，长37km，全程架空，电伴热带保温在5℃以上。

做诚实的企业是五色石最基本的企业文化。2014年，五色石参加了中国石油管道公司西部管道公司生产运行处进行的技术测试，根据免费和自愿原则，有五家测漏厂家参加了技术测试。这五家是五色石、Atmos、科力达、中加诚信、寰宇声望，前三家都是采用“负压波+输差”方法，寰宇声望采用次声波方法。放油测试结果，按照甲方工程师的说法，除了寰宇声望淘汰以外，另三家“打了平手”，Atmos并没有表现出优异之处，但是五色石的工程师们却发现他们在压变选择上精度更高，值得在压力稳定的管道上如航煤管道和盐卤管道上应用。系统测试采用封闭方式，厂家调试完成后，就不再让厂家接触，完全由系统自动报警，这样就无法避免误报，也无法检验厂家的服务水平，而在目前技术原理基本一样、软硬件水平大同小异的情况下，服务水平和能力是区分厂家实力的重要条件。第二年，西部管道供应处组织了标的总额高达六千万的测漏系统招标，技术与商务条件极为苛刻，比如要求4年付清，第一年只付25%款项，但第一年就必须开具全额增值税发票。这个付款条件是一般正常公司所不能承受的。技术指标中，可靠性一项要求错误报警率不大于15次/年，漏报率小于零，这都是不可能达到的指标。五色石认为自己做不到，就没有参加投标。

五色石之所以放弃这次投标，并不是五色石技术不如别人，而是因为常贵宁参加过技术测试，在乌兰成品油管线上，5月5日系统开始运行，由于其超声波流量计瞬时值波动较大，最大波动能达到20%，造成无法从流量平衡方面排除误报，只是根据压力变化来报警，每个压力波动都可能会引起报警。所以，在其管道上实现“错误报警率不大于15次/年，漏报率小于零”是不可能的，所有厂家都实现不了。

还有一次是2013年塔里木油田塔中凝析油外输管道工程测漏系统招标，管道全长500km，中间的数据采集站站间距最长的超过60km，要求的报警误差大于5%的泄漏，定位误差小于150m。常贵宁经过分析后认为无法达到要求的指标，结果五色石被排除在中标企业之内。事后，他说：“我一点儿也不后悔说了实话，我要对业主负责，更要对五色石的信誉负责。”

5. 拨云破雾识真金

世界上最大的从事泄漏监测的公司是英国的Atmos，其创始人也是华人，名叫张君。她在博士毕业后于1988年加盟Shell研究部门，研究的课题就是泄漏监测。1995年，她在曼彻斯特创办了Atmos International，经过二十余年的发展，已经发展到拥有150名员工的国际性公司。常贵宁在2004年在廊坊一次展会上见到了这位令他折服的女子，对她惊人的能力赞叹不绝。她的成就更成为鼓舞他献身泄漏监测研究的动力。他对社会上出现的五花八门的泄漏监测系统进行了深入的比较研究，通过查阅大量的文献资料对其进行追溯、甄别，通过实地调查、试验识别其真伪，为普通用户鉴别选型提供了技术支持。本书也试图通过对他所做研究体会的展示，使我们对管道泄漏监测技术的发展全貌有个全局性的概念。

以前，清华大学、天津大学的系统都是主要依靠负压波原理，造成系统误报频繁，通过实践发现，流量计在泄漏监测中发挥有更大的作用，总结下来有三个方面的作用：一是输差分析测漏的灵敏度比负压波更高，小泄漏时负压波没有反应，但是流量有反应。英国 Atoms 公司的张君博士曾指出："检测到比仪表误差更小的泄漏是可能的"，她在现场试验中曾用准确度 1% 的流量计检测到瞬时泄漏量为 0.5% 总流量的泄漏。因为测漏需要的不是绝对精度，是流量计的重复性指标，该指标决定了检漏的灵敏度，而重复性指标一般能达到精度的三分之一。进一步来说，对于流量计而言，这还与累积时间有关，累积时间越长，灵敏度越高。二是减少误报，通过"负压波 + 输差分析"两种方法的结合，对于减少误报大有帮助。三是消除盲区，单独依靠负压波时，由于定位误差，难以分清距离系统安装点（站点）很近（1km 以内）的泄漏或站内操作，很容易将距离站点很近的泄漏漏掉，而输差分析监测的就是两站间流量计的管段，因此没有这个缺点。

从泄漏监测的角度来说，推荐使用质量流量计，避免使用超声波流量计、靶式流量计和涡轮流量计。2004 年，常贵宁所在的集输总厂曾经在永安站进站处安装了一台美国康创超声波流量计，它是一种外夹式传感器，不用动火，安装方便，但是实践效果很差，采集的瞬时流量波动很大，甚至超过了 10%，使其数据失去对比意义。集输公司 101 油库到齐鲁石化炼油厂的原油管道，由于末端没有流量计，后期带压开孔安装了一台靶式流量计，结果也因误差和波动太大，形同虚设，失去意义。

因此，大量的实践验证，基于"负压波 + 输差分析"的输油管道泄漏监测系统逐渐被管道输送用户和一些设计单位特别是胜利设计院认可，成为输油管道泄漏监测系统的主流方法。

市场上一些系统宣称所谓"全自动""神经网络""无误报"等噱头，实践中应用效果并不理想，只是营销概念。到目前为之，实现全自动报警无误报和漏报的系统还没有见到，估计将来也不会出现。

在实际应用中正确的认识应该是，既应该让系统自动报警，又要有人分析排除误报和漏报，保证发出警报的准确性。运行中将系统自动报警灵敏度设置得尽量高一些，提醒监控人员进行分析，从而提高灵敏度，提高运行效果。

为了解决盗油第三阶段"细水长流"小流量泄漏的定位问题，他在孤岛 – 永安输油管道上引进了所谓“次声波测漏系统”“音波测漏系统”，并进行了放油试验，但是使用效果不理想。在孤岛到永安输油管道上做放油试验证明，它还不如负压波灵敏，只适合检测较大（瞬时泄漏量大于管道瞬时输量 5%）的突发性泄漏，定位误差与压力波法相当，没有多少实用价值。次声波测漏系统是北京化工大学林伟国教授的成果，开始由一家叫“中计新艺”的公司推广，自称依靠检测泄漏时产生的声波来实现泄漏定位，不需检测流量信号。关于这一点，清华大学王桂增教授曾明确地表示，不可能是次声波，他到过中科院声学所参观过次声波，其传感器比一间房子还大，薄膜也承受不了管道上的压力，其实质应该还是负压波的变种，测的是压力变化，但是应用效果较差。在胜利油田安装的 4 套系统以及在齐鲁石化装的 1 套系统都在两三年内停用。

这里提到北京化工大学林伟国教授的成果，我又想起 2019 年岁末，北京化工大学林伟国教授给我发送了他研究开发的“基于虚拟声波信号的管道泄漏监测技术”系列介绍材料。根据林国伟教授的介绍：基于虚拟声波的管道泄漏监测技术采用的是多检测技术信息融合的管道泄漏检测方法。该方法融合了负压波技术、声波技术和质量流量平衡技术。该方法的技术基础是泄漏引起介质流失反映在负压波、声波和流量信息上的本质特征，涉及的技术核心包括虚拟声波技术和基于流量信息的异常信号同源性检验技术。材料显示：目前共有 36 套声波泄漏监测系统在天津大港油田、东营胜利油田、中石油长庆油田、中石化巴陵石化、长岭炼化等地的天然气、原油、丁二烯、氯气、氢气、乙烯裂解料、石脑油等危化品输送管道上得到了应用。 近年来研发的基于虚拟声波的泄漏监测系统已有 27 套成功应用于实际管道，该套系统可同时监测管道发生的突变和缓变型泄漏。共申请管道安全相关发明专利 16 项，已获得 13 项授权，申请软件著作权 2 项，共发表管道检测相关领域论文 30 余篇（SCI、EI 收录）。“以强干扰工况下零漏报低误报为目标的管道泄漏诊断与定位技术”获得 2014 年度中国石油和化学工业联合会技术发明三等奖。在林教授提供的应用案例中，有一套安装在胜利油田纯梁采油厂小营站的系统。我认为虚拟仪表已经逐步在工业监测上流行了，这有可能成为今后监控技术发展的方向。2019 年 7 月我曾短暂在东营五色石测漏公司进行技术调研半个月，五色石公司也在纯梁采油厂小营站安装过五色石的监测系统，那么，这两者相比到底效果如何呢？到目前也没有一个人能说得清楚。只是认为五色石公司的泄漏监测技术更成熟一点，林伟国教授的虚拟声波的泄漏监测系统概念更新潮，是否能够真正识别泄漏监测特别是小流量泄漏监测仍然有待于更多的研究和试验，甚至其理论上的成熟度也还存在争议。

在管道泄漏监测上另外一个有争议的话题是音波法，令人惊异的是，全世界也只有中国的“音波法”研究者认为，它能够监测到几十公里长的管道。为了弄清楚这个问题，常贵宁曾经请南京大学微弱信号检测中心来东营搞过试验，由于埋地管道对音波的吸收，其衰减很快，在管道上拿榔头使劲敲击，500m 以外仪器就测不到信号了。所以，在城市自来水行业有一个工种就是“检漏工”，都是耳戴检漏仪在夜深人静的时候现场沿管道听漏水引起的泄漏声，有一种贴在管壁上的相关仪，两只探头的间距一般不能大于 300m。英国 Syrinix 公司有一种新型的声波阵列泄漏监测技术 TrunkMinder，它将传感器永久固定在管道上，据称最远监控距离可达 750m，最小可监测每小时 50L 的渗漏。

DTS，它是基于监测管道周围温度变化实现测漏，其技术原理是利用拉曼反射监测温度引起的波长变化，不适合监测海底管道和架空管道。由于它只是一条细线伴随管道，而泄漏在 360° 周围都有可能发生，从而会产生大概率的漏报情况，适合“管中管”结构的管道，在长输管道实践中应用案例很少，且价格昂贵，不推荐使用。

还有一种光纤测震技术，如廊坊管道局通信公司研发的光纤预警系统，通过监测管道周围环境的震动来监控管道，可以做到管道打孔盗油前预警，实践效果众说纷纭。据说，烟台港所建输油管道上安装的光纤测震系统，管道上动土、周围过车引起的振动都能报警，但是没有因打孔盗油成功报警的案例，而且也需要专门培训的分析员来排除误报。这种方法严格意义上不是测漏系统，而是一种安全监控系统。

2013 年青岛东黄输油管道 11 · 22 爆炸事故对油气管道行业产生了巨大的影响，事故过去 51 天后，国务院事故调查组公布了事故调查报告。报告中说的事故发生经过是：11 月 22 日 2 时 12 分，潍坊输油处调度中心通过数据采集与监视控制系统发现东黄输油管道黄岛油库出站压力从 4.56MPa 降至 4.52MPa，两次电话确认黄岛油库无操作因素后，判断管道泄漏；2 时 25 分，东黄输油管道紧急停泵停输。2 时 35 分，潍坊输油处调度中心通知青岛站关闭洋河阀室截断阀（洋河阀室距黄岛油库 24.5km，为下游距泄漏点最近的阀室）；3 时 20 分左右，截断阀关闭。

事故调查报告还提出了六点事故防范措施建议，其中第六条“加快安全保障技术研究，健全完善安全标准规范”中提到“要开展油气管道长周期运行、泄漏检测报警、泄漏处置和应急技术研究，提高油气管道安全保障能力。”对此建议，常贵宁认为不能苟同。泄漏监测系统在技术上是成熟的，它是控制泄漏的第一道防线，调查组对其重要性、有效性的认识并不到位。最重要的应该是在输油管道乃至液体危险化工介质管道大面积推广泄漏监控系统，而不是需要加大研究。

当时中国石化建设“智能化管道”，其主要内容是四项：生产运行数据上传、完整性管理、视频监控和地理信息系统建设，但是，内容中却对最应该建设的泄漏监测没有涉及，这无疑是一大遗憾。泄漏监测系统应该成为管道智能化建设的重要组成部分。

2016年3月1日，国家标准GB 32167—2015《油气输送管道完整性管理规范》正式实施。2016年10月，国家发改委、国家能源局等五部门联合颁布全面推行油气管道完整性管理。这是我国油气管道行业管理手段上的里程碑。常贵宁从2013年到2018年，抽调到新东辛输油管道建设完整性管理项目组，但是，他却感到很失望。他认为管道完整性管理是一种提高管道现代化管理水平的一种手段，是监控油气管道的行业管理部门的一个抓手，但却被某些专家学者包装成管道标准规范的汇总，成为没有任何实质性创新的花架子。

2013年，胜利集输总厂发生了“六九”事故，这次事件中，泄漏监测系统发挥了极其重要的作用。当时孤岛到永安段输油管道由于腐蚀发生大规模泄漏，泄漏点在黄河滩里，瞬时泄漏量达到了600m^3/h，系统报警后，调度立即打电话通知孤岛首站停泵，等站上真正停泵时共用时15min，就这15min的时间就泄漏了大量原油，如果没有系统，而靠巡线或路人发现报告，将会造成一场污染黄河的大事故，这是系统的一个非常成功的案例。但是由于从调度通知站上，再由站上通知岗位等一系列环节延误了停泵操作。为此，胜利集输又安装了一套紧急关断系统，系统硬件采用西门子S7-300 PLC，为了通讯可靠采用了局域网和3G无线网双回路，采用独立的UPS电池供电，信号也直接从现场一次表采集，遇到泵启停时系统会自动挂起，如果站内流量计检修或者发讯器故障时则需要值班人员人工挂起系统，系统会自动检测流量信号、网络信号、GPS校时信号和供电信号状态。如果状态灯是红色则意味着信号故障需要人工排查，这样可将误操作降到最低。该系统是一套安全系统，平时的管线安全管理还是依托于生产系统和泄漏监测系统，只有生产系统故障、调度联系不上站库职工时，这套安全系统才会作为最后一道防线来保护管线。

对于天然气管道的泄漏监测，包括对于含气的多相流管道来说都一样，尚处于研究探索之中，还没有一种公认的、成熟的技术和产品。美国ASI的音波测漏系统通过北京世纪华扬公司代理，曾经在西气东输管道一线工程建设时安装在镇江到上海段，实际上并没有取得多少效果。所以，西气东输二线、三线都没有推广使用。美国《Leak Detection Study》中写道：对于气体管道仍缺乏实用的推荐，AGA和气体技术协会都没有给出最佳实践，而且也没有相关的工业标准规定如仪表、安全仪器、流量计等。认为基于传感器的外监测方法比内监测法有更大的潜力。

清华大学王桂增教授曾经参加了国家的“八六三”计划研究天然气管道的泄漏监测，拿市场上能找到的各种所谓“音波”传感器在集输输气管道上做试验，想筛选出适用的传感器，结果令人失望。即使在传感器旁边放气，反应都不明显。2010年，在中国石化某科研项目中，北京某公司开发了一种“次声波”泄漏监测系统。其原理听起来很科学，所谓“当输油气管道发生泄漏的瞬间，管道压力平衡遭到破坏，造成系统流体弹性力量的释放，引起瞬间次声波振荡。在泄漏点次声波有很宽的频率范围，属于连续声发射信号，绝大多数是高频成分 175~750 kHz。泄漏次声波信号在传播的过程中，信号中的高频成分在管道介质的传播中迅速衰减，低频信号能够远距离传播。在本系统中，沿管道及管道内的流体传播的次声波包含有关泄漏的信息，由于管道的波导作用，它能够传播数十公里以上的较远距离。根据实际情况，安装传感器的位置点通常可以从 1 km 到 100 km”。该系统在集输公司所属孤岛压气站到埕岛站管道上试验，在项目评定验收时还获得了奖。但是在随后几年现场应用中，其数据都是通过无线网直接传到北京公司，现场电脑上没有任何数据，项目鉴定后就没管了，系统也瘫痪了。这说明关于“次声波”的研究开发还远没有达到可以实用的程度。

目前在输气管道上普遍采用的是依靠压降速率超过设定值自动关闭干线切断阀来应对突发大泄漏，如西气东输管道设成 0.15MPa/min，每年春秋还要做关键阀门动作检测，检验阀门的性能。实际上，这种方法并不可靠。因为泄漏引起的压降反应很慢，而造成压降的原因很多，很可能会造成误动作。

因此，基本的液体管道泄漏监测系统虽然技术比较成熟，但是仍然离不开人与系统的配合，需要不断维护和定期地鉴定试验。一些花里胡哨的所谓新方法大部分是一些概念性炒作，切不可被仅凭听起来有多么合理所蒙蔽，务必要有严肃而合乎逻辑的理论分析和实践的验证。

6. 管道泄漏监测的未来

管道泄漏检测系统从最初研发到现在，在我国已经走过将近 30 年的历程。常贵宁也到了将要从胜利油田工作岗位退休的年龄，回首往事，他的工作生涯主要时间段都在学习、研究开发、思考管道泄漏系统的监测技术。当初主要目的是为了防止不法分子盗油，而随着社会环境的变化，盗油现象在中国已经逐步趋于沉寂，而管道因为腐蚀、应力、其他意外等导致的开裂、穿孔泄漏却不会消失。管道泄漏监测必须随之改进更新，以适应新的需求。

由于长输管道在设计上普遍采用了超声波流量计，导致已建的泄漏监测系统普遍应用效果不好。对于一些没有安装流量计的已建输油管道和大口径输油管道，后期再安装流量计的成本很高，难度很大。为了解决这个问题，常贵宁的想法是：分别在管道首末端安装小口径的副管，副管上安装一台流量计，副管引出点在管道纵断面的中部侧面，管道沿线各站安装副管尺寸及流量计完全相同。此设计已经申请了国家专利。

至于流量计的种类，可选用容积式流量计和质量流量计，推荐使用质量流量计。因为质量流量计在监测管道质量流量的同时还测量了密度、温度，同时实现了顺序输送管道混油界面跟踪，一机三用。

根据管道输送原理，副管流量跟管道总流量成正比。在管道运行正常时，首末端两台副管流量计应该相等，或相差一稳定的输差，可通过调整流量系数来消除。如果管道发生泄漏，则上下游两台流量计瞬时流量自然会出现差值，一旦超过预设的阈值，系统就会自动报警，再用负压波法进行泄漏点定位。有一种情况，当管道一端的输送介质的密度发生变化时，上下游的两台流量计间也会产生质量输差，但是体积输差不变。

基于副管流量的输油管道泄漏监测系统由两部分组成：副管和流量计。在管道侧面中间点水平方向开两个孔，孔径跟副管内径相同，焊接引管，安装两只阀门和一台流量计，副管和流量计口径可为主管线的 1/5~1/10，一般为 100mm 左右。

通过副管流量来监测管道泄漏，不仅解决了老管道和大口径管道后期安装流量计的难题，大大降低了安装成本，也减少了流量计引起的摩阻损失，降低了运行成本，对于在大口径危险液体管道上普及泄漏监测系统具有重要的意义。

《Leak Detection Study》是美国 PHMSA 向美国国会提交的有关石油天然气长输管线泄漏监测技术现状的报告。常贵宁认为这个报告的观点其实既是管道泄漏监测技术发展现状的总结，也是对发展方向的一种预判。因此，作为管道检测技术探索史，我们有必要在这里对该报告结论作一简要的摘录和整理。

根据美国《管道安全法》《可靠性管理》及 2011 年的《就业促进法》要求，PHMSA 需要给国会报告危险液体管线及附属设施的泄漏监测系统 LDS 的使用情况。报告调查了 LDS 供应商 12 家，其中测漏系统软件 CPM 4 家、音波和压力波分析 4 家、光纤 2 家、烃传感器 2 家、热成像 2 家，其中有 2 家开发多种技术；调查了 19 家业主或用户家公司，其中液体管线公司 9 家、长输气体管线公司 5 家、配气管线公司 5 家。

美国自从 1999 年 7 月 6 日开始，根据 49 CFR 195 DOT-OPS 要求所有的危险液体管线业主参照 API 1130 及其他信息使用 CPM，底线是也要使用基于输差原理的连续测漏系统。对于输气管线则没有要求安装任何形式的测漏系统，因此，输气管线基本没有安装 LDS。美国 EPA 监管危险液体储存容器的泄漏监测，1990 年 3 月颁布的标准 EPA/530/UST-90/010 涵盖了管线的泄漏监测系统。

2001~2011 年，美国液体管线（总长 148622 英里，约 24 万公里）发生了 201 次大泄漏事故（发生在高后果地区和泄漏量超过 1000 加仑），损失 17 亿美元；气体管线（总长 301896 英里，约 48.6 万公里）损失 19 亿美元，死 165 人，伤 680 人。从

2011 年 1 月 1 日 ~2012 年 7 月 7 日，液体管道泄漏中，17% 是控制室人员发出报警的，巡线发现的泄漏数量比控制人员发现得多，第三方公众人员发现的比巡线人员多。CPM 报 17 次（占总数 86 次泄漏的 20%），SCAD 系统发现 43 次（占 152 次泄漏的 28%），他们都不如巡线人员或公众报告得多。一些较大泄漏被监控人员疏忽。气体长输管道泄漏中，16% 是控制室人员发出报警的，而配气管道，仅有 1% 是控制室人员发出报警的。

对于误报警问题，报告指出：所有 LDS 都会产生误报警，原因很简单，因为 LDS 是对某一可能非泄漏的物理现象报警。可是用户对此不感兴趣，他们只想知道那是不是泄漏。这使得 LDS 很独特——任何工业自动化的其他经常产生误报警的技术都不会长期存在。这也是技术局限，因为今天广泛使用的 LDS 依靠压力或流量监测，可能会有测量误差或瞬态操作。仅仅当传感器覆盖所有管壁，而且只对管内介质敏感才有可能做到零误报。目前对技术过于重视了，希望 LDS 提供自动报警，是或者非，具有 6E 可靠性。但是 LDS 是靠异常压力或输差报警，其原因除了泄漏还有其他多种原因。

LDS 是严重依赖工程师的系统，同一技术用在不同的管线上也会产生很大不同的效果。即使简单的技术，应用得当，也会产生很好的效果。LDS 是一个系统，应该包括三个要素：人员、程序和技术，出色的监控人员、可靠的技术和程序，缺一不可。任何一个环节失败都会造成整个系统失效。而即使简单的技术，配以高技能的人员和设计良好的程序，也会取得很好的效果。人员和程序与技术一样重要。程序应该是：发生泄漏—报警—核实确认—停输。操作人员经常是系统中最薄弱的环节，在 49 CFR 195.446 控制室管理标准中强调了控制室的关键部分。很大一部分损失不是由于 LDS 没报警，而且由于控制人员没有正确反应及行动。当然部分原因是“误报警”，控制人员要检查引起报警的原因：现场操作没有通知控制室；仪表维护或故障；阀门或泵操作没通知控制室；SCADA、通信故障。

对于技术指标，报告认为：LDS 没有适用所有管线的性能指标，特别是 CPM，软件、组态、参数设置等都会影响结果，且不可预测。指标间也会互相冲突，如要追求灵敏度，则会带来误报。报告避免对不同的方法给出量化的性能指标，认为这会产生误导，只是在一处谈到 LDS 可监测到流量 1% 以上的泄漏。

中国的 LDS 从技术原理方法上来说跟美国没有区别，在输气管线上国内目前的研究热点次声波测漏技术在美国并没有多少应用，也没有被广泛认可。报告对于技术指标的认识与国内用户有很大不同，认为难以有统一的指标，为了避免误导用户，报告避免给出具体的指标。报告也没有给出用户怎么选择一套有效的 LDS，也没有对 LDS 未来发展方向给出建议。

由于泄漏是极小概率事件，随着管理的日益完善和经济条件的提高，盗油及泄漏事件会逐渐减少，回到一种正常的概率，一年也发生不了几次。这种新的形势给测漏系统的有效使用又带来新的问题，在泄漏时有发生的时候监控人员会非常警惕，而到了报警时有而泄漏却极少发生时，监控人员处于日复一日平安无事的情况下，就会处于一种麻痹大意的状态，而一旦发生真正的泄漏则很可能漏掉。这是目前泄漏监测系统存在的最大问题。

这个问题不但在中国存在，就是在世界上头号强国美国也是如此。如 Anthony Swift from NRDC 在 2012 说：20 次泄漏里 LDS 发挥作用的才 1 次。如何解决这一误报和漏报问题，真正使系统能够长期可靠运行？需要我们测漏工作者不断探索。

测漏系统的发展方向，应该朝着两个方向发展：一是向 SIS 方向发展，就是有更高的可靠性，从硬件上要追求更高的可靠性，通信上采取双回路，从软件上向智能化方向发展，坚决避免大泄漏误报，做到小泄漏提醒；二是跟日常生产管理融合，用于日常生产工艺参数趋势分析、输油效率分析等，避免系统处于故障状态而不自知。从厂家的角度来说，要成为测漏系统的专家，成为管道运行状态分析的专家，成为泄漏发生后的又一道防线。

多大的泄漏都有可能发生，常贵宁曾见过最小的泄漏，现场管道上发现有漏油，挖出来后因管道已停输在管道上都找不到漏点，开泵后才看见管道上有一个像针眼那么小的腐蚀砂眼。泄漏量超过了管输量 100% 的一个泄漏是桩西采油厂一条玻璃钢集输管道，管道被破坏切断了，不但管道上游的油泄漏，管道下游的油倒流也泄漏了，这次测漏系统成功报警，成为一次成功案例。

泄漏监测的前景路在何方？这是常贵宁时时在想的一个问题。从市场前景来说，泄漏将与人类共存，甚至随着社会的发展、经济条件的提高，人们对安全、环境的要求也会越来越高，泄漏监控的市场也会越大，不会存在市场问题，关键是技术发展方向在哪里？常贵宁的信念是：早晚有一天，技术的发展会使管道外壁覆盖上一层类似于人的皮肤一样的智能层，能够随时感知管道本体和周围环境的变化，发现泄漏就像人出血一样大脑随时会感觉到“疼”。但是即使发展到那一天，现在这种基于压力、温度、流量等工艺参数的分析依然不会消失，因为这是管道运行的基本参数，它除了用于测漏，更重要的是反应管道的运行状态，是指挥生产的重要依据。

早晨起来，我又将这几天整理的有关常贵宁在管道泄漏监测系统探索上的经历梳理了一遍。脑子里突然冒出一个念头：为什么常贵宁能够二十年如一日地坚守在泄漏监测开发这个阵地上？作为 20 世纪 90 年代初的大学毕业生，他面临的选择其实非常有限，一些关键的岗位或让人羡慕的职业已经被那群 80 年代毕业的“天子骄子”们占去。留给他们的多是重复性的日常工作与渺茫的前景，与他们曾经的校园梦想有天壤之别。所以，多数人终其一生生活在他的师哥师姐们的阴影之下，尽管读了很多书也不见得会过好一生，有的一直在虚无的梦幻与现实的焦虑中未能觉醒，即便是觉醒了还是难改已经养成的慵懒习性，浑浑噩噩一辈子。长久以来的事儿，都积成堆了，一座山似的，望而生畏，觉醒了又如何？自我革命、第二次革命、涅槃重生等概念在这一代大学毕业生的脑海反复出现过，但是最终更多地都成了虚构。人需要跟已经养成的慵懒习性及以往决裂，这很少有人能做到，因而绝大多数人即使觉悟了，也会因此而耽搁一生。常贵宁作为一个没有任何背景的青年人，在大学毕业的最初十年，也几乎走了一段与那个时代的多数大学毕业生相似的道路。但是他却在进入 21 世纪的前夜觉醒，并涅槃重生。

他在庚子新年，那个新冠病毒肺炎肆虐的时刻，回忆自己近二十年经历时不无感慨地写道：

二十年前的今天，绝对没有想到会走到今天。我感觉自己是无比幸运的，在国家需要的时候恰巧能为社会作出一点贡献。试想如果当初跟天大合作，跟北大合作，都不会是现在这样；如果清华不是偶然失败我也没有机会；如果没有遇到雷老师；如果不是刘吉东科长；如果不是那两次甚至顺序都不能颠倒的成功抓获偷油车…都不会有今天的成果。我要感谢上天！

机遇固然重要，但是如果没有觉醒的配合，你又怎么能感觉到机遇的降临呢？俗话说，天之生物，皆有天赋之性，这天赋之性于人而言，就是想好好地活着、比其他人活得更好一点；更深层的天赋之性就是期望把优秀基因传承下去。这是人之为人的原动力，也是文化的源动力。再窝囊的人，骨子里也都是要好的。所以，人在灵魂深处暗藏着自我觉醒乃至自我革命的密码。只是有的人意识到并将其激活了，有的则很少意识到或没有激活这个密码。常贵宁为什么能够成功地实现自我觉醒呢？或许，我们接着再看一段他在这个庚子新年之际写的回忆就知道了答案。

在幸运之余，也感到几分遗憾，就是技术上没有什么实质性的创新，这成了我的又一心病，始终耿耿于怀；公司的发展也非常有限，对社会作出了一点点贡献，但远不能令人满意。如今，历史又掀开了新的一页，国家管网公司于 2019 年 12 月 5 日挂牌成立。希望在未来的 20 年，油气管道的泄漏监测技术有新发展，系统能够真正为生产发挥作用，减少泄漏及其危害，保卫我们人类赖以生存的蓝天、碧水、黄土。

路漫漫其修远兮，吾将上下而求索！

第21章 李英杰成就的中国安耐捷系列检测仪器

当人类进入公元后第二个千禧年之时，中国油气管道输送业随着中国经济每年两位数的持续增长步入大发展时期，与之相随的管道检测评价技术等咨询服务业则进入向西方学习的鼎盛时期，不仅西方发达国家的各种先进检测仪器进入中国市场，国外的管道检测机构也纷纷进入中国抢占管道检测技术服务市场。

这一年，毕业于美国堪萨斯州立大学机械工程博士，曾先后在美国ABS公司、J P KENNY公司以及DORIS公司担任过工程专家，1999年创办了自己的YJ高科设备国际公司的四川人李英杰，却放弃在美国的工作与生活，告别在惠普公司工作的妻子，决心回国干一番事业。他经过再三考虑之后，于2000年6月带着产品和技术毅然地回国创业，于9月正式成立了武汉安耐捷科技工程有限公司，主要从事管道安全检测和相关设备研发。当时条件有限，公司成立之初在政府提供的武汉梨园东亭的十多平方米的房间里办公，但是对所有创业者来说，永远告诉自己的一句话是：从创业的第一天起，你每天要面对的是困难和失败，而不是成功，我最困难的时候还没有到！也许，正因为他们心里总是准备着要迎接最困难的一天的到来，他们每天如履薄冰，砥砺前行，他们的脚步反而迈得相对稳健，获得了持续的发展。图21-1为李英杰2002年在深圳深南大道检测的场景。

记得2004年秋天，我去武汉华中科技大学就我们承担的一项中国石化集团公司的科研课题商讨协作方式。记不清楚是从一份报纸还是杂志的宣传上得知武汉安耐捷开展埋地管道地面检测及代理国外检测仪器的消息，就决定利用与华中科大商议间隙，参观武汉安耐捷公司，经过反复与李英杰电话确认，才在一个当时不是很知名的

图 21-1　李英杰博士 2002 年在深圳深南大道检测现场

地方，找到了位于武汉市东湖高新区佳园路 2 号华光大厦的安耐捷公司。在楼内几间装饰简陋的办公室内，却聚集了十余个对中国管道检测技术未来充满希望的安耐捷的创业者，他们热情、执着的理念使我深受感染。当听了李英杰博士的介绍以及看了贾向炜副经理用 C 扫描开展荆门石化输油管道检测项目的照片后，我就决定购买这款检测仪器。不为别的，就为这款仪器看上去比较“高大上”的数值处理方式以及在荆门石化的具体应用成果。在当时，正好油田拨付给我们胜利腐蚀与防护研究所用于建设现场防腐中试基地的资金尚有几十万元的结余，所以这台进口检测仪器的购置协议很快就敲定了。C 扫描购置是我们与安耐捷公司最主要的一次合作，也成为我关注安耐捷及其城镇燃气检测技术发展的契机，直至今天，我仍然认为武汉安耐捷是考察中国城镇燃气检测技术发展的一个重要窗口。

“作为一个中国人、一名留学科研人员，我希望利用自己所学，引进国外先进产品和技术，带回先进的理念，促进国内相关行业的发展，更好地为祖国服务。”20 年来，李英杰一刻也没有忘记他当初回国时的誓言。一年中，他有 200 多天都奔波在市场一线，工作几乎是他的全部。员工从几个人到数百人，办公场地越来越大，办公环境也越来越好，唯一不变的是李英杰的工作习惯，进入办公室最早，离开工作区最晚。功夫不负有心人，武汉安耐捷公司在李英杰博士的带领下，经过 20 年的努力，成就了中国燃气管道领域最具专业特色的管道与燃气泄漏检测及微孔开挖仪器系列。

1. 从四处碰壁到广受欢迎的车载 OMD 系统

根据武汉安耐捷公司曾岳梅工程师给我提供的安耐捷发展史料，早在 2000 年，李英杰就引进了国外先进产品——美国汉斯车载式 OMD 光学甲烷检测仪（如图 21-2 所示）。它是美国汉斯公司与美国燃气研究院合作，经过 11 年研制、开发出来的车载式燃气管网泄漏巡检设备；它是近代光学理论、光学技术在燃气泄漏检测领域的一次重大革命，通过利用光学和电学技术可快速、准确、高效地检测空气中甲烷的含量，曾被世界权威管道杂志“Pipeline & Gas Journal”评为将对 21 世纪世界管道业产生重大影响的 21 项尖端技术之一。在相同环境条件下进行实验，发现与 2000 年泵吸式激光检测方法相比，该系统检测效率提高了至少 50%。当车速达 40km/h，其灵密度可达 0.1ppm/m；其环境适应能力很强，运行温度在 -30~50℃内均可正常使用。

但是，这款检测设备在当初并没有得到国内市场的积极响应。原因在于当时我国安全文化相对落后，安全风险意识淡漠；安全科技储备、事故防范能力和应急抢救能力不足；安全管理水平、职业安全技术培训和安全知识还不普及。面对这样的安全生产现状，李英杰深知还需要长期努力才会有根本性的转变。为了推广产品，他做起了推销员，带着仪器设备天南地北一家一家上门演示与讲解，与客户面对面沟通，了解客户需求。尽管每次推销都抱着谦卑、虚心、谨慎、真诚的态度，但是在推广过程中还是会遇到冷冰冰的拒绝，四处碰壁，心里非常难受。李嘉诚曾经说过“我一生最好的经商锻炼是做推销员，这是我用 10 亿元也买不来的。”推销员最大的特点就在于百折不挠，这也是所有成功者的共同的特性。百折不挠的毅力使李英杰的团队在一年之内成功卖出了数十台车载式 OMD 光学甲烷检测仪。

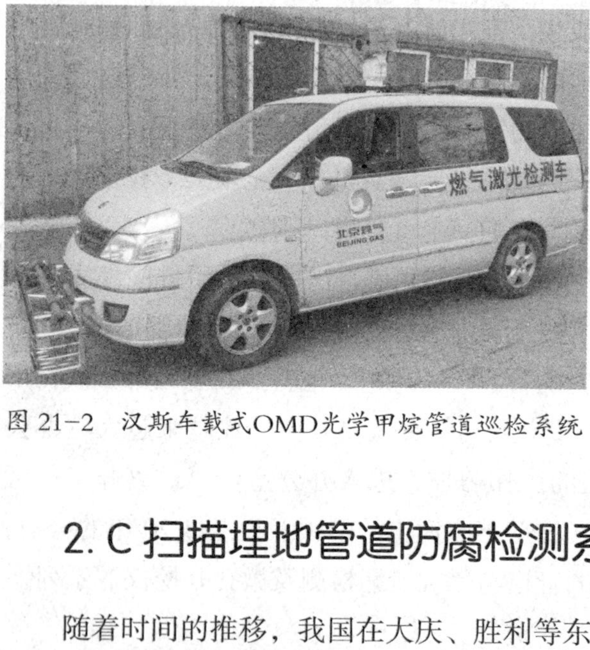

图 21-2　汉斯车载式OMD光学甲烷管道巡检系统

因为车载式 OMD 光学甲烷管道巡检系统具有的巨大优势，加上李英杰不懈地宣传、努力，很快受到国内企业的青睐与赞许，京沪等全国 28 个城市的主要燃气公司最先配备上车载式 OMD 光学甲烷管道巡检系统。

2. C 扫描埋地管道防腐检测系统

随着时间的推移，我国在大庆、胜利等东部油田建设时期形成的第 1 个管道建设高潮建成的管道陆续进入事故多发期；随着新疆、塔里木、吐哈、四川和长庆等西部油气田的开发及 20 世纪 90 年代开始的全国性长输油气管道的建设，管道在国民经济中的重要地位日渐凸显，管道安全成为重要的安全议题。围绕管道检测的技术服务业企业从 20 世纪末在我国不断涌现，以英国雷迪为代表的管道检测仪纷纷涌进国内市场。但是，无论是以雷迪系列检测仪为代表的国外仪器，还是以江苏海安智能仪器厂为代表的国产管道检测仪，其自动化程度、数据及时处理性能、综合图表功能等均存在一些不足。

与其他同类的探测器相比：C 扫描的探测器却有六根呈垂直分布的天线，探测精度不受探测器与管道的相对姿态影响，进一步提高了检测精度。城市管道的检测经常遇到诸如高压电信号的干扰，C 扫描具有自动识别假信号并即时提示的功能。某些管道的防腐层破损点会被环境屏蔽起来，但 C 扫描可解决这一难题。C 扫描的抗干扰能力强，其信号选择了纯正弦波，避免谐波产生，避开了常见的干扰源，使得所受干扰降到最低，可在主 AC 电流场合工作而不受直流阴极保护系统的余波影响；扫描的读数是 6 秒钟内 200 次测量的平均值，这大大消除了瞬间干扰，降低了误测率；由于采用了直观的电流对数衰减率平均值以及分段搜索测量来探测防腐层有破坏点的位置，大大提高了检测速度。

李英杰博士深入分析了国内现有埋地管道地面检测仪器的特点以后，又对国外同类仪器做了对比研究，他发现英国戴娜公司的 C 扫描埋地管道防腐检测系统可以弥补国内检测仪器方面的不足。2002 年公司就正式引进了英国戴娜公司的 C 扫描埋地管道防腐检测系统，用于埋地管线防腐层检测、阴极保护检测、管道立体定位系统。

该系统采用正弦波衰减法探测埋地管线位置和深度，它在管线上方可探测至下方 10m 深度（有时甚至达到 15m 深度）；可“非接触”检测管道防腐层状况，如公路、水泥、沙漠、烂泥、庄稼地、冰、沼泽、河流和湖面等（图 21–3 为 2011 年 7 月在昆山利通高压管道穿越吴淞江水域检测现场）；可显示任意长距离两点之间的防腐层平均状况；存储和分析全部的检测数据，利用内置 GPS 位置坐标可打印报告、曲线和地图；可“近间距”检测出单个防腐层缺陷点位置，以便开挖和修复。

图 21–3　检测河底管道现场

C 扫描埋地管道防腐检测系统在国内推广不久，2002 年公司与深圳燃气合作，采用 C 扫描埋地管道防腐检测系统和 DCVG 技术对其所属的深南大道等市政中压 20km 埋地钢质燃气管道进行腐蚀检测，通过直流检测与交流检测两种互补的检测技术的结合，防腐层破损点定位准确率达到 95% 以上，破损程度、腐蚀状况判断准确率达 100%。

2005 年，公司参与广州市煤气公司（现在叫广州燃气集团）的地下燃气钢质管网安全评估体系研究项目，该项目首先通过收集国家有关法律、法规、标准、地下燃气管道资料，结合管网自身工况和历史资料，建立燃气管网风险影响因素集；根据风险影响因素的特点，对各个风险因素进行分类，确定参数的取值范围，并计算参数的权重系数，确立城市埋地管网评价参数体系。针对这个研究课题，武汉安耐捷当时提出的具体研究内容主要聚焦在以下几个方面：

结合华南酸性土壤作用下管道腐蚀机理、规律，进行燃气管网事故易发性分析评定；考虑时间因素、设备更新、周边人口密度变化等参数建立管道失效类型与事故后果模型；依据风险等级，确定可接受风险水平，建立基于动态风险的预警机制；最后基于理论开发一套埋地钢质燃气管道安全评估软件，并推广应用。2006 年武汉安耐捷科技工程有限公司采用 C 扫描等仪器对广州煤气公司的广州市广州大道、东风大道等约 300km 中压燃气管道进行了全面防腐检测，获取了管道防腐层电阻率数据、土壤腐蚀性数据、杂散电流数据和管地电位数据，在广州市煤气公司计算机中心的配合下，成功地完成了检测数据、调查数据与 GIS 关联的工作，成功地建立了 300km 管道风险评估数据库，并用自主研发的埋地钢质燃气管道安全评估软件进行评估，顺利地完成了目标管道风险评估，并获得业界的高度认可。2006 年 6 月 3 日的《中国技术市场报》第 8 版曾以"攻克不可能完成的任务"为题，报道了破解煤气管道安全技术难题的办法，其中就重点提到了安耐捷的 C 扫描埋地管道腐蚀与防护状况检测系统（见图 21-4）。

每周二、五出版
邮发代号：5—8
国内统一刊号：CN12—0020
http://www.ctmn.cn
E-mail:zjbcn@sohu.com

中国技术市场报

CHINA TECHNOLOGY MARKET NEWS

攻克"不可能完成的任务"

广州征召"外援"破题煤气管道安全

图 21-4　2006 年 6 月 3 日的《中国技术市场报》第 8 版截图

2008 年，武汉安耐捷科技工程有限公司受上海天然气管网有限公司委托，对约 103km 管道进行腐蚀与防护状况检测与安全评估。该管道大部分敷设环境为绿化带、沼泽地、城镇马路边，有些管道穿越公路、沟渠和水塘，有些管道平行、交叉，还存在高压电线、地下电缆、变压器等干扰源，现场检测环境较为困难。技术人员以 C 扫描埋地管道防腐检测系统为主，DCVG 防腐检测仪为辅，重点对穿越管段进行外防腐检测，通过埋地钢质管道风险评估软件的接口将检测结果下载到计算机中生成文件，作为管网风险评估的重要数据之一。李英杰带领团队在检测过程中克服了野外作业的重重困难，又攻克了多项腐蚀与防护状况检测技术难题，最终顺利圆满完成了客户提出的各项检测任务，并得到了项目验收专家们的高度认可。

2011 年，李英杰及其团队使用 C 扫描埋地管道防腐检测系统等检测设备完成了杭州市燃气集团 311km 中压燃气管道的防腐检测，主要检测内容包含防腐层绝缘电阻、防腐层破损点、氧化还原电位、杂散电流、牺牲阳极保护电位、土壤酸碱度、土壤电阻率、管道腐蚀速率。按照国家标准要求抽取部分检测点进行微孔开挖验证，检测准确性远高于标准要求水平。同时，公司软件研发部经理马志带领部门员工经历 3 年，克服了各种难题，成功开发了一套中压 A 燃气埋地钢质管网安全风险评估系统。2014 年初，杭州市中压 A 燃气埋地钢质管网安全风险评估系统正式开始试运行，12 月底，在杭州市燃气集团有限公司总部举行了项目验收会，会上验收专家们赞扬了安耐捷公司防腐检测设备先进，检测技术一流，系统试用期间运行良好，提高了管网安全性，该系统在杭州天然气集团公司管道安全管理、抢修维修工作中发挥巨大作用。

基于 C 扫描埋地管道防腐检测系统在埋地钢质管道防腐检测中具有的明显优势，再加上李英杰一直坚持在前线带领团队全国各地作推广，截至 2019 年底，公司共计完成管道防腐检测项目 600 余项，涉及广州燃气集团、贵州燃气集团、杭州中燃、四川华润万通燃气、四川华润万通燃气、长沙新奥燃气、晋城市煤气开发利用中心等数十家公司燃气管网检测与安全评价。

3. 地下 PE 管线的探测实践

PE 管又称聚乙烯管，具有抗腐蚀性、可熔接性、柔韧性好等特性，故其在燃气管网的应用非常广泛。但是，PE 管的标识和示踪线等经常遭到破坏，且强度低，现场施工图纸资料不详甚至缺失，在市政施工建设当中因其位置不确定，常遭到第三方破坏，导致燃气泄漏爆炸事故。因此，经常需要对 PE 管进行探测。然而，PE 管因其不导电性、不导磁性造成 PE 管道的定位难度大，所以需要对 PE 管探测做专门的研究。

结合安耐捷与国际管道检测技术市场密切结合的优势，他们仍然走了先引进、再消化吸收的路子。2011 年，公司引进美国杰恩公司与美国燃气研究院联合开发的声学管道探测技术（集成式）用于探测埋地 PE 管道。其发射器发射一束短声波脉冲到地面（见图 21–5），从任何不连续或带有不匹配声波阻抗中反射回声波，其中固体和气体（如天然气管道里面）的接触面其反射系数为 100%，土壤与通用管道外或岩石接触面的反射系数均较低，接收器接收到表面波和管道反射波，通过扫描数据形成声波图像。

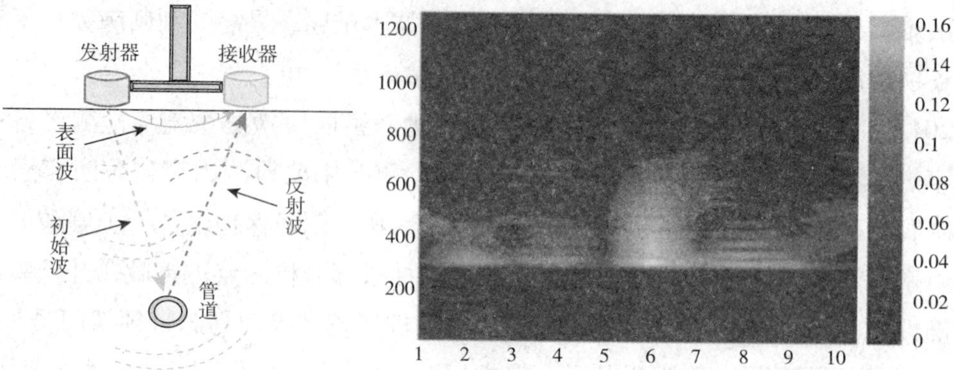

图 21-5 声学定位法

声学管道定位探测技术不需要与管道连接即可进行准确定位，可在沥青路面、混凝土路面、泥土路面、碎石路面等复杂地面状况下使用；不会受到电场或架空电力系统的干扰；能排除树根、岩石和其他地下隐藏物质对探测造成的影响。因该技术能快速、准确、方便地对埋地 PE 管进行定位探测，在国内推广不久就在业界引起小轰动，引进至今 APL 声学管道定位仪受到了国内很多企业青睐，如哈尔滨中庆燃气有限责任公司、成都华润燃气工程有限公司、株洲市规划设计院、北京同创达勘测有限公司威海市燃气热力管理处、天津欧立科机电设备有限公司、重庆市勘测院、北京市燃气集团有限责任公司特种设备检验所、温州市管道燃气有限公司等。

为了提高检测工作效率，降低检测时检测人员的工作强度，公司仪器部发明了 APL 声学管道定位手推车，并成功申请了专利，如图 21-6 所示。

2017 年，公司又引进声波振动式 PE 管道探测技术（分体式），该技术是音频驱动器通过连接管道放散阀、调压箱内部等，向管道内发射特定的复合声波信号，带动管道内气体振动，使信号沿管道向远端传播，地面接收装置通过接收管道内声波信号的强弱来定位管线的位置及走向，如图 21-7 所示。

图 21-6 APL 声学管道定位手推车

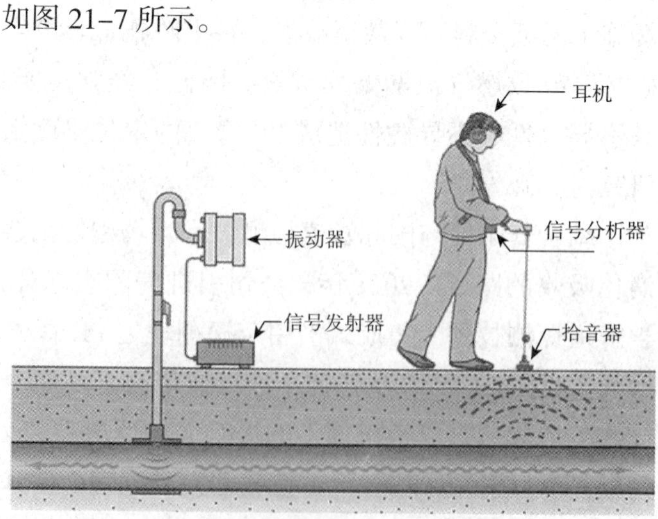

图 21-7 声波振动式 PE 管道探测原理图

声学管道探测技术（集成式）与声波振动式 PE 管道探测技术（分体式）相互结合，在一定程度上形成互补探测，使得埋地 PE 管探测技术更加完善、准确、可靠。公司先后帮助海南文昌中油国泰燃气有限公司、四川省安源科技有限责任公司、长乐华润燃气有限公司、霍山中燃城市燃气发展有限公司等几十家国内企业解决了埋地 PE 管定位探测难题。

4. 微孔开挖及修复技术的探索

微孔开挖及修复技术出现于 30 年前，最早是采用微孔开挖技术进行复杂地下管线的探测，近 10 年来微孔修复技术也得到了很大的发展和成功应用。目前在美国等发达国家，微孔开挖修复技术已被市政公司广泛采用，成为一种成熟的、常用的、安全的而且高效的施工方法。

修复管道防腐层破损点或者增加牺牲阳极都需要对管道上方路面进行开挖，由于管道埋在 0.9m 的市政道路下面，根据传统的管道修复办法，需要开挖约 $6m^2$ 的市政道路路面，以及几立方的泥土。这种开挖方法通常需要围蔽 1~1.5 条车道，造成道路拥挤，同时泥土的堆积也造成了一定的环境影响。

2002 年安耐捷公司就引进了微孔开挖及修复技术，当时该技术在国内的应用和研究还很少，几乎处于起步阶段。微孔开挖修复系统是以燃油（柴油）空压机为动力源，钻芯机、真空机为主要开挖设备的系统，系统由运输车、空压机、真空机、手提钻、钻芯机、气铲（喷枪）、小气钻及操作杆、抛光机及操作杆、反光镜及加长杆、夯实机和一些辅助工具组成。微孔开挖技术施工费用较少，道路损坏小，且道路修复费用可忽略不计，对环境和道路交通及市民的负面影响极小。

2008 年，公司再次与广州燃气集团有限公司合作，承担“广州市天然气管道微孔开挖修复系统的研究与开发”项目，主要进行了以下几个方面的研究：引进关键基础设备，进行管道路面开孔技术实验研究；进行泥土真空挖掘技术研究；进行路面修复技术研究；进行管道防腐层修复及牺牲阳极安装专用机具研制。

在对沥青路面和水泥混凝土路面养护维修以及路面地下管道设施的维修施工中，第一个也是比较关键的一道工序是对路面板进行切割开挖。目前，在国内普遍使用的方法有冲击器破碎、锯片切割、重锤砸板等。这些方法不仅产生无法忍受的噪声以及尘土飞扬，而且冲击器破碎、重锤砸板对开挖范围外的路面以及开挖区域内的地下管道设施带来较大的危害；锯片切割操作方便，可根据施工需要切割开挖出不同的形状和面积，但锯片切割机由于其设备和锯片刀具直径的限制，一般切割深度在 200mm 以内，而国内路面的厚度大都在 200mm 以上，锯片切割不能切开整个厚度的路面，切割后仍需气锤或电锤进行破碎。

近几年来，出现了高压水介质路面切割的方法，但由于其设备系统复杂、价格较贵，且高压水介质压力较高，对地下管道设施有较大的破坏性，加之户外施工水源不便及其他方面的原因，高压水路面切割在某种程度上受到了一定的限制。

为了适应国内不同强度路面的切割钻孔，从根本上解决钻机存在的问题，经多方讨论研究决定，安耐捷公司对钻机实行改造，具体方案是：

（1）将悬臂二导柱式改为四导柱固定式，防止钻孔时扭转；

（2）增加钻机的重量，防止钻孔时钻机被顶起；

（3）改变丝杆位置，加大进给丝杆的直径；

（4）增加钻机调平仪，确保钻孔时钻机基座水平，钻头竖直向下，避免卡钻现象。图 21-8 是钻机改造前后的对比图。

(a) 改造前的钻机　　(b) 改造后的钻机

图 21-8　钻机的二次研发

改造后的钻机外形尺寸仅为 1350mm × 850mm × 1500mm，质量为 690kg，功率达到 15 马力，钻孔直径为 ϕ460mm~ϕ500mm，最大钻孔深度可以达到 550mm。

改造后的钻机解决了原钻机翻转和被顶起的现象，钻机停放平稳，无振动，进钻速度快；钻遇含有较多鹅卵石或钢筋的较高强度水泥混凝土路面，其平均速度为 10.5mm/min，钻一般的沥青路面和水泥混凝土路面，其平均速度可达 20mm/min。钻切后孔周边路面无松动和损坏现象，为后续路面恢复创造了良好的条件。而钻机上的钻头是路面的切割刀具，属消耗品，全靠国外进口不仅成本高而且时间长，影响开挖工作的进展；再者，进口钻头在钻较高硬度的路面时显得强度有点薄弱，钻头易产生变形，使连接轴颈与钻头筒身不同轴（呈夹角状态），造成报废，大大地缩短了钻头的使用寿命。

为了解决这些难题，同时也为了使钻头国产化，安耐捷公司收集了大量的国内外钻头资料，并联合国内有实力的矿山钻头生产厂家，共同研制出了适合国内各种路面钻切的金刚石薄壁筒钻头。

图 21–9 是进口钻头和改进后国产钻头的结构图。

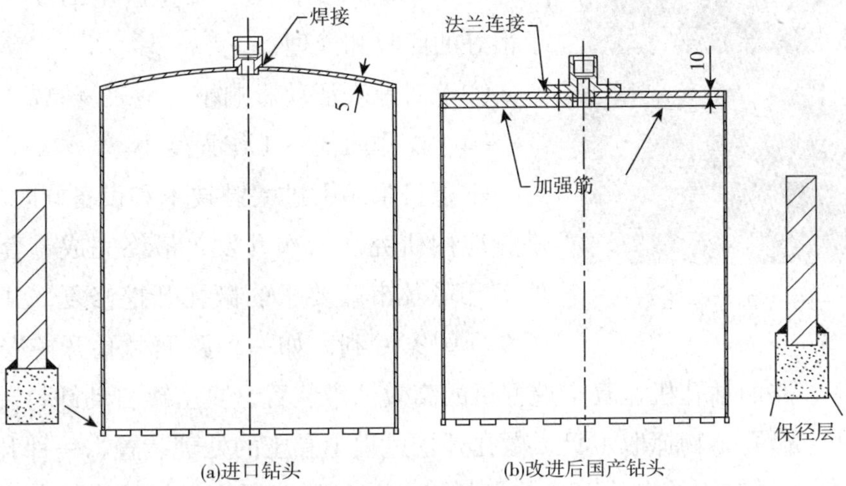

图 21–9　钻头结构图

总体而言，改进后国产钻头比进口钻头性能更加优越，改进后的钻头在结构和制作工艺上都有较大的改善。特别是在刀片的制作上采用了不同密度的方式，刀片两侧密度高，强度大，耐磨性好，保证钻孔过程中钻头内外圆尺寸无变化，有效地提高了钻头的使用寿命。其中上连接板的厚度由 5mm 加大到 10mm，并配了加强筋，结构强度得到提高；连接轴颈由焊接式改为法兰连接式，法兰连接受力面积大，不易变形；钻筒用无缝钢管加工制成而不是用薄板圈圆，强度更高，钻筒更规范；刀片采用高频焊接并由端部的凹形弧槽定位，高频焊焊接牢固，强度好，凹形弧槽定位，定位精度高，焊接时刀片不会偏斜；刀片中间密度低，有利于路面的切削钻孔；刀片两侧有保径层，减小了刀片的径向磨损，提高了钻头的使用寿命。

在发达国家，特别是在美国，真空挖掘技术已经成为地下管线防腐维修及管线探测定位的重要手段，并广泛用于管道清洗、环境治理及市政工程等多个领域。在我国，中国非开挖技术协会已将真空开挖这一工法列入即将出台的定向钻进安全规范中。

真空吸附技术是真空开挖的技术核心，利用这一技术可以将被压缩空气吹散后的土粒抽吸到储料筒中，事实上包括碎石、铁屑、塑料袋等在内的物体也可以得到很好的回收（见图 21–10）。可见这一技术既实现了设计目的，同时又满足了施工过程中日益严格的环保要求，更适应现代工程需要。在地下管道开挖维修及管线探测中，相

图 21-10 真空吸土

对于其他工法如反铲机、开挖机或人工挖掘等，真空开挖是一种“软”开挖技术，具有以下优点：

（1）大幅度降低了损坏地下设施本身的风险，同时保障了操作人员的人身安全；

（2）不会污染环境，开挖产生的废弃物也得到了很好的回收和处理；

（3）对地表活动影响小，地表复原费用低；

（4）操作简便，工作强度小。

本项目采用引进关键技术和设备同时自主配套，进行应用研究和二次开发，最终完成一套能适用于地下环境及市政要求的微孔开挖修复，并先后获得了 9 项国家专利，如一种路面微孔开挖安装与维修系统、气铲、路面钻孔机、真空挖掘机的高效消声装置、真空罐自动卸料装置、防喷溅折叠盖板、微孔杂物抓取工具、微孔开挖过程中黏土的处理装置、一种升降式路面钻机。表 20-1 是安耐捷微孔开挖修复技术与其他用于同样目的的修复方式的技术参数对比表。

表 20-1 安耐捷微孔开挖修复技术与其他用于同样目的的修复方式的技术参数对比表

序号	技术参数	冲击器破损	锯片切割	高压水切割	微孔开挖技术
1	设备组成	路面破碎机（啄木鸟）	锯片切割机：气锤或电锤	高压泵、高压水枪、水箱	切割钻机
2	开挖面积	大	小	小	微孔
3	冲击振动	大	小	无	无
4	对地下管道破坏	有	无	有	无
5	噪声	≥ 100dB	≥ 70dB	50dB 左右	≤ 65dB
6	灰尘	大	大	无	无
7	施工废料	多	有	有	无
8	劳动强度	大	大	小	小
9	路面修复	需要重新铺设路面	需要重新铺设路面	重新铺设路面	将切割块黏结即可
10	路面恢复时间	7 天	7 天	7 天	1 小时

这里所讲的切割钻孔机噪声是指钻机工作时对施工区域外围检测的噪声值。总体来看，微孔开挖修复技术是一种更便捷、更环保的修复技术，特别适用于城区繁华路段对市政管道的修复作业。

5. 基于物联网技术的智慧管网平台

城镇建设的日趋完善，使城镇燃气事业有了更好的发展，使人民的生活得到了很大改善，但是燃气泄漏爆炸事故时有发生，严重威胁到人民生命、财产安全。随着物联网技术的高速发展，公司加大了在这个领域的自主研发投入，先后成立了软件产品研发部和硬件产品研发部。针对城镇燃气管网日益扩大、安全要求越来越高，公司研发部经理们带领团队，经过几年的苦心研究，2018 年年初智慧燃气安全运营平台（见图 21-11）诞生了，实现了对燃气管网系统进行远程实时监测与安全管理。同时在开发过程中还获得多项专利和计算机软件著作权登记，如一种燃气泄漏检测仪、激光甲烷遥测仪、四轮电动车巡检系统和燃气管网智能巡检平台、管网巡检调度中心软件、智慧阀井安全运营平台、车载燃气智能巡检软件等。

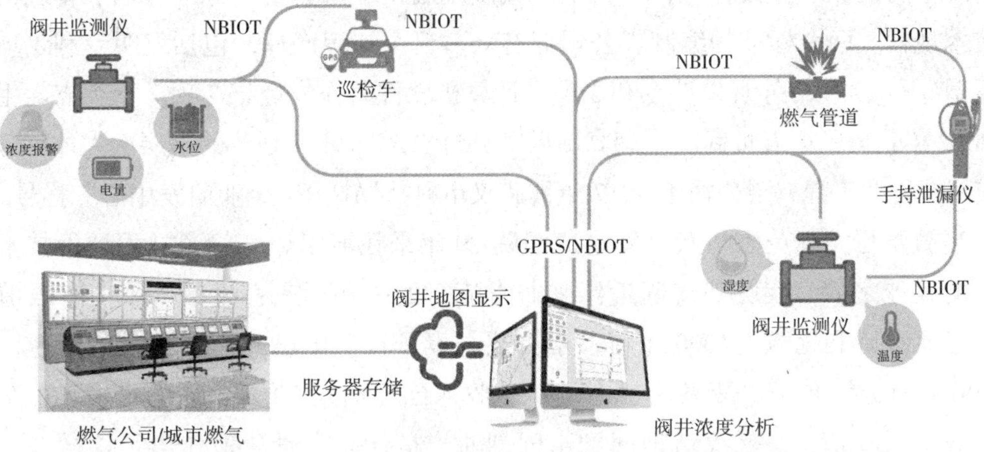

图 21-11　智慧燃气安全运营平台示意图

智慧管网安全运营平台包含智慧巡检（车载式）安全运行平台、智慧巡检（手持式）安全运行平台、智慧阀井物联网平台、企业后台管理、运营商后台管理等，各个系统可独立运行，也可以根据客户需要组合成新的平台系统。该平台通过与公司多种物联网设备（如 M-RMLD、DP-IR、OMD、M-RMLD-OMD、M-RMLD-DPIR、PMD、LD-01、M-LZ、M-YJ-LZ-01、YJ-LZ-01、GD-H01 、RMLD-IS）连接，可以实时监控巡检现场、阀井内安全状态和场站安全数据；可进行巡检计划制定、巡检任务调度、巡检历史查询；可对巡检设备进行入库管理，包含设备入库、领取、申请、台账及使用记录；可制定巡检计划，可进行巡检任务调度，查询巡检历史；可对管网进行风险评估；可对管道隐患和故事进行分类管理。此外公司还开发了多款与平台对应的 APP，既方便用户实时了解管网系统，又利于发现异常及时通知用户进行处理，避免事故的发生。

智慧管网安全运营平台可作为燃气管网系统安全管理工具，目前已成功应用在福州华润、新奥集团等国内十余家大型企业，为客户燃气管网安全运行保驾护航。

屈指一数，武汉安耐捷已经走过了20年的创业历程，先后成立了武汉安耐捷检测技术有限公司、武汉科锐特市政勘探技术有限公司、鹰潭安捷物联科技有限公司。武汉安耐捷科技工程有限公司先后通过了国家高新技术企业认证、ISO 9001质量管理体系认证、国家安全生产监督管理总局的安全生产标准化认证等；属于中国城市燃气协会理事单位、中国城市规划协会地下管线专业委员会常务委员单位等；曾参与了中国GB/T 50811—2012《燃气系统运行安全评价标准》、CJJ 95—2013《城镇燃气埋地钢质管道腐蚀控制技术规程》、CJJ/T 215—2014《城镇燃气管网泄漏检测技术规程》、CJJ/T 215—2014《燃气管网泄漏检测技术规程》、CJJ 51—2006《城镇燃气设施运行、维护和抢修安全技术规程》的修订与编写，目前正在参与中国城市燃气协会团体标准《地下密闭空间检测装置技术规程》和中国城镇规划技术协会团体标准《地下管线精细探测技术规程》两个标准的编制。公司拥有众多自主知识产权，包括发明专利1项、实用新型专利17项，外观设计专利2项，计算机软件著作权登记7项。李英杰先生个人于2012年获得了第五批武汉东湖高新区“3551光谷人才计划”的高层次人才称号，武汉安耐捷科技工程有限公司于2017年被武汉市科技局授予“企业研发中心”称号。

当简要写完李英杰与武汉安耐捷团队20年来在城镇燃气管道技术评价技术服务领域的跋涉之后，我突然想起近年来非常流行的一句话来：生活，不但有眼前的苟且，还要有诗和远方。2000年时，李英杰与妻子在美国已经有了各自的事业，且生活也相对优越，他们夫妻两个当时的年总收入已经达到20万美元的水平。可李英杰却放弃了这一切，毅然决然地回到祖国创业。是什么力量让他作出了这样一个选择呢？很显然，是精神层面的影响促使他作出了这样的选择。物质生活虽然必不可少，可如果心中没有自己的精神殿堂，生活必定会逊色不少。我们中国人常常对孔颜之乐津津乐道，那么，孔颜之乐，究竟乐在何处呢？唯有精神之乐，才是成就他们成为千古传颂偶像的根本。纵观古今，真正让人称颂、被历史铭记的，都是精神上的富足之人。真正让人内心感觉踏实、富足和享受的，更是依靠了那些精神层面的支撑才获得的。因此，我也就明白了李英杰的选择，他是一个渴求精神世界的满足大于物质世界丰富的人！其实，纵观世界技术发展史，很多的进步并不是在纯粹需求的逼迫下产生的，更多是在人们激情迸发的瞬间产生的，这或许就是安耐捷之所以能够在这么狭窄的领域取得如此丰厚成果的真谛吧！

白日不到处，青春恰自来。苔花如米小，亦学牡丹开。城市燃气管道检测评价领域虽然是个很小的领域，一样可以有青春的赞歌，一样可以有牡丹般绚丽的绽放。

第 22 章
代理商李金武的技术理念

回顾最近 30 年我国管道检测技术发展的历史，不能不提及国外检测设备仪器代理商们的作用。1991 年毕业于华东石油学院李金武，原本分配到了中国石油天然气管道研究院工作，由于我国设计单位逐步走向工程总承包的道路，1996 年李金武随着国内管道建设的第二次高潮的到来，他开始接触上管道涂层及其检测业务，并对管道检测产生了兴趣。工作数年之后，他走进石油大学（北京）攻读油气储运硕士研究生，多年与管道防腐层涂覆生产相关的他，深知对于埋地钢质管道而言——腐蚀是危害管道安全的最重要因素之一，他刻意选择了油气储运设施腐蚀与防护专业研究方向，在学习腐蚀与腐蚀监测课程中，他学习到了更多的腐蚀检测方面的知识，为他打开了管道检测的大门，也让他了解到了我国管道在检测技术方面的不足。作为研究生的他，检索了大量文献资料，发现位于得克萨斯州的圣安东尼奥市的美国西南研究院，是美国一家著名的应用技术研究机构，可以提供多学科的解决方案。李金武在 2006 年加入了这家公司，就职于美国西南研究院机械工程研究分院无损检测技术研究所。该研究所的使命是针对材料、零部件及工艺过程中的无损检测评价，研发无损检测传感器、无损检测评价技术、系统软件及无损检测仪器，对生产和服役期间的工业设备提供无损检测或监测的技术服务。从此，李金武踏入了管道检测的大门，这其中，美国西南研究院领先的科研技术水平，以及每年多次数周在美国西南研究院学习培训的经历，使得他成为当时最让同行羡慕的代理商。

几乎就在李金武成为美国西南研究院管道检测技术服务代理商的当年，就与我当年供职的胜利油田腐蚀与防护研究所发生了业务联系。李金武与其他大多数以推销检测仪器为主业的代理商的最大区别在于：他对检测技术特别敏感，有自己独到的见解。本章是他在对中外管道检测技术对比基础上的体会与认识，特别是中美管道检测中差异的体会更是我国管道检测技术发展史上不应该被忽视的部分。李金武从使用磁滞伸缩导波检测技术检测海洋平台导管架（与胜利油田腐蚀与防护研究所合作），到管道裂纹内检测器的合作研发（与中油检测），再到核电核反应堆压力容器检测、管道环焊缝检测。其中经历的成功与失败，以及中外不同理念冲突，非亲身经历，就无法体会其中的技术奥妙与思维差异。

1. 磁致伸缩导波检测技术的中国实践

导波检测技术 21 世纪初进入中国，曾激起主张管道外检测的检测工程师们极大的兴趣。作为最早在国内推销该技术的代理商之一的李金武，他积极投身于该技术的推广实践，也从中领悟了这项技术的魅力与欠缺，以及改进的方向与努力的目标。

美式导波检测技术

导波检测技术，也是一种电磁超声检测技术，在 2005 年首次引进到了中国，由于导波所发射的扭转波可以沿着直管段管壁传播较长的一段距离，可以采集到这段管管壁上的腐蚀缺陷，一时间获得众多管道业主、检测技术人员的认可。当时有两种不同的激发技术，一种是以英国为代表的压电激发的技术，一种是以美国西南研究院为代表的磁致伸缩激发的技术。两种技术各有千秋，但是双方代理商都认为自己代理的产品在检测精度上略胜一筹。究竟哪种技术更好，只有通过实践来证明，因此，谁家能够在中国最先打开市场并在实践中获得认可就成为双方比拼的关键。

美国西南研究院在 20 世纪 90 年代就已经开始了该技术的研究工作，其最初的研发意图是针对油气穿越套管内的主管道上的较大腐蚀坑的检测。而据美国交通部（DOT）统计，从 1984 年 8 月 7 日到 2006 年 11 月 8 日，在穿越套管处发生的主管道破损造成的重大事故就达到 11 起。可以说，美国西南研究院磁致伸缩导波检测技术和仪器的开发得到了美国政府以及管道业主的大力支持。图 22-1 为美国西南研究院磁致伸缩导波检测技术在套管穿越管

图 22-1　美国西南研究院磁致伸缩导波检测技术在套管穿越管段的检测应用

段的检测应用现场。

对于套管内管段的腐蚀损失情况，使用管道外腐蚀直接评价的方法，无法获得套管内主管道防腐层和管体外壁的腐蚀情况。使用管道内检测技术，可以获得穿越管段的壁厚减薄的数据，但是如果有套管，则检测结果的准确性会受到相当大的影响。而且，穿越管段地处公路、铁路等下方，通过开挖准确测量隐患大小存在难度；对于某些管道而言，甚至可能无法实施内检测。那么检测长度可以达到数十米的导波检测技术，不言而喻，可以检测穿越套管内的主管道上的较大缺陷，给出缺陷相对于管壁横截面积的百分比。

磁致伸缩导波检测技术在浅海采油平台的应用

考虑到胜利油田浅海采油平台的寿命普遍达到了设计寿命，胜利油田腐蚀与防护研究所针对海洋平台立管的腐蚀缺陷状况展开检测工作，经过李金武的介绍，大家选用了磁致伸缩导波检测技术，经过多次协商讨论与前期技术论证，李金武和一名美国西南研究院的外籍工程师，与胜利油田腐蚀与防护研究所的检测工程师、腐蚀分析工程师一起来到海洋平台的现场，完成了导波探头的安装工作。图 22-2 为当年李金武与外籍工程师在胜利油田浅海平台安装导波探头的照片。

图 22-2　李金武在胜利油田浅海平台安装导波探头

通过数据的采集和分析，对采油平台立管的腐蚀缺陷状况有了更好的了解，在六条立管上，没有危害平台结构稳定的大型缺陷存在。在这些立管上，表明了导波能够在立管管壁中向上传播大约 6m 到达平台甲板，向下传播大约 10m 到达泥面；但是对于海水深度超过 10m 区域的立管，导波就不太可能到达立管的底端。通过这次导波检测技术的应用尝试，说明了该项技术可以在水深不超过 10m 的浅海采油平台上使用。

由于海洋条件的限制，未能在后期持续地进行数据的采集工作，一直是李金武的一大憾事。

管道裂纹检测器的开发

2009年，李金武访问了中石油管道检测技术公司，向技术公司介绍了美国西南研究院在无损检测技术方面的能力。由于国内天然气管道的大规模建设，从西部到东部地区的油气管道，输送距离长，大量使用的高等级钢管在天然气介质中，存在发生氢致应力开裂（HIC）的风险，并且已经出现了一些开裂现象，一旦扩展就会造成管道的断裂，发生天然气气体的泄漏，严重时可能造成燃烧或爆炸事故。然而，对于埋地天然气管道而言，漏磁内检测技术难以识别管线上的裂纹型缺陷，标准的超声内检测技术通常是高频率的（1~5MHz），并且要求采用液体耦合的方式将超声能量传递到管子上，对于天然气管道来说，这是非常困难的，实际上也没有办法使用。

李金武了解到中石油管道检测技术公司正在致力于开发一种可以用于天然气管道裂纹检测的技术，这项技术当时只有 Rosen 和 GE PII 两家公司研制出来了基于电磁超声（EMAT）技术原理的内检测器，而国内尚无成熟可用的技术。他马上想到磁致伸缩导波检测技术的独特优势，便决定全力促进双方的合作。李金武当时的考虑是基于以下分析：

磁致伸缩导波检测技术是基于电磁超声检测技术原理的，电磁超声能够使用洛伦兹力产生同样的体波，且不需耦合剂就能将超声波能量传递到管子上，通过由永磁铁或电磁铁在一通有射频（RF）电流的线圈之上产生一个稳定的磁场来实现检测。RF 电流在样本表面产生涡流并与永磁场相互作用，产生洛仑兹力，从而引起样本表面振动，并且振动频率与所应用的 RF 电流有相同的频率。

当超声波能量由管壁或缺陷反射回来时，就可以通过对反射信号进行分析，确定需要的参数（如壁厚损失、针孔、缺陷位置及缺陷尺寸）。与传统的超声波检测一样，通常使用传播时间、回波幅值、峰值检测及其他主要特征进行信号分析，尽管电磁超声 EMAT 技术不需要液体耦合剂，但采用更高频率以产生超声体波时，EMAT 传感器对于轻微的提离变化会非常敏感，从而降低了其换能效率。随着频率的降低，其对提离的敏感度也会大大减小，但是波长则变得足够长，以至于波形不再是体波而是导波。通过对现有的 EMAT 在线检测器进行初步的调查得知，所有或大多数检测模式都是以使用导波为主。

在裂纹检测器的开发上，中石油管道检测技术公司已经费了很大周折，但是，国内电磁超声检测技术的研究不足，国外又实行内检测技术封锁，因此，想自主开发非常困难。而美国西南研究院在电磁超声检测技术方面已经研究了十余年了，在磁致伸缩检测技术和仪器方面取得了成功。美国西南研究院的理念是：为客户提供技术研究和开发的服务，在客户投资的科研项目所取得的全部成果归客户所有。正是有这样的理念，使李金武认识到，与美国西南研究院合作是可行的。在李金武的协助下，中石油管道检测技术公司和美国西南研究院一拍即合，而且进展迅速。2009 年，就开展了基于电磁超声检测技术原理的管道裂纹内检测器研究开发。当时合作分三个阶段展开：第一阶段合作进行“用于管道检测器的磁致伸缩电磁超声传感器（EMAT）探头的研究”，2010 年 9 月第一阶段的研究内容顺利完成；接着，双方继续签约展开了其后的第二阶段和第三阶段的合作开发。

这个项目的研发工作是典型的双方合作开发。美国西南研究院的技术人员负责基本原理及技术、探头信号激发、数据采集和分析的主要工作，而检测器的硬件由中石油管道检测技术公司负责研制。这样的合作是国际合作的规范做法，产权归双方共同拥有，一方可以基于合同购买在项目实施过程中形成的技术和专利，这样就不存在技术封锁的条件。

2015 年，基于电磁超声检测技术的管道裂纹内检测器终于完成了研制开发工作，在中石油管道检测技术公司的牵拉试验场完成了牵拉试验，整个项目通过了中石油管道局的项目验收。李金武欣慰地看到，通过双方合作研究，使我国企业掌握了电磁超声检测的基本技术，促进了我国无损检测技术的进步。图 22-3 为中石油管道检测技术公司研发的 EMAT 管道内检测器。

图 22-3　中石油管道检测技术公司研发的 EMAT 管道内检测器

2. 初试数字射线检测技术（DRT）

数字射线检测技术是近年来的热门技术之一，李金武在 2013 年初次试验了该检测技术后，就被该技术的独特应用性能深深吸引，就决心掌握这一技术，并将该技术介绍给国内客户。

防腐保温管道在保温层下的钢质管道外壁的腐蚀一直是检测的难题。主要原因是保温层遮盖了可能存在缺陷或已发生缺陷的区域，而一旦出现缺陷，轻则造成管道防腐保温层的破损、老化，使其防腐能力降低甚至失去保护作用，钢质管道受到腐蚀而导致穿孔，造成漏油、漏水、漏气等，重则出现灾难性的损失。说它难以进行检测，主要是因为需要拆除保温层，损失太大，且会因为检测而破坏本来没有缺陷的管道。

防腐保温管道的应用按照敷设方式来讲通常有两个方面：一是在油气田开发中的埋地敷设方式，输送介质需要加热输送而采取防腐保温管的方式；二是在工厂中的架空管廊铺设或管沟敷设的方式。二者的检测方式是不一样的。

对于埋地敷设的防腐保温管，按照 SY/T 0087.2《埋地钢质管道外腐蚀直接评价方法》，首先应该采用四步法的管道外腐蚀直接检测评价方法，通过间接检测的办法，确定防腐保温层最有可能发生的位置，然后进入直接检测的步骤，开挖进行详细的检查。

对于架空管廊或管沟敷设的防腐保温管，可以依据现场技术人员的经验以及以往泄漏的历史，同时结合输送介质的腐蚀特点，对金属管壁可能存在潜在壁厚减薄的区域进行直接的详细检查。

按照钢质管道外腐蚀直接评价（ECDA）技术标准，直接检测的目的是确定间接检测结果中腐蚀活性趋向最严重的点，从而收集数据进行管体腐蚀的安全评价。但是目前对于防腐保温层的检测方法主要有：针对保温层的目视检查法、电火花检漏法；针对腐蚀区域的测厚法。但是必须注意到，钢质管道外腐蚀直接评价（ECDA）的方法主要是针对钢质管道外壁的腐蚀缺陷所进行的检测，对于其内壁的腐蚀缺陷，参考 SY/T 0087.2《埋地钢质管道内腐蚀直接评价技术标准》，对于管道内壁腐蚀的缺陷检测，不外乎超声导波检测技术、超声测厚技术、超声 C 扫描技术、相控阵检测技术等，如果埋地钢质管道可以执行管道内检测，那么使用内检测方法进行检测能够获得信息量最多的缺陷数据。但是很显然，由于经济和工艺的制约，炼油化工装置的防腐保温工艺管道是比较难以使用内检测技术进行缺陷检测的。

超声导波检测以及基于超声波检测为基础的检测技术均需要剥离保温层，将检测的探头直接接触到钢质管道外壁，才能够实现管道内壁壁厚减薄的检测。超声导波的检测技术，我们在前面提到，该技术所检测的是管道壁厚横截面积的损失，并不是壁厚的实际减薄量，这就需要结合其他的测厚技术确定管壁的减薄情况，因此，通常使用超声导波技术快速地识别缺陷所在的位置，然后使用基于超声 C 扫描技术、超声测厚技术实现缺陷所在位置的实际壁厚减薄量的测量。

在油气田防腐保温管道的检测工作中，结合钢质管道内腐蚀直接评价（ICDA）、钢质管道外腐蚀直接评价（ECDA），李金武开展了大量的实践，在直接检测的时候，对于使用钢质管道外腐蚀直接评价方法（ECDA）找到的风险点，基本上防腐保温层已经出现了破损，这个时候直接破坏防腐保温层进行直接检测就好了。然而，对于使用钢质管道内腐蚀直接评价方法（ICDA）找到的内腐蚀风险点，通常管道外的防腐保温层是完好的，就不得不进行保温层的破坏，剥离清理防腐保温层后，才能够使用超声导波、超声 C 扫描、超声测厚技术进行详细的直接检测。

集输管道输送介质是油气水多相井口采出液，含硫化氢、二氧化碳，管道内壁腐蚀严重。依据管道内腐蚀直接评价方法（ICDA），通过对收集到的管道信息进行腐蚀风险的分析计算，确定了管道内部腐蚀最为严重的管段，再确定管段的位置，进行开挖详细检测，采取了超声导波、C 扫描、超声常规测厚等技术。对于初步确定的腐蚀风险周边，再采取网格法测厚，最后形成管道内腐蚀的仿真形貌图。

其中，超声波常规测厚方法是：对开挖点 2m（4m）范围平均划分 10（20）个环带，对每两个环带的区域进行初步壁厚扫查，即以滑动探头的方式观察壁厚变化的情况，根据测绘仪器显示屏上的较低数据点（薄壁厚点）的位置选择作为详细测厚的环带；在每个环带测多个方位（ϕ114mm 的管线测 16 个环带），每个方位测 3 个值取平均值作为测试值。

超声波加密检测方法：在常规检测过程中发现壁厚减薄时，如管体的最大壁厚为 4.8mm 以上，故将腐蚀面积加密检测的范围定在 4.3mm 以下（即壁厚减薄 0.5mm），即当壁厚小于等于 4.3mm 时，对腐蚀缺陷的形貌大小需进一步确定，则加密测点，以管体腐蚀较严重的点作为中心点，在中心点上、下、左、右各画不少于 5 条的经纬线组成网格线，网格线间距为 10mm，用超声波测厚仪测量每个交点的管道剩余壁厚，以原始壁厚乘以 90% 或减去 1mm 的最大值作为腐蚀边缘壁厚值的基准，精确到 0.1mm，以此确定内腐蚀区域。在实际操作中，直至找到该腐蚀边缘的壁厚，才结束网格测量。最后，根据剩余壁厚的数据进一步仿真腐蚀缺陷的形貌，这样人们就可以更好地了解内壁腐蚀的状况。

采用超声导波、超声测厚技术进行检测，是为了准确地获悉管道内壁腐蚀的大致形貌和腐蚀边缘。但是要进行这类检测，我们又不得不在每一个开挖点投入大量的时间仔细地利用画格法慢慢地测量，记录测量的数据，之后再利用绘图软件的功能，把腐蚀形貌一一地绘制出来。

看着剥离的完好保温层、效率低下且不准确的测量方式，李金武陷入了沉思——他在想，能不能找到一种快速检测方式。美国西南研究院没有这样的快速保温层的无损检测技术，总有其他的检测公司开展了这方面的研究和探索工作吧。于是，他开始了这方面的调研工作。通过检索期刊文献、与美国西南研究院同事的沟通、参加一些行业技术展会等，他了解到针对防腐保温管金属管体检测的方法，从原理上目前有脉冲涡流技术（PECT）、脉冲漏磁涡流技术（PMFL）、X 射线检测技术、数字射线检测技术（DRT）都可以做。

脉冲涡流技术（PECT）是指在线圈上流过脉冲电流，在金属管体上会感生脉冲涡流的技术。脉冲涡流技术的主要特点是：与通常采用的涡流技术相比，因为在线圈上有大的电流通过，所以在金属管体上也有可能形成大的磁场，根据这一点设计大的提离空间，使感生涡流有可能渗透到更深的深度。在线圈两端各施加具有一定占空比的方波信号作为激励，由法拉第电磁感应定律可知，变化的脉冲电流会在线圈的周围激发一脉冲磁场，该脉冲磁场又会在处于其中的导电的金属管体上感生出瞬变涡流，所激发的涡流磁场在检测元件上就会感应出随时间变化的电压信号。由于涡流磁场的大小与被检测的金属管体的本体特性密切相关，如果金属管体中存在缺陷，将使得涡流感应磁场的分布发生变化，最终使磁敏传感器输出的电压信号发生变化，改变的信号中就间接包含了金属管体中有关的特征信息（如裂纹的深度和大小等）。

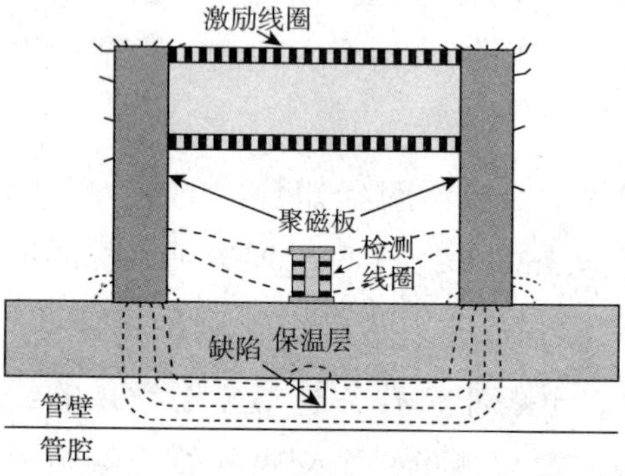

图 22-4　脉冲漏磁检测技术原理

脉冲漏磁涡流技术（PMFL）是将脉冲涡流技术与漏磁检测技术相结合，形成了脉冲漏磁（PMFL）的检测技术，其检测原理如图 22-4 所示。激励线圈采用空心矩形结构，在激励线圈两端加装聚磁板传导至保温层，这样就大大减少了激励场在激励线圈两端的泄漏，从而增加了进入管壁的磁通量。当管壁无缺陷时，磁力线绝大部分通过管壁；当管壁有腐蚀等缺陷时，则缺陷处的磁阻变大，使得磁力线发生弯曲，这样就有部分磁场泄漏出钢管表面，再用灵敏度较高的检测线圈来实现对该泄漏场的检测，最终通过提取感应信号的特征来对缺陷进行定性和定量分析。

因而，脉冲漏磁检测方法有效地集成了漏磁检测技术和脉冲涡流技术的各自优点，既实现了对铁磁性管道的磁化，提高了激励磁场的穿透深度，同时又利用了脉冲激励所具有的频率成分丰富的优点，增强了激励场对保温层的穿透效果及对深层缺陷的检测效果，可以用于带保温层管道的检测。有很多有识之士开展了这方面的研究工作，然而在工业应用中还有一些挑战。

数字射线成像检测技术（DRT）可以不用破坏保温层即可对其中的钢管进行腐蚀检测，评价保温管道腐蚀缺陷的状况。该技术为实时成像、无胶片的检测技术，无需破坏保温层即可对服役状态下的保温钢管管壁的内外部腐蚀进行检测。图 22-5 为 DRT 数字射线实时成像设备。图 22-6 则是 DRT 数字射线实时成像带保温层管道腐蚀检测原理图，即一束放射窄波束通过管道，投射在阵列式探测器上，就可以展现任何腐蚀缺陷。

DRT 数字射线实时成像技术由一个射线源和放射性探测器线性阵列组成，可用

图 22-5　DRT 数字射线实时成像设备

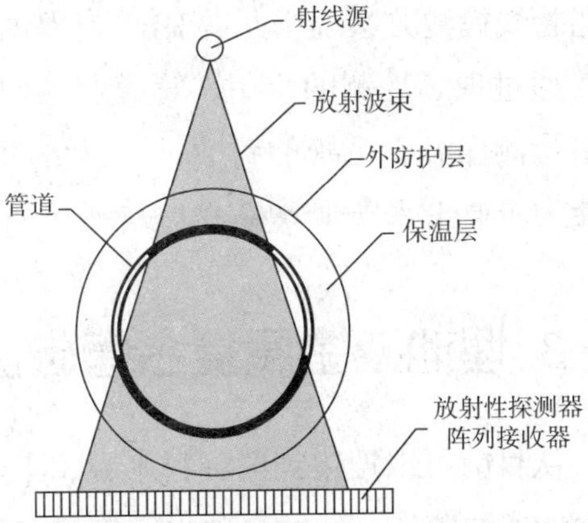

图 22-6　DRT 腐蚀检测原理

来测量管径 ϕ1016mm~ϕ711mm（含保温层管径为 ϕ203.2mm~ϕ914.4mm），厚度为 76.2mm 保温管体系。

检测过程中，一束放射窄波束经由管壁透照在探测器阵列接收器上，该探测器阵列接收器放置在管子对面。轨道式安装的扫描仪，可进行直管段（纵向和水平位置）、弯头和三通的扫描。环向扫描仪也可对一些局部区域的管道进行 100% 检测，如位于弯头、三通和其他可疑区域。该系统有足够的腐蚀缺陷检测灵敏度，精度可达到直径 ϕ6.35mm、深 1.27mm 的缺陷。扫描完成后，可进行数据评价，客户可根据 DRT 系统在评价中使用过的特定合格标准进行判定。检测系统沿着管子移动，采集数据，生成的彩色图像描述了管壁的相对厚度，且实时地显示在监测器上，就可以对一段管线实现检测。

管道检测过程中，可实时并以彩色代码图像显现腐蚀坑。

DRT 系统可以实时采集数据，它更像一部照相机，不需要胶片，可以将采集的数据成像并存储成电子版格式，生成每日的检测日报，然后根据客户具体的要求制定更专业的报告和文件，包括 PPT 中可放于一个视窗下的小图片，可用于对整个项目进行评估。图 22-7 为李金武在中化兴中石油转运（舟山）有限公司岙山油品储运库

图 22-7　李金武在现场开展 DRT 对保温管的检测工作

保温管线检测方案现场开展 DRT 对保温管的检测工作。

通过现场检测的应用，管道业主们纷纷表示，运用创新的 DRT 数字射线成像技术来检测保温管系统的腐蚀，不仅帮助工厂有效地使用维修费用、减少无谓的维修，还能为企业带来安全效益。

3. 埋地双金属复合管磁应力检测实践

从目前可以搜集到的资料来看，李金武率先在国内开展了针对双金属复合管检测方面的实践工作，并结合项目实施，探讨出四步法检测技术。

在国内酸性气田的开发上，已经大量地使用了双金属复合钢管作为井口气的输送管道，然而不断出现的天然气泄漏事件，表明该类管道必须按照油气管道完整性管理技术规范的要求，开展管道完整性的评价，然而双金属复合管道腐蚀的主要风险是在管道内壁，而管道内壁又是由一层耐蚀合金覆盖，是能够抵抗住含硫井口湿气腐蚀的。

某条风险管道为双金属复合管，埋深约 1.5m，内衬层材质为 316L 不锈钢，壁厚 2.5mm，钢质管道材质为 L415，壁厚为 14.2mm，管径为 *DN*500，管线全长 21km，运行压力为 12MPa，管内输送介质为含湿气（含硫化氢、二氧化碳和氯离子），历史上管线曾经发生了 4 次泄漏事件。

管道发生泄漏，一定是作为基体管的碳钢管出现了腐蚀。对于埋地服役的双金属复合管，长度在几公里到数十公里，由于一些管道首末站建设了收发球筒，在某条因多次腐蚀穿孔而停输的双金属复合管道上，管道业主开始探索使用内检测技术去发现双金属复合管的高风险缺陷，但是在发射泡沫清管器的工序上就发生了丢球卡堵的现象，泡沫清管器没有到达 5km 外的第一个监听点，内检测工作陷入了停滞。

李金武得知这种情况之后，调研了有关双金属复合管制造技术、失效案例、检测技术等方面的情况。他发现：双金属复合管在国内累计应用大约有 2000 余公里。在复合管生产、现场安装焊接施工中受到技术与环境条件的限制，难免会出现焊口质量问题或基材碳钢和覆材不锈钢层因接触不够紧密而出现分层缺陷，即在内衬不锈钢层与碳钢基层之间混有空气、水分或油污等杂质，特别是管内输送的高腐蚀性介质，当内衬层出现问题时，会造成基材碳钢较为严重的腐蚀。在某油田集气管道输送的介质一般为井口湿气，多含硫化氢、二氧化碳、氯离子，据以往泄漏事件调查中获悉的数据，表明该管道腐蚀形貌主要表现为针孔型缺陷而非均匀腐蚀，泄漏点多发生在近焊缝处。

通常管道内检测技术（ILI）需要把检测器放入管道中，通过压力推动在管道内行进获得管体缺陷数据。但是如果管体变形（如内衬层发生分层脱离现象）就会限制管道内检测的执行，过大的变形塌陷会影响检测器的通过，行程卡堵，造成内检测工作的失败，这是其一；其二，一般检测腐蚀的内检测器采用的是漏磁检测（MFL）原理，而复合管的内层为不锈钢，这带来了漏磁检测中的挑战；其三，超声内检测器的检测灵敏度高且不需要磁化管壁即可检测，但是需要耦合剂——水即可，但是水的来源以及排放都是困难的。美国西南研究院曾经开发了一种可缩径的内检测方式，采用的是远场涡流技术，然而，该技术针对腐蚀缺陷的检测，精度也达不到双金属复合管道的检测要求。

既然双金属复合管道的主要风险因素是内腐蚀，能否使用管道内腐蚀直接评价（ICDA）的方法来开展检测工作呢？由于复合管中的内衬是耐蚀合金材料，理论上来说，耐蚀合金材料的耐腐蚀性较好，管道内壁的腐蚀速率相对很低且沿着管线长度变化微小，这样就无法通过腐蚀分析来判断管道最有可能存在内腐蚀风险的位置。因此，管道内腐蚀直接评价方法（ICDA）的应用是有局限性的。

2008 年，中石油管道科技中心防腐所在廊坊举办了一次技术研讨会，李金武和美国西南研究院的 Glenn Light 博士应邀一同参加。在这次会议上，来自各国的多位无损检测技术专家针对管道腐蚀检测技术和方法展开了充分的研讨，Transco 公司介绍的磁应力检测技术是在埋地管道的正上方收集钢质管道的地磁应力的变化，通过分析地磁应力信号识别埋地钢质管道最有可能存在的风险。这个技术让李金武看到了希望。

该技术原理是基于金属管体的自然磁场产生的应力变化，检测过程中，无需对管体进行磁化，当金属管体不存在任何缺陷时，管体不存在应力集中，其自然磁场是平直无变化的；当缺陷存在时，缺陷处会产生应力集中，导致自然磁场发生畸变，非接触磁应力技术正是通过这种自然磁场的信号变化来确定管体应力集中的程度，即不同种类的管体缺陷。现场采集管道磁场信号，分析管道应力变化，利用数据库及软件分析，预判缺陷可能的类型，进行开挖详细检查，进一步评价在役管道的安全可靠性。

按照这个检测技术的原理，如果双金属复合管的内衬——不锈钢层或合金层一旦发生破损，由于输送介质的强腐蚀性，很快就会造成钢质管道的腐蚀，而这些铁磁性的埋地钢质管道既然可以使用磁应力的方式检测出来，那么同样的埋地双金属复合管道发生在钢质管道上的缺陷一样能够检测出来。那么通过所找到的高风险的部位，就可以推断内衬的不锈钢或合金钢层出现了问题——或是分层，或是破损。

李金武看到了一线希望，理论上是可以解释通的，但是还要实践。他当即行动，先是和管道业主交流，反复沟通解释之后，得到了管道业主的认可。但是怎么去做，还需要一个详细的检测方案来实现。

不论采用何种检测技术，埋地管道的检测都是充满挑战的，一条管道短则几百米、长则上百公里。而造成管道腐蚀穿孔的缺陷，最小的是针孔型的或是裂纹型的，大的可能是均匀腐蚀。在发生油气管道泄漏的时候，进行事故调查经常目视就能够看见微小的针孔或裂纹，但是当这些微小的缺陷在数百米长或数百公里长的管道上时，想要发现它们，该是多有挑战的事情啊。

李金武想到这，心头不由一紧，这些建立在地磁应力检测技术原理基础上的检测方法，本身就只是定性的相对粗犷的检测方法，给出的定位也是在数米的范围之内，那些微小的缺陷相对于这数米的距离，又是在管道内壁上的缺陷，如何又能够验证得到并且给出缺陷的尺寸呢？

众所周知，美国腐蚀工程师协会针对油气管道内外腐蚀评估发布了两个重要的技术标准，即管道内腐蚀直接评价（ICDA）技术标准和管道外腐蚀直接评价（ECDA）技术标准。李金武在美国西南研究院工作期间，特别针对管道内腐蚀直接评价技术标准的准备工作进行了详细的了解，美国西南研究院的技术专家针对无法执行内检测的管道但是实际有评价要求的，怎么办？那就是采用管道内腐蚀直接评价的方法，技术人员结合内检测总结报告所提交的腐蚀风险点的情况，验证了管道内腐蚀直接评价的可行性。在2006年，第一版的技术标准得以发布，该标准与管道外腐蚀直接评价技术标准一样，分为四个步骤。在管道内腐蚀直接评价的实际执行工作中，所给出的高风险的部位也是在数米或是数十米，之后在第三步的直接检查中，采取多种无损检测的方法来详细检查管道内壁腐蚀的情况。

当利用磁应力检测双金属复合管道时，参考上述两个技术标准的四个步骤来执行不就可以解决缺陷的详细检测的问题吗？李金武的技术方案很快就拿了出来，即：①预评价（基础数据的收集及磁应力检测技术可行性的评价）；②现场检测与数据分析过程，通过收集管道的磁应力数据并进行校核分析，计算管道应力异常点的位置和风险等级；③对高风险异常点进行开挖详细检测，通过多种无损检测方法，包括漏磁外壁扫查器、接触式应力检测仪、超声测厚仪、超声波检测仪、射线检测仪及焊缝检测仪等多种工具，对异常点的管道部位进行详细的检查和检测；④后评价，对本次完整性评价工作进行总结，对缺陷进行初步分析并制定缺陷处的修复方案及建议。

当李金武把这个技术方案拿出来与管道业主、同行技术人员交流的时候，大家一致认为，方案可行。有了思路，现场的工作就简单了。

现场实践

在详细调研了这条双金属复合集气管道的基本数据和运行数据之后，开始了现场检测的过程，首先使用RTK设备和PCM+仪器对管道进行定位，每20m左右做好标记，在弯管或特殊地段则加密布置。确定了整条管线的走向和位置之后，采用磁应力检测仪器开展了埋地管道的地磁应力信号的采集工作。

现场采集信号的过程中，位置的确定是一项非常重要的工作，百分之一的误差就会造成现场开挖时几十厘米甚至数米的偏离，从而对下一步的详细检查造成困难甚至漏失。因此，他们结合 RTK 的高精度定位设备对管道沿线的三桩进行标识记录 GPS 坐标，同时现场还利用三点成一线的土办法，每个约 50m 的距离，结合管线路由旁边的特征物，如电线杆、树木、公路边缘、房屋等，增设定位点以提升后一步开挖定位的精度。

经过基础磁应力的校核，对所收集到的管道磁应力数据进行了详细的分析和计算，结果显示本次所检测的目标管道较高风险水平的异常点约 54 处。由于管道磁应力检测技术给出的异常点是定性的，如何在这 54 个点位选择开挖点对高风险的异常点进行详细检查也是必要的。

他们把管道内腐蚀直接评价方法（ICDA）作为了一个有效的方法来利用，帮助确定开挖点的顺序。在现场的 RTK 测绘中，他们对收集的数据绘制了管线的高程图。同时对管道数据进行了水分聚集和腐蚀风险（按钢质管道的情形）的分析和计算，选择了整条管线最低点后上坡处的五个点，另外一个点为了减少现场开挖的工作量，选择了一个清管监听点处的异常点。

在进行基础磁应力水平的校核中，1 号校核点信号强度偏高，开挖后，在管道底部发现了坚硬石块，造成了管体外防腐层的破损，详细检查后没有发现其他壁厚减薄的异常。应力变形集中的异常点通常是由于管线完工后回填作业可能存在的较大石块造成的应力变形，或是管道在穿越道路时产生的，或是在施工作业中焊接作业造成的，如果不锈钢内衬层与金属管体的结合存在异常，如变形造成的应力集中，也会在分析中显示为应力变形集中的异常点。在开挖后，如果是外力造成的应力变形集中的管段，其应力会得到释放，再次测量磁应力的水平会降至与其他管段相同的水平。现场异物侵入的详情如图 22-8 所示。

根据分析选定的六个异常点位的开挖详细检查，使用了多种无损检测方法，包

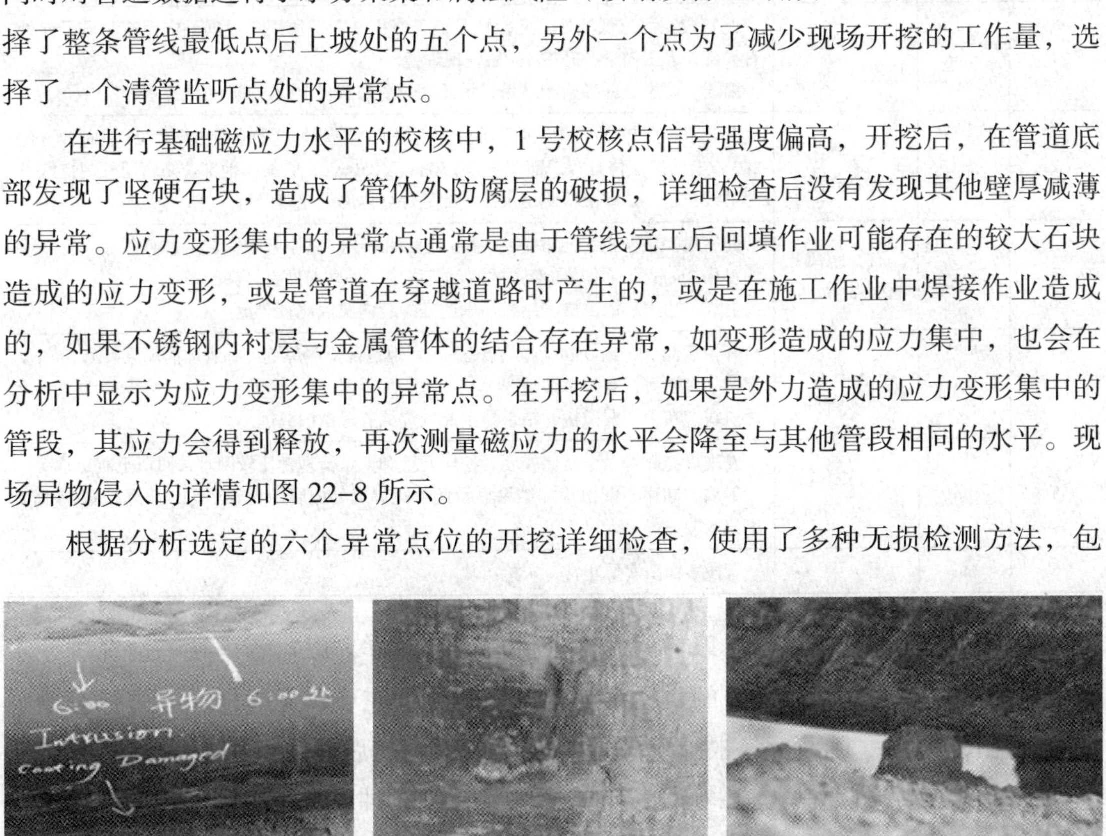

图 22-8　应力变形集中，异物侵入造成涂层损伤

括管道外壁漏磁快速扫查、超声测厚、射线检测、超声波检测等。在详细检测的过程中，他们首先使用管道外壁漏磁扫查器快速地对管体壁厚进行扫描，对于壁厚减薄超过10%的部位，该仪器可以发出报警，从而快速地了解管体壁厚减薄所在的位置，然后采用超声测厚、超声波检测、射线等方法对可能存在严重缺陷的部位进行进一步的详细检测。在射线检测中，在管壁位置发现了较为严重的缺陷情况，包括条状腐蚀缺陷、点蚀缺陷等，为Ⅳ级的严重级别；使用超声测厚方法，在其中的两个点位发现了严重的壁厚减薄现象：3号异常点的管段，在5:30的时钟位置，测量金属管体的壁厚为1.5mm（壁厚减薄率89.44%）；5号异常点的管段，在5:50的时钟位置，测量金属管体的壁厚为2.1mm（壁厚减薄率85.21%），在5:55的时钟位置，测量金属管体的壁厚为1.4mm（壁厚减薄率90.14%），在6:05的时钟位置，测量金属管体的壁厚为1.3mm（壁厚减薄率90.85%）。

开挖详细检查了六个高风险等级的异常点后，数据汇总见表22-1。

表22-1　第一批六个异常点的开挖情况介绍

编号	开挖长度	环焊缝	开挖状况描述
1	3.5m	有，距离开挖终点1m	此管段在河道低洼处，此探坑是通球时用来听球所用。根据磁应力检测显示此处有异常，人工向下游开挖1m后发现焊缝。 射线、超声、漏磁检测结果显示此处焊缝处有轻微的内腐蚀情况。
2	5m	有，距离开挖起点0.5m	此管段在路边处，挖出的土质湿度比较大，在环焊缝的上游方向约2m、时钟方位2~3点有防腐层修补片，面积约为150mm×250mm，管线其他部位防腐层外观良好。 射线、超声、漏磁检测结果显示此处焊缝内腐蚀比较严重。
3	5m	有，距离开挖终点1m	此管段探坑开挖，向下游约0.5m处发现焊缝。整个开挖完成后，管段底部有一块约直径25cm的石块顶着管道的底部防腐层，外防腐层有轻微的损伤。 射线、超声、漏磁检测结果显示此处焊缝内腐蚀比较严重。
4	8m	有，距离开挖终点0.8m	开挖后向下游约0.8m处。发现焊缝外观目视检测焊缝处和管体防腐层良好，剥开焊缝防腐层目视有外腐蚀情况。 射线、超声、漏磁检测结果显示此处焊缝有轻微内腐蚀。
5	5m	有，距离开挖终点0.8m	发现焊缝此管段土质比较硬。挖机开挖和人工清理都比较困难，回填土质异常。 射线、超声、漏磁检测结果显示此管段焊缝处内腐蚀比较严重，焊缝处管壁减薄也比较明显。
6	6m	无	管段表面防腐层正常，未检出缺陷。

根据详细检测的结果，选取3号异常处进行切割取样，以对管内缺陷情况进一步核实。通过在现场对管段内壁的目视检查，可以观测到在环焊缝的根焊缝边缘有槽状缺陷，见图22-9；在另一张根焊缝的边缘发现条状均匀腐蚀，疑似不锈钢内衬层受到损伤，使得金属管壁暴露在输送介质中而造成管体腐蚀，见图22-10；在对环焊缝进一步切割之后，可以发现焊缝两侧均出现点蚀现象，其中下游一侧比较严重（见图22-11），造成根焊缝两侧点蚀的原因可能是由于焊接过程中，焊接的热影响区引起了

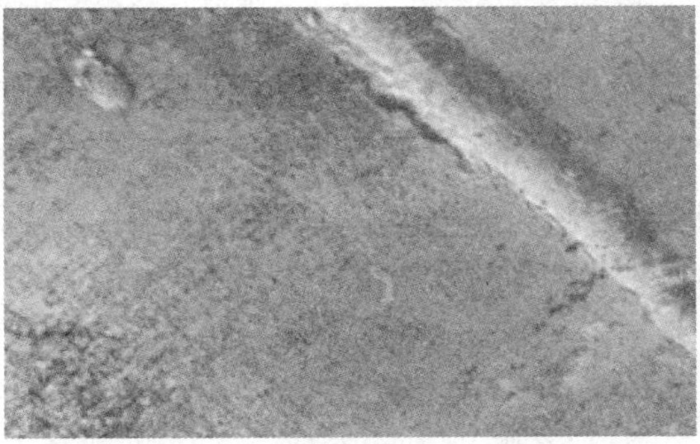

图 22-9　管内壁根焊缝边缘槽状缺陷

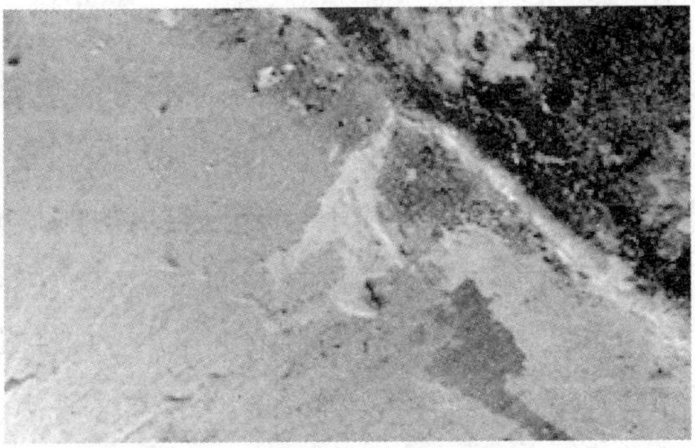

图 22-10　管内壁根焊缝边缘带状腐蚀缺陷

图 22-11　管内壁根焊缝边缘缺陷

材料的物性发生变化，在高压输送介质的腐蚀性作用下，造成了该处点蚀的现象。详细的点蚀原因可进一步地进行失效原因分析，结合介质压力、温度、流速及介质的腐蚀性进行详细认真的分析，以判明造成焊缝两侧特别是下游一侧点蚀严重的原因。

通过对管段内壁的观察，还发现了该管段的不锈钢内衬层有局部鼓包凸起以及局部沿管段轴向方向发生条状分层的现象，约有 4 个条状分层的部位，持续分层的长度延伸到环焊缝处，长度约 3m，分层的间隙最大约为 13mm，见图 22-12。

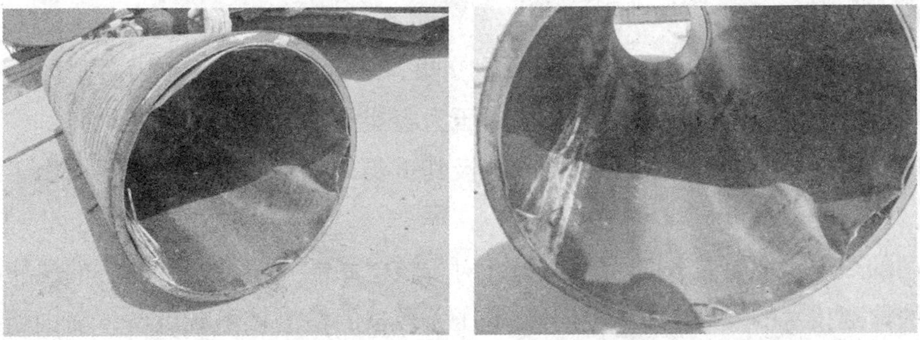

图 22-12　不锈钢内衬层的分层现象（延伸至环焊缝处）

如果管内输送介质沿着焊缝边缘的金属腐蚀部位进入不锈钢内衬的剥离处，就可能引起剥离处金属管壁的腐蚀。而在根焊缝边缘的槽状缺陷和条状腐蚀的部位，由于局部加剧腐蚀的作用机理，该处的腐蚀速率远远高于金属管壁均匀腐蚀的速率，从而极有可能造成腐蚀刺漏的加速现象。

采用磁应力检测的技术对不锈钢复合双金属管线开展缺陷的检测工作，是在没有更好办法的情况下开展的一项尝试，在实际现场的检测工作中，他们积极地结合美国腐蚀工程师协会技术标准的四步法的检测步骤，将磁应力检测技术作为间接检查步骤的一项主要工作来执行，通过磁应力检测技术分析判断不锈钢复合管线中的高风险点，不锈钢复合钢管中最薄弱的环节是环焊缝，在以往的泄漏点中，发现了多个环焊缝处泄漏的现象，这可能是由于焊口错边、焊接工艺条件未能满足，从而造成了内衬的分层，当电解质存在时，就会造成环焊缝内壁的腐蚀。因此，电解质也就是水的存在，是其中的关键，他们也结合了管道内腐蚀直接评价技术在油气集输管道评价中所发现的内腐蚀高风险的情况，对管线中积水的位置进行了初步的分析，结合磁应力检测技术确定了管线中可能存在缺陷的高风险点。

总体而言，这些试验性检测是成功的，证明双金属复合管的隐患是可以检测到的。

4. 对球阀在线检测技术的追求

2012 年，李金武在访问美国西南研究院期间，得知美国西南检测技术公司正在开发一种相控阵检测技术，可以针对核电站的截止阀进行在线检测。这引起了李金武的关注，在线检测也就意味着在生产过程中就能实现对阀门的缺陷和功能进行诊断。对于阀门检测，李金武当时唯一知道的就是安全阀的定期检验——需要部分拆卸下来去检测，以确保在压力容器超压时起到泄压保证安全的作用，他还没有了解到有什么更好的技术实施在线检测。李金武饶有兴趣地详细了解了美国西南检测技术公司的阀门在线检测技术。

第一次和美国西南检测技术公司发生交集，还是在 2010 年，当时中国国核检测技术公司希望购进一套核反应堆中心核岛压力容器检测的设备。众所周知，核岛里面有很大的放射性，压力容器的完整可靠性极其重要，其意义自不必说，而由于放射性的存在，检测的困难也是不小。

美国的核电工业有较长的发展历史，对于核电站的安全性有着严厉的法律，催生了相应的检测技术的发展。对于用于核电压力容器的检测技术和设备，美国西南研究院早早地就开发了相应的技术和设备，名字叫作 FASTPAR，美国西南检测技术公司是协助方。当时国内的核电检测技术公司就是要买这套设备，由于美国人民不愿意加班赶工期，致使投标工作没成功。

这个阀门检测技术叫作 Phased Array Sectorial Scanning（PASS）Inspection Technology and System，我们后来把这项技术翻译为“阀门在役检测与诊断技术和设备”。

在美国西南检测技术公司的实验室，李金武看到了 PASS 系统的检测实验台架，见图 22-13，在实验台架上，一台核电用截止阀与周边的管道整体连接在一起，管路连接到旁边的一个水池中，用于模拟截止阀开启的实际运行情况。通过移动 PASS 探头放置在截止阀不同的位置上，实现对截止阀内的各个部件如阀芯、阀杆、阀体、阀内紧固螺栓的完整性检测，在某个特定的位置上放置 PASS 探头，可以对截止阀阀瓣的开启和关闭功能进行在线实时检测。

图 22-13　PASS 系统的检测实验台架

阀门在役检测与诊断技术是一种非侵入式的检测技术。该技术利用超声相控阵检测技术原理，通过控制探头中阵元的发射延时获得灵活的超声波束，到达阀门中各个部件（如阀盖、阀杆、阀体），从而完成阀门的检测。

PASS 技术是以超声波相控阵检测为基础的一种新型无损检测技术，其包括三个部分：① PASS 检测设备；②检测信号采集与分析软件；③检测结果可视化显示软件。与传统的检测系统比较而言，由于 PASS 系统需要在线检测阀门的运行功能，因此，技术人员进一步地进行了开发，使得 PASS 系统将检测结果直接以三维仿真的形式显示了出来，这直接减轻了管理者审阅检测结果的便利性。

李金武看到检测结果这样的显示方式很是高兴，笑着对外方专家 Jesse Delgado 说：“看来你知道我不是无损检测的专业工程师，知道我看不懂复杂的相控阵检测信号，现在你帮助我解决了这个难题”。

我们知道，超声相控阵检测技术的检测结果是脉冲超声回波，即超声回波通过超声换能器而得到的电信号波形，它在显示屏上可以由多种不同的显示方式，其中比较常用的为 A 型、B 型、C 型等扫描显示。然而，这种数据显示形式仍然是比较复杂，需要经验丰富的工程师才能对数据结果进行判定，对于一个非专业的人士，想要看得明白哪儿有缺陷还真有点困难。

三维仿真成像技术是指数据通过计算机图形学和图像处理技术被转换成图形或图像，在屏幕中显示并能进行交互处理的理论、技术和方法。这种可视化方法能够将海量的超声相控阵检测原始数据转换为静态或动态图形图像（见图 22-14）呈现在人们面前，能够让在役阀门的故障、运行状态等更直观、明了地被工程技术人员识别，对于非无损检测专业的管理者更有指导意义。

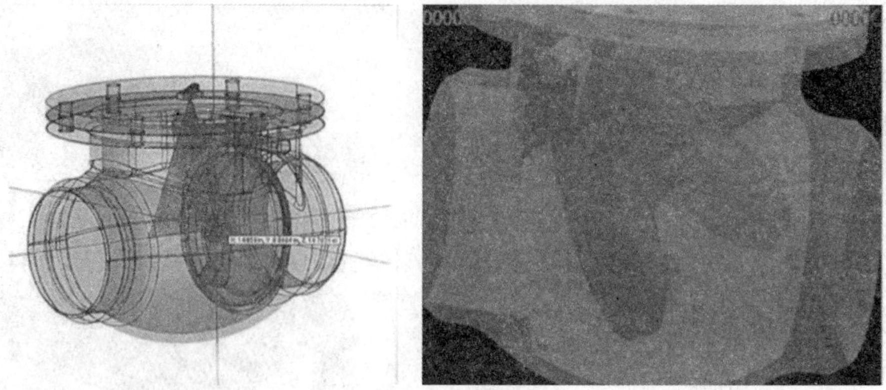

图 22-14　核电站止回阀结构及检测结果仿真图

PASS 系统检测的便利性，非常适合非专业人士使用，系统使用了电子方法控制声束聚焦和扫描，焦点可以调节甚至实现动态聚焦、探头固定不动便能实现超声波扇扫或者线扫，超声波束方向可自由变换，从而使检测速度得到提高；具有良好的声束可达性，能对复杂集合形状的工件进行扫查，只需要一个小巧的阵列探头，就可以轻松地解决各项检测任务，如图 22-15 所示。

图 22-15　PASS 探头的放置及检测项目图

李金武看到，PASS 系统将超声相控阵技术与三维仿真成像技术结合，实现了诸多功能：检测阀门泄漏（内漏和外漏）、结构缺陷（材料缺陷和制造缺陷）、完整性检测（阀瓣、销轴、螺母等）、阀内异物检测（焊头、机械杂质、沉积物、零部件脱落）、服役过程中发生的失效（腐蚀、裂纹、密封失效、外力破坏）及功能失效（不能正常开启 / 闭合、密封或阀瓣颤动与卡滞）等问题。同时，长期开展阀门运行状态的监测，建立健全阀门历史运行状况和结构完整性检测的结果，可以有效地协助管理者开展阀门的维修维护工作，大大降低关键阀门的维护更换成本，从而科学高效地进行精准管理，降低阀门的故障率，增强工艺管路和生产的安全性。

对于熟悉油气管道行业的李金武来说，更多碰到的是油气管道中的球阀，他追问 Jesse：“PASS 能否用于油气管道球阀的在线检测？” Jesse 抱歉地摇了摇头：“现在我们还没有在油气管道的球阀上应用，我们需要了解具体的情况。”他接着补充道：

“PASS 系统是针对某一种阀门（如核电截止阀）专业开发的检测技术，在检测数据分析软件和显示软件中，需要在实验台架上针对一种阀门进行大量的缺陷检测和特征模态的确认，之后采取仿真图像的检测方式，因此针对不同的阀门，这套系统需要进行针对性的开发工作。”

访问结束了，在晚上充满了巴西特色烤肉的自助西餐馆里，李金武放下刀叉，问道：“Jesse，我要做这件事情，把这个技术引到中国的油气管道去，解决球阀的检测的难题。”“好极了，金武，我等你的消息。”Jesse 用他那美国式的夸张方式，给了他响亮的答案。

从美国访问回来，李金武开始了对国内阀门检测技术、检测状况等方面的调研工作。在与油气管道行业的同行沟通中，李金武得知：

球阀作为油气管道、天然气站场运行的关键设备，目前国内某中型输气管道公司在役球阀共有 10000 台套左右，每年设备故障失效的频次大概有 200 次左右，其中球阀占比达到 60%。球阀主要故障包括内漏、外漏、注脂嘴堵塞、阀门动作困难等。由于管线中的砂子等杂质异物造成密封面损坏而导致球阀内漏；天然气在输送过程中出现凝析水，因在温度较低的寒冷情况下或节流状态下结冰等原因造成阀门操作异常；因阀腔、阀杆等部位的本体缺陷等造成的球阀故障；还有因为球阀发信无法完全 100% 复位，限制了管道清管器和检测器的通行，甚至导致损坏，如果卡堵，还可能需要断管来解堵。这些问题不仅会对企业造成巨大的经济损失，同时还可能严重影响输气管道的安全运行。

造成球阀故障的原因不同，所采取的维修策略也是不同的。有些可以在生产运行中通过采取相应措施解决，而有些则需要停机检修或更换阀门。据统计，在大修时，50% 以上的阀门都是不需要被拆修解体的，而实际生产运行中频繁地对阀门进行拆修解体，不仅浪费了人力、物力，还可能造成一些人为损坏，因此对球阀进行不拆卸检测与诊断是非常必要的。

据统计数据表明，约 22% 的工业阀门存在泄漏问题，在近 30 年世界石油化工业爆发了一百多起特大火灾爆炸事故，其中阀门、管道泄漏所引发的事故占 1/3。

在调研中，李金武还发现，有两个典型的与阀门相关的失效事件：

（1）因阀内积水结冰造成阀体损伤。

2016 年，某天然气管道的场站曾出现 16 寸 ORBIT 电动轨道式球阀端盖处外漏，拆除阀门处理故障期间，在工厂通过水压试验模拟现场工况，根据故障现象，逐条排除故障原因，先后排除了密封件失效、锁紧螺栓疲劳失效等原因，最终确定为阀门端盖密封面有压痕，属于本体缺陷，随即订购进口配件进行更换，前后历时近 6 个月。虽然中途更换了同型号国产球阀维持供气，未造成输气中断，但若能有相应技术手段帮助现场第一时间确定故障根源，对症下药，不但能够减少故障处理周期，还能够指导优化故障处理方法，避免一些不必要的拆卸，确保平稳供气，减少经济损失。

（2）某油库阀门断裂造成油品损失。

1981 年 12 月 9 日至 10 日，某石油公司某油库阀门断裂损失汽油 1560 多吨，因地处戈壁滩，泄漏油品全部渗入地下。这是一起阀门断裂机械事故（属技术事故）。

阀门在线常见检测方法

针对阀门有以下检测方法：

第一，外观检查：靠人工、靠经验及维护制度进行外观目视检查。人为因素影响大，不科学。

第二，无损检测：多以表面无损检测方法如磁粉（MT）和渗透（PT）进行表面缺陷的检查，难以进行在役阀门材料缺陷检测，更无内部零件检测及功能诊断的技术方法。X 射线存在辐射风险，作业受到限制，而且由于零部件相互之间的遮挡，采用 X 射线的方法并不能完全清晰地显示出阀门内部各个结构的所有情况。

第三，对于阀门泄漏的检测，通常有：①直接观察法，通过人工看、闻、听或其他方式来判断是否有泄漏发生，对于较大的泄漏不易误报，但报警灵敏度很低；②流量平衡法与质量守恒法，对阀门的流入、流出的质量流量进行判定；③运行压力法，运行阀门上的泄漏将引起上游流量的增加，同时上游和下游的压力减小，当出入口流量或压力瞬间发生较大变化时，可能表明阀门发生泄漏，这种方法一般只用于稳态流的非压缩性流体，且仅能探测到较大的泄漏；④声发射法，阀门内泄漏会产生前后的压力差，产生声发射源信号，使用声发射传感器进行检测。

声发射的检测方法近些年被很多学者应用于阀门泄漏的检测，该技术能够检测阀门是否泄漏及泄漏量，而且该方法易受背景噪声的影响，这类噪声的频率无法提前确定，一般的频率鉴别去噪的方法效果不理想。小波去噪的原理是把带有噪声的声发射信号进行小波分解，声发射信号与噪声在小波变换下的行为各不相同，从而将二者分离开来，实现噪声的去除。但是，该技术仅仅能够判断阀门是否泄漏以及泄漏量，并不能判断球阀泄漏的原因和阀门的其他故障，对于随后的球阀维修不能提供全面的指导性的建议。

相比之下，PASS 系统采用超声相控阵与可视化成像技术相结合的检测技术，具有很大的优势，可在球阀不拆卸的情况下检测阀门泄漏、结构缺陷（材料缺陷和制造缺陷）、服役过程中发生的失效（腐蚀、裂纹、密封失效、外力破坏）及阀门操作异常（冰堵、异物）等问题，大大降低了关键位置球阀的维护更换成本。

通过调研，李金武坚定了引进美国西南检测技术公司 PASS 阀门在线检测与功能诊断技术的决心。与美国西南检测技术公司的技术代理协议已经签订，展望未来，李金武充满了信心。

5. 管道内检测技术的代理和实践

1996 年，中国石油天然气管道科学研究院机械研究室有很多李金武的同事都调走了，前后有十几人，去了中国石油管道技术公司。李金武当时并不知道，这是一家什么样的机构。直到 2006 年他到了美国西南研究院，才知道管道技术公司是从事管道内检测工作。

谁又能想到，二十多年后的李金武也从事起管道内检测工作了。

结缘管道内检测

李金武和管道内检测的第一次结缘，还应该是在刚从校园踏入工作岗位之后的第一年，他在东（营）黄（岛）输油管线上实习时，看到了国际上最先进的 SCADA 控制系统，坐在管线输送的中央控制室里，所有站场和输油管线的压力、温度、流量信息都能够实时地显示在中央控制室的电脑显示屏上，这让他感到了油气输送管道的先进性和科学性。

从实习岗位回到工作岗位，室主任对他说："你刚从现场实习回来，要多锻炼，咱们现在正在给天津煤气公司制作清管器，你现在去学习制作清管器吧"。李金武充满了好奇，清管器又是个什么东西？

在 500 平方米的大实验室里，原来散落着的与管道机械研究有关的试验设施和材料，已经归拢到了实验室的一角。在靠近墙边码放着聚氨酯泡沫，这不就是以前常说的海绵吗？李金武心里想到没敢说出口来，这些海绵和清管器有什么关系啊？等带他制作清管器的专家给他作了一番介绍之后，他才知道这些海绵是干什么的，也知道了清管器的基本功用。

当时，管道清管器确实还是国内油气管道行业的新鲜事物，李金武当时参与制作的是最简单的清管器——泡沫清管器，简单地说，里面是泡沫加工出来的形状，当时以圆柱体为主，一端为锥形，在泡沫基材的表面整体涂抹耐磨性较好的聚氨酯层，考虑到清管器运行的管道长度，聚氨酯层的厚度依据被清管的油气管道长度而增加，管道长了，聚氨酯层的磨损程度就要加大，只能从其厚度上去增加。泡沫清管器的管径是不同的，依据清管器发送的次序，刚开始的过盈量小，越往后面发射的清管器，其管径的过盈量越大。当时制作的泡沫清管器就是那么简单，而现在各种形状、不同结构、不同类型、不同功能的清管器则让人眼花缭乱。

当时唯一一个不同的清管器，这就是跟踪清管器，它被制作成了尾部中空的形状，可以安放音频发射机，用于向外发射音频信号，在管道的上方可以使用接收器拾取音频信号，从而确定清管器卡堵的位置。当前面的泡沫清管器发生卡堵时，发射这个跟踪清管器，跟踪清管器的过盈量要小，不易卡堵，在遇到前面停滞的泡沫清管器后，它无力推动前面的泡沫清管器，于是就停留在卡堵的位置，从而确定了卡堵的位置。

清管器主要有两个功能：新建管线的水力扫线和已投产管线的清管（清除管内沉积物）。这次天津煤气公司的业务是针对一条新建的煤气输送管道——从大港油田到天津市区的一条 ϕ377mm 的主干线。

由于没有现成的动力源，新建的管道通常使用压缩空气作为动力源，驱动清管器的行进，这需要加大排量。李金武记得，当时租赁了三台大港油田的车载式压缩机，在轰鸣的柴油机声中，扫线作业开始了。

当时，参与这项工作的几个人分别被分配到了管线沿线不同的地方，有的是在中间截断阀室，有的是在上面说到的桥涵跨越处，有的是临时开挖管沟，这些都是用于监听泡沫清管器是否经过。人工的方式只能是大致知道泡沫清管器经过哪里了，判断清管器运行的速度和所在的大概位置。一旦清管器发生卡堵，通过地面的监听点，这样预先就知道了清管器卡堵的大致位置，当发射跟踪清管器时，由于音频发射机使用普通的铅汞干电池，其存储的电量是有限的，必须在较短的时间内快速地找到卡堵的位置。

这次扫线工作并不顺利，现场发射的第一个泡沫清管器没有在预定的时间范围内出来。更为糟糕的是，不仅清管器没有出来，每个监听点汇报的信息还矛盾重重。按理说来，清管器的运行从上游到下游，是顺序地经过第一个监听点、再经过第二个监听点、第三个……直至收球筒。然而，汇报监听信息是错误的，下游的监听点汇报已经通过，而上游的监听点汇报没有通过。

因为不能预判卡堵区段，发射的跟踪清管器也丢失了。在 20 世纪 90 年代，音频发射机的电池仅能工作几个小时，接收的距离也极为有限。现场的工作小组一下子跌进了谷底。

在紧急磋商之后，新的补救方案制定出来了：继续加大压缩机的排量，发射一个过盈量较大的泡沫清管器，希望用后一个大过盈量的清管器把卡堵的两个清管器顶出来。于是，大港油田仅有的七台车载式大型压缩机在天津市政府的协调下，紧急调到了现场，李金武与其他的监听人员重新回到了各自的监听点，补救的方案没能发挥作用，后面发射的大过盈量的泡沫清管器又不知所踪了。

一连十几天，对所有的弯头、弯管、阀门等潜在的卡堵点进行了一一排查之后，卡堵点还是没有找到，预定的煤气管道的投产剪彩庆典活动没有几日了，现场扫线工作小组陷入了深深的无助之中……

可就在这时，一位负责现场施工的技术人员的随意之言，给黑暗中的团队带来了曙光。这位技术人员提道：我记得有一处管道的连接由于地形制约，是由连续的两个弯头连接而成，卡堵点会不会在两个连续弯头的位置，而这是管道施工的设计图纸所没有的。这一番话犹如黑夜中的一丝光亮，照亮了扫线工作项目组的心。果然在这两个连续焊接的弯头处找到了被卡住的清管器，问题很快解决了。

天津煤气公司新建管线的水力扫线工作，带给李金武的收获是巨大的。在工作中没有人不希望项目顺顺利利地完成，然而，当出现意外的插曲时，正是个人积累经验、学习技术掌握本领的好机会。

接下来，李金武又参加了新疆克拉玛依油田百口泉采油厂的一条输油管线的清管作业，第一次的现场由于管线施工中的不规范——现场调查中发现某个压力表采取了插入焊接方式，未能如期发射清管器，只能对管线进行改造，改造完成后第二次的清管工作顺利地完成。

第二次参与管道内检测

2010 年，第三十号国家主席令颁布了《中华人民共和国天然气管道保护法》，第二十三条指出："管道企业应当定期对管道进行检测、维修，确保其处于良好状态；对管道安全风险较大的区段和场所应当进行重点监测，采取有效措施防止管道事故的发生。"

2002 年，国内开展管道内检测技术服务的国内公司主要有中油管道检测技术公司，以及刚刚起步的沈阳工业大学、中石化华东储运公司、中石化钻井研究院、中海油海管检测技术中心等。

李金武所在的公司也已决定开展这项内检测业务，那么在当时的条件之下，找一家国外的管道内检测公司一起来合作，就是一条快速的捷径。当时，英国 GE-PII 公司、德国 Rosen 公司、美国 TDW 公司、美国 ENDURO 公司、德国 NDT 公司均已经通过国内的合作伙伴开展管道内检测业务。

2012 年美国腐蚀工程师协会（NACE）在美国的盐湖城举办展会，此次 NACE 展会是参展公司及参展人员最多的一届，其中参展的专业观众超过了 5000 余人，来自中国地区的人数接近 100 人。李金武也参加了这次展会，以了解国外内检测公司以及内检测技术的发展情况。根据参展指南，这次参加展会的内检测公司约有 10 家，部分厂家及展品情况见图 22-16。通过这次展会，李金武对国际先进的管道内检测技术有了更为全面的理解，也看到了国内检测技术相比国外的差距。

图 22-16　2012 年美国腐蚀工程师协会展会上的各内检测公司展台

2012 年 NACE 展会之后，经过持续的努力，李金武与美国 Pipeway 公司签订了三年的独家代理协议。第一次的出师，是投标中石油北京天然气管道公司的大口径陕京天然气管线的内检测项目。然而，第一次的出师并不顺利，由于初次参与管道内检测的投标工作，投标文件的准备不足和片面、内检测报价的偏高、对内检测技术和现场工作认识的不足，种种不利因素导致投标失利。

第二次的投标是中国海洋石油公司海管检测技术中心的招标，他们通常是年度的招标，诱惑是明显的，这一次的投标准备工作下足了功夫，请业内的内检测专家、翻译大量的外方技术文件、挑灯夜战，对投标文件反复推敲。他想，这次功夫应该不负有心人吧？然而，现实是残酷的，中海油招标的体系中以低价中标，他们在外方报价的基础上，增加国内现场交通、辅助人员、各项管理费用之后的报价并不能达到这次招标的要求。

这次投标失利，深深地打击了李金武作为管道内检测代理的信心，苦闷之余，李金武在想，怎么才能即适应国内管道内检测市场的风格，尽快介入国内管道内检测市场解决生存问题，又能按照自己的技术理念，将更先进的内检测技术用于解决管道检测实践中的问题呢？

再认识内检测

管道内检测充满了技术挑战，在内检测的过程中，不仅要确保检测设备能够顺利地发射、运行和接收，还要尽可能地保证内检测器的运行速度保持均匀稳定，保证采集的检测数据可靠翔实，对于收集的内检测数据还需要通过数据分析软件完成缺陷的量化和定位。管道内检测技术涉及流体力学、热力学、材料工程、电子工程、机械工程、计算机、数学（数据的处理和分析）、测控计量工程、物理学、无损检测、油气储运等多个专业学科，没有各个专业的经验丰富的技术人员，是难以做好管道内检测的。

管道内检测的设备要满足油气管道口径的需求，而油气管道从最小的油气集输管道 ϕ60mm 开始，最大的可以达到 ϕ1422mm，这中间的规格多达十余种。想要开展这项业务，不仅需要逐步投入建设齐全的管道内检测设备，还需要投资建立试验检测设施，没有源源不断的资金投入也是不行的。

管道内检测的核心技术在于管道本体缺陷的检测能力，这包括针对不同类型缺陷的定量和定位缺陷所在位置。设计的理念可以很先进，但是若没有一个强大的机械、电子产品的基础，再先进的设计理念也无法实现。

发生在山东黄岛的中石化东黄输油管道泄露爆炸事故是我国近几年最严重的管道安全事故，该事故共造成 62 人死亡、136 人受伤，直接经济损失 7.5 亿元。在之后，又发生了几起因地质灾害造成的高后果区管道的灾害事件，典型的案例包括：贵州黔西南州晴隆中缅天然气管道断裂燃爆（2017 年 7 月 2 日）、湖北恩施川气东送管道爆炸（2016 年 7 月 20 日）、深圳光明新区滑坡引发天然气管道断裂泄漏（2015 年 12 月 20 日）这些事故造成了人员伤亡和巨大的经济损失。

这几起事故也促进了我国对油气管道安全的多项文件规定的出台：

2014 年 4 月 1 日，中华人民共和国主席令第四号颁布了《中华人民共和国特种设备安全法》，第十三条规定，“特种设备生产、经营、使用单位及其主要负责人对其特种设备安全负责。”

2016 年，国务院安全生产委员会印发了《2016 年油气输送管道安全隐患整治攻坚工作要点的通知》（安委〔2016〕6 号），要求“重点推动高后果区域管道检测评价工作，力争在役管道检验周期范围内的全面检验率达到 80%。”

2017 年，国家五部委下发文件《关于贯彻落实国务院安委会工作要求——全面推行油气输送管道完整性管理的通知》（发改能源〔2016〕2197 号），要求“不断识别和预防管道风险因素，采取有效风险削减措施，确保管道结构完整、风险受控，减少和预防管道事故发生，实现管道安全、可靠、经济运行。”

2017年，国家八部委下发文件《关于加强油气输送管道途径人员密集场所高后果区安全管理工作的通知》（安监总局〔2017〕138号），要求“有效防范油气输送管道重特大生产安全事故”。

《油气输送管道完整性管理规范》（GB 32167—2015）要求“新建管道在投用后三年内完成完整性评价”，“输油（气）管道高后果区完整性评价的最大时间间隔不超过8年”。

这些法规的颁布，对于促进国家油气管道的安全起到了重要的作用。管道内检测技术也随之蓬勃发展。

地质灾害造成的油气管道安全风险，也引起了管道业主的极大关注，采用内检测设备携带管道中心线测绘的惯性导航设备（IMU），结合地面RTK载波相位差分技术，能够精确地给出管道中心线的厘米级定位精度的测量数据，通过两次以上的测绘，就可以了解管道中心线位移的变化，推演地质灾害高风险区的油气管道位移变化及管体应力变化的情况。

通过内检测工作，可以精确地知道油气管道的地理位置、全球定位坐标点和高程，尽管油气管道业主尽可能地限制国外内检测公司的数据泄露，但是对于国家干线油气管道而言，其战略风险不言而喻始终存在，应该引起对国家战略安全风险的关注。

李金武陷入了深深的沉思之中……

没有自己的检测设备、没有自己的数据分析软件，何来发展？我们天天想着努力为国内油气管道的安全平稳运行作出更大的贡献，何来贡献？国家战略油气管道干线的内检测数据、中心线坐标掌握在国外检测公司的手里，何来的油气管道的战略安全？如果连战略安全都保证不了，又怎么能在特殊时期或特殊环境下保证管道安全可靠运行呢？

加盟盛隆检测

为了实现管道内检测技术的发展，20世纪60年代初美国和英国率先将无损检测（NDT）技术应用在清管器（PIG）上，将原来用作清洗、疏通作业的非智能型清管器改造成为具有信息采集、处理、存储等功能的智能型管道缺陷检测器。随后，各国先后研制出漏磁型、超声型、涡流型的智能检测器。其中漏磁型管道检测装置适于多种传输介质的输送，它无须耦合剂，检测速度快，适于大面积长距离快速检测，是油气管道缺陷检测的主流技术。

但是这些主流的内检测器对于像螺旋焊缝缺陷检测一般是无能为力的。针对国内实施螺旋焊缝缺陷检测的实际需求，根据技术集成的成果对各种内检测方法进行分析筛选。裂纹检测一般采用电磁超声裂纹检测器，可是当前开发的裂纹检测器并不能对所有裂纹都有反应，特别是不能检测到螺旋焊缝上的缺陷。同时，针对螺旋焊缝缺陷开发裂纹检测器，需考虑国内管道同时存在左螺旋和右螺旋的情况，因而增大了检测器的研制难度和检测运行成本。传统漏磁检测器，在检测焊缝裂纹缺陷方面存在一定局限，对开口较小的裂纹无法检测。而近年发展起来的三轴高清漏磁检测技术利用 4 个三方向霍尔传感器代替传统的四线圈传感器，能记录 3 个独立轴向的漏磁信号，提高了检测精度，最有可能检测出螺旋焊缝缺陷。

国内目前也有很多的机构在致力于管道内检测事业，像中石化储运分公司、中海油海管检测技术中心、中国特种设备检研究院等。这其中有一家上市公司却有着不一样的历程，这就是海隆石油集团下属的盛隆石油管检测技术有限公司（以下简称“盛隆检测公司”）。

2013 年在参加陕京天然气管道内检测的投标中，李金武就已经和他们交过手，大家一起参加了投标。当年的投标，盛隆检测公司是当年美国 NDT 的国内代理，他们中标了，而李金武所代表的另一家内检测公司没有中标。

2019 年，一个机缘巧合的机会，李金武在以往中石油管道研究院同事的邀请下加入了盛隆检测公司。

盛隆检测公司投资了一千余万元建设了大口径（56 英寸）管道内检测牵拉试验场，聘请了国家“千人计划”专家博士开发了内检测数据分析与评价软件，聘请了多位经验丰富的专业技术人员，已经开发了多种规格的管道内检测设备。使用自己的内检测设备已经先后完成了中石油陕京三线（ϕ1016mm）、西气东输二线（ϕ1219mm）、陕西省天然气靖西三线（ϕ914mm）等管道内检测工作。

今天，李金武信心满满，想在国内检测公司把管道内检测工作做得更好！原因在于他有了一个好的平台，在于国内管道业主比以往任何时候都清楚地意识到依靠国内检测机构开展管道内检测的重要性。

6. 磁致伸缩导波与环焊缝检测技术的再思考

在美国西南研究院多年的工作实践，使李金武深刻地认识到中美两国在管道检测技术理念上的差异，这不仅表现在具体的研究及其科研管理方面，更体现在具体技术的研究开发出发点和应用方面。

技术管理方面的差异及思考

在美国西南研究院，一项研究工作既然开始了，认定了技术研究的方向，在每个研究阶段都能够取得各个阶段的研究成果，即便可能存在偏差或偏离——没有完全达到预期的科研目的，但是只要这个方向是正确的，那么这项工作一定就会持续下去。我们大家都知道的磁致伸缩导波检测技术，从研究之初，是针对套管下的主管道缺陷检测能力研究，开发出第一代的导波检测仪器；之后又针对换热器换热盘管，开发小口径快速插入式检测探头和仪器；然后是针对核电的核反应堆压力容器底板，开发平板式检测探头；再然后是针对管道在线检测技术（管道内检测）中的裂纹缺陷的检测，开发用于管道内检测的电磁超声检测探头。这些工作对于美国西南研究院来说，始终都没有放弃对电磁超声检测技术不断深入的研究。

在美国西南研究院，没有国家来资助科研项目，必须面向社会，包括政府机构（如交通部 DOT、企业联合协会、企业），因此，怎样能够有科研经费来执行这样的科研开发工作呢？

在美国的几个主要部委，如美国交通部（DOT）、美国国土安全部（DHS），是有一些科研经费支持的项目的，美国的一些学会（协会）也会针对工业界中普遍存在的技术难题，拨发科研经费支持这类研究。也有一些工业联合项目，大家对比较棘手的难题共同投入经费开展研发工作，比如在磁致伸缩导波检测技术方面，针对炼油厂的管壳式换热管的检测，就是共同投资开发的极好例子。

磁致伸缩导波检测技术的理念与思考

在无损检测技术研究所工作期间，在与美国西南研究院导波检测专家的多次沟通交流中得知，对于埋地钢质管道，开挖一处后，想要把开挖处两端数十米的管段进行检测，技术上是做不到的，由于埋地管道埋深会在 1m 或更深，管道的回填土壤会造成导波发射信号的衰减，难以实现数十米的检测长度。特别是在美国，如采取开挖详细检测的方式，由于土地所有权的归属问题，可能难以进行开挖，即便可以开挖，也可能需花费数十万甚至上百万美元的费用。因此，美国研发磁致伸缩导波检测技术的初衷就不是解决埋地管道检测的，主要是想解决套管内那些很短管段的检测难题。

在 2007 年的时候，国内实施开挖检测的费用相比之下是极低的。因此，当导波技术进入国内管道检测技术应用之初，加上国内对导波检测技术理解的偏差，一时间，导波技术成为了一个热点，大家充满了期待，似乎埋地管道、油气站场的管道都可以使用导波技术来实现管壁缺陷的检测。在随后的几年，导波检测技术大规模地在埋地管道、站场管道上开展了应用，国内多家研究院所、大学等也一并加入到了导波检测技术和仪器的研究和开发之中。然而，由于应用场所的理念不同、技术理解上的不同，经过了近十年的研究和应用的热潮之后，导波检测技术却遭到了多数技术人员的遗弃。

检测技术的本质：导波首先只是无损检测技术的一种，与其他的四项常规技术一样，导波检测技术是用于缺陷检测的，对于缺陷的所谓量化，也只是针对缺陷所在点的横截面积而言的。对于一条几公里长或几十公里长的管道而言，管壁的缺陷风险在哪里，并不是通过几次开挖、实施导波检测就可以发现的。

在油气管道站场中，同样地，即便是发生了几次输送介质泄漏的高风险站场管道，对于埋地管段，动用了大量的人力和物力，开挖几处检测坑，怎么就能够运气那么好，找到缺陷呢？过上几天或几个月，还是在这个高风险的站场管道，若又一次发生了泄漏事件，那么所有的对导波的期待都将逝去。

又试问，使用常规的无损检测技术，我们期待这些技术在使用同样的开挖方式去进行检测的时候，去发现管壁缺陷吗？显然不是。我们只是通过抽样的方式大体判断一下管道的整体质量状况，而非发现隐患。

关于检测精度：在 GB/T 32167《油气管道完整性管理技术规范》中，管道内检测是首要被推荐使用的技术，漏磁检测器是最为成熟、最为常用的检测技术之一。根据最新版的 SY/T 6597《油气管道内检测技术规范》对缺陷检测的指标的要求，我们可以知道，漏磁检测的最高精度分别是：壁厚减薄为 5%，点蚀的概念是 $2A \times 2A$，按照后面的解释，最小的点蚀是 20mm × 20mm。而根据我们现场目视检测的经验，非开口的裂纹、针尖大小（0.1mm 以内）的缺陷，人类的肉眼可以轻松地分辨。

美国西南研究院的磁致伸缩导波检测技术，在对钢质管道进行检测时，检测的精度可以达到 2%，在长期监测的情况下，不断进行数据的收集和分析，监测的精度最高可以达到 0.33%。这个检测精度是相对于钢管壁厚的横截面积而言的。

检测精度 2% 的概念

对于直径 ϕ114mm，壁厚 5mm 的管道，其横截面积为 $3.14 \times 114 \times 5=1790\text{mm}^2$，2% 的缺陷，其截面积为 $2\% \times 1790=35.8\text{mm}^2$。

假定某直径 10mm 的针孔型缺陷，按照 2% 检测精度，缺陷深度应为 $35.8 \div 10=3.5$mm；

假定在长期监测的情况下，精度达到 0.5%，直径 10mm 的针孔型缺陷，缺陷深度为 0.89mm；直径 5mm 的针孔型缺陷，缺陷深度为 1.79mm。

从上面的简单计算可知，导波检测技术对于发现针孔型或裂纹型缺陷存在难度。

大家知道，管道内检测技术主要的目的是发现大的缺陷，即 10mm 大小、深度在壁厚的 10% 以上的缺陷。

一直到今天，美国西南研究院从未停止对磁致伸缩导波检测技术和仪器的开发工作，其产品也多次升级，检测能力不断提升，检测仪器不断小型化，费用也不断地在降低。他们已经在积极地利用磁致伸缩导波技术，探索在焊缝检测技术上的应用。

探索环焊缝检测技术

美国西南研究院的专家们从未放弃对电磁超声检测技术（EMAT）的追求，2019年春夏之交，已经从美国西南研究院无损检测研究所中国总代理岗位离职的李金武，再次踏入美国西南研究院无损检测研究所的大门，与美方技术专家就电磁超声检测技术进行了深入的沟通。众所周知，国内埋地管道在环焊缝方面，由于施工过程中的粗放，存在一定的缺陷。据了解，在国内某管道公司所做的管道焊口复查工作中，开挖后对一千余道环焊缝进行了射线检查的复拍工作，其中需修复焊口占比6.1%，换管或套筒修复占比3.5%，裂纹缺陷占比3.0%，而该管道公司管辖管道累计焊口64万道，已经复查的仅占1.2%，仍然存在大量尚待复查的焊缝，这些焊缝隐患存在着较大的风险。若采用开挖排查的方式去检查环焊缝可能存在的缺陷，费时费力。国内ϕ1016mm管径的埋地管道，一般埋深在3~4m，开挖的长度至少在3m以上，一处的开挖费用约在数万元，而且如何判断焊口的位置也存在技术上的困难，相应的费用也会增加。目前尚无快速的检测方法来发现环焊缝的缺陷，内检测的方法如果能够做到，则可以大大地降低复查的费用。

在美国核电行业，针对核反应堆压力容器的金属底板（与混凝土地基接触）结构的焊缝缺陷，一直在委托美国西南研究院进行检测技术的开发工作。核反应堆压力容器一旦因缺陷造成反应堆内的介质泄漏，将会造成灾难性的后果；而核反应堆压力容器内的高放射性污染，使人员进入检测存在极大的风险；而压力容器底板坐落在混凝土地基上，常规的超声检测技术也存在较大的检测难度。美国西南研究院利用电磁超声检测技术，在核反应堆压力容器的外壁，利用电磁超声探头发射导波，利用导波的传播特性，进行底板焊缝的缺陷检测，在经过大量的试验和测试之后，已经开发出了实验样机（见图22-17），对检测数据的分析计算也取得了一定的成果，可以直观地看到检测缺陷（见图22-18）。

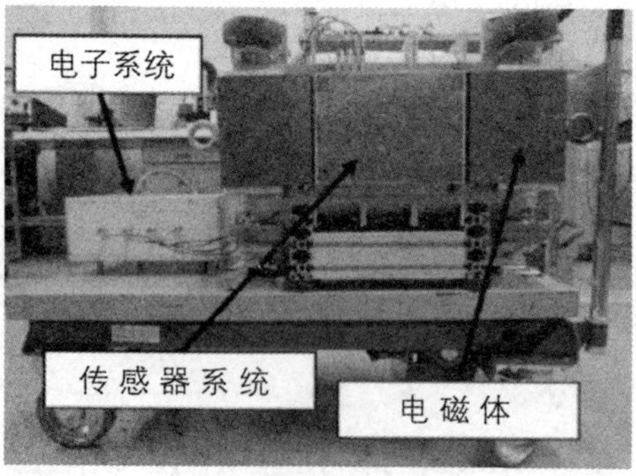

图22-17　用于焊缝缺陷检测的电磁超声检测实验室设备

李金武认真地与美国西南研究院技术人员进行了深入的沟通，对该研究的成果有了较好的理解，他在思考，用于核电行业的电磁超声检测焊缝缺陷的技术，是不是可以小型化、数据采集快速化，从而用于我国天然气管道环焊缝的缺陷检测呢？

李金武在思考，也在行动，他已经在盛隆石油管检测技术有限公司开始了这方面的探索实践。

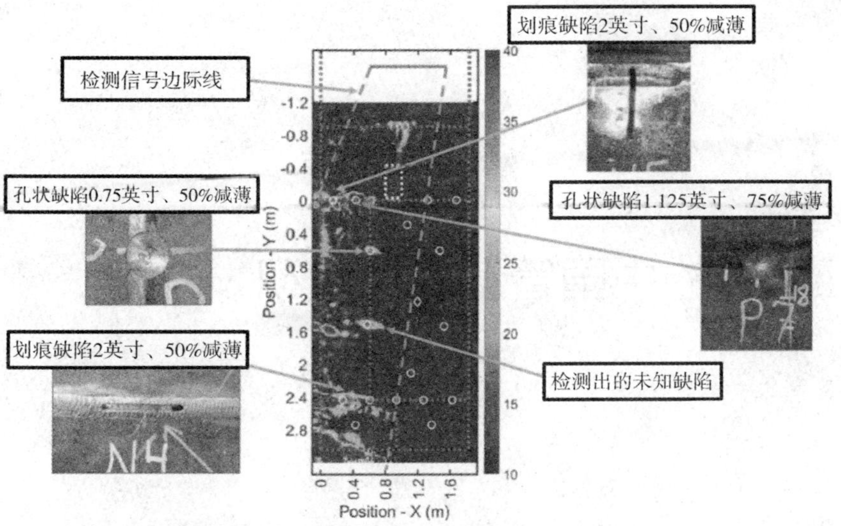

图 22-18　焊缝处缺陷形貌及检测数据图

第 23 章
林守江引领的中国管道检测仪研发之路

1994 年，正当国内“洋买办”风头正盛，许多科技人员以到外资企业做白领为荣之际，林守江先生毅然从英国雷迪公司（Radiodetection Ltd）北京代表处离职，回到天津创办天津市嘉信技术工程公司。他的公司从代理英美等国的管道检测仪器、检测应用技术开发、仪器维修起步，经过二十余年的发展，走上了埋地管道检测技术的自主研发、仪器生产和销售以及技术服务的道路，成为中国管道腐蚀检测仪器行业的引领者。

图 23-1　林守江主持专业会议

早在 2002 年，在我与李永年先生相识的那条丽江游船上，我和林守江教授（见图 23-1）已经有了一面之缘。但是给我留下深刻印象的还是 2009 年那个初春，林守江先生来到胜利油田和我们腐蚀研究所一起对原产于英国的一款管道检测仪进行改造。记得我们当时只是根据使用体验觉得英国这台仪器还有潜力可挖，而林先生在听了我们现场工程师那些含混不清的描述之后，却很快通过以改进软件及硬件再造的方式，真地实现了我们工程师们的设想。林守江先生的神奇之作，让我对进一步了解他产生了浓厚的兴趣。于是，更多关于林守江的故事不断从管道检测界同行那里听来，2015 年我们甚至还合作出版了一本专门探讨管道探测巡查的技术专著。一个执着于技术探索创新与企业经营的林守江，带着一道道光环出现现在我的眼前。

在管道检测同行的印象中，天津嘉信是一家以技术见长、以埋地管道防腐层检测设备为主打产品的公司。创始人林守江也因在腐蚀检测领域的技术影响力和成果成为国内腐蚀检测及评价领域的知名专家，担任了多届中国腐蚀学会防腐蚀施工专业委员会副主任委员，全国防腐蚀标准化技术委员会 TC381 委员、中石油学会防腐保温专业委员会委员，以及南开大学商学院客座教授、天津工业大学 MBA 中心创业导师等社会职务。天津嘉信自 2011 年起获得了“国家级高新技术企业”“天津市中小科技型企业”等称号；作为英国 DCVG 公司中国大陆地区的总代理，2013 年被授权为其大陆地区的技术支持及培训中心。

有业界同行说林守江运气好，他自己也常常用“幸运”回应同行们的溢美之词。在 20 世纪末期“洋买办”在中国风起云涌的时代，他选对了行；在新世纪大家还沉迷在代理生意的甜蜜梦乡之时，林守江却因为做了一个离奇的梦而在晗光初现之时醒了，于是他借势坚定地走上自主研发之路。但我不认为这些仅仅是得益于运气好，相信在天津嘉信卓越成绩的背后肯定有林守江个人的某些品格特质，以及他和他的团队付出的艰辛努力。

记得格林童话中有一篇《刺猬男孩》的童话。说是叫汉斯的刺猬男孩，满身是刺，没法睡在床上，他母亲也没法给他喂奶。汉斯的父亲烦透了，在炉子后面铺了些干草让他睡在上面，还常常想：“他这样还不如死了呢！”幸好有只美妙的笛子陪着他，汉斯坚强地活了下来。八年后当他跟父亲提了两个条件后就准备离家，父亲痛快地答应了他。从此男孩走上了充满艰辛，但成为国王的成长之路。汉斯成为国王后回来同父亲和解了。这是一个狠心父母却最终拥有真正独立成长孩子的故事。虽然是童话，又为了强调某些方面有夸张的意味，但却让人陷入沉思的是，为何狠心的父母反而能造就优秀的孩子？

有人在分析中国哪些人最生不逢时、活不逢地的时候，却意外发现 1962 年至 1972 年这十年出生的人最幸运。1962 年出生的林守江肯定属于这个群体，但仅仅处于这个幸运时段显然是不够的。究竟是因为运气好而成功，还是企业发展历程中的永不放弃的信念成就了他呢？下面让我们从嘉信公司二十余年的自主发展道路中探寻答案吧。

1. 国外产品代理过程中积累实力

1990 年，英国雷迪公司在其地下管线探测仪系列产品进入国内市场一年后，在北京东四十条的港澳中心酒店成立了代表处，负责大陆市场的产品推广和技术支持等工作。那时国内建成的埋地管道还很少，与普通民众发生关联的就是大城市中的自来水、燃气和热力等公用管道，即便是这些行业的工程技术人员也不了解埋地管道检测是怎么一回事。国外管线探测产品在国内的目标市场只有城市公共事业的业主单位、勘察院、设计院的相关部门。与此同时，原来隶属于各个部委的地质勘探的科研院所、地质队等单位在国企改革和经济转型的大背景下，因国家下达的地质勘探、找矿的任务越来越少，以往靠下发的科研经费生存的单位和行业，面临着企业转型的巨大压力。这些单位中拥有大量搞物探地质的专业人才，他们很容易理解埋地管道检测的技术原理，加上多年从事地质勘探的施工经验，具有转行到埋地管道探测工程的专业优势。也正是这个缘由，当初参与到管线探测设备推广的技术人员大多具有地质勘探的行业背景，他们自然成为了连接国外设备与国内管道探测市场的桥梁。在产品应用和推广的过程中，这些技术人员为国内埋地管道探测工程发展成为一个独立的检测行业发挥了重要作用，这个队伍中就包括杨子江和他的徒弟林守江。

师徒萌生创业念头

杨子江和林守江两人本是冶金部天津地质研究院的职工。因为行业的不景气，在冶金地质行业不少人进入新出现的城市管道探测行业谋求新出路的大背景下，杨子江退休后就到北京参与了英国雷迪北京代表处的组建工作，不久将徒弟林守江也带进了雷迪。在雷迪公司工作期间，师徒二人并不满足于仅仅从事国外产品的应用推广工作，而是想通过技术开发来为国内管道行业提供更为适用的技术和产品，满足不断增长的检测技术需求。特别是在为国内埋地管道行业服务的过程中，常常会面对客户想掌握管道运行安全状况的技术需求。作为埋地管道检测的专业技术人员，通过分析满足这个需求的技术路径，从而洞悉到了另一种市场需求，便是管道外防腐层质量状况检测和评价。

英国雷迪的管线检测仪有一个电流测量功能，能在地面上遥测埋地管道上检测信号电流的大小。应用这个功能能够在检测埋地管道的路由和埋深的基础上，在不开挖的情况下实现管道外防腐层的缺陷点的检测与定位，为管道维护维修提供可靠的技术依据，两人坚信这将是一个巨大的商机。于是，两人在工作之余利用雷迪的管线仪的电流测量功能，进行了检测和评价防腐层总体完好状况实施方法的研究和探索。

1994 年，对于中国企业界而言，记忆最深刻的可能是 1 月 8 日，我国第一个外汇交易中心——深圳外汇交易中心成立；而对于工程技术界而言则是 6 月 3 日，中国工程院的成立。前者，意味着中国正式开始实施市场经济，后者则意味着中国大力发展工程科学技术成为国家意志。从此，我国工程科学技术也的确获得了空前的发展，一系列大型工程科学技术逐步显示活力并开始逐步进入世界前列，同时带动了国家整体工程技术的进步。就是在这样的大背下，林守江与杨子江两人先后离职回到天津创业。

实际上在当时，许多人都觉得在外资企业工作不仅待遇好还很有“面子”，但林守江却决定放弃这份让外人羡慕的工作，决定自己打拼。徒弟于 1994 年初回到天津创立嘉信公司，师傅也于同年年底回到天津加入嘉信公司。杨子江依靠自己深厚的物探专业背景，林守江则利用其软件开发的专业能力，共同开发出了基于“多频管中电流法”的外防腐层完好性评价软件，并配套雷迪 RD400 系列管线仪，组成了埋地管道防腐层检测仪器的系列产品。

20 世纪 90 年代，受制于各种技术总体发展阶段制约，国内防腐层检测产品只能以国外仪器为依托，那时雷迪管线仪为二代产品 RD400 系列，代表的型号是 PXL-2 和 PDL-2。嘉信公司以多频管中电流法为基础，组成了防腐层检测系列产品，主要组成部分有：RD400 管线探测仪、检测数据处理软件 GDFFW、精确破损点定位的 A 字架。为了满足不同的客户需求，配置成了 MF-3、MF-4、MF-5 等三个高低不同配置的埋地管道防腐层检测仪器。后来雷迪管线仪于 2003 年升级为 RD4000、2013 年 RD8000 系列，则是后话了。

正因为当时他们开发的管道外防腐层检测系统仍然离不开雷迪的 RD400 系列管线仪，这也使得林守江明白，他们还没有能够进入到可以真正独立开发检测仪器的阶段，代理之路仍然要持续下去，但必须走代理与技术研发相结合，通过代理积累技术与市场的路子。

PCM/DM 防腐层检测仪器的代理

英国雷迪于 1998 年初推出了防腐层检测专业设备——PCM 管道电流测绘仪。该产品在成熟的 RD400 管线仪的基础上，首创了 4Hz 的近直流检测频率，150W 超大功率发射机，施加一次信号可传输 30km 的距离，成为外防腐层漏点检测的专用设备。嘉信公司率先引进了国内第一台设备，并结合 GDFFW 软件，组成了 MF6 防腐层检测系统。

有了产品，推广就成了第一要务。林守江在仔细分析用户市场之后，首先选择大庆油田作为突破口。在初期的市场推广过程中，他与大庆设计院土防室的李双林主任、大庆采油四厂规划所的王淑英工程师一起，在四厂的埋地管道上进行了大量的实验性应用，对 PCM 的性能、应用方法以及检测数据的分析等方面，结合现场的开挖结果进行了反复验证，摸索出了该设备的使用流程，成功地积累了仪器的使用经验。

有了第一手资料，嘉信公司开始了国内市场的全面推广应用工作，在中石油管道科学院、锦州天然气石化总厂、天津石化总厂动力分厂、新疆油田油建公司、北京首都机场等单位成功地销售出第一批产品。自此，嘉信公司把业务的重点聚焦在埋地管道外防腐层检测仪器的代理、应用技术开发上来。

后期英国雷迪升级产品为PCM+、PCMx等型号，这些型号的仪器很快又成为行业中主流的外防腐层检测设备。嘉信公司发挥自身的技术优势，又搭乘上雷迪公司这波新仪器的列车，通过在技术上支持山东正元、新乡啄木鸟等公司，为管道行业提供防腐层检测工程服务，从此正式开启了国内专业从事管道腐蚀检测服务的新行业（见图23-2）。与此同时，嘉信公司的防腐层检测数据处理分析软件GDFFW，在二十余年的应用过程中不断完善和发展，已有上千套软件在全国各个行业应用，成为事实上的行业标准，成为广大用户的首选产品，成功地解决了管道防腐蚀状况非开挖条件下定量评级的技术难题，为运行单位的管道维护维修提供了技术依据。该软件至今仍在不断升级过程中，最新为具有智能分段处理功能的ESTEC 11.0版本。

2009年，美国ViVAX公司管线仪LD6000、埋地管道防腐层检测仪DM（见图23-3）进入中国市场。尽管与英国雷迪的产品在商业上是竞争关系，但具有明显后发优势的ViVAX产品，不仅继承了美国MetroTec公司的部分产品线，还在技术核心上有着英国雷迪产品的血统，两者有着很深的技术渊源。林守江参与了DM仪器的设计环节，为仪器的最初设计提供了中国市场的检测功能需求的建议并得到了采纳，使得DM仪器在设计上能够更适应中国市场。嘉信公司将DM纳入了其防腐层检测设备的产品线，与管线定位仪和PCM一同进行了销售和技术推广业务，为国内管道行业提供了更多的选择。此外，嘉信公司凭借在国内市场的地位和影响力，同时拥有两家竞争品牌的销售权，还获得了在两家公司产品上进行第二次开发的许可。基于这个许可，嘉信公司把北京合众思壮科技公司的MG858S手持DGPS产品集成到PCM和DM产品中，组成了具有亚米级定位功能的防腐层检测评价系统。它具有检测距离自动测量功能、防腐层数据现场处理能力，既简化了施工环节也提升了检测工程的效率。

2002年，嘉信公司率先引进了英国雷迪的杂散电流测绘仪SCM。该产品能够检测管道中杂散电流分布状况，精确定位干扰电流的流入/流出点，评定干扰的危害模

图23-2 RD-PCM+检测现场

图23-3 Vivax DM防腐层检测仪

式和部位。特别是检测城市轨道交通的直流供电系统电流泄漏对周边管道的动态干扰极为有效，可方便快捷地查找干扰源，进而评定干扰的危害模式。其数据记录功能可连续记录 48 h 检测数据，配合嘉信公司专业中文软件可实时浏览、分析检测数据。通过在中石化小广线、川气东送金陵支线、中石化华东分公司南京至苏州成品油输送管线上成功地实施动态杂散电流的检测工程，探索出检测因轨道交通对埋地管线造成动态杂散电流干扰的检测和评价的实施流程，进而开启了国内 SCM 动态检测系统的市场，进一步拓宽了嘉信公司的腐蚀检测产品线。

DCVG/CIPS 检测仪器的代理

20 世纪 90 年代是国内管网建设第一个高峰期。和其他基础设施行业一样，此时的管道行业仍然存在着重建设轻管理的落后观念，且大部分工程的施工质量低下。特别是外防腐层普遍存在涂装和施工的质量问题，加之对阴极保护的必要性认知不足，一部分管道并未同期建设阴极保护设施，或即使加装了阴保设施也存在问题，运行期间的阴保运行管理普遍处于失控状态，未能真正达到保护管道作用。在管道检测工程领域，多数单位将外防腐层检测等同于腐蚀检测。尽管这种状况为防腐层检测技术和设备的市场推广提供了机会，但市场规模并不大。更为严重的是国内埋地管道保护水平普遍低于国外，致使管道使用寿命普遍过短，进而在管道建设、使用、维护等环节投资效益不高；由于管道管理不善、普遍存在的跑冒滴漏不但给企业造成很大的经济损失，也对环境构成了危害。

进入 21 世纪，经过多年管道建设和运行管理的实践，以及广大工程技术人员的艰苦努力，国内管道行业的腐蚀控制技术有了很大的发展。特别是埋地钢质管道阴极保护意识的提升，重要的管线普遍建设和完善了阴极保护设施，配套的腐蚀检测技术也在不断进步。林守江准确地把握住了这个发展趋势，通过在专业会议上发论文作报告、开办检测技术培训班等方式，为管道管理意识和腐蚀检测技术水平的提高做了大量的推动工作。在技术和设备上，他从英美等国引进了 DCVG、CIPS 设备，为埋地钢质管道阴保检测提供了强有力的技术手段。作为英国 DCVG 公司产品的总代理，嘉信公司自 2005 年开始，通过产品销售和技术推广活动，推动了管道行业对阴极保护有效性检测的普遍开展，带动了同类产品销售额的显著增长，为其技术积累和增强市场影响力打下了更为坚实的基础。

外防腐层的直流电位梯度 DCVG 检测与 PCM 检测仪的原理既有不同又有联系。DCVG 使用高精度的毫伏表来测量插入地表的两个电极间的电位差，测量的是阴极保护的直流电流信号在漏点上方地面上的电位梯度分布，而 PCM 测量的是自身发射机供入管道的交流信号；PCM 的 A 字架与 DCVG 一样，测量的也是地面上的电位梯度分布。此外，DCVG 为更加精密的测量技术，能够计算管道防腐破损的严重程度、破损点形状以及破损在管道环向上的部位，还能够判断出破损处管体是否已经发生了腐蚀。相比较而言，PCM 在国内的应用更为普遍，但国外很多管道的业主，并不接受 PCM 的检测结果。这种情况与国外的管道阴极保护更为普遍和技术成熟，管道保护更依靠阴极保护，管道的日常管理的关注点在阴保设备的运行和有效性上有关，而国内只是近几年才越来越重视管道的阴极保护。

图 23-4　DCVG 大港油田检测现场

建有阴极保护设施的管线上通常都会有测试桩。在这些以固定间距布置的测试桩上，能够简单方便地通过测量管地电位来监测管道的保护是否有效（见图 23-4）。重要的管道一般也有巡线工定期巡视管道，测量整个管线上的阴保电位，记录变化从而掌握管道保护状况。然而，这种测量方法存在着测量误差，也会因巡线工的技术水平以及责任心等因素影响对保护效果监测的准确性。因此，在日常管理的基础上，运行单位还要定期（比如一年）采用更为精确的检测手段对保护设施的有效性进行检测和诊断，这就是密间隔测量技术 CIPS。

作为多数技术标准的首选方法，在克服测试桩测量方法不足之外，CIPS 能够得出有关管道阴保状况更为准确的数据，同时还具有防腐层上大缺陷点的定位功能。运行单位常将两种测量手段相结合使用，来经济有效地保障管道始终处于有效的保护状态。林守江在做 CIPS 技术推广时，作过一个形象的比喻：就像一个上年纪的人，平常每天自己通过测量血压、血糖的简单手段检测自己的健康状况，但每年都要去专业的健康管理中心做一次全面细致的体检，来更为科学有效地进一步监控自己的健康状况。CIPS 技术就是给管道的阴极保护状况进行全面体检的技术。

DCVG、CIPS 等检测技术手段的引进和普及应用，大大地提升了国内管道行业的管理技术水平，进而为运行单位实施管道的完整性管理打下了坚实的技术基础。嘉信公司在代理国外主流的检测技术和设备的工作中，通过不断地应用技术的配套开发，有效地推动了管道检测技术进步。嘉信自身也在推广应用的过程中，积累了这些技术的工程实施经验，达到了关键技术积累和沉淀、技术人才培养的目的；培养了检测技术研发、仪器硬件设计实现、配套数据分析软件开发的技术能力。同时，成功的市场开拓活动，为公司日后自主开发具有中国特色的检测设备打下了经济基础，也加深了对国内市场的理解，形成了公司自身有战斗力的市场开发团队。

2. 自主研发从专业软件的开发上起步

进入 21 世纪后，特别是加入 WTO 以后，中国经济得到了突飞猛进的发展，对能源的巨大需求，促进了管道建设规模的蓬勃发展，进而使得埋地管网的监检测技术和设备的需求呈现爆发式增长。这个时期国外检测仪器产品在国内的销售市场也得到了巨大的发展，一批国外仪器的代理企业应运而生。这些企业的规模一般都不大，但若一边能够拿到代理权，另一边做好与用户的关系，就能有不错的市场业绩，所以很少有外国产品代理企业愿意从事技术开发。当时的整个检测行业，乃至整个社会在强调全球化和国际分工的风气引导下，认为能够把国外的产品应用好就可以了，还把这种做法上升到"以市场换技术"的所谓理论上。即便是科研院所也很少有人愿意静下心来开发自主检测技术和产品，自主开发似乎是一件费力不讨好的傻事。

然而，做国外产品代理也没有表面上看起来的那么舒适。在仪器代理的圈子里流行着这样的一个说法"产品的代理不能做得太差，也不能做得太好"，这是因为如果代理产品的销量太小不能完成厂家的销售任务，会被取消代理权；反之代理产品市场太过成功，厂家一样会取消代理权自己来做市场。这样的处境也同样困扰着嘉信公司，善于思考的林守江认识到没有核心技术和产品就是会受制于人的；更重要的认识是，大到一个国家小到一个企业没有自己的核心技术绝非长久之计，打造核心竞争力是一个企业发展的必修功课。他从手机、家电等行业国产取代进口的发展过程中，认识到这种趋势同样适用于管道检测仪器行业。有着强烈家国情怀的林守江，经过反复考量和试验，确定出了从国外产品的配套数据处理软件开发入手，之后通过与行业龙头企业合作来开发行业的管理软件系统，在积累了足够的实力后再开始主流仪器系统开发的企业发展战略。

明确了发展战略，落实到具体行动上的长期坚持是关键。天津嘉信具体实施路径是，在国外先进的仪器产品代理过程中完成公司自身关键技术的积累和沉淀，在代理产品和自主产品的市场开发活动中实现人才队伍的培养和建设；在代理产品商业活动中加深对行业需求的理解，并为后继的开发过程积累资金。正是沿着这个发展路径，林守江带领着嘉信公司坚持走下来，成就了自主检测仪器产品开发的累累果实。

民营企业在人才、技术、资金乃至市场准入等方面都存在着太多的困难和挑战。特别是自主产品的开发过程，要有长期的资金、技术和精力的投入，还要有强大的市场开拓能力，才能把一个初级的原型机通过不断打磨、迭代开发过程加以改进完善，完成从能用到好用的蜕变，最终形成被市场广泛接受的商品。通常没有十年以上的积累和不间断的投入是难以见到成效的，这就是国内大多数民营企业难于实现转型升级的难点和痛点。

林守江在确定自主研发的发展路径时，对自主创新的切入点或者说发展路径曾经行了一番仔细的分析判断。他认为自己是北京航空航天大学软件工程专业硕士，因而进行软件开发具有很强的专业优势；从事软件开发的门槛相对较低，制约因素相对较少，起码不需要购置加工设备、生产环节的大额资金投入，也没有产业配套上的制约；给引进设备开发配套软件还可利用国人对外文不适应的情况，开发出适合国情和行业现状的配套软件产品，依附于国外的仪器硬件还减少了盗版的威胁，更容易取得市场的成功。嘉信公司之所以走得比较顺利，与林守江对创新发展路径的精准判断不无关系。防腐层数据处理软件就是在这样的背景下开发出来并取得成功的。

在国外检测设备应用的过程中，众多的使用单位对检测技术理解的短板直接影响着仪器功能的有效发挥，而获得国外厂家直接的技术支持在费用上也难以承受，服务的响应时效也无法满足国内用户的需求，这就要求从事仪器代理的公司能够为用户提供及时到位的技术支持。在进入 21 世纪前后，国内的代理商们多数是把精力更多地放在产品推广上，薄弱的技术支持成为国外产品功能难于全部发挥的一个主要的制约因素。林守江敏锐地意识到这正是国内检测服务市场最佳的切入点。

在这个长达二十余年的技术市场拓展中，林守江及其嘉信公司始终把学习最新技术、弄懂最基本的技术原理作为创新发展最重要的工作，而不是把宣传推广艺术作为重点。他们通过向国外厂家的学习，借鉴到了国外发达国家技术发展理念，结合国内的应用实际和需求，进行埋地管道腐蚀检测技术设备的自主发展。特别是在三次科技部中小科技企业创新基金的支持下，嘉信公司以腐蚀检测评价、防腐保温管理信息系统开发为突破口，结合在油田管网上腐蚀检测工程的多年施工经验的积累，通过十余年的项目合作，先后为大庆油田成功地开发出了《油田地面工程防腐保温地理信息系统》《油田管网腐蚀风险预警系统》《油田埋地管道完整性管理支持系统》等软件系统，并在开发出的关键技术基础上进一步开展商品化工作，完成了《埋地管线腐蚀与防护地理信息系统》等多款自主开发软件产品的商品化过程。该类软件系统在国内多个大型油田、城市燃气等单位推广应用，受到了普遍的认可和好评。

早在 1996 年，嘉信总工程师杨子江基于均匀传输线理论开发出了埋地管道防腐层评价模型的多频管中电流法，公司推出了与之配套的防腐层检测数据处理软件 GDFFW（以管道防腐的汉语拼音字头命名，W 代表 Window 平台使用），通过在天津燃气公司等单位的长输及城市管道上的大量试验，不断地完善模型和优化软件应用流程。该软件于 1999 年 11 月正式上市，同时以 5.1 版申请了软件著作权。

在防腐层评价方法的初期，采用的是基于多个频率对管道进行重复检测，避开直接给出不易确定的参数，称之为“多频管中电流法”。但是，多频的方法是以增加检测工作量为代价的。实际应用中还发现，三频反演得到的电容、电感数值的合理性存在问题。在对模型应用方法的完善过程中，基于大量的检测数据分析，软件推荐出电容、电感等参数值，不要求进行三个频率的检测，也无需用户自己输入这些参数，提高了软件的易用性和检测效率。为了确切地反映方法的进步，将方法重新命名为“交变电流梯度法”。新模型取得了良好的应用效果，为用户提供了实用有效的检测手段，推动了防腐层检测技术的普及。

在 2003 年 4 月推出了基于交变电流梯度法的新版防腐层数据处理软件，支持当时主流的 Windows XP 系统，命名为 GDFFW xp。其评价方法列入了石油天然气公司的《埋地钢质管道外防腐层修复技术规范》(SY/T 5918—2004)。2010 年 7 月升级为 ESTEC xp，以英文名称字头命名的新版软件继承了嘉信防腐层评价技术的多年研究成果和应用经验，进一步精细化了交变电流梯度法的评价模型，优化了检测数据的录入、计算处理，优化了软件的应用流程，增加了输出相关图形结果及自动生成检测报告的功能。2015 年之后的版本仍不断引入嘉信公司的最新研究成果，并集成了亚米级 DGPS 管道定位数据，手持数据采集设备直接读取检测仪的埋深、电流等数据会同管道位置数据直接存储，大大地提高了检测效率，降低了后继内业数据处理过程中的工作量，还支持 GB/T 19285—2014《埋地钢质管道腐蚀防护工程检验》中防腐层分级的标准，受到了用户的普遍认可。

嘉信公司的专业软件开发分为两个方向，一是结合具体的检测仪器，开发配套的数据处理和结果评价软件，外防腐层数据处理软件就属于这个方向。除了 ESTEC 软件之外，公司还拥有阴极保护检测数据处理软件 CIPS-DView、杂散电流检测数据处理软件 SC-DView 以及金属磁记忆检测数据处理软件 G-MTM。专业软件开发的另一个方向是，结合运行管理需求的管道安全管理软件系统。这类软件并不绑定某一具体的检测技术，而是在多种检测数据基础上，结合提升管道管理水平的具体需求而开发的。它们一般是以行业或国家的技术标准为引导，具有软件体量大、与用户单位的生产实际结合紧密等特点。嘉信公司的这类软件产品包括：外腐蚀直接评价过程支持及数据管理系统 ECDA-Support、管道腐蚀与防护地理信息系统 CP-GIS、钢质管道合于使用评价软件系统 PFSAS、油气田在役管网风险管理软件系统 PRMIS、油田管网完整性管理支持系统 PIMIS 等。

3. 腐蚀检测领域的产品开发

在嘉信公司成立的初期，林守江等人就有自主开发检测仪器的愿望，也进行了多种尝试。尽管起步的几个产品还是技术简单、规模不大的仪器开发项目，但样机开发出来后品质的层次却一直提不上去，也就不能进行商业销售，最后的结果都是不了了之。回想起来，技术积累的不足是其根本原因，企业没有建立起检测技术及软硬件研发团队、缺少产品生产及质量控制等环节则是具体的表现。此外，国内产业中的配套环节，不能提供高质量的配件也是制约因素。直到2005年，自主开发的阴极保护静态数据记录仪（CIPS Logger），与英国DCVG公司产品配套销售，产品开发才取得了初步成效。在之后的十几年，林守江和他的开发团队基于国外产品代理过程中积累的技术，以愈挫愈勇的劲头，坚持走埋地管道腐蚀检测技术和设备的自主研发的道路，取得了一个民营小企业核心技术的突破。

借助于创新基金的扶持

1999年经国务院批准，科技部、财政部创立了科技型中小企业技术创新基金，由科技部科技型中小企业技术创新基金管理中心实施管理，是一项专门用于扶持和引导科技型中小企业技术创新活动的政府专项基金。主要通过无偿、贷款贴息和资本金注入等方式，对初创期、商业性资金尚不具备条件、最需要由政府支持的各种所有制类型的科技型中小企业的技术创新项目给予资金支持，促进高科技技术成果转化、加快高新技术产业化进程，引导地方政府、企业、金融机构对科技型中小企业进行投入，为中小企业走创新之路、顺利进入成长期起到铺垫作用。

2004年在北京航空航天大学当教授的同学，将创新基金的申请机会和申请方法告诉了林守江。那时，创新基金并不为绝大多数企业所知晓，知道的也认为申请难度太大，能够成功申请的企业更是寥寥无几。嘉信公司在天津市科委的引导下，以《埋地管道腐蚀与防护地理信息系统》的开发项目成功地申请到科技部中小企业创新资金60万元的无偿资金支持，天津市科委配套了30万元的无偿资金。这次创新资金的成功申请，极大地鼓舞了公司技术开发团队的信心，因为得到国家科技部的资金支持，使得技术开发人员认识到所从事的开发项目是国家认可的、有前景的技术开发。同时，获得创新资金的支持极大地提升了行业对嘉信公司技术水平的认知度，提高了产品的市场接受度。此外，90万元的资金对于2004年企业也是一笔不小的款项。林守江将这笔资金都用在购置研发设备和提高开发队伍的规模和待遇上。自此公司才有财力组建自主的产品开发团队，也为之后的多款自主产品的开发打下了人才的基础。

2005年公司正式成立产品研发部。引进和自主培养了具有多年从事嵌入式硬件研发、埋地管线探测技术、专业GIS应用、应用软件开发等工作的专业人才，在之后的三年中立项开发了JX-SCM杂散电流检测仪、PCM Logger数据记录仪、IPL瞬时电位记录仪等产品。

防腐蚀检测仪器的开发

防腐层是防止和减缓管道腐蚀的重要手段，管体的腐蚀往往是因为防腐层失效，使管体不能受到有效的保护导致的。尽管防腐层破损点处的管体不一定发生腐蚀，但可以说，发生管体腐蚀处的防腐层一定失效。这就为通过管道的外防腐层漏点的检测，进而找出管体的腐蚀点提供了技术上的可能性。此外，在非开挖条件下对防腐层的有效性实施检测是当前腐蚀检测项目中最为成熟、实施最为简捷的方法，也是该检测方法最广泛应用的重要原因。

2008 年嘉信公司以《埋地钢质管道腐蚀与防护检测评价系统》项目第二次成功地申请到创新基金的支持，项目是开发 DCVG/CIPS 检测仪器的软硬件系统。也正是以此为标志嘉信公司开始了主流检测仪器硬件的自主研发，已不再是只能做国外仪器的配套部件和软件。由于对公司自身硬件开发能力没有把握，核心硬件模块的 DPS 数据信号处理板是委托北京化工大学老师做的。项目开发过程历时了一年多，还不是很成功。其原因倒不是委托的老师水平不够，而是嘉信公司对 DCVG/CIPS 检测技术需求的本身认识不深，这就导致开发的过程中，需要不断修正开发的需求。从嘉信的角度好像也属于正常，但对化工大学的老师则是难以接受的，加上高校教师没有多大兴趣持续地做完善工作，因此直到项目结束，也仅仅开发出一个原型样板，距离能够应用的检测仪还有很大的差距。

基于这样的开发经历，林守江下定决心培养嘉信自己的高水平硬件开发人员，以便能够在已经做完的开发板上把完善的工作坚持下去。表面上看，从事仪器开发的公司引进一两名硬件开发人员不会是一件很难的事情，但真正操作起来却并不简单。事实上，一个公司的技术实力、经济能力决定了能够招揽来什么层次的人才。而要想长期地留住人才，单纯地舍得投入是不够的，还必须有与人才层次相适应的开发项目。此外，企业在其他方面的配套条件也要到位，否则最终的人才流失是不可避免的。嘉信公司的软硬件开发队伍从组建产品开发部算起，到最终形成稳定的、有较高技术层次的开发队伍前后经历了近十年的过程。这期间尽管也能不断地有新产品开发出来，但就开发进展来说，基本是进两步退一步的状态。DCVG/ CIPS 检测系统到 2017 年正式上市，经历了近十年的多次推倒重来的开发过程，其中有产品开发过程不断迭代完善的过程，也有开发人员流失导致部分板块重新开始的因素。

开发主流的检测仪器产品面临的另一难题是商业规模的限制。一个新开发的产品在试产初期很难有较大的销量，难于支撑商品化的投入。比如仪器的机壳，成熟的商品一定是用模具加工出来的，然而开个简单的模具就要十几万元，生产单位一般也只有几百套的起订量。这样的数量在产品初期很难被接受。更为严重的是初期产品可能很快面临修改完善的需求，几百套机壳可能用几套之后就面临废弃的问题。几台初级产品的收入无法承受如此规模的浪费。这个进退维谷的境地就导致国产仪器开发成功者寥寥的严峻现实。

嘉信公司采取了循序渐进的开发战略加以应对。通过国外代理产品、仪器配套软件、外围硬件产品的销售为公司的持续投入积累财力，同时科技创新基金的支持也起到了至关重要的扶持作用。在应对机壳这样品质要求很高的部件，采用高精度数控机加工方式委托单件生产，尽管单套机壳的成本是模具生产方式的十几倍，但这个成本是可以承受的，高品质的要求也能够满足。嘉信 DCVG/CIPS 仪器用于外加电流阴极保护管道的外防腐层及阴保有效性的联合检测，具有同步实现密间隔管地电位和防腐层缺陷精确定位的功能。自主产品功能除了具有国外产品的全部功能之外，还具有自动识别探杖位置、指示缺陷方向等独特的功能。依此公司成功申请了发明和实用新型专利各一项。

PCM Logger 手持记录仪是 2011 年开发成功的。它在嘉信早期数据采集器产品的基础上，从联想 PDA 平台迁移到集思宝的亚米级移动 DGPS 平台上，以蓝牙通讯方式实现检测采集、自动计算测点间距、多项防腐层检测数据存储等功能。该产品研制过程中硬件开发内容很少，主要难点是破解分析 PCM 的通信协议和基于 Windows Mobile 平台的软件开发。该记录仪的检测数据分析和多数据源整合，故障点位置的 DGPS 精确回找等功能是新产品的亮点，通过自动全方位采集数据提高了检测效率。类似产品还有密间距静态数据记录仪 CIPS-Logger，其用途是与英国 CIPS 检测仪配套，长时间记录测试桩或试片的电位，为 CIPS 动态检测消除杂散电流干扰提供静态电位数据。

针对行业痛点的产品研发

近些年来，埋地管道的杂散电流，特别是动态杂散电流的危害引起了行业的高度关注。在轨道交通系统中，一般采用交直流牵引走行轨回流的驱动方式。一旦回流通路与大地的绝缘出现问题，巨大的电流就会流入大地，对地下金属构筑物形成强烈的腐蚀，使得它们在短时间内发生腐蚀损伤。城市中的埋地管网分布广、密度大，杂散电流干扰会严重地威胁埋地管道等地下构筑物的运行安全，一旦发生泄漏事故，往往会造成灾难性的后果。由于动态杂散电流干扰用传统技术手段难于检测，盲目采取的排流措施成效很差，成为急需解决的技术难题。嘉信公司率先引进了英国雷迪公司的 SCM 电流检测系统，并在 2009 年通过在中石化华南分公司的成品油小广线上应用，成功地检测出受广州地铁 4 号线驱动电流危害的动态杂散电流的干扰模式和流入 / 流出点（见图 23-5），开启了国内检测动态杂散电流检测工程的新领域，嘉信公司也以此拓展了销售 SCM 检测系统的新业务。

在此后的 2012 年，嘉信公司开发出了瞬时电位记录仪 IPL。它是基于 CIPS-Logger，专门用于管道杂散电流检测的专用设备。由于英国雷迪 SCM 在动态杂散电流检测时要求至少四台检测仪同时工作，近百万的采购费用很多单位承受不了，而 IPL 只检测电位的功能设计较 SCM 检测仪的操作更为简单，价格只有 SCM 的四分之一，能够与昂贵的 SCM 仪器一起组成动态杂散电流检测系统。

图 23-5　率先应用 SCM 检测动态杂散电流

2013 年成功地开发出杂散电流检测记录仪 SCL（见图 23-6），这是一款具有地面上遥测管道上杂散电流大小和方向的检测设备。采用国产军用磁力仪作为传感器，基于嘉信公司专利电流遥测技术，其杂散电流检测精度比英国 SCM 高出十倍。此外，通过采用工业级平板电脑操控、蓝牙连接、USB 存储等先进的微电子技术，克服了英国 SCM 十余年技术未升级而带来的种种弊端，具有明显的后发优势。在 SCL 和 IPL 的研发过程，嘉信公司获得发明专利和实用新型专利各 2 项、软件著作权 3 项等自主知识产权。由 IPL+SCL 组成的动态杂散电流检测系统价格只是同规模英国 SCM 动态系统的一半，因而大受欢迎。

图 23-6　嘉信公司 SCL 仪器

非开挖检测管体腐蚀技术的研发

钢质管体的腐蚀损伤是危害运行安全最为直接的因素，会严重降低管道的结构强度、降低承压能力、增大运行风险、增大维修费用、缩短服役寿命甚至威胁整个输送系统的安全，也自然成为行业最为迫切的检测技术需求。然而，当前准确地检测管体内外腐蚀损伤的非开挖方法是实施内检测，但很多埋地管网是很难甚至无法实施内检测的。对于这些管道实施腐蚀检测评价的推荐替代方法是“外腐蚀直接评价（ECDA）

技术”，对应的技术标准是石油天然气的行业标准 SY/T 0087.1，它是美国腐蚀工程师协会标准 NACE SP 0502 的国内版本。

ECDA 将外腐蚀直接评价的实施过程分为四个阶段，即预评价、间接检测、直接检查和后评价。其外业检测是在管道上方的地面实施的外防腐层、阴保有效性等方面的间接检测。在间接检测结果的基础上，选择开挖点，对管体实施直接检查，综合两方面的检测评价结果得出管道运行安全的评价结论。实施管道缺陷处的直接检查，不但开挖探坑成本费用大、危害管体承压的稳定性，还存在的技术问题是，采用常规超声测厚等手段对管体上的蚀坑、减薄等方面的检测存在着很大的局限性，就是开挖出的管体腐蚀点未必能够真实反映整条管线的腐蚀损伤状况。此外，当管道内部结垢或管径过小时往往会存在较大的测量误差等问题。由此可见，管道行业急需能够在非开挖条件下实施管体检测的技术手段，以便对众多无法实施内检测的管线的运行安全状况进行检测评价。

金属磁记忆检测技术（MTM，也称为磁应力检测）是一种无需与被检测的管道接触，不施加任何激励信号，便能够在管道上方地面检测出管体缺陷，评估管道安全级别的检测技术。该技术起源于俄罗斯能源动力诊断公司的 MMM 应力集中磁检测技术方法，2010 年前后，俄罗斯的川斯科（TRANSKOR）公司将该技术带进到国内，并在中石油的管线上进行了应用，取得了一定的成功。但是，由于该公司对磁记忆检测技术的宣传过于高调，强调能够替代内检测，加之后期国内部分代理商和效仿者过度炒作，致使国内的管道科研院所、管道业主单位对该项技术的期望值过高。而实际检测的应用效果并没有达到人们的期望，在缺陷的分级评价结果上的符合率也不那么理想，使得管道行业对该技术总体是失望状态，因此未能在行业中推广开来。

磁记忆检测的应用流程是：沿着管线路由进行检测，采集磁场畸变信号，记录其位置的相对距离和 GPS 坐标等信息。这些信息反映了因制造、建设、运行过程中形成的缺陷，以及管体缺陷而导致的应力集中。通过专业的检测分析软件对检测数据进行分析及计算，比照缺陷数据库得出缺陷检测的结果初步报告。之后选择开挖点进行验证开挖，应用接触式仪器验证评价结果，分析人员据此调整分析参数，得出最终管体磁力异常位置、异常严重等级、安全运行压力和安全运行期限等结果，并出具检测的最终报告。

嘉信公司从该技术进入国内之初，就在密切关注其应用发展情况，同时对金属磁记忆技术原理进行了深入研究。林守江认为，这项技术在填补非开挖条件下实施管体检测方面有着无可替代的市场需求，但需要国内检测技术开发单位在广泛应用的基础上进行深入的研发和完善。同时，客观地认知和评价该技术的优点和局限性，通过自主开发国产的金属磁记忆检测设备，并在工程实践中不断积累应用经验。通过客观的技术推广宣传，使行业对该技术有符合实际的期望，并在国内工程技术人员掌握数据分析评价技术的基础上，大幅降低检测的工程费用，进而为行业提供另一个评价管体安全状况的技术手段。

图 23-7　嘉信公司 MTM 仪器宣传图

正是基于对磁记忆检测技术市场前景的认识，嘉信公司经过长达 6 年的研发进程，以及在大量工程实践中不断摸索数据分析的经验，于 2016 年成功地开发出了商品化的金属磁记忆检测仪 JX-MTM，以及检测数据分析软件 G-MTM。嘉信的磁记忆检测系统填补了国内非开挖条件下管体检测技术的空白，其优良的产品品质使得在行业内的接受度不断提高，产品已于 2017 年成功上市（见图 23-7），数据分析软件 G-MTM 成功申请了软件著作权。

导致钢质管道发生失效事故的另外一种形态是管体发生开裂。这种失效形态是由管道施工过程中的焊接缺陷造成的，或是因埋设地域的地质灾害而产生局部应力集中从而引发的开裂，且大多发生在管道的焊口处。近几年在长输油气管道上多次发生了这类事故，运行单位采取的应对策略是对在役管线实施全面的焊口缺陷和应力集中排查。传统的开挖检查方法不仅施工费用巨大，而且实施效率也过于低下。嘉信公司应对这个新兴的市场需求，基于多年对金属磁记忆检测的技术开发和工程经验的积累，于 2017 年成功地开发出埋地钢质管道焊缝缺陷检测仪 PWDL。该设备基于经典铁磁学理论，采用磁力仪检测因管体的应力集中而形成的磁场畸变信号，具有焊缝位置的精确定位、内检测埋地磁标等定位、焊缝缺陷的定量检测评价等功能，为油气管道运行安全保障环节的异常焊缝筛查、分级评价、失效风险评定，以及内检测缺陷地面位置的复核等需求提供了强有力的非开挖技术手段。一经推出就得到了市场的普遍接受，在西气东输等标志性的管线上成功应用，成为嘉信公司腐蚀检测领域的另一款有竞争力的产品。

2018 年，嘉信公司开发出了智能阴保电位监测记录仪 MDL，它是一款具有与加拿大 UDL-2 功能相近的微型监测设备。该产品是集微电子开发领域的低功耗产品开发能力，以及阴极保护检测需求的深刻理解之大成，具有使用流程更贴近国内行业应用实际、配套管理软件可定制、适用场景更为宽泛等特点，是可用于长时间记录测试桩处管道上交直流电位、电流、断电电位的微型设备。该产品在生产环节，通过严格的元器件筛选、高低温极限环境下的可靠性测试，使其质量品质成功地超越了国外产品，践行了用国产仪器来替代国外产品的理念，成为嘉信公司实施品质战略的又一力作。

穿越管段超深管道检测设备的研发

近些年来国内普遍应用的定向钻施工方法，大大提升了管线穿越障碍物的施工效率，也在降低施工费用、缩小施工影响等方面发挥出巨大的优势。穿越管段的埋深普遍为十几米甚至几十米，常规管线仪在超过十米的埋深测量上精度大幅下降，不能满足工程上高精度测量的要求。这就激发了管道行业新的需求——超深管线的定位检测。

提升电磁法定位检测精度的技术路径有两个环节：一是增大探测位置上目标管线上的信号强度，以提升探测环境内的信噪比；二是提升微弱信号的拾取能力，通过开发高性能的传感器以及优化后继信号调理环节的滤波能力，实现高精度、抗干扰地测量管道上的信号。

在超强信号供入环节，单纯提高单套发射装置的电流输出能力是不能有效地解决问题的。这是因为检测电流信号在管线中传输时随距离增加呈指数衰减趋势，采用单端施加信号的方法，在穿越段中间管段最深的区段信号衰减幅度很大，而这个部位恰恰是需要最强信号的。而常规设备采用双端供入信号时因为信号无法同步，则会在穿越段的中间部位形成相位叠加错乱，不能有效地增强超深区段内管线上的信号强度。在开发过程中，嘉信将 CIPS 检测项目中开发的卫星同步控制技术应用到发射机上，通过精确控制交流信号的相位同步，达到双端供入信号准确叠加的效果，开发出了卫星同步检测信号发射机 SST。

在提升微弱信号的拾取能力环节，通过重新设计电磁感应传感器，应用空芯线圈及 5Hz 带宽的加强滤波电路，使仪器的微弱信号拾取能力比国外同类产品提升了一个数量级。基于这些关键技术开发的超深管线接收机 UPR、卫星同步发射机 SST 组成了嘉信的超深管线定位系统 UPL，可实现陆上穿越的超深管段的定位和埋深测量，有效测深能力到达 30m。该项技术对保障超深穿越管段的管线安全、避免施工破坏具有重要意义。

腐蚀评价专业软件的发展

就行业的属性来说，单纯软件开发无疑属于 IT 行业，在当今“企业信息化转型”“互联网 +”口号喊得震天响、软件开发行业红得发紫、互联网深深地改变着人们日常生活的社会大背景下，的确催生出了大量的软件需求。由此，我国涌现出了众多的软件公司，开发出了大批的软件；很多创业者选择行业时往往也会从事软件开发。似乎一个企业不开发软件，老板出门都不好意思跟人打招呼。

然而，仔细地考察软件开发行业的状况，特别是将国外的软件产品与国内的软件进行对比后发现，我国的软件开发大多数处于低水平的重复，软件产品的同质化现象严重。在专业软件领域这种情况更为明显，国外的一套专业软件，少则几十万美元，多则几百万美元，而我国专业软件数量少、功能弱、售价低。从事专业软件外包的软件公司情况则更糟，几十万、上百万元人民币的承包合同，也要几个人甚至几十个人干上一两年，除去给员工发工资几乎没有利润。加之软件行业较高的人员流动性，外包软件公司几乎谈不上人才技术的积累。在前些年 IT 行业的所谓风口期，靠资本市场的推动，这些企业尚可以支撑，近两年 IT 行业风口过后，大批 IT 企业倒闭就不足为奇了。

具有很强软件专业背景的林守江深刻地理解软件产品的核心在于软件背后的专业技术，而非软件开发工具甚至软件开发技术本身。除了那些操作系统、数据库之类的系统软件外，软件只是作为专业技术的载体而存在，检测行业的软件更是如此。正是基于对软件开发和检测行业的理解，林守江在腐蚀评价软件产品开发上，把开发重点放在腐蚀评价的技术上，这也恰恰是嘉信公司的强项，也是自主研发的方向。

在检测数据处理和腐蚀评价软件的开发方面，2011 年嘉信公司开发出杂散电流数据处理软件 SC-Dview，可兼容 JX-SCM（嘉信自主产品 IPL 和 SCL 组合）和 RD-SCM（英国雷迪杂散电流测绘仪）的检测数据，为用户探明埋地管道的动态杂散电流干扰分布状况，评价杂散电流危害程度，为治理干扰危害提供数据支持，为评价排流保护设施效果提供了强有力的技术手段。2011 年，开发出阴极保护检测数据处理软件 CIPS-Dview，该软件预处理功能能自动删除现场检测过程中产生的无用数据，消除自动测量模式下的 GPS 累积测量误差。使用 CIPS-DView 软件可以将静态、动态检测数据对比显示，以便于用户进行分析评判；动态电位的修正功能，用于消除杂散电流干扰对管地电位测量的影响。

2011 年，嘉信公司自主立项开发了 ECDA 过程支持与数据管理系统，它是根据 NACE 的技术标准，针对国内的实际情况而研发的。ECDA 支持系统可以有效地组织和存储 ECDA 检测过程中产生的大量数据，并以图形化的方式显示数据的变化趋势，为用户查找管道缺陷、制定开挖计划、分析开挖检查结果提供了直观方便的技术手段。

2016 年嘉信公司与包头市特种设备检验所合作，开发了《城镇燃气管道合于使用评价》软件系统，该项目针对城市中 GB1- Ⅰ、Ⅱ、Ⅲ等级别的公用管道安全管理需求，开发出管道安全的检验检测和评价方法，解决了现行合于使用评价技术标准规范覆盖面不全、可操作性差等问题。该项目已于 2019 年初成功通过了内蒙古自治区组织的验收。通过技术合作既取得了合作单位技术力量的支持，也获得了开发成果的应用机会，项目经费还为企业的持续研发投入奠定了资金的基础。

软件产品同样存在品质问题，甚至更为重要和迫切。受过十年专业软件训练的林守江对IT行业的“码农现象”深恶痛绝，认为社会上的软件开发培训机构三个月就能培养出所谓的“程序员”是在误人子弟。很多大学的软件学院培养出来的毕业生专业能力根本不能胜任高品质软件产品的开发工作。林守江利用自己的深厚软件功底，对每名加入企业的软件人员从开发的基本功抓起，重新进行专业技术训练，并长期参与和指导公司软件开发的过程。同时设置专门的软件测试人员对软件产品进行严格的测试，并建立用户反馈机制，收集用户在应用软件过程中的意见和建议，通过软件产品的迭代开发，达到有效提升嘉信软件品质的目的。防腐层数据处理软件ESTEC在行业中行销二十余年就是品质的明证。

4.水下管道检测技术的开发

时至今日，国内高端检测仪器市场仍然是欧美等发达国家的产品占据主导地位。国内检测仪器的研发起步晚、核心技术的开发投入不足固然是主要原因，但国产仪器的品质差也是另一主要因素。国产检测仪器要想立住脚跟，必须要开发自己的核心技术，同时还要在产品的品质，特别是可靠性上下功夫。这说起来容易，做起来就远没那么轻松了。一方面，需要在研发上持续投入，在关键技术上突破和积累；另一方面，要在生产环节狠抓质量，精益求精也是必修课。长期以来仪器厂家习惯于模仿别人的产品，不图好只图快的所谓“弯道超车”的社会舆论助长了企业只想挣快钱的风气，在产品的品质上也满足于差不多，不愿意去静下心来专研生产工艺。品质的差距有管理上的原因，也有国人缺少精确性的深层次文化背景的因素。

当前，国产的检测设备就种类而言，其实已经与国外先进国家没有很大差别了，差距就在精度不高、可靠性差。而精度不高、可靠性差的关键又在于我们技术开发上“格物穷理”的精神不足，多数环节或细节不断地打磨和完善的功夫做得不够，大部分国产仪器“形像实不像”，导致检测单位宁肯花大价钱买“洋货”，也不愿花低价支持“国货”。所以，国内仪器要在品质上追赶国际领先水平还有很长的路要走，必须经过几十年的努力和坚持，与不求精确的做事习惯做不懈的斗争！那么，在许多国产管道检测仪器没有获得国人的信任的大背景下，嘉信的产品又是怎样取得了国人信任的呢？

2011年，嘉信公司与中石油工程技术研究院开展了浅海油气管道检测技术和检测ROV合作研发。经过两年多的艰苦攻关，开发出了浅海海底钢质管线腐蚀与防护检测 ROV 系统。该系统后来在唐海油田、中海油渤海湾的海底油气管线上成功地进行了工程应用，取得了良好的应用效果。

长输油气管网中穿越江河的管道数量在逐年增加，穿越管道往往采用定向钻 - 拖管的方式进行铺设，外加电流阴极保护。在穿越过程中，因地质条件、多次反复拖拽等情况使得外防腐层受到不同程度的损伤，加之穿越段防腐层没有修复条件，仅能依靠阴极保护这道最后屏障来控制管体腐蚀。然而，常规的地面检测方法无法直接应用到江河穿越段的检测上，致使运行单位对水下管道外防腐以及阴极保护情况无法准确掌握，管理盲区给管网运行安全带来了巨大隐患。

基于浅海油气管道腐蚀检测 ROV 项目的研发成果，将海底管道检测技术与陆上管道检测技术相结合，2015 年嘉信公司成功开发出了专门应用于长输油气管网穿越江河管道的检测系统 River-ROV。作为专用检测平台，应用的技术涉及管道定位、微电子、数学模型及软件开发、捷联式惯性导航、远程控制、机械工程、声呐探测及成像技术以及机器人技术等复杂的技术领域，对公司的开发能力提出了前所未有的高要求。特别是水下 ROV 平台的开发从零做起，林守江带领着技术团队以蚂蚁啃骨头的精神，攻克了一个又一个技术难关，完成了从原型机开始到成熟商品的研发过程（见图 23-8）。

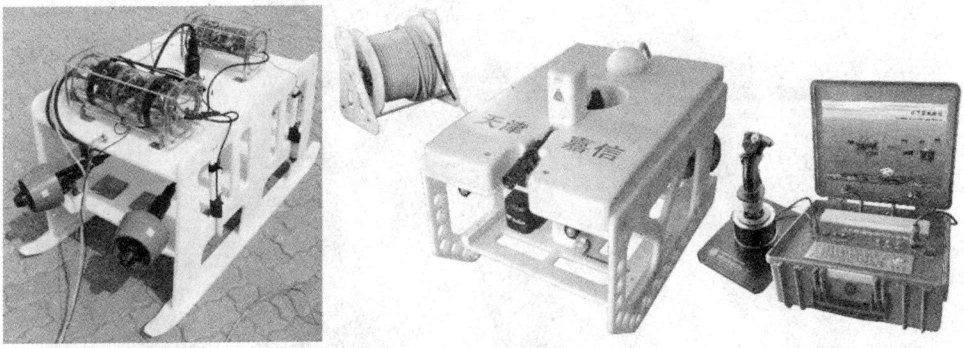

图 23-8　2012 年 ROV 原型机与 2018 年商品机

开发和生产这样一个复杂的专用检测平台，可靠性是能否成功的关键。早期研发的 ROV 原型机性能初级、造型简单丑陋尚在其次，主要是不断出现的各种各样的故障严重困扰着研发团队。在早期的浅海实验过程中，要有维修人员随行保障进行不断的修理。林守江认识到质量控制在产品开发和生产环节的决定性作用，因而成立了品质控制部门。通过引进原来摩托罗拉公司的质量控制专业人员加入公司，建立公司研发和生产环节的流程和质量控制体系，从元器件选型、采购、生产流程、产品可靠性检验等方面开始了品质控制及管理的进程。为了能够顺利推行全方位的品质管理，林守江在公司的全体会议上指出，如果不狠抓研发和生产过程中的质量控制，公司检测仪器产品的自主发展就是一条死路。任何不配合流程实施、不建立品质意识的员工都会被清除出公司。此外，公司还投资购买了元器件筛选、高低温产品老化、振动实验等设备，开始了向品质管理要产品质量的艰辛历程。

对一个从零做起进行检测仪器研发生产的企业来说，员工们已经习惯了没有流程管理、头疼医头脚疼医脚的工作方式，甚至认为引入流程就是没事找事，影响工作效率。建立流程意识，狠抓产品质量就是一个自我革命的过程。也正是基于这样的认识并坚持不懈地在贯彻流程的过程中，不断优化流程管理，提高员工的品质意识，使得整个产品线在品质上完成了一个脱胎换骨的蜕变。

从原型机到成熟商品的发展过程中，及时有效地获得改进需求是关键，而在实际应用中发现存在的缺点和不足是最为有效、最为重要的方式。在水下管道腐蚀检测ROV长达七年的改进升级过程中，就是通过一次次的现场应用中不断验证设备的功能，获得进一步改进的方向和着手点，也是在这样的过程中逐步建立起了开发团队乃至客户的信心。其中ROV在2017年3月检测金陵石化穿越长江的两条输油管线就是十几次验证检测中最为关键的一个应用过程（见图23-9）。在长达两周的施工中，成功地探明了穿越管段的敷设状况，获取了腐蚀及防护状况、管线位置及覆土层等关键资料，受到委托方中国特检院的高度赞誉，并采购了该产品。

图23-9　2017年3月ROV检测穿越长江的中石化水下管道

尽管之前ROV在中石化广州蕉门水道、中石化金扬线、胜利油田孤东采油厂原油外输线、中石化华南成品油管线等穿越江河的管道上进行了验证或是实施了检测，但由于穿越长江的检测施工具有江面宽、流速大、过往船只频繁及航运管理严格等工程实施的难点，也是对ROV系统成熟度和可靠性的挑战和检验。也正是在长江上的成功应用证明ROV完全具备了国内各种大小河流下穿越管道的检测能力，建立起开发和生产团队的信心，证明了品质管理流程的成效，向国家特检院等潜在客户展示了ROV系统良好的性能，为ROV产品后继的市场开拓工作打下了坚实的基础。

经过了近七年多的潜心科研攻关、迭代升级以及不断的改进完善，江河水下管道腐蚀检测ROV于2018年定型，投入商品化生产。2018年5月在天津赛象酒店举办了嘉信公司“江河水下检测 ROV 系统产品”发布会，产品正式上市。

嘉信公司的江河水下管道腐蚀检测评价 ROV 系统，融合了多种先进检测技术，实现了对穿越管段全方位的综合检测和评价，使运营单位能够及时准确地掌握水下管道腐蚀及防护状况，并可基于评价结果采取加大保护电流、补加牺牲阳极等方式，提高管道安全水平，为石油化工、燃气以及油气集输等行业管道运行管理提供功能强大、技术先进、方便实用的技术手段，为提高水下穿越管道的腐蚀控制管理水平奠定了设备基础。

2019 年，嘉信公司的《海底管道腐蚀与防护智能检测技术研究与应用》获得了天津市科委科技支撑重点项目的资金支持，开始了海底油气管道腐蚀检测技术和设备的研发攻关，将在 2021 年项目完成之际，为海洋石油管道的运行管理提供又一强有力的检测手段。

5. 嘉信公司的技术理念

埋地钢质管道的腐蚀检测施工大多属于隐蔽工程的施工范畴，涉及材料腐蚀与防护、电磁学、微电子技术、数字信号处理等技术领域，检测对象处于摸不着看不到的状态，主流的技术手段为间接检测方法。腐蚀检测项目要应用到多种检测手段才能够完成任务，这对工程的组织和实施提出了很高的技术和管理要求，从业者不但要有扎实的技术功底，还要有强烈的责任心。特别是外业检测工作中，对技术原理的深刻理解能够帮助用户更好地发挥出仪器的功效，科学准确地解读现场检测中的仪器反应，作出分析判断，并在开挖环节对照验证结果不断地积累检测经验。嘉信公司在多年的仪器推广应用中，充分体会到技术支持对提升行业检测仪器应用水平的重要性，并走出了一条具有嘉信特色的、能够有效推动行业技术发展的道路。

培训是最好的技术支持

当前，国内应用的检测仪器在技术水平、型号种类、技术指标以及发布时效等方面已经能够与国外同步，但在应用的实际效果上，则有很多需要提升之处。其主要原因在于，由于管道检测工程属于新兴行业，从业者多数没有受过科班的专业培训，技术水平参差不齐，这些因素往往致使昂贵的检测设备并没有发挥出应有的功效，直接影响了检测项目的施工质量。此外，国内管道行业的管理水平、商业环境在一定程度上也影响到检测工程的施工质量，比如重建设轻管理的观念、工程招标低价中标等等。

作为专业的检测技术和设备的提供者，嘉信公司充分体会到技术支持对用户单位的重要性，所以特别重视客户的技术支持。林守江在多年产品开发和市场推广经验的基础上，总结出检测仪器市场的两条规律：“产品的品质比其功能更重要、客户的技术支持比价格更重要”。也正是基于这样的认识，林守江特别强调从事技术支持人员的技术功底，通过不断的内部和外部培训提高队伍的专业能力。在产品培训环节上，公司通常为仪器的用户提供两次技术培训：在产品交付的同时，提供一次基本的技术培训，只是教会用户的仪器操作；在用户有了一定的使用经验之后，进行第二次培训，培训的重点在仪器使用技巧和经验的传授上，通过与客户一同在现场进行施工，帮助使用者更加深入地理解仪器的工作原理，掌握现场施工过程中遇到技术难题的处理方法。这种培训方式大大提高了用户的仪器操作水平和使用技巧，充分发挥出仪器的功能。

系统的理论培训和实践经验的交流，是提高检测行业从业者技术水平的另一重要途径。1998 年，天津嘉信与天津大学材料学院共同组织了第一次埋地管道防腐层检测技术研讨会，从 2005 年开始，每年定期举办埋地管道腐蚀检测技术培训班。仅 2019 年就培训学员 140 多名（图 23-10 为 2019 年腐蚀检测技术培训班剪影）。培训采用 7 天集中封闭式学习方式，天津大学材料学院的王芷芳教授、中石油工程技术研究院的韩文礼高工、中国石油大学管道技术与安全研究中心主任董绍华教授、著名阴极保护专家冯洪臣高工等知名专家都被请来授课。林守江本人负责讲授《埋地管道检测及评价技术》的课程。培训内容既有理论也有实践，理论培训包括：腐蚀基础知识、钢质管道腐蚀控制及阴极保护原理、腐蚀检测及评价、腐蚀控制及阴极保护的设计与施工、阴极保护施工技术及案例、动态杂散电流检测治理技术及案例分析、埋地

图 23-10　嘉信公司 2019 年腐蚀检测技术培训班

钢质管道检测仪器使用等；现场培训包括：土壤电阻率的测试、地电位梯度测量、阴保电位、牺牲阳极性能测试等，以及管线检测仪、防腐层检测仪 PCM/DM、杂散电流检测仪 SCM、DCVG /CIPS 仪器的使用等内容。

防腐蚀（腐蚀检测）专业技能培训班还借助中国工业腐蚀协会、中国腐蚀学会等平台，根据学员从事埋地管道腐蚀控制工作的经历，颁发国家人力资源与社会保障部的防腐蚀技师、中国腐蚀学会防腐蚀工程师的任职资格证书。少数成绩突出、有工作成果的学员则颁发高级技师 / 高级工程师证书。

通过聘请顶尖的技术专家进行理论和施工经验的授课，用心地组织培训内容，配套现场教学，加之建立学员之间的经验交流平台，使得学员们在工作实践过程中遇到的技术难题得到了系统和高实用性的解答。这样的培训方式得到了检测行业的普遍欢迎。对于嘉信公司来说，在成功地拉近客户关系的同时，也大大提升了企业在国内的知名度和认可度，树立了良好的口碑。不仅使学员大有收获，也得到了中国工业腐蚀协会、中国腐蚀学会专家领导的赞誉，肯定了培训班为提高管道检测行业的从业者的理论及仪器操作水平起到了重要的推动作用。

技术开发长远规划的核心在于人才

中国社会已经进入了以“知识经济”为特色的后发展阶段，社会结构将从“物质架构”向“知识架构”转变，人才会却越来越贵、越来越稀缺。这折射出了一个重大的社会趋势：人才资本正在崛起。哪个企业拥有人才就拥有未来。

在多年的自主创新发展历程中，嘉信公司始终坚持以先进理念培养和锻炼员工队伍；用“以奋斗者为本，实现企业和员工的相互成就”的激励和发展理念，培养人才、留住人才；在不断发展过程中为员工的长期发展和成长创造足够的舞台和空间，打造出了一支有战斗力和工作活力的研发团队。

企业的自主创新取得显著成果必须经历一个长期的发展过程，只有经过不断地研发、积累和沉淀，才能发展出自己的核心技术，开发并不断完善具有竞争力的产品。而将这个过程坚持下去，就不能仅仅局限于简单的盈利目的。企业家必须要有战略眼光，企业要有使命感，员工要有共同的信念。同时也可以说，正是将为检测行业发展作贡献作为企业的历史责任感把嘉信领上了自主创新的发展之路，也正是林守江以他的战略眼光，带领他的员工凭借共同的信念在自主创新发展的道路上坚持走下来的。

针对嘉信的技术理念，林守江将其总结为研发战略和品质追求两个方面。研发战略是：立足管道检测行业，坚持产品技术的持续研发，提升企业的核心竞争力；品质追求是：致力于研发和生产具有国际品质的埋地管道检测仪器产品，以精益求精的精神提升产品和服务品质，以“死磕”的态度专注于管道检测领域，用“持续迭代”不断完善升级模式，打磨出高品质的腐蚀检测仪器产品和技术服务。就是这样的队伍成功地开发出了具有完全自主知识产权、具有国际水准的埋地管道检测仪器产品系列（见图 23-11）。

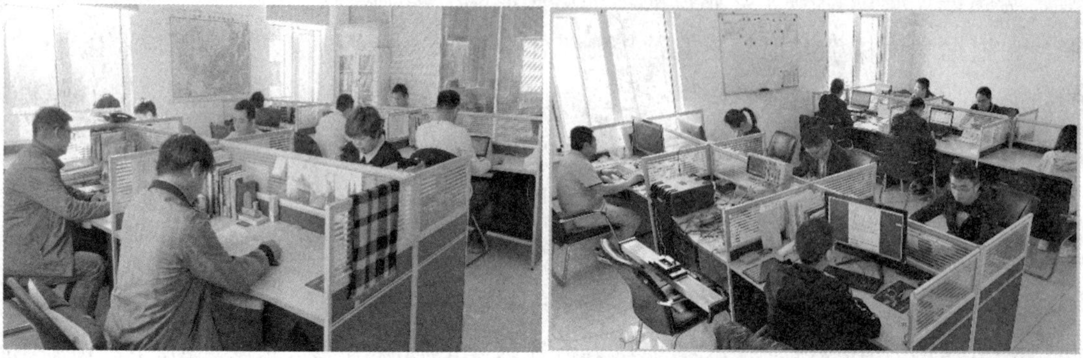

图 23-11　嘉信的技术开发与产品研发团队

企业文化是行稳致远的不竭动力

回顾嘉信公司的自主研发的历程，我们会有这样一种体会，林守江的嘉信之所以能够在创新发展的道路上砥砺前行，通过自主研发、精良生产、持续迭代的过程，成为我国管道检测行业技术的领导者，就在于他们始终具有开拓进取的企业信念，在于他们把推动检测技术进步当作一种事业来追求。林守江将员工的行为准则概括为：“简单相处、真诚协作、用心工作、幸福生活”，并要求每个员工把这十六个字的表述放在电脑桌面上，作为日常工作的行动指南。

感恩是嘉信公司的企业文化的另一重要内容。在每年春节假期之前公司都会对员工进行感恩父母的教育，要求年轻员工从感恩父母做起。嘉信的感恩文化还包含对合作伙伴和客户的感恩，在 2018 年的江河水下检测 ROV 系统产品发布会上，林守江在讲解了企业文化之后充满感情地说：

嘉信人知道，我们的每一点成绩都是伙伴们的不断鼓励和鼎力相助的结果，也正是这样的信任与支持，使得我们更加努力，不敢有丝毫的自满和懈怠；我们绝不敢辜负这份信任，绝不让一如既往支持嘉信的贵人们失望，绝不让嘉信的品牌蒙羞！这份信任和支持将伴随嘉信人不断开拓进取的脚步！

2020 年的春夏交替之际，我完成了对林守江及其嘉信公司 26 年艰辛创业路溯源材料的整理。在一次对历史事件的核实沟通中，林守江说道，《管子》中说：“士农工商四民者，国之石民也”。当今社会的“士”不仅仅对应的是先秦时期的“士大夫”们，也应该包含“商”中的“知识型人才”，如果他们拥有家国情怀，也可以兼济天下。《汉书》则认为：“故民弃本逐末，耕者不能半，贫民虽赐田，犹贱卖以贾……驱民而归之家，皆着于本，使天下各食其力，末技游食之民，转而缘南亩”。他进一步解释说，让每一个人回归本来的位置，社会才能稳定发展。当今虽然是一个“无人不商”的时代，但是社会最终要回归到应有的秩序之中。因此，在社会转型成为必然的大背景下，仅仅用产值和利润的提升来衡量企业的价值是远远不够的，更应该看一个企业对社会的贡献。

林守江的目标是不仅要把嘉信打造成一个成功的企业，还应该是一个研究机构，更是一所学校。我在他的办公桌上看到过他的座右铭：“敬畏教者、敬畏学者、简单真诚、家国天下”。在南开大学做客座教授的他，理念就是通过“敬学”达到“敬业”。一个人唯抱有感恩和敬畏之心，方能做到专心致志，在工作中变得纯粹和专心。一个有敬畏的工作与学习气氛的企业，员工的工作态度就会截然不同，才能做到简单真诚、用心做事。感恩和敬畏的态度不仅彰显对工作的尊重，也是对技术的尊重，更体现了对合作者特别是对客户的谦卑姿态。

这就是林守江，这就是嘉信，一个引领中国管道检测仪器自主开发的创业者 20 余年的感悟!

当管道检测走过近半个世纪的辉煌之后，技术发展也走到了转型的十字路口，以离线方式为主的隐患检测方式正在走向以在线监测为主的时代。管体隐患检测的方式也许会被每条管道都自带的常处于待命状态的专用内检测器所替代，以阴极保护效果为主的管道防护状况地面检测可能被智能远传桩实时监测所替代，隐患检测可能被 FSM 等实时监测方式所替代，这无疑给管道检测技术的开发者提出了一系列崭新的课题。林守江的嘉信已经敏锐地嗅出了这个技术变革的时代气息，他们已经提前布局，海底管道 ROV 检测技术的开发就是应对检测技术变革的尝试。或许，中国的管道检测界可以期待，嘉信在林守江的带领之下化挑战为机遇，打造成一个引领世界管道检测技术潮流的民族品牌。

第 24 章 管道检测技术探索中的代表性研究团队

20 世纪 80 年代，我国学者开始着手于管道检测技术的研究。华中科技大学的杨叔子、康宜华、武新军等人早在 1985 年就已经在开始研究磁化技术检测以及磁信号测量原理；清华大学的黄松岭、李路明等人对漏磁信号的处理方法进行了总结，并对于漏磁场因几何缺陷而造成的影响进行了研究；天津大学的靳世久、王太勇等人对于漏磁信号的定量识别做了大量的物理实验，并对此进行了仿真分析；上海交大的阙沛文等人对于管道缺陷的识别方法进行了深入的研究；合肥工业大学的何辅云等人分析了漏磁信号缺陷的几何形状；沈阳工业大学的杨理践等人研究出了将小波包应用在漏磁信号分析上的新方法，他们主要方向则是内检测。进入 21 世纪以来，四川大学廖俊必在电场指纹检测领域则进行了开拓性研究，路民旭、林守江、熊金平、林国伟、沈功田、何仁洋、李晓松等人在管道检测技术探索上努力开拓，成为 21 世纪管道检测研究领域的代表，推进了中国管道检测技术的发展。本章将向读者介绍在中国管道技术探索领域的几个有代表性的先行研究团队。

1. 杨理践的沈工大管道漏磁内检测技术研发团队

管道检测在中国的发展是大学学者、国家相关研究机构、检测仪器开发与检测机构共同合作的结果。1957 年出生的沈阳工业大学杨理践教授，是我国最早从事管道内检测技术研究开发并一直坚持至今，同时在工程应用上作出突出贡献的国内管道检测行业的知名专家。图 24–1 为杨理践在自己开发的管道漏磁内检测器试验现场。

图 24-1　杨理践教授

管道安全运行的首要条件是管道损伤检测，以确定管道的腐蚀、缺陷程度，为管道运行、维护、安全评价提供依据。但管道检测也是一个公认的难题，国际上通行的方法是采用管道在线检测设备（因为它在管道里行走时哼哼作响，出来时全身是油，俗称“智能管道猪”）来解决。国际上这方面的研究从 20 世纪 70 年代前后就开始了，但检测技术被美、英、德等几家跨国公司掌握，他们对所有与检测相关的东西，包括仪器、相关技术内容都严格保密。在 20 世纪，国际管线检测设备被美德几家公司垄断，1 套设备少则数百万美元，多则上千万美元。这对于中国管道检测机构和管道业主都是无法承受的，因而中国管道检测技术的研究工作者很早就开始关注跟踪管道检测技术在国外的发展了。根据杨理践教授在 2005 年第 5 期《沈阳工业大学学报》发表的“管道漏磁在线检测技术”一文追忆：“我国高度关注智能 Pig 技术的发展，跟踪此项目已有二十多年”，也就是说作为中国最早从事管道内检测研究的代表性学者，他很早就开始关注这项技术的发展了。但是，正如杨理践所说，“跨国公司对此进行严格的技术垄断，我们只能从零开始，从基础理论做起，因此在这项研究上，国家自然科学基金起到了至关重要的作用。”因此，他做了很长时间的理论探索和试验，直到 1997 年，开始与新疆三叶管道技术有限责任公司合作，才正式迈入该领域进行实际的研究探索工作，但是却很快取得了成果。

据《慧智机械工业网》2012 年 8 月 1 日报道：2000 年，四川输气公司仅对管线进行一些实验性的检测，就耗资数十万美元。2001 年，在国家自然科学基金项目“高精度管道漏磁在线检测系统研究”的基础上，杨理践团队研制出拥有自主知识产权的检测仪器，该仪器的造价和检测费用均是国际同类产品的 1/8，大大平抑了国外公司对我国管道检测的报价。也是在 2001 年，新疆油田油气储运公司准备将一段 63km 长的输油管道改为输气管道，这条管道已服役 10 年，且输气运行压力大于输油，各项安全指标要求也高于输油，但如果重铺新管道，耗资高达 6000 万元。在是否新建管道问题上，该公司技术专家们分歧较大。此后，新疆三叶管道有限公司运用杨理践团队研制的管道漏磁在线检测系统对该线路进行检测，发现存在 10 处重度腐蚀，50 处中度腐蚀。在此基础上，后期管道修复仅用了 300 万元，既节约了大量资金，又保障了生产安全。

2002 年，杨理践的沈阳工业大学研究团队在国家自然科学基金项目的资助下，研究出了将小波包应用在漏磁信号分析上的新方法（小波包在管道漏磁信号分析中的应用,《仪器仪表学报》2002 年第 3 期），具有重要的理论和实践意义。至此，杨理践团队在理论分析、仿真计算、反复模拟和工程试验基础上研制的输油管道在线检测仪器打破了国际垄断。从 2002 年开始，该仪器先后在大庆油田、吉林油田、四川气田、新疆油田进行检测工程工作，取得了良好效益。2010 年对建成 30 多年的鲁宁线管道进行全线检测，共检出 1 万多处管道腐蚀缺陷和损伤，间接创造了 20 余亿元人民币的经济效益。

《中国科学报》2012 年 1 月 5 日报道：在国家自然科学基金的支持下，杨理践的团队完全从基本原理出发，开始从仪器原理到技术、工程问题的研究。在 2000 年国家自然科学基金信息学部主任基金、2002 年国家自然科学基金面上项目、2003 年国家自然科学基金仪器专项基金的资助下，杨理践团队进行了漏磁机理研究、传感器设计、检测速度影响研究，完成了多个型号高精度管道漏磁在线检测装置研制。他们进行了高清晰度漏磁检测传感器的设计研究，以及海量存储器数据处理技术的研究；建立了管道漏磁检测装置的有限元模型，确定了各种因素对漏磁检测信号的影响；建立了检测器速度变化效应的信号补偿的新方法；建立了缺陷信号处理分析的方法，能对不同的缺陷信号进行识别，有力地推进了我国长距离输油气管道检测技术的发展和应用。

为解决长距离、高速管道探伤中的磨损问题，该团队又进行了高速运行耐磨技术、高导磁耐磨材料、弱磁激励检测理论的研究。为解决仪器在管道检测中被卡住和数据储存的问题，该团队进行了低限制通过能力的研究，探头小型化、数字化，缺陷描述模型，小波特征提取、神经网络识别等基础研究。

2011 年 11 月，由沈阳工业大学信息科学与工程学院教授杨理践课题组自主研制的，大孔径输气管道内检测设备在我国输气管道干线——西气东输二线了敦至烟墩段管道现场测试获得成功。

这也是该团队继自主研制输油管道内检测设备后，又一填补我国高压力输气管道内检测设备研制空白之作。在成果鉴定会上，专家一致认为，该研究为我国管道检测技术参与国际竞争提供了基础理论与技术支撑，研制的管道探测仪器主要指标方面达到了国际先进水平，使我国拥有了独立知识产权的“智能管道猪”，并成为国际上少数能进行这方面研究、制造和服务的国家之一。

2014 年，新疆维吾尔自治区科学奖励办公室发布了《关于表彰 2014 年度新疆维吾尔自治区科学技术进步奖奖励项目的通报》并颁发了奖励证书，杨理践教授作为第一完成人与中石油管道联合有限公司联合开发的“ϕ1219 输气管道两轴三维轴向励磁高清晰漏磁内检测研究”项目获得科学技术进步一等奖。

杨理践教授所在团队成功攻克了励磁磁路设计和数字化漏磁检测、管道缺陷的高精度检测及定位、高速气流内检测器运行速度控制、高分辨率数据高速实时采集和存储、高压大口径天然气管道内检测器的设计制造等 6 个方面的技术难题，研制出具有自主知识产权的我国第一台 ϕ1219 输气管道两轴三维轴向励磁高清漏磁内检测系统。形成 5 项创新：

提出了励磁磁路设计优化方案和数字化漏磁检测技术，实现了检测壁厚由 12.5mm 提高到 33mm、周向间距由 25.4mm 加密到 7.5mm，优于 NACE 美国腐蚀工程师协会内检测标准 8~17mm 的技术指标。

研制了柔性钢刷式轴向励磁系统和两轴三维高清漏磁传感器，解决了管壁磁化、内涂层防护的难题，检测精度达到管道壁厚 5%，优于 10% 的 NACE 指标。

研制了一套旁通泄流阀装置，解决了高速气流下内检测器调速难题。实现了在气流 10m/s 工况下，检测器速度控制在 5m/s 以下，达到国外同类设备指标水平。

开发了一套高分辨率数据采集系统及分析软件，解决了高速实时数据采集、存储难题，实现了对缺陷的准确分析和三维高清晰描述。

研制了 ϕ1219mm 输气管道两轴三维轴向励磁高清漏磁内检测装置，实现了高清漏磁内检测器国产化。

该成果共获得实用新型专利 4 项，软件著作权 1 项，申请发明专利 2 项，发表论文 21 篇，形成企业标准 6 项，检测器被列入中石油 2013 年自主创新产品目录，优化推广应用。经自治区科技成果鉴定，该成果属国内首创，达到国际先进水平。

该项目截至 2014 年已完成西气东输二线、三线西段 1743km 管道内检测，创造直接经济效益 1.2 亿元。设备运行可靠，检测数据完备，现场验证准确，为缺陷修复提供了准确依据，确保了管道安全运行。该成果打破了国外技术垄断，推广应用前景广阔，对保障国家能源战略通道安全具有重要意义。

2014 年，杨理践团队自研设备成功进行了中海油崖城海底管线内检测工程。2016 年 5 月 5 日《沈阳工业大学》第 523 期报道：继 2014 年成功完成中海油崖城海底管线内检测工程后，由我校信息学院杨理践教授领导的长输管道内检测科研团队与中海油田服务股份有限公司的合作近日再传捷报。于 4 月 22 日再次成功完成中海油东方 1–1 气田平台海底管线内检测工程。崖城海底管线和东方 1–1 气田平台海底管线内检测工程的成功实施，标志着我国自主研发的海底管道漏磁内检测设备已经达到工程应用水平，并且检测指标达到国际先进水平。

2017 年，杨理践研究再传捷报，4 月 21 日《沈阳日报》记者樊华报道：沈阳工业大学杨理践教授研究团队，成功研制长输管道全方位超高清漏磁内检测系统，形成了一套具有自主知识产权的技术体系。目前，研制设备已在我国西气东输二线、三线等管道上开展1000余公里的示范工程应用，预计未来5年经济效益超过20亿元。

2018年，杨理践与五洲燃气集团合作成立了河南海岩管道检测公司，专门使用自己多年研发的系列管道内检测器从事管道检测工作，他决心让他的科研成果进一步经受实践的考验，与国际品牌比拼，在实践中创出中国内检测品牌。

2. 黄松岭的清华管道检测技术研发团队

2013年6月，段海旺和谢玟琳曾在《科技中国》上撰文称黄松岭在检测技术上书写了人生辉煌；2013年7月5日，孙长安在《中国科学报》上撰文称黄松岭用“无损检测打造安全工程”；卢敏和李备在2013年第10期《中国科技成果》上撰文称黄松岭是为油气管道做“体检”的人；2013年11月8日的《科技日报》则称他是为油气命脉里的“机器医生”。这一个又一个“诱人”的称呼的背后是他不朽的业绩。图24-2是2019年冬季，黄松岭教授与北京安科集团董事长、北科大教授路民旭共同探讨合作推进科研成果转化时的合影。

图24-2　黄松岭教授（左）走访北京安科集团

2013年，他获得教育部技术发明二等奖，获得中国产学研合作创新成果奖；这一年他一口气出了2本专著，2013年9月，他以个人独著的方式在机械工业出版社出版了《油气管道缺陷漏磁内检测理论与应用》一书。2013年10月，他又与王珅、赵伟合作在清华大学出版社出版了《电磁超声导波理论与应用》一书。

尤其是2013年1月20日，中国石油和化工自动化应用协会在北京召开了关于黄松岭研究团队“油气管道缺陷在线检测关键技术与应用”科技成果鉴定会，由张钟华院士、叶声华院士等组成的鉴定委员会一致认为：“成果整体处于国际先进水平，其中管道检测器缺陷检测灵敏度、变形通过能力等指标处于国际领先水平”；“成果相关核心技术和产品已在胜利油田、苏丹油田、陕京输气管道等国内外重要油气输送管道工程中得到了推广应用，开发的管道缺陷检测器已用于油田和海底管道不停输在线内检测，产生了显著的经济效益和社会效益，具有广阔的推广应用前景”。

2013 年，黄松岭教授将人生的辉煌镌刻在了清华园内，也镌刻在了中华的大地上，因而 2013 年是属于黄松岭教授的时刻！而书写这些历史辉煌的背后是一连串奋斗的足迹。

从 1991 年毕业于东南大学检测技术及仪器专业起，他就投身于检测技术的研究；2001 年，黄松岭获得清华大学核电子学与探测技术专业博士学位，清华大学严谨的科研氛围，让黄松岭受益匪浅。2010 年，刚进不惑之年的他被全国最高学府清华大学破格聘任为教授。清华教授的殊荣，终其一生的追求未能获得的学者大有人在，而博士毕业仅仅 10 年不到的黄松岭却被破格授予了教授头衔。从进入清华的十多个年头里，黄松岭一心扑在科研工作上，发表了上百篇论文，平均每年发表 10 篇左右，在很多人看来几乎是不可思议的，然而黄松岭做到了。他还主持了国家“863”重大项目、国家科技支撑计划项目、国家自然科学基金项目等十多项，取得了一批具有创新意义的研究成果。

成为教授之后的黄松岭，更是将一个又一个更加喜人的成果奉献给清华，奉献给中国的管道检测技术探索事业。黄松岭教授是清华大学电磁检测与设备性能安全评估研究中心主任，多年来一直致力于在跨学科层次上从事缺陷电磁检测与安全评估方面的研究，主持包括国家自然科学基金、国家 863 计划和国家重大科学仪器设备开发专项在内的科研项目 40 余项，在钢构件缺陷在线检测基本理论和关键技术、电磁超声导波在线监测及应用、缺陷高精度量化重构及安全评估方法等方面取得了众多突破性成果，多项成果成功产业化应用，产生经济效益 12 亿元。发表论文 300 多篇，被 SCI 检索 73 篇，出版专著及教材 13 本，授权国内外发明专利 63 件（其中国外发明专利 9 件），制定国家及行业标准 3 部。

系列产品开发

黄松岭是一个论著与专利颇丰的学者，但是，他的论著不仅写在纸上，也写在工程检测实践之中。他带领的科研团队在国家基金委、科技部的支持下，历经十余年的研究攻关，在在役油气管道漏磁和电磁超声导波检测与监测关键核心技术上获得了突破，发明了油气管道缺陷电磁多场耦合分布式磁化检测技术、管道缺陷泄漏磁泡单元网络量化技术、管道电磁超声导波匹配耦合监测技术等关键技术，为在役油气管道安全评估提供了有效的解决方案，开发了具有自主知识产权和核心竞争力的系列化在役油气管道缺陷检测 / 监测产品并产业化。

在检测仪器研制方面，从1996年研发出首台油气管道漏磁检测样机至今，已自主设计并研发了系列化的油气管道漏磁内检测仪、管道漏磁外检测仪、管道电磁超声导波在线检测仪、储罐底板缺陷电磁检测仪、铁轨缺陷电磁检测仪，及其配套的电磁信号数据采集与数据分析专家系统软件等。自主设计并研制的相关仪器设备主要有：

2005年自主设计并研发了中国首台高清晰度油气管道漏磁内检测仪器，近年来研制了三轴漏磁检测仪器并成功系列化，系列产品已成功应用于西气东输、胜利油田、苏丹油田等国内外管道检测工程中，累计检测油气管线5万余公里。

2006年，设计并研发了MScan-I型储罐底板缺陷电磁检测仪，可穿透最大6mm的涂层进行腐蚀缺陷检测，缺陷检测灵敏度为5%板厚，缺陷定位误差小于5mm，已应用于国内外大型储罐底板的腐蚀缺陷检测中，累计检测20万平方米，缺陷检测效果良好。

2005~2008年，开发了检测信号采集和数据分析软件，检测信号采集软件采用虚拟仪器开发系统LabVIEW实现，可在工作模式和调试模式两种状态下对检测仪进行配置和调试；数据分析软件可实现对缺陷及被测结构件附属特征的自动识别、量化与评估，且支持先验判断和人工辅助分析。

2015年研发了MFL40-TA型管道漏磁外检测仪，可对直径在200mm至1000mm范围内的管道腐蚀缺陷进行有效检测，缺陷检测灵敏度为5%管道壁厚。

2016年，研发了TH-RW-MFL-001型铁轨缺陷电磁检测仪，采用漏磁检测方式对铁轨中的凹痕、变形、磨损和腐蚀缺陷等进行检测，可保证在0.1~5.0m/s速度范围内铁轨缺陷的有效检测，缺陷检测灵敏度为5mm。

2008~2019年，研发了用于实验室研究及工程现场检测的EMAT-GW-02型电磁超声导波检测设备，使用L模式或T模式的超声导波对油气管道腐蚀进行快速检测，充分利用了超声导波长距离传播的优点，关键技术指标处于国际领先水平。

系列技术突破

在技术创新方面黄松岭清华团队取得了一系列的重大突破。特别是“在役油气管道缺陷检测与监测关键技术”使黄松岭清华团队在全国管道检测技术领域鹤立鸡群。

管道是国家油气资源运输的关键设施，其缺陷检测与监测是管道安全运行的重要保障。“在役油气管道缺陷检测与监测关键技术”是黄松岭团队十余年一直在研究的重大课题。《国家中长期科技发展规划纲要（2006—2020年）》将“油气管线等基础设施建设和养护关键技术及装备”列为优先主题，彰显了油气管道检测与监测技术的重要性。在项目研究初期，油气管道检测技术长期被美国GE和德国ROSEN垄断，面临严重技术封锁，而在役油气管道监测与缺陷量化重构技术更是世界性难题，在关键技术及应用等方面存在诸多瓶颈。该项目在国家基金委、科技部的支持下，历经十余年的研究攻关，在在役油气管道检测与监测关键核心技术上获得了重要突破，主要体现在以下几个方面：

发明了油气管道缺陷电磁多场耦合分布式磁化检测技术，针对油气管道漏磁检测关键技术瓶颈，提出了多场耦合缺陷高灵敏度检测方法，实现了对腐蚀、裂纹等多类型缺陷的综合高效检测，发明了内检测器复合伸缩磁化采集技术，实现了复杂工况下的检测器无障碍通过与在线高精度采集。

发明了管道缺陷泄漏磁泡单元网络量化技术，针对漏磁检测缺陷三维尺寸量化难度大、精度低等问题，建立了缺陷漏磁场泄漏磁泡理论模型，发明了三维单元网络缺陷量化方法，研发了检测数据自动分析专家系统，实现了管道缺陷的高精度量化。

发明了管道电磁超声导波匹配耦合监测技术，针对电磁超声导波监测技术中导波频散、衰减严重且换能效率低等问题，发明了导波定向控制半波长匹配方法，发明了导波收发一体化高低压匹配耦合方法，在各种复杂工况条件下均表现出优异的性能。

以上三项发明均为国际首创，授权发明专利 32 项，发表 SCI 论文 53 篇。经中国石油和化工自动化应用协会组织的科技成果鉴定认为关键技术指标“处于国际领先水平”。项目成果已广泛应用于西气东输、苏丹油田等国内外共 284 项管道检测工程中，近三年经济效益达 1.97 亿元，并已推广应用于铁路、钢铁、汽车、航天等行业，经济社会效益显著。项目于 2013 年 1 月 20 日，通过了成果验收。

加拿大蒙特利尔大学航天设计创新研究院院长 Aouni A.Lakis 教授对项目组在深度变化和内部腐蚀缺陷检测方面的研究工作给予了较高评价：“采用时域信号处理方法成功检测出深度变化及内部腐蚀缺陷”。

日本机械工程学会主席、庆应大学 Toshihiko Sugiura 教授对项目组在电磁超声换能器设计方面的研究工作给予了肯定评价：“通过对电磁超声换能器的设计研究，有效提高了换能效率”。

系列获奖项目

黄松岭团队的研究不仅在实践中得到应用，更得到了社会科技界高度的肯定，自 2010 年以来，每年至少有一项省部级成果获嘉奖（见图 24–3）。

2010 年 7 月，黄松岭研究团队研究开发的“高清晰度储罐底板缺陷可视化检测装备”获得 2009 年度中国石油和化工自动化行业科技进步一等奖。黄松岭与赵伟等研究的“电磁超声导波结构缺陷快速检测和健康监测技术研究及应用”项目，获得 2011 年中国石油和化学工业联合会科技进步二等奖，2012 年中国机械工业联合会中国机械工业科学技术奖二等奖。

图 24-3　黄松岭获得的部分荣誉奖牌

2013 年度，黄松岭、张士华等研究开发的“油气管道缺陷检测系统”获得 2013 年度中国产学研合作创新成果奖；黄松岭与赵伟等研究开发的“油气输送管道及储罐底板缺陷检测关键技术与应用”获得 2013 年度教育部技术发明二等奖。

2014 年，黄松岭与赵伟、宋小春、崔伟合作研究的“基于三维有限元神经网络的缺陷识别和量化评价方法”获 2014 年获得中国知识产权局第十六届中国专利优秀奖；黄松岭与赵伟等合作研究的“油气管道缺陷在线检测关键技术与应用”项目获得北京市科学技术奖一等奖。

2016 年 5 月，黄松岭获中国发明协会第九届中国发明创业奖·人物奖特等奖，并被授予“当代发明家”称号；2016 年 7 月，黄松岭编著的《电磁无损检测新技术》获得国家新闻出版广电总局经典中国国际出版工程公司办公室立项的 2016 年“经典中国国际出版工程”项目出版资助。

2017 年，黄松岭与宋小春等六人合作项目“在役油气管道缺陷电磁检测与监测技术发明及应用”获得 2017 年湖北省技术发明一等奖；黄松岭与于歆杰等合作的，“以虚拟仪器课程教学为载体，创新人才培养新模式的十六年探索与实践”获得北京市教学成果奖二等奖；黄松岭、赵伟等合作的“Inner Detector for Oil and Gas Pipeline Defects Based on Magnetic Flux Leakage Testing”获得第 46 届日内瓦国际发明展览会金奖。

2019 年，郑阳与黄松岭等研究开发的“高温承压设备损伤电磁超声在线检测关键技术及应用”获得北京市科技进步一等奖。

这一个又一个的奖项，既是对黄松岭过去研究的认可，也是对他人生轨迹的诠释。今年，刚过而立之年的黄松岭，又瞄准了进一步提高管道内检测精度与可靠性的研究目标，这一次，他的目标将聚焦于万里管线的实际检测应用。

3. 廖俊必的川大管道腐蚀监测 FSM 研发团队

1991 年由 CorrOcean 公司基于场指纹法（电场特征检测法）开发的 FSM（Field Signature Method）腐蚀监测设备第一次应用于工业，随后在 1994 年应用于海底管道，建立了第一套海底监测系统；1997 年由 Shell 和 TotalFinaElf 两大公司提供资金支持，CorrOcean 开始研制便携式数据采集仪——FSM-IT。后来于 1999 年，在苏格兰 Grangemouth 炼油厂得到成功应用，于是 FSM 技术开始在石油炼厂广泛应用。同年在加拿大 Humber 炼厂，第一批有 4 套 FSM 系统安装完成，在 2000 年增加 1 套，2001 年又增加 8 套。当国外将 FSM 技术研究当作解决特殊管道部位管体隐患监测的重要突破方向之时，廖俊必教授也开始进入这个领域，并与其带领的研究团队一道迅速在这一领域留下了中国元素。

廖俊必，博士生导师，四川大学制造学院测试技术与控制工程系主任。1999 年 3 月在英国 University of Derby 获计算机视觉系统工程博士学位。1999 年 1~9 月在英国 University of Derby 作博士后和研究员。2009 年之前，主要是研究和研制机械制造业中的测试设备及相关的测试技术。2009 年开始了对 FSM 技术和设备的研究和研制之路（见图 24-4）。

图 24-4　2014 年 10 月廖俊必（左 2）在中石化元坝气田现场安装 FSM

在廖俊必开始研究 FSM 之时，管道腐蚀监测采用的技术是挂片法和电阻探针法，这是一种间接反映管体腐蚀的检测方法，因而误差比较大，有一定的不确定性，急需采用新技术来解决挂片法和电阻探针法的问题。国外当时已经开始了 FSM 较普遍的应用，但进口的 FSM 设备极其昂贵（每套约 120 万元），当有故障时，维修维护问题很多，使相关企业难以大规模地应用。虽有企业进行了预研，却鲜有技术上的突破。

2009 年，廖俊必教授的老朋友，西南石油技术勘探设计院腐蚀研究所王裕康所长给他透露，FSM 技术和设备的研究对解决管道管体腐蚀监测是一个不错的研究方向，但是他们所研究能力有限，建议廖俊必依靠川大雄厚的研究实力和其在设备测试技术研究中积累的经验，参与这个领域的研究。

廖俊必当即率领他的团队对这个领域的国内外研究状况展开分析调研。他认识到国外的确取得了不错的成绩。但是国内研究刚刚起步，当时的问题和困难主要集中在：被测信号微弱（微伏级），特别是腐蚀量的变化更需要 0.01 微伏级的测量灵敏度和精度，而现场管道由于各种干扰，例如管道上的其他电气设备的干扰、电化学腐蚀形成的局部电势干扰、温度干扰、气象原因干扰、应力干扰等，使欲采集的有用信号远远低于干扰信号。

从道理上讲，可以采用超高精度和稳定的强激励电流来实现，可是要实现超高精度和稳定的强激励电流事实上很困难。廖俊必调研后，觉得这样的状况非常符合他多年以来为自己团队确定的选题三原则，即：选题应该有相当的难度；结果至少要到达到国内领先水平；国家行业急需。

得到廖俊必教授同意投入 FSM 技术研究的消息以后，王裕康所长非常高兴。王裕康决定积极配合廖的研究并与他分享了自己多年积累的研究经验，因为王裕康更希望自己的研究所能借助廖教授团队的力量，与川大一起站在 FSM 技术研究的国内制高点上，为解决西南油气管道腐蚀监测找到可行的方法。

从分析 FSM 腐蚀监测方法原理入手

FSM（Field Signature Method）是基于欧姆定律的一种无损监测技术。测量时需要在被测金属结构外焊接多对测量电极，并且按照一定的排列形成阵列，如图 24–5（a）所示。每对测量电极都有一定的测量区域，如图 24–5（b）所示。该测量区域可视为一个电阻 $R_{i,j}$，电极对间电压为 $V_{i,j}$，探针间距 L 视为定值，管道原始壁厚为 $T_{i,j}$，截面积为 $S_{i,j}$。当测量区域管道腐蚀之后，厚度 $T_{i,j}$ 减小，电阻 $R_{i,j}$ 增大。在精密恒流源的

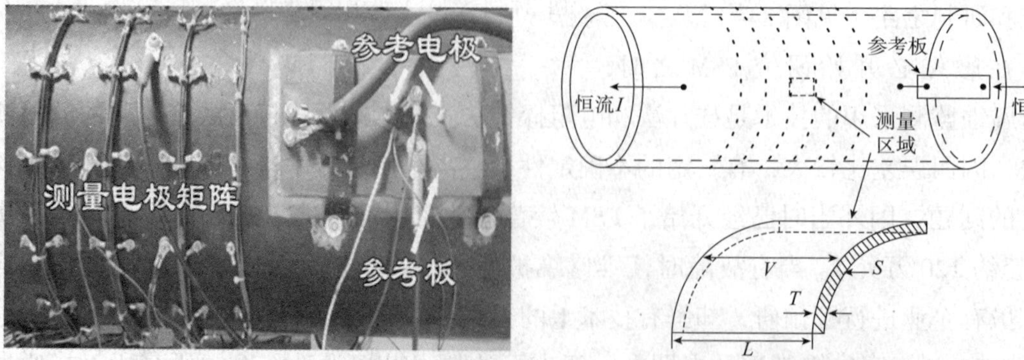

（a）FSM 电极及恒流源示意图　　（b）测量区域及等效电阻

图 24–5　FSM 监测原理

激励下，腐蚀区域的电极对间电压 $V_{i,j}$ 增大，通过对全部 $V_{i,j}$ 变化的分析，可以得到管内平均腐蚀率、坑蚀、冲蚀的大小及分布状况。

实际应用中，为了消除电流不稳定、温度变化以及背景噪声等对腐蚀监测的影响，总恒流源回路需要串有一参考板，取其上一对参考电极间电压作为参考电压。由于参考板在管道外不参与腐蚀，所以参考电压相对内腐蚀是不变的。计算电极阵列中的每对电极电压和参考电极间电压比值，就能够监测管道内腐蚀形貌。

FSM 技术具有以下的优点：

一次性安装在管道外表面，不开孔。（安全）

传感器三要素：敏感元件、转换元件和转换电路，FSM 传感器已经将这三要素集为一体，即被监测管道本身就是传感器，没有挂片和探针被腐蚀而损坏的问题，没有温度受限问题。（直接测量，寿命长）

某电极下的壁厚减薄，导致其上安装的电极电压发生 0.01 μV 级改变，通过计算可以得到真实的管道腐蚀厚度。（精度高）

实现了在电极覆盖区域对单个和多个腐蚀坑位置进行定位以及坑深测量，可同时测量均匀腐蚀、局部腐蚀、坑蚀。（监测类型多，符合安全管理需求）

FSM 局限性在于监测区域小；监测小腐蚀坑（$<\phi 8$mm）比较困难；价格高。

通过对 FSM 技术原理的分析，廖俊必他们认识到进行这项技术研究是有前途的。于是他们又对国外研究历史进行了一番研究，主要是通过对他国研究人员研究思路的分析来确定自己的研究路线。

梳理 FSM 的发展简史

国内一些研究团队，一开始就根据检索到的资料提供的方法，一头扎进实验堆中，而廖俊必团队则是将梳理国外研究发展历史作为一个切入点。他们通过研究国外发展简史发现，FSM 技术是 1983 年挪威学者 H.Hangestad 在一篇专利中首次提出的。当时的主要应用是针对海面下设备检查的困难而提出的。该方法和技术具有可靠性特别高，安全性好和温度适应范围大的优点。由于极间电压也只有几十微伏，而腐蚀引起的电压变化只有 0.01 μV 数量级。受当时元器件和仪表工业水平的限制，这一技术没有得到发展和实际应用。

1995 年，挪威 R.Strommen 等提出了改进的 FSM 模型，通过增加一个参考板，减少了温度变化的影响；提出了场指纹系数 FC 概念和算法，使 FSM 在海底管道和海底重要构件的腐蚀监测上得到了较广泛的应用。受当时计算技术的限制，FSM 在原理上的局限性还没有被认识到，坑蚀的计算还是以经验公式为主，例如采用 3~5 倍的系数来给出坑蚀量。

1995年以后，在海底管道腐蚀监测的迫切需求下，挪威CorrOcean公司开发了比较实用的FSM产品。由于安全性、可靠性好、精度高而被迅速推广到陆地石化行业。

2008年，英国学者D.M Farrell和A.Daaland等人在仿真计算的基础上，认识到了当电流经过坑蚀区域时，均匀电流将受到扰动，导致系统的精度下降。由于坑蚀大小、深度和位置的随机性，使电流场和坑蚀计算的分布变得很复杂且没有确定性。

2009年英国帝国理工的G.Sposito、P.Cawley等人认识到了因坑蚀导致电流重新分配，使得电位变化不再呈线性的问题。在坑蚀位置已有先验知识的条件下，提出了用电位图（Potential Drop Mapping）来计算坑蚀深度情况。

通过对国外研究发展历史及典型研究案例的调研，廖俊必他们认识到：FSM在应用上的确是有优点的，特别是可以应用到海底管道等目前其他监测方法不易实现的监测领域，使得该研究具有较高的应用价值，很值得研究。国外学者注意到由于管道腐蚀后将会导致电流重新分布，使系统精度降低这一特点，因而必须对此问题做系统的研究和分析，才能获得技术上的突破。国外的研究者已经对坑蚀检测的精度问题，提出了一些解决措施，例如不等距布局和权重分配，但没有涉及FSM的牵扯效应和小腐蚀坑的不可解问题，没有解决实质的问题，应用上没有普遍性。

牵扯效应和小腐蚀坑是问题的关键！

牵扯效应的提出

找到影响FSM技术的关键制约因素，就可以有的放矢地解决问题了。廖俊必他们为他们终于找到研究的方向而欢欣鼓舞，并立即分工投入这一问题的解决之中。

问题找到了，怎么解决并不像他们想象的那么简单。廖俊必团队陷入困惑之中。一天夜里，廖俊必在实验室做了几个小时的实验，数据总也没有规律可循。他决定到楼外吹吹凉风，轻松一下。到了楼外，偶然抬头却发现今夜星光特别灿烂，那就数数星星吧！然而，他诧异地发现数星星并不是那么容易的事情。原因就在于只要你仔细盯着天空看一会儿，就会发现初看没有星星的地方，其实也有星光存在，只不过比较暗淡。起初没有发现，可能是受到了其他比较明亮的星星的光干扰。因此天空的星星其实是并不容易数清的。他突然想到，他们正在做的场指纹法，其实也是不同电极之间存在干扰，导致了精确测量的困难。

于是，他大步跨进实验室大楼，进了实验室重新做实验，并将关注重点放在了不同测量电极之间的相互影响上。结果，一个新的概念就此产生。

FSM测试系统是一个在概念上有传感器，但在实体上没有传感器的测试系统。理想状态是管道内局部出现腐蚀时，对应电极区域表面电位升高，对应区域以外电位不变，由此判断该处发生了局部腐蚀（坑蚀或冲蚀）。但实际的情况是对应电极区域表面电位升高，对应电极区域以外电位也发生了较大的变化，由此产生误判或坑蚀检测精度很低。这种现象实际上就是电极之间的牵制现象，这种现象后来被廖俊必团队命名为牵扯效应。

2011 年，刚刚步入这个研究领域不足 2 年的廖俊必研究团队，在国际期刊《Measuremnt Science & Technology》提出了牵扯效应（Drag effect）的概念。这一概念的提出，解决了当时困扰业内同行关于场指纹法测量数据与实际腐蚀坑分布及大小不一致的理论解释问题，立即得到业内专家的认可并受到高度评价。

牵扯效应产生的原因是坑蚀或冲蚀导致均匀电流场发生了变化。由于坑蚀或冲蚀的大小、深度和位置的随机性和复杂性，变化的电流场分布难以量化和确定，使现有 FSM 中的牵扯效应问题在理论和消除方法上一直没有得以解决，导致均匀腐蚀精度可以很高，但坑蚀检测精度却很低。例如国际最高水平的 CoroceanFSM-IT 系统，均匀腐蚀检测精度可达 ±0.5%，但坑蚀检测精度只有 ±（15%~25%）。虽然坑蚀检测精度低，但由于上述的优点和出于安全性的考虑，国外仍然在广泛使用，国内也从 2009 年开始小批量进口，但由于后续服务的问题，使用上一直存在一些待解决的问题，影响了该技术在中国的推广。

理论提出来了，可是如何解决最终的判断腐蚀问题，仍然需要继续研究和试验。而要解决对这一问题，廖俊必认为就必须打破传统技术路线的束缚，用创新性的新思路来解决多年来困扰 FSM 发展的问题。廖俊必团队又花费了很大精力，在理论上深入研究了牵扯效应的物理和数学模型，通过对数学模型的分析，提出消除牵扯效应的理论和方法，并在实验上充分加以验证，为构建实用仪器奠定了坚实的理论基础。最终依靠大量的分析试验，提出了消除牵扯效应和求解小腐蚀坑的理论和方法。

廖俊必研究团队经过多年的努力，不仅在理论上发展和完善了 FSM，填补了国内了空白，而且其成果在国内几个气田得到了很好的应用。

4. 路民旭的安科杂散电流检测技术研发团队

结识路民旭教授至少应该追溯到 2002 年。但是，我们正式交往始于 2003 年，当时，我带领同事们搞全国腐蚀实验室调研的时候，受邀去他在北科大的实验室参观，当看到墙上挂的“北京科技大学腐蚀与防护工程技术中心”的牌子时，我怎么都觉得这更像是西安管材研究所的实验室。路教授滔滔不绝地给我介绍他的实验装置与腐蚀疲劳评价思路时，我的思想却抛锚了。（图 24-6 为路民旭 2015 年在上海某国际学术研讨会上做报告的照片）

图 24-6　在国际学术交流会做报告的路民旭教授

我突然想起了荷马史诗《伊利亚特》和《奥德赛》叙述的特洛伊战争的故事。这个故事说，公元前 13 世纪，特洛伊王子帕里斯去斯巴达王国做客时，诱走了斯巴达王墨涅拉俄斯的美丽的妻子海伦。也有说古代欧洲各国的贵族或皇室成员许多都属于亲戚关系，所以，帕里斯拐走的实际上是他的小表妹。这个小表妹着实长得太迷人了，不仅让帕里斯铤而走险，而且斯巴达的许多将士都愿意为她抛弃生命，无怨无悔地战斗到死。于是，引起了长达 10 年的特洛伊战争。10 年后，墨涅拉俄斯抱得美人归，可一个繁荣的迈锡尼王国却寿终正寝了，西方文明史上最精彩的一页因这场战争被蹂躏的破碎不堪。我在想，路老师是不是就是那个海伦，而西管所就是中国的墨涅拉俄斯，北京科技大学是中国的帕里斯，路老师多年来潜心研究的成果石油管材腐蚀与疲劳裂纹评价方法就是海伦头顶上所戴的那个金光闪闪的头饰。如今路民旭带着闪闪发光的头饰被中国的帕里斯诱走，那中国的墨涅拉俄斯会不会重复三千多年前的希腊历史而复仇呢?

2004 年 8 月，我在张家界主持全国学术交流会，探讨埋地管道腐蚀检测与评价问题，专门请路教授作了专题报告。之后，他成立了北京安科管道科技公司。

记得著名财经作家吴晓波《激荡十年，水大鱼大》中曾对金融危机以后的中国发展时代有过这样的感慨："诸神的诞生"不再出现，遍地英雄皆凡人，在那个性感突变的"艺术时代"已经诞生的诸神，也进入步履艰难的黄昏时代。安科管道公司却在路民旭的带领下在诸神的黄昏中继续向"科学时代"挺进。逐渐成长为这个行业中有代表性的民营领军企业之一，并在管道检测技术的探索与实践上写下了属于他们自己的一页。

路民旭的安科技术团队在管道检测实用技术的许多方面进行了创新探索，因他一直不愿别人对其宣传，作为朋友我更不好违背他的意愿，此书仅简述其一二段经历，以完成我对中国管道检测发展史先行者记录的需要。

2013 年 11 月，路民旭正在日本 JFE 钢铁厂考察访问，接到国家安监总局打给他的电话，要求教授先生尽快赶回国内参加事故调查。这是我国管道历史上的一场灾难性事故，他立即中断考察行程回国与中国石油大学于达教授、西南石油大学李长俊教授、石油管工程技术研究院（原西管所）霍春勇教授等共同负责管道泄漏腐蚀原因调查工作，路民旭教授通过现场勘验、物证检测、调查询问、查阅资料，并经综合分析认定：首先由于与排水暗渠交叉段的输油管道所处区域土壤盐碱和地下水氯化物含量高，同时排水暗渠内随着潮汐变化海水倒灌，输油管道长期处于干湿交替的海水盐雾腐蚀环境；其次管道上部是市政重要道路，大型载重卡车往来频繁，使得管道承受比较大的载荷和振动，导致管道下部与墙体接触的防腐层在力学作用下首先老化破损；防腐层破损之后，管道金属与土壤发生直接接触，电化学腐蚀减薄加速，导致管道底部壁厚减薄到不足 3mm，在内压作用下导致大面积破裂，造成大批量原油瞬间泄漏。

路教授的观点得到专家组的一致认可，并最终成为认定这起特别重大事故起因的重要因素之一。完成“11·22”事故调查后，他一直在思考一个问题，管道究竟面临哪些风险，经过审慎的思考，他将管道面临的风险总结归纳为 5 个方面：即管道材质老化劣化的风险；管道输送介质与输送工艺条件变化导致的风险；地面沉降等地质灾害的影响导致的风险；高压交直流输电线路等导致的杂散干扰导致的风险；外界破坏以及焊缝开裂导致的管道安全的风险。其中，他带领他的团队对这几个方面进行了逐一研究，此处仅列举他们对杂散干扰风险及阴极保护检测测量的研究成果。

早在 1887 年，美国纽约布鲁克林区有轨电车轨道影响范围内的埋地管道上就发生过严重的杂散电流腐蚀破坏。从此人类关于杂散电流干扰的探索就没有止步，但是由于杂散电流干扰的复杂性，加之其与阴极保护的相互干扰，使得杂散干扰及阴极保护的检测评价成为一个世界性难题。

20世纪60年代，国外学者开始采用有限差分方法（FDM）[4]、有限元法（FEM）来计算腐蚀过程的电位和电流分布。20 世纪 80 年代初，国外学者开始通过边界元法（Boundary Element Method）来求解阴极保护电位分布问题。英国 BEASY 公司基于边界元法开发了世界上首套腐蚀及阴极保护模拟软件 BEASY，经过 30 多年的发展，BEASY 软件已在全球有多个用户。近年来国外学者采用数值计算技术研究了储罐、长距离管道等阴极保护电位分布问题。我国阴极保护数值模拟技术的研究始于 20 世纪 90 年代，但是仍然存在许多问题亟待解决。近 10 年以来，路民旭教授及其安科团队与北科大团队一起，对阴极保护电位分布数值计算模型，带涂层金属构件极化边界条件开展了理论研究和测试方法研究，编写了边界元计算程序，将几何建模、网格划分、边界设置、材料物性设置、计算求解、结果后处理等功能组合为一个整体，开发了国内首套应用于阴极保护数值模拟计算的商业软件——阴极保护数值模拟计算软件（Cathodic Protection Simulation and Optimization Design Software，CPSOD），并于 2011 年 10 月进行了正式发布，成为国内阴极保护数值模拟计算技术发展的一个标识性事件。

埋地管道易受相邻的阴极保护系统、高压直流输电系统和地铁轨道交通系统等入地或泄漏直流杂散电流的干扰影响，该影响的程度和范围很难从测量中得到全面的了解，采用数值模拟方法能够很好地预测并评估干扰影响的规律及防护措施的效果。

路民旭的安科技术团队并没有就此止步，而是在此基础上，一路探索，力求形成完整的管道杂散干扰、阴极保护监测评价与智能化处理一体化系统。

2012 年，路民旭将管道科技公司中的研究功能分离出来，创立安科管道研究院，组织精干力量，集中攻关技术的突破。仅 2012~2013 年，路民旭团队就完成了 25 个研究课题。重点针对输电线路与轨道交通杂散干扰展开研究，开展了陕京四线蒙西接地极干扰预测及缓解措施研究等多个杂散干扰课题研究。结合阴极保护检测评价开发出多种腐蚀监检测技术如光纤光栅压力监测系统，可对现场多源监检测数据进行综合分析，对在役监检测系统进行评价，建立数据库及可视化软件，开发智能监检测信息管理系统。这些检监测技术的研究分析为后来进行与长输油气管道同走廊的高压、特高压交、直流长距离、大功率输电线路杂散干扰监测分析起到了有效的支撑作用。

2014 年，又进行了北京燃气集团公司高压输电线走廊燃气管道交流干扰监测与防护措施研究、德龙烟铁路德大线区段穿越大型胜利油田电磁干扰防护研究。2015 年，又对中石油西部管道公司特高压直流输电系统对管道及站场设备安全影响及防护措施进行了监测与研究；对云南电网富宁换流站郎冲接地极直流干扰进行了监测和研究；对中石油主力油气管道走廊受特高压、超高压直流接地极入地电流对管道安全影响边界及超安全边界进行了研究。2016 年对准东到皖东 1100kV 特高压直流输电工程皖南换流站拟建接地极对西气东输管道站场干扰进行了监测分析与评估。

关于输电线路杂散干扰主要从以下几个方面进行了重点研究探索：

一是已建管道高压直流干扰监、检测和评价。由于高压直流干扰具有时间不确定性、干扰变化幅度大等特点，因此通过变量远程监控装置实现对高压直流接地极放电时管地通 / 断电位、腐蚀速率、管中电流等参数进行监测，并根据测试结果和数值模拟计算（包括当前管道的干扰程度、管道防腐层老化后干扰程度、高压直流输电系统扩容或降容后的干扰程度、其他条件改变后的干扰程度）进行干扰风险评价。在此基础上研究了已建管道高压直流干扰防护对策。

二是新建接地极 / 管道干扰预测和评价。他们主要通过搜集基础资料，建立相关模型并进行模型校核，使用模型进行干扰预测，最后进行风险评估四个步骤进行分析研究。再利用数值模拟技术对新建接地极 / 管道干扰的防护措施进行设计和效果预测，提出预防性措施。

三是最近几年开始在交流干扰方面进行分析和研究。

在杂散电流监测研究方面，路民旭的安科团队还对轨道交通对管道的干扰影响进行了广泛的研究。2016 年，受绍兴市轨道交通集团委托，对拟建绍兴市城市轨道交通 1 号线工程鉴湖停车场区域杂散电流对埋地甬绍金衢成品油管道影响进行了分析评估；2017 年受中交珠海城际轨道交通投资建设公司委托，对广珠城际铁路工程对天然气管道干扰影响进行了评估；受中石油西气东输管道分公司长沙处委托，对中低速磁悬浮列车对埋地管道干扰及防护技术进行了研究分析等。

在轨道交通杂散电流干扰监测分析技术研究方面重点进行了三个方面的探讨：

一是通过对已建管道地铁杂散电流监测、检测分析和评价，找出干扰规律和特点，通过增加强制排流站或采取镁阳极 + 排流器的方式消减干扰。二是研究新建管道地铁杂散电流干扰预测方法，一般也是通过资料搜集、建模及模型校验、干扰预测、干扰分线评估四个步骤来完成分析研究工作。因为是新建管道，所以，可以选择的消减措施就比较多，这就更需要大量的模拟分析判断。三是其他杂散电流干扰的评价分析研究，比如城市有轨电车系统、风力发电系统、光伏发电系统、电力电缆等都有可能造成对埋地管道的杂散电流干扰，而不同形式的干扰源，其干扰方式是不一样的，因而需要进行专门的研究。安科研究院针对这些干扰，分别承接过西部管道公司、中石化华中销售公司、西气东输公司的管道受干扰状况分析研究并给出治理对策。

随着安科集团在管道杂散电流检测分析与治理方面研究工作的进步，杂散电流检测治理实践在全国的影响力不断提高。安科管道科技公司仅 2016 年以来，对北京、珠三角、长三角等地区城市地铁网络对管道系统的动态杂散电流干扰进行了全面调查，伴随着调查的进行，开展了大量的高压输电线路杂散电流干扰监测与治理项目，为确保受高压 / 超高压 / 特高压输电走廊影响的埋地油气管道的安全发挥了积极作用。如 2019 年，完成了西南管道南宁输油分公司“钦 – 南管道交直流干扰治理项目”、中石油西部管道“新输特高压直流干扰监测五处”“1100 千伏特高压放电监测评价项目”“西气东输甘陕管理处 750 千伏输电线路干扰治理项目”“800 千伏特高压直流输电线路对金虹输油管道的影响测量及模拟计算”等 10 多个相关项目。

2015 年以来，路民旭团队以安科腐蚀技术公司为依托，又致力于阴极保护监测与在此基础上发展起来的智能远传技术的研究。在几年时间内就形成了以智能监控、阴极保护、防腐材料、腐蚀检测、腐蚀仿真软件开发为主，阴极保护智能桩及远传系统兼并的技术体系。仅 2019 年就实施了中石油西气东输公司“杂散电流干扰段电位智能监测项目”“赛里木湖段线路电位智能监测项目”及中石油北京天然气公司“北京测试桩改造监测项目”、中石化“华东成品油管道阴极保护远传系统维保项目”等 20 多个与管道阴极保护智能桩及远传系统相关的项目。

目前北京安科已经与青岛雅合、中益德、哈德维尔形成国内主要四家智能测试桩提供商。而安科的特点是提供全方位服务，不仅提供测试桩制造、安装、调试技术服务，而且还提供后续运行服务。他们定期为用户提供分析报告，以便客户充分地利用该智能远传分析系统的监测、分析、调整、预警功能。根据统计，路民旭的安科研究团队所研发的智能测试桩正常运行率已经超过 95%，是全国智能测试桩正常运行率最高的在役运行系统。

5. 靳世久的天大管道泄漏监测技术研发团队

图 24-7　2013 年正在审阅博士论文的靳世久教授

靳世久教授现任天津大学精密测试技术与仪器国家重点实验室资深学术委员，曾任天津市计量测试学会副理事长、天津大学精密仪器与光电子工程学院党委书记、院长。他很早便认识到油气管道安全输送的重要性，从 1991 年起就开始了管道泄漏监测技术的研究开发工作。其中，由他主持完成的“原油管道泄漏检测与定位技术”项目获 2004 年度教育部科技进步一等奖、2006 年度国家科技进步二等奖。图 24–7 为靳世久教授在天津大学精密仪器与光电子工程学院审阅 2013 年博士毕业生论文时留影。

靳世久教授一直从事测控技术与仪器的教学和科研工作，在他所研究的领域取得了一系列的重要成果。在教学方面，由他主持完成的一项世界银行贷款教改项目，获 2004 年度天津市教学成果一等奖和 2005 年度国家教学成果二等奖。在科研方面，他主持完成了国家自然科学基金重点 / 面上项目、国家攻关项目等二十余项科研课题，获得十多项国家科技进步奖和省部级科技进步奖项，获得数十项国家发明专利，发表上百篇学术论文。靳世久教授是《电子测量与仪器学报》编辑委员会委员、《纳米技术与精密工程》编辑委员会委员、《化工自动化及仪表》编辑委员会委员，是享受国务院特殊津贴专家。

靳世久教授领导的课题组于 1991 年在高等学校博士点基金的资助下开始埋地管网泄漏检测技术研究。针对我国原油高黏度、高含蜡、高凝点须加热输送的特点，1996 年 10 月，在胜利油田孤岛采油厂研制成功我国第一套“原油集输管道泄漏检测系统”。1996 年，在国家自然科学基金的支持下开展“热油长输管道泄漏检测与定位技术研究”（见靳世久、唐秀家、王立宁、李健著“原油管道泄漏检测与定位”，《仪器仪表学报》1997 年第 4 期）。1998 年，靳世久课题组研究了管道泄漏引发的瞬态负压波在管道中的传播过程，设计了一种能够有效地提取泄漏压力波形特征信息的分段积分算法，首次提出了基于此算法的利用瞬态负压波结构模式识别泄漏的技术（见靳世久、王立宁、李健著，“瞬态负压波结构模式识别法原油管道泄漏检测技术”，《电子测量与仪器学报》1998 年第 1 期）。首次提出了一种新的负压波定位公式，提高了漏点的定位精度。这一年，靳世久研究团队与中国石化管道储运分公司、中国石油管道公司合作研制成功我国第一套原油长输管道泄漏检测系统，并安装在中洛线（中原－洛阳输油管道）运行。

在此基础上，该课题组继续致力于原油管道泄漏检测技术的研究，并将该技术进行推广和应用。截至 2020 年 1 月，该技术已在我国的中国石油管道公司、中国石化管道储运公司、延长石油管道公司、大庆油田、胜利油田、中原油田、辽河油田、镇海炼化、青海油田、塔里木油田等超过 20000km 的长输管道上安装运行，取得了巨大的经济效益和社会效益。2004 年，以金国藩院士和张钟华院士为正副主任委员的专家组对"原油管道泄漏检测与定位技术"进行了鉴定，给予于高度评价。该项目获教育部 2004 年度科技进步奖一等奖，2006 年度国家科技进步二等奖。

该项研究提出"长杆法"判断管道工况是否进入非正常工作状态，基于分段积分算法的结构模式识别方法和基于小波分析的"能量－故障识别方法"判定管道泄漏信号的真伪，研究出了一种非平稳输送条件下的泄漏信号实时统计处理方法即序贯概率比检测法（见崔谦、靳世久等著"基于序贯检验的管道泄漏检测方法"，《石油学报》2005 年第 4 期）。

靳世久研究团队还针对我国原油大多具有高黏度、高含蜡、高凝点必须加热输送的特点，研究了热输原油管道的水力模型与热力模型，提出了一种考虑沿程温降影响的改进的压力梯度定位方法和温度梯度定位方法，适用于较缓慢的泄漏定位。

靳世久研究团队采用先进的信号处理和误差修正方法确定负压波拐点，提高了定位精度，提出一种管道停输时的泄漏检测与定位方法（附加微压检测方法），解决了由于停输时压力趋于零、流量等于零而不能检测泄漏的难题，该成果涉及现代传感技术、信号处理技术、计算机技术、管道流体力学和热力学等学科，成功申请了六项发明专利。

靳世久团队研究者还慎重地指出：负压波检测泄漏依赖的事实是泄漏点处的压力突降。通常大的管道事故都具有这一特征，但对于缓慢发生的泄漏或已经发生了的泄漏，还需结合其他方法。而这个结论成为他们继续探索的新起点。

进入 21 世纪以后，随着我国大规模基础设施建设，第三方施工成为威胁管道安全运行的最大因素。2005 年，靳世久所在的天津大学精密测试技术与仪器国家重点实验室，提出了一种基于 Mach-Zehnder 光纤干涉仪原理的管道泄漏检测分布式光纤传感技术，该技术可以实时检测管道发生的泄漏，同时可对发生在管道附近的第三方施工进行报警和定位。理论分析和测试结果表明，在气体管道压力小于 0.2 MPa 的条件下，可以检测到 $0.4m^3/min$ 的气体管道泄漏，并可探测管道周边 1m 的人工挖掘和 5m 的机械挖掘，测试距离可达到 50km。2006 年，基于 Mach-Zehnder 光纤干涉仪原理的管道安全预警系统在中石油港济枣成品油管道安装运行，这是公开报道的国内首套成熟应用的基于分布式光纤的管道安全预警系统。2011 年，靳世久团队将 Mach-Zehnder 光纤干涉仪和 Φ-OTDR 技术通过波分复用技术相结合，应用于长庆苏里格气田，既实现了对振动的精确定位，又实现了对管道周边声学信号的实时解调。

2008 年，靳世久团队针对管道微小泄漏问题，提出了一种基于智能球形内检测器的管道微小泄漏检测方法。通过在管道内投放低成本的球形内检测器，对管道内的微小泄漏及大规模腐蚀进行检测，具有成本低、灵敏度高、不易卡堵、定位准确的优点。2015 年，该检测器首次成功应用在中石化华南成品油管道，泄漏检测灵敏度达到 0.17L/min，对泄漏点的定位精度达 3m 以内。2019 年，该检测器首次应用于中石油某原油管道，期间克服了原油高含蜡、多年未清管等不利因素，顺利完成了管道内检测。

围绕我国地下压力管网的检测技术，靳世久团队在前期工作的基础上，相继开发了基于分布式光纤的大型输水管道安全预警系统和带缆地下压力管网内检测器。在分布式光纤大型输水管道安全预警系统方面，经过多年的研发和实验，相继克服了传感光缆可靠固定、管内流体湍流噪声去除、基于深度学习的信号模式识别等关键问题，大型输水管道安全预警系统于 2019 年 9 月首次成功应用在国内某涉密大型输水管道，可对大口径 PCCP 管道的突发断丝、管道微小泄漏等进行安全预警，定位精度小于 2m，打破了国外的技术垄断，经过天津市科委技术鉴定为国际先进水平。2019 年 4 月，团队研制的带缆供水管道内检测器相继在宁波舟山海底输水管道、汕头南澳输水管道和南水北调北京东干线等成熟应用，检测器通过后面所拖行的零浮力脐带缆，可实时将管道内视频、音频、三轴磁信号实时传回地面站，该方法成功检测出多处漏点、气包、腐蚀，极大地降低了管道的检测成本，通过脐带缆米标和信号标记器联合定位，对管道故障点的定位精度达 0.5m，提高了输水管道检测的精确性和便利性。

近年来靳世久团队在国内外率先开展了海底管道形位异动检监测研究，能够通过及时干预减缓和避免海底管道因应力集中和应力腐蚀而破裂。管道形位异动包括随海床沉降、热屈曲、悬跨下沉、悬跨振动以及被海流 / 拖网 / 滑坡 / 地震等外力移位等，是导致海底管道腐蚀、破裂、漏油等灾难性损失的最主要因素。该研究得到了国家自然科学基金的大力资助（批准号：61473250，51604192，61773283，61973227），已经发表 SCI 检索论文 20 余篇，申请发明专利 11 项，其中 6 项已授权。该研究提出综合利用管道的热 – 力 – 磁多物理场耦合特性、基于主 / 被动交直流磁化 / 磁机械效应的管道缺陷和应力测量技术以及球形内检测器在管球流体力学作用下的运动特性，实现对管道悬跨、屈曲、移位、沉降等的高灵敏检监测以及在没有 GPS 的情况下对海底管道轨迹重构，其中挠度检测灵敏度高达 1cm/12m，在国际上处于领先地位。先期研究已经实现了海底管道的悬跨竖向振动检测、竖向弯曲检测、侧向热屈曲磁测、走向 / 地理坐标磁测、基于磁反演的磁异常检测等，研制了球形内检测器并进行了多次现场管道检测试验，充分证明了其检测参数丰富、灵敏度 / 精度高、卡堵风险低、可密集实施以及准实时等优点。

正如靳世久教授所说："科学研究必须要从国家的需要出发，特别是要从国家亟待解决的问题出发。我们的研究成果如今已经大规模地应用于生产，作为研究人员，很欣慰看到自己的研究可以帮助国家解决在实际工作中遇到的问题"。靳世久教授是我国最早从事管道泄漏检测技术研究的专家之一，他的研究成果在全国得到了广泛的应用，并影响了一批从事管道泄漏和缺陷检测技术研究的工程技术人员。目前在全国管道泄漏检测技术开发领域有影响的多家公司，如东营五色石测漏公司等的监测仪器都是基于负压波理论的，胜利油田常年从事泄漏监测技术研究的常贵宁高级工程师最认可的泄漏监测技术也是建立在负压波监测技术基础上的组合监测技术。

斗转星移，随着时间的延续，靳世久研究团队开创的管道泄漏检监测技术家族还会不断增添新的家族成员，管道检测技术的发展史也会因为类似于靳世久研究团队这样长期专注于某个细分领域的研究贡献而开枝散叶，郁郁葱葱，为中国管道乃至世界管道科技的发展作出越来越重要的贡献。

追寻中国管道检测技术的发展史，就会发现：管道检测技术的出现固然很早，但是真正成为一个对社会发展有影响的技术，甚至成为一种技术产业不过四十年左右的历史。管道检测技术在中国的发展是伴随着中国经济的迅速崛起，对油气资源依赖度的提高而发展起来的。所以，一部中国管道检测发展史具有浓浓的油气味。凡是比较重要的检测技术莫不是从油气管道上找到其最大价值的。而从事油气管道研究、勘察设计、施工、运行管理、维修维护、检测检验的人员至少数以万计，更何况虽然管道检测技术主要发展于油气管道领域，但是也并不意味着其他领域不存在对管道检测发展作出贡献的人们。更何况其他类型的管道，如市政管网、矿物与化工原料输送管道以及生产过程中的工艺管网涉及的研究、勘察设计、施工、运行管理、维修维护、检测检验的人员是个更加庞大的群体。其中，必然有大量对管道检测技术发展孜孜以求的探索者和贡献者。从这个角度来讲，还有许多的管道检测技术的引领着、探索者值得我们记录在这部中国管道检测发展史中。只是由于作者搜集的资料有限，无法将这些管道技术探索的先行者一一录入，但是，我相信还会有更多的管道检测发展史研究著述会将他们的名字镌刻在历史发展的丰碑上！

第 4 篇　管道地面检测的胜利实践

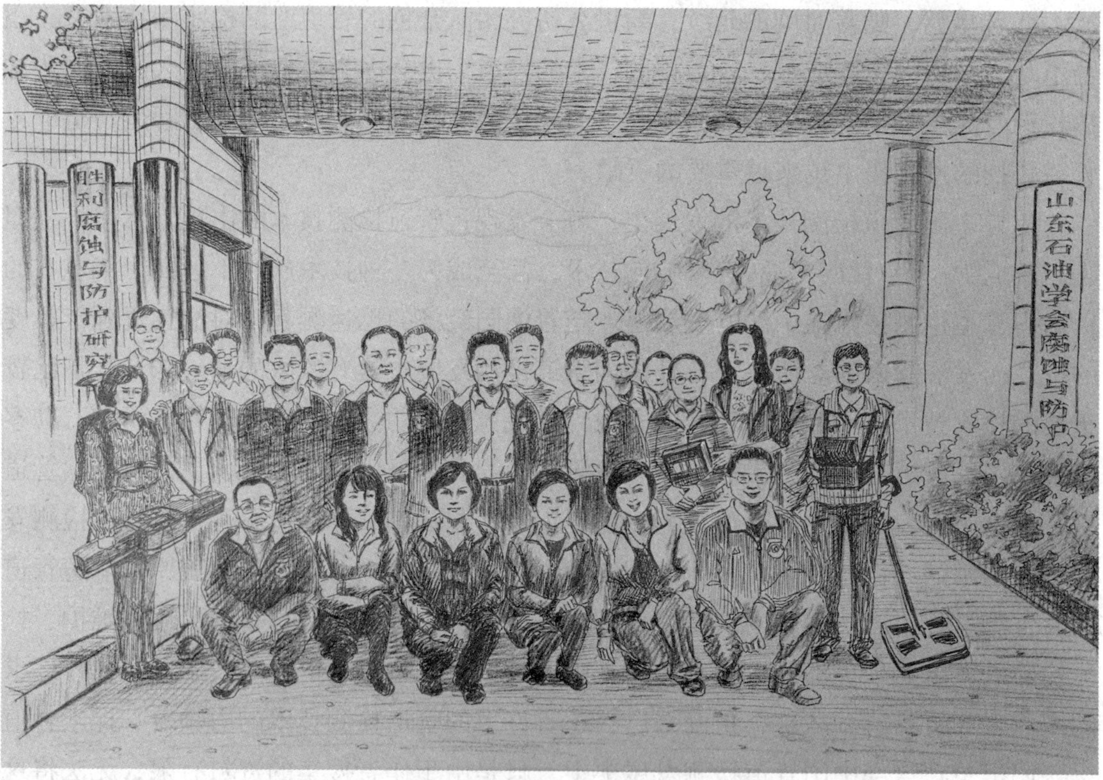

《诗经·郑风·其出东门》曰："出其东门，有女如云。虽则如云，匪我所思。缟衣綦巾，聊乐我员。"的确，现在是一个技术大爆炸的时代。仅2017年全球专利申请量就超过了800万件，这么多的发明创造在给我们社会发展带来机遇的同时，也给我们的选择带来困惑。正像"其出东门"诗描述的那样：漫步出了城东门，看到无边的美女如天上的云朵一样，叫不时从身边走过，难免眼花缭乱。可是，仔细一想，这么多美女却并不能打动我的心，因为我需要的是"缟衣綦巾"的她。只有那个穿着白裙子系着暗绿色头巾的女子才是我的最爱，才能给我带来心动啊。

面对纷繁多样的管道检测技术和花帷叠彩的宣传手册，以及技术推广者虚实莫辨的游说之辞，管道企业该如何判断与选择技术呢？相信这曾使不少的管道企业困惑不已。

我们作为拥有总长累计30000km左右的企业内部检测机构，比起其他检测机构，更能深切地体会到：以油田集输管网为代表的分布广泛、数量庞大的非长输管道企业需要何种检测技术服务。我们也有幸参与了众多长输原油管道、天然气管道、成品油管道、市政管道的检测。这类管道或横亘于地旷空溟、沟绵穷想、月送风草的鄂尔多斯盆地，或起伏于戈壁广漠、朝晖夕曜、渺无人烟的塔克拉玛干沙漠腹地，或绵延于孤峰秀峙、悬崖万仞、晔光幽明的鄂西山区，或连畴接畛、墟落相望、绿翠波漾的华东水乡，或车水马龙、高楼林立的市镇。地域风物异样、管线型类纷呈的检测经历，使我们收获的不仅是鹤唳风声、清旷逍遥，更有斯适众圭、游刃至臬的检测经验。我们还有幸亲历了管道检测技术日新月异的发展阶段，对管道检测技术的理解和把握虽不能说没有偏见与局限，但毕竟是建立在我们自身实践的基础上，有最真实的体会，掌握着第一手的资料、数据和实例。因此，拟在本书这一部分中，将我们最熟悉、最实用的管道地面检测方法的选择、实践过程的体会进行详细的介绍，以便读者能不受专业理论基础限制、全方位地体会管道检测工作在中国新世纪的发展历程。

记得科学技术史作者李约瑟在他的巨著《中国科学技术史》中曾写过这么一段话："如果一个史学家对他笔下的工艺和技术并没有真正地了解，则他的技术史就彻底徒劳无功"。因为，"即使现在看来是很珍贵的著作的作者们，他们也是对自己文体的关注胜过对所述机械和操作细节的关注"。我们虽然不具备史学家在语言、鉴定原始资料以及运用文献方面的史学素养，但是，我们相信我们的亲身经历与感悟会弥补我们对于材料遴选上的欠缺。因为我们认为，将自己最刻骨铭心的理解、经历、体会和实践过程真实地记录下来，也是管道检测技术探索史最重要的组成部分之一。

第 25 章 管道地面检测的胜利选择

2012 年，我（注：本书作者，以下同）组织胜利油田腐蚀与防护研究所工程技术人员完成《油气管道地面检测技术与案例分析》（中国石化出版社出版）一书编写后，曾以“十年，我们一起走过”为题，写了一篇一万多字的后记，概要叙述了当初我们选择管道地面检测作为主业的过程。这篇后记，不仅激起全所职工因对过往岁月的回忆而高度团结，在 2012 年那个特殊的年份凝聚了再出发的力量，而且受到 2012 年年底在沈阳参加国家基金委组织的一个学术交流会的四川大学廖俊必教授等同行们的热捧，这使我认识到：从事具体技术研究的实际参与者总结技术发展进程是很有意义的一项工作。

现在，我有了更多的时间思考、回顾甚至反思过去的经历，我何不再次就当年的一些选择细节作一番梳理，让我们的选择接受更多人的评判，或作为管道检测技术发展历程的一部分，使更多人通过我们的回顾与反思多一份认识历史发展的一个参考呢？

古希腊哲学大师苏格拉底的三个弟子曾求教老师，怎样才能找到理想的伴侣。苏格拉底没有直接回答，却让他们走麦田埂，只许前进，且仅给一次机会选摘一支最好最大的麦穗。

第一个弟子走了几步，看见一支又大又漂亮的麦穗，高兴地摘下了。但他继续前进时，发现前面有许多比他摘的那支大，只得遗憾地走完了全程。第二个弟子吸取了教训，每当他要摘时，总是提醒自己，后面还有更好的。当他快到终点时才发现，机会全错过了。第三个弟子吸取了前两位的教训，当他走到三分之一时，即分出大、中、小三类，再走三分之一时验证是否正确，等到最后三分之一时，他选择了属于大类中的一支美丽的麦穗。虽说，这不一定是最大最美的那一支，但他满意地走完了全程。

2002 年初春，当我带着几名工程师开始筹备胜利油田腐蚀与防护研究所时，我面临的最主要问题就是：腐蚀与防护研究所将依靠什么业务来生存？那时，很希望能有个类似于苏格拉底那样的老师，给我们指点迷津。

当时，摆在我面前最简易的选项有两个：一是按照上级批准的建所名称，做腐蚀与防护研究，这项工作在当时的胜利设计院与油建一公司有类似的业务。这个看起来是一项再合适不过的工作了，可当我们初步了解之后就退缩了。一是该业务在上述两家胜利油田内部单位一直不温不火，难成气候。再说，加热别人的残羹冷炙，总不如自己烹制的新鲜。二是当时的胜利油田产品质量监督检验所新开展了一项油田注水水质检验业务，该业务的核心就是分析水质的腐蚀，检验各种药剂投加后的缓蚀、阻垢效果，这项业务与我们所的名称内涵也高度契合，通过申请业务重组，将其作为我们所的基本业务应该比较理想。我和时任腐蚀所书记的朱成义、曾在产品质量监督检验所工作过的柳言国、考军等工程师也多次商议过申请划转该业务的可行性，可最终还是被我们否决了。也如前面所述，划转其他单位业务组建新单位虽然简单，却没有成就感，若干年以后，我们或许会因为平淡而后悔。毕竟筹备新单位意味着我们可以自主选择一次，为什么不充分利用这次机会作出一个富有挑战性的选择呢？

我们既不想像苏格拉底第一个大弟子那样因匆忙选择而后悔，亦不希望像第二个弟子那样因为心中缺乏明确的目标而错过机会，我们进行了为期一年半的调研，来确定我们的目标。

1. 寻找治理腐蚀的抓手

由于参与油田腐蚀研究所的筹备人员没有从事腐蚀研究的经历，特别是作为筹备组组长的自己当初对腐蚀与防护几乎没有一点概念，所以调查研究就成为认识这个行业的第一步。当初，筹备油田腐蚀与防护研究所这件事是因中国科学院沈阳腐蚀与防护研究国家重点实验室的杜元龙研究员来胜利作的一次报告引起的。杜研究员认为油田的腐蚀相当严重，经济损失巨大，急需专门研究，拿出治理对策。

组织腐蚀调研

我到筹备组后第一件事就是要来杜元龙的报告，反复琢磨了好几天，勉强让自己有了一些基本概念。那么，杜研究员的观点是否符合胜利的实际呢？这需要调查。为此，我又从油田科技图书馆借了几本有关腐蚀与防护研究的书作参考，设计了一套关于油田腐蚀与防护状况调研的表格，准备开展调研。

可时，面对分布在6市20多个区县、上百个可能涉及金属腐蚀问题的生产单位进行调研，没有一个权威的组织协调机构，谈何容易！不过，解决问题的机会马上就出现了。一天，油田基建处宋成贵主任工程师陪同油田副总工程师郝洪友到检测中心评审项目，因我此前曾在油田工程质量监督站任过副站长，和基建处的所有领导都相当熟悉，加之又刚刚离开监督站，基建处需要的很多资料信息还“装”在我的大脑中，宋成贵让我参加会议，顺便从工程施工质量的角度谈了几个问题，我就此结识了郝老总。在会后的私聊中，我了解到，郝洪友老总对油田腐蚀问题已经思考了很久，也在寻找解决的突破口。所以，我们一拍即合，他决心支持我们的调研工作，并帮助我们联系了油田采油处副总工程师兼集输科科长孙兆厚，同时向时任采油处处长窦志林建议由孙兆厚牵头组织油田腐蚀与防护状况调研工作。油田采油处是油田腐蚀与防护业务技术的主管部门，有了采油处的牵头与支持，胜利的调研工作开始了。

2002年秋季，开始对搜集上来的数据信息进行汇总分析。这时，有一项腐蚀防护技术引起了我们的注意：这就是油田在当时花费“巨资”引进美国的“赛克54”防腐涂料。

赛克54是美国Freecom公司设计配置的21世纪先进的涂层材料，它是一种薄膜喷涂空气干燥的陶瓷树脂涂层，能够提高所有被涂金属、FRP（加强玻璃纤维塑料）、混凝土及塑料基体表面抗磨损和抗腐蚀性能。它是一种高度改良的以亚微米级的陶瓷颗粒为填料的环氧树脂。1998年，胜利油田针对海洋工程对管线防腐性能的特殊要求，从美国引进了这种柔性陶瓷涂料，同时引进了与之配套的喷涂工艺设备。后来又部分推广应用到陆地上一些主要管道的防腐蚀上来。

调查发现：仅仅投产3~4年时间，不少管线防腐层就发生了大面积的脱皮现象，实际效果与当初引进时的期望存在很大的落差，要不要继续推广？采油厂将这些材料提供给我们估计也是有所考虑的。问题的关键就在于能否找出引进后水土不服的症结。

李阳总经理的支持

通过分析和实验室试验，我们认为是国内喷涂后的固化条件与工艺与美国相比存在差异，也就是说，这种技术并不太适合当时的国内油气管道腐蚀防护的客观实际。我们将这个情况向郝洪友副总师作了汇报，并通过他向当时油田主要领导李阳总经理作了汇报。李阳总经理对我们这个调研结论非常重视，并让我去他办公室就发现的具体问题与看法进行了交流。根据我们的调研，李总也觉得想满足赛克 54 防腐涂料的固化条件的确是有困难的，如果硬要创造条件，对于集输管道而言，是无法承受其高昂成本的。至少陆上管道不必要采用这种技术，应该探索其他腐蚀控制技术或措施。

借着李总的这个思路，我们趁势提出建立油田腐蚀防护技术试验中试基地的想法。李阳总经理认为这个思路值得一试，当即表示同意我们的设想。中试试验研究很快就以可研报告的形式通过专家论证，进入立项批准程序。2003 年 3 月，胜利油田有限公司总经理李阳，与胜利油田有限公司副总经理裘国泰、孙焕泉及胜利石油管理局原党委副书记李人学等领导和机关处室负责人来到检测中心做年度工作调研（图 25-1 为李阳院士当年工作调研留影，前排右数 2 为李阳）。他强调，没有先进的技术就不可能有科学的检测结果，并特别提到检测中心的防腐管线先中试评价、再推广应用是个好主意，可以避免让防腐管生产企业把整个油田变成试验场，可以有效地避免投资浪费。

图 25-1　时任胜利油田有限公司总经理李阳工作调研时说防腐效果中试是个好主意

从此以后，我们腐蚀与防护研究所的项目在油田立项中都获得了各方的支持。李阳作为一个技术型企业领导者，非常重视技术的研究与持续探索，即便是后来他到中国石化股份公司油田部当了主任、中国石化股份公司副总工程师、中国工程院院士，他仍然对我们的腐蚀研究工作非常关心。

工程质量的追问

调研分析发现的第二个问题是油田集输管网穿孔泄漏严重，多数管道运行管理单位都建立了专门针对穿孔泄漏的抢险维修队伍。泄漏穿孔次数的记录成为管道维修、更换时申请资金的主要依据。这让我这个多年从事工程质量监督工作的觉得不可思议，特别是一些交工投用仅几年的管道也在调查中被发现有数次甚至几十次的腐蚀穿孔记录，上报维修甚至更新，更让我觉得非常震惊！难道通过我们监督验收合格的工程都是“豆腐渣”工程吗？

腐蚀穿孔的原因是什么呢？我下决心要搞清这个问题。于是，我们进行了一番初步的统计分析。我们注意到：腐蚀穿孔点多数是从上交给油田申请管道更新资金的报告中统计出来的，能够提供如何查出这些腐蚀穿孔点的原始记录却很少。一条管线总是反复从一处或几处穿孔是一种情况，一条管道沿线到处都发生腐蚀穿孔则是另外一种情况。如果是前一种情况，只要查明原因进行有针对性的治理就行，而不必对管道进行大修或更换；如果是后者不论原因是什么，管道大修或更新就是必需的了。但是，调研提交的材料只有管道穿孔次数记录，并没有具体地点与原因分析。要确认，就需要做具体的管道腐蚀分析。

管道腐蚀分析或许可以作为我们所的主要业务，当这个念头闪过脑海时，我就决定研究一下管道腐蚀分析试验方法。

2002 年下半年，我们分别走访了沈阳腐蚀与防护重点实验室（见图 25-2）、洛阳 725 中船重工研究所、青岛海洋研究所、湖南大学纳米涂料研究课题组、濮阳中原油田腐蚀研究所、华中科技大学油田腐蚀研究实验室等，了解到关于腐蚀试验与防护效果试验的一些基本方法。

图 25-2 项目调研期间与中科院腐蚀国家重点实验室副主任严川伟（左）、高立群（右）分别合影

2003 年年底，由柳言国工程师负责、自行设计安装了一套“油田采出液腐蚀动态模拟试验装置”，建成了“广利联合站防腐管道中试基地”。从胜利新大管业公司、金岛实业公司、东方公司、油建防腐厂、供应处防腐厂等防腐管道企业征集到第一批 9 种防腐管道进行中间试验，以便确认油田腐蚀到底有多厉害，哪些防腐材料与工艺比较可靠？

开始，我们很认真，每周都派人去观察一次，我们甚至还在中试基地建了个值班室，以备发生腐蚀穿孔泄漏时及时处理，可现实告诉我们，这种情况不可能短期发生。

半年过去了，试验的管道根本没有肉眼可见的腐蚀迹象，就更别说腐蚀穿孔了，最多也就是个别内涂层发生轻微的起泡现象；管道外防腐层更是完好无损（后来，这些试验管道一直在我们建成的腐蚀中试基地连续运行三年，也未见穿孔腐蚀，最终被拆除下来）。也就是说，只要按管道防腐工艺进行施工，管道不可能发生像我们调研统计表提供的那么多且严重的腐蚀。

那么，是我们的施工质量有问题了吗？但是，长期从事工程质量监督工作的我，根本不相信我们监督的工程质量会那么不堪！

萌生管道检测思想

油田的集输管道均埋在地下，无法直观地去查看管道腐蚀的形貌、具体发生部位、严重程度，那么，实际的腐蚀到底是个什么状况？特别是有了我们的初步中试的管道摆在那儿，我根本就不敢相信用统计调研这种方式得到资料的可靠性了。虽然，油田不少项目可行性研究报告，包括申请管道更换、大修资金的可研报告以及科研立项报告都有大量的实物图片资料，可是，这些就能说明一切吗？腐蚀或许只是个表象。必须经过抽样解剖来验证统计材料的可靠性。而抽样解剖的关键在于管道腐蚀状况的检测。

在这段时间里，我们在调研中也听到或从资料中查阅到一些关于管道腐蚀损伤状况检测的案例与方法。于是，我们就想，可否通过管道检测来查明问题的根源呢？

开展管道检测吧！这也许是解开油田集输管道腐蚀穿孔现象的一把钥匙。也许是今后管道管理的一个重要的基础性工作呢！胜利油田有近 3 万口油井，大大小小累计 3 万公里左右的管道，对这些管道的检测完全可以长期持续进行下去。可是，跟我一起参与筹备的几位工程师都是做产品检验的，擅长实验室分析试验，与管道检测这种需要常年在野外环境下的工作截然不同，我们能胜任吗？可回头一想，不闯出一条新路，成立这个新单位还有用吗？

挑战与迎战思想

那年，我正在读斯塔夫里阿诺斯著、吴象婴和梁赤民译的那套《全球通史》及歌德的《浮士德》（董问樵译），前者重点对 1500 年以后的世界作了详细的解读，虽然一本是历史，一本是诗歌，但是我认为这两部书有一个共同点，都是讲述人类应该如何迎接挑战这个主题的，具有丰富的哲理性。我也特别喜欢作者关于人类面对挑战的叙述，并分别在当年的《胜利油田党校学报》与东营市社科联主编的《黄河口论坛》上发表了“论挑战的意义”和“论挑战与人类文明的进步”2 篇学习心得论文。那一年，还结合调研的进行，特别是带领腐蚀研究所筹备组成员跟随郝洪友副总师及油田采油工程处一道参加“2002 年上海腐蚀防护学术技术交流会”后，撰写了“论油田防腐技术研究工作的基本思路”的调研总结，上报给上级相关业务主管部门。图 25-3 为最早参与腐蚀所筹备的成员一道参加上海学术交流会后合影。

受上述两本书的影响，我决心带领腐蚀所开辟一项新的工作。我们一方面继续利用“油田采出液腐蚀动态模拟试验装置”“广利联合站防腐管道中试基地”持续开展管道腐蚀试验，并通过与外界合作（图 25-4 为北京科技大学路民旭教授来我所合作交流时在“油田采出液腐蚀动态模拟试验装置”前与作者的合影），积极申报油田及中国石化总公司的科研课题；另一方面，思考采用其他方式来解剖油田集输管网腐蚀问题，并提出了“腐蚀检测与防腐性能评价技术是进行油田防腐技术研究的一个主要技术支撑手段”的观点（发表在 2003 年第 10 期《石油经济参考》上）。稍后，我们就将检测看成是腐蚀研究的有机组成部分甚至是腐蚀研究的基础工作。

图 25-3　最早筹备油田腐蚀研究所成员上海合影

图 25-4　路民旭参观我所腐蚀动态模拟试验装置

哪些技术更适合油田管网腐蚀损伤状况的具体检测呢？油田其他单位开展过吗？或者历史上开展过吗？因为在这个当时拥有 26 万多名职工、上百个生产单元、涉及面广阔、专业门类庞杂、组织体系复杂的大型联合体企业里，理清某一工作头绪并不容易。既然管道腐蚀这么严重，不可能没有部门或机构或相关单位研究过这个问题；也不可能没有人想过进行检测这种办法。所以，我们的调研方向又逐渐转入管道检测历史、技术与方法的领域。

2. 管道检测的胜利基因

一天，我去油田科技图书馆查阅档案资料，偶然发现了一份署名油田科技处的管道泄漏检测仪科研小组总结的材料，该材料注明的日期是 1975 年。该材料表明尚处于“文革”期间的胜利油田会战指挥部油建一分部指挥部，曾经有过一位名叫陈文峰的工程师，他与几位技术人员曾经研发出中国第一套管道防腐层破损地面检漏仪。原来管道检测本身就有胜利基因啊！于是，我试着拂去陈文峰们管道检测探索的尘土，由此探索一下管道检测在胜利油田的发展脉络。

中国管道检测第一人在胜利

1972 年 12 月，为了解决他与夫人刘瑞芝的两地分居，33 岁的陈文锋辞别航天 618 所来到胜利油田。当时，胜利油田尚在会战时期，他所来到的油建指挥部主要以建设油气管道、储罐等地面建设工程为主，管道防腐技术尚处于成长期，刚成立科研料，正需要科研管理人员，于是陈文锋就上岗履职，成为石油人，并在其后成就了胜利油田在管道检测方面的全国领先地位。

1974 年 11 月，陈文锋从胜利油建第一指挥部总工程师张鹤龄那儿领命，研究管道防腐层检测仪器。经过 5 个多月的资料检索，总算找到了一份美国人皮尔逊（Pearson）1967 年申请的发明专利摘要和一幅原理附图，就是凭着这一份仅有的资料提供的线索，陈文锋与其他几个工程技术人员一道于 1975 年 8 月试制出两套原理试验样机。又经过 24 次野外现场试验和若干次改进，中国首个管道防腐层检漏仪竟然诞生了！ 1976 年 7 月，陈文锋们依靠简陋的手工器具，手工制造出 18 套成果样机。正是这项研究技术在 1978 年被无偿转让给“江苏省海安县电子仪器厂”定型批量生产，成就了我国第一代管道检漏仪——胜利系列检漏仪。该系列检测仪器在我国管道检测史上至少活跃了 30 年以上，格拉（格尔木 – 拉萨）输油管线等著名管线的首次检测均采用了该系列仪器。1978 年 3 月 12 日，被广大科技人员称为“科学的春天”的全国科学技术大会在北京召开，陈文锋的这项发明荣获科学大会奖。石油部授予陈文锋科研组“向科学进军”锦旗。1978 年 11 月 29 日，《胜利报》第 3 版以“地下油龙的听诊器——介绍管道防腐层检漏仪”为题，完整报道了油建科研组研制管道防腐层检漏仪的艰辛历程。至此，我国在基本与外界隔绝的情况下，独立自主地完成了管道防腐层检漏技术的研发。

胜利发明的检测胜利未推广

对陈文峰他们研制开发第一台管道防腐层检漏仪历程及其使用情况的追踪，使我第一次真切地体会到管道腐蚀与防护问题的症结所在。防护的薄弱环节不是我们肉眼可见的，更严重的问题在于，施工过程中对管道防腐层的损伤，而这恰恰是工程质量监督的薄弱环节！在工程质量监督站工作十个年头，我们还从未用过类似于陈文峰在 20 多年前就发明的检漏仪对埋到地下的管道外防腐层做过系统检测。我们对管道质量监督的重点放在材质抽查、焊缝无损探伤中所拍的射线探伤片子的抽查、焊缝外观检查、管道下沟前的电火花检漏上。而监督站的质量检查方法，具有极强的示范与导向作用，使得在油田从事管道施工的企业都把重点放在了管道防腐管的外在质量、端头质量以及焊缝质量控制上。忽视了埋地以后的质量检测，对隐蔽工程的质量控制变成了对施工队资料的审查，对实际质量的检测往往成了施工队的良心活。从对陈文峰“文革”中检测技术发明的相关报道及其相关论文的检索来看，这是远远不够的。特别是集输管道这类非主要管道，大部分不是由油田的油建公司施工，而是由一些小队伍施工的，工程质量监督站如果不进行地面检测抽查，估计他们就不知道有这种质量检查手段。因此，在油田推广管道地面检测方法非常必要。

从我们的调研分析来看，管道腐蚀穿孔多是因外防腐层破损引起的或与破损有关，那么，二十多年前，胜利就发明了可以在地面实施埋地管道外防腐层质量状况的检测方法，为什么没有得到推广应用呢?

带着这个疑问，我们继续对油田的管道检测历史进行了考证。

泄漏监测技术在胜利的实践

20 世纪八九十年代以来，我国经济体制改革逐步由农村转向城市，工程建设规模急剧膨胀，仅在胜利油田的农民施工队伍就超过 200 家，油田内部参与工程施工的三产队伍有数十家，主体施工队伍逐渐开始由直接施工向管理外包队伍施工方向转变。在这种情况下，除重点长输管道之外的其他集输管线，在回填以后的地面检测工序被舍弃。加之新投产的管线，隐患不会立即发展成事故，没有引起人们的重视。当历史发展进入 2000 年前后时，环境发生了大的改变，由于受到利益驱动以及油地利益冲突等影响，油地关系紧张起来，不仅打孔盗油时有发生，而且人为破坏油气管网（如当地修建沟塘渠涵大量在已经铺设管道区域经过，过度深耕划伤管道外防腐层甚至有意在管道上施加腐蚀物质破坏等）以谋取环境污染赔偿、哄抢落地油谋利现象时有发生，加之管线老化，使得管道事故相对频繁起来。因此，通过检测、监测及时定位事故发生地点以便及时止损，或通过检测提前预知风险，提前治理防止隐患发展成事故就成为一种必然选择。

胜利油田面对油气集输管网隐患不断加重的严峻形势，特别是 1993 年中洛线全国首例打孔盗油事件发生之后，胜利油田也开始对管道穿孔泄漏、打孔盗油、腐蚀损伤隐患思考治理措施。首先在一些重点输油管道上安装在线的管道泄漏监测装置。根据资料检索：1996 年 10 月，胜利油田与天津大学靳世久科研团队合作，研制开发成功我国第一套原油集输管道泄漏监测系统，在孤一联合站至孤五联合站之间的输油集输管道上试运行。也就是说胜利油田管道泄漏监测发展史最早可以追溯到 1996 年，是全国最早在油气集输管道上安装泄漏监测装置的油田。

2000 年 11 月，胜利油田临盘采油厂又在临（邑）– 济（南）长输管道投产了一套管道泄漏监测系统。仅 2001 年 3 月 5 日 ~2001 年 9 月 12 日期间，就检测到泄漏 39 次，抓获盗油车 8 辆，说明该系统效果明显。影响最大的泄漏监测系统当属胜利油田集输总厂常贵宁工程师与清华大学、天津大学合作下，于 2002 年在孤罗东、孤永东、东辛线等主要输油管线上安装的负压波法泄漏监测与防盗系统。

常贵宁的研究不仅在胜利油田，甚至在全国输油管道泄漏监测研究与实践领域都留下了深深的印痕。至今，我们打开任何一个网站搜索管道泄漏监测，都会有大量关于常贵宁在胜利输油管道及全国其他输油管线、输卤管线、硫酸管道、储油库测漏研究与实践的论文、专著、会议交流报道。该系统在常贵宁工程师及东营五色石泄漏监控技术研究所、五色石测漏技术公司的持续改进下，不仅在胜利油田获得推广应用，还在大庆油田、辽河油田、江汉油田、江苏油田、大港油田、吉林油田、延长石油、齐鲁石化、西部管道等石油企业，天津市、甘肃省、江苏省等地 100 多条石油、盐卤、硫酸、苯等长输管线、近 200 座站库上得到应用，为打击盗油犯罪、及时发现输油管道泄漏发挥了重大的作用。

大量检测仪器被闲置不用

大约在 2000 年前后，油田生产开发单位开始探索管道地面检测技术。这次探索不同于“文革”后期与改革开放初期油建公司的管道检测实践，这次开展管道检测的主体是采油、集输等管道业主单位，目的是发现埋地油气管道的各种安全隐患而不仅仅是防腐层的破损问题。尤其以集输总厂输油科为代表，最先引进江苏海安智能仪器厂胜利系列管道检测仪，从 20 世纪 90 年代就拉开了胜利油田集输管道检测的序幕，方建平等工程师在 21 世纪初就开始发表一些关于管道地面检测技术探讨的论文，是继 20 世纪七八十年代胜利油建第一指挥部陈文锋等工程师之后，胜利在全国管道检测领域的代表。进入 2000 年以后，油田各采油厂也先后对管道隐患检测问题重视起来，不过他们已经随着时代潮流，选择了英国雷迪的管道检测仪进行埋地管道地面检测的探索工作。

随着对油田管道检测历史的追踪，我们发现管道检测在胜利油田可以说源远流长，可是，为什么我们在调研中却没有发现通过管道检测提供的管道腐蚀与损伤状况的评价呢？为什么大家喜欢用没有多少科学性的统计资料而不用更具科学性、系统性的检测评价资料来说明或表征油田管道的腐蚀状况呢？这或许存在两种情况，一是大家对管道检测技术并没有完全掌握，虽有仪器却不会使用，甚至不知道应该选择哪些类型的检测仪器或仪器组合来正确地实施检测；二是目前的检测技术存在致命缺陷，无法简单明了地证实管道隐患的真实状况，存在比较大的误差，以致大家不敢相信检测结果。

通过调查与简单的梳理，我们发现：当时胜利油田已经配备了管道防腐层质量检测仪器，如海安 SL-2088、雷迪的 PCM 检漏仪、防腐层电火花检漏仪，还有开挖检测测厚用的超声波测厚仪等。各采油厂因为缺乏专业检测人员，无法正确使用检测仪器是导致检测无法正常进行的根本原因。再者，管道地面检测的野外工作性质，也使得一般职工没有学习该项技术的积极性和主动性。油田花费上千万巨资购置了近百台管道检测仪器，但是型号单一、功能雷同，不具有技术配套性，仍然停留在管道防腐层的检测上，无法解决当时油田生产开发单位面临的油气集输管道的实际难题，比如管体腐蚀状况、泄漏穿孔风险等。由此也说明，油田急需一个专门从事集输管道检测的机构，来系统地研究、实施这项工作。

可见管道检测技术的胜利基因，并不意味着必然会优先解决胜利检测的现实问题。正所谓“其室则迩，其人甚远（《诗经·东门之墠》）”。技术再近，不能走进可以操控者之手，就无法实现其价值。犹如两个心里存在隔膜的邻居一样，看似很近，却横埂着一条无法跨越的沟渠，实则非常遥远。

3. 世纪初的管道检测技术

既然发现检测技术是制约对管道腐蚀隐患认识的原因，就必须了解管道检测技术。

那么，当年国内外的地下管道检测技术究竟是什么样的一个发展状况呢？

廊坊参观中油检测

在我们投资建设的管道腐蚀与防护技术中试基地工程施工时，河南四方防腐工程技术工程公司董事长石海臣先生曾与我们聊起过中石油管道局的管道检测，他说中石油廊坊管道局已经开始做管道内检测了，据说通过实施内检测可以发现管道所有腐蚀损伤缺陷。由于石海臣董事长将内检测描述得非常神奇，我立即和苏丙建工程师一道去廊坊管道局考察学习，这是我们确定了以管道检测作为腐蚀所基础业务之后的第一次有目的性的学习，因此，我记忆特别深刻。

当天，我们到达廊坊管道局时，通过一位在廊坊从事管道施工的关系人的牵线，时任廊坊管道局管道技术公司检测室主任黄凯工程师接待了我们。根据黄凯主任的介绍，他们当时主要探索对大口径长输油气管道的内检测技术，外检测也有涉及，但尚不是他们研究的主要方向。我们提出想看看内检测设备与报告时，他却说不方便，主要是设备都在工地，离廊坊比较远，目前应用的检测仪器主要是进口的，检测数据需要发到国外分析，报告也是在老外指导下编制的。他们自己开发了一套，还不是很成熟，且价格不菲。

我们一听这种情况就打了退堂鼓，直觉告诉我们，该技术不成熟，即便是成熟了也不适合油田集输管线的检测需要。后来随着管道检测工作的重要性越来越被业界认可，2006 年，中石油在廊坊成立了中油管道检测技术有限责任公司，专门从事以管道检测为主营业务的管道技术服务工作。在当时，管道内检测在业界还带着一圈神秘光环，不少专家都希望挤进内检测研发行列，也有不少领导对内检测非常看好。这与我们当时的直觉不同。

廊坊调研没有取得我们期望的结果，不过在这里，我们却亲眼目睹了一家民营企业的顶管设备并参观学习了顶管工艺。在 21 世纪初期，顶管穿越工艺刚刚在国内兴起，没有想到这么快就被民营企业掌握并开始制造顶管设备。看到这些设备展示以及主人对于他们开发顶管机发展历程的介绍，我仿佛看到了中国管道业今后大发展的春天，我彻底打消了一直在纠结要不要重回工程建设系统的想法。21 世纪初，我已经对房地产开发有了点感觉，也开始有了炒房的冲动与行动，一直想着要争取在房地产市场分点羹的事情。可这次考察却让我打消了去房地产市场赌一把的念头，坚定了在管道服务领域干一场的决心。现在想来，当时的冲动可能是错的，至少让我这一生失去了一次可能进入“富人”行列的历史机遇。当然，这或许是冥冥之中的安排吧！我不是“浮士德”，却也输在了这场命运的赌局中。不过，当时我是欣然接受了命运的安排。

中石油工程技术研究院调研

廊坊考察结束后，我们去天津中石油工程技术研究院调研。这是一家主要从事石油地面工程施工技术研究的单位。他们的检测业务主要针对的是新建管道的施工质量检验。重点是施工过程中对管道焊口的无损检测，辅助从事新建管线外防腐层及阴极保护检测。我从事工程质量监督工作时，曾在他们院主办的《石油工程建设》杂志上发表过多篇论文，认识了于凤琴主编。到了之后，便通过于凤琴主编的介绍，认识了他们当时负责检测业务的室主任。在检测室参观了他们的检测仪器设备，比如防腐层老化试验设备、无损探伤设备、防腐层检漏仪等，因为当时我们都没有实际搞过管道检测，对这些仪器都比较陌生。不过，我们还是觉得这可能更接近胜利油田的实际需求。因此，在这里我们仔细地观看了他们的管道检测仪器使用演示，查阅了管道检测检验报告。

当时，我们觉得在参观学习中，仅仅看别人的演示与学习检测报告似乎无法深入，还必须先学习一些有关管道检测检验的基础知识，才能使考察学习更有效果。那时，还没有现在这么发达的网络资源，学习、了解新技术的途径主要还在于参加各种学术交流会、展览会。而不幸的是，2003 年春天，人们还没有来得及欣赏那一树一树的花开，就饱尝了非典肆虐之苦、出行受限的不便。

受困于非典疫情

至今清晰地记得：那个春天，广东省因河源一名持续发烧、干咳的危重病人从河源转入广州医学院第一附属医院，引起的蝴蝶效应，不仅救治过该病人的 8 名医护人员相继感染发病，并很快在广东地区蔓延，广东 1512 人感染了 SARS。而就在这期间，全国却在史无前例地用电视直播美军侵略伊拉克的战争。把伊拉克战争如同世界杯比赛一样呈现在观众面前，国人对那个遥远的战争热情、对萨达姆死活猜测的兴趣，超过了对已经在南方蔓延的疫情的关心。很快，“非典”肆虐广州、香港、北京等地，并席卷全国。2003 年 3 月 25 日，广东省中医院护士长叶欣殉职，她是抗击非典战斗中第一位被患者传染而牺牲的医护人员。就这样却没有引起国人太多的注意，大家仍然将注意力放在那场远离我们的美伊战争的争论上。4 月 16 日，28 岁的李晓红在抗击非典中因公殉职；4 月 19 日，44 岁的李进惠、35 岁的段力军因公殉职；4 月 21 日，54 岁邓练贤医生又在“抗非之战”中因公殉职……。全国上下一下子震惊了。接着，卫生部部长张文康、北京市委副书记孟学农因防治“非典”不力，被免职。4 月 26 日，国务院副总理吴仪兼任卫生部部长。全国进入疫情防治紧急状态，多数地域实行减少人员流动、控制疫区人员进出、严防疫情扩散政策。我当时兼任着胜利油田安全教育管理站站长职务，正常的安全教育培训班都不让开办，就更别说通过举办或参加学术研讨会来了解管道检测技术了。

成立腐蚀与防护专业委员会

好在那个给我们带来惶恐与不安的春天终于过去了，仲夏之际，国人的生活逐渐恢复了正常。管道检测技术的学习再次回归我们单位议事日程，我们去廊坊参加了一年一度的国际管道学术交流会，加深了对有关管道检测的概念与知识的了解。但是这个学术交流会的中心是管道施工与运行管理技术的交流，无法满足我们的需求。我们就想能否自己组织一次学术交流会，将管道腐蚀与检测设为交流主题。这个想法一旦产生，就像长了翅膀一样，很快占据了我的整个思维空间，展示出巨大的诱惑力。越想越觉得有必要，可是我们以什么名义组织，才能让全国的同行有意愿和兴趣来参会并发表我们希望的那一类研究成果呢？我们又去咨询郝洪友老总，老总建议我们去找秘书处设在胜利油田科技处的山东石油学会，看看能否成立一个相应的专业委员会。我们一听，这是个好主意，有了学会这张牌，我们每年都可以名正言顺地办会，等于给我们这个新所搭建起一个交流的平台、学习的平台。经过一个多月的反复磋商，石油学会终于同意我们成立腐蚀与防护专业委员会，由我担任秘书长。

2003 年 7 月 31 日，山东石油学会关于成立腐蚀与防护专业委员会的文件下发了。

我们立即着手筹备第一次学术交流会。为了吸引全国从事管道腐蚀与检测研究的专家与会，我们经过反复琢磨，考虑将第一次学术交流会定在海滨城市烟台举办，并通过旅行社在会后组织去韩国考察（图 25-5 为 2003 年 8 月 29~31 日在烟台召开的山东石油学会腐蚀与防护专业委员会成立及学术交流会代表合影）。为了确保参会交流及发表论文的数量及质量，负责具体组织会议的刘晶姝女士，对照从各种途径搜集来的类似学术会议通讯录，反复斟酌确定目标参会人员，然后又三番五次打电话邀请、核实各种信息，最终征集到 53 篇论文，邀请到 12 位高校、专业科研单位的专家学者进行了为期 2 天的大会交流。与此同时，还吸引了 6 家相关企业在大会会场做展板、在论文集上做广告宣传页，对大会提供赞助，以减轻参会人员的财务负担。虽然与管道检测相关的论文或大会发言仅有 6 篇，但是，至少通过与专家的交流，以及我们此前的几次调研、查阅资料，使我们对全国甚至国外管道检测技术发展现状有了初步的认识。

图 25-5　2003 年山东石油学会腐蚀与防护专业委员会成立及学术交流会代表合影

全国管道检测技术研究动态

在管道防腐层缺陷检测技术方面，现在我们所知道的各种方法技术在 2003 年已经基本具备，对管道泄漏的监测预警和定位、管道漏磁内检测技术等已经在全国有不少实际的应用。特别是管道检测技术研究已经成为管道科学研究的重要内容。

由国家质量监督检验检疫总局锅炉压力容器检测研究中心承担的国家“九五”科技攻关课题“在役工业压力管道安全评估与重要压力容器寿命预测技术研究”，在管道检测、监测和安全评估方面，提出了一系列成体系的关键技术、方法和标准，研制出相应的检测仪器设备，为建立工业压力管道检验评估管理体系奠定了一定的技术基础。具体有：在小直径薄壁管道超声波探伤方法研究方面取得突破并研究开发出专用仪器；采用国际先进软件、硬件技术研制出一套全数字化的压力管道声发射泄漏检测仪器系统；提出了压力管道安全状况等级划分方法、开发出压力管道内力计算与塑性极限载荷分析软件；研究出含面型缺陷及体积型缺陷压力管道安全评价方法等。

全国不少研究机构、特别是高校实验室针对模仿国外管道内检测思路，无一例外地把搭建检测仪器牵拉实验场作为第一步，试图开发中国的管道内检测器，沈阳工业大学、天津大学、清华大学、华中科技大学、上海交通大学、合肥工业大学等纷纷介入这个领域。其主要做法是首先搭建一个长度为50~200m的实验管道，在实验管道上用化学方法或机械方法加工出各种大小不同、现状各异的上百个腐蚀、机械损伤、裂纹等缺陷，来模拟实地检测，检测仪器速度可保持在0.5~4ms。经过大量实验和检测数据实时存储与离线分析，轴向定位在依据管线焊缝数据作为标志的情况下，其误差保持在0.5%以内（相对最近的焊缝距离）；周向定位依据重力加速度传感器来获得偏转角度，其误差保持在5°以内；长度判别精度在95%以上，宽度判别精度在90%以上，深度判别精度在90%以上作为试验合格标准。

借鉴内检测的试验模拟思路，许多检测单位为开发地面检测仪器或进一步分析信号规律，也采用了类似的方法，如我们胜利腐蚀研究所就建立了埋地管道缺陷模拟试验场。

国内大量管道防腐层老化，腐蚀状况严重，急需进行腐蚀检测。中国石油天然气管道局引进国外先进的漏磁检测设备，开展管道在线检测。实践证明利用检测结果科学地管理、维护管道，会给管道业主带来显著的经济效益和社会效益。当时，该项技术被国内专家普遍看好，有数十家大专院校、科研单位投入研究之中。

在管道外检测方面，人体阻容法、磁场衰减法、标准管地电位法、近间距电位法、直流电压梯度法、电流梯度法、管内直流电流和电桥检测技术、变频选频检测技术、电流排放（阴极保护）检测技术、电化学暂态检测技术、电场指纹检测技术等技术原理已经被人们掌握。成立于1988年的中国石油西南油气分公司长输管道检测评价中心，根据长输管道涂层现状及常用涂层材料的特点，从20世纪末率先开展管道涂覆层质量状况检测，至2003年已经对数千公里管道进行过防腐层检测、评价，总结出涂层失效的主要形式，从管道周围介质的腐蚀性、环境及涂层施工等方面，分析了外界条件与涂层失效的关系，以及导致涂层失效的主要原因。当时，从西安管材研究所辞职的王世宏、罗同等人，在陕西、甘肃、新疆等地也是将管道外防腐层破损点检测与局部抽点开挖后超声波测厚，作为重点检测方法评价管道运行安全状况。

李永年等人已经在埋地管道管体金属蚀失量地面检测技术及检测仪器开发方面取得初步成果，并开始应用于工程实践。城市地下管道探测工作从 20 世纪 80 年代起步以来，已经取得了很大的进展，特别是冶金勘探系统不少单位将此作为单位走出经营困境的突破方向，更进一步加速了地下管道探测技术的发展。

2003 年时，我国已经熟知负压波法、质量平衡法、实时模型法、统计决策法、压力梯度法、应力波法、声波法监测管道液体泄漏的技术原理。不少高校研究者开始探索管道泄漏检测的发展趋势，提出采用软硬件结合的方法进行输油管道泄漏检测、泄漏检测系统与 SCADA 结合、将分布式光纤传感器应用于管道泄漏检测中的前景。

中国管道检测技术总体状况评估

但是，正如何宏、李琳、江秀汉他们在“管道内腐蚀检测技术进展”（《西安石油学院·自然科学版》2001 年第 3 期）所总结的那样：我国的地下管道检测技术仍处于起步探索阶段，大部分管线不仅没有使用网络系统进行监控，而且各种检测管道腐蚀的技术也大都停留在最基本的管外检测，方法传统而落后。管道的各种智能检测爬机仍在研究中，成熟的产品尚未开发出来，很难满足实际要求。国外智能检测爬机价格昂贵，施行技术保密，短期内实现突破可能性不大。

即便是外检测，从我们调研的情况来看，直至 2003 年全国仍然处于起步阶段。从 21 世纪初发表的相关论文来看，主要是介绍基本检测方法与一般原理的论文，深度分析的论文比较少见。从全国范围来看，虽然雷迪公司已经设立销售公司多年，国内拥有自主知识产权的检测仪器已经开发出不少，但是总体来看，检测仪器的品种单一，涉及管体腐蚀损伤缺陷检测的实用型检测仪器还比较少见，尚处于初级研究开发阶段。具体管道业务开展不是很普遍，检测方法的程序化、标准化、组合应用尚不成熟。因而，检测效率低、成本高；漏检、误判、分析评价针对性差、重点不突出、量化不够；报告不规范等问题比较普遍。

既然管道内检测技术尚不成熟，加之不适应油田管道的具体特点和投资方面的限制，所以，在接下来的调研中我们就将地面检测具体方法、仪器选型作为主要方向。我们也会将已经相对普遍开展的防腐层与泄漏检测作为一个重要的方面，进行了研究分析。但是，我们更希望从更广泛的视野来具体认识管道外检测技术与泄漏检测技术。

4. 李永年的新思维

“野有蔓草，零露漙兮。有美一人，清扬婉兮。邂逅相遇，适我愿兮。野有蔓草，零露瀼瀼，有美一人，婉如清扬。邂逅相遇，与子偕藏。”(《诗经·郑风·野有蔓草》)

2003年深秋，我参加了大庆油田设计研究院在桂林举办的中国石油学会腐蚀与防护专业委员会年会及学术交流会。在会上我听到好几位发言者讲到管道检测问题，特别是一位来自冶金部勘探研究总院的研究员李永年老先生关于埋地管道腐蚀剩余壁厚地面检测的技术让我眼前一亮。遗憾的是我听得不是很明白，不过这种遗憾马上就被一种相见恨晚的情绪所取代了。因为，第二天，在主办方组织的游丽江途中，我们又相遇了。当导游绘声绘色地讲解当年周总理考陈毅元帅能否辨认出“九马华山”奇闻逸事时，我和李永年就埋地管道地面检测技术进行了一场深入的交流，李永年研究员关于管道检测的理念使我耳目一新。

地面检测管体腐蚀损伤的方法

下面是我工作日记中记载的当年与李永年就管道检测技术及理念的一些具体讨论片段。

李永年：石所长，昨天您在讨论中讲你们所也想开展管道检测业务。

我：李老师，听了您的报告，觉得这正是我们想寻找的方法。不开挖、不停输、能从地面上检测到地下管道管体的腐蚀损伤状况，这正是管道企业所期盼的技术，特别适合油田数量庞大、规格各异的各类集输管道；城市各类热力、供水、供气等市政管道；化工、冶炼厂矿内部工艺管网的检测需要。遗憾的是，我昨天听得不是很明白，而您发布的论文，专业性又太强，特别是那些数学模型，一看就头大。您能否用通俗的说法给我作个介绍？

李永年：没有问题，只要您喜欢听。

然后，李永年就给我介绍起这个所谓的瞬变电磁检测技术来。瞬变电磁检测技术从本质上属于时间域电磁法。这是一种最早应用于寻找地下金属矿藏的探测技术。最近十年来，随着我国地下管道检测需求的逐年增大，引进国外内检测又遇到水土不服和其他瓶颈制约，特别是像油气集输等管道类型，也不适合用内检测方法。于是一些发烧友就开始琢磨：无论是地下金属矿，还是地下管道，都是良性磁导体，与周围其他介质如土壤、沙石等有很大区别。当我们从地面向下发射脉冲电磁信号时，均会产生瞬变响应，在这些良性磁导体上产生感应电流（涡流），并进而产生二次磁场，这个磁场不会随一次磁场的消失而立即消失，即这个磁场有一个瞬变过程，从地面上可以用线圈装置接收其产生的二次磁场信号，接收到的二次磁场信号随时间衰减变化的规律主要取决于目标体的导电性、体积和埋深以及发射电流（形成一次磁场的电流）的形态和频率，因此，通过接收线圈测量磁场信号与分析磁场信号，就可以达到测量目标体的目的。

很显然，无论是金属矿体，还是地下金属管道，相对于土壤等都是具有绝对优势的低阻导体，接收到的二次磁场信号可以解析出地下金属矿体的信息，也就能解析出地下金属管道的信息。只不过探矿时，大家用的回线很大，要接收的是深层信号；而探测金属管道时，需要使用尽可能小的回线（线圈）接收二次磁场信号，否则精度太低；测量管道要接收的是浅层信号。关于这个只要采取技术措施就可以实现，比如尽量使线圈小一点，为了防止接收到的信号太弱，可以增加回线匝数；为了获得浅层信号，可以在一次场关断的瞬间稍微滞后一点时间立马采集二次磁场。这样就可以实现对埋地管道的测量。

地下管道腐蚀损伤检测的重点目标

在听完李老师解释后，我对检测原理多少明白了一些。我也多少了解一些探矿知识，探矿就是要通过李永年说的这种原理估算地下矿体的体积。但是，我总感觉到用他说的这种测量原理，计算出线框所覆盖区域的地下管道的总质量（总体积或者叫似体积吧）还行，而管道检测主要是要判断管体是否有腐蚀、肌体损伤、变形等缺陷，如果腐蚀坑很大或管体机械性伤痕很大，用计算出来的质量（似体积）与标准质量（似体积）比较，或许可以得到腐蚀或损伤掉的质量（似体积）多少，进而计算出该段管体平均减薄量或剩余平均壁厚，但如果腐蚀比较轻或损伤的体积比较小，比如孔蚀、砂眼、裂纹等缺陷，怎么用这个原理判断呢？

我本来还想问，但是因为自己又说不太清楚，就没有好意思再问，我们一起在船头欣赏了一段风景。这时，武汉大学一位与李永年熟悉的老教授走过来，也讨论起这个技术原理来。还有大庆的黄桂柏也对管道微小缺陷、特别是打孔盗油的孔蚀能否检测到，向李永年咨询。

李永年认为，黄桂柏问到了点子上，但是，他明确地说，这一点的确是瞬变电磁检测技术目前的不足。他又回过头说到我在昨天发言中提到的管道腐蚀与防护技术中试基地，他认为可以利用那个基地与实验室进一步试验，或许能够找到解决的办法。不过，就目前而言，大家最急需解决的是管线大面积连续性腐蚀、比较大的机械抓痕等大的缺陷，这是目前最大的安全风险，如果仅仅是孔蚀、砂眼、裂纹等缺陷，虽然有可能导致泄漏，但是不至于发生大的不可控的爆管进而造成大面积环境污染甚至爆炸起火。瞬变电磁检测技术主要是通过普查的方式寻找管道存在的重大腐蚀损伤隐患，而不是针对一般隐患的。重大隐患才是领导最关心的。

对内检测有了更深刻的理解

听了他这么说，我也觉得有道理。我觉得李永年很实在，具有一个研究人员的基本素养，对李永年的信任感一下子提升了。我想起我曾经去廊坊管道局进行过调研，他们重点在引进、研究开发管道内检测技术，听说可以对管道进行全扫描式检测，任何管体缺陷均可发现，我征求李永年的看法。再就是根据我们的调研，目前全国打卡盗油、盗气甚至盗水犯罪活动猖獗，虽然一些输油管道企业安装了管道泄漏与防盗监测报警系统，但是以国内目前这种发展势头，我怀疑犯罪分子肯定会不断试探破解的方式，让这种监测系统失效。更何况目前对天然气管线或含有气体成分的输送管道监测还没有研究出合适的方法，油管线虽然可以报警，但是误差较大，找到犯罪分子预埋的卡子（盗油阀）也不容易，瞬变电磁检测技术能否在检测盗油、盗气卡子上发挥作用呢？

李永年对我提出的疑问，做出了令我没有想到的回答。他说道："关于管道内检测我没有进行专门研究，但是也看过一些资料，根据我自己的专业知识分析，我认为目前有关内检测的宣传水分过大，有被洋鬼子及假洋鬼子联合忽悠的感觉。从原理上讲，内检测技术对检测环境要求很苛刻，国内许多管道无法做内检测；另外，管道内检测误差也很大，分析仅仅是定性的，存在误报、漏报缺陷的概率很大。核实具体缺陷的工作量也很大，而核实缺陷需要大量开挖，成本很高，发展肯定受限。内检测技术尽管是从 20 世纪 60 年代就开始研究试验，但是到现在仍然不成熟，至少在十年之内，我认为国内很难成气候"。

李永年肯定地说："瞬变电磁检测技术可以检测出盗油、盗气卡子，道理很简单，打卡子处管道发生了质量变化，当然可以检测到。只是在此以前，我们还没有考虑过检测盗油盗气卡子的问题。"

李永年关于内检测技术的看法，在以后的许多年影响了我。不过，我至今认为，他关于内检测的判断是科学的、实事求是的。关于盗油卡子检测的问题，我那时候还没有太多具体感受，也仅仅是调研中发现了问题，顺便问了一下。当时没有特别的感受，只是后来这却成为我们腐蚀所的一种特色检测业务，并成为我们所宣传的一张名片。今天翻开当年根据录音整理的工作日记，再次回想起来。李永年当时就有这么精准的分析判断，的确令人佩服。他对技术的理解或者说感悟能力的确非常到位。

综合检测的概念

当时，一看李永年对管道检测的理解认识这么深刻，又问了一些与检测相关又不直接相关的问题，但是，这却是我们所当时最想明白的问题。我们开展检测关注的是找到管道腐蚀的原因，为腐蚀治理与管网安全运行提供技术支持。根据调查，油田集输管道腐蚀穿孔现象非常严重。我想知道，除瞬变电磁检测技术之外，还有没有其他方法可以进一步综合分析管道腐蚀特别是频繁穿孔的原因。

李永年回答说："关于管道检测，目前从技术上可以大体分为三种：直接接触式检测方法，如传统的磁粉探伤、超声波测厚、射线等无损检测及电火花检漏等；管道内检测，如智能球清管与测径、漏磁法腐蚀内检测、超声波内检测等；地面检测，这是一种综合检测方法，包括的内容广泛、方法多元，如我们的瞬变电磁检测法测量管体腐蚀剩余平均壁厚、防腐层质量状况检测、阴极保护效果检测等。当然，人们最关心的外检测技术是地面检测管体腐蚀损伤，其检测的精度与灵敏度目前的确还不理想，但是我们可以在实践中不断改进，或许还可以有其他方式与瞬变电磁检测技术配合完成，比如目前已经有人在开始研究俄罗斯的磁应力检测、美英的超声导波检测技术了，或许再过几年就可以实际应用到管道检测中来。我认为，管道地面检测比内检测更有优势、更有发展潜力。"

合规性检验与技术服务检测

从检测的目的性出发，目前的管道检测有合规性检验与技术服务检测两种。管道的合规性检验是国家质量技术监督局系统各级特种设备检测检验所强制推行的一种方法。他们主要是检查资料完整性、现场随机抽查管道壁厚、安全阀状况等。符合标准就给企业发个检验合格证。由于是随机性抽检，不是对全线普查，合规的管道并不能表示管道全线质量、技术状况都满足生产运行的需要，更不可能排查出全部隐患供企业整改。而技术服务性检测，注重管道整体质量、安全状况的评价，因此，重点是对管道隐患的普查，用户可以根据检测报告进行整改，以便安全运行。正因为这样，管道企业两种检测都要做，一种是满足法律要求、满足行政管理的需要，另一种是满足安全运行要求，这也是中国特色。

在当时，我对这两种检测的区别及优劣认识还没有概念。随着后来的管道检测实践，我深切地体会到合规性检验的一些弊端，在 2016 年撰写《油气管道隐患排查与治理》一书时，曾专门对我国有关部门违背《行政许可法》精神，强制推行带有行政色彩甚至权力寻租可能性的合规性检验的弊端进行过比较深入的讨论。吴志平、黄维和在"油气管道检验与检测问题浅析"（《管道保护》2016 年第 5 期）一文中也对其存在的弊端进行了批评。

听了李永年一番介绍，如同听一堂管道检测知识普及课，关于管道检测的系统概念初步建立起来了。我提议他给我推荐一处观摩参观学习的地方，具体体会一下他所说的这些检测工作。

李永年关于油田管道检测需求的见解

李永年认为油田肯定要以技术服务型检测为主，作为企业内部的检测机构，肯定要把满足管道的安全运行放在第一位。他建议我们参观一下大庆油田的管道检测开展情况，说是他们也主要是采用了地面检测的方法，以为管道安全生产提供技术服务支持为目的。

他还给我大致介绍了目前地面检测仪器情况。他认为关于管道地面检测的仪器设备已经不少，除了瞬变电磁检测仪器以外，他更看好天津杨子江老先生推广的英国雷迪系列检测仪器。他还知道我们胜利油田集输公司采用的是海安智能仪器厂生产的胜利系列仪器。他希望对此进行实地调查。

李永年最后特别提道："我前年和你们油田的特种设备检验所合作，检测过一条管道，不过，据我观察，他们似乎更习惯于国家质量监督局系统那种执法性、政策性强制检验，也就是我们前面讨论过的合规性检验。技术服务性检测比较辛苦，与执法性检测检验是完全不同性质、不同方式方法的检测，不知道您治下的腐蚀所职工是否能吃这个苦？如果您需要我们去给您演示，我们乐于效劳，并希望与你们合作。"

我："听了您一席话，我觉得管道地面检测意义重大，期待与您在胜利的合作！我比较喜欢探索新东西，愿意干一些具有挑战性的工作，也愿意直面真问题。我们所职工将主要从新毕业的大学生中选择，一张白纸好画最新最美的图画，人的最大优点在于可塑性、适应性、学习性。艰苦不是问题，关键在于要让职工对工作有兴趣，在工作中有获得感、成就感。我会尽最大努力，让职工喜欢上管道地面检测工作的。希望我们所的职工可以给您留下一个刻苦勤奋、吃苦耐劳的新形象，更希望将您喜欢钻研问题、执着追求技术进步的优良传统带给我们腐蚀与防护研究所。"

桂林之行是一种机遇

这次桂林山水游与5年后的越南海上桂林山水游（图25-6为当年导游为我们拍摄的桂林山水纪念照）后，我们腐蚀与防护研究所都发生了某种形式的转变，这其中难道有某种天意的安排？至今让我百思不解。这次不期而遇的游船交流使我看到一个全新的、我自认为很有发展前景的检测新领域，掀开了我们合作的序幕，在此后十余年的检测生涯中，我们一直没有中断合作与交流。

图 25-6　桂林山水游纪念照

在这本书中，我之所以详尽地将与李永年那次对话写出来，主要在于这是中国当年对于管道检测的另一种思想认识的典型代表，在中国管道检测技术的发展史上具有特殊的意义。写到这里，我忽然想起一段科学史故事：

1916 年的一个夏夜，大数学家斯坦豪斯在一个公园散步，突然听到一段对话，更确切地说是他听到“勒贝格积分”这几个词让他很惊讶，于是他走到了对话者跟前，原来是巴拉赫跟人在讨论数学。斯坦豪斯就这样发现了巴拉赫，并把他带到了学术界。后来斯坦豪斯曾自豪地说：“巴拉赫是我一生最美的发现”。我觉得桂林结识李永年先生是我走进管道检测领域最重要的机遇。

5. 大庆经验的时代考验

因为仍然“每怀靡及”，只好继续我们的“周爰咨诹、周爰之谋、周爰咨度、周爰咨询。“(《诗经·小雅·皇皇者华》) 因此，从桂林回来不久，我们冒着严寒来到大庆调研。

冰天雪地里的大庆

记得那天，刚走出哈尔滨机场大楼，扑面而来的刺骨寒风就给我们来了个下马威。第二天，乘坐长途客运车到达大庆时，映入眼帘的又是厚厚的积雪与溜冰场一样滑溜溜的街道，拉我们去宾馆的出租车司机却将车子开得飞快，吓得心脏似乎在嗓子眼跳动了。不过，镇定下来之后，我还是睁大眼睛，好奇地张望着车窗外一晃而过的铁人广场、大庆博物馆在隆冬季节的风姿，一切都让我这个第一次来大庆的人充满了好奇！宾馆到了，进门就看到上月一同参加桂林会议的雷松华女士，倍感亲切。寒暄之后，她带领我们来到大庆设计研究院会议室，曲良山、杨伯兰、黄桂柏等和我们进行了短暂的交谈，知道了我们的来意之后，就给我们简要地介绍了他们开展管道地面检测的情况。原来，他们也是迫于管道陈旧、腐蚀穿孔不断，想更新或大修，又拿不出有说服力的报告让计划部门或财务部门进行资金安排。才想通过检测评价，全面摸清管道质量或破损状况、安全隐患程度，为上级决策提供依据。这样一来，我们就有了共同的目标，也就有了更多共同的语言，很快敲定了三天的考察行程。

麦田里的木橛子

接下来的三天时间里，大庆设计院土木工程与腐蚀防护研究设计室（简称“土防室”）黄桂柏副主任陪同我们，从学习他们编写的检测报告、听取几年来的检测工作成果及总结介绍，到检测过的现场实际察看、仪器性能及应用情况介绍等，使我们对大庆的腐蚀研究与管道检测有了全面的了解。大庆的腐蚀与防护研究及技术支撑工作由设在大庆设计院的土防室承担，油气运销处下属的大庆油田腐蚀与防护检测中心承担管道检测工作。

大庆的管道地面检测工作大约从 1996 年开始探索，到 2003 年，每年进行数百公里的管道检测，取得了一些初步成果。一是通过检测发现大量隐患，为管道安全评估提供了基础资料；确定了隐患部位，为维修更换提供了依据。比如一条 ϕ325mm 的南山 – 南一库输油管道，由于发生过多次泄漏，原计划全线更新，通过检测，最后确认只需更新 400m，其他 9600m 只要部分修复防腐层和调整阴极保护即可正常安全使用，节约投资 500 万元。而检测费用只有 5 万元左右。二是通过检测分析查明了腐蚀原因，同时也对各种管道防腐工艺技术的可靠性与适应性有了直接的评判，为新管道防腐设计提供了技术支撑。

这次考察，我印象特别深刻的是，有一天，当黄桂柏将我们领到某个麦田地时，发现雪地里竖着几个木头橛子，我带着好奇走近看了看，上面有字母与 4 位数的阿拉伯数字组成的编号。可能是主人发现了我的疑惑，就给我解释道：这是检测标记，叫检测标桩。字母属于管线名称缩写，编号属于管线从起始点到这个点以米为计量单位的长度。标桩有的属于管道走向的特征点，如拐点位置、三通位置、跨越公路河流位置、两条管线交叉点位置、高压线跨越位置等；有的属于检测出的防腐层破损点。等到明年大地解冻维修时，就是对照报告编号与地里插的这些标桩来确定维修点。要是这些标桩丢失了，来年维修时，就从起始位置重新测量一下距离，或从保留着的就近标桩重新测量一下就行。

黄主任的解释让我明白了标桩的用途，但是总觉得这种方法有点不靠谱，因为，距离测量在当时是依靠人工手拉卷尺进行的，两次测量的积累误差有时是相当大的，如果差上几米或几十米，到那儿找检测的破损点呢？另外，大庆的地面检测，主要是针对埋地管道外防腐层老化剥离破损情况的检测，发现外防腐层破损部位后，再局部开挖用超声波测厚仪抽查管体腐蚀损伤情况，无法准确把握管体整体的腐蚀损伤状况。我就询问李永年在这里做瞬变电磁检测的效果。据黄主任讲，的确有效果，也发现了多处重大腐蚀损伤缺陷。但是，瞬变电磁检测效率低，价格比较高，因此只是有选择性地做了几段。

原来是这样！不过换个思路想了一下，又觉得大庆不愿在检测上花点钱采用新技术，多少有点与他们的地位不符。大庆作为曾经的工业战线的一面旗帜，石油行业长期学习的榜样，对待技术发展的观念却不见得超前。技术是需要花钱的，没有资金的投入就没有技术的进步。没有新技术的发展最多只能做大，无法做强。这不正是西方之所以在最近 500 年里能够一跃而超越我们这些文明古国的经验与教训吗？实际上，任何时代，真正控制工程技术发展进程表的很少是工匠、工程技术人员，而是权力与资本。就像控制科学进程表的是政治家一样，没有政府的支持，科学无法进步，没有资本所有者或掌握资金分配大权的管理者的支持，技术也同样无法进步，尽管大家都在高喊创新是成就企业发展的灵魂，但是真正落在行动上恐怕就不那么容易了。

在胜利体会现场检测

从大庆回来后，我们又通过集输公司张光华副经理联系了他们的输油管理科，认识了负责管道检测的方建平工程师。方建平给我们介绍了油田从事管道检测的历史，据说他们从 1995 年就开始进行管道防腐层状况地面检测。当然，他并不知道在他们之前，油建一公司早在“文革”期间就对他们自己建成的管道进行防腐层破损点检测的历史，而且海安的胜利系列检测仪的始作俑者就是胜利油建的陈文锋工程师等人。正好，他们又从江苏海安购买了新的 SL-2099 系列管道检漏仪，厂家来交货验收，方建平就带着我和柳言国、魏国栋去附近的一条管线上看厂家的检测演示，我们也试着进行了检测操作。这是我们第一次实际接触管道检测。只觉得海安的仪器比我们在大庆看到的英国雷迪的仪器轻一点，但是不如雷迪仪器看起来精致美观。究竟哪种类型更实用呢？恐怕只用使用一段时间以后才能真正了解。

申请项目合作的理由

2003 年即将过去，我们必须把开春后的具体工作定下来啊！我们对从廊坊、天津到大庆、再到集输公司的参观，加上参加会议交流、学习的情况进行了分析总结。大家一致认为：如果让我们独立去检测管道，估计还需要摸索一段时间，检测中也难免会出现这样或那样的差错，而只要出现比较大的差错，无论有多少理由，都会导致采油厂的不信任，增加上级领导支持我们的难度。最好的方式，就是将有经验的检测公司请进来，通过具体的项目合作来学习，这样效果会更好，但是请别人来油田与我们合作，必须有充分的理由啊，否则，领导不会同意。特别是大庆与集输公司的检测，重点放在防腐层破损点上，胜利的领导肯定不满意，因为我们的管道外防腐层已经千疮百孔了，不用检测领导都知道，问题不少，可又没有那么多维修资金，检测又有什么用呢？唯有将李永年老师的瞬变电磁检测技术作为核心技术推介，以进行新技术试验的名义，而且又是领导关心的管体腐蚀检测，才有可能获得上级的资金扶持。况且通过我与李永年的交流，我当时对李永年的瞬变电磁检测技术充满信心。胜利油田毕竟在山东，大家的思想观念还是要比大庆先进一些，对新技术的态度也更积极一些。因此，我们决定按照这个思路试一试。

检测的基本原则就此确定！并将此项工作确定为2004年的核心工作。至此，我们从以调研为主开始转向以管道检测工作为主，引进瞬变电磁检测作为管道地面检测核心技术在胜利油田进行试验，从此开启了我们的管道地面检测技术探索历史。

附录：21世纪初的检测学术交流

从20世纪末期，我国学术交流日渐兴盛，学术会议成为中国新技术研究的风向标。如1978年11月在上海召开的“全国无损检测首届学术会议”、1996年的“全国油气储运设备及管道防腐蚀技术研讨会”等，对于起步期的中国管道检测技术交流都起了积极作用。胜利管道检测工作的起步，也得益于筹备组参加全国各处组织的学术交流会，从各种会议中获得的信息坚定了我们从事管道地面检测的决心。每年的学术交流会很多，本章附录仅仅例举2000~2003年中召开的几次会议及其会议上发表的有关管道检测的学术论文，作为对这个时期全国管道检测技术发展动向研究的一个视角，展示全国管道检测技术的发展动态。

2000年的全国学术会议

在“2000国际表面工程与防腐蚀技术研讨会”上，李永年、尚兵、李晓松发表的“TEM法管道腐蚀检测中的几个问题”以及李永年、郭玉峰、邓可义发表的“用脉冲瞬变法检测埋地金属管道腐蚀程度”是我国最早发表的一批研究探讨瞬变电磁检测埋地管道腐蚀损伤状况的方法论文。这个时期，脉冲瞬变法刚从探矿领域进入检测埋地金属管道腐蚀领域。在此以前一直上溯到1970年代，我国瞬变电磁法主要应用于探矿领域。当然，1999年西安交大李创社和李实就发表过“瞬变电磁勘探中早期信号的检测方法研究”《煤田与地质勘探》1999年第2期），2000年西安交通大学李实、李创社、张鹏飞等人又发表了“高性能瞬变电磁仪的研制及应用”《物探与化探》2000年第1期）的文章，并已经指出，利用不接地线圈（回线）向地下发射阶跃波（一次电磁场），然后测量由地下介质产生的感应电磁场（二次场）的时变规律，从而得到地质结构及其分布信息，只要瞬变电磁仪具有很快的时间响应，就能够检测出从浅地表到深层的地质信号，这也就是说，他们研究的主要用于探矿的瞬变电磁仪也可用于探测地下管道（浅地表信号）。这一年，李永年、郭玉峰、李晓松、董训长等还发表了“国内外埋地管道腐蚀状况物理检测技术现状”《岩土工程界》2000 年第 9 期），也是探讨这类问题的经典论文。

2000 年，“第十届全国设备监测与诊断技术学术会议”在北京召开，石油大学（北京）机电学院振动实验室的夏海波、张来斌、王朝晖、樊建春等发表了“管道泄漏故障检测技术现状及发展趋势”，在总结了国内外比较实用的管道泄漏诊断方法的基础上，设计了一种新型智能识别泄漏信号诊断系统，并对今后管道泄漏故障诊断技术的发展趋势作了预测。管道泄漏检测从 20 世纪末以来受到持续关注。

由全国无损检测学会涡流专业委员会组织、郑州工业大学承办的“2000 年全国电磁（涡流 ）无损检测学术会议”于 2000 年 11 月 18~20 日在河南省郑州市召开，来自高校、航空、电力、石油、核工业、机械制造等系统的专家及技术骨干参加了会议。会议集中反映了我国在世纪之交几年来电磁无损检测技术研究、开发和应用的最新进展，如“金属磁记忆检测技术”“漏磁法管道检测原理及应用”“远场涡流检测探头的研制”“基于有限元方法的数值仿真”“新型便携式涡流检测仪的研制”“裂纹的数值模拟”以及“带磁心的涡流探头分析”等论文在管道检测方面都具有较高的应用价值。

2000 年，在北京召开的“第一届国际机械工程学术会议”上，机械工业部合肥通用机械研究所的袁榕、金维亚、阎长周发表了“压力管道的无损检测”，分析研究了国内外压力管道的无损检测现状，对存在的问题和解决方法进行了深入探讨，介绍了目前在压力管道上应用的新型无损检测技术，同时充分讨论了国内外压力管道无损检测技术的发展动态和标准化问题。无损检测作为一种传统的和最基本的管道检测方法，每年都会有专门的学术交流会，并发布不少的论文。

2001 年的全国学术会议

2001 年 8 月 18 日召开的“全国首届金属磁记忆检测技术研讨会”是管道检测领域一次重要的会议，推动了金属磁记忆检测技术在管道检测等领域的广泛应用，引起众多高校、科研机构研究人员的兴趣，因而成为管道检测技术发展历史上值得纪念的一次会议。这次会议使得来自俄罗斯的磁记忆检测技术迅速在中国得到推广。1998 年，杜波夫（DOUBOV）在美国旧金山举行的第 50 届国际焊接学术会议上，提出金属磁记忆概念及检测技术，在这么短的时间内中国就召开了首届学术交流会并发表大量论文，跟进非常迅速。这次会议发表了许多篇与管道检测相关的论文，推动了该技术在管道检测领域的应用。像任吉林、林俊明、戴光、沈功田等在后来十多年国内管道磁记忆技术研究、开发等有影响的人物都发表了论文。这次会议以中国电力系统与会人数最多，相关研究最结合电力系统检测的需要。与管道检测相关的论文主要有：

任吉林等（南昌航空工业学院）、林俊明等［爱德森（厦门）电子有限公司］的“金属磁记忆检测机理的探讨”；林俊明等［爱德森（厦门）电子有限公司］、沈功田等（国家质量技术监督局锅检研究中心）的“多通道金属磁记忆数据分析处理系统”；戴光等（大庆石油学院机械系）的“不同构件中缺陷的磁记忆检测及分析方法研究”；汪来富等（清华大学机械工程系）的“无损检测工程中心磁记忆检测实验技术研究”；刘三江等（国家质量技术监督局锅检研究中心）、戴永红等［爱德森（厦门）电子有限公司］的“金属磁记忆检测技术概况及初步应用”；张寒等（武汉大学动力与机械工程学院）的“磁记忆检测裂纹类缺陷的理论模型”；林俊明等［爱德森（厦门）电子有限公司］、任吉林（南昌航空工业学院）的“MS-2000 金属磁记忆诊断仪的研发”；王晓凤等（清华大学机械工程系无损检测工程中心）的“钢管环焊缝残余应力的磁检测试验研究”；邵天佑（华能丹东分公司生产部）的“发电厂 EH 油管道角焊缝磁记忆检测”；胡先龙（华北电力科学研究院）、康纪黔等（国家质量技术监督局锅检研究中心）、林俊明［爱德森（厦门）电子有限公司］的“涡流/磁记忆一体化无损检测仪的研制”；池永滨（黑龙江省电力科学试验研究所）、于强（江苏省电力科学试验研究所）、周重回（浙江省电力科学试验研究所）的“磁记忆检测技术机理、特点及应用研究”；杜波夫（A.A 俄罗斯动力诊断公司）的“金属磁记忆方法——设备和金属结构技术诊断的新方向”。

2001 年，“第一届中国国际地球电磁学术讨论会”同样发表了关于瞬变电磁研究的论文，如西安交通大学的李实、李创社、张彦鹏、张鹏飞、宋建平等就发表了“工程勘探瞬变电磁仪关键技术研究”（国家自然科学基金项目）论文，认为瞬变电磁勘探法是工程勘探领域中新兴的一种很有前途的测量方法。但是作为一种重要探测工具，瞬变电磁仪的许多关键技术还没有解决，限制了瞬变电磁勘探法在工程勘探领域的应用。本文研究了瞬变电磁仪的硬件和软件设计中的关键技术，并提出了程控接收天线法和早期信号检测法等。程德福、林君、于生宝、段清明、朱凯光、稽艳鞠在《吉林大学学报：信息科学版》2002 年第 2 期发表了“瞬变电磁法弱信号检测技术研究”论文更被广泛引用。该论文在简要介绍瞬变电磁法原理的基础上，总结了电磁噪声特性；重点研究了 TEM（Transient Electromagnetic Method）信号同步采集与实时处理算法，将双极性同步叠加平均算法等效为梳状滤波器，经过 N 个周期的 $2N$ 次叠加平均，对等精度测量的重复信号不畸变，对部分噪声的信噪比提高（$2N$）1/2 倍；适当选择发射周期 T 和周期数 N 就可以随意设置梳状滤波器的零传输点，有利于消除某些频率的干扰；依据拉依达准则，剔除测量误差大于 3 倍标准差的奇异数据并以算术平均值代替，简便易行。李永年、陈长满、吕桂玉在 2002 年全国第四届勘察技术学术交流会上，发表了“管道金属蚀失量（瞬变电磁法）评价技术之应用效果”的文章，后来，高永才、李永年、王绪本又在《物探化探计算技术》上发表“瞬变电磁法金属管道腐蚀检测理论初探”的文章，也得到不少文章引用。2003年，陈易玖在《湖北地矿》2003 年第 4 期发表“小框瞬变电磁法（TEM）的勘探深度”的论文。可见，21 世纪初期，瞬变电磁检测技术、金属磁记忆检测技术是学术界非常关注的热门学术研究领域。

2002 年的全国学术会议

2002 年对于管道检测领域最有影响的会议是“第二届全国管道技术学术交流会议”。本次会议于 2002 年 11 月在宁波召开，多篇涉及管道检测的论文发表，如合肥通用机械研究所的袁榕、翟绪斌、关卫和、胡明东的“长输管线的安全性评价”一文，提出长输管道安全性评价主要包括管道运行可靠性分析、管道监测与评价和管道风险分析，认为长输管道安全性评价是保证在役管线安全可靠运行必不可少的一项工作。合肥工业大学、合肥齐美检测设备有限公司的何辅云、王宝、蒋立新发表了“在线管道高速检测技术及系统”，提出在线管道高速检测系统概念，该系统包含一种被称为"爬行器"的高速探伤装置，专门对输送管道在线高速检测，具有检测速度快、探查线路长、稳定可靠等特点。文章认为“爬行器”钻进管道内高速探查时，检测的数据在其内经过放大、消噪，通过压缩编码后存入微电脑的 RAM 中，“爬行器”钻出管道后，RAM 中的数据与检测控制、分析系统联系，经过压缩解码器恢复成检测图形曲线。高速检测系统一次检测距离可达 200km 以上，能准确识别缺陷的轴向和沿圆周 8 等分区间位置及缺陷等级。国家质量监督检验检疫总局锅炉压力容器检测研究中心何仁洋博士发表了“城市埋地燃气管道地面检测技术研究”，认为埋地燃气管道地面检测主要有四个方面：泄漏检测技术、外防腐涂层检测技术、阴极保护系统检测技术、金属管体腐蚀检验技术。文章综述了国内外长输管道地面检测技术的研究进展，提出了今后城市埋地燃气管道地面检测技术研究方向。

2002 年在北京召开的“中国国际腐蚀控制大会”也是一次重要的学术交流活动。来自美国、加拿大、德国、法国、美国、瑞典、澳大利亚、日本、科威特、阿联酋、韩国、新加坡、中国台湾、香港和中国内地 15 个国家和地区近 500 名代表，共同交流新技术、新产品、新材料及新工艺，共同研讨腐蚀问题的解决方法、手段和措施，可以说是一次规模宏大的学术盛会。大会组委会编辑了中英文版《2002 中国国际腐蚀控制论文集》，共收录了 142 篇论文，其中国外论文 26 篇。有不少涉及管道检测的论文，如中油集团西安管材研究所路民旭、赵新伟、罗金恒、白真权发表了“在役油气管道安全评估的实践与进展”的论文，阐明了油气管道安全评估的重要性和现实意义，总结了油气管道安全评估的范畴，概括了含缺陷管道安全评估的方法和进展。他们把油气管道安全评估概括为管道地质灾害安全评估、管道缺陷的完整性评估和管道防腐层有效保护寿命预测。管道缺陷的完整性评估又可分为含缺陷管道剩余强度评价和剩余寿命预测。剩余强度评价可以把缺陷分为五类进行评价，而剩余寿命预测则可分为三类进行预测。此外还介绍了他们对十四条在役管线进行完整性评价的实例。苏州兰博高科技集团公司的李虹、魏尔昌、顾本立发表了“用小 CT 现场监测运行中的石化管道腐蚀和堵塞情况”的论文，文章提出：为现场监测运行中管道的腐蚀和堵塞情况，并显示被测管道内部清晰而直观的图像，他们开发了一种 CT 扫描仪，该扫描仪采用 300m Ci 伽马源和敏感的光电倍增管检测，用两维 Laplace 零交叉的图像处理方法来提高测量管壁厚度的精确性的检测技术及结果。

2002 年 3 月 21 日，应建设部科技委地下管线管理技术专业委员会建议，在天津召开了“城市埋地燃气管道腐蚀检测技术交流会”，会上，中冶地球物理勘查院李永年教授介绍了“金属蚀失量评价法”和“视综合参数异常评价法”的原理及其应用条件和效果。这次会议推动了全国对城市燃气管道的检测。李永年、李晓松、吕桂玉仅在 2002 年就连续在《地下管线管理》上发表了 3 篇城市埋地燃气管道腐蚀状况地面检测的文章，2003~2004 年的硕士学位论文就有相当多的文章是关于这方面研究的论文。“视综合参数异常评价法”则引发了大家对于各类埋地管道防腐层检测的讨论，甚至连天津大学陈世利 2003 年写的博士学位论文也是“埋地管道防腐层缺陷检测与评价技术研究”。

2003 年的全国学术会议

在 2003 年“全国首届信息获取与处理学术会议”上，吉林大学电子科学与工程学院的凌振宝、 王君、邱春玲发表了“网络化自来水管道漏水检测系统的研究”，介绍了一种基于无线通信的 GSM 模块和单片机技术，利用超声流量传感器实现网络化、智能化的自来水管道漏水检测的设计方法。在分析自来水管道漏水原因的基础上，给出了该检测系统的检测原理、设计框图以及手机模块与单片机和微机之间的通信原理框图。该检测系统具有区段漏水检测及报警的功能，实验研究表明这种网络化水管泄漏检测系统是适用可行的。

中国声学学会检测声学分会、上海市声学学会、同济大学声学研究所联合主办的“2003 年全国检测声学学术会议”于 2003 年 11 月 10 日 ~12 日在上海同济大学召开。这次会议上基于声学原理的管道泄漏检测方面论文对于燃气、石油、自来水管道检测技术的开发都有重要影响。如张海燕、吕东辉、袁瀚贝的“超声兰姆波层析成像在无损检测中的应用”对于研究钢管无损检测评价就是一个非常重要的启示。

2003 年 10 月在桂林召开的“中国石油学会第三届腐蚀与防护学术交流会”，天津市嘉信技术工程公司林守江发表了“石油设施腐蚀检测综合评价技术”论文，介绍了腐蚀检测及综合评价技术的现状，并就未来的发展趋势提出了自己的看法。李永年发表了“瞬变电磁检测法不开挖检测油田埋地管道管体腐蚀状况的技术与实践”的演讲。

总之，21 世纪之初，中国的学术交流氛围正在形成，人们通过一个又一个会议的交流，提出了一系列关于管道检测的思想和理念，展示了一种又一种管道检测的方法或技术。当然，这些新思想、新理念大都是从国外引进的，真正原创性的技术、观念还不是很多，但是的确活跃了学术氛围，加快了中国在管道检测技术领域追赶的步伐。

第 26 章
21 世纪的胜利检测试验

《礼记·大学》中有一经典名言："苟日新，日日新，又日新。"意思是如果能够一天新，就应保持天天新，新了还要更新。送走了 2003 年，迎来了 2004 年，申请具体检测项目成为开年首当其冲的重点工作。正如在本书上一章结尾所述，我们确定把"新"作为打开油田管道检测大门的金钥匙。为了突出"新"，我们必须以"旧"作参照。通过走访调查了解到：20 世纪 90 年代以来，胜利人为查找管道隐患，以便及时治理或更新防止泄漏事故，先后做过几次管体腐蚀损伤检测。先是采用国家技术监督系统试行标准推荐的局部开挖超声波测厚抽检法，结果隐患没有发现几处，却给管道防腐层造成新伤害。后来又请壳牌公司中国技术服务代理公司做过管道内检测，却出现了卡堵等影响管道正常运行的事故。管道检测需求与检测技术欠缺是当时困扰油田管理部门的主要矛盾。

我们在引述了上述一些调查案例的基础上，着重在申请报告中对"不开挖、不停输地面检测地下管体腐蚀损伤状况"的方法优越性进行了描述。这份充满新意的报告，的确很有诱惑力，我们的申请报告很快通过层层传递，到达当时最高主管领导的案头。2004 年 1 月 2 日，时任胜利油田有限公司总经理李阳、业务分管副总经理孔繁群分别在埋地管道地面检测费用申请报告上签字，正式批准了该申请报告，并批示有关部门落实具体试验管道、试验资金与验收方法。至此，集输管道腐蚀损伤与防护状况地面检测试验开始进入油田决策讨论的项目计划。

原以为有了领导的批示，检测试验就会顺风顺水。没有想到，执行标准的缺失却成为具体管理部门迟迟无法落实资金与实施计划的障碍。

1. 没有规则难成方圆

2004 年 1 月中旬，油田相关管理部门专门听取了我们关于开展埋地管道不开挖、不停输腐蚀损伤与防护状况地面检测技术方案的汇报，一致认为应该尽快实施该检测试验项目，并确定以河东线、丁一线两条投产 30 年以上且多次发生泄漏事故的输油管道作为具体试点管道，同时要求我们提出具体检测技术方案，特别是检测成果衡量指标与验证方法。怎么验收？成为争议的焦点。

2004 年国内管道检测标准状况

很快春节过去了，虽然偶有窗头燕雀鸣，春风却依然不肯轻易下寒城。在春寒料峭的初春，检索可以作为验收依据的标准成为我们的头等大事。

2004 年，尚没有利用瞬变电磁原理进行管道剩余壁厚地面检测的适用标准。虽然中国石化总公司在 1985 年就颁布的《工业管道维护检修规程》和《工业管道技术管理制度》，国务院在 1989 年 3 月 12 日颁布的《石油、天然气管道保护条例》，1990 年中国石油天然气总公司颁布的 Q/GDSJ 0023—1990《管道干线腐蚀调查技术规范》、1995 年 12 月又颁布的 SY/T 0087—1995《管质管道及储罐腐蚀与防护调查方法标准》，1996 年 4 月劳动部颁布的《压力管道安全管理与监察规定》，都提出了对管道腐蚀损伤等缺陷的检测检验的要求，但是主要方法是无损检测、压力检测试验的内容，并无涉及管体腐蚀损伤间接检测的技术标准规定。即便是当时用 PCM 等国外已经相当成熟的管道地面防腐层检测技术和设备，大家还处于学习阶段，就更别说国内外都处于研究阶段的瞬变电磁检测技术了。当时国内标准所推荐的方法基本上是要直接接触防腐层、管道才能进行，如用电火花检漏仪、超声波测厚抽查等。直到 2003 年 2 月 19 日国务院第 68 次常务会议通过《特种设备安全监察条例》后，国内才通过引进等方式出现了管道内检测以及地面检测实践。但是 2003 年国务院的《特种设备安全监察条例》也没有出现对管道进行“地面检测”的提法。

相对比较新的标准是国家质检总局特种设备安全监察局组织编写的《在用工业管道定期检验规程》，该规程自 2003 年 6 月 1 日起执行。该规程将在用工业管道定期检验分为在线检验和全面检验。但是该规程仍然没有适用于关于埋地管道的具体检测方法与标准要求。

因此，执行什么标准、依据什么标准验收就成为纠缠不清的问题。2004 年，国家新颁布了两项标准 SY/T 5918—2004《埋地钢质管道外防腐层修复技术规范》和 SY 93—2004《天然气管道检验规程》。即使在这两部最新颁布的标准中，标准给出的具体涉及管道管体腐蚀损伤的检测方法，一是对具备条件的管道实施内检测，二是对不具备内检测条件的管道，采用开挖检验探坑，用超声波测厚仪测量管道剩余壁厚，并不涉及管体腐蚀损伤状况的地面检测方法，只是明确提出了防腐层开展地面检测的概念。

中国石化镇海炼化仓储有限责任公司徐成裕、中国特种设备检验研究中心的何仁洋、沈功田、肖勇、王勇、刘长征等在"中国压力管道与储罐安全法规标准与检测技术研究综述"（《第三届全国管道技术学术会议压力管道技术研究进展精选集》，2006年）一文中也认为：应制定适合中国国情的埋地管道检验检测技术标准。

自定检测指标以彰新

为了使得这项新的技术试验能够进行，我们必须自己制定"新"标准以彰显我们技术的"新"，同时又不脱离多少代人苦苦探索总结出的借"标准"约束以克制任性的经验做法，满足管理与考核之需要，从而达到持续不断地推新的目的。

我们当时制定的检测试验方案主要参考借鉴的标准是：CJJ61—1994《城市地下管线探测技术规程》、DZ/T 0187—1997《地面瞬变电磁法技术规程》、SY/T 5918—1994《埋地钢质管道沥青防腐层大修理技术规定》、SY/T 6553—2003《管道检验规范：在用管道系统检验、修理、改造和再定级》等。这些标准都不是直接针对地下管道腐蚀损伤状况地面检测的，只是具有参考价值。因此本项目在检测技术方案中的具体检测方法、技术指标属于我们自己设计的，具有原创性。这些指标对于规范检测作业无疑是必要的，该指标体系也是对委托方的一种承诺，甚至是一次对地面检测的技术先进性与实用性的宣传。因此，如何取得管理部门的认可就成为关键。

在防腐层老化及破损点、阴极保护效果检测及管道特征点检测上，已经有国外相关标准以及正在讨论中等同采用国际标准的行业标准草案作依据，大家基本没有异议。但是，对于管体腐蚀损伤缺陷（隐患）的检测发明，无论是在检测精确度还是在方法的可行性上心里没底，特别是在检测成果用哪些指标来具体表征等问题上存在较大的认识分歧。

不少与会专家听了我们关于瞬变电磁检测法的原理介绍，以为通过地面检测就可以 100% 地提供管体腐蚀损伤的具体形貌及具体深度、长宽尺寸。而实际上瞬变电磁地面检测法只能大致确定隐患位置和隐患的程度，只有对比较严重的腐蚀损伤隐患才基本可以全部排查出来，轻微损伤尚不一定能够发现。至于腐蚀损伤的形貌特征根本就无法准确描述。

一些没有具体研究、管理、参与过管道检测的专家们，听了我们的进一步解释后，马上来了个 180° 的大转弯，认为瞬变电磁检测技术并没有多大价值。其实，这项技术相对来说已经是很大的进步了，并且该项检测提供的隐患信息也是管道安全评价最需要知道的数据信息，一点不逊色于当时一些单位花巨资引进的内检测器的检测效果。而且，对于绝大多数集输管线而言，内检测根本就不具备实施的条件，开挖检测显然更不现实，所以瞬变电磁法检测是一种没有办法的办法，至少可以查出比较大的、危及管道安全运行的重大隐患。如何向油田相关职能处室领导及专家解释清楚并使他们认识到这项技术的巨大价值，取得他们对其技术进步意义的认可并进而尽快启动项目实施呢？

外行的“胆略”

诚如王国维在《端居二》所言：“闻道既未得，逐物又未能。”当时就我们对“金属蚀失量地面检测技术”之理解而言，的确是内在的道理没有完全领会，追求外在的结果也没有完全明白。所以，只好根据领导要求修改方案，遇到问题再想策略了。

经过多次汇报、讨论之后，专家和领导还是希望我们拿出一个比较形象化的反应管体腐蚀损伤形貌或大小的表示方法，而不是仅仅用一般腐蚀、重度腐蚀、严重腐蚀等模糊概念来表示。特别是要以管体腐蚀损伤为主，而不是将管体腐蚀损伤与防腐层检测结果放在一起来笼统地对腐蚀损伤严重程度分级。

为了使领导和审查项目可行性的专家满意，苦思冥想多日之后，苏丙建工程师与新分配来的大学生魏国栋两人合计，在检测报告样本方案中添加了一张表示管体腐蚀损伤状况与尺寸大小的图示。我当时也觉得很直观，感觉专家与领导也希望有这么个东西来彰显拟试验技术的先进性。可当我们征求李永年先生的意见时，他却只是微笑不发表意见，在我们一再追问下，老先生才说，只要上级领导认可，能尽快启动试验项目就行，其他问题我们以后慢慢想办法吧。逝者如斯夫，夜来多少雨滴声，大地渐苏惊蛰过。我们不能再等待了，尽管还有许多问题我们并没有明确的概念，但是我们也只能簇拥着前行了。

尽管我们不太理解，还是将此内容作为技术方案描述说明的一部分插入技术方案补充材料中了。这一插图虽然给我们检测报告的完成带来了挑战，但是却很快得到管理部门的认可。只是我们当时对此还没有非常清晰的认识，等试验检测完成了，我们才明白，当时的瞬变电磁法 TEM 检测技术根本做不到这一步。可见，我们对管道剩余平均壁厚的理解与老先生的理解是有差距的。也正因为我们对将要试验的技术还不十分清楚，所谓无知者无畏，我们才敢于将那个在当时实现不了的愿景目标当作现实的目标放在方案中上报，并获得上级对试验项目的认可。看来，明白的与不明白的半吊子组合，才是创造机会的最佳组合啊。

2. 没有问题就是问题

《诗经·小雅·小宛》:“交交桑扈，率场啄粟。”意思是说，弱小平凡的小青雀，赶上好运气，找到一片谷场，遗穗丰富，可以欢畅啄食。我们也以为主管部门既然同意我们对河东线经行检测试验，我们也赶上了好运气，就可以顺利实施我们的计划了。却没有料想到又出现了没有定额、必须编制实施方案、现场检测出现特殊异常等问题。当我们把这些问题一一解决之后，我们却惊奇地发现：我们检测的结论与大家想象中的管道现状大相径庭。别人都以为这个管线千疮百孔，而我们的结论却是：虽然存在一些隐患，原则上仍然可以继续运行。也就是说，我们认为河东线“基本没有问题”。

没有想到，正是这个基本没有问题的结论却导致了其他人对我们选用技术的怀疑。

预算定额的制订

春节过后，我们就想趁麦子还没有长起来、处于孤东黄河入海口湿地的芦苇也没有长起来时尽快实施检测。在河东线、丁义线业主胜利河口采油厂高新华副厂长的支持下，我们与采油厂的集输、输油、安全、工农关系等职能部门进行了对接商谈，勘察了现场、收集了包括管线设计图纸与变更、历次维修记录、泄漏修补记录、其他运行记录等资料，制订了安全环保措施计划等。可是，油田财务处的资金计划迟迟不下达，导致我们无法与合作方签订合作协议。协议不签，检测试验根本就无法开启。

多次汇报沟通后才知道：财务处之所以迟迟不下达资金计划，也是因为我们这次提出的检测方案涉及新技术、新方法，而新技术、新方法是没有预算定额的。没有预算定额，就没有核拨资金的具体依据。

管理层按标准、按程序、按常规、按定额执行，追求稳妥是机关管理层的职业习惯也是应有之义务。特别是多年来，管理部门在技术检测方面已经接受了特检系统灌输的管道安全检验思想，认为只要特检系统出了检验报告，管线运行合法就行。而且已经针对这种检测形成了一种约定成俗的预算方法及定额，项目预算套定额既简单又方便。至于管道的安全隐患是否查出、管道被检验合格后（因为是抽检，且通常都是抽查好实施检验的部位，隐患部位反而很少抽查到）仍然存在比较大的安全风险并不是财务部门应该关心的，这是技术管理部门的职责。即使这些管线发生了事故，只要按规定做了该做的事项，就无需承担责任。而我们提的检测方案却没有具体国家标准的支持，就更不用说财务管理所依据的定额标准了。管理部门的犹豫也不无道理，毕竟各个部门有各自的职责。但是，作为基层单位特别是一个研究型基层单位，创新则是我们生存的基础，没有创新就无法发展甚至不能长期存活。

为了满足管理方要求，我们在年初，又与中国科学院沈阳金属研究所国家腐蚀与防护重点实验室、华中科技大学化学化工学院、中国石油大学储运学院、中油西安管材研究所的严川伟博士、邓立群助理研究员、郑家鑫教授、鲁玉祥博士、郭胜武研究员、罗同工程师等多次交流探讨埋地管道腐蚀规律及其检测涉及的具体步骤、不可控因素分析与处理，瞬变电磁原理的特殊性可能涉及的一些数据采集难题及重复采集、试探性开挖确认、干扰排除、分析处理等工作量预估。搜集他们的试验研究项目费用测算方法与相关资料。在此基础上，对我们这次进行的检测试验作业过程进行步骤分解与成本分析测算。根据我们提供的成本分析资料及类似检测试验的成本调研数据，配合油田工程定额处，完成了埋地管道地面检测各项成本定额测算、编制与审批。大约到了 2014 年 3 月中旬，财务处的管道检测资金计划才正式下到我们单位。也就是说，油田领导批示过了 2 个多月，该项目计划才实际落地，具备了实施的条件。

制订实施方案

春在枝头已十分，我们迫切期待着在大地上编织春天的故事。可是当我们完成定额编制之后，技术部门又提出仅仅编制了可行性研究报告及技术方案是不够的，还需要再编制一个实施方案。鉴于管道地面检测内容复杂、履约时间相对较长、现场干扰因素多，制定一个具体的有针对性的检测实施方案，对于我们工作质量控制和业主检查监督都是有利的。检测实施方案不仅是整个检测作业过程的行动指南、准确履行合同义务、现场管理的基本准则，也是检测能力的体现，更是实施过程监督、检测成果验收的依据。虽然说实施方案非常重要，但是在胜利油田以往的检测史上从没有过类似的先例。后来这种做法慢慢演变成一种惯例在胜利油田内部的重要检测项目中逐步实行了起来。实际上这种做法在那些开拓中国检测市场的检测机构那里早已经实行。这些外资机构包括：美国西南检测公司、美国 PIPEWAY 公司、GE PII 公司、Rosen 公司、美国 TDW 公司、美国 NDT 公司、英国 GW 公司、以色列 A3 公司、英国 SilverWing 公司、加拿大 Russell NDE Systems Inc 公司、奥林巴斯公司、英国 Transkor 公司、俄罗斯动力诊断公司、Energodiagnostika Co.Ltd 公司等。国内一些市场化程度比较高的公司如啄木鸟公司、北京埃德尔公司、天津市嘉信技术工程公司等也将检测前编制实施方案看作一种必需的步骤。这也说明走向市场对于规范管理、提升能力的重要性。

实施方案普遍包含的内容有：检测项目、检测步骤与方法、主要仪器设备配置、适用标准、布点及数据采集、数据处理方法、评价方法及报告内容、参考标准等具体描述。对于本项目的检测方法与步骤，当年的资料记录了 6 个主要方面：

①使用管道定位及其相关方法，确定管道中心位置和中心埋深，确定2倍中心埋深范围内无其他金属管道以及三通、拐点等特征点；根据现场情况（业主要求、管道运行情况、管道使用年限等因素）确定传感器大小（地上管道使用较小线框、地下管道使用相对较大的发射线框）；对于已知的管道异常点段（例如防腐层破损点），确定其位置并布设测点。②传感器水平放置在管道中心正上方，检测段长度近似等于传感器发射回线边长与2倍管道中心埋深之和（$L+2h$）。③使用电缆将传感器发射回线与数据采集器发射端连接，将接收回线与数据采集器接收端连接；打开数据采集器发射部分和接收部分电源开关。④开启联机电脑，运行控制程序，与数据采集器建立蓝牙配对，设置管道参数、传感器参数、发射频率，调整发射电流。⑤使用掌中宝实时记录数据。⑥数据初步分析处理后，对于有疑问的数据复测或加密测量。

检测与数据现场采集

2014年3月23日，使用瞬变电磁方法地面检测埋地管道管体腐蚀状况、配套地面检测管道防护状况的现场数据采集工作正式开始，4月28日结束现场检测与数据采集。虽然在此之前，李永年在齐鲁石化供排水厂主输水管道、塔里木油田轮南作业区集输管道、准东油田彩南作业区管道、太原钢铁集团三号高炉某管线的检测中已经应用过这种方法，但是那时仅仅作为纯粹试验，每条管道仅仅做几百米或一公里左右的检测，以便获得相关数据，像胜利这样一条管道几十公里几乎全部检测的实例还是第一次。

图 26-1　2004年河东线检测现场作者与李永年合影

参加本项目检测试验的人员是：李永年、姚学虎、李晓松、杨辉、柳言国、考军、魏国栋、徐呈平、朱锦辉、张彬、朱锦雷等。图26-1为本书作者与李永年等在河东线检测现场留影。

这次检测获得了大量数据，为TEM技术提供了一次系统的考验、分析的机会。本次管体金属蚀失量检测，采用美国ZONGE公司的GDP多功能地球物理数据采集仪进行金属蚀失量检测，接收机（GDP-32）与我们特制的一个接收器（传感线框）相连，发射机（NT-20）和管道相连并在附近位置打入一组接地极，确保接地良好。我们特意将观测点布置在远离强干扰源、强磁场以及金属干扰物的地方，确认传感线框安放平稳，其中心与目标管道中心在地表投影点重合。包括操作仪器都严格按写好的方案操作，现场记录中对观测点周围地物、干扰情况都进行了详细注记。每个测点观测结束后，还要全面检查观测数据和衰减曲线，确认合格后，搬运线框至下一个测点，进行观测与记录。可以说当时我们的确非常认真地进行了这次试验工作。

地面检测评价埋地管道管体腐蚀损伤程度也叫检测评价有限长度管道（某一很短管段）的金属蚀失量。其核心问题有两个方面：一是采用高灵敏度、高稳定性、高抗干扰能力的瞬变电磁仪检测管道的综合物理特性所发生的微小变化；二是利用不同目标体的瞬变响应具有时间可分性的特点来识别并分析被测管段的腐蚀程度。测量数据是否准确可靠，不仅与仪器的灵敏度、稳定性有关，更与被测管段周边的干扰因素有关。而干扰因素有的可见，比如附近架空线缆、变压器等，有的不可见，如埋入地下的交叉管道、并行管道、三通、变径、管道焊口、管道基础厚度变化等。前者我们可以采取量化排除措施，后者则比较难。为此，必须搜集到完整、可信的详细资料。

必须知道具体干扰是什么？然后才能在数据处理时量化排除。因此每天收工后，要及时将仪器内存储的现场观测数据传送到计算机中，同时将搜集到的相关资料与现场核对，以便确认一些隐藏着的干扰因素。知道了全部干扰因素或干扰源之后，再用专用分析软件做初步的处理。发现有疑问或明显不符合管道物理特征的检测数据后，第二天就进行重复或加密采集检测数据，再进行分析判断到底可能存在何种干扰源。如果仍然偏离被检测管段一般物理特征，且根据判断分析，该处存在管体腐蚀可能性不大的地方，就通过开挖来查明具体干扰源。

在这条线路检测中，我们发现了一个很有规律的现象，即每隔三五百米左右就有一二处数据采集点采集到异常数据。开始，我们认为它就是管体存在腐蚀损伤缺陷的信号，并没有给予特别关注，可当我们检测了二三十公里之后，这种异常数据点总是有规律地呈现，这就引起了我们的怀疑。经过反复分析，我们觉得不像管道腐蚀损伤缺陷，也不像管道焊缝信号，如果说是腐蚀损伤缺陷，不可能这般有规律，若是焊缝信号，距离间隔不应该这么长，应该在 10m 左右才对。随后决定开挖几处查验。查验后发现：原来是牺牲阳极连接线。这时我们才知道该管道设计有全线牺牲阳极保护，厂方提供给我们的基础资料却没有，这只能说明该管道资料档案不完整。

被质疑的结论

完成数据采集以后，结合通过资料搜集与现场调查核实获得的有关管道材质、管材规格型号、防腐保温类型、地理环境状况、管道覆土深度等相关参数或信号数据，再利用专业数据处理软件进行数据处理和分析，以获得管道剩余管壁厚度的评价数据。

通过用专用软件分析，我们发现：这次检测中，共有9个点存在严重的干扰，无法反演出管道在该点的剩余壁厚，占总检测点数的3.46%；有13个连续数据检测采集点上存在明显异常，管道壁厚测量结果失真，显示明显厚于标称管壁厚度。显然不符合实际，经开挖确认：被检测管道上方平行敷设了一条埋深仅0.4m的不明管道，该管道长303m。

经过数据处理分析，最后确认：该管道仅9处存在一定的腐蚀减薄缺陷，且减薄量大约在5%左右，考虑到测量误差的存在，几乎可以忽略。其后开挖3处，证明管道管体腐蚀损伤地面检测结果基本准确，说明河东线虽然运行30年，管体状况良好，无需更新管道。

当我们觉得这样的检测评价结果可以给油田带来效益之时，其他人却产生了对我们所引用的检测评价技术的不信任。不少管理人士认为：这样一条运行三十年且敷设于“文化大革命”那个混乱时期的管线，又有多次泄漏记录，怎么可能是安全的呢？这使得领导的决策更为困难。

特殊的时代背景

我们知道，2004年有三件大事深刻地影响了中国企业家的思考与行为取向。一是中国宏观调控的警笛从2003年年末拉响，防止经济过热成为中央的核心。这一年被财经作家吴晓波认为是继1997年之后的第二个崩溃之年，不少投资激进的民营企业近乎覆灭，欧美日等世界主要经济体都在担心中国经济的突然刹车会否导致世界经济泡沫突然破裂，这种形势不可能不影响央企的投资趋于谨慎。二是出生于台湾桃园、毕业于美国沃顿商学院、任职于香港中文大学能言善辩的金融学教授郎咸平，对中国产权改革提出强烈质疑，发射了三颗耀眼的“震撼弹”分别砸向TCL总裁李东生、海尔张瑞敏、格林柯尔顾雏军，最终因郎顾之争使得顾雏军成为炮灰，深刻影响了中国改革进程，企业家对郎氏舆论闻风丧胆，一些企业决策不再追求单纯的研究理论与所谓的经济规律，而是更媚俗于类似郎咸平这类会造势的明星舆论大V人物掀起的舆论导向。三是2004年初，中航油（新加坡）公司的陈久霖名声大噪，成为中航油走出去的一面旗帜。三大油内部不少管理层对陈久霖的事迹都津津乐道，幻想自己也有朝一日成为明星企业家。但事实上，进入2004年后，因为美国第二次攻打伊拉克，陈久霖已经押错了方向，而且他还幻想着能翻牌，不断加码，把原本不大的投资亏损窟窿越补越大，最终彻底崩盘，不久就走进针对他隐瞒公司亏损及涉及内线交易罪指控的审判法庭。这三件事事实上对任何国企的决策都产生着影响，表现为年初的冒进到年末的保守，更有对舆论的恐惧与谨慎。

左右为难的领导

我们的报告结论把本来已经差不多可以定下的管道更新投资计划否决了。作为一名基层工作者或基层负责人，我们并不觉得这有多大影响。可上级管理部门就不一样了，万一这条被管理单位（采油厂）多次请示需要更换的管道，因为我们的检测评价结论不更换而出了问题怎么办？谁来承担责任呢？特别是我们的检测只是一项新检测技术的试验项目，这种检测评价方法并没有国家标准依据啊！而如果不顾我们报告的结论（不考虑我们报告结论，在执行国家技术标准及相关管理政策上也是说得通的）仍然按计划更新这条管道，万一像若干年前的 ×× 线那样，因为泄漏而更换，挖出旧管段后却发现管道完好如新，只是在防腐层不完整处的几个有限点位出现腐蚀穿孔，经维修完全可以正常使用，那怎么办？这个案例经常被一些研究管道腐蚀的论文引用，被打上油田管理粗放的标签，广受病垢。所以，决策层在我们报告出了之后左右为难。不知道是以使用单位上报的泄漏统计数据为评判根据，还是以我们的检测报告为评判依据，哪个更接近真相？按说，哪个结论依据的信息量大哪个就更接近于真相。可是当人们对采集或统计来的基础信息的真伪发生迟疑时，数据量大又有什么用呢？

领导的左右为难最终转变成这项技术试验能否持续进行下去的争论，我们自然也就承受了无形的压力。我们必须通过大家都可以接受的直观方式来证明我们的结论是相对科学准确的才行。

3. 隐患成全了我们

大道很平坦，人却喜欢抄小路和近道，既然抄了小道，就不得不承受相应的纷扰。如果我们当时也选择用国家质检系统试行标准的方式检测，哪怕结论仍然是这样，我们也无需承担责任与压力。我们可以堂而皇之地讲，国家标准就是这么定的。领导也可以以有国家标准为依据而减轻责任，很容易进行决策拍板。但是，那样得出的结论，连我们自己都知道不可靠，只是纯粹地照章办事。怎么能心安理得呢？更不可能实现我们“苟日新，日日新，又日新”的进步理念。烦恼即智慧所在，痛苦乃进步之源。

必须有隐患才能证明一切

仔细梳理，质疑重点集中在两个方面：第一，仅仅开挖了几个点来验证检测的准确性不能说明问题，或许是碰巧；第二，假设这条管道没有问题的检测评价结论是准确的，并不能自证该检测方法可以查出管道缺陷。

看来，我们必须通过检测一条管体存在腐蚀损伤隐患的管道来证明，该检测方法不仅可以对没有管体缺陷的管体做出无缺陷判断，同样对有管体缺陷的管道也能查出其存在的隐患部位。只有这样，该检测方法才能说明是有效的。

非常幸运的是，在接下来进行的丁义线检测试验实践中，这个疑虑被彻底打消了。而且其开挖验证与检测评价结果的高度吻合几乎连我们自己也觉得有点神奇。

丁义线是从丁王站起到义和站止的一条全长 27.6km（$\phi 219 \times 7$）的输油管线，材质为螺纹钢管，防腐保温层为黄夹克。该管线 1973 年竣工，当时已运行了 31 年，随着敷设管道防腐层的老化和人为因素的影响，通过全面检测来了解管体腐蚀损伤和防腐层质量状况是十分必要的。

2004 年 4 月，我们从河口采油厂调来丁义线的相关资料，对该管线进行了初步分析。知道该管线运行 31 年，从运行记录看，除北部受海潮影响段出现过泄漏外，南段几乎未发生过事故。但是由于超过设计的服役年限，谁也吃不准管线的腐蚀状况。从管道沿线周围环境来看，部分管段大体上沿公路敷设，管道埋深在 1.5m 左右，部分管段埋深超过 2m。管道途经多个村镇，频繁穿越河沟、公路等，而且上方时有架空高压输电线路经过，沿线的人文环境和电磁干扰因素复杂，环境腐蚀状况不容乐观，且施测难度较大。

结合河东线检测试验的实践经验，我们在制定丁义线检测实施方案时，特别研究了一番黄夹壳外防腐保温层的性能特点，查阅了当年黄夹壳外防腐保温层预制、现场补口施工记录与质检记录，将黄夹壳可能存在缺陷的部位作为管体 TEM 检测的重点，加密采集检测信息数据；现场勘察时，特别留意哪些区段可能经常遭遇积水、哪些区段可能遭遇过其他施工的扰动、哪些区段有较强的电磁干扰等并予标记，也作为 TEM 检测加密数据采集区段。

丁义线检测从 2004 年 5 月 5 日开始，2004 年 6 月中旬结束。因大部分处于非耕作区，相对人烟稀少，又基本沿公路边沿敷设，进展非常顺利。数据处理时，发现有明显的管体特征异常信号。重复检测，采集到的信号有比较好的复合性。经反复调查并未发现明显的其他干扰，我们确信在丁义线通过瞬变电磁法地面检测发现了几处严重腐蚀损伤管段。

对于这样的数据分析结果，我们非常期待，因为我们要证明我们所采用的检测方法是有效的，是可以发现管体缺陷的。当然，我们要进行反复的测量甚至加密测量，以确定我们获得的信号是准确的，然后才能通知业主方来验证。

请领导现场观摩

记得在 5 月 25 日，我们根据对检测数据处理结果的分析，判断有 3 处严重腐蚀点。我专门给时任胜利油田副总工程师的郝洪友进行了汇报，希望他能亲临现场观看我们的开挖验证。老总却说不着急，让我们再仔细分析一下或者先开挖一个点自己验证一下。我们知道，他担心我们判断不准，有可能对我们刚开始的这项试验性检测探索带来负面影响。经老总这么一说，我们也犹豫起来。要知道，在 2004 年启动这项工作时，我们虽对瞬变电磁检测技术信心满满，可毕竟缺乏经验。我们的信心主要出于对李永年的信任，出于渴望能尽早掌握一项新技术并将其进一步发展的热情。

为保险起见，我们预先开挖了一处，露出管道显示，管体顶部已经出现大面积的腐蚀。我们心中有底了，没有继续向下开挖。26 日，我又一次去油田机关大楼，向老总进行了汇报，并敲定 28 日去现场观看。我们又赶往河口采油厂邀请分管集输工作的副厂长高新华一起参加现场开挖验证，他听说郝洪友老总要到现场，就爽快地答应了。可当提议他们厂通知抢维修队伍做好抢维修准备，以防泄漏发生时，他却笑了。他说根本没有必要，原因是我们提供的几个开挖点附近从来没有发生过泄漏事故。

这不还是不相信我们的检测判断吗？但是，由于我们的预开挖已经证明管体实际腐蚀损伤状况是存在的，位置就在我们测量的坐标点。我们虽然没有对我们的分析判断失去信心，但是，毕竟我们的经验欠缺，所以仍然怀着惴惴不安的心情等待着开挖验证时刻的到来。

5 月 27 日，下了一天的雨，我们又揪心 28 日的现场验证能否如期举行。到了 28 日，当灿烂的晨光普照大地时，我们悬着的心总算放下了。

10 点钟，随着挖掘机将一斗又一斗泥土从管道两侧挖出，我们检测中编号为 17836 的测点下的管线在 1 号验证坑中全部暴露在人们的视线之下（图 26–2 为 2004 年 5 月 28 日丁义线开挖验证现场）。

图 26–2　2004 年领导参观丁义线检测现场验证

丁义线的奇迹

只见坑内管道外敷防腐层分别是：坑东部使用沥青玻璃布防腐，西部是黄夹克防腐保温层，即此处正好是两种防腐层的交接处。我们从坑中部的两种防腐层材料交汇搭接处，靠西侧剥开 130cm 的黄夹克防腐保温层，管体就露了出来，管体上呈现驼峰状腐蚀，去掉表面鱼鳞状腐蚀产物硬甲，下部为黑色和暗红色松散粉状物质。只要轻轻一碰，腐蚀产物就脱落了，腐蚀区域主要在管道两侧偏下的部位，形成一个大约 14~35cm 宽、64cm 长的溃疡性重度腐蚀区域。

当这些腐蚀景象暴露在大家眼前时，无论是油田的郝洪友副总师，还是开发管理部的孙兆厚主任工程师、胜利检测中心的经理王同义、副经理师祥洪、河口采油厂的高新华副厂长、采油厂集输科李子荣科长都露出吃惊的神情。因为这段管道三十年来从未发生过泄漏事故啊！更令他们吃惊的是，我们没有开挖也没有给管道内投放任何检测探头，从地面上隔着 1m 多厚的土层就能检测出腐蚀缺陷并准确定位，一下子颠覆了他们过去对管道检测的认识。

接下来我们的检测人员下到坑内，开始用超声波测厚仪随机测量腐蚀区域内的管壁剩余壁厚。检测人员从管道的正上方、右侧偏下、左侧偏下三个部位随意测量了 60 个数据，最深腐蚀坑的剩余壁厚仅仅只有 1.5mm。对一个管径 219mm，以数百牛顿的压力向外输送原油到 20 多公里以外的输油管道来讲，这意味着什么？意味着随时都有爆裂泄漏的可能！

这时，我发现来自河口采油厂集输科的李子荣科长拨打起电话来，大约过了半个多小时，当我们刚要离开 17836 的测点验证坑、前往第二个验证坑 17800 测点进行开挖时，河口采油厂负责维抢修的车辆拉着维抢修装备和人员赶了过来。

4. 检测试验的意义

胜利油田的检测试验，首先在于对于一项新理论、新技术的实践验证与支持，对于管道检测技术领域创新发展意义重大。其次，让我坚信管道地面检测是管道检测的可选择路径之一。

从皮尔逊法→磁记忆→瞬变电磁法的探索历史

管道质量或隐患检测检验至今已经有上百年的历史，不过管道的检测检验从其发端的第一天起，就是利用仪器直接接触着管子表面进行的，直到 1967 年一个名叫皮尔逊的美国人改变了人们的这种固有思维方式。皮尔逊法使人们知道管道检验其实也可以不接触管道，可以在地面上检测地下管道，照样可以获得管道隐患状况的信息。只是皮尔逊法仅仅是针对管道外防腐层隐患缺陷的检测，还远没有直指人们最关心的管体隐患的检测。直到 20 世纪 80 年代，苏联的杜波夫提出金属磁记忆检测的概念，使人们第一次接受了管体隐患的非接触式间接检测理念。1998 年冶金部保定冶金勘查研究总院的李永年研究员正式提出瞬变电磁法可应用于管道管体隐患检测，开启了我国使用非接触式方法检测管道管体隐患的探索历程。

在此之前的管道检测由于需要直接接触管道，要么需要挖开地下管道，将本来可能没有缺陷的管道为了查找隐患却使其真地具有了产生隐患的风险，比如开挖导致防腐层损坏、浓差电池效应而加剧管道腐蚀或损坏的风险、防腐层剥离测厚导致管体可能从此处本来没有腐蚀的部位发生腐蚀的风险等；或者实施内检测，结果为了查找可能的管体隐患却使可能没有隐患的管道承担卡堵停运的风险。这显然是极其不合理的，至少是有缺陷、有瑕疵、有隐忧的检测思路。然而在金属磁记忆技术、瞬变电磁检测技术之前的数十年里，管道运营商们却不得不承担为查找隐患而导致产生管道新隐患甚至事故的风险。

实际上，金属磁记忆检测法、瞬变电磁检测法所依据的磁场与铁磁材料相互关联的现象早在数百年前就被人们所熟知。可是，却没有人试着用磁场与铁磁材料特征相互关联这一点去寻找间接检测管道缺陷隐患的规律。这就像人类数百年、上千年来一直看到在水煮沸的那一刻，水壶或锅的盖子会频繁跳动，这时热能已经转化为动能了，然而，我们却将关注点仅仅放在别让水壶或锅烧干这点上，没有人想到这种现象背后隐藏着的巨大潜力、隐藏着改变人类命运的伟大发明的机会。直到瓦特时代，瓦特先生受到水壶烧开盖子上下跳动的启发，发明了蒸汽机，一举解决了困扰人类数百年、上千年的能源供应特别是能量转换的难题，直接推动了人类生产力飞跃式发展。

1967 年皮尔逊的发明可以说是人类在管道检测技术上的小小突破，能让人们不开挖管道就能通过地面检测发现深埋地下的管道任意管段防腐层的缺陷情况，从而全面评价防腐层的质量状况。将这个理念用于管体质量状况或缺陷的检测，管道运营商又在期待中度过了 20 年左右漫长岁月。

终于，人们通过对磁现象的再认识，通过对管道特征与磁场联系规律的反复思考、试验，认识到金属磁记忆现象可能会有助于用间接检测的方式解决管道管体隐患或缺陷的查找问题；认识到发射瞬变电磁信号并接受这个信号的二次响应可能会发现地下良性磁导体的存在并将其应用于探测金属矿，通过对探测金属矿的反思，进而认识到这种方式也可以用到探测地下金属管道缺陷的检测上。这其实是管道检测思想与理论上的重大进步。可是，从这些理论与方法被提出以来，相对于管道内检测、皮尔逊法管道防腐层检测等管道检测技术而言，实践远远不够，以致人们无法认识这些检测技术的巨大潜力及对技术发展进程的重大意义。

河东线与丁义线试验是地面检测埋地管道管体损伤的系统试验的开始

河东线与丁义线的检测试验首先是对于一项新理论、新技术的实践验证与支持，是创新发展必不可少的工作。河东与丁义原油输送管线的检测虽是我们对地面检测埋地管道管体腐蚀损伤状况的一次试验性探索，却因取得了比较理想的效果，坚定了我们对地面检测技术发展前途的信心，从而也给了瞬变电磁检测法这种检测新思路一次释放魅力的机会，为今后发展之路铺垫了第一锨奠基土。在其后的十余年里，瞬变电磁检测法之所以能够取得进步就在于胜利油田的这次尝试，以及其后不断实践为其改进提供的源源不断的新认识，从而推动了该技术从点测进入到全覆盖连续式检测、信号发射从一般线框发射改进成聚焦式发射，使其定位隐患的精度不断提高。在全国近十余年来发布的上百篇与瞬变电磁检测法等类似的地面检测技术有关的论文中，与胜利的检测实践有关的论文占据相当的比例。胜利的检测试验不仅直接促进了瞬变电磁检测技术的发展，还带动了金属磁记忆检测技术等相关管体隐患非接触式间接检测技术的发展，促进了这类技术方法的国产化与相应检测仪器的开发。甚至可以说：胜利的检测试验以及后续的持续探索为我们国家在埋地管道管体隐患地面检测技术的发展创造了机会，使得我们在管道地面检测技术发展领域具有了领先国际同行的机会。

试验为油田集输管网的更新提供了新判据

这次检测试验使胜利油田等单位在处理有隐患的老旧油气集输管道上，从以往以更新为主变成现在以维修为主。

这次试验性检测发现，地面检测技术完全有可能对埋地管道腐蚀损伤程度与分布情况给出比较清晰明确的结论，包括腐蚀穿孔甚至具有腐蚀穿孔可能、打孔盗油卡子隐藏点等分布情况给出比较准确的判断，因而完全可以依据检测评价结论进行隐患处置工作。所以，这次检测试验对胜利油田以至全国的集输管道维修更新思路同样产生了直接的影响，至少在中石化范围内的油田集输管网的维修、更新改造，从此以后直接或间接地走上了检测发现问题、综合评价给出处置方案，利用有限的资金有针对性地解决存在问题的管理思路。不再依靠统计泄漏穿孔数量与管道服用年限决定更新改造的路子。根据检测评价查明的管道腐蚀损伤状况及具体位置，主要实施维修而不是更换，使得以往以更新为主变成现在以维修为主，使得许多油气管线整条或部分区段得以延寿使用，经济效益不言而喻。

以河东线为例，31.7km 外输管线，运行近 30 年，报废更换似乎非常合理。但是检测发现：该管线虽然有 298 处防腐层破损点或泄漏点，由于运行了牺牲阳极使得管壁不存在大范围严重腐蚀现象，只要修补防腐层、修复或补充一下损坏了的牺牲阳极就可以继续安全运行。况且，我们已经找到了确切的破损点或泄漏点、提供了牺牲阳极失效点，修补起来非常方便，仅此就为油田节约 1000 多万元投资。丁义线根据检测判明了全线严重腐蚀隐患部位。首先开挖了采油厂从未补漏修补区段的 4 处隐患，结果证明 4 处均存在严重腐蚀问题，6mm 厚的管线最严重处的管壁厚度只剩 1.5mm。采油厂当机采取了加固补强措施，避免了原油泄漏事故的发生。另外，按馆藏资料，该管线的管壁厚度为 8mm，而通过检测认定：该管线是由 6mm 和 7mm 厚的两段管线构成的，并得到开挖测量验证。这说明通过腐蚀检测还可以验证工程质量特别是偷工减料问题。

是对组合运用各种地面检测手段分析管道隐患的一次尝试

在此以前，国内外关于管道检测的论文或报道多是单就某一项技术解决某一项隐患或缺陷问题的检测实践。然而隐患的形成是复杂，是各种因素的综合。同样是管体腐蚀却可能是由于防腐层选材、防腐层工艺不匹配、防腐层被破坏导致的，也可能主要是由于管材有夹杂缺陷、焊接缺陷、承受应力、输送介质中的细菌因素、温度、含氢等因素导致的，更可能主要是因为杂散电流、磁场干扰等因素造成的。这些不同因素虽然导致的结果可能都是管体腐蚀，但是我们检测这种腐蚀时，当时的技术还没有哪一种能直接准确地判断出管体各个部位的腐蚀，即便是某个技术理论上可以做到，但是，如果不能缩小检测范围，那也会如同大海捞针，成本昂贵。比如传统的超声波测厚，如果不能通过其他方式给出可能发生腐蚀的具体区域的话，估计用超声波测厚这种方式来检测检验类似于油田集输管道、长输管道这类管道也只有理论意义，如果哪个机构仅通过这类检测方式就给一条管道下个安全合格的结论，其可信程度就如同一个醉汉拍着自己胸脯信誓旦旦地向检查酒驾的警察说自己一滴酒也没有喝，仅仅是看着满车喝得东倒西歪的朋友就不由自主的兴奋一样不靠谱。一条运行多年的管道，经受了数不清的各种可能的腐蚀因素的长期侵扰，腐蚀可能的发生部位与程度根本无规律可循，怎么可能仅仅通过几个点的超声波测厚就能判定它的安全状态呢？很多文章或研究报告把希望寄托在科学选择“关键”抽查点位上，实际情况恰恰是根本就不可能有这样的“关键”点位。

胜利的检测试验，倡导了一种综合运用各种检测手段、优势互补、广泛采集信息、相互印证、锁定可能存在隐患的区段、重点施测、综合评价的新理念。

本次试验对管体缺陷的检测评价并不是单一地运用 TEM 瞬变电磁检测法进行的，而是综合运用了 PCM 检测、DCVG 检测、TEM 检测以及人工对管道沿线环境、输送介质性质、管道运行参数等诸多因素进行分析，一系列技术与方法综合运用而进行的。

PCM进行防腐层质量状况的检测已经相当准确可靠了，但是这类检测项目对于像油田集输管线来说并不重要。因特殊的环境导致油田的集输管线外防腐层大多老化破损严重，又没有足够的投资与维修资金，而且防腐层缺陷也不会立刻引起管线泄漏事故，因此业主关心的只是管体腐蚀损伤这类可能直接导致管线泄漏事故的隐患。而管体缺陷是通过瞬变电磁检测技术或金属蚀失量（TEM）检测技术检测管体剩余壁厚来实现的，但是TEM检测要做到全覆盖，数据采集工作量是相当大的。而且根据我们对被检测管道的分析，内腐蚀的概率极小，其腐蚀损伤主要是外部腐蚀损伤。于是，运用PCM检测，先探明管道外防腐层的状况，利用DCVG对检测出的防腐层破损点腐蚀倾向（腐蚀活性）进行分类，再结合TEM普查性检测数据，确定出最有可能发生管体腐蚀的区段，然后进行TEM加密检测，有了PCM检测、DCVG腐蚀活性判断、TEM普查检测数据，就可以使TEM加密检测更有针对性。从而给出业主最关注的管体腐蚀剩余壁厚数据，并对管道全线的腐蚀损伤状况进行全面评价。因而胜利检测试验，既是对一种全新的埋地管道地面检测理念与方法的探索，也是综合运用各种手段判断管体状况的有效实践。

河东线与丁义线检测的实践已经过去了十余年，现在可以自豪地说：这是我国埋地管道地面检测发展史上最具代表性的经典案例。关于河东线检测案例，2012年中国石化出版社出版的《油气管道地面检测技术与案例分析》一书就编选了这个案例；李晓松、尚兵、李永年三人当年撰写的“丁义线检测实践与体会”一文被“道客巴巴”“百度文库”等网站作为“精品”论文收录，每年都有不少人检索学习。

5. 待解的问题

发端于20世纪下半叶的管道地面检测技术，在21世纪终于开枝散叶，在我国民营检测机构的推动下，成为最富有增长性与创新活力的技术领域，在各类小口径管道检测上占有主导性地位。和任何一种新兴的技术一样，在其初期都会有这样或那样的不足。21世纪初期，以瞬变电磁检测法为代表的地面检测技术的局限性也非常明显，通过那次检测试验使我们对其有了最直观、理性的认识，揭示出地面检测技术应该重点研究探索与开发改进的方向。

剩余平均壁厚无法反映孔蚀等极端腐蚀危害程度

瞬变电磁检测法给出的是一段管道的腐蚀剩余平均壁厚而非某个腐蚀部位的腐蚀剩余厚度，最适合发现比较严重的腐蚀损伤隐患，它所给出的检测数据在人们看来无法确切地反映管体实际的腐蚀损伤程度。

人们在接触到瞬变电磁法 TEM 检测技术的初期，以为 TEM 检测出来的就是给定点的管体壁厚，而实际上 TEM 检测出的是一段管道段的平均壁厚。如丁义线检测正式报告出来以后，相关管理部门多次让我们修改报告，认为报告的结论表述与他们在现场实际开挖感受到的那种危害程度出入太大，结论缺乏对管道隐患应有的说服力。这是本次试验给我们留下需要解决的问题之一。

当我们深入地了解了 TEM 检测技术的基本原理之后，我们就知道：基于瞬变电磁原理的 TEM 检测，所检测出的是某一有限长度管段的管壁腐蚀损伤后的剩余平均壁厚（也可换算成平均减薄量），并不是最危险点甚至腐蚀损伤区域的管道剩余平均壁厚。仍然以丁义线 17836 的测点验证为例，现场检测得到的最薄处管壁仅剩余 1.5mm，所以随时都有穿孔泄漏的可能性。然而，我们报告给出的剩余平均壁厚是 5.3mm，即便是我们开挖后测量所得的 60 个点的壁厚测量，按照计算所得的平均壁厚也是 5.16mm，说明检测评价结论是准确的。但是，一个准确的结论却并不是一个合理的、能够充分反映管道危险程度的结论。5.3mm 的剩余管壁在任何人看来都是安全的，至少管道暂时是安全的。而实际情况是：这个管道的该部位（17836 测点）已经相当危险了，已经与发生破裂泄漏非常接近了。这正是我们既庆幸中国的工程技术界经过长期的探索思考终于找到了一种不影响管道自身状况与运行的隐患检测方法，又觉得还不够完美的原因。因为，管道隐患发展到事故并不是主要由某管段的平均腐蚀损伤减薄量来决定的，在很多时候是由最薄弱的点来决定的。

那么，TEM 检测的价值究竟何在呢？经过对这次试验性检测的再次梳理，我们体会到 TEM 检测的价值就在于：能够以最小的代价、以最快的速度、以相对便捷的方式，最安全地排查筛选出管道存在的比较严重的隐患部位。我们能够通过 TEM 检测筛查出丁义管线上类似 17836 测点这种腐蚀隐患本身就证明这种技术的有用性。至于它的不足正是我们继续探索的目标。

精准发射与接收信号的难题

瞬变电磁检测法对于小范围腐蚀或损伤体积较小的缺陷，从理论和实践两个方面来说，都有可能漏检。这是瞬变电磁检测法无法回避的问题。怎么才能做到使被检测管段限制在很小的范围甚至接近无限小呢？这正是此次试验留给我们在以后十余年里，重点研究探索的又一个问题。

如果管道存在的隐患不是像 17836 测点这种相对大面积的管体腐蚀，比如只是一个孤立腐蚀深坑或小裂缝，其腐蚀坑最薄处也仅余 1mm 左右，同样也随时可能穿孔泄漏。我们使用 TEM 方法检测时，其测得的平均剩余壁厚也许是原壁厚的 95% 左右，比如 6.7mm 左右，那么，我们还敢断定此处一定有腐蚀损伤隐患吗？这肯定是要打问号的。

从理论上讲，为了克服这个困局，只有使被检测管段限制在非常小的范围，或者说接近无限小，瞬变电磁检测法才能检测出这类缺陷来。就我们当年试验所特制的检测装置而言，要解决腐蚀面积较小或损伤平面面积较小的隐患检出问题，必须能够做到在一个非常小或接近于无限小的管段上发射和接收瞬变电磁信号，从而通过信号反演解析出来的这一段管段的平均减薄量就更接近该隐患处的实际减薄量了。但是，这又存在瞬变电磁脉冲信号大量流失，反而进一步加大检测误差的问题。因此，小尺寸腐蚀及损伤检测需要新的技术革命，而核心在于我们必须解决信号精准发射与精准接收问题，这是本次试验给我们提出必须继续探索的又一个问题。在此后的数年里，我们曾经试图利用聚焦发射解决信号精准发射的问题，也取得了一定的进步，但是仍然无法将信号控制发射到无限小的测量管段上，因此，仍然需要探索新的路径。

瞬变电磁检测法漏检也可能发生在我们布置的检测点之间的管段上。尽管我们通过组合运用各种手段后的综合分析，会使此种现象发生的概率降到最低，却不能完全排除。因此，加密测量就成为一种选项。加密发射与采集回收信号，又必然会使检测（数据采集）效率大为降低，使检测成本上升，从而失去这种检测的相对优势。因此，必须从理论上、技术手段上探索如何做到无限加密测量又不降低数据采集效率。于是就有了我们关于研究开发全覆盖连续式数据采集方法的冲动。

磁场干扰影响检测准确性

凡是与磁场相关的检测都有一个致命缺陷，那就是周围的电磁干扰会影响检测精度，TEM 检测也无法幸免。

由于我们要通过发射与回收瞬变电磁信号来获得被测管道的特征参数，因此，现场的电磁干扰就成为一个影响检测准确性的障碍，磁场干扰能够排除吗？这恐怕不仅是我们从事管道检测的工作者的愿望，也是许多测量领域、信息领域一直在苦苦探求解决的难题。

那么，能否丢弃磁法检测而另辟新径呢？由于有磁场的存在，我们发现了许多自然现象与规律，并运用基于磁场的规律解决了许多人类发展中的技术问题。电磁学已经成为测量领域的技术基础，磁法也是绝大多数管道检测方法的基础。就目前而言，任凭谁也没有勇气舍弃电磁学已经建立起来的检测技术大厦而另寻其他出路，因此，寻找排除电磁干扰的途径就成为检测领域的共同责任。

带着对这些问题的思考，我们开始了对瞬变电磁法检测的进一步探讨。

附录：2004 年的中国管道检测学术交流动向

2004 年，全国共计发表与管道检测相关论文上万篇，虽然管道防腐层检测等外检测论文占有相当大的占比，但是从读者的关注度，特别是学者的倾向来看，管道检测研究重点或热点仍然是管道泄漏检测。其中，管道内检测以及综述类文章也有相当的关注度，引用率相对较高。2004 年对管道检测技术发展有重要影响的会议有哪些呢？

2004 年 4 月 12 日，中国地质学会、中国非开挖技术协会在北京召开了“第八届中国国际非开挖技术研讨会”。参加会议的代表有 209 人，其中来自德国、美国、澳大利亚、日本和新加坡等国家和地区的代表有 14 人。中国工程院院士刘广志、中国大陆科学钻探工程中心主任王达、建设部科技委地下管线委员会主任李国泮及著名钻探专家、中国地质大学教授李世忠等出席了大会开幕式。会议收到论文与译文 50 篇。在这次会议上，除发布了一些代表了当时最新的定向钻技术以外，Ian Clarke、张建元发表了“俄罗斯机器人管道检测装置”的论文，是较早介绍 CCTV 管道检测技术及应用的论文。同年，还举办了“第一届中国城市地下工程非开挖技术研讨会”，也有涉及管道检测的论文发表。

2004 年 8 月 1 日，中国仪器仪表学会在重庆举办了“中国仪器仪表学会第六届青年学术会议”，重庆大学光电工程学院光电技术及系统教育部重点实验室周志坤、文玉梅、李平、吴慧娟发表了“自来水管道泄漏相关检测定位系统研究”的论文。

2004 年 9 月 12~16 日“第五届中国功能材料及其应用学术会议”在北京与秦皇岛召开，境内外学者共 620 人与会。会议由 48 所全国知名的高等院校、科研单位和全国性学会联合主办。中国科学院、中国工程院、第三世界科学院院士、饮誉中外的我国材料科学技术界著名学者师昌绪等数十位资深院士参会。会议征集学术论文 1312 篇，录用 958 篇，分上中下三册出版了厚达 3500 页、520 万字的《中国功能材料及其应用学术论文集》。在管道检测技术研究方面，有谢祖荣、戴波、张永丽、马景兰联合发表的“磁性材料在长输管道内检测中的应用”的论文等。

2004 年“第二届全国信息获取与处理学术会议”上，长春理工大学马宏、白素平、闫钰锋发表了“管道机器人系统的研究”。沈阳工业大学杨理践、马凤铭、高松巍等发表了“管道漏磁在线检测系统的研究”，该论文与在 2004 年全国电磁（涡流）检测技术研讨会上发表的“高精度管道漏磁在线监测系统研究”论点基本相似。刘鲁源、韩尧松、李士心、陈曦发表的“模糊小波阈值去噪方法的研究”，谢建宏、张为公发表的“复合材料疲劳剩余寿命预测的动态小波神经网络方法”等论文，都在后来的研究中获得比较多的引用。

“2004年全国电磁（涡流）检测技术研讨会”上，杨理践、邢燕好、高松巍发表了“高精度管道漏磁在线监测系统研究”。2004年中国材料研讨会于11月22~26日在北京丰台京丰宾馆举行，中国石油天然气集团公司管材研究所赵新伟、罗金恒、白真权、路民旭、李鹤林、杨龙发表了“在役油气管道检测、评估与补强修复技术”论文。“2004年全国射线检测新技术研讨会”于10月11~12日在北京召开，会议共收到论文34篇，内容涉及工业CT检测、数字射线成像、实时成像、国内外射线检测技术发展动态、射线检测新方法、新工艺、新设备、新标准等方面。“2004年全国水声学学术会议”“第三届信号与信息处理全国联合学术会议”以及中国石油学会腐蚀与防护专业会议、各省石油学会腐蚀与防护专业委员会会议等都有与管道检测相关的论文报道。

除了会议作为学术交流平台以外，一些引起大家关注的期刊论文也是技术发展的重要指引。2004年，除上述与管道检测相关的会议上交流的论文以外，程载斌、王志华、张立军等发表的“管道超声纵向导波裂纹检测数值模拟”（《应用力学学报》），廉纪祥、沈跃发表的“管道远场涡流检测技术的进展”（《油气储运》），杨理践、马凤铭、高松巍发表的“管道漏磁在线检测系统的研究”（《仪器仪表学报》），金建华、金纪东发表的“基于磁致伸缩效应的管道纵向超声导波检测传感器”（《仪表技术与传感器》），刘海峰、胡剑、杨俊发表了“国内油气长输管道检测技术的现状与发展趋势”（《天然气工业》），付道明、孙军、贺志刚、喻西崇发表的“国内外管道泄漏检测技术研究进展”（《石油机械》）等，都获得较多的引用。一些硕士研究生发表的学位论文也获得较多的引用，如北京化工大学杨永的“城市埋地燃气管道腐蚀防护综合评价系统研究”，北京化工大学孙敬清的“城市埋地燃气钢质管道外防腐层检测评价技术研究及检验软件开发”，马令申的“城市埋地燃气管道危险源辨识评价研究与专家系统框架开发”，重庆大学张正义的“埋地钢质燃气管道腐蚀检测与评估方法研究”以及谷波的“燃气管道使用寿命综合评价”和黄小美的“城市燃气管道系统风险评价研究”，华中科技大学王蕾的“燃气输配管网安全评价体系的研究”，天津大学张亚梅的“油气管道的磁记忆检测技术应用及其对比性定量的初探”等硕士论文，都有相对较多的引用。

第 27 章 地面检测在胜利的全面推进

埋地管道地面检测技术要走向成熟，就不得不将检测实践持续进行下去，这有如大海中的鲨鱼，一旦停止了游动就会窒息。当然，只是进行重复性的检测是不够的，也没有意义。还需要不断进行创新研究与开发试验，研究检测实践中暴露出来的问题，通过研究探索解决之道，开发更好的检测装置使检测信号发射与采集更精准；建设更丰富的数据库、开发更优良的数据解释软件，不断提高检测精度、降低漏检率、提高对缺陷分析的定量化程度，努力思考开发更形象、更准确的隐患描述方式。

1. 张家界的共识

借着河东线、丁义线检测试验效果超预期带来的良好影响，油田又委托我们进行了孤东 1# 联合站 - 孤岛 3# 联合站输气管线等 5 条 70 多公里的油气管道检测任务。在累计 129km 的埋地管线上发现了 61 处管体重度腐蚀损伤隐患；由于将计划内的管道更新改成局部维修再用，为油田节约了 3000 万元的投资，而检测费用仅仅 150 万元，检测的经济效益非常明显。

到下半年，随着国家对盲目投资打压力度不断增强，审慎决策已经于无声中潜入企业决策层的思想深处。我们的管道地面检测方法也得到上上下下的认可，基层生产及安全部门希望通过检测摸清管道的安全风险状况，为巡线与安全措施实施提供依据；资产管理部门希望借助检测报告向油田申请管道维修维护成本费用；油田计划部门希望借助检测报告向中国石化申请管道更新投资。可以说，管道地面检测让油田的相关管理者的认知发生了变化，这一变化预示着埋地管道地面检测在胜利油田的全面推进已经具备条件。

如何抓住机遇，乘势而上，持续推进油田集输管道的地面检测工作，使其成为腐蚀研究所赖以生存的基础性工作呢？在当时，实际上是挑战大于机遇！我们在埋地管道地面检测方面还是个学生。我们对地面检测技术还知之甚少，还没有窥视到其中最本质的合理内核，而一些习惯势力因为担心这项技术的推广最终可能会动他们利益的奶酪而对此充满着抵触情绪。但是，我们既然已经在时间的激流中看到幕布遮掩中的未来，就如同浮士德在街上看到了玛甘蕾的倩影，哪怕陷入靡靡斯特的陷阱，也不想失去来之不易的机会。

2004 年 8 月，在湖南张家界召开了“山东石油学会腐蚀与防护专业委员会 2004 年年会暨学术交流会”。我代表专委会秘书处总结了胜利检测试验工作，将管道腐蚀地面检测与评价问题作为大会的主要议题，算得上是全国第一次地面检测专题研讨会。中国石化油田事业部、中国石油天然气集团公司石油管材研究所、武汉理工大学、华中科技大学、北京科技大学、中国石油大学、冶金部地球物理勘察研究总院、中国海洋石油公司渤海公司、中石油廊坊管道局等与管道安全运行密切相关的管道企业、大专院校、研究单位 70 多人参加了这次会议。部分与会专家、工程技术人员就埋地管道地面检测技术提出了自己的看法和主张，更多的与会人员表示第一次知道我国地面检测技术已经取得了这么大的成果，可以实际解决困扰管道业多年的隐患检测难题。这足以说明地面检测技术所富含的创新价值。

我和李永年合作在大会上发表了题为“胜利油田埋地管道腐蚀检测的实践与思考”的论文，提出了瞬变电磁检测技术在埋地管道检测中的可行性与需要进一步探索的问题，以及地面检测的优势与发展预期等问题。并于同年发表在《石油经济参考》2014 年第 10 期上，真实地记录、报道了我们的在胜利系统的实践经历、体会与期望合作探索的问题。

因为要写论文的缘故，我经常和李永年就一些技术问题进行探讨，并要求他给我提供他的一些研究资料，慢慢地我及我的同事基本掌握了瞬变电磁检测技术原理及数据分析。李永年曾多次无可奈何地说，“我的技术让你们一点一点掏光了，已经没有秘密可言了”。我也戏谑地回应道：“难道您要做现代的亚里士多德吗？爱因斯坦曾说过，大多数人无比尊重亚里士多德，他被景仰了这么长的时间，只是因为他语言晦涩难懂。你这是一项真正的技术，我让你的理论描述更容易被普通人理解，目的是为了更好地宣传您的技术啊。”

许多新技术的描述语言都有点晦涩难懂，根源在于大家对该技术的认识还不够深入，知道的人太少，所以缺乏大众性语言。但是，一项技术要获得发展，走向普及就必须用最通俗的语言描述、用最形象生动的比喻展示技术的奥秘。当然，大家出于知识产权维护的考虑，有时有意用一些说是专业实乃故用隐晦之词描述也在所难免。但是，为了促进技术的发展和推广，我们决心把技术尽可能用大家皆能读得懂的文字公布出来。

通过交流拓展了我们的视野，了解了更多关于管道检测技术的最新进展与不同观点；宣传了地面检测技术，使更多的机构、特别是管理者认识到管道地面检测的价值与作用，为该技术的全面推广扫除了认识障碍；凝聚了共识，为谋划发展路径、提供相互支持协作搭建起了合作平台。

在张家界会议期间，我们结识了油田事业部的王立坤先生，日后成为我们管道地面检测事业坚定的支持者，在以后相当长时间内对我们推广瞬变电磁检测技术及管道检测业务拓展积极呼吁，为我们走出胜利，服务全国管道检测提供了很大的帮助。还有北京科技大学油田腐蚀工程技术研究中心主任路民旭教授，也是在这次会议上将他多年以来关于腐蚀失效分析理论与埋地管道地面检测技术相结合的经验进行了分享。张家界会后不久，路教授在北京创办了十年后成长为全国管道检测行业最重要的民营检测机构——北京安科管道检测工程技术有限公司。该公司放弃了许多从西安管材研究所走出的精英们最擅长的无损检测抽查与建模评价的框框，将地面检测作为其检测的核心方法。2004 年前后，襄樊震柏、武汉安耐杰、北京埃德尔、深圳燃气检测等全国管道地面检测民营机构纷纷树帜，成立于 1997 年的河南省啄木鸟地下管线检测有限公司于 2005 年 5 月改制为股份制公司，图谋走市场路线，决心在此领域获得更大的发展。图 27-1 为张家界会议期间腐蚀所与会人员与中心经理王同义合影留念。

图 27-1　张家界合影（自左到右：钱慧、柳言国、杨荣存、王同义、石仁委、刘晶姝）

2. 组合检测技术

尼采曾在《查拉图斯特拉如是说》的开始部分就写道：“对上帝的亵渎虽是最大的亵渎，但上帝死了”。是的，近代以来的社会发展早已证明上帝只是一种虚无缥缈的存在，是为安慰幼年时期的人类在狂暴的大自然面前惊慌失措的情绪创造的温情港湾。而当一个个接踵而至的科学发现拨开了自然的迷雾之时，此前的一切价值都需要重估。不仅如此，即便是昨天刚刚确立的价值，也需要不断重新评估，在对自己的不断否定中获得更大的发展，创造新的价值。管道地面检测技术是在重新评估传统无损检测技术价值的基础上，借鉴探矿理论与方法等而发展起来的一种新的检测理论与方法，随着实践的深入，我们发现地面检测技术其实是一种技术系列，包含着广阔而丰富的内容。

2005 年我们非常顺利地获得了油田各部门对我们的业务支持。这一年我们不再仅仅满足于发现多少隐患、掌握一般的检测技巧，而是渴望以瞬变电磁检测技术为基础的埋地管道地面检测方法能够实现最基本的标准化、规范化，使瞬变电磁检测技术在全国业界获得更大的影响力。其中，自 2005 年起以及此后二三年内，我们在实际工作中，逐步探索出“八步工作法”与“组合检测技术”，使地面检测技术的内涵得到丰富与完善。其主要内涵覆盖了：管线路由与埋深的探测、防腐层质量状况检测、阴极保护效果检测、杂散电流干扰检测、管体腐蚀损伤程度检测、管体应力集中状况检测、管线安全风险评价等多个方面。

管道走向与埋深探测是管道地面检测的基础，其他地面检测项目都是在管道探测的基础上才能进行。所谓管道探测就是指在非开挖的情况下，利用物性差异（如地下管线与周围土壤、水泥、河流水质等介质就存在电磁性差异）采用发射和接受电磁波、雷达波的方式，探测地下管线的走向与埋深。可以用 PCM、RD4000 等探管仪探测，也可以用电磁波探测，即用管线雷达进行探测。既可以探测金属埋地管道，也可探测非金属埋地管道。

地下管道的防腐层质量状况是地面检测法分析管体腐蚀损伤的重要参考或切入点。而防腐层质量状况检测主要内容包括：用多种手持式仪器，沿已经探明的管道路径上方，通过测量防腐层的绝缘电阻、视电容率等参数，经过数据分析获得管道防腐层的质量状况；进一步分析可以确定防腐层的剥离、老化状况；通过测量管道沿线土壤中交流地电位梯度的变化，查找防腐层破损点并准确定位；在确定其破损点地表位置之后，通过 PCM 接收机上显示的电位差的分贝数可以区分破损程度。通过以上操作测量与分析，从而实现对管道外防腐层的整体质量状况（防腐层沿管线分布的各个部位的质量状况）的全面评价。

阴极保护效果也是分析和判断管体腐蚀可能性的重要参考，因此阴极保护效果检测是地下管道地面检测的内容之一。阴极保护效果检测是运用特定仪器，在反复通电又断电的状态下，测量管道上每个点的断电瞬间对地电位。如果某个点的断电电位（或阴极极化电位）足以阻止腐蚀电流（也可以是杂散电流）的流出，即被保护金属管道在大地电池中维持阴极状态，那么这个点的防腐层即使破损也不会有电流流出，即管道表面只发生还原反应，不会发生金属离子的氧化反应，使腐蚀受到有效抑制，管道在该点就不会被腐蚀，我们就说该点就得到了保护。在实际检测当中，我们只要测得该管道的阴极保护电位（即管 / 地界面极化电位）达到 -850mV 或更负（但不能超过 -1200mV）或其阴极极化电位不小于 -100mV 就行。

杂散电流的存在对管道腐蚀影响极大，可以在很短时间内使管道腐蚀穿孔。因此，对杂散电流检测同样是管道地面检测的主要项目之一。杂散电流干扰的检测通常是通过长时间连续记录管道交、直流电压或电位、分析管道电压的波动状况或直接测量直流杂散电流的大小和方向等来获得杂散电流的干扰情况，为排除杂散电流干扰提供依据。

管体腐蚀损伤状况检测，这项检测是地面检测最主要的目的。正如前面所述，目前主要有三种技术在此领域获得了应用，即 NoPig 检测技术、应力检测技术和瞬变电磁检测技术。也有人将超声导波检测归入管体腐蚀损伤地面检测技术范畴，但是，本书认为这种技术还算不上严格意义上的地面检测方法。

管道发生应力集中现象时，不一定管道就有腐蚀损伤（当然，管道发生腐蚀损伤时肯定有应力集中现象），但是应力集中最终会导致管道疲劳撕裂、加剧腐蚀等问题的产生。因此，应力集中也被列入地面检测的内容。其基本方法仍然是运用前述的 MTM 检测技术，当然也可以通过在管道表面预先贴应变片，然后通过检测应变信号得到应力集中的大小。

所有以上地面检测信息获得以后，我们还需要综合各种检测数据及判断结果，对管道的安全风险程度进行综合评估，从而给出风险等级以及处置或预防的建议，这就是基于地面检测的管道安全风险评价。

以上七个方面构成地面管道检测的主要内容。这些工作完成以后，我们就可以得到一条管线目前安全风险程度甚至风险发展趋势，从而为我们提前应对提供可靠的技术支持；而且上述检测不影响管道的生产运行，不需要开挖，检测的安全风险很小，环境污染可控，这便是地下管线地面检测的意义。

显然，地下管线地面检测是一种组合检测技术系列，并且有一定的先后顺序要求。我们在 2005 年就针对地下管线地面检测特点，提出“组合检测技术”“八步工作法”等概念，围绕这一主体发表了一系列的论文，并在 2008 年出版的《油气管道防腐蚀工程》一书中对其作了系统阐述。

3. 风险管理系统开发

21 世纪初，全国的管道检测工作者要么把单一的管道防腐层检测评价作为管道检测时尚在推广，要么以传统无损检测方法抽查管道壁厚作为定期检验管道的神圣法宝，前者以长输管道用户作为推销重点，后者名义上面对所有管道用户，但事实上却是以工厂的工艺管网为重点开发的目标客户。但是，在我们看来，相对不受关注的油田集输管网系统却是一个急需寻找良药治理的领域。

集输管道的特殊需求

21 世纪初，全国各重点油田集输管网的泄漏盗损已经发展到相当严重的程度，如果当时的环保要求像今天这么严格，估计多数油田都要关门歇业。那么，怎么解决这个问题呢？集输管道不仅面广量大、纵横交错、实施精细化管理条件差，而且当时流行起来的检测方式又解决不了这些棘手的问题。单独的防腐层检测对于集输管线当时的现状而言意义不大，用无损检测抽查管道壁厚发现隐患的方式虽不能说是缘木求鱼，也如同大海捞针般不能堪当重任。更重要的是，集输管道由于其在油气输送中的地位和性质决定了其能够承受的成本费用支出有限。决定了在集输管线检测评价方面不能好高骛远、奢求高大全，而必须立足于现有技术的正确运用、立足于低成本方法潜力的挖掘、立足于拿来主义对现有资源的开发使用。

正是油田集输管网迫切需要破解的难题与我们这种认识的结合，使我们的视野开阔了起来，我们不再局限于分析油田系统内已经开始流行的检测技术，我们还将目光投放到油田以外的检测技术甚至检测技术以外的新思想、新方法上。

集输管网的最大特色是管网在一个区域内的地下密集分布、纵横交错、搭接拐弯、无规律可循；口径不一、材质和输送介质也不尽相同；经常发生穿孔泄漏、被第三方破坏、内堵塞等各种影响正常生产的状况。因此，仅仅依靠检测，将一条一条的管道状况搞清楚尽管很重要，但这只解决了问题的一部分而不是全部。即使根据我们检测以及坐标测绘将每条管道梳理清楚，将油田按采油区块划分（胜利有 80 多个采油区块），然后将每个采油区块内的管网画在一张附图上，那样的附图只能是简图模式。所以还需要将所有检测出的问题及地表特征、管线特征点等信息与坐标对应，以列表的形式加入报告中，这样的检测报告将会很厚重。我们曾经对胜利采油厂的“胜二区”直径 ϕ159mm 以上管网做了一次检测，耗时 6 个月，检测报告厚度达到五六百页（如果是全部管网至少信息量还要翻一番）。这样一部“巨著”般的报告，既不方便携带也不方便查找。也就是说，不便于现场管理尤其是事故情况下应急查询的需要，所以不能完全解决问题。

“搜索”正成为一种时尚

2005 年，“中国制造”正在全球发威，以至于美国记者莎莉·邦加妮想和家人在一年内不用中国商品都无法生活，一年后她把自己体验经历写成一本名为《没有“中国制造”的一年》的书。与此同时，西方的管理大师彼得·德鲁克在这一年溘然长逝，当西方世界正在焦虑谁该替他们思考管理时,《纽约时报》的专栏作家托马斯·弗里德曼出版了他那本改变了许多人对世界认识的巨著《世界是平的》。他认为互联网将把世界创建成一个没有障碍的“平坦”的世界。信息网络已经开始深入进人们生活、工作的各个角落。而卫星遥感技术也开始在民用领域获得突飞猛进地发展。“中国制造”影响的中国人也以其无与伦比的学习、创造速度在这些领域获得长足发展。2005 年 8 月 5 日，号称全球最大中文搜索引擎公司的百度在纳斯达克上市，耶鲁大学经济学教授陈志武甚至说，就对科技进步的激发作用而言，“神舟六号”的作用还不如百度上市来得大。搜索正成为一种时尚，成为工作中不可缺少的拐杖。自动搜索为正在寻找集输管网管理突破的我们带来新的思路。

通过对当时现有技术的综合分析，我们发现，依托国家测绘局当时发布的全国地形遥感航摄信息地图，借助于矢量化解释技术以及根据管道探测、腐蚀检测提供的基础数据，调查采集的管道原始数据和生产运行数据、泄漏勘测数据，配套软件开发与系统应用基本手段配置相结合，建设埋地管道地理信息及风险状态预警、应急处置辅助系统，既是助力数字化集输管网的需要；也是利用有限资金、挖掘现有资源解决集输管网隐患发展状况（或事故）预警，提前采取措施，防止隐患发展成事故，或在事故发生以后有效处置，减少事故扩大概率的有效方式；更是探索提高瞬变电磁法地面检测埋地管道腐蚀损伤状况精度的有效途径。

基于 GIS 的管道风险管理系统

我们最早是从 2005 年 4 月开始进行这方面探索的，一直持续到 2006 年底。在将近两年的时间里，我们在胜利油田胜利采油厂的一个采油矿进行了全面的检测与数据搜集、系统开发。在现场检测方面，布设测点 24335 处，通过运用 GPS、PCM、GDP32、C-SCN、RD4000、探地雷达以至钎探等各种手段，在不开挖、不停输的情况下，进行卫星定位测量、管线探深、坐标测绘、防腐层检测、腐蚀剩余壁厚检测、阳极倾向点分析，精确地查清了该区块管网的总里程和每一条管道的具体走向，腐蚀损伤与防护状况全貌；然后，购买了该区域国家最新的航摄遥感地图，并通过合作方式对其进行了矢量化解释，将我们的所有检测数据、搜集到的相关信息数据与坐标点一一对应，与该区域的航摄航拍并经矢量化解释后的地理信息系统相融合；在植入我们认为最有效的各类数学分析、反演模型的基础上开发出胜利采油厂某矿埋地管道风险管理系统。

经过一段时间试运行、修改之后，对胜利采油厂全厂管理的集输管网进行了风险管理系统建设。不仅探明整个胜利采油厂当时共有直径 ϕ159mm 以上的埋地集输管道 600 条（ϕ159mm 以下的埋地集输管道更多，考虑其重要程度，当时未将这类管道纳入系统之中），共 418.13km。探明了每一条管道的具体走向和埋设深度，走向误差可精确到厘米级，埋深误差可精确到 0.1m 以内。解决了胜利采油厂埋地集输管道家底不清，走向不明，巡线没有目标，在用管道与废弃未挖出管道混杂不清，事故时找不到事故管线的问题。更重要的是，以检测为基础，建立了胜采区域的集输管网风险控制（当时也称作数字化集输管网及其隐患排查预警）系统。

该系统的建成，使胜利采油厂主管部门对管线、站场、阀室等基础设施的管理变得直观、简单和轻松。如直接对地图进行查询，就可获得管网线路的空间位置和走向，以及腐蚀与防护状况、安全风险、运行状况等多方位的信息。规划设计人员还可以借助该系统进行辅助规划设计，提高规划方案的准确性、科学性。该系统与手持式 GPS 相配合，可以利用系统存储的大量检测数据（包括地理信息数据与腐蚀或其他隐患信息数据）与分析数学模型，方便地定位事故管线，查询事故管道周围地下其他管网和设施的相对位置，缩短事故查找时间，方便事故处理。可以随时根据存储的有关管道腐蚀与防护状况检测数据，特别是前后两次检测数据变化情况、管道运行的环境条件、管道基本性能参数与分析数学模型、风险评价数学模型，提前预测可能出现的事故区位和性质，为人们提前采取措施、避免隐患转变成事故赢得时间。

2005 年，胜利采油厂集输管网风险管理信息系统正式投入运行服务。2006 年我们又为中原油田第三采油厂、中石化管道局的部分原油输送管道、胜利孤东采油厂等单位开发建设了管道风险管理系统。

博采百家之长

目前正在发展的智能化管道技术其实就是这个系统结合 SCADA 系统基础上的升级版，包括管道的完整性管理其实也离不开这个技术的支持。这个系统主要有两个核心点，一是地理信息系统的发展，一个是管道检测及评价技术的发展。没有前者，检测数据的应用潜力无法得到最大限度地挖掘；而没有后者或后者技术受限，该系统就是个空中楼阁、花架子，发挥不了实际作用。

集输管网风险管理系统的提出、实施与完善并不是我们独自的创新发现，而是我们主动与外界交流、在外界发展日新月异的刺激下激发的创新实践，是综合运用社会资源改进油田集输管网风险控制手段的尝试。早在 1980 年，中国科学院遥感应用研究所组建了中国第一个从事地理信息系统（GIS）研究的机构，此后 GIS 的应用迅速发展，大约在 2000 年前后，管道地理信息系统开始在国内油田及管道储运企业进行应用探索。但是，所有探索都是由油田或管道储运企业以外的机构提出并主导的，唯有我们是作为油田内部机构而主导这项探索实践的，因此，我们从一开始就以油田管理的实际需求为导向，并充分依靠各种外部力量，众采各家之长，因而做成的系统最切合油田集输管网运行、管理的特点。2004 年，我们就与西北大学、西安管材研究所等单位合作进入该领域，特别是西北大学谢元礼教授在 GIS 管道管理信息系统软件开发上给了我们很大的支持，西安管材研究所王世宏研究员、罗同工程师以及东营市国土局李智宝、赵光明、东营森迈图公司王德亮董事长等均给我们提供了力所能及的帮助，使我们能够很好地综合各种技术优势及地区特色，在比较短的时间内，把这些技术与油田需要进行了合理的嫁接。

为了节约开发成本、提高开发效率，少不了对所在地域航摄图的应用。而各地航摄图都掌握在各地国土资源部门，因而我们需要的资料必须从各地国土部门获得。当年，不少地方国土部门还缺乏专业人员，对当时国家已经完成的主要国土的航空拍摄资料信息管理尚不规范，查找极不方便。聊城莘县古云镇区域的航摄图就是我们从淄博市提供给我们的图纸中找到的，可能阅读本书的读者觉得很奇怪，其实在国家刚开始这项工作时，各地国土机关地理信息方面的人员极度缺乏，而我们国家自改革开放以来发展又非常迅速，管理和技术都跟不上，差错在所难免。这给我们购买、查询增添了很多困难，如果没有像李智宝、王德亮等这些对地理信息系统非常精通的系统内人士的帮助，我们的工作难度肯定会增加很多。获得航摄图后再做矢量化解释，为提高效率，确保矢量化解释的质量，我们当时经过多方调研寻访，得知西安冶金建筑学院的一个研究所在这方面具有独特优势，就委托他们帮我们进行矢量化处理。

我们当年建设的油田集输管网风险控制系统是博采百家之长的产物，是各种社会资源协同利用的产物，因而合作与共享的可能不是最新技术，却可以创造出一种类似于新技术的成果来。作为技术发展史，我们不仅要探索技术本身的发展路径，还要探索其之所以是这么一个发展路径而不是其他发展路径的原因。现在回过头来反思那段发展历史，我们就会发现，我国的管道检测新技术、新思想、新观念恰恰是由集输管道——这个并不被专家学者们重视的系统引领的。检索一下 21 世纪初的管道检测论文，就会发现油田集输管道检测探索的论文占相当大比例，远远超出其他相对更重要的管道。

挑战与应战的关系

这就像斯塔夫里阿诺斯在《全球通史》一书中对于叙利亚文明研究所发现的那样：以三个伟大贡献而奠定其在世界文明史上重要地位的叙利亚文明，其文明的主要贡献者并不是处于有利条件的大马士革或肥沃的奥龙特斯河谷的阿拉米人、草木茂盛的基里德草原上的以色列人部落或海上民族腓力斯丁人以及色非拉平原的主人，而是生存在几乎拔地而起的黎巴嫩山脉与大西洋所形成的非常狭窄地段上的腓尼基人和处于不毛之地的以色列人。正是这些大自然勉强为其提供了立足之地的腓尼基人发现了大西洋和字母文字，是那些移居到法莲和犹大寸草不生的山区的希伯来人游牧部落中的以色列先驱们，在荒山秃岭之地冶炼出了人类巨大的精神财富——对上帝的特殊观念。

同样，正是由于集输管网在那个年代所处的艰难环境，才迫使集输管道所有者及其检测工作者必须面对资金短缺且隐患丛生、无规律可循，又恰逢有史以来油区正在遭受最疯狂的打孔盗窃破坏风潮侵扰的现实，寻找出最捷径有效的办法。另外，我们当时是管道检测行业的新兵，满怀激情应对挑战的决心，决定了我们对新生事物的敏感和对创造创新的积极心态。记得高峰工程师在此项目的实施过程中，作为一个女同志，不顾家庭，有超过半年的时间经常在东营和西安之间奔走，充分挖掘自己英文、计算机编程基础好、天生具有研究天赋的特长，攻克了一个又一个难关，协调各家将各自不同的技术理念凝结成一个共同的成果——管道风险管理系统建设技术。虽然她在完成胜利采油厂、中原三厂集输管网风险管理系统建设项目后不久就定居加拿大，但是每当回忆起这段历史，就不由得想起这位女巾帼来。“创造的欢乐是最神圣的欢乐，唯有创造的欢乐才称得上欢乐，唯有去创造的人才是真正的人，……人生的所有欢乐就是创造的欢乐”。我从此理解并记住了罗曼·罗兰在《约翰·克利斯朵夫》一书中所写的这段激动人心的话语。况且，那个时期，全国正在倡导科学发展观理念，建设学习型社会、学习型组织、学习型企业是最大的政治。或许我们也深受感染吧，连同对于地理信息系统没有任何基础的柳言国、王遂平、姬杰等工程师，由于好学勤思、乐于实践，对地理信息系统也能讲得头头是道。真是不同的时代，会造就出不同的风流人物。

4. 泄漏风险的判别技术

2007 年“五一”期间，东营市西二路的污水沟中发现了大量不明来历的原油，怀疑是胜采标定站至东营原油库管线泄漏所致。这个时候，我们所已经通过几年的检测实践与探索，在油田建立起了基本的信任。事故发生之后，油田相关管理机关，首先想到的是我们的管道探测技术，要求尽快检测确认泄漏点。

蹊跷的泄漏打击了我们的自信心

这个时候，三年来的成功实践也使得我们的自信心膨胀，满以为很快就会搞定。通过对现场实施踏勘，综合运用电磁探测、可燃气体浓度检测法、电位梯度检测、电流梯度检测，确定了 6 个或有缺陷点。根据当时参与现场检测排查的杨为刚工程师判定，3 处有泄漏可能，3 处可能存在其他金属物干扰或管线异常。

配合调查的原管道建设施工单位胜利油田建设公司，调来挖掘机对三处可能的“泄漏可疑点”进行了开挖。

1# 可疑点开挖后发现，由于污水管道与油管线埋深较为接近，污水管线上部外壁与油管线下部外壁紧贴，导致油管线外防腐层破损，形成缺陷，但未形成油管线泄漏。

2# 可疑点开挖后发现，该处存在 1 根阴极保护线和 1 个搭接分支。对搭接分支又进行了一定距离探测追踪，确认该管线长度较长，为一条报废管线，排除了由该分支引起原油泄漏的可能。

3# 可疑开挖后发现的情况和 1# 可疑点相似：由于污水管道与油管线埋深较为接近，污水管线上部外壁与油管线下部外壁紧贴，导致油管线外防腐层破损，形成缺陷；同时，该开挖处正处于套管末端，管线存在 529mm 到 426mm 的变径情况，印证了检测时的异常信号；开挖后针对油管线附近管线进行逐一排查，未发现可疑管线。3# 疑似点也未形成泄漏。

排除了上述 3 个可疑点后，我们开始认识到泄漏点查找并不像我们当初想象得那么容易。没有再建议开挖其余 3 处异常点。而是利用声发射检测技术对剩余可疑管段实施检测。通过检测排除了另 3 个异常点泄漏的可能性。但是，污水沟内的原油是从何而来呢？大家众说纷纭。油田一些部门认为地面检测不可靠，就邀请了国际知名公司——英荷壳牌石油公司工程咨询公司前来会商。他们的意见就是内检测，可当油田将该条管道资料提供以后，该公司却拒绝提供内检测服务。原因在于：该管道不仅存在变径问题，还曾经被打孔盗油多次，管线内存在焊补后留下的填塞突起物，使内检测根本无法实施。

在此情况下，根据油田要求我们在第三天又进行了新一轮的探测。有一天，杨为刚等人还选在夜半人静时，利用听音杆等声波探测仪器进行了音波检测，同时请来一家北京公司协助进行声波发射探测。当时相关部门苦于没有良方，当我们提出用听音杆法进行深夜探测后，油田安全、油地管理部门专门会商东营市公安部门对检测路断实施车辆禁行管理。然而结果却令人失望，什么声音也没有听到。

我们给出此区域无明显管道泄漏的结论。即便存在泄漏点，其泄漏量也不大，应该不会超过输送量的 1%，否则，即便泄漏监测装置不报警，听音设备也应该能够锁定位置。最后决定对怀疑发生泄漏的 1km 范围的管线，全线开挖检查，然而开挖仍然未查找到泄漏点。这说明泄漏点不在人们怀疑的这 1km 范围之内，蹊跷的是，经过半个月的收油处理后，污水沟再没有原油流出。于是，管理部门带着无可奈何的疑虑，决定对该管道观察监控运行。

建立泄漏试验管线

2007年整个雨季，西二路污水沟再无明显的原油流出，2008年雨季又过去了，仍然没有发生原油从污水沟流出事件。相关部门得出结论认为：是某段废弃管道发生腐蚀开裂导致积存其中的有限原油流出，且已经全部流出，于是解除了对该管道的监控运行管理。

作为管道隐患检测者，我们却不能轻易接受这个结论，因为，如果该区域有早年遗弃不用的废旧输油管道埋在地下，我们也应该能够检测出来啊！我们在思考，也在研究探索。我们于2007年专门成立了“油田埋地管线泄漏风险评估与判别技术研究”课题组。2007年8月，在胜利油田广利联合站的管道腐蚀与防护中试基地，建设了预制有各种缺陷隐患（重点是微量渗漏隐患）埋地管道模拟试验线。2008年，又在我们研究所位于淄博路的办公楼前空地上，埋下了另一条五十多米长的试验管道。

埋设在广利联合站中试基地的实验管段可以模拟不同介质（油、气、水）、不同泄漏部位（环周360°的八等分方向上）、不同泄漏程度（模拟预设有2mm、5mm、8mm三类泄漏孔）的管道泄漏状态，确定各种检测技术对于不同泄漏介质、泄漏部位、泄漏程度的适应性，并对最低泄漏检出量及泄漏点定位精度进行定量研究。外防腐部分采用沥青防腐，部分采用泡沫黄甲克防腐。管道人工覆土厚度分别为0.8m、1.2m、1.5m，以模拟各种实际管道的埋深。为试验方便，所有预制的缺陷孔使用启动阀门装置控制开合。

埋设在办公楼前的模拟泄漏管道则采用自来水做实验，也没有用使用启动阀门自动控制缺陷孔的大小，而是在不同部位人工加工出大小不同、形状不同的孔或裂纹，管道采用涂刷油漆、包缠丝布来防腐。

在这两处试验模拟管道上，分别使用导波法、声波法、电磁法、燃气泄漏检测法、瞬变电磁法等各种检测技术进行试验。可满足不同状况的检测数据采集，使得数据具有对比性，以方便找出检测数据与泄漏状况之间的规律，实现由定性综合分析到定量精确判断的技术提升。数据对比情况主要包括：相同位置（部位）、不同（由孔径、撕裂缝隙决定）泄漏量检测数据的对比；不同位置（部位）、相同泄漏量（由孔径、撕裂缝隙决定）检测数据的对比；相同部位、相同泄漏量管道缺陷（孔、撕裂缝隙）在防腐层完好与破损情况下的检测数据的对比。

通过两年的试验分析，终于使我们对管道泄漏特别是微量渗漏缺陷的物理特征在电磁信号、声波信号、导波信号、瞬变电磁信号上的反应规律有了比较深入的了解。“油田埋地管线泄漏风险评估与判别技术研究”课题在2009年通过胜利油田科委验收并获得科技进步二等奖。

原油泄漏又重现

2009 年 4 月，东营市西二路的污排沟再次发现原油流出。我们根据两年来在实验模拟管道上试验的经验，首次将多种常规检测技术应用于间接判别管线泄漏点，采用 70% 增益定位法，结合 45° 定位法，排除了多根管线干扰，从而准确判断出胜采标定站至东营原油库管线在东营市太平洋保险公司大门附近存在一处搭接管线。检测确认后开挖发现：该管道为水泥预制的排污支管，从被检测管道下方穿过，并在穿过搭接处因路面下沉导致被检管道受应力作用发生挤压变形，产生一个微小腐蚀孔。渗漏量小且时断时续，2007 年检测时没有发现这个隐患，当年开挖时，此处也未列入开挖范围，从而使得这处隐患多存在 2 年，并再次造成原油泄漏污染。好在很快发现并及时处置，没有造成大的污染事故，避免了损失扩大，为油田节约了上千万元费用，暂时避免了改线投资，我们检测团队也因此被油田记集体三等功一次。此后不久，我们又在东营市南一路泵站原油泄漏抢险任务、西一路泄漏事故、东二路泄漏事故处置中快速定位了地下管道的泄漏地点，推动了地面检测技术的推广应用。

总的来看，输油管道的微泄漏检测难度最大，原因在于输油管道（主要指原油输送管道）泄漏后，流出的原油会在泄漏处周围形成一个屏蔽层，使得原来从破损点入手的泄漏检测思路失灵。我们通过长期的探索发现，输油管线的微量泄漏主要由以下两种状况引起：

管线敷设时，与其他管线搭接，相互挤压引起防腐层破损、管体局部变形，应力集中和外腐蚀引起泄漏穿孔。对于这种情况引起的输油埋地管道微量渗漏，我们归纳的综合检测步骤为：管道精确定位—搭接金属或非金属管线探测—防腐层破损点检测—破损点处地表电位梯度变化检测—气体浓度检测—渗漏点精确定位。

管线敷设周边存在铁轨、交直流高压线路、焊接电镀等形成杂散电流，从管线外防腐层破损处流入管道，在管道流过一段距离后，又从另一处外防腐层破损处流出，形成腐蚀穿孔泄漏。对于这种情况引起的输油埋地管道微量渗漏，我们归纳的综合检测步骤为：管道精确定位—防腐层破损点检测—破损点处管线腐蚀活性检测—杂散电流检测—渗漏点精确定位。

2010 年，我们结合胜利油田分公司科研攻关项目“油田埋地管道泄漏风险评估与判别技术研究”项目，对这几起微量泄漏引起的污染事故的检测定位进行了理论上的研究，并在《油气田地面工程》2010 年第 4 期发表了“埋地输油管道微量渗漏抢险检测技术应用实例”一文，对西二路抢险作了技术上的总结。在此之前，也有竺柏康等曾在“沿海输油管道腐蚀渗漏检测应用技术”(《石油库与加油站》2006 年第 6 期）推荐漏磁检测与其他技术的联合检测方法。不过，总体而言，对于管道渗漏检测定位技术的研究多数是从加装固定的监测装置的思路进行探索的，而从目前来看，所有类型的管道泄漏监测装置对于微量渗漏都没有办法可靠检出并定位。因而微量渗漏检测至今仍然是输油管道的难题，这更显现出十多年前我们在此技术方面探索的可贵。我们之所以能检测出西二路输油管道不足 1% 输量的微小渗漏，一个重要原因就在于：我们长期在一个相对熟悉管道类型和相对固定的环境范围内进行摸索，客观上增加了我们对各类问题深入观察和思考的机会，从而对我们认识集输管线特有的介质流动规律以及管线破裂、穿孔、受损特点发挥了至关重要的作用，使我们可以有针对性地进行各种试验，从而获得了认识各种泄漏的经验模型，这是我们检测成功的关键。只是我们这种探索没有能够持续坚持下去，不能不说是一种遗憾。

5. 渴望被认可的努力

翻开人类的发展史，你会发现，渴望被认可一直是人类的一种最基本的生物性诉求。埃及人选择与毁坏他们生存空间的尼罗河洪水搏斗，玛雅人与“扼杀”他们的丛林搏斗，其实都是为了获得大自然对其力量与意志的某种认可。柏拉图笔下的苏格拉底毫不犹豫地选择死亡以证明自己的理想是神圣不可动摇的，更是为了获得社会对他理想的认可。在科学技术广泛兴起之时，人们更希望及时获得社会对自己的研究发现或技能、经验的认可，否则，在技术“法制化”的时代，一项新的技术就很可能因为不被认可而窒息。

没有资质的烦恼

我们经过几年的实践探索之后，也明显地体会到因为我们所倡导的检测方法未得到社会认可而承受的阻力和推广的不便。一方面，随着我们对油田集输管道地面检测市场的开拓，业务量的持续扩大，一些过去并不看好管道地面检测的机构也想在此领域分一杯羹。但是，他们又不了解新的检测技术，加之受到固有思维、观念的限制，并不想按照我们探索出的路径来参与这项业务的市场竞争，而是搬出国家技术监督行业的一些旧有规范、规程，证明我们的检测不合规、不合法。通过各种渠道施压影响决策部门，要让管道检测重回已经被证明对油田集输管道没有作用的超声波测厚抽查的检测评价方法上去。另一方面，检测检验工作的特殊性，决定了执行检测检验标准是检测结论获得广泛认可的基础；检测检验资质是社会承认一个检测检验机构合法性的凭据。如果一个检测检验机构的检验工作建立在上述两个条件之上，就意味着获得国家的认可，业务就可以受到法律的保护，既可以提供法定检测检验，也可以提供技术服务型检测检验，可以更方便地推广扩大自己的业务范围。否则，就意味着没有获得国家认可，其检测检验技术再先进，也只能从事技术咨询服务性质的检测评价，业务活动范围毕竟会受到限制。为发展之计，我们必须通过各种渠道获得认可。将我们通过实践总结得出的方法、经验尽快编入新的国家标准规程中，获得社会同行对我们工作的认可，使该技术与方法获得更大的发展空间。

从 2003 年 6 月 1 日起执行的国务院 373 号令《特种设备监察条例》，将管道列入特种设备范畴，要求对“锅容管特”四大类装置或设备按照“特种”设备进行强制性定期检验。这本来有利于我们管道检测检验工作的开展，但问题是条例要求从事定期检验的机构，应经特种设备安全监督管理的部门核准，方可从事检验、检测工作。这个规定在政府主导经济的环境下，本无可厚非，可问题是哪些检测检验机构可以取得资质呢？国家质量监督系统的规定是：从事专业性检验的机构应满足《特种设备检验检测机构核准规则》（TSG Z7001—2004）中的要求。而 TSG Z7001—2004 中规定国家质量监督检验检疫总局和省级机构为检测检验的核准机关，且其第十一条规定：所申请核准的检验项目，在拟开展检验业务的区域内，若检验对象的检验责任已经由取得核准的其他检验机构承担，则不予受理检验申请资格。由于每个省区、市、县都有质量检验检疫总局系统内的特种设备检验机构，这就事实上堵住了其他检测检验机构取得检验资质的大门，即便是最熟悉油气管道特点的中石油、中石化内部的检测机构也无法取得管道检测资质。

这个规定等于将最熟悉管道特点及其检测检验要求、检测检验方法的机构恰恰排除出管道检测检验工作之外，这也是造成《特种设备监察条例》在石油、石化行业的管道检测上迟迟得不到落实的根本原因。甚至一些人认为有关特种设备检测检验单位从业资格认定的规定有画地为牢之嫌，排他性多于开放性，多少混淆了技术服务与行政执法的界限。为此，我们还曾到国家特种设备检测检验研究中心管道检验事业部与何仁洋博士作了专门交流。对于明显的带有权力垄断甚至为权力寻租有意提供空间的管理规定，大家在明面上要么不赞成，要么不承认。可是部门利益、行业利益让每个制度的制定者再纠结也得维护，除非政府与社会服务机构彻底脱钩，否则，任凭谁也无法去改变规则。为了寻找生存空间，我们就想通过合作或冠名来破解取得检测资质的难题。

冠名努力以失败而告终

“冠名”意味着我们要执行国家质量技术监督局系统认可的检测检验标准。在此基础上将我们探索得出的先进检测方法植入检测之中，实际上也是对我们检测检验方式方法的一种“规范化”。虽然国家质量监督系统的标准规范并不适合埋地油气管道地面检测的实际，但是为了“冠名”，我们用了 2 个月的时间，做了一系列的规范化工作，一是增加一些国家质检系统制定的标准规定的检测检验内容，如检查各种管道标志、增加直接开挖超声波测厚抽检内容、报告格式套用技术监督系统特种设备检验报告格式等；二是将我们的检测流程也尽量按照特种设备检验的流程套用，对于确实无法套用的部分，尽量进行适当改造以便套用等。

2005 年，我们全员参加了山东省质量监督局组织的“管道检验员培训班”，尽管由于我们实际的检验检测方法与质量监督系统宣贯的方法相去甚远，他们也不理解、不认可我们的检测方法，以各种借口没有给我们任何一个参加学习者颁发“管道检验员证书”，但是至少在我们来讲，了解了质检系统的检测方法与规则，为我们借鉴其检测规则提供了帮助。

通过一系列的模仿套改，使我们的检测看起来与当时的特种设备检验标准和规程的规定相差不远了。我们开始上京开展“冠名”工作。

跑了几趟北京之后，我们觉得成立中国特检中心胜利油田管道检测站（或办事处）比较合适。胜利油田检测中心领导的意见是成立中国特检中心胜利油田管道特检分中心。2005 年 10 月，在北京与何仁洋博士就合作事项再次沟通协商。何博士的观点很明确，如果胜利油田能够承诺给国家特检中心一些管道检测检验项目，挂个办事处的牌子比较容易，但是单位取证困难比较大。博士讲的也是实话，因为规定并不能因为冠名而改变。但是，如果不能取得国家认可的检测资质对于我们就没有实质性意义，我们也无权承诺将油田管道检测项目交由中国特检中心实施，这与我当初设想通过合作取得资质，共同合作拓展国内长输管道检测以及做大管道检测市场的初衷不符。

我们决定调整思路，转而冠中石化管道检测中心之名，由中石化出面协助取得国家检测资质。利用中石化的平台，通过中石化机关跟国家质量技术监督总局相关部门做工作，取资质就会容易得多。即使暂时取不到资质，在中石化内部开展中石化的长输管道检测项目也能更方便、更名正言顺。而且时任检测中心经理的王同义对外创市场非常重视。我首先将这个想法与中国石化集团公司油田事业部技术处的王立坤高级主管和曾庆坤处长作了汇报交流。他们二位很支持我的想法，王立坤先生是搞油气储运的，对管道安全问题认识比较深刻，认为中石化层面成立个管道检测中心很有必要，并答应中石化层面的事情帮我们协调。

根据与中石化油田事业部的交流结果，我们起草了“关于申请冠名‘中石化管道检测评价研究中心’的请示”报告。该报告于 2005 年 11 月 9 日提交油田检测中心办理正式呈文，中心上报时却将“中石化管道检测评价研究中心”改成“中石化特检中心”，扩大了冠名范围。范围扩大化意味着特色的消退，更超出了我们腐蚀与防护研究所的职责范围，中心内部有专设的特种设备检验所，这个冠名中石化最后批了，却与管道检测业务的开展没有任何关系了，中心的特检业务也并没有因为这个冠名扩展到中石化的其他企业。

第一次冠名及资质取证努力无果而终。我们就转变了拓展业务的方式，不再考虑冠名取证之事了。可是到了 2007 年 9 月，因业务竞争的关系，上级管理部门接到反映我们无资质开展业务的意见反映，要求纠正，这时检测中心领导又提议成立中石化石油管工程腐蚀检测与防护研究中心，建议腐蚀所做上级工作。经验告诉我，许多事情当上级领导开始重视时大都为时已晚。一周后，中心领导再次强调要腐蚀研究所抓紧落实中石化冠名之事。2007 年 12 月 12 日，中心向胜利油田采油工程处（开发管理部）正式汇报了腐蚀与防护研究所冠名中石化管道检测研究评价中心事项。此时正值为参与油田安排的三年管道统检，腐蚀所与特检所在业务上有了竞争，腐蚀所没有资质问题总会时不时被提及，搞得上级领导不胜其烦。严格讲来，油田内部检测检验是企业加强自我质量安全风险控制的一种方式，检测目的是发现问题和解决问题，检测报告属于技术咨询性质的报告，而非执法性质的检验，与有无资质没有任何关系，按照后来国家质量技术监督局颁布的相关规定，也没有对企业自检提出资质要求。更何况我们已经开展管道检测 4 个年头了，我们不仅在油田内已经完成上千公里的管道检测，还在中原油田、上海燃气公司、青岛等地开展了数百公里的管道检测，以后我们还参与了中石化数千公里的长输管道的检测，也没有人说过我们没有资质的问题，反而在内部却成了问题。作为单位主要领导，没有采取正面禁止有损自身形象的不当言论的方式，而是希望通过冠名来抑制这种不和谐的声音，同时为解决资质问题开辟更有利的渠道，免得内部再纠缠这个本不该纠缠的问题，影响单位的整体形象。

既然上级有要求，我们就通过中石化油田事业部设备技术处向中石化油田部沈晨副主任作了汇报，沈主任也表示认可。其实，这个时候，中石化管道储运公司已经萌生了成立管道检测机构进行内部管道检测的想法，他们定位是投资更高昂的内检测。他们已经与沈阳工业大学合作开展长输管道内检测技术研究项目。2008 年初，为鲁宁原油管道“量身定制”的直径 720mm 的漏磁内检测器在局部管段进行工业试验，并获得相关数据。不过让我们没有料想到的是，我们的冠名申请不是被中石化机关否决，而是被油田自己内部的职能部门莫名其妙地否决了。加之，有了上一次的教训，担心半路又会出现其他变故，腐蚀所本身也没有两年前那样对冠名中石化管道检测公司上心，第二次冠名就这么阴差阳错再次无果而终。中石化冠名的受挫，最终断送了胜利腐蚀所在管道检测上本来不错的发展前景。

2010 年，中石化管道储运公司的维检修中心开始正式进行管道内检测业务，2011 申请冠名“中石化管道检测中心”被正式批准，成为代表中石化的管道检测“权威”机构。也正是在这一年，国家特检研究院意识到，如果不给中石油、中石化、中海油这三大油气管道最大用户的检测机构发放管道定期检验资质，国家质量技术监督总局倡导的管道按特种设备管理的规定就无法落实。因而，决定给三大油公司的管道检测机构发放管道定期检测检验资质。此前，三大油公司一直坚持自己的专业队伍检测管道的规定，连国家质检总局直属的国家特检院也进入不了油气管道检测领域，就更别说各省市的特检院、特检所了。与三大油气公司的管道技术部门合作不畅也导致国家质检总局制定相关检测检验的标准遇到较大的技术瓶颈约束。吸取多年与国家三大油公司打交道的经验，国家质量监督检验总局给三大油公司管道检测机构陆续发放了检测资质证书。很快，中石油管道技术公司、中石化长输管道检测检验中心、中海油检测中心、中石油西南天然气检测研究院等单位拿到了国家质量监督检验系统的资质认可，此后，中石油的一些改制的管道检测检验公司、地方民营管道企业的管道检测机构等也相继获得国家长输管道定期检验资质授权。而胜利油田检测中心错过了2005 年获得中石化冠名机会之后，不仅再也不可能有冠名中石化管道检测中心的机会，而且至今也没有获得国家长输管道定期检验资质，这不能不说是一个拥有近 800名员工的国家最大的综合性专职检测检验机构的遗憾。

6. 从规范程序到制定规程

2005 年争取资质与冠名的努力没有成功，我们就想从技术特色上多下功夫，来获得相关部门的认可。当时，国家技术监督总局主导下通过的“特种设备监察条例”及其所制定的相关管道检测检验规则，主要是基于技术监督局系统对化工厂工艺管网甚至是锅炉房内那些处于从属地位的工艺配管的管理经验及认知而制定的，很难满足大规模的油气生产、输送、分配等管网运行对其安全可靠性检测评价的客观需求。检测检验规则的缺陷，注定了短期内这部监察条例落地比较困难，无法承担起社会进步所需要的普遍意义上的技术服务与监管功能。我们决心与三大油各管道检测检验单位及社会上专门做管道检测服务的企业一道，抓紧探索与埋地管道相适应的检测方法体系，以图在油气管道检测检验上能争得主动。

“八步工作法”的提出

通过两年的探索，我们逐步总结出埋地管道地面检测应遵循的基本程序与技巧、方法，当年将其归纳为“八步工作法”。主要内容包括：原始数据搜集与基本检测点距确定；干扰源和干扰因素分析并据此确定检测方法和仪器、干扰排除的原则；探测点和插分点布置，信号发射（包括多次重复发射信号）与接收方法；分析确认无效采集和干扰信号；加密、重叠测量原则，并在此基础上剔除干扰点或确定具体的隐患

（问题）区段以及界定隐患管段的性质和程度；局部抽点验证，确定检测的可靠性；全面估价管道腐蚀状况等。遵循这些程序和技巧就可以最大限度地排除干扰信号的影响，也是促进检测工作规范化的基础。图 27–2 为本书作者与刘晶姝、刘超工程师在东营广利河南岸管道检测现场，讨论 TEM 检测仪接收线框结构改进方式的现场照片。当时，我们意识到接收线框的改造有可能进一步提升检测精度，至少可以提高仪器精巧便携性，以便于这项检测方法的推广。

图 27–2　本书作者与刘晶姝、刘超工程师讨论 TEM 线框改进

合作交流共同探索规范化之路

我们一方面在思考如何改进检测仪器的机构设计，提高检测灵敏度。另一方面，加强规范化操作探索。在进行检测程序规范化的探索期间，我们与西安管材研究所的王世宏、罗同、郭生武、西安交大的韩勇、北京科大的路民旭、中原油田的纪云岭、湖北襄樊震柏地下管线检测有限公司的袁厚明、江苏海安生产检测仪器的孙珍山、陆伟华、上海海隆石油钻具有限公司管材研究所的袁鹏斌、石油大学（北京）翁有基、陈长风、胜利设计研究院的韩霞、欧利等一批对管道检测有研究兴趣的专业人员进行过很多交流探讨。通过交流不仅拓宽了我们的视野，澄清了一些模糊认识，更使我们对起草埋地管道地面检测技术规程的目标性更加清晰。这些人当中不乏对该领域深入研究的有识之士。

至今还清楚地记得：2005 年深秋，袁厚明先生从江苏来到胜利，带来他写的一部 40 万字的《地下管线检测技术》书稿，还带来一款海安智能仪器厂生产并配有他自己开发的解释软件的管道地面检测仪器，希望与我们合作。由于当时他带来的仪器现场演示不是很成功，加之当时我们对检测实践进行系统总结的意识还不强烈，与袁厚明的合作失之交臂。袁厚明从胜利回江苏不久，便辞去了江苏海安智能（检测）仪器制造厂总工程师职务，在湖北襄樊创建了震柏地下管线检测有限公司，开办全国管道检测技术培训班数百期，成为全国管道检测行业的专家，至今活跃在管道地面检测市场。他的那本书稿在 2007 年 7 月由中国石化出版社出版，成为管线检测方面的畅销书，现已修订三次，多次再版。2008 年 8 月，我们也出版了第一部总结埋地管道腐蚀与检测方法的书《油气管道防腐蚀工程》；2012 年出版了专题探讨埋地管道地面检测方法探讨的专著《油气管道地面检测技术与案例分析》。如果当初与袁厚明达成合作，或许我们会更早推出中国第一部探索埋地管道地面检测技术的专著。

国家特检局的管道检测标准制定之路

在我们思考制定油气管道地面检验检测规程的同时，国家特检系统的检测检验单位对管道检验所依据的是国家质量监督检验检疫总局（简称国家质检总局）2003 年 4 月 17 日印发的《在用工业管道定期检验规程》（试行）。这个试行版标准一试行就是 15 年，直到 2018 年才变成正式版标准《压力管道定期检验规则——工业管道》（TSG D7005—2018）。

2009 年国家质检总局还推出过一部名为《压力管道安全技术监察规程——工业管道》（TSG D0001—2009）的国家标准来指导工业管道的监察与检测检验。当然这个标准从立项到正式出台，时间也很漫长。大概 2002 年 11 月，国家质检总局特种设备安全监察局（简称特种设备局）向全国锅炉压力容器标准化技术委员会压力管道安全分技术委员会（简称管道分会）下达了本规程的起草任务书。2002 年 12 月，管道分会组织有关专家成立了起草组并在上海召开工作会议，形成了《压力管道安全技术监察规程——工业管道》的编写大纲和基本内容。到 2009 年 5 月，差不多用了 8 年的时间才完成起草。

由此可见，在一个相当长的时间内，我国一直没有一部适合油气管道的专业标准甚至正式一点的参考标准。一方面，说明国家质检总局及其特检系统缺乏油气管道专业人才。另一方面，似乎也印证了特检系统与三大油的管道检测检验系统沟通不太顺畅，在检测检验业务上存在一定的竞争关系。

实际上，国家特检系统很早就意识到他们执行的这个《在用工业管道定期检验规程》的局限性，因为这个由合肥通用设备研究所起草的标准主要是依据石油化工行业的工艺管网及其他化工管道的安全运行条件提出的，与油气埋地管道的环境状态、安全要求相差甚远，所以中国特种设备检测研究院在 2005 年已经开始结合石油行业相关的工程验收标准、国外对油气管道安全检验的研究成果，讨论起草一个名为《长输管道定期检验规则》的标准草案。只是由于技术条件等方面的制约和认识的局限性，直到 2007 年 3 月，国家质监总局特种设备局才正式提出《长输（油气）管道定期检验规则》起草任务。中国特种设备检测研究院组织起草组，2008 年 1 月在江苏省常州市召开了起草工作会议，对草案进行了研讨，修改形成征求意见稿。2008 年 5 月，特种设备局以质检特函〔2008〕37 号文征求有关单位和专家的意见，根据征求的意见，改名为《压力管道定期检验规则——长输（油气）管道》。2009 年 6 月，特种设备局将送审稿提交国家质检总局特种设备安全技术委员会审议，修改并形成了报批稿。2010 年 8 月 30 日，国家质检总局最终批准颁布了《压力管道定期检验规则——工业管道》（TSG D7005—2018）标准。

这就是说，从 2000 年开始，我国虽然引入了管道检测理念，引进了管道检测仪器，对油气管道实施检测，但是一直处于没有国家标准的状态。当时我们在检测中借鉴的方法标准主要有 CJJ 61—1994《城市地下管线探测技术规程》、DZ/T 0187—1997《地面瞬变电磁法技术规程》、SY/T 5918—1994《埋地钢质管道沥青防腐层大修理技术规程》等。到 2006 年石油系统才颁布了行业标准 SY/T 0087.1—2006《钢质管道及储罐腐蚀评价标准》。

制定油田埋地管道地面检测规范

没有标准和规则显然不利于工作的推进，也不利于检测质量的稳定和检测流程、报告格式等的规范化。我们当时也想抢抓机会，尽快推出一个适合管道检测检验的标准。所以才有意识地扩大与外界的交流，特别是积极参加行业标准方面的会议，既是学习，也是为了取得广泛的思想认同和技术认同。

2005 年夏天，我们结合在胜利的检测实践及全国其他单位的研究成果，并依据我们从国家特检院获得的那份迟迟没有公开的《长输管道定期检验规则》（草案）内部资料，开始我们自己的检测规程起草工作。李永年研究员在这个标准的编制过程中发挥了很大的作用，这个标准中的一些重要操作方法标准来自 DZ/T 0187《地面瞬变电磁法技术规程》。而这个规程主要是地质勘察调查工作者使用的标准，一般人很难深刻地领会其方法实质和技术关键，李永年曾是冶金部勘探研究总院的研究员，也是他将这个应用在勘探找矿上的技术拓展到埋地管道检测领域，并结合十余年实践探索，形成了适用于埋地管道地面检测的系统理论、方法。因此，有他的领衔引导，给我们增添了不少自信。2005 年年底，我们完成了《油田埋地管道腐蚀地面检测评价技术规程》编写工作。虽然只是胜利油田的企业标准，但是这是我国第一部规范瞬变电磁检测法应用于埋地管道检测中的规范，对利用瞬变电磁原理实施地面检测埋地管道的腐蚀剩余壁厚进行了技术方法总结归纳，初步规范了检测程序、操作方法、数据采集、技术指标、评价方式等。

为了扩大本标准的影响面，2006 年，我们又在中石化申请标准研究立项，对该规范进行了一次修订，被审定为中国石化企标，并命名为《油田埋地管道腐蚀与防护状况地面检测检验技术规程》（Q/SH 10201740—2006）。

***　***

2006 年 3 月 2 日胜利日报第 2 版头条刊出长篇记者述评“管道医师，为油田安全生产保驾护航”。报道了我们两年以来，战严冬，迎酷暑，在荒无人烟的茫茫盐碱滩、芦苇荡开展埋地管道地面检测技术探索，从事油气管道安全隐患排查与风险评价，摸清了地下管线基本情况，发现和查找出大量隐患及油、水、气泄漏与偷盗点，为打击偷盗、堵塞漏洞、减少污染、助推精细化管理提供技术支持的事迹。我们研究所承担的“腐蚀室内动态模拟实验技术研究”项目在2006年获评胜利油田“科技进步一等奖”；我们承担的中国石化集团公司重点科研攻关项目“胜利油田集输系统腐蚀控制技术研究”在结题评审中被专家评为“国际先进”成果（该项目于2007年获得中石化集团公司科技进步二等奖）。这不仅是我们能力被认可的体现，也说明我们有了一定的知名度，增长了我们的自信。我们也开始给自己定下更大的目标。我们不仅想着不断扩大现场检测工作，还想着在研究领域能够大踏步地前进。我们开始对论文、专利申请、科研项目进展都制定出具体的规划与考核指标，我们还开始尝试将我们的经验总结出版，与中国石化出版社签订了编写《油气管道防腐蚀工程》的合同（该书于2007年出版）。我们在检测规范化与持续创新的努力中不断有新的突破，知名度不断提高。我们渴望被认可的努力虽然遭遇挫折，但是我们的自信心却并未遭受多大的打击，因为我们明白，无论是成功还是失败，其实都是我们成长履历的记录。只要我们做好了准备，机会一定还会再来。

附录：2005年中国管道检测学术交流动向

2005年的学术交流会议，如“第十二届全国设备监测与诊断学术会议”“中国机械工程学会失效分析分会和理化检验分会2005年全国失效分析学术会议”“2005年中国国际石油天然气安全技术管理高层研讨会”“第七届全国水动力学学术会议暨第十九届全国水动力学研讨会”“第六届全国压力容器学术会议”等，均有涉及管道检测的学术交流等。

“第十二届全国设备监测与诊断学术会议”于2005年11月在海南省三亚市召开，辛若家、张来斌、王朝晖等发表了“小波神经网络在声发射管道泄漏检测中的应用研究”，陈志刚、张来斌、王朝晖、梁伟发表了“基于多线程技术的管道泄漏检测系统研究”。

中国机械工程学会失效分析分会和理化检验分会首次联合主办，华南理工大学承办的“2005 年全国失效分析学术会议”于2005年5月10~13日在广州市华南理工大学召开，大会发表论文166 篇。李鹤林院士作了“油气管道失效分析与完整性管理”专题报告，房晓明、刘春厚发表了“海底管道的检测与维修”，李长俊、刘恩斌、梁党国、孙建忠发表了“基于负压波原理的输油管道泄漏检测技术研究及应用”。

2005 年“中国国际石油天然气安全技术管理高层研讨会”上，何仁洋、沈功田、肖勇、王勇、刘长征发表了“中国压力管道与储罐安全法规标准与检测技术研究综述”。第七届全国水动力学学术会议暨第十九届全国水动力学研讨会上，后勤工程学院与重庆大学的蒋仕章、焦光伟、陈永光、郑胜强、廖振方发表了“管道堵塞检测水力瞬变理论与数值模拟”，清华大学力学与工程力学系的刘应华发表了“含体缺陷压力管道的安全评定方法”，北京理工大学信息与科学技术学院的姚志英、彭光正发表了“气体管道泄漏检测技术探讨”。

“第六届全国压力容器学术会议”上，中国特种设备检测研究中心的陶雪荣、何仁洋、沈功田发表了“在用埋地管道检测技术现状与发展”，陈钢、陶雪荣、左尚志、孙亮发表了“埋地钢质管道外腐蚀检测与评价方法在高压燃气管道上的应用”等。

打开网络进行论文搜索，我们发现 2005 年涉及管道检测的论文很多，特别是学位论文有相当大的占比是涉及管道检测的，2005 年仅发表涉及管道泄漏检测的博士学位论文就有十多篇，如武汉理工大学胡琼的“在役管线泄漏检测技术研究”，天津大学张宇的“输油管道泄漏检测新方法与关键技术研究”，天津大学张景川的“分布式光纤油气管道安全检测信号处理技术研究”，天津大学崔谦的“油气管道泄漏检测方法的研究及应用”，南京理工大学杨荣根的“长输石油管道泄漏检测与定位技术研究”，武汉理工大学阳子轩的“复杂管道泄漏检测技术研究”等。可见，管道检测特别是泄漏检测受到研究者的重视。然而，2005 年学术交流会议涉及管道检测的论文却并不是很多。

第 28 章 第一次走出胜利

在胜利油田的初步实践，我们不仅掌握了当时各种经典检测技术，而且通过对瞬变电磁检测技术的实践探索，使我们在全国同行业具备了一定的优势，即可以通过地面不开挖检测实现对埋地管道管体腐蚀损伤缺陷的筛查，这是其他检测机构所不具备的独特技术。特别是当管体大面积严重腐蚀点分析判断技术基本掌握并经过大量开挖验证证明我们的技术方法可行之后，我们获得了自信，甚至有一丝优越的感觉。我们不仅试着制定了我们自己认为有意义的规则：第一部用于油田埋地管道地面检测的企业标准——《油田埋地金属管道腐蚀与防护状况地面检测与评价技术规程》，还渴望在更广阔的天地施展我们的技能。我们开始寻找走出胜利的机会，我们在最初成功的激励下，不再满意仅在篱笆墙内的生活。2006 年，刚刚开始检测不过三年，我们就抓住了一次机会，小心翼翼地撕开了童年的篱笆墙，从中原油田迈出了我们走出胜利的第一步。

1. 走出胜利的机遇

塞缪尔・约翰逊曾说："最明亮的火焰大概都是由意外的火花点燃的。道路上不时散发出芳香的花朵，也是从偶然落下的种子自然生长起来的。"我们能够在 2 年之后就走出胜利，既是偶然的机遇，更与当时的大环境密不可分。

膨胀的中国经济催生管道检测需求

回顾我国改革开放以来的经济发展史，我国在 2004 年之所以要下那么大的功夫解决投资过热、特别是对高耗能的民营企业痛下杀手，清理整顿，一个不可忽视的原因就是能源短缺的出现，全国出现大范围的拉闸限电。石油需求急剧上升，使得中国石油很快成为全球最赚钱的公司，2006 年 1 月，当时的中石油负责人曾不无自豪地在中央企业负责人会议上说，中石油是全球最赚钱的企业，不是之一，而是第一。加速油气开发，就成为企业不二选择。而开发新的油气田中，无论是新发现的普光气田、塔里木油气田，还是老的中原油田、胜利油田，管网腐蚀穿孔、井下油管、套管腐蚀开裂等问题都成为制约开发生产的一大因素。

到 2005 年底，石油行业对腐蚀问题的重视也上升到一个新的高度，2005 年 10 月 25 日，中石化等企业出于开发含硫天然气田的需要，在成都召开“含硫天然气集输管道防腐蚀保护及材料研讨会”（图 28-1 为会议代表合影）；2005 年 11 月 1 日中石油牵头在北京中石油规划设计研究总院成立了一个专门机构：石油工程建设专标委防腐蚀工作组。

图 28-1　成都含硫天然气集输管道防腐蚀保护及材料研讨会代表合影

在这个时期，油气管道泄漏正困扰着全国各个油气生产及储运企业。除了腐蚀的因素以外，打孔盗油也愈演愈烈。因而才有了本书在上一章附录中所提到的，连博士论文都一窝蜂似地转向管道泄漏检测研究方面。而这个时期中国管道地面检测已经日渐成熟并被大家认可，检测队伍不断涌现，管道检测逐渐成为管道技术服务的一个重要分支。我们的管道检测已经进行了两个年头，取得一些检测成果。连续两次会议，让我认识到石油行业当时对于管道腐蚀问题的治理已经到了非解决不可的地步，特别是如何提前发现腐蚀隐患更为迫切。而且大家似乎都没有很好的办法。仔细一想，至少我们当时掌握的瞬变电磁检测技术是一种办法，至少从理论上是可以检测到管体腐蚀的，同时也有了两年的实践。于是，在开会的时候，我就幻想着有朝一日能走出胜利，到胜利以外展示一下我们的技术，技术唯有广泛应用才能被大家接纳。

反复考量的自信心

我们是否真地具备了走出胜利的实力呢？我们的工程师是否有足够的自信来承担胜利以外的检测工作呢？仔细回忆两年检测实践经历，我们也是在多方探求新成立的腐蚀所生存之道，经多方比较后才选择的管道检测的道路。虽不能套用孔子“吾不试，故艺（语出《论语・子罕》，孔子在鲁国不被重用，他是没有办法才周游列国推销他的思想与治国艺术）”的话，但是在近4年的探索实践中，我们的工程师也经过了多方工作的磨炼，个人的承受力及自尊心和自信心应该是有的。人的自信并非体现在所有方面，也不是在所有时间内都自信，很多方面、很多时候可能信心满满，而有些方面、有些时候又颇为自卑。虽说很希望走出胜利试一试，也觉得我们应该有这样的自信心，可是毕竟不是“万物皆备于我矣”（《孟子・尽心上》），因而，我们更不可能有孟子“当今之世舍我其谁也”的豪迈，更多的是一种对走出去试一试的渴望。

在这两次会议期间，我又接触了更多对管道检测有较深入研究的其他人员，通过与他们的交流，我开始从另一个方面来衡量我们技术以及我们的自信心到底是否可靠。我们的检测实践尽管只有短短的两年，但是我们是在李永年等研究者探索五六年积累的基础上起步的，更何况瞬变电磁探测法理论自西方和俄罗斯传入中国已经有30余年，而管道防腐层检测技术在我国自“文革”后期于胜利发微也已经历40载。我们经历虽短，但是我们是对技术资源的继承者。从另一个角度看，也可谓“郁郁乎技哉”，基础是牢靠的，自信应该是有基础的。况且，我们对于当时正在实践的技术方法深信不疑。人们常说“因信生义”，因为信仰，因为我们对技术本身发自内心的认可，我们从容应对各种挑战是有可能的，多一份自信应该是现实的；人们在自己所擅长或喜欢的领域往往会一门深入，当时大家对技术探索的兴致相当高，所以，在短期内了解了不少有关管道检测的知识，对比周边，我们甚至有一种出类拔萃的感觉，这么一想自信更油然而生。

作了这一番思考之后，或许是人身上与生俱来的“精神胜利法”基因被激活了吧，就觉得我们应该而且可以自信。有了自信，我们就要寻找实践的机会。“譬如为山，未成一篑，止，吾止也。譬如平地，虽覆一篑，进，吾往也”（《论语・子罕》）。正是在现实条件基础上的实践中，孔子的自信才具有了现实的可能性。我们走出胜利的关键就是寻找适宜的环境，那么，我们外创市场的实践应该从哪里起步呢？

意想不到的机遇

2005 年 11 月 23 日，我参加了在北京举行的“石油工程建设专标委防腐蚀工作组”（见图 28-2）成立大会之后不久，参加了中国石油地面建设专业标准化委员会在辽宁大连举行的标准讨论会，分别对《埋地钢质管道直流排流保护技术标准》（SY/T 0017）、《天然气地面设施抗硫化物应力开裂和抗应力腐蚀开裂的金属材料要求》（SY/T 0599）两个标准修订进行审查。在会议期间，听说胜利油田检测中心党委副书记尹德法与胜利油田哈萨克斯坦项目部一位姓裴的经理，要去中原油田看望从胜利调任中原油田分公司总经理的孔繁群。孔繁群在胜利油田任职副总经理时，比较关心胜利油田的腐蚀治理与管道腐蚀检测工作，我曾给他汇报过关于我们腐蚀研究所的研究项目和管道检测工作，他也曾在我们上报的“关于 2004 年开展油田埋地管道地面检测试验”申请报告上亲自批示，给予该试验项目以资金支持。我就想何不与他们一道拜访一回孔总呢？我当即与他们约好第二天济南见面，一起去中原油田。

图 28-2　石油工程建设专标委防腐蚀工作组成立大会合影

当晚，我从大连乘飞机到济南。24 日上午，在济南汇合，当天下午到了中原油田，并很快受到孔繁群总经理的接见。非常凑巧的是，晚饭时与中原油田采油三厂厂长、中原油气处处长同桌就餐，借机向他们介绍了我们在胜利进行埋地管道地面检测的情况，应他们要求，简要介绍了相关技术及发挥的作用。中原油田集输管道的腐蚀情况比胜利更厉害，管道更新频繁，每年管线更新投资压力都很大。当他们听说通过检测可以实行有针对性的局部更新、局部维修来保障集输管道安全运行时，三厂领导当即表示，希望在中原三厂做个试点，看看能否帮他们在集输管网治理腐蚀上蹚出一条新路子。

中原的行动非常迅速，第二天上午，他们就组织安全、计划、油气等部门的专业人员与我进行了短暂的座谈交流，初步达成意向：确定2006年春，对位于山东莘县油区的中原三厂集输管道进行全面检测评价并建立集输管网风险管理系统。

在中原拜访孔繁群总经理时，孔总还赠送给我一幅木雕版画，说是希望我能借助胜利油田的腐蚀研究与管道检测技术实力，帮助他们中原油田治理一下地面管网的腐蚀问题，算是提前给我的“奖励”。那副小小的木雕版画至今一直悬挂在我书房门外正前方的墙壁上。时隔多年，有时看到这幅画，我就在想，那次去中原找项目为什么那么顺利？但是却一直没有个准确答案。孔总在胜利任职时，我仅仅去过他办公室两次，都是汇报关于埋地管道地面检测申请资金支持的事，也许他对我执着于这项技术试验的印象太深了吧！所以那天在中原孔总的办公室，正当我犹豫不知该如何开口时，孔总却先问起我们在胜利开展的管道腐蚀检测试验效果如何？当我简单说了几项具体成果时，他就提出让我在中原做个项目，看看是否有助于中原地面管线腐蚀治理的话来。或许，是胜利检测中心的尹德法书记多年前在胜利石油管理局给主要领导做过秘书，与孔总本来关系就熟悉的缘故吧？当然，也许中原集输管道需要维修更新的量太大，资金缺口让新上任的总经理实在大伤脑筋，我们去拜访他，他又想起胜利先检测评价、再制定管道维检修与更换方案的做法来了吧？总之，我们是幸运的，我们就这么稀里糊涂地撞上了走出胜利一试身手的机会。

痛苦催生的创造力

许多年过去以后，再回望迈出胜利的第一步，仍然觉得令人欣慰。在这里我们真正懂得了技术要适应市场，明白了市场选择技术的奥秘；体会到了我们作为一股新生力量在面对挑战时特有的张力与韧性以及隐藏在自信背后的虚弱；走出胜利的经历虽然使我们经受了挫折，但更使我们加速成长起来！

记得安德烈·比尔基埃等学者在他们集体编著的《家庭史》中，曾给我们提供过这样一条例证：英、法、德等欧洲国家在17、18世纪时，通常要将自己10岁左右的孩子送到别人家去做几年的仆人。他们认为：“强迫子女离开家庭环境，对孩子便是适应性的考验，同时也是剥夺感情的考验，这些考验能把孩子武装起来，面对人生。”我们可以想象，这对于一个10岁左右的孩子是多么痛苦的事情，他不仅要承受失去父母之爱的精神痛苦，而且还不可避免地需要承受粗暴对待的肉体痛苦。然而，正是这种仆人生活的体验，对他们人格的形成以及培养他们对社会的正确看法起了很大的作用。

西方人的自立意识、合作意识、契约意识以及冒险精神与此种历史文化不能说没有一点关系。这一点还尤为突出地表现在不同年龄段的人在发明和发现的贡献上。由于种种原因，年轻人一般没有中老年人那样的社会地位，而年轻的品质却决定了他们不会安于现状，他们虽然缺乏知识、技能、经验和社会地位，却有强烈的求知欲和超越意识。当生活的“秩序”将他们逼到社会的边缘时，他们的本性将会激起他们深入探索事物本质的欲望。正因为如此，发明和发现更多地属于年轻阶层对社会的贡献而不属于其他年龄阶层。法国学者埃德加·莫兰在其著作《迷失的范式：人性研究》中曾认为：在远古，火的发明和语言的发明，可能是那些年轻一点的猿人在玩弄火石和做发声游戏时，点燃了火、发明了语言。中原的检测实践更让我们认为，是那些被逼迫到社会边缘生活的远古年轻人，不是在玩耍而是在发泄不满时，由于奋力击打石头而点燃了远古之火，照亮了险象丛生的童年，因宣泄郁闷情感的内在需要而喊出了文明的胚胎——语言，使人类从此可以交流信息、协作互助而不再孤单地面对生存的考验。

在下一节关于中原检测的历练中，读者将会体会到：我们在中原的检测实践其实就是一个离开家的孩童独自迎接挑战、经受社会的考验的开始。离开了胜利油田的庇护，我们的一切差错就再也不会被别人轻易原谅，一切的困难都需要我们去独自面对与克服。不仅仅是在办理各种手续上我们遇到了前所未有的考验，其他方面更是如此，这是在胜利无论如何也体会不到的。在本书的后续章节中，我还会讲述我们在中原工农关系处理上，被迫与刑满释放人员合作的经历。这一切都给我们的工程师们上了严肃的一课，压力就是动力，严峻的现实面前时刻提醒着年轻的工程师们：现场检测不能马虎，弄不明白的检测信息必须研究透彻，否则就是给自己找麻烦。这样的实践考验，反而加速了我们技术的成熟，特别是这种特殊环境所锻炼造就的集体荣誉感、团结协作、务实求真的精神更是我们以后发展的宝贵财富。

中原的检测，不仅让我们学到了外部市场做项目的经验，呼吸到与胜利不一样的“空气”，年轻的我们竟然还迷上了外部市场。在此后的若干年里，我们都在不遗余力地开拓外部市场，哪怕后来胜利油田领导不再鼓励外闯市场，我们也没有中断过与外界的业务关系，对外部市场的执着成为胜利检测一个时期的标志。

2. 中原的检测历练

2005 年 12 月 8 日，中原油田油气处腐蚀防护管理科纪云岭科长、中原腐蚀研究所黄雪松副所长，代表中原油田来到胜利考察。重点调研我们在胜利开展管道地面检测的实际效果，并与我们项目组的工程技术人员进行交流座谈。当时，正值胜利油田 2000 年协议解除劳动合同的部分协解人员上访，要求重回油田工作。鉴于当时的特殊形势，中原的客人无法与对口的胜利油田机关部门交流，这反而使他们有机会更多地深入基层，了解更真实的管道检测实际情况。在胜利停留的2天时间里，他们翻阅了上千页的检测报告，并部分与检测现场对照验证；翻阅了油田相关部门根据我们检测评价结论所下发的管道维修更新计划文件等。他们看到的这一切，使他们确信，埋地集输管道地面检测很有必要。

2006年2月16日，春节过后不久，我们应邀来到中原油田，汇报我们制定的中原三厂集输管网检测评价与管道风险管理系统开发建设详细方案，这意味着中原检测项目进入正式的论证阶段了！

2006年2月25日，中原油田通知我们论证通过，可以办理合同手续了！为了赶在小麦起身拔节之前完成现场数据采集，未等合同正式签署，我们就冒着中原大地寒冷北风，开始了中原第三采油厂"集输管网检测与风险管理系统开发"项目的实施工作。由于是第一次到胜利以外做项目，我们派出了最出色的工程师队伍。腐蚀研究所柳言国副所长亲自带队，王遂平、姬杰、杨为刚等骨干工程师都参加了这个项目的检测，保定驰骋千里公司的姚学虎、李晓松、杨辉、徐呈平工程师及李永年教授也与我们一起参与了该项目的现场检测。

大气包的蝴蝶效应

图28-3　乡间道路上行驶的载有塑料大气包的三轮车

初到工地，我们检测人员不时会发现一些当地人用小型拖拉机或三轮车载着一个足有4~10m^{3}大小不等的白色塑料汽包（见图28-3）。我们打听之后才知道，原来这个汽包里装的是从井口盗窃的天然气，拉回家做燃料用。估计中原盗气（私自从井口打开阀门充装）比较普遍，管理不过来，所以当地人几乎明目张胆地拉着天然气包在公路上走，家家户户的农家院子都放着一个或两个鼓鼓的汽包。我们心想中原人太有才了！竟然发明了这种不触犯"刑律"的盗气方法，由于每个汽包最多装10m^{3}气，不值几个钱，达不到任何法规制定的最低处罚标准，就更不用说追究刑责了。中原油田也只能听之任之。

随着检测工作的推进，我们才发现，正是这些马路上移动的白色大汽包所引起的蝴蝶效应，使我们遇到了与胜利管道检测完全不一样的环境。

原来，中原油田盗油盗气非常猖獗，加之管道腐蚀穿孔现象比较严重，为了防止不法分子在管线上打卡子外接管道盗油盗气，也为了减少腐蚀穿孔后修补时频繁开挖工作，中原油田将大多数原来埋地的管道全部挖出来，变成明放在沟底或架于沟梁上的管道，多数管道并排敷设。据说管线明敷以后，不仅维修方便，而且不法分子的盗油卡子容易被发现，因而打卡子盗油盗气反而减少了；盗气者便将盗气地点由原来管道打孔盗气，改为去井口打开阀门给汽包内充装气，这样有利于被采油工及时发现并制止，且不会造成安全事故。

这意味着我们在胜利针对埋地管线探索出的地面检测方法在这里失效了。如果是单根还好，而现在多数是并排敷设的管道，检测时电磁干扰就变成一个头痛的问题。不仅防腐层质量状况检测受到影响，TEM 腐蚀剩余壁厚检测也受到影响。以防腐层检测为例，用雷迪的仪器因为没有埋地，破损处电流无法通过大地流出，无法查找破损点。用电火花扫描仪吧，因为管线并未完全悬空，与大地又有联系，接触地面的一些部位又无法检测，因此还必须采取其他辅助措施。这逼迫我们不得不探索新的检测方法。

正是基于这次特殊的“地下”管道检测经历，我们所年轻的工程师们与李永年教授开始思考通过在垂直于管路方向正上方做磁场剖面检测，再辅之以 TEM 检测分离出目标管线的信号的问题。经过较长一段时间的试验分析之后，目标管线检测问题得以解决。当然此项技术的真正实施，是中原项目以后的事情。不过这种思想是受到中原特殊管线环境的启发而出现的。正是在中原产生的这种新思想火花，在我们后来开拓华东成品油检测时，作为一项特殊技术受到中石化华东销售公司领导的青睐，并最终敲开了华东成品油检测市场的大门。至于当时，我们只好用电火花检漏仪等方法综合分析来完成防腐层质量状况检测，管体腐蚀则只好采用防腐层破损处超声波检测辅助 TEM 检测的方法来进行了。

体验中原酒文化

2006 年，中国酒场文化正盛，是一个疯狂的拼酒时代。河南流行“一端、二敬、三陪喝”的酒场文化。美其名曰：河南是个穷地方，中原人又好客，家里有点好酒，自己不舍得喝，先得让客人喝好。所以第一杯要“端”给客人喝，第二杯要“敬”客人喝，第三杯才自己“陪”着客人尝一尝。酒杯不大，不像山东动不动三两三的大杯子，让人望而生畏。河南就是半两甚至不到半两的小杯子。你一看不多，再加上主人热情殷勤劝，也就喝下去了。可是，喝酒时总是“主人”比客人多，每个人都要演绎一番“一端、二敬、三陪喝”的好客酒文化。外地人上了河南人的酒桌，十有八九会醉得东倒西歪。

2006 年 3 月，出于对外闯市场职工的关怀以及与中原油田搞好关系的考量，我陪同胜利检测中心前任党委书记时任调研员于青海、副经理王观军去中原进行现场慰问与走访。我们特意带去东营产“欣马”白酒。3 月 21 日到中原，中午与职工吃了顿便饭，下午到施工现场了解了检测进展与职工想法，并将一些急需解决的现场困难反馈给中原油田有关部门，希望协助解决。晚上请中原三厂领导和相关机关部门座谈并按当时惯例共进晚餐，我们参与检测的职工也被中原三厂悉数邀请参加。中原人的好客热情打动了我们所有参加检测的职工，平常能喝不能喝的那天晚上都端起了酒杯。可是当天夜里，王遂平等工程师就因喝酒过量，上吐下泻，不得不送医院输液。好在那时他们年轻，体质好，第二天下午又见他们的身影活跃在检测现场。中原油田本来就是从胜利油田分出去的，与胜利有广泛的联系。于青海书记又是老领导，在中原有不少过去的同事或部下。记得 22 日，20 多位曾在胜利工作过的中原人来到我们住的酒店共续胜利情缘，虽然对方多已退休或退职，生猛不再。但是，老朋友见面，把盏忆往，豪情满怀，何言廉颇老矣？一圈下来，我们就只有趴桌上睡觉的份了。三天里，酒几场，醉几场。只能怨我们没有酒量，又没有学会如何应对之策。实在招架不住中原人热情的酒场文化了，23 日一大早，我们没敢与主人打招呼就“逃”回东营。

中原之行，虽说我们“落荒而逃”，但是我们的目的已经达到，知道了中原对我们的队伍表现是满意的，并且以热情招待的方式表现了出来。

工农关系倒逼管理创新

中原三厂位于山东聊城莘县古云镇，检测要经过大片麦田地。刚去查看现场，就有当地人想着法子要青苗赔偿费，可当时还在农历正月，麦子根本就没有起身，有限的踩踏根本不影响麦子的生长。但是，农民可不管这一点，不给钱就休想踏进庄稼地。逼得当时我们的现场负责人无计可施，只好雇了当地一个有“三进宫”前科的“老魏”，以给项目组打零工的名义，负责协调与当地农民的赔偿问题。开始我们既担心他要价太高，又怕他再搞出个其他违法事情来不好收拾。我们的项目负责人一再和他交代，提出约法三章。同时要求项目组工作人员不能有歧视或其他不公正现象，不仅送他一套我们的工作服，平时还和我们职工同吃同住，使他大为感动。一次在饭桌上，他借着酒劲说：“我三十多岁，单身一人，多年来，大家都戴有色眼镜看我，从没有受人尊重过，只是怕我不要命的性格不敢惹我。今天你们把我当兄弟对待，我也会把你们当兄弟对待，你们的事就是我的事情”。在三厂检测现场采集数据的 2 个月里，除确实踩踏了百姓庄稼按标准理赔之外，没有一户当地人扣留我们设备或故意刁难我们的事情发生。“老魏”后来还成了我们单位的朋友，2006 年后，我们又数次去中原做项目，都是“老魏”帮我们承担管道打磨、清理现场、看护设备等其他人不愿干的脏活或比较单调枯燥的工作，而且此后再也没有犯事被抓过。所谓“木受绳则直，金就砺则利”啊，人都有“见贤思齐”的共性。提到“老魏”的转变，就不由得想起另一位曾经与我们在古云项目组有过共事经历的人。他是来自保定从事探测作业的李工，因言辞激烈不合群被我们解聘，几年后在别处工作与他人发生争吵，一时性起，便动刀子捅死人被判了极刑，至今回忆起来仍然让人唏嘘不已。这些琐碎往事，或许不是管道检测发展史的内容，但是，管道检测是一个环境相对艰苦的场所，由于环境条件的原因，人员构成复杂一直是这个行业的一大特色，因而形形色色看似与管道检测无关的事情，其实是这个行业不可忽视的一个特殊元素。

管道地面检测在什么地方都会遇到工农关系处理，在中原之前，我们就曾多次受到工农关系的困扰。2004 年 8 月 15 日，垦利县永安镇兴义村村民曾将我们的检测人员从中午 11 时围困到下午 5 时，不给钱就不让走，检测人员无法吃饭休息，试图和他们说理的姬杰工程师还被打伤，报公安后一周也未解决；2006 年 3 月 10 日，在胜利采油厂胜四区检测时突然遇到一群当地村民的围攻，并带走我们的检测仪器，强行开走我们的车辆；后来在榆济线检测时，当地人要求分包项目，可检测工作怎么能分包呢？对方却说，不能分包，就给钱，折磨得现场做辅助检测的负责人尚兵多次流泪。在多次工农关系处理教训中，我们也逐步聪明起来，每到一地，就优先物色那些在当地有影响、正义肯干的当地人员做辅助检测如开挖检测坑、看护仪器、清理现场、打磨油漆等工作，同时协助我们处理工农关系。

烦琐的手续流程

中原检测由于是第一次在胜利以外做的项目，职工的责任心与荣誉感都很强，早出晚归、周末加班成为习惯，原计划到上半年完成的现场工作，竟然在五一节到来之时就提前完成了！六月底，完成管道风险管理系统软件的开发与数据的录入，当我们联系项目验收时，才知道该项目在中原还没有完成立项手续，资金不知道从哪出？按说，项目开始时进行过论证并有协议，需要履行的手续也是中原油田内部的管理流程，纯属甲方内部的事情。但是国庆节过后，我们就发现不对，因为中原与我们签的协议并不是正式合同。如果我们不催，资金落实不了，中原一直不与我们补签正式合同，我们的检测费用就收不回来，这不是在胜利油田内部，可以实行内部互相认可。没有收入，我们支出的成本费用也很难在胜利这边核销，审计就过不去。于是，中原项目踏上了漫长的补办手续的历程。

2006 年国庆节过后，在东营、濮阳之间往返十余次，具体需要办理的事项涉及入网手续、合同手续、项目成果汇报、交工验收、开票挂账、解释说明、交办濮阳地方税、催款等等，我们终于体会到外部市场的不易。到 12 月份，几乎每周都要跑一趟濮阳。或许开局太顺利了，到收尾时一切又都找补回来了！正如阿诺德·汤因比在他那本著名的《历史研究》中所论证的那样：自然界的本意是愿意通过调整以使世界上的任何事物趋于平等。社会上一切事物其实也是如此，过于简单顺畅的开局往往意味着烦琐曲折的结局。

记得有一次，去办理入网手续。先一天我们就驱车赶到濮阳，为的是能够在刚上班或下班前领导在办公室这个难得的时间节点上找到领导签字，加上中原三厂与中原油田机关办公点有三四十公里的路程，根据签批流程，我们需要来回在这两点之间往返，所以从前一天下午到第二天一整天，我们一直一边赶路、一边靠吃面包、喝瓶装矿泉水解决吃饭问题。功夫没有白费，一天半的时间卡着时间点跑，加上中原油气管理处防腐管理科纪云岭科长提前打电话沟通预约，终于跑完各相关业务处室及三厂签字盖章手续，具备了办理入网资质的所有前置条件。

第三天一早，去中原市场准入管理部门办理准入最后一道手续：审核盖章与发准入证。可一到中原市场办的办公楼就懵了，排队等候审核的人已经从二楼排到一楼。我耐心地排了两个小时，向前移动了不足 2m，估计也就办了三五家吧，按这个进度下去，排上一天队，也不一定轮到我们。加之前两天的紧张奔波，也感到非常疲惫，于是我们就开始琢磨有没有捷径可走，否则，我们得在这里住上一周，才能办完入网手续了。我在大脑中急速扫查了一下我们在中原的“关系网”信息，还好，有家濮阳的民营小公司在胜利做项目时曾经与我们单位有过交集，能否委托他们代办呢？我抱着试试看的态度给对方打了个电话，说明了意图。没有想到，人家马上答应了我们的请求。更令我大跌眼镜的是，人家派来的人拿上我们的资料，直接就进了市场办，不到半小时，入网证就拿到了。

看来野路子就是比正路子便捷啊！当我们再三向人家表示感谢之际，这位朋友的一句话却让我尴尬不已。“你们胜利和中原都是中石化的分公司，法人是一个法人，你们属于胜利分公司的检测单位，也就是中石化内部的检测机构，属于一家人，本来就不需要入网啊！入网是对于非中石化股份公司的单位而言的，真搞不明白，怎么能让你们也办理入网手续呢？”是啊！我们入什么网啊，我们本来就是中石化这个网络中的一个节点啊！可是，这个连外部人都明白的道理，在中石化内部却没有人明白。我们不仅这次在中原被要求办理入网，四年后，中原又一次因一个小项目要求我们办理了入网手续。我们还分别在同属于中石化的管道储运分公司、天然气分公司、中石化浙江石油公司被要求办理入网手续。这几年，随着国家市场化改革的推进，各种入网之类的非市场行为才逐渐退出了各大央企的管理目录。

除办理入网手续之外，每一道手续的办理都需要花费很大的精力。我查阅了一下当年的工作日记，仅最后挂账催款，找这个、找那个业务口汇报、请示十余次，还动用了不少关系进行沟通说明，直到 2006 年 12 月 30 日，中石化系统结算系统即将关闭的最后一天，中原检测费才算收回了。至此，中原检测画上了句号。

3. 大上海的诱惑与擦肩而过的冻雨

2007 年年初，我们带着对中原检测后意犹未尽的外闯市场情怀，将目标锁定在我国第一大都市上海。

上海为我们开启了一扇新大门

21 世纪初期的中国是一个被五花八门的证书绑架的时代，这也要持证，那也要持证，不论你是不是有从业经历、会不会干活、懂不懂所从事工作的专业技术，只要有资格证就行。结果成就了一批又一批的发证机关与培训机构，而全社会的总体技能却没见提高多少。那年春天，为解决职工缺乏资质证书不利于参与外部市场竞争的问题，多次联系山东省技术监督系统，希望让我们参加管道检验员培训取证，最终也未获许可。后又希望参加他们主管的山东无损检测协会的无损检测学习取证班，我们虽然并不从事无损检测业务，但考虑到有证总比没有好，而且他们是协会，按说是非政府组织，我们参加的又是学习班，应该没有什么理由拒绝吧？没有想到他们仍然搬出各种理由推三阻四，似乎我们交费参加个学习还求着他们似的。那时候我们与协会打交道比较少，还缺乏经验。加之山东的协会与政府的职能定位还比较模糊，无可奈何之下，我们就试着和上海无损探伤协会联系了一下，结果发现上海的做法与山东完全不同。人家当即表示欢迎，非常很热情，学会秘书长亲自打电话了解我们参加学习职工的专业、文化程度、工作经历，并结合职工特点安排不同的学习考证内容，真是冰火两重天啊！至少让我们觉得非常舒心。这才像个服务行业、像个协会的样子。

旧历新年刚过，我们就组织职工集体参加了上海无损探伤协会的无损检验员、检验师培训班。我们不少职工虽然工作多年，但是出差、学习、开会基本在石油系统打转转，很少去参与石油系统以外的活动。上海半个月的学习，给了我们一个新视角，让我们得以看到一个更广阔、更深邃的现代中国。不仅南京路的夜生活让我们的职工体会到大都市与油城小镇的天壤之别；外滩的五光十色与川流不息的人群，还有大街小巷与地铁线上匆忙的脚步，更让工程师们真切地体会到一个现代化的中国是如何随着斗转星移矗立起来的。现实的对比是最生动的思想动员！谁也不想将自己的一生在一个平淡无奇的环境中慢慢耗尽，特别是在年轻的时候，没有人愿意接受那样的命运安排。

一位工程师在学习期间曾给我打电话谈了她在上海的体会，她说“大地方真是开眼界，原来的优越感就像一只小家雀遭遇雷雨，只能龟缩在屋檐下瑟瑟发抖，连振翅的勇气都没了，就别提飞翔了！”她话锋一转，又接着说道：“我觉得，我曾经历了地狱（她自己曾经的一段经历）的烤炙，炼狱（进腐蚀所以后）的净化，没有想到在这里的半个月让我豁然开悟，似乎到达了大彻大悟的天国——这一理想境界了！我或许会作出新的选择，也祝愿所里沾点上海的灵气，获得更好的发展。”这多少有点戏谑的夸张说辞，立即在我脑海泛起涟漪，我在想，也许大家都有类似的感受吧！过去人们去上海基本上不是外滩就是南京路，而现在则是“新天地”与浦东对面的那些代表着现代化的新街区。中国城市在迅速改变着容颜的同时，也在重塑着中国人的生活观念。择业不再仅仅盯着工作稳定与舒适，还盯着城市文化与环境。尤其是年轻人已经开始厌倦了千篇一律、有规律的工作与生活，他们是更向往具有挑战性、冒险性甚至带点戏剧性的工作、生活氛围。既然这样，何不乘势而为，下功夫开发具有影响力的长输管道检测市场呢？让大家走出胜利、走出油田，到更广阔的市场经受风雨的洗涤，把我们测量的坐标、数据采集的点位布置到大江南北去，这或许已经成为大家心照不宣的共同目标了。

与上海海隆管材研究所结缘

在职工培训期间，我参观了上海海隆石油钻具有限公司石油管生产车间、防腐管生产线、石油管材研究所，开始谋划在上海检测市场的切入点。经原西安管材研究所郭生武研究员牵线，拜访了上海海隆管材研究所袁鹏斌所长。介绍了我们的业务特点与专长，提出想借助他们的影响力在油田以外合作开展管道检测及腐蚀研究项目的想法。没有想到，这个愿望仅仅三个月后就实现了，使我们正式跨进大上海的管道检测市场。

2007 年 5 月，上海燃气公司出于对城建工程可能造成敷设于道路旁的管线防腐层的破坏的担忧，拟对城建影响区域的天然气管道外防腐层破损情况进行检测，为维修、防护与更换工作提供科学依据。遂将虹桥至宝山区军工路的（MVD03 至军工路站）燃气管道委托海隆管材所检测。但是，海隆管材所虽然是西安管材所部分专家联合其他资方成立的，有这个能力与资质，但却是以石油管生产工艺与质量控制为重点研究内容的机构。加之该项目太小，他们兴趣不大。正好我曾经向他们表达过拟合作开拓管道检测业务的意图，他们 6 月接受委托之后，就与我们协商分包事宜。

2007 年上半年，正是我们在油田内部检测遇到困难的特殊时刻，这个消息犹如一场及时雨，恰逢其时地降临到急需雨露之处。对我们而言，不仅缓解了我们当时缺少项目做的燃眉之急，使职工获得一次难得的锻炼机会，而且使我们走出油田的想法有了现实的落脚点。我们在此以前所检测的管道都是油田的集输管道，这是我们第一次接触到油田以外的市政管道的检测。可以说，这是命运之神为我们打开的一扇新大门，让我们有机会窥探到油田以外检测市场的崭新模样。像上海这类市政燃气主管道不仅是与油田集输管道类型完全不同的另一类油气管道，而且其运行、管理方式、社会的重视程度也有比较大的差异。燃气管道更具有通用性，是未来最有发展前景的主要管道服务市场。若能在此类管道的检测上获得实践经验，取得业绩，对于我们所今后的长远发展意义重大。

大都市的效率与精细

由于我们年初已经建立的信任，双方在电话中讨论了几次，用了不足一周的时间，就定下了技术协议、合作方式、价格及项目验收、违约责任等内容，并通过邮递方式将检测方案、合同文本寄送给对方审核，月底就收到对方盖章签字的正式合同文本。可以说这是一次非常高效的商务谈判，是一场成本最低的合作模式。仅凭这一点，就让我们对上海这座大都市的工作效率及率真质朴的工作作风肃然起敬。

2007 年 8 月 7 日，王遂平、姬杰、刘超等工程师到上海现场执行管道检测任务。8 月 9 号与甲方联合勘察现场，原以为可能与我们以往在油田看到的情况差不多，缺这少那，他们甚至想，上海寸土寸金，估计标桩也很稀少，所以他们带着好几个喷漆瓶，准备根据甲方指引，给地面上做好标记，以便于检测时做参照。

到了现场一看，我们过去的所谓经验被碾压得粉碎！大家第一感觉就是上海市政管线建设、管理非常规范，标志桩、测试桩除施工影响段以外的区段，很少有缺失，而且埋设坐标非常精确。标识清晰、保护严格，他们经与设计图纸对照发现，管道路径，甚至连管道埋设深度都与设计完全吻合。不像油田集输管道，设计图纸上的路由与实际埋设位置往往不一致，有时还相差很大。上海管理的精细严谨给我们的检测人员留下了深刻的第一印象，同时，也意味着我们的检测将面临严峻的考验，我们的检测数据必然要适应上海精细管理的要求。

在接下来的实际检测中，项目分两个阶段完成。至 8 月 15 日完成 MVD03 阀室 ~MVD04 阀室管段、MVD04 阀室 ~GCLQ062 标志桩管段、GCLQ074~ 国棉站管段、GCLQ087~ 吴煤站以及 TBW10 标志桩 ~ 军工路站管段共计 14.5km 的管线检测。

这些管道大部分位于绿化带中，部分在人行道甚至在机动车道之下。因测试桩比较齐全，加载信号非常方便。但是，不少管段与电缆及其他市政管网间隔较近，干扰是最大得障碍。起初，检测人员都比较担心检测不准确，也想了许多特殊办法以排除干扰。经过几天检测并局部验证后发现，干扰并没有想象的那么严重。这主要是上海管道管理很到位，防腐层破损点比较少，阴极保护运行正常。最关键的是施工规范，虽然绿化带下有电缆及其他市政管道，但是因为敷设规范，基本保持平行走势，平行间距大致恒定，极少交叉，所以信号受到的干扰影响轻微，相对容易区分。规范施工其实非常重要，给检测信号采集分析带来极大便利。这个标段共检测、定位防腐层破损缺陷 66 处。我们考虑城区安全的重要性，以及维修一次涉及的安全措施、环境修复成本比较昂贵，在集输管网不作为缺陷的针孔也按缺陷统计，以便彻底修复一次，杜绝过几年隐患扩大后修复造成的浪费。如果按照对集输管道破损标准划分，破损最多只能按 20 处计算。外防腐层每公里平均不到 2 处破损缺陷，不到集输管网的三分之一，且防腐层破损处管体尚无腐蚀迹象。分析确认施工缺陷、第三方施工是防腐层缺陷产生的主要原因。

躲过冻雨灾害

2008 年 1 月 9 号，王遂平、姬杰、刘超、李爱军等再次前往上海，完成第二阶段的检测。考虑到春节将至，需要加快检测进度，确保春节之前完成任务。2008 年 1 月 13 号，我也来到上海，和大家一起开展工作。我在上海安宁区协和路 239 号泰悦酒店住了一夜，约见并请已经从西安转来上海海隆管材研究所上班的郭生武研究员一道吃了顿晚饭，讨论了这次上海检测项目合作中的一些特殊技术问题。据他讲，上海燃气公司对我们第一阶段提交的成果报告相当满意，根据我们检测报告提供的坐标，开挖后发现不仅位置极其准确，误差基本在 20cm 之内，而且防腐层破损大小与我们描述基本一致，已经全部修复完毕。

有了甲方的肯定，我放心地睡了一觉。第二天一大早，又赶到检测现场，我发现这个标段的管道在人行道花砖下甚至机动车道下居多，有部分区段还在高架桥下。道旁不远处就是各种通信电缆，高架桥上各种通信信号还有道路上川流不息的车辆及噪声等，不仅检测安全是个问题，这么大的电磁干扰，加之路面的隔离作用，我们的检测能准确吗？

我询问了一下几个现场工程师，他们却告诉我，已经根据上一次探索得出的经验，找到了排除干扰的方法。因上海管道埋设规范，测试桩、标志桩齐全，加载信号可以从测试桩上加载，探管基本不成问题；个别由于正在施工道路，缺少测试桩，他们试探性采用“盲检法”也取得了不错的效果；至于防腐层方面，通过超低频法使用，从开挖验证的基础来看，效果还是不错的。安全问题，他们已经按照市燃气公司要求采取了各种警示、隔离、观察监督等措施，只是大家一天到晚神经绷得很紧。

看来上海的精细管理文化已经转化成我们职工技术探索的一部分了。这一天，我们从 7 点开始，借人流车流尚少时开工，到晚上 6 点街灯点亮才收工，除中午吃饭以外，我们差不多连续工作 10 个小时，完成 7km 检测数据采集，是平时的 2 倍以上。不过，大家确实很累，我亲眼看到姬杰工程师在下午三点时，站着将仪器往地上一插，读数据时眼睛似乎都睁不开了。看来体质很重要，外检测是个体力活啊，体力与技术缺一不可。现场的检测实际告诉我，利用社会力量不是行不行的问题，而是如何用、怎么用的问题。我们不能让数据采集作业占用工程师们太多的时间和精力，否则，检测的效率怎么提升呢？

2008 年 1 月 16 号上午 12 时，比原计划提前 3 天结束上海军工路天然气管道检测的现场数据采集工作。下午，我们又转入 8 月检测过的第一标段现场，做项目的收尾工作。2008 年 1 月 18 的上午，上海所有检测完成。

当天下午，我和司机返程，职工们又去了一趟南京路，重温了一下去年那个春天做商家“搬运工”的乐趣。1 月 19 日下午，他们挥别上海踏上返回的列车，20 日清晨到达东营。说来也巧，几乎我们前脚撤离，冻雨灾害后脚就跟进了。20 号上海开始下雨，晚上就成了冻雨。江南开启了冻雨模式，很快变成了一场灾难。火车晚点、机场关闭、高速封路、国道拥堵，回家成为那一年的第一难事，千千万万个中国人被困在回家的路上。此后的一个月时间，中国的电视被“回家过年”的焦急画面牢牢占据。而我们很庆幸，由于一周的加班加点，提前完成任务，躲过了那场百年难遇的冻雨灾害。

4. 穿越黄河的检测

2006 年中原三厂检测之后，下半年又接受中原委托的两条管道检测的小项目，考虑到中原手续烦琐、收费困难，此后，再没有去中原拓展检测市场。可是，2010 年 3 月 6 号，中石化油田事业部高级主管王立坤突然来电话，希望我们联系一下中原天然气产销厂，其管理的中开输气线穿越黄河段急需检测。

河流穿越检测的一张宣传名片

3 月 16 号，与中原油田三厂主管生产安全的张云副厂长取得了联系。据张云厂长讲，中开线已经投产 20 多年，黄河穿越段处于什么状态，一直不清楚，很担心发生问题。找了几家检测单位都没有好办法，给中石化总部汇报时，听说我们对胜利孤罗东、临济输油管道穿越黄河段进行过检测，希望我们对中开天然气输送管道穿越黄河段也做一次体检。

原来如此！

2007 年秋天，当我们从孤岛镇开始检测孤罗东管线，一路向南，到了黄河岸边。望着滔滔的黄河水，我们在思考，我们如何才能深入到黄河河央检测黄河泥沙底下的管线？这些泥沙下的管道腐蚀到了什么程度？外防腐层是否完好呢？一直配合我们做辅助工作的临时工王玉清说：咱们在桩西芦苇荡中不是乘坐橡皮筏检测过管道吗？黄河入海口附近的河面宽广平坦，水并不深，可以继续用橡皮筏检测啊。

第二天，我们就拉来橡皮筏、安全绳，穿上救生衣，准备下河实施河底管线检测。在橡皮筏上放上检测仪、系好以备急需时回拖的安全绳，王玉清与刘勇两人就坐上橡皮筏由南岸向北岸划去。可是刚刚划出二三十米远，我们就发现橡皮筏向下游偏转，离开岸边大约 50m 以后，就直接被水流冲得掉头向东了。尽管王玉清和刘勇二人竭尽全力想让橡皮筏向北岸行进，可仍然抵挡不住水流的冲力。橡皮筏渡河检测方案失败。

第三天，我们又想出另一种渡河检测方案，拟先从距管线穿越位置下游（向东）3km 处的荣乌高速黄河大桥上放下一根安全绳作为橡皮筏依托，再实施检测工作。具体方法是：安全绳两头各有三人拉着绳索从桥面放下，沿黄河两岸拉着绳索向上游（向西）走，到管线穿越位置后，将绳索两头固定在黄河南北两岸绷紧；检测人员扶着靠近水面横跨的绳索，乘坐橡皮筏，边行进、边采集管道位置、外防腐层质量状况数据。可是，由于河面宽超过 2km，当我们从桥面上放绳索至二三十米处时，就发现绳的张力特别大，人根本就拉不住。第二种检测方案失败。

调用大船入河吗？这里河面宽广，水却不深，大船根本就进不来啊！再说，成本也有点高，采油厂能给我们这些费用吗？检测只好暂告中断，回办公室想对策。

柳言国、吕德东、王遂平、姬杰、刘超、杨为刚等工程师经过几天讨论后，提出了一个“等效推测估算”方法，即：在黄河两边河滩地带，每隔数倍米开挖检测坑，河滩地带的敷设条件与河央底部的条件基本相近，加之输油管道只要外防腐层质量完好，一般就不会腐蚀。所以只要检测出河滩地带管道的腐蚀状况，特别是防腐层质量状况，我们就可以推测出河央底部管道状况了。后来，孤罗东管线就是据此进行检测，并出具了向中石化总部的检测评价报告。

2009 年 10 月 4 日，我们在临济（胜利临盘首站 – 济南炼油厂）线的检测中，也涉及穿越黄河段的检测。只不过这一次，我们是用中心与清华大学合作研发的导波仪器做的检测，只是导波传输距离太短，有效可信的数据信号最多不过 10 多米，也没有能够对穿越段给出个明确的结论。该线的结论主要是依据埋地段通过 TEM 检测及其他检测手段做出的。TEM 检测发现多处比较严重的腐蚀缺陷和焊缝处腐蚀等问题，提出了更换新管的建议。

没有想到，这两次并不成功的穿越检测却成了我们的名片，给中石化的管理部门留下深刻的印象，帮助我们再次走进了中原油田管道检测市场。

中开线的特殊性

中开线（主复线）起点为濮阳市中原油田文留工业配气站，终点为开封市开封配气站，1985 年竣工。在濮阳县习城乡穿越黄河进入东明县，在黄河南岸和北岸各有 1 个阀室，两阀室之间距离长约 10km，过黄河大堤方式采用悬索跨越通过，管道跨越大堤后埋地，河道内管道采用爆破法施工，规格为 $D377 \times 8$mm。为确保中开线供气安全，于 1986 新建黄河主槽复线，采用定向钻工艺，埋深最深达 7.5m，规格为 $D406.4 \times 8$mm，复线两端采用大小头变径，变径部分长度为 2618m。1995 年，因黄河水面北移，导致中开线黄河段主线、复线均被冲出 100m 左右外露，采取修复措施后，埋深也仅为当时自然地面以下 1.7m 左右。随着管道运行时间的增加，河水的冲刷作用可能会将管道底部的泥沙侵蚀，造成管道在水下悬空，并会导致管道发生水平偏移；管道腐蚀会使管道能够承受的最大载荷极限下降。因此，测量管道变形及评价其腐蚀与防护现状，为管道的维修、更换与应急提供依据就成为中开线安全管理的基础性工作。

我们分析中开线穿越段资料后认为：现场检测的限制条件主要是水上检测，从水面到被检测管道垂直间距大，大部分非穿越段使用的直接检测技术在河面上可能难以或无法采集到有效的检测数据。而我们在孤罗东的检测，毕竟只是一种推测。因此，结合对孤罗东管线检测过程的回顾与反思，制定的穿越黄河段具体检测与评价方案要点如下：

利用机动船拖带橡皮筏作为实施水上检测的平台，关键是要保证机动船有足够的水上锚固稳定性，拖带的橡皮筏也能够具有相应的水面固定措施，机动船与拖带的橡皮筏之间保证至少 5m 以上的空间距离，确保检测工作的实施并尽量减少机动船上金属构件对检测磁场信号的干扰；

从黄河两岸管道阀室加载电信号；

实施非穿越段全部的检测技术及评价方法，如采集的数据足以评价穿越管段，则直接评价穿越腐蚀与防护现状，提出管道维修与更换治理措施，反之进行下一步；

根据非穿越管段的检测结果，结合已采集到的穿越管道数据，推测评价穿越管段的腐蚀与防护现状，提出治理措施。

发现管线位移拉伸重大险情

制定了中开线黄河穿越段检测方案后，由于担心黄河水位上涨，确定三月底或四月初开展工作，中原也觉得方案可行并很快批准了整个计划。

2010 年 3 月 23 日，柳言国副所长去中原汇报检测方案及合同事宜，并勘察现场。

根据勘察结果，认为黄河水位已经有所上涨，必须尽快开工，否则只能等冬季再检。3月30号，虽然合同没有正式签署，中开线检测工作就正式开始了。为使读者对这个检测案例有全面的了解，这里摘编了当年检测报告中的主要步骤、技术难点与应对处置方法及简要分析如下：

（1）信号加载

检测遇到的第一个困难是信号加载难题。中开线（主复线）穿越黄河管段在黄河南北大堤处均为悬索过堤，悬索过堤入地与出地均有绝缘法兰（地下），且南北大堤黄河一测管道无任何测试桩，巡线人员也不知道是否有出露管段，导致检测信号难以加载。检测人员主要采取如下措施：①测试中开线（主复线）黄河南北大堤4个绝缘法兰绝缘性能。如果被测管道绝缘法兰有绝缘问题，那么可以悬索过堤出露部分加载信号，实施检测。现场直接采用PCM漏电率法测试4处绝缘法兰性能，检测结果发现4处绝缘法兰的绝缘性能良好，因此利用绝缘法兰故障加载信号的方法行不通。②在架空入地处（绝缘法兰附近）开挖加载信号。查阅相关资料得知，该管道黄河大堤入地处埋深约3m，现场开挖难度极大（大堤底部一般不允许随意开挖，挖这么深，河务部门更不可能批准），因此，在唯一出露点开挖加载信号方式也不可行。③通过感应探测技术，查找管道沿线埋深较浅位置，开挖后加载检测信号。现场检测时采用RD-4000感应模式探测管道，利用双人平行配合测量，在距离主复线黄河南北分别500m、70m（主线）和525m、150m（复线）处发现了适合的加载信号点，信号供入良好。至此信号加载问题解决。

（2）管段埋深与定位测量

穿越段仅水深就3m左右，实际埋深超过5m。复线采用深穿过河，河边埋深已超过10m，最深处实际埋深超过15m。而根据我们的经验，采用雷迪设备一般电磁法检测在2m范围内精度最可靠；6m范围内的数据，经过处理也可以判断；6m以上基本就超出了检测范围。因此，探测是第二难题。

现场人员采用70%增益法，结合单线圈定位方法，解决了非穿越管段超深探测难题。当然国产人体电容法探管仪可以解决超深管道探测问题，但是因为多年不用，技术已经生疏，只能作为备选方案，既然第一方案解决了问题，备选方案就没有启用。

在黄河穿越段探测管道时，考虑到黄河水流湍急，非金属船只不可能悬停在水面之上，必须双船配合。其中大型机动船行驶到指定位置附近时先抛锚固定位置，然后放下皮划艇，并通过大船及岸边绳索牵引皮划艇移到需要检测的位置。

黄河河水深度测量取撑船竹篙插入水下，然后在船上测量水线至竹篙底部距离，即可较为准确地测量水深。由于无法直接测量管道埋深（埋深超测量范围），水面上也不能采用 70% 增益法，本次检测采用模拟推测的方式，即通过河岸边几百米的检测数据通过线性回归拟合出管道可能的高程变化情况。拟合后的数据与设计资料对比，基本正确。说明该方法是有效的。

（3）穿越段管道外防腐层状况分析

由于中开线主、复线穿越黄河管段的检测条件苛刻，水上实际检测数据干扰大，经分析确认无法使用。因此，只能将整个穿越黄河管段作为一个检测段，计算防腐层的平均防护性能，然后根据其他检测管段的检测情况，推测穿越黄河段的防腐层性能。我们推测出中开线穿越黄河段绝缘电阻总平均值为 2.671E+004 $\Omega \cdot m^2$，中开线复线穿越黄河段绝缘电阻总平均值为 3.204E+005 $\Omega \cdot m^2$。同样利用推测法，推测出：中开线穿越黄河水下 450m 管段存在防腐层破损点 5 个，中开线复线穿越黄河水下 481m 管段存在防腐层破损点 5 个。应该说明的是，“推测存在防腐层破损点 5 个”，并不是真地指有 5 个破损点，而是指和 5 个破损点产生的效果相近。

（4）发现主线变形位移应力分析

我们在黄河南岸河滩控制阀室给管线加载上电信号，拖船拖着检测用橡皮筏开进黄河，一路追踪管线路由信号，并根据测出的路由信号不断调整拖船航向，边探测管线路由，边测绘路由坐标。等我们完成测绘，画出穿越段管线实际路由图时，才惊讶地发现，中开线穿越段主线在河床泥沙中已经成变成弧形。弧顶位置已经偏离两侧河滩阀室之间直线 31.1m，我们计算了一下，相当于管线被拉长了 3m，这意味着该管线已经承受着极大的拉应力，已经相当危险。

不仅巡线人员不知道管线已经位移变形，就是我们的检测人员在现场也没有发现位移变形。原因在于：通常探测管道时，对于 150° 以上的拐点基本不敏感。本次检测管道缓慢偏移，拐点角度大于 170° ，加之位于空旷河滩没有参照物，导致微小的逐渐累积形变无法被发现。所幸的是，本次检测项目对管道全线采取了高精度测绘（精度达厘米级），使得最终在管道检测图上反映出变形问题。

中开线复线穿越管段探明长度 481m，深水区水下最小埋深 9.1m，浅水区水下最小埋深 11.2m，未检出明显水平偏移。

（5）应力分析

发现主线变形问题后，针对是否是由施工设计所导致的变形，我方进行了分析。

首先调查了管道竣工资料，但里面没有提到任何有关“弓形”敷设穿越黄河的记录，因此，从安全角度出发，必须按照异常形变对待处理。

其次，管道是否可能发生偏移？由于中开线穿越黄河段最浅处水底埋深只有 0.9m，大部分管段水下埋深也不超过 3m，因此该位置的管道是有可能随着淤泥一起移动，从而发生形变。

为可靠起见，我们委托石油大学储运学院做了力学计算，在不考虑腐蚀以及施工缺陷等影响因素下，中开线穿越黄河管段承受的最大应力，已达到管材最大许用应力的 62.92%（按原始壁厚 8mm 计算）或 73.59%（按原始壁厚 7mm 计算），应力载荷已经达到 47044N，考虑到实际的工况条件下，管线的变形会更加复杂，再加上腐蚀等因素会使得管线载荷极限不断降低，管线存在较高的断裂危险。

（6）耐腐蚀判断

根据 NACE SP0206—2006《输送干天然气管道内腐蚀直接评估标准（DG-ICDA）》对中开线进行内腐蚀直接评价。

中开线沿线内部存在积水腐蚀现象，关键倾角（可能发生积水的角度）为 0.36°；中开线由积水而引起的管体内腐蚀范围是黄河北 0~1500m 管段；中开线发生积水时，根据甲方运行数据计算，最大内腐蚀速率为 0.62mm/a。

图 28-4　中开线内腐蚀验证开挖现场

中开线复线沿线内部也存在积水腐蚀现象，关键倾角（可能发生积水的角度）为 0.16°；中开线复线由积水而引起的管体内腐蚀范围是黄河南 0~3425m 管段；中开线复线发生积水时，根据甲方运行数据计算，最大内腐蚀速率为 0.23mm/a。

本次间接检查采用瞬变电磁检测技术，通过检测中开线、中开线复线，在这段管道中超过临界倾角的管段均检出内腐蚀迹象，说明内腐蚀直接评价结果是可靠的。开挖验证也证明了腐蚀评价是基本准确的，图 28-4 为本书作者与检测人员一起参加现场开挖验证的图片。

验收获得好评

2010 年 5 月 19 号，中原中开线检测项目验收会在中原油田天然气产销厂会议室召开。图 28-5 为当年验收会现场照片。项目组重点说明了中开线及复线存在的内外腐蚀情况以及中开线主线穿越黄河段管线最大水平偏移达到 31.1m 的问题。同时通报了通过应用有限元分析软件 ANSYS 将管线变形情况抽象成圆弧、椭圆及梯形模型，并对其应力分布进行了模拟计算；应力集中分布在中部及两端，最大承受应力载荷为 47044N，而管线在正常状态下能够承受最大应力极限为 64795N。但是，由于管线可能存在腐蚀以及其他难以检测到的缺陷或瑕疵，其所能承受的最大应力极限要远小于

图 28-5　本书作者当年与柳言国、王遂平、郭玲等参加中开线项目验收会照片（孙艳红摄）

64795N。因此，随时有断裂的风险，应该考虑更换主线黄河穿越段。考虑复线尚未发生偏移，应备好预案，以便在主线发生不测之时，迅速启动预案利用复线供气。

参加验收的中原天然气产销厂各有关部门就剩余可使用年限、最大风险点等问题进行了咨询，认为检测达到了预期的目的，发现了重大隐患，特别是对位移量的测量和应力的分析、剩余强度的计算大大提高了报告的技术含量，为中开线下一步申请维修或改造资金、应急预案启动等提供了可靠的技术支持。特别是中原天然气产销厂领导对我们的检测方案的实施效果给予了很高的评价，认为这次检测代表了中石化最高水平。

验收会正值周五，结束后，为表示对中开线检测项目组的鼓励，我直接带领项目组各位检测人员开车去了云台山，以回报他们连日的辛苦，庆贺这次检测及汇报的成功。

未能幸免的事故与有条不紊的应急

2012 年 6 月 22 日下午 17:10 分，东明增压站（中开线穿越黄河段下游站场）值班人员发现：中开线进站气量瞬时由 56 万立方米突然下降，压力也迅速下降，调度接到报告后立即核实。了解到中开首站从 17:05 开始进气量由 75 万立方米快速升至 86 万立方米，压力却从 1.2MPa 开始下降。综合判断认为：中开首站至东明增压站间管线发生泄漏。随后组织巡查发现，东明县黄河主河道内距离南岸 30m 左右存在大量天然气泄漏，有 5m 高水柱喷出，确定中开线在黄河主河道内发生泄漏。由于自 2010 年我方检测后，告知中原天然气产销厂中开线主河道内部分管道存在变形隐患，随时有可能断裂。中原对主线断裂中断供气备有详细的预案。所以，当判明主管线破裂后，立即启动应急预案，关闭黄河南北阀室中开线主线阀门，通知中开线工业用户紧急停气，启用中开线穿越黄河复线供气，数小时后，中开线就恢复了正常供气。

***　***

第一次走出胜利的探索（主要应该是 2006 年和 2007 年这两年在胜利以外的检测，之所以将 2010 年的中开线检测也放在这里叙述，是因为中开线属于中原油田管理，距离不长，从管理上和检测技术上，仍然与集输管网比较类似，第二次走出胜利时，我们的重点则是长输油气管道），虽然令人兴奋，却也忐忑不安。主要还是围绕油气集输管道以及短距离其他管道的检测。除中原管道、上海燃气公司管道之外，我们还承接过青岛某炼化企业的厂区埋地管道检测评价、中海油某海域内油井管的腐蚀原因分析与防治措施试验研究项目等。我们还没有涉猎管道检测的主要领域——长输油气管道，不过，我们相信，进入长输油气管道检测市场应该不会太遥远了。

然而，当我们以为自己已经站在一个新的起点上时，一场新的考验却不期而至。由于一件意想不到的疏忽，一份某管道公司广告宣传册上借用的我们所的几幅现场照片引起了不小的误会，这件事情很快就水落石出，证明是一场误会。每当想起这件事情，深感自己悟性太差，缺乏圆滑处事的能力，对自己当时不成熟的处置方式后悔不已，却也无可挽回，留下一段苦涩回忆。开拓外部市场因此受到暂时的影响，我们暂时放弃了外创市场的努力，再次将目光投向胜利油田的内部市场。

这些挫折使我们向胜利以外拓展市场的努力虽然昙花一现，但却给全所职工留下了美好的记忆和永远的怀念。也因为短暂，后来每每念及，职工无不唏嘘慨叹。又因为昙花一现的美好，记忆尤为深刻，为我们再次执着地走出胜利播下了希望的种子。

附录：2006~2007 年的中国管道检测学术交流动向

2006~2007 年的中国管道检测学术交流活动中与管道检测关联度比较高、发表管道检测论文最多的会议是“第三届全国管道技术学术交流会议”。第三届全国管道技术学术交流会议于 2006 年 7 月在合肥召开，本次全国管道技术学术交流会议确定的主题是：“关注西气东输大动脉、关心管道安全运行”。会议至少发表了 20 篇管道检测论文。“第四届全国管道技术学术交流会议”于 2007 年 7 月在合肥召开，因为参加会议的主要是全国技术质量监督系统的工程技术人员和单位，因而涉及常规无损检测的论文最多，占到 50% 以上，其次是管道防腐层检测类论文、综述类论文。涉及新技术的论文主要是磁记忆检测、导波检测、管道泄漏监测。例如，袁榕、关卫和的“压力管道无损检测技术进展”，孟涛、何仁洋、左尚志的“半定量风险评价技术在居民区埋地 LPG 管道中的应用”，李希成、柏明清、唐春容、赵立凡的“磁记忆检测技术在压力管道检测中的应用”，葛森、吴彦的“金属磁记忆技术在高压管线中的应用”，袁厚明的“地下管线防腐层人体电容法检测中的判断技术”，丁克勤、吴彦、刘凯的“管道腐蚀的低频检测技术与仪器”，王观军、智彦利、许振清、王安泉的“TEM 检测系统在油田高温高压管道中的应用研究”，孟涛、何仁洋、李秀峰、刘长征的“超声导波技术在压力管道腐蚀检测中的应用”，顾素兰、茅根新、倪正、刘亦峰的“压力管道应力分析方法探讨”等，就是从不同侧面研究管道检测技术的代表性论文。

2006 年的其他学术交流会议：孙永庆、钟群鹏在“全国第五届航空航天装备失效分析会议”上发表“风险评估技术对我国工业发展的影响”，孙德青、姚安林在“中国机械工程学会年会暨中国工程院机械与运载工程学部首届年会”上发表“液化石油气球罐失效因素的模糊分析”，罗文华在“2006 年西南地区第九届 NDT 学术年会暨 2006 年全国射线检测新技术研讨会”上发表“埋地钢质管道检测技术与应用”。

中国腐蚀与防护学会防腐蚀施工与技术专业委员会于 2007 年 9 月在吉林省延吉市举办“2007 全国埋地管线腐蚀控制和检测评估工程技术交流会”，是本年度与管道检测契合度较高的一次全国性会议。会议邀请了我国埋地管线建设和管理、腐蚀控制、安全检测和评估等领域的领导专家与会做特邀报告。中国石油集团工程技术研究院的张莉、徐翠竹、林竹、范云鹏发表的“腐蚀监测技术在油气管道上的应用与发展”，武汉安耐捷科技工程有限公司的贾向炜、李英杰发表的“埋地管道防腐层检测中的组合技术 -C 扫描与皮尔逊方法的完美结合”等论文是这次会议发布的与管道检测相关论文的代表。

2007 年中国土木工程学会城市燃气分会输配专业委员会也召开了全国性学术研讨会议，吴华、王引平发表的“城镇燃气各类用户用气量预测的方法研究”，李英杰、胡小辉发表的“C 扫描检测数据在管道风险评估中的应用”等论文也可以看作这一年学术会议有关管道检测技术交流的代表性论文。

2006~2007 年有关管道检测技术研究的博士学位论文也高达数十篇。主要研究方向包括分布式光纤管道泄漏监测技术研究、管道漏磁内检测技术研究等，特别是围绕泄漏监测、安全预警监测、内检测信号处理的具体研究是主要方向。硕士学位研究的领域则更加广泛，除了涉及内检测、泄漏监测的研究主题以外，超声波相控阵研究、声发射研究、导波检测技术研究等方面均有涉及。期刊论文覆盖的范围则相当广泛，比较新的应用研究主要以磁记忆研究和超声导波技术应用研究为主。

第 29 章 认识局限遇上部门利益

2007 年元旦刚过，一直支持我们研究探索工作的老领导郝洪友离开了人间。他的病故，使我们失去了一位可亲可敬的导师，少了一座与主管机关沟通的桥梁。而恰恰就在这一年，油田取消延续了三年的管道检测专项拨款。这对我们正在进行的技术探索是个很大的打击。一般来说，通过市场竞标或业主主动委托的检测项目，检测哪些指标是由业主决定的，且资金有限，无法在检测标准规定项目的基础上增加实验性、探索性的检测内容。整天为生存奔波，大家探索技术的热情也会降低。特别是在我们闯市场的路径已经受到影响的情况下，如果内部检测再没有正当的资金来源，单位的生存就会面临很大的考验。这些变故，使我们认识到：管道地面检测不止技术一个维度，非技术因素时常会绞杀尚处于萌芽中的新技术、新思想。短暂的焦虑过后，我们决心通过其他方式与途径，申请到专项资金，保证我们的技术试验探索不会半途而废。于是，我们决心让更高层的决策者认识管道地面检测的重要性与改变油田集输管道管理方式的必要性。

1. 长篇调研报告

从元月份开始，我们下到油田十余个采油生产单位，从其档案室查找集输管线档案开始，调阅各类能够找到的集输管线运行记录，对管线性质、材料、运行参数、投产运行时间、事故维修等情况分类统计；分析了油田集输管网的潜在系统风险，论证集输管网开展地面检测的重要性；提出了以检测为基础开发建设全油田管网风险管理信息系统的必要性与可行性；提出了开展这项工程的总体框架方案、技术路线图、具体实施内容与对油田集输管网潜在风险消解的方法；对整体工作量进行了详细系统的测算，对经济效益进行了分析对比。

座谈走访摸底

在开展调研的同时，我们请王汉民等一些对油田集输系统有影响的专家来我们所座谈，走访油田集输业务主管部门、计划部门、采油厂主管集输的领导等。通过座谈和走访，知道问题的关键在于：油田部分业务处室对我们腐蚀研究所每年以专项经费从事部分管道检测的方式有不同看法。有的部门安排的管道检测是通过采油厂委托付费的方式进行，还有一些管道检测项目又随计划投资走。加之 2007 年油田整体资金紧张，导致取消延续了三年的检测专项经费。但是，我们认为经费紧张肯定不是主要因素，几百万元专项检测费在油田整个资金计划中几乎可以忽略不计，关键还是如何看待此项工作意义的问题。

通过座谈交流，多数认为管道检测费用渠道最好统一。全部走专项经费，资金额比较大，必须要最高管理者批准才行，或者通过北京中石化总部下达任务也行。怎样才能获得高层的认可呢？经过缜密的思考，我觉得给胜利石油管理局局长写一封公开信最实用。当然，给领导写公开信这种事情，只能私下策划，无法公开进行。

在公开场所，我们还是以积极做各方争取工作为主。既然 2007 年的管道检测专项已经取消，今年的任务还是要依靠做各个采油厂的工作为主。当时检测中心领导也比较着急，来我们研究所进行过多次调研后，经理、书记也带领我们去滨南采油厂、临盘采油厂等做沟通汇报及用户调研工作。2007 年 3 月 27 日，我陪同检测中心经理去滨南采油厂做本年度管道检测项目争取工作时，经理深有感触地对我说："要去北京跑，跑上面比跑下面要容易，这是中心各站所的共同经验，中石化总部资金也比下面宽裕很多啊"。

领导有要求，我们也早有想法。我突然记得中心首席专家杜怀栋还提出将我们腐蚀研究所与特检所管道检测、检验业务整合，成立管道检测中心并冠中石化名称。我以为经理不会同意此事，2005 年我不就想冠名中石化管道检测中心吗，但中心在最后上报时让将名称改成了中石化特检中心。当我 3 月 29 日汇报去北京做中石化主管部门工作打算时，顺便提及了杜怀栋首席的整合建议，他却认为机构整合不是不可以考虑，也是方向之一。

估计经理看到今年我们所没有油田计划任务，想通过冠名让我们好多个渠道争取工作量吧。虽然知道领导已经对于冠名问题有了新的认识，但是我当时却并没有将此作为重点事项对待，毕竟这不是当务之急。

北京汇报与第一次原油泄漏事故

4月1号，我与王汉民、龙媛媛、高峰一起来到北京，首先给中石化油田事业部技术处处长曾庆坤、管道储运业务高级主管王立坤进行了汇报，根据我们在胜利的调研和我们拟定的方案，建议在中石化层面全面开展各油田及管道输送企业埋地管道检测与管理信息系统建设。二位领导听后非常支持我们的想法，要求我们回去站在中石化的层面再组织个汇报材料，为明年在中石化立项做准备。同时建议我们在《中国石化报》与《中国石化》上宣传这种主张。当时，我们还汇报了关于参与中石化川东北普光气田开发中硫化氢影响研究课题的想法。

图 29-1　2007 年胜利腐蚀研究所书记隋国勇

从北京回来之后，我们所进行了讨论，觉得北京之行远水解不了近渴，还是要立足胜利，决定加快调研报告起草步伐，先向油田相关部门报送调研报告，争取形成影响力，至少今年好争取具体项目，为明年争取专项做好铺垫。隋国勇书记（图 29-1 为 2007 年隋国勇书记与职工一同参加检测时在黄河滩区留影）联系记者很快在《胜利日报》《胜利宣传》《中国石化报》上刊登了介绍我们开展管道检测方面的宣传报道，以便给我们即将报送各个部门的《胜利油田集输管网现状与建设管道风险控制管理信息系统的可行性研究报告》做个铺垫，使管理部门能够重视这个报告，至少看看我们的观点。

4月中旬，经过三个月的调研，最终形成篇幅长达 117 页近 10 万字的调研报告，拟印刷装订上百册，分送到曾经调研过的单位、油田相关管理部门及中石化油田部技术管理处。恰好在这个时候，2007 年 5 月 7 日早晨，发现东营市西二路排污水主管道内有原油流入广利河。油田在总调度楼召开了协调会议，并在西二路蓝海欣悦宾馆成立现场泄漏事故处置指挥部。刘中云总经理要求，油田开发管理部立即组织检测中心、胜利采油厂实施排查，提出整治方案。

这次事故处置历时 5 天，油田上下非常重视，刘中云、张钰等领导多次到现场并组织会议，相关处室也在现场办公协调，我们也认识到，这对我们是一次难得的宣传机会，我们全所上下甚至整个检测中心都把主要精力投入到这次事故排查中，希望就此让油田继续加大对管道等设施检测检验的投入与支持力度。

然而，非常遗憾的是，我们穷尽我们所掌握的各种技术也没有找到泄漏点。不过，这次事故对于我们争取油田将管道检测纳入计划还是有帮助的，油田生产管理部及总调度从此知道检测中心腐蚀研究所有管道隐患检测的能力，后来，每逢有泄漏事故发生，生产管理部首先给我们打电话，让我们多了一个信息渠道，多了一个可能为我们说话的部门。检测中心对管道检测更加重视了，我们所的调研报告《建设基于实际检测的油气集输管网评价管理系统建议与实施方案》正式印刷装订出来，按预定计划分送各有关部门、单位。

初次接触中石油领导

5 月 30 号，我再次到北京，特意将我们的调研报告送中石化油田事业部。这次在北京期间，通过别人引荐，拜访了中国石油集团公司刘宝和副总经理，向他介绍了我们的管道地面检测理念。因这位领导一直从事油田开发工作的管理，虽然目前分管着管道储运，对于管道检测具体技术并不是十分了解，他建议我第二天给中石油集团具体分管该工作的司局领导汇报。

第二天，我如约去了该司局的负责人的办公室汇报，可这位领导对于我们的地面检测理念不感兴趣。我认为主要是他没有时间也没有意愿详细听我的解释，如果是我自己私人有个检测公司或我们在中石化系统迟迟找不到检测项目，我借机不断去找人家汇报，或许就能将我们的地面检测成功打进中石油管道储运及集输管网系统呢。事情往往就是这样，压力就是机会，那个时期我的激情犹存，甚至对地面检测有种情怀。可是，在我们的持续努力下，我们在胜利油田内部面临的检测困境却被慢慢克服了，曾经萌生的开辟管道检测的另一个江湖的想法，就此胎死腹中了。

现在仔细回想起来，也许 2007 年是一个唯一可以实现彻底改变的窗口期，却在不经意间错过了。

2007 年 6 月初，我与隋国勇等商议，为建立宣传平台，提高我们在中石化储运方面的影响力，编辑季刊《油气田腐蚀与防护技术通讯》寄送相关部门，由龙媛媛负责。主要报道油气田腐蚀状况与防护技术、检测检验技术、安全评价与管理内容。但是，这个内部刊物仅仅坚持了三年，由于人力等方面制约不得不停止了。

6 月中旬，考虑到争取油田管道检测专项经费计划仍然没有结果，我们商议要不要直接去中石化找中石化副总工程师、油田事业部主任李阳，李阳 2003 年任胜利油田分公司经理时，我给他汇报过几次工作，觉得他对我的印象还比较好。但是考虑到检测中心领导的反应，最后还是没有直接找他。这期间曾庆坤处长多次和我商议管道检测推进事宜，他的意见倾向于由胜利油田开发管理部打报告、他们从上面做工作解决专项经费问题。但是油田开发管理部田仲强主任又认为不妥。孙兆厚主任工程师主张通过中石化计划部以计划投资形式解决资金问题。检测中心则笼统要求我们多向上级汇报，有点病急乱投医的味道，中心内部还有个特检所，主要对口安全管理部门，他们从我们开展管道检测的成绩看到了管道检测的重要性，但是两个所汇报说辞又各不相同，中心内部的不统一，反而影响了上级的及时决策。我这时才感觉出领导之所以让我们再试着争取中石化冠名的隐情，只是这个时候再争取意义也不大了，机会已经错过了，我也不像 2005 年时那么热衷于此事了。

2. 老石油的公开信

到下半年，我们看到前半年所有努力成效不大，7 月 27 日，我们所正式决定，由王汉民给胜利石油管理局局长写公开信，促使油田将管道检测与管理问题尽快列入议事日程。之所以有这种想法，是因为王汉民是胜利油田集输系统有一定影响的老石油，资格老，又与时任胜利油田的局长共过事，他一向比较关心管网安全，又属于敢说话的那种性格。由他出面再合适不过，我和他商量之后，他也欣然应许。

写给局长的公开信

我用了 3 天时间写了一个草稿给王汉民，老先生又修改了几处，公开信通过胜利石油管理局办公室转交到局长手中。全文如下：

关于抓紧建设“油田埋地管网评价管理信息系统项目”的建议

×××局长：

作为一名老石油工作者、胜利油田的老职工，我无时无刻不在关注我国石油事业的发展特别是胜利油田的发展。听到胜利油田有新的发现，产值、利润不断上升，安全生产、长期稳产、经济运行的基础不断增强，我们比什么都高兴。尤其是在国有企业不断改革、一些老的国有企业因各种原因被历史淘汰的形势下，只有胜利持续稳定不断地向前发展，我们这些已经退休的老家伙才能感到踏实。是胜利油田的稳定发展给了我们衣食保障、给了我们下一代工作学习的机会、给了我们一片安享晚年的乐土。关心油田各项工作既是我们的责任，也是我们的习惯。我的看法也可能正确，也可能根本不对，但考虑到我们都在胜采工作过，也就比别人多了一点建言的方便。您也了解我王汉民的性格，直筒子脾气，爱管闲事，所以如果我提的建议不符合油田的实际，您也别生气。

随着油田开发的延续，埋地管网真实状况不明、管理方式落后已经成为影响油田生产的薄弱环节。今年“五一”期间发生的西二路污排沟溢油以及随后较长时间的排查工作，进一步凸显了加强埋地管网科学管理的重要性。作为油田生产开发的管理而言，主要的环节是三个：油藏、井桶、地面设施。油藏这一环节，有地质研究院给油田决策提供参谋意见，井桶则有采油工艺研究院给油田决策提供参谋意见，地面设施虽说有设计院来进行技术把关，但实际上设计院只能顾及新建产能区块和新上管道和其他地面设施的设计，而顾及不了对在役地面设施的研究和管理。这一环节在某种意义上来讲是管理的薄弱环节。下面我仅就地面管网问题给您谈谈我的看法和想法：

据我了解，目前油田大约有 5000 余公里的油、气、水干支线，单井管线 15000 公里。干支线 60% 投运 8 年以上，少数达到 30 年以上。这些管网一是错综复杂、相互交织、走向不清、分布状况不明，给巡线、事故诊断、处理带来不便，特别是随着油田老职工的退离，问题显得更为复杂。二是腐蚀与防护状况缺乏科学评估，没有定期检测数据与评价结论为依据，埋地管网维护、维修与更换缺乏针对性，不能使有限的投资解决更多的管道安全隐患问题。三是管线老化、隐患多、加之隐患具体部位不了解，无法对事故进行有效预防，不仅影响油田企业的正常生产，而且导致了环境污染和能耗增加。四是管理手段落后，效率低，可利用的信息量少且不能及时更新，反应不及时，不适应精细化管理形势的需要。

该怎么办呢？这几年，咱们胜采在这方面做了很好的尝试。胜采借助西安管材研究所和油田技术检测中心腐蚀与防护研究所的力量，经过反复论证、局部试验研究，到最终通过全面检测分析，经过三年多的努力，建立了胜采埋地管网风险管理信息系统，使这一问题得到了一个比较好的解决。作为这个项目的顾问，我对该项目进行了较多的研究，我认为在总结胜采经验的基础上，在全油田进行推广很有必要。正好我在检测中心腐蚀与防护研究所看到了他们大量有关研究管道检测与管理技术的资料，特别是他们编制的《建设基于实际检测的胜利油田埋地管网评价管理系统建议与实施方案》，操作性很强，是系统解决油田管道管理问题的有效措施。但是据他们讲，由于资金限制，他们的方案很难被采纳。我在想，今年仅西二路溢了一次油，就花了 2000 多万元的抢险费，而且谁也说不准类似事故在什么时候、什么地方还会再来一次，甚至无数次。为什么就不能投几千万把管网彻底摸清，从而避免类似事故的再次发生呢？

通过很长时间的思考，我决定给您写这封信，表明我的看法：建立以全面检测分析为基础的埋地管网评价管理信息系统非常必要，既是地面管网管理的需要，也是数字化油田的重要组成部分。而且通过近年的研究与实践，已经探索出一条比较好的解决方案、积累了比较丰富的经验，检测手段、技术人员均具备了承担该工作的条件。应该使此项工作尽早提上议事日程。如果资金紧张是否可以考虑分区块逐步实施，如今年可以先从黄河口自然保护区或中心城区做个示范项目，进一步积累经验。黄河口自然保护区（孤东）不仅在油田生产中占有重要地位，而且有其特殊性和代表性，它既有普通陆地埋地管道，又有长期处于水中、泥沼、芦苇丛中的埋地管道。一旦再发生较大范围的泄漏而又无法迅速有效地处理，污染损失将非常大，影响也会更大。中心城区则由于其所处的中心位置，随着城市不断改造，许多管线参照物已经全无，事故一旦发生，寻找事故管线难度相当大，处理极不方便，因此，事故处理的成本很高，要影响好多人的正常生活和城市正常的秩序。

上述看法只是我的初步意见，渴望能够给您当面汇报详细的实施意见，若您没有时间，可否安排其他负责同志听听我的想法。

油田老职工：王汉民

拜访董丕久

图 29-2　胜利石油管理局党委书记董丕久（右一）来检测中心调研工作照

由于仍然不能确定领导会不会仔细看这封信。8 月初，我又一次进京，找到原胜利油田党委书记、时任中石化咨询委副主任的董丕久老领导（见图 29-2），向他呈送了一份我们编印的调研报告，汇报了关于我们对油田集输管线安全环保的担忧以及解决思路，他听了之后非常赞赏，觉得很好，并当即给胜利的主要领导打了个电话。大意是说他从一份汇报材料上看到胜利检测中心关于集输管网安全管理的整体思路，认为不错，他建议从胜利先试点一下。

不知道是董书记的电话起了作用，还是王汉民老先生的公开信起了作用。8 月 16 日，油田副总经理张钰在机关五楼会议室，主持召开了有采油处、安全处、生产管理部、计划处、财务处、检测中心、设计院、采油院、胜利采油厂参加的专题研究油田集输管网检测工作会议，并宣读了局长对王汉民公开信的批复。检测中心分管领导汇报了中心的工作，由于中心并不清楚公开信的始末，我们也怕别人知道这封公开信是我们起草的，说不定会受到处分，所以中心的汇报方向与公开信呼吁的内容并不是很契合，机关处室参加会议的领导也只知道是王汉民个人的想法，如何落实局长的批示，也只是临时起意。最后确定了“统一规划、确定标准、分清层次、重点先行、落实资金、分步实施”的油田集输管网三年统一检测实施计划。

通过不懈努力，油田同意从 2008 年起，安排专项资金再实施三年埋地管道系统检测工作，管道地面检测试验工作得以继续。虽然最后确定的具体实施意见并不理想，对于埋地管道检测存在一些概念性错误或者混乱，对报告提交格式和报告内涵规定模糊等不足，但是至少 2008~2010 年不用再为生存而疲于奔波。

3. 红头文件的争议

2007 年 9 月 24 号，当我们满怀搞定油田三年统检计划的喜悦参加油田采油工程系统下一年度工作计划部署讨论时，一位了解内情的领导曾笑着对我说："你们劳心费神写调研报告、精心策划"上书"领导、殚精竭虑进京求助，最终促成油田集输管道全面统检政策的出台，对于检测中心经营业绩可能会有所帮助。但是，过于执着工作，就可能忽视了其他方面，你们要有所准备，最终结果可能与你们所期望的目标存在较大差距，要有心理准备，可能会让你们失望！"他一再强调，这只是他的直觉。但是后来的发展证明领导的观察能力和对事物发展的预测能力确实不一般，我不能说他洞若神明，但是他的直觉的确是准确的。我们对后期的实施过程的确相当失望，简直就是对我们近一年努力的否定，甚至是对我们的惩罚。我突然想起李开复在《世界因你而不同》中所写过的一句话："刚从油锅跳出来，又掉进了火焰山。"

不和谐的调门

2007 年，我们如同油锅边沿的蚂蚁为生存下去，四处奔波找项目，而当终于发现目标，不用为四处找项目发愁之时，另一种煎熬却在不远处等待着我们。

2007 年 10 月 28 号，中心通报腐蚀研究所与特检所：管道统检专项经费由安全处管理。10 月 31 日，老石油王汉民却对我说：局领导两次向油田信息中心主任询问过管网信息系统建设工作，并指示这项工作信息中心应主动与采油处配合。当天，油田信息中心还邀请油田森诺评估公司、采油处、腐蚀研究所等部门专业人员座谈讨论，希望大家充分考虑原来设计院曾经提出并实施了部分的管网信息系统建设方案。同时，结合我们检测数据采集能力、数据分析评价能力提出一个更好的方案，通过评估公司评估，力争在管理局成立由管理局领导任组长的"地面管网检测评价系统建设"领导小组，这样工作更容易推动。11 月 5 号，采油工程处电话通知我们：结合油田领导要求，给采油工程处上报管道检测与信息建设方案。11 月 6 号，采油工程处再次通知我们要求上报检测及系统建设预算，11 月 8 号专题给采油工程处汇报管道统检分步实施步骤及实施措施，务必在 11 月 10 日前上报分步实施方案（包括：管网分布状况现状、事故及损失统计，城镇下方管网数量，鱼塘水库下方管网数量；按前几年检测评价结果推算需要维修的比例、资金预算；按国家法规标准及油田生产实际，说明管道安全方面有什么特殊规定）文字版材料。我们已经隐隐约约地感觉到不同渠道传达到我们所里的通知精神有着些许的差别；我们甚至察觉到一种不和谐调门正在逐渐抬高并迅速失控，让我们开始迷茫困惑以至焦虑。大象心烦，蚂蚁遭殃啊！

油田安全环保处给特种设备检验所下达过哪些指令？油田信息中心又向他们所隶属的系统执行部门下达过哪些通知要求？我们虽然不得而知，但是通过比较从检测中心层面转达给我们的上级通知与业务主管处室通知，就明显地感觉到不同业务主管部门都想通过主导这次统检，以获得自己今后管理上最基础的系统性数据资料，并将自己的管理意志植入其中的想法。

2008 年春节刚过，检测中心生产会就宣布管道检测已经纳入今年局里对中心的考核指标，计划检测 2000km。2 月 26 号，我们还沉浸在“技术至上”的幻想当中，准备在充足的检测业务保障前提下，加大技术研究力度，以技术考核为主来考核每一位员工的工作业绩之时，中心领导却要求防腐所与特检所各成立一个项目组，按黄河南北分别管理，以特检所名义统一出报告。还没有开始工作，中心就将我们由管道检测的主导单位变成从属单位了，一种不祥的预感已经笼罩在我的心里。采油工程处那位领导的话一语成谶，2007 年的努力白费了，至少在方向上走偏了，不仅无助于对地面检测新技术的试验，可能反而束缚住了我们自己的手脚。

其实，这个时候不同处室的主导权之争才刚刚开始。直到 2008 年 3 月 8 号，采油工程处、安全环保处、胜利软件与检测中心才召开了第一次管道检测项目运行联合协调会。要求尽量满足生产与安全两个方面的要求，兼顾安全要求与生产管理需要，统一检测方法、统一检测流程、统一技术要求、统一报告格式，检测结果由两个处联合审核。似乎管理层的分歧已经消除了，当我们按照四统一的要求准备实施方案时，中心却没有等来 2008 年油田集输管网统一检测的三处室（采油、安全、财务）联合计划，而是 3 月中旬安全处以安委会名义挂在其网站上、未经其他处室签认的安委会办公室关于集输管道检测的安排计划。

2008 年 4 月 10 日，已经有上级部门打电话给中心，要重新排一个三年管道检测计划，明确表示不认可安全处现在挂在安委会网站上的计划。4 月 18 号，安全处与采油处在油田 13 楼会议室再次就管道检测计划进行讨论磋商，仍然没有结论。我们去陪开会却什么话也不敢说，没有人愿意承受他们离谱的发作，但是，作为基层负责人我们得为职工的工资、奖金、福利着想啊！

2008 年 5 月 1 日，我们所从原来位于济南路的办公区搬到位于淄博路的办公区办公，我们举行了一个简单的告别仪式（图 29-3 为腐蚀所部分人员在即将拆迁的旧办公楼前合影），没有顾上整理办公室，就投入统检工作的准备，我们期待搬入新的办公楼会带来新业绩提升通道。我们期望他们能尽快达成协议，可是我们的期待却一次一次地落空了。

图 29-3　2008 年腐蚀所部分职工济南路老办公楼前留影

到 5 月 5 日，采油处通知检测中心：不再联合下发检测计划，年底两个处分别按各自处室认可的检测项目与质量标准验收项目，财务处以两个处室的验收为依据结算。这时，我们才松了一口气。2008 年 5 月 13 号，我们终于看到以胜利油田安委会 28 号文下发的《关于开展油田在用压力管道定期检验工作的通知》，文件名称中的关键词也不是石油系统比较通用的专业术语“集输或油气管道”，而是采用了国家质量监督检验系统术语“压力管道”。

可能采油工程处看到安全处以油田安委会发的这个正式文件之后，觉得没有采纳他们的意见吧。2008 年 6 月 2 日，油田采油工程处通知腐蚀研究所，采油工程处要单独下发管道检测文件，会提出更具体合理的技术要求，要求我们务必按照采油工程处的文件要求实施检测工作。两个业务主管部门为什么有这么大的分歧呢？许多人可能认为是利益之争，其实，最根本的原因不是利益，而是利益之上的职责背景！

争议源自国家法规标准与实际的脱节

一份落实具体业务工作的红头文件，何以引来这么大的争议？公允地讲：他们都在履行自己的职责，都希望他们所代表的那个系统的职能不被削弱。

在依托检测建立管道管理信息系统方面，不同业务主管机关其实有不同考量。争论焦点在于这个管理信息平台建设的基本功能定位，建成以后的维护运行管理权。检测中心力主放在中心维护，油田信息中心则希望放在他们那里维护，涉及这个信息系统主导权特别是后续维护资金流向问题；至于采油工程处、安全处则主要关心各自的管理功能问题。而管理功能的建立则与不同部门对管道法规标准及相关技术的理解、执行习惯有很大关系。多年以来，不同业务管理部门对集输管网的风险理解与应对措施、处置思路有相当大的差异，不仅在于行业管理习惯上，而且也在于依据的标准法规的不同。这无疑决定了他们对检测方案要求有不同的侧重，本书仅仅以油田的安全部门和采油工程技术管理部门为例，作一简要分析，从中就可以看出为什么在油田领导下决心投资数千万元资金、对近万公里的油田集输管网进行统一检测评价后，却在安全管理与生产技术管理部门之间出现争议。

当时，企业安全部门的各种检测所依据的法规、标准主要是国家质检总局系统主导颁布的法规及特种设备检验检测标准，从检测检验方法到检测程序等也是该系统的标准或技术规则、条例所规定的。但是在2003年以前，该系统的检测机构所检测检验的管道主要是类似于工厂工艺管网之类的管道（相关法规、标准称之为工业管道），而2003年出台的《特种设备安全监察条例》将油气管道首次纳入特种设备的范畴，按照一般的工业管道对待，并提出检测检验要求。企业安全管理部门习惯性地在管道的检测检验上遵守国家质检系统的法规，认为管道的检测检验就是特种设备检测检验的一种。然而，石油生产技术部门由于对油气管道性能特点的深刻把握，意识到埋地管道的检测检验应采取更合适的方法来进行，从有用或能够解决实际问题的角度出发，更早地意识到国家质检系统推荐做法的局限性以及生搬硬套到油气管道管理上可能存在风险，很快牵头推出了《石油天然气管道保护条例》《石油天然气管道保护法》，防止生搬硬套前述条例、法律导致油气管道管理出现重大技术性失误，影响油气的正常储运管理。

但是，关于检测检验的政策制定权在国家质检总局系统，《石油天然气管道保护条例》《石油天然气管道保护法》虽然给出管道检测检验的原则性规定，却并不能涉及具体的检测检验政策的制定。无论是中石油还是中石化的技术部门，以及石油院校的管道检测检验研究者都认可管道内检测与地面检测这两种做法，不认可质监总局系统以超声波检测抽查、资料核验为主的检验做法。质检总局系统也在工作实践中认识到他们以前所依据标准、规则的局限性，所以将油气管道纳入其检测检验范围以后，就一直希望石油系统的专家帮助他们制定相关标准。关于这一点在本书前面已有论述，此处不再赘述。只是，在我们推动油田集输管网统检之时，质监总局系统的这些标准还没有出台，仍然套用过去的工业管道检验检测标准。当时，在石油石化系统专门做管道检测的机构，主要是采用从国外引进或自己摸索的油气管道检测检验方法。这些检测检验机构从20世纪90年代起，主要服务于查找油气管道各种安全隐患，如腐蚀损伤、防腐层破损、阴极保护失效等缺陷以及寻找盗油、盗气点等，而不是仅仅通过壁厚抽查检测、资料核实给管道发个并不能真实反映管道现状的合格证应付检查。一句话，主要服务于管道运行管理的需要。这些新兴的专门从事管道检测的机构与企业安全管理系统合作还比较少，可能缘于安全系统一直有一套基于或依附于全国质检总局系统的检测机构从事检测检验服务，客观上弱化了与新兴检测机构、新技术接触的兴趣与动力。这是油田安全处与采油处对管道检测发生理解偏差的主要时代背景。

从另一个角度来看，我国当时在油气管道检测检验上的法律、法规矛盾以及标准、规范的不一致所导致的混乱，是政出多门甚至行政干预具体经济运行过多的产物，并不是企业的职能部门可以左右的。在这个大背景之下，企业不同职能部门观点不一致是必然的，甚至可以说是坚持各自职责的反映。加之当时油田安全管理部门急于按照《特种设备管理条例》等有关文件要求，想尽快完成油田内部集输管道按照压力管道管理的登记备案工作，该工作对管道有专门的检测检验要求甚至包括检测检验报告格式都有具体要求。而采油管理部门则希望按照《石油天然气管道保护条例》要求，以及生产运行、维修维护、更新改造所需要的管道隐患排查检测工作。这两种工作所要求的检测目的甚至具体目标显然不一致，因此需要的检测方法方式也不同。在这种情况下，一方很难说服另一方。

让人头痛的政策

在必须共同合力推进的工作当下，只能是求同存异。经过一年多的交流、探讨、磨合甚至冲突，最后确定每条被检测管道分别按安全、采油管理部门的文件要求出具报告。也就是说，直到整个管网统检工作结束，管理机关也没有下发一份被各方认可的指导工作开展的红头文件。这就意味着检测工作的执行机构必须按照不同业务主管部门的需求，自行设计所需的检测项目指标、适用标准及方法、报告格式等。每条管道必须编制两种报告，以上报不同的业务主管机关，这就不可避免地造成重复性工作。记得油田检测中心一位领导在一次工作调研中曾严肃地讲："两个处都是上级业务主管部门，要同等对待，不要认为哪个处的文件更合理或更重要，都要执行，所有检测工作必须能通过两个业务主管部门的验收。"。这句既不失原则性又传递出无可奈何意味的要求，实际上是把如何创造性地实现求同存异、促进工作实施的压力推到检测的执行环节。

4. 耗尽心血的求同存异

2008 年开始的油田集输管网三年统检计划虽然解决了检测任务不确定的问题，在一定程度上为我们正在合作推进的管道地面检测试验寻找到了一个可持续的实践平台，为持续推进技术改进提供了方便。但是，其实施过程与前三年专项资金定向实施管网检测有着很大的差别。对管道地面检测的不同认识、不同目的、不同理解，迫使我们不得不在求同存异中谨慎地坚持既定的探索目标，同时又要寻求各方易于理解的技术处理途径，其过程的艰辛几乎使我们失去了从油田内部寻求管道检测技术突破与管道检测技术服务业壮大的耐心，持续三年的心理纠结耗尽我们早期对油田管道检测技术探索的全部激情。

2008 年 3 月 24 日，管道统检工作正式启动。检测中心负责管道检测具体协调工作的一位领导曾提出，腐蚀所与特检所要互派人员到对方项目组工作，保证安全、采油两个部门的要求都得到满足。领导的初心是让两个站所技术人员相互学习，特别是特检所在此以前重点是从事锅炉压力容器的检测，很少进行过油田集输管网的检测，通过统检这个机会，相互学习，整合两个站所的技术力量，对于中心的整体检测能力提高非常有益。但是由于存在事实上的业务竞争关系和工作理念上的差异，加之中心一直没有寻找到内部资源共享、合作共赢的政策支点，合作困难重重。一方面，中心千方百计地统筹协调，也制定了统一的检测技术方案；另一方面，当出现矛盾或分歧时，却没有寻找到有效的调节方式。相继在划片分配检测任务、数据汇总汇报、验收签认、报告编制格式等环节出现了这样或那样的纷争，本应以发现隐患、探索求解方式、发现和试验新技术为主色调的技术探索工作变成协调汇报、调节分歧为主要内容的事务性工作，使得三年统检工作的成效大打折扣。

划分作业地盘

查阅当年的工作日记，几乎每一页都被各种协调汇报充斥。我随意摘取了几件与纷争协调有关的事件片段，读者或许可以体会到：为什么说三年统检不用求人找米下锅却反而耗尽了我们早期对检测技术探索的激情。

管道地面检测属于野外作业，环境复杂程度、工农关系、业主配合勘察现场、特殊情况验证等非技术因素对检测工作效率和质量影响很大。所以，往往一些油区两个所都争着去，一些油区又都不愿意去，年初两个检测所先后在黄河北的孤岛采油厂、黄河南的滨南采油厂发生纷争。2008 年 2 月底到 3 月中旬，腐蚀研究所组织职工在孤岛采油厂开展管道地面检测技术练兵培训后，就顺便在该厂开展了统检计划内的管道检测工作，可 4 月份胜利特检所也进入孤岛采油厂管理的油区开展管道统检，为单位的整体形象考虑，4 月 21 号腐蚀研究所放弃了孤岛厂所辖油区检测工作。

令人觉得好笑的是，2008 年 5 月份，两个所又一前一后进入滨南采油厂所辖油区开展工作。上级管理部门在生产会上建议腐蚀所撤出、特检所承担滨南任务。中途撤出已经开始的检测区域，意味着前期调研及部分检测工作的归零，是要承受经济损失的。每次总让我们谦让，心理总觉得不是滋味，更觉得背后似有什么事情我没有搞明白。我询问腐蚀所书记与副所长的看法，希望能够找到一个解决之法。他们一个笑嘻嘻地说“其中必有蹊跷”，一个义正词言地说“太不公正了”。当我进一步征询他们的具体建议时，却都说他们支持我的决定。是啊，谁让杨修英年早逝呢？《曹娥碑》背面的镌刻成了永世难解的文字，后世之人更无福享受“一合酥”的美味了。望着曹操书写在门中的“活”字，元芳若有所思地、一遍又一遍地说“蹊跷啊！背后一定有一个天大的秘密”，可这秘密是什么呢？人们终究不得而知！或许这是一个永远不能说出的秘密。真是神仙搭档啊！我也明白，在国企工作几十年，这种事情谁又怎么好说呢？

上级的意见不遵照也不行啊！职工的情绪也得照顾啊！无可奈何之下，只好口头答应中心撤出滨南油区工作的安排，却没有立即通知在现场的项目组，以拖待变吧。这件事情就这么不了了之了。

不久，另外一件麻烦又找上门来。

聪明反被聪明误

上级协调部门在任务划分时，将民用燃气管道一部分、炼厂工艺管道检测分给了腐蚀所，这是国家标准中有明确定义的压力管道，很早就纳入特种设备检验范围并有相关配套检验标准，按要求必须有相应的特种设备检测资质，且过去该项检测业务一直由特检所承担。2008 年 5 月 14 号，腐蚀所看到分工方案后，就建议上级部门对工作安排作适当调整，怕没有资质，没有类似工作经验，影响工作。可领导说不用，只要是中心人检测，不存在资质问题，你们也可以借此机会学习一下特种设备检测标准规定，不需要重新调整计划。我们也以为领导的考虑有道理，更主要的是我们自己也不认为自己无法胜任，就没有再要求调整。

2008 年 6 月 11 号，胜利石化厂召集管网检测方案论证会，该厂机动部门要求：在全厂装置计划大修期间同步完成管网检测检验任务。全厂生产装置计划 8 月 1 日停运检修，8 月 31 日结束，但是部分装置停运时间更短。所以，检测中心的工艺管网检测工作必须在 20 个工作日之内完成。时间紧、任务重，必须提前制定详细的检测方案。其中，保温层局部拆除、除锈打磨、记录等他们可以辅助我们完成，检测检验与评价由检测中心按国家定检规程规定完成检验。腐蚀所工程技术人员一听就傻眼了。甲方明确要求按工业管道定检规程检验，这与腐蚀所熟悉的适用于埋地油气管道检测的标准、方法、技术均有较大差异。不仅检规不熟悉，就是炼化厂哪些属于必须抽检的关键部位、哪些属于一般性抽检范畴等根本就不清楚。炼化厂检测期间应该采取哪些安全措施、怎么做方案啊？本来还期望借助这次检验，通过合作的方式，借机熟悉一下工业管道定期检验规程，体会一下工业管道检验与油气埋地管道检测评价的区别呢，现在才知道，这些想法根本就不切合实际。

我们对炼厂工艺管网检测没有经验，可是上级负责具体协调的部门应该是清楚的啊！为何会将明知我们承担不了的任务分给我们，并且在我们提出之后仍然不予调整呢？难道也存在“蹊跷”之处？南朝刘勰在《文心雕龙·指瑕》中说：“近代辞人，率多猜忌。”我还是不要做培根所言的那只黄昏中的蝙蝠吧，这样只能使自己陷入重重困惑之中，也无助于问题的解决。忽又记得历史上的唐侯君集曾追击吐谷浑（鲜卑慕容部之一支）至青海玛多县的星宿海，这个星宿海古人以为就是黄河之源。所以就有古人夜观星宿海，看到万千湖泊星罗棋布，与满天繁星相映成辉，以为湖泊即繁星，河水为天水！故才有李太白：“君不见黄河之水天上来”的豪迈诗句。不可否认隋唐时期人们对黄河源头的认识比《尚书·禹贡》《山海经》《尔雅》《史记·大宛列传》等的记载要更接近实际一点，但星宿海却并不是黄河源头，1978 年的黄河源头考察认定卡日曲为黄河正源。

由于不同的工作经历与知识结构所限，所有人都容易犯两方面的错误。其一是以为自己认为简单的在别人那里必定也简单；其二是认为只有自己所掌握的技术是最先进、最实用的。而导致这两方面错误认识的根源在于探究深度不够，使认识受限。就像古人凭想象以为“湖泊即繁星，河水为天水”一样，我们也是因为探究不够，在认识上难免存在局限性才轻视了工艺管网的特殊性，认为与埋地集输管网检测大同小异，甚至认为埋地管网能检测，架空的管道就更好检测了，于是就轻率地接应了上级的分工安排。

看来我们也太不谦虚了！自以为人家的工作很简单，其实隔行如隔山，在哪里都是真理。此时，我们只有诚恳地向上级部门说明情况，特别是坦率地承认我们所的管道检测技术与经验尚不具备承担工艺管网检测的能力，顺便就上次没有及时执行上级协调决定一事作了检讨。7 月 24 日，检测中心调整了计划，石化厂管网检测这个插曲就此结束了。

繁忙中的贵州之旅

2008 年 7 月 22 号，油田安全、采油、财务等部门在检测中心召集 8 家采油单位的集输、安全等部门对管道统检成果进行阶段性验收。可这个时候，检测中心除了检测的统计数据与发现问题汇总之外，却拿不出正式的检测报告。原因就在于：到那个时候仍然没有定下提交检测报告的基本格式与报告内涵要求。安全管理部门要求以特种设备检验报告为蓝本，采油技术管理部门则要求以我们腐蚀所以往出具的管道检测评价报告为蓝本。这两种报告区别实际上相当大，在 2008 年以前，特种设备检验报告一般只有几页或十多页就足以填写上当时国家定检规程所规定的全部数据信息及其他内容。而自 20 世纪 90 年代中国开始管道检测以来，管道检测评价报告则涉及大量的现场数据采集，报告动辄上百页甚至数百页才能填写下全部的数据及其他信息。因此，两种报告融合并不是件容易的事情，直到 2008 年 10 月份，特检所与腐蚀所才勉强拿出了相对一致的报告编写方案。

这也算磨合有了初步结果，趁此机会，我们在贵阳举办了一年一度的腐蚀与防护学术交流会。邀请主管管道统检业务协调工作的检测中心副经理王观军以及油田相关业务主管部门的同志参加了会议，借助通过学术会议这个平台，拟通过学术交流的形式，让不同业务主管部门体谅不同行业标准要求对检测工作的影响，从而弥合对报告要求的分歧。图 29-4 为贵阳学术会议期间，作者与王观军、卢明昌、孙兆厚在贵州黔西南州某大峡谷合影。

图 29-4　贵阳会议期间作者与王观军、卢明昌、孙兆厚合影

多年以后，回想起来当时让人备受煎熬的磨合期的经历，觉得很有意思，特别是听说这两个所前不久被整合成一个单位了，我突然又对当年的分歧与合作有了更深一层的认识。

有一天，我从《格林童话》上读到“两个旅行家”这则童话，讲述的是一个裁缝和一个鞋匠为了一个共同的目标——赚到更多的钱而结伴进城的故事。他们穿过森林时，裁缝只带了够吃两天的食物，很快他便陷入了窘境，然而在这时，狠心的鞋匠非但没有伸出援手，而是提出要以裁缝的眼睛换取粮食……两个主角正好是一善一恶，而结局也是一好一坏。最终鞋匠遭到了报应。

这个故事明显地是按照圣经所要求的价值观展开叙述的。故事教育人们应该学会善待别人，告诉我们人的聪明才智只有用来造福人类、救人于危难之中，才能体现它真正的价值。善有善报，恶有恶报，在别人困难时，你应伸出援助之手，你也会从中获得快乐。

在一次读书会上，主讲老师通过启发，让大家看看还有没有更好的解读，比如按照中国传统文化来解读体会这个故事。最后大家认识到从东西方文化相通的人性本源和文化密码来解读这样的童话，更为奇妙无比。我们今天经历的东西文化冲突，是以基督教为核心的西方文化，与以儒释道为主体的东方文化之间的碰撞，它们之间的排异反应及其相融共生的过程，像极了两千年前佛教的遭遇。佛教历尽七百年左右，才由慧能完成了对老百姓的日用合体工程。中华文明作为这个世界上唯一不曾中断过的文明体，其实正走在艰难消化的路上，完成相应的整合乃至最终同化，必然是一个自然而然的过程。现在谁还觉得佛教与我们的儒学有区别呢？当年是我们吸收了外来的佛教文化以强大我们自己的，或许，今天到了西方该吸收中华文明以延续自己辉煌的时候了！

我们两个所的业务冲突，也是因为中国传统的技术监督文化与外来的检测服务文化有差异，所以才引起了冲突。最后通过2年多的合作，我们最终融为一个共同的胜利检测文化，从而冲突就开始消失了。当然这是后话。

报告没有获得上级认可

2009年2月18号，对整个2008年完成的集输管道统检工作验收，检测报告虽然编写出来了，两个上级主管部门却对报告质量不满意，认为没有达到预想的效果。特别是对管体腐蚀损伤原因分析不透彻是最大硬伤。

上级要求我们开会分析原因，现场检测人员更是满肚子苦水，烦恼无穷。这样的分析最后不了了之了。

作为基层工作者，我们明白其核心就在于检测需要照顾到注册登记报告与管道腐蚀与防护状况检测评价报告的不同需求，如果数据采集量过大，时间上、资金成本上无法承受，因而数据采集数量相对于前几年检测评价有所压缩，造成深度分析缺乏足够的数据支撑。检测人员将过多的精力放在自己不熟悉的报告编制上，也导致大家精力分散。特检所检测人员将很多精力花费在评价报告的编制学习上，腐蚀所检测人员则将不少精力花费在注册登记报告的编制学习上，对数据的分析挖掘却顾不上了。

从2009年开始，两个所将更大的精力放在了协商协调上，矛盾和摩擦有所减少，使得检测推进更为顺畅。但是，就管道地面检测技术的探索而言，由于工作量大，各方又对管道检测认识不一，导致汇报、协调挤占了大量时间。现场检测工作不免仓促，检测数据采集质量不高，许多该发现的问题可能没有发现。

不是有智者说：烦恼即智慧所在，痛苦乃进步之源。遇到的不顺心及痛苦烦恼，正是自身与周边世界的磨合所致，这是谁也逃不掉的终生课程。但是如果这个课程完成了，你也就进步了。你就会在社会上四通八达，随心飞扬，心旷而神怡。

领导会上发问为什么

我自今还清楚地记得，2009年11月30号，时任胜利油田检测中心经理师祥洪在一次会议上的发问："为什么总结分析报告平淡无奇，原因是缺乏典型事例。以前腐蚀所经常在报告中引述如何发现盗油卡子或其他有特点、有影响的检测发现的案例，自从开展统检以来，怎么给人感觉管道检测那么平淡呢？统检中很少听说发现盗油卡子，更少听到有重大影响的隐患被查出的案例，难道我们不应该深思吗？"

是啊，为什么发现不了一些深层次的问题呢？作为具体的检测工作者，我们也很苦恼，每周都在开会、都在汇报、都强调按上级确定的格式尽快写报告、尽快确认等，一些该做的检测项目却因为种种原因无法进行，无关紧要的程式化的检测项目占用了太多检测人员的精力。工作量很大，检测人员疲于应付工作量的完成，思考、试验、分析、验证这些直接涉及技术进步与发现问题的环节却被一再压缩，以至成为可有可无的一种工作，特别是我们正在探索的瞬变电磁检测技术的试验工作也受到很大影响。由于报告格式调整，TEM 检测量被压缩，大家更喜欢用超声波在管道裸露处直接采集壁厚数据，简捷方便，数据采集量也符合要求。

可是，要这些没有代表性的数据有什么用呢？不仅发现不了深层次的问题，连管道的质量状况也不能代表，就更不用说技术探索、获得重大发现了。当然，没有谁会把这些话告诉领导。

适逢油价下跌，油田成本紧张，管道检测评价与管理信息系统开发规划又比较大，在工作开展后，不断要求压缩成本，导致管道管理信息系统开发被一再简化，检测成本降低又直接导致一些关键数据减少了采集量；加上检测报告格式不统一，给数据录入系统增添了不少困难；大多数管线只有最基本的检测数据，没有对隐患发展趋势预测分析更重要的数据及其他辅助分析数据。这一切致使系统无法实现应有的功能，背离了我们当初向油田建议时的方案与设想，更难实现既定目标与上级领导的期望。

这个时候，我们只能退而求其次了，完成任务，确保单位经营收入上升及队伍稳定成为首要目标。

5. 层出不穷的另类考验

现在回想起来，油田管道三年统检时期，也是我们凤凰涅槃、破茧成蝶的考验期。与统检有关或无关的考验使我们认识到，管道地面检测绝不仅仅涉及技术的探索，更涉及检测环境的适应与再造。

报告再三出差错

2008 年初，在管道统检任务已经明确，油田安全、采油工程两个主管部门因为对检测要求不一致导致实际检测计划迟迟不能落地的情况下，我们在临盘采油厂争取到采油厂自己委托的一条管道检测项目。检测结果判定该管道因部分管段腐蚀损伤严重，需要局部更新。胜利设计院做了项目可行性研究报告，上报中石化计划部提出管道局部更新方案。可在中石化计划部查阅作为“可研报告”附件之一的管道检测评价报告时，却发现检测数据无法支持检测结论。该项目的“可研报告”被退回油田计划处，时任计划处项目科科长李家强电话告知我此事时，我根本就不相信会有此事。检测数据不支持检测结论怎么可能？再说，即便是存在这种可能，计划部门不是技术部门，检测数据信息有上万条，中间纵有几处数据出错，能那么凑巧就被审阅者发现？

可是，这些“不可能”确实发生了！当我们拿到那份被退回的报告时，发现总部计划部门在我们检测报告数十页密密麻麻的数据附表上划了几道粗粗的表示疑问的红线条。有2处管段的壁厚检测显示的减薄量的确不是很大。不只是加权平均值略小于管道允许公差的最小值，就是用超声波复验测厚得到的几十个数据也比较接近，没有减薄量特别突出的点。据此判断，得不出该处管道发生了内腐蚀（如果是外腐蚀，超声波验证记录会对腐蚀形貌有记载）的结论，只能说明该管道的管材壁厚原本就比较偏薄。如果是这样，继续运行就没有风险，那就不需要更换啊！进一步仔细对检测数据分析，发现这些检测数据给出了一个有规律的数据变化曲线。那就是每隔50m或100m左右，就会出现沿整个周向的管壁减薄。发现此问题后，安排技术人员到现场勘查，发现大约有5km左右的管道以前用超声波做过壁厚检测抽检，抽查间隔大约50~100m一处。防腐层被人为剥离、管体经过打磨，检测后修补的防腐层部分已经破损，雨水进入管体，导致出现一圈一圈的腐蚀麻点，还有一些检测发现的减薄处属于管线施工时，两根管道对接焊部位，同样存在防腐补口质量瑕疵。我们用TEM进行地面检测时，捕捉到管壁的这种异常变化，并体现在我们的检测数据记录中。

显然，报告得出管道管体腐蚀，需要更新的结论有点牵强。进一步分析了技术人员误判的原因，应该是工程技术人员对数据呈现的这个有规律变化的现象没有注意到，因而在下结论时，没有深入现场仔细勘察核对，按管内发生均匀腐蚀对待，导致检测报告结论失当。

此后，2009年滨南采油厂一份管道腐蚀与防护状况检测报告在总部审查中又被查出数据与结论不符的工作责任问题。2010年，在报告自审中，也发现过孤东采油厂2009年出的一份检测报告结论存疑，安排人员重新进行了检测与评价，纠正了偏差。这是不是属于地面检测报告无法规避的一个风险呢？

许多研究者认为，因为数据要人工录入，在软件处理的基础上需要人工判断，对人的经验的利用就难免带来两方面的结果：一是避免了单凭数据演绎结论、可能因数据采集的失误、分析数学模型的过于教条无法更实事求是地给被检测管道下个合理的结论的弊端；二是因为人的经验的原因，可能导致一些数据与结论在逻辑关系上不是很吻合，导致数据不支持结论的问题发生，给别人以报告不严肃的印象。

如何解决此类问题，可能并不是仅仅依靠加强复验、审核把关，加上与业主的沟通就能解决的（图29-5为本书作者与某采油厂集输部门现场探讨检测中遇到的难题

图 29-5　与管道业主探讨交流

处理意见）。这可能是个重大的科学思想问题。记得有新闻报道说：号称哲学王子的复旦大学某教授认为上课不抽烟就会萎靡不振。以此为由，成为特批在课堂上可以抽着烟讲课的老师。这能成为危害别人健康的理由吗？真的不抽烟就会无法讲课吗？恐怕不见得。

在地面检测技术的研究探讨上，其实也不能一味地强调经验与数据演绎之间就必然会有矛盾。经验完全可以数据化，之所以目前还做不到数据化（对经验的量化），只是因为研究深度还不够。就像目前的数控机床（加工中心），难道不是对人类机械加工经验的充分量化吗？

如果说类似这类检测报告结论不当，缘起时间紧、任务繁忙，技术人员对数据分析处理不够深入，对评判标准尺度掌握不准，检测技术还存在研究深度不够，报告审核把关不仔细、不严谨的话，那么，2009 年因检测报告遭遇的投诉事件，则需要引起对检测评价制度及管理准则方面的思考。

正常检测鉴定遭投诉

2009 年 4 月 10 号，胜利油田鲁明公司委托我们对曲堤联合站的内防质量进行检测评价。我们单位既对外承接检测评价、检验评估任务，同时也承担胜利内部的质量检验把关职能。这次检验的是站内工艺管道及储油罐。由于站内是属于未脱水处理的原油，腐蚀性较强，该站的部分地面设施内防采用了内衬聚脲技术。

检测时发现鲁明公司曲堤联合站内的一个储油罐，内衬聚脲材料存在剥离脱落迹象。当即取样，封存样品，并送北京中国科学院一家有聚脲材料检验资质的单位进行质量检验鉴定。北京鉴定结论为材质不符合相关标准质量指标要求，检测人员在现场对黏结力、防护效果进行了检测，出具了曲堤联合站被检储罐的内防腐不合格结论。

鲁明公司以我们检测报告为依据拒付某施工公司工程款。该公司是一个私人公司。2009 年 6 月 10 号，该公司法人以胜利腐蚀研究所超资质检测为由，要挟检测中心撤销报告。他的观点是不论结论是否正确，没有取得这种材料鉴定的资格，国家没有授权，就属于超资质检测，就属于违规。结果让检测中心分管质量工作的领导很为难，且告状的是乡党、是熟人，被告的是自己企业内部业务部门。只好将此事通报给中心经理，以便避嫌。腐蚀研究所认为：鲁明公司属于油田内部企业，胜利内部检测机构本来就有内部把关职能，与有无资质无关。如果该公司就鲁明公司拒付工程款问题打官司，可以不认可胜利内部机构的报告，另请一家有资质的检验单位做报告。但是胜利腐蚀所报告的一个重要依据是北京中科院一家检验鉴定机构的结论，该检验机构所做的材质指标检验结论就是不合格。其实，无论谁家检验，起泡脱落是明摆着的事实，结论没有错。胜利腐蚀所报告也没有加盖实验室认证认可标识，没有这种标识本身就意味着报告结论是仅供甲方参考的结论，不存在超范围一说，只能说明该企业对检测检验规定不熟悉。

当时检测中心经理师祥洪就非常认可不存在超资质检测观点，不认为检测报告违背实验室管理规定。但是分管认证认可的领导最担心地是直接说自己企业检测机构没有任何责任，刺激对方，激化矛盾，导致不必要的越级投诉，影响声誉。领导们的处理艺术就是在生产会上含蓄地批评了我们。本以为就过去了，估计领导在生产会上批评我们的话也传到了那家施工企业小老板的耳朵了，他也就不会再来中心纠缠了。

谁知 5 天后，这家公司又给鲁明公司送了一份“化学工业海洋涂层质监中心”的报告。鲁明将该报告转交胜利腐蚀研究所分析。这家所谓化学工业海洋涂层质监中心报告认为：聚脲材料由于各层间附着力不会太高，长期浸泡在温度较高的含油介质中，涂层会膨胀变形、起泡，因而不适合在含油罐内做内防。这无疑是说设计选材有问题。但是，仔细核检报告提供的标准依据 HG/T 3831—2006 发现：该标准明确说“聚脲具有优异的耐盐雾性能、耐水耐油性，耐液体介质”。可见，这家鉴定单位所做的结论明显违背标准依据，这引起了胜利腐蚀所对这份鉴定报告真伪的怀疑。从网上搜索了一下，该检验机构的“检测产品目录”中根本没有聚脲产品。这家威胁要告别人超资质检验的施工单位，自己拿出的检验报告却恰恰是个超资质检验的报告。

看来这个公司非得把水搅浑不可。可问题是该公司在把水搅浑的同时，有可能伤害胜利腐蚀所的声誉。胜利腐蚀所就不得不重视这次质量投诉了。所里专门开会进行分析判断，并派人去这个技术的发明单位——青岛科技大学咨询，从青岛科技大学带回聚脲样本。对比发现，青岛科技大学的样本材质细滑，质量明显好于从现场取回的样品。令人蹊跷的是：施工方在检测中心分管领导那儿，口口声声说要投诉甚至起诉，业主却一点不知情。当胜利腐蚀所已经做好应诉准备，与业主核实情况时，业主才知道还有这么一回事。

鲁明公司于 2009 年 7 月 3 号，专门派技术部部长来腐蚀所了解有关情况。查验了保存的现场取样以及从青岛科技大学带回的样品；调阅了该项检验的原始记录、现场图片、北京报告存档原件。7 月 9 日，腐蚀所给投诉的这家公司送去正式的书面答复，并抄送鲁明公司一份。其实答复仅仅陈述了不存在超资质检测的理由以及油田内部检测机构具有的技术咨询、内部把关功能，并没有戳穿他们提供的化学工业海洋涂层质监中心报告中存在的明显问题，然后就等候国家认可委的调查。

7 月末，鲁明公司就按合同支付了检测费，国家认可委的调查通知却迟迟没有等来。后来才知道，这家口口声声讲要投诉的公司根本就没有向国家认可委投诉，只是用投诉讹诈检测中心而已。事情就此不了了之，业主既然按约定支付了检测检验费，估计施工方也拿到了工程款。至于业主在设计方与施工方之间是如何平衡的，就不得而知了。估计设计、施工方都不会直接承担经济损失，只是有责任一方肯定需要花点公关成本而已。甚至业主找机构做鉴定的初衷本来就不是为了拒付工程款，而是为了敲打一下施工方，仅此而已。

陈南会战又受批评

2010 年 2 月 22 日，河口委托陈南区块集输管线及参水管线检测工作，我们在 24 日派出一个项目组进驻现场，加之天寒地冻，东营的春天风又特别的大，施加检测信号的接地极插不进地里，职工工作热情不高，检测进度比较缓慢。2010 年 3 月 4 日，油田采油工程处开会协调河口陈南上产会战，认为管道检测工作进度缓慢，影响整个油田会战部署，采油处分管领导对此提出点名批评。我们真地应该被批评吗？检测人员觉得非常委屈。

进度确实是缓慢了些，但是检测毕竟是一种技术工作，需要具备一定的工况条件，才能获得准确的数据，实在是很难适应会战这种特殊的工作环境。可是会战是油田的一贯作风，是一种独特的石油文化。

实际上，类似这类职工觉得想不通、感到委屈的批评，已经承受很久了。从 2009 年年初开始，采油处分管领导提出要搞个中石化区域性腐蚀治理研究项目，下半年又加上了玻璃钢抑菌先导项目，要求我们组织实施。处里隔三岔五就催做试验、做汇报，外出搞调研。在一年多的时间里，多位工程师靠上去做实验、做工作，投入了数十万的经费，这两个项目却没有立上项。许多工程师们甚至抱怨："明明就不靠谱的拍脑袋项目，让我们做无用功，还经常被无端批评，难道要我们作假不成？"上级主管部门根本就不认可这个思路，而分管我们的业务口领导又非上这个项目不可，认为这个项目很有前途。最为难的是，作为一个基层管理工作者除了觉得面对职工的内疚和不得不忍辱负重前行以外，其实没有任何办法去改变这一切。只能一边为领导决策辩护，避免负面情绪的聚集失控，一边安慰职工，平息职工内心的不平。在自己独坐办公室时，常常觉得愧对跟随自己一直工作的工程师们。多少年过去了，我还清晰地记得，所里分管技术研究工作的刘晶姝专家一听处里要听汇报、督促项目进展，心里就发麻，找各种借口回避。所以被批评已经成了家常便饭，又何必计较多一次、少一次的批评呢。

记得有一次在饭桌上，某领导还当着许多人的面，指责我们腐蚀所工作不力，一个项目都争取不上。任何事情，主要看你站在什么角度去看，或许站在那位领导的角度来看，我们的确应该受到批评。特别是他一直力主要立项研究的课题，努力了一年多，最后却没有能通过立项审核，非但课题没有立上，还被人私下议论，说他纯属于外行瞎折腾，他内心那份不平又有几人能够理解呢？

这不由得使人联想到秦国的焚书。秦国的焚书被后来的儒士（其实主要是汉儒）称之为暴君之所为，但是，又有几人站在秦朝要统一语言文字、度量衡、货币、驿道，进而实现中华民族的融合统一、结束战国分裂的大目标的角度考虑过呢？如果没有秦始皇帝的强力所为，连年攻伐不断的战国时代能结束吗？天下能太平吗？从更长的历史视觉来看，没有秦朝的强力整合，一个统一的多民族中国就无法建立起来。

或许这位领导的思路是正确的，我也不认为这位领导是一时兴起要搞这项研究。或许他有更多深入的思考呢？只是因为没有资金的投入才使得他的想法成了笑柄，他能不生气吗？只是站在我们的角度看来，我们成了受罪羊。

会战是石油系统的传统做法，几乎每年各个油田都要搞不少次会战，会战就是一场抢时间、抢进度的工作竞赛，经济与质量方面考核较少。会战虽然物力、人力消耗大，质量经济效益其实是相当差的。但是，短期内提产效果非常明显，动员效果显著而且方法简单，因而受到领导的喜爱。为保证河口陈南会战油区管线检测进度，从3月5日期，腐蚀研究所将全部检测人员及外雇辅助检测人员集中到陈南，加快检测进度。2010年3月6日，尽管是周六，北风呼啸，气温接近零下十度，职工仍然像往常一样，早晨七点半就出现在检测现场。约九点钟，检测中心王全华副经理代表中心来到工地，慰问参与陈南会战的检测人员。他刚一下车，一阵风刮来，差点没有站住脚。全华副经理是从油田技术监督处副处长岗位转到中心来任副经理的，看到职工用棉衣紧紧裹着身子、抗着仪器工作，非常感动！他对我说："好多年了，我第一次亲眼看到检测系统还有像你们这样能吃苦的知识分子！不容易啊！"。可是，2010年3月15日，在河口厂组织讨论陈南区块管线检测与腐蚀问题，有关部门仍然嫌我们进度过慢，没有会战的节奏。

当时，之所以迟迟拿不出报告，原因在于大家对腐蚀原因判断上有分歧，我们需要做更多的试验分析来确认。

一些管理部门认为：陈南油田集输管线频繁发生泄漏影响生产，主要是由腐蚀造成的，而且是内腐蚀造成的。但是，根据我们的检测分析认为：①陈南区块管线施工存在问题，设计是螺纹管，而实际检测发现使用的是无缝钢管，薄厚不均匀。实际采用的钢管属于高铬钢，这种钢材在硫化氢环境下更容易腐蚀。②现场检测未看到多少腐蚀产物；管道腐蚀主要发生在人为破坏处（管线防腐层破损处）、暴露在水中的管线上等，无法就此得出结论说管体腐蚀严重，我们认为管体腐蚀总体不严重。严重不严重不能以破损处、人为破坏处（盗油造成、其他施工造成的破坏等）为标准来下结论。③管线内腐蚀结垢取样实验室分析，不支持内腐蚀严重的结论。④管线外防腐层因破损等质量问题，吸水严重，加剧了腐蚀。⑤管线接口处用胶带封装达不到防腐效果。⑥设计余量偏小，掺水管线厚度仅仅 4mm，二三年就腐蚀穿孔，无法达到设计年限。

因为观点有争议，只能通过更多的试验分析论证，这自然需要时间。报告结论不被认可，也导致报告交不出去。或许因为我们的知名度太小，没有话语权，我们就得接受别人的批评甚至指责。2010 年 3 月 23 号，油田相关处室再次召开陈南集输管线改造论证会，我们继续坚持我们的观点，不认为内腐蚀严重是导致管线频繁泄漏影响生产与环境的主要原因。

固执而不识时务，只能招致批评。之所以要面对批评还坚持自己的观点，首先在于这个结论是以检测数据为基础的。其次，还在于那个时期正是全国开展践行“科学发展观”的时代，我们认为总书记之所以提出科学发展观的论述，说明在许多地方存在不科学的发展问题。作为技术人员我们更看重科学，凡事要通过严谨仔细的分析，要对自己负责。

这种因为检测进度缓慢受到批评通报，已经不是第一次。2009 年 4 月 22 日，胜采就曾对我们进度不满意，通报到检测中心。中心经理为此专门要求我们解释说明并作自我批评。事后调查表明：主要是在检测中遇到一些信号盲区，目前技术存在一些空白，需要采取特殊措施，影响了进度。如果不是统检造成精力分散，或者我们要不负责任的话，这种问题就不会发生。

这类事件的启示在于，管道地面检测不像管道内检测那样，报告是自动生成的，错也罢，对也罢，是软件自动处理的结果，检测一方都只是提交报告；而地面检测，因为技术方法多、检测手段多，需要综合施测。使用的方法少而简单，自然进度会加快，但是检测结论的准确性、科学性就不一定能够保证；使用的方法多，自然进度就慢。所以虽然都是管道地面检测，不同公司或不同项目的检测进度与效果其实没有可比性。也无法用一套软件来统一处理数据，必须要加入检测人员的分析与经验判断，因而经常会出现分歧。这正是地面检测的相对不足，也是今后继续探索改进的方向。

自统检以来，一直在加班加点，却一再经受批评。做了许多我们不该做的工作，承担了本不属于我们该承担的风险。因为，我们有一个共同的梦想，希望通过大数据的分析处理获得对地面检测技术更深入的认识和提升。由于种种因素的干扰，管道统检成果远不及我们预想，在我们这样一个把技术成果看得比什么都重的单位，职工本来就有一种无奈之感。在此情况下，出于对管道发展前景的基本判断，对自身实力的自信，那种走出胜利的冲动再次凝结，油田集输管道检测已经不是我们工作的全部考虑，开始把相当的力量投入到油田腐蚀治理研究以及着眼长输管道检测所需要的技术研究、市场调研方面。这也可能是我们在面对困难所能作出的一种反应吧，或许在别人看来是懦弱的表现，但是，也可以认为这是信守中庸哲学的“成熟”体现，改变不了环境，就调整自己吧。

纪委收到举报信

2008 年 3 月 14 日，我去胜利检测中心纪委书记办公室汇报工作时，书记告诉我，纪委收到一份举报件，是一份某“难动用区块”工程中使用的管材材质鉴定报告，结论为合格，报告有我们所的公章。而举报者讲，该管道投用不久，已经千疮百孔，怀疑我所出具了假报告。我觉得很纳闷，我们可以出具腐蚀防护效果中试报告，怎么可能出具管材材质检验报告呢？管材材质检测检验不在我们所业务范围啊？即便防护效果不理想，只要管材材质没有问题，也不至于仅两三年就千疮百孔啊！难道有人有意恶心我们单位，即便是诬陷也太离谱、太缺乏常识了吧！这或许原本就是个恶作剧！既然是恶作剧，我们何必理会呢？后来，纪委也没有再提起过这件事。

原本以为“为人不做亏心事，夜半敲门心不惊”。谁知，过了一段时间，其他站所的站所长与我开玩笑，说起这封举报信时，他却笑着说；“老石，您当心点，这是纪委在敲打你啊！”纪委为什么要敲打我啊？我仔细想了想，我和现任纪委书记没有任何过结啊。因为他曾经给油田某主要领导做过秘书，而这位老领导有一位中央党校同班同学，与我有“郑州同乡”关系，在那个关系盛行的年代，我虽不是郑州人，仅仅在郑州工作过三年，我们也可以自称同乡的，酒场就多了一份喝杯酒的理由。10 年前（按现在说就是 20 年以前了），这位书记履新中心纪委书记岗位时，我的那位“郑州同乡”恰巧在胜利，因而我是较早知道他要来中心履新并第一个给他道贺的。因了这个原因，我一直很支持他的工作啊，敲打我干嘛呢？

我再次仔细回想，更觉得可能是我们的管道地面检测结论，又使得某家供应商和施工承包商的经济利益受到了影响。特别是一些小的管线工程，由于杂而散，大单位不愿承揽，从材料供应到施工，多数是小微企业所为。管理环节与大项目没有多少区别，毛利率很低，生存不易，什么手段都使得出。而油田集输管网的检测包括了太多对于小型管线及设施的检测，统检工作开展以后，涉及的小管线项目就更多了。很可能我们过于坚持标准，损伤了他们的来之不易的利益。所以，又通过某种特定渠道给我们一点暗示而已。管道检测特别是新建管道的检测，往往也是对工程施工质量、材料供应质量的检验，得罪一些既得利益者也在所难免。

面对时不时出现的因疲于应付出现的失误和种种非议的困扰，我不止一次地发问：2007 年花费那么大心思，策划的这次集输管网统检工作是否值得？

6. 换个角度来评价

2014 年仲夏，在我有了将在胜利从事管道研究经历写出来的想法之时（本书第 4 篇），我去河南安阳参观殷墟博物馆，参观后开车返回安阳途中，看到一个“袁林”的旅游路线标识，就顺着旅游指示牌开了过去，到了方知是中国第一任大总统袁世凯的墓地。墓园建筑既中西合璧，又仿明清帝陵建筑风格，墓冢更是仿美国第十八任总统格兰特濒河庐墓的形制修成，整体风格迥异却非常别致。这样的墓园建筑按说很有旅游参观价值，然而却并没有人去宣传，归其原因就在于墓主人当年错误估计形势，开历史倒车，成了公认的卖国贼和臭名昭著的复辟皇帝，遭到国人的唾弃。其实如果我们换个角度来看，袁世凯也是清末新政期间积极推动近代化改革重要历史人物，总督朝鲜、创立新军、以和平的方式推翻清朝、创建民国都功不可没。张玮在其所著的《历史的温度》一书就特别赞赏他独特的历史功绩。特别是袁世凯在 1912 年前后逼迫清廷退位，是一场最值得纪念的堪称精彩的不流血革命，用他的能力开拓出一个大好的局面。

早于全国隐患排查 6 年的工作

胜利油田的管道统检工作其实也是这样一件对胜利油田管道管理乃至中国管道检测发展史有积极影响的工作之一。在前面，我们从一个管道检测技术探索者的角度来看，有种种不足与遗憾。可如果换一个角度，并参考那个时代技术基础来评价其工作绩效，我们会发现，统检其实也取得了不错的效果。统检三年，在有限的资金投入情况下，发现了大量的集输管网隐患，纠正了大量资料档案错误，对各种腐蚀防护措施的效果来了一次大检验，解决了一批过去无法解决的具体问题。截至 2010 年，共完成 1246 条、约 3675.964km 埋地管道检测评价工作，基本覆盖了全油田 2000 年以后投产的 ϕ159 以上主要管道。检出占压区段合计 1287 处，共计 79.563km；查出管线外防腐层破损点 14036 处，盗油或盗油后修补点 553 处；检出管道外防腐层严重老化剥离区段所占的比例为 41.44%；管体重度腐蚀以上区段所占的比例为 46.79%；经检测评价，确定需更换管线 484km，维修管线 334km。油田分管领导也很肯定统检的作用，2010 年 7 月，时任胜利石油管理局党委常委、胜利油田分公司副总经理张煜（见图 29-6，左二）率领技术监督一路到胜利检测中心工作调研时，就指出管道三年统检是油田治理管道隐患的重要举措，要求中心一定要确保检测质量，科学高效地完成检测任务，摸清油田各类管线的家底，为安全生产服务。

事实上，胜利的管道统检工作是在“11・22”事故未发生，全国还没有意识到油

图 29-6　2010 年胜利油田分公司副总经理张煜（左二）到中心调研

气管道需要全面排查隐患的情况下的唯一的实践案例。“11·22” 事故以后，全国的管道隐患排查工作基本上就是胜利油田三年管道统检工作的翻版。而且，巧合的是，国家的管道隐患排查也是制定了一个三年规划，实施方法也是无差别的油气管道统一检测。而胜利的隐患大排查工作整整比国家大排查部署提前了 6 年。这也从一个侧面说明胜利决策层认识超前，减少了风险。从这个方面说，难道统检工作意义还不重大吗？

统检发挥了六个方面的作用

许多领导一直问我们，花了这么多钱实施统检，结果能够说明了什么问题，或到底能够解决油田哪些问题呢？可以说，这是 2010 年以来甚至从 2009 年底，我们也在考虑的一个问题。我们在统检工作还没有结束之时，就着手进行总结。正好油田开了一次地面建设工程技术会议，我们也借这个机会对管道统一检测的结果进行了一次详细的分析、统计和梳理，梳理出六个方面的作用：

辅助投资规划与资金投入决策。哪条管道该换、哪条管道该修、哪条管道应先换、哪条还可以继续坚持几年甚至哪条管线的哪些区段该换或哪些部位该修等，均可以通过管道检测评价来具体决定，使投资规划更具针对性。另外，通过检测分析，摸清管道状况，明确了风险等级，有利于从经济、安全、生产等多方面统筹考虑管道维修维护应急日常管理投入。

辅助维修。通过检测评价，确定了被检的 1246 条管道的腐蚀与防护状况，明确指出了管道需维修、维护的具体位置与长度。同时提供了所有与目标管道并行或交叉管道的区位信息，为采油厂制定维修方案、选择维修技术与方法以及施工组织等提供了参考与指导。

巡线指导。通过管道检测与信息化建设工作的开展，摸清了管道的具体情况，搞清了管线具体布设位置，纠正了大量档案错误，为全油田的被检管道建立了检测评价信息系统，为油田地面管网的日常管理与维护、辅助巡线、泄漏事故预警与快速诊断、管线剩余寿命预测、管线风险点预测与管理、辅助新管网规划等提供了方便、快捷、准确、可靠的服务，基本解决了埋地管道走向不清、分布不明的问题，对于指导巡线以及风险点布控等起到了关键作用。通过进一步加大管道检测力度和管道腐蚀与防护信息系统的更新与维护，可使油田地面管网完全处于动态受控状态。

应急抢险的重要技术手段。2009 年 4 月 16 日发生的西二路原油管道泄漏事件，三天内找到了管道泄漏点，避免了能源浪费、环境污染等影响的进一步扩大，维护了企业自身形象，腐蚀研究所因此荣获集体三等功一次；2009 年新年前后，滨南采油厂连续发生严重时输差达 100m^3/h 的疑似盗油事件，采油厂在组织 20 余名职工轮流昼夜蹲守 30 余日无果后，求助胜利腐蚀研究所解决，我们综合利用分支管线探测、外防腐层检测、声波管线泄漏检测等技术实施检测工作，不到两天时间，便检出 5 处盗油卡子，输差立即恢复正常；2010 年 3 月，纯梁采油厂三矿外输线发生异常多日，护卫队找不到盗油分子从哪里接入盗油管线，3 月 14 号向中心腐蚀研究所求援，3 月 15 日派出两名工程技术人员去现场检测排查，中午即在管线旁的一处小水塘中查找到盗油分子敷设的盗油卡子。

提供技术质量评判。通过大量的检测分析，可以使我们对于各种用于油田的防腐技术与工艺，在油田不同区块环境下的适应性有更为客观的认识，为今后管线投资规划、设计工艺、技术选型、标准修订、提高投资强度等提供了坚实的实验实测数据。同时，地面检测技术也是工程质量评判最便捷、最实用、最准确的技术手段之一。

三年里，虽然各种与技术探索搭不上边的错综复杂的关系让人筋疲力尽，但是，我们也在磨合中增长了适应大国企文化的能力。也有一些让我们至今难以忘怀的瞬间，时刻激起对那个时期温馨的回忆。我的工作日记上清楚地记载着 2009 年 12 月 10 日这一天，油田在检测中心 3 楼会议室对以腐蚀所为主完成的评价检测进行验收。油田采油工程处田仲强处长听完我的工作汇报后，高度肯定了 2009 年检测工作的成效。他认为：今年的管道统一检测工作很有特色、工作扎实、数据翔实、图表清晰、分析全面、发现的问题非常典型、对管道现状评价准确恰当、有理有据，充分彰显了管道检测工作的重要性。建议进一步统计管道档案与实测的偏差；分析防腐措施不当的表现；根据 2007~2009 年三年间你所检测评价数据，统计分析不同年代管线质量状况的规律及原因，对检测技术特色进一步总结提炼，以便推广；详细统计各采油厂百公里防腐层破损点数、更换比例、维修比例；统计各采油厂根据已经下发检测评价报告的整改执行率，使检测报告成为指导油田管线巡线、维护、维修、更新的指导与依据。会后，中心书记、经理以及其他机关领导都纷纷表示认可，这是自统检工作开始以来，唯一一次受到主管机关全面肯定的检测工作汇报。

扩大了胜利检测的宣传面

三年统检，由于工作量大，投资多、任务集中、涉及面广，无论是前期争取工作，还是检测过程中的验收、整体完成以后的汇报都涉及各个层面、各个层级，因此形成了很好的宣传效应，使各方取得了对管道检测的共识。

2009 年 5 月 7 日，在北京汇报普光气田外输管线硫化氢腐蚀治理研究方案时，时任中石化油田部副主任沈晨的一番话就很有代表性。他说："石所长，你们在胜利开展的埋地油气管道检测工作已经取得了很大成效，这一方面我已经听不少领导讲过，技术、方法已经成熟。你应该继续集中精力带领大家进一步做好这项技术的应用推广工作，你们研究所若承接普光外输管线硫化氢研究课题，以你们目前有限的人力必然会影响油气管道地面检测的进一步推广，我认为得不偿失。下一步的关键是如何运用检测数据指导管线设备的维修、维护和更新工作。现在油田部已经委托胜利森诺评估公司制定有关地面管理的 28 项企业标准，其中很重要的一点就是有你们这几年在胜利推进的管道地面检测技术作支撑。"。

***　***

当三年统检工作在 2010 年画上句号之时，虽然当初争取这个项目的执着犹如眼前，领导的表扬与鼓励的话语还在耳边回荡，可是，三年之前的那份执着与激情再也找不到了，我甚至有了逃离胜利的想法。这或许是因为我们每个人都比较容易体会个人的心酸，却不太在乎整体在个人心酸环境中获得的蜕变吧！就像 21 世纪以来，我们许多人都紧盯着阿富汗、伊拉克、利比亚、叙利亚战争的肆虐，却很少关注到中国、印度、巴西等这些全球性人口大国在一片安详中获得发展的事实一样。经过三年的历练，我们的管道地面检测技术实际上也取得了相应的进步，为我们下一步再度迈出胜利，走向更广阔的管道检测市场集聚了能量。我们也对胜利检测的环境厌倦了，加之大环境的逼迫，我们又一次走出了胜利。

附录：2008~2009 年的中国管道检测学术交流动向

2007 年 2 月 13 日美国新世纪金融公司（New Century Finance）发出 2006 年第四季度盈利预警。8 月 2 日，德国工业银行宣布盈利预警，德国央行召集全国银行同业商讨拯救德国工业银行的篮子计划。8 月 8 日，美国第五大投行贝尔斯登因为次贷风暴宣布旗下两支基金倒闭。8 月 9 日，法国第一大银行巴黎银行因为投资了美国次贷债券而蒙受巨大损失，此举导致欧洲股市重挫。金融危机从 2007 年就开始了，直到 2008 年，中国才明显受到影响。但是，由于国家迅速推出救市计划，2008 年国内油气管网建设并没有停顿。油气战略通道建设取得重大突破，西气东输二线全线开工建设。国内油气管网建设积极推进，兰郑长成品油管道兰郑段主体完工，永唐秦输气管道工程有序推进；西气东输一线 170 亿增输工程进展顺利，西段具备 170 亿方 / 年输气能力；涩宁兰输气管道复线开工建设，大连、江苏LNG项目一期工程开工建设；城市燃气管道项目有序推进。

2008年中国管道领域包括管道检测工作者不少人士参加了在美国得克萨斯州休斯敦市举行的“第21届国际管道清管和完整性管理会议”。国内《管道工程》杂志、《管道和天然气》杂志、《石油和天然气》杂志等支持了这次会议。该会议议题主要是研究与探讨有关清管、检查维修、管道修复以及其完整性管理等内容。针对在实践中天然气管道、原油管道所 出现的问题，为管道制造以及维修的专业人士提供检测技术及维修的最佳方法。针对检测、数据管理、测绘、应急反应等管道技术存在的问题进行研究和讨论。2008年，在美国芝加哥召开的“美国机械工程师学会压力容器和管道会议”，同样吸引了中国学者的目光，中国机械工程师学会压力容器分会协办了这次会议，会议涉及管道无损检测的内容。

2008年“第六届全国信息获取与处理学术会议”“第二届智能检测控制技术及仪表装置发展研讨会”等也有相关管道检测研究的工程技术人员参加。如在第一个会议上，余东亮、张来斌、梁伟、王朝晖、范晓静发表了“大口径天然气管道泄漏音波检测技术”的论文；在第二个会议上，郭智发表了“管道流量泄漏在线监测中的模糊调度设计”的论文。

2009年3月19日，由中国城市燃气协会主办、北京埃德尔公司承办的“城镇燃气地下管网诊断检测技术交流会”在天津召开，来自全国15个省、直辖市的120多位代表参加了会。2009年4月8日至10日在安徽萧县召开了“第四届中国国际腐蚀控制大会”。全国非金属和防腐蚀压力管道专业工作委员会在参加第四届中国国际腐蚀控制大会期间召开了专业工作委员会全体会议。这两个会议同样有不少关于管道检测的论文发表。

2009年5月15日，中国特种设备检测研究院在贵阳召开了“压力管道安全检测评价技术与压力管道定期检验规程研讨会”。2009年8月24~26日，每两年一届的“中国力学学会学术大会”2009在河南郑州召开；2009年9月16日在山东东营举办了“中国石油石化数字管道信息化建设论坛暨燃气管网安全、经济、运营技术交流研讨会”；2009年11月11~13日，由美国机械工程师协会（ASME）、中国石油学会石油储运专业委员会（PSTC）与中国石油管道公司（PPC）联合主办的“CIPC 2009中国国际石油与天然气管道会议”在廊坊召开。“2009年度海洋工程学术会议”“中国核科学技术进展报告——中国核学会2009年学术年会”“中国声学学会2009年青年学术会议”等全国性会议上均有涉及管道检测的学术论文发布。

杨理践的“油气管道安全检测关键技术研究”、胡琼的“在役管线泄漏检测技术研究”、李孟杰的“海底管道检测及其安全评估技术”等都是引用较多的会议交流论文。

第 30 章
第二次走出胜利

在人生的旅程中，大家都会有这样一种体会：那些此前通过努力拥有的东西会渐行渐远，当初吸引人们痴迷的光环也会逐渐暗淡以至丧失。究竟是曾经追逐的目标背叛了自己，还是这个目标本来就是一种假象呢？从 2007 年到 2010 年，是我国管道检测技术探索进步最关键的几个年份。全国对于管道的检测的认识在不断深化，管道检测由小范围探索开始转向推广普及阶段。这个时期是管道检测技术发展史上最为轰轰烈烈的年代，我们在开始也报以极大的热情，拟推动油田集输管道检测技术的突破，却发现我们的路径选择出了问题，经历三年的进退维谷的纠结之后，我们准备放弃在油田集输管线检测上的探索，转而去长输管道检测中寻找另外的出路。

1. 走出胜利的冲动与理智

中国管道检测技术探索的黄金期

2007 年，一位名叫李建华的年轻人，本是以举办各种会议作为谋生平台的，他敏锐地发现石油石化行业地下管线检测日渐火热的苗头。于是，他灵机一动，设法促成了一个名为“石油化工行业地下管线技术委员会”的民间机构，每年以管道检测技术或相关主题为名举办全国交流会，并在北京丰台区西四环南路 88 号，一栋破旧的小楼的第 3 层租了 2 间小小的办公室，在石油化工行业地下管线技术委员会的名义下编辑起《石油石化管线与技术》的刊物来，后改名为《管线与技术》，每隔一月发行一期，一直持续到今天，成为初步涉猎管道技术研究与基层普通技术人员交流体会的主要平台。

2007 年，北京的李金武先生代理的美国西南研究院磁滞伸缩管体腐蚀损伤检测系统开始在中国推广。而恰巧那个时期我们正在探寻各种管道检测新技术，当我在 2007 年年末中科院沈阳金属所召开的一次国际学术交流会上知道这项技术之后，就立即与新时代的“洋买办”李金武取得联系，并很快达成在油田一座平台上进行试验的合作意向。2008 年 2 月 20 日，李金武来胜利与我们进一步交流洽谈合作方式并达成合作协议。2008 年 3 月 20 日，我们通过油田技术监督处海洋科要到海洋平台设计图，为海上平台导管架隐患检测做设计方案。2008 年 3 月 28 日，派人去廊坊参观了英国一家检测仪器代理商的低频导波超声检测仪检测试验，以便为即将到来的海上平台试验积累经验。2008 年 5 月 28 日，李金武与美国西南研究院迈克工程师来到胜利，与我们胜利腐蚀研究所及油田采油工程处、技术监督处一起讨论了胜利海洋一号中心平台导管架检测方案（图 30-1 为当时在腐蚀所会议室讨论时的照片）。经过几个月的准备，胜利一号海洋平台立柱的腐蚀损伤检测试验得以完成，这是国内第一次在海上平台上进行的腐蚀损伤检测试验。

图 30-1　自左至右分别是李金武、迈克工程师、翻译高峰和本书作者

清华大学电机系教授黄松岭从 2007 年起，先后在北京博力加机电技术发展中心、北京美泰科仪检测仪器有限公司、中石化胜利油田等十多家单位合作研究、开发推广油气管道及储罐缺陷无损检测技术，特别是电磁超声导波仪器取得了较好的经济效益。沈阳理工大学杨理践的团队，在国家自然科学基金的支持下，完成了多个型号高精度管道漏磁在线检测装置研制，进行了高清晰度漏磁检测传感器的设计研究，海量存储器数据处理技术的研究；建立了管道漏磁检测装置的有限元模型，确定了各种因素对漏磁检测信号的影响；建立了检测器速度变化效应的信号补偿的新方法；建立了缺陷信号处理分析的方法，能对不同的缺陷信号进行识别，有力地推进了我国长管道输油气管道检测技术的发展和应用。

2008 年，李晓松开始研究试验 TEM 连续式数据采集技术，以便降低瞬变电磁检测法的漏检率。同样是这个时期，林守江的天津嘉信公司在代理英国雷迪公司管道检测仪器销售 10 个年头之后，终于开发出自己独特的埋地管道防腐层监测数据处理软件 ESTEC xp，从此一发不可收，又相继开发成功了杂散电流数据处理软件 SC-Dview、阴极保护电位数据处理软件 CIPS-Dview、密间距静态数据记录仪 CIPS-Logger 等。袁厚明开始系统探索埋地管道位置、防腐层缺陷的电磁场分布的关系图谱，张明举则开始探索长输管道无人机巡检方法。

可以说，我国目前在管道检测方面使用的主要检测技术绝大部分是在这个时期引进、试验、开发出来的。在地面检测方面有影响的技术如全覆盖式 TEM 检测技术、低频超声导波检测技术、磁应力检测技术等就是在这几年扎堆进入市场并获得应用，管道外壁爬行漏磁检测技术、管道环焊缝数字射线检测技术、相控阵超声检测技术在此时间段进入了实际应用，各种管道内检测技术如漏磁内检测器、智能球检测技术等也是在这个时期被引进、研发和推广，另外还有激光扫描燃气泄漏检测技术、声波泄漏检测、惯性陀螺导航测量的技术（或概念）也在此时成为探究方向，管道完整性管理的概念与理论在此期间成为时髦。

管道检测评价方面的研究论文发表一年比一年多，探讨的广度与深度都在加强。仍然以《管道技术与设备》期刊为例，2010 年共刊发论文 125 篇，其中涉及管道检测的论文达到 19 篇。比起 21 世纪初明显增加，而且探讨的内容也不再仅仅局限于泄漏检测和腐蚀检测，检测探讨中涉及技术手段更加丰富。当时关于管道检测的论文已经不少，但是关于管道特别是油气管道检测方面的专门出版物还比较少。只有 2007 年袁厚明编写的《地下管线探测技术》以及 2008 年我主编的《油气管道防腐蚀工程》，其中用了近三分之一的篇幅讲述油气管道地面检测技术。而何仁洋主编的《油气管道检测与评价》、中国石油管道公司编写的《油气管道检测与修复技术》还在编写过程之中，读者需要等到 2010 年年底才能看到。杨理践的《管道漏磁内检测》、我与林守江等合编的《油气管道泄漏监测巡查技术》、我的《油气管道隐患排查与治理》、王强等人主编的《地下管网检测技术》、董绍华的《油气管道完整性检测评价技术》、袁厚明的《地下管道电磁无损检测与隐患故障诊断》、李晓松的《管道隐患排查电磁检测技术》等专述管道检测的书还要等若干年以后才能与读者见面。

那个时候大家对油气管道检测知识并不像现在这么普及，更达不到用标准来规范统一概念与方法的程度。因此不仅充斥着争论，甚至一些概念还比较模糊，各种检测方法还处在一个相对封闭的系统自我发展，大家对不同技术方法的比较研究还比较少，更谈不上融合，因而固执己见也就在所难免了。就是说这个技术领域的权威还没有形成，不过，正因为还没有权威，没有形成一个固定的标准禁锢，更容易产生一些具有创造个性的思想，新技术与新理论有了这样的沃土必然有利于其生根发芽。因此就检测技术的发展阶段而言，这个时期可以说是一个技术发展的黄金时代。

一个没有权威的时代

这个时期既然是一个没有权威的时代，从另一方面讲就是一个树立威信的时代，所以不安分的思想就极易形成。加之统检给我们确立了一个相对稳定的环境，客观上增加了我们对各类问题深入观察和思考的机会，从而对发明和发现有至关重要的作用。这从另一方面又刺激了我们的雄心与勇气。而且由于油田的管道统检工作推进与我们实际的期望存在较大差距，特别是当我们发现统检安排使得原来排不上检测计划的不重要管网也纳入了统检范围，这些管道已经千疮百孔，使用简单的仪器甚至巡线工眼睛都可以发现的隐患却要求我们测量好多数据去证明，使得我们对集输管网的检测不再那么热衷。今天，我们依然认为：油田集输管网需要地面检测，但是，大多数情况下不需要花这么大的精力去研究开发新技术、去琢磨数据分析方法，更不须要研究那么复杂完善的评价理论与方法。俗话说，实用的就是最好的，我们发现，大多数集输管网只要简单成熟的技术就可以解决隐患排查问题。因此，一支致力于技术研究与创新的专职检测机构，似乎应该把目标放得更远大一点，应该把地面检测技术用在更重要的管道检测上，而不是仅仅只盯着油田集输管线。

2. 一定要走进全国大市场

仅仅将自己局限于油田集输管网的检测上，时间一长，就会断了与外部社会的联系，失去对技术发展方向的感知能力。更何况在一个相对平静的生活环境中，人们往往会陷入傲慢自大，从而使人丧失谦卑而盲目，失去进取的精神，失去应对挑战的能力。就像一个人吃得过饱便容易打盹犯困一样，人在养尊处优的环境下也会造成想象力的匮乏，就会因千方百计地维持既得利益而失去创新的动力。

在 2009 年年初时，胜利埕岛中心一号平台——海三站 ϕ325 输气管线泄漏，最后确认发生撕裂，而且管线在海底悬空 9km，打卡子补漏失败。在油田事故分析会上，分管领导张钰明确要求检测中心对海底管线检测拿个方案，时任胜利油田分公司的孙焕泉总经理要求对海上 42 条管道做个系统调查。油田检测中心针对油田领导要求组织过多次讨论会，却提不出具体方案。这对工程师们刺激很大，大家明白，之所以提不出方案，就是因为近两年以来，油田内部重复性的简单检测工作排得满满的，没有时间关注最新技术动态以及外部的发展变化。事实上，这个时候针对海底管道检测的 ROV 检测技术已经出现，只是那个时候，我们一直将自己封闭在胜利油田这个小圈子里而不了解而已。对集输管网的深入观察、思考机会虽然增多，有利于发现一些实用的技术有针对性地解决问题，但是过于的忙碌却也牺牲了对更重要的前端技术思索探求的机会，更何况两年以来我们眼睛向内，盯得就是地面之下那些千篇一律的集输管网，猛然间要检海里的，听了就晕圈。记得在2009年2月，中国石化出版社龚志民先生希望我们就这几年的最新实践编写一本书，书名定为《地下管网检测与数字化建设实践》。可是除了新分配来的研究生张洁之外，大家都忙于应付现场检测，而且也没有人肯把心思用在技术总结上，最后这个计划也就不了了之了。这说明我们已经被重复性的简单劳动日渐洗脑，正在滑向平庸的深渊。这不由得让我感到担心，人生像一场长跑，没有踏上起点的勇气，就永远无法体会冲过终点的荣光。到2009年下半年，尝试打开长输管道检测市场的想法越来越强烈地占据了我的脑海。

如何才能进入长输管道检测领域呢？2010年前后的中国长输管道检测市场主要从事三个方面的工作：一是阴极保护效果的检测，这是长输管道检测的一项重点内容，也是地面检测的一种方法，这方面中石油的管道检测技术公司、民营的北京安科管道公司、中石化内部改制的啄木鸟管线检测有限公司、襄阳震柏地下管线检测有限公司、北京赛诺靖远公司等都在开展这项业务；二是以管道焊缝质量无损检测为主的管道施工过程中的焊接检测、管道管体腐蚀损伤开挖抽查无损检测以及施工中的防腐层电火花扫描质量检测，这方面一些省市特检院等国有机构、各种国营或民营的专职无损检测公司、北京西管安通公司等主要从事此类检测公司；三是内管道检测，这方面的探讨非常火热，实际完成的工程项目却并不多，这方面以中石油管道检测技术公司、沈阳工业大学杨理践教授的研究团队、国外的柔森公司最具有代表性。也就是说，真正像我们这样综合运用多种技术组合，特别是将瞬变电磁检测技术、应力检测技术等作为核心技术对管道开展地面检测的还很少。因此，要进入长输管道领域开展地面检测就需要我们加大宣传力度，使更多的人认识地面检测对长输管道检测的意义，特别应该使大家认识到综合性地面检测发现隐患的效果不比内检测差，而实施起来更安全、便捷、可靠、便宜。当然，要将原来主要用于集输管道的地面检测技术应用在长输管道上，肯定还需要技术上的新探索，迎接新的挑战。

梳理以往业绩准备出征

我们对近几年开展的研究业绩进行了梳理：继2007年“胜利油田集输管道腐蚀控制技术及应用”研究成果获得部级二等奖（中国石化集团公司科技进步二等奖）之后，2008年底开题的“埋地管道泄漏风险评估研究”项目，在2010年顺利结题，并获油田科技进步二等奖。2019年、2010年又先后开展了“海上导管架磁致伸缩检测技术研究实验”“超声导波管线检测评价技术研究与应用”等研究项目。同时，利用多年检测积累的数据，进行了综合分析，完成了“占压管道检测评价专题研究与试验”“集输管道检测评价专题研究”等。其中，有助于我们开拓长输管道地面检测业务的研究业绩似乎也不少。简单回顾一下，到 2010 年时，至少可以罗列出好几类有典型代表性的项目。

提出并开始研究电磁聚焦检测技术

为提高管体腐蚀剩余壁厚检测精度，杨勇博士提出电磁聚焦检测的概念。从 2009 年开始，在姬杰、王遂平等工程师的配合下，在已完成数据仿真程序的基础上进行了相关仿真工作，获得了不同厚度、不同埋深埋地管道在聚焦磁场作用下的电磁响应，并建立了数据库查询表。该研究的主要目的是提高瞬变电磁敷设信号的集聚效应，使发射信号聚焦在比较小的范围内，从而减少发射线框覆盖被检测管段的长度，以提高检测精度。

提出管体腐蚀全覆盖 TEM 检测技术

参考磁力层析检测（MTM）和磁记忆检测（MMM）技术的数据采集方式与分析方法，从 2009 年开始，李晓松、尚兵等人利用胜利腐蚀研究所的试验基地，反复模拟，尝试着让瞬变电磁传感器移动起来，经过大量研究试验，得到较好的效果，于 2010 年正式提出了 TEM 连续式数据采集技术，命名为“连续式管体腐蚀全覆盖 TEM 检测方法”。2011 年 5 月，与胜利油田腐蚀研究所一起，在中石化储运公司潍坊处管理的东黄输油管线复线上，首次将“连续式管体腐蚀全覆盖 TEM 检测技术”应用于实际检测。管体腐蚀全覆盖 TEM 检测技术的推出，使得重大腐蚀损伤隐患漏检概率大为下降，并可以实现对管道的快速全覆盖检测。使得 TEM 检测技术更加适应长输管线检测。

管道应力检测相关试验

应力检测在我国出现多年，仍然存在这样或那样的技术障碍，检测可靠性不高，从 2010 年开始，我们对磁应力检测技术进行了现场应用专题研究，内容涉及：在非开挖状态下利用磁应力检测技术检测管道应力，对缺陷类型及检测灵敏度进行评价；利用开挖状态下的磁应力检测仪对管道应力检测结果进行相关验证工作。

导波检测技术的学习与探索

2009 年 11 月 4 号，我所派人随同师祥洪经理去清华大学考察导波检测技术，并与清华达成协议联合开发导波检测仪器；与此同时，结合与美国西南研究院合作在海洋导管架上进行的磁致伸缩导波检测技术试验，提出对磁致伸缩导波检测技术进行改进的设想，主要是将其传感器即铁钴合金带、激励线圈及数据传输接头利用环氧树脂材料整合在一起，以便提高检测效率；设法改进磁致伸缩传感器功率驱动模块，提高传感器驱动功率，使得耦合到导管架上的导波能量更高，提高数据采集质量，以便探讨磁致伸缩导波检测技术在长输管线穿越段检测上的应用。

2009~2010年，龙媛媛、柳言国、李晓松、姬杰、王遂平等人结合检测科研工作，在《油气储运》《石油化工腐蚀与防护》《油气田地面工程》《防腐保温技术》等杂志上，发表了“管壁厚度TEM检测进展”“提高管道壁厚TEM方法的检测准确度”“油气长输管道检测评估技术研究与应用”“埋地输油管道微量渗漏抢险检测应用实例”“埋地管道隐藏盗油盗气点检测技术研究与应用”“管壁厚度与缺陷外检测技术的现状”“油田埋地管线腐蚀检测与防护研究综述”“综合参数异常评价法的参数特点及应用”等一系列论文。结合检测实际编制的中石化一级企业标准——Q/SH 0314—2009《埋地钢质管道腐蚀与防护检测技术规程》已于2010年2月正式颁布实施。这从另一个侧面提升了我们进行管道地面检测的知名度。为我们顺利地进入中石化各类长输油气管道检测市场奠定了基础。

宣传示范寻找突破口

技术研究上的成就与主要在油田内部的实施业绩并不会必然成为我们进入长输管道检测领域的敲门砖。一个细小的差别也可能变为别人拒绝你的理由，我们知道，还需要有针对性地开展技术推介及其他商务活动。

下面这份摘自我个人工作日记的记录，真实地反映了当年我们为争取进入长输管线检测市场所做的努力。

2009年11月5日，中石化油田事业部储运技术高级主管王立坤来电话，拟在胜利职工培训中心举办一期油气储运专业管理人员培训班，学习即将于明年上半年出台的《石油天然气管道保护法》。我们觉得这是一次推销我们的好机会，便利用上级委托我们负责讲义编写与授课的机会，将管道法要求的检测内容作为重点进行讲解，并着重阐述了检测对保障管道安全运行的作用，期望能够有助于我们的长输管道检测市场开拓。

2009年11月12日，在北京拜访了中石化天然气分公司安全处张光华处长，汇报了我们在管道检测上取得的进步，讨论了开展中石化天然气管道检测的必要性与可行性。

2009年11月16日，租用北京某公司仪器，杨勇博士与几名工程师开始在胜利油田做导波检测试验，为长输管道管检测储备技术、积累经验。同时上报增购检测仪器计划，为明年开展长输管道检测做准备。

2009 年 11 月 30 日，经过几个月的精心准备，季龙华工程师设计的腐蚀研究所宣传册正式印刷，重点宣传我们特有的地下管道地面检测技术与业绩。这本宣传册可以说是胜利油田十多个挂名国家、中石化、胜利油田研究站所中设计最精美的一份宣传册，重点对腐蚀研究所有关管道检测以及与管道检测相关的课题研究进行了精心包装，迄今为止还被腐蚀研究所使用。

2009 年 12 月 25 日，根据我们现场检测积累的经验，与天津嘉信公司联合对管道地面检测探管仪 PCM+ 进行技术改造获得成功，提高了数据采集效率，实现了现场数据采集、储存、传输一体化。

2010 年 1 月 14 日，王立坤代表中石化油田部来油田考察了解地下管道地面检测技术，并讨论起草中石化管道运行管理暂行规定，设法在今年内协助总部开展一次管道运行情况大检查。

2010 年 1 月 16 日，得知中石化管道储运公司潍坊输油处处长、中石化华东销售分公司主管华东成品油管道的处长正在中石化培训中心参加学习，专程去京，与他们见面交流长输管线开展地面检测的必要性与可行性。

2010 年 1 月 26 日，与潍坊处联系，商议做一次地下管线地面检测技术汇报，确定王遂平负责具体汇报，具体汇报时间定于 2 月下旬。

2010 年 2 月 21 日，我与柳言国去中石化管道储运公司潍坊处，向该处多位领导集中汇报了管道地面检测优越性；中午吃工作餐时，遇到前来进行工作交流的中石化管道储运公司聊城、徐州等处领导，借机向他们介绍我们的地面检测取得的成果。

这个时候我们已经将中石化管道储运公司各管理处作为我们走出胜利，进入全国长输管道检测市场的重点开发客户。我们期待能够有某个管理处的领导洞悉到我们推广之技术的实用性，给予我们在他们所管理的管线上做检测试验的机会。

2010 年 2 月 24 日，管道储运公司潍坊处通知我们，隔日在他们处管理的东黄管线东营首站进行技术交流，我们非常振奋，说明我们在开拓长输管道检测的道路上即将看到黎明的曙光了！

2010 年 2 月 25 日，在潍坊处东营首站会议室，王遂平工程师汇报了防腐层与 TEM 检测技术，与我们有合作关系的百川科技公司汇报了阴极保护、导波检测技术。潍坊管理处机关及各管理站负责人，共计 20 多人听取了我们的汇报。潍坊处技术科李秋阳科长、王晓东工程师介绍了他们目前面临的主要问题：目前防腐层的确破损严重，维修比较盲目；打孔盗油巡查检测不准，精度不高，存在死角；如占压固定墩内管线、穿越河流管线、其他强电磁干扰环境中的管线如何检测，均有难度；阴保相互干扰，无法做到 100% 保护问题。这些问题希望我们能帮助解决。另外，提出黄夹克管道腐蚀后的位置能否找准，对深度有无要求，特别是打孔盗油后的修复问题会不

图 30-2 中石化销售华东分公司沈李沪老总介绍成品油管线特点及面临的挑战

会影响检测精度等。潍坊处康宝成副处长参加会议并提问有关技术。他认为最吸引他的是我们介绍的 TEM 检测技术，其次是导波检测技术，希望这两种技术能够解决他们处目前的问题与疑虑。

2010 年 3 月 2 日，我去上海中石化销售华东分公司推介我们的管道检测技术。在上海愚园路 819 号，重点与销售华东分公司管道容器处进行了技术交流（图 30-2 为中石化销售华东分公司沈李沪老总在办公室给我介绍成品油管线特点及风险挑战）。

在交流中，我了解到，他们有一条 25km 的成品油黄夹克管道（ϕ425mm）建成投用 20 多年，公司对该管道的安全心存疑虑，也曾请啄木鸟公司进行了检测，可因为电磁干扰等原因，一直未给出检测评价结论。他们想通过开调研会的方式，集思广益解决问题。进一步了解后得知，问题的关键在于被检测管道与另一条管道并行，分不清目标管线信号。我当天晚上与李永年进行电话讨论，结合我们 2006 年在中原检测时的初步探索，通过几年的研究，李永年提出通过在垂直于管路方向正上方做磁场剖面检测，再辅之以 TEM 检测就可以分离出目标管线的信号，从而解决目标管线检测问题。第二天，将解决思路给他们作了说明，时任销售华东分公司副总工程师兼管道容器处处长沈李沪说的一句话让我深受鼓舞，他说我们是第一家提出具体解决方案的检测单位。我据此判断，与他们公司合作是有希望的。

2010 年 3 月 4 日，我顺便到上海海隆管材研究所参观他们的技术成果并交流管道检测发展方向问题，希望通过他们了解更多中石油方面的管道检测技术发展信息。

2010 年 3 月 6 日，李永年完成中石化销售华东分公司所要求的检测方案编制，并通过我所传至销售华东分公司管道容器处何恩良副处长。

原油价格暴跌促使我们走出胜利

正当我们积极进行外部检测市场开拓探索之际，3 月 18 日，胜利油田总经理孙焕泉来中心调研，提出中心重点为油田服务，要求换个方式开展工作；3 月 22 号中心在开展“比学赶帮超”及“精细化管理年”活动动员会上，提出落实孙焕泉经理讲话精神，做好油田技术支撑，为油田当好督察官、评估师。可是，在孙总讲话后不到一个月时间，油价突然下跌，油田资金很快出现紧张，将管道检测服务仅仅局限在胜利油田之内，是否现实就成为不得不思考的问题了。

2010 年 4 月 5 日，我们提出管线检测报告改版问题，报告增加治理措施的论证，为检测重点逐步转移到长输管道上做准备。管道检测市场如何发展，我们最有感觉。作为基层单位，既要落实领导讲话精神，做好上级安排的工作，也要为形势变化提前做好准备。油价下跌、油田成本高企不是短期能解决的，必须放眼长远。以报告改版为载体，加强综合分析、专题研究，围绕打孔盗油、管线应力集中变形、下沉、位移安全风险、管体腐蚀损伤、阴极保护效果、杂散电流等长输管道运营商最关注的几个问题为重点，提前布局走出胜利，开拓油田以外市场的准备工作。恰好在此期间，中原油田委托我们进行了中开线的检测，为我们进入长输管道检测市场举行了一场奠基礼。

2010 年 4 月 13 日，向中心正式汇报了我们对于固守油田集输管道检测市场的担忧，提出要逐步进入长输管道检测市场的计划，得到中心主要领导的默许。

2010 年 4 月 16 日，应邀帮助中石化管道储运公司潍坊管理处义务进行东营管线坐标定位测绘。

2010 年 5 月 20 日，在开展了一年左右的前期研究之后，杨勇博士提出 TEM 技术升级改造课题研究并获准立项。核心是借用医学上的 TC 扫描原理，通过改进线圈布局，使信号聚焦发射，以提高检测精度的技术，此课题若能按预想攻克难关，对开拓长输管线检测市场很有帮助。

2010 年 5 月 25 日，我和王遂平、杨勇等来天津现场观看华油管道检测技术展示。川科斯的工程师多次和我们交流磁记忆检测技术，并宣称该技术可以直接检测出应力集中部位，进而通过解析确认管道管体腐蚀损伤隐患部位，对我们诱惑很大。川科斯想以此技术进入胜利油田管道检测市场，但是，我们希望他们进行技术转让，以便于我们开拓长输管道检测市场。

2010 年 5 月 26 日，在北京拜访李永年。李永年也正在研究 MTM 技术，也希望通过具体的项目进一步来了解、学习、模仿、改进这个技术。当我给他介绍了我们正在进行的磁聚焦技术研究思路后，老先生比较认可聚焦发射这个研究方向，不过他认为至少需要 5 年左右的时间才能出实用性成果，不会像我们想象得那么快。

2010 年 6 月 16 日，柳言国、王遂平、龙媛媛、刘超、杨为刚等利用周末休息时间，再次去中石化管道储运公司潍坊处东黄线现场做管道地面检测技术演示。

2010 年已经时间过半，我们虽然在长输管道检测市场开拓上做了大量的努力，屈指数来，8 个月的行动，却没有换取一个落单项目。而油田三年统检即将结束，更让人揪心的是：2010 年下半年，原油价格持续低迷，油田经营形势日趋严峻，开拓油田以外的长输管道检测市场，已经不仅仅是我们想换个检测环境、想在更大的范围内试验我们的技术、实践我们的检测理念，而且也是生存的需要、是我们不得不应对的新挑战，这与我们第一次走出胜利的情形完全不同。那一次，可以说我们是出于对外部市场好奇的向往、出于偶然的机遇，不经意间迈出了走出胜利的第一步。这一次，我们则是出于对在更有影响的领域推行我们检测理念的理想，甚至还有生存压力的逼迫，不得不走出胜利。

3. 说不尽的华东三条线

在过去的数年里，我们尽管见证了一连串的管道检测技术的进步，检测发现的相当多的隐患因为被及时处置而使管道事故大为减少，管道检测也因此被管道用户普遍接受，但是管道业主并未因此而舍得在检测上投入更多资金。一个重要的原因就在于管道企业内明白管道检测重要性的运行管理与安全监督部门没有资金管理权限，而具有资金管理权限的计划、财务部门却不明白检测的重要性。特别是没有形成检测惯例与预算定额及计划安排，每一次检测业务都需要单独申请资金，手续烦琐。不是万不得已，基层管理部门没有几个行政主官愿意劳心费神地去申请这些专门的经费。

其实，胜利七年的检测实践就是这么走过来的，只是不知为什么忽视了这一点。在对上半年外创市场的预演效果的反思之下，我们决定调整策略，选定具体目标，从中石化机关做工作，或许能够比较快地实现突破。

选定华东三条线作为突破口

进入 7 月，对外部市场开拓的紧迫感迫使我们走进中石化机关寻找突破点。当我们得知中石化生产管理部对华东三条原油输送管道运行安全产生担忧之时，通过中石化机关其他业务部门的引荐，走进中石化生产管理部管理原油输送管道的部门汇报了我们的技术及设想。2010 年 7 月 19 日，经生产管理部介绍，我们就获得了在徐州给中石化管道储运公司主要领导汇报地下管道地面检测技术的机会，我至今清楚地记得时任中石化管道储运公司经理的钱建华，用非常专业、肯定地语气跟我谈他对管道检测的看法和要求。

管道储运公司管理的 6 千多公里的原油管道，是中石化最重要的管道资产，是中石化许多炼化企业原料供应的主渠道，因为运行年限长等多方面的因素，不少管线存在这样那样的隐患，一些隐患已经导致了漏油污染环境、影响生产事故发生。我们非常期盼有能力、水平高的检测单位帮助我们尽快查明隐患，确定管线风险，为管线更新、改造、大修甚至事故应急提供技术支撑。我们内部也在研究管道隐患排查技术问题，如果你们有更拿手的技术我们当然欢迎。前提是检测要确实能够发现隐患，特别是危及管道运行安全的重大隐患必须能够全部排查出来；提倡在管道检测上引进、开发、试验新技术，但是不能把我们的管线当作试验场，新技术必须有足够的可靠性，在一般管道上或试验管道上进行了大量的试验，证明是可行的、有价值的，而且不会对我们管道的安全运行造成任何的影响。管道储运公司的管道肯定要有计划地进行全面排查，只要你们有能力，工作有的是，当然检测机构必须符合中石化规定、遵守储运公司各种管理制度，合规、合法地开展管道检测业务。尽管胜利检测中心是中石化内部检测机构，也必须经过论证、准入、招标或议标等程序，来承揽我们的管道检测项目。

因此，他建议我们先向储运公司主管管道技术的部门作个汇报，最好做个示范，根据效果再讨论下一步检测任务。之后，我又给分管管道安全运行的副经理、管道管理处领导分别简要汇报、展示了我们胜利腐蚀研究所管道检测技术及 6 年多以来的检测业绩。因为有总部的介绍，虽然是第一次，汇报还算顺利，钱建华经理中午请我和同行的油田事业部王立坤一道吃了顿午餐，见面时间不长，钱总的专业认知和平易近人的作风给我留下了深刻的印象。后来，他还分别在 2015 年、2017 年向中国石油企业协会以专家的名义推荐我写的《天然气管道安全与管理》《油气管道隐患排查与治理》两部专著，参评全国石油石化企业管理现代化优秀著作奖，在他的推荐下这两本书都获了奖（图 30–3 为 10 年之后的 2010 年，在上海再次见到钱总时，我用手机给他拍摄的一张工作照）。下午，管道储运公司确定在沪宁原油输送管线盱眙段做一个检测示范，检验地面检测技术在长输管线上的实际效果。

图 30–3　钱建华同志在办公室翻阅本书作者编写的《油气管道隐患排查与治理》一书

汇报之后，我没有再耽搁，连夜返回胜利，一路上都在思考，如何把握住这次试验的机会，打开原油长输管道检测市场。

2010 年 8 月 4 日，我再次去北京中石化总部，给相关事业部负责管道的业务处室汇报长输管道地面检测的作用，重点给生产经营管理部国内原油处进行了汇报，交流了我们在徐州接洽工作情况及鲁宁线盱眙试验段检测方案，希望取得他们的支持，尽快启动华北三条线检测工作。同时拜访了中石化销售公司管道处，认识了卜文平处长，我发现卜文平处长也喜欢技术研究与总结，他还赠送给我一本他参与编写的《管道维抢修技术》一书，从此我们一直保持着良好的私人关系。

2010年8月11日，完成鲁宁线盱眙3km试验段检测工作的王遂平、杨为刚、刘超工程师从江苏归来。全所工程师集体就检测发现阴极保护不到位，发现的几处存在于防腐层破损处的管道外壁轻度腐蚀，埋设深度比设计图纸标识深1~2倍等问题进行了专门研讨。虽说鲁宁线连续发生了几起漏油事故，引起上级部门的重视，但是，从我们检测的情况来看并不存在管体总体存在腐蚀失效的风险。该如何向总部及徐州管道储运公司汇报？我们的地面检测技术是否能够胜任长输管道的检测？应该制定一个什么样的检测方案以及如何汇报，才既能发现问题，又能让管理部门信任我们的技术？这些都是我们当年试图解决的问题。

就在我们讨论盱眙试验段检测结果及相关问题的当天，中石化生产管理部向我所咨询管道地面检测技术发展状况，并说要在近期召开一个研讨会，希望我们提前做个准备。这使得我们更要慎重对待这次试验检测的结论及报告的编写。我们觉得仅仅3km试验段检测还不足以摸清长输管道的特点。于是，利用我们已经建立起来的与管道储运公司潍坊输油管理处的友情，2010年8月12日，柳言国副所长去潍坊处拜访，专门向主管安全的康宝成副处长及管道科、反打办（反对打孔盗油办公室）介绍我们的现场检测技术，特别是隐蔽盗油卡子巡查技术，希望尽快在潍坊处也启动试验性检测工作。潍坊处同意先委托我们做30km管道检测，以检验我们的技术。

可是，受中石化生产管理部即将召开管道检测研讨会的影响，管道储运公司催促我们尽快提交盱眙试验段检测报告，不得已，我们在8月14日将试验检测报告发送徐州中石化管道储运公司管道管理处。这个报告在我们当时看来是不完善的，是不足以反映我们整体技术水平的报告。我们还需要更多的长输管道的检测实践及分析，才能给出一份关于长输管道检测的典型报告。四天之后，即2010年8月18日，中石化油田事业部技术处通知我们：代表中石化内部检测机构参加中石化生产经营部管道检测讨论会，并指定我们作检测方案汇报。

2010年8月31日，中石化管道检测评价专题会议预备会在北京召开，主要是管道储运公司进行会议准备情况检查，储运公司几个主要领导及管道管理处、安全处、科技处、计划处等机关部门参加了会议，专门就盱眙试验段检测结论进行了讨论，让我们介绍我们了解的全国管道检测技术现状。

2010年9月1日，中石化管道检测评价专题会议召开。参加的部门有：中石化总部的生产经营管理部、发展计划部、科技部、安环部、管道储运公司、胜利油田。生产经营部段彦修副主任传达中石化集团公司总经理的讲话要求、股份公司章建华高级副总裁关于开展华东三条原油管道检测评价工作批示精神以及总裁办的督办意见。管道储运公司领导汇报储运公司管道现状，潍坊处领导汇报了东黄线原来的检测情况及存在问题，我们汇报了管道检测技术发展现状。会议要求：30年以上的管道必须进行全面检测；必须先检测评价，再制定大修或更新方案；确定胜利检测中心为这次华北三条线检测承担单位；同时要求胜利检测中心装备要加强，以适应华北三条原油管线检测要求；明确胜利检测与储运公司是乙方与甲方关系，必须有个具体明确的技术方案与规范的合同约束。

至此，我们从华东三条线开始进入了中石化长输管线检测市场。

华东三条线概况及检测背景

华东地区主要油田为山东胜利油田，是继大庆油田之后建成的第二大油田。胜利油田投入开发后，陆续建成了东营至辛店（1965 年）、临邑至济南（1972 年）两条管道，直接向齐鲁和济南的两个炼厂输油；1974 年，东营至黄岛管道建成后，原油开始从黄岛油港下海转运；1975 年后，开工修建了山东至仪征、东营至临邑的管道，建成了华东管道网。本书所述华东三条线分别是指：东营 - 黄岛输油管线（以下简称东黄线）、东营—黄岛原油管道复线（以下简称东黄复线）、东营 - 临邑输油管线（以下简称东临线）。

东黄线建于 1973 年，1974 年建成投产，起自山东省东营市，途经广饶县、寿光市、潍坊市、昌邑市、高密市、胶州市，终到青岛市黄岛区黄岛油库，承担着由黄岛油库向东营输油站输送进口原油的任务。原设计长度为 248km，管径为 529mm、7mm 和 8mm 变壁厚设计，材质为 16Mn 螺旋焊缝钢管。管线外防腐层采用石油沥青玻璃布，外加电流强制阴极保护。最初由胜利油田设计院设计，胜利油田建设公司施工。石油管道局接管后，1984 年对全线进行了技术改造。管线全长 245.32km，年输油能力 1000 万吨。东黄复线建成后，东黄线随即扫线停输（1986 年 7 月至 1998 年 8 月停运封存 12 年）。1996 年 7 月再次改造后，长度为 251km。1998 年 8 月 23 日恢复输油（东黄线输胜利油，东黄复线改输进口油），改造和恢复工程由原管道勘察设计院设计，管道四公司和胜利输油公司所属管道安装公司施工。

东黄复线建于 1985 年，1986 年 7 月建成投产，起自山东省东营市，终到青岛市黄岛区黄岛油库。目前只通过东临线为临邑枢纽站等温输送进口油。设计长度为 248.5km，管径为 711.2mm，壁厚分别为 8.74mm、7.92mm、7.14mm，穿跨越段最大壁厚为 9.52mm，材质为日本进口 X60 直缝焊缝钢管。设计压力为 6.5MPa，年输油能力为 2000 万吨。管线外防腐层采用石油沥青玻璃布，外加电流强制阴极保护。这是中国建设的第一条自动化输油管道，由管道勘察设计院设计，自动化部分与国外公司联合设计，管道二、三公司施工。

东临线建于 1975 年，1976 年建成，1978 年 5 月正式投产，起自东营市，途经东营、滨州、惠民、商河、临邑等市县，终到临邑输油站。设计长度 188.1km，管径为

529mm，壁厚为7mm和8mm两种规格无规律组装焊接，材质为进口16Mn螺旋焊缝钢管。经改造后长度为171.3km，改造段主干线壁厚为8mm，热炜弯头壁厚为9mm。管线外防腐层采用石油沥青玻璃布，外加电流强制阴极保护。

华东三条线自21世纪以来，随服役时间延长及周围环境变化，管线进入了腐蚀事故高发期。不法分子打孔盗油所致的人为破坏也给管道输送安全带来了巨大隐患。另外，随着城市建设的不断加速，管道被占压现象日益严重。

2010年3月15日，东黄线地处山东省广饶县大王镇的一段管道由于受垃圾山长期占压，在“垃圾山”又逐年加重的过程中，造成管道上实下虚，产生位移和疲劳变形，垃圾山失火而引发管道爆裂漏油事故。火灾发生后，7000m^{3}土方的填压，数百吨消防用水、泡沫的投入，使“垃圾山”形成物理沉降，加上数十辆消防车、推土机的碾压，使腐蚀严重的高压运行管线出现原油渗漏，更加大了火灾扑救难度。事故致使齐鲁石化原油供应中断，造成很大经济损失和社会影响。

2010年4月14日15时左右，鲁宁输油管线（起于山东临邑县，止于江苏仪征市，全长652.6km，年输油1800万吨，最高压力4.2MPa）盱眙淮河大桥东首处突然破裂，导致原油泄漏。鲁宁线因泄漏停输事故已经发生过数起，如2007年11月24日21时就曾因腐蚀减薄和管子屈服强度降低致使螺旋焊缝撕裂，发生泄漏，造成停输25小时，极大地影响了长江沿线炼化企业的正常生产。

2010年5月2日，东黄复线胶州市九龙镇223号桩处，因地方违章施工致使管线受损漏油，东黄复线紧急停输。漏油现场位于胶州市九龙镇某公司一非法建设的厂房附近，距东黄复线仅20多米。施工方擅自在管道上方挖土，致使管道破裂。

三个月内连续三起事故的发生，给中石化管道储运公司及中石化管道安全输送敲响了警钟。检出管道存在的腐蚀、变形、占压、盗卡、渗漏等隐患，给管道维护、维修、更换与日常管理提供依据，最大限度地避免管道事故的发生刻不容缓。中石化相关管理部门指定胜利油田腐蚀研究所承担华北三条原油长输管道的检测评价工作，既是信任，也是考验，更有风险。我们认为也是机会，根据这几年泄漏检测实践与技术研究积累，我们相信只要认真实施全面的地面检测，引起渗漏、盗卡这类隐患是完全可以提前发现的。

方案论证与合同谈判

2010年9月16号，徐州管道储运公司第四会议室讨论我们提交的华东三条线之一——东黄线检测方案。地面检测的焦点在于电磁干扰的排除方法以及被屏蔽管段的检测解决方案。参加论证会议的多数人员对我们方案中提到的上述解决方案争论不休，唯独会议主持人管道储运公司管道处宋天博处长不吭声，他只提我们报告结论如何写的问题。因为他非常明白当时的管道检测技术，并不是什么隐患都可以检测出的，所有类型的检测都有一定的适用条件。我们也知道，老处长对这条运行了 30 多年的管道，其现状应该是最清楚的。他的目的是借我们的报告，从中石化申请足够的维修改造资金。只要有足够的资金维修改造，安全肯定就不成问题了，这是最省事的一种方法。不过，我们却并不仅仅是为了赚他们那几百万检测费而来的，作为国有检测机构，我们的首要目的是业绩。我们希望通过检测发现真正的问题所在，我们希望他们提供足够的费用，以便我们可以在这条管道上进行各类检测技术的比对试验，提高我们的检测水平，最好能结合这条重点管线的检测再搞出个部级科研成果之类的荣誉来。我们完成检测后的报告，不想仅仅成为业主方申请经费的依据，而是要依据我们的检测数据分析，尽可能完整科学地判明管道的安全、技术状况。所以，最后的焦点就在于：我们想在方案中尽可能地用多种方法检测，准确地判断隐患发展趋势，根据发展趋势决定小修、大修还是更新，当然全部检测成本要储运公司承担。而储运公司则希望尽可能地压低检测成本，方案越简捷越好，报告结论尽可能地向大修、更新方面靠拢。当时有个流行的说法叫作“屁股决定脑袋”，人所处的地位不同，职责就不同，职责不同，看问题的角度就不同，看法自然就不同了。方案论证会虽然提出了不少问题，由于将近年末，上报来年资金计划是有时间要求的，所以方案争论了一天，最终还是通过了。

为确保在年底前结束检测或至少能有个结论，方案论证会之后不久，我们就将检测队伍开进东黄线检测工地。到 10 月 8 日，我们已经派驻 3 个项目组到东黄管线检测现场，确保年底完成现场数据采集与报告草案提交审查。我们毕竟是中石化内部检测单位，资金、合同其实完全可以通过协调来解决，换句话讲，即使他们不给我们检测费，只要通过内部认可一下我们的工作量，我们的检测费用都是可以落实的。9 月底，我们编制了总计 800 万元的华东三条线检测概算送管道储运公司有关部门。2010 年 10 月 7 号，徐州要求我们重新做一个详细预算。徐州审计处需要对该预算进行评审。同时，明确要求压减总费用。2010 年 10 月 11 号，我们提交正式预算 737 万元给他们的计划处、审计处及潍坊处。按照当时行情，我们这个报价只有内检测要价的 55%，而地面检测管体隐患实际更烦琐，虽然装备成本低，但人工和措施成本很高，综合成本不比内检测低多少。三天后，潍坊处说，其他检测单位报价仅我们的五分之一，要求我们大幅降价。降低费用意味着许多检测项目只能简化甚至取消，其他公司报价之所以低就在于检测项目少、现场采集的数据量少、复杂的检测省略了。这样的检测费用是降低了，可无法判明管道的质量安全状况、查明隐患啊！最后经过再次修改方案，达成按 440 万元控制检测总费用的协议。

框架有了，每条管线的具体合同的谈判难免还会费一些周折，直到 2011 年 5 月

13 日，三条线的合同才全部办理完毕。总体而言，管道储运公司这三条管道的检测工作从 2010 年 10 月下旬开始转入以现场数据采集、数据分析、技术验证与论证评价为核心的工作阶段了。

破解自然密码的努力

2010 年中石化领导之所以要启动对华东三条线的检测，主要是因为连续发生了几次原油泄漏、着火事故，决策层对管道安全产生担忧，因此，希望通过检测，首先查清管体腐蚀损伤状况，再查明管道腐蚀防护状况，从而为管道维修更换决策提供技术支持。这三条线均投入运行 25 年以上，且占压严重，管道存在变形风险，没有机构敢冒险实施内检测，于是，地面检测成为第一选择。但是，检测的方式虽然确定为地面检测，检测的主要目的仍然主要是判断管体腐蚀损伤状况。

基于这一点，我们在方案中也是将管体腐蚀蚀失量（剩余壁厚）检测、应力集中现象检测等作为重点检测项目。

管体腐蚀蚀失量（剩余壁厚）检测，当时是采用我们与李永年的驰骋千里公司合作研究多年的 TEM 检测技术。检测时，每隔 10~20m 布置一个测点。对异常段、可疑点、突变点进行加密测量，加密测量的点距通常为 5m，必要时每隔 1m 加密布置一处测点。管体剩余壁厚抽测点的布置区域和抽测比例的选择尤为重要，测点布置重点针对管道外防腐层性能差或破损严重的区段、阴极保护不达标管段以及占压管段临近处等。另外，为综合分析揭示管道的腐蚀或隐患分布规律等，管道外防腐质量较好的区段也布置少部分测点。以管线探测和外防腐完整性检测结果为指导，并结合现场实际施测环境，华东三条原油长输管道实际布设测点如下：东黄线共布设测点 618 个，其中包含防腐层老化管段 456 处，阴极保护不达标管段 302 处，管道外防腐层破损点 67 处，管道占压及穿跨越区段临近处 88 处；东黄复线共布设测点 1139 个，其中包含防腐层老化管段 841 处，阴极保护不达标管段 606 处，管道外防腐层破损点 201 处，管道占压及穿跨越区段临近处 51 处；东临线共布设测点 731 个，其中包含防腐层老化管段 402 处，阴极保护不达标管段 80 处，管道外防腐层破损点 73 处，管道占压及穿跨越区段临近处 83 处（有的检测布设点可能同时是防腐层老化、破损、阴保不达标点，所以分项布设点之和大于总计布设点，作者注）。

对于占压区段，TEM 技术因发射的瞬变电磁信号无法抵近而不能实施。然而在 2010 年时，由于城市建设的快速发展和频繁的工程建设活动，导致管道被占压现象已经相当严重。以我们检测的华东三条线为例，占压就高达 1776 处，累计占压长度达 156907m，即占压段占了三条输油管线总长度的 23%。可见，当年油气管道被非法占压已经相当严重。施工不仅有可能严重损坏管道防腐层，也可能会导致管体受力变形、机械损伤，成为油气管道安全运行的隐患，并且已经导致了多起严重的爆燃事故。因此，2010 年 4 月 28 日，国家安全生产管理总局专门下发了《输油气管道违章占压预防和清理工作通知》，但是，占压清理工作在当年推进极不理想，效果甚微，只能通过检测查明隐患以采取预防措施，并间接推动清占工作的实施。因此，相较于我们在胜利的集输管线检测及年代久远的长输管道的检测，被占压段的检测具有非凡的意义。

被占压管道地面检测当年比较可行的办法是采用导波检测，应力检测技术当时还不是很成熟。当时，世界上只有英国焊接研究所、英国 GUL 公司和美国西南研究院三家机构研制出了导波检测设备。国内当年设备还非常稀少，仅北京几家代理商手中有屈指可数的几台。我们在 2010 年 11 月 25 日，通过美国西南研究院北京办事处的李金武联系到了 Wavemaker G3 超声导波检测系统设备。在东黄线 10 多处占压管段占压边界外开挖检测坑，在管道上安装检测系统进行检测，结果发现超声导波检测系统对于埋地管道的单边检测距离仅 10m 左右，也就是说，超过 20m 的占压就无法做到全覆盖检测。可在被检测的三条线中，房屋占压 619 处、累计占压长度 47717m，平均每座房屋占压长度约 77m；公路穿越或城区道路占压 341 处，累计占压长度 13141m，平均处公路占压长度约 38.5m；还有危险性极高的加油站占压 21 处，累计占压长度 1202m，平均每处占压长度约 57m；穿越河流 92 处，累计占压长度 18113m，平均每处占压长度约 197m；院落占压 763 处，累计占压长度 76837m，平均每处占压长度约 101m。可见，被占压段基本上无法做到全覆盖超声导波检测。

天下无心外之道，亦无心外之学！当我们用尽心思去寻找问题的解决之法时，答案仍然是有的。一个办法是我们可以在被占压的公路上、院落内甚至厂房及加油站内开挖部分检测坑，另一个办法就是采用已经处于探索阶段的应力检测技术对被占压区段进行检测。检测可能不是很准确，但是，任何功夫不会白费，能检测到一些信息总比没有任何信息更易于作出对管道隐患状况的全面判断。

正如宋应星在《天工开物·膏液第五》中所论“草木之实，其中蕴藏膏液，而不能自流。假媒水火，凭借木石，而后倾注而出焉”，自然界其实为我们人类做出了许多“巧妙安排”，或者说隐藏着许多有益于人类的密码，这些密码一直“巧生以待”，等待借助我们的力量与技术手段的相互配合以获得这些有用的密码。比如大地地磁场的存在、电磁场等就是大自然为我们人类在破解埋地管道隐患方面做出的“巧妙安排”，我们只有破解了其中的密码，而且是尽可能详尽的密码信息，才能使管道隐患的分析更为准确可靠。

可这些密码的获得是需要大量的人力资源与技术资源的投入的，在现代社会就是工作量以及其背后的资金的投入。在总成本降低的情况下，许多现场检测项目只能压缩时间、简化技术手段和措施。特别是那些占用成本高，发现问题概率又不高的项目，必然会成为我们与业主交涉的重点项目。如涉及占压部分的协调很耗费时间与人力，开挖成本更是个无底洞，特别是道路及城区建筑设施下方管道的检测，不做适当的开挖，信号加载难度很大，而开挖的协调难度也不小，开挖及恢复成本又相当高，必然成为缩减重点。最终，东黄线共布设导波测量探坑23处，其中包含房屋占压15处，加油站占压3处，公路穿越4处，河流穿越1处；东黄复线共布设导波测量探坑21处，其中包含固定墩2处，房屋占压16处，公路穿越2处，河流穿越1处；东临线共布设导波测量探坑20个，其中包含房屋占压5处，加油站占压1处，公路穿越4处，河流穿越3处。应力检测只能舍弃，即便是非占压段的管体腐蚀损伤缺陷的地面检测也是一项需要采集大量信息数据而后精心分析方可求之的结果，在费用大幅压缩的情况下必然需要压缩相应的检测作业量。

永久的遗憾

遗憾的是：压缩工作量的做法虽然是不得已而为之，风险或许就这么在不经意间隐藏起来了。值得欣慰的是，我们根据有限的检测信息，做出的管道安全状况判断及处理意见却是几家曾经对东黄线检测过的诸家中相对最中肯的，当然这一点涂抹在“11·22”的背景下，除了那句在“在灾难性的废墟上反思前行”的悲壮之外就没有任何价值了。

2010年12月30日，在徐州召开东黄管道检测项目阶段性预评审会。中石化管道储运公司管道处、计划处、安全处、财务处等处室参加评审。不出所料，提出了一系列疑问：如开挖验证不足，技术上有哪些局限性讲得不是很清楚；评价结论应该与现实结合更紧密，抽查的代表性有多大？没有抽查到的安全性如何？阴极保护效果没有达到100%，为什么得出管体腐蚀总体不严重的结论？

作为乙方的我们也很无奈，我们想采集更多的信息，以便使各位领导的疑虑都得到消除，我们更想将全部管道的每一寸管体上可能存在的风险都解读出来，可实在是巧妇难为无米之炊。为确保检测评价科学性，在经费紧张的情况下尽可能压缩管理成本，增加了一部分TEM检测和导波检测数据采集点，同时增加了应力检测手段，以提高检测质量。

2011年3月9日。中石化总部五部门又在京开会讨论华东三条线的隐患问题，我们就东黄线检测成果作了专题汇报，生产管理部等部门认可了我们的检测技术及结论，希望加快进度，以便及时安排维修计划。3月末，中石化生产管理部派技术主管于帅到东黄复线检测工地，督导检测工作，他看了开挖加载导波检测现场后，亦认为去年核定的检测成本缺口太大。只是这不在他的管理范围，他回京汇报后，生产管理部负责此项工作的尚孟平处长又数次电话要求我们对占压管道要最大可能地实现 100% 导波检测，潍坊处管道科科长李秋阳又提出对固定支墩处实施应力与导波检测的要求，并说要协调专项费用用于导波与应力检测，以保证管体腐蚀损伤检测的全覆盖，可最终也没有协调到检测经费。图 30–4 为在东黄复线上实施应力检测的现场照片。

图 30–4　陈凯、孙振华、王遂平（自左至右）工程师东黄复线现场进行应力检测

这个项目直到检测完，检测数据量不足、无法覆盖到全部管线的问题一直也未能得到解决。抛开因为成本限制、检测布点不足的因素之外，管体缺陷地面检测技术的发展水平也是主要的制约因素。

从 2011 年 10 月 19 日起，潍坊处对东黄复线、东临线检测项目现场开挖验证，我们用 3M 磁记忆检测发现有应力集中，判断为有疑似缺陷的地点，挖开了三处却未发现任何缺陷。当时，我们分析是磁记忆检测技术本身引进中国不久，可能技术尚存在比较大的欠缺。但是，2011 年 12 月 13 日，我和刘超、龙媛媛在徐州汇报我们的东黄复线、东临线检测项目时，徐州有关部门在会上提到，他们请俄罗斯人在我们去年检测过的东黄管道上，用磁记忆技术发现了多处管体缺陷并得到开挖验证，而我们此前给出的结论却是没有缺陷。同样用的是应力检测的方法，我们在应用水平上与俄国人有很大的差距。

任何技术都是长期投入而沉淀的产物，尽管自 2000 年我国引进俄罗斯的应力检测技术以来，做了大量的研究试验工作，但是毕竟沉淀不够。那些年，我国已经发布了不少篇介绍磁记忆的论文。看来，研究工作者不能仅仅发表刊物论文，必须使自己的研究能够切实解决实际问题，把论文发布在检测现场才是真正的学问。通过这次检测也使我体会到：我国不能只引进别人的技术，引进了其实也受制于人，必须走自己研发的路子。导波检测也属于引进技术，我们在现场的应用效果也不是很理想，开挖验证符合率也不高。而同样属于地面检测技术的 TEM 检测由于属于我们国内自己开发的，开挖验证符合率就高很多，基本在 90% 以上。看来国外技术多少都存在水土不服或技术保密的问题。当然，如果我们同时运用这三种技术对同一区段检测，通过相互验证，则发现管体隐患的概率与准确性就会提高很多。

经过大约一年多时间的努力，仍然有许多方面无法给出非常肯定的结论。原因是部分管段的质量安全状况信息数据我们根本就没有采集到，或采集量不足、方式单一，缺乏相互印证。正如2011年12月13日，在徐州管道储运公司第三会议室召开的东临线、东黄线交工验收会上，储运公司宋天博处长所说的："被占压管体的地面检测目前是个难题，应该注明无法检测，这是受技术发展阶段限制造成的……"。我们只能在遗憾中提交了华东三条线的检测报告，我们会记住这些老处长的话，在我们的检测技术探索生涯中一定会记住这一刻。

华东三条线的检测是我们费尽周折争取来的，我们也清楚当时的地面检测技术并不足以充分、可靠、完整地评价管体存在的各种隐患状况，但是我们不冒险试一试，我们可能就不会有走进长输管道检测的机会。正如多次在坠机事故时成功逃生，创造了世界纪录的著名飞行员林德伯格所说的："我不喜欢冒险，但是不冒险又会一事无成。人类社会的每一次进步无不伴随着冒险……"。对华东三条近700km原油输送管道的检测虽然没有按我们预想的那样，将所有技术做一次实践并使管体外检测全覆盖，没有穷尽一切手段对管体状况信息采集，但毕竟这次检测使我们迈进了长输管道检测的大门，使我们对管道地面检测有了进一步理解，对自然界"巧生以待"的密码信息有了更深刻的体会。从这个角度讲，华东三条线的检测是我们前进道路上的一个重要驿站。

4.穿越野三关的川气东送

2011年3月9日，中石化东黄管线检测结果汇报讨论会在北京西藏大厦昌都厅召开，我们为此做了近半个月的精心准备，开会时才知道中石化管道储运公司同时邀请了沈阳工业大学杨理践教授汇报鲁宁线内检测情况。原来，管道储运公司在2006年就与沈阳工业大学联合开展了长输管道内检测技术研究项目。2008年初，为鲁宁原油管道"量身定制"的直径720 mm的漏磁内检测器在局部管段进行了工业试验；2010年，对鲁宁管道进行了全面内检测。而且管道储运公司维抢修中心来了数位领导和工程师参加了这次汇报会，一种不祥之兆顷刻在我心中弥漫。几年前，就听说管道储运公司拟以维抢修中心为基础申请设立"中石化油气管道检测有限公司"，看来就要水到渠成了。这就意味着我们好不容易挤进的中石化原油长输管道检测市场大门可能又要对我们关闭了。不过，我们此刻没有觉得沮丧，毕竟华东三条线的检测业绩足以让我们有信心去争取其他长输管道的检测业务。

会后，我们走访了中石化天然气分公司，向宗照峰处长汇报了我们在管道储运公司从事长输管道检测的心得。得知川气东送管道计划检测，拟以邀请投标的方式选择检测单位，并得知川气东送公司有一位副经理曾在胜利工作过，这些信息来得太及时了。川气东送管道工程是继西气东输管线之后又一条贯穿我国东西部地区的能源大动脉。管道西起川东北普光首站，经四川、重庆、湖北、安徽、浙江、上海四省二市，终点为上海站，全长约 1700km，管径 ϕ1016，设计压力为 10MPa，是我国当时最具有代表性的长输管道之一。若有了这条管线的检测经验，就标志着我们具备了检测任何一条大型长输管道的能力。仅这一点就足以让我们付出任何代价去争取。

争取川气东送管线检测业务

2011 年 3 月 15 日，我们便通过胜利产销处的介绍与川气东送公司招投标管理部门取得了联系，并报送了我们的业绩材料。当我们得知这次检测的主要内容是防腐层质量状况及阴极保护检测时，我们信心倍增，因为这是我们的强项啊！只要给我们机会，我们肯定能做得最好。2011 年 3 月 29 日，我们应约去武汉向川气东送公司相关技术部门介绍了我们的检测技术及特点，对方对我们的防腐层检测方法及腐蚀活性分析很感兴趣，认为有特点、有经验，看来我们有希望了。可是到 5 月 3 号，对方又电话向我们强调需要具备国家质检总局颁发的检测资质，这可真是我们的软肋啊！

经过调查得知，这次被邀请投标的有一家名叫四川宇通管道技术有限责任公司，其在川气东送管道建设中就参与了该管道的检测。从网上一搜得知，这家公司的确不同凡响。该公司是一位名叫王富的人牵头成立的民营检测公司，于 2005 年 5 月 23 日在成都经济技术开发区成立，当时注册资本 600 万人民币。同年获得中国国家质检总局批准开展长输管道检验与完整性评价工作，并取得了《特种设备检验检测机构核准证》。我们胜利检测中心作为一个有数百名专职检测员工的全国最大综合性检测公司，都没有取得国家质检总局管道定检资质，而这家公司却能够在成立的当年就获得有关资质。该公司不仅可以承担管道外防腐层专业性检测与评价、管道清管及智能检测、阴极保护有效性检测与评价、电流腐蚀检测与评价、土壤腐蚀性检测、管体内外腐蚀调查与评价、焊缝检测，而且拥有自己开发的管道剩余强度评价及风险评估系统，2009 年还与荷兰 Pipesurvey international 公司合资合作，共同开展管道智能检测与评价工作，实在不容小觑。

对标四川宇通公司找差距，突出我们的特色业务宣传推介，弥补我们的短板，通过一个月的努力，终于有了效果。2011 年 6 月中旬，川气东送管道检测项目招标会确定我们与四川宇通公司各获得一个检测标段，中油沈阳龙昌公司与天津嘉信公司遭淘汰。虽然正式合同在 8 月 28 日才履行完手续，但是考虑时间紧张，2011 年 7 月 25 日，柳言国、王遂平、刘超就到达湖北宜昌，开始对我们中标的 357 公里的鄂西段进行现场勘察，川气东送管道检测进入实施阶段。

川气东送鄂西段从湖北利川市汪营镇的鱼泉口村一直到枝江市七星台镇的东林村，包括 6 座 RTU 阀室，10 座手动阀室，悬索跨越河流 2 处，隧道穿越山体 35 处，长江盾构穿越1处，5个站场。经过利川、恩施、建始、巴东、长阳、宜都、猇亭、枝江等8个县市区，山峰陡峭、沟壑纵横、草深林密、道路崎岖、人烟稀少是川气东送管道穿越的地形地貌最为复杂的地区。据此，我们将本次检测重点锁定在如何在山区陡坡段、隧道段、石质管沟段准确地检测并采集到能够反映防腐层状况与阴极保护效果的可靠信号，以及评价防腐层状况与阴极保护效果时是否存在特殊规律。我们过去毕竟都是在平原地带检测埋在一般土壤下的管道，这次是第一次进入大山深处。

从野三关眺望神农架

2011年8月29日，我在武汉办理完成该项目的最终合同手续后，沿沪蓉高速驱车400km，去看望住在巴东县野三关镇的检测人员。

到达野三关这个高山小镇的当晚，我首先就被一条名叫“喝二两”的地名搞得惊诧不已，如果说哪个饭店叫“喝二两”还觉得诙谐有趣，可一条街道叫“喝二两”就实在有点太吓人了，我忽然想起日落时分，我们驾驶的车辆在镇北侧的入口附近，似乎还看到个“中国三峡酒厂”的招牌，难道这个镇上住的都是酒神酒仙吗？怪不得这里的棺木要悬在半空岩穴之内，酒神酒仙们即便死后也要在孤月灵台之上寻找那种酒醉后的轻飘感。当我们走进一家名为“姊妹饭店”的酒馆时，我的腿脚都有点发软了，我分明看到吧台上以及沿墙酒柜上摆放着一个个古色古香的小酒坛子。我赶快声明，我今晚不喝酒！大家都笑了，原来这些酒坛子是用来装饰的。那一夜，我边吃边听检测工程师们这一个月来的体会、经历与见闻。

DCVG防腐层检测本来属于目前成熟的检测技术，在这里工程师却遇到了新的考验。川气东送管道应用3PE外防腐层本身没有什么大的问题，因此，本次检测主要目的不是用DCVG定位破损点，而是评价管道腐蚀活性。令现场工程师们费解的是：部分防腐层破损点DCVG腐蚀活性各个方向上的评价结果不一致，或者随检测日期的不同检测评价结果会出现差异。尤其是破损程度极轻的，出现这种腐蚀活性判断问题的情况最严重。经过多天的试验摸索，他们终于搞明白问题的实质在于：轻微破损点在地表引起的通断电位差较小。通断电位差小的原因又在于：一是轻微破损点接地电阻较大，电流流失量小；二是由于被测管道属于新投产的3PE防腐结构管道，管道防腐性能良好，导致管道中阴保电流较小，而DCVG检测使用的就是阴保电流，因此检测初始信号小不易评价腐蚀活性（一般沥青管道阴保电流大多在10A以上，几乎不存在腐蚀活性判定难题，而3PE防腐结构管道阴保电流通常都在1A左右，较小的破损点腐蚀活性判断较难）。那么，怎么处理这个问题呢？最简单的办法就是人为地增大（恒电位仪）阴保电流输出，但是增大（恒电位仪）的输出电流后，实际改变了目前管道正常运行管理时的工况，这样虽然看似解决了不易评价的问题，实际是导致全部破损点腐蚀活性检测结果受到了严重干扰。因此，这种情况下应从破损点腐蚀活性判断原理分析，来解决问题。当破损点在地表引起的通断电位差和背景值基本一样时，实际上这类破损点在通断时可以看成轻微电流流失，当作中性情况处理即可。开挖验证也证明了工程师们判断的科学性。

CIPS 检测可全面地评价管道阴保系统现状，也是一种相对比较成熟的地面检测技术。但是在川气东送管道 CIPS 检测中却出现了 CIPS 检测数据大大低于常规技术检测结果，以及 CIPS 检测数据断续异常问题。经过分析认为是 CIPS 尾线电阻过大导致 CIPS 检测数据大大低于常规技术检测结果，因此，应该对尾线电阻进行检测。CIPS 检测数据出现断续异常经常发生在部分山区 GPS 信号较弱位置，检测时应多加注意，确保 GPS 正常时再记录检测数据；个别位置 GPS 确实没有信号的，可以采取使用延长线增加参比电极检测范围的方法，但这时应注意检测结果要修正（补偿）由于增加导线而产生的电压降。

不积跬步，无以至千里。任何技术的进步与完善都是在对一些异常现象仔细观察的基础上，通过深入透彻的分析与反复试验取得的。对于 DCVG 检测与 CIPS 检测遇到的上述异常，或许已经出现过多次，但是真正引起注意并揭示出背后的原因的报道却很少见。这不禁让我们想起宋代著名科学家沈括在《梦溪笔谈》第 131 条“日月食”中对日食与月食现象的仔细观察与分析来。早在公元前 13 世纪的甲骨文和公元前 8~9 世纪的钟鼎文中，我国就有关于日食与月食的记载。汉朝的《太阳历》、隋朝的《皇极历》、唐朝的《大衍历》等也沿袭了前人关于日食与月食的观察结果。可沈括却通过仔细观察与分析，系统地阐述了日月交食发生的条件及日食月食初亏和复圆的方位，精确地指出黄白道交点每月沿黄道由东向西移动 1° 多（现在天文学计算结果为 1° 5′），沈括的观察使我国的日食月食研究达到那个时代最高的科学水平。因此我们不能因为人们认为某个技术成熟了就不去进一步地研究分析，而将一些出现的“异象”仅仅归结于“异常现象”就不再去分析与思考。

山区的检测环境也是对我们检测工程师们的考验。那天晚上我还听到了他们一件让人忍俊不禁的故事。因为北方人忍受不了南方的夏季炎热，我们的检测人员一般早上五点多钟就进入现场检测，十一点左右就回驻地休息。有一天，他们发现 CIPS 检测数据有问题，就反复做试验，等从山上往下走时已经十二点多了，他们干渴难耐，正好发现山间有一住户，就去敲门想讨口水喝。他们怎么敲门，里面就是没有动静，可刚才他们从远处分明看见家里是有人的啊。最后他们越过一条沟，发现了一片番茄地，不仅解了饥渴，还从那个在番茄地里干活的农民口中得知人家拒绝开门的原因。原来，山区平时很少有外部人进入，忽然冒出几个红魔（着大红色衣服），肩上还斜挎着一圈又一圈发光魔绳（测线），手中提个拨火棍（探杖），跑步快得像夜叉，远远望去还以为是从神农架跑出来的呢！原来，附近人都传说神农架有野人存在。我问他们那天敲门的几个人都是谁？他们告诉我是王遂平、孙振华、刘超三个人。我想，长这么帅的三个年轻工程师都把山民吓得不敢开门，那要是换成老王与小尚组合，一胖一瘦、黑脸红服，又经常爱叽里呱啦的相互呼叫，估计连那个在沟边番茄地干活的农民也可能吓得魂不附体了。

第二天，我陪同大家一起翻过一道沟，检测了一处如同挂在山体上的管段和一处越山隧道口处的管段。太阳渐渐西落，我指着北方神农架自然保护区方向说，大家干完巴东段，就去神农架里转一转，放松一下吧。一位工程师却说："领导啊！您昨天晚上看到酒坛子腿发软，我们可是望见大山腿抽筋啊！在山里转了一个多月，再也对神农架提不起兴趣了，只希望早点干完工作回家"。当天夜里，我没有去这座被称为"小特区"的古镇活化石"老街"，没去感受那些古色古香的建筑、杂货齐全的店铺和各种特色小吃，没有探访 1984 年胡耀邦、胡锦涛、乔石等党和国家领导人夜宿小镇的地点，没去"劝农楼"学唱《劝农歌》，只是稍微领略了一下野三关的"中国车辆博物馆"，就大有"此生到过野三关，历经沧桑不觉憾"的感慨，因为我早已被我们的工程师们的敬业精神感动了！

神奇利川体会探索乐趣

第三天清晨，我继续驱车西行，直奔利川。一路上，刚出万米长洞，又见桥下幽谷，中午时分，于蜿蜒曲折中忽见一个"有利之川"的宣传牌，另一个检测项目组驻地到了。

这座湖北西南边陲之城，西靠蜀渝，东接恩施，南邻潇湘，北依三峡，古时或蜀或吴，时巴时楚，今置南浦，明又亭州，皆因地僻山隔、沟深林密、蛮獠杂处。然而正是这样特殊的地理环境，却成就了千姿百态的溶洞群，养育出不菲的药材王国，更以 167 项旅游资源名冠天下。不知我们的检测人员是否领略过这个少数民族聚集区的神奇，我印象最深的却只有他们兴奋地谈论站场与阀室检测中的体会。

本次川气东送管道站场、阀室检测内容主要为：阴极电缆、阳极电缆完好性检测；长效参比电极有效性检测；线路测试桩处电位测量；站场、阀室绝缘接头绝缘性能检测；管道保护端与非保护端搭接短路异常情况检测；局部保护电位异常原因判断。其中，绝缘接头测试是甲方特别关注的问题，我们分别采用了电位法、接地电阻计算法和 PCM 测试法综合评价。正是这种不同方法的同时应用，给检测工程师们留下了对不同检测方法综合运用的特别体会。

根据要求绝缘法兰的绝缘电阻应该超过 10MΩ，但根据接地电阻计算法得出的数据则最多 1000Ω。再次确认检测方法与计算公式无误后，检测人员仔细分析了问题产生的原因。根据串、并联电阻计算公式变形后，绝缘法兰的绝缘电阻值等于 2 个运算数据相除，其中分子的数据应该为几欧姆至几百欧姆，而分母应该无限接近 0。但由于接地电阻测试仪自身精度问题，由接地电阻测试仪采集并计算的分母数据最多只能到千分之一，因此计算后测量数据与真实值相差甚远。可以确认，除非接地电阻测试仪的精度大幅提高，否则采用目前的 ZC-8 等同类检测仪器，无法确认绝缘法兰是否完好。

检测中还发现，部分绝缘法兰使用电位法和 PCM 法检测结果不同，在使用电位法判断时，内外侧管道存在明显电位差，判断绝缘性能良好；而使用 PCM 法却检出电流流失，判断绝缘性能差。通过分析发现，PCM 法检出电流流失的绝缘法兰实际都检出了破损点，可以判断绝缘法兰（系统）一定是存在绝缘问题的，因此电位法判断在此情况下存在了一定问题。究其原因，电位法判断绝缘法兰性能时，如果由于短接方式为通过公共接地体，之间很可能存在一定的连接电阻，导致该类绝缘接头内外侧通常仍有明显电位差（100mV 左右），也就是说，在这种情况下，通过电位法判断绝缘性能时容易发生误判。

这次不同方法的对比检测与分析的经历表明：对于埋地管道绝缘法兰检测最好采用 PCM 方法，当然，电位法最便捷，却容易发生误判，其他方法则存在明显的不适。

近半年的检测中，我们对地面管道检测技术本质的认识正是通过对出现的一次又一次“异象”的思考、追问及解决而获得了提升。半年来，工程师们陶醉于此，流连于斯，不是因此地山川之美，而是因为他们在检测实践中享受到自身提升的鼓舞、体会到探索的乐趣。记得那天我到达利川他们休息的旅馆时，正值下午二时，天气异常炎热，在那个当地农民为节省成本，用 120mm 单砖成墙的旅馆，房间就像个蒸笼。姬杰、葛兴辉、王立华等人都光着膀子，汗珠从他们的脊梁上连成一道道线条滚动，却仍然聚集在一起讨论下午去工地的行程路线。我问他们热不热，他们说“习惯了就不热”。是啊！他们已经经受了一个多月的考验，怎么能不“习惯”呢？他们每天都被不同于以往在山东检测时所发生的这样或那样的“异象”所吸引，探索这些“异象”的原因成为最兴奋的事情，天气的炎热已经被排除出他们的“感觉”之外了。图 30-5 为听到川气东送检测项目获得甲方好评的消息，从检测现场归来不久的王遂平工程师（现为胜利腐蚀与防护研究所第三任所长）在

图 30-5 从川气东送管线检测现场归来的王遂平

办公室露出开心的笑容。

2011年12月8日，在屈原故里、夷陵古城、水电之都、鄂西重镇宜昌的川气东送管道检测项目验收会上，验收组在听过我们的检测报告并通过对鄂西管理处开挖验证资料与我们检测数据的核对后，对我们的检测质量给予了充分肯定。

实际上，我们一直认为川气东送管道（鄂西段）的检测，是川气东送管道分公司给予我们的一次技术水平与外界影响力提升及展示的难得机遇。我们自始至终心怀感激，将其按照形象工程、素质提升工程对待。因而，在某些方面我们是不计成本的，自我开挖验证、杂散电流监测等环节都超过了合同规定内容或工作量。作为北方人，我们的职工经受了连续35个日夜的梅雨考验，三个月闷热的煎熬，自觉克服吃住不便、水土不服、工农关系特殊的困难，不少职工连续几个月坚守检测一线，牺牲节假日，白天采集数据，晚上处理数据，超时超常工作。引进了当时最新最先进的技术、仪器设备，坚持各种技术手段并用，尽量多采集数据、仔细分析、反复斟酌，不放过任何一处异常现象。我们的目标就一个，让我们的结论经得起任意一处开挖验证的检验，经得起时间的考验，在长输管道检测领域树立新形象。

5. 沙漠深处的塔中线

1997年发现的塔河油田是中石化西北石油局管理的规模最大的油田，位于南疆塔里木盆地北部巴音郭勒自治州境内，具体生产指挥主要由设在轮台县的前线指挥基地管理。虽然同为中石化管理的石油开发企业，其管线也主要是油田集输管道，但是，我们进入塔河油田的管道检测之路却并不平坦。

轮台诗激起的开拓热情

2007年，当我们在胜利油田内部检测市场突然遇阻之时，我就曾到西北油田做过业务推介，先是春天与胜利采油工程处一位领导以看望一位胜利老领导的名义，去了趟西北局，开拓市场无功而返；秋天，又借中石化总部对塔河油田进行安全检查之机，我以检查组成员的身份，在发言中特别论述了关于油气管道在沙漠环境中安全隐患特殊性的问题，也没有敲开西北油田集输管道检测的大门。但是，那一年，开拓西北油田管道检测市场的一些经历却在我脑海留下了深刻的印象，尤其是地处轮台的塔河油田。

轮台在我国汉唐史籍与文学作品中多有提及，在汉代曾是西域36国中的城邦之一，轮台国于汉太初三年（公元前102年）被李广利所灭，汉宣帝本始二年（公元前72年）复国为乌垒国，西汉神爵二年（公元前60年），境内设西域都护府，历时72

载，统领西域诸国。唐时属龟兹都督府乌垒州。唐人描写轮台的诗句让人感怀颇深，仅岑参就写下十余首关涉轮台的凄美诗句。什么“轮台九月风夜吼”“轮台城头夜吹角”“轮台城北旄头落”“汉兵屯在轮台北”《轮台歌奉送封大夫出师西征》，“岂能愁见轮台月”《送李副使赴碛西官军》，“轮台路上马蹄滑”《天山雪歌，送萧治归京》，“轮台客舍春草满”《与独孤渐道别长句，兼呈严八侍御》等等，尤其是作者的《白雪歌送武判官归京》是中学语文课堂必背的诗词，其最后四句“轮台东门送君去，去时雪满天山路。山回路转不见君，雪上空留马行处。”尤为脍炙人口，许多人因诵读过这首诗而对轮台充满遐想。

没有争取到项目，多少有一点失落，因为是秋季，没有欣赏到雪满天山的景象，只在风夜中看到了惨白的“轮台月”，前几日留在茫茫沙漠中的足印估计也被九月的轮台风刮走了。翌日，我与这里的胡杨林作了个约定（见图 30-6），我们一定还会再来，我还期望欣赏“轮台客舍春草满”的盛景呢。

图 30-6　2007 年轮台塔里木胡杨林公园留影

持续关注塔中管道

此后几年虽然我们争取到了胜利油田三年管道统检，有了历时整整一年的华东三条线检测与川气东送这类在全国有影响力的油气管道检测工作，我们却始终没有忘记开拓塔河油田管道检测的目标。2009 年，我们与西北油田防腐蚀工程技术中心就塔河油田的管道腐蚀穿孔问题进行了专题讨论。一般人以为，沙漠干旱缺水，管线应该很少腐蚀，其实这是一种误解。沙漠中水分少，不易形成对管道外腐蚀有重大影响的电解质，只能推断外腐蚀少。塔河油田由于其所处的开发环境，内腐蚀导致的腐蚀穿孔现象极为频繁。究其原因，一是塔河油田由于埋设于沙漠中的管道起伏较大，加之轻质油分或气分较多，输送介质属于油气两相，容易在管道内部形成油气分段现象，形成段塞流。特别是在管道的凹形弯处的液体段塞，常会被上游气体段突然吹离凹形弯处，呈现瞬态的加速流动过程，并产生水击波压力振荡，给管道底部施加了很强的沿管壁的剪切力，导致在管道底部形成高腐蚀率。由于这一流动现象与敷设管道的地形有关，因此有的论著将其称之为地形起塞。其二，塔河油田输液含砂量大，剧烈的段塞流加上固体颗粒会进一步加大磨蚀力度，会极大地加快管网腐蚀穿孔的速率。其三是一般油田集输管网常见的硫酸盐还原菌将硫酸根还原成二价硫离子，生成的硫化物引起了腐蚀，而铁细菌、腐生菌及氯离子等也对腐蚀起到一定的作用。这些原因最终导致沙漠中管线的腐蚀穿孔。因此，通过检测及时发现隐患及分析导致隐患产生的根源，对于治理腐蚀穿孔其实是极为重要的。

通过多次交流，西北油田对管线检测的认识发生了比较大的变化，2009 年 7 月 29 日，新疆油田储运公司改制企业——新疆三叶公司专门前来胜利与我们所讨论交流管道检测评价技术。只是从 2009 年到 2011 年，我们的检测项目一直比较多，且我们已经将目光投向了长输管道类大项目的检测，就不再投入专门精力研究塔河油田的管道检测问题了。直到 2011 年秋季，也就是我们将主要精力投入川气东送项目检测时，西北油田防腐蚀工程技术中心多次联系我们，希望与他们合作进行塔河油田管线腐蚀穿孔隐患检测与对策研究。我们才签署了第一单西北油田管道检测合同，给我们圆梦沙漠管线检测提供了机会。

终于进入沙漠深处

2011 年 10 月 25 日，我们的检测人员通过我讲的轮胎月的故事，对南疆沙漠的好奇感战胜了对西域大漠环境的畏惧感，带着对南疆西域风景的好奇，开启了这次塔河油田管道腐蚀检测之旅。但是，迎接他们的并不只是旖旎的风光。10 月 25 日，当他们乘坐了四个多小时的飞机到达乌鲁木齐地窝堡机场准备直接转到库尔勒机场时，机场安检人员却告诉他们，检测设备不得托运。他们觉得很无奈，因为他们从济南遥墙到地窝堡机场就是从飞机上托运来的，同样是飞机，怎么到乌鲁木齐就不行了呢？怎么交涉也不行，还请西北局的人跟机场解释，问题依然无法解决。只好退票，搭乘大巴前往。

根据西北油田同行提供的资料，塔河油田 3 区、4 区原油外输管道从 2005 年至今，管体穿孔次数高达 513 次，使得附近环境受到不同程度的污染，严重地影响了输油生产的正常秩序和采油厂的安全生产。哪些部位还可能再穿孔？是什么原因导致的穿孔？这些就成为检测关注的重点。检测开始后才发现，沙漠中的管线检测不仅与胜利、中原等盐碱地中管道检测不同，也与华东三条线主要解决占压区域隐患、川气东送管道克服山区特殊影响的检测有很大不同。在沙漠中，加载信号首先成为问题，为此，每天检测时，检测人员需要带上百十斤水，给地针加水，以保证与大地的可靠接触。如何区分直流干扰还是交流杂散干扰，塔河测得的特征曲线很不明显，后来，我们将检测数据进行了傅里叶变化处理，才分清了是交流还是直流干扰的问题。这远远超出了现场检测工程师的职责范围，可以说是标准的大学教授们的工作。好在我们所还有一些博士后这样的高端人才，否则就只能含糊了事了。

塔河检测涉及 9 条主干集输管道，西北油田管理部门希望我们摸清外部腐蚀隐患问题，因此我们将重点放在防腐层破损点检测、杂散电流检测与阴极保护效果检测三个常规检测项目上。检测发现：管道阴极保护状况整体较差，管道阴极保护率均未达到 100%，有 4 条管道恒电位仪损害或停用，完全丧失阴极保护效果。由于管道破损点较多，电流在相近的管道中流入流出，在管道流出电流的部位发生腐蚀，从而成为阳极区，也就是说，阴极保护对一条管道来说是保护，对与它相邻的管道就是杂散电流干扰。这也可能是管道频繁腐蚀穿孔的重要原因之一。绝缘法兰失效，在检测的 9 条管道中，只有 1 处绝缘法兰处于良好状态。9 条管道受到不同程度杂散电流的影响。

检测结果虽然颠覆了大多数人的认识（即干燥的沙漠环境中敷设的管道不存在外腐蚀的问题），在干燥的沙漠环境中依然存在外腐蚀问题，特别是阴极保护不当导致的杂散电流干扰腐蚀应引起重视，但是也没有像业主期待的那样找到一个非常典型的导致管道腐蚀穿孔的“元凶”。实际上，探寻真相有时就如同剥圆葱一样，圆葱的中心其实什么也没有。塔河管线外检测虽说没有重要的发现，其实也从一个侧面证明了段塞流加剧磨蚀现象的存在，而这一点正是当时一些对沙漠管道腐蚀问题的研究者从理论上给出的关键性解释，只是多数一线的工程师还不大相信或不明白段塞流加剧磨蚀机理的重要性。

6. 长输油气管道检测成为主阵地

2011 年，我们的工作开启了新的篇章，几乎所有的工程师都离开胜利大本营，投入到中石化各类长输油气管道检测工作中了。春天，华东三条原油输送管道的检测还在继续，川气东送管线与上海苏南管道的投标书就在紧锣密鼓的准备之中。

增加的长输油气管道检测需求

6 月 21 日，我们在武汉刚完成川气东送管线检测项目投标的第二天，洛阳某地农民灌溉用的一口水井就出现了浮油，怀疑是中石化成品油管道泄漏。中石化销售华北分公司管道处伍清处长的电话就立即打到我手机上，请求我们立即去河南并与中石化河南成品油管道管理处联系，帮助他们查找泄漏点。我只好从武汉直接去郑州，我怀疑要么是管道泄漏，要么是管线上被不法分子安装了盗油卡子，盗油卡子渗漏所致。我到河南时，我们所的检测人员也从山东赶到了河南，和郑州处联系后便立即到河南义马、偃师一带进行管线泄漏与盗油点探测，最后确认不是中石化成品油管道所致的泄漏污染。

进入下半年，我们已经不再为争取项目而奔波，却为缺少足够的现场工程师而发愁了。7 月 14 日，川气东送管道公司就催促我们立即向鄂西派检测人员正式开始检测作业，要求务必在 10 底之前结束现场数据采集工作，此后又不断督促我们增加现场检测力量。他们知道我们在华东三条线的现场检测业务还远没有结束，至少还有 2 处作业现场正在赶工期，担心我们没有实力完成他们的检测任务，已经有了让我们弃标改用评标分数排名第二的检测公司代替我们的想法，并已经通过不同的渠道给我们施加了压力。为了证明我们的实力，我们一下子就给那里派去了 3 个检测项目组，让业主无话可说。当然，许多检测仪器设备都是租赁供应商或其他检测机构的，派去的检测人员也有协作单位的。

正当我们应付川气东送管道公司对我们检测综合实力质疑的考验之际，又一个可以展示我们地面检测水平与能力的机会悄然来临！ 7 月 27 日，中石化鲁皖成品油输送管线出现不能稳压的异常情况，怀疑渗漏或被盗窃，华北分公司又催促我们组织人力去曲阜、济宁一带查找问题。这次催促我的是华北分公司的康强处长，这位处长是中石化销售系统最具有特性的一位管道处长，记得我曾到他办公室去过几次，最让我诧异的不是他桌旁挂着随时准备穿上去工地的工装，而是整个办公室从书橱、地面到他办公桌上堆放的各种试验零件、自制的各种查找管道泄漏的工具。他每天都在办公室研究试验各种查找管道泄漏的信号特征，并对设计出的各种监测信号的方法做试验。

这样一位处长打了电话，我自然不敢懈怠。我立即驱车前去调查情况。之后，才安排其他人去检测。实际上，这个时候所里已经没有检测人员可以派出了，甚至连个带队负责的工程师都找不到了，我们只好让外援队伍穿上我们的工装进入现场，将检测数据传至其他检测项目驻地，让其他驻地的工程师进行分析处理，然后再将结果返回给驻曲阜那些穿着我们工装的外包检测队伍，以便他们随时应答业主方的咨询。这个检测项目不久却因其他原因中断了，让我们非常遗憾地失去了一次绝好的树立形象的机会。

2011 年 8 月 31 日，中石化天然气分公司榆济管道公司邀请我们在济南做管道检测技术交流，目的在于确定对榆济公司所属中济线进行外腐蚀检测的方案。

参加榆济公司技术交流

榆济管道公司技术交流会如期在中石化济南驻地进行，这是我第一次走进中石化天然气分公司榆济管道公司的办公楼，从此后便频繁出入这栋办公楼，与他们进行了整整 1 年半的工作合作，直到我 2013 年初离开胜利腐蚀研究所所长岗位。参加这次技术交流会的除我们之外，还有中油检测公司、北京安科管道检测公司及四川宇通公司。中油检测公司重点介绍他们的管道内检测技术，后两家重点介绍的是他们的外防腐层检测技术及阴极保护效果检测技术。我们从多种渠道获得的信息表明，中石化天然气分公司及其所属的榆济管道公司的中济线、榆济线都要检测，他们关注的重点不是简单的管道外保护系统状况，也不是管体是否有损伤或腐蚀，而是想在节约成本的基础上对管道的风险状况有个总体把握。而一般工程师最容易犯的错误，就是为了自己的技术而忽视了用户的真正需求。因此，如果不想失去这个难得的表现机会的话，就要紧紧抓住用户的需求，提出比这三家公司技术方案更综合、更新颖的方案。

人类认知其实是有规律可循的，人们最容易接受的事物或概念是那些逻辑清晰、特色明显、具有历史沉积的事物，而不在乎自己是否真正理解。甚至对于那些描述语言晦涩不易理解的概念（理论）会产生莫名的崇拜。许多人希望对于已经渐渐大众化的概念获得不同于以往的新解释。管道地面检测或外检测在 2010 年前后已经是一种家喻户晓的检测方式，只是多数人并不真正理解具体技术特点而已。于是，我们以技术与案例相结合的方式介绍了三种特色技术：一是我们所这几年来重点研究与推广的 TEM 管体金属蚀失量检测技术，为增加感染力，我们放了几张用 TEM 技术发现的管体重大腐蚀损伤案例之后，我们从欧美及俄罗斯用瞬变电磁法发现重大金属矿藏的经典历史案例，讲到 1987 年美国阿科公司以瞬变电磁法为原型开发出可检测带覆盖层工艺管道壁厚减薄的 TEMP 检测系统，再到荷兰 RTD 公司对 TEMP 进行改进并研发 INCOTEST 系统，又到李永年教授 1998 年在中国首先提出 TEM 管体金属蚀失量检测的过程及其 2005 年研制成功的专用仪器，使大家认识到 TEM 技术是一项通过长期实践探索而成就的技术，从而使人们认识到检测管体缺陷不一定要非得运用风险比较大的内检测技术。二是关于管体腐蚀活性判别技术，这实际上是大家都熟知的 DCVG 检测技术的一个特点。但是，一般检测公司却对此重视不够，认为作用不大，所以不太重视这一项技术的深入分析。而我们却通过几年的探索，发现了其独特的价值并总结出不少独特的运用经验，使腐蚀倾向判断准确率得到大幅度提高。三是应力集中与盗气卡子检测技术，这也是榆济管道公司当时的痛点。他们的榆济线经过陕北、山西一些煤田采空区与山体塌陷区，一直怀疑管道可能受到严重的应力干扰，而中济线经过当时盗油盗气比较猖獗的地区，他们一直担心管道上暗藏的盗油卡子可能哪天突然开裂，导致输气管道发生事故。

常言道："当你有个锤子的时候，什么东西看起来都像钉子。"我们当时对综合运用多种检测技术的地面检测最为痴迷，组合式地面检测技术就是我们的一把锤子，我们觉得一切管道隐患通过我们这把锤子的"敲打"就能被发现，或者说这种技术可以解决一切管道隐患排查问题，所以我们到处宣传我们的组合式地面检测技术。而这一次，中石化天然气分公司管道主管部门及榆济管道公司恰恰被我们的组合式地面检测技术打动了。9 月 4 日，天然气分公司管道处专门向我们咨询管道检测单项收费标准。9 月 15 日，又咨询了杂散电流检测技术及做法。10 月 13 日，中济线在榆林公开招标，不出所料，我所成功中标中济线一标段。10 月 24 日，我们派出一个检测项目组进驻河南濮阳市留屯镇检测现场。而在2012年，中石化天然气分公司对榆济管道检测项目公开招标时，我们一家独中五个标段中的三个标段。按照一般不成文的规定，原则上一家公司只能中标一个标段，可能出于对于我们检测技术与实力的信任吧，业主并没有对招标结果进行调整。我们认为，这与我们2011年8月31日的技术交流比较成功有很大的关系。

进入成品油管道地面检测市场

在天然气管道检测上获得信誉的同时，成品油管道检测终于也向我们伸出了橄榄枝。2011年10月，中石化销售华东分公司的苏南成品油管道检测项目经过定向议标，由我们所组织检测。

苏南成品油管道为中石化江苏成品油输送管道江南部分，2010年12月30日才正式投入运营。可是自投运以来，阴极保护电位一直波动较大，怀疑存在较强的杂散电流干扰。在现场勘察调查阶段，我们曾做过阴保电位抽测，结果发现无锡站出站第一测试桩与站内测试桩对比，电位衰减约0.2V，衰减度较大，无锡站恒电位仪保护电位在给定–1.23V条件下，管道只能保持–0.9V，无锡及苏州全境约49.5km，苏州区段47.8km，合计约97.3km无法达到保护电位。因此，需要对杂散电流进行排查，找出原因并采取排流措施。这类检测更是管道地面检测技术的强项。只是因为该管道投产时间不长，无法申请到足够的检测费用，销售华东分公司差不多用了半年的时间与我们协商检测经费问题，要求我们尽量简化方案。但是，如果一味简化方案，很可能无法确切判断问题之所在。制定一个科学的方案就成为该项目的核心问题。为此，杨为刚、孙振华等项目组成员根据业主提供的资料反复研究了线路敷设区域的环境条件，初步认为造成杂散电流干扰的原因是：管线与京沪、沪宁高速铁路并行及穿跨越数次，以南京段及无锡段并行长度较大，管道与G312国道、S338省道、镇宁路、G42沪蓉高速等多条公路并行或穿跨越，管道南京栖霞段途经金陵石化炼厂，镇江站出站周边为谏壁电厂，各大型工厂企业对管道都可能有影响。

与此同时，我们认为：该管线保护电位多数达不到要求，不仅仅是因为杂散电流的影响，根据业主提供的日常阴保检测数据，有些区段没有明显的杂散电流来源，而阴保电位也达不到要求。因此，管道防腐层质量状况以及阴保设备自身缺陷都是不可排除的因素。只是因为线路刚投产，运行人员没有经验，没有能力进行相应的检测，所以才将阴保效果差的原因全部归结于杂散电流干扰。为此，检测不能仅仅局限于杂散电流排查上，还要进行管道外防腐层质量状况检测及阴极保护站设施检测。

后来的检测实践证明：该管道其实存在相当多的隐患，包括管道外防腐层性能、阴极保护站场设施故障、管道杂散电流干扰、日常维护管理等多种问题。而且由于管道敷设环境复杂，湖泊、水网、轨道交通、电网纵横，影响因素多，检测难度大。该管道检测项目组曾多次请求外援，邀请江苏海安智能仪器厂、北京安科同创公司提供仪器支援及仪器销售顾问梁峰工程师等提供协助。临近年底时，柳言国、王遂平、杨为刚、谭晓林等工程师也加盟该项目组，才按计划完成了检测工作。其中，对检测进度影响最大的是杂散电流源的确认。图 30–7 为谭晓林工程师在镇江谏壁油库出站复线段“梁山路”测试桩查探管道敷设环境，可见干扰非常复杂。

图 30–7　镇江谏壁油库出站复线段“梁山路”测试桩管道敷设环境

通过苏南管道南京 – 苏州段检测，我们确立了一个基本的杂散电流检测流程：杂散电流干扰确认→杂散电流干扰强度判定→可疑杂散电流干扰源查找→干扰源逐一排查→主要干扰源确定→实施排流→排流效果测试。

2011 年 12 月 7 日，在南京召开的苏南管道检测项目验收汇报会上，我们向销售华东分公司郑重地提出，根据这次南京 – 苏州段检测情况来看，苏南管道需要申请专项资金，对全线进行杂散电流监测与排查；长江大堤内 7~8km 管线外防腐层更需要专门检测。业主对我们的检测结论与建议非常认可，并在第 2013 年就实施了后续检测。苏南检测项目是我们开拓成品油管道地面检测市场的代表性项目。通过苏南成品油管道的检测使我们补齐了对各类油气管道的检测经验。

两个涉及管道检测的会议

2012 春节刚过，中石化天然气分公司召开管道地面检测项目总体验收汇报会。参加汇报的单位有中油检测、四川宇通检测公司和我们胜利检测中心（胜利腐蚀研究所）。虽然专业部门认为我们的检测最全面、数据分析科学、发现隐患最多、整体评价可信，但是就汇报逻辑而言，中油检测的汇报更加条理清晰、更易被领导认可。会后，王遂平代表胜利腐蚀研究所参加了天然气分公司关于制定管道检测规范格式要求的讨论，就我们所的体会提出建议。但是，一周过后，即 2012 年 3 月 5 日，榆济管道公司技术部彭连林主任传来的天然气分公司管道地面检测规格书显示，中石化天然气分公司管道处按现行标准制定的报告编制规格书关于防腐层破损点分类与我们的做法有较大出入。我们经过多年的研究、验证实践证明当时执行标准的分类方法是不准确、不科学的，不能正确反映防腐层破损点实际状况。但是，由于我们的做法并未形成公认的标准规范，业主的规格书并没有采纳我们的经验做法，规格书全部是对当时标准要求的罗列。业主要求凡涉及天然气分公司的检测报告，一律按此规格书要求改写。因改写工作量很大，王遂平、刘超等工程师迅速将已经印刷、履行了审批程序的中济线、川气线检测报告寄给了业主，理所当然地遭到业主拒绝。最后，只能按业主规格书的要求修改报告，同时，将防腐层破损点按规格书的分类方法与我们按实际状况的分类方法所得出的破损点等级分类，做了一个详细的统计分析比较表，寄给天然气分公司，以便他们实际维修时参考。经验只有上升到标准的层面才能被采纳，才能具有话语权。为此，我们在 2012 年又制定一部腐蚀所的相关标准版本，并于第二年升级为中石化标准。

2012 年 3 月 14 日，中石化生产经营管理部在北京召开原油管道检测讨论会，集团公司安全监管局、发展计划部、炼油事业部、徐州管道储运公司、胜利检测中心等参加会议。会上管道储运公司新乡输油处汇报了数字化管道工程、徐州中石化长输管道检测中心汇报了内检测技术与实践情况、我们汇报了地面检测工作、徐州管道储运公司汇报了 2012 年原油管道检维修计划。中石化总部领导在最后总结讲话中明确讲道：现在我们已经在集团公司层面成立了中石化长输管道检测中心，计划从内检测起步，逐步发展到内外检测一起做，承担起中石化长输管道全面检测的职责。与会的胜利检测中心龙凤乐副经理无奈的叹息到：我们已经失去了机会！一个本应属于胜利检测人的重要领域就这么丧失了。

更让我们的工程师们备受打击的是，会议前一天，从徐州就传出潍坊处管理的华东三条线管体内检测结论与我们之前通过地面检测得出的管体隐患部位不重叠的消息，工程师们担心潍坊处可能要求我们给个合理解释。我觉得大可不必紧张，对我们十年来探索地面检测技术应该有自信，内检测技术在 2012 年时还没有这样的自信，至少中石化的内检测刚刚起步，是不可能这么自信的。因此，我认为开挖验证后再议处也不迟，不能盲目相信内检测结论。至少在最近两年，内检测尚不至于立刻影响到我们的管道地面检测工作，而且以后也无法全面替代地面检测。

所谓“斯文在兹”其实是孔子通过长期仔细观察与研究后自信的表现，他不仅看到了当代，而且看到了数千年后的情形。孔子认为：中国文化在我这里，老天不想让他断，我还怕什么呢？因为透彻，所以坚信。因为坚信，所以看得见未来。如欲平治天下，孟子更是当仁不让，当今之世，舍我其谁？坚信，这是一种境界。因坚信而看见未来，这是因看见才相信的人所不能理解的。当然，圣贤们之所以这么坚信自己的理念，其基础在于他们对事理作了深刻的分析。同样，基于分析我们认为地面检测显然有比内检测更宽广的应用领域。

在自信的同时，我们没有忘记技术上的持续探索。那年春天，我们邀请了中国石油大学（华东）的胡长松教授，在所里作了一周的阴极保护与杂散电流理论知识讲座；邀请了天津嘉信公司经理、天津大学客座教授林守江来访，与我们一起讨论俄罗斯磁应力技术破译、国产化方式与技术改进；邀请了因身体原因已经多年不露面的李永年教授一起探讨 TEM 技术突破瓶颈的方式，特别是我们正在与驰骋千里公司合作研究开发的移动式 TEM 检测技术，如何在捕捉到电导率、磁导率变化的同时，能在量上区分出隐患程度来，等等。我们一起探讨这些可以给地面检测技术带来革命性变革的技术。

我们的努力以及多年检测成绩的积累，事实上也赢得了不错的结果，佐证了我们对管道地面检测技术发展前景的基本判断。以 2012 年 2 月到 3 月的相关工作记录为例，2 月 1 日我们应川气要求继续进行杂散电流检测，发现多处杂散电流源，做排流试验后，杂散电流干扰明显缓解；2 月 9 日，受邀给中石化销售华北分公司戴福俊及设备处、管道处领导汇报了管道地面检测技术及其我们的实践成果；2 月 10 日，中石化天然气分公司管道处宗照峰处长请我们给他们派遣几名阴极保护工程师，协助他们做好送技术下基层工作；2 月 14 日，山东省安监局来胜利检测中心听取了我所做的管道地面检测技术报告；2 月 20 日，徐州局开挖了我们检测后指定的 2 处可疑盗油卡子隐藏点，均挖出盗油卡子；同日，中石化经营管理部同意下达专款，购置一批管道地面检测仪器，增强胜利检测中心管道检测能力。进入 3 月份后，3 月 1 日，石油大学（华东）联系我们共同在延长油矿进行管道检测试验研究；3 月 6 日，中石化销售华南分公司咨询我们对福（州）– 厦（门）300km 成品油管道阴极保护与杂散电流检测报价；3 月 15 日，中石化销售华北分公司咨询阴极保护与杂散电流检测技术与报价；3 月份，中石化天然气分公司向我们发出榆济线检测招标邀请，中石化管道储运公司襄阳输油处委托我们对一过河铁架桥上原油输送管道腐蚀损伤状况进行检测；中石化销售华北分公司委托我们对济南 – 泰安某段成品油管道进行地面检测，寻找盗油卡子隐藏点。

繁忙的日程记录，标志着我们的工作得到了大家的认可。

榆济线检测刷新的记录

2012 年春季，完成去年长输管道收尾之后，就紧锣密鼓地投入到第一个外部长输管道检测项目——川气东送管线 2012 年检测竞标的准备之中，本以为有了去年的合作基础，会顺利地从三个标段中夺得一个标段的检测入场券，谁知 4 月 6 日的武汉竞标却以失败告终。2 周以后，榆济管线检测竞标在济南举行。吸取武汉投标失败教训，我们不再纠结于检测项目的盈亏问题，而是像胜利检测中心师祥洪经理所说的那样，外部项目以保持与同行的密切接触、充分体会竞争氛围、提高技术水平、锻炼队伍为首要目标。这次榆济线检测五个标段，我们必须中标。为此，我们充分分析了可能参与这次竞标的几家队伍的历史报价及规律，提前与业主沟通，从业主那了解我们的弱项在哪里，只要诚恳，业主还是乐于给我们提醒的，毕竟我们是中石化内部的检测机构，这一点体会特别深刻。与此同时，还掌握了其他竞争者的相对优势与劣势，提前勘察现场、了解五个标段现状，有针对性地设计我们的投标技术方案与报价标准。最终一举中标 3 个标段，创造了我们对外投标的新纪录（图 30-8 为榆济线检测现场）。

2012 年 5 月 2 日，华东苏南管道第二标段仍然以议标限价方式交由我们所检测。6 月，油田内部的孤罗东原油输送管道全线检测任务下达，至此，2012 年已经落实的各类长输管道检测任务超过 1500km 以上。因此，我们可以放心地在长输管道检测上做些技术上的探索了。在榆济线，我们重点进行了应力检测方面的探索，通过应力检测与 TEM 检测组合来识别管体缺陷，从而使管体隐患检测的可靠性有了实质性的进步。杨勇博士也因为管道检测上的探索项目顺利进入博士后工作站，我也因为在管道检测上的技术进步而获得胜利油田第六届科学大会“科技英才奖”。

（a）职工在高过头顶的玉米地检测

（b）榆林首站站长到现场观摩开挖验证

图 30-8　榆济线检测现场

从 2010 年开始，我们觉得中石化的长输管道检测突然之间像火山一样喷发出来了！这当然有管道服役时间久累积隐患到了爆发之际的原因，也有管道检测界长期汇报、展示、沟通交流，使更多人认识到管道检测重要性的原因。管道检测市场就这么越来越火爆了。当时，中油管道检测公司不仅垄断了整个中石油系统主要长输管道的内检测，甚至已经开始试图进入中石化管道检测市场，中石化的油气管道检测公司虽然没有挂牌，但已经得到上级批复，正式开始了管道检测工作。此外，中石油、中石化改制的管道检测公司、社会上的民营检测公司的检测业绩也在不断增长。

就连国家审计署就原中石化董事长李毅中离任延伸审计到胜利后，也要求胜利腐蚀研究所提供管道检测对降低管道维修、更新费用的统计分析资料。这个时候，我们还只是初入长输管道检测市场一个新兵，而且是在经历了油田内部三年磕磕碰碰的集输管道检测之后，大家对长输管道检测满怀激情。不仅我们的检测工程师们热情很高，经常连续工作数月不休假，主要岗位在实验室从事管道腐蚀与水质腐蚀试验的龙媛媛、刘瑾、谭晓林等工程师也时不时加班去管道检测现场进行技术支援或从事辅助性检测工作，即便是吕德东、郭玲、孙艳红这些从事综合管理工作的，节假日去体验远离油田的检测现场亦成为生活的一部分。我们似乎又一次进入了集体亢奋状态，而且已经成功地把为生存而奋斗转换成为成功而努力了！

思想家罗素曾经说过："人们平常所说的为生存而奋斗，实际上在很多情况下是为成功而斗争。他们在奋斗中感到恐惧的并不是第二天早晨能不能吃到早餐，而是他们将不能胜过自己的邻居。"我们清楚地知道：如果不加紧努力，锻炼自己，提升水平，扩大影响，就可能被胜利以外的各类管道检测机构逼迫得无路可走，只能再次退回胜利油田以内去从事那些缺乏挑战性的检测工作。

两年来，我们的工程师们都在用激情去创新，为梦想而打拼。

屈指数来，胜利腐蚀所已经走过了整整十年的历程，当大家都去现场忙于检测，我一个人独坐办公室时，换个工作环境的想法越来越强烈，十年，在历史的长河也许只是短暂的一个瞬间，可是对于一个人而言，却是一段漫长的历程。人生能有几个"十年"呢？我无法想象一个人能够容忍多少个一模一样的日出日落。

附录：2010~2012 年的中国管道检测学术交流动向

在 21 世纪第一个十年到来之际，学术交流活动已经逐步失去了世纪初的热情。不少学术交流已经沦为借机公费旅游的"借口"，会议能够看到的有水平的学术论文越来越少，许多专家学者、工程技术人员开始有意无意地疏远形形色色地学术交流活动。但是从 2010~2012 年仍然有部分全国性会议涉及管道检测学术交流的会议值得纪念。

2010 年 3 月 31 日，在廊坊召开"2010 年管道检测技术论坛"。此次论坛由廊坊管道局、中国国际管道展组委会协办，中华检测会议网主办。同期还举办了中国国际管道展览会。

2010年1月18日，“2010年管道完整性监测技术国际研讨会”在西南石油大学举行，来自美国西南研究院、中国台湾非破坏检测协会等科技学术机构的专家围绕管道完整性监测新技术等问题进行了研讨。会上，美国西南研究院高级工程师李金武，台湾非破坏检测协会标准委员会委员、台湾金属材料品有限公司总经理黄启贞博士，美国GE公司高级工程师钟德惶、美国西南研究院高级研究员宋丰嵋博士以及西南石油大学曹谢东教授、青小渠副教授分别作了题为“美国长距离输送管道完整性评价方法及技术综述”“管道先进检测技术”“长输管道完整性实时监测新技术”“川气东送管道工程自动化监控系统”等的专题报告。

2010年9月18~20日在安徽省黄山市举行的“第四届全国管道技术学术交流会议暨第四届管道委员会会议”上，发表了数十篇涉及管道各个方面的学术论文，主要有：杨博的“长输管道完整性检验综述”，何俊等的“半定量风险评价技术在原油管道中的应用”，高俊峰等的“典型炼油装置中管道的在线腐蚀监测技术”，范宇的“埋地液化石油气管线的腐蚀检测与评价”，周德敏等的“埋地压力管道检测方法选择的探讨”，李秀峰等的“埋地管道泄漏检测监测技术研究进展”，郑贤斌的“油气管道结构健康监测方法研究”，轩福贞的“压力管道安全检测－评价的一体化技术”，张攀峰等的“受直流杂散电流影响埋地管线的ANSYS模拟分析”，徐忠成等的“利用位移模态叠加法进行管道损伤检测的实验研究”，董绍平的“压力管道在线腐蚀检测技术研究”，叶宇峰等的“高温管道腐蚀状况的超声导波检测”，何仁洋等的“埋地钢质管道不开挖无损检测技术进展”，王百森的“脉冲涡流检测技术在石化管道检测中的应用”，顾福明等的“埋地管道管体超声导波检测技术的试验研究”，肖勇等的“埋地钢质管道腐蚀防护系统完整性检测与评价”，巢栗苹的“用直流电位梯度法测量埋地管道防腐层缺陷位置”，刘海峰等的“低频导波与远场涡流组合技术在工业管道管体腐蚀缺陷检测中的应用研究”，陈照和等的“超高压蒸汽管线合于使用评价”，沈功田等的“一种基于声波的管道泄漏点定位检测仪的开发”，黄奕昶的“SL-5088检漏仪和SR-20探管仪在埋地管线外防腐层检测中的综合应用”，秦先勇等的“基于独立分量分析的气体管道泄漏信号消噪方法研究”，程绍平的“在用压力管道检验的宏观检查及定级方法探讨”，杨蓉遵等的“埋地燃气聚乙烯管道全面检验方法探索”，陈定岳的“浅谈城市燃气埋地钢质管道安全检测技术”等。

2011年9月7日，为期3天的“第四届中国国际石油天然气管道会议”在廊坊落下帷幕。中外近100名管道专家和学者就未来“用科技保证能源安全高效环保输送”主题展开广泛深入交流。其中三轴高清漏磁检测技术，解决了螺旋焊缝缺陷检测和评价这一世界性难题，获得GE油气集团合作创新奖；面向管道完整性应用的地理信息系统（PioaGIS）获得中国地理信息协会优秀工程金奖；管道泄漏监测和安全预警技术得到成功应用，有效保障了管道安全运行。

由中国机械工程学会无损检测分会射线检测专业委员会主办、中国兵器科学研究院宁波分院承办、宁波市材料学会协办的“2011年全国射线检测技术年会”于2011年10月13~15日在浙江省宁波市隆重召开。来自国内外射线无损检测界的专家、代表共计160余人参加了会议。本次会议旨在总结近年来我国射线无损检测技术研究成果，加强国内外及相关行业间的交流与合作，推动射线检测技术创新，促进射线检测新理论、新方法、新技术的推广。共有34篇论文进行了交流。

“2011年全国失效分析学术会议”于2011年9月26~29日在西安召开，会议由中国机械工程学会失效分析分会、理化检验分会主办，西安交大金属材料强度国家重点实验室、中石油西安管材研究院协办。会上也发表了一些涉及管道检测的论文。

2012年11月由中国机械工程学会理化检验分会在广西北海主办的“2012年全国材料检测与质量控制学术会议”，2012年5月19~24日由中国特检院在广西柳州主办的“基于风险的压力管道安全与数字化建设关键技术研讨会”，2012年3月20日由中国石油化工设备工业协会在北京举办的“第三届石油石化装备、管道检测新技术应用论坛”等，均涉及了管道监测检测方面的学术交流。

第 31 章
胜利管道地面检测的回顾与思考

微软的首席技术官奈森·梅尔沃德曾经说过："微软研究院所进行的理论性研究可能在 10 年后才能有结果，有的有可能 100 年才出结果。如果我们不冒这个风险，我们可能一无所有。如果我们的项目都成功了，那我们反而失败了，因为我们冒的风险不够。"奈森·梅尔沃德的话很有哲理，的确，做任何事情，十年都是一个阶段性分水岭。

2012 年，腐蚀所正好成立 10 年，腐蚀所十年探索，究竟有哪些成果呢？恰巧，在这一年，我们集体编写的第三本书《油气管道地面检测技术与案例分析》也要由中石化出版社出版了。我就借此机会，洋洋洒洒写了一万多字，对腐蚀所十年工作做个回顾，拟作为该书的后记，还拟了很抒情的名称："十年，我们一起走过"。也许正因为写这个后记，触发了我最敏感的神经，我决定离开腐蚀所。2013 年初，上级领导同意了我的请求，我至此正式离开了胜利管道检测工作现场。从此，我从胜利管道检测技术探索的亲历者变成了一位旁观者。这一章涉及的胜利实践的内容，既有部分亲历的感受，也有我从一个旁观者的角度对胜利检测实践后续发展所作的观察与思考。

1. 在岁月的分水岭上回望胜利检测之路

熬夜半个月，写下的这篇后记发到出版社后，责任编辑龚志民却说，纯科技类书一般不宜带个"后记"作尾巴。后来自行印了一部分后记发给职工、赠送给熟人，许多人却电话告诉我，这本书的后记最值得看。呵呵，这不是有点本末倒置吗？不过，在今天看来，八年之前写的那篇后记，已经成为胜利管道地面检测技术探索史的一部分了，本书在此以“在岁月的分水岭上回望胜利检测之路”为题，照录原文如下，以便再次回顾那个时期胜利检测工作者的探索轨迹与思考。

一段历史岁月，期待一个结论；

一段人生经历，需要一个总结。

在未来的日子里，让我们一道珍藏。

三年之前，我就有一个想法：组织同事们编写一本关于管道检测技术方面的专业书籍。这不仅是出于对新员工技术培训、总结经验、扩大我们在行业内影响力的需要，也是因为管道检测是一个新兴的行业，是一项正在探索中的新理论、新技术。其中许多理论需要实践的检验，许多技术方法需要在实践中探讨，并通过实践而总结、改进和提高；管道的运行管理以及相关保障安全可靠运行的理念和技术手段需要宣传与推广。更是因为近几年管道建设在我国每年数以千亿计的投资所催生的管道里程的快速延伸，管道已经成为名副其实的第五大运输方式，成为油气生产、储运、分配、销售的主要基础设施和最具发展潜力的一种新的赢利（模式）载体。而与之相适应的、保障其安全可靠运行的检测评价技术以及所存在的隐忧仍然没有引起足够的重视，可参考的经验做法更少。

多年的愿望终于在今年可以实现了，尽管由于我们能力与经验所限，书中叙述仍然难免偏颇、有不尽人意之处。但是，我仍然感到非常欣慰。特别是工程师们所编写的长输管道检测案例与分析章节，对现场具体检测与数据分析处理经验毫无保留地总结概括，对技术探索、创新成果的详细分析论述包含着许多独特的智慧。管道检测评价是一项内容广泛的技术咨询服务，相关标准规范只是指导检测评价工作的一个纲领性文件，不可能一味拘泥于标准规范的具体格式与条文。而是要掌握其基本的技术内涵，突出查找隐患、预测趋势、解决问题这个要害；把握好经济实用与安全可靠相协调这个基本准则；在现有检测技术框架内，组合运用各种仪器，方法，不断总结提高检测评价的准确性。

也许这本书从理论的角度所做的探索显得单薄，但在埋地管道地面检测技术领域，毕竟是一种创新性实践。更何况管道检测从总体上而言，尚处于探索之中，无论就其理论、技术上，还是方法侧重上，还存在一定的争议。

有感于此，前言之后，还欲后记我们十年探索与思考的历程。

2002 年春天，由于工作的关系，当我面对自己居住的这座小城一天一天伴随着越来越多的集中连片开发的住宅区变大，并开始对中国房地产市场的兴起可能带来的某种机遇有了一点朦胧意识之时。上级领导与我的一次谈话却使刚刚萌生的冲动终止了。在随后的十年时间之中，告别了前前后后结缘 20 年之久的工程建设领域，从事起一种自己原本非常陌生的工作——油田腐蚀研究与管道检测。我曾经不止一次地想，如果没有十年前那次意想不到的“转行”，或许能有机会分一点我国进入21世纪第一个十年成就的最大蛋糕——房地产业的一些碎渣吧。但在当时，经过很短时间的犹豫之后，还是毅然决定按照领导的意图，进入这个陌生的领域。一半原因是我与生俱来的对学习新知识的偏好、对新事物的敏感，另一半原因是这座城市对我而言相对无助的环境。

下定决心之后，就是考虑如何去干了。准确说来，在最初首先要思考的是：该干什么？从哪里干起？没有方向，没有技术，没有实验室与任何仪器设备，甚至没有任何思路和想法，更没有经验可言。徐明、朱成义、许振清、周海刚、张敏、刘晶姝等工程师们虽然曾经接触过甚至研究过油田腐蚀，也对此项工作热情很高，可是他们都有属于自己的工作领域。还好，柳言国、苏丙健两位最早参与筹备的工程师前来报到，成为可以依赖的力量。我们一起思考、交流，既满怀希望又焦虑彷徨：该怎么办呢？时值4月，正是北方一树一树花开的季节，我们也希望借这个季节的优势让我们的思路开阔起来。我们开始了行动：去廊坊参加了当年的石油管道与装备技术国际博览会，去上海参加中国管道腐蚀控制与涂料技术研讨会，随后又参加了在康有为的故乡广东南海举办的中国国际涂装展。希望从这些展会上找到一点启发，捕捉到能够有助于我们摆脱困境的信息。因为当时我们最迫切的就是要找到一个立足点。

这些参观使我建立了一些关于腐蚀与防护的基本概念，知道了国内外腐蚀与防护界都在做些什么。带着这些浅薄的知识与勉强记住的一些名词术语，我们开始了与大专院校、科研机构交流探讨的旅程。南京水工材料研究所的混凝土防腐蚀、湖南大学的纳米涂层、北京科技大学金属材料疲劳实验、青岛海洋研究所的大气腐蚀试验场以及中科院沈阳金属研究所的室内腐蚀模拟试验、华中科技大学的缓蚀剂开发试验室、中原油田腐蚀与防护研究所定期编辑发布的油田腐蚀公报等，都给了我们很大的启发，留下了深刻的印象。春风、夏雨在我们不停的奔波中流逝。

秋天到了，我们有了一个初步的设想：对胜利油田的腐蚀状况发起全面调研，根据调研结果再确定研究方向与方式。于是，陆陆续续又有了一些工程师如朱成义、刘晶姝、宫善蜂、张敏、许振清、周海刚、李风等参与到我们这个队伍，尽管他们是业余兼职性的，但是调研与研讨活动却从此热闹了起来。特别是徐明、朱成义等最早倡议设立油田腐蚀与防护研究机构的始作俑者，提供的资料与建议，对腐蚀研究工作的启动至少是可以参考的，于是，我们开始有了申报专门研究课题的冲动。冬季，当调研结果出来之后，我们将胜利油区的腐蚀情况分成四个代表性区域，并进而提出了建设腐蚀现场实验区以及室内动态模拟试验装置的思路，同时，向胜利油田正式申报了一个腐蚀与防护技术专题研究课题。至此，腐蚀与防护研究所业务工作迈出了第一步。

记得 2008 年的一天，我去中国石化总公司参加某个会议时，曾经在我们这个所成立之初任胜利油田有限公司总经理，后主持中国石化总公司油田事业部工作的李阳主任还讲：他一直记得我与胜利油田郝洪友老总曾经给他汇报过要建设油田腐蚀与防护现场试验区的事情，希望我们能探索出新的路子。

室内模拟装置由于投资少等原因，很快得到上级领导的认可，并在很短的时间内拿出设计图，接着提上建造日程。该装置在柳言国工程师周密思考、身体力行下，于 2003 年春天进入试运行。2004 年，又有一位名叫考军的工程师对其进行了流程改造，现在成为腐蚀与防护研究所重要的基础性试验装置，借助此装置，我们先后完成了多个试验研究工作。

腐蚀现场实验区的建设方案与设计经过多次修改、汇报、论证后，于 2003 年秋季建成。基于这两项腐蚀研究的基础试验设施的建设，我们成功申请了一项部级科研课题。腐蚀与防护研究所似乎已经走上了名副其实的腐蚀与防护研究之路。

油田腐蚀与防护研究所正式成立了，一批工程师成为正式员工。然而，接下来的生存问题却使我们不得不重新思考我们的定位。由于腐蚀的复杂性与隐蔽性，如果没有一项经常性工作作依托，依靠做课题研究的经费来生存几乎是不可能的。解决单位的生存问题很快就超越各种问题成为最迫切的问题。一个偶然的机会，我们与埋地管道腐蚀损伤状况的地面检测结缘。

记得在 2003 年深秋的一天，在美丽如画的桂林漓江的一艘游船上，经大庆油田一位同行介绍，我结识了冶金部地球物理勘探研究院的李永年研究员。他介绍的一项自己的最新研究——埋地管道腐蚀状况地面检测——让我动心了！直觉告诉我：这是一个具有前瞻性的工作，应该可以成为我们实现创收创效、解决生存问题的依托。回到单位之后，与时任研究所的支部书记朱成义同志探讨了几次，他也非常赞同。于是，刚刚组建不久的胜利油田腐蚀与防护研究所就进行了一次业务转型——从成立之初定位于油田腐蚀与防护研究转变成油气管道（主要是埋地管道）腐蚀损伤与防护状况的地面检测技术服务。

那年，怀抱满腔激情又兼执着地信奉“四十不惑”信条的我，根本没有考虑自己是否有能力以及单位是否有条件，就闯进了这个正处于发端初期的技术服务领域。当时，正值国务院颁布的《中华人民共和国特种设备监察条例》学习贯彻时期，国家技术监督局将管道也列入特种设备范畴，要求对所谓的“锅容管特”四大类装置或设备按照“特种”设备进行强制性定期检验。我们以为我们选择这个业务作为立足点是选对了路，仔细研究后才知道这个条例对我们几乎没有多少帮助。条例对管道的检验检测规定更多是基于技术监督局系统对工厂工艺管网甚至是锅炉房内那些处于从属地位的工艺配管的管理经验及认识而制定的，很难满足大规模的油气生产、输送、分配管网运行对其安全可靠性检测评价的客观需求；有关检测检验单位从业资格认定的规定更有画地为牢之嫌，排他性多于开放性，多少混淆了技术服务与行政执法的界限。技术规则的缺陷也使其无法承担起社会进步所需要的普遍意义上的技术服务功能，加之，由于基准定位缺乏可以被业内广泛接受的准则的支撑，其管理功能也被打了折扣。另一方面，拥有大量集输管网的油气田与管道输送、油气销售企业对于管道检测的认识还没有建立起来，中国各行各业还都处于量的扩张阶段，远没有进入质的提升阶段。对安全、环保、资源节约、规范化管理的理念仍然缺乏外在的强制性制度约束与内在的管理文化引导。当然，管道检测机构的能力水平与影响力还没有达到可以让管道企业信任的程度也是重要原因。

总之，认识上的不足以及条例及其配套规则对这个市场所秉持的开放性不足、缺乏包容思维，导致竞争乏力与技术引进、技术创新受限，在一定程度上成为管道检测技术进步缓慢以及工作推进难度大的诱因。这几方面的问题交织在一起，决定了管道检测评价工作在中国的推广还有很长的路要走。

任何社会目标都是由人来实现的。具体到推行管道检测评价，从而提高油气管道运行的安全可靠性，仍然离不开人的因素。特别是在涉及油气管道运行管理中少数承担决策作用或决策参谋作用的人员，他们的理解与重视是开展这项工作的重要基础。明白了这个道理，就等于明确了努力的方向。我们暂时抛弃了对于国家那部条例的一些不切实际的依赖，而是专注于研究检测技术、研究市场需求、研究必要性与可行性的结合点；寻找沟通的桥梁，打通与掌握规则制定权的关键性少数人群联系的通道，获得决策层的认可，从而实质性地推动工作的展开。

幸运的是，在随后的几年内，我们遇到一批更富有朝气、信念执着、吃苦肯干的年轻人。胜利油田腐蚀与防护研究所之所以能在全国的管道检测领域占据一席之地，与他们的探索精神是分不开的。这批人成就了我们的埋地管道地面检测技术，时至今日，他们仍然保持着常常聚在一起讨论的习惯。王遂平，当初埋地管道地面检测技术研究探索项目组最年轻的一位。2004 年大学毕业分配而来，性格谦和，脑子特别灵光，讲起话来滔滔不绝。他的想法特别多，经常会提出一些别人意想不到的见解。他虽然是独生子女，是典型的“油田子弟”，但是他让我改变了对“油田子弟”这个油田特有群体的看法，他不仅非常聪明，而且与许多从农村进入城市的“新移民”阶层一样：特别能吃苦。他不仅会时常提出新点子，而且他会设法去实践，在实践过程中不断去改进方法、调整思路。龙媛媛，2004 年研究生毕业来到研究所，是研究所唯一一位长期坚持在管道地面检测项目组的女性成员，性格泼辣，言辞犀利。她与男同志一样，不顾风霜雪雨，经常在野外从事检测作业，造就了她直率豪放的处事方式。从不隐瞒自己的观点，你经常会听到她毫不留情否定她不认同的做法或观点。就是这样一位女性，她不仅在家中是标准的贤妻良母、孝顺媳妇，在项目组与同事关系非常融洽，而且每年有多篇甚至十多篇研究论文发表在各种期刊上，对管道地面检测技术获得广泛的认可发挥了重要作用。姬杰，令人印象最深刻的是他带给你的那种特有的憨厚朴实。在他的看法或观点受到挑战时，会经常有情绪激动的表现。这时，他往往会急得满脸通红，半天说不出话来。他以“老黄牛”的形象驰骋在千里检测现场，受到了业主的普遍认可。魏国栋、杨为刚、刘超等，几位从大学毕业以后就来到研究所从事管道地面检测的工程师，性格各异，在研究方向上各有侧重。他们共同之处在于：讲话语速慢，略带腼腆，辩论非他们的强项，沉稳的工作作风却凸显了个人魅力。魏国栋是项目组成立初期的骨干成员，但却中途调离项目组，留下了很多缺憾。杨为刚、刘超则分别在燃气泄漏检测与阴极保护检测方面形成自己的特点。在项目组工作时间不长，但却留下深刻印象的才女高峰、才子张英华，一个毕业于西北大学，一个毕业于四川大学，是我见到过的聪明好学、善于钻研的青年知识分子。他们在国外文献方面的工作使我们开阔了视野，严谨的学风是我们获得的另一种宝贵财富。杨勇，毕业于中国石油大学（北京）测井专业的博士生，却一头扎进了管道地面检测技术研究领域。他提出的用地面磁场聚焦发射的办法提高 TEM 检测精度的思想以及用磁应力分析管体缺陷的技术思路在同行中引起很大反响。在此行业持续探索十余年，获得行业广泛认可的天津嘉信公司的林守江老总就特别看好这个研究方向。

此刻，还有多位从事管道地面检测技术探索的年轻工程师的形象浮现在我的眼前，如参与管道地面检测技术研究更年轻点的工程师孙振华、刘瑾、谭小林、陈凯，多年致力于管道防护技术专题研究的刘晶姝，一批间接参与管道地面检测研究工作的吕德东、王钰、尹春峰、孙艳红、张杰、刘璐、季龙华、刘丽等工程师，尚兵、李晓松、王玉清、刘勇等常年奔波在检测一线的骨干分子。是他们通过不懈的学习与实践，精诚的团结与合作，探索出一系列适用于埋地管道地面检测的实用技术与方法。一一道来，必然会使这篇后记过于冗长。但是，在这里我还不得不提及研究所的柳言国副所长。一个人的价值，不是体现在与别人相同的特质上，而是体现在他与别人不同的地方。柳言国工程师的最大特点在于他身上折射出的善于团结、善于协调，所谓“人见人爱”的个人魅力。他尤其擅长处理各种纠纷，让大家从枯燥、荒凉、繁重的检测实践中体会到工作的乐趣、探索的瑰丽，从而使我们的研究人员永远保持着一种朝气蓬勃的姿态，收获到历久弥新的成就感。

更有幸的是，遇到了对我们选择的这项工作特别理解和支持的油田副总师郝洪友、熟悉油田管网特点的开发管理部主任工程师孙兆厚等领导。利用他们在行业内的影响力，使我们在胜利油田内部获得了开展这项工作的资金支持。我们也因此而开展了一系列的调研与实践活动。在春寒料峭的2004年初，我们密集地奔波于廊坊管道局、大庆油田、天津工程技术研究院等与管道检测有关的单位学习、参观、交流，并将多份分析报告送到了上级领导的案头。终于使我们有了在河东管线、孤三联外输管线、丁义管线上进行管道地面检测与评价的实践经历。

在后来的工作实践中，我们又先后结识了老石油王汉民以及中国石化机关对管道与储运技术具有深刻认识的王立坤先生，北京科技大学教授路民旭、西安交通大学教授韩勇、西安管材研究所研究员王世宏、上海海隆管材研究所研究员郭生武等我国管道检测检验及研究领域的知名专家学者。他们广泛的人脉资源、深厚的学识、无与伦比的影响力，为我们开展地面管道检测技术研究以及开发管道地面检测服务市场搭建起一座连通桥。在他们的宣传、呼吁与引领下，关于开展管道地面检测评价的思想终于获得了中国石油与中国石化决策层领导的重视。我们的理想终于在现实中找到了一块可以实践的园地。

2004~2006年，既是我们对管道检测工作认识的开始，也是探索热情高涨、一步一个台阶向前迈进的三年。

起初，我们在生存方式选择以及对新技术的好奇心的驱使下，借助李永年研究员研究多年的金属蚀失量检测技术，着重摸索实践了油田超期服役管线的大面积腐蚀隐患的检测。采集并分析了5万多个检测数据与信号，基于检测评价结果为138km的油气集输管道制定了具有针对性的维修与更新区段筛选方案。探索性地提出了埋地管道腐蚀与损伤地面检测流程，后来我们将其概括为“地面检测八步工作法”，同时提出了检测仪器组合配套使用的方式。

利用胜利油田赋予的政策，在2005年我们继续扩大新技术应用探索范围。开始对更多的可以应用到埋地管道地面检测上来的技术与手段进行实践，特别是在探索地下平行管道、交叉管道以及管道三通分辨技术方面进行了有效的探索。完成了245km埋地管道的卫星定位检测，234km埋地管道外防腐层破损点定位检测与性能评价，129km埋地管道的阳极倾向点检测，144km埋地管道的腐蚀剩余壁厚地面检测，对包含108条各类集输管道的大约8.7km^{2}的胜三区进行了埋地管网管理信息系统开发。

胜利油田的初步实践，使我们像一个幼小的孩童一般，在有篱笆墙的院子学会了走路，初步掌握了一些生存技能。当对地下管道探测、坐标测绘、防腐层的性能评价、破损点检测以及管体大面积严重腐蚀点分析判断技术基本掌握之后，我们获得了对我们自己的自信。自信的意识开始催生出继续前行的动力。我们的优越感萌生了，开始在这个陌生的领域尝试着制定我们自己认为有意义的游戏规则，第一部用于油田埋地管道地面检测的企业标准——《油田埋地金属管道腐蚀与防护状况地面检测与评价技术规程》就这样在我们从事检测工作的第二年完成了。从网上一搜索，惊喜地发现：我们制定的规则无论有多少缺陷，其主要指标体系的设计还真是走在了同行的前面。

有了最初的成功之后，我们不再满足在篱笆墙内的生活，我们渴望广阔的蓝天，希望每一天升起的太阳都是新的。我们小心翼翼地撕开了童年的篱笆墙，2006 年的初春，我们承接了中原油田第三采油厂集输管网检测与地理信息系统开发工作。自豪感与责任心在此刻被同时激发出来，我们的职工竟然一天不歇地连续工作了 2 个月，计划到上半年完成的现场工作，竟然在五一节到来之时就提前完成了！这一年，我们还受托对青岛某公司的部分管道实施了地面检测与评价。这一年胜利油田内部的管道单项检测里程累计超过一千公里，这是一个了不起的跨越。

也许，我们不能够忘记的是：为了这个跨越，这三年之中，工程师们几乎很少有在办公室里待的时间。许多当年的经历至今仍然萦绕在脑海：2004 年七月，正是黄河入海口地区蚊虫成群、闷热难耐的季节，一位刚参加工作不久的大学生连续几十天工作在检测现场。当他的父母利用周末休息时间，驱车上百里赶到这荒无人烟的芦苇丛、看到这么严酷的工作环境时，他们落泪了！他们不敢相信这就是辛辛苦苦上了十多年学的大学生的工作。然而，正是这样的环境使他们的孩子成熟了。正是在这里，年轻的大学生们发现了芦苇根系对管道外防护层的影响，搞清了聚酯酰胺保温层侵入水的特殊破坏规律。他们虽然没有为了酷，为了面子，甚至为了前无古人，而发表一大堆华而不实的论文，但是他们理解了创新的目的是为了实用，是为了解决具体的问题这个道理。这里，为他们的成长进步埋下了第一块基石。2005 年，在黄河滩区持续近一年时间的管网检测现场，更是锻炼了一批对胜利油田腐蚀与防护研究所有长远影响的先进典型、优秀共产党员、优秀职工、青年学术技术带头人等，从这里迈出了他们实现人生理想的第一步。2006 年的一天，从京开会返回的我，面对的是铁将军把门的一栋空楼。我纳闷的是：难道连负责后勤业务、被尊称为老大姐的郭玲同志也受感染去现场了？一打听，果然他们是在隋国勇书记的带领下帮助现场项目组搬家去了。

当时专职做党务工作的支部书记隋国勇同志多次不无调侃地讲：“我也要改行做检测，独守空楼的滋味实在太难受了”。不过，他后来的确改行做检测研究业务了，不知是环境改变了人，还是人改变了环境。记得在 2008 年 3 月，在我们所为隋国勇书记与前来接替他职务的苏建国同志举办的欢送、欢迎宴会上，他曾动情地讲了一句话：“防腐所的气氛太融洽了，真是不想离开”。这句让我们感受颇深的话，与他勤勤恳恳的作风合为一体，在我们的记忆深处筑就了一段温馨的回忆。

如果说对技术的孜孜追求与探索、吃苦耐劳的作风、共同的理想是我们最初所依托的内在动力的话，良好的内部人际氛围与植入周围的人脉资源则是我们发展所依托的不可或缺的外部动力。建所初期的2003年8月25日，我们在美丽的海滨城市烟台，邀请了近百名国内同行参加我们组织的第一届学术交流会，会后又组织部分余兴未尽的专家骨干赴韩国参观交流；2004年同样是在8月25日，于湘西张家界组织召开了第二届学术交流会，并于同年12月组织部分专家去澳洲考察学习。随后，学术交流活动每年定期组织一次，一直持续至今，成为我们对外联络的纽带。2006年12月25日夜，我们还利用这个西方人节日的名义，第一次召集了全所的职工、家属进行聚会，共同庆祝我们事业发展中取得的第一个成功。

人际关系融洽、技术气氛浓厚的背后是我们有一个共同的目标追求，而支撑这个追求的是创新的欲望，是渴望被认可的欲望。

管道地面检测技术正是在这样的气氛中得到了迅速发展。其目的性也在实践中进一步清晰明朗：通过对埋地管道腐蚀与防护状况的地面检测评价，实现油气埋地管道从事故救急向提前预防的管理方式转变，减少管道运行安全风险，提高维修与更新投资的针对性；依托全国地形遥感航摄信息地图、矢量化解释技术以及根据管道探测、腐蚀检测提供的基础数据，建设油田集输管网信息系统，丰富数字化油田内涵；实施油气田集输管网渗油、漏水、漏气调查与定位，发现和查找油、水、气泄漏与偷盗点，打击偷盗、堵塞漏洞、减少污染、助推精细化管理。

2007年到来了。这一年，我们既站在一个新的起点上，也迎来了第一次风浪的冲击。这一年，注定成为我们当中不少人毕生不会忘记的一个特殊年份。

在上年度业绩的鼓舞下，我们抛弃了一切顾忌，突破桎梏，大胆创新：设备租借、技术协作、劳务外包等已经被我们在管道检测这个新兴的技术服务领域组合到一个作业组织体系之中。相对于成立初期的目标，我们已经渐行渐远。

岁初，远行上海，与上海海隆管材研究所合作承担上海城市燃气管道检测评价工作，并赢得不错的声誉。这个良好的开端让我们享受到创新的快乐，更令我们热血沸腾，意气风发，一点也没有意识到危机正在向我们袭来。一直支持我们研究探索工作的老领导郝洪友离开了人间。他的病故，使我们失去了一位可亲可敬的导师，少了一座与主管机关沟通的桥梁。随后不久，油田取消延续了三年的管道检测专项拨款。难道这是自信导致的一种天然“失宠”吗？以前那些迷人的景象只是一个非常短暂的小阳春吗？对单位发展而言，冲击还不止于此。但是，在那一年的年初，经历了短暂的不爽之后，我们很快就被另一种希望所鼓舞。经过多年研究，我们以管道地面腐蚀剩余壁厚检测技术为主要研究内容的一个科研课题获得了中国石化集团总公司的科技进步二等奖；通过方方面面的努力，借助清华大学校产集团公司、北京科技大学腐蚀与防护工程技术中心向中国石油、中国石化高层介绍了我们的技术并获得了领导的认可，胜利的曙光初现。我们甚至以为我们可以从此大步走向全国的管道检测技术服务市场，开辟一番新的天地了。秋天，已经可以预料到：我们在失去上级经费支持的情况下，收支仍然可以实现平衡。压力骤然减轻，始觉轻松欣慰，加上对上级领导认可的预期，我们已经可以大胆地展望来年的发展了。这时，发生了一件意想不到的矛盾纠纷，隐藏在工作中的一些不经意的分歧以不同利益诉求的方式表现了出来。当时，我从青藏高原组织完一年一度的学术交流会归来不久，还没有来得及欣赏从雪域高原拍摄的图片，就不得不为一直以来重技术研究与市场开发，轻统筹兼顾与和谐稳定的管理方式而检讨了。

分散了对技术研究与市场开发的精力之后，我们不得不将争取在油田内部吃政策饭作为降低风险、促进和谐的首选。回顾以往，痛定思痛，我惊奇地发现：看似美丽的青草下面却原来是一片承载力非常有限的“沼泽地”。而且，正是这片不曾留意过的“沼泽地”，却使羽翼未丰的我们措手不及，险些夭折。正因为如此，看似不起眼的一个小插曲，却终结了研究所发展中最有活力、直到今天仍然是大家最为怀念的一个发展时期。

2007 年，我们克服了重重困难，通过提升管道检测技术服务与实际生产需要更进一步的结合等方式，接受油田与社会上其他企业委托的管道腐蚀与防护状况检测评价工作 21 项，管道检测技术服务进一步贴近生产，得到了社会的普遍认可。特别是通过检测分析对胜利油田营 66 外输原油减少原因确定，避免了工农关系纠纷，孤永东线穿越黄河段悬空事故在汛期之前的发现，避免了一次大的恶性污染事故的发生。这些个案成为我们接下来再次全面回归胜利油田的伏笔。尽管如此，这一年的业绩却大幅下滑了，与业绩一起下滑的还有我们共同的自信心。

我们确信，一切问题只能在发展中求得解决，一切的分歧、误会甚至矛盾其实源于大家对于单位与个人前途的不自信、单位发展目标不明确、上下共识未形成。也许营造一个稳定的环境、经历一段平淡的思考期作为过渡是最佳选择。

2008 年到 2010 年上半年，随着我们技术服务业务全面向油田内的回归，一个业务渠道稳定、没有竞争的平淡时期出现了。我们迎来了一个反思、总结的绝佳机会。

借助于在 2007 年形成的与上级的沟通，通过一位老石油的一封建议信之影响，按照统一模式，进行了三年的油气集输管道“统检”工作。完成了胜利油田 1600 多条、5000 多公里的检测任务，积累了数十万条数据信息，为胜利油田摸清了重要管网的基本情况。相关总结认为：管道检测第一次全面系统地查找到或发现了管道防腐层破损老化、管体腐蚀损伤与盗漏所形成隐患的具体位置，为被检管线的日常管理、维护、维修与更换更新提供了科学依据；检测过程中查出犯罪分子正在实施或具备随时盗油、盗气的管线、卡子 X 处，为打击涉油犯罪提供了有效的技术手段，为油田挽回上千万经济损失；摸清了管道的具体情况，为提高巡线工作精准性奠定了基础，填补了管线档案资料中存在的缺失，促进了精细化管理；快速、准确地查出西二路等处原油泄漏点，加快了应急处理速度。油田相关文件更是用了下述语言评价这项工作的重要性：

开展管道地面检测可以在不停输、不开挖，对生产几乎没有任何风险影响的情况下，以相对低廉的成本，有效发现管道在运行过程中影响安全的关键因素。从而针对这些因素，采取有针对性的运行管理与维修改造。对高风险管段以及有典型缺陷特征的管段，采取有针对性的运行监测与维护措施。将有效的资源投入到最需要重点关注的管段上，既确保管线安全运行，又降低运行与维护成本。管道地面检测还可以最大限度地降低油气管道泄漏事故危害程度，保障人民生命、财产安全，维护社会稳定，同时也是提高油田应急抢险能力的重要技术保障措施。

任何事物都具有两面性。一方面，在近三年的时间中，保守稳妥代替了激进活跃，创新进入蛰伏期。这个时期，技术探索上没有取得明显进步，管道检测市场开拓几乎停滞了。对于我们的检测探索实践而言，稳定有时往往意味着停顿，意味着进取精神的丧失。人们在激进环境下所激发的沸腾的欲望、梦想、激情、狂热降温，在一定程度上阻碍了人的创新能力。另一方面，稳定的环境又使我们学会了沉思，有利于思路的整理，这种整理正是为下一次创新与发展做准备所需要的。理性的力量随着时间的推移与思考的深入再次聚集：生命的意义在于创新、在于迎接挑战，我们能有幸在中国管道输送发生革命性发展的初期，进入这个领域实在是一种幸运，失去这个机会也许会成为我们人生的遗憾，我们没有理由错失进入中国管道发展的历史进程中的机会。与此同时，我们还在思考：管道检测的出发点是什么？管道检测评价能发展成一个足以让我们自信的服务领域吗？这是我们介入中国管道输送事业大发展这个伟大历史进程的切入点啊。

管道的检测评价就是为了符合法规吗？诚然，不合法规要求肯定不行，可这是开展该项工作的终极目标吗？显然不是。发现各种存在隐患并预测其隐患发展趋势，进而判断其生命周期并提供有效、经济、实用的治理措施才是业主的需要。也只有能够达此目的的技术服务才是有价值的服务。这样的服务才是客户真正的需求，而法规的要求也应该是以解决实际问题为目的，因此法规规范必然要随着技术发展不断去掉一些空泛化的条款，增加生产确实需要而技术条件又可以满足的条款。法规应该是一个开放的体系，有一个不断完善的过程，法规特别是具体检测检验标准应该是最基本的要求。既然这个思想确立了，我们还有必要去排斥新技术的试验与探索吗？无论是管道保护法还是监察条例或检验规程，其精神实质中最根本的意图是要将管道的定期检测评价纳入制度范畴，而不应被误读为一种经济权利划分。我们正确解读了法规的实质与根本，就明白了法规从技术上是开放的，所谓的资质更多的应该是对技术能力的评价而不是对机构出身的审视。从这个角度来看，我们目前的许多所谓的资质规定事实上不是法规制定的本意，甚至多少带点权力寻租嫌疑。好在《石油天然气管道保护法》在这一方面有了很大的进步。在理清了管道检测的出发点之后，我们就要思考管道检测评价是否能发展成一个足以让我们自信的服务领域这个问题了。对这个问题的思考使得我们不得不认真分析各种管道的具体特点以及安全环保风险和可靠运行的重要程度问题。

综合各种因素，油田集输管道在目前情况下的重点应该紧紧放在对严重的腐蚀区段与盗油、盗气的检测分析上；长输管道则需要更多的检测技术服务内容，不仅在建设初期需要对防腐层进行检测，更需要对阴极保护、杂散电流进行长期的检测排查；需要对管道应力以及其他腐蚀状况进行定期检测评估。除了长输管道的定期应力检测分析与腐蚀检测评估项目实施内检测有一定的优势以外，集输管道的检测与长输管道的其他检测项目都是地面检测的强项。地面检测相对于管道内检测更实用、更高效。作了这样的基本分析判断之后，我们对一直以来坚持探索的管道地面检测市场就建立起了足够自信。特别是长输管道，业主出于对安全环保以及输送可靠性的担心，定期检测评价的意愿也非常高。因此我们进一步将长输管道的地面检测作为技术研究与市场开发的主攻方向。加之，近三年来一直在胜利内部进行的检测工作几乎是千篇一律的流程，一个模式的报告，发现的是没有多少区别的隐患问题，且由于集输管道隐患的众多以及危害性影响有限，检测评价报告往往得不到重视，这些已经多少使职工由于缺乏挑战性而产生了厌倦情绪，因此，应对挑战的渴望逐渐成为单位的主流意识。

在 21 世纪第一个十年结束之际，随着我国在经济总量上超越日本成为全球第二大经济体，以人为本、安全环保、节约资源更成为我们继续发展的战略要求。管道输送的绿色环保与相对安全、快捷、高效的特性使其成为油气输送、分配、销售企业提高竞争力的首选。管道建设的快速发展，促使中国管道检测评价技术服务迅速发展并向现实回归。长输管道检测市场旺盛的需求坚定了我们再次走出胜利寻求更大发展的勇气。

非常幸运的是，我们这支队伍虽然已经不再年轻，少了初期的冲动，多了几份稳重与成熟，但是我们对技术探求的热望一如既往。对于一些已经不再年轻的同事而言，这也许是最后的机会；对于那些已经进入创造力最活跃期的三四十岁的中坚力量而言，也许正好可以成为他们生命中最具价值和创造力的源头；对于尚且年轻的人而言，这也可以作为他们发现自己天赋的一次试验。在 2010 年尚未完结之际，我们又一次开始了走出胜利，到更广阔的地方去实践、去探索的旅程。

2010 年，我们经过多次汇报沟通、技术演示并通过在鲁宁原油长输管道——江苏盱眙段的试验性检测，首次承揽到东营至黄岛原油长输管道检测与评价工作，几乎在同时，承接了中开天然气长输管道穿越黄河段风险检测评估任务。这标志着我们敲开了长输管道检测技术服务的大门。这扇大门的打开，让我们看到了一个更为复杂、更具挑战性、同时也更有前途的检测服务领域，并第一次以合作租赁的方式将低频超声导波技术、磁应力检测等技术引入到我们的检测工作中。我们以前的重点是在管径比较小、距离比较短的油田集输管道或城市市政管道上，管道缺陷密集，只要采用常规检测技术与方法，数据分析时略加注意，就会发现很多隐患，而且缺陷的性质比较容易确定，缺陷部位也容易定位。但是，到了长输管道检测以后，我们发现：其缺陷或隐患不仅大为减少，性质发生变化，而且过去我们擅长的许多经验失灵了，需要重新分析提炼。比如，管道外防腐层破损是过去检测中最主要的缺陷，且查找非常容易，但是到了长输管道检测以后，我们才发现，管道外防腐层中的老化等问题成为最重要的缺陷之一，而且这类缺陷隐患用常规仪器检测不到，用常规数据处理办法也分析不出来。次年我们又相继承担了东营至黄岛原油长输复线、东营至临邑原油长输管线、川气东送管线湖北段、中济天然气管道、江苏苏南成品油管道、洛阳至驻马店成品油管道、鲁皖成品油管道局部管段、新疆塔中原油管道等多条大口径油气长输管道的检测任务。这些处于不同地域、输送不同介质、建造于不同年代、采用不同技术工艺与防护方法、出于不同建设、施工单位之手的管道，存在的隐患、问题更是五花八门，隐患侧重各有千秋。长输管道的特点决定了我们检测的重点也逐步从外防腐层破损、占压、走向定位测绘、管体严重腐蚀损伤扩展到外防腐层老化剥离、阴极保护效果、杂散电流排查、应力集中区段分析等技术服务领域。事实上这也是影响长输管道运行安全的主要隐患类型，我们之所以坚信管道地面检测（外检测）比管道内检测更有实际价值，就在于：通过对管道地面检测技术的综合运用与分析，可以将这些缺陷全部查明，而内检测事实上只能检测到管道应力集中区这一类缺陷中的主要部分。当然管道内检测的优势在于：由腐蚀坑、裂纹、焊接缺陷等引起的管道应力集中采用内检测更直接一些。而地面检测或一般人常说的管道外检测，尽管可以检测评价各种原因引起的应力集中缺陷（比如还可以包括地面塌陷或其他异常承载、管道变径、弯曲等引起的应力集中），但是对小缺陷的检出需要付出更多的分析判断，且无法直接确定，甚至需要配合其他手段做进一步确认。无论怎样，外检测比内检测综合成本低、实施便利、无安全风险，又可以检测到除管道应力隐患缺陷以外的其他缺陷隐患类型，这是内检测无法企及的目标。

通过长输管道地面检测的锻炼，我们的技术集成水平进一步提高，在不断提高传统地面检测技术应用能力的同时，在运用地球弱磁场进行管道应力检测、管体金属蚀失量地面连续检测数据采集技术、瞬变电磁地面聚焦检测技术探索方面有了新的进展，促进了综合检测分析能力的进步，扩大了管道地面检测技术在行业内的影响力。2012 年上半年，我们在天然气、成品油长输管道地面检测业务方面的意向工作量就接近了 1500km，服务范围涵盖华北、华东、华南、西北等广大区域。

长输管道的检测不仅具有独特的技术特色，更有其特殊的环境特色。对检测作业的施行组织以及从业人员构成、体制都有一定的影响和要求。在我们近几年的长输管道检测实践中，川气东送管道尤其具有代表性。由于管道敷设环境复杂，业主单位从春末就开始论证检测技术规格书以及招标文件、评分标准等，直到 7 月才完成招标，我们则于 2011 年 8 月初正式进入检测现场。管线在崇山峻岭、沟豁水泽之间时而爬坡，时而穿越隧道，时而通过水田，时而越碎石滩甚至是山间炸开的一道道石质沟槽。检测人员行走、仪器搬运、加载信号极为不便，加之连续月余的阴雨与闷热潮湿天气影响，原计划 60 日的现场数据采集，一直持续了 115 日才完成。这条管道临近湖北著名的风景名胜区“神农架国家自然保护区”，检测之初，曾兴致勃勃地表示要在工作结束之后参观神农架自然保护区的检测人员经历了四个月的山涧穿行之后，对爬山欣赏景区的兴趣荡然无存了。用一位现场工程师的话讲，看到大山腿就发软，哪还有雅兴欣赏。这样的工作环境与劳动强度显然不是我们这支以研究人员为主的单位所能长期承受的，从另一方面来讲，即使我们的职工体力能承受得了，我们这种体制内单位的成本也承受不了，或者说我们就不具备竞争优势了。因此，与劳务提供型民营企业的结合就成为必然的选择。然而，所谓树欲静而风不止，一场围绕如何选择劳务提供商的纷争再次成为一种不得不正视又实在不值得重视的困扰。管道检测技术咨询服务的发展不仅取决于技术本身的进步、取决于人们对其作用的认识，更取决于我们的管理与体制，甚至取决于我们的文化。

不可否认的是：管道检测的作用和意义在长输管道上体现得最为明显。可以肯定地说，长输管道运行离不开管道检测评价机构的技术支持，而管道检测机构也只有在为长输管道安全运行的保驾护航中才能真正找到自己的归宿。中国管道检测服务业也正是伴随着中国长输管道的快速延伸而日益发展壮大了起来，并随着业务发展而逐渐发生分化。一些检测机构将不可避免地逐渐向专攻管道内检测方向发展，一些检测机构则向专攻外检测（地面检测）方向发展，还有些机构则转向专门从事阴极保护的检测与调试、杂散电流检测与治理、管道无损检测、管道定位探测与测绘，甚至盗油、盗气点专项检测排查等更细分化的检测服务领域。与此同时，检测机构也逐步分成技术支持咨询型与检测劳务提供型两类。相信在不久的将来，国有涉油央企与地方政府控制下的事业检测机构可能会在迅速发展壮大的民营管道检测机构强有力的竞争冲击下，不得不考虑转型改制或调整经营策略。特别是在管道地面检测领域，由于检测野外作业的辛苦性与检测设备仪器投资强度低，民营检测机构更具优势。国有检测机构向技术研究方向转型，逐渐以为现场检测提供技术支持与后期数据处理分析技术服务、以研究开发新的技术与设备仪器为其发展方向，将目前自己承担的劳务性色彩浓厚的数据采集工作转移给各种民营小型检测机构，最终在全行业实现优势互补、分工协作是发展的必然趋势。

逝去的艰辛岁月在回忆中不断变换着面孔。寂寞的探求、不和谐的困扰、无奈的冷遇已经在我们不懈的努力下幻化成坚韧的个性、开拓的勇气、市场的品牌，并随着日积月累演绎成一卷卷评判可靠性的价值尺度。

特别是从2010年下半年以来，我们很快获得了足迹遍布祖国大江南北的实践经历：从西部的戈壁沙漠到东部沿海的盐碱地、芦苇荡，从风沙漫卷的北部草原到烟雨如织的江南水乡，从沟壑纵横的黄土高原到山峦重叠的鄂渝山区，无不印下我们长长的身影，留下了我们深深的足迹。连同我们以前的实践经历，积累了数千条、近万公里、小到直径只有几十毫米的油田集输管道、大到口径1016mm的川气东送管道的上百万个数据信息。这既是经历与财富，也是压力与使命。抛开十年中那些与技术探索无关的纷争困扰，我们怎能忍心让这么多付出极大心血与汗水的数据就这么躺在档案室，留在我们个人的记忆中？我们产生了一个强烈的愿望：将这些数据所包含的信息与经验总结、整理、归纳，让更多的人了解这些数据的价值，让这些数据可能预示的内在规律性得到进一步的揭示。解密那一卷卷已经将文件柜压弯了的报告、图表所承载的技术进步密码，发挥它在推进东西南北的管道迅速延伸中实现安全可靠运行的神圣使命。

尽管在酷暑严寒中长期从事野外作业已经养成了我们不善于伏案执笔的个性，我们担心自己可能根本无法承担起如此重大的使命。但是，责任与创新的召唤，促使我们下定了决心，并义无反顾地开始了资料整理与编写工作。现在，经过一年多时间的努力，我们的心愿终于可以实现了。不管这其中有多少浅陋与错误，我们都决定将它呈现在读者的面前。

作为本书的主编，我深知自己是很不称职的，书中有价值的思想与经验总结都来自我的同事，我的责任就是尽早一天将他们的智慧与执着分享给读者朋友，接受读者的评判。更何况，我查阅了一下10年前的工作笔记。正是2002年4月9日这一天，在与中国科学院腐蚀与防护研究国家重点实验室杜元龙研究员的一次技术交流中，一同听杜研究员演讲的上级领导告诉我：油田腐蚀与防护研究所已经获得批准，决定由我来负责筹备工作。十年，在历史的长河中也许只是一个短暂的瞬间。对于一个人而言，生命中又能有几个这样的十年呢？就让这本书帮我记住这个平凡的日子、记住我们这段一起走过的岁月吧！

2. 总裁要求进京汇报

2013 年春天，离开腐蚀研究所岗位之后，有好几拨人来找我，希望我协助他们开展管道地面检测工作，我犹豫再三都一一谢绝了。因为在我看来，他们中没有一个能够如腐蚀所的合作者李永年及其几个弟子那样，把管道地面检测当作事业来追求，他们多是觉得这个项目投资少，风险低，可以赚点钱，尤其是前期不需要多少本钱投入。特别是他们觉得原来我们在腐蚀所开展的管道隐藏盗油卡子的检测，检出一处卡子，可以向甲方要几万到十几万元或更多的检测费，是个不错的赚钱技术。他们只知道，一般通过经验都能锁定在几百米的范围内，而检测这几百米管线最多也就一二个人半天的功夫，却不知道为检测出一个暗藏的盗油卡子要提前做多少功课。这使我想起余世存在他所录的《一个人的世界史》中的一则故事来：

卡皮查对机械极其熟悉，有一次有个矿厂的电机坏了，最有经验的电工也无法将其修理好。矿主就以 1000 英镑的高价请卡皮查来修，卡皮查来了看了看，拿起一把锤子，在电机某个部位敲了一下，顿时这个电机好了，矿主觉得这也太容易了，以至于不愿意付那 1000 英镑。卡皮查说："敲那一锤子，只值 5 英镑，找到那个敲的部位，995 英镑。"

实际上，测这几百米管道的确花不了多少工夫，可分析判断暗藏点就在这几百米范围内却是多年经验的积累啊！俗话说，"傻瓜创造了世界，聪明人不得不活在其中。"世界上并不缺聪明人，缺的反而是那些肯下笨力气、用笨办法一心把事情做好的傻瓜这一类的人。

离开腐蚀所岗位之后，除了陪同内部一个单位去上海中石化销售华东分公司和浙江石油公司，找领导协调"甬绍金瞿"（或是"甬台温"管线，记不太清楚了）成品油管道的检测工作以外，再没有任何实质性的工作。我又按年初的计划，读《胡适全集》，我当时静下来读书的欲望非常强烈，这种体会我相信多数人都有，大凡经过一个时期忙碌之后，都有休闲读书的欲望。正好，这时候我只是单位一名副总工程师，虽然还兼了个市场办主任的头衔，却因为迟迟定不下职能，就等于没有事情可做。我一口气读完了前六卷，还写下了两大本厚厚的读书摘抄。本以为可以这样持续下去，谁知，这种平静很快就被打破了。

爆燃掀翻了"斋堂岛街"

11 月 22 日中午，正在和几个要好的朋友利用休息时间喝茶，却接到徐州的电话，让我快速给他们提供一套东黄管线检测报告。我觉得纳闷，报告不是早在两年前就提交了吗？原来，黄岛“11·22”输油管道爆炸事故发生了。仔细一打听，东黄管线泄漏并发生爆炸，同时确认曾经与我所密切合作过的李秋阳等人遇难了！我非常吃惊，因为这条管道是我们三年前检测过，并要求全线大修的管道，按说早该已经大修过了，怎么能发生泄漏爆炸事故呢？当再次确认李秋阳等十多位三年前与我们检测中共事一年的熟人遇难，我瞬时泪奔了！前段时间，还在电话中有说有笑的同行，怎么就走了呢？还没有等我从惊愕中镇定下来，检测中心领导的电话就来了。是啊，这条管道是我们检测的，任何一个人都会自然而然地认为我们的检测不可靠、不科学，甚至猜测我们要担责，这毕竟是搭进去几十条鲜活生命的特别重大泄漏爆炸事故啊！

2013 年，中国人不仅记住“湘鄂情”这个名字，也记住了“斋堂岛街”这个名字。前者是四年前一个下岗工人湖北鄂州人孟凯在北京海淀区定慧寺路边开的一个饭店的名字，后者是东黄输油管道经过的青岛市黄岛区一个街道的名字。前者从中国第一家上市民营餐饮企业，到 2013 年生意一落千丈，连续关停 8 家连锁店；后者在 2013 年 11 月 2 2 日一声巨响，惊动党中央和全国人民。

鉴于此，所有的单位都闻风而动，对管道安全绷紧了神经。中石化胜利检测中心连夜组织相关人员对我们存档的报告进行审核。但是，作为报告的签发批准人，我一直很镇定。我相信我们的检测工程师，相信我们所的三级审核是负责任的。中心在差不多一周的时间内连续审核过三次，也没有查出纰漏，大家才放心了。不过，大家的注意力仍然每天集中在网络媒体对于黄岛爆炸事故的报道上。当舆论渐渐从对中石化不利的一边倒变得偏向中石化与青岛市政府部门均有责任的看法时，我们的心才逐渐归于平静。当然，在此时我们比一般人更焦急地等待着国家事故调查组的最终调查结论。

给总裁汇报

11 月 29 日夜，就在我们焦急等待事故调查结论之时，在东营市北二路一侧发现大量原油溢出，初步判断东辛采油厂辛三联合站一条出站输油管线泄漏了。市里得知消息后，第一时间就实施了交通管制，尽管时间是夜里十二时，几乎没有车辆从事发地点那条街道通行。油田主要领导都赶赴现场，各方反应之及时、行动之迅速空前绝后。还好，胜利腐蚀所仅用两个小时就从纵横交错的地下管道网络中确认出具体的泄漏管道及泄漏位置，应急抢险人员在最短时间内实施了有效封堵，30 日中午，北二路交通就恢复了正常。

在这个特殊时期，腐蚀所高水平、快节奏的检测效果理所当然地受到关注，得到油田的认可与嘉许。可我们还没有来得及庆贺，胜利油田办公室转来中石化总裁办电话，要求我们第二天上午赶到中国石化股份公司李春光总裁办公室，就东黄管道检测进行汇报，大家的心再次纠结起来并立刻进入“备战”状态。腐蚀所准备了从检测合同、会议纪要、检测报告等资料，甚至现场检测图片也转入我的手机之中了。因为报告厚达 200 多页，上万条数据信息，肯定是记不住的，我和我的继任者柳言国两人把报告最终结论看了一遍又一遍，在心中一遍又一遍梳理每条结论的依据与逻辑推理、标准尺度及经验判断的合规性。

11 月 30 日，胜利检测中心会议室的灯光一直点亮到后半夜，相关人员就如何向总裁汇报、汇报什么建言献策。可是讨论来讨论去，谁也说不出该汇报什么。因为总裁办的电话只说汇报东黄管道检测，其他什么也没有说。所以到了后半夜，大家都沉默了，大家都明白，只能根据总裁所问具体回答了。

我知道我们报告的最大问题，在于没有标记排水暗渠这个特征点，在事故发生处附近没有检测数据。这里因为特殊的电磁干扰以及路面覆盖，唯有开挖，使用导波进行检测。但是，在这里进行开挖作业可不是我们想开挖就能够开挖的，当然在灾难发生以后，人们可能不会去考虑在事故未发生前的诸多困难与习惯思维。在这个时候我们再怎么解释当初为何这么制定方案，都会让别人觉得我们想逃避责任。那就什么也不说、不解释，等权威们去裁定吧！我打定这个主意以后就轻松多了，回家睡觉去了。

2013 年 12 月 1 日，天还没有亮，我和中心经理师祥洪、腐蚀所所长柳言国就分别从各自居住的居民小区赶到检测中心门口，集体乘车去东营胜利机场乘坐飞机赶往北京朝阳门外的中国石化集团公司总部。11 点整，我们在总裁秘书的引领下进到总裁办公室。身着深蓝色夹克衫的李春光总裁，听了秘书的介绍后，非常和气地与我们每个人握了手，并与我们一起在他办公桌前摆放着的一张小方桌前坐了下来。总裁客气地对我们说道：国家事故调查组认为胜利的检测报告所采用的地面检测技术与方法是先进的、数据丰富，各种方法综合运用、相互验证，比较妥当，结论相对明确，提示了风险，给出了恰当的建议。接着，他便以相对沉重地语气讲道：中石化管道管理部门依据你们检测报告发现的隐患与风险上报了维修申请报告，中石化也批准了该申请报告，可是，黄岛区以没有合适的路由为名没有批准改线报告，所以黄岛城区的部分没有维修，结果悲剧发生了。事故发生时，这条管道撕开 60cm 长、约 20~30cm 宽的口子，位置恰巧在地方所修的排水暗渠处，而排水暗渠会在海水涨潮时，将海水引向管道处，加剧管道腐蚀。最近，由于黄岛地区路面维修，原路面面层被揭掉，数十吨的大卡车直接碾压在仅有 50cm 厚的垫层保护的管道上，且管线一边在路下，一边又被暗渠的混凝土墙固定着，造成了在腐蚀位置的疲劳性撕裂。就目前国家调查组通报的初步结论看，有些方面，机关的同志认为有必要再求证，比如杂散电流是否是导致加速腐蚀的主因？碾压是否是压垮管线的罪魁？还有没有其他原因，希望你们从专业的角度给中石化提供一点建议。在我们与总裁讨论期间，傅成玉董事长也来过一次，还称我们是检测方面的专家。

原来总裁通知我们来，只是想咨询我们几个技术问题，想把问题的原因搞得更清楚一些，以便更好地吸取教训。此刻，多日来一直悬着的心总算放下了。中午吃饭期间，我们在距离中石化机关不远处的佳龙阳光酒店，就总裁关心的问题写了一份说明，提交之后，很快就入睡了，而且睡了好久才醒来。这时，我们才意识到，近日来，一直有个魔鬼住在我们心中，搞得我们既疲惫又难以入睡。当然，我们也清楚，只要国家调查组的正式结论没有公布，我们仍然要做好时刻接受质询的准备。

四十多天以后，国务院调查组最终公布了事故结论，包括中石化相关领导及山东省、青岛市领导在内的48名各级相关岗位领导受到处分，15名直接责任人判刑入狱。“11·22”事故成为中国管道史上最大的一次被严肃问责的灾难性事故。

寂寞中的选择

2013年在雷军与董明珠的“十亿豪赌”中落下帷幕。2014年到来了，那个职能总是无法明确的市场办又被撤销了，我只剩下副总工程师的头衔，而且这个头衔也快10个年头，早就褪色了。正在此时，中国油气管道安全隐患大排查的序幕拉开了，我被赋予胜利油田应急事故处置协调联络人的职责。但是，胜利油田的油气管道主要是出于荒碱滩中的集输管道，即便是漏一点也不需要按应急来对待，只有极少量穿越城区的管道发生泄漏才可能涉及应急协调。因此，在此后三年之中，我记得参与应急处置的事情屈指可数。也就是说，多半时间我是可以自由安排的。本以为可以继续读写休闲的或文史哲书籍打发时间，而且可以杜绝犯错误，多好啊！可时间一长，我却隐隐地感悟到：没有人会为“绝过”而自寻孤寂的生活，记得宋代沈括晚年曾隐居梦溪园，做过一首名为《游花山寺》的诗，其中写道：“嗟我有身无处用，强携尊酒如峥嵘。”于是，我开始对管道检测技术作系统的梳理，并结合学习、搜集资料开始编写有关管道安全方面的科普书籍。从2014年起，到2019年的五年内编写了500万字左右8部涉及管道安全技术与管理的书籍，从另一个角度对管道检测技术进行观察与思考。

3. 从盗油卡子到废弃井口

2013年初离开腐蚀所之后，继任者选择了坚守油田内部检测市场为主、外部市场为辅的经营策略。我不知道为什么没有继续坚持走外部市场为主的道路，但是我想他之所以这么选择必然有他自己的考虑，这也许是个规律，也是我们的优势。在外部市场折腾累了，就回到内部市场来。只是油田刚结束三年的统一检测，想争取大量的普通性的检测工作也不容易。好在因为我们十年来持续在技术上的探索与开发，使得我们的检测工作获得了较大的回旋余地。常规的管道检测任务虽然无法列入油田的计划任务，但是盗油卡子查找、泄漏点查找等一些特殊的专门检测仍然足以支撑腐蚀所业务的基本面。

盗卡隐藏点探测的回顾

回顾胜利管道地面检测实践的历史，盗油卡子隐藏点的检测是我们在管道检测探索中获得的意外收获之一，可以说是地面检测技术的外延式发展成果。2011 年 8 月 5 日，胜利纯梁采油厂想委托我们对几条输油集输管线进行盗油点专项检测，我们的检测设备和人员都被安排到川气东送管道检测与华东三条线检测项目上，已经无力顾及这类小项目检测，就提出后推一段时间。没有想到，第二天他们厂负责巡线工作的领导就找到油田技术检测中心纪委书记，要求帮助他们协调。“走后门”求我们做检测这还是第一次。我们只好暂停了东营－临邑原油长输管道的检测，将人员调到纯梁厂去检测。毕竟我们是胜利油田的检测机构，为胜利油田服务是我们最基本的职责，更何况盗油不同其他隐患，采油厂天天都有经济损失啊。

实际上，自 1993 年发生中洛线打孔盗油事故以来，打孔盗油现象就从未断绝过。开始时主要是管道输送企业通过巡线、盯防的方式，来打击盗油盗气犯罪。时间一长，盗油犯罪分子不断更新打孔盗油手段，隐蔽性越来越强，仅靠巡线、盯防的方式已经无法遏制盗油现象。在胜利油田，我们从 2004 年正式开始在现场实施管道检测作业，2006 年就有采油厂找上门来，希望帮助查找盗油卡子隐藏点。

经过一段时间探索，我们摸索出一套综合打分法来分析盗点位置，先从查出的管线外防腐层破损点入手，综合分析瞬变电磁数据、电流衰减及流向、环境状况等，综合分析评价，取得了良好的效果。

2006 年，我们利用综合打分法对胜采一矿 47 条（段）管道进行了检测，检出 322 处三级破损，通过计算总加权值，筛选出 18 处防腐层破损点具有较大的可能为盗油点。18 处筛选出的防腐层破损点中，确认坨一联合站－六干渠集油干线、151 站－1351 阀组集油管线、74–9 站－1312 阀组集油管线、T103–20 站－103–20 阀组集油管线、T103–103–20 阀组集油管线、137 阀组集油管线存在盗油卡子。开挖后发现仍在偷油的 5 处，1 处为近期刚封堵过的。

再后来，我们结合试验管道的模拟试验，加上长期的地面检测实践，总结出一套行之有效的盗油盗气点检测组合方法。步骤为：管道精确定位—防腐层破损点检测—应力检测 / 金属蚀失量（TEM）检测—用 RD4000 探测分支金属管线或用探地雷达探测分支非金属管线—管线埋深检测—土壤疏松程度与交通条件综合分析—盗点定位。

根据我们探索得出的综合利用多种技术进行盗油盗气点检测程序，进一步提高了检测定位的成功率。2009 年新年前后，滨南采油厂连续发生严重时输差达 100m^3/h 的疑似盗油事件，采油厂方面组织20余名职工轮流昼夜蹲守30余日，仍未有任何收获。我们派出的技术人员在现场勘察之后，综合利用分支管线探测、外防腐层检测、声波管线泄漏检测等技术实施检测工作，不到两天时间，便检出 5 处盗油卡子，挽回直接经济损失近 200 万元。2009 年，胜利海洋采油厂一次排查便检测并验证隐藏的盗油气卡子或盗窃管线 9 处，海洋采油厂厂长在生产会议上明确表示，以后海洋厂的管道检测要全部委托胜利腐蚀研究所，不许再推荐其他检测单位进入。盗油卡子检测成为各涉集输管道单位在那年唯一不占用油田管道“统检”资金，自筹资金委托的检测项目。

在油气管线盗点排查技术取得进步的同时，不法分子盗油的手法越来越隐蔽，需要排查技术不断跟进。纯梁采油厂樊家 – 小营站输油管段自 2010 年 9 月中旬起出现收油量减少的情况，纯梁采油厂对樊家站至小营站的输送液量、温度、管线压力加大监控，但各项参数未发生波动。同时纯梁采油厂组织大量人力进行全管段巡线，并对管线周边 2km 范围内的可疑点进行逐一排查，均未查出盗油点。巡线队无奈之下，求助我们协助排查。姬杰、尹春凤等工程师仅用几个小时就查出了盗油卡子隐藏点。他们的做法是：通过电流电位梯度法对管线进行精准定位和防腐层防护状况分析，同时通过管体 TEM 金属蚀失量测试分析、管道应力测试分析等多种检测技术的应用，首先在防腐层存在异常的部位实施管体检测，发现几处管壁平均壁厚度异常部位，再应用应力检测判断应力集中现象，最后锁定一处比较明显的可疑点。开挖发现：被盗油管道在该部位有一段金属套管，不法分子在相隔不到 3m 的管线顶部割开套管，外接两个金属短节，并通过高压软管外接，深穿管线西侧宽度大约为 25m 的西刘河进行盗油，两个卡子（阀门）一进一出，一条用于盗油，一条注水，控制输送液量及压力的平稳，管道压力监控设备根本监测不到压差信号，隐蔽性极强。

盗油卡子隐藏点检测，开始我们只是看重其技术探索价值，并将此作为一个对外宣传的亮点，希望为我们的业务承揽服务，一直没有认为其可以成长为一项主要的检测业务。但是，随着地面检测实践的推进，盗油卡子隐藏点检测却逐渐发挥着越来越大的作用。特别是 2011 年，在我们忙于油田以外的长输管道检测之时，油田多数采油厂却三番五次地委托我们甚至通过找机关处室领导打招呼，希望给他们抽调力量进行管线盗油卡子排查检测，搞得我们疲于奔命。这也可能是油田领导明知油田资金紧张，也要我们放弃外部市场，主要为油田服务的原因之一。

早在 2011 年春天，记得大约是 3 月下旬，胜利纯梁采油厂就委托我们进行过一次盗油卡子隐藏点检测，因为检测定位准确快速，该厂一位负责集输的副厂长曾亲自到现场确认并表示感谢，该厂厂长知道后，还特意请我们检测的几位工程师吃饭，以表示对我们技术的肯定和尊重。同样，在海洋采油厂的一次检测中发现 3 处盗油卡子隐藏点，该厂分管副厂长王富等也到现场亲自观摩了开挖验证过程，时任该厂厂长的李连江专门给胜利检测中心领导打电话，表示他们对我们技术的尊重。2011 年 4 月 11 日，胜利油田地面工程技术研讨会在黄河饭店召开，这是对油田“十一五”以来的技术回顾与总结的会议，包括孙焕泉、张钰、徐卫华、张洪山等当时油田的主要领导均参加了会议。在这次会议上，我们的盗油卡子隐藏点检测及其他管道地面检测技术被确定为油田自主开发形成的 20 项地面工程技术之一。

胜利油田以外的单位，也对我们的盗油卡子隐藏点检测技术特别感兴趣。特别是 2011 年鲁皖管线泄压、怀疑盗油的查出经过，特别值得回味与思考。

2011 年 7 月 25 日，中石化销售华北分公司康强处长给我们打电话说，鲁皖管线泄压、怀疑被盗油，需要检测，让我们立即与鲁皖处负责人联系，尽快去现场帮助他们检测分析原因。由于当时，我们正在开拓油田以外的管道检测市场，而成品油长输管道检测还没有涉足，我们特别希望尽快打开这个检测市场，所以，经过简单地电话沟通之后，第二天只有我和司机到达曲阜市，与鲁皖成品油管道管理处负责人及其“反打办”负责人见了面。他们怀疑鲁皖线曲阜至济宁支线有盗油现象。

2011 年 7 月 27 日，我与“反打办”主任等一起查看了现场。他们认为该管道经过的煤矿塌陷区是最有可能发生泄漏的。我仔细研究了煤矿塌陷区，认为从此处漏油可能性不大。同时，对济宁末站的工艺、运行、现场进行了了解。期间，电话询问了中石化销售华北分公司调度关于鲁皖线异常情况的记录，就成品油运行特点咨询了有关专家。

2011 年 7 月 28 日，我们对鲁皖线不能稳压情况作了具体分析，以下是当时我在当天晚上作的情况通报分析纪要摘录：

根据我的走访调查，鲁皖线疑点情况如下：

①鲁皖处相关管理人员认为：曲阜 – 济宁线每次停输泄压很快，且之后持续泄压；每次重启，需要 40~60min 时间管道才能充满油，而以前仅需要十几分钟甚至不足 10min 时间充油。据此怀疑有泄漏或有人盗油，而泄漏的可能性最大，原因是关于盗油他们保卫部门连同相关派出所排查了很长时间，没有发现盗油线索。泄漏最可能发生的地点是煤矿采空塌陷区，可能下泄到采空区内部。

②据济宁站一位工作人员介绍，最近曲阜至济宁线改线 4km，因空气存在，改线后那一次充满油的时间为 1h 略多。最近的一次停输后重启的充油时间为 40min；这个现象在今年 2 月份的一次停输重启过程中也发现充油时间长达 40min 左右，以前一

般在10min左右。济宁末站压力表为-0.1MPa，停输后每小时下降0.01MPa。这条管线的高程差63m。从现场打开阀门，就会发现管道内存在大量空气。

根据现场查看、搜集相关信息，我们提出的基本分析判断如下：

①沿线考察表明：塌陷处积水大约有1km^2，积水深度为0.5m，无油花漂浮。因此，该处发生泄漏的可能性基本可以排除。如果说塌陷区存在未充满的空洞，那么，就不应该存在地面积水。

②经向专家咨询：成品油输送管道停输期间应该稳压，不应该出现降压现象；在关停程序上，应该先关断末端，再关断首端，否则倒吸进空气会很危险，当油气与空气混合到一定程度会产生爆炸。而我们最近一次关断管道程序相反，先关首段，后关末站，因为有落差，应该有气压差存在，可能会造成一定的泄压，但是不应该持续泄压，否则，应该怀疑末站关闭不严，或存在其他问题，问题应该在末站。建议封死两端，用氮气做密闭性试验。

③据巡线工讲，经过多次排查沿途未发现盗油或泄漏现象，且每天有100m^{3}这么大的损失，说明不是一般性盗油或渗漏。但是，盗油不一定只从沿线盗油，可能存在暗藏的引出线。我们已经在胜利油田检测中发现过多次隐藏盗窃案例，通过盗油卡子隐藏点将塑料管引到几百米以外地方，长期伺机盗油的案例，因此，应该进行全面排查。

④可能还有其他因素，如仪表是否准确，建议校验；也可能是系统密封不好，可是既然大罐油位没有上升，大量盗油的可能性就比较大；建议先校验压力表，再对系统进行密闭性试验；最后，进行全线管道检测并重新倒流程，再试一次，如果还存在问题，首先从站内查找线索，站内有检测的盲区，需要采取特殊检测甚至声波监测、夜间听音等手段排查。

2011年7月29日，鲁皖处负责人坚持让我们旁听今天生产例会，听一听他们其他技术人员、管理人员对此事的看法。会上，有人讲了一种现象，特别有价值。他说：开阀过程中，有很大的气流声，约45min阀门拧不动。这说明管道内部存在负压，显然管道内存的油被人偷走或泄漏了。今天早上再次倒流程，管线仍然稳不住压，说明的确存在问题。

我们听了大家的发言之后，就在思考：是盗油者没有觉察到鲁皖处正在调查盗油现象呢？还是他们认为他们盗窃手段高明，认为我们根本就查不出来呢？或者，他们已经知道了，却有意继续盗油，旨在制造一种假象，让我们误以为就是一种管道泄漏现象，从而掩盖什么？看来，要通过检测查出这个盗油卡子隐藏点并不容易。

等调度会结束时，管道却稳住压了，而不是像以往那样一直往下掉。不知处于何种考虑，鲁皖处让我们暂时不用检测，等问题出现时再检测。看来，他们对检测技术不是很熟悉。既然业主说了，我们也就不再坚持了，更何况当时我们人手非常紧张，也抽不出骨干力量来检测。

仅仅过了一天，30 日，鲁皖处领导再来电话说，压力又稳不住了，需要立即派人来检测。31 日又来电话催促，希望最晚下周一来人检测，并且表示，不管能否找到盗油点，检测费用均照付不误，看来他们的确着急了。

因人手缺乏，所里在 2011 年 8 月 4 日，仅安排杨勇带队，王玉清、刘勇去现场检测，杨勇还要在 8 月 2 日去京汇报一个科研项目。我讲了我的怀疑，要求重点在济宁站附近检测查找。可是不知为什么，鲁皖处配合工作的人员坚持要求我们首先查找煤矿塌陷区——这个我当时在曲阜已经否定了的区域。结果在 8 月 3 日，鲁皖处先于我们排查出盗油卡子隐藏点，通知我们停止检测。盗油卡子果然是从距离该站 200m 左右的某伪装点通过地道进入，装在济宁站内一段埋地管道上，然后引至外面放油。

虽然，我们的现场检测人员没有执行所里经过勘察与调研分析确定的检测方案与技术路线，也没有及时与所里沟通汇报，让我们所失去了一次表现机会。但是，问题解决了总是让人愉快的，毕竟我们的分析对业主此次很快查出盗油隐患起了决定性作用。更何况我从济宁回来以后，就将我的怀疑向中石化销售华北分公司管道处的领导进行了汇报，所以在最终确定了盗油点就在我怀疑的地方被找到后，上级部门也通过不同方式肯定了我们的技术。

当历史的年轮转动到 2013 年之后，因为我们从长输油气管道检测市场的退出，盗油卡子隐藏点检测与废弃井口定位检测却成为腐蚀所过渡时期赖以生存的一项主要工作了。

探寻废弃油井井口

2010 年以后，随着我们在地面检测项目上取得的一个又一个的成功，特别是查出一个又一个的盗油卡子隐藏点，使得人们对管道地面检测的想象力进一步膨胀。加之一些对管道检测技术实质不是很熟悉的热心人的不恰当宣传，一些人把地面检测理解成了类似于医学上的透视技术，以为我们使用地面检测技术可以从地面看清地下的一切。

有一次，竟然有一位油田职工给我打电话，说是前几年村里将他家祖坟平了，现在他想将祖先的遗骨迁埋到公墓中去，他只记得大体位置，希望我们利用地面检测技术帮他找找他们家祖坟的确切位置。我问他，听谁说我们能勘测古墓？他说听检测中心一位领导说的，我们可以透视地下。天哪！我们成神了。我们所是有“洛阳铲”等盗墓工具，但是我们不是探古墓用的，我们是用来探测地下管道用的。

还有一次，一位胜利油田改制企业的小老板找到我，说是油田在牛庄某地域有一条废旧的油管，已经停用十多年了，他们想挖出来，当废铁卖掉。我问他有没有施工设计图或某个露出地面的管头，如果有，我们加上信号，就可以给出具体的走向与埋深，贵公司就可以根据目前地表占压物的清理成本以及开挖费用，确认是否值得挖出。结果对方却说，“你们不是会盲探吗？我告诉你们大体位置不就行了吗？”他还挺专业的，看来他对我们的地面检测技术多少还是知道一些的。但事实上，所谓盲探也是有条件的，而且会增加许多检测工作量，仅仅为了挖出一段不知详情的废旧钢管当废铁卖，够检测费用吗？

类似这样五花八门的检测需求说明，地面检测技术已经有了一定的影响力。而且，这种影响力在检测领域以外的人们那里长出了异常丰富的想象的翅膀，也成为诱发我们产生新灵感的源泉，使得地面检测技术向外延式方向不断扩展。油田废弃井口寻查业务就是在这样的背景下产生的。

进入 21 世纪以来，随着东营市城市建设步伐的加快，胜利油田对于长停井与废弃井井控管理均作了明确要求。特别是 2009 年以后，油田立足安全和发展的实际，有计划、有组织地开展停产井的治理工作，仅 2009~2013 年间，油田永久封堵 2480 口废弃井，安全环保隐患治理成效明显。但是，根据 2015 年统计，尚未永久封堵的各类废弃井还有 7000 余口，其中 2000 余口废弃井由于城市改扩建或资料不完善无法确定井口位置。由于油田开采工艺不断变化，油田底层能量发生明显改变，部分老旧废弃井又恢复了地层压力与产油能力，未永久封堵的废弃井已逐渐成为油区内的安全隐患。部分废弃井甚至已经发生了泄漏、渗漏问题。因此这些“位置不明的废弃井”的定位工作成为亟待解决的问题。还有 1000 余口位置基本明确的废弃井，由于位于水域、道路、深埋等复杂条件下，需要精确定位，降低开挖施工费用，避免盲目开挖带来的工农、市政赔偿。

于是，油田有关部门就想到让腐蚀研究所利用地面检测技术来研究废弃井口的探查业务。腐蚀所通过对废弃井结构与封井方式调研，了解到废弃井主体结构为钢质管状，竖直埋于地下，长度可达数千米，管状结构顶端位置距离地表通常约 1~2m。从结构分析，废弃井主要会对周围环境产生电磁信号，因此适用电磁检测技术予以识别。此外，废弃井与集输管道结构类似（只是敷设方向不同），理论上管道检测或探测技术对废弃井应有一定信号响应。

从 2016 年 5 月开始，胜利腐蚀研究所正式将管道地面检测技术应用于废弃井定位探测。首先应用金属探测技术、磁应力检测技术、瞬变电磁检测技术、探地雷达检测技术、PCM 管道探测技术等 5 种技术，对胜采、东辛两个采油厂 11 口常规无法定位的废弃井进行试验性探测，并经开挖验证，有 7 口实现准确定位，探测准确率达到 63.6%。进一步试验验证了金属探测技术、磁应力检测技术、瞬变电磁检测技术等

3 种检测技术，对废弃井检测有较好的信号响应，探地雷达检测技术、PCM 管道探测技术可以在一定程度上辅助排除金属管道的干扰信号。图 31-1~ 图 31-3 为 2015 年 5 月废弃井井口探测工作开展初期，刘超、孙振华、王遂平、杨勇、谭小林等人在现场进行试验性探测及开挖验证现场照片。

图 31-1　探寻淹埋在井场周边施工路面下的废弃井

图 31-2　探寻淹没在芦苇丛中的废弃井

在筛选适用的探测技术的基础上，根据废弃井口、套管的金属频率特性及结构特性等，腐蚀所逐步形成了废弃井组合探测技术，并制定了标准化探测流程。所里的检测工程师陈凯、孙振华、杨为刚、龙媛媛等在“油田废弃井泄漏抢险探测应用实例”（《石油化工腐蚀与防护》2018 年第 4 期）将该检测流程总结为 4 个步骤:（1）通过金属探测、雷达波探测等技术初步探测可疑位置（识别井口的金属频率特性）；（2）通过高精度质子磁力仪等剔除非目标干扰信号（识别井口的几何特性），缩小探测范围；（3）通过瞬变电磁法，对井口特征信号进行主动源模式特征信号识别（识别井口金属质量特征信号）；（4）通过磁应力检测技术对井口特征信号进行被动源模式特征信号识别（识别应力特征信号），最终精确定位井口位置。

图 31-3　在城区绿化带探寻出废弃井信号位置后开挖验证

经过几年的努力，定位探测废弃井 1201 口，对其中的 341 口废弃井进行了开挖验证，312 处井口定位准确，准确率达 91.5%。废弃井准确定位，最大限度地降低了由于废弃井泄漏而引起的经济损失、能源浪费和环境污染。废弃井定位探测至今仍然是防腐所重要的检测业务之一，不仅在胜利有市场，在其他油田以及其他企业或市政工程上，这种应用于井口探寻上的技术也获得了应用。

4. 管道检测的竞争与未来

管道检测是管道管理的一种技术手段，检测的目的是为管理提供技术支持。因为管道隐患的多样性和管理目标的多样性，以及技术发展的局限性和认识的差异性，导致管道检测也是千差万别。这里仅就我最熟悉的管道地面检测行业的竞争与挑战、检测技术的差异性及可能的发展方向略陈一管之见，作为本书的终节。

地面检测行业的竞争与挑战

仔细地梳理全国从事管道地面检测行业的机构，不难发现，无论是国有还是私营机构，均是小型检测机构。大型检测机构一般很少把管道地面检测业务作为主要业务。为什么呢？结合多年的检测实践，我们才认识到这与地面检测的特点密切相关。

管道地面检测是一个以小微型机构为主体的行业，而小型检测检验机构生存状况却非常艰难。

管道地面检测涉及检测类型多，检测参数多、方法多，任何一个或几个参数的检测都可以称作地面检测，也都可以解决部分管道企业的问题。也就是说地面检测具有灵活的可分性，并不需要所有指标全部检测出来。尽管检测仪器涉及的种类庞杂，但是单个检测仪器价格低廉。尽管地面检测技术涉及技术类型、参数多，全部搞明白并不容易，但是就某一种检测技术或检测参数而言，检测方法并不难掌握。所以，相对门槛低，小公司特别是没有管道主业作依靠的小微企业更愿意进入、也容易进入这个行业。

正因为小公司的大量进入，使得地面检测行业竞争非常激烈，利润微薄，进一步遏止了大检测公司的进入。这与我国整个检测检验行业的特点是一致的。如 2018 年 7 月国家市场监管总局、认监委发布的 2017 年度全国认证认可检验检测服务业统计信息表明：截至 2017 年年底，我国共有各类检验检测机构 36327 家，共实现营业收入 2377.47 亿元，共向社会出具检验检测报告 3.76 亿份，全行业共有从业人员 111.93 万人。从 2005 年到 2017 年，经过 12 年发展，民营检验检测机构数量已从 3% 增长到 46%。可以预测，两年后民营检验检测机构数量将超过半数，成为占比最多的检测机构。根据国家对中小微企业的划分标准，我国 100 人以下的小型企业达 96%，而大多数检验检测机构人数都小于 100 人，机构平均员工人数只有 31 人。全国 31000 余家小型检测机构，营业收入只占全国总营收的 25%，即平均年营业收入仅 191 万元。2017 年，全国检验检测机构人均产值才 21 万多元，小型检测机构人均营业收入更是只有 10 万元多一点。所以，检验检测行业是一个以小微型机构为主体的行业，小型检测检验机构生存状况非常艰难。这种状况也是全国小型管道检测检验机构的反映。2020 年 3 月中石油西部管道公司某管道阴极保护效果检测项目招标，一下子吸引了 36 家各类管道企业去投标，由此可见管道检测企业竞争之激烈。

小微型检测机构与国有大中型检测机构的结合，是管道地面检测行业的必然选择，是推进技术创新与破解双方生存困境的最佳途径。

小型检测检验机构之所以进入管道地面检测行业，而没有进入管道内检测行业，甚至管道无损探伤行业进入的小微管道检测公司也相对少一些，除了检测检验设备昂贵、资质准入困难以外，还在于管道地面检测行业是一个野外作业行业，条件艰苦，与具有国家事业、国企背景的大中型检测检验机构职工不愿从事这项工作有关。复杂的工农关系也是大型检测检验机构不愿涉足地面检测领域的一个重要因素。毕竟，从事管道内检测甚至无损检测，不仅收费高、工作条件相对较好，还不需要过多地与农民打交道，不需要费心地处理工农关系。从目前来看，即使像各省市特检院这样的大中型事业检测机构虽然也有从事管道地面检测的业务，实际工作却很多都是分包给小型民营企业去完成，管道检测现场较少看到国有事业型特检机构正式员工的身影。机构大、资质过硬、信誉好，承揽项目后分包甚至转包获利更有诱惑力。国企背景的检测检验机构在地面管道检测领域也常常依靠小的民营检测机构完成现场数据采集工作，只不过转包现象比较少，多数采用分包或辅助检测的形式完成现场工作。这从一个侧面说明，目前的管道地面检测行业离不开小型民营检测机构。

那么问题就来了，如果这个行业继续这么下去，不能使小型检测机构的盈利状况得到改善，技术上的创新和探索就会出现问题了。在很多行业，七成以上的创新创造来自中小企业，管道地面检测行业也不例外，小微机构最有创新的活力。一方面是因为生存竞争，没有创新活力的小微检测机构难以存活下去，二是因为小微检测机构与现场最接近，掌握着第一手资料，对管道现状最了解，现场检测中时常要面对各种疑难问题的挑战，在压力与挑战的双层刺激下，迫使他们必须勇敢地应对挑战，在应对挑战的过程中最容易激活灵感的源泉。但是，小微检测机构没有创新开发的资金实力，所以需要资金和市场占优势的大中型检测机构的协同。而现实中，国有大中型检测机构与民营小微检测机构的协作也具有充分的条件和需求。小微检测机构的生存条件迫使他们必须与大中型检测机构结合，才能使他们的创新活力得到释放，在双方的结合下，大中型国有检测机构为小微检测机构提供资金、研究路径策划、实践机会，支持小微检测机构的创新持续进行，小微检测机构也在合作的过程中不仅有了技术创新的条件，也在不断地改善着自己的生存状况。同时，小微检测机构为国有大中型检测机构输出现场检测的劳动力，使国有大中型检测机构的检测工作得以进行并可以迅速扩大其检测领域与规模，同时还可以得到名义上的科研成果，进一步巩固和提升了那些自愿与小微检测机构合作的国有大中型检测机构在行业的地位。

所以，我们看到：与小微检测机构积极合作的国有大中型检测机构的生存空间大多都得到了不断的扩展，反之则容易走向萎缩；能够与国有大中型检测机构进行有效合作的民营小微机构其创新活力可以得到不断释放，生存状况也在不断改善，反之就很难长期存活。

设法突破不公平竞争与偏见，是管道地面检测企业必须面对的问题，这不仅需要技术上的不断探索，更需要坚持的勇气。

管道地面检测适合于各种类型的管道，而内检测只适合于管径大的长距离输送管道。也就是说量大面广的小口径、单根距离短的小管道检测只能用地面检测技术来完成安全可靠性检测与评价工作。而这些小管道从施工到维护维修又与另外一拨小企业紧密相连。这些从事小管道施工、维护、保养、大修、更新甚至管材、管件供应作业的小型企业同样生存艰难。恶性竞争导致的压级压价行为成为普遍的丛林规则。而这些小微施工、维修、供应企业也在反过来制约或加剧着地面检测小微检测机构的生存状态。比如本书在前面就论述过的另类考验中，述及过几种非议或批评，其实就是因为地面检测暴露了其他中小微企业质量问题，这些中小微企业又顺着特殊的利益链条，通过权力寻租者的行政施压甚至污名化地面检测机构。这类看似与不公平竞争不搭界的竞争方式，很难在公开场所大行其道，却容易以隐晦的方式给地面检测的推进造成负面效应。

与上述隐晦的方式不同，地面检测遭遇到的另一种不公平与偏见是近十年来高校及行业内高层专家、管理者对内检测效果的扩大宣传。内检测技术几乎与外检测同时出现，从理论到实践，在国外已经有几十年的历史，但是在中国的推进并不令人满意。其根源在于：内检测技术虽然因各方面的原因得到资金上的支持与高层的鼓励，但是至今仍然存在一些技术的瓶颈约束，检验不准确、不可靠的问题依然存在；大量的管道在建设初期没有考虑与内检测相配套的基础条件，如没有设计、建设收发球设施，管道弯曲半径甚至焊缝余高、管道变壁厚、变径等均制约着内检测的实施；大量管径小、距离短的管道以及变形、损害严重的管道从基础条件上也无法满足管道内检测的要求。地面检测方面则主要来自大家观念的影响，一些没有从事过地面检测的专家随意发表对地面检测技术的错误看法，再加上劳动力供需市场的变化以及就业观念的变化，目前能够找到从事地面检测的工作人员越来越困难。而这其中大家对于地面检测人员工作性质的不公正看法又起着很大的作用。下面这个小小的案例或许能够说明，一些人错误的价值观和偏见对地面检测工作造成的伤害有多深。

2008 年 6 月，因职工住宅楼建设占用了原来部分办公用地，我所原有办公楼被拆除，办公室搬东营市淄博路原胜利油田气象与地震台办公楼办公。2009 年初，油田成立胜利海上工程检测检验中心，也安排在这座楼上临时办公，需要原来在这栋大楼办公的几家单位压缩一下办公空间。胜利油田的赵金洲副局长为此专门在油田第四会议室召集我们几家开会协商。让我没有想到的是，与我们同在一座楼上办公的海洋气象预报台台长却建议将我们腐蚀所搬出这座办公楼。他讲的理由竟然是："觉得我们不像一个正规单位，经常穿着脏兮兮的工作服，肩扛仪器进办公楼，和农民工一样经常在野外工作，很少在办公室待，应该让他们搬别处办公"。听后让我们哭笑不得，的确我们的职工工作服脏、经常肩扛仪器、野外工作（图 31-4 为 2007 年隋国勇、姬杰、野外工作照）、办公室待得少，但是这就不正规了吗？这是一种什么逻辑啊？是何等根深蒂固的偏见思想啊！

图 31-4　2007 年姬杰、隋国勇、杨为刚、尹春峰完成孤永东线检测后在黄河南滩区合影

对检测技术与实践的思考

东黄管道泄漏爆炸特别重大事故调查报告终于正式公布了，全国范围的油气管道隐患大排查工作也拉开了帷幕。管道检测第一次获得了广泛的关注，不少民营检测公司也借此机会如春草般成长起来了。管道地面检测迎来了一个特殊的发展阶段，关于管道检测的实践已经数十年，可系统总结管道检测实践的书籍却很少。2004 年春天，山东天然气管道公司来检测中心走访咨询，希望我们单位帮助他们搞一次系统的职工技术培训，我也随机萌发了系统总结我们胜利检测十年在管道探索上经验的想法。从 2014 年到 2018 年，先后编写出版了《天然气管道安全与管理》《油气管道泄漏监测巡查技术》《油气管道隐患排查与治理》《管道腐蚀失效预测与完整性管理》《管道隐患排查电磁检测技术》等多部涉及管道检测技术探索的书及多部管道腐蚀治理与安全管理的书。伴随着这些书稿编写过程中的资料搜集、研究，越来越觉得东黄管道泄漏爆炸特别重大事故的原因值得深刻反思。

2018 年初春，一位曾经为"11 · 22"事故担责的朋友重获自由，我在看望他之后，探究此次事故更为本质的原因想法便挥之不去。2018 年 9 月，借助"第 11 届中国（东营）国际石油石化装备与技术展览会"期间举办检测检验技术研讨会的机会，我在大会上发表了“重新梳理隐患线索，再度认识东黄管道事故”的演讲，全面剖析了事故发生发展的逻辑，分析了腐蚀的发生、加剧发展、密闭空间的危害以及在隐患排查与处置中的失误。后来又在《石油化工腐蚀与防护》2018 年第 6 期上以“东黄管道腐蚀泄漏事故剖析”为题，进一步对事故原因进行了梳理。

对事故原因的梳理更带动了我对管道检测技术及实践的反思。毕竟，根据可以搜索到的资料，东黄管道在事故发生前的三四年间，曾经做过三次检测评价。巧合的是，而三次检测基本都忽视了对事故发生段的检测。这难道不值得反思吗？

2018 年 6 月 10 日 23 时许，中缅天然气管道国内段（位于贵州省黔西南州晴隆县沙子镇境内）发生燃爆事故，造成 24 人受伤。从通报的情况来看，其中危急重 3 人、危重 5 人、重症 16 人，对这些人来说，真是悲剧。更为悲剧的是：该管段去年 7 月也曾发生燃爆事故，致 8 死、35 伤！两次事故间隔时间 11 个月，间隔距离 5.9km。同一条管道、在同一区域、不足一年的时间里再次发生天然气泄漏燃爆事故，引起了社会广泛关注。也不能不引起我们对管道检测评价技术及其管理方式的反思。

如果说 2017 年中缅管道爆燃是天灾所致，2018 年就与天灾无关了，最大的可能是焊缝缺陷导致的撕裂。人们不尽会问：在中缅管道上安装的定期自动内检测装置为什么没有提前发现这个隐患呢？只能说管道内检测并不像我们认为的那么可靠。事实上，目前我国所有管道内检测的可靠性都不是很理想，东黄管道在发生“11 · 22”特别重大泄漏爆炸事故之前半年，还专门进行过一次内检测，就没有发现那个导致事故的严重腐蚀隐患点。所以，从安全可靠的角度出发，我国的管道安全运行在继续探索提高管道内检测技术水平的同时，还必须重视管道外检测的研究、开发与推广应用。例如，应力检测、金属蚀失量检测、管道阴极保护检测、杂散电流检测，甚至焊缝的超声相控阵检测、超声 C 扫描成像检测对管道检测也是非常重要的。2019 年 6 月 10 日，中缅天然气管道国内段（位于贵州省黔西南州晴隆县沙子镇境内）发生燃爆事故后，便把数百处管道焊口开挖出来，委托国家石油装备产品质量监督检验中心（山东）用相控阵超声波法进行焊缝缺陷再检验，以保证恢复运行后不再发生与此次类似的事故。此时，作者正好在国家石油装备产品质量监督检验中心（山东）担任技术顾问，我曾询问去过现场的检测人员，想听取他们关于焊缝真实状况并了解事故前内检测到底有没有相关信息提示？但是由于行业的限制，他们除了对他们具体检验过的焊缝质量能给出检验结论外，却没有综合分析管道缺陷的思想意识。

尽管缺乏足够的统计资料分析，我们从这两起事故案例中也不难看出：无论是地面检测还是管道内检测都有其局限性，还有待于新思维、新技术、新方法的出现。在 5G 时代，随着数据传输速度的加快，信息交换与数据处理的能力与速度已经取得了非比寻常的飞跃。或许我们可以期待管道检测的奇迹发生！我们的管道内检测依赖的是呈环形沿管道内壁密布的测量探头，如果数据传输允许，我们何不在建设管道的初期，就将这些探头沿管道外壁，每隔数米甚至 1m 的间隔埋设一圈检测探头在管道之外，实现对管道任何一处隐患或风险的实时监测，然后通过无线传输的方式，每隔一个时间段就向管道的控制中枢发送一下检测探头监测到的管道状态信号，只要发送信号的间隔控制合适，通过系统内基于管道完整性管理的数学模型的自动计算、对比，不就可以方便地实现对任何地点、任何介质管道的全天候隐患监测吗？如果这样的思路得以实现，管道任何的隐患从滋生开始，不就在人们的掌控之下了吗？

令我们可以期待的是，国内一些研究人员已经在这方面开始了试验性探索。虽然，我们无法预测何时能取得成功，但是，只要有了目标，迟早总会实现。当然，就像幸福没有高速路一样，成功也没有快车道。我们需要孜孜不倦的努力，也需要激情荡漾出的灵感。在国家管网公司成立的今天，全社会已经意识到管道输送的重要性。国家必然会为管道技术的探索者创造一切机会，管道检测技术定能在这个输送业迟来的春天里，取得不同于以往的成就。

未选择的路

读完本书的人们，可能会觉得我有偏见。因为自己熟悉管道地面检测，就对地面检测给予了过多的颂扬与期许，而对国内外普遍更重视的管道内检测技术与方法论述显得不足。其实，我对于管道检测未来的发展方向并不持有明显的倾向。相反，我认为管道检测技术向任何一个方向发展都有可能。或许可以这样说，我们正处于这两种技术发展选择的十字路口上，我也不知道今后自己会偏向哪个方向，历史还没有告诉我们该挑选哪边。只要发生某种巧合，最终选择哪一种发展方向应该都不意外。如果，有一天，我们在电磁技术的探测上成功地发现了屏蔽或解析电磁干扰的技术，我们就可能将地面检测技术作为重点发展方向。而如果我们找到了解决内检测中探头可以方便地探测管道任一点处信号的技术，我们也可能会选择内检测作为管道检测的主要技术。究竟哪种检测方式更可靠，恐怕在短期内很难给出确切的结论，因为只有你深入进去，才能体会到不同的检测方式各有各的特色。我无法给读者指出哪种方式的检测技术更值得花费更大心血去探索，哪种不值得。因为我觉得，在任何时代、任何一个人、任何一个单位，对技术的抉择都是一种复杂的心情。特别是对于技术研究者选择研究方向而言，“鱼和熊掌不可兼得”的困境时时存在，就像罗伯特·弗罗斯特在《未选择的路》一诗中所揭示的那样：我们在很多情况下只能选择一条路，并坚定地走下去，只有在多年以后的回忆中轻叹遗憾。

如果读者您也是一位曾经面临过抉择的困扰，或者正在面临抉择的煎熬，那就让我们一起再体会一下罗伯特·弗罗斯特的《未选择的路》吧：

黄色的树林中分出两条路，
可惜我不能同时行其中。
作为一个旅人，我在路口久久驻足凝想，
极目眺望路的尽头，
却只能望着它消失在丛林深处。
我选择了另一条，或许理由更合理，
这是一条落叶纷飞、幽静深长的路，
我曾仔细观察这两条路，
诱人、美丽，又少有足迹踩踏的印痕。
那就留下一条路等来日再见吧！
但是我也知道，路漫漫兮无尽头，
恐怕再也难以回身再踏之。
多年之后，在某个遥远的地方，
或许只能在叹息中把今天回忆！
一片森林分出两条道，
我选择了人迹更少的一条，
由此便决定了一生不一样的归宿。

附录：2013年以来涉及管道检测的主要学术交流会议

2013年特别是“11·22”事故以来，我国开始注重管道检测工作，全国开始召开管道检测的专门会议。这里列出近年来几次有代表性的管道检测会议。

2013年6月22~25日，“第七届压力管道安全保障关键技术研讨会”在成都召开。国家质检总局特种设备安全监察局局长宋继红，中国特种设备检测研究院院长林树青、副院长贾国栋，中国腐蚀与防护学会理事长陈光章，中国石油化工股份有限公司炼油事业部副主任王妙云、油品销售事业部管道处处长卜文平，上海石化副总经理金强等领导同志出席了本次会议。2013年9月16~18日，西安石油大学、陕西省石油学会、中国石油学会石油管材专业委员会联合在西安主办了“2013管线监测与管理国际会议”

2014年10月22~24日，“压力管道等承压设备安全运行及检测评价技术学术交流会议”在南昌召开。为配合2014年1月1日《中华人民共和国特种设备安全法》的实施，这次会议是由中国腐蚀与防护学会承压设备专业委员会、中国特种设备检验协会、特种设备科技协作平台联合主办，中国腐蚀与防护学会承压设备专业委员会具体承办的一次会议。开幕式由陕西师范大学校长程光旭主持。陈光章在会上作了题为《城市杂散电流对埋地压力管线的腐蚀与检测技术》的报告，主要就城市地铁杂散电流腐蚀原理及其监测和防范技术等内容作了报告。本次会议设立了管道风险评估及完整性管理、检测监测评价技术及设备和腐蚀防护与失效分析三个分会场进行论文宣讲。与会专家、学者就压力管道等承压特种设备安全运行策略、腐蚀与防护、安全检测评价、运行管理等问题进行了交流和研讨。本次会议共有来自质检系统单位、中石化、中石油、中海油、市政燃气、化工、高校、参展单位以及其他管道行业及学会组织的 126 家单位，260 名代表参加，会议共收到论文 154 篇。2014 年还在东营市举办了“腐蚀控制技术大会暨油气管道运营安全、检测技术交流会”，与会专家在会上总结分析了黄岛漏油爆炸事件起因，谈及了重点加强未来埋地输油管道安全运营检测方面的意见及方法。胜利油田代表在会议上展示了现在正在运营的管道检测手段及方法。

2015 年 1 月 21 日，“中国腐蚀控制技术大会暨油气管道检测技术交流会”在天津开幕。本次会议邀请了 100 余位管道检测、加固方面的专家、学者，对管道的检测、病害预防、维修加固方法进行了深度探讨。结合 2013 年年底的山东黄岛输油管道爆炸事故，与会专家分别提出解决方案。

2016 年 5 月 16~18 日，“全国油气管道监测、检测及定位技术研讨会”在中国石油大学（北京）报告厅召开。本次研讨会由北京石油学会、中国石油大学主办，参会企业有中石油、中石化二级企业包括胜利油田、大庆油田工程建设公司、中国石油天然气公司等，以及全国近 20 所的各大高校的专家学者。中国石油大学校长张来斌先生、中国石油大学机械与储运工程学院院长李振林先生、胜利油田常贵宁先生、中国电子科技集团技术总监阎继送先生、中国矿业大学孟筠青教授、中石油北京天然气管道有限公司周永涛先生、聚光科技安全事业部邱杭锴先生等应邀参加大会并发表演讲。研讨会旨在探究我国油气长输管线泄漏检测与监测的精确度、敏感性、可靠性和稳健性等有效性，致力于推动泄漏检测与定位的技术发展。特别是中国石油大学机械与储运工程学院李振林院长从不同角度全方位地阐述和分析了当下油气管道监测、检测及定位技术的技术现状及各种检测方式的优缺点。来自中国石油天然气运输公司的马键先生就国外管道内检测进行了深入的分析。

2017 年 11 月 22~24 日在杭州召开了“油气管道监测、检测及维抢修技术国际会议暨中国石油工程建设协会无损检测专业委员会 2017 年度会议”。会议由中国石油工程建设协会无损检测专业委员会、北京石油学会、中国石油大学（北京）主办，会议主旨是提高油气长输管线泄漏检测与监测的精确性、敏感性、可靠性和稳健性等有效性，推动泄漏检测与维抢修技术的发展。

2018 年 12 月 7 日，“2018 年年会暨管道检测与修复高峰论坛”在安徽省合肥市举办。会议由中国市政工程协会管道检测与修复专业委员会主办。“2018 年度全国检测声学会议”也是一次涉及管道检测的会议，北京工业大学何存富教授作了“厚壁管道超声导波检测方法与传感关键技术研究”的报告，针对厚壁管道中波动方程的数值求解难题，首次融合了状态矩阵法和勒让德多项式展开法的思想，发展了一种大频厚积情况下导波传播特性的计算方法，求解了厚壁管道中纵向、周向导波频散曲线，开发了相应的专用计算软件。在导波与缺陷的相互作用机理方面，揭示了厚壁管道中不同模态导波与不同类型缺陷的相互作用机理，提出了模态转换后复杂信号中微弱弯曲模态信号的分离方法，并提出了基于表面波反射/透射系数曲线的缺陷深度多频定征方法。为了有效实现厚壁管道的超声导波检测，创新性地设计并实现了一种新型柔性非等间距梳状表面波宽带传感器，优化设计并研制了厚壁管道窄声束导波阵列传感器，研制了用于小径厚壁管检测的纵向导波电磁声传感器系列及高信噪比表面波电磁声传感器。在此基础上，发展了厚壁管道缺陷检测方法，提出了一种基于时间反转多通道聚焦的信号增强方法，实现了对厚壁管道内外壁缺陷的有效检测和周向定位，首次提出了一种适于小径深比异型管道内壁周向缺陷检测的新方法，创新性地将传感器沿异型管道端部径向配置，利用透射到管道内壁的轴向表面波进行检测。

“2019 智能化管道检测技术发展论坛”于 2019 年 9 月 17~18 日在广州广交会展馆召开。本次论坛由中石油、中石化、中海油单位支持，中国特种设备检验协会、中国石油工程建设协会无损检测专委会、广东省特种设备检验研究院、上海特种设备检验研究院、江苏中特创业设备检测有限公司联合主办。本次论坛围绕“管道内检测与外检测技术”“材料检测”“管道异常焊缝风险管控”“压力管道防腐蚀检测”等议题进行专业研讨。此外，中国石油学会石油腐蚀与防护专业委员会、中国石油学会石油工程专业委员会、中国石油西气东输管道公司、中国石化销售华南分公司于 2019 年 1 月 9~11 日在广东省珠海市组织召开了“第二届中国油气田与长输管道监/检测和修复技术交流会”。2019 年 5 月 23 日，西安市举办了“2019 西安排水管道检测评估与非开挖修复技术研讨会”。

2020 年 6 月，慕尼黑博览集团携手中国市政工程协会管道检测与修复专业委员会重磅推出了“中国国际管道检测与修复展览会”。

后记
管道检测是一部值得钩沉的科技史

这是一个被疫情困扰的春天，又是一个迟迟不肯离去的春天。虽然时序立夏，大连西郊仍然沉浸在红艳绿嫩的春意中，灿烂得动人心弦。此刻，我结束了对中国管道检测技术探索与实践历史的追溯。那个偶尔闪过脑海的念头竟然在两年多的日子里蔓延成80万的泱泱文字。可是，一种轻松释怀之感刚刚飘过，寥落无着的心绪就随之即来。为排解这种情绪，我走下在此工作了月余的小楼，在棠梨沟南山坳一处半坡地带，逐条阅读宋公明先生用如椽兔毫挥洒自如的杰作。这些或草或楷的楹墨麟书在阳光下熠熠生辉，流淌着千年的古韵，平添了岁月的悠长。

斗转星移，多少惊心动魄的事件已经埋没在岁月的沧桑里，成了追忆的历史。人类已经创造出一个庞大的文明或知识体系。这个庞大的体系，是一代又一代人不断努力探索、积累的结果，现在已经汇集成一个巨大的知识系统。可是，如果我们不能消化这些知识积累，不就等于前人的努力白费了吗？而要消化这个系统，就少不了不断地梳理，使其系统化。而科技史作为这个庞大知识或文明体系中的一个大类，似乎在历史的长河中还经常轰然作响，时不时飞溅起炫目的浪花。

但是，科技史是由众多并不为大众所熟知的众多涓涓细流汇合而成。管道检测就是这众多涓涓细流中那一脉最弱小的溪流。其被人们发现并重视的历史更为短暂，在中国、在全球也不过上百年的历史。可就是这样一支不起眼的溪流，其源头却已经深入厚厚的文化土层中，成为谜一样的存在。为了不至于被“失去”或遗忘，让这些在历史的洪流中从来没有当过主角的“配角”有其应有的地位。我试图钩沉索隐，于式微之前诠释这个小小领域的发展轨迹。尤其是因职业的缘故，近年来我接触或听闻的一些灾难性事故却与这个在科技发展史中并不起眼的检测技术高度相关，更激起我索隐、正本的兴趣。也正是从这里出发，在2018年初春，依靠自己的理解和可以搜集到的资料，我开始了编织管道检测发展经纬的漫漫历程。

无论是在东营金辰路北那栋“丽景28-102”的小楼，还是在东营职业学院、国家石油装备产品质检中心、胜利孵化器大楼、五色石“书斋”、天津先科东营办事处、日升农业培植园，再到后来的北京未来科学城安科总部、大连棠梨沟这个四面许看山的二层小楼，我在体验社会的同时，一直带着自己的迷惑与过去近二十年实践的思考，溯源而上，追问源头；顺流而下，梳理发展。

经历了800多个日日夜夜的摘抄整理、思捋衔填、采访求证，以自己私人的理解方式给中国管道检测寻觅到昨天的记忆、描绘了发展到今天的“因缘”，并由不完整的现实存在推测了明天可能的归宿，组成了这部《管道检测技术探索与实践》的既相互联系、又有所区别的四个篇章。

管道检测技术发展是依附于管道技术及工程而存在的，因此本书首先以“管线联通的世界与风险”篇开始，该篇篇幅较小，主要以文献检索的方式，结合最新考古发现，从历史、文化、技术、经济等多个维度，考察和叙述了管道从古代社会以至近代以来漫长而缓慢发展的历程、典型历史事件与人物、典型工程项目与发明；近代以来200年管道技术突飞猛进的发展状况；典型技术突破、代表性人物、代表性历史事件；管道事故的凸显与检测技术的出现等。同时分析了管道历史发展进程之所以先是缓慢进化而后突然加速的原因。

接下来，是“管道检测的技术演进与发展”篇，对管道检测技术的发展历程作了大致的描述之后，对管道检测技术进行了分类并就十种类型的主要检测技术及其每一个具体分支或具体检测技术的发展演进历程、主要技术突破、代表性人物、历史事件、工程应用、主要观点或观念、主要代表性机构的贡献进行了概括与评价。将各种技术起源、发展逻辑与演化过程进行了简略的分析与概括。本书第一次系统地对管道检测进行了归类，描述了其发展轨迹，从而形成了一个比较系统的管道检测技术系列，是破解管道检测发展历史逻辑与叙述方式的尝试。

管道检测技术大部分虽然源自技术的引进，但是中国并不是没有原创性技术，即便是引进的技术也存在消化、吸收、创新的问题。因此，本书单列了“中国管道检测实践的先行者”篇，甄选了十多位在我国管道检测技术研究、引进、开发、应用方面作出突出贡献的代表性人物与机构，对他们的创造与创新进行了系统的介绍，再现了他们研究开发与实践的经历，展示了他们在技术创新上的主要贡献。对于本书遴选的这些代表性人物、技术、机构、案例等，或许会有不同看法或争议，但是，逝去的历史瞬间不可能再次重现，即便是不足够准确或具有典型代表性，至少也是管道检测科技史的主要素材。我且暂时堆放在一起，以待您以及我们时代的权威机构重新作出评判。

“管道地面检测的胜利实践”篇，结合作者本人带领胜利油田腐蚀与防护研究所十余年从事管道地面检测的具体实践，从一个具体的检测机构的角度，介绍了管道检测推进过程中的方方面面。特别是结合数十个具体检测项目的推进，就其过程中所遇到的困难与问题、政策与法规标准、项目运作与管理、项目沿线的风土特征等进行了还原与讨论。这其中可能更多的是作者个人的心得，难免偏颇。但是，至少完成了对自己十余年从事管道检测研究探索工作的总结，了却了一桩心愿。特别是那些多年跟随我在管道检测一线探索、实践的工程师们以及与我有过交集的国内外同行们，他们的风貌时时刻刻在我脑海中闪过，我也想通过这种方式把他们凝固在我的记忆中，更期望让他们的奋斗与成长、思考与成就与本书一道接受历史的检验。

由于本书的篇幅已经超出原来的设想，我不得不就此打住了。但是，这部《管道检测技术探索与实践》只是勾画出了管道检测技术发展的大致轮廓，仍然有许多技术及发展线条需要在今后不断丰富、充实、完善和厘清，更有许多逻辑与判断需要仔细推敲斟酌。特别是管道检测技术的最新发展及其发展趋势的判断，并不是任何人都能轻易把握，甚至连准确叙述都是一件困难的事情。技术发展总存在一些我们不能理解的东西，需要时间长期地消化。

在结束本书的写作之际，和许多书的作者一样，需要感谢帮助完成这本书的所有人。任何一部书籍都不是单一一个人的作品。在这里，我要特别感谢那些为中国管道检测发展作出贡献的人，因为本书是推动管道检测向前发展的创造者、记录者和研究者们的历史，没有他们，本书就成了海市蜃楼般的幻影。在本书的撰写过程中，参考了大量这些管道检测技术历史的创造者们撰写的文献资料，或是他们出版的专著、发表的期刊或网站文章、报道、报告等等。在对管道检测技术演绎发展过程的分析中，除从上述文献中获得大量信息以外，还从一些历史、哲学文献书籍中获得了对技术发展线条、逻辑进行整理、思考的智慧，使我能够对管道检测技术的发展作出合乎自然规律和科学发展逻辑的解读。与此同时，还引用了一些网友或读书会（如东营樊登读书会、明德家语、垦利谈心、论语读书会）书友的观点，丰富了本书的视角，在此一并表示感谢。

在本书的撰写过程中，陈文锋、杨立增、袁厚明、靳世久等老先生和常贵宁、李金武、林宁江、李晓松、曾岳梅等给我提供了丰富的第一手资料。黄松岭、廖俊必、杨理践、路民旭教授也通过交谈提供了他们最真切的实践感受。特别令我感动的是：年过 80 岁的陈文锋工程师，依据自己收藏的早已发黄的来自“文革”期间的报刊资料、总结文稿，亲自撰写自己以及工友们当年研究管道检测的经历，并不止一次地对文稿进行修改校对。同样是年过 80 岁的杨立增老教授，在 2019 年听说我去襄阳袁厚明老先生那里搜集中国管道检测技术研究、开发、实践的资料时，不畏艰辛从宜昌赶到襄阳，一连三天，给我讲述他们中南冶金研究所在 20 个世纪那个艰难转型的岁月，如何走上了管道探测技术开发的过程。回到宜昌后，又怕讲述不准确，执笔写下洋洋洒洒数万字的回忆录，快递给我。老先生那如同硬笔书法作品一样的回忆录，不仅给我提供了一段中国管道检测技术史上的典型案例，也让我透过这潇洒的字迹体会到那个时代的人们对技术探索的执着和认真。更使我认识到：中国管道检测技术并不像一些浑身浸透了崇洋媚外情愫的人所宣传的那样全是外来的，而是有许多原汁原味的中国创造在其中。中国第一家专门生产管道检测仪器的江苏海安智能仪器厂原厂长孙珍山先生，虽然已经 70 多岁，听说我想寻找有关资料，二话不说就回到厂档案室寻找到开发中国第一代地下管线探测仪的设计资料。在美国度假的天津大学退休老教授靳世久，接到我的采访电话后，非常热心委托他在国内的弟子，帮我设法寻找到他们在 20 世纪开发管道泄漏监测仪器的资料。大连一位认识不久的作画的朋友周月泓、同事杨文静的闺蜜冀峰、孙艳红之子赵志凯为本书绘制了插图，丰富了本书的内容；北京安科腐蚀技术公司的陈少松博士等一批微信好友，时常为我灵感一现的感想点赞；妻子刘芳芳女士及朋友魏俊武、龚志民先生给了我很多的支持和鼓励，进一步增加了我仔细梳理中国管道检测探索与实践历史的决心。

当然，令我感动的事情不止这些。如果说引言中的故事是本书悲剧性的起点，那么，北京安科的体验则使本书有了靓丽的终点。这个靓丽的终点让我感动到全书撰写的结束。

2019 年冬季，本书已经完成主要篇章的撰写，而一些中国管道检测技术先行者的资料搜集仍然存在部分空缺。2019 年 10 月底，与北京科技大学教授路民旭先生通了一次电话，他说："你来北京安科吧，这样你可以近距离地体会一下中国民营管道检测企业的技术探索现状。"

2019 年 11 月，我正式来到安科。这里最令我耳目一新的就是这种弥漫在整个公司中的"敬畏知识"的感觉。在此我竟猛然升腾起一股孤陋寡闻之叹。白天与我同在一个办公区的二十多位同事，从早上八点半坐到十七点半，除吃中午饭外，不是忙着电话咨询、回答问题，就是写报告、搜集资料，工作忙完了就自己学习，或低声交流。都说国人浮夸，这里似乎是个例外。

我曾在安科集体宿舍体验了一个月的安科职工业余生活。工程部经理吴京州，每天坚持早晚锻炼身体不间断，这种自律或许只有在军营中才有的现象，竟然也存在于民营科技企业之中。他晚上隔三岔五与远在外地项目部的同事讨论现场技术，而且和气亲切的交谈语气让人觉得他不像是一位从事工程施工的管理者，而更像是一位虚怀若谷的大师。坐在我背后的蔡以全工程师是公司做机械设计的，主要使命是根据安科管道检测实践与研究，为安科研发新的检测设备。一次我们去大连出差，调研一个高压实验釜制造企业。回来后，他便与贾旭东设计师合作，设计出比我们参观企业更先进的新型高压釜来，促使安科集团的决策层下决心收购了大连那家高压实验釜企业。一个民营企业，能够延揽到这样的科技人才那该有多大的魅力啊！路民旭的小千金路怡女士，利用出国读博签证期的空闲来公司做临时工，她那一刻不停地忙碌的身影在办公室形成一道特有的风景线。她是办公区内唯一一位在跑跑颠颠的工作中，时不时会说一两句俏皮话的小姑娘，她想用俏皮式的调侃化解忙碌中的枯燥，却在不经意间流露出青春因旺盛而溢出的惬意，让同处一个工作区的工友们也享受到另一种乐趣，工作原来也可以是轻松而愉悦的。

北京安科成都办事处技术支持工程师陈武，为做一个项目报告来到北京，有天半夜，我睡了一觉醒来，发现陈武还亮着灯没有休息。原来他要写的这个项目报告，马上该交工验收了，但大量的数据整理工作还没有完成，他宁肯一宿一宿地不睡觉，也要把每组数据之间的关系琢磨透，把每个数据所隐含的信息分析透，绝不愿为省事而降低数据整理质量。

有感于两位年轻人的敬业精神，我填写了一首词，以表达对他们努力工作的敬意。

念奴娇·安科梦

夜幕横沉，室空尽，万家灯火阑珊。

西南标书急上传，京州一夜未眠。

岁末冲刺，通宵伏案，斗室有陈武。

安科之梦，引来豪杰共筑。

回想去岁冬夜，昏睡待旦，魂魄无归处。

而今挥剑向天歌，逸兴可断昆仑。

赛诺海油，供梦游，六翮扶摇青天。

从原单位退了之后，曾经有段时间想通过读书来获得心灵的宁静淡舒。结果除记了一大摞的笔记之外，似乎没有任何效果。安科工作一程，更深刻地体会到一个真理，那就是知识不在书本上。只有幸而得之，坐以待明天，像周公一样去践行才是根本的出路。

那么，管道检测技术呢？我突然开释了：

整个管道检测技术探索史就是一部实践史，所有技术的发展都是实践史！之所以总有一些我们不能理解的东西存在，不是我们的思维过于迟钝，而是人类实践的足迹尚不足以为我们的理解提供足够的支持。

不觉之中，已经进入傍晚时分，我看到山上山下已经是万家灯火，照亮了夜的黑暗，也照亮了思想的昏昧。我向西山湖走去，不再回忆本书的撰写过程，因为听同事讲，西山湖那里还有更迷人的景色，摇曳在这如春般明艳柔顺的夜幕中。

2018 年 1 月起笔于东营金辰丽景

2020 年 5 月完稿于大连棠梨沟